卡耐基人际关系学全集

文轩◎编著

河北出版传媒集团
花山文艺出版社

图书在版编目（CIP）数据

卡耐基：人际关系学全集 / 文轩编著 . —石家庄：花山文艺出版社，2015.11

ISBN 978-7-5511-2518-5

Ⅰ．①卡… Ⅱ．①文… Ⅲ．①人际关系学—文集 Ⅳ．①C912.1-53

中国版本图书馆 CIP 数据核字（2015）第 231393 号

书　　名：卡耐基：人际关系学全集
编　　著：文　轩

责任编辑：梁　瑛
责任校对：杨丽英
美术编辑：胡彤亮
出版发行：花山文艺出版社（邮政编码 050061）
（河北省石家庄市友谊北大街 330 号）
销售热线：0311-88643221/29/31/32/36
传　　真：0311-88643225
印　　刷：三河市华东印刷有限公司
经　　销：新华书店
开　　本：889×1194　1/32
印　　张：9.5
字　　数：311 千字
版　　次：2016 年 7 月第 1 版
2016 年 7 月第 1 次印刷
书　　号：ISBN 978-7-5511-2518-5
定　　价：35.00 元

前　言

知识经济时代，社会竞争日趋激烈，对个人能力的要求越来越高。如何在瞬息万变的社会中更好地生存下去？怎样比别人生存得更有意义？我们生活在社会群体之中，人与人之间发生矛盾、产生误解是常有的事。如何处理好这方面的问题呢？这是每个现代人都必须仔细思考和认真面对的问题。

美国芝加哥大学及青年会联合学校曾举行调查确定成人究竟要研究什么。这项历时两年的调查显示，健康是成人最为注意的；第二种兴趣就是人——人们最感兴趣的是：如何了解人，如何与人相处，如何使人喜欢自己，如何使他人随从自己的意愿。

美国人际关系学家阿尔伯特·爱德华·威根在他的研究报告《探索你的心理世界》一书中指出："在一年内失去工作的4000名职工中，只有400人（即总数的10%）是因不能胜任工作而被开除的，其余90%的人则是因为不能很好地处理人际关系而被解雇。"美国技术协会在对一万人的情况记录作分析研究后，也得出类似的结论：90%的人因为不能成功地交往而失败了。

实际调查发现，人际交往心理问题在现代人所有的心理问题中占有较大的比重，主要表现为：自我为中心、孤僻、孤独、自闭、攻击性和行为异常、害羞、胆怯、社交恐怖等。在现实生活中，有的人一面对人际关系就头疼，无论自己在事业上做得多么出色，都因为人际关系处理不佳，常常会事倍功半。人们不会因为处理不好人际关系本身而苦恼，而是由于人际矛盾激化之后，给自己带来的焦虑、沮丧、凄凉的感受，人们痛苦的是这些方面。

美国著名的教育家和演讲艺术家戴尔·卡耐基，几乎投入毕生的精力，运用心理学知识，对人类共同的心理特点进行探索和分析，开创和发展了一种融演讲术、推销术、做人处世术、智力开发术为一体的独特的成人教育方式。国际卡耐基成人教育机构和它遍布世界的分支机构，目前已多达数千个。接受这种教育的，不仅有明星巨商、各界领袖，也有军政要人、内阁成员，甚至还有几位总统，人数多达几千万，影响了20世纪到现在的几代人。

卡耐基并没有解决宇宙中深奥的秘密。但他源于常理的哲学影响和教育实践，却施惠于千百万人。在帮助人们学习如何处世上；在帮助人们获得自尊、自重、勇气和信心上；在帮助人们克服人性的弱点、发挥人性的优点、开发人类潜在智能，从而获得事业的成功和人生的快乐上，或许他比这一时代其他哲人所做的都多。

卡耐基所著载誉世界的《人性的弱点》《人性的优点》《人性的光辉》《美好的人生》《快乐的人生》《伟大的人物》和《语言的突破》等专著，构成了卡耐基做人处世、走上成功之路全书。它们成为《圣经》之后人类出版史上第二大畅销书。

《卡耐基人际关系学》通过大量贴近生活、极富情趣的故事和精练睿智、启人心智的原则，生动而具体地阐释了戴尔·卡耐基超人的智慧，严谨的思维和处理人际关系的黄金法则。

本书会使你在轻松的阅读中得到有益的启迪，学会从容地面对生活中的各种问题，更深刻地理解和把握人生，从日益增长的自信和热忱中，得到生活的力量；增进沟通意见和成功合作的能力，学会做人处世的技巧；在业务上、在社交上、在私人生活中，都享受到更好的人际关系，获得更大的成功和幸福。

目 录

第一章 悉心构筑和维护健康有益的人际关系

一个人事业上的成功，只有15%是由于他的专业技术，另外的85%要依靠人际关系、处世技巧。

——戴尔·卡耐基

人际关系是人与人之间的沟通，是用现代方式表达出《圣经》中“欲人施于己者，必先施于人”的金科玉律。

——戴尔·卡耐基

想交朋友，就要先为别人做些事——那些需要花时间、体力、体贴、奉献才能做到的事。

——戴尔·卡耐基

※ 欲成为出类拔萃的人，首先要搞好人际关系

戴尔·卡耐基说：“我们应该重视友情，让友谊之花在自己的生命中绽放。”他认为，人际关系是成功的最重要的因素。一个人事业的成功，只有15%是由于他的专业技术，另外的85%要靠人际关系、处世技巧。

广泛与人交往是机遇的源泉。交往越广泛，遇到机遇的概率就越高。有许多机遇就是在与朋友的交往中出现的，有时甚至是在漫不经心的时候，朋友的一句话、朋友的帮助、朋友的关心等都可能化作难得的机遇。在很多情况下，就是靠朋友的推荐、朋友提供的信息和其他多方面的帮助，人们才获得了难得的机遇。

每一个伟大的成功者背后都有另外的成功者。没有人是自己一

个人达到事业的顶峰的，假如你决心成为出类拔萃的人，那么千万不能忽视人际关系。

卡耐基对友谊的感受是非常深刻的，同时他对朋友也投入了自己的真诚。我们不难设想，身边连一个知心的朋友都没有的人，他的事业也很难取得成功。卡耐基事业的成功当然首先得归功于他自己艰苦不懈的努力，但也不能否认他的朋友给予的支持与帮助。

一个人不能没有朋友，就像一个人不能没有住所一样。在卡耐基的生活中，有三位极其重要的真挚的朋友，他们是赫蒙·克洛依、法兰克·贝格尔、罗威尔·汤姆斯。

赫蒙·克洛依是来自卡耐基故乡的作家，曾做过记者、编辑。自从他们在一次外出度假时偶然相识后，便结成了终身的挚友。他们经常一起出去游泳，或是去一家酒吧里喝酒聊天。克洛依对许多问题都有独到的见解，和他在一起，总能激起卡耐基的写作欲。在卡耐基的畅销书创作生涯中，克洛依的帮助和支持功不可没。

当卡耐基的第一本著作《影响力的本质》出版时，他在书的扉页上写下了这样一段话赠给克洛依："以我最高的名誉，献给我最尊敬的，我的重要的、诚实的朋友。"

与卡耐基结成挚友的人当中，有些人早已有所成就，而有些人则是他曾教过的学生。法兰克·贝格尔就是其中的一位。

法兰克·贝格尔曾当过棒球队的垒手，后又当了一位保险推销员。在他的工作遇到困难的时候，他报名参加了卡耐基的课程。从卡耐基的课程毕业后，他的事业开始蒸蒸日上、行销利润频频上升，很快就成为保险业的一名巨子。就这样，法兰克·贝格尔成了一个成功的典型，也成了卡耐基家里的一个常客。

后来，这对绝佳的搭档还展开了一次州际旅行演说，并获得了空前的成功。因为人们从法兰克·贝格尔身上看到了从一无所有到拥有财富的希望，同时对卡耐基的课程也更加寄予厚望。法兰克·贝格尔在其所写的畅销书《我如何在行销中反败为胜》中，将自己的成功归功于卡耐基的课程，这无疑是对卡耐基最好的帮助。

卡耐基和他的第三位挚友罗威尔·汤姆斯的友谊出现在两个人事业的困难时期，可谓是一对患难之交。他们积极参与对方的事业，互相帮助，共同发展。当罗威尔·汤姆斯主持由著名杂志《读者文摘》赞助的星期电台节目时，他邀请卡耐基为他准备讲稿。卡耐基的畅销书《影响力的本质》第一版的绪论就是由汤姆斯撰写的，汤姆斯的签名还经常出现在卡耐基的广告上。

当然，卡耐基的朋友绝不止这里提到的三位，但我们可以从中看出他对待友谊的真诚和执着。许多人都有过这样的感受，当我们面对人生的某个关口，需做出选择和决断时，朋友的一句话往往就能使我们坚定信心，起到重要的作用。所以，每一个想获得成功的朋友，千万别忽略友谊的力量。

※ 一定要重视团结协作，互相帮助

卡耐基指出，成功者的道路有千千万万，但总有一些共同之处：团结协作是许多成功人士的共同特性。

合作是一件快乐的事情，有些事情人们只有互相合作才能做成，不合作他不能做到，你也不能做到。美国加利福尼亚大学副教授查尔斯·卡费尔德对美国 1500 名取得了杰出成就的人物进行了调查和研究，发现这些有杰出成就者有一些共同的特点，其中之一就是与自己而不是与他人竞争。他们更注意的是如何提高自己的能力，而不是考虑怎样击败竞争者。事实上，对竞争者的能力（可能是优势）的担心，往往导致自己击败自己。多数成就优秀者关心的是，按照他们自己的标准尽力工作；如果他们的眼睛只盯着竞争者，那就不一定取得好成绩。

帮助别人就是强大自己，帮助别人也就是帮助自己，别人得到的并非是你自己失去的。在一些人的固有的思维模式中，一直认为要帮助别人自己就要有所牺牲；别人得到了自己就一定会失去。比如你帮助别人提了东西，你就可能耗费了自己的体力，耽误了自己的时间。

其实很多时候帮助别人，并不就意味着自己吃亏。如果你帮助其他人获得他们需要的东西，你也因此而得到想要的东西，而且你帮助的人越多，你得到的也越多。

你在个人生活和职业生活中的成功，取决于你与他人合作得如何。“合作”一词指在群体环境中普遍发生的社会关系。群体，一般被定义为一起工作以实现共同目标的一群人。群体的成员互相作用，彼此沟通，在群体中承担不同的角色，并建立群体的同一性。

社会学家指出，群体的成功要涉及一系列复杂的思考和语言能力，而这些能力正是许多人所没有系统掌握或完全拥有的。那些在社交方面很成熟的人，他们极容易适应任何的群体环境，能与许多不同的个体进行友好的交谈，与他人和谐地、富有成效地共事，用清楚的和有说服力的观点影响群体的思考，有效地克服群体的紧张和自我主义，鼓励群体成员守信、创造性地工作，并能使每一个人集中精力，朝着共同的目标前进。就像丹尼尔·戈尔曼在其畅销书《情商》中指出的，这些复杂的思考、沟通和社交技能对于生活中取得成果，常常比传统的智商或职业技能更加重要。你可能对你所熟知的人取得成功感到迷惑不解，因为他们似乎也不是最有知识或最聪明的，他们的成就似乎不是“你所认识的人”所能取得的。但正是因为他们具有良好的社交和沟通技能，再加上他们的学识和才智，他们取得了人们所想象不到的成功。不过，他们具有的社交和沟通的技能，许多人通过观察、实践和批判的思考也能够（而且需要）培养出来。

与他人合作比单独工作有许多好处。首先，群体成员具有不同的背景和兴趣，这可以产生多样化的观点。实际上，与他人合作可以产生出任何个人只靠自己所无法具有的创造性的思想。此外，群体成员互相提供帮助和鼓励，每个人都能贡献出他或她独特的技能，团体的一致性和认同感激励着团体成员为实现共同的目标而努力奋斗，这是一种“团队精神”，它能使每个人最大限度地实现自己。俗语说得好：“人多力量大”“众人拾柴火焰高”。一群人一起工作，如果全力以赴，组织有序，就能在有限的时间里取得引人注目的成就。

当然，与别人合作不等于没有原则的迁就。我们经常说世界上没有两片完全相同的树叶。每个人都是独一无二的，每个人的特殊的遗传基因的组合，决定了他们有不同的生理条件；出身背景不同，所受的教育不同，人生的经历不同等，决定了每个人都会拥有自己不同的思想情感、性格气质、思维方式。在一个文明的社会里，只要个人的行为不妨碍社会的健康发展，不妨碍他人的生活，它就有存在的权利，任何人都没有权利也不能消除这种差异。因此我们不能指望得到每个人的首肯，不能与每一个人都成为知心的朋友，你也不可能喜欢所有的人。你可以不欣赏、不喜欢他，但是你不能轻视他。他只是和你不同而已，你要尊重这种不同。在与别人交往中，也不要一味地迁就别人，从而丢掉自己的个性。

※ 要学会自信和主动地和人去交往

有一个丰富多彩的人际关系世界是每一个正常人的需要。可是，很多人的这个需要都没有得到满足。他们总是慨叹世界上缺少真情，缺少帮助，缺少爱，那种强烈的孤独感困扰着他们，折磨着他们。

如果你与周围的人，关系处得不够好，你可以随便拣几个理由，说明你是如何清白无辜，不是全在他人。或许你的解释很有说服力，不过你应该想到的是，这种不良的人际环境，很大程度上，是你自己制造的。

卡耐基发现，其实，很多人之所以缺少朋友，仅仅是因为他们在人际交往中总是采取消极的、被动的退缩方式，总是期待友谊和爱情从天而降。这样，使他们虽然生活在一个人来人往的世界里，却仍然无法摆脱心灵上的孤寂。这些人，只做交往的响应者，不做交往的始动者。

要知道，别人是没有理由无缘无故对我们感兴趣的。因此，如果想赢得别人，与别人建立良好的人际关系，摆脱孤独的折磨，就必须主动交往。

心理学家研究发现，有两点原因影响人们不能主动交往，而采取被动退缩的交往方式：

一方面是生怕自己的主动交往不会引起别人的积极响应，从而使自己陷入窘迫、尴尬的境地，进而伤及自己脆弱的自尊心。而实际上，在现实生活中，每一个人都有交往的需要，因此，我们主动而别人不采取响应的情况是极其少见的。试想，如果别人主动对你打招呼，你会采取拒绝的态度吗？生活中有一个非常有趣的现象：在硬座火车上，坐在一个“隔间”里面有六个人，如果这六个人里面至少有一个是主动交往的人，那么他们总是谈得热火朝天，一路上充满欢声笑语；如果这六个人没有一个人主动和别人交往，那么，从起点坐到终点，他们会始终处在无聊的气氛中，看书也没劲，对望又很尴尬，所以干脆闭上眼睛养神。与其尴尬地面面相觑，还不如主动打招呼，换得一路不寂寞，不是吗？当你尝试着主动和别人打招呼、攀谈时，你会发现，人际交往是如此容易。

另一方面，人们心里对主动交往有很多误解。比如，有的人会认为：“先同别人打招呼，显得自己低贱”“我这样麻烦别人，人家肯定会烦的”“他又不认识我，怎么会帮我的忙呢？”……其实，这些都是害人不浅的误解。但是，这些观念却实实在在地起着作用，阻碍了人们在交往中采取主动的方式，从而失去了很多结识别人，发展友谊的机会。

尝试是成功的先导。当你因为某种担心而不敢主动同别人交往时，最好去实践一下，用事实去证明你的担心是多余的。不断地尝试，会积累你成功的经验，增强你的自信心，使你的人际关系状况越来越好。

※ 要尽量去结交那些卓越的人士

卡耐基指出："朋友是你的另一个生命。在一个朋友眼里，所有的朋友都是善良而睿智的。当你和他们在一起时，一切都会最终变得顺遂。其他人希望或认为你有多大价值，你就有多大价值；而只有当他们的心里对你有好感时，才会在嘴上说你的好话。没有什么比帮助一个人更能打动他；赢得朋友的最好方式就是像一个朋友那样待人处事。我们所拥有的一切中绝大部分及最好的部分都离不开他人。你或者和朋友相处，或者与敌人为伴，此外别无选择。每天都赢得一个朋友，如果他不能成为你倾吐衷肠的密友，至少也可以成为你的支持者。认真选择朋友，他们中的有些人将是你终生都可以信赖的人。"

当你与适当的人结伴同行时，你通往峰顶的道路一定更为平坦。把不好的同伴扫开。

哪些是有益的同伴呢？就是那些能够帮助你的人，更重要的是，是那些事迹能够给你勇气的人。但千万不要尝试阿谀巴结某些人，你是不会从他们身上得到任何帮助的，因为他们随即就会察觉你的意图。当然，你也不会愿意你的周围有些阿谀奉承的人流连不去。

那么，你该跟谁交往呢？跟那些成功人士，那些已经功成名就或者正朝这个方向前进的人。

寻找那些热情的人、乐观的人、工作勤奋的人，也就是那些卷起袖子，努力攀登有目标的人。

你需要那些自动自发的同伴，那些具有追求成功动机的人，自信的人，自我管理、自我救助的人，那些愿意将所知传授给别人的人，包括教师、教练、主管、同事、家庭成员中的长者和智者、训练员和领袖。所有这些人能够，通常也都乐意使你攀登顶峰的路途更为平坦。他们本身就是成功的人。

卡耐基特别强调结交卓越的人士的重要性，为此，他提出了如下建议：

1. 应尽可能结交优于自己的人，并朝这一目标而努力

结交卓越的人士，便能见贤思齐；反之，若结交程度远逊于自己的朋友，自己难免同流合污。

当然，这里所谓的“卓越的人士”，并非是指家世显赫、地位超绝的人，而是指有内涵、让世人所称道的人物。

“卓越的人士”大体上可分为以下两大类型：首先为立身于社会主导地位的人们，其次则是指那些有着特殊才华的人们，例如长袖善舞，对社会有着杰出的贡献，才能特出，或是学识渊博的学者，才华洋溢的艺术家，等等。此种杰出绝非凭一个人的喜好所界定，而需经由社会上的认同方可获得。当然，其间或许有些例外。总之希望你能结识这些人才。

至于怎样与这些人结交，没有成形的办法，也许是厚着脸皮毛遂自荐，或是经由知名人士的大力引荐，当然也可以加人群英聚会的团体里去寻觅朋友。居于其间，仔细去观察拥有不同人格、不同道德观的人们，不仅是件赏心悦目的乐事，更对你有所助益。

2. 保持判断力，不可不顾一切地全身心投入

几乎所有的年轻人，均渴望能和才华横溢的人物成为知交。总认为假使自己也小有才气，那更是如鱼得水。即使达不到这一目的，也能满足自己与其共荣的心理。然而，即使是和这些才华纵横、魅

力十足的人物交往，也不可不顾一切地全身心投入。不丧失判断力，才是最适当的交往方法。

并非每个人均能心悦诚服地接受才智这种东西。相反，它往往会令人产生恐惧的心理。一般说来，在众目睽睽之下，人们每每对锋锐的才智感到惧怕。这就似妇人女子一见着枪炮便会害怕的道理一样。恐惧对方会突然扣动扳机，子弹便“嗖”的一声朝自己飞了过来。但是，认识这些人，继而亲近、了解这些人，确实是件有意义，令人欢欣的事。只是，不论对方多么有魅力，如果自己就此终止和其他人的交往，单和这群人往来，那将会得不偿失。

3. 别亲近赞扬缺点的人们

卡耐基教导他的儿子：“我之所以要求你避免与程度低的人交往，乃是由于我觉得这些全是必须具备的观念。因为，我看过太多具有判断力，而且社会地位牢固的大人们，在结识了这种人后，信用扫地，沉沦堕落，最后身败名裂。”

最叫人头痛的问题，莫过于虚荣心的作祟。由于虚荣心的蒙蔽，人类往往铤而走险、作奸犯科。因此，无论从何种角度来看，结交程度不如自己的朋友，便是虚荣心作祟的一种表现。人们总希望自己能独占鳌头于群体之中。寄盼能获得同僚的称许、受人尊敬、领导群众。

为了求取这种名实不符的赞扬，他们甚至不惜与不如自己的人们结交。不久你就将变得与他们层次相当，从此再也不愿结交出色的朋友了。人们往往会遭伙伴同化，不管这样做是使自己的层次提高了，或是降低了，其结果必然一样。因此你应该依交往的对象，仔细加以判断。

※ 获得挚友，维持和谐的人际关系

毋庸置疑，做别人的好朋友以及拥有一位好朋友都能使人的生活充满生机和活力，并能使人终生感到满足和享受。

怎样才能获得挚友呢？卡耐基总结的下面几点建议可供我们参考：

1. 挤时间交朋友

有些人常说："我当然愿意交好朋友啦，只是时间不允许。"实践证明：我们要是想真心做一件事情，时间是会充裕的。

为朋友挤出时间，可能意味着不能及时收拾房间，或错过你所喜欢的电视剧。但友谊的乐趣，能弥补这些微不足道的损失。

2. 重视小事情

朋友遇到困难时助一臂之力无疑是至关重要的。但是，给朋友打生日电话等表面看起来是不足挂齿的小事，却是保持友谊必不可少的行为。

3. 敞开心扉

有些人不愿把自己心灵深处的恐惧、失望以及消极的情绪暴露出来。可是，在建立友谊的过程中，有时必须要敞开心扉。

埃琳在学校与两个女同学非常要好。某个星期天，这两个女同学没叫埃琳，就一块逛街去了，这件事使埃琳十分伤心。当她俩回校后，埃琳想装出满不在乎的样子，但还是不由自主地说："我真痛苦啊！"她们知道实情后才突然意识到，友谊对埃琳来说意味着什么。她俩十分诚恳地向她表示了歉意。16岁的埃琳从自己的经历悟出了这样的哲理：只有让别人充分了解自己，别人才会感到你和他们在心灵上的沟通。

4. 注重人的差异

每个人由于性格、脾气和修养的不同，而为人处世的方式方法也各异。对朋友不必吹毛求疵，更不要把自己的观点强加于人。朋友的某个"缺点"，在某方面来说也许是优点呢。

马萨诸塞大学社会心理学家罗伯特·韦斯说，建立友谊的诀窍之一就是要把共性的东西有机地融为一体，从中了解到许多共性的东西，就能达到相互沟通。

5. 切忌斤斤计较

有的人既要朋友，又不想承担一定的责任和义务，这些人是不可能成功的。

纽约市旅游代理人斯特拉·沃尔夫在外国旅游期间，结识了许多的朋友，诀窍何在？因为她实践了法国小说家亚历山大·杜马的交友艺术："忘记所付出的，牢记所得到的。"

斯特拉无论何时发现朋友遇到了困难，她都会全力以赴地去帮助。一位朋友被解雇了，她就在自己的代理处给他安排了一份工作；当未婚的朋友抱怨生活孤寂时，她就为其当红娘。她为了朋友放弃了许多自己所喜欢的事情。然而得到的只不过一束鲜花或一封感谢信，但她却感到十分快乐和幸福。

6. 接受帮助

有一次，莱森的汽车出了毛病，可当时他急需到另一城镇去采访。玛丽知道后，主动提出要开车 60 英里专程去送他。为了不给她添麻烦，莱森婉言谢绝了。

挂上电话后莱森才意识到，她肯定很失望。果然不出所料，他们的关系就随之冷淡了。又一次，莱森给她打电话说，他准备外出度假，正愁不知如何安排他家的小猫。"让我来照料吧！"她很高兴地承担了这件事。这一次，他怀着十分感激的心情接受了她的帮助。事后，他们的友谊又恢复如初了。

有人曾说过："如果你想让人成为你的朋友，就请他帮助你。"付出固然比获得重要，但重要的是要让朋友明白你也需要得到他们的帮助。正如你帮助朋友而感到幸福一样，也要为朋友能帮助自己创造机会。这样，你们之间的友谊才会更为牢固。

※ 设身处地地站在他人的立场上想问题

卡耐基指出，大多数亲密关系——恋人关系、家庭关系和朋友关系的成功，直接与你能否做到设身处地地站在他人的立场上想问题有关。

在交往的过程中，如果两个人都只为自己着想，期望他人能为我做点什么，而不考虑自己应该为对方做点什么，那么，这种关系就不会顺利发展，必然会矛盾重重。健康的人际关系应该建立在利益共享，互相帮助的基础上，而不是一方付出，一方获得的基础上。了解他人，体恤他人，这是你应该具备的能力，这样做可以激发你对他人的爱、同情和理解，而这些情感是形成每一种重要的人际关系的核心。

在此，不妨回顾一下你与关系亲密的某人发生的一次最后的争吵。毫无疑问，你认为你对问题的看法是清楚无误的，而对方的看法是错误的。尽管你努力做到克制和忍让，但对方试图强迫你按照他或她不清楚的思路看问题。自然，对方可能也会与你的想法一样。一旦两个人（或多人）之间的关系建立在这种缺乏移情和利己姿态的基础上，双方的关系肯定会恶化。只有在事态发展到极为严重的情况下，双方可能才会真正地为对方着想。

一旦你与他人的关系出现这种紧张的状况，你可以采取这样一种对策，通过问对方为什么他或她会得出那样的观点，使自己能做到从不同的角度看问题，然后把自己置于对方的位置上。接下来，你可以问对方："如果你处于我的位置，你会如何看问题，你将怎样做？"用这样的方法交换角色，移情地思考，就能使讨论有效地进行下去。这样做的结果必然是避免彼此的交流充满仇恨（如说"你是个白痴""你迟钝得像榆木疙瘩"），双方能够相互了解，和谐相处，愉快合作。

※ “自爱”和“爱他人”不是互相冲突的

为了与他人建立积极的和健康的关系，首先你必须与自己建立一个积极的和健康的关系。如果你不爱你自己，不相信你自己，那么，你也不可能爱他人和相信他人，而爱和信任的情感是健康的人际关系的生命线。许多人始终接受着这样的教育，即“自爱”和“爱他人”是互相冲突的，实际上，这种观点在逻辑上是不成立的。自爱和爱他人并不互相排斥，它们互相联系，协同作用。你给自己的爱越多，你对别人的爱也就越多；反之，你给自己的爱越少，你对他人的爱也就越少。

“自私”与“自爱”并不是一回事。实际上，自私是由缺乏自爱引起的。如果你鄙视你的“自我”，认为它毫无价值可言，那么，很自然，你就会设法通过牺牲他人的利益来大肆攫取，以弥补这些令人绝望的个人空虚感和挫折感——这就是对自私行为的界定。相反，如果你十分珍惜和重视你的“自我”，那么，你的生活就会建立在有内心安全感的基础上，这种安全感会给你自信，使你在行动中能无私助人，乐于奉献，珍惜和重视他人的价值。

这个观点在《圣经》的命令中得到了体现：“像爱你自己一样去爱你的邻人。”人道主义心理学家艾瑞克·弗洛姆也对这个观点有过论述。尊重你自己的正直和独特，爱你自己，不能与对他人的爱和尊重分开。在这个意义上，爱是不可分的：为了你所爱的人的发展和幸福而努力奋斗，反过来也会提高你爱的能力。

为什么发展健康的和持久的亲密关系是一件很困难的事呢？为什么如此多的人一心为自己打算却感到无法排遣的孤独呢？这是今天摆在世人面前的严肃的问题，在当今世界上，科技迅猛发展，信息空前丰富，但是，亲密的人际关系和平静的独处却常常难以见到，个人生活变得苍白、空虚和绝望。在现代文学、哲学和流行文化中，人的异化是一个经久不衰的话题。当人们意识不到他们对亲密和独处的强烈需要时，或者当他们得出结论认为这些需要不能满足时，他们对个人的力量的估计就会大大降低。在当今的社会里，缺少关爱，失去控制，如果没有坚定的自我感和稳定的亲密的关系，就不会产生很强的自信，生活也会因此而变得令人恐惧和抑郁。

正如心理疗法专家斯坦芬妮·德玛克在她的《亲密与孤独》一书中指出的，许多情感问题的核心是没有意识到，我们每个人都需要与他人和自己建立亲密的关系。“我们如何对待我们自己，可以通过我们如何对待他人的方式反映出来：如果我们不了解和信任我们自己，我们就不能很好地了解和信任他人。”

因此，你面临的挑战就是与你自己建立一种良好的关系，这种关系应该充满信任、爱、真诚、尊重、安全、慷慨、灵活、乐观、宽容、敏感和创造，因为这是你建立与他人良好关系的必由之路。

※ 对别人的评价保持审度的态度

两个同在纽约作过短暂停留的朋友，提到他们的观感，一个人说，纽约是世界上最浪漫的地方，他希望能有机会长住些时日；另一个人却说，纽约是人间的地狱，要他多待一天也不愿意。

为什么他们对纽约有这么不同的感觉呢？

喜欢纽约的说，他下飞机之后，朋友先带他到皇后区的自宅歇脚，并叫出租车去大都会美术馆。在美术馆对面用过餐，然后沿着中央公园走到繁华的第五街，看了川普大厦、美丽的竹林庭园，转过洛克菲勒中心的溜冰场，再登上帝国大厦的顶楼欣赏曼哈顿的夜景，而后叫车回家。

痛恨纽约的则说，他下飞机之后，朋友叫出租车送他去四十二街附近的一家旅馆，再带他由中央车站乘地铁到自然历史博物馆，而后坐地铁到下城吃饭，再去世界贸易大楼顶层欣赏曼哈顿夜景，又去时代广场，逛了成人商店，而后送他回旅馆。

他们对纽约的观感为什么有那样大的差异呢？虽然接待的朋友都花了不少钱，也都带他们逛了世界最著名的博物馆和最高的建筑。但是前者住在安宁的住宅区，看到的是幽静的中央公园、豪华的商场和干净的市容；后者却见到了肮脏的地铁、杂乱的下城、藏污纳垢的时代广场，且领教了旅馆附近的嘈杂。

问题是：若非再有机会到纽约，这种观感就可能在他们的心中维持一辈子。由于是他们亲眼所见、亲身所感，所以每当他们提到纽约，那好极了与坏极了的评语，必是斩钉截铁的。

我们不是常听人斩钉截铁地说“某人是好人”或“某人坏透了”一类的话吗？他们也是亲眼所见、亲身所感；但是，如果以纽约的例子来想，你认为他们说得对不对呢？

在与人交往的时候，犯这种以偏概全的毛病的人真是太多了！

这世上有什么十全十美的呢？愈干净的城市，它排污水的系统可能愈庞大；愈见不到垃圾的地方，可能愈有一个堆积如山的垃圾场；连人体都有动脉与静脉，谁能因为觉得那“青筋”看来讨厌而将静脉切除呢？

所以，我们不论看人、看事，甚至听别人论断事情，都要有一种客观审度的态度。

※ 让理性发挥应有的作用，使人际关系重新恢复活力

正如靠理性不能完全揭开一件精美的艺术品、一段感人的音乐、一个超常的精神体验或由幽默引起开怀大笑的奥秘一样，要解开人际关系的奥秘也不能完全依靠理性。你的理性能力是强大的，但是，它也有局限，重要的是要认识这些局限，并尊重它们。人们试图能用逻辑和推理解释清楚人们所经历的一切，这是不可能的。不过，理性有助于你搞清楚你的情感生活的轮廓和模式，以及许多形成人际关系现象的其他因素。

假定和你关系很密切的某人做的一件事深深地伤害了你。当你遇见这位朋友，问他为什么要那样做时，假定他的回答是“我没有任何理由——我只是那样做了”。对此，你会有何感想？相反情况下，我们期望人们——包括我们自己——能了解和解释清楚他们为何要有某种行为举动的意图，这样，他们就能对自己的选择进行某种控制。人们会因许多不同的理由——做事不假思考、自私、愚蠢、无情无义、虐待狂——而伤害与自己关系很密切的人。人们不会无端地表现出某种行为，人是有理性的动物，人们每做一件事都有其自身的考虑，你的自信和对他人的信任就是建立在这种认识的基础上。如果你的朋友对你说：“我伤害了你，我非常抱歉——当时，我只考虑自己，而没有意识到会伤害你，是我错了，今后我不会再犯这样的错误了。”那么，你就有了一个能与你的朋友在未来建立关系的基础。但是，如果你的朋友对你说：“我伤害了你，但我说不出任何理由，我不知道以后是否还会发生类似这样的事。”那么，你就很难继续信任他。继续保持这样的关系，就会伤害你的心。

理性是使人际关系成为可能的框架，人与人之间的关系越亲密，理性在其中发挥的作用也就越大。在与恋人或配偶等亲密的人际关系中，你是最脆弱的，你的感情毫无保留地展示给了对方。理性是一张安全网，它能给你走高空钢丝的勇气。你之所以能建立起对他人的信任，是因为你认为他们的选择是由理性所控制的，或至少受理性的影响，你依靠的就是这个信念。当然，即使最好的意图也会被盲目的激情、难驾驭的感情、预料不到的冲动所制服。虽然感情可能会爆发，暂时地压倒你的理性能力，但是，你的意志和决心能再次把事情调整好，重新把理性放在首位，用理性来指导你的感情，这样，你的选择就能反映你最高的价值观，在处理人际关系方面，就会更得体，更容易被别人所接受。

请回顾一下你最近一次开始与他人建立的一种新的关系。为了培育恋爱关系，给对方留下一个好印象，你很可能动了一番心思，投入了大量的精力。比如，自己动手做卡片、令人惊喜的礼物、独特的活动、与对方进行倾心的交谈。现在，请思考一下你目前与他人拥有的长期关系：你发现你们之间开始有厌烦的感觉或裂痕了吗？你们陷入日常的活动模式中，按照订好的计划做同样的事情了吗？你们的交谈总是离不开那几个话题，发表的见解总是大同小异吗？是不是已经不再动手做卡片，送优雅的礼品，给对方小小的惊喜了？如果答案是肯定的，也不必过分责备自己，因为这是人际关系衰退很常见的征兆。

“亲昵生狎侮”，这句话说明了人们惯常的一个特性，即和我们亲近的人，我们对之会抱以很放心的态度，一切问题都没有了，一切都是老套的习惯常规了，这种情况就会疲耗我们与他人关系的活力。既然人与人之间的关系是有活力，有生机的，那么，若把它们当成机器一样，以为老是靠那一个马达就能运转，那将导致它们生锈，并最终无法运转。然而，在许多情况下，通过给它们注入与你在关系开始时投入的同样精力，鼓励对方意识到他或她创造性的潜力，人际关系能够重新恢复活力。其结果必然是：双方之间创造性的融合，将鼓起你们生活的勇气和力量。

※ 把思考、语言和社交技巧结合在一起进行有效的沟通

卡耐基指出：与其他的因素相比，错误的沟通对人际关系中出现的问题要负更大的责任。你常常听到“我们只是不会沟通”这样悲观的话吗？正如我们发现的，有效地沟通需要把思考、语言和社交技巧结合在一起。例如，人们在交谈时，常常只想着接下来要说什么，因而并未真的用心去听。有的人彼此相识多年，然而对对方的所思所想却缺乏深入的了解，之所以会出现这种情况，就是因为他们不努力去听和了解。

为了参与有效的讨论，你必须清楚地表达自己的观点，认真地聆听他人的反应。在此基础上或做出回答，或进行提问，以便更好地了解对方的观点。当两个人以这种方式进行对话时，他们就处于一个彼此尊重的气氛之中。这样一来，就能进行有意义的沟通。每个人的沟通风格是有差异的，为了避免误解、冲突以及关系破裂，你需要对不同的沟通风格有所了解。

有效沟通的另一个方面是清楚和准确地使用语言。如果某人在沟通中使用的语言很含糊、不准确，那么，对方一般就无法准确地把握说话者的真正意思，而认为他或她是在很精确地表达自己的思想。结果，人们往往会因此而导致沟通不畅，出现麻烦。如“我爱你”是一句极其简单的表述，但由于不同的人物和地点它却能够表达多种不同的意思。对某个人来说，“我爱你”可能意味着：“我认为你是一个可爱的人，对我有很强的性吸引力”；而对另一个人来说，则意味着：“你是我最好的配偶，我希望我们能天长地久”。如果是这样的话，沟通的双方很可能要产生误解，甚至使双方的关系破裂。鉴于此，你自己无论在说话和行为方面，一定要努力做到清楚、准确，这样就能避免误解。误解是良好的人际关系的大敌，它往往在一开始并不显眼，但如果不注意，慢慢就会像滚雪球一样发展成为危害彼此关系的大问题。

※ 承担自己的责任，珍视他人的自由

卡耐基指出，健康的关系应该是这样的关系：关系的双方都愿意承担各自的责任，并珍视他人的自由。

责任是自由逻辑的结果，虽然人们珍视他们个人的自由，但当事情没有按照原先的计划发展时，他们倾向于逃避责任。请思考这样的处境：你正与许多同事合作完成一项重要的工程，当客户提出你们研究小组的工作不符合要求时，高级主管想知道谁应该为这件

事负责。依你在其中的处境来说，你该说什么呢？或假定你是一个快要过生日的孩子的家长，你答应孩子要买一场特殊音乐会的门票，但是，你延误了时间，当你赶去买票时，票已经售完。你会给孩子作怎样的解释呢？如果你发现你自己在这些情况下，本能地试图减小你个人的责任（扩大他人的责任），那么，这并不奇怪，通常人们都会这样去做。但是，健康的人际关系应建立在愿意承担责任而不是逃避责任的基础上。通过完全承认你的责任，他人就会被你的道德人格所折服，从而激励他们也为自己的行动承担责任。然而，如果你经常为你的错误和失败逃避责任，那么，你与他人的关系就不会存在信任和善意，你的道德人格就难以得到发展。

承担责任意味着促进自由，追求个人的自由是一件很自然和正当的事情。但是，为了建立与他人健康的关系，促进和尊重他们的自由也是同样重要的。例如，假定你绝对确信你知道怎样做对某人最有利——你的孩子应该选择某所大学，或你的恋人应该同意与你结婚。如果为了使他们做出“正确的”决定，你很巧妙地操纵了他们的思想和感情，你这样做是正当的吗？从长远来看，这样与对方作对，或对于维护人与人之间的关系不是最有利的。健康的关系重视他人自己作决策的自主权，而不能把我们的意志强加于他人。一旦他们发现你在试图对他们施压，或在操纵他们，你与他人之间关系得以建立的基础——互相信任——就会受到损害。

※ 不要成为屈服和诱惑的牺牲品

许多人的最高目标是希望受到别人的欢迎，不仅仅是在亲属、朋友或是在上下级那里，甚至是在全世界。它意味着一个人愿意表现得可亲、可爱和乐于助人，而不对别人构成任何危害。事实上，它容易受到控制，也容易被吓倒。对于捍卫领土这样的事情，它更愿意做出让步。这意味着有人宁愿受欢迎，也不愿意说出“不”字，当然，它就甘愿成了屈服、瓦解和诱惑的牺牲品。

几个星期前，马丽准备在一家女性时装店买一条裤子，她已经想好了裤子的式样，她在一大堆裤子里寻找适合自己的裤子。这时，一个店员向她走来，这位店员显然已发现马丽长时间翻寻而毫无结果。他找出一条裤子，对马丽说："我想，这一条对您很合适。"马丽穿上试了试，说："确实很合身。只是，裤腿有些偏肥。"这纯粹是个人喜好了。

售货员针对马丽的挑剔提醒她说："你这样说，只是因为你还不太习惯。但是，这的确是时下最流行的服装，每个人都喜欢穿它。"

每个人都经历过这样的事例。有人试图用诱惑法侵入我们自己想法的领地。也许这完全是毫无伤害的做法，但事实上，这种日常情形却能显示出我们是否自愿成为"大众化"里的一员，或者是我们成为捍卫自己想法的一族。售货员当然希望我们按他的喜好去做，并且希望我们说："是啊，这是时下最流行的款式，那么，我买下这条裤子。"售货员很快做成了一笔交易，这类事情不久在我们身上会再次发生。至于这条裤子事后是否真的令我们感到舒适，对售货员来讲，是完全无所谓的。这正是问题所在。因为我们穿着这条裤子，在今后几个月或几年中就必须面对它的舒适问题。

这也许只是我们的个人问题。又比如，上司把我们派到他正需要有人担负的一个位置上，面对这样的问题，如果我们被说服了，接受职位，上司便会感到轻松愉快。也许，几年后我们在做这个工作时，既不觉得快乐，也不感到满足，有的只是失望。尽管我们清楚，这种工作会给我们带来困难，对我们不好，但为了让别人高兴，我们还是去做了。所以你要记住，每一次对进攻者的让步，都是鼓励进攻者下一次从我们这里再多拿走一些东西。

与此相反，如果你对他示意："你所要的对你很适合。但是，我有自己完全不同的看法。"如此一来，他便知道了你领地的界线是划在什么地方的。

如果有人想促使你做一些你认为不利的事情，并且是与你所谓的荣誉、公正、诚实相符，你应该毫不犹豫地放弃在他人眼里所谓的“正直、公正和诚实”的形象。这与放弃短期的、表面的好处有关，以便确保长期的利益。长期的利益就是你的领地安全。这一利益应该表明，每次必要的放弃都是正确的。

※ 处理好依赖和独立的关系

健康的人际关系能把依赖和独立调整到最佳的平衡状态；当这个平衡被打破时，即有的人依赖性太强或过分独立时，就会出现这样或那样的问题。在你的生活中，你可能经历过这种失衡的情况。在有的关系中，你可能对对方有很大的依赖性，而对方却较独立；而在另外的关系中，你可能感到对方不能很好地尽责，过分依赖你。

在你的生活中，你可能对不同的人扮演着这两种角色，有时候，你并不是故意这样去做，完全是一种自发的行为。例如，你可能在情感上非常依赖你的父母；但是，在与朋友的关系中，你则较为独立。或者在工作中，你可能发现你自己事事要征得老板的同意，过分依赖上司的指导；但是，在与恋人的相处过程中则能做到独立。此外，在相同的关系中，也可能有不同的发展阶段，有时较为独立，有时则表现出较多的依赖性。例如，在你的恋爱关系中，一开始可能较为独立；但是，随着关系的发展，你变得越来越依赖对方，最终无法控制你的情感。或者你与他人的友谊最初可能表现为你过分地依靠这种友谊以满足自己的许多需要；但是，随着时间的推移，你逐渐地成为较独立的角色。独立和依赖在人际关系的双方之间是可以互相转化的角色，它反映了双方关系发展的不同阶段。父母和子女之间的关系尤其如此，因为在亲子关系中不同的生活阶段，依赖和独立是常常互换的。

如果你发现某种关系失去了平衡，例如，你或是过分地依赖或是过分地独立，那么，你该怎样做才能使两者达到平衡呢？健康的关系需要一个强大和安全的“自我感”。当你感到在关系中过分地依赖时，这是你的自我感软弱，你从外界寻求稳定、力量和完整的征兆。既然你不能全身心地爱你自己，那么，你就希望其他人能填补这个空隙，而这是不现实的期望。有的人总爱说“我不知道如果你离开我，我该怎么办”这样的话，这表明他或她缺乏独立感。实际上，其他人的爱抚并不能弥补你自己自爱的缺乏，既然你都看不起自己，不认为自己有值得别人爱的地方，那么，你就不会完全地去接受他们的爱。因此，在依赖的关系中是没有安全感的，处于这种关系的人常常爱问：“你真的爱我吗？你能再说一遍吗？你能对我证明这一点吗？”但是，在依赖的关系中，你越渴望和急迫，对方就可能离你的期望越远。克服依赖思想要在自爱和自尊的基础上，从培养你强有力的自我感做起。

有趣的是，在人际关系中，过分的独立来自于与过分的依赖一样的人格动力，即软弱的自我感，缺乏足够的自爱和自尊。因为这种内心的脆弱和较低的自尊使你很难与他人建立亲密的关系，而要与他人建立亲密的关系，必须有不怕被排斥和受伤害的勇气。过分的独立常常会逃避亲密，因为他们害怕情感的亲密有朝一日会被冷酷的分离所取代。克服这种由过分独立而引起的疏远的办法，与对待过分依赖的办法完全一样：培养你强大的充满活力的自我感，因为这种自我感是建立在自爱和自尊的基础之上的。

※ 别人希望你怎么对待他们，你就怎么对待他们

美国最有影响的演说人之一和最受欢迎的商业广播讲座撰稿人托尼·亚历山德拉博士与人力资源顾问、训导专家迈克尔·J·奥

康纳博士在他们合作的《白金法则》中，向人们展示了一项最新的研究成果：“白金法则”——“别人希望你怎么对待他们，你就怎么对待他们。”

卡耐基指出：“你希望别人怎么待你，你就怎么待别人”是一条“黄金定律”。“白金法则”是在本着尊重“黄金定律”的主旨的原则下对这一古老的信条进行修正。对于现代人来说，有助于改善人际关系的诀窍，就在于遵循“白金法则”：“别人希望你怎么对待他们，你就怎么对待他们。”

简单地说，就是学会真正了解别人，然后以他们认为最好的方式对待他们，而不是我们中意的方式。这一点还意味着，要善于花些时间去观察和分析我们身边的人，然后调整我们自己的行为，以便让他们觉得更称心和自在；它还意味着，要运用我们的知识和才能去使别人过得轻松、舒畅，这才是“黄金定律”的精髓所在。所以，“白金法则”并不是游离于“黄金定律”之外独树一帜的东西。相反，你可以称它为后者的一个更新的、更富有人情味的版本。与“黄金定律”相比，“白金法则”更进了一步。

在高度竞争和变化无常的环境里，以你一厢情愿的方式去对待你的服务对象、合作伙伴和下属显然是远远不够的。你还不得不去了解他们的需求——而且有能力满足他们物质和精神的需求才行。你的成功，在很大程度上就取决于你如何应对他们的个人需要。

为了赢得别人的合作，我们必须有能力根据不同人的个性品格类型的特征，用“白金法则”去相应地迎合不同类型的不同需要，投其所好，在双赢策略中获取最大的成功。

“白金法则”在几乎任何人际关系的问题上都能助你一臂之力。“白金法则”是心理学理论和社会实践经验的总结，是照亮和谐人际关系的一座灯塔，是打开人生凯旋之门的一把金钥匙。

※ 树立在人际交往方面的积极心态

卡耐基指出："人们都希望获得成功，都在探索成功的奥秘，其实，这也许比你想象的要简单，因为，我发现那些成功的人们——奥林匹克的运动员、商业界的总经理、宇航员、政府领导等人和其他人们中间有着一条明显的界线。我称其为成功者的边缘。这个边缘并非特殊环境或具有高智商的结果，也不是优等教育或超人天赋的产物，更不是靠时来运转。成功者的关键，我认为是态度。"

如果此时你正为自己处于情绪的低谷而悲哀，如果你还为自己的胆小卑怯而烦恼，那么你不如将这些让人恼怒的性格丢到一旁，重新培养自己在人际交往方面的积极心态。积极的心态可以通过以下七个步骤培养起来。

1. 重塑心中的偶像，使自己的言行像你心目中所希望的那样

积极心态的培养与行动密切相关。没有行动，任何想法都是空谈。你心目中的偶像可以是一个人，也可以是一类人。可以是具体的，也可以是抽象的。在你的头脑中树立一个积极乐观的形象，在做任何行动的时候，告诉自己，所做的行动必须与心目中的形象相一致。

2. 把自己看成胜利者

大多数人遇到令人沮丧的事情时，整个身心都沉浸在痛苦之中。如果此时你对自己大声地叫一声：我不是失败者，我是以后的胜利者，你的精神将为之一振，立即兴奋起来。

3. 学会用美好的心情去感染别人

每个人都希望得到灿烂的阳光，一旦你带着快乐的心情去和别人交往，快乐也能传递给别人，这样的连锁反应既能让自己感觉到快乐，也能让别人变得快乐。没有人愿意成天和"苦菜花"待在一块儿。尝试着改变自己的心情，当你用微笑告诉别人你的心情时，别人同样会以微笑回报你。

4. 学会给予和奉献

给予和奉献是人类的一种美德，但你想到过给予和奉献会激发你的热情吗？给予和奉献能够体现一个人的道德品质，也能体现一个人的社会价值。同时，给予和奉献能带给人愉快的心情。不知道你有没有这样的体会：每当你帮助别人时，自己的心情也会变得愉快。

5. 心怀感激

生活中多一份抱怨就多一份烦恼，当我们以一种感激的心情环视我们周围的人和事，心也放得很宽。有一位哲人曾说过：在这个世上，没有任何人应该为你做什么事。不要因为别人的过失指责别人，宽恕别人也等于安慰自己。

6. 不要经常说消极词语

经常抱怨的人总喜欢说一些“我真累”“我真痛苦”“我好郁闷”之类的话，这种消极词语会磨损你的自信和激情。

7. 学会自我激励

当你胆怯的时候，学会给自己打气，“别害怕，一定会冲过去”；当你遭遇失败的时候，告诉自己，“别灰心，胜利最终属于我”；当你犹豫不决时，给自己强行下一个命令，“拿出你的魄力，别再磨磨蹭蹭的”。自我激励是一个持续性的过程，它必须要坚持到心态完全转变。

※ 培养合作精神的五大要领

合作是增加成功机会，获得更多幸运的积极处世态度。具有合作精神的人，是聪明的。那么，该怎样培养自己的合作精神呢？卡耐基为我们提供了如下建议：

1. 认识到你需要别人去帮助你前进和感到成功

你不是生活在真空中，你不能在与世隔绝、孤立无援中完成自我实现。接受你作为个人和作为你在社会中界定一个位置二者之间的平衡，始于你跨进校门之时的社会化过程的完成。如果你不能实现这一平衡，你也许就会要么在你死我活的竞争中迷失自我，要么在你对外部成功的追求中使自己与世隔绝。把健康的竞争和合作紧密结合起来，将有助你实现理想的平衡。

2. 把合作接受为一个成功的策略

如果你被竞争性的抱负所驱使，那么你也许会顽固地抵制别人的建议。或者你也许随意地接受它们，但拒绝与人分享见解，唯恐你会失去荣誉。如果你把合作接受为一个成功的策略，你就能分享别人的信息和反馈的好处。并非每一次竞赛都产生失败者，最好的结果就是双赢。通过从合作的优点中受益，你就能成功地实现你所选择的目标，并帮助你周围的那些人也成功地实现他们的目标。

3. 学会重视别人

不一定要做到认为每个人都比自己重要，但至少要认为别人和自己一样重要。最有影响力的人往往是那些认为别人重要的人。

4. 要有一种为别人的成功而高兴、为别人的喜事而高兴的心理

只有试着去欣赏别人的成功，去欣赏别人的快乐，你才会去成人之美。在欣赏别人成功的同时，能感受到其中有自己的一份功劳，那种高兴会更加实在。

5. 学会欣赏别人

人都有一种强烈的愿望——被人欣赏，欣赏就是发现价值或提高价值，我们每个人总是在寻找那些能发现和提高我们价值的人。

欣赏能给人以信心，能让对方充满自信地面对生活。欣赏能使对方感到满足，使对方兴奋，而且会有一种做得更好，以讨对方欢心的心理。如果一个员工得到经理的欣赏，他肯定会尽力表现得更好；而如果是一个小孩，得到别人的欣赏，那他的表现会令人大吃一惊。

要尽量去欣赏别人一些他自己不自信或不被众人所知的优点，

如果一个国家级运动员和你第一次见面，你表示欣赏他的运动成绩，除了让他一笑以外，不会产生什么特别的感觉，而如果你表示欣赏他的风度和气质，他会非常高兴。

※ 扩大你的社交活动，提高你的知名度

你的进步，无论是职位的升迁或是工作的变动，得益于你各方面的社会关系。调查表明，通过朋友和亲戚的帮助得到好职位的人，较之于通过其他社会关系，成功的概率要高得多。为了发展，你需要社会的帮助。你的聪明、才智、受教育的状况、工作上的勤勉、鲜明的个性特征还不足以使你为社会所承认，你还必须让更多的人了解你。

要使别人了解你，并不是一件十分困难的事情，你所需要知道的是一些方法，这些方法在你爬上成功的阶梯时会对你有所帮助，你必须懂得怎样寻找让别人了解你的机会，同时设法使别人了解自己。

首先让朋友、亲属、俱乐部的伙伴知道，你正在设法找新的工作，你需要一个人际关系的联系网，无论你的名声如何，权势多么显赫，你的老关系总会通过这样或那样的途径对你有所帮助。这种途径的最重要的经纬线是由权力和信息的聚合物产生的。不过在这种关系网中，还应考虑到一些相互作用的方法。这种关系网的作用涉及你自身素养之外的领域。这种关系网，不是各种乱七八糟的社会关系的大杂烩，而是同你的目标相联系的，一种由各种社会关系组成的媒介，这种媒介的作用有时是非常大的。

为了充分发挥关系网的作用，你应很好地记住这样一些重要的原则。

1. 列出一张人名表，表上列出同你所希望接触的社交领域有联系的人。挑出最有可能助你一臂之力的人。

2. 为了建立关系网，你应善于把自己同别人联系起来，你可以通过公司的同行，建立同别人的联系。

3. 让更多的人了解你。不论你想向哪一个方面发展，你必须让自己和自己的成就为别人所了解。最重要的是使决定你命运的人了解你。当然，让他们知道你的存在是你自己的事，但你必须让别人发现。因为不论你工作如何勤勉，长得怎样漂亮，你抱负有多大，如果你从上午 9 点到下午 5 点，一直待在办公室里埋头傻干，那么，你就根本无法实现你的目标。记住人缘好也会帮助你实现自己的目标，如果你一天到晚黏在办公桌边，只会使你的发展最终停止。

4. 显得更忙碌些。在工作一两个星期后，抽出时间把你在公司每天的日常工作分析、研究一下，你会吃惊地发现，你活动的范围很小，每天都是一样周而复始地循环。现在你要首先考虑的问题就是使这些白白浪费的时间为你所用，今后不论你走到哪里都带上点东西，文件、表格、信件，等等。你应把这些事先准备好的东西，放在你办公桌的抽屉里，没人会注意到自己每天重复做的事。久而久之就养成了习惯，这样带着东西到处走都是有目的的，是为了使每个人都看到你非常忙碌。

你应比你的同事早上班，晚下班，许多高级管理人员都是在这一时间上下班，他们会看到你，并注意到你手里拿的东西，这些都足以表现出你的抱负和进取心，例如研究生的教科书（如果你在研究生院读书）是最好的，或是同你专业有关的杂志。

5. 找机会与高层领导接触。尽量避免公司内部的邮件来往，把需要报送的材料亲自送去，这样做有两个目的：首先，这会提高你在别的部门的知名度，最终将把自己同那部门工作的人联系起来，建立起自己的信息渠道。其次，你将接触到一些高层领导人。尽力设法不让你的文件被秘书在接待室里留下来，找理由由你亲自将东西交到副总经理手里。不要只是把文件交给他，而要表现出自己对情况很了解："史密斯先生，这是你要的有关包装工场的材料。"而且要表现出你办事很有效率："我已根据货物的种类分类，标出标签名，我希望会对您查阅带来方便，如果你有什么问题请告诉我。"

你经常同经理保持接触是必要的，这样做一方面可为经理当助手；另一方面可表现你的知识和才华。

6. 把自己同组织、团体联系起来。记住，你现在的工作不是你非得要干一生的岗位，除此之外可能还有更理想的岗位。因此，你应把自己同组织、团体联系起来。在你力所能及的范围内试着参加产品的设计和制作，结交更多的同行，大多数协会办有月刊和协会动态，不论何时，只要你取得了一点成就，应争取在这些刊物上登出来。你的文章并不一定要同本专业和工作有关。相反，你可提到你协助当地法警办了件什么事，或是你被邀请参加某个讨论会或座谈会。其目的在于提高你的知名度。

的确，上面这些活动都要花费大量的时间和精力，而且这些活动一时不会看到什么实际的成效。

直到在自己的专业方面达到一定的水平，并取得了一定的成就，你应靠写文章、交谈、演讲来表现你的成就。这些活动可增加你自身的素质，扩大你的社交活动，提高你的知名度，给别人一种向上追求的印象。

第二章 用真情和爱心去诚待朋友和身边的人

如果你要别人喜欢你，或是改善你的人际关系；如果你想帮助自己也帮助别人，请记住这个原则：真诚地关心别人。

——戴尔·卡耐基

寻求快乐的一个很好的途径是不要期望他人的感恩，付出是一种享受施与的快乐。

——戴尔·卡耐基

在人际关系中，最能表现心理的语言是敬语。它是心理上的一种润滑剂。打动人心的最佳方式是：跟他谈论他最珍贵的事物。当你这么做时，不但会受到欢迎，也会使生命获得扩展……

——戴尔·卡耐基

※ 真正关心和喜欢别人的人会无往不利

作家荷马·克洛维，十分懂得交友之道。凡是碰到他的人，无论是清道夫、百万富翁、妇孺老幼，都会在与他相处十五分钟之内，对他产生好感。为什么呢？他既不年轻，又不英俊，更不是百万富翁，他有什么魔力可以吸引人呢？很简单，因为他一点也不矫揉造作，并且能让别人感受到他真的喜欢、关心他们。

小孩会爬到他的膝上，朋友家的仆人会特别用心为他准备餐点。而且，假若有人宣布："今晚荷马·克洛维会到这里来！"则当天的宴会一定没有人缺席。除了朋友间深厚的感情之外，荷马·克洛维的家人也都十分敬爱他。他的妻子、女儿，还有好几个孙女，全都对他称赞不已。

究竟这位作家是如何赢得这种幸福的呢？说来也很简单——就是待人诚恳、热爱人类而已。对他来说，对方是什么人，或做什么事，他都不会在意。只要是身为一个人，对他便意义重大，值得付出关爱。每次他遇见陌生人，很快就能像老朋友一样交谈起来——并不是专谈自己的事，而是尽量谈对方的事。他借由问问题，可以知道对方是从哪里来，做什么事，家里有什么人，等等。他也不会啰里啰嗦谈个不停，只是向对方表示自己的兴趣和关心，借以建立起友谊。这种做法，连最爱嘲笑人生的人，都会像阳光下的花朵一样吐露芬芳。正像一位资深外交家所说："外交的秘诀仅在五个字：我要喜欢你。"

卡耐基指出：待人诚恳、热爱人类的人将无往不利！觉得自己被人爱的感觉，比其他任何东西都更能提高人的热情。

在生活中缺乏热情的主要原因之一是感到自己不被人爱。一个人感到自己不被人爱有多种原因。他也许认为自己是个可怕的人，因而没有一个人会喜欢；他也许从孩提时代起便不得不习惯于得到比其他孩子更少的爱；或者事实上他就是一个谁也不爱的人。但是在最后这种情况下，其原因很可能在于早期不幸引起的自信心的缺乏。

感到自己不被人爱的人会因此而采取不同的态度。为了赢得别人的喜爱，他也许会不遗余力，做出种种出人意料的亲昵举动。在这种情况下，他很可能不会成功，因为这种亲昵举动的动机很容易被对方识破，而人类天性却偏偏容易将爱给予那些对此要求最低的人。因此，那种试图通过乐善好施的行为追逐爱的人，最终会因人们的忘恩负义而生幻灭之感。他从来没有想过，他试图去购买的爱，其价值远远大于他给予的物质恩惠，因为实际上两者的价格是不平等的，他反而以这种错觉作为自己行动的基础。

绝大多数的人，不论男女，如果感到自己不被人爱，只能陷入怯弱的失望之中，仅仅在偶然的一丝羡慕和怨恨之中叹吁一番，于是这些人的生活变得极端的自私自利，爱的缺失使他们缺乏一种安全感，而本能地回避这一感觉，结果造成了他们任凭习惯来左右自己的生活。对于那些使自己成为单调生活的奴隶的人来说，他们的行为大多由对冷酷的外在世界的恐惧所激起，他们以为如果他们沿着早已走过的路走下去，就能避免撞上这个世界。

比起那些在生活中总感到不安全的人来，那些带着安全感面对生活的人要幸福得多。在绝大多数情况下，安全感本身有助于一个人逃脱危险。如果你要走过一块狭窄的木板，而底下是万丈深渊，如果你这时害怕了，反而比你不怕时更容易失足。生活之路也是如此。一个无所畏惧的人当然也会遭遇到突发的灾难，但在经过了一番艰苦的拼搏之后，他可能会安全无恙、毫发未损，而另一个人则可能在荆棘之中暗自悲伤。不言而喻，这种有益的自信心具有无数的形式，有的人对高山充满信心，有的人对大海不屑一顾，也有人在蓝天上翱翔自如。然而对生活的一般自信，更多地来自人们需要多少爱就接受多少爱的习惯。

是接受的爱，而不是给予的爱，才产生了这一安全感——虽然它主要来自于相互的爱。严格说来，不仅爱，而且敬仰也有同样的效果。一些职业本身就能够保证人们的敬仰，因而从事这一职业的人，如演员、牧师、演说家和政治家，越来越依赖于别人的喝彩。当他们从大众那儿获得了他们应得的那份赞誉，他们的生活便充满了热情，否则，他们便会感到不快，甚至独处一隅、自我封闭起来。大众的热情对于他们来说，犹如少数人的盛情厚意之于别人。父母喜欢孩子，而孩子则将他们的爱当作自然法则来接受。虽然这种爱对于孩子的幸福至关重要，但他并不看重它。他想象着大千世界，想象着他的历程中的冒险，想象着他长大后将碰上的奇遇。不过，总有这么一种感觉存在于所有这些对外界关注的背后，这种感觉是：一旦灾难临头，父母就会尽其爱心来保护他。不管出于何种原因，一个缺乏父母之爱的孩子，很可能胆小怯弱，不爱冒险，他总感到惧怕，不敢再以欢快的心情去探究外部世界。这样的孩子可能在令人吃惊的小小年纪里就开始了对生与死、人类的命运等问题沉思默想。他变得性格内向，郁郁寡欢，以至于最后便从一种哲学或神学中寻求虚假的慰藉。

完美的爱给彼此以生命的活力。在爱中，每个人都愉快地接受爱，又自然而然地奉献爱；由于这种相互幸福的存在，每个人便会觉得世界其乐无穷。但在一种并不少见的爱中，一个人汲取着他人的生命之精华，接受别人奉献出的爱却毫无回报。有些生命力极强的人就属于这一类型，他们从一个又一个牺牲品那儿榨取生命，使自己壮实起来、得意非凡，而那些他们赖以生存的人则日见消瘦、颓废、意气沉沉。这类人把别人当作达到自己目的的手段，而从不认为他们是目的本身。在某一时刻，或许他们认为自己是爱那些人的，但从根本上说，他们对那些人毫无兴致，而只关心能鼓动其活动的，也许是毫无人格的刺激物。不言而喻，这是由他们本性中的某种缺陷造成的。但要对此做出诊断或医治，并不是一件容易的事。这通常是与极大的野心相伴随的一种特征。我认为，这种特征源自于这么一种观点，这种观点对什么使人幸福具有极其片面的认识。彼此真正关怀的爱是真正幸福的最重要的因素之一，它不仅是彼此幸福的手段，也是共同幸福的接合点。一个人，无论他在事业上的成就有多大，如果他把自己封闭在铁墙之内而无法扩展这种彼此关怀的爱，那么他便失去了生活的最大快乐。将爱排斥于自身之外的念头，一般来说是某种愤怒或对人类仇恨的结果，这种愤怒和仇恨产生的原因不外乎青年时代的不幸遭遇，或成年生活中的不公正待遇，或其他任何导致迫害狂的因素。过分膨胀的自我好比一座监狱，如果你想享受充分的生活乐趣，就必须从中逃脱出去。拥有真正的爱是逃脱自我樊篱的标志之一。

仅仅接受别人的爱是不够的，还应该把这接受到的爱释放出去，给予别人以爱。只有当这二者平等时，爱才能发挥它最佳的作用。

※ 用真情和爱心创造朋友之爱

人际关系是每个人都应该重视的事，它可以成为我们一生的阻力或助力。因此，每一个人都在寻找和创造自己的最佳形象，希望成为一个魅力十足的人，受人欢迎，并令人信服。

形象是表，实质内涵是里。人际关系也是一样，博取好感建立初步关系只是一个开始，而维持一项良好深刻的关系，则得靠爱心经营来做实质的运转了。

在人际关系上，恐怕最大的障碍，就是每一个人都具有深重的内在恐惧。其实，这也很正常，所谓的防人之心不可无嘛！许多恐惧都是来自我们的思想、感情和行为的信念。可以说是对他人、对不完美和痛苦所产生的本能畏惧。

但是，有时却也正是由于我们对他人的设防心理，使得我们对自己的保护行为阻碍了真实的交流。

在我们的生活之中，不但说真情难，听真情也难。一个人总怕吐露真情会有风险，但是长期的掩藏自己却无异于囚禁，并会对自己产生厌恶。不但我们自己要说真话，同时也允许别人说实话，并且不会惩罚和审判别人。

爱的行为，便是勇敢地面对他人。交往之中怀有戒惧，便会产生防御性的反应。如果能够采取诚实、温厚开放的态度与他人打交道，自然能够收到良好的回应。由于你的爱心，你可以期待你的生活和人际关系可以获得改善。

生活中的每一个人和处境都是一份礼物，都在帮助我们超越设限，让我们得以学习，并促进精神上更高自我的成长。

如果每个人都能够用真情化解疑惑、猜忌、冲突的话，人际关系便也畅顺，工作也就无碍了。卡耐基指出：如果你希望在人际关系上化除敌意和抵制，有以下几个准则可循。

1. 积极表达善意，语言和行为均要如此。不管别人的言语行为如何，都不受其影响。

2. 任何姻缘都是共修的机会，困难和痛苦都是我们增加爱心、增加智慧的机会。

3. 创造人际关系经历的是自己，不是别人，主动采取行动和反应。

4. 接受我们的生活伙伴，无论配偶、子女、父母、朋友、同事都有他们独特的行事方式和爱。

5. 以诚待人，随时随地都是我们体验和创造爱的善缘，将所有的际遇皆视为难能可贵的事。

维持一项良好的人际关系，得靠爱心经营。

※ 努力用行动去表达你的爱

在生活中可以见到这样一种人，他们总是讲：“我心中充满了爱，我对爱笃信不移。”可是当他们问女服务员“哪儿有水”的时候，态度却是那样蛮横，毫不客气。这样的人怎么会让别人相信“充满爱”呢？

那么，到底什么样的人才算得上是充满爱的呢？卡耐基建议我们从以下几个方面去努力。

1. 热爱自己

事实上，如果你不爱自己，你将永远不会去爱他人。一个人不可能完美无缺，但这并不等于说他无足轻重。每个人都有一些别人所不具备的东西。

犹太作家爱拉·威索尔曾这样写道：当我们告别人世去见上帝

时，他不会问："你为什么没有成为救世主？你怎么没有发现解决某某难题的办法？"而他将会问："你为什么没成为'你'？"

一天，一位姑娘说："现在我知道了，自己为什么总是闷闷不乐，精神上感到很痛苦，因为我希望每个人都爱我，而这是不可能的。尽管我可以使自己成为世界上最鲜美的李子，可还是难免有对李子过敏的人！"这话讲得多么深刻！接下去她又说："如果别人想要香蕉，我也可以使自己变成一个香蕉，但我将永远是个二等品，而事实上，我本来可以成为最出色的李子。如果我耐心地等待，那么喜欢李子的人就一定会出现。"这是因为，假如你为了满足别人的需要不做李子，而把自己变成香蕉，那么，他们又会说，应该把这个香蕉一掰两半。这时候，你就会进退两难，不知自己何许人了。如果你面对你内心的"自我"，握握手说："喂，这些年你究竟到哪儿去了？现在我们又来到一起了，让我们一块向前走吧。"那么，你将会发现你身上蕴藏的潜能是无限的。

2. 先施与，后收获

受人欢迎往往是在一个慷慨施舍以后所必然会有的附带产物。那些肯大力布施、肯慷慨奉献、肯广结善缘的人物，往往会获益无穷、受益匪浅。

有一位很成功的房地产商人就是这样做的，他同时拥有三幢办公大楼。

一般的房地产商人都会在圣诞节即将来临时，送一些礼物给他们的房客，通常是五分之一或五分之二加仑的酒类，表示一点意思。

这位商人却有一种与众不同的做法。他认为每一位房客都是有不同身份、不同背景的人物。他总会不时地送上一些极不寻常的礼物，这些礼物花费不多，可是却颇具功效。

有人曾为此向他请教："山姆！你认为送的礼物能抵回租金吗？"山姆不假思索地回答说："这些房客的确是本镇最忠实的房

客了。他们一旦租了我的办公室，就舍不得退租，我的办公室永远也不会有空下来的时候。我的租金要比别人高出一些，然而还是一直供不应求，一切只因为我很喜欢他们的缘故。”

可能有人会挑剔说：“喔！山姆先生是一位百万富翁啊！当然负担得起这种慷慨施与的。”但是，山姆先生的慷慨，并不是他有了财富以后的结果，而是他所以能获得财富的原因。

几个月以前，大卫·史华兹的时间表上排定，仅有 90 分钟之隔，要分别到亚特兰大市与田纳西州的度假地演讲，这简直让他分身无术。但他未能及早发现这项错误，直到时间已经很紧迫了，只得接洽一架包机才能赶到。他当即决定去拜访他的朋友约翰先生，因为他拥有私人飞机，而且跟两家包机公司很熟。

大卫·史华兹开门见山地问约翰先生：“两家包机公司之中，要推荐哪一家？”他毫不犹豫地说：“约翰·古恩航线。”这真是一项非常大的人情负债，因此大卫·史华兹试图推辞。但是不管怎样，约翰先生就是不听，一直坚持要帮忙。他真的驾驶自己的飞机，把大卫·史华兹很顺利地载到目的地，而且没有要史华兹一分钱。

古恩先生一直在做这种“很难得”的傻事。他会把非常热门的足球比赛入场券赠给想看球赛的人；他经常从老远的地方搜购别致、特殊的礼品来馈赠朋友。

他这样做是否值得呢？回答是肯定的。约翰先生在他所从事的行业中赫赫有名，他的企业是全国最佳企业之一；而慷慨馈赠的做法，正是他所以能获得成功的关键因素之一。

想要多得到一些收获是人类本性的自然现象，而且也是很正常的。但是如果能采取倒向式的做法——像大部分有成就的人所遵循的“先施与，后收获”的做法，那就更为难能可贵了。

爱意味着风险和付出，而不是索取。当然，在真心付出之后，你一定会得到丰厚的回报。

3. 把爱献给他人

有一次，安东尼·罗宾乘飞机时坐在一个大学生旁边。那个大学生看上去似乎无所不知，可是在他们的交谈中，他每句话都带着“我”。

最后罗宾说：“你知道在这五百英里的空中旅程中，你讲了多少次‘我’吗？为什么不谈谈‘我们’呢？”

和他形成鲜明对比的是罗宾在芝加哥机场遇到的一个人。当时，大雪漫天，他们被困在那里已有两天了。有的人一天到晚地叫：“我要离开这里！我要去辛辛那提！”然而，就在这群人中间有一位妇女，她挨个走到带孩子的母亲面前说：“来，把孩子交给我吧！我要搞个幼儿园，给孩子讲个有趣的故事，您可以借这个机会喝口水、上厕所或是买些东西吃。”

共处一个场合，同被风雪所困，可人们为什么会有两种截然不同的态度呢？答案在于：是否有一个强烈的意识，一个为他人着想，努力使他人生活得更美好的意识。当你这样做了以后，你将会从中得到一种幸福和快乐。

在开始一天生活的时候应该提醒自己去爱他人，应该努力去发现世间美好的事物。那么，从外界的反映中，你将发现一个可爱的自我。假如在你即将离开人世的时候，身边没有一个人紧紧握着你的手，这说明你在一生中未曾伸出友爱之手去帮助他人。

学生们常来问牧师：“你总是讲要为他人做些什么，这到底是什么意思？”

有一次，一个叫吉尔的男孩子问牧师：“有什么可做的呢？”于是牧师把他带到离南加州大学不远的一个疗养院。面对那些躺在床上，两眼直视天花板的病人们，吉尔说：“我对老年医学一无所知，到这里来做什么？”

牧师对他讲：“你看见那边有位太太吗？走过去说‘你好吗’！”

于是，他坐下来和她谈了起来。吉尔惊讶地发现，她的学识是那样的渊博，灵魂是那样的高尚。她对生活、对爱、对于痛苦和不幸谈起来滔滔不绝，她甚至还谈到怎样努力以平静的心情去迎接死亡的来临。从此以后，吉尔向那位老太太及疗养院的其他人伸出了友爱的手，他们之间不断发生着感人的事情。一天，牧师看见吉尔带着三十多个老人从校园里走过——他们是去看足球赛的。难道还有什么比这更令人激动的吗？

有什么可做的呢？看看你的周围吧！在你身旁就有一个孤独的人需要得到爱的温暖，还有个态度不好的女售货员需要引导和鼓励。这些不都是可以去做的吗？这些虽然不是惊天动地之举，可是做与不做大不一样。

生活本身不是一个目标，而只是你走向某个目标的过程。目标的实现要靠一步一步地走，如果每一步都迈得扎实而有意义，这就意味着生活。

如果给爱下一个定义的话，唯一能够概括其全部含义的字就是生活。你一旦失去了爱，也就失去了生活。请加倍珍视自己的爱，用行动去表达自己的爱吧！

4. 充分信任是最好的爱

有一天，罗纳在一个不大熟悉的城市开车。他到达一个路口想往右转，可是交通灯却亮着红色，于是他停了下来。他还不大清楚那条可以在红灯时往右转的法律。况且例外的规定又太多，因此每逢在陌生地方开车，他总是弄不清楚在这种情形下是否可以往右转。

这时有辆车在他后面停下，闪着右转的指挥灯，罗纳从后视镜观望，正好和后面那驾驶人的目光相接。他用右手做出一个手势，然后点了两下头。

他用的不是什么标准手势，但罗纳完全明白他的意思。他绝没有暴躁的表示。他只是知道罗纳无所适从，指示罗纳可以往右转而已。

这并不是一件什么大不了的事情，但是很令罗纳感动。两个陌生人碰头，互相信任，然后又各走各路。善意和信任是互相牵连的，虽然我们也许可以没有善意，但却不能没有信任。坏人从我们身上偷走的最宝贵的东西，并不是金钱，而是信任，因此我们常常都互相猜疑。

罗纳在里面工作了20年的那幢大厦，现在门口有个守卫员，谁进去都要出示身份证明文件。这种情形在办公室和工厂中已越来越普遍。

罗纳讨厌这种新的不信任态度。这种态度无异假定人人都是坏人。在许多商店，你要将带来的购物袋暂时留下。你还没有进去，他们就先怀疑你是个小偷。

虽然确实有人顺手牵羊，可是许多人不愿去那些要顾客先把袋子留下的店铺。罗纳不信任他们，也不喜欢到那些以为别人是去偷东西的商店里逛。

最近，罗纳到一家五金店后面的房间里挑选了一些螺栓。“你要了几个螺栓？”坐柜台的老板问道。

“20个。”罗纳说。

“20乘以0.33美元，一共6.6美元。”老板说。他没有数那些螺栓，因为他信任罗纳。

罗纳相信，他店里失窃的东西，要比那些在门口要你把购物袋留下的店铺少。

充分的信任能提升人的自尊，对陌生人的信任是最基本的爱，也是最好的爱。

※ 用爱激发生活的热情、智慧和勇气

你如果要能“快乐地”去迎接每个日子，精神就必须有所寄托。你要将你的心灵寄托在一种事物上、一项工作上，从它们那儿，你

获得了生命的保证，知道了生命的定义，明白了你在这世界上不是空空地白走一趟，你的心中乃感到无限的快乐。

一位哲人指出：“爱是尘世的幸福，或是创造尘世幸福的力量。如果你的心灵枯萎了、死亡了，那么医治它的唯一药剂便是爱。爱的奇妙和伟大之处就在于它能激发人们生活的热情、智慧和勇气。”

约翰·肯尼迪竞选参议员时，有一天坐车到波士顿。他看到一位老妇人准备独自过街，就叫司机停车，下车向她自我介绍，又亲切地牵着她的手把她送过街。有人问他说：“你真想囊括全部的选票吗？”肯尼迪回答说：“选战如此激烈，要是以一票之差落选，然后回想，因懒得下车去帮助这位老妇人，你会觉得是什么滋味？”

肯尼迪帮助这位老妇人固然是出于多拉选票的目的，但是如果他心中没有温暖的爱心，也很难做出如此举动，或许，他竞选总统的成功正有赖于此。

人是渺小的，但爱的力量却无与伦比，强大时可以支配一切，改变一切。

它能够使苦变甜，使忧变乐，使无为变有为，使弱者敢于藐视强者，使孤独者乐于拥抱世界。

有所爱的人是有福的，因为他们的生活是有激情的，因为他们的心灵是有寄托的。怎么才能做到这一点呢？奥格·曼狄诺推崇的本杰明·J. 斯泰因的一篇文章《就试这么一天》，可供我们借鉴：

下一次出门去上班，不知这一天怎么过时，先别担忧。下定决心，采用一种全新的方式去处事待人，就试这么一天。积极乐观一点，你也许会使自己的所作所为有所改观。

就试这么一天，对同事尽量友善。把他们当作恩人来看待，好像你能留在这个岗位上工作全该归功于他们，因此幸得有他们做同事。

就试这么一天，不再吹毛求疵，挑剔别人。设法找出每一件事物的优点，并且找出每一个跟你一起工作的人值得称赞的优点。

就试这么一天，如果要纠正别人，就尽量以幽默示之，不要出言伤人；设身处地，就像要被纠正的人是自己。

就试这么一天，不要求自己所做的事都尽善尽美，也不再尝试打破纪录。称职地做好眼前的工作，不强自己所难。

就试这么一天，如果自己对工作胜任有余，那就不再不停地反躬自问：我的表现跟职位和酬薪是否相称？

就试这么一天，心存感激，庆幸自己活在这个社会和时代，无须在恶劣环境下做劳累讨厌的工作。为能在自由国度里工作而感恩不尽："在这个国家里没有人强迫我工作。"

就试这么一天，为自己有工作做，活得好而满心欣喜，庆幸自己不是在战壕里躲避枪弹，或是在医院里等待动手术。

就试这么一天，不去预期别人会如何对待你，不拿自己的酬薪地位跟别人比较——就因为你是你，所以你很高兴。

就试这么一天，不计较事情"对我有什么好处"，只想到在每件事情上你帮得了什么忙。

就试这么一天，下班后不再想今天做了些什么，还有什么没有做。反之，盼望傍晚到来，不管完成了什么都感到欣慰。

这些建议和想法都不复杂，更非天方夜谭。它们的好处是可以令你活得更有意义、更快乐。最重要的是，它们能使你心境平静，而这是你最珍贵的东西。如果你觉得自己的爱心和激情不够的话，就按上述建议去实践吧！

※ 对他人感兴趣就能够和别人愉快相处

卡耐基指出："通常我们说某某是一个注意力散漫的人，一般说来，就是指一个没有将心思放在这件事情上的人。染上这种毛病的人，一定无法与人很愉快地相处。因为这种人很可能昨天还对你表现得很亲切，今天见到你却已形同陌生人。或者是大家都在谈天的时候，他一句话也插不进来，但有时候却会突然想到一件事情，硬要将它插入大家的话题之中，这些都是精神不集中的表现。除此之外，还有一种可能就是，某件更重要的事情占据了他的心思，使他处于着魔状态。世界上确实有这样的人，例如牛顿就是一个明显的例子，但是，从天地造人到今天，像牛顿这样的天才毕竟只是极少数中的少数，因为大家都承认他是天才，所以他这么做还情有可原。但是，对我们常人来说，如果你不管四周有多少人，仍依旧沉溺在自己的思绪当中，不顾周围的人的情绪和需要，那么很快地，你就会被视为是一个动作迟缓的大笨蛋，到最后将因为你的不合群而被团体抛在外面了。”

维也纳著名心理学家亚佛·亚德勒，写过一本叫作《人生对你的意识》的书。在那本书中，他说：“不对别人感兴趣的人，他一生中的困难最多，对别人的伤害也最大。所有人类的失败，都出自于这种人。”

你也许读过几十本有关心理学的书籍，还没见到一句对你我来说更有意义的话，亚德勒这句话意义太深长了。

豪华·哲斯顿最后一次在百老汇上台的时候，卡耐基花了一个晚上待在他的化妆室里。哲斯顿，被公认为魔术师中的魔术师，前后 40 年，他到世界各地，一再地创造幻象，迷惑观众，使大家吃惊得喘不过气来。共有 6 千万人买票去看过他的表演，而他赚了几乎 200 万美元的利润。

卡耐基请哲斯顿先生告诉他成功的秘诀。哲斯顿的成功与学校教育没有什么关系，因为他很小的时候就离家出走，成为一名流浪者，搭货车，睡谷堆，沿门求乞，坐在车中向外看着铁道沿线上的标志，因而认识了字。

他的魔术知识是否特别优越？他告诉卡耐基，关于魔术手法的书已经有好几百本，而且有几十个人跟他懂得一样多。

但他有两样东西，其他人则没有。第一，他能在舞台上把他的个性显现出来。他是一个表演大师，了解人类天性。他的所作所为，每一个手势、每一个语气、每一个眉毛上扬的动作，都在事先很仔细地预习过，而他的动作也配合得分秒不差。除此之外，哲斯顿对别人真诚地感兴趣。他告诉卡耐基，许多魔术师会看着观众，对自己说："坐在底下的那些人是一群傻子，一群笨蛋，我可以把他们骗得团团转。"但哲斯顿的方式完全不同。他每次一走上台，就对自己说："我很感激，因为这些人来看我表演，他们使我能够过一种很舒适的生活。我要把我最高明的手法，表演给他们看看。"

他宣称，他没有一次在走上台时，不是一再地对自己说：

"我爱我的观众，我爱我的观众。"

卡耐基认为，哲斯顿的成功秘诀就是如此简单，那就是对他人感兴趣，这就是一位有史以来最著名的魔术师所采用的秘诀。

※ 请别人给你帮忙，使对方觉得自己重要

这是一个激烈竞争的世界，人们往往只想到自己的需要——而不会想到别人。尽力摆脱这种情况，并且多多替别人设想，那你将成为一个受人珍重的朋友。

卡耐基指出："请求对方帮一个忙，不但能使对方觉得自己重要，而且也能使你赢得友谊与合作。"他讲述了自己的一次经历：

初到一个海滨城市，有一次在暮色苍茫时，我要去一个自己没到过的郊区。前半截的路线我知道怎么走，可是下了公共汽车换乘另一路车时，我怎么也找不到另一路车的车站。

于是我走到一群下棋的本地老头面前，请教他们该怎么换车到我想去的地方。

没想到这么一问效果惊人。他们听出我是外地口音，而且是在快要天黑时往郊区走，就感到事关重大，于是就七嘴八舌地向我指点路线，连我下车后该怎么走都告诉了我。有一位老者为了这难得的机会而兴奋不已，站起来让所有的人都不要讲话了，他要独自享受这指示方向的快乐。

因为我要去的地方是一个军事基地，这些人听说我和这样的地方有关联，倍感能够有机会给我这样的人指路非常重要。那位站起来的老者还放下手中未下完的棋，专门把我送上了末班公交车。

建议你也试试这种方式，到一个陌生城市后，向一个地位低于你的人请教："不知道能不能请你帮我一个小忙，告诉我怎样才能到某个地方？"相信你会有一个良好的收获。

本杰明·富兰克林曾经运用这项原则，把一个刻薄的敌人变成了他一生的朋友。那时，富兰克林凭着自己的年轻才干，不但建立了一个小印刷厂，还当选为费城州议会的文书办事员。

可是，他的能干却招致了议会中另一位同样有钱又能干的议员的敌对。这位议员不但不喜欢富兰克林，还公开斥责他。

富兰克林觉得这样的一种情况非常不利于自己发展，他决心使对方喜欢自己，他听说对方图书室里存有一本非常稀奇而特殊的书，就写给他一封便笺，表示自己非常希望借来一阅。

这位议员马上叫人把那本书送了过来。过了大约一周，富兰克林把那本书还给议员，并附上一封信，表示非常感谢。

以后在议会里相遇的时候，这位议员居然一反常态，跟富兰克林打起了招呼，并且很有礼貌。自那以后，他随时都很乐意帮一帮富兰克林。他们二人成了很好的朋友，一直到他去世为止。

富兰克林是两百多年前的人了，而他所运用的心理方法，也即请求别人帮你忙的心理方法，对我们今时今世都还非常有效。

※ 牢记他人的名字是获得好感的简单方法

卡耐基发现，记住对方的名字，并把它叫出来，等于给对方一个很巧妙的赞美。而若是把他的名字忘了，或写错了，你就会处于非常不利的境地。

安德鲁·卡耐基被称为钢铁大王，但他自己对钢铁的制造懂得很少。他手下有好几百个人，都比他了解钢铁。可是他知道怎样为人处世，这就是他发大财的原因。他小时候，就表现出很强的组织才华和领导才能。当他10岁的时候，他就发现人们对自己的姓名看得很重要。而他正是利用这个发现，去赢得了别人的合作。

他孩提时代住在苏格兰，有一次，他抓到一只兔子，那是一只母兔。他很快又发现了一整窝的小兔子，但没有东西喂它们。可是他有一个很妙的办法。他对附近的那些孩子们说，如果他们找到足够的苜蓿和蒲公英喂饱那些兔子，他就以他们的名字来替那些兔子命名。

这个方法太灵验了，卡耐基一直忘不了。

好几年之后，他在商业界利用这一同样的人性的弱点，赚了好几百万美元。

当卡耐基和乔治·普尔门为卧车生意而互相竞争的时候，这位钢铁大王又想起了那个兔子的故事。

卡耐基控制的中央交通公司，正在跟普尔门所控制的那家公司争生意。双方都拼命想得到联合太平洋铁路公司的生意，你争我夺，大杀其价，以致毫无利润可言。卡耐基和普尔门都到纽约去见联合太平洋的董事长。有一天晚上，两个人在圣尼可斯饭店碰头了，卡耐基说："晚安，普尔门先生，我们岂不是在出自己的洋相吗？"

"你这句话怎么讲？"普尔门想知道。

于是卡耐基把他心中的话说出来——把他们两家公司合并起来。他把合作而不互相竞争的好处说得天花乱坠。普尔门专注地倾听着，但是他并没有完全接受。最后他问："这个新公司要叫什么呢？""以你的名字命名怎么样？”结果，他们达成了协议。

卡耐基这种记住并重视自己朋友和商业人士名字的方法，是他领导才能的秘密之一。他以能够叫出公司许多员工的名字为骄傲。他很得意地说，当他亲任主管的时候，他的钢铁厂未曾发生过罢工事件。

获得别人好感的既简单又重要的方法，就是牢记别人的姓名。善于记住别人的姓名，既是一种礼貌，又是一种情感投资。姓名是一个人的标志，人们由于自尊的需要，总是最珍爱它，同时也希望别人能尊重它。在人际交往中，记住别人的姓名可谓小事一桩，但往往能收到始料未及的效果。

※ 倾听对方的心声是诚待别人的一个重要方面

卡耐基说：“如果希望成为一个善于谈话的人，那就先做一个专注倾听的人。”善于倾听别人的心声，也是诚待别人的一个重要方面。

一说到口才，人们往往会说：口若悬河、滔滔不绝。当然，这是一种口才，但口才绝不止这些。有时倾听对方讲话也是口才的体现。

但你却随处可见，许多人没有耐心听别人讲话，因为他们是“事业家”，是“大忙人”，生活节奏很快。不能否认，现代社会竞争激烈，一个想成功的人要做的事太多，整天往往是疲于奔波。因而时间一久，性情也变得急躁，对“倾听”显得腻烦，甚至别人刚一启齿，还未等到对方把话说到正题上，就会予以否定，一口咬定不行，然后以十分武断的口气阐述自己的观点。这类人往往是想通过“短、平、快”的方式，以雄辩的口才显示自己的能力，在公开场合打下根基。但这样做的结果，表面看目的好像达到了，事实上却得不到别人认同，无法建立真正的友谊，达到心灵的沟通。

卡耐基发现，在事业上有成就的杰出人物，往往善于倾听他人的意见。如果有人当真忙得无暇顾及倾听他人的意见，那么至少可以肯定地说，这个人不会合理安排时间；或者说是这个人心胸狭窄，听不进他人的意见，到头来反而只能落得孤家寡人的处境。事实上，那些善于倾听别人意见的人，总是宾客盈门、朋友众多。因为人们总是喜欢与尊重别人、平易近人的人交往。假如你想成为一位善于交谈的人，那就应当先成为一位善于专心听别人讲话、鼓励别人多谈他自己成就的人。

你认真地去倾听对方的讲话，就会使对方知道，你是把他们当做你感兴趣的人来看待的，向他们传递了这种信息，或许这就是你能赋予对方的最珍贵的礼物了。当对方因为你的倾听而得到鼓励时，不仅讲述了他所高兴的事，同时也接受了你的情感。倾听对方谈话这一行为，与雄辩的高谈阔论相比，可谓朴实无华，然而它的效果却很神奇。并且，你在认真倾听对方讲话时，也可以从对方讲话中得到知识，可以集中更多的人的智慧。

卡耐基曾讲述过一个有趣的故事。有一次，卡耐基在纽约书籍出版商齐·马·格林伯格举行的晚宴上结识了一位著名的植物学家。他以前从来没有和植物学家交谈过。后来，卡耐基写下了这次交谈的经历：

“我发现此人非常有魅力。老实说，我是恭恭敬敬地坐在椅子上听他讲述印度大麻和室内园艺的事。他还跟我讲了关于那些不屑一顾的土豆的事。我自己也有一个小小的家庭苗圃——他还善意地指导我如何解决我遇到的一些问题。正如我所说的，我们是在参加一个晚宴，那里当然有几十位客人，但是我违背了所有的客套礼俗，对其他客人好像视而不见，只是一个劲地同那位植物学家一连谈了好几个小时。

“午夜来临，我同所有的客人道了晚安之后就离开了。那位植物学家转过身去对主人说了几句恭维我的话，说我‘最富于魅力’，说我如此如此，这般这般。最后，他说今晚和我聊得很带劲，度过了一个愉快的晚上。”

卡耐基后来回忆说：“天哪！我几乎什么都没有说。”

一个在三个小时内几乎什么话都没有说，竟然会成为很投机的交谈伙伴，实在出人意料，但事实上又在情理之中。从植物学家来看，卡耐基是把他作为意气相投的话友；而从卡耐基来看，他本人只是一名忠实的听众，只是不断地鼓励他说话。卡耐基告诉那位植物学家，他受到了极好的款待和极大的收益——事实上也是这样，他希望从植物学家那里获得所有的那些知识。

倾听对方谈话，有时会很容易得到对方的信任和好感。善于倾听会使对方心情愉快，会换来对方的理解、信任和欢乐，会使对方吐露出内心的苦恼或喜悦，最重要的，它还能使说话者感觉到自身价值的存在。俗话说：“会说的不如会听的。”只有善于倾听他人谈话，才能更准确地把握谈话者的意思、流露出的情绪、传播出的信息，更好地促使对方继续谈下去。

※ 让你的朋友表现得比你更优越

安德鲁·卡耐基是美国的钢铁大王，他白手起家，既无资本，又无钢铁专业知识和技术，却成为举世闻名的钢铁巨子，这当中充满着神奇的色彩，使许多人迷惑不解。

有一位记者好不容易才令卡耐基接受采访，他迫不及待地劈头问：“您的钢铁事业成就是公认的，您一定是世界上最伟大的炼钢专家吧？”

卡耐基哈哈大笑地回答：“记者先生，您错了。炼钢学识比我强的，光是我们公司，就有两百多位呢！”

记者诧异道：“那为什么您是钢铁大王？您有什么特殊的本领？”

卡耐基说："因为我知道如何鼓励他们，使他们能发挥所长为公司效力。"

确实，卡耐基创办的钢铁业是靠其一套有效发挥员工所长的办法取得发展的：卡耐基的钢铁厂因产量上不去，效益甚差。卡耐基果断地以100万美元年薪，聘请查理·斯瓦伯为其钢铁厂的总裁。

斯瓦伯走马上任后，激励日夜班工人进行竞赛，这座工厂的生产情况迅速得到改善，产量大大提高，卡耐基也从此逐步走上钢铁大王的宝座了。

可见，卡耐基是十分聪明的，如果他自命是最伟大的炼钢专家，那么，至少会导致一些水平与其不相上下的专家不肯为其效力，即使是斯瓦伯这样的管理专家，也不会被看重使用，而人们也不会如此敬仰卡耐基了。

法国哲学家罗西法古说："如果你要得到仇人，就表现得比你的朋友优越吧；如果你要得到朋友，就要让你的朋友表现得比你优越。"

为什么这句话是事实？因为当我们的朋友表现得比我们优越，他们就有了一种重要人物的感觉；但是当我们表现得比他们还优越，他们就会产生一种自卑感，造成羡慕和嫉妒。

纽约市中区人事局最得人缘的工作介绍顾问是亨丽塔，但是过去的情形并不是这样。在她初到人事局的头几个月当中，亨丽塔在她的同事之中连一个朋友都没有。为什么呢？因为每天她都使劲吹嘘她在工作介绍方面的成绩、她新开的存款户头，以及她所做的每一件事情。

"我工作做得不错，并且深以为傲，"亨丽塔对卡耐基说，"但是我的同事不但不分享我的成就，而且还极不高兴。我渴望这些人能够喜欢我，我真的很希望他们成为我的朋友。在听了你提出来的一些建议后，我开始少谈我自己而多听同事说话。他们也有很多事情要吹嘘，把他们的成就告诉我，比听我吹嘘更令他们兴奋。现在当我们有时间在一起闲聊的时候，我就请他们把他们的欢乐告诉我，好让我分享；而只在他们问我的时候，我才说一下我自己的成就。”

苏格拉底也在雅典一再地告诫他的门徒：“你只知道一件事，就是你一无所知。”

无论你采取什么方式指出别人的错误：一个蔑视的眼神，一种不满的腔调，一个不耐烦的手势，都有可能带来难堪的后果。你以为他会同意你所指出的吗？绝对不会！因为你否定了他的智慧和判断力，打击了他的荣耀和自尊心，同时还伤害了他的感情。他非但不会改变自己的看法，还要进行反击，这时，你即使搬出所有柏拉图或康德的逻辑也无济于事。

永远不要说这样的话：“看着吧！你会知道谁是谁非的。”这等于说：“我会使你改变看法，我比你更聪明。”——这实际上是一种挑战，在你还没有开始证明对方的错误之前，他已经准备迎战了。为什么要给自己增加困难呢？

有一位年轻的纽约律师，他参加了一个重要案子的辩论。这个案子牵涉到一大笔钱和一项重要的法律问题。在辩论中，一位最高法院的法官对年轻的律师说：“海事法追诉期限是6年，对吗？”

律师愣了一下，看看法官，然后率直地说：“不。庭长，海事法没有追诉期限。”

这位律师后来说：“当时，法庭内立刻静默下来。似乎连气温也降到了冰点。虽然我是对的，他错了，我也如实地指了出来。但他却没有因此而高兴，反而脸色铁青，令人望而生畏。尽管法律站在我这边，但我却铸成了一个大错，居然当众指出一位声望卓著、学识丰富的人的错误。”

这位律师确实犯了一个“比别人正确的错误”。在指出别人错了的时候，为什么不能做得更高明一些呢？

德国人有一句谚语，大意是这样的："最纯粹的快乐，是我们从那些我们的羡慕者的不幸中所得到的那种恶意的快乐。"或者，换句话说："最纯粹的快乐，是我们从别人的麻烦中所得到的快乐。"

是的，你的一些朋友，从你的麻烦中得到的快乐，极可能比从你的胜利中得到的快乐大得多。因此，我们对于自己的成就要轻描淡写。我们要谦虚，这样的话，永远会受到欢迎。

※ 在职场一定要努力控制好自己的情绪

卡耐基说："每个人的情绪都会时好时坏。学会控制情绪是我们成功和快乐的要诀。"

托尼在美国中部一个大制造公司做了四年的人事官员，他有一个体面的心理学学位。他自称适度自信，性格外向，对自己的生活道路大体上是乐观的，工作顺利，婚姻幸福。然而他却常常陷入一种莫名的不快中。他承认："我总觉得自己失去了什么。我在工作中并不很受欢迎，因为我对同事们从没有真正的亲密感。或许在内心深处我不相信任何人。即便跟妻子琼在一起，我大多数时候也是小心谨慎。当有人直截了当地问有关我自己的问题，我通常闪烁其词。作为人事官员，我需要人们的支持和信任。但我感觉他们有点儿躲着我，甚至提防我。或许他们是在回报平日里我对他们的喜怒无常和神经质吧。"

托尼的想法没有错，恰恰是因为他不善于控制自己的情绪，喜怒无常，让人觉得他有神经质，同事们才躲着他。

类似的例子在生活中并不乏见：

安娜是一个办公室的管理人员，具有丰富的工作经验，为其组织中相当数量的办公室成员承担着广泛的责任。她同丈夫离婚了，与十多岁的儿子和女儿住在一起。她的烦恼是："我总是无法克制地经常向别人发脾气，虽然事后常常后悔，但又总也控制不了自己的恶劣情绪。我们办公室的职员流动相当快，所以对大多数的人很难有真正的了解，而我周期性地与这样或那样的人发生口角。我试图强硬些，也试图亲切愉快些，可什么都不管用。如果我粗暴强硬，他们就怨恨不满并予以回击；而如果我态度可亲，他们又觉得我软弱可欺，想趁机利用我。我在家里的问题也无法解决，我的孩子们都怨我把时间和精力放在工作上，这使我感到我令他们失望了。但更令我自己失望的是，我即便付出这么多的代价，却仍然得不到同事们的理解和拥戴。我曾失落至极，认真考虑过辞职。可是我在个人生活上已感觉失败，如果现在辞职，那么我在职业上也失败了。”

那么错在哪里呢？托尼与安娜显然都是成功的职业人员，他们的工作涉及操纵其他同事并又离不开他们的支持和拥护，他们要么有不错的学位和职位（像托尼），要么有长期的工作经验（像安娜），可显然他们却都不觉得对工作驾轻就熟。而他们的共同症结就在于不能信任同事、尊重同事，无法良好地管理、控制自己的情绪，结果既伤害了自己，又得罪了他人。

这个世界上类似的人物并不少见。许多职业人员都容易有这样的感觉：所以如果事情搞糟了，那就一定是别人的过失。不过托尼和安娜有一点比许多具有同样问题的人胜过一筹，那就是他们认识到事情并不如意，而过失或许在他们自己。

人与人之间的情绪是会互相感染的，有时自己控制得还不错的情绪，一下子就被别人破坏了，而别人的情绪也常常被自己“染污”。问题是谁都讨厌无故伤害别人情绪的人。哪怕他是为了工作，为了“正事”。控制好自己的情绪，专心配合领导、同事的工作要求，从而制造了一个轻松、合宜的气氛，既有利于同事也表现合理的情绪，也无疑会令自己受欢迎，实在是聪明者不可不为的行为。

※ 在生活里左右逢源，需要不同层次的人的支持

曾有一位百万富翁的办公室，设在第一国家银行大厦的二楼。当他要上二楼时，他会乘坐电梯；下楼时，则利用楼梯。

他是个傲慢的人，过去曾经贫穷，后来白手起家；他是个自力更生的人，也为自己的成功感到骄傲。

他每月按时缴房租，但对于那些管理升降机、高吊在行人道上擦窗户以及烧锅炉的人，根本不屑一顾。在过圣诞节的时候，也不会给他们一只火鸡，或一点小费。

大厦有一位打扫楼梯和大厅的穷妇人，他常常从她身边经过，但直到最近才意识到她的存在。他的头向来抬得很高，心里想的尽是怎样赚更多的钱。

有一天他从办公室出来，要走下楼梯。

清洁女工正站在楼梯中央，她从最上面开始检查楼梯是否干净。在最上面的一级阶梯有一处地方被水弄湿了，而且放着一大块肥皂，百万富翁正巧踩在上面。

富翁踩在肥皂上面的那只脚向东方日出的地方滑过去，另一只脚则快速向日落的方向滑过去。后来他跌坐在楼梯的最上一级，却没有停止在那里，他开始往下滑，但滑下的方式却非他所预料，每滑一级，楼梯便发出如同打鼓般的一声闷响。

清洁妇礼貌地站在一旁，任他往下滑。

最后他由底层站起来，自忖是否应当走回大厦办公室，要求开除该名清洁女工；但他想到一旦把要求开除她的理由说出来，必会在这大厦的其他人中间传为笑谈。于是他没有说话。

但从那天起，他开始注意那位清洁女工，带着慎重的态度走过她身旁。

没有人高贵或威严到可以忽略周围的任何人的地步。因为一位卑微的清洁女工和一块普通的肥皂，就能令一位大人物的心思立即

脱离他的事业而产生烦恼。

《圣经》上说，有个人招待了一群客人，等客人离去，才发现他们原来是上帝派来的使者。从此做父母的就教导孩子们说，碰到衣衫破烂或长相丑陋的人，切不可怠慢，而要帮助他，因为他可能是天上的仙人。

卡耐基经常讲述这样一个故事：

那是一个刮风的雨夜，一家旅店来了一对上了年纪的夫妇。他们行李简陋身无长物。那男的对旅店伙计说："别的旅店全客满了，我俩在贵处借住行吗？"

年轻的伙计解释说："城里同时在开三个会，所以全城到处客满。不过我也不忍心看你们二位没个落脚处。这样吧，我把自己的床让给你们——我自己？不碍事，在柜上搭个铺。"

第二天早上，老人付房钱时，对伙计说："年轻人，你当得了美国第一流旅馆的经理，兴许过些日子我要给你盖个大旅馆。"

伙计听了，开怀大笑。

两年过去了。一天，年轻人收到了一封信，信里附着一张到纽约去的双程飞机票，约请他回访他两年前那个雨夜里的客人。

年轻人来到了车水马龙的纽约，老人把他带到第五大街和三十四街交会处，指着一幢巍然大观的高楼说："年轻人，这就是为你盖的旅馆，请你当经理。"

这位当年的年轻人就是现今纽约首屈一指的奥斯多利亚大饭店的经理乔治·波尔特，那位老人则是威廉·奥斯多先生。

所以你瞧，我们该好生帮助那些向我们求助的陌生人，因为褴褛衣衫的后边可能有一对天使的翅膀呢！而且，退一步说，即使他们真是落魄的穷苦人，又有什么关系呢？不要忘了，要想在生活里左右逢源，需要不同层次的人的支持。

※ 冷淡和不显露感情不是成熟的标志

著名作家哲斯特顿说过，最无聊的畏惧是怕伤感多情。我们因为怕人批评自己脆弱，就用一副老于世故的外表来掩饰我们的感情。心里想说的是“感激万分”，口头上却只是轻轻一声“谢谢”；心中的感想是“此时一别，思君为劳”，但是表现出来的只是挥手“再见”。

许多人以为冷淡和不显露感情为成熟的标志。实际上，压抑着情怀，就像是生活在一个没有花，没有音乐，或是没有炉火温暖的世界中。因为我们有感情，所以向朋友和邻居伸出友谊的手，扩大我们认识和友谊的圈子；因为有感情，才能成功地建立婚姻和家庭。婚姻必须有感情，就像是做生意必须有信誉。那是一种不可捉摸的因素，却比任何实际条件更有价值。温情从不会破坏婚姻。与之相反，平实淡漠很容易使婚姻瓦解。

差不多每种有益于人类的进步，都有某一个人的感情力量为推动力。发现胰岛素的班亭医生，出身加拿大农家，小时候有个亲密朋友名叫珍妮，和他一起打球、爬树、溜冰、赛跑。有年夏天，珍妮忽然不能和他玩了。她的“血中有糖”，竟至不起。班亭始终耿耿于怀。后来他学成行医，立志济人。因为他对她有那一份情感，今日千百万糖尿病患者才得以生存。

只有小人才怕暴露真实的感情。而有所作为的人对内心的温情毫不掩饰，恰似对美好的事物或美好的生活一样。诗人爱默生的娇妻去世，他每天到她坟上去凭吊，两年如一日。他是一代文坛伟人，可是听他讲演的人都有亲切无拘之感。一个村妇在听他讲演之后说：“我们都是思想简单的人，可是我们听得懂爱默生先生的话，因为他直接对我们的心说话。”

大人物都不怕真情流露，我们为什么要怕？之所以怕，是因为我们从小就局限在生活的框框里长大。我们说：在事业上不宜动感情；科学没有感情；甚至对自己也不可温柔多情。我们一定要把自身中最温暖最好的一部分压住藏起，这做法实在是太没有价值了。

我们怎样才能使感情蓬勃？怎样才能恢复似已消失的深情？

首先要问问自己。下次你再要抑制温暖和蔼的情绪时，应该反躬自问：我为什么要压制真情？我怕的是什么？这样做，是出于真诚，是故作老于世故，还是怕人误会？当然，过分的流露感情并不可取，但更重要的是排除猜忌怀疑，不故作老辣，应对生活中亲切感人之事有所反应。

也许我们的最大困难是没有空闲。分秒必争的紧张气氛与温柔的情怀格格不入。实际上，抽出一些时间来做那些“看来没有实际价值”的小事，却往往能够美化我们的生活。例如给昨天刚见过面的朋友写一封问候道谢的信，或是送人一点小礼物表示“怀念你”。

第三章　得体处世，用思想的力量塑造自己

要想生活得自如，就必须有一种深入学习的欲望，一种强烈的提高你的为人处世和社会交际能力的渴望。

——戴尔·卡耐基

在你过去的生活中，你伤害过谁，也早已忘记了，可是被你伤害的那个人却永远不会忘记你。他绝不会记住你的优点，而是记住你对他的伤害。

——戴尔·卡耐基

天下悲哀的人莫过于本身没有足以炫耀的优点，却又将其可怜的自卑感，以令人生厌的自大、自夸来掩饰。

——戴尔·卡耐基

※　处世之道是后天可以学习的技巧

卡耐基认为，处世之道是后天养成的技巧，可以越练越精。就像有礼貌一样，是可以学的。

哈蒙·蕾莉指出："任何事情的失败，常常都可以归结为与他人打交道的失败。"缺乏交际能力的人，注定将与成功无缘。那么，怎样与人愉快相处，维系良好的人际关系呢？

1. 爱是无技巧的技巧

卡耐基在他的《交际成功奥秘》一书中写道："不管是屠夫，或是面包师乃至宝座上的皇帝，统统都喜欢别人对我们表示好意。拿德国皇帝来说，当第一次世界大战结束时，他成了万恶不赦的罪人。在愤怒的人民中，却有个寡妇的小孩子写了一封非常单纯的信

给他。这个小孩说，不管别人怎么样想，他会爱戴他的皇上。德皇深受感动，邀请这个孩子去做客。小孩去了，她母亲也同行，德皇与孩子的母亲竟然成婚。”

俗话说：爱人者，人恒爱之。一个爱人的人，必能得到他人的爱。广施爱心，必能广得爱的回报，人际交往就会非常成功。法国画家夏尔丹说：“人类在探索太空，征服自然后，终将会发现自己还有一股更大的力量，那就是爱的力量，当这天来临时，人类文明将迈向一个新纪元。”爱，是无技巧的技巧，是开发交际能力的根本技巧，其他的技巧都派生于“爱”这一根本技巧。

2. 人情是一张支票

每一个人的成功，都是以帮助他人为基础建立起来的。养成乐助人、广助人的习惯，会给自己带来更多的机遇和发展的空间。偶然中帮助一个人，有时候很可能会给你带来难以想象的回报。美国有一本很畅销的小说《教父》，其中有这样一个故事：

一位殡仪馆老板的女儿受到流氓的欺侮和殴打，法庭的判决对流氓毫发无损。在求助无门的情况下，殡仪馆老板硬着头皮去请求黑社会老大“考利昂老头”的帮助。考利昂毫不犹豫地出面替他们出了气，而不求回报。在日后的紧要关头，殡仪馆老板帮了他的大忙。

可见，助人，就是助己。人情是一张支票，储蓄越多，收获越大。要充分开发交际能力，就必须做到乐于助人。

3. 对别人抱以亲切、友善的态度

态度，是人对某事物的心理倾向，它是内心世界的核心。没有内在态度的改变，外在的改变是不可能发生的。就算外在可以改变，改变得也不会理想。改变他人态度的奥秘，就在于首先改变自己的态度。

态度是互动的。《圣经》上说：“你如何待人，人如何待你。”人们总是根据对方的态度来采取相应的态度。你对别人抱以亲切、友善的态度，那么对方就会回敬你同样亲切、友善的态度。态度的体现不过是一个微笑、一个眼神、一个动作、一句话……然而，它却有着极大的魔力。

※ 在生活中要避免犯自毁前途的错误

史蒂芬·马克是个有成就的人。毕业于哈佛大学的他，36岁时已成为福克斯电视台和福克斯新闻处的总裁。但去年夏天，马克的事业忽然翻船。因为抢了上司的风头，使上司大失面子，他突然被通知“下岗”了。

为什么像史蒂芬·马克这样的聪明人会干这样的蠢事？搞清聪明人为什么会犯自毁前途的错误，有助我们避免重蹈覆辙。以下是卡耐基总结的聪明人干蠢事的几点缘由：

1. 骄傲自大

聪明人总是比一般人多知道些事情。因此，很容易就会以为自己无所不知。

数年前，有人揭发名校斯坦福大学要纳税人负担一些与政府研究工作无关的开支，例如买了一艘22米长的游艇，以及为大学校长唐纳德·肯尼迪的新夫人举行了一个欢迎酒会。可是肯尼迪不认错。他承认曾用公费支付一些“间接研究费用”，包括购买餐巾、桌布以及在他住宅里举行一次晚宴的开支。他还说：“我甚至可以理直气壮地说，这屋里每一朵花都应该用间接研究费用来购买。”

肯尼迪用这种狂妄态度处理这宗引起公愤的事，结果是自掘坟墓。“他似乎认为他做的每一件事都是完全正当的——因为是他做的。”斯坦福大学里一个熟悉内幕的人说。不到几个月，肯尼迪宣布辞去校长职务。

2. 孤立无援

一个人如果特别聪明，那么他会从小就容易离群孤立。聪明的少年会觉得自己和其他儿童格格不入，于是很自然地会物以类聚，只和别的聪明少年交往。这种现象也会在公司里发生。

聪明人多半只喜欢和其他聪明人在一起，那本来是好事；可是，当这些人开始倚靠聪明，排斥经验，大事就不妙了。

危险之一就是不愿意承认有改变的需要。当一班聪明人一致同意了一个计划，他们会对这个计划坚持到底，即使其他人都已看到方向错误，他们也不会回头。

要和别人合作顺利，听取别人的意见是非常重要的。可是，有些聪明人因为对思想比他们慢的人不耐烦，不愿听取别人的意见。而这种不耐烦，可能是危险的陷阱。

某规模庞大的饮品制造公司的市场推广主管聪明又能干，但是他负责推销的一种新饮品在市场上反应冷淡。后来，他的上司发现他的下属曾向他提出许多忠告，但他一概置之不理。他的解释是：“无能的主管才会听下属的意见。”他的事业不久之后就走了下坡路。

3. 不顾后果

聪明人脑子里总是在想：“我的下一个高招……”由于他们老是觉得自己无所不知，这些聪明人都喜欢行险招，结果往往是聪明反被聪明害。

4. 过分好胜

许多聪明人都不了解一个简单的事实：在这方面胜人一筹，并不等于在另一方面也一定能成功。

许多有杰出成就的聪明人都会从别人的一些因骄傲而铸成的大错中取得教训。他们愿听别人的意见，不会目空一切。他们积极征求下属的建议，知道自己的弱点在哪里。

美国的萨姆·沃尔顿是一位商界奇才，把一家卖廉价商品的铺子发展成为有550亿美元资产的沃尔玛集团。他的成功之道是不把自己关在总部里面。他常常坐他自己的飞机到全国各地巡视各分店，听取“合作者”的意见，甚至向顾客赠送巧克力花生糖。沃尔顿的谦虚是他成功的一个重要因素。

哈罗德·丁克尔在39年的教书生涯中注意到一件事。他说，进入社会后取得杰出成就的学生，几乎没有一个是从前在学校里成绩最优异的学生。其中一个原因是那些聪明学生会犯愚蠢的错误而自毁前程。但更重要的原因是：那些成功的人知道，如果你只是第二名，就要加倍努力。

※　有可能造成不必要的分歧时就该保持沉默

卡耐基说：“尽管大多数人直言不讳的时候太少而不是太多，但有时候还是不说为妙。”

有些问题根本就不值得提出来，你也不希望大动干戈地把小分歧变成大冲突。花费时间和精力纠缠于非常小的分歧是不明智的，特别是那些不大可能会影响人们工作质量或者那些你很可能在一周或一月后就忘记的分歧。如果冲突只涉及不重要的关系，或者不会持续很久，那就不一定非讲出来不可。尽管你可能错过因为表示不同意见而带来的创造力和学习的机会，但你不必担心制造出悬而未决的分歧把关系破坏掉，从而造成额外的损失。

即使分歧非提出来解决不可，也有个时机问题。例如，如果你在面临迫在眉睫的截止时限时向你的老板提出新的棘手的问题，可能就会徒劳无益；非提出来的问题对手头的工作非常重要，并且确实有足够的时间来解决这个问题。因此，等到过了这段紧张时间，人们能集中精力研究你必须说出来的问题时再提出问题，也许是最佳的选择方案。

此外，当你自己或他人的情绪正在火头上的时候，最好对分歧闭口不谈，从长远来说这是有益的。如果你跟同事刚发生争吵，你们两个人的情绪都很激动，那就等以后你们都冷静下来、能够心平气和地讨论问题的时候，再安排时间交谈。只有在那个时候，你们才能进行有实质意义的讨论，而不是相互指责。但是，如果你推迟难度很大的交谈，一定不要无限期地推迟。否则，那些没有解决的分歧一定会重新找到你头上。

什么问题必须讨论，或者最好在什么时候讨论，并没有一成不变的规则，而是必须依靠自己的判断。重要的是，你的心态应当转变：从问“现在是不是难得的应当实话实说的时候”，转变为问“现在是不是难得的应当保持沉默的时候”。

※ 不掩饰自己的真情，更真实地生活

天性开朗、热情、奔放的人根本就没有必要去追求少年老成的效果，以至于制造出一副扭曲的性格，它比肢体的残疾更要令人悲哀。装出一副老于世故的外表和麻木不仁的面孔去迎合某种观念和大众化的口味，是脆弱、怯懦的表现。走出自我封闭的圈子，注意倾听自己心灵的声音并大胆表现它是美好和幸福的。当我们要压抑自己的感情，想把它封闭起来时，我们有必要反躬自问：我怕的是什么？我为什么不能更自由、更真实地生活在世界上，而不是在面具里？

有所作为的人从不掩饰自己的真情。罗斯福会发出孩子般爽朗的笑声；丘吉尔会为了区区小事就大失身份地和自己的男仆争吵起来；列夫·托尔斯泰听柴可夫斯基弹琴时当众流出了泪水；大书法家米芾给友人写信写到“芾再拜”时，竟恭恭敬敬地站起身来，向桌子拜了下去。用世俗、功利的眼睛又怎么可能解释心中的热情？

美国总统罗斯福的夫人艾莲娜有一次犹豫不决，下不了决心是否去做某件事，她向经济学家巴鲁克请教：“我的头脑叫我去做，

可我的心叫我不要做。”巴鲁克的忠告是：“有疑问时，遵从你的心。如果因为遵从你的心而做错了事，不会觉得太难过。”

卡耐基说：“为了你生活得更快乐、更有意义，请你摘下成年人的脸谱，重新审视你的内心吧。”具体可参考如下建议：

1. 信任他人

如果你对新结识的人表现冷淡，这往往意味着你对人的信任感和孩子般天真的直觉已被自我封闭的重压毁灭了。那么，你就不会从你周围的人们中获得乐趣。这时，你应该放松自己紧张的生活节奏，不妨和初次见面的人打招呼；或者在你常去买东西的小店里和售货员聊聊；或者和刚结识的新朋友一道参加郊游。努力寻找童年时交友的感觉，信任他人和你自己，而不要每时每刻都疑窦丛生。

2. 学会对自己说“没关系”

孩子们经常发出无缘无故的笑声，他们的烦恼从不闷在心里。我们常常会被生活中各种各样伤脑筋的事压得两腿打战。其实，生活中果真有那么多的烦恼吗？许多事并没有什么大不了的，只是我们把它放大了而已。我们要学会对自己说“这没关系”，这样，我们的生活里就会常常充满开怀的笑声。

3. 顺其自然地去生活

不要为一件事没按计划进行而烦恼，不要为某一次待人接物礼貌不够周全而自怨自艾。如果你对每一件事都精心策划，以求万无一失的话，你就不知不觉地把自己的感情紧紧封闭起来了。你已经忘记了自己小时候是一副什么样子。应该重视生活中偶然的灵感和乐趣，快乐是人生的一个重要的价值标准，有时能让自己高兴一下就行，不要整日为了一个明确的目的、为解决某一项难题而奔忙。

4. 不要为真实的感情梳妆打扮

如果你和你的挚友分离在即，你就让即将涌出的泪水流下来，而不要躲到盥洗室去。为了怕人说长道短而把自己身上最有价值的一部分掩饰起来，这种做法没有任何道理。生活中许许多多的事都是这样，遵从你的心，听取你心灵的声音，正如巴鲁克教授所说，这样即使做错了事，我们也不会太难过。

※ 主动认错，更巧妙地解决问题

卡耐基常常带着他的爱犬雷斯到附近的森林公园去散步。

有一天，他们在公园遇见一位骑马的警察，这位警察好像迫不及待地要表现出他的权威：“你为什么让你的狗跑来跑去，不给它系上链子或戴上口罩？”他呵斥卡耐基，“难道你不知道这是违法的吗？它可能在这里咬死松鼠，或咬伤小孩。这次我不追究，但假如下回在公园里我看到这只狗还没有系上链子或套上口罩的话，你就必须跟法官解释啦。”

卡耐基客客气气地答应照办。

卡耐基的确想照办，可是雷斯不肯戴口罩。一天下午，雷斯和卡耐基在一座小山坡上赛跑，突然卡耐基看到那位执法大人，骑在一匹红棕色的马上。雷斯跑在前头，直向那位警察冲去。

卡耐基这下栽了。他知道这点，所以他决定不等警察开口就先发制人。

卡耐基说：“警察先生，这下你当场逮到我了。我有罪。我没有托词，没有借口了。你上星期警告过我，若是再带小狗出来而不替它戴口罩你就要罚我。”

“好说，好说，”警察回答的声调很柔和，“我知道在没有人的时候，谁都忍不住要带这么一条小狗出来溜达。”

“的确是忍不住，”卡耐基回答，“但是这是违法的。”

“像这样的小狗大概不会咬伤别人吧？”警察反而为卡耐基开脱。

“不，它可能会咬死松鼠。”卡耐基说。

“哦，你大概把事情看得太严重了，”他告诉卡耐基，“我们这样办吧，你只要让它跑过小山，到我看不到的地方，事情就算了。”

人，很多时候都是善良的。面对一些矛盾和问题，只要我们巧妙地进行处理，自主地去解决问题，就能获得别人对你的同情、理解和帮助。

“你要是知道有某人想要或准备责备你，就自己先把对方要责备你的话说出来，那他就拿你没有办法了。在这种情况下，十之八九他会以宽大、谅解的态度对待你，忽视你的错误。”

费丁南·华伦，一位商业艺术家，他使用这个技巧，赢得了一位暴躁易怒的艺术品顾主的好印象。

“精确，一丝不苟，是绘制商业广告和出版品的最重要项目。”华伦先生事后说。

“有些艺术编辑要求我们立刻完成他们所交下来的任务，在这种情形下，难免会发生一些小错误。我知道，某一位艺术组长总是喜欢从鸡蛋里挑骨头。我离开他的办公室时，总觉得心里不舒服，不是因为他的批评，而是因为他攻击我的方法。最近我交了一件很急的完稿给他，后来他打电话给我，要我立刻到他办公室去，说是出了问题。当我到他办公室之后，正如我所料——麻烦来了。他满怀敌意，终于有了挑剔的机会。在他恶意地责备我一顿之后，正好是我运用所学自我批评的机会。因此我说：‘某某先生，如果你的话不错，我的失误一定不可原谅。我为你工作了这么多年，实在该知道怎么画才对。我觉得惭愧。’他立刻开始为我辩护起来，‘是的，你的话并没有错，不过毕竟这不是一个严重的错误。只是——’我打断了他说：‘任何错误，代价可能都很大，叫人不舒服。’他开始插嘴，但我不让他插嘴。我很满意，有生以来我第一次在批评自己——我真喜欢这样做。

“我接着说：‘我应该更小心一点才对，你给我的工作很多，照理应该使你满意，因此我打算重新再来。’‘不！不！’他反对起来，‘我不想那样麻烦你。’他赞扬我的作品，告诉我只需要稍微修改一点就行了，又说一点小错不会花他公司多少钱，毕竟，这只是小节——不值得担心。

“我急切地批评自己，使他怒气全消。结果他邀我同进午餐，分手之前他开给我一张支票，又交代给我另一件工作。”

一个人有勇气承认自己的错误，也可以获得某种程度的满足感。这不仅可以消除罪恶感和自我卫护的气氛，而且有助于解决这项错误所制造的问题。正如戴尔·卡耐基所说：如果你是对的，就要试着温和地、有技巧地让对方同意你；而如果你错了，就要迅速而热诚地承认。这样做，要比为自己争辩有效和有趣得多。

如果你做错了事，又想把事情圆满地解决，请记住：如果你错了，就立即承认。

※　强调彼此的共同点，寻求双赢的解决之道

卡耐基说：“与别人交谈，不要先讨论你们观点不同的事，要先强调，而且不断地强调你们观点相同的事。因为你们都在为同一结论而努力，所以你们的差异之处是方法，而不是目的。”

人与人交往的过程中，不管双方的分歧有多大、矛盾有多深，总会有一些共同的语言、利益以及愿望，等等。要会利用这些共同点，创造出“是”的局面，能心平气和地与人讨论，就可以改变对方的态度。在一个人说“是”的时候，整个人就处于一种放松的状态中，这种状态可以让这个人能冷静地权衡事实，接受他人的意见，不会为自己的错误进行任何“防卫”。而且一个人说的“是”越多，越能接受对方的意见。

与说“是”相反的表达就是说“不”，因为当一个人说“不”的时候，这个人整个的肉体和精神都处于一种明显的紧张状态，一

旦出现这种状态，就有可能什么意见都听不进去。所以如果可能的话，最好让对方没有说“不”的机会，这样才有可能营造双赢的氛围。一个人说出“不”很容易，可是却不好再表示后悔，自尊心的作祟很有可能让他坚持自己的观点，哪怕他自己已经知道自己表达出的观点是错误的，他也不愿意再反悔，反而继续坚持自己哪怕是错误的观点，为了这个观点，他可能不惜与人发生冲突。如果出现这样的局面，事情就不容易解决了，双方的关系也会因此而变得尴尬。所以在人际交往中，要尽可能地引人说“是”，用肯定的效应来接受正确的影响，毕竟没有人会在一直表示“是”的观点上，再表示“不”的观点。这样，也就为人际沟通中的“双赢”营造了良好的氛围。

一家化妆品公司的推销员遇到过这样的一件事。这个推销员拜访她的一位新客户，没想到对方的主管见面第一句话就是：“你怎么还好意思来推销你们的产品？”原来，这个主管认为他们刚进的那批化妆品并不适合北方人的肤质。推销员很快镇定下来，微笑着说：“其实我和您的观点一样，如果这批化妆品不适合北方人保湿的要求，那你们就会退货，对不对？”

“是的。”

“按照北方的气候，化妆品保湿效果应该在 12 小时左右，对不对？”

“是的，但是在使用你们的化妆品后，不到 10 个小时，负责实验的模特脸就有紧绷的感觉了。”

推销员没有马上为自己辩解，她认真地问了一个问题：“这个房间的温度是多少度？”

“我们的空调设定在 24℃。”

“房间因为加装了空调又没有开窗，几乎处于全封闭环境中，所以空调房间的湿度比一般室外的湿度还要低，是这样吗？”

主管点点头。

推销员继续说道：“我们这一款产品，所设定的保湿度是在常温的状态下对皮肤所起的保湿作用。不同的湿度环境下肯定有一点差别，但并不代表我们的产品没有做到 12 小时的保湿。”

那个主管听完推销员的话后说：“你说得没错。”

最后，他们的合作不但没有终止，还因为推销员巧妙的“解释”，对方又追加了订单。

其实，这个推销员清楚对方只是在找终止合作的借口而已；如果她用强调自己产品的方法解决这个问题，肯定是不可行的，一定会引起对方的反对。相反的，她通过引导的方法，让对方“主动”承认自己的观点，这就能顺利地引导对话向良性的方向发展。这样做也使得对方在不知不觉的情况下，成了自己观点的支持者。这种双赢的方法，也是一种沟通中的技巧，是为对方找了一个“台阶”。在知道对方的观点是错误的，或者是为了别的目的的情况下，如果你再自以为是地强调自己的正确，只能让对方为了面子问题，而拒绝说“是的”，也就成了沟通中最失败的一笔。这时就需要用巧妙的方式给对方一个“台阶”下，让对方既能说出“是的”，又不会觉得失了面子。

让对方说“是的”，其实并不是多复杂的事情，只要首先做到避开矛盾或分歧的焦点，求同存异地从双方都能接受的方面入手，让沟通一开始就能避开火药味。然后再延续这种方式，指出一些大家都能接受的事实，在双方都能接受的基础上，阐述自己所掌握的观点，用确实的证据，让对方能真的信服和接受，还可以穿插一些赞美等方式，让对方能更容易接受。尤其是在对方已经表明一种立场的时候，要想改变对方不同于自己的想法，又不能触及对方敏感的地方，使对方因为面子问题固执己见，不如巧妙地给对方一个“台阶”下，让你们双方得到双赢。比如说以“是的，我和你一样也遇到过这样的问题，因为我也不知道自己错哪里了”或者“在这种情况下，任何人都可能这么做，我能理解你”等话语做开头，让对方能被你的话所引导，从而说不出“不”字。因为一般人即使在知道自己犯错误的情况下，也缺乏承认自己错误的勇气，如果你毫不客气地指出对方的错误，只能让对方因为不满而无法接受你的意见，冲突也就在所难免。所以要在不知不觉的情况下给对方一个“台阶”下，让对方自己说“是的”，自己反驳自己错误的观点，他还会对你心悦诚服。这样，即使出现分歧，也会让对方忽略分歧，而注意到共同点的存在，从而创造出沟通中所最希望的“双赢”效果。

※　成功时保持清醒的头脑与判断力

1920 年的 9 万美元，相当于现在的 80 万美元，实在是一个惊人的数目。由此可见，戴尔·卡耐基的第一本书《影响力的本质》是多么受欢迎了。

出版商送来的这张巨额支票在戴尔·卡耐基的办公桌上放了整整一周，他的秘书问他：“你不觉得你该把它存进银行里吗？”

他存了支票，他知道，自己的生活将不会再同以往一样了。他再也不是以前那个贫穷的养猪户的儿子，他终于走出了属于自己的成功之路。

可是，卡耐基写作这本书的过程是非常艰难的，他为此付出了大量的心血。可以说，他的每一次成功都是来之不易的。在两年多的时间里，他每天早上用过早餐后，便来到自己的办公室，坐在一张宽大而舒适的椅子上从事写作，膝上则放着一块黄色的垫子。写作对卡耐基来说是一件痛苦的事，而他似乎也缺乏快速写作的能力，有时甚至于连那些早已熟悉的资料也进行得相当慢。他常常陷入写作的困顿，有的部分甚至重写过数十次之多。

一分耕耘，一分收获，卡耐基终于成功了。他的课程大受欢迎，他的著作销量惊人，他成为一个名人，一个百万富翁。更难能可贵的是，这个来自密苏里农场的男人并没有被金钱和盛名所累，而是保持了一份平常心。

一旦步下讲台，他就不再是那个为别人传授人际关系的大师，而是显得安静而寡言。另外，他也不能完全按照自己所说的那样记住别人的姓名，而是有时还显得有点好与人争辩。有时，为了避开热情的读者，他会在餐厅里找一个不起眼的角落坐下来。

他曾这样对他的一位朋友说："当陌生人认识我之后，他们会发现我就像他们的邻居，而不是某个具有戏剧性格的人。"

一个人获得成功是很不易的，然而，一个成功的人能保持清醒的头脑与判断力则更难。正因为卡耐基具有这种优秀的品质，才使他的事业保持了蒸蒸日上的活力。

※ 让你的生活和事业因感恩而变得更美好

卡耐基说："生而为人，我们要感谢父母的恩惠，感谢国家的培养，感谢师长的教导，感谢大众的热忱帮助。没有了这些条件，我们能够在社会上生存下去吗？""感恩不仅仅是一种美德，感恩是一个人之所以为人的基本条件！"

许多成功人士在谈到自己的成功经历时，往往过分强调个人努力的因素。事实上，每个登峰造极的人，都获得过别人的许多帮助。一旦你订出成功目标并且付诸行动之后，你就会发现自己在不断获得许多意料之外的支持。你应该时刻感谢这些帮助过你的人，感谢上天的眷顾。

人们可以为一个陌路人的点滴帮助而感激不尽，却无视朝夕相处的老板的种种恩惠，将一切视之为理所当然。

但是员工和公司老板之间的关系不仅仅是雇用和被雇用的契约关系。我们是否想过：在这种契约关系背后，有一些同情和感恩的成分？

每一位老板和员工之间并非是对立的，从商业的角度，是一种合作共赢的关系；从情感的角度，也有一份感情和友谊。

我们要学会感恩，感激给我们提供工作舞台的人。这是我们获得职位，取得成就必须具备的一种心态！

时常怀有感恩的心情，你会变得更谦和、可敬且高尚。每天都用几分钟时间，为自己能有幸成为公司的一员而感恩，为自己能遇到这样一位老板而感恩。所有的事情都是相对的，不论你遭遇多么恶劣的情况。

当你准备辞职调换一份工作时，同样也要心怀感激之情。在辞职前仔细想一想，自己曾经从事过的每一份工作，所带给自己的每一点收获和教益，这些都是你走向人生未知旅途的能力储备。

与溜须拍马不同，感恩是自然的情感流露，是不求回报的。一些人从内心深处感激自己的老板，但是由于惧怕流言蜚语，而将感激之情隐藏在心中，甚至刻意地疏离老板，以表自己的清白。这种想法是何等幼稚啊！如果我们能从内心深处意识到，正是因为老板费尽心力地工作，公司才有今天的发展，正是因为老板的谆谆教诲，我们才有所进步，才会心中坦荡，又何必去担心他人的流言蜚语呢？

真正的感恩是真诚的，发自内心的，不是为了某种目的，迎合他人而表现出的虚情假意。

感恩并不仅仅有利于公司和老板。对于个人来说，感恩是富裕的人生。它是一种深刻的感受，能够增强个人的魅力，开启神奇的力量之门，发掘出无穷的智能。感恩也像其他受人欢迎的特质一样，是一种习惯和态度。

你是否曾经想过写一张字条给上司，告诉他你是多么热爱自己的工作，多么感谢工作中获得的机会？这种深具创意的感谢方式，一定会让他注意到你——甚至可能提拔你。感恩是会传染的，老板也同样会以具体的方式来表达他的谢意，感谢你所提供的服务。

感恩没有成本付出，却是一项重大的投资，对于未来极有助益！永远都需要感恩。推销员遭到拒绝时，应该感谢顾客耐心听完自己的解说。这样才有下一次惠顾的机会！老板批评你时，应该感谢他给予的种种教诲。

同时，我们也不要忘了感谢周遭的人——我们的朋友和同事，因为他们了解你、支持你。大声向他们说出你的感谢，让他们知道你感激他们的信任和帮助。

很快地，你将会发现，生活和事业因感恩而变得更美好！

※ 在听取别人的意见之后，一定要经过自己的认定和理解

《牛津格言》中说："如果我们仅仅想获得幸福，那很容易实现。但，我们希望比别人更幸福，就会感到很难实现，因为我们对于别人幸福的想象总是超过实际情形。"

我们为人处世经常按别人的反应来决定，而不是按照自己的意愿去行动。尤其是在向"成功""幸福"之类美丽的字眼跋涉的路上，一切似乎已经有了约定俗成的标准。弗洛伊德说："简直不可能不得出这样的印象：人们常常运用错误的判断标准——他们为自己追求权利、成功和财富，并羡慕别人拥有这些东西。他们低估了生活的真正价值。"可是已经没有什么能够使我们停留了——除了目的。每一个人都像童话里那个被老巫婆套上了红舞鞋的姑娘，只有不停地跳舞。

47 岁的南希在众人的眼中是一个成功的职业女性，可是她说："虽然我的一些成就让人刮目相看，我却想不透大家夸赞我什么。我这辈子一直都在努力成就这样或那样的事，可是现在我却怀疑'成就'究竟是指什么了。我永远在压力下生活，没有时间结交真正的朋友。就算我有时间也不知道该如何结识朋友了。我一直在用工作来逃避必须解决的个人问题，所以我一个任务接一个任务地去完成，

不给自己时间去想一想我为什么要工作。这真是疯狂。假如时间可以退回去十年，我会早一些放慢脚步考虑一下，那就不会像现在这样感觉匮乏了。”

在我们周围可以看到许许多多匆匆忙忙的人。可是想找到真正的生活却要大费周章。文明中的男女都不得不发挥才能，并且在各自不相上下却又彼此矛盾的价值中做出选择：既希望保持人际间的感受，又不能放弃积极进取、事业有成；既希望自己感觉机敏，同时又要不失坚忍自若。丽莎·茵·普兰特指出：“是不是所有忙碌的人都不想体验简单生活呢？我想也许他们试过，但是他们发现别人的想法和自己的不同就放弃了尝试。”他人对我们的期望使我们受到约束。

社会生活就是一出戏，每个人都扮演其中一个角色。扮演者的行为举止应和角色相符。但他们往往做不到，因为他们常常会遭到排斥，受到旁人的讥笑。你可能并不乐意扮演你所分配到的角色，剧组又不同意你更换，你应该意识到你有离开剧组，选择另一出戏的自由。

朋友和同事将会抵制你的任何行为变化，或自我意识的改变。每个人总乐于待在熟悉的环境中，他们懂得如何反应。此外，试图提高自己的地位可能会招人嫉妒。

然而，你一生就这么一次机会。如果你要的是金子，你不妨就去捞钱。要不然，你就总处于失望之中。因此，如有必要，就得准备置身于“角色”之外，这可能会让你不舒服，但自由了。不要考虑剧情的压力，决定你所需要的，必要时换一个角色，但要始终如一。没有人会接受一个变化无常的人，或一个变来变去又变成老样子的人。

一位哲人指出：我们此生不一定要成大名，立大功。可是，我们一定要明白自己的梦想；并把它具体起来，使它成为可能，然后去追求它，去实现它。追寻一个梦想是一种绝大的幸福和快乐。你也曾体会过这种幸福和快乐吗？

有人放弃了自己的梦想，从前进的行列中败退下来，是因为他失去了自己的意志。

我们时常会看到，有些人好像不在自己意志指挥之下过活，而是在别人给他划定的范围之内兜圈子。他们所奉为圭臬、所赖以决定自己动向的，是“别人认为怎样怎样”“我如不这样做，别人会怎样说”，或“假如我这样做，别人会怎样批评”。不幸的是，别人的批评又是那么不一致：张三认为应该向东，李四认为应该向西，赵五认为应该向南，王六认为应该向北。你如选择其一，其他三人总会指责你。

于是，时常顾虑到“别人怎样说”的人，他就只好一年到头在“不知究竟怎样才好”的为难紧张之中团团转，总也走不出一条路来。

这种人，即使侥幸由于他天生的善于应付，而能做到“不受批评”的地步，他最大的成就也不过是个不被讨厌之类的人物。别人所给他的最大的敬意，也不过是说他一句圆滑周到而已，而在他自己本身来说，因为他终生被驱策在“别人”的意见之下，一定感到头晕眼花，疲于奔命，把精力全部消耗在应付环境、讨好别人上，以致没有余力去追求自己的梦想。

当然，我们并不是说，一个人应该独断专行，不顾是非黑白。而是说，我们在听取别人的意见之后，一定要经过自己的认定和理解。我们应该自己有定见，用足够的理智去认清事实，在决定方向之后，就不再受别人意见的左右。

※　你可以让自己以欢悦的态度微笑着对待生活

卡耐基指出：乐观的思想会驱除悲观，愉快会赶走悲愁，希望会消灭失望。

一位闻名遐迩的老人被电视台节目主持人作为特约嘉宾邀请来参加活动。他确实是一个非常杰出的老人。他的讲话完全没有经过特别的准备，更没有经过任何排练。这些讲话与他的个性是完全一致的，他精神矍铄，容光焕发，充满快乐。无论他想说什么，他都毫不掩饰，而且思维敏捷。他的机智幽默，让听众捧腹大笑，大家都非常喜爱他。这次节目，他给人以深刻印象，他也和其他人一样感到特别的兴奋。

最后，节目主持人问这位老人为什么总是这样高兴："你一定有什么特别的让自己快乐的秘密。"

"不，没有，"老人回答说，"我没有什么特别的秘密。这只不过和你脸上的鼻子一样普通。每天早上起床的时候，我有两种可能的选择：要么高兴，要么不高兴，你想我会选择什么呢？当然，我会选择快乐，这就是全部的秘密所在。"

这似乎也太过于简单，而且这个老人的思想也好像是太肤浅。但是，这让我们想到了林肯，林肯曾经说过境由心造，你的心里有多快活，你也就会得到多少快活。如果你想让自己不开心，那你时时刻刻都可以不开心。而且，这也是世界上最容易做到的事情，只要选择不开心就可以了。你可以告诉自己什么事情都不顺利，没有什么事情可以让自己满意，那么，你肯定就开心不起来。但是，如果你对自己说："事情进展良好，生活也不错，所以，我选择开心。"那么，你肯定就会快乐。

"人们本来是可以生活得更快活一些的，但是五个人中有四个放弃了本应有的快乐，"卡耐基说，"不快乐是人们心境的普遍状况。人们的生活境况是否像这样，我不敢妄下结论，但我发现，生活不幸福的人比我想象的要多得多。因为生活幸福，是人们对生存状态的最基本的要求，所以，我们必须改变这种状况。幸福是可望而且可即的，获得幸福也绝不是一件很复杂的工作。任何人只要渴望幸福，只要愿意为此努力，只要把握和实践正确的方法，他就一定能成为一个幸福的人。”

我们快乐与否在很大程度上取决于我们的心灵所养成的习惯。培养欢畅的心境，养成快乐的习惯，生活就会变成持续不断的盛筵。

当你在生活中遭遇不幸的时候，你改变不了环境，但你可以改变自己；你改变不了事实，但你可以改变态度；你改变不了过去，但你可以改变现在；你不能控制他人，但你可以掌握自己；你不能预知明天，但你可以把握今天；你不可以样样顺利，但你可以事事尽心；你不能延伸生命的长度，但你可以决定生命的宽度；你不能左右天气，但你可以改变心情；你不能选择容貌，但你可以展现笑容。

事实上，人的注意力是有限的。当你在注意一件事情的时候，你注意不到其他事情。所以，从抑郁中摆脱出来的方法并不复杂。只要你脑海中的“电影”改变了，你不要再在脑海里放你不喜欢的电影了，去放一部新的、喜欢的电影，就很容易改变这种情况。

英国作家萨克雷有句名言：“生活是一面镜子，你对它笑，它就对你笑；你对它哭，它也对你哭。”确实，不管你生活中有哪些不幸和挫折，你都应以欢悦的态度微笑着对待生活。下面介绍几条原则，只要你反复地认真施行，就可能减轻或者消除你的烦恼。

1. 要朝好的方向想

有时，人们变得焦躁不安是由于碰到自己所无法控制的局面。此时，你应承认现实，然后设法创造条件，使之向着有利的方向转化。此外，还可以把思路转向别的什么事上，诸如回忆一段令人愉快的往事。

2. 不要把眼睛盯在“伤口”上

如果某些烦恼的事已经发生，你就应正视它，并努力寻找解决的办法。如果这件事已经过去，那就抛弃它，不要把它留在记忆里，尤其是别人对你的不友好态度，千万不要念念不忘，更不要说：“我总是被人曲解和欺负。”当然，有些不顺心的事，适当地向亲人或朋友吐露，可以减轻烦恼造成的压力，这样心情会好受一些。

3. 放弃不切合实际的希望

做事情总要按实际情况循序渐进，不要总想一口吃个胖子。有人为金钱、权力、荣誉奋斗，可是，这类东西你获得越多，你的欲望也就会越大。这是一种无止境的追求。一个人发财、出名似乎是一下子的事情，而实际上并不然。因此，你应在怀着远大抱负和理想的同时，随时树立短期目标，一步步地实现你的理想。

4. 要意识到自己是幸福的

有些想不开的人，在烦恼袭来时，总觉得自己是天底下最不幸的人，谁都比自己强。其实，事情并不完全是这样，也许你在某方面是不幸的，在其他方面依然是很幸运的。如上帝把某人塑造成矮子，但却给他一个十分聪颖的大脑。请记住一句风趣的话：“我在遇到没有双足的人之前，一直为自己没有鞋穿而感到不幸。”生活就是这样捉弄人，但又充满着幽默之味，想到这些，你也许会感到轻松和愉快。

5. 悉心享受生活中的每一次小小的喜悦

人是需要享受生命的。无论你多忙，你总有时间选择两件事：快乐还是不快乐。早上你起床的时候，也许你自己还不知道，不过你的确已选择了让自己快乐还是不快乐。

有一位老师教小学生写作文，题目是：快乐是什么。一个小女孩写道：“快乐就是在寒冷的夜晚钻进厚厚的被子里去。快乐就是让自己快乐。”是的，快乐就是让自己快乐。

历史学家维尔·杜兰特希望在知识中寻找快乐，却只找到幻灭；他在旅行中寻找快乐，却只找到疲倦；他在财富中寻找快乐，却只找到纷乱忧虑；他在写作中寻找快乐，却只找到身心疲惫。有一天他看见一个女人坐在车里等人，怀中抱着一个熟睡的婴儿。一个男人从火车上走下来，走到那对母子身边，温柔地亲吻女人和她怀中的婴儿，小心翼翼地不敢惊醒他。这一家人然后开车走了，留下杜兰特深思地望着他们离去的方向。他猛然惊觉，原来日常生活的一点一滴都蕴藏着快乐。

我们大多数人一生中不见得有机会可以赢得大奖，如诺贝尔奖或奥斯卡奖，大奖总是保留给少数精英分子的。理论上来说，每个自由地区出生的孩子都有当上总统的机会，但是实际上，我们大多数人都会失去这个机会。不过，我们都有机会得到生活的小奖。每一个人都有机会得到一个拥抱，一个亲吻，或者只是一个就在大门口的停车位！生活中到处都有小小的喜悦，也许只是一杯冰茶，一碗热汤，或是一轮美丽的落日。更大一点的单纯乐趣也不是没有，生而自由的喜悦就够我们感激一生的了。这许许多多点点滴滴都值得我们细细去品味，去咀嚼。也就是这些小小的快乐，让我们的生命更可亲，更可眷恋。

如果生命的大奖落到你头上，务必心怀感激。但即使它们与你失之交臂，也无须嗟叹。尽情去享受生命的小奖吧！昨日的英雄只是今日的尘土，生命的大奖只是雪泥鸿爪，瞬间消逝，但是那些小小的喜悦却是日常生活中俯拾即是，不虞匮乏的。人生的大喜毕竟少有，可是只要你睁大眼睛与心灵，到处都可以发现，那些小小的喜悦。

※ 快乐大部分并不是享受，而是胜利

在生活中，我们常常会碰到自卑的情形。自卑对自己的成长和发展是不利的，也有碍于与别人的正常交往。卡耐基的处世艺术中，对自卑心理作了较为精辟的说明。

卡耐基曾到芝加哥大学请教罗勃·海南·罗吉斯校长如何获得快乐的问题。罗吉斯回答说：“我一直试着遵照一个小的忠告去做，

这是已故的西尔斯公司董事长西利亚斯·罗山沃告诉我的。他说：‘如果有个柠檬，就把它做成柠檬水。’”

这是一名伟大教育家的做法；而傻子的做法正好相反。要是他发现生命给他的只是一个柠檬，他就会自暴自弃地说：“我垮了。这就是命运，我连一点机会也没有。”然后他就开始诅咒这个世界，让自己沉溺在自怜之中。

可是当聪明人拿到一个柠檬的时候，他就会说：“从这件不幸的事件中，我可以学到什么呢？我怎样才能改善我的情况，怎样才能把这个柠檬做成一杯柠檬水？”

耗费整整一生的时间来研究人类和人们所隐藏的潜在能力之后，伟大的心理学家阿佛瑞德·安德尔说，人类最奇妙的特性之一就是“具有把负变为正的力量”。

耶稣基督降生前五百年希腊人就说过一个真理：“最好的那些东西都是最难得到的。”

在 20 世纪，哈瑞·艾默生·福斯狄克把这句话又重说了一遍：“快乐大部分并不是享受，而是胜利。”这种胜利来自于一种成就感，一种得意，也来自于我们能把柠檬做成柠檬水。

一位住在佛罗里达州的快乐农夫，他甚至把一个毒柠檬做成了柠檬水。当他买下那片农场的时候，他觉得非常颓丧。那块地坏得使他既不能种水果，也不能养猪，能生长的只有白杨树及响尾蛇。然而他想到了一个好主意，要把他所能拥有的变成一种资产——他要利用那些响尾蛇。他的做法曾使每一个人都很吃惊，因为他正开始做响尾蛇肉罐头。

几年以后，每年来参观他的响尾蛇农场的游客差不多有两万人。他的生意做得非常大，从他养的响尾蛇身上取出来的蛇毒，运送到各大药厂做蛇毒的血清；响尾蛇皮，以很高的价钱卖出去做女人的鞋子和皮包；装着响尾蛇肉的罐头，被送到全世界各地的顾客手里。

这个村子现在已改名为佛州响尾蛇村，以纪念这位先生把有毒的柠檬做成了甜美的柠檬水。

卡耐基推崇的学者威廉·波里索，也就是《十二个以人力胜天的人》一书的作者，曾经这样说过：“生命中最重要的一件事就是，不要把你的收入拿来算做资本，因为这是任何一个傻子都会做的；但真正重要的事，是资本要从你的损失里获得。这就需要有才智才行，而这一点也正是一个聪明人和一个傻子的实在区别。”

※ 充满自信可以使我们产生出伟大的力量和勇气来

据说拿破仑一上战场，士兵的力量可增加一倍。军队的战斗力，大半寓于士兵对将帅的信仰之中。将帅显露出疑惧张皇，全军必然要陷于混乱、动摇；将帅的自信，则可以加强他部下健儿的勇气。

人的各部分的精神能力，像军队一样，也应该信赖其主帅——意志。

有坚强的意志，有坚强的自信，往往使得平庸的男女也能够成就神奇的事业，成就那些虽则天分高、能力强，但是多疑虑与胆小的人所不敢染指尝试的事业。

你的成就的大小，往往不会超出你自信心的大小。假如拿破仑自己以为太难的话，他的军队绝不会爬过阿尔卑斯山。同样，在你的一生中，绝不能成就重大的事业，假使你对自己的能力存着重大怀疑的话。

不热烈地坚强地希求成功、期待成功，而能取得成功，天下绝无此理。成功的先决条件，就是自信。

在这世界上，有许多人，他们以为别人所有的种种幸福，是不属于他们的；以为他们是无法得到的；以为他们是不能与那些鸿运高照的人相提并论的。然而，他们不明白，这样的缺乏自信，是会大大减弱自己的生命的。

“假使他想他能够，他就能够；假使他想他不能够，他就不能够。”当然，这一“想”，这一“信心”是要建立在客观规律的基础上，胡思乱想是不行的。

自信心是比金钱、势力、家世、亲友，更有用的条件。它是人生可靠的资本，能使人努力克服困难，排除障碍，去争取胜利。对于事业的成功，它比什么东西都更有效。

假使我们去研究、分析一些有成就的人的奋斗史，我们可以看到，他们在起步时，一定是先有一个充分信任自己能力的坚强自信心。他们的心情意志，坚定到任何困难险阻都不足以使他们怀疑、恐惧。这样，他们就能所向无敌了。

我们应该觉悟到：“天生我材必有用”；觉悟到造物育我，必有伟大的目的或意志，寄于我的生命中；万一我不能充分表现我的生命于至善的境地、至高的程度，对于世界，将会是一个损失——这种意识，一定可以使我们产生出伟大的力量和勇气来。

※ 积极的自我暗示能够提升自己

许多具有真才实学的人终其一生却少有所成，其原因在于他们深为令人泄气的自我暗示所害。无论他们开始想做什么事，总是胡思乱想着可能招致的失败，他们总是想象着失败之后随之而来的羞辱，一直到完全丧失创新精神或创造力时为止。

对一个人来说，可能发生的最坏的事情莫过于他的脑子里总认为自己生来就是不幸之人，命运女神总是跟他过不去。在我们自己的思想王国之外，根本就没有什么命运女神。我们是自己的命运女神。我们自己控制、主宰着自己的命运。

在每个地方，尽管有一些人抱怨他们的环境这也不行，那也不行，没有机会施展自己的才华；但是，就是在这种相同的条件下，也有一些人却设法取得了成功，使自己脱颖而出，天下闻名。

对一个自认为天生就是失败者的人，他能做什么呢？成功是不可能来自于这种失败的思想的，就好像玫瑰是不可能来自于长满杂草的土壤一样。当一个人非常担心失败或贫困时，当他总是想着可能会失败或贫困时，他的潜意识里就会形成这种失败思想的印象，因而，就会使自己越来越处于不利地位。换句话说，他的思想与心态使得他正试图做成功的事情变得不可能了。

我们的幸运或是那种属于我们思想的所谓残酷的命运与我们自己有莫大的关系。我们经常看到我们中间那些能力并不十分突出的人却干得非常不错，而我们自己却与他们有很大的不同，甚或招致大败。我们往往认为有某种神秘的命运在帮他们，而在我们身外有某种东西总是在拖我们的后腿。但是，很可能的事实却是我们的思想和心态有毛病。

可以这么说，我们面临的问题便是根本不知道该如何提高自己。我们对自己不够严格，对自己的要求不够高。我们应当希望自己有更加光辉灿烂的未来，应当认为自己是具有辉煌、超凡潜质的了不起的人物。要敢于很高地评价你自己。因为，如果你是上帝创造的，那么，你必定会继承那些超凡的、全能的潜质，必定会具有上帝的那些特质。

你要全心全意希望自己健康。绝不能容许自己去想可能会有另外的事情落到你头上。一定要拥有健康的心态，你的所思所谈都是健康。一定要对自己说，健康是你生来就该享有的权利。

你也该以同样的态度对待成功。除了成功之外，你绝不应该再想别的事。一定要有成功的心态、思想和行为举止。一定要像一个成功的、先进的人士一样行动，穿着打扮和思想都要表现得像一个成功的、先进人士的样子。务必相信，你心中的图景，你的心态，便是你将可能使之变为现实的图案。

如果你希望自己成为勇敢、豪气干云之士，你一定要坚定地拥有无所畏惧的思想，绝不能害怕任何事情，绝不能使自己成为一个懦夫、一个胆小鬼。

如果你卑怯胆小，容易害羞，那就不妨断言你将再也不会害怕任何人或任何事，你将昂起头来，挺起胸来，你不妨宣示你的男子汉气概或你的巾帼不让须眉的气概，一定要痛下决心加强你品格中的薄弱环节。对畏缩、胆怯和害羞的人来说，如果能展现出另外的神态，如果能表现出自信的样子，对他们往往大有裨益。胆怯、害羞的人不妨对自己说："其他人太忙，不会来操心我或看着我、观察我，即使他们看着我、观察我，对我来说也没什么大不了的。我将按自己的方式行事和生活。"

如果一个人显得孤僻、畏缩和害羞，那么，这种不断地断言"我是"的哲学，这种不断地宣称"我是生来就要有所成就的人，我是将会有所成就的人"，那么，一点点的日常练习，即培植自己承担责任、义务的勇气和自信心的练习，这些无疑能使一个卑怯胆小的人令人惊讶不已地迅速成长为一个坚强勇敢的人。

如果你的父母和教师说你是一个笨蛋，是一个傻瓜，那么，每当你想到这一说法时，你要坚决否认。你要不断地宣称，你并不愚蠢，你有能力，你将向那些不相信你的人们表明，其他人能做的事，你也能做。

你将发现，当你的自信心因为你经常断言你能成为你希冀成为的人而增强的时候，你的能力相应地也会增强。无论其他人如何评价你的能力，你绝不能容许自己怀疑你能做你渴望做的事情的能力，你绝不能对自己能否成为你渴望成为的那种人心存怀疑。尽可能地增强你的信心，在很大程度上，运用自我暗示能使你成功地做到这一点。

个人的自我暗示中有一笔很大的财富，有一笔极大的资本。你在立身行事时，要不断地暗示自己一定会成功，会获得发展、提高。

光是这种发展的声名，光是这种积极进取的声名，光是这种能有所成就的声名，光是这种在社会中举足轻重的声名，就足以抵得上任何事情。

绝不要自轻自贱，绝不要把自己视作一个软弱无能的、不健康的人，而应该把自己视作是完整、完美、完全的化身。绝不能容许自己有可能会一生失败或一生部分失败的念头。

要坚定地宣称自己在世界上将占有一席之地，自己将在这一席之地上像一个真正的人一样生活。一定要训练自己期待成就伟业。在你的行为举止中，绝不要表现出你似乎认为自己一生不会有什么作为的样子。如果你躬行践履并坚定地坚持这种积极的、建设性的、丰富的思想，那么，有朝一日，你的这种心态会使你获得一席之地，并会创造出你所希冀的东西来。一定要相信，没有任何东西无缘无故地发生，这种缘故便是一定的心态或思想。

思想就是力量，正是通过这种思想的力量，我们塑造了我们自己，也塑造了我们的环境。这些细小的力量正不断地雕刻、塑造人的品格，不断地塑造人生。我们不可能摆脱我们的思想，我们必定会实现我们的思想。

※ 我们可以通过思想的力量塑造我们自己

如果不断地肯定自己极其合格，极具力量，极富才干和功效——这些思想和理想能塑造强者，那么，你的精神动力就会得到惊人的发展。

在这种情况下，较之你总是想着那些不愉快的经历的情况，你肯定能更好地利用和发挥你的脑力。不管人们能否正确地了解你，你一定要对自己说：“我太伟大了，不可能和那些极端堕落、卑鄙无耻的小人们狼狈为奸、沆瀣一气，我不可能只有他们的那种水平和见识。无论他人怎么待我，我都要像个人样儿。生命实在太丰富了，我没有必要去让那些无关紧要的小事搅乱我平静的心态或破坏我的功效。我必须极其诚实正直地向世人展示我生来就被赋予的品格，展示我与众不同的素质，展示我的真正本质。因为其他人拒绝展示他们真正的自我或不愿转向他们真正的自我，因为他们将他们的时间耗费在那些损害他们的才干和破坏他们的功效的事情上去了，因此，我不敢展示我真正的自我便是毫无道理的。”

如果你的心绪不佳和混乱，如果你感到烦躁不安，如果你与每个人都不和，如果一些小事情就使你气恼不已，那么，你就应该多想一想那些美好的、和谐的事儿，多想一想那些令人高兴的事儿。一定要下定决心，即无论你发生什么事，你都会保持欢愉和平静的心情，你都不会让那些鸡毛蒜皮的小事来愚弄你，你都会努力使你的心理器官保持和谐与协调。

换句话说，你要决心做一个超然于生活琐碎之事之外的人。你要不断地对自己说：“对一个伟大的强者来说，对一个生来就有主宰世界的力量的人来说，被一些琐碎、愚蠢和不足挂齿的小事弄得如此难过，弄得六神无主、方寸全乱是一件多么荒唐的事啊！”你要决心使自己以平静的、泰然自若的、自尊的心情回到你的工作岗位，你要决心使自己善始善终地干完你的工作。如果可能的话，不妨在户外实践一下这种方法，深呼吸几口新鲜空气，你会精神抖擞地、活脱脱像个新人般重又回到你的工作岗位。

你将会发现，花一点时间使自己保持协调将会有多么丰厚的回报。无论你什么时候失去协调，你都要终止手中的工作，你都要坚决拒绝做任何其他的事情，直到你是你自己，你找回了你失去的自我时为止，直到你重又坐在你心灵王国的宝座上时为止。

如果想最充分地施展自己的才华，你就应该使一切事情恢复正常，你就应该严厉对待自己或严格要求自己，你就应该好好地和自己谈谈，就像你希望你的儿子成才时你苦口婆心地和他谈话一样。

一旦你开始从事一件事情时，你就不妨对自己说："现在，我做这件事是最恰当不过了。我必定会取得成功。在这件事情上，我或者表现出我的勇气，或者表现出我的懦弱。我没有任何退路。"

要不断地对自己说一些催人奋发、鼓舞人心的，使人勇敢、坚毅起来的词句或者话语，诸如："给予我面对我必须面对的勇气吧！"

你就会惊异地发现，这种自我暗示多么迅速地就使你重新鼓起了勇气，就使你重新振作起来了。

卡尔就是通过和自己诚心诚意地探讨他的行为举止而获益匪浅的。当他感到自己没有做他应该做的事情时，当他感到自己犯了一些低级、愚蠢的错误时，当他感到在任何交易中没有利用好自己的良好感觉经验和敏锐的判断时，当他感到他的精力和抱负日益颓废时，他就会独自一人去乡村。如果可能的话，他会独自一人去森林，他会按照此种方式和自己开展心与心的交流：

"小伙子，现在你需要全面地和自己谈谈，你需要全面地振作起来。你正在变得退步了，你的标准开始下降了，你的理想变得麻木了。最坏的事情便是，当你的工作干得很糟糕的时候，或者说，当你对你的着装打扮和行为举止异常一点也不在意，表现出一副无所谓态度的时候，你却不像过去那样感到事态严重了。你没有尽心尽力，如果你不严加警惕，你的懒散，你的惰性，你的这些异常行为表现，将会严重地毁了你一生。你正让许多好机会白白地从你的身边溜走，因为你没有你应该有的那种积极进取、紧跟时代发展潮流的精神。

"你的理想需要擦拭。因为它们业已变得灰暗。总之，你开始变得慵懒。你开始喜欢放松自己了。到目前为止，还没有哪个让自己的精力萎靡不振、让自己的标准下降、让自己的抱负烟消云散的人，取得了什么骄人的成就的。小伙子，现在，我打算紧跟在你的身后监督你，直到你公正对待自己时为止。这种放松自己的哲学绝不可能使你达到你起程前往的目的地。你必须认真地检点你自己，否则，你会成为时代的落伍者，你会被时代远远地抛在后面。

“你一定能比现在干得更好。从今天开始，你就应该有这种坚强的决心，即从今晚开始，你就要从你的工作中得到比以前更大的回报，你就要比以前更好地干你的工作。你必定是一个胜利者，要使这成为一个值得纪念的特殊喜庆日子。振奋起来，清除你头脑中的各种陈腐观念，扫掉积在你大脑中的思想尘灰。思考，思考，思考你心中的理想吧！不要像这样稀里糊涂，没精打采地过日子。你只是半醒半活。你赶紧开始行动吧！”

年轻的卡尔每天早晨起来，如果他发现他的标准下降了，如果他感觉到自己有点慵懒和平庸，那么，为了迫使他自己达到一个更高的标准，为了使自己每一天都保持和谐，他会像他所说的那样“责备自己”。这是他最为关心的一件事情。

他不断地责备自己的慵懒、平庸、懒散和缺乏精力。“卡尔，”他对自己说，“现在请振作起来。使今天成为一个重要的日子。不要让任何机会溜走，紧紧抓住，尽量利用今天的每一种可能的机会。尽管承担非常艰难或非常令人不快的责任，如果这种责任中有宝贵的教导，如果这种责任使你更具功效，使你更加自信的话，那么，不要逃避责任。不要逃避任何对你有帮助的事情，不要逃避任何使你变得更为强大的事情。”

他总是迫使自己第一个承担最令人不快的任务，他绝不允许自己逃避困难。“现在，你绝不能怯弱。”他对他自己说，“如果其他人能做的事，你也能做。”

经过数年的这种严格的训练，卡尔取得了了不起的成就。他开始时只不过是一个生活在纽约贫民窟中一户穷苦人家的孩子，没有人对他感兴趣，也没有人鼓励他或抬举他。虽然在孩提时代时他没有多少机会接受学校教育，但是，从他 21 岁开始，他就使自己受到了良好的教育。多年以来，他利用他闲暇的夜晚，利用他的假日，利用他的闲暇零星时间，苦苦钻研一个又一个问题，并依次征服了这些问题，精通了这些问题，一直到他成为一个知识渊博、学富五车的人。

如果你是一个习惯性的担忧者，或多年遭受不幸的经历和忧郁恶魔折磨的人，不妨停下来歇一歇，并对自己说："难道我非得花费我生命中的这么多年的时间，去担忧和焦虑吗？不，绝不！满意或满足是具有神性的每一个人生来就该享有的权利。"

每当你感到恐惧袭上心头时，一定要尽可能迅速地将它排除在心灵之外，并运用无所畏惧和沉着自信这剂良药。想象你自己是绝对无所畏惧的。不妨对你自己说："我不是懦夫。懦夫恐惧、畏缩、怯懦，但我是勇士。恐惧是孩童脆弱的表现。成人是不会恐惧的。我坚决拒绝屈就这一件丢脸的事情。恐惧是一种不正常的心理过程，但我是一个正常人。恐惧不可能影响到我，因为我没有恐惧的思想。我将绝不容许恐惧毁了我的一生。"

并没有主宰人们浮浮沉沉的命运。"我们并不听从命运的安排，我们只听命于我们自己。"人若败之，人必自败。承认自己是低人一等的人，自愿充当低等角色的人，真的是低等的人，因为他认为所有好事都归于别人。世界属于能征服它的人。好事也属于那些能凭借理想的力量和坚强的决心而获得它们的人。根本不存在什么力量将好事分配给它喜欢的少数几个人，而将坏事分配给你我。

要努力去做一个能使自己充满奋发向上、积极进取思想的人，能使自己充满乐观、欢快思想的人，满怀希望的人，唯有这种人才可以说是解决了人生的一大疑团的人。

※　一定要努力克服社交恐惧症

生活当中，你不可避免地要与各种各样的人打交道。社交是展示风采的重要方面，可能需要和重要人物交谈，在公众场合发表你的观点，出现在谈判、酒会、晚宴等各种社交场所。但是，或许你总是不由自主地退却，或硬着头皮去了，却因表现失态而让好机会白白溜走。你懊恼、后悔，可当下一个机会出现的时候，你又开始胆怯、犹豫、心慌、手颤，久而久之，自信心在一次次窘态中消耗殆尽。

在生活中，有些人不仅仅只是面对别人觉得害羞、不好意思，而是对自己以外的世界有着强烈的不安感和排斥感。这种对社交生活和群体的不适应而产生的恐惧和社交障碍在医学领域上被称为一种精神上的疾病——社交恐惧症，也叫社交焦虑症。

不要小看了社交恐惧症，社交恐惧症已是继抑郁症和酗酒之后排名第三的心理疾病。

很多人，特别是女性多数内敛、含蓄，不轻易表达自己的感情。这在很大程度上，影响了社交焦虑症的判定。多半以为这只是性格上的弱点，而不是病态，或者不认为这是一种疾病，或者根本就非常忌讳说这是一种精神疾病。

社交恐惧症的表现形式不仅仅是面对陌生人而手足无措，而且还表现为不能在公众场合打电话，不能在公众场合和人共饮，不能单独和陌生人见面，不能在有人注视下工作等较为极端的行为。在这种恐惧、焦虑的情绪出现时，还常伴有心慌、颤抖、出汗、呼吸困难等症状。

据统计，平均每十人中就有一人为社交恐惧症所苦，但就诊者寥寥无几。不及时治疗的后果是什么呢？许多患者因长期处于人际关系障碍及社交功能丧失的情况下并发了酒瘾、毒瘾或抑郁症等精神疾病。我们每天都要同人打交道，怎能将自己孤立起来呢？

为了赶走社交恐惧症，首先要弄清楚自己的发病原因。专家指出，心理、生理两方面的因素会共同导致社交恐惧症，它的发病是因为人体内一种叫“5-羟色胺”的化学物质失调所致。这种物质负责向大脑神经细胞传递信息。这种物质过多或过少都可引起人们的恐惧情绪。

社交焦虑症还可能是家庭背景所致：从小性格受到压抑或者是父母没有教会他们社交的技能，要么就是搬家过多。或者是心理上的原因所致：自尊心太弱，害怕被别人拒绝；或者就是对自己的外貌没有信心，过分肥胖或长有严重痤疮等。

针对这些原因，专家对社交焦虑症的治疗方法主要有以下几种：

1. 催眠疗法

精神分析师将你催眠，挖掘你心灵或记忆深处的东西，看你是否经历过某种窘迫的事件，试图寻找到你发病的根源。这种疗法时间长，花费也比较大。

2. 强迫疗法

医生让你站在车水马龙的大街上，或者让你站在自己很惧怕的异性面前，利用巨大的心理刺激对你进行强迫治疗。

3. 情景治疗

让你在一个假想的空间里，不断地令你产生发生社交恐惧的场景，不断重复发生症状的情节，精神分析师会不断地鼓励你面对这种场面，让你从假想中适应这种产生焦虑紧张的环境。

4. 认知疗法

这是一种不断灌输观念的治疗方法。医生不断地告诉你，这种恐惧是非正常的，让你正确认识人与人交往的程序，教你一些与人交往的方法。

5. 药物疗法

这是目前被认为是最有效的治疗方法。主要是针对你的发病是因为你体内某种化学物质的失调所致，所以运用某类药物调节平衡。

除了求助于专家，我们还可以通过自身的努力来战胜社交恐惧症。以下方法可供借鉴：

1. 不否定自己，而是积极肯定自己。你可以不断地告诫自己：“我是最好的”“天生我材必有用”。

2. 不苛求自己。能做到什么地步就做到什么地步，只要尽力了，不成功也没关系。

3. 不回忆不愉快的过去。过去的就让他过去，没有什么比现在更重要的了。

4. 友善地对待别人。助人为快乐之本，在帮助他人时能忘却自己的烦恼，同时也可以证明自己的价值存在。

5. 找个倾诉对象。有烦恼是一定要说出来的，找个可信赖的人说出自己的烦恼。可能他人无法帮你解决问题，但至少可以让你发泄一下。

6. 每天给自己几分钟的思考时间，不断总结自己才能够不断面对新的问题和挑战。

7. 到人多的地方去，让不断过往的人流在眼前经过，试图给人们以微笑。

※ 战胜当众说话的畏惧和胆怯心理

要想获得自信心、勇气以及能力，以便在向人们发表谈话的同时能够冷静而清晰地思考，这并不像大多数人所想象的那般困难。这就如同你打高尔夫球一样，任何人都可以发展出他潜在的能力，只要他有想要如此做的充分欲望就行。

卡耐基的一生几乎都在致力于帮助人们克服谈话和演讲中畏惧和胆怯的心理，培养勇气和信心。在“戴尔·卡耐基课程”开课之前，他曾作过一个调查，即让人们说说来上课的原因，以及希望从这种口才演讲训练课中获得什么。调查的结果令人吃惊，大多数人的中心愿望与基本需要都是基本一样的，他们是这样回答的：“当人们要我站起来讲话时，我觉得很不自在，很害怕，使我不能清晰地思考，不能集中精力，不知道自己要说的是什么。所以，我想获得自信，能泰然自若，当众站起并能随心所欲地思考，能依逻辑次序归纳自己的思想，在公共场所或社交人士的面前侃侃而谈，富有哲理且又让人信服。”

卡耐基认为，要达到这种效果，获得当众演讲的技巧，我们不妨借别人的经验鼓起勇气。不论是处在任何情况、任何状态之下，绝没有哪个人是天生的大众演说家。历史上有些时期，当众讲演是一门精致的艺术，必须谨遵修辞法与优雅的演说方式。因而，要想做个天生的大众演说家那是极其困难的，是经过艰苦努力才能达到的。现在我们却把当众演说看成一种扩大的交谈。以前那种说话、动作俱佳的方式，如雷贯耳的声音已经永远过去。我们与人共进晚餐、在教堂中做礼拜，或看电视、听收音机时，喜欢听到的是率直的言语，依常理而构思，专注地和我们谈论问题，而不是对着我们空空而谈。

当众演说不是一门闭锁的艺术，并不是容易学的知识，必须经过多年的美化声音训练，以及苦学修辞学多年以后才能成功。平常说话轻而易举，只要遵循一些简单的规则就行。

对于这一点，卡耐基有深刻的体验。1912 年，他在纽约市青年基督协会开始教授学生时，讲授那些低年级的方法，同他在密苏里州的华伦堡上大学时受教的方式大同小异。但是他很快发现，把商界中的大人当成大学新生来教是一种很大的失误，对演说家韦伯斯特、柏克匹特和欧康内尔等一味模仿也毫无裨益。因为学生们所需要的并不是这些，而是在下回的商务会议里能有足够的勇气直起腰来，作一番明确、连贯的报告。于是他就把教科书一股脑儿全抛掉，用一些简单的概念和那些学生互相交流和切磋，直到他们的报告词达意尽、深得人心为止。这一招果然奏效，因为此后他们一再回来，还想学得更多。

在卡耐基的一生中，所收到的感谢信可以堆积如山。它们有的来自工业领袖们，有的来自州长、国会议员、大学校长和娱乐圈中的名人们，有的来自家庭主妇、牧师、老师、青年男女们，有的则来自各级主管人员、技术纯熟或生疏的劳工、工会会员、大学生和商业妇女等。所有这些人都感到需要自信，需要有在公开场合中表达自己的能力，好让别人接纳自己的意见。他们在达到目的之后，就满怀感激地抽空给卡耐基写信，以表示谢意。

根特先生是费城一位成功的生意人，有一次下课以后，他邀请卡耐基共进午餐。餐桌上，他倾身向前说："卡耐基先生，我曾避开各种聚会中说话的机会，但是如今我当选为大学里董事会的主席，必须主持会议。你觉得，我在这半百之年，是否还可能学会当众演说？"卡耐基说："先生，你一定会成功的。"

三年以后，他们又在那个地方共进午餐。卡耐基提起从前的谈话，问他当初的预言是否已经实现。他微微一笑，从口袋中拿出一本小小的红色笔记本，给卡耐基大师看他往后数月里排定的演说日程表。"有能力作这些讲演，讲演时所获得的快乐，以及我对社会能够提供的额外的服务——这一切都是我一生当中最高兴的事。"他承认道。接着，根特先生又得意洋洋地亮出王牌。他那教堂里的人，邀请英国首相前来费城，在一次宗教会议上演说。英国首相很少到美国来，而负责介绍这位政治家的不是别人，正是根特先生。就是这位先生，三年前还在这张桌边倾身问卡耐基，他是否有朝一日能够当众讲话呢？他的演讲能力进步如此神速，在卡耐基看来，就同他的心理素质及自我认识的改变密切相关。

有一位叫寇蒂斯的医生，是位热心的棒球迷，经常去看球员们练球。不久，他就和球员成为好朋友，并被邀请参加一次为球队举行的宴会。在侍者送上咖啡与糖果之后，有几位著名的宾客被请上台“说几句话”。突然之间，在事先没有通知的情况下，他听到宴会主持人宣布说：“今晚有一位医学界的朋友在座，我特别请寇蒂斯大夫上来向我们谈谈棒球队员的健康问题。”他对这个问题是否有准备呢？当然有，而且可以说他是对这个问题准备最充分的人，因为他是研究卫生保健的，已经行医30余年。他可以坐在椅子里向坐在两旁的人侃侃而谈这个问题，可以谈一整个晚上。但是，要他站起来讲这些问题，而且对象只是眼前的一小部分人，那却是另外一个问题了。这个问题令他不知所措，他心跳的速度加快了一倍，而他每一沉思，心脏就立即停止跳动。他一生中从未作过演讲，而他脑海中的记忆，现在仿佛全长着翅膀飞走了。他该怎么办呢？宴会上的人全在鼓掌，大家都望着他，他摇摇头，表示谢绝。但他这样做反而引来了更热烈的掌声，纷纷要求他上台演讲。“寇蒂斯大夫！请讲！请讲！”的呼声愈来愈大，也更坚决。他处在极为悲怯的情况下。他知道，如果他站起来演讲一定会失败，他将无法讲出完整的五六个句子。因此，他站起身来，一句话也没说，转身背对着他的朋友，默默地走了出去，深感难堪，更觉得是莫大的耻辱。

他回到布鲁克林的第一件事就是报名参加卡耐基的演讲训练课程。他不愿再度陷入脸红及哑口无言的困境了。像他这样的学生，是老师最高兴碰到的，因为他有极为迫切的需要。他希望拥有演讲的能力，他对这项欲望毫无二心，能彻底地准备自己的讲稿，心甘情愿地加以练习，从不漏掉训练课程中的任何一课。通过努力练习，进步的速度令他自己都感到惊讶，并且超越了他最大的希望。在上过最初的几节课后，他紧张的情绪消失了，信心愈来愈强。两个月后，他已成为班上的明星演讲家，不久就开始接受邀请，前往各地演讲。他现在很喜欢演讲的感觉及那份欢喜，以及所获得的荣誉，更高兴从演讲中结交到更多的朋友。纽约市共和党竞选委员会的一名委员，在听过寇蒂斯大夫的一次演说之后，立即邀请他到全市各地为共和党发表竞选演说。要是这位政治家知道，在一年以前他所欣赏的这位演讲家曾经在羞愧与困惑的情况下离开一个宴会，并且是因为他张口结舌，说不出话来，害怕面对观众，那么，这位政治家一定会大吃一惊的。

类似的奇迹在卡耐基先生的演讲口才训练班上很多。许多人由于参加这项训练而改变了自己的命运。其中，有好多人在自己的岗位上获得了远远超过自己所希望的擢升，在商业上、事业上和社会上达于显赫的地位。也因为如此，卡耐基认为，在正确的时刻，一场演说就足以使大功告成。因为在这样一场演说中，受训者就可以借助别人的经验，克服不良心理，获得演讲的信心、勇气和技巧。

卡耐基指出，当众说话需要遵循正确的方法。其方法有以下三个要点：

1. 融于自己的题材中

选好题材后，依语言的顺序加以整理，并在朋友面前“预演”。但仅这样的准备是不够的，你还得相信自己的题材具有价值，你应具备那些伟人们所拥有的品质——坚定自己的信念。如何才能煽动自己生起自信之火呢？深入挖掘题材，把更深层次的内容展现到听众面前，并且自问说：我如何才能让听众信服，如何才能让我的演讲对他们有所启发？

2. 避免自己有反面的想法

什么是反面的想法呢？举例来说：设想自己的修辞会出现错误、语句不通顺，或是在演讲中出现卡壳的现象，这都是反面的假想。这些负面情绪很可能在你未登台前，就先将你的自信消耗殆尽。在开始演讲之前，你最需要做的，就是把思想从自己身上转移开，将全部的注意力都投入到听众身上，这样就不会为登台的恐惧所击溃了。

3. 给自己打气

除非怀抱有某种远大的理想，并坚信自己可为之付出生命，否则任何人都会有怀疑自己观点、题材的时候。他会问自己，这题目适合我吗？听众们会不会感到厌烦？甚至有些人会在惶惑之下，临场修改题目。这种疑惑实际上会毁掉人们的自信，使他们被恐惧所征服。当你也处在同样的情况下时，你就该为自己作一番精神上的鼓励。用简洁、直白的口吻告诫自己，这个题目就是为你量身定做的，因为它来自于你的内心，是你生活经验的积累，反映了你对生命的看法。告诉自己，你比任何人都有资格来做这次演讲，告诉上帝，你也确实将全力以赴，把它阐述得淋漓尽致。也许你要问，这种老套的方法真的管用吗？卡耐基会回答："是的，也许管用。"现代的心理学家都认同这一点——由自我启发而产生的动机。即使你只是在自我催眠，但也是最强有力地快速刺激自己的好方法。那么，凭借着这种心态全神贯注地投入到你的演讲当中去，又怎么会再被恐惧缠身呢？

※ 进行积极的心理暗示，让自己勇敢起来

美国著名的心理学家威廉·詹姆斯曾这样写道："人们认为行动总是跟随在感觉之后，但实际上行动与感觉是并存的关系。行动为人们的意志所制约，借着制约行动，我们可以间接地制约感觉，感觉并不受意志的直接控制。"

因此，假使我们不再感到快乐，那么唯一的改变方法就是，愉快地睡觉、吃饭、谈话，尽量从行动上表现出快乐来。如果这样都不能改善你的心情，那么也就别无良方了。

让自己勇敢起来，哪怕只是从行动上表现出来。人们总是惯于自我催眠。行动可以间接影响到你的感觉，调动你所有的意志来达成这个目标，那么勇气也就会取代恐惧了。

听取卡耐基的劝告吧。为了鼓起勇气，当你走上讲台时，不妨就摆出一副生气勃勃的样子来。当然，如果你事先毫无准备，那么无论你如何伪装，仍然毫无作用。相反，如果你已准备妥当，那就做深呼吸，然后迈开大步上台吧。事实上，面对听众前，本来就应该深呼吸三十秒，这样有助于清醒你的大脑，消除紧张感。杰出的男高音歌唱家德•雷斯基常说，你若气填胸膛，便可以“携气而坐”，紧张感自然无影无踪。

卡耐基建议我们站直身子，平视你的听众们并且看着他们的眼睛，然后大声地讲演，就像你面对着一群欠债人一样。假装台下的人都欠你的钱，假装他们站在那儿是为了让你宽延还债的期限。这种心理暗示将对你大有帮助。

我们看一个美国人的话吧，他一直被人视为勇气的象征。他也有胆怯的时候，但他决心只依靠自己，经过不懈地坚持努力后就成了知名的勇士。他就是反对托拉斯，以言论左右听众，手里挥舞着权杖的前美国总统——罗斯福。

在自传中，罗斯福这样写道：“我曾是个体弱多病且笨拙的孩子。年轻的时候，我常处于一种紧张状态，对自己也没有信心，不得不艰苦地训练自己。这种训练不是单指身体，也包括了灵魂和精神。”

罗斯福说了自己蜕变的过程和原因。他写道：

“我在马利埃的书中读到这样一段话，令我印象极其深刻，并时时将它记在心里。这段话是一位小型英国军舰的舰长，向主角解释如何才能顶天立地、无畏无惧地生活。他说，最初要行动时，每个人都会紧张不安，不过他不应让这种恐惧感蔓延下去，他所应采取的方法就是控制自己，让自己表面上若无其事。这样持之以恒，假装就能转换为现实。他只不过练习坚强的精神，但这种练习却让他变成了真正的勇者。

“这便是我训练自己的理论。最初，我什么都怕，从大灰熊到野马，以及猎枪，无一不怕，可我尽量让自己做出不怕的样子来。渐渐地我不再恐惧。人们若是愿意，也可以像我一样。”

卡耐基指出，克服当众说话的恐惧，对我们做任何事都会有极大的助益。那些接受这项挑战的人，会发现自己已渐渐改变，不仅战胜了当众说话的恐惧，还脱胎换骨，渐入佳境。

一个推销员这样写道：“在班上站起来演讲过几次后，无论面对任何人我都能应付自如了。某天早上我走到一家特别凶悍的买主面前，他还没来得及说个‘不’字，我已经把货物在他面前摊开了。结果，他预订了一大笔订单。”

一位家庭主妇这样告诉卡耐基说：“我从前不敢请邻居来家里做客，因为我怕自己不能使宾主尽欢。但是上过几次您的课，并且站在讲台上当众说话后，我开了第一场宴会，并以圆满告终。我周旋于宾客之间，使他们感到宾至如归，兴味十足。”

在卡耐基培训班的毕业班上，一个学员站起来说：“以前我最害怕顾客，我给他们留下的是战战兢兢的坏印象。在班上演讲过几次后，我说起话来有了自信，也更从容了。我开始能理直气壮地提出自己的意见了。在我来此上课一个月后，我的销售业绩提高了45%。”

为什么会有这么大的进步呢？因为他们意识到，恐惧和焦虑并非不可战胜。曾经叫他们一筹莫展的事情，现在则变得轻而易举。他们能够从当众演讲中获取经验和自信，从而满怀希望地面对每一天。这并不困难，你也一样可以做到。以全新的面貌去对待生活和工作，迎战接踵而来的一切困难和挑战。对你来说，曾经的难题，现在也许会变成一种愉快的挑战。

第四章　豁达忍让，宽容地对待每个人

一个想要成就一番大事业的人，必须想方设法避免不必要的冲突，千方百计地消除各种矛盾，使自己有一个宽松和谐的工作和生活环境。

——戴尔·卡耐基

在人生的道路上能谦让三分，即能天宽地阔，消除一切困难，解除一切纠葛。

——戴尔·卡耐基

不会宽容人的人，是不配受到别人的宽容的。

——戴尔·卡耐基

※　想与人融洽相处，就多多附和别人

卡耐基指出：许多事情不那么容易用经验加以检验。如果你像大多数人一样在许多这类事情上有颇为激烈的主张，也有一些办法可以帮你认识自己的偏见。如果你一听到一种与你相左的意见就发怒，这就表明，你已经下意识地感觉到你那种看法没有充分理由。如果某个人硬要说“2 加 2 等于 5”，或者说“冰岛位于赤道”，你就只会感到怜悯而不是愤怒；除非你自己对数学和地理也是这样无知，因而他的看法竟然动摇了你的相反的见解。最激烈的争论，是关于双方都提不出充分证据的那些问题的争论。

迫害见于神学领域而不见于数学领域。因为数学问题是知识问题，而神学问题则仅是见解问题。所以，不论什么时候，只要发现自己对不同的意见发起火来，你就要小心，因为一经检查，你大概

就会发现，你的信念并没有充分证据。

不成功的人士喜欢仅仅为了争论而争论——挑起争端，或者使其他人失去心理平衡。那些挑起争端的人也许会想，此刻朋友们和同事们会对他们的机敏与智慧留下深刻的印象。美国众议院著名发言人萨姆·雷伯说道："如果你想与人融洽相处，那就多多附和别人吧。"他的意思不是说你必须同意别人所说的一切；而是说，你不可能一方面无休止地激恼别人，而另一方面又指望别人来帮助你。结束了一天工作后的人们，不喜欢把时间花费在无休止的争论上。如果此刻你挑起争端，他们会回避你，而你将会发现，你已被其他好争辩的失败者们所包围。

林肯早年因出言尖刻而几致与人决斗。随着年岁渐增，他亦日趋成熟，在非原则问题上总是避免和人发生冲突，他曾说："宁可给一条狗让路，也比和它争吵而被它咬一口好。被它咬了一口，即使把狗杀掉，也无济于事。"我们在遇到某些不讲理的人时，如果不争论也无关紧要，不存在大是大非的问题，那么就向林肯学习，还是避免和人发生冲突的好。

日常生活中，争论是常有之事。但是，十之八九，争论的结果会使双方比以前更相信自己绝对正确。你赢不了争论。要是输了，当然你就输了；如果赢了，还是输了。为什么？如果你的胜利使对方的论点被攻击得千疮百孔，证明他一无是处，那又怎么样？你会觉得洋洋自得。但他呢？你使他自惭。你伤了他的自尊。他会怨恨你的胜利。而且——"一个人即使口服，但心里并不服"。

潘恩为人寿保险公司立下了一项铁则："不要争论。"

真正的推销精神不是争论。人的心意不会因为争论而改变的。

拿破仑的家务总管康斯丹，在《拿破仑私生活拾遗》中，写到拿破仑和约瑟芬打桌球时曾说："虽然我的技术不错，但我总是让她赢，这样她就非常高兴。"

我们可以从拿破仑身上学到颠扑不破的教训。让我们的顾客、情人、丈夫、太太，在琐碎的争论上赢过我们。

卡耐基指出：普天之下，只有一个办法可以从争论中获得好处——那就是避免它。避开它！像避响尾蛇和地震一般。十有九次，争论的结果总使争执的双方，更坚信自己绝对正确。不必要的争论，不仅会使你丧失朋友，还会浪费你大量的时间。

※ 如何避免没有结果也毫无意义的争论

避免争论可以节省你的大量时间与精神，使你投入到完善你的观点和实践你的观点的工作中去。完全没有必要浪费太多的精神去干那种没有结果也毫无意义的事情。少去了面红耳赤的争论，只会使双方尊重对方，从而增进友谊，有利于思想交流、意见的转换。

避免争论，大致可以从以下几方面做起：

1. 对不同的意见进行选择

当你与别人的意见始终不能统一的时候，这时就要求舍弃其中之一。人的脑力是有限的，有些方面不可能完全想到，因而别人的意见是从另外一个人的角度提出的，总有些可取之处；或者比自己的更好。这时你就应该冷静地思考，或两者互补，或择其善者而从之。如果采取了别人的意见，就应该衷心感谢对方，因为有可能此意见使你避开了一个重大的错误，甚至奠定了你一生成功的基础。

2. 要认识到直觉是不可靠的

每个人都不愿意听到与自己不同的声音。每当别人提出与你不同的意见，你的第一个反应是要自卫，为自己的意见进行辩护并去竭力地找根据。完全没有必要。这时你要平心静气地，公平、谨慎地对待两种观点（包括你自己的），并时刻提防你的直觉（自卫意识）对你做出正确抉择的影响。值得一提的是，有的人脾气不大好，听不得反对意见，一听见就会暴躁起来。这时就应控制你的脾气，让别人陈述观点。不然，就未免气量太窄了。

3. 倾听为上策

每次对方提出一个不同的观点，不能只听一点就开始发作了。要让别人有说话的机会，一是尊重对方，二是让自己更多地了解对方的观点，好判断此观点是否可取，努力建立了解的桥梁，使双方都完全知道对方的意思，不要弄巧成拙，否则的话，只会增加彼此沟通的障碍和困难，加深双方的误解。

4. 审慎地对待意见

在听完对方的话后，首先想的就是去找你同意的意见，看是否有相同之处。如果对方提出的观点是正确的，应放弃自己的观点，而考虑采取他们的意见。一味地坚持己见，只会使自己处于尴尬境地。因为照此下去，你只会做错。而到那时，给你提意见的人会对你说："早已给你说了，还那么固执，知道谁是对的了吧！"这时，自己怎么下台？所以为避免出现这种情况，最好是给对方一点时间，把问题考虑清楚，而不要诉诸争论。建议当天稍后或第二天再交换意见。这使双方都有时间，把所有事实都考虑进去，才可能找出最好的方案。这时就应进行一下反思：别人的意见，可不可能是对的？还是部分是对的？他们的立场或理由有没有道理？自己的反应到底在减轻问题还是只不过在减轻挫折感而已？自己的反应会使对方远离我还是亲近我？自己的观点会不会提高别人对我的评价？如果自己不提出意见，别人的意见是否会对自己不利？自己撤回意见，是不是会令整个计划失败？多问一下自己也许会找到解决的办法。

5. 真诚对待对方

如果对方的观点是正确的，就应该积极地采纳，并主动指出自己观点的不足和错误的地方。这样做了，有助于解除反对者的武装，减少他们的防卫，同时也缓和了气氛。同时要明白，对方既然表达了不同的意见，表明他对这件事情与你一样地关心。因而不要把他们当作防卫的对象，不能因为提出了不同的意见就把他们当作“敌人”。反而应该感谢他们的关心和帮助，这样，本来也许是反对你的人也会变成你的朋友。

一位先生与他的太太生活了 50 年之久而没有任何争吵。他说：“我太太和我订了一个协议——当一个人大吼的时候，另一个人就静听。”

这就是卡耐基教给我们的交际战术：永远避免争吵。

6. 选择“仁厚”而非“正确”

在生活中，你有很多机会去“纠正”某人，既可在人前，也可以在私下。所有这些都会成为使别人感到不舒服并且在此过程中使你自己也不舒服的机会。

无须进行过多的精神分析便知道，我们试图压倒别人，纠正他们，或向他们显示我们是多么正确，而他们是错误的原因是，我们的“自我”错误地认为，如果指出别人是多么不正确，那我们就一定是对的，并且因此我们会感觉好些。

而实际上，如果你留意一下你压倒别人后的感觉，你将会注意到，你比压服别人之前感觉还糟。你的心灵知道，以牺牲别人为代价是不可能感觉良好的。

幸亏其相反的一面才是事实——当你的目标是去确立人们的名誉，使他们感觉更好，去分享他们的喜悦时，你也会获得他们情感的回报。下次有机会去纠正某人，即使他们的行为有点离谱，你也要抵制住这一诱惑。相反的，问你自己：“我到底想从这种交流中获得些什么呢？”很有可能，你想要的不过是使双方都感觉良好、平和地交流，每次你抗拒住“要做正确的一方”，而去选择仁厚，你将会留意到其中的平静祥和之感。

不要将这一策略同成为一个软弱无能的人或不捍卫自己的信仰的人相混淆。不是说你正确是不对的，只是说如果你坚持自己是正确的，那常常要付出代价——你自己内心的平静。要想成为一个充满平静祥和之感的人，你必须在大部分时间里选择仁厚而不是正确。最好的起点便是你下次同别人的谈话。

※ 让别人“正确”，使自己快乐

在生活中，你所能问自己的最重要的问题之一就是：“我是想要‘正确’呢，还是想要快乐？”很多时候，这两者是相互排斥的！

成为正确者，为我们的观点辩护，这耗费了大量脑力并常常使我们同我们生活中的人们疏远。想要成为正确的一方或希望别人是错的，这促使别人对我们设防，并施加压力使我们一直处于防御状态。然而，我们许多人花费大量的时间和精力以证明（或指出）我们是对的，或者别人是错的。许多人，有意识或无意识地认为指出别人见解、言论和观点的错误是他们的职责，并且希望这样做，被纠正的人多少会感谢他，或至少学到些东西。

错了！

想想看，你是否曾经被某人纠正，而你却对那个尽力显示自己正确的人说：“谢谢你向我指明我错了而你是对的。现在我明白了。朋友，你真棒！”或者，当你纠正你认识的某人，或牺牲他们以使你自己“正确”时，他们曾感谢过你（或甚至同意你的话）吗？当然没有。事实是，我们所有人都讨厌被纠正。我们都希望自己的观点被尊重并被他人所理解。被倾听或聆听是人类心灵的强大欲望之一，并且那些学会去倾听的人们备受爱戴和尊敬，那些习惯于纠正别人的人常常被讨厌和回避。

并不是说想要正确总是不适当的——有时你真心诚意地想要或希望如此。也许有某些你不想让步的哲学观点，比如当你听到一种种族歧视的言论，这时，讲出你的意见是很重要的。然而，通常地，正是你的自负爬进来并毁了本该是平静的对话——这就是想要或需要成为正确一方的习惯。

变得更平和可爱的一个很棒的、诚挚的策略就是让别人得到作为正确一方的喜悦，给他们这一荣誉。不再去纠正别人，正如改变这一习惯很艰难一样，它所需花费的任何努力和实践也都是值得的。当别人说“我真的觉得做……很重要”时，不要插进来说“不，做……更重要”或其他的抢白形式，而是仅仅随他去并让他们的言论成立。你生活中的人们将会变得较少敌对并更加友爱。他们将会超乎你所能想象地欣赏你，即便他们都不知道为什么。你将会发现参与和目睹他人快乐的喜悦，这比自负的争斗更有价值得多。你不必牺牲你最深层的哲学真理或大部分信念，但是，从今往后，大部分时间让别人去“正确”吧！

※ 尽量把批评转变为容忍和尊重

当我们评价或批评某人时，这说明不了那个人什么；它仅仅说明我们自己有批评的需求。

如果你参加了一个集会并且聆听了所有施加在别人身上的、具有代表性的评论，回到家后，考虑一下所有这些评论对于使我们这个世界更美好会有多大助益，你可能会得出和我一样的结论：没有！它毫无帮助。但这还不是全部。进行批评不但解决不了任何问题，而且还会给我们的世界添加愤怒和不信任。毕竟，我们中没有人喜欢受到批评。我们对批评的反应会使我们自我防御和退缩。一个觉得受到攻击的人很可能会做出以下两件事之一：他会带着畏惧或羞愧退却，或者他会愤怒地回击或痛斥。有多少次你批评某人，而此人对你的反应是说“非常感谢你指出了我的缺点，我确实感谢你能这样做”呢？

批评同诅咒一样，实际上只不过是个坏习惯。它是我们惯于去做的事情，我们熟悉它的感觉。它使我们忙乱并提供给我们谈资。

然而，如果你花点时间在你批评他人之后马上留意一下你的感觉，你会注意到你将感受到一丝矮小和羞愧，就如同你是这个被攻击的人一样。其原因在于当我们批评他人时，等于在向世界和我们自己宣告："我有批评的需求。"这不是我们通常会引以为自豪的事。

解决的办法就是在进行批评的时候把握住自己。注意你越经常这样做，就会感觉越糟。所以有必要把批评转变为容忍和尊重。

※ 将"吹毛求疵"作为一个坏习惯注销掉

生活中，似乎到处都有吹毛求疵的人。"吹毛求疵"不是使我们欣赏我们的人际关系和生活，而是鼓动我们认为生活并不尽如人意。在我们的人际关系中，"吹毛求疵"的典型表现是这样的：你遇到某人且他一切都好。你被他或她的外表、个性、智慧、幽默感，或这些品质的某种结合所吸引。开始时，你不但赞同此人与你的不同之处，你实际上是欣赏它们，你甚至会被这个人所吸引，部分是因为你们是多么的不同。你有与他不同的观念、喜好、品味和优势。

然而，过了一段时间，你开始注意到你的新搭档（或朋友、老师、任何人）有些小缺陷，你认为应该能够有所改善。你使他们注意到这一点。你也许会说："你知道，你确实有迟到的倾向。"或是"我已注意到你不大看书。"关键是，你已开始不可避免地转入一种生活方式——寻找和考虑某人身上你不喜欢的地方，或不十分正确的方面。

显然，一个偶然的言论，建设性的批评，或有助益的引导并不会招致警觉。然而，卡耐基指出："我不得不说，这几年同成百的夫妇相接触的过程中，我很少遇到某人不是觉得他们时时在被他们的伴侣'吹毛求疵'。偶尔的、无害的言论会不知不觉地发展成看待生活的一种方式。"

当你要去"挑剔"另一个人时，这表明不了别的，它确实只表示你是那个需要被批评的人。

无论你是否对你的人际关系或生活的某些方面吹毛求疵，还是两者都有，你所需要去做的，只是将“吹毛求疵”作为一个坏习惯而注销掉。当这个习惯偷偷侵入你的思想，把握住自己并封上你的嘴，你越不常去挑剔你的伙伴或朋友，你就越能注意到你的生活确实十分美好。

※ 尽量化解矛盾，避免冲突

有人批评林肯总统对待政敌的态度：“你为什么要试图让他们成为朋友呢？你应该想办法去打击他们，消灭他们才对。”

“我难道不是在消灭政敌吗？当我使他们成为我的朋友时，政敌就不存在了。”林肯总统温和地说。

看来林肯非常懂得化解矛盾、搞好人际关系的秘诀。一个人即使为协调人际关系做出了很多努力，事实上仍然不能完全免除同别人的冲突。只要人们之间发生交往，就会或多或少产生矛盾，这是由人的天性所决定的。

卡耐基指出，发生矛盾的原因不外乎这么几点：

1. 观点不同

这是人们之间发生冲突的最主要的原因，多见于领导成员之间，也经常发生在学术界。古人云：道不同不相为谋。由于对同一个问题产生不同的看法，人们之间便相互产生矛盾和隔阂，进而导致双方互存偏见，相互攻击，以至发展到势不两立的地步。

2. 趣味相异

这类冲突多发生在同事之间、邻里之间。不同的人有不同的趣味和爱好，有不同的优点和缺点，甲所崇尚的东西乙未必就崇尚，乙所追求的东西甲可能嗤之以鼻。世界上没有两片相同的树叶，也没有两个志趣完全相同的人。俗话说：物以类聚，人以群分，志趣不同的人是难以建立密切的联系的。

3. 感情不和

这类冲突主要发生在亲属之间，如夫妻矛盾、婆媳矛盾、父母与儿女之间的矛盾等。家庭是一个人生活的主要场所，如果后院经常起火，一个人是难以把精力和注意力全部投入到事业上的。一个在事业上建立了辉煌成就的人，必定离不开家庭的支持。一个成功的男人背后必定有一个做出巨大牺牲的女人，反之亦然。

4. 个性抵触

性格、气质不同甚至相反的人，相互之间也会产生冲突。例如一个急性子人，会看不惯一个慢性子人做什么事都磨磨蹭蹭；一个慢性子人，又会抱怨一个急性子人干什么都风风火火，总之，这两种人常常互相不能理解和谅解，结果便产生一些矛盾。

5. 产生误会

人和人相处，即使主观上不想发生摩擦，但仍然难以避免产生一些误会，有些误会甚至还是根深蒂固、难以消除的。

6. 发生纠纷

生活中有些冲突是隐性的，比如志趣不同的两个人之间的冲突未必就公开化，但是也有不少矛盾是会激化的。例如同事之间、邻里之间，甚至两个陌生人之间，都往往会因一点小矛盾而发生显性的冲突，轻则产生口角，重则拳脚相加，以至于发展到不共戴天之仇。

产生矛盾的原因有很多，但是归根结底还是由于诸如狭隘自私、敏感多疑、刚愎自用等人性的弱点造成的。人们思考和处理问题往往习惯于从自我出发，平时疏于同别人理解和沟通，因而出现矛盾后，总认为真理在自己手中，别人都是错的。

发生这样那样的冲突应该说对双方都是不利的，必然会对各自的事业产生消极的影响。一个想要成就一番大事业的人，必须想方设法避免不必要的冲突，千方百计地消除各种矛盾，使自己有一个宽松和谐的工作和生活环境。

那么，一个想成就一番大事业的人，如何才能防止同别人产生冲突呢？

1. 要胸怀宽广，高瞻远瞩，凡事讲大局，讲风格，讲团结，调动一切积极因素，为一个共同的目标而努力。

2. 要注意调查研究，及时掌握员工的思想动态，努力化解各种矛盾，防患于未然，减少或完全消除人们之间的隔阂。

3. 以理解的眼光看别人，懂得大千世界是五彩缤纷的，人也是各种各样的。别人不可能完全同我们有一样的志趣，我们不能像要求自己那样要求别人，每个人都有自己的个性和特点，有不同的长处和短处。

4. 宽容别人的过错，明白世上没有十全十美的人。包括自己在内，谁都有缺点，谁都有可能犯错误，要给别人改正错误的机会，就像希望别人也原谅自己的过失一样。

5. 对别人不要求全责备。要小事糊涂，大事明白，记住水至清则无鱼。对别人要求过高就会曲高和寡，对别人太苛刻就会拒人于千里之外，对别人横挑鼻子竖挑眼，就没有人同我们共事。

6. 除非是涉及原则性的问题要搞清楚是非曲直之外，对一些无关紧要的事，不能抓住不放，要大事化小，小事化了，甚至有意装糊涂。绝不应简单问题复杂化，本来没有多大的事，却非要弄个水落石出，论出个我是你非，那只能是天下本无事，庸人自扰之。

7. 冤家宜解不宜结。即使有了矛盾，也应开诚布公，想方设法寻求理解和沟通，就事论事，不要把矛盾扩大，要勇于作自我批评，以自己的真诚换取别人的理解。

总之，化解矛盾要首先从自己做起，记住你如何对待别人，别人也会如何对待你，要走进别人的心灵，自己就要首先敞开胸怀。

※ 善于检讨自己，而不是追究别人的错误

卡耐基认为，不论你用什么方式指责别人，如用一个眼神，一种说话的声调，一个手势等，或者你告诉他错了，你以为他会同意你吗？绝不会！因为你直接打击了他的智慧、判断力、荣耀和自尊心，这反而会使他想着反击你，绝不会使他改变主意。即使你搬出所有柏拉图或康德的逻辑，也改变不了他的己见，因为你伤了他的感情。

因此，永远不要这样开场："好，我证明给你看。"这句话大错特错，这等于是说："我比你更聪明。我要告诉你一些事，使你改变看法。"那是一种挑战。那样会揭起战端，在你尚未开始之前，对方已经准备迎战了。

即使在最温和的情况下，要改变别人的主意都不容易。为什么要采取更激烈的方式使他更不容易呢？

为什么要使你自己的困难增加更多呢？如果你要证明什么，不要让任何人看出来。这就需要运用技巧，使对方察觉不出来。

"必须用若无实有的方式教导别人，提醒他不知道的事情好像是他忘记的。"三百多年前意大利天文学家伽利略说，"你不可能教会一个人任何事情，你只能帮助他自己学会这件事情。"

正如英国 19 世纪政治家查士德·裴尔爵士对他的儿子所说的："如果可能的话，要比别人聪明，却不要告诉人家你比他聪明。"

苏格拉底在雅典一再地告诫门徒："我只知道一件事，就是我一无所知。"

我们不能奢望比苏格拉底更高明，因此我们不能告诉别人他们错了。应该慎重地看待别人的错误，这么做会大有收获。

如果有人说了一句你认为错误的话，你如果这么说不是更好吗："是这样的！我倒另有一种想法，但也许不对。我常常会弄错，如果我弄错了，我很愿意被纠正过来。我们来看看问题的所在吧。"

用这种句子“我也许不对。我常常会弄错，我们来看看问题的所在。”确实会得到神奇的效果。无论什么场合，没有人会反对你说：“我也许不对。我们来看看问题的所在。”哈尔德·伦克是道奇汽车在蒙大拿州比林斯的代理商，他就运用了这个办法。

销售汽车这个行业压力很大。因此，哈尔德在处理顾客的抱怨时，常常冷酷无情，于是造成了冲突，使生意减少，还产生了种种不愉快。

当了解这种情形并没有好处后，他就尝试另一种方法。他会这样说：“我们确实犯了不少错误，真是不好意思。关于你的车子，我们可能也有错，请你告诉我。”这个办法能够使顾客解除武装，而等到他气消了之后，他通常就会更讲道理，事情就容易解决了。很多顾客还因为伦克这种谅解的态度而向他致谢，其中两位还介绍他们的朋友来买新车子。

你承认自己也许会弄错，就绝不会惹上麻烦。这样做，不但会避免所有的争执，而且可以使对方跟你一样的宽宏大度，承认他也可能弄错。

如果你想知道一些有关做人处世、控制自己、增进品格的理想建议，不妨看看《本杰明·富兰克林自传》。在这本自传中，富兰克林叙述他如何克服好辩的坏习惯，使他成为美国历史上最能干、最和善、最圆滑的外交家。

有一天，当富兰克林还是个毛躁的年轻人时，一位教友会的老朋友把他叫到一旁，尖刻地训斥了他一顿：“你真是无可救药。你已经打击了每一位和你意见不同的人。你的意见变得太珍贵了，使得没有人承受得起。你的朋友发觉，如果你不在场，他们会自在得多。你知道得太多了，没有人能再教你什么；没有人打算告诉你些什么，因为那样会吃力不讨好，又弄得不愉快。因此你不可能再吸收新知识了，但你的旧知识又很有限。”

富兰克林接受了那次惨痛的教训。当时，他已经够成熟、够明智，以致能领悟也能发觉他正面临社交失败的命运，他立即改掉傲慢、粗野的习性。

“我立下了一条规矩，”富兰克林说，“绝不正面反对别人的意见，也不准自己太武断。我甚至不准许自己在文字或语言上措辞太肯定。我不说‘当然’‘无疑’等，而改用‘我想’‘我假设’或‘我想象’一件事该这样或那样，或者‘目前在我看来是如此’。当别人陈述一件我不以为然的事时，我绝不立刻驳斥他，或立即指出他的错误。我会在回答的时候，表示在某些条件和情况下，他的意见没有错，但在目前这件事上，看来好像稍有不同，等等。我很快就领会到改变态度的收获，凡是我参与的谈话，气氛都融洽得多了。我以谦虚的态度来表达自己的意见，不但容易被接受，更减少一些冲突；我发现自己有错时，也没有什么难堪的场面，而我碰巧是对的时候，更能使对方不固执己见而赞同我。

“我一开始采用这套方法时，确实觉得和我的本性相冲突，但久而久之就愈变愈容易，成为我的习惯了。也许五十年以来，没有人听我讲过些什么太武断的话。我在正直品性支持下的这个习惯，是我在提出新法案或修改旧条文时，能得到同胞的重视，并且在成为民众协会的一员后，能具有相当影响力的重要原因。因为我并不善于辞令，更谈不上雄辩，遣词用字也很迟疑，还会说错话；但一般说来，我的意见还是得到了广泛的支持。”

富兰克林的话对我们是很有启示作用的。

※ 千万不要把怀恨总放在心上

一个爱发牢骚的人在给朋友的信中写道：“我永远记得，我新婚的嫂嫂和哥哥在我的生日那天一同外出旅行，而没有对我说一句祝贺生日的话。”

“我永远记得”——对啦，毛病就出在这里！

不管我们的理由如何，怀恨总是不值得的。潜留在我们内心里的侮辱，永难平复的创伤，都能损坏我们生活中的许多可爱的事物。我们被锁在自己的苦恼之渊里，甚至无法为别人的幸运而愉快。怨恨就像毒害我们的血液、细胞的毒素一样，影响、侵蚀我们的生命。

头痛、消化不良、失眠和严重的疲倦等，是怀恨的人常有的生理症状。一所医学院曾做过一次调查，报告中说：与心情较为愉快的人相比，心存怨恨的人更经常进医院。医务人员所做的试验显示，患心脏病的人常常不是工作辛劳的人，而是抱怨工作辛劳的人；最足以引起高血压的原因，莫过于外表好像很安静，内心里却被强烈的怨恨所煎熬。

怨恨甚至会造成意外事件。交通问题专家说："发怒的时候永远不要开车。"心里总是惦记着丈夫如何不懂体贴的妇女，比起那些心里毫无杂思的妇女，更容易在家里发生意外事件。

另一方面，正如同怀恨之富于破坏性，爱与同情则有激发活力的作用。正如一位健康学博士所说："宽宏大量乃是一服良药。"

与怨恨情绪作战的第一步，便是先要确定怨恨情绪的来源。如果我们能坦白地检讨，十次之中有九次，我们会发现其来源是很接近于自己这方面的。忽略自己的缺陷与弱点，乃是人之常情；在任何可能的时候，我们总会把自己的短处变成别人的错处，而后加以无以名状的怨恨。例如，在每一个离婚案件中，几乎很明显地，所谓无辜的一方往往并不如其所描述的那般无辜。

"这是很奇怪的现象。"心理学家说，"我们自己的过错好像比别人的过错要轻微得多。我想，这是由于我们完全了解有关犯下错误的一切情形，于是对自己多少会心存原谅，而对别人的错误则不可能如此。"

怨恨的根由发现了之后，务须尽全力去对付之。第二桩要做且是最有效的事便是——忘记它。有理智的人并不仅以把宿怨淘干为满足，他们还经常用新的梦想和热诚，填进他们生活中的洼地。据心理学家说，我们不能同时拥有两种强烈的情感，既要爱又要恨，那是不可能的。怨恨大部分是以自我为中心的，所以要想忘记自己，最好的方法便是帮助别人。

在帮助别人之后，我们会发现在这个世界，善意总是多于恶意的。一所大学的研究结果显示一种真正以友谊待人的态度，65%～90%的高比率，是可以引起对方友谊的反应的。因此，领导此项研究的博士说："爱产生爱，恨产生恨，这句老话大致是不会错的。"

多年前的一个晚上，卡耐基在旅行时经过黄石公园，一位森林的管理人员骑在马上，跟他们这群兴奋的游客谈些关于熊的事情。管理人员告诉他们：一种大灰熊和另一种黑熊大概能够击倒世上所有的动物。但那天晚上，卡耐基却注意到一只小动物——只有一只，那只大灰熊不但让它从森林里出来，并且和它在灯光下一起共食。那是一只臭鼬！大灰熊知道，它的巨灵之掌，可以一下就把这只臭鼬打昏，可是它为什么不那样做呢？因为它从经验里学到，那样做很划不来。

卡耐基也知道这一点。当他还是个孩子的时候，曾经在密苏里的农庄里抓过四只脚的臭鼬；长大成人之后，他在纽约的街上碰过几个像臭鼬一样的两只脚的人。他从这些不幸的经验里发现：无论招惹哪一种臭鼬，都是划不来的。

当我们恨我们的仇人时，就等于给了他们制胜的力量。那力量能够妨碍我们的睡眠、我们的胃口、我们的血压、我们的健康和我们的快乐。要是我们的仇人知道他们如何令我们担心，令我们苦恼，令我们一心报复的话，他们一定会高兴得跳起舞来。我们心中的恨意完全不能伤害到他们，却使我们的生活变得像地狱一般。

"要是自私的人想占你的便宜，就不要去理会他们，更不要想去报复。当你想跟他扯平的时候，你伤害自己的比伤到那家伙的更多……”这段话听起来好像是什么理想主义者所说的，其实不然。这段话出自一份由米尔瓦基警察局所发出的通告上。报复怎么会伤害你呢？伤害的地方可多了。根据《生活》杂志的报道，报复甚至会损害你的健康。“高血压患者主要的特征就是容易愤慨，”《生活》杂志上说，“愤怒不止的话，长期性的高血压和心脏病就会随之而来。”

现在你该明白耶稣所谓“爱你的仇人”，不只是一种道德上的教训，而且是在宣扬一种20世纪的医学。当他说“要原谅70个7次”的时候，他是在教我们怎样避免高血压、心脏病、胃溃疡和许多其他的疾病。

卡耐基的一个朋友犯了严重的心脏病，他的医生命令他躺在床上，不论发生任何事情都不能生气。医生们都知道，心脏衰弱的人，一发脾气就可能送掉性命。几年以前，在华盛顿州的史泼坎城，一个饭馆老板就是因为生气而死去。卡耐基曾收到一封从华盛顿州史泼坎城警察局局长杰瑞·史瓦脱那里来的信。信上说：“几年以前，68岁的沃伦·坎伯，在史泼坎城开了一家小餐馆，因为他的厨子一定要用茶碟喝咖啡，而使他活活被气死。当时那位小餐馆的老板非常生气，抓起一支左轮手枪，去追那个厨子，结果因为心脏病发作而倒地死去——死时他手里还紧紧地抓着那把枪。验尸官的报告宣称：他因为愤怒过度而引起心脏病发作。”

当耶稣说“爱你的仇人”的时候，他也是在告诉我们：怎样可以改进我们的外表。生活中有一些女人，她们的脸因为怨恨而有皱纹，因为悔恨而变了形，表情非常僵硬。不管怎样美容，对她们容貌的改进，也比不上让她心里充满宽容、温柔和爱所能改进的一半。

怨恨的心理，甚至会毁了我们对食物的享受。圣人说：“怀着爱心吃菜，会比怀着怨恨吃牛肉好得多。”

要是我们的仇人知道我们对他的怨恨使我们精疲力竭，使我们疲倦而紧张不安，使我们的外表受到损害，使我们得心脏病，甚至可能使我们短命的时候，他们不是会拍手称快吗？即使我们不能爱我们的仇人，但是至少我们要爱我们自己。我们要使仇人不能控制我们的快乐、我们的健康和我们的外表。就如莎士比亚所说的："不要因为你的敌人而燃起一把怒火，热得烧伤你自己。"

我们也许不能像圣人般地去爱我们的仇人，可是为了我们自己的健康和快乐，我们至少要原谅他们、忘记他们，这样做实在是很聪明的事。

有一次，卡耐基问艾森豪威尔将军的儿子约翰：他父亲会不会一直怀恨别人？"不会，"他回答，"我爸爸从来不浪费一分钟，去想那些不喜欢的人。"

有句老话说：不能生气的人是笨蛋，而不生气的人才是聪明人。

这也就是前纽约州州长威廉·盖诺所抱定的政策。他被一份内幕小报攻击得体无完肤之后，又被一个疯子打了一枪，几乎送命。他躺在医院为他的生命挣扎的时候，他说："每天晚上我都原谅所有的事情和每一个人。"这样做是不是太理想了呢？是不是太轻松、太好了呢？如果是的话，就让我们来看看那位伟大的德国哲学家，也就是《悲观论》一书中的理论。书中，作者认为生命就是一种毫无价值而又痛苦的冒险，当他走过的时候好像全身都散发着痛苦。可是在他绝望的深处，叔本华叫道："如果可能的话，不应该对任何人有怨恨的心理。"

※　真正的宽恕是一种需要巨大精神力量支持的积极行为

有时，是别人给我们制造了生活中的逆境。对于有意为自己设置障碍的人，受挫者该如何对待呢？是耿耿于怀，视其为永远的敌人，还是宽容大度，化干戈为玉帛呢？抱持后一种态度是明智的。

当然，这里所说的宽容不是对原则问题的一种让步，而是对他人的一些非原则性的缺点和过失的一种宽恕和谅解。宽恕看起来是一件很矛盾的事，但如果不宽容而去伤害能导致冤冤相报的恶性循环，那么就会出现“冤冤相报何时了”的后果。同时，不肯宽恕别人的人，往往使自己吃苦，他们会因此失眠、肠胃不适，甚至还会引起高血压。然而一旦宽恕别人之后，他们就会超越一次巨大的挫折——一种可以称为再生的心灵净化过程。当然，受到伤害的人，必须有时间处理自己的愤怒，认清楚自己对整个事件所负的责任以及拒绝宽恕会带来的后果，然后宽恕才能发挥最好的功效。

宽恕不仅是爱心的体现，而且是极高思想境界的升华，宽恕是一种博大的境界。表面上看，它只是一种放弃报复冲动的决定，这种观点似乎有些消极；但真正的宽恕却是一种需要巨大精神力量支持的积极行为。宽恕更是一种必不可少的品质，一种正确的自我意识的体现。一个人只有正确地认识自己，才会有宽容的胸怀。宽容得到的收益是人际关系的协调和适应。一名著名心理学家曾经说过：“人类心理的适应，最主要的就是人际关系的适应，人类心理的病态，也主要由人际关系的失调而来。”而人际关系的失调对身体健康有极大的损害，所以必须学会宽容。

美国第三任总统杰弗逊与第二任总统亚当斯从断交到宽恕，就是一个生动的例子。杰弗逊在就任前夕，到白宫去想告诉亚当斯，说他希望针锋相对的竞选活动并没有破坏他们之间的友情。但杰弗逊未来得及开口，亚当斯便又咆哮起来：“是你把我赶走的！”此后，两个人中止交往达11年之久。直到后来杰弗逊的几个邻居去探访亚当斯，这个坚强的老人仍在诉说那件难堪的往事，但接着冲口而说出：“我一向都喜欢杰弗逊，现在仍然喜欢他。”邻居把这话传给了杰弗逊，杰弗逊便请了一位彼此皆熟的朋友传话，让亚当斯也知道他对他的深厚友情。后来亚当斯回了一封信给他，两个人从此便开始了美国历史上也许是最伟大的书信往来。

宽恕是为那些曾经侵犯我们的人着想而做的，它的最高境界是心灵的净化和升华，它使我们从中看到了非常强大的力量，的确，宽恕可以帮助我们恢复友谊、爱情和事业。

※ 宽恕和原谅那些曾经伤害你的人

宽恕是一种圣洁的品质，遗憾的是我们中的许多人都不愿这么仁慈。但原谅那些曾经伤害你的人，会给你带来一种身心的平和。如果你拒绝忘记那些微不足道的陈年往事所引起的愤怒，你就不能体会到这种平静。此外，科学家的研究还表明：宽恕他人能让你更加健康。

美国密歇根州立大学最近做了一项行为学研究。他们发现，当人们设想向那些伤害过自己的人报复时，血压会明显上升；当他们想象原谅那些背叛者时，血压则显著下降。斯坦福大学有一个“宽恕他人”的项目研究小组，他们也发现，那些尝试宽恕他人的人与没有这种愿望的人相比，愤怒和压力的身体表现显然少得多。

假如对你来说，宽恕是件很困难的事，那么，卡耐基推荐的下面的这四个步骤将教会你如何学会宽恕他人。

1. 不要等着别人来道歉

心理学家波顿·尼尔森说：“通常我们都非常自以为是，常见的想法是：‘除非他（她）来道歉，否则我才不会原谅他（她）呢。’但是，一旦我们坚持这么做，一般来说，就得花上很长时间来消除怒火，而付出代价的往往也是我们自己。这等于是把安宁交到了别人的手中，让别人来主宰自己的心情。”因为你只要一想到那件不愉快的事，你就会感到愤怒和受伤害。

2. 同情冒犯你的人

他（她）这么做也许是出于无知、恐惧或者是痛苦。“有一句话我经常挂在嘴边，‘在每一次冒犯背后都有个伤心的故事。’”

尼尔森博士建议，你可以试着扮演一下那个做错事的人，或者从他（她）的角度给自己写封信。

纽约的心理学家罗伯特·克伦博士也支持这个观点："我们忘记了，有时连非常爱我们的人都会伤害甚至背叛我们。有时候，因为人家伤害你，就中止你们的关系是没有必要的。"

3. 设想一下被自己所爱的人原谅后的轻松感

每个人都有犯错误的可能，"列举自己的缺点和失败，远比说别人的不是痛苦得多，"尼尔森博士说，"不过，这样做有利于心理平衡。"想象一下某一天你得罪了一个你很在乎的人，而他（她）大度地原谅了你，你的心情如何？

4. 完成一个象征性的动作

"当你决定宽恕他人时，如果没有公众行为来帮你完成这种表达，你可能也难以确信自己是否真的做到了宽恕。"因此，你可以自己找个方式，比如说，你可伸直手臂举起一块大石头，当你决定宽恕时就把它扔掉；或者是点亮一支蜡烛，想象自己的怒火已经同这蜡烛一起熔化了。

记住：宽恕并不等于忘记。就算在你决定宽恕之后，受伤的感觉往往还会停留很长一段时间，有时甚至需要你再次去宽恕。不过，根据斯坦福大学的研究，已经宽恕了他人的人会觉得那些曾经让他们锥心疼痛的事情已不再痛苦了。宽恕他人有时就像镜子一样反射出你对自己的宽恕。

※ 宽容地对待每个人，避免偏见

在卡耐基的培训班上，马里杰·斯比勒·尼格文讲了这样一个故事：

"我年轻时自以为了不起。那时我打算写本书，为了在书中加进点'地方色彩'，就利用假期出去寻找。我要去那些穷困潦倒、懒懒散散混日子的人们当中找一个主人公，我相信在那儿可以找到这种人。

“一点不差，有一天我找到了这么个地方，那儿到处都是荒凉破落的庄园、衣衫褴褛的男人和面色憔悴的女人……最令人激动的是，我想象中的那种懒惰混日子的味也找到了——一个满脸乱胡须的老人，穿着一件褐色的工作服，坐在一把椅子上为一小块马铃薯地锄草，在他的身后是一间没有油漆的小木棚。

“我转身回家，恨不得立刻就坐在打字机前。而当我绕过木棚在泥泞的路要拐弯时，又从另一个角度朝老人望了一眼，这时我下意识地突然停住了脚步。原来，从这一边看过去，我发现老人的椅边靠着一副残疾人的拐杖，有一条裤腿空荡荡地直垂到地面上。顿时，那位刚才我还认为是好吃懒做混日子的人物，一下变成为一个百折不挠的英雄形象了。

“从那以后，我再也不敢对一个只见过一面或聊上几句的人，轻易下判断和作结论了。感谢上帝让我回头又看了一眼。”

卡耐基指出，急于下结论，怀有偏见是人际冲突的常见原因。我们为什么不能对别人多些了解、多些宽容呢？

每个人都可能患上偏见的“疾病”，只不过程度轻重不一。偏见是根据自己所得到的一点点信息，凭主观的想象，甚至已有的经验和逻辑，编故事似的给对方编了一个形象，甚至由此去推知他的过去和将来。

和一个人初次见面，对方穿着随便、谈吐粗俗，你很可能会认为对方是一个没文化、缺教养的人。当然，你可以这么认为，但如果你进而认为他办事肯定不认真，而且自私，甚至可能有点邪恶，以至于以后不愿和他进行任何合作，那么就过分了，就变成了一种偏见。有这种思维方式的人，很容易失去很多机会。因为每个人都有优点和缺点，我们和人交往、合作，关键要充分利用别人的优势，充分发挥对方的优势，从而给自己提供方便。

很多人会以第一印象轻易地判断一个人，通过第一印象中的一些信息来判断他的一切，这显然是一种以偏概全的错误。

对人产生偏见，结果往往是对自己不利。因为对人有偏见，很容易被对方察觉，一旦别人感觉到你对他有偏见，很可能会产生抵触情绪。如果你们是同事，那么麻烦就来了，合作是肯定不可能的了。所以，一次偏见就等于少了一个合作伙伴，甚至少了一个可能的朋友。

要想消除偏见，我们就得设法改变自己的一些思维定式。首先要使自己坚信每个人都是有优点和缺点的，我们和人交往要尽可能地多看优点，少看缺点，能以这样一种态度去交际，我们就会感到这世界很美好，肯定能宽容地对待每个人。

※ 不能只是去注意别人不好的一面

卡耐基说：世界上有两种人，他们的健康、财富以及生活上的各种享受大致相同，结果，一种人是幸福的，而另一种却得不到幸福。他们对物、对人和对事的观点不同，那些观点对于他们心灵上的影响因此也不同，苦乐的分界主要也就在于此。

一个人无论处于什么地位，遭遇总是有顺利和不顺利；无论在什么交际场合，所接触到的人物和谈吐，总有讨人喜欢的和不讨人喜欢的；无论在什么地方的餐桌上，酒肉的味道总是有可口的和不可口的，菜肴也是煮得有好有坏；无论在什么地带，天气总是有晴有雨；无论什么政府，它的法律总是有好的，也有不好的，而法律的施行也是有好有坏；天才所写的诗文有美点，但也总可以找到若干瑕疵；差不多每一个人的脸上，总可找到优点和缺陷；差不多每一个人都有他的长处和短处。

在这些情形之下，上面所说的两种人的注意目标恰好相反。乐观的人所注意的是顺利的际遇、谈话之中有趣的部分、精制的佳肴、美味的好酒、晴朗的天气等，同时尽情享乐；悲观的人所想的和所谈的却只是坏的一面，因此他们永远感到怏怏不乐。他们的言论在社交场所既大煞风景，个别的还得罪许多人，以致他们到处和别人格格不入。如果这种性情是天生的，对这些怏怏不乐的人倒是应该怜悯。但是那种吹毛求疵令人厌恶的脾气，也许根本从模仿而来，于不知不觉中养成了习惯。假如悲观的人能够知道他们的恶习对于他们一生幸福有如何不良的影响，那么即使恶习已经到了根深蒂固的程度，也还是可以矫正的。我们希望这一点忠告可以对悲观的人有所帮助，促使他们去除掉恶习。这种恶习实际上虽然只是一种态度，一种心理行为，但是它却能造成终生的严重后果，带来真正的悲哀与不幸。他们得罪了大家，大家也不喜欢他们，至多以极平常的礼貌和敬意跟他们敷衍，有时甚至连极平常的礼貌和敬意都谈不到。他们常常因此很气愤，引起种种争执。他们如果想将地位改变或将财富增加，别人谁也不会希望他们成功，没有人肯为成全他们的抱负而出力或出言。如果他们遭受到公众的责难或羞辱，也没有人肯为他们的过失辩护或予以原谅；许多人还要夸大其词地同声攻击，把他们骂得体无完肤。如果这些人不愿矫正恶习，不肯迁就，不喜欢一切别人认为可爱的东西，而总是怨天尤人，自寻烦恼，那么大家就会避免与其交往。因为这种人总是难以和人相处，一旦你发觉自己被牵扯在他们的争吵中时，你将会感到非常烦恼与痛苦。

有一位研究哲学的老人，由于饱经世故，所以时时谨慎、留神，避免和这种人亲近。正因为世界上还没有发明出使人一看便知什么人有这种坏脾气的仪器，因此他就利用了他的两条腿：一条腿长得非常好看，另一条却因意外事故而呈畸形。陌生人初次和他见面，如果对他的丑腿比对他的好腿更为注意，他就有所猜忌。如果此人只谈起那条丑腿，不注意那条好腿，这就足以使老人决定不再和他做进一步的交往。这样的“大腿仪器”并非人人都有，但是只要稍微留心，那些有吹毛求疵恶习行迹的人，大家都能看出来，从而可以决定避免和他们交往。因此，我们劝告那些性情苛酷、怨愤不平和抑郁寡欢的人，如果希望受人尊敬而自得其乐，那就不能只是去注意人家的丑腿了。

※ 尽量从积极的方面去理解别人的批评

生活中常有这样的事发生：有的人一听到别人对他的批评和劝告，就大发雷霆，他们不是去虚心听取，反省其身，却反唇相讥：“也不看看你自己是什么德行，却来教训我！”言外之意是对方也有缺点，不配来批评他。须知，“金无足赤，人无完人”，如果只允许没有过失的人批评自己，那么你终生都不会听到对你过失的批评意见了，一辈子也不会得到他人的帮助；久而久之，陷入孤立无援的境地，既害了自己又损害了事业。所以，当别人批评你时，应该本着感谢的心情接受他的批评，才有益于自己改正过失。

只有长期保持高度的乐观和自信，才能使你不断地获得成功。但是在生活、工作、学习以及与他人交往中，总不免被人批评，受人指责。越是有成绩、有名望，越容易受到别人的非议。

海军军人伯利是一位当之无愧的探险家，他 1909 年 4 月 6 日乘雪橇到达北极。这次探险取得的圆满成功，使他占尽风流，名噪全球。这次纪录是几个世纪以来许许多多勇敢者不惜冒着生命危险、饱尝艰难险阻之苦也没能达到的。伯利的身体也患上了严重的冻疮，他不得不切除了八个脚指头。接二连三而来的苦难，使得他几乎要发疯了。

尽管这样，他的上司却因为他独霸了名声而对他表示出极大的怨愤。因此，当伯利再度提出北极探险计划时，他们立即予以强烈反对，抨击他是借“科学探险”之名，行募集资金“到北极去逍遥快活”之实。他们狼狈为奸，相互勾结，竭力阻挠伯利的北极探险计划。后在麦金雷总统的干预下，伯利才得以继续进行他的北极探险计划。

如果伯利一直都待在华盛顿的海军总部大楼里进行他的日常事务，那么，他还会遭到那种抨击吗？当然不会。这是因为，他在海军总部的重要性、知名度、影响力，都还不至于招引某些人的嫉妒。

格兰特将军的遭遇，比之伯利更加惨痛。

南北战争期间，格兰特将军于1862年在北方旗开得胜，传出令军心民心都大为振奋的胜利喜讯。这一胜利是经过艰苦的奋战赢来的。这个胜利使得格兰特将军在一夜之间被全国民众奉为神圣的偶像。这是获得极大反响的胜利，是震撼世界的胜利，这是使得从大西洋沿岸至密西西比河的广大区域的教会鸣钟传递喜讯并鸣炮庆祝的胜利。

然而谁也不曾料想到，还不到六个星期，这位大获全胜的北军英雄却遭到逮捕，并被削去军职。这位将军为这样的屈辱和绝望而哭泣。

那么，为什么格兰特将军在达到胜利的顶峰时却被捕了呢？这是由于格兰特将军显赫的名声和崇高的威望，使得他的上司们感到了巨大的震惊和嫉恨。

所以，卡耐基得出一个结论：“当你被不公正的批评所困扰的时候，你遵循的第一项原则应该是：不正当的抨击，往往是经过伪装的赞美；一只死狗，根本就没有谁愿意花费心力去理睬它。”

美国许多成就卓越的著名人物都被人骂过：美国的国父乔治·华盛顿曾经被人骂作“伪君子”“大骗子”和“只比谋杀犯好一点”。《独立宣言》的撰写人托马斯·杰弗逊曾被人骂道：“如果他成为总统，那么我们就会看见我们的妻子和女儿，成为合法卖淫的牺牲者；我们会大受羞辱，受到严重的损害；我们的自尊和德行都会消失殆尽，使人神共愤。”格兰特将军在带领北军赢得第一场决定性胜利，成为美国人民的偶像之后，却遭到嫉妒、逮捕、羞辱，被夺去兵权。威廉·布慈将军被人诬告他侵占了某个女人募捐而来救济穷人的800万元捐款。这些人非但没有被批评、辱骂所吓倒，反而更加保持乐观和自信的态度，做出了影响深远的成就。

其实，一个人名望或地位越高，骂他的人就越容易从中得到满足。英国国王爱德华八世（即温莎公爵）年轻时在一所海军军官学校读书。有一天，一位海军军官发现年仅14岁的温莎王子在哭，就上前问他什么事情，他开始不肯说，后来迫不得已才说了真话。他被军校的学生踢了。指挥官把所有的学生都召集起来，向他们解释尽管王子没有告状，但他很想知道为什么这些人要这样虐待温莎王子。

这些学生推诿拖延了半天之后，终于承认：等他们将来成了皇家海军的指挥官或舰长的时候，他们希望能够告诉人家，他们曾经踢过国王的屁股。

因此，无论你是被人踢还是被人恶意批评也好，请记住，他们之所以做这种事情，是因为这件事能使他们有一种自以为重要的感觉，这通常也就意味着你已经有所成就，而且值得别人注意。很多人在骂那些教育程度比他们高的人，或者在各方面比他们成功得多的人的时候，都会有一种满足的快感。正如哲学家叔本华说过的那样：“庸俗的人在伟大的错误和愚行中，得到最大快感。”

曾任美国华尔街40号美国国际公司总裁的马歇尔·布拉肯先生在回忆受批评的经历时说：“我早年对别人的批评非常敏感。我当时急于让公司的每个人都觉得我是十分完美的。如果他们有一个人不这样认为的话，我就感到忧虑，于是我想办法去取悦他。可是我讨好他的结果，又会使另一个人生气；而等我想满足这个人的时候，又会使一两个人生气。最后我发现，我越想去讨好别人，以免他们对我的批评，就越会使我的敌人增加。因此我对自己说：‘只要你超群出众，你就一定会受到批评，所以还是趁早习惯的好。’这一点对我的帮助很大。从那以后，我就决定只是尽我最大的努力去做，而把我那把破伞收起来，让批评我的雨水从我身上流下去，而不是滴在我的脖子里。”

当你成为不公正批评的受害者的时候，还有一个绝招就是“只是笑一笑”。因为别人骂你的时候，你可以回骂他，可是对那些“只笑一笑”的人，你能说什么呢？假如结果证明我是对的，那么即使花十倍的力气来说我是错的，又有什么用呢？记住：不要为批评而难过。

情感智商高的人，往往从积极的方面理解别人的批评，包括那些不公正的责骂。他们会把别人的批评，看作是改进自己工作、完善个性、克制情绪、提高心理承受力以及激发斗志的机会。我们从美国海军陆战队的史密德里·柏特勒将军等人的经历中可以得到启示。

柏特勒将军曾告诉别人，他年轻的时候很想成为最受人欢迎的人物，希望每个人都对他有好印象。在那个时候，即使一点小小的批评都会使他难过半天。但在军队的30年使他变得坚强起来。他被别人责骂和羞辱过，什么难听的话都经受过：黄狗、毒蛇、臭鼬……后来他听到别人在后面讲他的坏话时，他甚至连头都不会调过去看。这就是他对待谩骂的有力武器。

罗斯福总统的夫人曾向她的姨妈请教对待别人不公正的批评有什么秘诀。她姨妈说：“不要管别人怎么说，只要你自己心里知道你是对的就行了。”避免所有批评的唯一方法就是只管做你心里认为对的事——因为你反正是会受到批评的。

知道自己在做什么是很重要的，别人如何看待你的工作、决定、努力、动机或成就，这些都不要紧，因为只有我们最清楚自己所作所为的重要性。即使到了盖棺定论的时候，我们也必须依据自己的价值观及信念来评估一生的作为。

没有一个人的看法或判断永远是对的，往往你也可以从对方身上学到一些有价值的东西。如果你抱着这种态度，别人会觉得你并不是个顽固、有成见的人，对你不会采取防御性的立场，并会大方地和你分享资讯，这对问题的解决极有帮助。

谈到接受批评，掌握对方言谈中的意义尤为重要。我们往往只注意对方音调、面部表情、身体语言以及口语表达的思想，忽略或不理解对方批评的真义，对此最好的方法之一是复述对方所说的话，然后再提出你的回答。

另一项供你参考的建议是，接受批评时要保持独立自主的思考，决定接受哪些值得接受的批评。

最后，要对对方帮忙的诚意表达积极、适当的反应。你或许可以说："真谢谢你肯花时间告诉我你的看法。你刚刚提到的A点和C点意见特别好，我会尽快照办。但是B点和D点我还要考虑看看。"如此一来，至少会让对方了解他哪些地方看法与你一致，而加强彼此间的关系。

※ 没有必要过于斤斤计较、精打细算

在商场上没有糊涂人，连那些失败者，也是相当精明的。做生意，有极强的功利目的，的确需要精明能干。

在日常生活中，也有一些精明者。他们处处要显得比别人更加神机妙算，更加讨巧投机。他们总在算计着别人，以为别人都不如他们聪明，而可以从中揩点油，讨点便宜。好像他们这样做就会过得比别人好。这种人功利心太重，把功利当作人际关系的首要，他们日子过得很累，很紧张，过得很缺乏乐趣。

太精明的人的确过得很累。他们算计着别人，占别人的便宜，肯定也会产生相应的心理，即别人也可能在算计他，也可能要侵占

他的利益。因此，他必须处处提防，时时警惕，小心翼翼地过日子。别人很随意说的一句话，干的一件事，也许什么目的也没有，但过于精明者就会在心里受到刺激，晚上回到家里，躺在床上也要细细琢磨，生怕别人有什么谋划会使他吃亏。这样，他在处理人际关系上就显得不诚实、不大方，甚至很造作。我们碰到的许多生活中的精明者，性情都不开朗，心理都相当虚假，神经都相当过敏，为人都相当猥琐。这恐怕和他们过日子那种紧张感有直接的关系。

其实，真正聪明的人知道，做人不必太精明。这是指一般的生活以及平常的人际关系。生活毕竟不全如商场那样明争暗斗，杀机四伏；总需要些温情和睦，非功利的关系，因此也就没有必要过于斤斤计较、精打细算，反倒是随遇而安的好。

的确，过日子有时需要精打细算，才能把日子安排得既合理，又过得舒服。同样的收入，会安排的人过得就和不会安排的过得不一样。但是，过于精明，处处显得精明，甚至在人际关系中也玩这一套，就显得失当了。这样的人，很难和人搞好关系，很难讨人喜欢。所以，即使他在物质上比人多享受点，但精神上付出的代价则更大，要是真精明，就得算算这笔账。

一个人要把日子过得舒服，单靠东捞一点、西沾一点，靠算计别人是徒劳的。我们日子过得轻松愉快，很大程度上要靠真诚、信赖、友好，碰到难处互相帮助，有了好处大家享受。这就要求我们每一个人都不必太精明，不必担心自己会失掉些什么。大家相互谦让，互相贡献，相互让利，关系融洽和睦了，比什么都好。不太精明的人容易和大家成为朋友。就因为大家可以正常相处，少有功利，多有温情，不必处处抱有戒心，有安全感。太精明的同事或朋友，总让人觉得不可靠。人们需要周围的人聪明、机智，但不要太精明。

我们可以不太精明，但应有智慧。在生活中，许多人并非真的糊里糊涂过日子，而是不想为过于精明所累。其间是因为有智慧。

一个聪明人不会患得患失，也不会囿于世俗中的鸡毛蒜皮之事而无法自拔。这样的人心胸开阔，为人豁达，日子过得有意思，有价值。

※ 为人处世谦虚谨慎也是一种豁达

谦虚谨慎是每个社会人必备的品格，具有这种品格的人，在待人接物时能温和有礼、平易近人、尊重他人，善于倾听他们的意见和建议，能虚心求教，取长补短。对待自己有自知之明，在成绩面前不居功自傲；在缺点和错误面前不文过饰非，能主动采取措施进行改正。

不论你从事何种职业，担任什么职务，只有谦虚谨慎，才能保持不断进取的精神，才能增长更多的知识和才干，才能赢得别人的喜欢。因为谦虚谨慎的品格能够帮助你看到自己的差距，永不自满，不断前进。可以使人能冷静地倾听他人的意见和批评，谨慎从事。否则，骄傲自大，满足现状，停步不前，主观武断，轻者使工作受到损失，重者会使事业半途而废。

具有谦虚谨慎品格的人不喜欢装模作样，摆架子，盛气凌人，能够虚心向群众学习，了解群众的情况。美国第三任总统托马斯·杰弗逊提出："每个人都是你的老师。"杰弗逊出身贵族，他的父亲曾经是军中的上将，母亲是名门之后。当时的贵族除了发号施令以外，很少与平民百姓交往，他们看不起平民百姓。然而，杰弗逊没有秉承贵族阶层的恶习，主动与各阶层人士交往。他的朋友中当然不乏社会名流，但更多的是普通的园丁、仆人、农民或者是贫穷的工人。他善于向各种人学习，懂得每个人都有自己的长处。有一次，他和法国伟人拉法叶特说："你必须像我一样到民众家去走一走，看一看他们的菜碗，尝一尝他们吃的面包，只要你这样做了的话，你就会了解到民众不满的原因，并会懂得正在酝酿的法国革命的意义了。"由于他作风扎实，深入实际，他虽高居总统宝座，却很清楚民众究竟在想什么，他们到底需要什么。这样，他就在凝聚群众关系的基础上，进而造就他成为一代伟人。

谦虚谨慎的品格，还能使一个人面对成功、荣誉时不骄傲，把它视为一种激励自己继续前进的力量，而不会陷在荣誉和成功的喜悦中不能自拔，把荣誉当成包袱背起来，沾沾自喜于一得之功，不再进取。居里夫人以她谦虚谨慎的品格和卓越的成就获得了世人的称赞，她对荣誉的特殊见解，使很多喜欢居功自傲、浅尝辄止的人汗颜不已。居里夫人的一个女朋友到她家里去做客，忽然发现她的小女儿正在玩英国皇家协会刚刚颁给她的一枚金质奖章。她不禁大吃一惊，忙问："居里夫人，现在能够得到一枚英国皇家协会的奖章，这是极高的荣誉，你怎么能给孩子玩呢？"居里夫人笑了笑，说："我是想让孩子们从小就知道，荣誉就像玩具，只能玩玩而已，绝不能永远守着它，否则就将一事无成。"她自己正是这样做的。也正因为她的高尚品格的影响，以后她的女儿和女婿也踏上了科学研究之路，并再次获得了诺贝尔奖，成为令人敬仰的两代人三次获诺贝尔奖的家庭。

总之，大凡有成就的人，都把谦虚谨慎当作人生的第一美德来刻苦培养。他们也因此获得了世人更多的尊重。

※ 战胜内疚、忧伤、失败带来的疲惫

没有人愿意和整天怨天尤人、愁眉苦脸的人在一起。在生命中，不要让失败、内疚和悲哀的情绪把你引向绝望。采取积极的行动摆脱它们吧！这样你才能和周围的人和谐地融为一体。

也许，你心爱的人儿离开了你，或者是死神从你手里夺走了她；也许，你被迫离开了一个使你的生存有价值的工作；也许，一个你钟爱的孩子遇到了麻烦；也许，你做了错事，而被内疚的包袱压得喘不过气来。我们中间有哪一位能不被内疚和忧患击倒而到达生命

的终点呢？

最糟的事情莫过于当这些危机来临时，找不到一个摆脱的办法。我们有种种逃避的方法——饮酒、操起毫无意义的嗜好，或者干脆没精打采地转悠，以消磨时光。

我们必须使劲站起来重新开步走。因为我们身体中的每一个细胞都是为了在生命中奋斗而安排的。生命是一支越燃越亮的蜡烛，是一份来自上帝的礼物，是一笔留给后代的遗产。

怎样学会站起来重新走？怎样战胜内疚、忧伤、失败带来的疲惫而热爱生活？怎样坚持到光明重新来临？怎样才能到达那个时刻——在绝望中仍能够说："也许，我能再试一次？"卡耐基提出的下面的建议或许对你有效。

1. 把自己请进生活

寻找那些被诗人但丁称为经过"黑森林"的人，这些人到处都有——书本上或生活中——这些永不让步的勇敢的人们，坚信生活是值得过的。

2. 原谅自己，也原谅别人

不管造成麻烦的原因是什么，我们总能在自己身上发现一些事实上和想象出来的错误。有时候我们做了一些在自己看来非常错误的事，竟陷于难以置信的迷乱之中。

但是，卡耐基为我们指出了一种治疗我们已犯过错的现成药物——首先，正视它，如果可以弥补，就弥补起来；其次，把自己的过失和错误抛在脑后，用新的计划和新的热情，重新注满生活的水池。

同样，不要责备别人对你做的事。别人对你的伤害，如果是你应得的，就从中学一些东西；如果是委屈的，就忘掉它。

3. 恢复自尊

首先要从放弃防御面具开始，我们中的许多人正是戴着它生活的。相信自己的价值；对自己说话要好言好语，响亮而刚强。努力做到对自己像对别人一样宽宏大量。接着，停止“会失败”的考虑。多想你拥有的，少想你缺少的。在失败的深渊中，这是尤为重要的，相信自己能给生活增添一些美的东西。

4. 回到众人的世界

我们害怕别人的关心会刺痛我们的伤疤，我们确实需要孤独的时光。但我们不能在那孤岛上待太长的时间，因为重新生活的道路，最终要通过我们与别人的亲密关系和共同努力才能获得。为了站起来重新走，我们必须爱。没有什么东西比爱更能唤醒那跟随灾难而来的痛苦。

5. 伸出手去帮助别人

花时间去帮助别人，借此治疗自己的创伤。卡耐基曾遇到一个25岁的年轻人。这个年轻人用全部业余时间为一个青少年组织工作，卡耐基问他为什么这样做。

“我17岁时，刚学会开车，”年轻人告诉卡耐基，“撞死了一个横穿马路的男孩。虽然没有人要我赔偿什么，但我悲伤欲绝。直到邻居的一个小孩请我做一个游戏的裁判时，痛苦才止住。帮助这些孩子正是我的需要，它把生活还给了我。”

6. 相信奇迹

许多人曾陷于极度迷惘的困境中，可一旦摆脱了它，却得到了意想不到的欢乐和力量。

杰克曾有过一段悲痛的时候，他失去了唯一的儿子吉姆——一个热情、机灵、充满爱心的年轻人。吉姆死后两年，巨大的悲痛还是紧随着他，以至于他决定去苏格兰——在那里他的儿子曾愉快地就读于爱丁堡大学。他试图沿着儿子的足迹，和他分享那幸福的时光。

在爱丁堡的一周，杰克哭得死去活来，但最终他还是复苏了。

他在揪心的、煤迹斑斑的古老城市里，处处感到吉姆的存在：在儿子住过的用石头围起来的公寓的玫瑰园里；在儿子于各个季节骑自行车领略风和海围绕的小山上。

在那一周里，杰克感到获得了新生，这片古老的土地给了他对新生、奇迹和重新斗争的信念，给了他这样的信心：我们能够战胜一切不幸。

所以，欢迎奇迹的来临吧！准备新生不是一次，而是多次。到生活最接近你的地方去——海边、山巅，倾听它们蕴藏着新生和重回生活的声音。

7. 一次迈一步

如果你身上没有出现奇迹，定下心来做接着到来的事情，因为一次只能迈一步。

一个人在成年后突然瞎了眼，他绝望了，直至碰到另一个盲人。他对他说："哦，你知道，你可以从洗自己的袜子做起。"

保护你的热情，不管它是多么脆弱。对照入你的"黑森林"的每一缕阳光都要做出回报，寻找那些寻常的，但也是令人喜悦的欢乐。回想一下一个孤独的可爱的晚上，屋顶上响着雨声，听着巴赫的小提琴协奏曲，读着过去的情书。回想一下在一个月光皎洁的晚上，在一个河湾滑雪，滑向岸上响着音乐和声的营火。

同时，留意周围美丽的自然界，这里有另一种生活在行进——无数的树木和鲜花，河流和鸟儿，请注意这些特别的事：鸟儿展翅的角度，风吹绿树的动姿。

8. 学会感谢

每天，特别是心绪不好时，寻找感谢的理由："谢谢上帝，四季运转无穷无尽；谢谢书本、音乐和促使我们成长的生活之力。"

这样赞美，有时你会发现自己说："谢谢上帝，你创造的生活正像它应该是的那样：痛苦伴随着欢乐。"你会发现自己在想：出生、生活，这是多么的好啊！

同时，要注意随时感谢你周围的人。你的感谢会使他们觉得他们对你很重要，相应的，你就会发现自己逐渐变得越来越受欢迎了。

※ 真正的英雄始终是生活的强者

李将军是卡耐基比较崇拜的人物之一。

美国南北战争期间，南联邦军事天才罗伯特·爱德华·李将军英勇善战，屡建奇功，是南方人的宠星。无情的战争最后以南方失败而告终，然而投降后的李将军却赢得了更多美国人的爱戴。

李生于南方弗吉尼亚州，他内心里并不拥护南联邦的黑奴制度，在致一位朋友的信中写道：“尽管人们很少认识到黑奴制度在政治、道德上是邪恶的，但我认为它的存在将给白人带来比黑人更多的灾难。”为什么他辞去在美军中的显赫职务而为短命的南方奴隶主而战？理由是：他属于弗吉尼亚，当外乡人去入侵他的故土时，他必须毫不迟疑地去保卫它。也许人们很难对此表示赞同，但很少有人忍心责备他的“愚忠”。

战争结束了，在阿波马格斯，李将军代表南联邦签字投降，仪式完毕，将军心如铅灌，无言地离开了。战火蹂躏的南方，满目疮痍；残废的妻子和两个女儿等着将军去供养；身为一个杰出的军事天才，南方却再无部队可指挥。许多骄傲的南方人不甘受辱，举家出逃至埃及、墨西哥、南非，他们不愿意，更不忍心让儿女们看到他们的梦想被撕碎的家乡。沮丧与绝望包围了南联邦。

将军回了家，他穿着战场上磨破了的戎装，人和战马泥迹斑斑。他避开公共场合成千上万爱戴他的人群，默默接受了华盛顿学院院长的职务。当时学院鲜为人知，除了 2000 元联邦废币外，只有 146 名学生每人 75 元的学费可指望。处在绝境中的学院因将军的到来复活了，对它一无所知的富翁们慷慨赞助，两年后学生增加了 1 倍。

而月薪 125 美元的将军在他的破房子里制订着新的战略，他突破传统呆板的教学方式，加进化学、物理等自然科学课程，甚至还设了新闻课，这在当时是创举，比后来教育家终于想到设新闻课提前了 40 年。

李还是将军，他没把一分钟、一份力用于沮丧，却把南方人从羞辱中拉了出来，又投入了复兴家园的战役。许多不服气的南方兵要进山打游击和北方佬作对，向将军讨计。他说："回家去，小子们！把毁灭的家园建起来。"他曾告诉惊奇不解的人们："将军的使命不单在于把年轻人送上战场送命，更重要的是去教会他们如何实现人生的价值。"

真正的英雄始终是生活的强者。在厄运中不会沉沦、颓唐；在腾达中不恃才傲物，始终保持旺盛的精力和强烈的进取心，时刻想着自己能够为社会做些什么。这种为人处世的态度，正是卡耐基所推崇的。

※ 与其让自己沮丧失望，不如选择生活中的乐趣

"我再也不相信朋友了！"被最好的朋友算计，为人作保却无辜负担庞大债务的人这么说。

"我再也不要相信男人！"失恋的女人这么说；失恋的男人也信誓旦旦地表示，不再相信女人。或者，不再相信爱情。

在人生中受到一点挫折的人，也可能因为"心血来潮"不再相信生命。有时，只是因为一点点不顺利，我们就会认为整个世界都在和我们作对。人们的脑中好像有一种叫作憎恨的细菌，只要吸收到了一些腐败的养料，它就会无限制地分裂繁殖，急于否定一切，让自己身陷于绝望的包围中。

乐观的人当然也明白，人生不如意事十之八九，再怎么努力，人们总是殊途同归，什么也带不走；但也会明白，人生是不快乐白

不快乐，如果能精力充沛地生活，为什么一定要坐在阴暗的墙角，悲叹自己的命运，而且还连带影响别人活下去的心情？

伊丽莎白·库伯勒医师，她一生都在帮助临终的病患，也使得“安宁医护”受到今日的医界重视，让人们在生老病死的循环中都能够拥有尊严。晚年，她更执行计划收养艾滋病婴儿。为世界做了如此多的她，却没有得到应有的对待与回报。其他医师们排挤她；她因过度热心服务而赔掉了自己的婚姻、健康；附近的居民甚至一把火烧了她的房子，以防止她继续做“危险的善事”。

她当然也诅咒过这个世界的无知与无情，灰心到了极点，但她总是选择继续勇敢地走下去，没有因为“一小撮”的不义者而怨天尤人，阻挡了自己的人生道路。

疗伤止痛才是对自己厚道，继续徘徊不过是加深痛苦。在生活中，我们总会发现，抱怨最多的人，往往也是为别人找最多麻烦的人。从来没有人因为抱怨世界而感到发自内心的快乐；虽然有时抱怨挺有效的，让你从痛苦中暂时抽身，但它的作用，不过是在逃避选择。

如果选择让自己沮丧失望，不如往好处想，慢慢地开始往前走。如果你决心做一个有趣的人，生活就不会那么无趣。在面对艰难挑战时，如果你有勇气，世界也不会吝于将生命中最丰盈的感受回报你。

第五章 欣赏别人，用言行提升你的魅力

可以赢得对方欢心的方法是：以一种不露痕迹的方法让对方明白，你确认他（她）在自己的小天地里是个重要的人物，而且你是真诚地确认他（她）这点。

——戴尔·卡耐基

在你每天的生活之旅中，别忘了为人间留下一点赞美的温馨，这一点小火花会燃起友谊的火焰。

——戴尔·卡耐基

要使别人喜欢你，首先你得改变对人的态度，把精神放得轻松一点，表情自然，笑容可掬，这样别人就会对你产生喜爱的感觉了。

——戴尔·卡耐基

※ 迷人的个性是一笔巨大的财富

卡耐基发现，在生活中，许多年轻人都是因为具有随和、乐于助人的性情而获得了升迁的机会。美国前总统林肯就是这样一个人：他乐于助人，在任何场合都令人喜欢。比如，当林肯住进拉特利奈旅店时，那里非常拥挤，他经常让出自己的床位，睡在仓库的角落，用一卷棉布做枕头。因此，每个遇到困难的人都来求助于他。正是由于他怀抱帮助他人的崇高愿望，林肯赢得了人民的热爱。

使人愉快的魅力是一笔巨大的财富。想想看，有什么能比总是引人注目、从不引人生厌的个性更为珍贵呢？这种个性不仅在工作领域很有价值，在生活中的各个领域也是如此。它造就了受人尊敬

的政治家；为律师带来了顾客；给医生带来了病人；对于一名员工来说，它更具崇高的意义，会带给你很多机会。不论你干哪一行，都不能低估这种个性魅力的重要性，它将为你赢得所有人的支持，减少生活中的障碍。

一些人能像磁石吸引铁屑一般，自然而然地吸引商人、顾客、委托人、病人，做事则得心应手、顺心如意。这是因为他们拥有这种磁铁般富有吸引力的个性。这些人就是商业磁体，尽管看起来他们似乎没有那些不怎么成功的人努力，但机遇围绕着他们打转，朋友们称他们为“幸运儿”。如果我们进一步分析他们，会发现他们有着迷人的个性，这就是他们赢得人心的原因所在。

当今许多成功人士和商业巨子的成功，在很大程度上都归功于自己良好的礼貌习惯和受人欢迎的性格。如果不是因为这些，而仅仅依靠他们的聪明才智、毅力和商业实践的话，那么他们可能还不能获得一半的成功。不论一个人有多大的能力，他若是粗鲁野蛮，其个性令人生厌，那么他将永远处于劣势。

培养受人欢迎的个性是很必要的，它能使成功的机遇倍增，能够发展人际关系，塑造良好形象。如果你想受人欢迎，就得做到控制私心，克制不良倾向，并且还要有礼貌、温柔、讨人喜欢和乐于与人为伴。这种为了做到“受欢迎”而进行的努力，也是通向成功和快乐之路。

学习与人愉快相处的艺术，这将比任何东西更能帮助你表达自己，它将唤醒你的成功潜能，使你赢得更多人的支持。这种才能应该是一种令人羡慕的天赋，然而由于它具有某些后天培养的特质，所以，通过培养和训练也能做到。

总是自私自利、利用他人的人，肯定不会受他人欢迎，人们天生就反感并且厌恶那些只为自己打算、从不考虑别人的人。取悦于人的秘密是取悦自己、丰富自己。假如你想变得令人愉快，你必须做到慷慨大方。狭隘、吝啬的性格是不可爱的，人们都回避这种个性的人。你必须在表情、微笑、握手和言行中让人感到真诚。假如你的个性散发出甜美和光芒，人们将乐于和你接近，因为我们都在追寻阳光，而尽力躲避阴影。

那些具有极大个性魅力、十分受欢迎的人，非常留心能造就自己好人缘的所有优点。如果天生不擅长社交的人像擅长社交的人那样花大量时间来仔细学习怎样受人欢迎，他们就能创造奇迹。

不论年轻人还是老年人，诚实的风度都是最令人喜欢的品质之一。每个人都羡慕坦率的人，他们没有什么需要隐藏；他们也从不隐藏自己的缺点和不足。他们通常显得大方迷人，焕发爱和自信；他们的神采也让对方变得坦白和简单。坦诚讨人喜欢；神神秘秘则惹人反感，遮遮掩掩易于引起他人的怀疑和不信任。一个像后者这样做事的人，不管表面上看起来有多好，都不会赢得人们对他的信任。和这些遮遮掩掩的人相处就像在黑夜里走路，总让人感到不安。一个行为诡秘的人，不管他表现得多么礼貌高雅，我们总是免不了要猜测他高雅之后另有所图。

一个开朗、没有秘密、真诚慷慨、坦率的人则大不相同！他很快就能获得人们的信任。人们非常喜欢他，相信他，原谅他的错误和缺点，因为他总是准备好承认缺点和改正它们。假如他有一些缺点，则一定会显而易见地赢得人们的原谅。他心地善良而真诚，他的同情心广博而活跃，他具有受人欢迎的特质——诚实和简单。正如美国南达科他州的布莱克山区的一个贫穷、谦虚、真诚的黑人矿工汉森姆一样，他虽然几乎不会拼写自己的名字，对上流社会的礼仪也一无所知，但他赢得了每个人的敬爱和好评。

当你具备了那种散发着灵光的个性魅力时，就等于拥有了一笔可观的财富，你的人生道路将变得宽阔而平坦，成功就在向你招手。

※ 努力给别人留下良好的第一印象

当你和别人第一次见面时，对方的言谈、举止、容貌、表情、服饰等都会在你的脑海里留下鲜明深刻的印象，他的一个微笑、一个手势都会诱发出你的某种情感体验。这最初的好恶倾向会影响到你在与其交往过程中的情感投入，影响到你们之间的关系。那么反过来看，你此时此刻的行为表现，在他的脑海里又会留下怎样的印象呢？它也将同样影响你们之间的交往。

印象指人在遇到新的社会情境时，主观上按照自己以旧有经验为基础的理解，将情境中的人或事物进行归类所形成的对有关人或事物的概念。第一印象，亦称初次印象，指两个素不相识的人第一次见面时所形成的印象。它主要获得对方的表情、姿态、身材、仪表、年龄、服装等方面的认识，这种初次的印象对人的整个印象形成举足轻重，它往往是以后交往的根据。所以，能否给别人留下良好的“第一印象”，往往决定着与他人交往的成功与否。那么，怎样表现才能给别人留下良好深刻的第一印象呢？

1. 注意仪表

仪表是一个人内部思想的体现，它反映了个体内在的修养。优雅的仪表，是展现个性魅力的重要手段之一。服饰的选择和搭配很重要。首先要整洁，否则会让对方觉得不够尊重别人；其次要得体，合体的服饰能够起到画龙点睛、锦上添花的妙用，如果打扮不符合自己的年龄、性别、个性以及场合，则难免会产生东施效颦之感。过分的油头粉面，追求奇异，会给人一种浮滑轻薄的印象。一个人的穿着打扮代表着一个人的审美观，它是影响社交形象的关键因素。根据自身条件选择合适的服装，既自然、朴素、合群，又能给对方以愉快感和亲切感，不加修饰与过分修饰都不足取。

2. 注意谈吐

一个人的谈吐可以充分体现其魅力、才气及修养。

首先，谈话前须经过思考，信口开河、文不对题会给人一种不诚实、不认真和啰唆的感觉。

其次，要学会倾听。交谈中要细心观察和分析对方的兴趣和个性，注意耐心地倾听。随便插话、东张西望、心不在焉等行为，既不礼貌，也会令对方产生不快。

再次，注意表达的艺术。节奏不要太快，语调应抑扬顿挫，有起伏的音乐美感。摇头晃脑、指手画脚等不雅观的动作应尽量避免。另外，用词要注意文明。

最后，要保持真诚、热情、大方的交谈态度。虚情假意、言不由衷，或傲慢自居、口是心非，或躲躲闪闪、转弯抹角，或贸然发问、多嘴多舌等都会破坏交往的形象和谈话的氛围。

3. 行为举止

一个人的行为动作常常会将他的气质、性格表达得淋漓尽致。如果我们想给对方留下良好的第一印象，交往中就应该扬长避短，保持举止大方、随和、乐观、热情、不卑不亢。粗俗的动作总是令人生厌的，这就要求人们平时对站立、行走、就座及待人接物的姿势加以有意训练。站应挺直，弯腰驼背让人有缺乏自信之感；坐应安详、沉静，腿不要跷起、抖动，避免显得缺乏修养；走路的姿态要自然优雅；待人接物要面带微笑，注意分寸与距离。特别是与异性的交往，举止不可轻浮，以避免不必要的误会。

※ 通过得体的行为举止和良好的风度仪表展示魅力

优雅的行为举止使人风度翩翩。即使最普通的职员，只要他们行为得体，举止规范，自然会使人肃然起敬。一个人的一举一动、一言一行都与他自己的风度仪表相关联，注意这些小节并使之规范化，会给生活增添无限的光彩。一般而言，良好的行为举止总使人感到愉悦畅快。

有些人认为，一个人的行为举止、外在仪表无关紧要。事实上并非如此。在现实生活中，一个人的举止是否优雅、言行是否得体，对于一件事情的成败往往有直接影响。毕业于牛津大学赫特福德学院的米德尔顿大主教说："高尚的品德一旦与不雅的仪表举止连在一起，也会使人生厌。"无疑，优雅的行为举止能使社会交往更加轻松愉快，从而有利于事情的成功。

一个人自己的行为举止与别人对他的尊敬息息相关，在管理支配他人时，它常常比内在的、实质性的品性这类东西具有更大的作用。热情友好、彬彬有礼的言谈举止无疑会使人通身舒畅，在这种友好的交往中，成功往往就会到来。也就是说，亲切友好的行为举止会有助于事业成功。与此相反，不良的行为举止、粗鲁庸俗的言语只会使人顿生厌恶之感，这样一来，什么生意、交易都做不成。第一印象特别重要，而一个人是否谦恭有礼往往对第一印象有着十分重要的影响。

友善的言行、得体的举止、优雅的风度，这些都是走进他人心灵的通行证。无论老年人还是年轻人的心都是向举止得体、彬彬有礼的人打开的。态度生硬、举止粗鲁的言行举止只会使人倍生厌恶之情、憎恨之感。因此，这种人在生活中必定处处碰壁，处处令人生厌，就像过街的老鼠一样，使人通身不快。

一个人可能显得没有修养，甚至粗鲁无礼，但他也许是一个心地善良、品德优秀的人。如果这种心地善良、品德优秀的人能举止优雅、谦恭有礼，正如真正优雅的绅士一样，那么他们肯定对社会更加有益，在现实生活中能给人更多的快乐和幸福。

米德尔顿大主教指出："在一定的程度上可以说，一个人的行为举止反映出一个人的内在品格。"也就是说，一个人外在的行为举止是其内在本性的表现。它反映出一个人的兴趣、爱好、情感世界、性格性情以及他早已习惯了的社会习俗，等等。这些经过长时期自我修养、自我教育而养成的个人的行为方式，乃是一个人本身性格、气质、禀性的综合反映，因而，这些与个人内在本性相关联的仪表风度以及待人接物的方式、方法就具有不可小视的意义。

优雅的行为举止在很大程度上根源于谦恭有礼和善良友好。从外表上看，礼貌乃是一种表现或交际形式，从本质上讲，礼貌反映着我们自己对他人的一种关爱之情。也许一个人并没有必要对他人表示关爱之情，但他却对别人十分礼貌。优雅的举止与得体的行为并没有什么本质的区别，二者基本上是一致的。“漂亮的体形比漂亮的脸蛋要好；优雅的行为举止要胜过婀娜多姿的身段；优雅的行为举止是最好的艺术，它要胜过任何著名的雕塑或名画。”

真正的礼貌必然是源自忠诚，必然是出乎内心，不然的话，就不会产生持久而深刻的印象。缺乏真诚的优雅是不存在的。粗鲁的言行、粗暴的性格与优雅的行为风马牛不相及，优雅的行为举止乃是人性的一种自然流露。

真正的谦恭有礼必出自善良。心地善良的人必然乐于助成他人的幸福，而不愿意让别人痛苦或烦恼。正如友好和善意一样，谦恭有礼自然让人感到轻松愉快，谦恭有礼与友善的行为总是合二为一、不可分离。

真正的谦恭有礼总是特别表现在对别人人格的关心这一点上。如果一个人希望别人尊重自己，他自己就要善于尊重他人的人格。他应该注意关注别人的思想、观点，即使别人的思想观点与自己的相左，也要善于容纳。真正有礼貌的人总是尊重他人的意见和看法，从不强求他人的意见与自己的一致，有时他得控制自己的情绪，压制自己的不同意见，虚心听取他人的不同意见。他应该宽容，善于忍耐、克制，避免作任何尖刻的评论；任何过激的言辞、尖刻的评论总会招致别人对自己的言行的过激与尖刻的评论。

有些没有修养、举止粗鲁、容易冲动的人，根本就不会尊重别人。他们只知道一味地放纵自己的言行，宁可失掉自己的朋友，而不去收敛自己的放荡言行。这种只知道满足一时的自我而不顾及别人人格的人，总是得罪自己的朋友，因此，这种人是名副其实的蠢人。约翰逊博士曾说过："先生们，任何人都无权说粗鲁的话，更无权干粗鲁愚昧的事情，恶言恶语伤人比将一个人打倒在地更令人怨恨。"

那些明智的、有礼貌的人，从来就不会表现出自己比邻居更优越、更聪明或更富有。他们从来不向别人夸耀自己高贵而显赫的社会地位，不向别人炫耀自己的职业，或者总是夸夸其谈地谈论自己的工作，也不会一开口就炫耀自己的生活或工作经历。与此相反，那些明智和有礼貌的人，总是温良恭厚，他们总是特别谦虚谨慎，从不装腔作势、装模作样，不夸夸其谈，不招摇过市。他们总是通过自己的行为而不是通过自己的言语来证实自己的内在品性。他们总是默默无闻地做，而不是哗众取宠地说。真正有礼貌的人总是朴实无华、默默无闻的人。

不尊重他人感情主要是因为自私自利。自私自利总是会导致种种生硬、粗鲁和令人厌恶的行为举止。当然，这种种令人厌恶的行为举止并非出自恶毒的天性，而是由于这种人缺乏必要的同情与体谅他人之心，忽视了日常生活中那些使人愉快欢乐或痛苦的细小之处，而自觉或不自觉地致使别人不愉快。可以说，一个人到底有没有好的修养，主要在于这个人有没有自我牺牲精神，在日常的生活中能不能够真正体贴、关心他人。

在日常生活中，那些没有一点自制力的人是令人难以忍受的。这种人总会给人带来莫名其妙的烦恼和痛苦，与这种人交往，没有一个人会感到由衷的畅快。正是由于缺乏自制力，许多人一辈子都在与自己制造的种种麻烦作斗争。由于他们的任性、倔犟和粗暴，成功总是与他们无缘，苦恼和麻烦总是与他们形影不离。而其他一些天赋并不太高的人，由于他们具有耐心和毅力，心气平和，善于自我克制，因而总是一帆风顺，并取得非凡成就。

优雅的行为举止是相当自然的行为——它并不在乎别人的注意，而是尽去矫饰，任其自然。矫揉造作与坦诚的举止是不相容的。18世纪的学者罗谢弗古尔德曾这样说过：“任何东西都无法抑制我们的欲望，任何人的欲求总要自然地表现出来。”真诚和坦率总是通过谦恭有礼、温文尔雅、友善和体贴他人等外在行为表现出来。优雅文明的行为举止总让人兴奋快乐，使人心悦诚服。正如一个人的内在品性一样，一个人的行为举止也是促使人成功的真正动力。

※ 尽量摆出自信和平易近人的姿势

我们与人相处，有些人虽然话不多，但我们却喜欢和他待在一起，因为他能让你感到轻松愉快；有的人逢人便滔滔不绝、夸夸其谈，这不但不让我们喜欢，反而令我们十分讨厌，总想与之拉开一段距离。有的公司职工、干部精诚团结，公司搞得红红火火，他们尊敬自己的公司领导，情愿鞍前马后效劳；有的公司，职工、干部工作不积极，互相扯皮，人心涣散，致使工作无法开展。出现这些不同情况的原因是什么呢？

这主要就是人的素质修养问题。

有时我们确实感觉得到，有一种人，无论出现在哪儿，都能立即成为众人瞩目的核心，即使他们不言语，就那么站着或坐着，也带给人一种特别的感觉和深刻的印象，甚至还能令人毫无保留地对他产生信任感。周恩来总理，就是这样一位具有独特领袖气质的人。

气质与外貌漂亮与否并没有什么关系。关键是看你能否通过你的面部表情、形体动作、语言等展示你迷人的个性气质。真正能打动人的是气质，而不是外貌的漂亮。

在实际生活中，有的人谈吐时精神抖擞，情感丰富，口若悬河，表情自如，显示出超人的才干和气质，博得了听众的喜爱和青睐；有的人窘迫不安，语无伦次，面部表情麻木，手足不知如何放置，让人大失所望。这两种不同的气质可以说是截然不同的。

每一个人都具有一种理想的自我形象，这就是心理学上所说的“理想自己”。“理想自己”往往被赋予很高的价值。尽管这些人来自于不同地方，成长在不同环境，各自具有不同的自我形象，但他们也许具有一些共同点，如仪表的俊美，丰富的情感，敏捷的思维，畅达的语言等，而且都希望给对方留下亲切善良、聪慧正直、才学渊博的印象。但是，不管“理想自己”是多么完美，都必须通过自己的一言一行体现出来，争取在表现自己的魅力中把它发挥得淋漓尽致。

那么，怎样才能体现这种独特的气质呢？简单地说，可以通过我们身体的努力来体现，如站姿或坐姿，走路的姿态，说话抑扬顿挫或诙谐幽默，与他人谈话时的专注程度，等等。所有这些，都要求自然而不做作，随和而又充满机敏，由此所透露出来的权威感，会产生一种无形的魅力，一点一滴地注入对方的心田，在他们的心里产生连锁反应，使对方在不知不觉中被吸引，被征服。

在表现魅力时，一个重要的方面就是自信。自信是基础，它是使人情绪定位的核心，对能否发挥作用至关重要。当双方，彼此面对，互相注目时，也许因为环境的变化或多或少地引起一些紧张感。但它有助于让你的注意力高度集中，认真思考。如果是过度紧张，往往会影响发挥，使自己的意思不能完全表达。在这种情况下，进行自我调控，强调自信就十分重要。这时要充分看清自己的优势，保持头脑清醒，绝不能流露出半点的不安和胆怯。稍后，这种紧张感会慢慢消失，所以应注意随时调整好自己的音调、节奏与表情，动作配合，随意自如地发挥自己的魅力，给别人留下良好的印象。

一个人的体态能够表达其信心，显示出他是否精力充沛。如果一个人总是缩着肩膀，大腹便便，下巴松垂，或者眼睛半睁半闭，那我们很难说这是一个充满自信的人。一个充满自信并且精力充沛的姿态应该是：挺胸收腹、肩膀平直、胸肌发达、下巴上提、面带微笑，双眼闪烁着一种必胜之光。的确，没有人能够总是表现出一副精力充沛的样子，但我们都能尽力而为。

要时时注意你走路的姿势，这一点最容易向人表露你的精神状态。不要经常无所事事地闲逛，走路时应该让人感觉到你总是满怀一定的目的、稳健自如地行走。请记住，如果因为工作性质的原因，你必须经常出入其他办公室，你要养成一个随手带些材料或夹个文件夹的习惯。这样不会让你两手空空，而且让你表现出一种讲求效率的形象，你会因此得到他人的赞许，尽管你走到第三个房门口的目的是找比尔问他是否弄到了星期六的垒球票。

你甚至也可以满怀目的地坐着，背部挺直，双脚靠拢。避免笔直地坐在一张直背椅上，不管这样多么舒服，你的姿态会显得僵硬。最好的方式是将身体的某一部位靠在靠背上，整个身体稍微有些倾斜。

当你听对面的或旁边的人谈话时，可以摆出一种轻松而不是紧张的坐姿。你在听别人讲述时，可以通过微笑、点头，或者轻轻移动位置以便更清楚地注意到对方的言辞的方式，来表明你的兴趣与欣赏。请注意电视上一些访谈节目的主持人，他们懂得如何更好地倾听他人讲话。

当轮到你说话时，可以先通过某些恰当的手势来吸引他人注意，强调你谈话内容的重要性，你可以：

1. 身体前倾，把手肘撑在桌子上，将手指头轻轻并拢；

2. 摘下眼镜，然后用它来强调你所想强调的论点；

3. 用手轻快地拢拢头发。

但你绝不要：

1. 身体向后仰，以典型的答辩姿态把双臂抱在胸前；
2. 擦碰鼻子；
3. 清理嗓门；
4. 用手遮掩嘴巴；
5. 将口袋里的钥匙或硬币弄得叮当作响。

花点时间检查一下积极的和消极的手势，你将发现，积极的手势将不只使你的自我感觉良好，而且也使你和听众更易接受；而消极的手势将把你与听众的距离拉开。

不管你打算采用哪种积极的手势，它们的运用都必须有助于听众对你所说的内容的理解。

你同别人握手的方式，也同样把自己的许多情况告诉了别人。缓慢无力的握手，表明你缺乏自信；而过于用力的握手，暗示着握手者企图极大限度地表明自己要把握着局势，暗示着他缺乏自信。一种稳重的、简练的握手才意味着自信。

※ 把培养领袖气质当作塑造人格魅力的一个重要方面

你是否有过这样的困惑，为什么同样的一个建议，在你的口中说出与在他的口中说出所产生的是截然不同的两种效果？在某种情况下，为什么有着比他更出色才能的你，却无法像他那样得到团体的认可呢？你又是否意识到这种现象对你的职场进阶有着什么样的影响呢？

在任何一个团体中，总有某一个人充当着核心的角色，他的言行能够被团体认可，并指引着团体的某一些决策和行动。我们可以把这种人所具备的人格魅力称为“领袖气质”。具有这种领袖气质的并不一定是高层的管理者。在任何一个团体中，小到几个人组成的办公室，大到一个集团，总会有一个人具有说服他人、引导他人的能力。在某种程度上，“领袖气质”也可以被认为是人格魅力的一部分。

树立权威形象，培养领袖气质，并不是一朝一夕的事情，如果我们在日常工作中，能够注意到以下几点，将会为你的领袖气质的培养打下良好的基础。

1. 诚实守信，做到表里如一

试想，一个欺诈而不讲信用的人，连人格都让人产生怀疑怎么可能在他人心里树立权威形象呢？所以诚实守信是培养“领袖气质”的基本条件。

不少指导社交的实用小册子总是这样规劝你：你应该昂首阔步地走进去，先声夺人地向周围人展示你的风采。他们教导你要用“虎钳般有力的握手”来给人一个下马威，还暗授机密似的说你必须用催眠术一般咄咄逼人的目光紧紧盯住他人。假如你真的照此行事，你会让每个人都发疯的，他们也一定这样看你。

真正的社交秘诀应该是：你应该始终如一地显示你最好的一面。最有影响力的人不因场合变化而改变他们的个性，不论是亲切的私人交谈，还是向公众发表演说，抑或参加求职面试，他们都是一以贯之，毫无矫揉造作之态，处处显露出他们真实的面目。他们用自己的全部身心与人交流，他们的音调与姿态也总能与口中的表白和谐一致，一切都显得那么亲切自然。

然而，某些面向公众演说的人，却向听众发出令人迷惑的信息。比如，当一个人说：“女士们、先生们，我很高兴有机会……”时，眼睛却总盯着听众的鞋子，其实这表明他一点都不高兴，这样的演讲怎么会有感染力和鼓动力呢？

2. 学会倾听

在日常生活中，有一些人在大家七嘴八舌地讨论时，他总是一声不吭地在一边静静地坐着，仔细聆听着别人的发言。到最后，他才会站出来果断地说出自己的意见。因为“听”首先是对他人的一种尊重，同时也可以帮助你了解别人的思想，了解别人的需求，了解自己和别人的差异，知道自己的长处和不足，当掌握了一切信息以后，你所提出的意见就会站在一个新的起点上，站在团体的角度上。所以在某种时候，最后发言者因为掌握了更多的信息，见解也就更深入，更权威。如果你每一次的意见都是相对正确的，那么自然而然地在他人的心中就会树立起权威形象。

当你出席一次会议、一场晚会或与人谈话时，你不要迫不及待地亮出自己的观点，等一分钟，感受一下现场的氛围，了解人们当时的情绪，是激昂、愉快、观望，还是消沉？他们渴望了解你吗？对你的到来是否不悦？倘若你能感受到这一切，你便能更好地去接近他们，不会做出不合时宜的举动。

3. 尽量记住身边每一个人的名字

你要让别人重视你，树立起你的权威形象，就必须学会重视别人。现代社会，生活节奏加快，交流增多，“嘿”一声就可以认识一个新的朋友。也许对你来说，要记住每一张新面孔实在不是一件易事，于是，再次见面却想不起他人名字的尴尬场景便会常常发生在我们身上。可是有谁意识到这其实是对他人的一种忽视和不尊重呢？心理学家发现，当许多人坐在一起讨论某个问题时，如果在你发言中提到了多个同事的名字及他们说过的话时，那么，被提到的那几个同事就会对你的发言重视一些，也容易接受一些。为什么一个称呼会引起这么大魔力呢？那就是“被重视”这个因素在起作用。所以，让我们从记住别人的姓名做起，重视身边的每一个人，才能得到其他人的重视和尊重。

4. 从大局的利益出发

一个人待人处世如果只从自己的利益出发，那就不可能得到团体的认可，也更谈不上树立自己在他人心目中的权威形象了。

5. 果断地提出你的意见

有些人，在工作中面对某些问题时，明明有自己的见解，却思前想后，犹犹豫豫，等到其他同事提出时才懊悔不已。一次一次的错过，使得你失去了很多表现的机会；还有一些人，平时说话老是模棱两可，明明是一个正确的意见，却让他人产生模糊的感觉，这也会让他人对你的权威性产生怀疑。所以，当你考虑好了，请果断地提出你的意见。

6. 善于运用身体语言

在与人交往中，你必须将你的整个身体都看作是一个信息的载体。你必须意识到，你的一举一动都在说话。假如你善于运用你的身体语言，他人将乐于接纳你，并与你合作。外表、情绪、言辞、语调、眼神、姿态，抓住他人兴趣的能力，这些都是在与人交往时你能运用的东西，其他人正由此形成对你的印象。

※ 赢得别人喜欢的几个简单技巧

人们总是对自己所爱的、尊敬的朋友，发自内心地关怀他们，期盼他们能幸福安乐。如果不能秉持这种心情，你实际上也就无法取悦对方。人际关系的原则，便是这种思念对方的心情。有了这种心情时，至于该如何遣词用字，自然也就能一目了然了。取悦人们的心理，我看谁都会有，然而，在人与人交往的实际场合，真能知晓如何取悦他人的方法者，并不多见。

事实上，你可以通过掌握一些简单、自然、平常和易学的技巧，来提高自己的知名度。只要你坚持不懈地去实践，你是可以成为一个受人喜爱的人的。

1. 要做一个平易近人的人，和别人打交道要轻松自如

也就是说，在别人和你打交道的时候，不要让人有一种紧张感。据说，有的人“你很难同他打交道”，他很难接近。这往往是一个

在交往中难以克服的障碍。一个平易近人的人很好相处，而且言谈举止都很自然。他会营造一种舒适、愉快、友好的氛围。和他在一起，不会像戴着一顶破旧的毡帽、趿拉着一双破烂的鞋子、穿着一件宽大破旧的袍子一样，尴尬难堪。一个表情僵硬、冷漠、毫无反应的人，是难以融于一个集体之中的，而他往往是一个桀骜不驯的、不合群的怪物。你确实不知道该如何和他打交道，你也难以揣摩他的内心世界，不知道他会对你的言行做出怎样的反应。喜欢上一个这样怪僻的人，确实不是一件很容易的事情。

2. 善解人意，体贴别人

一个体贴别人的人，总是设身处地为别人着想，不让别人紧张、拘束，更不会让别人尴尬难堪。据说，莎士比亚就具有善解人意的神奇能力。在和人交往的过程中，他就像一条变色龙，能根据交往对象的不同特点，随着时间、地点的变化，进行应变。文学批评家威廉·哈兹里特指出："莎士比亚完全不具有自我，他除了不是莎士比亚之外，可以是其他任何人，或是任何别人希望他成为的人。他不仅具备每一种才能以及每一种感觉的幼芽，而且他能借着每一次的命运改换，或每一次的情感冲突，或每一次的思想转变，本能地预料到它们会向何方生长，而他就能随着这些幼芽延伸到所有可以想象得出的枝节。"

3. 待人接物落落大方、不卑不亢

一般来说，具备这种素质的人必须具备宽阔的胸襟。因为，那些特别注重别人对自己的态度的人，那些害怕别人嫉妒自己的地位和职务的人，那些在生活中处于优势地位的人，是很少对别人态度冷淡的，而且一般也不轻易对别人生气。

美国前邮政部长詹姆士·法利是谦虚谨慎、不狂妄自大的人之中的一个杰出代表。

一个有趣的事例表明，法利先生是一个知道如何让人喜欢自己的专家。那是发生在费拉德菲尔城举办的一次“读书和读者”会上的事。当法利先生和其他演讲者到宾馆去吃午饭的时候，他们在走廊遇到了推着餐车的女服务员，餐车上装载着桌布、毛巾和其他用具。他们绕过餐车走了进去，这位服务员丝毫没有注意到他们。这时，法利先生向她走了过去，并且伸出手说：“嗨，你好，我是詹姆士·法利。能告诉我你的名字吗？很高兴认识你。”

当这群人走过大厅的时候，一些人回过头看了看那位女孩，她嘴巴张得大大的，显得十分惊讶，但是，她的脸上立即绽开了甜美的微笑。这是一个在现实生活中取得成功的人士，在社交场合中平易近人，善于营造舒适、自然、轻松的气氛，拥有良好的人际关系的绝妙例子。

4. 要忠诚、正直和具有爱心

某个大学的心理学系对那些受人喜爱的和不受人喜爱的人的性格作了分析。他们对一百个个性特征作了科学分析，他们指出：一个人要想赢得别人的喜爱就必须具备 46 个引起人们好感的个性特征。也就是说，你要想为大众所接受就必须具备许多的优秀品格。意识到这一点，或许会让你感到多少有些失望。

要想让别人喜欢你，你必须具备一个基本的品格。这就是要忠诚、正直和具有爱心。或许，只要你具备了这一基本品格，其他的各种品质也就自然而然地具备了。

5. 能够仔细分辨别人的意图、动机、心情、感受和思想

也就是说，一个社交能力强的人，必定是会盘算的人，他们会考虑到自己行为的后果，会盘算别人的可能行为，会计算自己的利益和损失，而所有这些盘算，都是在相关因素可能变动的情况下做出的。因此，只有认知能力较强、善于察言观色的人，才能在复杂多变的情况下，做出这些盘算来。这种人际交往智慧每个人都具有，关键是怎样使之不断增强，怎样在生活中把它们发挥出来。

6. 不断克服自身的弱点

如果你不是和别人打交道很轻松自如的人，我建议你对自己的性格做一些研究，考虑任何消除你在交往过程中可能存在的自觉的、不自觉的紧张情绪。一定要注意，不要把别人不喜欢你的原因归结到别人身上。相反的，你应该在自己身上找原因，而且要下决心找到解决问题的方法。要做到这一点，就必须非常诚实，敢于解剖自己，甚至还需要一些性格方面的专家的帮助。那些在你的性格方面的所谓“不利因素”或者说“弱点”，可能是你多年的生活习惯养成的，也可能是由你年轻时候的生活态度发展而来。或许，你还一直把它们作为“自卫”的武器来使用，殊不知，它们却在无意之中伤害了别人。不管这些性格的“弱点”是如何产生的，只要你对它们进行科学的分析，意识到了进行性格优化的重要性，通过一套对性格进行转变的训练，你是完全可以克服这些弱点的。

在一个人的性格转变过程中，学会为别人祝福是非常重要的。因为当你为别人祝福的时候，你就是在调整自己的心态，改变对别人的态度。这样，你和别人之间的关系就上升到了一个新的高度。以心换心，以爱换爱。当你向别人袒露出最美好的感情的时候，别人也会向你袒露出最美好的感情。当这种最美好的感情彼此相遇并且融合到一起时，一个更高层次上的相互信任，相互理解也就建立起来了。你也就在尘世中建起了“天堂”。

如果你已经走完了人生的一大半，而还没有建立起和谐的人际关系的话，你不要认为一切都不可改变，你应该采取明确的步骤去解决这一问题。只要你愿意为此付出努力，你完全可以改变自己，成为一个知名度很高、受人喜爱、受人尊敬的人。或许我可以用下面这句话来让我们共同警醒：一个人的最大悲剧是用一生的时间来为自己的过错掩饰和开脱。我们本来是做错了，却为它辩护，文过饰非，死不认账，死不改悔。就像一台电唱机上放置了一张有缺陷的唱片，当电唱机的指针陷入唱片的凹槽时，它会反复播放同一音调。你必须把指针从唱片的凹槽中拿出，这样，你就不会再听到不和谐的音调，而会听到旋律优美的歌曲。不要再浪费时间去为你在人际关系方面的失误作辩解，而要把这些时间用于完善自身的性格，去赢得别人的友谊。因为和谐的人际关系是成功生活的最重要的条件。

7. 尊重别人，自我克制

你尊重别人，别人也会尊重你；你喜欢别人，别人也会喜欢你。让别人喜欢你，实际上，这就是你喜欢别人的另一个方面。美国著名学者威尔·罗杰斯曾经说过一句很有名的话："我从没遇到一个我不喜欢的人。"这句话或许有一点夸张，但我相信，这对威尔·罗杰斯来说并不为过。这是他对人们的感觉，正因为如此，人们也都对他敞开心怀，就像花儿对太阳敞开心怀一样。

当然，有时也会因为彼此意见不同，使得你喜欢某个人格外的困难。这是很自然的事。有的人生性就比别人更惹人喜爱。但是，我们知道，每一个人确实都有他值得尊重甚至可爱的品性。

在人际交往中尊重别人的人格是赢得别人喜爱的一个重要因素。人格，对每个人来说，都是最重要、最宝贵的。对每一个人来说，他都有这样一个愿望：那就是使自己的自尊心得到满足，使自己被了解、被尊重、被赏识。如果我不尊重你的人格，使你的自尊心受到了伤害，当时，你或许会一笑了之，但是，我却严重地伤害了你。事实上，如果我表示出了对你的不尊重，即使你当时对我还是很友善，但是，如果你不是一个精神境界极高的人，你以后是不会很喜欢我的。这样，我就"赢得了战场，而输掉了战争"。

相反，如果我满足了你的自尊心，使你有一种自身价值得到实现的感觉，那么，这表明我很尊重你的人格。我帮助你获得了自我实现，你也会为我所做的一切表示感激。你对我有一种感激之情，你会因此而喜欢我。

一些高明的政治家是精于此道的。为了笼络人心，赢得别人的拥护和支持，他们绝不轻易伤害别人的自尊和感情。一位评论华盛顿政治舞台的专家指出："许多政客都能做到面带微笑和尊重别人，有位总统则不止如此。无论别人的想法如何，他都会表示同意。他会盘算别人的心思，并且能掌握这些心思的动向。"

不要贬低别人的人格，不要伤害别人的自尊心。因为，只有尊重别人，别人才会喜欢你。只有你满足别人的精神需求，别人才会满足你的精神需求。

一个人必须要有自我克制的能力，对和自己打交道的人千万不要表示出不耐烦。对某些人，你可能是特别的不喜欢，甚至是特别的讨厌。但是，你不要感情冲动，只要你冷静一点，尽可能地把这位令你生气的人的优点、他的过人之处列举出来，你就会克制自己的感情。如果你每天力图列举一点，久而久之，你就会惊奇地发现，你原来以为你不喜欢的那个人竟然会有那么多值得人喜爱的品质。在发现了他的可爱之处后，你就会猛然觉得自己没有理由讨厌他。当然，在你对别人有这些新发现的过程中，别人也在对你有许多新发现，也会发现你的许多可爱的品质。

※ 交谈是信息的交换、兴趣的分享和思想的交流

从某种意义上说，谈话是一种自我表现。我们可以在谈话中表达自己的思想感情，发表对事物的看法和观点。但是，仅仅把谈话理解为"表现自己的内心世界"是片面的。最好的谈话意味着信息的交换、兴趣的分享和思想的交流。谈话具有两重性——给予和获得，行动和反响。同时它又是多方面的——许多人思想的交流。

1. 避免两种偏见

如果你感到寻找话题很难的话，那么问题很可能出在你对谈论

什么话题看法不对。

一种错误的看法是：很不寻常的事才值得一谈。你绞尽脑汁地想那些惊天动地的爆炸事件，令人捧腹的大笑话。是的，这些确实是人们乐于听和谈论的；但是，我们不也是在许多愉快的傍晚谈论着日常生活——送孩子上学、采购蔬菜、欢度节日这类话题吗！因此，即使你未曾有过不同寻常的经历，也不必缄默不语，平凡的生活仍会提供给你大量的话题。记住：别人也大都主要对日常事情感兴趣。

另一种偏见是：话题必须高雅而有学问。的确，人们会谈论相对论、原子结构，但人们谈到更多的是生活和爱情、吃喝和天气。所以不要认为，只有你研究数月的东西才适于谈论。

2. 寻找适宜的话题

事实上，什么都可以谈论。你可以谈论烹调、编织、时装、家具、亲戚朋友、篮球足球；你可以讨论书籍报刊、戏剧电影、时事新闻、国家政治；你可以讲述故事逸闻；你可以谈谈你得到的新思想和新观点，而你对这些思想和观点的看法，则比这些思想观点本身更重要。

人们谈话的目的之一，是拿自己的思想与别人比较。当他发现自己的观点同你一致时，会感到无比温暖；而不一致时，也会感到清新欢快。因此，不必顾虑别人认为你圆滑而不敢表示同意，也不要担心产生分歧而不敢表示反对。

如果你不能像别人一样，对某件事谈出很好的看法，也不必缄口不言。即使你觉得国际会议上的演讲家都是白痴，也完全可以大胆地发表自己的看法，只是在表示看法时语气要友好。

有些人喜欢提挑战性的意见，以致引起热烈的讨论和激烈的争吵。不过提这种意见必须慎重，最好是等到“知己知彼”后再进行。

当你提出一个话题时，要确信自己对它有所了解，但这并不意味着要很有研究，只不过较熟悉罢了。如果你才在上一周末滑了一次冰的话，最好就不要大谈怎样进行花样滑冰，因为在座的也许有高手；所以，你谈你对滑冰的第一印象和第一次跌倒就好得多。

3. 避免不可谈论的内容

相比之下，不可谈论的话题比可谈论的话题要少得多。一般说来，对一个陌生人谈论你的私生活是不合适的；不要向一般人谈论你亲人和朋友的缺点；不要向不喜欢某书的人大摆该书的情节。而如果你使宴会沉浸在阴郁的故事中，那么你再被邀请的机会就少了。

4. 积极寻找和提炼话题

如果你感到话题有限的话，就尽量找些新的。你每天读报纸杂志、听广播、看电视，你对顾客、营业员、大学生、家庭等颇有兴趣，这些都是谈论的话题。当你在报上看到某个喜爱的栏目时，用心记住它。当你在演讲中听到某个你喜欢的警句时，也记住它。在这些材料的基础上，建立自己的话题库，还可做些笔记和卡片。当记忆犹新的时候，提炼这些材料，向家人和朋友谈论它们。如果你用这种办法不断发现和提炼话题，就永远不会感到无话可说。

5. 让自己充满勇气

有些话题本来你是可以谈得很好的，但你总是缺少勇气。这或许是你总把自己同某一位健谈者相比而自叹不如的缘故。如果真是这样，下次谈话时你就先认真当好听众，注意别人在谈论什么以及怎样谈论，比较每个发言者的成功和失败，分析原因。再下一次，也不直接发表言论，只是提问而已，尽量把别人都吸引到问题上来，分析别人的发言。再一次，只发表一种意见，注意别人的看法，同自己的看法进行比较。最后，你就可以放开谈论了，你一定会对自己的进步感到骄傲。

6. 多了解别人

有些人能够侃侃而谈，但却并不一定使人感兴趣，甚至令人反感，这很可能在于他对与他交谈的人缺乏了解。

努力使谈话热烈，不要阻止思想的交流，同老朋友在一起这不成问题，我们了解他们的爱好和兴趣。但是同生人在一起，困难就产生了，我们不易找出他们的兴趣。下面让我们看看怎样轻松愉快地同生人谈话。

（1）如果你有事要会见一位陌生人，尽量先从朋友那里了解一些关于那人的情况，以及他的职业和兴趣。

（2）当你走进生人家时，留心观察，找出能够帮你了解主人的线索，比如他家里挂什么画，存什么书等。如果你不喜欢他们的古董，就不要谈论它们；找出那些你赞赏和有兴趣的东西作为话题。

（3）特别留意向你介绍生人时的话语。例如，当听到“卡尔先生刚从中东回来”时，你可提一些关于中东时事方面的问题，或者请他谈谈他在那里的工作，或者仅仅表示有机会听到些那遥远地方的消息，感到非常高兴。这样，或许可以很快加深你对他的了解。

（4）谈谈你自己的情况，这可以引导别人谈他自己的情况。

（5）可以问问他私人方面的但又不太过分的问题，不过显然不能问他的薪水。如果主人在钢厂工作，你就可以问别的客人“你也在钢厂吗？”如果是，你就可以表示兴趣，进一步提些问题；如果他回答你他正做的工作是什么，你又可以从这儿谈起。

（6）陌生人讲的头几句话往往能提供给你关于他兴趣的线索，要特别注意。

（7）别人也许比你更紧张，你就跟他谈一些轻松的话题。

（8）留意别人语气、表情、手势的变化，他们什么时候振作，什么时候兴趣索然。要使自己的谈话随机应变。

（9）对生人要避免可引起争论和刺激性的话。

※ 尽量欣赏别人，让别人感到愉快

人都有一种强烈的愿望——被人欣赏，欣赏就是发现价值或提高价值，我们每个人总是在寻找那些能发现和提高我们价值的人。

一家成功的保险公司经理在谈到成功的秘诀时说，很重要的一条是："我们欣赏我们的代理人。"

欣赏能给人以信心，能让对方充满自信地面对生活。爱情之所以能有如此巨大的魔力，就是因为两个人互相欣赏对方，欣赏对方的优点，甚至欣赏对方的缺点。在爱人眼里，对方是世界上最完美的。一个人被人认为是世界上最完美的，可以想象他是何等兴奋！所以，心中有爱情的人，对待生活总是积极、乐观的，充满自信的。许多大企业家告诉我们，他们在提升一个人之前，喜欢了解有关这个人妻子的有关情况，他们感兴趣的当然不是她的长相、她的贤惠，而主要在于她是否对丈夫有一种信任感。如果一个妻子认可其丈夫并给他一种感觉：她和丈夫在一起是愉快的，那么，每当丈夫回家时，他就能在她的臂膀中得到一种自信和激励；第二天，他就能充满自信地面对生活。

欣赏能使对方感到满足，使对方兴奋，而且会有一种做得更好，以讨对方欢心的心理。如果一个员工得到经理的欣赏，他肯定会尽力表现得更好；而如果是一个小孩，得到别人的欣赏，那他的表现会令人大吃一惊。有一个小孩总因喜欢在家具上刻画而遭惩罚，心理学家为他买来雕刻面具，并且教他如何使用，如何设计，还赞赏他："你雕刻的东西比我所认识的任何一个人雕得都好。"一天，小孩使任何一个人都大吃一惊：没任何人要求他，他就把自己房间打扫一新。当问他为什么时，他的回答是："我想你会喜欢的。"

当然，欣赏别人也得懂得一些技巧。具体该怎么去做呢？

1. 要尽量去欣赏别人一些他自己不自信或不被众人所知的优点。

如果一个国家级运动员和你第一次见面，你表示欣赏他的运动成绩，除了让他一笑以外，不会产生什么特别的感觉；而如果你表示欣赏他的风度和气质，他会非常高兴。

2. 欣赏别人不能无中生有

对方根本没有的优点甚至是缺点，而你还大加赞赏，他要么怀疑你在讽刺他；要么认为你是个善于说假话、奉承拍马的人。

3. 单独对待每个人总能让人有种被欣赏的感觉

当你到朋友家做客，朋友向你介绍了他的三个孩子后，你不是点头微笑，而是走过去同他们一一握手并问好，他们马上会对你产生好感。

※ 赞美是对别人的尊重和送给别人的最好礼物

每个人都渴望得到别人和社会的肯定和认可，我们在付出了必要的劳动和热情之后，都期待着别人的赞许。那么，把自己需要的东西，首先慷慨地奉献给别人，体现的只能是我们的大方和成熟。

赞许别人的实质，是对别人的尊重和评价，也是送给别人的最好礼物和报酬，是搞好人际关系的一笔暂时看不到利润的投资。它表达的是我们的一片善心和好意，传递的是你的信任和情感，化解的是你有意无意间与人形成的隔阂和摩擦。对人表示赞许，你何乐而不为呢？

世界上的人大都爱听好话，没有人打心眼里喜欢别人来指责他，就是相濡以沫的朋友，你批评几句，对方往往脸上也有挂不住的时候。

美国哈佛大学的专家斯金诺，通过一项实验的研究结果表明，动物的大脑，在收到鼓励的刺激后，大脑皮质的兴奋中心就开始起劲调动子系统，从而影响行为的改变。同样的道理，人作为万物的灵长，期望和享受欣赏，是人类最基本的需求之一。日本的社会心理学家在细和孝就说过：“人们对你赞誉、佩服或表示敬意时，除非显而易见地是溜须拍马，即使是应酬话，你也许还是觉着舒坦。可是，听到他人对你的批评，不中听的言语时，即使他没有恶意中伤，而且又部分符合实际，你也可能长期对它抱有反感。”

在细和孝的话恐怕不仅仅是对日本人而言的，他在一定程度上，是渗透了人性在对待赞许和批评方面的底蕴而发的透彻议论。中国也有相同的经验之谈，不过言简意赅，没那么具体。“多栽花，少栽刺”，就是这方面既来得直接，又深富哲理的良策警语。

一般在常人身上，都有着难以察觉的闪光点，而这些正是个人价值的生动体现。而一个伟大的领导者，往往独具慧眼，大多是赞颂别人的专家。罗斯福的才能，就表现在对正直人给予恰当的称赞上。

既然赞扬是人际交往的润滑剂，我们就要在和周围人相处的过程中，毫不吝啬地赞扬别人，使赞许动机获得广大而神奇的效用。

1. 赞扬的过程是一个沟通的过程

一位学者在一所高等学府就职，这人深沉寡言，严肃认真。其妻在实验室工作，经常与机器和数据打交道，也难免谨慎和刻板。然而不久前朋友们却发现其妻年轻了许多，不仅待人热情洋溢，而且穿戴打扮也焕然一新。遇到开心的事，笑声爽朗，很是动人。众人很纳闷，她怎么像换了个人似的？询问这位学者，才知道她近来调换了一个工作环境，那里年轻人多，气氛融洽，顶头上司又是一个充满活力、非常会说笑话的人，非常赞赏她工作的认真和负责。不失时机地给予她应有的鼓励和赞美，她也感觉到自己好像突然生活在另外的世界里，阳光灿烂，空气清新，连精神面貌都充满了一股子朝气。

这个人的经历说明，赞扬不仅能改善人际关系，而且能改变一个人的精神面貌和情感世界。赞扬的过程，是一个沟通的过程。通过赞扬，你得到了对方的欣赏和尊重，自己享受了自尊、成功和愉快，你的精神面貌还能不如芝麻开花，充满盎然的生机吗？

2. 赞扬能鼓励人向上和自强

马斯洛的层次理论认为，自尊和自我实现是一个人较高层次的需求，它一般表现为荣誉感和成就感。而荣誉和成就的取得，还须得到社会的认可。而赞扬的作用，就是把他人需要的荣誉感和成就感，拱手相送到对方手里。当对方的行为得到你真心实意的赞许时，他看到的是，别人对自己努力的认同和肯定，从而使自己渴望别人赞许的动机在荣誉感和成就感接踵而来时得到满足，从而在心理上得到强化和鼓舞，养精蓄锐，更有力地发挥自身的主观能动性，向着自己的目标冲击。

3. 赞扬别人，也能激励自己

现实生活中，一个善于发现别人长处，善于赞扬别人优点的人，绝不是单方面的给予和付出。不知你是否也有这方面的体验，赞扬别人，往往也会激励自己。别人的精神会感染我，别人的榜样会带动我，人家行，我何以不行呢？比比看！这样一种情形和心态，在体育场上，简直可以说是比比皆是。

※ 正确的表情最能捕捉人心

一个人的面部表情，比穿着更重要。笑容能照亮所有看到它的人，像穿过乌云的太阳，带给人们温暖。

卡耐基在纽约参加过一个宴会，其中一名宾客——一个获得遗产的妇人，急于留给每一个人一个良好的印象。她浪费了好多金钱——在黑貂皮大衣、钻石和珍珠上面。但是，她对自己的面孔，却没下什么工夫。她的表情尖酸、自私。她没有发现每一个男人所看重的是一个女人面孔的表情，比她身上所穿的衣服更重要。

捕捉人心的要素很多。但是，其中效果最大，而且能使他人的目光不忍稍移的，莫过于表情。普通人多少都会对自己容貌上不完美的地方加以掩饰，拼命地来弥补。特别是那些天生容貌称不上出色的人，总希望尽可能看起来漂亮些，于是，便努力做出高雅的举止，脸上常挂着温柔的微笑。

你脸上的表情究竟该如何表现呢？或许你想表现出自己是个男子汉，思虑深远，富有决断的表情，但是这实在是大错特错！充其量，你这张脸就像每天只是发号施令，看起来极端严肃的班长罢了。

你能够通过努力，使脸上浮现正确的表情。

首先，眼神应经常浮现温和的表情，而且，最好能保持微笑。不妨试着学习传教士的表情。善意洋溢，充满着慈爱，严峻之中蕴涵着热情的表情——这种举止相当能吸引人。当然，单只靠表情是不够的。大部分的人，要博得人们的欢心，还得利用心意的伴随。由于他们被认为有心，所以他们的表情便能使人着迷，产生好感。

行动比言语更具有力量，而微笑所表示的是："我喜欢你。你使我快乐。我很高兴见到你。"

这就是为什么狗这么受人们欢迎的原因。它们多么高兴见到我们，因此，我们也就高兴见到它们。

必须注意的是，微笑的时候一定要真诚。一种不真诚的狞笑骗不了任何人。我们知道那种笑是机械式的，最让人讨厌的。真正发自内心的微笑是一种令人心情温暖的微笑。

艾勃·哈巴德这样建议那些希望获得别人好感的人：

"每回你出门的时候，把下巴缩进来，头抬得高高的，肺部充满空气，沐浴在阳光中；微笑着招呼你的朋友们，每一次握手都使出力量。不要担心被误解，不要浪费一分钟去想你的敌人。试着在心里肯定你所喜欢做的是什么；然后，在清楚的方向之下，你会径直地达到目标。心里想着你所喜欢做的伟大而美好的事情，然后，当岁月消逝的时候，你会发现自己掌握了实现你的愿望所需要的机会。正如珊瑚虫从潮水中汲取所需要的物质一样。在心中想象着那个你希望成为的有办法的、诚恳的、有用的人，而你心中的思想，每一个小时都会把你转化为那个特殊的人……思想是至高无上的。保持一种正确的人生观——一种勇敢的、坦白的、愉快的态度。思想正确，就等于是创造。一切的事物，都来自于希望，而每一个诚恳的祈祷，都会实现出来。我们心里想什么，就会变成什么。把下巴缩进来，把头部高高昂起。我们是明天的神仙。”

※ 得体的微笑表示一种力量和涵养

19世纪的一位名人曾这样赞美微笑：

微笑在圣诞节的价值——

它不花什么，但创造了很多成果。

它丰盛了那些接受的人，而又不会使那些给予的人贫瘠。

它产生在一刹那之间，但有时给人一种永远的记忆。

没有人富得不需要它，也没有人穷得不会因为它而富裕起来。

它在家中创造了快乐，在商业界建立了好感，而且是朋友间的口令。

它是疲倦者的休息，沮丧者的白天，悲伤者的阳光，又是大自然的最佳良药。

但它却无处可买，无处可求，无处可借，无处可偷，因为在你把它给予别人之前，没有什么实用的价值。

而假如在圣诞节最后一分钟的匆忙购物中，我们的店员累得无法给你一个微笑时，我们能请你留下一个微笑吗？

因为不能给予微笑的人，最需要微笑了！因此，如果你要别人喜欢你的话，请遵守这一条规则：微笑。

一个人的面部表情，比穿着更重要。笑容能照亮所有看到它的人，像穿过乌云的太阳，带给人们温暖。用你的微笑去欢迎每一个人，那么你就会成为最受欢迎的人。

富兰克林·贝特格是全美国最著名的推销保险人士之一。他说他许多年前就发现了面带微笑的人永远受欢迎。所以，他在进入别人的屋子之前，总是停留片刻，想想令他高兴的事情，于是，他脸上便展现出开朗的、由衷而热情的微笑；当微笑即将从脸上消失的刹那间，他推门进去。

富兰克林·贝特格深知：他推销保险的成功同自己面带微笑有很大的关系。

当我们面带微笑去办事儿，回头看看效果，你必然自己都大吃一惊。微笑永远不会使人失望，它只会使人们欢迎面带微笑的人。

有这样一个例子，威廉·史坦哈是纽约证券股票公司市场成功的一员，他说他年轻的时候是个讨人嫌的家伙，他脸上没有微笑，不受人们的欢迎。

后来他自己决定，必须改变他的态度，他决心要脸上展现开朗的、快乐的微笑。于是，在第二天早上梳头时，他对着镜子中满面愁容的自己下令说："威廉，你得微笑，把脸上的愁容一扫而光；现在立刻开始——微笑。"于是，威廉·史坦哈转过身来，跟他的太太打招呼："早安，亲爱的。"同时对她微笑，她怔住了，惊诧不已。史坦哈说："从此以后你不用惊愕，我的微笑将成为寻常的事。"

过了两个月，史坦哈每天早上都对妻子微笑。结果怎么样呢？微笑改变了他的生活，两个月中他在家所得的幸福比以往一年还要多。

现在，史坦哈对大楼的电梯管理员微笑；对大楼门廊里的警卫微笑；对地铁的出纳小姐微笑。当他在交易所时，对那些从未见过他的人微笑。于是他发现，每一个人都对他报以微笑。

史坦哈带着一种轻松愉悦的心情去同一些满腹牢骚的人交谈，一面微笑，一面恭听。过去很讨人厌的家伙，现在变成了一个受人欢迎的人；过去很棘手的问题，现在变得容易解决了。

毫无疑问，微笑给史坦哈带来了许多的方便和更多的收入。现在，他发现以前同别人相处很难；现在可完全相反，他学会赞美、赏识他人，努力使自己用别人的观点看事物。从此他快乐、富有、拥有友谊与幸福。

不会微笑的人在生活中将处处感到艰难，这就是史坦哈自己的体会。

在现实的工作、生活中，一个人对你满面冰霜、横眉冷对；另一个人对你面带笑容、温暖如春，他们同时向你请教一个工作上的问题，你更欢迎哪一个？当然是后者，你会毫不犹豫地对他知无不言，言无不尽，问一答十；而对前者，恐怕就恰恰相反了。

一个人的面部表情亲切、温和、充满喜气，远比他穿着一套高档、华丽的衣服更吸引人注意，也更容易受人欢迎。

大卫•史汀生是美国一家小有名气的公司的总裁，他还十分年轻。他几乎具备了成功男人应该具备的所有优点，他有明确的人生目标，有不断克服困难、超越自己和别人的毅力与信心；他大步流星、雷厉风行、办事干脆利索、从不拖沓；他的嗓音深沉圆润，讲话切中要害；而且——他总是显得雄心勃勃，富于朝气。他对于生活的认真与投入是有口皆碑的，而且，他对于同事们也很真诚，讲求公平对待，与他深交的人都为拥有这样一个好朋友而自豪。

但初次见到他的人却对他少有好感。这令熟知他的人大为吃惊。为什么呢？仔细观察后才发现，原来他几乎没有笑容。

他深沉严峻的脸上永远是炯炯的目光、紧闭的嘴唇和紧咬的牙关。即便在轻松的社交场合也是如此。他在舞池中优美的舞姿几乎令所有的女士动心，但却很少有人同他跳舞。公司的女员工见了他更是畏如虎豹，男员工对他的支持与认同也不是很多。而事实上他只是缺少了一样东西，一样足以致命的东西——一副动人的、微笑的面孔。

因为微笑是一种宽容、一种接纳，它缩短了彼此间的距离，使人与人之间心心相通。喜欢微笑着面对他人的人，往往更容易走入对方的天地。难怪学者们强调："微笑是成功者的先锋。"

下面是一家小型电脑公司的经理所讲述的他如何为一个很难填补的缺额找到了一位适当的人选。

"我为了替公司找一个电脑博士几乎伤透脑筋，最后我找到一个非常好的人选，刚刚从名牌大学毕业。几次电话交谈后，我知道还有几家公司也希望他去，而且都比我的公司大，比我的公司有名。当他表示接受这份工作时，我真的是非常高兴也非常意外。他开始上班后，我问他，为什么放弃其他更优厚的条件而选择我们公司？他停了一下然后说：'我想是因为其他公司的经理在电话里是冷冰冰的，商业味很重，那使我觉得好像只是另一次生意上的往来而已。但你的声音，听起来似乎你真的希望我能成为你们公司的一员。因为我似乎看到，电话的那一边，你正在微笑着与我交谈。你可以相信，我在听电话的时候也是笑着的。'"

的确，如果说行动比语言更具有力量，那么微笑就是无声的行动，它所表示的是："我很满意你。你使我快乐。我很高兴见到你。"笑容是结束说话的最佳"句号"，这话真是不假。

"你希望别人高兴来见你，你就必须高兴会见别人。"这是一位行政单位的秘书的经验之谈。他说他所在的办公室主任只要是见到上司总会微笑着打招呼、点头，上司也以同样的态度回应他。可一回到自己的科室，对下属便很冷淡、很严厉，从没有笑脸，这样他也就得不到同事们的微笑与拥护了。

对人微笑是高超的社交技巧之一，是一种文明的表现，它显示出一种力量、涵养和暗示。一个刚刚学会微笑的中年经理说："自从我开始坚持对同事微笑之后，起初大家非常迷惑、惊异，后来就是欣喜、赞许，两个月来，我得到的快乐比过去一年中得到的满足感与成就感还要多。现在，我已养成了微笑的习惯，而且我发现人人都对我微笑，过去冷若冰霜的人，现在也热情友好起来。上周单位搞民主评议，我几乎获得了全票，这是我参加工作这么多年来从未有过的大喜事！”

有微笑面孔的人，就会有希望。因为一个人的笑容就是他好意的信使，他的笑容可以照亮所有看到它的人。没有人喜欢帮助那些整天皱着眉头、愁容满面的人，更不会信任他们。而对于那些受到上司、同事、客户或家庭的压力的人，一个笑容却能帮助他们看到一切都是有希望的，也就是世界是有欢乐的。只要活着、忙着、工作着，就不能不微笑……

※ 学会自然而真诚地展示你的微笑

微笑不应当是一种伪装，不能在脸上矫揉造作地摆出来。不要以为别人在期待着你微笑而流露出自己的微笑，这样的微笑会招致他人的反感。微笑应当发自一个人的心灵深处，诚挚而真实。当然，如果你是一位招待员或商品销售人员，要求你对每一位顾客都表现出一种真诚的微笑，这确实是让你有点为难了。他们对你的微笑也许毫无反应，甚至他们的古怪脾气令人很难应付。尽管如此，你也必须微笑，这是对你的一种职业要求。你也可以采用某些技巧，以让你发出真诚的微笑。这些技巧一直被演员们所运用，让他们能够鲜明而真实地表达出自己的感情。

一个演员必须在内心里排除自我，恰如其分地表现出自己所要扮演的角色。也许某位女演员扮演的是一位遇事乐观的角色，而她自己的生活正在经历一段最为忧郁的日子——她的男朋友为了隔壁那位皮肤白皙、金发碧眼的美丽女郎而抛弃了她；而且她所渴望扮演的一个角色被别的女演员争去了；另外，她所存款的那家银行新近又倒闭了。尽管事情没有比这更糟的了，但她却还必须扮演一位令人感到真实可信的乐天派人物。没办法，这就是演员的工作和要求。

为了让自己的表演更加真实，很多女演员都成功地运用了一种技巧，这个技巧的基本原则就是：放松的身体和微笑是愉快而自信的表现，躯体紧张则会出现相反的效果。

杰出的进化论创立者查尔斯·达尔文写过一本书，名为《人与动物的情感》，在这本书中，达尔文提出了一个假设，即人的情绪与表情是紧密关联的，如果一个人有某种情绪的话，他就必然会有与之相应的表情。心理学家现在也已经证明，只有放松的躯体，才是真正心满意足的表现。一旦你的精神进入紧张状态，躯体也就自然紧张起来。为了证实这一点，请你回想一下，在上次的某个工作或学习场合，你迟到了，当你匆忙赶到预定地点时，你的感觉如何？可能会感到紧张吧？甚至可能感到面部的肌肉紧缩，双肩僵硬。可后来，你又去了一次海滩，你在享受着和煦的阳光，呼吸着带有咸味的空气时，你感觉到了身体的放松吗？你的脸上是不是带有愉快的微笑？

下面是一个练习，它将帮助你松弛一下，让你产生出真诚的微笑。

1. 舒适地坐着，放松身体，当你觉得你的每一块肌肉都变得沉重下垂，一种确实松弛下来的舒服之感洋溢全身时，你试着微笑。

2. 给自己微笑的时间，回想一件令人愉快的事引发微笑，并且欣赏自己的微笑。

3. 让微笑首先在你的眼睛里闪现，然后流溢到嘴角，最终当微笑照亮了你的整个脸庞时，你再说些什么，可以背诵自己喜爱的童谣，从 1 数到 10，或者直接向自己祝贺：“嘿，我的微笑很好！”

如果你每天多练习几次，你很快就会发现，微笑成了你生活中一件很自然的事情，你不必再经过精心设计、刻意追求。一旦你的大脑发出微笑的信号，你的躯体就会马上松弛下来；只要你心里想笑，脸上便会真诚地笑出来。

※ 在人际交往中适当用些幽默

如果你希望有所成就，希望引人注目，希望社交成功，那么你就应该学会和别人来点幽默。幽默是极易接近感情的热线，它像春风一样，使愉悦充满两个人的交际场中，表达着你的真诚和温情。幽默宛如一座桥梁，是沟通人心灵的桥梁。幽默者最有人情味，与这样的人相处，每个人都会感到快乐。

深受美国人爱戴的美国第十六任总统林肯的容貌很难看，这是讨人喜欢的一个障碍。他认识到这一点，但并没有回避它，反而利用它拉近了与人们的距离。

一次，他的论敌说他是两面派。林肯平和地说："现在，让听众来评评看，要是我有另一副面孔的话，您认为我会戴这副难看的面孔吗？"幽默，显示了林肯对自己的达观态度，体现了他的真诚，赢得了人们的理解，更表露了人们所需要的人性和人情味。

幽默是人际沟通的润滑剂。幽默能使激化的矛盾变得缓和，从而避免出现令人难堪的场面，化解双方的对立情绪，使问题更好地解决。

人们凭借幽默的力量，打碎自己的外壳，主动地与人交往，触摸一颗颗隔膜的心，通过幽默人们能感受到你的坦白、诚恳与善意。

严肃的交谈与例行公事般的来往，往往给人一种戴着假面具的感觉，也似乎只能让人了解你的外表，却无法探知你的内心，这样的交流是极难深入下去的，因而没有心灵沟通的社交，不能算成功的社交。幽默能够让人们看到你的另一面，一个似乎是本真的、人性的、淳朴的一面，这是人性的共同之处。

用幽默，我们也可以回答自己不愿听的问题。芬兰一个建筑师说话很慢，当记者访问他时，一直担心时间不够。万般无奈只好说："沙先生，时间不多了，能否请您说快点？"沙先生一听，慢吞吞地掏出烟斗，点上，能多慢就多慢，懒懒地说："不行，先生。不过，我可以少说一点。"

有时，朋友提出一些你无法接受的要求，但若生硬地拒绝，又容易伤害彼此之间的感情。运用幽默，能使人避免这种难办的事情。

据说，罗斯福在当选美国总统前，曾在海军任要职。一天，他的一个朋友向他打探海军在加勒比海一个小岛上建立核潜艇基地的计划。

罗斯福向四周看了看，压低嗓门说："你能保密吗？"

"当然能。"朋友爽快地答应了。

"那么，"罗斯福微笑着说，"我也能。"

这样委婉的拒绝，既保守了秘密，又不使朋友过分难堪，真是一举两得。

幽默是有雅俗之分的。好的幽默不但令人发笑，笑之后精神还为之振奋，情操得到陶冶，感情得到满足，得到美的享受，而且也表明了幽默人的修养、气质的高超；而低俗的幽默，是智力贫贱的产物，使人觉得荒唐、无聊与庸俗，幽默者本人是不会得到真正的朋友的。

幽默不应只是为笑而笑，它应该是在严肃和趣味之间达到一种平衡，它应该使人睁开眼睛更好地认识世界，认识自己，调整错误的观念，使我们的身心和周围的一切均衡成长，实现更高级的文明。

幽默的背后是严肃，幽默的背后还藏着人的情趣、修养和心理。

情趣高雅靠的是我们自身的修养，包括道德修养、知识修养、艺术修养等，只有自身变得高雅了，你的幽默才会随之高雅。反过来，高雅的幽默也表露了你人格的高尚，能够吸引更多的人和你交往。

毫无疑问，谁都喜欢和高尚的、高雅的人做朋友。

卡耐基讲过这样一个故事：

当美国第二十八任总统威尔逊刚刚就任新泽西州的州长之时，曾经参加了一次纽约南社的午宴，宴会的主席对大家介绍说：“威尔逊将成为未来的美国大总统！”当然啦，主席先生是不可能有这样的预测力的，这不过是他的溢美之词而已。

于是，威尔逊在称颂之下登上了讲台，简短的开场白之后，他对众人说：“我希望自己不要像从前别人给我讲的故事中的人物一样。在加拿大，一群游客正在溪边垂钓，其中有一名叫作强森的人，大着胆子饮用了某种具有危险性的酒。他喝了不少这种酒，然后就和同伴们准备搭火车回去了，可是他并没有搭北上的火车，反而是坐上了南下的火车。于是，同伴们急着找他回来，就给南下的那趟火车的列车长发去电报：‘请将一位名叫强森的矮个子送往北上的火车，他已经喝醉了。’很快，他们就收到了列车长的回电：‘请将其特征描述得再详细些。本列车上有十三名醉酒的乘客，他们既不知道自己的姓名，也不知道自己的目的地。’而我威尔逊，虽然知道自己的姓名，却不能像你们的主席先生一样，确知我将来的目的地在哪里。”在座的客人一听都哄然大笑起来，宴会的气氛也一下子变得愉快和活跃。

那些因听了威尔逊的故事而发笑的人，大多都认为，能够让人捧腹大笑的趣闻，通常都是源自说笑话的人的自我打趣。但是，听众之中却很少有人明白威尔逊所说的故事其实正是根据他们曾经经历过的事情改编的。

难道威尔逊的用意仅仅是为了博人一笑吗？当然不是，事实上他是运用了一种最有力的方式获取他人对他表示善意和支持的态度，而且也把在这之前的隔阂消除了。威尔逊的这个策略就是牺牲个人的“自我”，以提升他人的“自我”。

要知道，所有非凡的人才，都会在和普通人接近之时，故意拿自己开玩笑或是不惜批评自己，以便让大家感到轻松和愉快。至少在他说话的当时，别人会感到自己比他优越，因而大家就会普遍地被激起同情、爱护和支持的感情。

第六章　更巧妙地说服，更艺术地批评

交朋友并影响别人意见的最稳妥的方法是，尊重对方的意见，让他有重要感。

——戴尔·卡耐基

太阳能比风更快的脱下你的大衣；仁厚、友善的方式比任何暴力更容易改变别人的心意。

——戴尔·卡耐基

尽量去了解别人，而不要用责骂的方式；尽量设身处地去想——他们为什么要这样做；这比起批评责怪要有益，有趣得多，而且让人心生同情、忍耐和仁慈。

——戴尔·卡耐基

※　多数人无论犯了什么样的错误，都不会去责备自己

1931 年 5 月 7 日，纽约市民看到了一桩从未见到过的、骇人听闻的围捕。凶手是个烟酒不沾、素有“双枪”之称的叫克劳德的罪犯。当时，他被警方围困在他情人的公寓里。

150 名警方治安人员，把克劳德困在公寓顶层的藏身处。他们在屋顶凿了个洞，试图用催泪毒气把凶手克劳德熏出来。警方人员把机枪安置在附近四周的建筑物上，等候罪犯出来。大约经过一个小时，这个平日宁静的社区里，忽然响起一阵阵刺耳的机枪、手枪声。克劳德藏在一张堆满杂物的椅子后面，用手上的短枪，接连向警方人员射击。上万的人，怀着激动而兴奋的心情，观看这幕警匪对战

的场面。久住纽约的人都知道，这种情景是极其少见的……

克劳德被捕后，警长罗南指出："这名暴徒是纽约治安史上，最危险的一个罪犯。"这位警长又说，"克劳德杀人，就像切葱一样……他会被判处死刑。"

然而，"双枪"克劳德却不这样认为。当警方围击他藏身的公寓时，克劳德写了一封公开信，写信的时候因伤口流血，还在那张纸上留下了他的血迹！克劳德的信是这样写的："在我的衣服里，是一颗疲惫的心——那是仁慈的，一颗不愿意伤害任何人的心。"

真实的情况确实如克劳德所说吗？在克劳德被捕的前几个月，他把汽车停在长岛公路的路边，和一位女士调情。当警察走近对他说"让我看看你的驾驶执照"时，他一言不发，拔出手枪，朝那名警察连开数枪，直到警察倒在地上。但他还不罢休，又从车里跳了出来，捡起警察的手枪，又向地上的尸体开了一枪。这就是他所说的"在我的衣服里，是一颗疲惫的心——那是仁慈的，一颗不愿意伤害任何人的心"？

最后，克劳德被判处坐电椅，行刑前，当接受采访时，他不是认为："这是我杀人作恶的下场"，反而说："我是为了保护自己，才这样做的。"克劳德会落到这种结局，根本原因在于他从不责备自己，总是为自己的行为找推托的借口。而这也是罪犯当中常见的态度。如果你也像他一样的话，那么再看看下面的例子吧。

"我将一生中最好的岁月给了人们，使他们幸福愉快，并过着舒服的日子，而我所得到的只是侮辱，甚至还被逮捕。"这是卡邦所说的话，他是美国人的第一号公敌。被捕前，他在芝加哥一带活动，是当地最凶恶的匪首。可是，他却认为自己是一个有益于群众的人——一个没有受到赞许，反而被人误解的人。

休斯在被子弹击倒前，也曾表示自己是一位有益于群众的人。而实际上，在纽约，他是个令人发指的罪犯。

卡耐基曾和“星星监狱”的负责人华莱士·劳斯通过信。劳斯说：“在星星监狱的犯人中，很少有罪犯承认自己的罪行，他们同你我一样，有自己的见解。他们会告诉你，为什么要撬开保险箱，为什么接连地放枪伤害人，甚至于为自己辩护，并表示自己不应受到惩罚。”

克劳德、卡邦、休斯和监狱中的暴徒们，都将罪行推卸到别人身上，努力澄清自己。那么，你我所接触的人又怎么样呢？

已故的华纳梅格，曾承认说：“30 年前我就懂得了，责备别人是愚蠢的事。我并没抱怨上帝没有给我足够的智力，但我已难以忍受自己的缺陷了。我在这世上盲目地行走了三十多年，现在才恍然大悟——99%的人，无论犯了什么样的错误，也不会去责备自己。”

批评是没有用的，因为它会令人的防备心加重。批评也是危险的，它会伤害一个人的自尊，并激起反抗。

德国的军队规定士兵在遇到变故时，不准立即申诉、批评。而需要冷静一段时间，直到当事人能冷静地思考、理智地判断时，才可以进行申诉，否则将被论罪。在我们的日常生活中，似乎也有必要来制定这么一个规则。嘀咕埋怨，喋喋不休，斥责怒骂，以及吹毛求疵，并不能改变什么，反而会让人的逆反心理加剧。所以，卡耐基反复强调：在批评别人的时候，一定要慎重。

※ 我们所责备的人，都会为自己辩护或进行反驳

罗斯福和塔夫特总统间著名的争论分裂了共和党，并最终促使艾森豪威尔进入了白宫；后者在世界大战中，留下了光辉的一笔，并改变了历史的进程。

卡耐基曾这样追叙当时的情形：

1908 年，罗斯福离开白宫的时候，推举塔夫特做了总统，而他自己则远赴非洲去猎狮子。然而当他回来后，一切都不同了。罗斯

福指责塔夫特，说他过于守旧，认为他有连任总统的野心。于是，罗斯福组织了“勃尔摩斯党”与其对抗，而这件事几乎让共和党从内部毁灭。最终，在那次选举中，塔夫特和共和党只获得了两个州的支持，这也成了共和党历史上最大的一次失败。

罗斯福责备塔夫特，可塔夫特并未自责。他两眼含着泪水，对民众说：“我不知道怎么样做，才能比现在做得更好。”

我们并不清楚到底是谁做错了，也不关心。不过这个故事中最关键的一点是：罗斯福批评了塔夫特的政策，然而塔夫特却不以为然，并极力为自己辩护，他认为自己“做得不错”。

卡耐基还讲述过铁夫特·顿姆的煤油舞弊案。这件事当年曾使整个舆论界为之震惊，并最终轰动全国。在人们的印象中，美国的公务系统，从未发生过这样的情形。然而这桩舞弊案的事实却是这样的：哈定总统任上的内政部长哈尔辛特·福尔，当时被政府委派到爱尔克山，主持铁夫特油田保留地的出租事务。那块油田，是政府预备留给未来海军储藏石油的保留地。

那么，福尔是不是公开投标呢？不，他没有。福尔把这份丰厚的合约，干脆利落地交给了他的朋友——特海尼。作为交换，特海尼把那被他称为债款的10万美元，给了这位福尔部长。为了防止其他公司靠近油田，分享爱尔克山的财富，福尔便用他那高压的手段，命令美国海军进驻那个地区，把滞留当地的竞争者赶走。于是，原地上的商人，被枪杆和刀光赶走了，可是他们不甘心，便告上法庭，揭发了铁夫特油田高额的舞弊案。全国一片哗然，一致声讨。这件事影响之恶劣，几乎使当时的哈定政府垮台，共和党也遭到了严重的打击。此事最终以福尔被革职而了结。

因为此事，福尔被公众指责，那么他是否后悔了呢？不！根本没有！几年后，胡佛总统在一次公共演讲中暗示，哈定总统的死，是由于神经上的刺激以及过度忧虑所致，而这一切是因为他的一个朋友出卖了他。当时福尔的妻子也在座，听到此话后立刻从椅子上跳了起来，她失声痛哭，大声说："什么？哈定被福尔出卖？不，我的丈夫从未辜负过任何人，即使满满一屋的黄金，也不会令他心动。他是被别人所害，所以才走向刑场，被钉上十字架的。"

现在你明白了，人类的天性，就是习惯于先责备别人，而原谅自己，我们每个人都是如此。所以，当你们要开口批评别人的时候，就想想卡邦、克劳德和福尔这些例子。批评就像是养熟的鸽子，你抛出去它却会飞回来。我们要了解到，我们所责备的人，他们会为自己辩护，甚至还会反过来责备我们。就像塔夫特，他说："我不知道怎么样做，才能比现在做得更好。"

※　说服别人的时候需要注意的技巧

在生活中，我们都有需要说服别人的时候。卡耐基指出，在你力图向别人推销你自己和你的主意的时候，一定要注意以下技巧：

1. 一定要强调利益

如果你想兜售你的主意，不要没有先陈述它的利益就提议行动起来。假设你这么和你的老板说："我想要接手彼特的业务。"那是你想要兜售的主意，但是你还没有给老板看到这个主意好在哪儿。你补充道："我能够充分利用我和彼特的良好关系，使得这项业务回到正轨上去。彼特先生会和我一起工作，去找到一个大家都能接受的解决方法。"在你尝试推销你的任何主意之前，考虑你能带到桌面上的全部利益，以你的主意的重要结果来向别人建议。

2. 探索分歧的原因

当你试图推销主意、点子之类的东西的时候，对方肯定会生出天生的抗拒力，你需要减低这种抗拒力。当他们提出异议的时候，你肯定会有所反应，但是只有在你理解了异议背后的原因之后，你才能做出反应。你应试图回答这样的问题："他们提出异议背后的原因是什么？”当某些人不同意你的时候，异议的原因是他们的想法和你的想法可能对不上。在你找到解决方案以前，其实你已经达到了对这个问题的诊断了。最好的方法，就是你能揭开那些反对意见背后的原因，看看这些原因从何而来。

当人们不同意你的观点的时候，找一下他们表示异议的原因。这是最难应用的推销策略之一，但是它能够给你最大的回报。我们有一个自然的倾向，就是在对话中为了尽量消除反对意见，会马上对它发表一个看法。问题是反对者们在他们表述过反对以后可能就不会继续聆听了，他们一直考虑的是能再说一些什么以坚定他们的异议。为了使他们能把他们的想法和你的想法挂起钩来，问他们一个关于异议的问题，也能使你确切地了解为什么他们表示反对。你不得不对他们的反对刨根问底。假设你正在向一些人推销一种新的节省时间的工作方法，他们却回答：“那样做太复杂了。”如果不知道他们说的“复杂”是什么意思，你如何反驳他们呢？刨根问底的另外一个益处，是你表现出对异议有很大的兴趣。提问是有效的、多用途的推销工具，只要有可能，就多多地使用吧。

3. 解释为什么要提问

不管什么时候提出了问题，都要说说你为什么要问这个问题。如果只是抛出了你孤零零的问题，在听者的意识里肯定会冒出另外一个问题，比如：“为什么他会问这个问题？”当他们沉思着寻找答案时，他们会停止聆听你的谈论。如果他们找不到你提问的原因，甚至会变得恼火。他们可能觉得你在考验他们，或者他们感到很焦虑，因为你的问题需要他们提供给你信息。在抛出自己的问题之前，你可以先说一句：“让我来问你一个问题，以确信我已经理解了你刚才说的话。”这样，就可以排除上面出现的那些问题。除了会根据别人的话得出错误的结论这样的可能，一般说来，你表现出了对别人的谈话的兴趣，别人转而也会把他们的注意力放到对你的聆听上去。

4. 证明你的结论有理

当你做出一个结论的时候，要陈述为什么你认为这样的结论是正确的。如果你给出了结论的基础，将会大大地提高自己的可信度。你要认识到如果有一些人不知道你是如何得出你的结论的，他们会变得非常多疑，最后甚至会认为你自己都不知道自己在说些什么。为了打消这种疑问，你可以说："根据我展示给各位的数字，我相信执行我的想法是非常合适的。你们怎么想呢？"通过加上"你们怎么想"这样的问题，你给了别人一个机会，让他们选择同意还是反对你的结论。如果他们不同意，你最起码知道了他们是抱着异议的，这样就可以恰当地采取对策。

最好的策略就是使异议让步。一个有所松懈、让步的异议，常常是建立在不坚实的基础之上的，甚至就是建立在假象之上的，但你对此很难判断。假设那个和你谈话的人告诉你，他不喜欢你的主意，因为他认识的人告诉他你的主意不起任何效果。你不得不反问他："你认识的人尝试过执行我的主意吗？他们拥有什么和我的观点有关的专业知识？他们给过你为什么我的主意不起效果的具体说明吗？"一旦你发现异议之中的犹豫不决之处，就可以刨根问底地追究下去，直到说明为什么这个异议是不正确的。

5. 事先贮备可能遇到的问题

当尝试着说服某些人接受你的观点，你可能需要提供信息来支持自己。这个可能是一个挑战，因为你不知道他们会问什么问题，而这些问题又需要什么样的数据支持。不幸的是，一旦你的回答在一个环节上出了问题，就会对其他的环节产生消极的影响。甚至如果你的生意上并没有出现麻烦，也会削弱你推销的点子的有效性。或许你需要回答的问题类型和需要的支持数据可以避开这个麻烦。你可以请那些平时要求很苛刻的朋友或同事来对你事先提问，这将帮助你提高和完善你的陈述。

※ 先努力探询对方的希望和愿望

尤金·威森为一家专门替服装设计师和纺织品制造商设计花样的画室推销草图，一连三年，威森先生每个星期都去拜访纽约一位著名的服装设计家。

“他从不拒绝接见我，”威森先生说，“但他也从来不买我的东西。他总是很仔细地看看我的草图，然后说：‘不行，威森，我想我们今天谈不拢了。’”

经过150次的失败，威森终于明白自己过于墨守成规，于是他下定决心，每个星期抽出一个晚上去研究为人处世的哲学，以发展新观念，创造新的热忱。

不久，他就急于尝试一项新方法。他随手抓起六张画家们未完成的草图，冲入买主的办公室。“如果你愿意的话，希望你帮我一个小忙，”他说，“这是一些尚未完成的草图。能否请你告诉我，我们应该如何把它们完成才能对你有所帮助？”

这位买主默默看了那些草图一会儿，然后说：“把这些图留在我这儿几天，然后再回来见我。”

三天以后威森又去了，获得他的某些建议，取了草图回到画室，按照买主的意思把它们修饰完成。结果呢？全部被接受了。

从那时候起，这位买主又订购了许多其他的图案，这全是根据他的想法画成的——而威森却净赚了1600多美元的佣金。“我现在明白，这么多年来，为什么我一直无法和这位买主做成买卖，”威森说，“我以前只是催促他买下我认为他应该买的东西。我现在的做法正好完全相反。我鼓励他把他的想法交给我。他现在觉得这些图案是他创造的，确实也是如此。我现在用不着去向他推销。他自动会买。”

当提奥多·罗斯福当纽约州州长的时候，他完成了一项很不寻常的功绩。他一方面和政治领袖们保持良好的关系，另一方面又强迫进行一些他们十分不高兴的改革。下面是他的做法。

当某一个重要职位空缺时，他就邀请所有的政治领袖推荐接任人选。“起初，”罗斯福说，“他们也许会提议一个很差劲的党棍，就是那种需要‘照顾’的人。我就告诉他们，任命这样一个人不是好政策，大众也不会赞成。

然后他们又把另一个党棍的名字提供给我，这一次是个老公务员，他只求一切平安，少有建树。我告诉他们，这个人无法达到大众的期望。接着我又请求他们，看看他们是否能找到一个显然很适合这个职位的人选。

他们第三次建议的人选，差不多可以，但还不太行。

接着，我谢谢他们，请求他们再试一次，而他们第四次所推举的人就可以接受了。于是，他们就提名一个我自己也会挑选的最佳人选。我对他们的协助表示感激，接着就任命那个人——我还把这项任命的功劳归之于他们……我告诉他们，我这样做是为了能使他们感到高兴，现在该轮到他们来使我高兴了。

而他们真的使我高兴。他们以支持像‘文职法案’和‘特别税法案’，这类全面性的改革方案，来使我高兴。”

罗斯福尽可能地向其他人请教，并尊重他们的忠告。当罗斯福任命一个重要人选时，他让那些政治领袖们觉得，他们选出了适当的人选，完全是他们自己的主意。

在试图说服别人的时候，只有先努力探询对方的希望和愿望，才能最终顺利地达成自己的目的。

※ 无须一味地为自己的观点和主张作争辩

卡耐基讲过这样一件事：

他每季都要在纽约的某家大旅馆租用大礼堂 20 个晚上，用以讲授社交训练课程。

有一个季度，他刚开始授课时，忽然接到通知，房主要他付比原来多三倍的租金。而这个消息到来以前，入场券已经印好，而且早已发出去了，其他准备开课的事宜都已办妥。

很自然，他要去交涉。怎样才能交涉成功呢？他们感兴趣的是他们想要的东西。两天以后，他去找经理。

“我接到你们的通知时，有点震惊。”他说，“不过这不怪你。假如我处在你的位置，或许也会写出同样的通知。你是这家旅馆的经理，你的责任是让旅馆尽可能地多赢利。你不这么做的话，你的经理职位难得保住，也不应该保得住。假如你坚持要增加租金，那么让我们来合计一下，这样对你有利还是不利。”

“先讲有利的一面。”卡耐基说，“大礼堂不出租给讲课的而是出租给举办舞会、晚会的，那你可以获大利了。因为举办这一类活动的时间不长，他们能一次付出很高的租金，比我这租金当然要多得多。租给我，显然你吃大亏了。

“现在，来考虑一下不利的一面。首先，你增加我的租金，却是降低了收入。因为实际上等于你把我撵跑了。由于我付不起你所要的租金，我势必再找别的地方举办训练班。

“还有一件对你不利的事实。这个训练班将吸引成千的有文化、受过教育的中上层管理人员到你的旅馆来听课，对你来说，这难道不是起了不花钱的活广告作用吗？事实上，假如你花 5000 美元在报纸上登广告，你也不可能邀请这么多人亲自到你的旅馆来参观，可我的训练班给你邀请来了。这难道不合算吗？”

讲完后，卡耐基告辞了：“请仔细考虑后再答复我。”

当然，最后经理让步了。

在卡耐基获得成功的过程中，没有谈到一句关于他要什么的话，他是站在对方的角度想问题的。

可以设想，如果他气势汹汹地跑进经理办公室，提高嗓门叫道：

“这是什么意思！你知道我把入场券印好了，而且都已发出，开课的准备也已全部就绪了，你却要增加 300% 的租金，你不是存心整人吗？！ 300%！好大的口气！你病了！我才不付哩！”

想想，那该又是怎样的局面呢？大争大吵必然砸锅了。你会知道争吵的必然结果：即使他能够辩得过对方，旅馆经理的自尊心也很难使他认错而收回原意。

记住：假如有什么成功的秘诀的话，就是设身处地替别人想想，了解别人的态度和观点；而如果一味地为自己的观点和主张作争辩，往往只会陷于顶牛抬杠的境地。

※ 尽量对他的想法和愿望表示同情

卡耐基指出：“同情在中和酸性的狂暴感情上，有很大的化学价值。在你所遇见的人中，有四分之三都渴望得到同情。给他们同情吧，他们将会爱你。”

你想不想拥有一个神奇的短句，可以阻止争执，除去不良的感觉，创造良好意志，并能使他人注意倾听？想？好极了。那么，就请你以这样的句子开始：“我一点也不怪你有这种感觉。如果我是你，毫无疑问的，我的想法也会跟你的一样。”

像这样的一段话，会使脾气最坏的老顽固软化下来，而且你说这话时，可以有百分之百的诚意，因为如果你真的是那个人，当然你的感觉就会完全和他一样。

佳茜·诺瑞丝是密苏里州圣路易市的钢琴教师。她述说了她怎样处理钢琴教师和十几岁女孩子常常会发生的一个问题。贝贝蒂留着特长的指甲。任何人要弹好钢琴，留了长指甲就会有妨碍。

诺瑞丝太太报告说：“我知道，她的长指甲对她想弹好钢琴的愿望是一大障碍。在开始教她课之前，我们谈话的时候，我根本没有提到她的指甲问题。我不要打击她学钢琴的愿望，我也知道她以不失去它引以为傲，并且花很多工夫照顾，以使它看起来是很吸引人的指甲。

“在上了第一堂课之后，我觉得时机成熟，就对她说：‘贝贝蒂，你有很漂亮的手和美丽的指甲。如果你要把钢琴弹得如你所能够的以及你所要的那么好的话，那么如果你能把指甲修短一点，你就会发现把钢琴弹好真是太容易了。你好好地想一想，好不好？’她做了一个鬼脸，表示她一定不会把指甲修短，我也跟她的母亲谈到这种情形，也提到了她的指甲很美丽，又得到了否定的反应。很明显，贝贝蒂仔细修剪过的美丽指甲，对她来说是极为重要的。

“第二个星期，贝贝蒂上第二堂课。出乎我的意料，她修短了她的指甲。我赞扬她做出这样的牺牲，我也谢谢她母亲给她的影响。她母亲回答说：‘哦，我什么也没有说。贝贝蒂自己决定的。这是她第一次为别人修短了她的指甲。’”

诺瑞丝太太有没有威胁贝贝蒂？她有没有说她不教留着长指甲的学生呢？没有，她没有说。她让贝贝蒂知道她的指甲很美丽，要她把指甲修短是她的一项牺牲。她只是暗示：“我很同情你——我知道决定把指甲修短不是一件容易的事，但在音乐方面的收获，将会使你得到更好的补偿。”

胡洛克可能是美国最佳的音乐经纪人。二十多年来，他一直跟艺术家有来往——像查理亚宾、伊莎朵拉·邓肯，以及拔夫洛华这些世界闻名的艺术家。胡洛克先生告诉卡耐基，他和这些脾气暴躁的明星们接触，所学到的第一件事，就是必须同情，同情，对他们那种荒谬的怪癖更是需要同情。

胡洛克曾担任查理亚宾的经纪人三年之久——查理亚宾是伟大的男低音之一，曾风靡大歌剧院。然而，他却一直是个问题人物。他的行为像一个被宠坏的小孩。用胡洛克先生的特别用语来说：“他是个各方面都叫人头疼的家伙。”

例如，查理亚宾会在他演唱的那天中午，打电话给胡洛克先生说：“胡先生，我觉得很不舒服。我的喉咙像一块生的碎牛肉饼，今晚我不可能上台演唱了。”胡洛克先生是否立刻就和他吵了起来？哦，没有。他知道一个经纪人不能以这种方式对付艺术家。于是，他马上赶到查理亚宾的旅馆，表现得十分同情。“多可怜呀，”他会很忧伤地说，“多可怜！我可怜的朋友。当然，你不能演唱，我立刻就把这场演唱会取消。这只不过使你损失一两千元而已，但跟你的名誉比较起来，根本算不了什么。”

这时，查理亚宾会叹一口气说：“也许，你最好下午再过来一趟。5 点钟的时候来吧，看看我那时候觉得怎么样。”

到了下午 5 点钟，胡洛克先生又赶到他的旅馆去，仍旧是一副十分同情的姿态。他会再度坚持取消演唱，查理亚宾又会再度叹口气说：“哦，也许你最好待会儿再来看看我，我那时候可能好一点了。”

到了 7 点 30 分，这位伟大的男低音答应登台演唱了。他要求胡洛克先生走上大都会的舞台宣布，查理亚宾患了重伤风，嗓子不太好了。胡洛克先生就撒谎说，他会照办，因为他知道，这是使这位伟大的男低音走上舞台的唯一方法。

亚瑟·盖兹博士在他那本精彩的《教育心理学》中说：“所有的人类都渴望得到同情。孩子急于展示他的伤口；或者甚至把小伤口弄大，以求获得充分的同情。大人为了同样的目的展示他们的伤痕，叙述他们的意外、病痛，特别是外科手术的细节。从某种观点来看，为真实或想象的不幸而自怜，实际上是一种世界性的现象。”

因此，如果你希望人们接受你的思想方式，请对他的想法和愿望表示同情。

※ 帮助对方消除对批评的恐惧感和抵触心理

卡耐基指出，没有人喜欢被批评，但大多数人能接受建设性的批评；可有些人对任何批评都耿耿于怀，不论在什么时候，即使你对他们的工作给予最轻微的批评，他们都会面露不悦之色，采取自卫的态度。

对这样的人要亲切和善，要有策略。首先，表扬他们工作中做得好的那部分，其次，建议他们把你不满意的那部分做得更好些。

凯希对批评十分恐惧，这使她在工作中非常小心。为了避免工作中出现哪怕是最轻微的错误，她都会检查，再检查，并且不厌其烦地复查她所做过的每一件事。这么做可能会大大减少她受批评的机会，但是很浪费时间，以至于整个部门的工作进度都因此受到影响。更糟的是，无论做什么事，她总是迟迟不能做出决定，并一再强调她需要了解更多的信息，甚至当她获得了她所要的信息后，还是推诿。

如果在你的周围有像凯希这样的人，你可以按照卡耐基总结的以下的方法帮助他们克服对批评的恐惧感：

首先，要使他们相信，以他们出色的专业知识，他们通常可以一次就把工作做好，并不需要反复检查。指出偶尔出现错误是在所难免的，一旦这些错误被及时发现并予以纠正，是不会影响犯错人的能力的。

其次，在批评别人的时候，千万不要直率地说“你错了”，或者“你这样太不应该了”之类的话，而要“反话曲说”。具体有以下三种方式：

1. 改否定成为疑问式。“你这样做是不对的”，这是批评者常用的句式。“你这样做对吗？”这是经过改动的疑问句式。很显然，否定句式消极作用大，而疑问句式则容易促使对方自我反省。

2. 把批评者由第一人称改为第三人称。“我认为你不对”，这是第一人称；“大家都认为你不对”，这是第三人称。这一改动，缓和了批评者和对方的直接冲突，但被批评者的压力却反而增大了，他不能不考虑“大家”的看法。

3. 改批评为自我批评。以同样的错误进行自我批评等于是现身说法。讲的虽然是一样的事，一样的道理，言语即使激烈一些，但换一种方式对方听起来就不会感到刺耳。

另外，进行劝说性批评时，还要注意宁肯就事论事，也不要攻击对方的人格。

※ 用间接的方式委婉艺术地表达自己的想法

有一句古话说："不看你说的什么，只看你怎么说的。"同样一个意思，不同的人有不同的说法，不同的说法有不同的效果。卡耐基说，与人交流时，不要以为内心真诚便可以不拘言语，我们还要学会委婉艺术地表达自己的想法。一句话到底应该怎么说，其实很简单，你只要设身处地从他人的角度想想。

人际交往中的真诚不等于双方直接简单、毫无保留地相互袒露，它要求我们本着善意和理性，把那些真正有益于对方的东西系上美丽的红丝带送给对方。

1940年，处于前线的英国已经无钱从美国"现购自运"军用物资，一些美国人便想放弃援英，看不到唇亡齿寒的严重性。罗斯福总统在记者招待会上宣传《租借法》以说服他们，为国会通过此法成功地造设了舆论氛围。我们佩服他的政治远见和面临重重障碍也要坚持正确主张而说真话的坚定品格，也不得不叹服他高超的说话技巧。罗斯福并未直接指责这些人目光短浅（这样只能触犯众怒而适得其反），而是妙语连珠以理服人。他用通俗易懂的比喻，深入浅出，通情达理，轻松自如，贴近人心，使人不得不服：

"假如我的邻居失火了，在四五百英尺以外，我有一截浇花园的水龙带，要是给邻居拿去接上水龙头，我就可能帮他把火灭掉，以免火势蔓延到我家里。这时，我怎么办呢？我总不能在救火之前对他说：'朋友，这条管子我花了15美元，你要照价付钱。'这时候邻居刚好没钱，那么我该怎么办呢？我应当不要他 15 美元，我要他在灭火之后还我水龙带。要是火灭了，水龙带还好好的，那他就会连声道谢，原物奉还。假如他把水龙带弄坏了，他答应照赔不误的话，现在我拿回来的是一条仍可用的浇花园的水管，那我也不吃亏。”

美国前总统威尔逊曾说过：“如果你想握紧了拳头来见我，我可以明白无误地告诉你，我的拳头比你握得更紧。但如果你想对我说：‘我想和你坐下来谈一谈，如果我们的意见相左，我们可以共同找出问题的症结所在。’这样一来，我们都会感到我们之间的观点是非常接近的，即使是针对那些不同的见解，只要我们带着诚意耐心地讨论，相信我们不难找出最佳的解决途径。”

18 世纪 70 年代初，北美 13 个殖民地的代表齐聚一堂，协商脱离英国而独立的大事，并推举富兰克林、杰弗逊和亚当斯等人负责起草一个文件。于是，执笔的具体工作，就历史性地落到了才华横溢的杰弗逊头上。

他年轻气盛，又文才过人，平素最不喜欢别人对他写的东西品头论足。他起草好《宣言》后，就把草案交给一个委员会审查通过。自己坐在会议室外，等待着回音。过了很久，也没听到结果，他等得有点不耐烦了，几次站起来又坐下去；老成持重的富兰克林就坐在他的旁边，唯恐这样下去会发生不愉快的事情，于是拍拍杰弗逊的肩，给他讲了一位年轻朋友的故事。

他说：有一位年轻朋友是个帽店学徒，三年学徒期满后，决定自己办一个帽店。他觉得，有一个醒目的招牌非常有必要，于是自己设计了一个，上写：“约翰·汤普森帽店，制作和现金出售各式礼帽。”同时还画了一顶帽子附在下面。送做之前，他特意把草样拿给各位朋友看，请大家“提意见”。

第一个朋友看过后，就不客气地说：“帽店”一词后面的“出售各式礼帽”语义重复，建议删去；第二位朋友则说：“制作”一词也可以省略，因为顾客并不关心帽子是谁制作的，只要质量好、式样称心，他们自然会买——于是，这个词也免了；第三位说：“现金”二字实在多余，因为本地市场一般习惯是现金交易，不时兴赊销。顾客买你的帽子，毫无疑问会当场付现金的。这样删了几次以后，草样上就只剩下“约翰·汤普森出售各式礼帽”和那顶画的帽样了。

“出售各式礼帽？”最后一个朋友对剩下的词也不满意，“谁也不指望你白送给他，留那样的词有什么用？”他把“出售”划去了，提笔想了想，连“各式礼帽”也一并“斩”掉了。理由是“下面明明画了一顶帽子嘛！”

等帽店开张、招牌挂出来时，上面醒目地写着“约翰·汤普森”几个大字，下面是一个新颖的礼帽图样。来往顾客，看到后没有一个不称赞这个招牌做得好的。

听着这个故事，自负、焦躁的杰弗逊渐渐平静下来——他明白了老朋友的意思。结果，《宣言》草案经过众人的精心推敲、修改，更加完美，成了字字金石、万人传诵的不朽文献，对美国革命起了巨大的推动作用。关于起草者的这个故事，也因此而流传下来。

卡耐基指出，说服别人时，如果直接指出他的错误，他常常会采取守势，并竭力为自己辩护。因此，最好用间接的方式让对方了解应改进的地方，从而让他达到转变的目的。

※ 采取得体的方法，使你的批评取得良好的效果

如果你希望你的批评可以取得良好的效果，就要在方法上下功夫。一个人犯错后，最难以接受的就是大家的群起攻之，这样势必会伤害他的自尊心。怎样批评，实际是一种说服的技巧，是一门沟通的艺术。批评的目的意在打动对方，使得对方能认识到自己的错误，回到正确的轨道上，而不是贬低对方，即使你的动机是好的，

是真心诚意的，也要注意方式和场合等问题。

要记住，每个人都是有自尊的。当有外人在场的时候，即使最温和的方式，也可能会引起被批评者的不满，认为你没有给他面子，让他颜面尽失。

所以，要批评一个人的错误时，最好避免在公共场合，尽量选择单独会谈的方式。让对方感觉到自己的错误，没有必要当着别人的面公开指责。其实，任何有上进心的人都不愿意犯错，而你的目的也是为了要帮助对方，让犯错的人认识到自己的错误，而不是为了贬低对方的品格。因此，批评以适可而止，给对方留有余地的方式为好，这会让对方感谢你的宽容。

一次商务宴会上，罗伯特遇到了这样的一个场景。那是一家公司的圣诞晚会，但事实上受到邀请的人都是与公司有生意往来的合作伙伴，所以这个晚会相当于一个非正式的商务宴会。公司的一个高级职员穿了一件不十分得体的晚礼服，与罗伯特谈话的公关部经理看到后，马上中断了和他的对话，走到那个职员面前。“你怎么穿这样的衣服来了？”经理的声音不大，但还是有人能听到。“对不起……之前准备好的衣服不小心剐坏了，所以就……”“那也不能穿这样的来吧？”经理嫌弃地看着职员身上的衣服，“简直是丢公司的人！”面对咄咄逼人的经理，那个职员的脸色越来越难看。“不要再解释了，马上去给我换一件，要么就离开这里，不要再在这里丢人了。”被说得无地自容的职员只好狼狈地离开了会场。目睹这一切的罗伯特觉得这个经理做得过分了，他想这个经理应该不会在现在的位置上待很久了。果然，几个月后，这个经理被公司调到了外地的分公司，理由是无法和下属很好地相处。

批评的最终目的不是为了压制、打击对方，而是为了帮助对方成长，不是为了伤害对方的感情，而是要帮助他们做得更好。所以掌握好批评的技巧，这会让你和朋友之间的感情更增进一步。

要记得，绝对不要在公共场合批评人，无论对方是什么人，身份或辈分是否比你低，不要肆意扩大批评的范围，尽可能让很少的人知道。比如你知道你朋友的做法是错误的，直接批评可能会伤害到彼此的感情，不如就采取迂回的方式对他说："虽然你有你的生活方式，可是我觉得如果你这样做，会更好。"或者"这件事如果那样做不对，我相信你是不会那样做的，对不对？"这样的言语有助于对方认识到你对他是善意的，针对的是他的缺点，而非他的自尊心，也就是所谓的对事不对人。把你的批评指向他的错误，而不是他这个人，这样就不会影响他完整的自我形象，就能顺利地把批评建立在良好的情绪上，建立在友好的气氛中，使得对方能在没有压力的情况下，接受你的批评。

※ 先赞扬，再说比较令人不痛快的事

通常，在我们听到别人对我们的某些长处的赞扬之后，再去听听一些比较令人不痛快的事，总是好受得多。

理发师在刮脸前，先在客人脸上涂上肥皂沫；而麦金尼远在1896年竞选总统时，就曾采用了这种方法。当时，共和党一位重要人士写了一篇竞选演说稿，以为写得比任何人都高明。于是，这位仁兄把他那篇不朽的演说稿大声念给麦金尼听。那篇演说稿有一些很不错的观点，但就是不行，很可能会惹起一阵批评狂潮。麦金尼不愿使这人伤心。他一定不可以抹杀这人的无比热诚，然而他却又必须说："不。"请注意，他把这件事处理得多巧妙。

"我的朋友，这是一篇很精彩而有力的演说，"麦金尼说，"没有人能写得比你更好。在许多场合中，这些话说得完全正确；但在目前这种特殊场合中，是否相当合适呢？从你的观点来看，这篇演说十分有力而切题，但我必须从党的观点来考虑它所带来的影响。现在你回家去，根据我的指示写一篇演说稿，并且送我一份副本。"

他真的照办了。麦金尼替他改稿，并帮他重写了第二篇演说稿。他后来终于成为竞选活动中最有力的一名演说者。

这种哲学在你日常的生意来往上，是否也能奏效？让我们来看看。我们以费城华克公司的高先生为例。

华克公司承包了一项建筑工程，预定于一个特定日期之前，在费城建立一幢庞大的办公大厦，一切都照原定计划进行得很顺利。大厦接近完成阶段，突然，负责供应大厦内部装饰的用铜器的承包商宣称，他无法如期交货。什么！整幢大厦耽搁了！巨额罚金！重大损失！全因为一个人。

长途电话、争执、不愉快的会谈，全都没效果。于是高先生奉命前往纽约，负责协调这件棘手的事。

“你知道吗？在布鲁克林区，有你这个姓名的，只有你一个人。”高先生走进那家公司董事长的办公室之后，立刻就这么说。

董事长吃惊：“不，我并不知道。”

“哦，”高先生说，“今天早上，我下了火车之后，就查阅电话簿找你的地址，在布鲁克林的电话簿上，有你这个姓的，只有你一人。”

“我一直不知道！”董事长说。他很有兴趣地查阅电话簿，“嗯，这是一个很不平常的姓，”他骄傲地说，“我这个家族从荷兰移居纽约，几乎有两百年了。”一连好几分钟，他一直说他的家族及祖先。

当他说完之后，高先生就恭维他拥有一家很大的工厂，高先生说他以前也拜访过许多同一性质的工厂，但跟他这家工厂比起来就差得太多了。“我从未见过这么干净整洁的铜器工厂。”高先生如此说。

“我花了一生的心血建立这个事业，”董事长说，“我对它感到十分骄傲。你愿不愿意到工厂各处去参观一下？”

在这段参观活动中，高先生恭维他的组织制度健全，并告诉他为什么他的工厂看起来比其他的竞争者高级，以及好处在什么地方。高先生还对一些不寻常的机器表示赞赏，这位董事长就宣称是他发明的。他花了不少时间，向高先生说明那些机器如何操作，以及它们的工作效率多么良好。他坚持请高先生吃中饭。到这时为止，你一定注意到，高先生一句话也没有提到此次访问的真正目的。

吃完中饭后，董事长说："现在，我们谈谈正事吧。自然，我知道你这次来的目的。我没有想到我们的相会竟是如此愉快。你可以带着我的保证回到费城去，我保证你们所有的材料都将如期运到，即使其他的生意都会因此延误也不在乎。"

高先生甚至未开口要求，就得到了他想要的所有东西。那些器材及时赶到，大厦就在契约期限届满的那一天完工了。

用赞扬的方式开始，就好像牙医用麻醉剂一样，病人仍然要受钻牙之苦，但麻醉却能消除苦痛。

※ 巧妙地暗示，间接地让别人去面对自己的错误

卡耐基说："当面指责别人，只会造成对方顽强的反抗；而巧妙地暗示对方注意自己的错误，则会受到爱戴。"

查乐斯·史考伯有一次经过他的一家钢铁厂，当时是中午，他看到几个工人正在抽烟，而在他们头顶上正好有一大招牌，上面写着"禁止吸烟"。史考伯没有指着那块牌子责问："你们不识字吗？"他的做法是，他朝那些人走过去，递给每人一根雪茄，说："诸位，如果你们能到外面去抽这些雪茄，那我真是感激不尽。"工人们立刻知道自己违反了一项规则，因为他对这件事不说一句话，反而给他们每人一件小礼物，并使他们自觉很重要。

约翰·华纳梅克也使用了同一技巧。华纳梅克每天都到他在费城的大商店巡视一遍。有一次，他看见一名顾客站在柜台前等待，没有一人对她稍加注意。那些售货员呢？他们在柜台远处的另一头

挤成一堆，彼此又说又笑。华纳梅克不说一句话，他默默地钻到柜台后面，亲自招呼那位女顾客，然后把货品交给售货员包装，接着他就走开。

对那些对直接的批评会非常愤怒的人，间接地让他们去面对自己的错误，会有非常神奇的效果。罗得岛温沙克的玛姬·杰各在卡耐基课程中提到，她使一群懒惰的建筑工人，在帮她加盖房子之后把周围清理干净。

最初几天，杰各太太下班回家之后，发现满院子都是锯木屑子。她没有去跟工人们抗议，因为他们工程做得很好。所以等工人走了之后，她与孩子们把这些碎木块捡起来，并整整齐齐地堆放在屋角。次日早晨，她把领班叫到旁边说："我很高兴昨天晚上草地上这么干净，又没有冒犯到邻居。"从那天起，工人每天都把木屑捡起来在一边堆好，领班也每天都来，看看草地的状况。

在后备军人和正规军训练人员之间，最大的不同就是理发，后备军人认为他们是老百姓，因此非常痛恨把他们的头发剪短。

美国陆军第542分校的士官长哈雷·凯塞，当他带了一群后备军官时，他要求自己解决这个问题。跟以前正规军的士官长一样，他可向他的部队吼几声或威胁他们，但他不想直接说他要说的话。

他是这样讲的："各位先生们，你们都是领导者，你必须为追随你的人做榜样。你们应该了解军队对理发的规定，我今天也要去理发，而我的头发比某些人的头发要短得多了。你们可以对着镜子看看，你们要做个榜样的话，是不是需要理发了，我们会帮你们安排时间到营区理发部理发。"

结果是可以预料的。有几个人自愿到镜子前看了看，然后下午就开始按规定理发。次日早晨，凯塞士官长讲评时说，他已经可以看到，在队伍中有些人已具备了领导者的气质。

1887年3月8日，美国最伟大动人的牧师及演说家亨利·华德·毕奇尔逝世，他的伟大如同日本人所说的，他改变了整个世界。就在那个星期天，莱曼·阿伯特应邀向那些因毕奇尔的去世而哀伤不语的牧师们演说。他急于作最佳表现，因此把他的讲道词写了又改，改了又写，并像大作家福楼拜那样谨慎地加以润饰，然后他读给他妻子听。实际上，他写得很不好，就像大部分写好的演说一样。如果他的妻子判断力不够，她也许就会说："莱曼，写的真是糟糕。你会使所有听众都睡着的。念起来就像一部百科全书似的。你已经传道这么多年了，应该有更好的认识才是，看在老天爷的分上，你为什么不像普通人那般说话？你为什么不表现得自然一点？如果你念出这样的一篇东西，只会自取其辱。"

她"也许"会这么说，而且如果她真的那么说了，其后果是可想而知的。所以，她只是说，这篇讲稿若登在《北美评论》杂志上，将是一篇极佳的文章。换句话说，她称赞了这篇讲稿，但同时很巧妙地暗示，如果用这篇讲稿来演说，将不会有好效果。莱曼·阿伯特知道她的意思，于是把他细心准备的原稿撕碎，后来讲道时甚至不用笔记。

卡耐基告诉我们，要改变一个人而不伤感情，不引起憎恨，请按照下列准则去做："间接地提醒他人注意他自己的错误。"

※ 自信十足的人更容易说服别人

在试图说服别人的时候，为了取得良好的效果，自己首先一定要有足够的自信。

戴尔·卡耐基在实践了一段时间推销教学课程的工作之后，想再找一份推销员的工作。他换上崭新的衬衫，认认真真地打好领结，把皮夹克刷得干干净净，擦亮皮鞋，信心十足地走进了阿摩尔总公司的办事处。

阿摩尔公司的总裁洛佛斯•海瑞斯是一个典型的美国西部老头，

行动迟缓，似乎与做事喜欢雷厉风行、干净利落的卡耐基格格不入，但是他工作的认真精神正是卡耐基所钦佩的地方。

“年轻人，我不管你以前干过什么工作，因为在我这里你还没有开始，你必须接受一个月的职前训练。”海瑞斯两道深邃的目光审视地看了卡耐基一眼，他对这个精神抖擞的年轻人印象不错。

“但是先生……”

“没有什么但是，你从明天起周薪为十七块三十一分，开始推销时外加食宿及旅费。”海瑞斯以不容置疑的口吻显示出认真工作时的非凡魄力。

“抱歉，先生，我宁愿另寻他处。”卡耐基尽管急需一份工作，但年轻人的血气方刚似乎不能容忍海瑞斯这种独断专行的指令方式。他一边说着话，一边转身准备离开办事处。

“等一等，年轻人！”也不知是出于什么原因，海瑞斯扔掉烟头站起来挽留卡耐基，凭直觉他感到这个年轻人一定能成长为出色的推销员，便语气温和地说：“年轻人，不，卡耐基先生，我不得不告诉你，通常在我公司的求职者只能按我的旨意行事，但这次我破例，愿意先听一下你的意见。坐下来谈吧。”

卡耐基蓦然觉得自己刚才太无礼，冲撞了好心的海瑞斯。实际上，每周十七块三十一分再外加食宿及旅费的薪资是相当不错的待遇了。

卡耐基解释了他离开的原因，一个月的职前培训不符合他的工作风格，他希望能立即投入工作，不想耽误一分钟。

海瑞斯听完卡耐基的解释，看着这个瘦弱的年轻人，一丝钦佩之情不觉油然而生，从心里感到这个青年人多多少少有点与众不同。

海瑞斯犹豫了许久，反复考虑着卡耐基诚恳的建议，最后提起笔，迅速写下一行连体字，递给卡耐基：“戴尔·卡耐基，南达克达区西部。”

这就意味着卡耐基凭借着自身的自信说服了海瑞斯，找到了职业。这一经历给了卡耐基很多启示，他认识到：在说服别人的时候，自己一定要有足够的自信。

※ 掌握争论的主动权，使对手处于不利的地位

我们每个人都认识一些特别喜欢争论的人。不管他们是对是错（尤其是错的时候），仅仅凭着自己的愿望、热情和响亮的声音，他们总想千方百计地赢得争论的胜利。

然而，我们不能自欺欺人。赢得争论胜利的原因不在于我们的粗鲁举止或响亮嗓门。经常获胜的人，都是由于成功地运用了某些精明的策略，使对手处于不利地位而使自己掌握了争论的主动权。如果你发现你自己经常在本该取胜的争论中遭到失败，那么，卡耐基推荐的下面九种策略能够成功地扭转这种问题，提高你的胜利纪录。

1. 用语言重新描述前提

要控制一场争论，最容易的方法是根据你的偏爱，用一定的语言重新描述对手依据的前提。这样做对你最有利。如果你成功地动用了这一手段，对手听了你的话，就会回答说："你的意思是告诉我……"接着，他就错误地或者夸大其词地叙述你说过的每一件事，你的回答应该一直处于纠正他的话的位置："不，这根本不是我所说的意思。"

2. 把对手的争论进行比喻

把对手的争论比喻成一件过时的、声名狼藉的相似事物，你就把喻体事物的一种负面因素强加给了他的争论。例如，如果你不同意下属提出公司人人平分利润的建议，你就可以这样反驳他说："你的主张是乌托邦式的空想。"

当下属要求对某个问题进行"全民"（全部职员）投票表决，

从而向老板的权力和地位发出挑战的时候，老板们就会经常使用这种比喻手法，予以反击。聪明的老板只说一句“这并不是真正的民主”，就能阻止这条建议。

3. 把对手的观点与别人的失败作对比

要抨击一个新观点，相对容易的方法就是说：“它根本不是什么新东西。”或者“它在以前实践中的结果是失败的。”比如说，如果你有一个销售可口可乐的新想法，对手想反驳你，他就说：“这个想法佩普西 5 年前就尝试过了，而且以失败而告终。”

然而要驳斥对手这种策略也很容易——只要你指出，在过去的 5 年中，市场情况已经发生了巨大的变化，使得这个想法现在成了一个非常好的主张，对手的反对企图就破产了。

4. 要求出示证据

有些争辩者常常用虚假的事例来吓唬人。如果你知道他们为了加强自己的观点，不惜颠倒真实，混淆视听，你就绝不能让他们的企图得逞。

如果你的对手说：“最近两年来，我们某某部门费用支出增长了 30%。”你怀疑（但不敢肯定）30% 这个数字是为了迎合他的某种目的，有夸大其词的成分，那么你就请他拿出证据。这种做法并不是对他进行无礼的挑衅。即使事实确实如此——他是对的，他也无法从你的这种做法上得到什么好处；如果他错了，或者他不能拿出有力的证据，那么他所说的一切都会显得站不住脚了。

5. 在原则上同意，在细节上反对

人们在任何争论中，都乐于接受自己想听的东西。因此，如果你对对手说：“我同意你的原则。”很可能他会认为你的观点与他相同，由此他不会过于注意你的反对意见。

在原则上同意是争论者普遍使用的一种僵持策略。人们常常表示他们在原则上与对手是一致的，可是事实上，他们从来不会采取主动行动，在争论的具体分歧和矛盾上做出退让。在这种情况下，谁促使对方明确解决的细节问题越多，谁就越是胜利者。比如说，你要求你的老板大幅度增加你所在部门的预算费用，他可能表示在原则上同意，你可能心满意足地离开他的办公室。然而，如果你不解决细节问题，即是说，如果你没有得到他某一数目的明确承诺，那么你们的预算费用就不会得到任何增加。

6. 强行插话

这种策略虽然有些无礼，但是它的实用价值常常超出人们的想象——因为大多数人礼貌待人，都乐于给对手讲话的公平机会。然而插话能够有效地分散对手的注意力，特别当对手的争论比你有力得多的时候，你更应该使用这种策略。

如果你认为强行插话是一种肮脏的伎俩，那么就请你注意下一次辩论，你的劲敌是怎样经常地不给你说话或者表达观点的机会。这种策略的普遍使用远远多于你的想象。

7. 否定一切

几乎在一切争论中，对立双方都存在一些基本的共同点。在此基础上，争论才得以进行。然而，一名老练的争论者甚至会对这些基本点也提出质疑。他什么都不承认。

比如说你展开一场争论，你一开头就说："我们都同意应该削减25%的资金支出，现在的问题是我们在哪些方面进行削减。"一名强硬的对手可能会拒绝你的前提："我不同意你的看法。如果别人都削减支出，我们反而应该增加支出。"在实际效果上，他使这场争论转入了另外一个方向。也许他赢不了这场争论，但是他成功地分散了别人的精力，你可能一直达不到必须削减支出的目的。

8. 怀疑对手的动机

争论对手采取的某种立场可能有完全合理的因素。然而，如果你对他们的动机提出怀疑，就能够有效地减少他的合理性。

比如说，你的主要对手提议把纽约的办事处迁往新泽西，因为新泽西房租便宜，税收低。如果你反对这次搬迁，就可以质问对方：“如果你的家住得离纽约办事处近，上下班方便，你肯定就不想搬迁了吧？”利用这种说法，表明了对手要求搬迁办事处的首要动机是出于自私自利的考虑，从而使大家不再看重新泽西便宜的房租和低廉的税收。

9. 求助于在场的其他人

这种技巧特别适合在公众场合遇到一场对抗性冲突的时候。在争论一些问题时，你可以转向另外一个人，说：“好的，让我们来听听乔是怎样看待这个问题的。”通过使第三者加入争论，你不仅使争论公开化了、客观化了（它不再是两个人私下之间的事情），而且通过表明别人支持你的观点，大大加强了自己观点的说服力。

如果你要使用这种方法，关键的问题就是你要清楚地认识到谁是你的盟友，他们知道你究竟在干什么，你的真正目的是什么，他们最起码得支持你。

第七章　积极拓展和改善稳固良好的客户关系

精神振作的商人，除了有小心谨慎的习惯之外，还得要有敏捷和不因循两种长处。

——戴尔·卡耐基

能设身处地为他人着想，了解别人心里想些什么的人，永远不用担心未来。

——戴尔·卡耐基

打动人心的最佳方式是跟他谈论他最珍贵的事物。

——戴尔·卡耐基

※　注意观察顾客的举止，窥透他们的心理

欲进行成功的推销，首先要准确了解顾客的心思。观察顾客是同顾客沟通联系的重要方法。对观察的作用不能小看，它能帮助你确定对待每一个顾客的不同方法，它能把你通过观察获取的大量信息迅速反馈到大脑，这样，才能更好地为顾客服务。

如何观察顾客呢？要注意观察顾客的每一个细小的动作：顾客是显得匆匆忙忙，快步走进商店在寻找一件急需的东西呢，还是在漫不经心地游逛？顾客是否两三次地拿起同一件商品打量，然后走开了，不一会儿又返回了？要注意观察他们的这些举止，这样你就可以窥透他们的心理了。

还要注意观察顾客的表情。从顾客的面部表情，我们就可以了解到他对某种商品是否满意，是不满意，还是怀疑？在接到售货员递过去的商品时，他们是否显示出兴趣？是面带微笑，还是表现出

失望的神色？在你同顾客交谈的时候，他的眼睛是看着你，还是被商品所吸引而注意商品？作为售货员，应当使自己的眼光始终与顾客保持接触，这样可以使顾客感到你的全部心思是放在为顾客服务上。

当你和某个人开始打交道之前，你所行事的全部依据是对方的表情，一个人的全部心理活动都可以从他的脸部表情上表现出来，精明的推销员，会依据对方表现出来的复杂表情，来判断对方对于自己话语的反应，并积极主动地采取相应的措施，把握有利时机，促成推销成功。

举个简单的例子。某位推销员到客户那里见到顾客正埋头于工作，显然无法抽出空来接待自己，此时他说一声："请别客气，你忙你的吧，我另找时间再来拜访。"或者是在与顾客交谈时间过长，发现顾客不时瞄了一眼手表，他立即起身说："今天时间不早了，我该回去了。打扰你这么多时间，真不好意思。"以及对方不经意地摸摸口袋，像是寻找什么。此时他立刻把烟递上去。他的这些反应都说明对方的所有神情表现都传递着一些信息，即对方时间很紧，没有更多的时间来接待你，或是对方一时找不着香烟。而如上的做法会给对方留下好印象，认为你善解人意，对周围的一切及人的表现观察极为仔细。

如果你向对方推销某件产品，看到对方显出稍有不快的神色，此时解开对方对产品的不解和疑惑就是你工作的要点，同时留心观察对方的手势、眼神是否在表示某种意思，仔细分析之，并请顾客自己试验产品的性能。通常情况下，顾客对产品推销的反应，都是从怀疑到半信半疑直至有试用的意愿的，此时推销员除了详细介绍产品的性能特点外，应把那些令对方感兴趣的话题加以扩展，使推销活动变成一次轻松愉快的交谈。颇懂心理学的推销员都知道，若直截了当地向客户推销产品，不但收不到预期的效果，反而会使对方产生厌倦感。因为多数顾客对推销员上门推销的活动反应冷淡，感兴趣者甚少。这不是说顾客不喜欢产品，主要是由绝大多数顾客对推销方式反感所致。

那么，一位成功的推销人员应如何做到知彼知己，使那些困难重重的工作变为富有成效，给人以启迪的活动呢？要做到这点，首先要注意生活中所发生的各种事情，并留意人们心理活动的特点及人们性情上的差异，真正做到眼观六路，耳听八方。这成为推销员在工作上取得成功的诀窍之一。推销员在工作进行过程中所承受到的压力比顾客更大，必须要留意对方的态度和心理活动等，忽略了这点，推销工作就只能是在黑暗中摸索，看不清周围的一切，听不到任何有助于自己采取对策的信息。

所以说,作为一名推销员必须具备这种良好的察言观色的技能。这种技能的培养是在实际生活中学来的。推销员能否做到这一点，要看推销人员是否心细了。

对顾客绝不要以貌取人。一个衣着俭朴的顾客或许能够负担起昂贵的价格，因而喜欢买高质量的商品；相反，有些穿着讲究的顾客却可能选择那些低档商品，因为他喜欢从经济实用出发购买商品。所以，不能凭主观感觉对待每一个顾客。尊重每一个顾客是一条最基本的准则。人的价值观各不相同，例如，一个顾客可能到信托商店买折价衣服，但却不愿意买折价的汽车轮胎；另一位顾客喜欢买高质量的衣服，却不愿为他的汽车买高质量的零件。

对顾客的观察要贯穿于整个销售过程的始终。可以通过顾客即将购买的商品来判断他的兴趣，可以通过顾客的面部表情来揣测他的内心活动，也可以通过顾客对商品的意见确定他的购买动机。通过观察就可以知道一个顾客究竟是想随便看看，还是急着买东西？对他的商品介绍，他是认真倾听，还是心不在焉？他的心情是烦躁不安的，还是异常兴奋的？是需要向他进一步提供有关商品信息，还是当机立断劝他下决心购买某种商品？

你的眼神要始终与顾客保持接触，使心灵的这扇窗户打开。这样，你肯定会找出满足顾客需要的途径。

※ 成功的推销者必须注重应酬的技巧

要想在商业场合左右逢源，就必须精通应酬的技巧。应酬的学问和艺术不是一朝一夕所能学尽，主要有赖于经验的积累。

没有经过准备而进行一项应酬，常常不仅不成，而且会遭受无可挽救的失败。尤其做推销员的，要当心这一点。美国有一个人寿保险商，就靠他的“准备”工作，成为此中之“王”。他的秘诀是：去劝服一个客人之前，先了解他究竟有没有买人寿保险，如果在别家已有人寿保险，你还要去劝他多买你公司的，这事成功的希望已减去一半。“碰着这种情形，”他说，“就一定不再提到人寿保险的事，可能提到另外一种保险，例如意外保险之类。”低能的人寿保险商，会攻击那客人所购的人寿保险，然后推荐自己的公司。

甚至在电话应酬也有这种情形，预先准备好别人说“是”或“否”时你应如何应对，就可以避免太多不必要的不快了。

两个人谈话，从“非特定话题”转入“正题”是一件相当困难的事，有许多人喜欢说一大堆题外话，然后说：“好了，好了，言归正传，我今天来找你并不为了什么，而是为了……”或者：“今天来访，无事不登三宝殿，其实是为了……”这样转入正题，表面看来似乎直截了当，但这样会使得刚才你说过的所有的题外话完全失去效果，因为对方的脑子，已把你的谈话划分为二。如果你说话有这种习惯，不懂“转题”，倒不如开门见山，一见到人就讲正题还好得多。

某洗衣机推销员去拜访朋友，目的当然是推销洗衣机，如果他首先和别人说了一大篇题外话，然后说：“今天拜访，无其他目的，实在是想来推销……”这样他多半是要失败的。但他一开头便抓着近来天久不雨，水库干涸，停水，然后说：“这几天热得很，天天要换衬衫，每天单是洗衣服就大伤脑筋了啊……”由此转入推销洗衣机，真是天衣无缝，即使对方发现了这条“缝”，也不会觉得不舒服的。

有些场合是需要声明“闲话少说，言归正传”的。比如对方已知你来意，或者彼此已约定此来是谈些什么的，来一个正式宣布，反可使对方的情绪拉紧，把精神集中一下，来谈你们之间要谈的事情。

有些事情是绝不可能立刻得到答案的。你事前要自己有一个判断才好，遇到这类事情，不要等候答复就可告辞：“你很忙，我不耽搁你了，请多多考虑吧！”这样也是讨人好感的方法。同时你也留下了下次再来的伏线。

※ 首先运用“美言”迂回地深入主题

常人都认为商业活动中语言的目的性很强，缺乏人情味，认为每句话后面都隐藏着经济利益的驱动力。其实不然。如果在商业活动中运用“美言”来迂回地深入主题，就比单刀直入、开门见山的效果要好，既自然生动又不落俗套，在有意无意间实现目的。

卡耐基曾为我们讲过这样一个故事：

美国费城电气公司的推销员在某州的乡村地区扩展业务，扩大用电客户的范围，但这位推销员显然没有受到农户们的欢迎。当他叫开一所住宅大门时，户主老太太居然把电气公司的代表关在了门外面。

推销员再次叫开门，从老太太打开的一条门缝中热情洋溢地招呼道：“我不是来推销用电的，我来买些你的鸡蛋。”

仅此一句话，这位推销员就成功了一半。他让老太太觉得自己不是冲着赚钱的目的而来的，而是对老太太本人和她养的鸡表现了强烈的兴趣。说明这位推销员已经先行揣摩过对方的心理，先避开敏感的话题和直接目标，从对方感兴趣的事物开口，消除对方的心理戒备。

老太太半信半疑地望着推销员，推销员诚恳地说："我看见你喂的明尼克鸡十分棒，准备买一打鸡蛋回去烘蛋糕用。"

老太太打开大门，问他为什么不远数里路到此处买鸡蛋。推销员回答说，买棕色鸡蛋做出的蛋糕才好吃好看，别处只有白色鸡蛋。推销员接着攀谈养鸡的经验种种，并夸赞老太太养鸡的收入很高，胜过丈夫的收入。

老太太闻听此言十分开心，让他进来参观鸡舍。这时推销员才缓缓深入到主题。他告诉老太太，鸡舍里如果加强灯照会促进鸡蛋高产。此时，老太太最初的反感已荡然无存，显然被他说服了。两周后，推销员就收到了老太太的申请用电表格。

这个事例告诉我们，以对方关心的话题开始，娓娓道来，以柔克刚，面对一些固执己见、难以接触的客户就能够大获全胜。

在推销的伊始，有经验的推销员总是尽量从顾客的兴趣着手，循序渐进，往往就能顺利地进入"正题"。因为对方最感兴趣的事，总是最熟悉、最有话可说、最乐于谈的。如对方喜欢摄影，便可以此为题，谈摄影的取景，胶卷的选择，各类相机的优劣，钻研摄影艺术的甘苦，等等。如果你对摄影略通一二，那肯定谈得投机。如你对摄影不太了解，那也是个学习的机会，可静心倾听，适时提问，借此大开眼界。

推销员在上门推销时，面对的都是陌生人，而且，他还有求于这些谈话对象。选择合适话题，缩短与客户之间的距离，使自己逐渐被客户接受，而后把话题引向自己的商品，从而开始商谈，这样才是成功之道。相反，如果打一个招呼就开始介绍自己的商品，迫不及待地反复强调购买该商品有什么好处，这样往往事与愿违。因而，有经验的推销商并不是一开始就切入正题的。

有一位著名的棒球运动员，在球场上是一个难于攻破的堡垒。他在某保险公司推销员的眼里也被当作是一个难于攻破的堡垒。因为他对保险、投保之类的事，根本就不感兴趣。他对一个个喋喋不休的推销员们很反感。

有一天，某位推销员又上门了。与别的推销员不同的是，进门后，他没唱那些令人生厌的老调，也没有对保险好处进行宣传，而是以一位相当在行的热心球迷的身份来倾听对方大谈棒球。

他的倾听、他的插话、他的问题和那些简短的议论，都给这位职业球员留下了深刻印象。他被视为一位很有棒球运动员素养的同行交谈者。在一个适当时刻，推销员向球手提出一个关键的问题："你对贵队的另一位投手利里夫的评价如何？"

"利里夫，正是有了他，我才能放手投球的，因为他是我坚强的后盾，万一我的竞技状态不佳，他可以压阵。"

"请原谅我打个比喻，你想过没有，如果把你的家庭比作一个球队，你家庭也有个利里夫。"

"利里夫，谁？"

"就是你。"推销员谈锋正健，"你想想，你的太太和两个孩子所以能'放手投球'，换句话说，能无忧无虑地生活，就是因为有了你，你是他们坚强的后盾和幸福的保证。所以你好比他们的利里夫。"

"你的意思是……"

"请你原谅我的直率，我是说人有旦夕祸福，万一你有个不测，我们就可以帮助你、帮你的太太和孩子。这样，你就更可以放心地驰骋球场，绝无后顾之忧。所以，从这种意义上说，我们也是你的利里夫。"

至此，棒球运动员才想起他的对话者的身份，然而他被感动了，这笔生意当场就拍板定案。

在这个例子中，推销员就很善于选择交谈方式和谈话内容，没话找话，从对方的职业、嗜好、家庭等方面入手，使对方容易接受，并缩短了彼此的距离，为他后来的拉客户投保这一正题打开了方便之门。试想，如果他仍采取开门见山的方式，肯定又会不获而归。

卡耐基有句名言："我喜欢吃草莓，鱼喜欢吃蚯蚓，所以，垂钓的时候，我不以草莓而以蚯蚓为鱼饵。"

也许你一下子看不出来卡耐基先生要说明什么问题吧？好，让我们讲一个故事：

在美国耶鲁大学教授威廉·菲尔普斯的童年记忆中，印象最深的是一位律师给他的启迪。

威廉小时常到姨妈家去玩。有一次，姨妈家来了一位男客，当他同姨妈谈完正事时，转过身来同他聊了起来。

两个人谈得十分投机，话题主要是小威廉当时正在玩着的小舰艇模型。这位大朋友对舰艇似乎具有丰富的知识，跟他聊天真带劲！一直到客人告辞之后，小威廉还以兴奋的心情赞扬着这位大朋友："这人有趣，我从未见过这么喜爱小艇的人。"

姨妈的回答却是出乎意料的："不，他是一位纽约的著名律师，对小艇，他一窍不通，也无丝毫兴趣。"

"那他为什么谈得那么带劲？"小威廉简直难以接受这个现实。

"因为，他是个有礼貌的人。看到你那么热衷于小艇模型，才跟你谈的啊！"

直到菲尔普斯成为名牌大学教授以后，还对此事怀念不已："那位律师给我的印象太深了，至今依然镌刻在我的记忆中。"

当你与对方进行推销时，为了使谈话愉快地进行下去，最好是获取对方的好感。这就要求我们要善于抓住人心，善于站在对方的立场上思考问题。针对对方最关心的事去做文章，才能奏效。

现在，我们该明白卡耐基名言的含义了。无论你本人多么喜欢草莓，鱼也不会理睬它；只有以鱼本身喜爱的蚯蚓为饵，它才上钩。

投其所好——在与对方愉悦的谈话中达到自己的目的，实乃推销之上策。

※ 抓住感情链中的一环，征服对方的心

推销和谈判是一个说服的过程，谈判的主体是人。而人是一个感情动物。人和人之间存在着一个感情链，如果在谈判中抓住了感情链中的任何一环，都有可能产生连锁反应，达到你所接触的感情点。这就是商业谈判活动中说服对手，达到自己的洽谈目的的基础。基于人的社会性决定了在人的感情场周围确实布满了各种各样的感情链，所以你要在谈判活动中打动对手，征服对手的心，并不是一件可望而不可即的事情。

在美国费城住着一个名叫那佛的人，几年以来他一直想向当地的一家颇具规模的连锁商店推销煤炭，但是对方却宁愿向距离他们很远的郊区业者购买煤炭，也不愿和那佛打交道。当那佛看见那些满载着煤炭的卡车从他的公司门前向连锁店飞驰而去的时候，他肺都快气炸了，他感到从没有过的沮丧，更恨自己的无能。但是即便是这样，那佛也没有灰心，他打定主意，一定要争取到这笔业务。

一天，他又来到那家连锁商店，找到了商店的老板，说：“今天，我到这里来不是向你推销我的煤炭的，而是想拜托你一件事情。我们的讲席会出了个题目：‘连锁商店的普遍化对国家是否有害’，要就此进行辩论。我想向你请教有关连锁商店的问题，希望能够在辩论中驳倒对方。除了你之外，我想我是再也找不出更合适的人了，所以，专门向你请教，我相信，你一定会帮我这个忙的！”

那位连锁商店的老板原来只准备花一分钟的时间接待那佛，了

解了他的来意之后，他对那佛的问题产生了浓厚的兴趣，他滔滔不绝他讲了一个多小时，还叫来了一个曾写过《连锁商店》一书的下属给那佛进行咨询。这位老板越谈越高兴，他从他的起家说起，一直谈到该店目前的经营状况，在谈话中，他一再强调连锁商店对人类的巨大贡献。最后，他又专门打电话给全美连锁商店工会，请他们寄一份有关此问题讨论的副本。

谈话在愉快而友好的气氛中结束了，那佛起身告辞，老板亲自送那佛出门。他一边走，一边亲热地拍着那佛的肩膀，说："我会为你祈祷的，我相信你会在辩论会上获得成功！当然，不要忘了，辩论会结束之后再来找我，我想向你买煤炭。"

那佛花费十年的心血，用尽了五花八门的推销术，却仍然是不见成效；最后采用关心对手所关心的问题这一招，花了不到两个小时的时间，办成了他十多年都无法办成的事情。

著名的心理学家阿尔弗雷德·阿德勒说："不关心他人的人，一定过着痛苦的日子，也给旁人以极大的困扰。人类所有的失败都发生在这种人身上。"是的，如果仅仅使对方佩服你，希望唤起他对你的关怀，这样永远也得不到自己，为自己赢得真正的友谊。在谈判桌上，即使与对手针锋相对，据理力争的时候，关心别人，体谅别人，也是必不可少的。因为，有一句古语说得好："投之以桃，报之以李。"

情感促销是赋予纯客观的推销活动以人情味，是一种最具公关意味的促销活动，它受消费市场变化的影响和经济规律的制约，是客观经济活动。促销是联系企业和用户的桥梁，销路通畅，供需满意，企业和用户才能成为亲密的合作伙伴。供和需是互相依存、互相促进的。促销过程的情感介入，将直接推动销售，是促销的"润滑剂"。企业良好的形象，优质的产品，会唤起用户心理上的信任感。推销员和用户之间的私人情谊，会大大促成供需交易。

卡耐基在他的著作中叙述了这样一个真实的故事：

有家企业的一个油漆推销员，为了扩大自己企业产品的销路，抱着发展新用户的目的，来到一个用漆大户，想找采购部经理谈谈生意，宣传一下产品，劝说他购买。推销员抱着很大的希望登门求见，可是一连几天都被秘书挡在大门外，推托经理没空。推销员实在耐不住了，就问是什么原因。秘书告诉他说，这个星期六是经理儿子的生日，这两天经理正忙着为儿子收集喜欢的邮票，所以不见客人。听完秘书的话，推销员转身就走。

第二天，他又匆匆赶来求见经理，秘书照样不让进。推销员解释说："我这次并不是推销油漆，而是来送邮票的。"秘书放行了。推销员走进办公室，把自己收集到的许多珍贵的邮票，放在采购部经理面前。

经理欣喜不已，顾不得询问来人的姓名、身份，急忙同推销员大谈起邮票来。两个小时很快过去了，推销员起身告辞，经理才如梦初醒，忙问："对不起，你贵姓，为何事而来？"等他听完推销员简短的介绍后，经理说："好！谢谢你的来访，请明天带上你的合同来见我。"

推销成功了！这真叫"踏破铁鞋无觅处，得来全不费工夫"。两小时的谈话全在邮票上，推销产品却没用半句口舌，而一笔大买卖，却拍板定音了。

这就是情感促销的力量。推销员把邮票作为促销的突破口、联系情感的纽带。

※ 先设法取得对手的心理认同感

有一次，美国《黑檀》月刊的主编约翰逊想争取到森尼斯公司的广告。而该公司的首脑麦唐纳是个非常精明能干的人。开始，约翰逊致信给麦唐纳，要求和他当面谈谈森尼斯公司的广告在黑人社会的重要性的问题。

麦唐纳当即回信说："来信已收到。不过我不能见你，因为我并不主管广告。"

约翰逊并不气馁，又致信给他，问："我可不可以拜访你，谈谈关于在黑人社会进行广告宣传的政策？"

麦唐纳回信道："我决定见你。不过，要是你想谈在你的刊物上登广告的事，我立刻就结束会见。"

在见面之前，约翰逊翻阅了美国名人录，发现麦唐纳是一个探险家，曾到过北极，时间是在汉森和比尔准将于 1909 年到达北极后的几年间。汉森是个黑人，他曾就本身的经历写过一本书。这是个约翰逊可以利用的条件。于是他找到汉森，请他在书上签名，以便送给麦唐纳。此外，他又想起汉森是他们写篇文章的好题材，于是他从未出版的《黑檀》月刊中抽去一篇文章，而代之以介绍汉森的一篇文章。

麦唐纳在约翰逊走进他的办公室时，第一句话就是："看到那边那双雪鞋没有？那是汉森给我的。我把他当朋友，你看过他写的那本书吗？"

"看过，"约翰逊说，"凑巧我这里有一本。他还特地在这本书上签了名。"

麦唐纳翻着那本书，显然感到很高兴，接着他又说："你出版一份黑人杂志。在我看来，黑人杂志上该有一篇介绍像汉森这样的人的文章才对。"

约翰逊对他的意见表示认同，并将一本 7 月份的新杂志递给他，然后告诉他，创办这份杂志的目的，就是宣传像汉森这样克服一切障碍而到达最高理想的人。

麦唐纳合上杂志说："我看不出我们有什么理由不在你的杂志上登广告。"

约翰逊并没有开门见山地讲出他的真实意图，而是讲述与广告毫无关系的话题，而这个话题，恰恰是对手所关心的，欣然接受的。于是，在取得了对手的心理认同感，谈判氛围变得和谐融洽之后，约翰逊才逐步地引导对手靠近自己的目标。约翰逊为什么取得了成功？因为他经过精心调查和准备，迎合了对方的口味，引起了对方的兴趣和支持。

※ 先交朋友，千方百计激发对方谈话的兴趣

美国优美座位公司经理亚当森来到柯达公司总部，他要面见柯达公司总裁伊斯曼先生。因为他得知，伊斯曼先生捐巨款要在曼彻斯特建造音乐厅、纪念馆和剧院。许多制造商都已前来洽谈过，而没有结果。亚当森希望能争取到这笔生意，更希望借此扩大公司的名声，树立公司在市场竞争中的形象。

他向柯达公司总裁秘书说明自己的意图后，秘书通报了，并告诫他："我知道你急于得到这批订单，但我现在可以告诉你：如果你占用伊斯曼先生五分钟以上时间，你就完了。他是个大忙人，所以你进去后要迅速地讲，讲完后马上出来。"

秘书领着亚当森进入了伊斯曼的办公室，伊斯曼正忙于桌子上的一大堆文件。亚当森环视办公室左右，静静地等候在那里。过了一会，伊斯曼抬起头来，发现了亚当森，便随口问道："先生有何事？"于是，秘书便向总裁简略地介绍了亚当森，便出去了。

亚当森环视办公室，对总裁说："伊斯曼先生，当我在这里等候你的时候，我仔细地观察了你的这间办公室。我本人长期从事室内的木工装修，但从未见过装修得这么精致的办公室。"

"哎呀！你提醒了我差不多忘记了的事情。"伊斯曼总裁高兴地说，"这间办公室是我亲自设计的，当初刚建好的时候，我喜欢极了。但是后来一忙，一连几个星期我都没有机会仔细欣赏一下这

个房间。”

亚当森走到墙边，用手指在木板上一敲，说：“我想这是英国橡木，是不是？意大利橡木的质地不是这样的。”

“是的。”伊斯曼总裁高兴地说，“那是从英国进口的橡木，是我的一位专门研究室内细木的朋友专程去英国为我订的货。”

伊斯曼总裁情绪极好，竟然站起身来，撇下那堆待批的文件，带着亚当森仔细参观起办公室来了。他把办公室内的所有装饰一件一件向亚当森介绍，从木制谈到比例，又从比例谈到颜色，从工艺谈到价格，然后详细地介绍了他设计的过程。亚当森微笑着聆听，饶有兴致，并且不时给予继续的示意和鼓励，亚当森还不失时机地询问伊斯曼的奋斗经历。伊斯曼便向他讲述了自己的苦难少年时期和坎坷经历，如何在贫困的生活中挣扎，自己发明了柯达相机的经过，以及自己打算向社会捐献巨款等。

亚当森不但听得聚精会神，而且发自内心地表示敬意。本来秘书警告过亚当森，谈话不要超过五分钟，结果亚当森与伊斯曼谈了一个多小时。伊斯曼总裁对亚当森说：“上次我在日本买了几把椅子，放在我家的走廊里，但由于日晒，都脱漆了。我昨天到街上买了油漆，打算由我自己把它重新漆好。你有兴趣看看我的油漆表演吗？好，到我家去和我一起吃午饭，再看一下我的手艺。”

午饭以后，伊斯曼总裁动手把椅子一一漆好，并深感自豪。

结果是，亚当森不仅得到了这笔工程的订单，而且和伊斯曼先生结下了终身的友谊。为什么亚当森只字未提生意，却出乎意料地成功了呢？他成功的诀窍很简单，通过谈话交朋友，千方百计激发对方谈话的兴趣，从而建立真正的朋友关系，当然生意也就好做了。先交朋友，后做生意——这就是亚当森成功的诀窍。

※ 满足对方的需要，有效说服客户

在商谈出现不一致时，便不要以硬碰硬，不要讨论分歧点；而要着重强调彼此的共同观点，取得一致后，再自然地转向自己的主张。你可以从对方的需要出发，从对方的角度提出引诱对方承认你的观点。

下面是一个购买卡车的商谈。

卖方：你们需要的卡车，我们有。

买方：吨位多少？

卖方：四吨。

买方：我们需要两吨的。

卖方：四吨有什么不好呢？万一货太多，不是挺合适吗？

买方：我们也得算经济账啊。这样吧，以后我们要时，再通知你们。

于此，双方只能说“再会”了。

但如果改用下面的诱导方法，结局会大不相同。

卖方：你们运的货每次平均重量是多少？

买方：很难说，大致两吨吧。

卖方：有时多，有时少，是吗？

买方：是的。

卖方：究竟需要哪种型号的卡车，一方面要看你运什么货，一方面要考虑在什么路上行驶，对吗？

买方：对，不过……

卖方：假如你在坡路上行驶，而且你那里冬季比较长，这时汽车的机器和车身承受的压力是不是比正常情况大一些？

买方：是的。

卖方：你冬天出车的次数比夏天多吧？

买方：是的。我们夏天生意不太兴隆。

卖方：有时货物太多，又在冬天的坡路上行驶，汽车不是经常处于超负荷状态吗？

买方：对，那是事实。

卖方：你在决定车的型号时，是不是留了余地？

买方：你的意思是……

卖方：从长远利益看，怎样才能算买了辆值得的车？

买方：当然需要看它能使用多长时间了。

卖方：一辆车总是满负荷，另一辆车从不过载，你觉得哪一辆车寿命长？

买方：当然是从不过载的了！

卖方：我们的四吨卡车正符合这个要求。

于是，终于一步一步诱使对方同自己成交。

他用了循循善诱的战略，用一些基本的常识，比如车在冬季坡路上行驶，受压力大，车长期满负荷，会使寿命减短，来促使对方顺着自己的思路走过来，让他越发感觉你所说的如此合理，于是拍板成交。

在商业场合，欲促成一项交易，在很大程度上依赖于说服别人的技巧。卡耐基从满足对方的需要的角度考虑，总结了有效说服别人的四个步骤。这四步是：

1. 揣摩对方的需要和目标

通过提问，可以引导被说服一方去发现问题症结所在，也可以引导他们提出解决问题的方案。因此，提问是相当重要的技巧。

伏尔泰说："判断一个人凭的是他的问题，而不是他的回答。"确实，问题提得好，乃是高明说客的一项标志。这类提问，有助于人们整理自己的思想和感受。

也正是通过提问，使得你对别人的需要、动机以及正在担心的事情，具有一种相当深入的了解，有了这样的答案，他人的心灵大门也就对你敞开了。

要想有效地运用提问技巧，你还得注意以下三个重要事项：

（1）清晰化。问题一般是针对对方的讲话而发的。事实上，这类提问的总意图不外是：我已听到你的话，但我想确证一下你的真实意思。以清晰化为目的提问，是反馈的一种形式。它可以使说话人的意思变得更加明了。

（2）将问题加以扩展。你提问题的目的就是想知道更多的信息，比如对方优先考虑的事情是什么。事实上，你这样提问题就等于告诉对方：我理解你的意思，但我想知道得更多些。

（3）转移话题。有一类问题在转移话题时很有用。在你这样提问的时候，你实际上是在说：我对你这方面的想法已很清楚，让我们换个话题吧。通过这样的提问，你的航船就会转舵到更加顺水的方向上去。因此，对方的回答使问题不断扩展下去，但扩展到一定程度，你就得用转向提问去改变话题。

你的见解要与他人的需要、愿望、目标相结合，要时时注意从别人那儿得到反馈，这样你就会成为一名强而有力的说客，时时揣摩那些需要，不断促使他人显露他那个需要差距，他那个“可是”，这才是至关重要的第一步。

2. 提出并选择解决办法

通常，当你试图说服他人的时候，你会发现事实上存在着多种解决问题的办法。于是，在多数情况下，你就会与对方一道，着手寻找缩小需要差距的途径。如果是大家一块商量出了解决办法，那么对方就不会袖手旁观，而你也就用不着独自苦思冥想，用不着把自己的想法费尽口舌硬塞给对方。

比方说你是一个房地产推销商，你也许能够用大套房子去满足对方家庭生活的需要，但在购物和孩子上学这些问题上却碰到了麻烦；或者你也许能满足所有这一切要求——包括购物和上学——但价格上又不行。但是，如果事先你与顾客有个商量，对他们计划中的首要事项和迫切需要解决的问题，你都心中有数，那么像上述一类的难堪局面就可以避免。

如果你把某些人召集起来，试图改变他们的关系，或者你已经激起对方的兴趣，这时候，你千万不要径直指示对方该如何如何去做。相反的，你可以问他们一些问题，比如这样做是否满意，或在他们看来，哪些做法能带来最大的改善。是帮助孩子学习？帮助修理打破的窗户？给危重病人打预防针？

这些都有助于建立相互尊重、相互信赖的人际关系。信赖，按照管理学著作家和演讲人戈登·薛的说法，乃是："有序生活中的奇迹般的因素——减少摩擦的润滑剂，游离分子的黏合剂，互助行为的催化剂。"

关键之点还在于，你需要让对方知道，这事也有他的一份，你不能对对方进行强迫和压制。强迫别人照你说的去做，可能会一时奏效，但从长时间去看，你会得不偿失。

3. 建立实施方案

如果你做的是简单的推销，一句"是"或"不是"就解决问题，此外更无须再费什么口舌，那事情当然好办。但如果问题头绪繁多，事情要分阶段分步骤去做，那你们就得在程序上取得共识。

就拿医生来说吧，他们常常抱怨说，病人之所以恢复得不好，是因为他们并没有完全遵照医嘱去做。一旦他们感觉好了一些，他们就会停止服药。就是在有医生照看的情况下，病人有时也会我行我素，事后就诉苦说病态重萌。

也许，作为医生，他得把病情和药效这方面的问题跟病人讲清楚。比如，咽喉疼痛的症状，使用抗生素后两天就可以缓和下来。但作为医生，他就应该告诉病人，以后几天内病菌可能仍然残留着，要加以控制才是。病人明白这一点之后，往往就会遵照执行了。

在有些人看来，你的观点，你的产品和你的目标都不错，但可惜都不在他们优先事项之列。这时候，做到知己知彼就很重要。你为什么觉得那样做有价值？对此你越是解释得好，你就越能拨动他人的心弦。

而且，要想说服别人，你还得帮助对方把那些他们认为最有价值的优先事项清理出来。在我们刚刚谈到过的揣摩阶段，是你调查他人优先事项的绝好时机。

只有这样，你的观点、产品和目标的内在价值，才能与顾客的优先考虑事项相互适应和相互配合。

4. 反复衡量，确保成功

事实上，一个长时间影响着人们的真正的奥秘是，对于未来之事，他们往往没有固定的看法，他们常常超出自己的预期。所以，你首先应该做的就是帮助他们把产品成功之处明确起来，投资了多少，使用寿命有多长，保修年限是多少，要尽量把它们数字化，要尽量说得具体一些。

只有等到对方点了头之后，你的说服和影响工作才算是做到家了。作为说服工作的第四步，就是要与对方经常保持接触，直到弄清楚他们需要什么，他们怎样看问题为止。

※ 巧妙解释，间接反驳

“谈判时不应该争论！”这是谈判老手向谈判新手提出的最好忠告。美国著名推销员鲁布·沃特尔经常说：“不错，你可以随时向买主和其他人证明他的话显得很无知。但这样做你能得到什么？揭穿买主的愚昧没有任何好处，他绝不会因此而感谢你；在更多的情况下他会怀恨在心，你的生意早晚会受到伤害。”谈判是一项合作的事业，而争论会激发对手的对立情绪，这对双方达成交易有什么好处呢？

有一个人寿保险员一直很纳闷，他弄不明白为什么有个男人他连续拜访了十年都没做成生意，最近却向新到该城的另一个保险员认购了价值十万美元的保险单。其中的原因细究起来其实很简单：大约在八年之前，第一个保险员在拜访了那个男人好几回之后说了句："我将来会说服你的，老家伙！"

毫无疑问，这句充满情感的话表明了他值得称赞的决心，但这话却绝不应该说出口，因为那"老家伙"当时立即嚷道："不，你做不到——绝无希望！"打那以后，他就一直信守这种立场。

旧金山一家鞋店的老板则正好与此相反，他应付顾客的手段相当高明，可是他给人的印象并不属于那种伶牙俐齿型。顾客对他抱怨说："鞋跟太高了！""式样不好看！""我右脚稍大，找不到合适的鞋子！"老板只是点头不语，等顾客说完后，他才说："请你稍等。"随即拿出一双鞋，说："此鞋一定适合你，请试穿！"顾客半信半疑地穿上鞋，随即是欣喜的回答："这鞋好像是给我定做的。"于是，很高兴地把鞋买走了。

谈判者应务必记住：不管谈判对手怎样与你针锋相对，不管他怎么一个劲地想与你吵架，你也不要争论。

争论并不等于说服，争论很少能使人真心诚服。大学辩论队的队员在辩论结束后都还会保持原有的信念，败方队员绝不会因为对手辩术高超而更改观点。说服的关键在于引导，谈判者通过一系列的努力，让对手经过自身的思想斗争做出决定，接受我方提出的交易条件。

为了防止在商务谈判中出现可怕的争论和一些有争论的话题，下面引用欧洲市场及推销咨询协会名誉主席戈德纳在其著作中所举的一个实例。从这个实例中，你可以根据情景更好地体会出各种避免争论的技巧。约翰·墨菲是一个汽车销售人员，他正在向可能买主奈特介绍一辆赛车。

墨菲：奈特先生，这辆赛车是非常舒适的。（奈特没有做出回答）

墨菲：（意识到自己的口误）请坐到汽车驾驶员的座位上试一试吧？（奈特坐进驾驶室）你坐在里面感到舒适吗？

奈特：舒服极啦！

墨菲：你觉得座位调得如何？你坐在方向盘后面舒服吗？

奈特：行，挺舒服的。不过，驾驶室太小了。

墨菲：还小？你是在开玩笑吧！

奈特：我说的完全是实话。我感觉在里边坐着有点憋气。

墨菲：但汽车前舱的空间有两英尺啊！

奈特：不管怎么样，我还是觉得有点憋气。

墨菲：（意识到他的错误，就停止了反驳。）当然了，这辆车比不上大型车辆宽敞。但正如你刚才说的那样，坐在里面还是很舒服的。你可能已注意到这辆车的装潢还是相当不错的，使用的装潢材料是皮革。还有比皮革这种材料更好的吗？（他并没有提出具体理由来进一步证实为什么使用皮革材料来进行装潢）

奈特：我不懂得什么皮革不皮革的。但我觉得皮革夏天太热了，冬天又太冷。（奈特向来不喜欢皮革）

墨菲：（墨菲本来可以，也应该在事前了解清楚顾客对各种材料做的座位外套有什么看法。不过，这仅仅是一个无关大局的细节问题。因此，他决定避开它。）对，那仅仅是个人爱好问题。其实，我明白你的意思，在炎热的夏天，皮革确实有点热。但在这个国家，夏天从来都不是太热的。应当这样看待这个问题才是，你说呢？不管怎么说，皮革肯定要比塑料凉爽得多。你同意这个看法吗？

奈特：那或许有可能。但有些时候，我要在夏天开车到其他国家去。

墨菲：（墨菲本可以进一步指出，他不可能把车开到赤道去。另外，开车到国外的时间相对来说是短暂的。但他觉得这样谈下去会把话题扯得太远，并且会引起争执。）好吧，我们来谈一下其他问题吧。你准备用这辆车来干什么？（墨菲又准备回到汽车的主要用途上，并打算以它来证明这种汽车的前舱空间还是足够的。）

奈特：我准备开着车去上班和到我们的乡村别墅去。

墨菲：路程远吗？

奈特：不是特别远。

墨菲：家里人口多吗？

奈特：我们有两个小孩，都在念书。

墨菲：那么说，你是想要一辆节省汽油的汽车了，是不是？（墨菲为了绕开汽车大小问题，又换了一个新话题。不过，他还远远没有脱离危险区，因为他又转到汽油价格这样一个人人关心的中心话题上。）你知道汽油的现价吗？

奈特：价格还可以吧。但关于节油的种种说法都是靠不住的。事实上，每一辆汽车所耗费的汽油量总要比说明书上介绍的多得多。

墨菲：当然了，耗油量的大小取决于你怎么使用你的汽车。

奈特：（很生气）你这话什么意思？

墨菲：车开快了就需要经常更换挡位，这样耗油量就大一些。

奈特：在很多情况下，宣传说明书上所说的都是不可靠的，不是事实。说明书上说，行驶 20 ～ 30 英里才耗费 1 加仑汽油。我们就按照说明书购买了一辆汽车。结果呢？还没有行驶 15 英里就耗费了 1 加仑的汽油。宣传归宣传，事实归事实。我的一个好朋友对我说……（接着，他讲了一个很长的故事。）

墨菲：（控制住自己）好吧，我们可以在试车的时候检查一下这辆车的耗油情况。奈特先生，你可以亲自开车吗？

奈特：好的。（他们开动了汽车）

墨菲：你的夫人也会开车吗？（他准备把这辆车便于操作这一点作为推销要点）

奈特：她准备去听驾驶课。

墨菲：（接过新话题）我们有自己的驾驶学校。如果你需要的话，我可以帮助你夫人联系上课的事。

奈特：不用了。

墨菲：（刚准备有所表示，但及时地控制住了自己。）不管怎么说吧，对你夫人来说，开小车要比开大车容易。你说呢？

奈特：我想是的。（奈特又想出了一条反对的理由）像这样一辆小车怎么那么贵呢？

墨菲：（从奈特这一问题，墨菲意识到车的大小问题并不很重要。所以，他不准备更多地讨论车的大小问题。如果反驳奈特的这一看法，并且指出汽车的价格不高的话，那么他们就有可能发生争论。所以，他决定不直接地讨论价格问题。）奈特先生，你开车是很有经验的，嗯？

奈特：我想还可以吧！

墨菲：那么，依你看，车的哪一方面最重要？（通过承认对方有经验，这就造就了一种融洽的气氛。并且以提问方式把话题转向一些更重要的问题上。）

奈待：嗯……当然是车开起来稳不稳、车速和车的质量最重要了。噢，还有转售价格问题。

墨菲：（谨慎地纠正对方的看法）当然也要节省，是吗？

奈特：当然了。

墨菲：所以，应该是稳、速度和节省。奈特先生，就速度而言，你认为哪一方面是最重要的，是最高速度指数还是变速器？

奈特：当然是变速器重要了。不管怎么说，人们一般不使用最高速度。

墨菲：（现在他终于了解到顾客对什么东西感兴趣）你说对了，这些才是最重要的。在决定一辆车的价值的时候，它们的作用是很重要的。在这一点上，我们的看法是一致的。

奈特：是的。

现在，墨菲知道他应该怎样进行洽谈，应该避免哪些问题。他从上述三个方面解释了这辆车的价值，并且间接地反驳了奈特认为车的售价太高的看法。在第三次业务洽谈时，他终于把这辆车销出去了。

※ 在遭到拒绝时要具有毫不退缩的精神

一位成绩斐然的推销员说，头一次提出成交要求就获得成功的买卖，在他做成的所有买卖之中只占 1/10。他在签合同前作着被拒绝一次、两次、五次、七次，甚至十次的准备。他根本不怕遭到对方的拒绝，那样反而能增加他进一步争取成交的动力。

他并不停下来去反驳对方的决定，而是设法找出促成对方成交决心的哪些因素还尚未利用，继续说："哦，对啦，我还有一点没给你讲清楚呢！"接着便展开另一个说服要点。

在遭拒绝时具有毫不退缩的精神，是所有谈判人员争取胜利的必备素质。当对方说"不"时仍能坚忍不拔，才会有助于你的工作。

卡里森就是这种锲而不舍的人，他千方百计地要把自己的阀门出售给芝加哥的一家糖果厂，而这个厂使用另一个牌子的阀门已有 25 年的历史了。

一天，在吃午饭时，卡里森截住糖果厂的总机械师，说下午两点要会见他。

两点刚过，总机械师气冲冲地走进客厅，用愠怒的目光瞪了卡里森一眼。

卡里森慌忙请他坐下，开门见山地问："你用的阀门漏不漏？"

"买阀门不是我的事！"总机械师高声嚷道，"你去找总工程师吧！"

卡里森装作没听见他的话，继续问："什么设备上的阀门泄漏最多？"

“焦糖蒸汽罐上，”总机械师不情愿地承认，“但我无权购买任何阀门。”

这时，卡里森已经开始展示自己的样品，他把阀门拆开让总机械师看：由于在特硬底座和堵盘之间垫的是修剪好的薄钢片，因而阀门可以做到绝对密封。

“你们的焦糖蒸汽罐上使用多大尺寸的阀门？”他问。

“3/4 英寸的，”总机械师回答，“但我已经告诉你——我什么阀门也不能要。”

卡里森根本不听此话，却对陷入困惑的总机械师说道：“你写一张请购单，就说需要一个 3/4 英寸的实心阀门，进屋去向你们采购员要一张订单。然后你就会看到阀门的泄漏问题将会彻底解决。快去吧！”

总机械师走进屋子，为那一个试用的阀门拿来订单。

卡里森在几分钟之内做到了他们公司其他销售人员 25 年来未曾做到的事，原因是只要对方说“不”时，他的耳朵就会自动堵上。在推销商品或商务谈判中，锲而不舍、坚忍不拔往往能开辟出一片新天地！

※ 避免缺乏经验的销售人员常犯的伤害顾客的错误

著名的营销专家乔·吉拉德曾写过一本书：《如何将任何东西卖给任何人》。他说：你所遇到的每一个人都有可能为你带来至少 250 个潜在的顾客。这对想开展自己事业的人们可是个再好不过的消息了。不过，根据吉拉德的理论，从反面来看，当一个顾客由于不满意而离你而去时，你失去的就不仅仅是一个顾客而已——你将切断与至少 250 个潜在顾客和客户的联系，并有可能导致一个重大的损失以至于你的事业在刚刚走上轨道的时候就跌上一大跤。

失去一位客户，错究竟在谁？

也许，虽然你做了足以让客户开除你的举动，老天爷还是站在你这边，你运气挺好地做成了交易；可是那些跟你做生意的客户，后来会怎样呢？其中：

91% 的客户从此与你老死不相往来；

96% 的客户不会告诉你他不再和你做生意的真正原因；

80% 的客户会再度和你做生意，如果他们的事情可以获得迅速的解决，并完全符合他们的期望。

当事件发生，而且情况颇为严重，他们不再与你做生意了，该事件发生的始末将被传扬数年之久。

那么，是什么使得销售人员们会承受这么大的损失呢？许多缺乏经验的销售人员，并没有意识到是什么致命的错误将他们的客户和潜在客户撵走；而优秀的销售人员懂得，营销者被客户“抛弃”的主要原因常常是：

1. 虚伪冷漠

机械式的服务，不诚恳的人，眼睛只看得到佣金的销售人员。

大多数顾客并不会告诉你他们的不满，只是转身离开另觅交易罢了，用你的真诚留住他们！用些额外的时间来争取他们的注意力，定下时间来进行一次私人会面，或者办一个主题讨论会，与你的客户直接电话联系，或请他们回答一些调查问题，比如：

你为什么选择我们的产品与服务？

是什么使你购买我们的产品而非其他供应商的？

你觉得我们的产品和服务还需要哪些改进？

……

找到这些问题的答案，将会有助于你的生意。你会找到哪些方面你已经做好了，哪些还存在不足。如果一个顾客不满意，你就能在他改变主意之前采取行动。当你向顾客提出调查问卷，就表明了你对他的重视，从而吸引顾客成为回头客。

2. 反应迟钝

动作太慢，让客户等太久，他们自然就找别人服务去了。为了快，为了争取时间，人们有时候宁可牺牲品质。

不管客户找的是人还是货品，告诉你一个公式：不能及时拿到我们的东西，或找不到我要找的人，就等于“我会到别处去”。

每个人都期待迅速的送货服务——至少第一次是如此。你们的送货服务如何？送货员的态度好不好？

3. 损害竞争对手的声誉

你怎么说你的竞争对手，他们也同样可以怎么说你。当有人问你贵公司是如何在与某公司的激烈竞争中累计财富的，可以用这种方式回答：

“某公司的产品的确很不错（或很有实力），但允许我告诉你，为什么顾客选择了我们公司。”然后向你的潜在客户出示一些以往顾客满意的感谢信件等。用这种方式，你不就轻而易举地将话题从竞争对手转移到你们的交易上来了吗？必要的时候，请你的老顾客对你大肆赞扬一番也未尝不可。

4. 不易做生意或下订单

电话要等很久；服务人员专业知识不够；接听电话的不是人，而是电脑总机语音系统，讲一连串三分钟左右的废话，无非是想把客户搅得分不清东西南北，或者是让客户在电话那端做永无止境的等待。顾客就会和你说“再见”。

5. 对你的顾客想当然

一旦你懈怠下来，你就输定了。不要理所当然地认为顾客在你这儿购买过一次，就会成为你的终身顾客。

※ 对顾客诚实，也同样可以促销

许多推销员为了把商品卖出去，往往信口开河，哄得顾客晕头转向，虽然做成了买卖，却使消费者有上当的感觉，从而失去了顾客。其实，对顾客诚实，也同样可以促销，关键是要摸清顾客的心理和需求。

在美国零售业中，有一家很有知名度的商店，它就是彭奈创设的“基督教商店”。

彭奈幼年时的家境很不好，中学毕业后，因无力继续升学而开始做些小生意，1903 年，他开设了一家零售商店。

彭奈虽然读书不多，但他在经营方式上却有不少创新措施：他常说，一个一次订十万美元货品的顾客和一个买一美元沙拉酱的顾客，虽然在金额上不成比例，但他们在心里对店主的期望，却并无二致，那就是“货真价实”。

彭奈对“货真价实”的解释并不是“物美价廉”，而是什么价钱买什么货。他有个与众不同的做法，就是把顾客当成自己的人，事先说明次等货品的缺点。关于这一点，彭奈对他的店员要求得非常严格，并对他们施以短期训练。比如：一条毛巾有 0.5 美元、0.6 美元、0.8 美元三种货品。店员一定要对顾客事先说明，这种货有三种，并都拿个样子给顾客看，让顾客有充分的挑选机会。有时候，店员甚至还告诉顾客，其他店里有而他们没有的货品，他们会说：“这是一种新出的牌子，我们还没有深入了解它的品质，所以还没有供应。”

当彭奈要实行这一接待技巧时，有很多人表示反对。他们认为这样做无疑是给别人的新产品做宣传。但彭奈却认为：如果事先不告诉顾客，他们回去后，万一听到别人说，新出的一种东西如何如何好，他一定会有一种后悔的感觉；但如果事先说明了，情形就大不相同了，他一定会暗笑那位告诉他的人，买了一件不知好坏如何的东西。

顾客的等级不一样，所要求的货色也完全不同。一个周薪一千美元的人和一个周薪只有几十美元的人，假如到你店里都是买毛巾，店员一定要用两种截然不同的方式来接待他们，才能把这两个顾客同时拉住。

他的第一家零售店开设不久，有一天，一个中年男人到店里买搅蛋器。

“先生，”店员很有礼貌地说，“你想要好一点的，还是要次一点的？”

“当然是要好的，”顾客有点不高兴地说，“不好的东西谁要？”

店员就把最好的一种“多佛牌”搅蛋器拿了出来。

“这是最好的吗？”顾客问。

“是的，”店员说，“而且是牌子最老的一种。”

“多少钱？”

“110 元。”

“什么？”顾客把眼一瞪，“为什么这样贵？我听说，最好的才六十几块钱。”

“六十几块钱的我们也有，”店员说，“但那不是最好的。”

“可是，也不至于差这么多钱呀！”

“差得并不多，还有 10 元一个的哩。”

那位顾客一听，面现不悦之色，掉头想离去，彭奈急忙赶了过去。

“先生，”他说，“你想买搅蛋器是不是？我来介绍一种好产品给你。”

“什么样的？”

彭奈拿出另外一种牌子来，说：“就是这一种，请你看一看，式样还不错吧？”

“多少钱？”

“54 元。”

“照你店员刚才的说法，这不是最好的，我不要。”

“我这位店员刚才没有说清楚，”彭奈说，“搅蛋器有好几种牌子，每种牌子都有最好的货色，我刚拿出的这一种，是同牌中最好的。”

“可是，为什么比多佛牌差那么多钱？”

“这是制造成本的关系，”彭奈用一种亲切的语气说，“你知道，每种品牌的机器构造不一样，所用材料也不同，所以在价格上会有出入。至于多佛牌的价钱高，有两个原因：一是它的牌子老，信誉好；二是它的容量大，适合做糕饼生意用。”

“噢，原来是这样的。”顾客的神色缓和了很多。

“其实，”彭奈接着说，“有很多人喜欢用新牌子的。就拿我来说吧，我就是用的这种牌子，性能并不怎么差。而且它有个最大的优点，体积小，用起来方便，一般家庭用最为适合，你府上有多少人？”

“五个人。”顾客的反抗意识完全消除了。

“那再适合不过了，”彭奈说，他的表情就像跟老朋友谈天一样，“我看你就拿这样的一个回去用吧，保险不会使你失望。”

彭奈送走顾客，回来对他的店员说：“你知道不知道你今天的错误在什么地方？”

那位店员愣愣地站在那里，显然不知道自己的错误。

“你错在太强调‘最好’这一个观念上了。”彭奈笑着说。

“可是，”店员说，“你经常告诫我们，要对顾客诚实，我的话并没有错呀！”

“你是没有错，只是缺乏技巧，我的生意做成了，难道我对顾客有不诚实的地方吗？”

店员默不作声，显然心中并不怎么服气。

“我说它是同一牌子中最好的，对不对？”店员点点头。

“我说它体积小，适合一般家庭用，对不对？”店员又点点头。

“既然我没有欺骗客人，又能把东西卖出去，你认为关键在什么地方？”

“说话的技巧。”

彭奈摇摇头，说：“你只说对一半，主要的是我摸清了他的心理。他一进门就要最好的，对不？这表示他优越感很强，可是一听价钱太贵，他不肯承认他舍不得买，自然就会把不是推到我们做生意的头上，这是一般顾客的通病。假如你想做成这笔生意，一定要变换一种方式，在不损伤他优越感的情形下，使他买一种较便宜的货。”

店员听得心服口服。

又有一次，他到爱达华州的一个分公司里视察业务，他没有先去找分公司经理，就一个人在店里“逛”起来了。

当他走到卖罐头的部门时，店员正在跟一位女顾客谈生意：

“你们这里的东西似乎都比别人贵。”女顾客说。

“怎么会，我们这里的售价已是最低的。”店员说。

“你们这里的青豆罐头就比别人贵了三分钱。”

“噢，你说的是绿王牌，那是次级货，而且是最差的一种，由于品质不好，我们已经不卖了。”店员解释说。

女顾客讪讪地，有点不好意思。

店员为了卖出产品，就又推销道：“吃的东西不像别的，关系一家大小健康，你何必省那三分钱。这种牌子是目前最好的，一般上等人家都用它，豆子的光泽好，味道也好。”

“还有没有其他牌子的？”女顾客问。

“有是有，不过那都是中下级品，你要是想要的话，我拿出来给你看看。”

“算了，”女顾客面有愠色，“我以后再买吧。”连挑选出来的其他罐头她也不要了，掉头就走。

“这位女士请慢走，”彭奈急忙说，“你不是要青豆吗？我来介绍一种又便宜又好的产品。”

女顾客愣愣地看着他。

“我是这里专门管进货的，”彭奈赶忙来个自我介绍，消除对方的疑虑，然后接着说，“我们这位店员刚来不久，有些货品不太熟悉，请你原谅。”

那位女士当然不好意思再走开。彭奈顺手拿过沙其牌青豆罐头，他指着罐头说：“这种牌子是新出的，它的容量多一点，味道也不错，很适合一般家庭用。”

女顾客接了过去，彭奈又亲切地说：“刚才我们店员拿出的那一种，色泽是好一点，但多半是餐馆用，因为他们不在乎贵几分钱，反正羊毛出在羊身上；家庭用就有点划不来了。”

“就是嘛，在家里用，色泽稍微差一点倒是无所谓，只要不坏就行。”

“卫生方面你大可以放心，”彭奈说，“你看，上面不是有检验合格的标志嘛！”

这笔小生意就这样做成了。客人走后，分公司经理闻讯赶来，那位店员才知道彭奈原来是总公司的老板。

彭奈说：“我看得出，你是个热心于工作的店员，只是技巧不够，只要你肯用心，很快就会学会的。现在我把刚才的情形分析给你听。

“当顾客嫌东西贵时，虽然原因各有不同。但主要的原因是想买便宜一点的。因此，遇到嫌贵的客人，你一定要巧妙地提供他一种较便宜的货物，千万不可以让人家听出‘弦外之音’——便宜的就是次等货。你应该做到让顾客心里有这样的一个感觉：他买的是一种很适合他用的东西。以刚才的青豆罐头为例，顾客既然嫌贵了，你就不应该再强调那种品牌如何如何的好，应该说：‘这种品牌的产品，定价都较高一点，我建议你用这种牌子的看看，东西也很不错，价钱则便宜了五分钱。’假如你看她有了要的意思了，你要轻描淡写地说明这种产品的缺点，就像我刚才那样，让顾客了解罐头内部的情况。你不妨这样说：'很多客人吃了这一种罐头都说，色泽虽然稍差一点，味道一点也不错。'这样一交代，就符合我们不欺骗顾客的原则了，对不对？"

经理和店员两个人听得心服口服。

卡耐基指出：你是经营者，顾客是你的上帝，你不能欺骗他们，而是应该提高语言艺术，巧妙地劝说他们购买商品，这是你的职责，也是义务。

※ 先听顾客的抱怨，再申述自己的观点

迪特毛料公司的员工催促一个欠了公司 15 美元的顾客速来结账。

一天，这位顾客愤怒地冲进迪特先生的办公室，说他不但不付这笔钱，而且这辈子再也不花一分钱购买迪特公司的东西了。

迪特先生耐心地让他说了个痛快，然后对他说："我要谢谢你到芝加哥来告诉我这件事。你帮了我一个大忙，因为如果我们的信托部门打扰了你，他们就可能也打扰了别的好主顾，那就太不幸了。相信我，我比你更想听到你所告诉我们的。"

这个顾客做梦也没想到会听到这些话。迪特先生还要他放心，告诉他会把这笔账一笔勾销，迪特说："你是个非常细心的人，只有一份账目要管，而我们的职员则要照顾好几千个账目。因此，比起他们来，你不太可能出错。既然不再向我们订毛料，我就向你推荐一些其他的毛料公司。"

结果，这个顾客又签下了一笔比以往都大的订单。他的儿子出世后，他给起名为迪特。后来他一直是迪特公司的朋友和贸易伙伴。

一个本来对迪特毛料公司怀有满腔怒火的顾客，被迪特先生短短的几句话说动，不但没有同公司闹僵，反而更加信任这个公司，这全仗该公司的老板迪特善用后发制人之术。欠账还钱，乃天经地

义，面对怒气冲冲的顾客，迪特先生深知，如果同顾客计较，即使得到了欠款也无法留住更多的财富，可能会失去一个甚至更多的顾客。所以迪特先生等顾客发泄完后，展开了攻势：首先以一片诚心，感谢这位顾客表达了对公司的意见，继而宣布将欠账一笔勾销，同时赞扬顾客的细心和善于发现问题，结果，顾客完全被这番诚意征服了，做了这家公司的终身顾客。

这正是卡耐基所推崇的“后发制人法”。

后发制人法就是先让对方尽情表露自己的言行，然后，采取有针对性的话语或行动制服对方的方法。从心理学的角度来讲，给他一个发泄的机会，可以满足他的发泄心理，以缓其怒气，在心理上达到平静，这样可以达到不制自服的效果。摸清彼情，以此掌握更大的主动权，让他把话讲完，对他的心理状态你也就一清二楚了，这样为你后来的对策提供了可靠情况。后发者既可以从对方的破绽中找出准确的反驳点，也可从对方的话语中引出话题。但前提是要创造好的言谈气氛，听者要有耐心，千万别插话或打断对方的谈话，这种情况，急躁和慌忙会引起神经过敏和思维紊乱，对方就难吐真情了。

使用后发制人方法时，要注意方法艺术。在后发制人者的语言和行动上要同前者有必然的逻辑联系。后发制人中的前者与后者不仅仅是时间上的谁先谁后的关系，而且还是体现为内容前后的内在联系。根据不同的要求，针对先发之言或分析、或反驳、或赞许，而不要他说他的，我说我的，完全是两张皮，凑不到一起，那就失去了后发的意义了。

※ 尽量满足顾客在商品之外的心理需求

几年前，纽约的电话公司遇到了一桩麻烦事。一位苛刻的用户对电话公司的接线员的服务不满意，因此在电话公司要求他付电话费的时候大发雷霆。他认为这些费用对于他所享受到的服务而言，简直不啻于敲竹杠。于是，他怒火满腔地宣称，要把电话连根拔掉，并且到有关方面进行申诉、告状。

为了解决这一矛盾，电话公司派出一位最干练的“调解员”前去见那位无事生非的用户。在双方见面之后，那位暴怒的用户向调解员淋漓尽致地发泄着他的愤怒，而调解员则静静地听着，不时地说：“是的。”对用户的不满表示同情。

事后这位调解员回忆道：“他滔滔不绝地说着，而我洗耳恭听，整整三个小时。我先后去见过他四次，每次都对他发表的论点表示同情。在第四次会面的时候，这位用户说他准备成立一个‘电话用户保障协会’，我立刻表示赞成，并说我一定会成为这个协会的会员。这位用户从未见过一个电话公司的人同他用这样的方式和态度进行交谈，于是，他的态度变得友善起来。前三次见面，我甚至连同他见面的原因都没有提过；但是在第四次见面的时候，我们已经化敌为友，事情顺利地解决了。这位用户要付的费用全部照付了，而且还主动撤销了向有关方面的申诉。”

而那位无事生非的用户，他在与电话公司的这场矛盾中，自认为是扮演了一个主持正义、维护大众利益的角色；而事实上，他所需要的只是一种是重要人物的感觉。当调解员以耐心的倾听来面对他的控诉之后，他获得了他所需要的这种感觉，满足了他的权力欲和虚荣心之后，那些无中生有的牢骚自然就烟消云散了。电话公司的调解员成功地运用了一种从心理学角度上讲所谓的“暗示性赞美”，而这种赞美恰好是人类隐秘的通病所需要的药方。

卡耐基指出：任何人，当他受到来自他人的尊敬和信赖的时候，他都会从内心感到高兴；虽然明知道那是拍马屁，但听起来也会感到舒畅。自尊心越强的人，越会有这种倾向。在谈判桌上，自尊心很强的人往往比较难以对付，如果你希望他能够接受一项繁杂而又为一般人所难以接受的条件时，最好的办法是触及他的自尊心。

※ 推销员应该顺从地承认顾客是正确的

随便拒绝顾客的抱怨，以抱怨对抱怨是推销的一大禁忌。

推销员普遍认为"顾客总是正确的"这样的一句口号，比其他任何一句口号都难以接受。因为推销员知道顾客往往是错误的。当推销员清楚地知道顾客是错误的时候，他就极不愿意违心地承认顾客是正确的。推销员是否应该顺从地承认顾客是正确的呢？

从本身利益出发，推销员应该顺从地承认顾客是正确的。因为，顾客的抱怨提供了达成交易的良好机会。然而，低劣的推销员却往往以能够证明顾客是错误的为乐趣。

推销员不思索、不分析，就随便拒绝顾客抱怨的另外一个原因是：他可能把顾客的抱怨看作是对他本人和对他推销工作的批评。假如推销员抱有这种态度，他会马上向顾客证明，顾客的指责是毫无道理的。他这样做的目的是要把别人的批评消灭在萌芽状态。而优秀的推销员清楚，只要正确处理，顾客的抱怨并不是一件坏事。

"顾客任何时候都是正确的！"这句话可以被另外一句"让顾客正确是否值得？"来代替。

推销员或负责处理顾客抱怨的人发现，"让顾客正确是否值得？"为他们提供了一个可以接受的解决办法。在明知顾客是错误的情况下，他再也不会违心地承认顾客是正确的了。现在，他可以根据具体情况，充分考虑本公司的利益，然后做出决定，是否值得让顾客正确。一般说来，他只需考虑两个问题：其一，接受顾客的抱怨所产生的后果；其二，拒绝接受顾客的抱怨所产生的后果。

一般说来，公司对顾客的抱怨和索赔采取宽宏大量的态度和积极的解决办法是符合自己利益的。俗话说：你怎样对待别人，别人就会怎样对待你。受到别人友好热情的款待，人们是不会忘记的，他还会告诉别人。由于采取了宽宏大量的做法，许多难以处理的抱怨和索赔都顺利地得到了解决。这些都是非常有说服力的例子。宽宏大量地对待顾客的抱怨往往就像一种黏合性很强的胶水，经过黏合的部位比未经黏合的部位牢固得多。当顾客的抱怨得到满意的处理后，他和推销员或供应商之间的关系就会随之得到加强。

有些时候，推销员发现顾客的抱怨没有任何理由，因为产品完好无损，无懈可击。其实，顾客的不满并不在于产品本身，而在于产品的实际效用。

你的产品可能不符合顾客的需要，或者你的产品过去符合顾客的需要，但由于某种情况的变化，现在已经不符合了。技术专家最容易忽略这一问题。因为一旦顾客提出抱怨，他们往往从产品本身查找原因。为什么会出现上述问题，道理是难以讲清楚的。可能是推销员使用了倾力推销法；也可能在推销产品或交货时没有给顾客一些必要的技术指导；也可能是顾客本人或推销员错误地判断了顾客的需要。你可以这样坚信，无论是哪一种可能，不管产品的质地如何，顾客都不会对产品感到十分满意的。即使在这种情况下，提出“让顾客正确是否值得？”的问题，也是恰当的。

不要拒绝接受顾客对你的产品提出的反对意见。拒绝接受顾客的反对意见，会使你的整个推销工作毁于一旦。因为，如果你对顾客有反对意见时，顾客也不会相信你。记住：对顾客来说，任何一种产品都有其固有的长处和短处，他也深知这一点。只有在产品的长处大于短处时，顾客才会做出购买决定。另外，固执的推销员往往也会使顾客变得固执起来。

※ 夸大不适当的抗议后果的严重性，以削弱对方的气势

卡耐基讲过这样一个故事：

一天，在某家生产乳制品的大工厂，来了一位气焰嚣张的抗议者。据他说，有一罐奶粉中竟然有只活生生的苍蝇。

在奶品的制造过程中，卫生管理程度相当严格，为了防止氧化，特将罐内所有空气抽出，然后灌入氮气再予密封。所以，若要说有只活苍蝇在内，实在不可能；但由于这位消费者言之凿凿，使得厂负责人不得不使用些说话的技巧，使抗议者无法继续逞能。

当这位来势汹汹的抗议者提出抗议时，这位负责人则静立一旁听取他的言论；待来者终于把话说完后，他才慢条斯理地开口道："哦！原来是这么回事，那怎么行呢！若真有这么回事，当然是厂方的错误，加上这问题很严重，绝不可以忽视。好的！我现在马上停下全厂的机器，以查清错误的来源！"负责人边说边皱着眉头，此时，旁边的职员听了，十分不安。但当这位负责人说下一句话时，他们才恍然大悟。

"本厂在奶品的制造过程当中，一定要把罐内的空气完全抽出，灌入氮气之后予以密封，所以不可能有苍蝇活着的情况；现在既然发生了这样的事情，我一定会调查清楚。但还是得请问你开封时的情形，及开封后的密封情形等，并且麻烦你尽量说清楚。"

这位抗议者没想到这件事竟会引起如此严重的后果，于是惊讶与困惑的表情不时浮现在脸上。由于那位负责人的提醒，他觉得，这问题或许是自己保管错误引起的，顿时，锐气大减，终于怯怯地说："我只是希望以后不要有类似的情况发生；至于这件事，我不再追究。"说着仓皇离去。

当抗议者十分理直气壮地提出抗议时，一般人反应是予以毫不客气的痛击，但这种做法往往得不到好结果，反易使事情闹得更僵。所以，在遇到这类情况时，你只需将问题看得更严重，使对方感觉势态似乎颇不妙，便不好继续闹下去，不仅原来的气焰会低落许多，而且态度也和缓了许多，甚至还会向你道歉认错。

因此，当遇到有人提出不符合实际的抗议时，不妨将对方所提的问题夸大其严重性，可以削弱他的气势。

※ 让你的热忱影响自己和别人

如果你对自己所推销的产品、提供的服务或是发表的演说产生热忱，你的“意识状态”将很明显地被所有听到你说话的人了解，他们可以通过你的语气加以判断。事实上，要使对方相信你，或使对方怀疑你，最主要的是你发表声明时的语气，而不是声明的内容。

当你自己的意识因为受到热忱和刺激而剧烈地振动时，这个振动将会自动记录在相关的所有人的意识中，尤其是那些和你有过密切接触的人。

卡耐基讲过这样一个故事：

有一次，一位推销员来拜访拿破仑·希尔，希望希尔订阅一份《周六晚邮》。他把那份杂志拿到拿破仑·希尔面前，暗示了拿破仑·希尔应该如何回答他的这个问题：“你不会为了帮助我而订阅《周六晚邮》吧，是不是？”

当然拿破仑·希尔一口拒绝了。因为，他的话中没有热忱做后盾，他的脸上充满阴沉及沮丧的神情。他急需从希尔的订费中赚取他的佣金，这是不容怀疑的。但是他并未说出任何足以打动希尔的理由，因此，他无法做成这笔交易。

几个星期之后，另一位推销员来见希尔。她一共推销六种杂志，其中一种就是《周六晚邮》，但她的推销方法则大为不同。她看了看他的书桌，发现书桌上摆了几本杂志，然后，她又看看希尔，忍不住热心地惊呼：“哦！我看得出来，你十分喜爱阅读书籍和各种杂志。”

拿破仑·希尔很骄傲地接受了这项“指摘”。当这位女推销员刚走进来时，希尔正在看手中的一份文稿，这时候拿破仑·希尔把稿子放了下来，想要听听她将说些什么。

用短短的一句话，加上一个愉快的笑容，再加上真正热忱的语气，她已经成功地中断了希尔的工作，使希尔准备好要去听她说些什么。她只用了那个短短的句子就完成了最困难的工作，因为在她当初走进书房时，希尔已经下定决心，绝不放下手中的文稿，仅礼貌地向她暗示：自己很忙，不希望受到打扰。

然后，她问拿破仑·希尔："你定期收到的杂志有哪几种？"希尔向她说明之后，她脸上露出了微笑，把她的那卷杂志展开，摊放在希尔面前的书桌上。她一一分析了这些杂志，并且说明希尔为什么应该每种都要订阅一份：《周六晚邮》可以让人欣赏到最优美的小说；《文学书摘》以摘要的方式把新闻介绍给他，像他这样的大忙人最需要这种方式的服务；《美国杂志》可以向他介绍工商界领袖人物的最新生活动态等。

但拿破仑·希尔并没有像她所想象的那般反应热烈，于是她向他提出了这样一项温和的暗示："像你这种地位的人物，一定要消息灵通，知识渊博，如果不是这样子的话，一定会在自己的工作上表现出来。"

她的话确实是真理。她的话既是恭维，又是一种温和的谴责。她使他多少觉得有点惭愧，因为她已经调查过他所阅读的材料，而那6种她推销的畅销的杂志并不在他的书桌上。

接着，拿破仑·希尔开始"说溜了嘴"，他问她，订阅这6种杂志共要多少钱。她很巧妙地回答说："多少钱？呀，整个数目还比不上你手中所拿那一张稿纸的稿费呢。"

她又说对了。她怎能如此准确地猜出拿破仑·希尔的稿费收入呢？答案是，她并不是猜的——她早已知道了。她的推销方法的一部分，就是巧妙地引导对方把他的工作性质说出来。她走进拿破仑·希尔的书房之后不久，他就把手中的稿纸放在桌上，她对此十分有兴趣，因此，便诱导他去谈论这方面的事情。在希尔谈到自己的原稿时，曾经承认说这张稿纸可以使自己获得60美元的收入。

于是，她离开时，便带走了拿破仑·希尔订阅这六种杂志的订单，还有50美元的订报费。但这并不是她利用巧妙的“暗示”和“热忱”所获得的全部收获。她征得了拿破仑·希尔的同意，又到他的办公室去进行推销，结果，她在离开之前，又招揽了希尔的五位职员订阅她推销的杂志。

当她停留在拿破仑·希尔书房的那段时间，一直不曾让他留下这个印象：希尔订阅她的杂志是在帮她的忙。正好相反，她很自然地使他有了这个感觉：她是在帮助他。这是一种极为巧妙的暗示。

当这位聪明的女推销员一进到希尔的书房，并说出那段开场白之后，希尔就从她身上感受到了那股热忱。而且他深信，她的热忱并不是偶然出现的。她已经训练过自己，知道应该从客户的办公室中，或是从对方的工作或谈话中，找出某些她可以表现出热忱的事物。

卡耐基指出：一个热忱的人，无论是在挖土，或者经营大公司，都会认为自己的工作是一项神圣的天职，并怀着强烈的兴趣。对自己的工作热忱的人，不论工作有多少困难，或需要多少的努力，始终会用不急不躁的态度去进行。只要抱着这种态度，任何人一定会成功，一定会达到目标。爱迪生说过：“有史以来，没有任何一件伟大的事业不是因为热忱而成功的。”事实上，这不是一段单纯而美丽的话语，而是迈向成功之路的路标。

第八章　努力去建立和维护持久和谐的爱情关系

一般人如果有快乐的婚姻，就远比独身的天才生活得更快乐。

——戴尔·卡耐基

男人越是成功，就越是需要一个帮助丈夫树立良好形象的妻子。

——戴尔·卡耐基

在地狱中，魔鬼为了破坏爱情而发明的总能成功的恶毒办法中，唠叨是最厉害的了。它永远不会失败，就像眼镜蛇咬人一样，总是具有破坏性，总是置人于死地。

——戴尔·卡耐基

※　学会融洽地与异性交谈是非常重要的

卡耐基指出：在任何场合，拥有良好的口才都是非常重要的。

言辞威力无穷。离开了它，求爱就不会获得成功。一对情侣在进入热恋之前，需要互相表白，这是求爱必经的阶段。即使你在向一个和你语言不通的外国女人求爱，你们仍然需要彼此交谈。因为求爱的音调在北京话里也像巴黎的法语里那样甜蜜。在求爱过程中，如何表达言辞比言辞本身的含义更为重要。

事实上，我们在求爱时说的许多话一般来讲都没有多少含义。“你好！”“你好吗？”“今天天气很好，是不是？”“怎么回事？”等都是一些应酬话。就像许多动物整理对方的软毛表示亲近一样，我们也以言辞和评价表示友善之情。

第一次与可能的异性情侣交谈是十分痛苦的。当女人意识到她是在与一个将来的亲密情人和终身伴侣交谈时，她总是存在着一定程度的紧张的矛盾心理：既想熟悉，又想避开。一方面她希望同你接近，另一方面她又害怕同你太接近，她需要在二者之间取得平衡。例如，当一名女子对一名男子说话时，她的眼神总有些紧张，她心里嘀咕着："我朝他看的时间是不是太长？"那样他也许会觉得她太风骚轻佻。或者"我向他望的时间是否还不够？"那样他也许会觉得她太孤傲冷淡。总之，一方面她在说话，另一方面她也在权衡两性的差异会有哪些影响。

许多人认为，只要开口，就得意味深长，不然就闭口不言。远在17世纪，哲学家约翰·威瑟斯庞就告诫人们："无话不要找话。"应该说，这是一个好主意，但在求爱时却行不通。"空洞的"讨欢心的交谈是求爱的宝贵武器。在诸如核科学家开会时，无话不要找话说，但一般的聚会时却不行。在聚会时，语言接触比聪明才智更为重要。

你可能认为，女性与你交谈之前，需要听到比"我喜欢您这件连衣裙"或"你的头发看起来美极了"更美妙的赞扬声，但是事实并非如此。这些揭示个人兴趣的评语比起那些"您对中东和平进程有何看法？"的"高雅"言论更为奏效。在公开的表白中，大多数话都有弦外之音。人的声音有其本身的特别性能。婴儿会自动跟着人的声音的方向转。研究表明，人的声音在婴儿的大脑中奏起了乐音。声音可以使婴儿受到安抚，变得平静，还有催眠的作用。如果你将一名啼哭的婴儿抱在胸前，紧贴着你的脸，你用轻柔、温和的声调讲上几分钟，婴儿的哭声就会止住。声音有其节奏和音调，它不仅能传递思想，还有音乐作用。声音本身就能使人入迷。

另外，在求爱中最难的一件事就是开场白。但只要你不炫耀才华或故弄玄虚，事情就容易多了，开场白是进行接触的第一步。"嘿！""这种酒味道怎样？""这次聚会真开心！"——这些简单的话就足以表达你的兴趣，打破陌生人的防护罩。人与人之间就是这样表现最初的爱慕之情。

※ 了解女性需要什么样的爱，增进和巩固爱情关系

卡耐基发现，男性和女性通常都没有意识到他们有不同的感情需求，所以，不知道该如何给对方以爱。男性通常只是给他们想给的，但可惜他们所付出的爱，她并没有感觉到，因为那些并不是她所需要的。例如，女性在难过时，你常用评论来缩小她问题的严重性以表现你的爱，但女性会因此认为她在你眼中微不足道、受到漠视。

了解女性需要什么样的爱，是增进和巩固男女爱情关系的有效秘方。

1. 需要关心

当男性对女性的感觉表示兴趣、关心她的幸福时，女性就会觉得被爱、被关心。如果你因此而让她觉得很特殊，你就已经成功地给予了她关心，这样她会自然而然地更信任你，对你更温柔更多情。如果你对她的话不肯倾听，对她感兴趣的问题就会心不在焉。比如，她刚刚在理发馆烫完发和你约会，很可能是想给你一个惊喜，你注意到了，但没有表示，她就会觉得你对她不够关心，没有爱她。

2. 需要理解

男性如果能不假判断，感同身受地倾听女性传达感觉，女性就会觉得自己被爱与被理解。女性需要你理解她，但她不会向你提出理解的要求，她相信你有这方面的能力。

有时女性很可能会向你谈起她的一些麻烦和不顺利。但你最好不要试着帮她解决，这样做是费力不讨好的和愚蠢的，因为即使你的主意再高明，那也不是她需要的。她只需要你理解她，她就感受到被爱了。此时最高明的策略是：以静制动。

3. 需要尊重

有时你的一句粗野的讨厌女性的话，也许会招她喜欢，她觉得你有点“男子汉气概”；但她希望你讨厌别的女性，并不意味着她

喜欢你不尊重自己，如果男性能认可和优先考虑她的权利、愿望和需求，她就会觉得自己很受尊重。送她一束花，对你来说可能有点不自然，但这是满足女性需要尊重的必要手段。如果她向你说起她的烦恼和不顺利，你千万不要因为她带给你难过而生气甚至责备她，那样她会觉得你不尊重她的感觉。

4. 需要忠诚

当男性优先给予女性以关心和爱护，并骄傲地承诺自己会支持她、满足她时，女性会因受到崇拜和特殊的对待感到满足。所以，你对待她的感受与要求，要比对自己的兴趣更加重视，让她感受到她是你生活中的唯一珍爱的女性。千万不要认为她的哪怕是微不足道的要求缺乏重要性，那样不能突出她的特殊之处。久而久之，她就会怀疑你好像在另觅新欢。

5. 她需要赞美

赞美女性就是以惊奇、喜悦、肯定来尊重她。切忌因为赞美无关痛痒而忽略它。对男人来说是这样，对女性来说则不然。相信甜言蜜语的力量吧，它会使女性心情愉快而更显美丽。不要同女性争吵，如果男性想表达不同的观点，你需先确定她已说完，然后在你表达之前先重复她的观点，并对其某个细节赞不绝口。当你反复向她表现关心、了解、尊重、忠诚、赞美时，女性就会相信你仍旧爱她。

※ 男女对爱情的理解和态度是有差异的

追求真正的爱情与幸福，这对于男子和女子来说，都是一样的。但是，一般说来，男子和女子对爱情的理解和态度也略有差异。卡耐基指出：这些差异主要表现在：

1. 对漂亮的异性人人都会产生好感。美，本身就有巨大的吸引力，但是男人比女人更多地为对方的外貌所吸引，“一见钟情”的男人远比“一见钟情”的女人多，这也说明在爱情上男人的识别能力比女人要低一点。

正因为以上原因，男子陷入情网比女人陷入情网要快一些。西方做过这样一个调查：研究者对 250 个青年男子和 429 个青年女子做了一项“浪漫爱情的测验”，发现有 25% 以上的男子在四天之内就匆匆地爱上了某个女子；但匆匆爱上男子的女人只占 15%。有将近半数的女子在她们的报告中写道：要让她们最后看中一个男子，20 天不够，她们需要更多的时间来考察意中人。

2. 女人对爱情的态度远比男人实际。男子对爱情往往很浪漫，而且很狂热。女人对爱情通常要考虑婚姻与将来。她们评估爱情关系时更面对现实，对经济问题与环境影响考虑比较多，当然，这是正常的，这并不能说就是“功利主义”。男子在爱情问题上却容易“不顾一切”。

3. 在求爱问题上，男子一般比较大胆、主动，富于进攻性，有时甚至过于鲁莽；而女子则往往比较瞻前顾后，欲进后止，有时甚至会有与内心相反的行为表现。

4. 在恋爱交往过程中，男子往往表现得更加狂热，甜言蜜语很多，而且“爱情的温度”一下子会升得很高；可是多数女子却喜欢“温热”，要求适度，过“热”的爱情反而可能使她们有顾虑，甚至被吓坏了。

5. 相对地说，女子更易被对方的甜言蜜语所迷惑。在坠入爱河前，女子的种种考虑比男子多，但在坠入爱河后，却更容易轻信对方。有人说，陷入热恋的男人，一半是理智，一半是热情；而陷入热恋中的女人，全部都是热情，有时就不考虑其他问题了，所以，陷入热恋的女人可能是最“愚蠢”的女人。

6. 在恋爱中，男人更容易产生冲动，女子在这方面一般都不处于主动地位，并有自然的抗拒心理。

7. 在爱情问题上，男子比女子多变。一是在恋爱过程中的角色地位易变，在男方追求女方时，男方会把对方尊为公主；在追求到手后，男方会成为女方的主宰。二是爱情在生活中的比重会变，在恋爱阶段，爱情似乎是男子生活的全部，而在婚后，爱情只是男子生活的一部分，并且往往这一部分小于事业。可是女子则可能恰恰相反，爱情在婚后所占的比重有时会比恋爱时更大。三是在婚后爱情变异的可能男子比女子大。所以，人们常有“痴心女子负心汉”之说。

8. 在爱情问题上，女子比男子更富有自我牺牲精神。

9. 对失恋的痛苦，女子远比男子大；男子由于失恋所受的痛苦在开始时虽然可能也很激烈，但持续的时间一般较女子为短。

男女在爱情心理和态度上的这些差别和气质差异、社会观念及环境要求的不同有很大关系。在这些差别中，长处和短处往往搅和在一起，了解了这些情况，就可以对爱情理解得更深，使爱情心理更健康，使恋爱行为更能正常发展。

※ 成功地进行恋爱应讲求的技巧

卡耐基说：“办事不能忽视方法，恋爱不能不讲究技巧。”那么，在恋爱中应该讲求哪些技巧呢？

1. 抓住机会，适时表明态度

在择偶问题上如果经过慎重考虑，下定了决心，那么就要勇敢、坚决地向对方表明态度。在现实生活中，有好些年轻人，面对自己的意中人，却坐失良机，放走爱神。一旦下定决心，就要勇敢地去追求，大胆地表露心迹，不要害怕拒绝，即使被拒绝，也无怨无悔。当然，敢于表露心迹并不是鲁莽从事，还要掌握分寸，要适度。在表露前，对对方要有充分的了解；还要有双方相当的感情基础、情不吐不快、意不表不快的时候才能表露；表露时，既要坦诚、直率、也要庄重得体，不要恣意放纵自己的感情，做出有失检点的事来。

2. 恋爱中的技巧主要在“谈”

谈恋爱要达到两个目的，一是增加了解，二是培养感情，从而为今后的爱情生活打下良好的基础。这都是要通过双方思想感情的交往而获得的。因此，双方的交谈起很大作用，谈恋爱之所以称之为“谈”，也就是这个道理。相爱要知心，知心要交心，这是恋爱的常识。对人坦诚、直率、交心，能博得人们的好感；相反，沉默寡言、胸有城府、处处留一手，就会使对方感到不可捉摸，难以接近。当然，对这个问题的掌握也要适度。

在恋爱交往中，必须有坦诚的态度，但是这种坦诚究竟怎样表现出来，还要掌握分寸，要适度。坦诚并不等于话多、饶舌。有些人，特别是有些女孩喜欢饶舌，如果是兴奋、快乐，话多一些也是自然的，但是如果过于喋喋不休，就会让对方蔑视与讨厌。也许出于同异性交往的审慎心理和礼貌，对方不得不硬着头皮去听。但是如果这一情况到婚后仍然没有改变，就会成为潜在的矛盾和不幸了。饶舌会失去应有的风度，打破融洽的气氛，败坏人的兴致，是男女交往之大忌。总之，要倾心交谈，但不要表白过分，无休无止。

3. 朦胧产生美，运用一些模糊语言

谈恋爱时，固然要坦诚，意思固然要明确，但是也不能过于直来直去。为了表达委婉、含蓄、微妙的感情，一定要考虑到场合、内容、目的和对方的心理等因素，有时要适当运用一些模糊语言。

模糊并不等于含混、糊涂，它的意思是明确的，而且意在言外，回味无穷。

爱情的魅力就在于它的神秘性和自发性，它虚幻朦胧，仿佛笼罩着一层烟雾。模糊语言正是为适应这种气氛而运用的。在现实生活中不可能出现这样的现象：一对男女在热恋中，男的问女的：“你爱我吗？”女的连连点头，大声地说：“是的，是的，我是多么的爱你啊！我都快爱疯啦！”如果是这样，人们会说这真太没有艺术了，毫无浪漫，味同嚼蜡。

模糊语言可以表现在许多方面，例如，恋人之间称呼对方，双方的关系越是亲密称呼越是简略，有时只叫对方名字中的一个字，或用一个什么昵称，而很少直呼其名。直呼其名是最明确的，而这里需要模糊。

4. 尽量把“真实的自我”放在对方面前

在恋人面前，人们往往有一种“显示心理”，就是刻意地装扮自己，极力地显示自己的优点、长处，同时极力地掩盖自己的缺点、短处，从而博得对方更多的好感。

这种“显示心理”虽是人之常情，但是如果过分了也不好，过分了就是伪装。至于无中生有地吹牛、骗人，那就更不对了。还是要把一个“自然的我”“真实的我”放在对方面前，这也是坦诚的一个重要表现。事实上，在恋人之间也不可能希望对方一点缺点也没有。男女任何一方要是有意地掩饰自己的缺点，都只能是弄巧成拙。有缺点，坦诚地让对方了解，缺点反而成为优点了。

尤其应该提醒恋爱中的人们，写情书不要过于雕琢，更不要装腔作势，借以吓人。虽然，爱情是美的，情书总希望写美一点，但不能刻意求“美”，有时会情不自禁地说一些高热度的话，写下一些连自己都弄不清的词句。情书要以朴素、亲切、纯真为主，人不要装模作样，文字也不要装模作样。

5. 欲速则不达，瓜熟蒂自落

爱情往往是含而不露的，含而不露实际上也是一种美。当然，有时也要热烈、明朗、大胆、开放，但是不能过分，如果过分了就会走向反面。

在恋爱过程中，双方都应保持应有的理智、冷静和自尊，在恋爱的最初阶段，不但要防守感情的防线，避免轻浮和草率，而且对对方随意流露出来的热情和亲昵的语言、行为都要冷静对待。在这个最初阶段，双方对对方来说都是陌生的，还谈不上多少感情，在这种情况下，那种热烈的举动，很难说是出自内心的爱，很可能是出自感官上的一时冲动，这种做法不会给恋爱起促进作用，反而可能酿成很大的不幸。谈恋爱有它自身的发展规律，到了一定程度，自然会“瓜熟蒂落，水到渠成”。如果为了提高效率而加快速度，实行速战速决，那只能适得其反。

※ 你必须学会对心爱的人说“不”

你心爱的人是否经常会在你工作繁忙的时候突然生病，搞得你分身乏术，手足无措？他是否经常忘带钥匙，急呼你回家开门，让你只得放下手中的工作，应声而去……

如果你的生活中出现了上述的情况，你可能就会感叹——当初他可不是这样，那时我们都能互相体谅。殊不知，正是你的体谅造就了他的这种改变。

当他以前偶尔出现上述的某种行为时，你体谅、迁就他；正是你的温情强化了他的这种行为，让他认为可以通过这样的方式获得你的体谅和温情。所以，在你由于工作繁忙，或因为其他事情不够重视他，甚至有些忽略他的时候，他就会故技重施，以吸引你的注意力，博取你的温情和关怀。

有一种行之有效的方法可以让你帮他改掉那些习惯，那就是你必须学会对心爱的人说“不”。相爱是应该互相迁就，互相体谅，但不是无条件地顺从。无论是谁，只要他提出的条件是不合理的，我们都有权利拒绝。而且，在你拒绝恋人的要求时，一定要让其明确你拒绝的是他的哪一个要求。这种做法是为了让你的拒绝更具有针对性，只消退那些过分的、不合理的要求和行为。

当然，对心爱的人说“不”也要适时适量。尤其是如果你的那个他的“习惯”已经根深蒂固，如果你一下了改变态度，他会无法承受的，很容易怀疑你对他的感情。因此，你应该由弱至强，各个击破，逐步逐条地消退他的“习惯”。

先选择你认为比较小的、不合理的要求给予拒绝，选择较晚形成的习惯进行消退。

具体的做法是：当他提出不合理要求时，你首先表现得不如原来上心，然后逐步拒绝其要求；根据“习惯”形成时间的先后，由晚到早，逐一消退。

当你感觉到这样的做法已经有了一定的效果，他的不合理要求已经减少了一些时，你就应该向他摊牌了，告诉他为什么会有那些不合理要求，习惯形成的主要原因在你，以及近一段时间为什么总是拒绝和拒绝的做法收到的效果。

当然，这样的“摊牌”会有些伤人。因此，你必须根据你自己长期以来对他的了解，选择最适宜的方式方法，向他细说事情的前因后果。

※ 宽恕和感激是获得挚爱的一大秘诀

卡耐基指出：宽恕和感激是获得挚爱的一大秘诀。

迈克先生喜欢不时地把他那一代的智慧传给下一代。

譬如谈到永浴爱河，他和他的妻子就是深信不疑的楷模。他们彼此相爱，愉快地共同生活，这样已经维持了大约41年。

问他有何秘诀，他总是乐于告诉别人，他是追随他父亲的榜样来的。“我爸爸早晨起床后总是照照镜子，说：‘你可不是什么美男子。’”

如果你一起床就看见自己脸上的缺陷，你在早餐之前就可能因感激而产生相当良好的胃口。你一大早已经发现自己并非天仙化身，到了晚上，你很可能因为事实上还是有个人死心塌地爱你而兴奋不已。“总算有人爱我”似乎是任何长期相爱的胶漆。

这种胶漆至少要包含两个要素：第一，你必须知道自己最大的缺点；第二，你必须找到一个人也知道这缺点，可是并不认为它那么糟糕。所谓“总算有人爱”，并不是说他把你看成十全十美，而是要他接受你的瑕疵。

这听起来并不浪漫。别的人也许希望收到情诗、鲜花和倾慕。不过坦白地说，倾慕会使我们不自在。会使我们等待露出马脚的一天。

爱丽斯有个朋友离了婚，和一个对她敬若神明的男人发生感情。那是一种令她觉得飘飘欲仙的经验——持续了大约三个月。问题是，她不能在他面前对孩子大吼大叫。问题是，她不得不天天梳洗头发。她根本无法永远维持那种标准。

如果说生活中有一个常数的话，那一定是人类生怕自己不受钟爱的恐惧。因为调皮捣蛋被逮住而问母亲“你是不是还照样爱我？”的第一个顽童，首先发现这种不安全感。

这个孩子存在于我们每个人的心里。这个孩子每天犹豫不决，不知道在隐瞒真相的暂时安全与真相被揭穿然而照样受钟爱的冒险之间如何做出抉择。

许多人告诉我们，夫妻始终相爱，是因为个性契合、气味相投，或者因为他们彼此之间始终有深厚的兴趣，因为恩深义重，因为运气好。不过其中一部分一定是宽恕和感激。那就是你并非天仙化身，但你仍旧照样爱人，并且始终被一个人爱着。

※ 努力去建立一种强大的、持久的爱情关系

美国人研究的结果，爱情的保鲜期为 18 到 30 个月。爱情和婚姻属于不同的范畴。正如一首歌中所唱道的：“相爱总是简单，相处太难……”

一个人的爱情，可能因为一句话、一件事、一个眼神、一个礼物而形成。在他看来，这已经足够了，他会把一个小小的点放到无穷大，正所谓一叶障目，不见森林。

为此，而苦苦求索。婚姻却是琐碎的，当爱情进入婚姻后，就会被打回原形，这时的当事人才发现，对方身上除了那一点优点，还有那么多的缺点和不足。

真的是：“相爱容易相处难。”换个说法，就是爱一个虚幻的影子比较容易，而爱一个现实的对象则相对困难。婚姻需要磨合，婚姻需要保鲜，意思大概只有一个，即慢慢接纳一个现实的他，但

这并不容易。有的人还没有磨合就已经厌烦了，很快分手；有的人在磨合中失去了自我，麻木了，日子过得很累；有的人总也磨合不好，只剩下责任，到老彼此都不认同。当然，也有不少人，在磨合后实现了观念的认同和统一，一辈子很幸福，相约来生还要做夫妻。

卡耐基指出："一对和谐的夫妻，不是因为他们生活中没有矛盾，而是因为他们善于处理和化解矛盾。"

每个人都有自己不同于他人的价值观念，都想让对方来适应自己，说这是自私不太准确，因为他认为那是唯一正确的，这和他的观念形成过程有关，不一定是他为了自己。有句话是这样说的："不能改变对方，就改变自己。"卡耐基很赞成这句话。

良好的爱情关系不是自然产生的，它需要我们有意识地努力和行动，只怀有良好的愿望是不够的。为了发展丰富和充实的爱情关系，我们必须采取更为主动、更为积极的态度。爱情要求我们应该清楚地知道怎样才能使我们所爱的人幸福，这就需要我们怀有一颗忠诚的心，并能够真诚地奉献。最重要的是：爱情需要我们自觉自愿、轻松愉快地采取行动。没有行动而只有空谈甚至是抱怨、责备，双方就会渐渐地产生反感，最终导致爱情关系的毁灭。

爱情关系的发展绝不取决于命运，而是由爱情双方对爱情不断做出的承诺所控制的。在建立爱情关系的初期，我们都能清醒地了解自己的所作所为。但是，尽管我们怀有良好的愿望，但时间的推移使我们之中的不少人变得懒惰起来，他们对自己的行为给爱情关系所能产生的影响变得不敏感甚至是麻木了。爱情关系不是一成不变的：不是朝着加深的方向发展，就是朝着破灭的方向发展。

我们在爱情关系中所负的责任是不能间断的，因为爱情就是一种感觉，一种连续不断的、温暖的、充满活力的感觉。你应该主动采取强有力的措施，以决定爱情的命运。这样，你就不再是一个爱情行为中的被动者，而是积极地追求爱情的人。

卡耐基认为，为了获得幸福的婚姻，首先要学会与现实妥协。

表面上看，妥协多少显得有些消极和被动。但，适当的妥协还是必要的。实际上妥协是心理成熟的表现。

当我们把一个理想的爱情观念从内心套到他身上时，事情只完成了一半，剩下的任务是要把看到的结果反馈回来，用以调整自己的观念。妥协也是一种在现实条件下创造有价值生活的能力。

我们要真正体悟到平平淡淡才是真。热烈奔放的爱情是一种体验，毕竟短暂；长相厮守，在漫漫岁月中相濡以沫才是爱情的真谛。

此外，要建立一种强大的、持久的爱情关系，对于变化采取积极的态度是非常必要的。有些夫妻在爱情中遇到不少困难和障碍，其原因常常是他们顽固地抵抗爱情中应有的变化。他们害怕他们的爱情不够强韧、不够持久，不能对付无法预测的变化所带来的消极后果。但是，真正的、持久的爱情关系应该有足够的灵活性，用现实、积极的态度欢迎爱情中的变化。

随着时间的推移，爱情关系在不断地变化和更新。在爱情的初期，我们时时能体验到令人振奋的美妙感觉。在这个阶段，我们并不惧怕变化，因为我们渴望发掘所爱的人的新的、所有的特点。接着，令人焦虑的事情发生了：爱情关系达到了完美的境界，我们再也不想改变了。从这时开始，我们对爱情的新鲜感逐渐消退，但是，我们对于爱情中的变化持一种接受的态度，我们就会不断地尝试到爱情给我们带来的新鲜的活力。

我们必须正确地对待种种变化，一方面是我们自身的改变，另一方面是情人的变化。我们既不能惧怕自身的改变，也不能惧怕情人的变化。应该相信你的情人能够正确地对待你的变化，他对你的爱和信任足以抵消由于你的变化而带来的新问题，甚至是不快和恐惧。同时，当你发现情人的变化时，你也应该给予理解、尊重和自由。

人们在爱情关系的变化中经历情感上的波折是必然的。一方面，它使我们产生不适应感，但另一方面，它又冲击了我们在长时间的夫妻关系中产生的厌倦感和陈旧感。

爱情关系处于低潮并不意味着爱情关系已经无法挽救，即使是最完美的爱情关系，它也有困难的时期。爱情关系中的困难或低潮的出现，只是要求双方用灵活、积极的态度去对待变化！

※ 婚姻和事业的冲突，原本就是可以调和的

当许多人都为婚姻和事业的不能兼顾而倍感焦虑时，赛尔玛夫妇却表现得从容不迫、幸福美满。人们都感到惊奇，所以，在一次为了缓解由于事业繁忙而不能顾及家庭的内疚感的同事聚会上，大家都带上妻室，希望能缓解一下紧张关系。他们都向赛尔玛夫妇打听幸福的秘诀。赛尔玛说："你们忙碌是为了什么？"

众人都说："为了工作嘛！""不工作就不会事业有成嘛！"

赛尔玛说："我们夫妇俩也没什么秘诀，只是想通了一个道理。以前我和你们一样苦恼，现在却解脱了出来。我要说的是：难道婚姻不也是一项事业吗？"

人们恍然大悟，怎么以前没想过呢？

婚姻和事业的冲突，原本就是可以调和的。只是人们忙昏了头，不愿意多动脑筋，觉得夫妻之间可以彼此理解。可久而久之就变得不理解了。这是人性的一大弱点：人们老在拖延之中伤害最亲爱的人而不自知。

卡耐基认为，把婚姻当成事业看待是有好处的。首先，它使婚姻从屈居第二的不利境况中解脱而出，上升到和事业等量齐观的位置，有什么大不了的，大家都平起平坐。可以获得应得的尊重，一旦在态度上发生了转变，就会设法为婚姻留点时间，而人只要愿意安排时间，时间就总会挤出来一些的，这时才发觉并不缺时间，以前只是把这些时间蹉跎了而已。其次，婚姻一旦作为事业，在这方面追求成就就是理所当然。有一个很可笑的现象，在个体时代里居然还有男人害怕把精力放在婚姻上会被同事讥笑，这人大概是个极没个性的家伙，不久就该被淘汰出局。最后，婚姻地位的上升，有

利于情感的和谐。情感会使生活充满温情，温情又使人保持好的心境，好心境又使人善待他人，善待他人又使人脱离冷漠的苦海，然后，一切愉快的回报又促进了情感。真是无往而不利。

婚姻作为事业，自然要提供成就感。人们可以在这个事业中有所作为，从而解除一些焦虑，能够更好地生活，能够完善个性。

一般来说，绝大多数人都是年轻时结婚的。最初一两年其乐融融的婚姻生活之后，会适当地趋于平淡。男人和女人都开始全力以赴，希望在事业那个战场上赢得一场场胜利。而渐渐把婚姻屈居于事业之下。

经过几年社会征战之后，便会听见男人和女人的感慨声，他们抱怨期望的成就总达不到，并不能用成就感来安慰自己。

但是在把婚姻也当成事业来看的同时，就会发现一个问题：能不能把伴侣当作一项成就呢？回答可以很肯定：伴侣是一项成就。想想看，你为了追求她或他，花了多少精力，费了多少心思呀，那时为了追求，你可是一掷千金的挥霍者。既然有这么多投入，伴侣就该是一项成就，是你在取得社会成就之前做成的最有意义的一项成就。

卡耐基提醒我们：婚姻和事业的冲突，是可以很容易调和的，你只需把婚姻当作事业就可以了。

※ 男性应该表示出对女性的赏识和赞美

戴尔·卡耐基指出：如果你要维持家庭生活的幸福快乐，请记住这条规则：

要经常赞美你的爱人。

如果你要维持家庭生活的幸福快乐，就要记住这条规则，不要批评，而是要尽量去赞美。

洛杉矶家庭关系学社社长保罗·波皮诺说：“大部分的男人，在寻找太太的时候，不是去找一位能干的会办事的人，而是要找一位诱人而又愿意满足他们的虚荣心、并能够使他们觉得超人一等的人。因此，一个公司或机构的女主管，可能会有人来请她吃饭，但只是一次而已。她很可能会把她所记得的，在大学念《现代哲学主流》的时候听到的一点东西搬出来，甚至还坚持要付自己的账。结果呢，以后她就得学着一个人吃饭了。没有上过大学的打字小姐却不相同，当被人请去吃饭的时候，她会以热情的目光注视着她的护花使者，说话带着无限的深情。‘现在请你告诉我一些有关你自己的事。’结果，男人们对他人说：‘她并不十分美丽，但我从来没有遇到过更会说话的人。’”

对于女人在打扮美丽和穿着入时方面所花去的心思，男人应该表示出他的赏识。所有的男人，都知道女人非常注意衣着，但也常常会忘记这件事。例如，有一个男人和一个女人，在街上遇到了另一个男人和女人，这个女人很少会看另外一个男人，她通常会注意看另一个女人的衣着怎样。

卡耐基的祖母在 98 岁的高龄去世了。就在她去世前不久，大家给她看一张她在 30 多年前所照的照片。她的眼睛已经不太好，看不清楚照片，但她只问了一个问题：“我穿的是什么样的衣服？”一位风烛残年的老妇人久病在床，近一个世纪的时光已耗尽她的一切精力，她记忆力衰退得那么快，甚至连自己的女儿也认不出来，仍然还想知道在 30 年前穿的是什么衣服！

男人不会记得他们 5 年以前穿的是什么西装或衬衣，而且根本就没有记住这些事情的念头。但是女人就不同了。法国上层阶级的男人，对这方面的认识相当深刻。他们不但对女人穿戴的衣帽表示赞美，并且在一个晚上不止赞美一次，而是好几次。几千万个法国男人都这么做，一定有他们的道理。

过去，在莫斯科和圣彼得堡娇生惯养的上流社会的男人，表现出来的态度更好。大沙皇时代的俄国，上流社会中有一个习惯，当他们享受了一顿美好的晚餐以后，他们一定要把大厨请出来，当面加以夸奖。

你为什么不对你太太这样做呢？下次，当鸡排炸得嫩脆可口，就对她如此说，让她知道你非常欣赏她的手艺。假如你那样做的话，她就知道，她对于你的幸福快乐占有重要的地位。

在好莱坞，婚姻就是冒险，即使伦敦的鲁易保险公司也不敢保险，但是华纳·白斯特的婚姻，却是少数几个特别幸福婚姻中的一个。白斯特太太做演员时的名字是魏妮菲·布瑞荪，她放弃了如日中天的舞台事业而结婚了，但是她从来不以她的牺牲来破坏他们的幸福。“她失去了在舞台上受大众喝彩的机会，”华纳·白斯特说，“但我却尽一切努力，要使她知道我对她的喝彩。如果女人要从她丈夫之处得到快乐，那一定是得自他的赞赏和忠实的热爱。如果赞赏和忠实的热爱出自他的真心，她就会得到幸福快乐。”

※ 设法满足她的需求和欲望以获得妻子的忠诚和爱

卡耐基说：“可以确保妻子忠心的最好方法，就是设法满足她的任何需求和欲望。”

大多数妻子都是主妇，整天在家里搞卫生、洗衣、做饭，但却从未受到丈夫任何形式的赞美和承认。

卡耐基指出：把你送上离婚法庭最快捷的方法，就是忽视妻子的需求和欲望，对她想当然。

不必每天送她鲜花或糖果来表示你对她多么欣赏。卡耐基总结的方法，不让你破费一分钱，却相当奏效。卡耐基认识一对幸福结合 50 年的夫妻，实际上丈夫只在其妻子的生日、结婚纪念日和圣诞节送她礼物！

“你有什么秘诀？”卡耐基问他。

“很简单，卡耐基先生，”他说，“首先，我关注她。我经常用行动告诉她我意识到她的存在。这许多年后我还坚持说请和谢谢，她也坚持。这有助于我们互相尊重。

“每餐之后离席前我都说：‘谢谢，亲爱的，这顿饭真好。’或是：‘谢谢，亲爱的，你真是个好厨师’。当妻子的都爱听这种话。

“我们在家走对面时，我就伸出手，轻轻抚摸她的手。或者她晚上坐下看电视时我给她倒杯水。下午她做针线活或编织时，我会端给她一杯茶。你说她不想喝怎么办？你是开玩笑吗？她怎么也得喝，好让我明白她很高兴我在全身心地关注她。”

这些是小事吗？可能是小事，但如果你想和妻子保持和谐的关系，让她忠于你，那么就全身心地关注她并忠于她。

不仅她会忠于你，你还会有其他收获。一旦你开始尝试这样做，今后你永远都会穿上干净的衬衣，裤线永远都会笔直，晚餐永远都会吃上热饭菜。你的妻子会热衷于这些微不足道的小事，她希望你继续关注她。

试一试吧，你会喜欢的，你的妻子也会喜欢。

※ 女性一定要学习一些和男性相处的技巧

卡耐基说，既然男性占了世界人口的一半，那么，如何与男性相处就成了每个女性面临的问题。

女性在生活中不可避免地接触到的男性包括：自己的丈夫、父亲、儿子和女婿；自己的朋友；上司、客户、追求者；还有各种职业的男性，比如，医生、律师、军人、售货员等。

不可否认的事实是，男性和女性之间存在着许多的不同点。既然如此，女性如果能够学习一些和男性相处的技巧，应该是个不坏的主意。

那么，具有哪些特性的女性容易让男性喜欢且愿意和她在一起呢？

第二次世界大战即将结束时，所有服兵役的男性接受了问卷调查，其中有一个问题：“你急切向往的婚姻生活是怎样的？”这些穿军装的硬汉的答案居然惊人的相似。既不是引人遐思的身体曲线，也不是热情火爆的刺激，而是简单平凡的舒服。这个答案和人们想象中的相去甚远，也让某些相信化妆品和香水广告解说词的小姐感到不相信。很显然，在男性心中，一盎司舒适感的分量远远超过了一磅的性感。既然他们需要，那女性为何不提供呢？但是，男性心目中的舒服究竟是什么标准？我们不妨来研究一下。是温顺贤淑的女性，还是一个让他的每个器官和全身神经都感到舒适自在的女性，抑或是玛莉莲·梦露？

经过长期的研究，卡耐基得到下面这些看上去有效的法则：

1. 随和体贴，心地善良

陶乐斯·狄克斯指出：男性选择太太的首要条件是性格乐观，让他们和一个板着脸，啰里啰嗦的女性吃牛排，还不如在轻松快乐的气氛中吃粗茶淡饭。

一个单身汉坦白承认，如果有一个温和体贴、乐观向上的女性和一个泼妇，他肯定毫不迟疑地选择前者。

多年前，卡耐基雇用过一个速记打字小姐。就这份工作而言，她做得实在糟糕透顶，根本做不到准确迅速地记录和打字。但是她在这个岗位上一直工作到结婚才离开，因为她快乐天使般的性格像阳光一样照亮了办公室，哪怕有多大的牢骚、抱怨和批评，只要有她在，全部都能化解。有了这一点，即便她做不好任何事，也值得付给她那份薪水。

2. 做一个好伴侣

杰克·福利克是美国高尔夫球公开赛的冠军，他曾经为纽约《世界电信报》写过一篇短文，详细描述了他得到两座市立高尔夫球场的特许经营权的情形。当时他处在极端不利的情况下，既要保有专利经营权，又要为了比赛加紧练习，因此坚持得十分辛苦。直到他娶了芝加哥的莲恩·伯恩斯特之后才找到机会。她接管了杰克的高尔夫球场，让他有更多的时间准备比赛。

当杰克周游全国，不停地参加各地的巡回公开赛时，莲恩便负责照顾他们一岁多的儿子克瑞罗。对此杰克这样说："莲恩从不跟我上球场。你什么时候见过邮差的妻子跟在他身后！"

但莲恩总在他身边安排好一切，让他随时随地都没有后顾之忧。

佛罗伦萨·梅娜德太太是纽约州北部一个小镇上的一位普普通通的妻子。前十六年的婚姻生活中，她除了料理家事以外几乎没有别的爱好，总觉得缺了些什么。最后她发现缺少的是伴侣间的交流。梅娜德太太和丈夫极少有共同的兴趣爱好，她决心改变这种状况。

梅娜德先生的主要兴趣之一是职业曲棍球，因此她采取的第一步是培养自己对这项运动的兴趣。梅娜德太太说："在我彻底弄明白曲棍球这项运动以后，我发现自己也产生了兴趣。我跟丈夫一样热情地观看曲棍球赛，记住每一场赛事的电视转播时间。现在我不仅能够欣赏这项令人激动的运动，而且发现自己有了新的活力，当丈夫享受这项运动时，再也不会一个人无聊地坐在一边了。由于培养了对曲棍球的兴趣，渐渐我又找到了其他能够和丈夫——十六年来和我一起生活的男性——分享的兴趣。"

3. 要做一个好听众

女人的话太多——这几乎是所有男性的共识，因为他们没有说话的机会。

其实，倾听别人说话并不仅仅是默不作声，但很多女性不明白这一点。要积极地倾听，注意讲究"品质"，如果你是一个合格的听者，必定能够做到游刃有余。

聆听别人谈话，首先要集中注意力。眼神不要飘忽不定，也不要做出拘谨的举动，同时心里不能想到明天出去购物或逛街。倾听时表情要自然，让它们随着听到的内容发生变化。"训练演员表现出倾听剧中另外演员的谈话"是舞台导演面临的困难工作之一。假如你用同样的方式训练自己，就一定会在这方面取得成功。

出色的倾听者一定会做到集中和配合。以前有一种说法，一个女孩如果想要赢得男人的心，只需在男人描述自己刚做成的一笔大买卖时抬头凝视他，同时发出类似“天啊，你真是了不起，真是个天才，是我心目中的王子！”的赞叹就行了。女性表现出的愚蠢和他的满意度成正比。如今，这个理论已经有点行不通了，因为有太多的女性也非常能干，常常做成一些大交易。而且让她们从一个精明的女强人马上转变成愚蠢的小女孩有点困难，而男性也越来越精明，把真正关心他的女孩和装傻想缠住他的女孩分得很清楚。因此，如果你想要赢得一个男性的心，千万不要在他需要一个优秀的倾听者时要出装傻的把戏。

在倾听时可以偶尔提出不同的看法，把握时机发问。如果你个人非常支持他的说法，在他谈话停息的时候提出来，但是不要滔滔不绝，要注意让他掌握谈话的主导权。这样就不至于造成单调的独白，双方的思想也得到了沟通。

但事实证明，很多人都是不合格的聆听者，需要通过训练完善自己，因为他们不懂得沟通的技巧。当轮到良好的倾听者说话时，他们也会变成好的谈话者，从某种意义上说，技巧之间存在着共通点。

学会正确倾听别人的讲话，不仅会让我们与男性相处得很好，也会让我们和更多的人成为朋友。

4. 要有适应力

女性几乎不会因为一时兴起而做任何事情，这是由于某种不确定的原因。因此，男人们永远也不会了解，为什么女人去看场电影也要在几周前就计划好。当他临时决定到乡下度周末时，女性经常会说她没有合适的衣服。

虽然男性突如其来的想法会让井然有序的女性感到厌烦，但是偶尔尝试一下新鲜的做法也没有什么损失。“好的，我们一起……”比“好的，但是……”要动听得多。

玛丽是一个适应能力非常强的女性，她的丈夫尤其爱好短途旅游，常常扔下广告业务打电话给她，“亲爱的，收拾好行李，明天早上我们去百慕大度假。”已经习以为常的她将泳装放进手提箱，将小鹦鹉托付给邻居照顾，将定好的约会全部取消，就等着第二天早上出发了。她对卡耐基说，这很简单，任何一个女性只要稍微训练一下就能做到。

如果一个女孩在最后的时间才接受男孩的约会，大家都会觉得她是不受男生欢迎的女孩，因为这几乎就是坦白承认没有其他男孩子约她。作为一个不轻易接受约会的女孩或许会为她带来好名声，但同时却失去了很多乐趣。就算他先约过别人也无所谓，至少给我们提供了证明第二次选择最正确的机会。赢得一个男性最万无一失的法宝是适当顺应他的心情。

男性想到一个主意时会马上将它付诸行动，女性无法及时适应这种冲动常常令他们感到十分气恼。拥有这种适应能力的女孩，已经在如何与男性相处的问题上抢占了先机。

5. 不要太能干

有一次，一个女孩向卡耐基倾诉，由于自己的能干而失去了一个很合适的男性。这个女孩从事的工作是经理，平时发号施令、制订计划，工作非常得心应手。但在社交场合，她却不能做得如此成功。

她仔细地分析自己：“我发现，当我的男朋友刚刚打开雨伞，我已经叫来出租车；电梯的按钮由我来按；晚餐时为他点肝脏和熏肉，因为他的血压不太正常。所有的工作都是我这个能干的女性去做，他甚至从没有机会为我拉开椅子或帮我脱下外套。最后的结果是，他离开了我，一切都是我自作自受。我想自己是太能干了。”

想想现在的女孩真可怜。当一个中意的男性出现时，她既要做一个成功、独立的女性，又必须牢记自己还是个女孩。男性已经被完全惯坏了，鱼和熊掌都想兼得，要求女性既有足够的魅力，同时又有做事的头脑，必要的时候拿出收入支持他的家庭或事业。

刚开始交往的时候，做到他心目中理想的女性并不是非常困难。在上班时尽量表现出你是老板不可或缺的得力助手；当下班以后就不能以同样的面貌出现，否则你的男性朋友会觉得和他约会的是一部高效的机器，而不是一个活生生的女性。

6. 做好自己

无论任何人，假如见到一个六七十岁的女性打扮成少妇模样——穿着紧身的衣服，头发染得五颜六色，脚上穿着三英寸的高跟鞋，戴着别人一眼就能看穿的假乳——一定会觉得十分滑稽可笑。这种打死也不肯承认年龄的女性无疑是可悲的，在所有可悲的情形当中名列榜首。她认为，只有年轻的女性才有魅力，因此努力使自己看上去更年轻。这种类型的女性装出做作的媚态、抛媚眼，想以她自认为性感的姿态抓住男性的心，实在有些令人作呕。

有时候，一个文静内向的女孩忽然会做出一些怪异的举动，比如在宴会上放声大笑，很显然，她觉得这样做就会成为宴会的焦点。不过，男性并没有那么笨，他们会辨别真假。

很多平时非常聪明的女性在这方面往往会犯糊涂。她们认为改变自己的装扮风格就能让男性迷惑，让他们不清楚自己到底娶了一个什么特性的女人。这种见解是不成熟、不明智的。就连上帝也改变不了我们的性格，不如老老实实地承认它，更何况这些性格并没有什么不好，我们完全可以发扬自己的优点，克服那些不吸引人的缺点，就一定能展现最佳的风采。

※ 让丈夫从你深挚的爱情里得到安心和幸福

卡耐基曾对一位妇女说："真的，爱在人类社会里的潜力，就像原子能那样大。爱情能够产生，而且的确每天都产生了奇迹。你给你丈夫的爱，是他成功的基本因素——因为，如果你真心爱他，你就会心甘情愿地尽你的能力去做每一件事，使他快乐；或你给了你丈夫那一种爱情，也会影响到子女的幸福。"

保罗·柏派诺博士是美国家庭关系协会会长，他在全国教师家长联谊中讲演说："教师家长联谊会，如果愿意在年会里完全不谈小孩子的事情，而讨论如何使丈夫和妻子更加相爱，也许对小孩子的幸福会有更大的贡献呢。”

那么，我们要怎么做，才能提升爱情的深度呢？卡耐基为我们提出了下面一些建议：

1. 每天都要表现出爱心

最可悲的事情，就是在事情过了以后才发觉自己曾经享受过人生最贵重的东西。在对 1500 对以上已婚夫妇的研究里，路易斯·特尔曼博士和他的研究同人发现，男人认为在造成婚姻不合的最普遍原因里，妻子不知道表现爱情是第二大原因，仅次于妻子的唠叨、啰唆。

许多女人碰到危机的时候，都能够高明地应付自如；可是，很可悲地，她却很少知道带给丈夫最渴望的每天的爱情蛋糕。假使丈夫失业了，患上结核病或是被关进监狱里，这位女士都能够像直布罗陀海峡的岩石那么坚强，不断地帮助丈夫。但是，当生活正常平稳地进行的时候，妻子就忙得忘了告诉自己的丈夫：你在自己的心目中是何等重要。

你有没有静下心来想过这句话：据说女人可能是为了安全感、生小孩拥有自己的家，或是避免当个老处女而结婚；然而，现代有 90% 的男人结婚，只是因为他们在恋爱。

大部分的女人相信，她们是应该被爱护的、听人讲些甜言蜜语的。在卡耐基的经验里，他发觉这个说法是真的：通常，抱怨自己的丈夫忽略她们，不知道赞扬她们的女人，往往也吝于对丈夫赞赏示爱。她们时常挑剔和批评错误。她们正是一位心理学家所描述的那种神经质女人：“有些人太爱自己了，她们愿意分给别人的爱实在太少。”反过来说，最能够体贴地表示出爱心的女人，也能从丈夫那里得到最多的注意力。

一位对婚姻关系颇具影响力的专家说道：“妻子们总是抱怨说，她们的丈夫把自己的存在看作理所当然，从来就不赞美她们，或注意她们身上所穿的衣服，或是给她们任何在外表看得出来的爱的表示。但是，这些女人对待她们丈夫的态度也是同样冷淡。然后，她们才感觉奇怪，为什么自己的丈夫会追求那些懂得称赞他们英俊、雄伟、健壮与奇妙的迷人的女人。爱情的饥渴并不是女性专有的一种疾病。男人也会患这种病的。”

曾经有人把夫妻间对爱情的冷淡叫作“精神食粮不足”。这是一个很恰当的比喻。因为，男人不是只靠面包就活得下去；有时候，他也需要一块爱的蛋糕——还要在上面加一点糖霜。

2. 培养一种好心情

有责任心的妻子，常常会患有一种完美主义者的毛病。孩子们的行为总是要管教好；晚餐要做得美味可口；家里要一尘不染。完美主义者常常过分注重细节，而忽略了重要的大事。事情发生的时候，要以好的心情去接受，不要把小事搅得天翻地覆，这样就可加强夫妇间的爱情。

乔治·吉恩·纳杉指出：“我从经验里发现……爱情和整理完好的家务常常是无法并存的。当我看到一个家庭整理得太谨慎时，通常我会觉得，而且接着就发现，他们夫妇相互之间的爱情就像他们机械化的家庭那样，已经达到冰冻的程度了。温暖的爱情，以及随之而来的幸福，总会造成不注意和凌乱，至少在某种程度上会如此。真可惜，从来没有一个深挚而热情地爱着丈夫的女人能够做个完美的家庭主妇。”

听了这些话，我们马上可猜到纳杉先生是个单身汉。但是，他所说的话是值得深思的，尤其对那些注视着树木，而忽略掉整片森林的妻子。

3. 要有宽大的胸怀

没有其他的事情，能够像互相深爱的人结婚那么迷人。爱情就是给予，要给得丰富与慷慨。有些妻子愿意在许多事情上面做个牺牲；但是却常常在许多小地方缺乏精神上的慷慨——例如，嫉妒丈夫从前的女朋友。

如果你的丈夫无意间提及他今天碰见了一个过去的女友，而如果你问他，那个女孩子是不是还扎着辫子、说着不成熟的话，那你就太吝啬、太不够慷慨了。你应该赞美她的好处，如果你能够想出一些；如果你想不出来，也应该编造一些。

4. 对于每一件小事，都要表示谢意

男人在结婚以后，带妻子到戏院过了一个愉快的晚上，送给妻子一束紫罗兰，甚至只是每天早晨倒个垃圾，他也很希望听到妻子的道谢的。如果他所做的每件事情，妻子都视为理所当然而不加致谢，无疑地，这个丈夫就会停止取悦他的妻子。我们之中有些人，不知道丈夫每天为我们做了多少小服务，这只是因为我们习惯于让丈夫为我们做这些工作。美国一位成功的女士说："我曾经认为我丈夫没有帮过我什么忙。我以为要他去弄杯水来喝，也是个大工程。他不会换小孩子的尿布，或是弄紧一只漏水的水龙头。然而，有个夏天他到欧洲去了，我才很惊讶地发现，他每天都为我做了许许多多的琐事——我却没有向他说过一声谢谢——现在我必须自己去做那些事了。"

5. 要互相谅解和体贴

当丈夫想要换上拖鞋休息一会的时候，我们却穿好衣服想要出门，这是不行的。具有深挚爱心的妻子，应该先了解她丈夫每天在外面工作后的需要，然后才跟着盘算自己的需要。

如果没有爱情，成功又有什么意思呢？缺乏爱情，财富和权势也就等于废物和灰烬了。如果你的丈夫从你深挚的爱情里得到了安心和幸福，那么，他带给你更高的生活水准的机会也就大大地增加了。

※ 成为一个温柔、贤惠的妻子

"贤妻良母"，这是世人对已婚女子的高度赞赏，也是绝大多数的女性不断追求的目标。可是，作为一位已婚女性，怎样才能获得这一高尚美好的头衔呢？如果你真的想成为一个温柔、贤惠的妻子，不妨接受卡耐基夫人的几条建议：

1. 帮助丈夫决定目标

做妻子的应该了解丈夫的目标。尽管夫妻双方在一些具体问题上意见发生分歧，但目标则应始终保持一致。妻子不但要了解而且要实际参与丈夫的远大计划。“爱不是看着对方的眼睛，而是观看同一方向。”这不知道是谁说的，但是应该将它赠给渴望“成功”的夫妻。

贤惠妻子的第一步是：帮助你丈夫决定目标。

2. 要使丈夫工作专心

那么，即便其他毫无所得，你的目的也算达到了，因为你已经引导他走向成功之路。

与你丈夫谈谈对将来的希望吧，劝劝他不要幻想那些不可能实现的梦，应该脚踏实地去追求那实在的目标。

3. 充当丈夫的最佳听众

会做最佳听众的妻子，不仅使她丈夫加速成功，而且也会使自己更令人喜爱，显得更美、更贤淑。

什么叫作最佳听众呢？大体说来有三个条件：

（1）不止用耳朵，也用眼睛、脸、全身来倾听。

（2）问题要提得好。如果妻子会把自己要想知道的事，用很巧妙的话提出来，就能收到一举两得之效。

（3）保守秘密。

4. 情愿嫁给两个丈夫

任何人都有双重性格，你丈夫也不例外。既自私、又博爱；没有胆量，却希望勇敢；没有人缘，但常常盼望别人喜欢他；缺乏自信，又企图事事有把握。这种现象不足为怪，正常的人都是这样。作为妻子，应适应丈夫的这种“两重性”，情愿嫁给“两个丈夫”。

丈夫有理想，妻子要协助他去实现，不要只是啰唆，或和别人比较。要鼓励他，称赞他，这才是真正的帮助。

做妻子的，一定要自信，可以使好的丈夫出头，不让坏的丈夫作祟。

5. 信赖和鼓励失意的丈夫

鼓励你丈夫，尤其当他失意的时候，就像引擎需要燃料一样重要。鼓励，能使心灰意冷的人重振雄风，把失败变为成功。

命运常使人绝望，甚至有时叫人不能再爬起来？如果此时有人对你说："不要灰心，你不能停止，你一定会成功的。"那么，这几句话能把你的将来完全改变。《圣经》上也说："信心就是所望之事的基础，是未见之事的依据。"

妻子对丈夫的信心也是一样，你要用特别的眼光观察丈夫，使他的潜在能力得以发挥。因为：你是用爱来测量他，你要常用语言、行动表示对你丈夫的依赖。

6. 千方百计帮助丈夫

丈夫把大部分的精力放在工作上，妻子可以为丈夫的工作提供自己的帮助。这不仅是一种享受，也是做妻子的一项特权。难道你愿意放弃这项特权吗？若想成为贤内助，请记住，千方百计帮助你的"他"。

7. 与丈夫的女同事和睦相处

丈夫的女同事，尤其是秘书小姐，除了获得应有的金钱酬劳，更应该获得你付与她们的尊重和友谊。

8. 鼓励丈夫进修

如果你丈夫不断地在认真进修，你要感谢，要常常鼓励他，更要以"爱"的毅力，来克制生活上一时的寂寞与孤单。

9. 你要准备万一

不怕一万，就怕万一。不知道什么时候，灾难会降临到家中。做妻子的更要为万一的时刻准备一切。

10. 忍耐暂时的寂寞

丈夫忙碌的时候，妻子应该用宽容的态度——有时像护士，有时像母亲一样——一边鼓励他，一边忍耐暂时的寂寞和不自由的生活。

11. 绝不轻易打扰他

丈夫的工作是在家里做，你一方面要忘记他的存在，绝不打扰他；一方面要记住他的存在，随时给他适当的照顾和帮助。

12. 不要做一个落伍的女人

不能跟上时代的步伐，也不能和丈夫谈得来的妻子，不仅不能帮助她丈夫成功，而且，永远无法获得婚姻生活的美满。

13. 千万不要啰唆

啰唆的妻子，比贫穷、不信任等更使丈夫不幸。

14. 不要管丈夫的闲事

管丈夫的闲事，丈夫一定失败。爱丈夫，加上不管丈夫的闲事，你便成了丈夫的最好帮手。

15. 不要强求丈夫成功

每一个人都不同于他人。在每一个人身边，应该画一个圈子。他应该停在圈中，磨炼自己的天分。

16. 鼓励丈夫去冒险

我们要使丈夫成功，应该鼓励丈夫去冒险；而你自己也要毅然地接受因冒险而发生的各种危难。

17. 和丈夫志同道合

丈夫的成功，在于幸福的婚姻生活；而幸福的婚姻生活，不在于夫妇间的兴趣或气质完全相同，而在于怎样跟随对方的兴趣。

18. 创造一个好的家庭环境

不要太注意家庭的外观及形式，最主要的，是要注重家庭里特有的，充满了爱、温暖与明朗的气氛。别忘了：家是最好的避难所。

19. 保持充沛的精力

任何丈夫，都比较喜欢精神饱满的妻子。对那因疲劳过度而毫无生气的妻子，实在感到头痛。

20. 使丈夫讨人喜欢

男人越是成功,就越是需要一个帮助丈夫树立良好形象的妻子。妻子要努力帮助丈夫建立人缘，要为丈夫捧场，要随时弥补丈夫的缺点。

21. 帮助丈夫扬长避短

丈夫给人的印象，不一定就是他的写照。但人们都习惯于凭印象来衡量对方，故你必须帮助丈夫，使他给人以良好的印象。

22. 要有更大的爱心

没有爱，怎么会有成功？没有爱，什么富贵、名誉，都是徒然。如果丈夫满足在你的爱里，你便可以期望他的成功。

※　要把配偶当成你生活中最重要的人

在人的五种基本需求和欲望之中，最主要的便是成为地位显要人士的欲望。所以，就把对方当成大人物，你将常胜不败（在下面的例子里全用了“他”。如果你是男性，把“他”变成“她”即可）。

卡耐基指出，要把配偶当成你生活中最重要的人。这样做，你便可支配他、完全控制他。以下是三种方法：

1. 把对方想象成全世界最重要的人

要让自己相信你的伴侣是你生活中最重要的人。这样做不必虚情假意。即使你不刻意努力，他也会明白你的态度。

不仅如此，你也不必玩花样耍把戏。你和伴侣的关系就是忠诚的基础。总是这样想，你就会相信；一旦相信了，事情也就成真了。像真的一样去做，事情就会是真的。

2. 密切关注他的言行

丈夫和妻子最常有的抱怨是：“他从来不注意我，认为我理当如此，把我当作一只旧鞋对待。”

你妻子做了新发型吗？告诉她这发型看起来是多么漂亮。她穿新衣服了吗？称赞她的选择。谢谢她准备的可口的晚餐。

3. 经常表扬，永不批评

表扬是实现他人自我，让他感到自身价值最有力的方法。由此看来，批评则会起反作用。批评可毁人，可树敌。批评破坏爱情和婚姻，批评让人失掉友谊。事实上，我们想不出批评对他人能有什么价值。

假如你想支配和控制伴侣，千万不要批评他，而要表扬他。表扬能产生能量。表扬让人工作更努力、效率更高、热情更高。因为表扬让人对自己和自己所做的事有一种自豪感。

只需对你的伴侣说“我真为你骄傲”。他听后就会为你赴汤蹈火。对方做了什么你千万不要忘记表扬他。

※ 不要因猜忌而破坏幸福的婚姻

卡耐基指出：对夫妻关系影响最大的不良做法之一，就是猜忌。猜忌往往造成婚姻的悲剧。他还经常列举莎士比亚的作品作为佐证。

莎士比亚是一位描写爱情的好手。但如果把他的37部剧本作一浏览，我们便会发现，尽管每部剧作中都有爱情的闪光，然而凡是他的侧重描写了夫妻关系的剧本，不管结局是悲剧还是喜剧，其间都充满了痛苦与磨难。而原因大都是由于丈夫的嫉妒、无端猜疑自己清白的妻子。

嫉妒的典型自然当推奥赛罗，为了“伸张正义”，惩罚自己想象中的奸夫淫妇，狂怒中，奥赛罗竟活活掐死了自己贤淑的妻子。真相大白后，悔恨地举剑自刎。

在《冬天的故事》中的里昂提斯是西西里国王，他只因妻子根据他的愿望，热情地招待了他的挚友波力克希尼斯，便怀疑妻子与挚友有私，进而信以为真，横加迫害，逼走朋友、遗弃女儿，迫使妻子隐姓埋名20年。

《温莎的风流娘儿们》中的福德则是另一类型。作为乡村中的一个普通绅士，他性情没有奥赛罗那样暴烈而且更为现实。他虽然相信妻子正在背地里使自己变成“王八”，但却不像奥赛罗那样大喊大叫，而是“还要仔细调查一下”，暗中“侦察我的妻子的行动”。目的是“打破他们的好事”，“向福斯塔夫出出我胸头这一口冤气”，同时把另一个乡绅培琪“取笑一番”。然而他两次三番地捉奸，其结果只是一番徒劳，几番闲气，以及最后的醒悟：“我以后再不疑心我的妻子了。”

类似的情节一再地出现在莎士比亚这样的世界超一流的戏剧大师手中，不能不使人深思。显然，这不仅仅是个构思的问题，深层的原因还应到其生命史中去探寻。

人的一生，事业与爱情能够两全的，并不太多。作为戏剧家莎士比亚是成功的，但作为丈夫却并不得意。他 18 岁时与安·哈瑟维结婚。但据教堂记录，此前不久，他曾与一位名叫安·韦特利的姑娘领过结婚证书。其中的原因比较复杂。作为年轻小伙子，莎士比亚真心喜爱的是年轻貌美的安·韦特利，但他的爱情带着强烈的肉欲成分。而安·韦特利是个贞淑的女子，不愿在婚礼之前满足他的非分要求。于是莎士比亚从安·哈瑟维处寻求满足。

安·哈瑟维是一个富裕农民的女儿，比莎士比亚大 8 岁，与莎士比亚交好时，她父亲已经去世，她与继母及同父异母的弟弟住在父亲留下的农庄里，生活得不自在，加上年岁已大，一直在费尽心机地寻找婆家。对于莎士比亚这样的英俊健壮的小伙子的献媚，她自然是求之不得。不久，安·哈瑟维怀了孕。倒霉的情人于是不得不想起自己应尽的责任，放弃与安·韦特利的恋情，转与安·哈瑟维结婚。婚后六个月，安·哈瑟维便生一女，取名苏珊娜。一年多后，她又生了一对双胞胎，一男一女，分别起名为哈姆涅特与裘迪斯。此时，莎士比亚才 21 岁。婚姻既不如意，生活的重担却又早早地压在他的肩上，前途却一片渺茫。为了摆脱家庭的烦恼，博取美好的前程，双胞胎生下不久，莎士比亚便背井离乡，跟着一个到外地巡回演出的剧团到了伦敦。20多年后才重返故乡定居。

根据有关记载，莎士比亚绝不是一个循规蹈矩的人。然而愈是如此，他愈是放心不下家中独处的妻子；愈是与别的女人相处，他愈是怀疑安·哈瑟维背着他与别的男人鬼混。

自然，如果莎士比亚对妻子的所作所为并不在乎，他当然也不会猜疑与嫉妒。然而他虽然对妻子感情不深，却对她的行为非常关注。这一是因为荣誉观念。在什么时候，妻子不忠都不是什么光彩的事。二是因为他的浓厚的家庭观念。莎士比亚是个现实感很强的人。他在经济上的发达与此密切相关。然而正因为如此，他不敢抛弃自己并不满意的妻子，组建新的家庭。

因此，莎士比亚时常考虑到妻子的贞节问题。然而安·哈瑟维虽然婚前有过不轨行为，但那只是不得已而为之，其本质却是贞节的。婚后她严守妇道，不越雷池一步。不管丈夫如何费力，总找不到她的错处。这样，莎士比亚的每次窥探，只能给他带来新的惭愧。这种心理现象的日积月累，逐渐形成一种局势，使他在创作中不知不觉地选用这一方面的主题。

这从他的作品中可以得到两个旁证：一是他的涉及这方面内容的剧本都是他中晚期的创作；二是上述的“奥赛罗现象”虽然各个有别，但却有几个共同的特点，即丈夫嫉妒并无真凭实据，妻子的忠贞不贰、委曲求全，以及最后的真相大白。这正好符合莎士比亚本人的情况。

作为剧作家，莎士比亚是成功的，但作为一个猜忌而又负疚的丈夫，他的生活并不怎么成功，从这个意义上来说，他的生活是一种悲剧——因猜忌造成的悲剧。

由此，卡耐基感悟道：夫妻之间必须充分地相互信任，猜忌是幸福婚姻的大敌。

※ 要维护家庭生活的幸福快乐就绝对不可以唠叨

卡耐基指出：除了猜忌，唠叨也是幸福婚姻的大敌。

林肯一生的大悲剧，也是他的婚姻，而不是他的被刺杀。请注意，是他的婚姻。布斯开了枪以后，林肯就不省人事，永远不知道他被杀了；但是几乎23年来的每一天，他所得到的是什么呢？根据他律师事务所合伙人荷恩所描述的，是“婚姻不幸的后果”。“婚姻不幸”说得还是婉转呢！几乎有四分之一世纪，林肯夫人唠叨着他，骚扰着他，使他不得安静。

她老是抱怨这，抱怨那，老是批评她的丈夫；他的一切，从来就没有对的。他老佝偻着肩膀，走路的样子也很怪。他提起脚步，直上直下地，像一个印第安人。她抱怨他走路没有弹性，姿态不够优雅，她模仿他走路的样子以取笑他，并唠叨着他，要他走路时脚尖先着地。

他的两只大耳朵，呈直角地长在他的头上的样子，她不喜欢。她甚至还告诉他，说他鼻子不直，嘴唇太突出，看起来像痨病鬼，手和脚太大，而头又太小。

亚伯拉罕·林肯和玛利陶德，在各方面都是相反的。教育、背景、脾气、爱好，以及想法，都是相反的。他们经常使对方不快。

举一个例子来说，林肯夫妇刚结婚之后，跟杰可比欧莉夫人住在一起——欧莉夫人是一位医生的遗孀，环境使她不得不分租房子和提供膳食。

一天早晨，林肯夫妇正在吃早饭，林肯做了某件事情，引起了他太太的暴躁脾气。究竟是什么事，现在已经没有人记得了。但是林肯夫人在盛怒之下，把一杯热咖啡泼在她丈夫的脸上。当时还有许多其他房客在场。

当欧莉夫人进来，用湿毛巾替他擦脸和衣服的时候，林肯羞愧地静静坐在那里，不发一言。

林肯夫人的嫉妒，是如此的愚蠢、凶暴，和令人不能相信，只要读到她在大众场合所弄出来的可悲而又失风度的场面，都叫人惊讶不已。她最后终于发疯了。对她最客气的说法，也许是说，她之所以脾气暴躁，或许是受了她初期精神病的影响。

这样的唠叨、咒骂、发脾气，是否就改变了林肯呢？在某方面说，的确使林肯有所改变。确实改变了他对她的态度。确实使他深悔他不幸的婚姻。以及使他尽量避免和她在一起。

当时春田镇的律师一共有 11 位之多，要赚取生活费并不容易。因此，当法官大卫·戴维斯到各个地方开庭的时候，他们就骑着马跟着他，从一个郡到另一个郡。这样，他们才能在第八司法区所属各郡郡政府所在的各镇，弄到一些业务。

每个星期六，其他的律师都想办法回到春田镇，和家人共度周末。可是林肯并不回春田镇——他害怕回家。春天 3 个月，然后秋天再 3 个月。他都随着巡回法庭留在外面，而不走近春田镇。

他每年都是这样。乡下旅馆的情况常常很恶劣；但尽管恶劣，他也宁愿留在旅馆，而不要回到自己家里去听他太太的唠叨，和受她暴躁脾气的气。

这就是林肯夫人唠叨所得到的后果。她带给了生活什么？只有悲剧！她毁坏了一切本该属于她的最珍贵的东西。

贝丝·韩博格在纽约市关系法庭任职 11 年，曾经审判了好几千件遗弃的案子，她说男人离开家庭主要原因之一是——因为太太唠叨不停；或者如《泰晤士邮报》所说的：“许多太太们不停地在慢慢挖，自掘婚姻的坟墓。”

因此，如果你要维护家庭生活的幸福快乐，请记住：“绝对绝对不可以唠叨。”

※　处理好婚姻中必然要遇到的人际问题

每个人的生活中必然要有这样或那样的问题，同样，在人际关系中，也会遇到大量的问题，因而关键是你应该如何处理必然要遇到的问题，即对待问题应抱何种态度。

有的人看见问题就感到恐惧和厌恶，被问题所吓倒，使人际关系受到破坏；有的人则用批判思考者的自信来对待问题，把问题看成是澄清事实，改善与他人关系的机会。尼采曾经说过："未被逆境摧垮的人会变得更坚强。"这句话也能用来说明人与人之间的关系。

在人与人的关系中，最强大和最有活力的关系是那些经过考验，战胜逆境，患难与共的关系，而最脆弱的关系则是那些未经过考验的关系。因此，在后者这样的关系中，人们很难具备处理问题的技能和自信，所以一遇挫折，双方的关系就出现裂痕甚至中断，也就不足为奇了。只有不断地努力去解决或大或小的问题，才能对自己解决问题的能力产生自信，与他人建立健康的关系。

在任何一种人际关系中，都要涉及解决问题这个环节。如在家庭关系中，有的问题是容易解决的：电视坏了；冰箱里没有储存的食品了；你俩应邀参加一个你们谁都不想去的婚礼……而有的问题则较严重：你或你的配偶在另外一个城市找到了一份很好的工作；你不同意对你的孩子灌输那种宗教信仰……而有的问题则是致命的，它们对双方之间的关系能造成严重的损害，直接威胁到你与对方关系的存亡，如你和你的配偶之间没有了爱；你们俩只有一个人想要孩子；你与配偶之间经常互相谩骂、动手动脚……

虽然并非所有的这些问题都能得到妥善的解决，但是，你可以努力去找到问题的症结，提出许多可能的解决问题的方案，并对它们进行评价，得出明智的结论，并用决心和灵活性去实施你的方案。

即使我们最熟识和亲密的人，偶尔都难免会引起我们的不满。在夫妻之间，过多的批评、指责所引起的后果往往是消极的，而且会产生对立心理和抵触情绪。那么，应该怎么做才是正确的呢？

1. 要反躬自问

当自己对爱人产生不满情绪并想在爱人面前暴露出来的时候，要问自己三个问题：第一，我对对方的要求合理吗？如果对方达不到这些要求，是主观方面的原因还是客观方面的原因？第二，不要光是想对方没有满足自己的要求，而首先要检查：我满足对方的要求了吗？第三，如果一定要表露自己的意见，那么要考虑：这种方式恰当吗？

2. 从自己做起

在夫妻相互之间是否满意的问题上，应该树立三种态度：一是我不能够通过直接的行为改变他人，二是我只能改变自己，三是我改变时，他人也会相应地改变。

有这么一位妻子，她喜欢读书，也喜爱社会活动，但是不善于整理家务，丈夫再三埋怨她、指责她都没有结果，丈夫说：“批评也没有用，真不知道该怎么办。我并不是追求尽善尽美，但是每个星期至少也该整理一次屋子呀！看到家里乱七八糟，想到妻子邋里邋遢，真使人难受。”后来，丈夫决定自己动手整理屋子，因为他检查了自己做得也不够，而指责妻子的地方实在太多了。

这个办法确实有效，妻子逐渐克服了不良习惯，承担起整理收拾的事情。有时也有些反复，每当妻子不整理屋子时，丈夫总是悄悄地干起来，直到妻子正当地负起责任来。这种做法比较好，因为最好的改变是发自内心的。如果你想令一个人改变，一定要使对方确实感到这是自己的需要。在这方面，要了解对方，绝不要有任何勉强。

3. 不要计较小事情

在夫妻之间，不可能在大大小小的一切问题上都使双方那么称心如意、相互配合得严丝合缝。每个人都可能有某些小缺点或某些小习惯惹人厌烦。但是在夫妻之间因为挤牙膏的方法不同而闹矛盾，那就太可笑了。

如果你认为非改变对方不可，就要先去寻找为什么对方这个习惯会如此干扰你的原因，真正的问题可能在自己。一位著名的心理学家说过：“我对自己和别人内心的真实世界越是开放时，我发现自己越没有那股改变事情的冲劲。”这是有道理的。

因此，要有耐心，耐心是建立良好婚姻关系的基础之一。人和人之间必须要有必要的妥协与让步，在夫妻之间也是同样。如果看不惯对方有些缺点，要想想这些缺点对家庭生活并没有太大影响，而且谁还没有一些缺点呢？即使要向对方提出，也要等待适当时机，不要夫妻一见面就唠叨不休。不管自己是否习惯，要试着热情地和对方打招呼、谈话，这样做很有好处，是会得到回报的。

4. 明确地表达自己的意见

唠叨和正式提意见是不同的，向配偶正式提意见是使配偶明确地知道自己的不满，从而引起注意，进行改正；而唠叨则主要是一种情绪宣泄，并不考虑这样做会产生什么效果，而且也不会产生什么好的效果。有的人只是一味地对配偶做无原则的迁就，并不把自己的不满明确地告诉对方，而事后再唠叨、抱怨，这样反而使事情复杂化了。

有一位丈夫 20 年来一直耐着性子听妻子唠叨，有一天他终于忍耐不住，一本正经地对妻子说："你听着，我下班回来很累，要休息休息，然后我才有兴趣听你唠叨，我已经忍了 20 年了！"妻子听了不胜惊讶地说："你忍了 20 年了？我真不知道你是太客气、太体贴人，还是太笨，连句话都不会说。你要先休息一下，就休息好了，可你为什么不说呢？"

是啊，如果这位丈夫早点明确地表示自己的意见，也许这个问题早已解决了。

再如，有位丈夫对妻子不够尊重，有时甚至在朋友面前使妻子难堪，如果妻子当时忍让，事后发发牢骚，实在于事无补。在丈夫当着朋友的面使她难堪时，她应该冷静而坚决地对丈夫说："你不该说这种没有礼貌的、欺负人的活，我想朋友们也和我同样地不安。如果你有什么对我不满意，可以回家再说。"如果丈夫还是不改变态度，妻子可以理直气壮地说，"我已经提醒你不要这样无礼了，我不愿意在朋友面前和你争吵，但是我不能容忍你的行为，我回家去了，以后再谈。"妻子一次两次这样明确地表明自己的态度，抵制丈夫的不良行为，最后会迫使丈夫做同样的改变。

5. 不要说使对方受伤害的话

原则要坚定，但态度还是要灵活，说话方式方法要讲究。丈夫不应该批评妻子易受伤害的方面，例如，是否找了个好妻子，能否料理家务，能否生孩子，是不是不如别的女人等；同样，妻子也不应该批评丈夫易受伤害的方面。例如，是否有出息，工作能力是不是强，是不是个好丈夫、好爸爸等。

在夫妻关系中，批评是免不了的，但是，同样的一种情绪、同样的一种意思，可以用不同的方式来表达。例如，丈夫说："你没有发现我们每天吃的菜差不多都是一样的？你不能换换花样吗？"这种批评肯定会使妻子十分反感。

如果换一种说法："你的菜烧得很好吃，很合我的口味。但是我记得我小时候，每个星期的菜都是一样的，妈妈做菜的手艺不很好，所以我总希望小菜能换换花样。你看，这是我的怪毛病吗？"这样说，妻子会明白丈夫的意思，而且会心情舒畅地接受这个意见。

6. 对配偶要多肯定、多赞扬

人都有自尊的需要，赞扬是一种肯定的诱导，就是对人的自尊心的满足。因此，能使人十分愉快，愿意上进，愿意向积极的方向改变，其效果是指责、唠叨所不能比拟的。莎士比亚写道："赞美即报酬。"马克·吐温曾说："别人说我一句好话，我会乐上两个月。"

事实上，从来没有人不需要诚实、真挚的赞扬和赏识，夫妻之间也是同样的。

有个妻子怒气冲冲地嚷道："我恨死我丈夫了，我要和他离婚，我要叫他日子不好过。"一位心理学家向她建议："你要没完没了地赞扬他，迁就他，当他觉得不能没有你的时候，你就和他离婚，他就会难过得彻底垮了。"

这位妻子按建议做了。半年以后，这位心理学家又遇到了这位妻子，问道："结果怎么样，离婚了吗？"这位妻子说："哦，没有。我按照你的意思去做了，结果他从来没有待我这样好，我们从来没有这样舒心过，我现在把心都给了他啦！"

对于人类的心灵，赞美就像阳光。夫妻之间应该多赞扬，少责备。但是赞扬应该恰如其分，而且应该有感情基础，出自内心，以上所举的例子从表面上看似乎只是一种策略手段，但是实际上也还是有感情基础的，否则，如果变成无原则的奉承，那就不好了。

要改变爱人，应该先从自我检视、改变不良的习惯做起。

※ 在发现对方不算十分严重的过失时最好不要去责备

从恋爱的时候起，一对恋人互相说过多少爱情的誓言是难以计数的。但是结婚以后，要真正实现"长相知""永相守"，夫妻间还要经历多少感情的波折也是无法预料的。

某研究机构的一项专题调查表明，目前的夫妻关系中，关系较好的占 40%；关系一般，有些矛盾的占 30%；关系恶化，经常吵架甚至闹离婚的占 30%。自然，这几个数字所描绘的，绝不是美妙的图画，应该引起新婚夫妇们的警惕。

心理学家曾对 80 例夫妻间的争吵进行分析，发现 75% 以上是由于一方的责怪引起的。这些责怪往往是发现了对方的某些过失，因疏忽而犯的错误，或无意间说的错话。在被责怪者不服而辩解或反过来责怪对方时，夫妻间的别扭就闹大了。这种由责怪引起争吵，由争吵引起感情破裂的事情，真是不胜枚举。

心理学家说，在受到别人的指责或责怪时，大多数人都会产生辩白心理，除非是做了明显的绝对无可推诿的错事。所谓"辩白"心理，就是想为自己辩解，说明自己错得无意，或者因为情况复杂，错误难免等，无非是想找点"情有可原"的依据，来减轻一下自己受责怪时的心理负担。

值得注意的是，这种心理现象几乎是本能的，可以说是一种"自然防卫”心理，也可以说是人的自尊要求。在很多情况之下，并不表示受责怪者想推卸责任。实际上在辩解之后，他（她）的心理渐趋平衡，接着便开始自责，承担责任了。只有一向骄傲或虚荣心太重的人，才会一味地推卸责任。

了解了这一点之后，在你发现爱人的过失而责备他（她）的时候，不妨听他（她）辩解几句，让他（她）心里好受些。不可一味地责备，不好将他（她）辩解的言辞一句句地反驳，叫他（她）没有一个下台之处。否则必然会使他（她）更激动，声音高起来，强硬的、不很理智的话就会冒出来。争吵这时就会发生。

也许，对方的某一过失并不值得你去加以责怪，因为那只是一个小过失，或者在那种情形之下，换上你去经历，那过失也是照犯不误的。即使对方的过失不小，这种道理也同样存在。因此心理学家主张，为了减少过失进一步给双方带来不快，夫妻间在发现对方不算十分严重的过失的时候，最好不要去责备他（她）。如果你能够安静地听他（她）讲述事情的经过，听他（她）为自己辩白，然后带一种宽慰对方的语气说一声：“啊，今后注意一些就是了！”或者：“罢了。算我们不走运吧。”这是最好的处理方式。此时有过失一方定能如释重负。虽然他（她）还在自责，然而他（她）的心理压力减轻了，而且深深地感激你。

事实上，过失是难以避免的，因为我们大多数人都不是谨小慎微的（而且谨小慎微有时会成为一种过失）。很多时候，人们都免不了犯下过失，例如，不留神打烂了玻璃，递茶时却烫了对方的手等。且不说这些过失一般人并不会为它们生气，就是发生了更大些的过失，在对生活有着开朗豁达态度的那些夫妻中，也不会大惊小怪，互相指责吵架的。因此夫妻关系中，还是心胸宽广、能够互相体谅的为佳。倘若彼此性情狭隘，斤斤计较，得失观念太重，家庭生活是难得太平的。

在那些对婚姻生活思想准备不足、理想色彩很浓的新婚小夫妻中，因一方的小过失而引起双方不快，也是经常发生的事。

不要随便指责对方也是问题的一个方面，与此同时，为了维持婚姻的和谐，还应该注意，少犯或不犯有损对方自尊心或伤害双方感情的那些过失。这些过失不同于打碎物件或丢失东西，可以用几元几角钱来计算，伤害了感情就会在夫妻间微妙的关系中投下阴影。比如，妻子好几次嫌丈夫出门穿得不够整齐，衬衣扣子老不扣，今天丈夫还是老样子，就有点生气地说："你总是不像个样子，早知道就不跟你结婚了！"此话说得过头，很容易伤害他的自尊心。碰上脾气差的，马上还你一句："你后悔了？那我们就离婚吧！"这样就两败俱伤了。在相互的评价问题上，夫妻双方都是很敏感的。

一般来说，妻子最不希望发现丈夫有如下行为：

1. 戒烟之后，又偷偷抽起来。

2. 饮酒过量。

3. 结交不三不四的人。

4. 动辄打骂孩子。

5. 家务很多也不帮忙，却坐在客厅里看电视。

6. 很晚才回家。

7. 工作不顺心，回家后向妻子发火。

8. 在外多花钱，大大影响家庭计划。

9. 有事不商量，在家庭里独断专行。

10. 跟女同事来往过密。

11. 自己态度不好，却说妻子不温柔。

12. 粗暴干涉妻子的社交。

丈夫最不希望妻子发生的行为有：

1. 晚回家。

2. 过分打扮。

3. 跟男同事来往过密。

4. 丈夫心烦时唠唠叨叨。

5. 不顺心就哭闹。
6. 把家里的事都告诉娘家。
7. 一本正经追问丈夫用钱。
8. 多疑和爱嫉妒。
9. 冷淡和不耐烦。
10. 挑剔和鄙夷丈夫。

一旦有了这些过失，犯过失者应该大胆认错。认错态度诚恳，可以使对方不好意思再责怪下去。坦率地认错在一定程度上可弥补过失带来的损失。最好这样想：对方发现你的过失时，发出一两句怨言也是难免的。你为自己辩白，也是可以的，但话说完也就行了，不要再反复说个不停，好像你更有理，这样就会使对方加重火气，以为你企图开脱自己。除非你的过失并没有发生，而是对方对你的误会，需要解释清楚，即使是这种情况，也不一定要马上跟他分辩清楚，可以等对方冷静下来，再作解释。避免了激动时的争吵，效果当然好得多。

因此，互相谅解和忍让是对待夫妻间的过失的良好精神。但这需要夫妻有共同的奋斗目标，共同的思想基础，融洽的感情关系，还要有较好的修养，包括自我克制能力，善于运用“合理化”的方式进行心理调适。

对爱人的过失要有合乎情理的态度：不是为了在一场争吵中分个高低胜负，而是帮助对方认识过失和改正过失，今后不再重犯或少犯类似的过失。只有这种妥善的解决办法，才能在一方有过失的时候，仍然保持夫妻关系的和谐，保证爱情更长久。

※ 积极化解夫妻间的矛盾，维持家庭和谐

曾经有人说过，争吵是这个世界上的盐。夫妻唇齿相依，因而就免不了唇齿相啮。处理得好，争吵会在平静的生活中激起波澜，过后双方相互更加了解和体谅，乃至回味无穷。但是，这种化解艺

术并非人人都能掌握，弄不好家庭的破裂就会由小小的争吵而产生。还是小心避免，少去尝试为好。

不幸的家庭现在正在与日俱增，我们应该引起重视、警觉，设法找些解决矛盾、恢复关系的办法。

1. 找出争吵的原因

心理学家指出，引起争吵的原因也是多种多样的：

（1）说谎。信任是两性结合的黏合剂，特别是婚姻成为现实，双方的性吸引力趋于平缓后，夫妻感觉到最多的是对家庭的共同责任，一旦发现对方说谎，就会觉得对方不负责任，信任感消失，裂痕会马上出现。

有的人说谎还是出于好心，怕引起对方的怀疑，结果是欲盖弥彰，不能自圆其说。如听到关于对对方不利的消息，怕伤害对方的感情和增添对方的心理压力，而不愿将真情相告。有的人当然是出于不信任，怕对方不同意自己的一些做法而不敢将事实说出。无论哪一种，处理不好，都会引起对方的不愉快。

（2）揭短。夫妻相互最了解对方的缺点，揭起短来最顺当，最中要害，也就最伤感情。体格、行为、品格等方面都可以挑出短处，都是本人最不愿提起的，夫妻间因爱而宽容、而避讳。一旦入攻心头，心照不宣的心理默契被撕破了之后，那就会利剑所指，伤痕淌血，使各自的自尊心受到严重的损害，爱的纽带也就被割断。

（3）任性。恋爱时双方为缩短交往距离，往往伪装自己，迁就对方，容易相互和谐。婚后，空间距离消失，相互掩饰和协调的心理减退，往往变得随意任性。丈夫多花了几个钱，过去大方的妻子这时也许会唠叨个没完，好性子的丈夫也会忍不住甩几句硬邦邦的话，矛盾就会出现。

2. 积极化解矛盾

矛盾出现了，该怎样化解呢？

（1）多忍让。夫妻间的争吵、矛盾常由小事引起，不一定非断出个是非，声音大点、态度硬点，就算把对方压下去了，又哪里会赢得喜悦？态度温和，语调低缓，或者干脆不吭气，以沉默相对。对方人力发射无目标，也就气焰减弱，吵不起来了。

在家庭生活中，总会遇到一些矛盾。尤其在夫妻双方都很忙碌、很疲劳的时候，发脾气是常见之事。这种情况下，多忍让可以避免许多无谓的争吵。

（2）常说理。争吵起来，常忘了说理，无理搅三分，得理不让人。如果能稳定一下自己的情绪，心平气和地讲道理，对方的情绪不再被激怒，所讲的道理就能入耳了。

（3）少发泄。窝在肚里的怒气一直憋着并不好，适当地发泄可调节情绪。任意地无节制地发泄，就让对方难以接受。一般说来，自我消怒和转移消怒，或注意力转移，比发泄怒气要好。

（4）学点幽默。幽默总会令人忍俊不禁，启齿而笑。面对的是自己的妻子或丈夫，怎不喜欢他（她）化怒颜为笑容？

有一对老夫妻吵架后，彼此不再开口了。过了几天，先生忘记了吵嘴的不愉快，想和太太说话，可是太太就是不理他。

后来，先生在所有的抽屉、衣橱里到处乱翻，弄得老太太忍无可忍，她问道："你到底找什么呀？"

"谢天谢地，"老先生说，"我总算找到你的声音了。"

老先生这一番举动，着实令人佩服。他通过这样一种巧妙的方式，达到了重新和好的目的，而在这种情况下，用一般说理的办法是很难奏效的。

任何一个成了家的人，都应当用幽默来保护自己的家庭，如果没有根本性的重大的分歧，幽默能使家庭生活在最佳状态。

※ 努力防止产生"爱情厌倦"心理

许多人都有过这样的体验，人若长期接触同一事物或从事同一工作，就会产生疲劳感。即使是一幅很美的画、一首很动听的乐曲，如果反复看、反复听，原先的美感也会逐渐消失，而代之以单调乏味的感觉。同样，对于毫无变化、索然无味的婚姻生活也会产生这样的心理反应，这就是“爱情厌倦”心理。

婚姻问题专家加里斯莫里指出：孤独感、生活单调、缺乏情感交流和吸引力的消失是产生“爱情厌倦”心理的主要因素。

孤独感常是产生“爱情厌倦”心理的主要原因。一个人如果没有人与他分享生活中的乐趣与感受，就会产生孤独感。由孤独感又转而成为对婚姻的失望乃至愤怒，原先的情感也就随之消失殆尽。

长期单调贫乏的生活是促成“爱情厌倦”心理的第二个重要原因。家庭生活如果总是在同样的时间以同样的方式进行，就会失去乐趣。而外遇却能提供新鲜感和刺激性，并带有许多吸引人的冒险因素，这对于不甘单调的一方自然构成了巨大的诱惑，继而对原有的婚姻更为不满和厌倦。

夫妻间若长期地缺乏感情交流是滋长“爱情厌倦”心理的第三个因素。事实上，夫妻间的和谐关系是靠思想信息的交流而形成并维护的，它包括互相的尊重与欣赏。夫妻若缺乏情感交流，其隔阂便会浸渗到生活的各个方面，使双方渐渐疏远，由相互看不惯直到相互厌倦，“爱情厌倦”心理便由此而生。

至于吸引力，这是夫妻双方保持相互爱慕所不可缺少的重要因素。而不少做妻子的却认为，自己同丈夫一起生活多年，互相熟悉也无什么生理上的秘密可言，就无须保持端庄的仪态，因而失去了女性特有的魅力，使丈夫逐渐产生厌倦心理。

卡耐基指出：若要防止产生“爱情厌倦”心理，可从以下几个方面来努力：

1. 尽量使家庭生活丰富多彩

我们可以经常地举办一些诸如结婚纪念、生日纪念之类的活动，共同回忆初恋与新婚时的情景，以唤醒爱的柔意，加深夫妻间的感情。形式可以是家宴或野餐，也可以参加某项社交活动或外出旅游等。

同时，不断地了解对方和表达自己的精神需求，及时进行爱的滋润，并使性生活成为有意义的示爱行为。这样，双方就会燃起对爱情、对生活的新的追求。

2. 经常地赞美对方

不要认为对方的长处是应该具有的、短处却是不可容忍的，而要使他（她）感到他（她）在你的生活中占有重要的地位，以激起他（她）使生活幸福的愿望和行动。事实上，夫妻双方都是对方的精神支柱，都是对方获得幸福的源泉，交流情感为什么要吝啬赞美之词呢？

3. 努力提高自己的修养

这是保持吸引力的重要手段。别林斯基说：“爱情是两个相似的天性在无限感觉中和谐地交融。”夫妻既是一个共同生活的整体，又是两个独立的人，它不会因为一方的提高而“带高”另一方。只有双方共同提高，才是婚姻稳固和谐的基础。

4. 找出配偶最强烈的需求是什么并满足之

芭芭拉 18 年的婚姻看样子即将步入离婚法庭。有一天她流着泪绝望地给卡普特打电话，看他能否帮她一把。

“我不知道该怎么办，”她说，“不管我干什么，比尔好像都不满意。事实上，好像我做的一切都是错的。他不喜欢我那样收拾屋子，不喜欢我做的饭、我的穿着，说我在床上表现冷淡。他总是对我挑剔，批评我做的一切。

“我们去咨询了一位婚姻顾问，但那根本不起作用。卡普特，你能帮帮我们吗？我不想麻烦你，但你是我最亲近的朋友，而且我想凭你在应用心理方面的经验，你或许能想出些办法。我真的很爱比尔，不能失去他，况且也得为孩子们着想。”

卡普特问芭芭拉是否知道或清楚大家都有的基本欲望。她说不知道，他便让她到自己的办公室，给她列出如下问题：

他是否需要感受自我价值？那就对他加以注意。让他拥有价值感，满足他的自我。

他是否希望有机会做些有意义的事？给他提供机会，给他一项具有挑战性的任务去完成。

他是否需要情感保障？用你力所能及的方式满足他。

结果是芭芭拉的婚姻保住了。自从了解到丈夫最想从她那里得到什么并保证让他得到以后，他们的婚姻危机也就不复存在了。

如果你的家庭存在问题，这一方法也可帮你。只需记住基本原则：找出配偶最强烈的需求是什么并满足之。再强调一次，这就是人际关系中第一准则，夫妻间也不例外。

5. 接受伴侣的本来面目

不要试图改变配偶，将对方修正为第二个你。不要责骂或批评。那样永远不可能改变一个人。不仅如此，你也不可能通过批评掌握全家，让家人按你的意志行事。

就拿你丈夫举例吧。这些年的婚姻生活中你通过责骂和挑毛病使他改变了多少呢？你可能认为自己是好意，你以为可以把他改变成想象中的那样，但是你成功了吗？

假如你想通过批评把妻子变成符合你的标准，就不要梦想了。

记住这一点对你最有价值。你一生中可以改变的只有一个人，那就是你，你自己，你本人——别无他人。因此要按伴侣的本来面目接受他或她。这样做，你会更加幸福。

例如，曾有一位妇女，她有5个孩子和一年来一直醉醺醺没工作的丈夫。大部分时间都靠她在百货商店工作养家。她的丈夫真是有些问题，她迫切地希望改变丈夫。

所有想让丈夫戒酒的方法均告失败，无一能持久。出于特殊的宗教原因，她不想和丈夫离婚，但同时，她不能接受他那种样子。既然她无力改变他，她的痛苦和失望也就越来越深。

后来，有一天她有了婚姻生活中的最大发现。“我根本就没办法改变我的丈夫，解决不了他的酗酒问题，”她告诉自己，“但那是他的事，不是我的事。我无力改变他，也不能解决他的问题。我不能替他活。他是个病人，是个酒鬼，我马上就放弃努力让他戒酒的想法。从现在开始，我不再用他的问题来折磨自己。事情是什么样，我就怎样接受。

“我当然会照顾他，因为他是我丈夫，无论如何我爱他，但我不会再尝试改变他了。我将按他的本来面目接受他，并在这种条件下，尽我所能把自己和孩子们的生活安排好。”

太太最终向自己承认她无力改变丈夫。她的新观念对自己和孩子们都创造了奇迹。这种新观念没能让丈夫把酒戒掉，只有他自己可以戒。但是，除了他仍酗酒外，太太和孩子们又都过上了相对正常和幸福的日子。

认识到不大可能改变你的丈夫或妻子也同样能帮助你。事实上，只有按本来面目接受配偶，你的婚姻生活才能幸福快乐。

6. 经常浇灌爱情的花朵

有一位女青年老是抱怨婚后生活单调乏味，她除了喜欢养花，对家中其他事漠不关心，就连夫妻间温柔亲昵的谈话和性生活都变成了一种例行公事。一天，她向一位女友倾诉了心中的孤寂与空虚。女友望着她养的菊花问她：“这菊花开得这么鲜艳，你是怎么照料的？”她说：“我除了按时浇水施肥，每年还给它们剪枝，换盆。天气好时，搬到屋外面，让它们吸收阳光，逢上刮风、暴雨，我又把它们搬进屋里……”女友打断她的话又问：“那么你为你的婚姻做了些什么？”这句问话使她受到震惊。后来这位聪慧的女人开始像滋养菊花那样去滋养他们的婚姻，她主动帮丈夫擦皮鞋、洗衬衣，还买了一摞丈夫喜欢阅读的诗集。丈夫也好像变了样，一有空就帮她择菜，打扫屋子，星期天还常带她出去散步、游泳、打保龄球。现在他俩有滋有味地在享受甜美的夫妻生活。

因为爱情和任何有生命力的生物一样，也需要浇灌，也需要滋润。

7. 积极选择幸福

我们每个人都拥有一种权利，却常常不能正确运用。那就是选择的自由。很多人应选择财富时却选择了贫穷。有些人不选择成功却选择了失败。有些人选择了惧怕生活，然而事实上他们只需勇敢地迈出一步，就能抓住本应属于自己的幸福。

家庭生活也是如此。你有权选择你想要的生活。你可以选择充满乐趣的生活：充满激动、欢乐和幸福；你也可以选择经常充满愤怒、不满、争执和口角的家庭生活。一切全凭你。

沃伦·罗兰去世时已和老伴结婚六十多年了，他们俩一贯非常幸福。邻居从来未听过一方对另一方吆五喝六，也从来没见过两个人怒目而视。

罗兰的侄子结婚前，沃伦叔叔把他叫去闲谈。“你想听听我这个老叔叔的一点忠告吗？”他问。侄子说很愿意，以下便是罗兰告诉侄子的话：

“如果你想让婚姻幸福，你就能做到。多年前和你婶婶结婚时我就是这样做的。我们选择了幸福。如果你希望婚姻成功，我建议你也这样做，选择幸福。这很简单，不要把幸福搞得很复杂。

“当然，有欢乐也有痛苦，你不可能每天都生活在山顶上，没人能做到。中间会有些谷地，充满了悲伤、心痛或悲哀。你婶婶和我也有过那样的坏日子。但是我们克服了困难，因为从一开始我们就决心无论发生什么事情都要保证婚姻幸福。

“因此，如果你一开始就选择幸福，你的妻子也同样选择，那么无论发生了什么，你们都有一个幸福的婚姻。”

即使你结婚已经很久，选择幸福总还不嫌太晚。不论有时看起来多糟，如果你做出那个简单的决定——选择幸福，事情总会好起来的。

选择幸福的一个小小忠告是：不论内心感觉多么不爽，总要对家人高高兴兴。因你沮丧而让家人痛苦毫无意义。

家人在一起时，养成欢乐、高兴的谈话习惯特别重要。进餐时尤应如此。不要让人倒胃口——包括你自己在内——不要把家宴当成倾吐困难、忧虑、担心、警告和责备的机会。进餐时不宜管束。让每一餐都快乐，都像过节一样。

人性的优点

［美］卡耐基◎著　夏诺◎编译

吉林文史出版社
JILINWENSHICHUBANSHE

图书在版编目（CIP）数据

卡耐基：人性的优点 /（美）戴尔·卡耐基 (Dale Carnegie) 著；夏诺编译 . -- 长春：吉林文史出版社，2016.7

ISBN 978-7-5472-3168-5

Ⅰ . ①卡… Ⅱ . ①戴… ②夏… Ⅲ . ①成功心理 - 通俗读物 Ⅳ . ① B848.4-49

中国版本图书馆 CIP 数据核字 (2016) 第 124582 号

KANAIJI:RENXINGDEYOUDIAN

书　　名　**卡耐基：人性的优点**

编　　译　夏　诺
责任编辑　吕　莹
封面设计　金刚设计
出版发行　吉林文史出版社
地　　址　长春市人民大街 4646 号　　邮编：130021
网　　址　www.jlws.com.cn
印　　刷　北京凯达印务有限公司
开　　本　889mm × 1194mm　1/32
印　　张　9
字　　数　250 千
版　　次　2016 年 7 月第 1 版　　2016 年 9 月第 2 次印刷
书　　号　ISBN 978-7-5472-3168-5
定　　价　35.00 元

前言

每个人都是一本耐读的无字天书，都面临一场精彩的大戏，必须尽量地演绎好，因为主角就是你。在那没有预案、没有提示的道路上，只有凭着良知，凭着智慧去摸索属于自己的那片天空。

——戴尔·卡耐基

人性中有很多你未能洞悉的优点，这些隐藏在人的本性中的优点，其中很多或许并未被我们发掘。

早在20世纪上半叶，美国现代成人教育之父、人性教父、人际关系学鼻祖美国著名的心理学家和人际关系学家、20世纪最伟大的成功学大师戴尔·卡耐基先生就曾深刻洞悉了人性中的优点。

他一生致力于人性问题的研究，运用心理学和社会学知识，对人类共同的心理特点，进行探索和分析，开创并发展出一套独特的融演讲、推销、为人处世、智能开发于一体的成人教育方式。接受卡耐基教育理念的社会各界人士，其中不乏军政要员，甚至包括几位美国总统。千千万万的人从卡耐基的教育中获益匪浅。卡耐基先生以他对人性的洞见，利用大量普通人不断努力取得成功的故事，通过他的演讲和著作唤起无数陷入迷惘者的斗志，激励他们取得辉煌的成功。

人性中的优点很多，除了在漫长的历史和社会的演变过程中伟大的思想家为我们发掘的和人类在日常生活中自我发现的人性中的闪光点之外，还有一些东西，是我们未曾发现的。你完全可以通过卡耐基先生的引导，了解自己，发现你自身和他人身上的优点，从而为你的事业、家庭和人际关系向更好的方向发展，贡献一分力量。

你觉得自己陌生吗？你曾在工作中遇到烦恼吗？曾经惧怕过生活或创业前路的艰险吗？曾为一件小事而忧虑许久吗？曾苦恼于如何同他人沟通和交流吗？总会觉得你的收支不平衡、入不敷出吗？总会感到生活缺少激情和快乐吗？遇事总是缺少信心和勇气吗？身上有一些难以改掉的坏习惯吗？你会因难改的坏习惯而影响健康吗？

如果你对于以上的某一个或几个问题给出了肯定的答复，那么，这表明你未能发掘到人性在这方面的优点，你并不了解你自己。而本书的功用，简单地说，就是这样一个过程：帮助你发现优点，教你正视眼前的困难，指导你解决目前存在的问题，进而引导你回归快乐生活的本源并取得一定程度上的成功。

成功和快乐，在某些人看来也许遥不可及。其实，是你少了些许发现人性优点的眼光和独到的见解，所以，有时，你会为眼前一时的迷雾所蒙蔽，为已打翻的牛奶而暗自哭泣。我们缺乏的，仅仅是洞察问题的能力，和少许自信、毅力、做事方法和积极的心态而已。有时，我们对自己缺乏了解，缺乏信任，而这一点，往往会被大家忽视。

所以，最重要的，是先了解自身，了解人性中本来存在的优点。

那么，请相信，卡耐基先生的智慧和力量能让你了解自己，相信自己，充分开发蕴藏在身心里而尚未利用的财富，发挥人性的优点，去开拓成功幸福的新生活之路。

目录

第一章 成就一生的资本

第二章 把握成功的规律

第五章　我向你挑战

第六章　迈好步入社会的一步

第七章　习惯影响人的一生

第一章　成就一生的资本

一个人要生存在世界上，并且在生活的过程中获得成功和幸福感，找寻到理想并且享受其中，有一些基础性的因素是必不可少的。

卡耐基以其超人的智慧和超前的思想，为我们打开了通往成功的那扇门，并一步步地为我们搭好走向成功的阶梯，而这阶梯的第一步，就是首先要为我们的人生积累一些最起码的资本。

生命、自信、坚忍、贫穷、自学、良好的态度、有条理、有判断力、借助他人、节俭、珍惜时间、健康——这十二个因素构成了通往成功的第一道阶梯，有了这第一道阶梯的坚实基础，我们以后的步伐才有可能更加坚实而有力。

※　无限的生命能量

无人可以否定生命的伟大力量，生命，从开始酝酿那一刻起，就无时无刻不在创造着奇迹。生命，从细胞时期就孕育着非常强大的力量。这是卡耐基要告诉我们地看待生命的最基本也最朴实的道理。生命苦短，但力量是无限的。

天地的万物来到这世上都遵循着起点和终点相同的平等：生不带来，死不带去。

天地间的万物又对我们昭示着这样的一个自然道理：生命虽起点和终点相同，但生命的过程会有所不同，生命的过程就是个性孕育成熟的过程。

生命来到这世上，必不可少的就是要历经这世上风霜的磨难。

树叶面对风霜可以选择在风中哀号、哭泣，然后在风中慢慢地无望地枯去，也可以选择用生命承受的耐力让自己的内心转变成生命一片红色的美丽。这是树面对风霜的选择。树面对自然风霜无情的打击，选择的不同，生命展现的色彩也不同。

卡耐基告诉我们，每一天都是一个新的生命，我们首要去做的事情不是去观望遥远的将来，而是去做手边清晰的事。我们大多数人是这样——为昨天的果酱发愁，为明天的果酱发愁——却不会在我们今天吃的面包上涂上厚厚的果酱。

河蚌对揉在体内的沙带来的痛可以选择让生命在悲泣的泪流中慢慢化去，也可以选择用生命极坚忍的忍耐与克制让体内的顽沙慢慢褪去顽劣的特性，用自己柔弱的身躯的力量使沙柔化为体内的珍珠。这是河蚌面对沙的选择。河蚌面对沙无情的入侵，选择的不同，生命历经磨难后的拥有也不同。

生活中的我们面对生命不可逃避的无情的磨难可以选择用信心和力量战胜它，然后把微笑作为礼物回报给生命；也可以用无奈的失望甚至绝望让生命在这样的情绪中慢慢逝去。这是人的选择。人面对生命无情的磨难，选择的不同，生命历经风霜得到的气质也不同。

生命的过程其实就是一个面对磨难选择的过程。

我们常常感叹生命起点相同和终结点相同，也常常抱怨生命过程对人的不公。生命历经的过程真的是不公的吗？

树可以用它对生命的挚情的心把风霜无情地附加内化为一种力量的色彩挂在枝头，这是树对秋赋予的磨难回赠的最好的礼物。红叶是树战胜自然风霜磨难后展现出的生命色彩的美丽。

河蚌只有拥有内化能力，才能解除揉在体内的沙所带来的痛，才能创造出生命奇迹中珍珠的亮丽。珍珠是河蚌战胜沙对身体的侵揉所奉献出的生命的独有的美丽。

人只有用信心和力量战胜生命历经的磨难，才能把一抹微笑挂在自己的唇边，回馈给生活无限的奇迹。

其实世间万物的生命在生命的过程中都遵循着这样的一种生命规律：看似不平等的生命历程中蕴藏着生命在磨难面前可以选择的、对待磨难态度上的生命平等，而从这种选择中获取的是生命真正意义上的平等。

相信上天赐给世间万物的生命的过程都是色彩纷呈、独一无二的。相信哪怕是我们历经的磨难也是上天赐给生命的最好礼物，只是我们要用一颗善感的心和有耐力的心去读懂它，然后再找出破解它的密码，就能得到我们自己最美的生命的礼物。

所有的来到这个世上走一遭的生命都会不可避免地遭遇生命的磨难。无论是人类还是其他的甚至在人们眼中是卑微的生命，都只有通过在生活的磨难中找到破解属于自己生命磨难的钥匙，才能创造出生命的美丽的奇迹。这就是世上万物在生命过程中的平等。也是生命的力量的伟大之处。

生命历经风霜，却拥有了内蕴的色彩，这是生命战胜磨难后的美丽。

生命战胜磨难后的美丽，也就是生命力量的美丽。

相信生命的伟大力量，这是卡耐基教导我们首先要做的事。

※ 自信给你带来奇迹

卡耐基告诉我们：你有信仰就年轻，疑惑就年老；有自信就年轻，畏惧就年老；有希望就年轻，绝望就年老；岁月使你皮肤起皱，但是失去了热忱，就损伤了灵魂。

自信，是成功的第一“秘诀”。

一个人最需要的就是自信，只有充满自信，才能开掘智慧，激发力量，在人生的征途上健步如飞。

有这样一个故事，一位伟大的哲人在风烛残年之际，知道自己时日不多了，就想考验和点化一下他的那位平时看来很不错的助手。他把助手叫到床前说：“我的蜡所剩不多了，得找另一根蜡接着点下去，你明白我的意思吗？”“明白。”那位助手赶忙说，“您的思想光辉是得很好地传承下去……”“可是，”哲人慢悠悠地说，“我需要一位最优秀的承传者，他不但要有相当的智慧，还必须有充分的信心和非凡的勇气……这样的人选直到目前我还未见到，你帮我寻找和挖掘一位吗？”“好的，好的。”助手很温顺很尊重地说，“我一定竭尽全力地去寻找，以不辜负您的栽培和信任。”哲人笑了笑，没再说什么。

那位忠诚而勤奋的助手，不辞辛劳地通过各种渠道开始四处寻找了。可他领来一位又一位，都被哲人一一婉言谢绝了。某一次，当那位助手再次无功而返地回到哲人病床前时，病入膏肓的哲人硬撑着坐起来，抚着那位助手的肩膀说：“真是辛苦你了，不过，你找来的那些人，其实还不如你……”“我一定加倍努力，”助手言辞恳切地说，“找遍城乡各地、找遍五湖四海，我也要把最优秀的人选挖掘出来，举荐给您。”哲人笑笑，不再说话。

半年之后，哲人眼看就要离开人世，最优秀的人选还是没有眉目。助手非常惭愧，泪流满面地坐在病床边，语气沉重地说：“我真对不起您，令您失望了！”“失望的是我，对不起的却是你自己。”哲人说到这里，很失意地闭上了眼睛，停顿了许久，才又不无哀怨地说，“本来，最优秀的就是你自己，只是你不敢相信自己，才把自己给忽略、耽误、丢失了。其实，每个人都是最优秀的，差别就在于如何认识自己、如何发掘和重视自己……”话没说完，一代哲人就永远离开了他曾经深切关注着的这个世界。那位助手非常后悔，甚至后悔、自责了整个后半生。

为了不重蹈那位助手的覆辙，每个向往成功、不甘沉沦者，都应该牢记一位哲人说过的这样一句至理名言：“每个人都有大于自身的力量。不是因为有些事情难以做到我们才失去自信，而是因为我们失去了自信，有些事情才显得难以做到。”我们每个人就是一座金矿，关键是如何发掘自己。

镭的发现者——居里夫人，当初穿着沾满灰尘和油污的工作服，从堆积如山的铀沥青中寻找镭时条件非常艰苦，但她信心百倍。成功之后她对她的朋友说：“无论做什么事情，我们都应该有恒心，特别是自信心。”

由此可见，事业上的成功固然由多种因素组成，但自信心就是成功者的必备特征，自信心也是人性与生俱来的优点之一，拥有了信心就拥有了成功的一半。同样说明这个道理的还有这样的一个故事：

一个纽约的商人看到一个衣衫褴褛的铅笔推销员，顿生一股怜悯之情。他把一美元丢进卖铅笔人的盒子里，就准备走开，但他想了一下，又停下来，从盒子里取了一把铅笔，并对卖铅笔的人说：“你跟我都是商人，只不过经营的商品不同，你卖的是铅笔。”几个月后，在一个社交场合，一位穿着整齐的推销商迎上这位纽约商人，并自我介绍：“你可能已经记不得我了，但我永远忘不了你，是你重新给了我自尊和自信。我一直觉得自己和乞丐没什么两样，直到那天你买了我的铅笔，并告诉我是一个商人为止。”

“推销员”一直做乞丐，因为他一直缺乏自信。从纽约商人的一句话中，“推销员”找到了自尊和自信，并开始了全新的生活，从中不难看出自信心的威力。缺乏自信常常是性格软弱和事业不能成功的主要原因。对此，著名的推销员齐格曾有过切身的体会。齐格曾参加过一个由梅里尔指导的全日制培训课程。培训结束后，梅里尔先生将齐格留下说："你有许多能力，你可以成为一个了不起的人，甚至一个全国优胜者。我绝对相信，如果你真正投入工作，真正相信自己，你能冲破一切困难获得成功。"说真的，齐格细细品味这些话时，他惊呆了。你必须理解齐格当时的处境，才有可能意识到这些话对他有多大的影响。他回忆道："当我是个小男孩时，我长得很小，即使在穿得最多时也没超过120磅。我上学后，从五年级开始，放学后和周六的大部分时间都在工作，运动方面也不是很活跃。另外，我还很胆小，直到17岁才敢和女孩约会，而且还是别人指定给我的一个盲目性约会。一个从小镇中出来的小人物，希望回到小镇上一年赚上5000美元，我的自我意识仅限于此。现在却突然有一个受我尊敬的人对我说'你能成为一个了不起的人'！"所幸的是，齐格相信了梅里尔先生，开始像一个优胜者一样思想、行动，把自己看成优胜者。最后，齐格终于成功了，他说："梅里尔先生并未教很多推销技巧，但那年年底，我在美国一家7000多名推销员的公司中，推销成绩列第二位。我从开大众车变成开豪华小汽车，而且有望获得提升。第二年，我成为全州报酬最高的经理之一，后来我成为全国最年轻的地区主管人。"

齐格遇到梅里尔先生后，并不是获得了一系列全新的推销技巧，也不是他的智商提高了50点，只是梅里尔先生让他确信自己有获得成功的能力，并给了他目标和发挥自己能力的信心。

可见，人只有自信，才能自强不息，才能使人为自己的理想而努力奋斗。只有自信，才能使人在艰苦的事业中保持必胜的信念，才能使人有勇气前进。人如果缺乏自信心，就会对自己的美好理想放弃争取；就会浑浑噩噩、碌碌无为；如果缺乏要干成一番事业的自信心，通向成功之路的航船就要在沙滩搁浅，终生也难以托起成功的巨轮。在现实生活中，自信心是大力之神，它能使弱者变得强大，使侏儒变成巨人。

※ 坚忍的意志是成功的保证

卡耐基曾说过："朝着一定目标走去是'志'，一鼓作气中途绝不停止是'气'，两者合起来就是'志气'。一切事业的成败都取决于此。"而此处说提到的"气"，便是坚忍的意志，它要求我们一鼓作气，无论遇到何种困难，都不退缩，不放弃，坚强勇敢地走下去。

"坚忍"是解除一切困难的钥匙，它可以使人成就一切事情。在成功的道路上，没有任何东西比坚忍不拔的意志更重要。坚忍的意志，是一切成就大事业的人所具有的特征。他们或许缺乏其他良好的品质，或许有各种弱点和缺陷，然而他们具备了坚忍的意志。这是所有成就大事业的人所不可缺少的特质。劳苦不足以使他们灰心，困难不足以使他们丧志。不管处境如何。他们总能坚持与忍耐，因为坚忍是他们的天性。

那么，如何使自己具备坚忍的意志呢？

每一个要克服的障碍，都离不开意志力。面对着所执行的每一个艰难的决定，我们所依靠的是内心的力量。事实上，意志力并非是生来就有或者不可能改变的特性，它是一种能够培养和发展的技能。下面几条有助于增强你的意志力，不妨一试。

1．积极主动

主动的意志力能让你克服惰性，把注意力集中于未来。在遇到阻力时，想象自己在克服它之后的快乐；积极投身于实现自己目标的具体实践中，你就能坚持到底。美国东海岸的一位商人知道自己喝酒太多，然而他从事的是一种很烦人的工作，而在进餐前喝几杯葡萄酒似乎能让紧张的心情得到放松。可酒和累人的活又使得他时常喝完酒便呼呼大睡。有一天，这位经理意识到自己是在借酒浇愁，浪费时光。于是他不再贪杯，而是把更多的时间放在儿女身上。刚开始时很不容易，常常想起那香气四溢的葡萄酒，但他告诫自己现在所做的事将有所得而不是有所失。后来的事实证明，他越是关心家庭和子女，工作起来的干劲也就越大。

2．下定决心

美国罗得艾兰大学教授詹姆斯·普罗斯把实现某种转变分为四步：

⑴抵制——不愿意转变；

⑵考虑——权衡转变的得失；

⑶行动——培养意志力来实现转变；

⑷坚持——用意志力来保持转变。

为了下定决心，可以为实现自己的目标规定期限。玛吉·柯林斯是加州的一位教师，对如何使自己臃肿的身材瘦下来十分关心。后来她被选为一个市场组织的主席，便决定减肥6公斤。为此她购买了比自己的身材小两号的服装，要在三个月之后的年会上穿起来。由于坚持不懈，柯林斯终于如愿以偿。

3．目标明确

普罗斯教授曾经研究过一组打算从元旦起改变自己行为的实验对象，结果发现最成功的是那些目标最具体、明确的人。其中一名男子决心每天做到对妻子和颜悦色、平等相待。后来，他果真办到了。而另一个人只是笼统地表示要对家里的人更好，结果没几天又是老样子，照样吵架。

4．权衡利弊

如果你因为看不到实际好处而对体育锻炼三心二意的话，光有愿望是无法使你心甘情愿地穿上跑鞋的。普罗斯教授对前往他那儿咨询的人劝说，可以在一张纸上画好四个格子，以便填写短期和长期的损失和收获。假如你打算戒烟，可以在顶上两格填上短期损失“我一开始感到很难过”和短期收获“我可以省下一笔钱”；底下两格填上长期收获“我的身体将变得更健康”和长期损失“我将推动一种排忧解闷的方法”。通过这样的仔细比较，聚集起戒烟意志力就更容易了。

5. 改变自我

光知道收获是不够的，最根本的动力产生于改变自己形象和把握自己生活的愿望。道理有时可以使人信服，但只有在感情激发起来时，自己才能真正加以响应。

6. 注重精神

法国17世纪的著名将领图朗瓦以身先士卒闻名，每次打仗都站在队伍的最前面。在别人问及此事时，他直言不讳道：“我的行动看上去像一个勇敢的人，然而自始至终却害怕极了。我没有向胆怯屈服，而是对身体说：‘老伙计，你虽然在颤抖，可还是得往前冲啊！’”所以他毅然地冲锋在前。大量的事实证明，使自己像具有顽强意志一样地去行动，有助于使自己成为一个具有顽强力的人。

7. 磨炼意志

早在1915年，心理学家博伊德·巴雷特提出一套锻炼意志的方法。包括从椅子起身和坐下30次，把一盒火柴全部倒出然后一根一根地装回盒子里，他认为，这些练习可以增强意志力，以便日后去面对更严重更困难的挑战。巴雷特的具体建议似乎有些过时，但他的思路却给人以启发。例如，你可以事先安排星期天上午要干的事情，并下决心不办好就不吃午饭。

8. 坚持到底

俗话说“有志者事竟成”，其中含有与困难做斗争并且将其克服的意思。普罗斯在对戒烟后又重新吸烟的人进行研究后发现，许多人原先并没有认真考虑如何去对付香烟的诱惑。所以尽管鼓起力量去戒烟，但是不能坚持到底。当别人递上一支烟时，便又接过去吸了起来。如果你决心戒酒，那么不论在任何场合里都不要去碰酒杯。倘若你要坚持慢跑，即使早晨醒来时天下着暴雨，也要在室内照常锻炼。

9．实事求是

如果规定自己在三个月内减肥25公斤，或者一天必须从事三个小时的体育锻炼，那么对这样一类无法实现的目标，最坚强的意志也无济于事。而且，失败的后果会将自己再试一次的愿望化为乌有。在许多情况下，将单一的大目标分解成许多小目标不失为一种好办法。打算戒酒的鲍勃在自己的房间里贴了一条标语——“每天不喝酒”。由于把戒酒的总目标分解成了一天天具体的行动，因此第二天又可以再次明确自己的决心。到了周末，鲍勃回顾自己多天来的一系列“胜利”时信心百倍，最终与酒“拜拜”了。

10．逐步培养

坚强的意志不是一夜间突然产生的，是逐渐积累的，还会不可避免地遇到挫折和失败，必须找出使自己斗志涣散的原因，才能有针对性地解决。玛丽第一次戒烟时，下了很大的决心，但以失败告终。在分析原因时，她意识到需要做点什么事来代替代吸烟。后来她买来了针和毛线，想吸烟时便编织毛衣。几个月之后，玛丽彻底戒了烟，并且还给丈夫编织了一件毛背心，真可谓“一举两得”。

11．乘胜前进

实践证明，每一次成功都将会使意志力进一步增强，如果你用顽强的意志克服了一种不良习惯，那么就能获取获胜的信心。每一次成功都能使自信心增加一分，给你在攀登悬崖的艰苦征途上提供一个坚实的“立足点”。或许面对的新任务更加艰难，但既然以前能成功，这一次以及今后也一定会胜利。

※ 贫穷是一种可贵的资本

有些人可能为曾经或现在的贫穷而扼腕叹息，有些人可能在为摆脱贫穷而做着不懈的努力，但是他们没有意识到，贫穷也是一种可贵的资本。

资本的种类有很多，比如：金钱、知识、友情、爱情、家庭、个人素质（多指品德，还有刻苦耐劳、意志、信念、朴实、有奉献精神等），还有“贫穷”。

我们试着做一个分析：如果贫穷是最大的财富，那么，比尔·盖茨不是世界上最富的人？答案是：这涉及人的价值观问题，财富不完全等于金钱，我们都知道，金钱只是表现财富的一种度量。那么度量财富还有其他东西。精神财富是其中最重要的方面。所谓“人穷志不穷”，志就是一种财富的源泉，虽说“志”不是穷人所独有的，但至少更容易被穷人所有。因为他们更有毅力、更坚强、更有动力，这就是一种精神力量，是一种贫穷的力量，这种力量能够成就一切财富与资本（包括金钱财富）。

穷而不认命，不求奢华，知足常乐，与世无争，是最大的精神财富。贫穷时如果能知足常乐，安贫乐道，不羡慕那些富贵荣华，不抱怨自己命运不济，那么卡耐基会告诉你，你的人生正在跨向一个更高的层次。你的精神和灵魂，也将在此过程中，得到升华。罗马哲学家塞尼逊有句名言：“人最大的财富，是在于无欲。”

其实贫穷与资本，就像小与大、短与长，均是对立的一个问题的两个方面。根据辩证法的逻辑，大与小、长与短均有可变性。穷与财富也不能一成不变，社会上由穷变富者，并非鲜见。

足球巨星罗纳尔多，生长在巴西一个穷人区。母亲失业，吃穿无着落，幼小的罗纳尔多钻进母亲的怀抱说，以后我用踢球养活你。在巴西，足球十分神圣，就是信仰，多少人做着球星梦，而成功者却寥寥无几。罗纳尔多 14 岁就成为一个足球俱乐部的明星，20 岁登上足球巅峰。因为他时刻牢记：只有踢好球，才能养活母亲。

想踢球养活母亲，这是人人不愿见到的生存底线，然而它却是一种无以替代的精神动力，这动力是人生隐藏的巨大财富，这财富是取之不尽、用之不竭的力量源泉。当人们把羡慕的眼光，投向成功者名利的光环时，千万不要忘记他们当初的贫穷，那才是胜利的要素，成功的秘诀。

※ 终生不断的自我教育

有些人认为，学习的最佳年龄是在30岁以前，过了这个年龄，就没有必要也很难继续学习下去，其实，这样的想法是存在偏差的，卡耐基的理论为我们指明了方向：自我学习和自我教育是一辈子的事情。

假如你已经年过三十，还没有受过相当的教育，你大可不必为此而灰心。从前有一个人，从一个生性懒惰、挥霍无度的人手里买到一块田地，等到成交时已经是5月底了。以前那个懒惰的地主，在早春时分，不曾下种、不曾耕耘。许多邻近的人都去告诉这位新地主，说早春已过，除了种蔬菜以外，种别的东西，现在已经太迟了。但是这个新地主是个很有头脑、很能干的人，他下了些长得较晚的谷类种子，并且得到一次很丰盛的收获——一次超过其他邻居所得的收获。这类事实的发生，不仅仅限于耕田，在人生的各方面，都有后来居上的可能。

假使你真有向上的志愿，假使你真想补救早年失学的损失，你该谨记，你每天所遇到的每个人，都能增益你的知识。假使你遇见的是一个印刷师傅，他能灌输你许多印刷的技术；一个泥水匠，能告诉你建筑方面的技巧；一个普通的农夫，有他做人做事的经验，你能从他身上得到许多人情世故。

从每种可能的处所，努力摄取知识，这是使人知识广博的唯一途径。广博的知识，可以使人们胸襟开阔，不至于流于狭隘、鄙陋。这样的人能够从多方面去接触人生，领会人生。

有些家庭困难，或身体残疾而无缘进入大学的人，总认为自己遭受了一种不可复得的损失，以为这在他们的一生中是一个永远无法补救的缺陷。他们会觉得，纵使日后怎样的自修字习，也将无法弥补今日的缺陷。但就事实而论，有学问、有修养、有水平的人中间，很多是那些从未受过大学教育的人，甚至是那些连中学也没跨入过的人。

一个未读完小学的青年，凭着多年孜孜不倦的努力，自学了许多历史书籍，最终成了一个历史学家。他也因此得到了许多人的称赞。

假使你因为有些学科不容易理解，而怀疑你的学习与记忆力不如从前，那么你不必因此而灰心。教育的意义十分广泛，我们可以避免那些自己不感兴趣的课程。对于有些科目，成年人的学习与记忆能力要比青年学生强得多，因为成年人有更多的经验、更成熟的见解、更正确的判断力。

如今，出版市场愈发繁荣，适合各种年龄层次和教育水平的书籍都应运而生，琳琅满目地摆放在书店中，但很多成年人却认为，自己早已过了汲取知识的最佳年龄，已成强弩之末，再受教育已是太迟了。其实，这种想法是不合适的，卡耐基通过他几十年的研究，为我们得出了结论：一个人的一生，应该是一个不间断的自我教育的过程，年龄、受教育程度或其他原因不应成为阻碍自我教育的因素。

※ 态度是你最重要的资本

诚实、自信是一个希望成功的青年所应具备的重要条件，但还有一种更重要的资本我们非具备不可，那就是良好的态度。

态度是你与人见面时最先给人的一个印象，它的重要性不言而喻。一个吊儿郎当或态度粗俗的人，令人一见就会产生反感，其结果必然导致处处碰壁。但一个态度良好的人即使容貌平平，甚至肢体残缺，仍比那眉清目秀、身强力壮但态度粗鲁的人更加受人欢迎。任何商店的老板，都希望自己的员工有能力吸引更多的买主，令店里的顾客一天比一天多，但不希望用强求的方法去逼顾客买他的东西。我们必须知道：任何人一走进我们店门，就是一位新的客人，必须热情地对待，至于他买不买东西，那是他的权利，我们绝对不应加以干涉。我们所应做的，只是代表商店热情而小心翼翼地招待客人。

有许多人，往往因为没有受过良好的培训，养成了一种骄傲、蛮横、粗鲁、生硬的态度，这种人若不自知改善，其人生将会是一片坎坷，做起任何事来，一定不会顺利。

一个人如果从小就有机会受到“态度”的训练，长大之后，他就自然地拥有良好习惯。这种人因为品格高尚、态度良好，将来一定很容易成功。一个和善可亲、才高识广的人，比起那些只有钱而脾气乖戾的人来说，更容易在很多事上获得成功。

良好的态度对于你的社会关系，就像润滑油对于机器一样，能够使整架机器运转良好，各零部件磨合正常。

那么，究竟什么样的态度能够使你获益终生呢？

首先，要学会用积极的思维来替换消极思维，善于与人合作，先去理解别人并且让别人感觉到他们的重要，要随时随地注意自己的形象。

人的思维方式和行为方式，都是完全靠自己支配的。快乐与否、气愤与否、热情与否，都是自己选择的。通过选择那些积极的信息来武装自己的头脑，而不是听任自己的思绪在那些令人不快的事情上徘徊，可以改善自己对待他们的态度，排除那些消极的想法，代之以对目标的思考。

有这样一句谚语：“生活就是由一系列连续不断的问题组成的。”

人们的生活中可能充满大大小小各种问题，如果不加小心，这些问题就可能占据大脑而令你的思维变得消极。为了改变这种消极思维的倾向，可以转而去考虑为自己设定的目标。无论何时，如果发生了令人不愉快的事，就想一想未来的目标，从而改变消极的思维。用第一人称、现在时态的肯定预期来不断对自己重复这个目标。如果遇到问题，不要一遍遍地去想那个问题，想应该责怪谁或谁做了什么不该做的事，相反，应该想一想如何解决问题，想一想下一步该怎么办。一旦开始思考能做些什么来解决自己面对的问题，人就开始冷静、清醒下来，变得积极而有建设性，重新恢复了自制力。

几乎所有的消极思维都与人们曾经经历过的不愉快有关。但当一个人考虑到自己的目标时，他就会以积极的方式来思考问题。所以，必要的时候就强迫自己去畅想未来而不是沉湎于过去。设想一下理想的生活以及美好的前景，使自己振奋，过去的不愉快就被一扫而光了。第二种方法是让自己忙于目标和任务，强迫自己忙起来，有些事情就无暇去想了。

态度决定一切，一个良好的态度，是成功的开端。

※ 养成有条理的习惯

一位商界名家将“做事没有条理”列为许多公司失败的一大重要原因。而养成有条理的习惯，不仅仅是从商所必备的因素，而且是成功人生的最基本的资本积累。

工作没有条理，同时又想把蛋糕做大的人，总会感到手下的人手不够。他们认为，只要人多，事情就可以办好了。其实，你所缺少的，不是更多的人，而是使工作更有条理、更有效率。由于你办事不得当、工作没有计划、缺乏条理，因而浪费了大量员工的精力，但吃力不讨好，最后还是无所成就。

没有条理、做事没有秩序的人，无论做哪一种事业都没有效率可言。而有条理、有秩序的人即使才能不平庸，他的事业也往往有相当的成就。

大自然中，未成熟的柿子都具有涩味。除去柿子涩味的方式有许多种，但是，无论你采用哪一种方式，都需要花一段时间来熬熟。如果你不等一定的时间就打开，就没法使柿子成熟而除去涩味。这么说来，叫猴子去等柿子成熟，似乎不可能。因为猴子会经常打开来瞧瞧，甚至咬一口看看，于是它就没有希望尝到甜柿的滋味了。

任何一件事，从计划到实现的阶段，总有一段所谓时机的存在，需要一些时间让它自然成熟。无论计划是如何正确无误，总要不慌不忙、沉静地等待其他更合适的机会到来。

假如过于急躁而不甘等待的话，那么就经常会遭到破坏性的阻碍。因此，无论如何，我们都要有耐心，压抑那股焦急不安的情绪，才不愧是真正的智者。假若连最起码的等待都做不到的话，那么和猴子也没有两样。

一位企业家曾谈起了他遇到的两种人。

有个性急的人，不管你在什么时候遇见他，他都表现得风风火火的样子。如果想同他谈话，他只能拿出数秒钟的时间，时间长一点，他会伸手把表看了再看，暗示着他的时间很紧张。他公司的业务做得虽然很大，但是开销更大。究其原因，主要是他在工作安排上七颠八倒，毫无秩序。他做起事来，也常为杂乱的东西所阻碍。结果，他的工作一团糟，他的办公桌简直就是一个垃圾堆。他经常很忙碌，从来没有时间来整理自己的东西，即便有时间，他也不知道怎样去整理、安放。

另外有一个人，与上述那个人恰恰相反。他从来不显出忙碌的样子，做事非常镇静，总是很平静祥和。别人不论有什么难事和他商谈，他总是彬彬有礼。在他的公司里，所有员工都寂静无声地埋头苦干，各样东西安放得也有条不紊，各种事务也安排得恰到好处。

他每晚都要整理自己的办公桌，对于重要的信件立即就回复，并且把信件整理得井井有条。所以，尽管他公司经营的规模要大过前述商人，但别人从外表上总看不出他有一丝一毫的慌乱。他做起事来样样办理得清清楚楚，他那富有条理、讲求秩序的作风，影响到他的全公司。于是，他的每一个员工，做起事来也都极有秩序，一片生机盎然之象。

所以，养成有条理的习惯，将有助于你加快办事效率，节省时间，有条理的习惯，也将成为你受用一生的资本。

※ 做事要有很好的判断力

社会上最受欢迎的人是那些有巨大创造力与非凡经营能力的人。有些人往往只知道按部就班地听从别人的吩咐，去做一些已经计划妥当的事情，而且凡事都要有人详细的指示。唯有那些有主张、有独创性、肯研究问题、善于经营管理、有准确的判断力的人才是人类的希望，也正是这种人，充当了人类的开路先锋，促进了人类的进步。

一个有准确迅速而坚决的判断力的人，他的发展机会要比那些犹豫不决、模棱两可的人多得多。所以，请尽快抛弃那种迟疑不决、左右思量的不良习惯吧！这种不良的习惯会使你丧失一切原有的主张，会无谓地消耗你的所有精力。

这也是年轻人最容易染上的可怕习惯，遇到事情时，明明已经详细计划好了，考虑过了，已经确定了，但有些人仍然畏首畏尾、瞻前顾后而不敢采取行动，还要重新从头考虑，还要去征求各处的意见，东看西瞧，左思右量，翻来覆去，没有决断。最后，脑子里各种念头越来越多，自己也就越来越没有信心，不敢决断。后果就是，人的精力逐渐耗尽，终于陷入完全失败的境地。

一个希望取得全面成功的人，一定要有一种坚决的意志，不要染上优柔寡断、迟疑不决的恶习。在工作之前，必须要确信自己已经打定主意，即使遇到任何困难与阻力，即使发生一些错误，也不要轻易产生怀疑的念头。我们处理事情时，事先应该仔细地分析思考，对事情本身和环境下一个正确的判断，然后再做出决策；决定一旦做出之后，就不要再对事情和决策产生怀疑和顾虑。做事的过程中难免会发现一些错误，但不能因此心灰意冷，应该把困难当教训、把挫折当经验，要自信以后会更顺利，成功的希望也就更大。在做出决定后，还心存疑虑、还要反复猜疑的人，无异于把自己推入一种无可拯救的沼泽中，最终只好在痛苦和懊恼中度过一生。

有些人最终无法成功，并不是缺乏创立一番事业的能力，而是因为他们的判断力太差了。他们好像没有自主自立的能力，而只能依赖他人，这些人即使遇到任何一点微不足道的事情，也要东奔西走去询问亲友邻人的意见，自己的脑子里只是胡思乱想，尽管时刻牵挂但并无主见。于是，越和人商量，越不能确定主意，越是迟疑不决，结果就弄得不知所措。

判断力不准确和缺乏判断力的人往往很难决定开始做一件事，即使决定开始做了，最后也往往无法收场。他们一生的大部分精力和时间，都消耗在犹豫和迟疑当中，这种人即便有其他获得成功的条件，也永不会真正获得成功。

大凡成功者须当机立断，把握时机。一旦对事情考察清楚，并制定了周密计划后，他们就不再犹豫、不再怀疑，而是勇敢果断地立刻去做。因此，他们对任何事情往往都能做到驾轻就熟，马到成功。

造船厂里有一种力量强大的机器，能把一些破烂的钢铁毫不费力地压成坚固的钢板。而善于做事的人就与这部机器一般，他们做事异常敏捷，只要他们决心去做，任何复杂困难的问题到了他们手里都会迎刃而解。

一个人如果目标明确、胸有成竹、有自信心，他绝不会把自己的计划拿来与人反复商议，除非他遇到了在见识、能力等各方面都高过他的人。在决策之前，他都会前前后后地仔细研究，然后制定计划，采取行动；这就像前线作战的将军必须仔细研究地形、战略，而后才能拟定作战方案，随后再开始进攻。

一个头脑清晰、判断力很强的人，一定会有自己坚定的主张，他们绝不会糊里糊涂，更不会投机取巧，他们也不会永远处于徘徊当中，或是一遇挫折便赌气退出，前功尽弃。只要做出决策、计划好的事情，他们一定会勇往直前。

英国当代著名军人基钦纳就是一个很好的例子。这位沉默寡言、态度严肃的军人勇猛如狮、出师必胜，他一旦制定好计划，确定了作战方案，就会集中心思运用他那惊人的才干，镇定指挥，他绝不会再三心二意地去与人讨论、向人咨询。在著名的南非之战中，基钦纳率领他的驻军出发时，除了他的参谋长，谁也不知道军队要开赴哪里。他只下令要求预备一辆火车、一队卫士及一批士兵。基钦纳声色不动、滴水不漏，更没有拍电报通知沿线各地。战争开始后的一天早上 6 点钟，他忽然神秘地出现在卡波城的一家旅馆里，他打开这家旅馆的旅客名单，发现几个本该在值夜班的军官的名字。他走进那些违反军纪的军官的房间，一言不发地递给他们一张纸条，上面签署了自己的命令："今天上午 10 点，专车赴前线；下午 4 点，乘船返回伦敦。"基钦纳不听军官们的解释和辩白，更不听他们的求饶，只用这样一张小纸条，就给了所有的军官一个警告，起到了杀一儆百的作用。

基钦纳将军有无比坚定的意志和异常镇静的态度，但他深知自己在战时所负有的重大使命。因此，他为人处世严谨而端正，公正无私，指挥部下时也从不偏袒，做任何事情非至成功决不罢手。从这些地方，就可以看出基钦纳将军的伟大魄力和远大抱负。

基钦纳将军并不看重他人的颂扬，更不接受部下的阿谀奉承。

他从不狂妄自大，在他看来，做人处世应该摒弃名利之心。基钦纳将军做任何事从来胸有成竹，他凡事都能冷静而有计划地去做，因此事事马到成功。

这位驰骋沙场、百战百胜的名将待人诚恳亲切，非常自信，做起事来专心致志，富有创见，也极富判断力，为人机警，反应敏捷，每遇机会都能牢牢把握并充分利用。他真是一个向往获得全面成功者的最好典范！

※ 善于借用别人的力量

一个人，不管他的能耐有多大，他的智慧和才能都是有限的。唯有借助他人的能力和智慧，取长补短，为我所用，才能广采博集，发挥集体的智慧。特别是在全球化迅速发展的今天，更离不开他人的智慧和支持。

蚂蚁是生物界中体形较为弱小的一种，由于个体的弱小，所以蚂蚁们特别懂得与其他生物取食共生，互惠互利。单个的蚂蚁在外面觅食或是侦察时，也从来不逞一时之勇，而是善于借助他人的力量，与他人相互合作。

蚂蚁知道，如果不懂得和他人合作，不懂得借用他人的力量，是无法维持这个庞大的蚂蚁帝国的，更无法促使整个群体得到快速的发展。希腊哲人阿基米德说过："给我一个支点，我就可以撬动整个地球。"对于人类社会来说，这个支点，就是他人的智慧。

比尔·盖茨说过：一个善于借助他人力量的企业家，应该说是一个聪明的企业家。在办事的过程中善于借助他人力量的人也是一个聪明的人。

在自己的力量还没有足够强大的时候，借助他人的力量，是走向成功的捷径。对于一个人来说，要获得进一步发展，更免不了借助他人的力量。

现代社会越来越开放，信息传播越来越快捷，企业的结构越来越庞大，专业分工越来越细致。靠个人单枪匹马独闯天下的时代已经过去。要成功就要借助他人的力量而不是自己一个人的艰苦奋斗。换句话说，就是要调动外界的一切能为我所用的资源，从而提高我们的办事效率，迅速达到我们的预定目标。

借力指的是借他人之力，如名人、亲戚、朋友、同学等的地位、名望、财富或权力等；他人有时是你接近成功或走向成功的桥梁与阶梯，尤其是那些德高望重的名人，他们的力量更能帮你寻到走向成功的捷径。

一个人的力量毕竟是有限的，要想在事业上获得成功，除了靠自己的努力奋斗之外，有时需要借助他人的力量，只有“好风凭借力”，才能“送我上青云”。

关系网中的“借”字是核心。把握了“借力”这一核心，就把握了关系网的精髓。一个人想要顺顺当当把事情办成功，除了靠自己的努力外，有时还要借助他人的力量才能扶摇直上。一般来说，无论引荐者的名望大小、地位高低，只要对你的成功有所帮助，他就是你登上高处的好榜样，他的威信和影响对你都是有用处的。

在借助他人的力量时，一般要遵循以下步骤：

1. 要与有影响力的人做朋友

对于一般人来说，应该随时留心周围人的品格、能力及其影响力，要用真心去交朋友。要盯得准，看谁有能力帮助你。

2. 努力求得朋友的帮助

朋友能否帮你的忙，还看你平时表现如何。这就要求你与人交往时，目光要放远些，不因小利而不为，亦不因利大而为之。这样看来，借力的功夫完全包含在不时地为人处世之道之中。

3. 借助一些有权力的人，或一些知名度较高的人的力量

如著名的专家学者等。因为这些权威人物都有一定的威慑力量。

对方看你有“后台”也会愿意与你合作。

4. 要在内心里承认并接受借力的价值

有很多人并不是不会借力，而是难为情而不愿意求人，总觉得这样做有失体面，好像是贬低了自己的能力。其实，这些想法都是不必要存在的。什么时候也别忘了，即使是拿破仑也需要别人帮他架起成功的桥梁，何况你只是一个平常之人呢？

所以，不懂得或不善于利用他人力量，光靠单枪匹马闯天下，在现代社会里是很难大有作为的。借助他人的力量，是现代社会的一条普遍的生存法则。

※ 节俭是你终生受用的佳肴

随着人们生活水平的提高，越来越多的人简朴的观念在日益淡薄，取而代之的是“奢侈观”和“享乐观”，但是，他们忽略掉一点，抛弃节俭的作风，并不仅仅像扔掉几件有用的东西那样简单。因为，节俭是你终生受用的佳肴。

在能成大事人的眼里，一分钱就是资本，是财富得以生长的种子。

有一个人从一无所有变成一个全城最富有的人，许多人就去找他询问致富的方法，富翁说，“假如你有一个篮子，每天早晨在篮子里放进十个鸡蛋，每天晚上再从篮子里拿出九个鸡蛋，最后将会出现什么情况呢？”“总有一天，篮子会满起来，”有人回答，“因为每天放进篮子里的鸡蛋比拿出来的多一个。”富翁笑着说：“致富的原则就是在你放进钱包里的十个硬币中，最多只用掉九个。”

这个故事要说的是：除非养成节俭的习惯，否则你永远不会积聚财富。一元钱对你来说可能微不足道，在能成大事人的眼里，钱就是资本，是财富得以生长的种子。

很多白手起家的大富翁们，在投资、捐赠等方面出手阔绰，但在自身的支出上却又异常俭省。

俭朴是一种美德，也是致富的手段。否则，纵使你有再多的钱，也禁不住无谓的奢侈。

有杰克、鲍勃两位好朋友，他们人口、家底及收入均相当，可是不知什么原因，杰克的日子越过越富裕，鲍勃的日子却越过越贫穷。

鲍勃心里很纳闷，一天早上，他跑去向杰克请教过日子的诀窍。

杰克仔细思索了一会，然后把鲍勃带到一口井边，并要求他打水，打完了水再告诉他过日子的方法。

杰克交给鲍勃两只水桶，叫鲍勃用有底的水桶打上水倒在没底的水桶里，待没有底的水桶倒满了才能回去。鲍勃心里很奇怪，明知没有底的水桶倒不满水，但既然杰克说了，就只好照办。

鲍勃用有底的水桶打上满满一桶水，可是倒进没有底的水桶就漏光了。打到天黑他才回家。杰克叫鲍勃明天再来。

次日，杰克又带着鲍勃到井边打水，这次要他用没有底的水桶打上水往有底的水桶里装。鲍勃心里仍然感到很奇怪：这不是依然打不满水吗？但既然杰克说了，他只好照办。

鲍勃用没底的水桶打水，每次都能带上一点点水，装在有底的水桶里。打到天黑，倒水的次数多了，有底的桶居然盛满了水。

鲍勃高兴极了，急忙跑来告诉杰克，并叫杰克快告诉他过日子的秘诀。

杰克大声笑着说："秘诀不是已经告诉你了吗？打水好比家庭经济收入，漏水好比家庭生活开支！如果不注意节约，你赚得再多也存不下钱；相反，注重节约，你赚得再少，日积月累，也是一笔不小的数目。"

鲍勃恍然大悟，说："知道了，知道了，过日子光靠勤劳还不行，还一定要重视节约！"

如果把生活比作一口缸的话，那么我们生活的目的就是要在这口缸里注满水。在这个过程中，我们常常忘了这口缸既有出口，又有进口，所以在我们拼命往里面灌水的时候，忽略了应该先把出口尽可能开到最小——节约。节约和赚钱应是两条平行的线！

省的就是赚的，节省永远是最简单有效的理财方法。如果连省钱都做不好，那么赚得再多也是没有意义的。所以，我们每一个人都要省下每一分能省的钱，做一个彻头彻尾的“守财奴”和“小气鬼”。

生活中处处充满着不可预知的风险，每个人都应未雨绸缪，为未来多做点打算。年轻的时候不把钱当回事，老年时必然会为钱所累。所以，有钱的人需要理财省钱，没钱的人更需要节俭。

※ 珍惜自己和别人的时间

卡耐基曾经这样说过：“今天太宝贵，不应该为酸苦的忧虑和辛涩的悔恨所销蚀。把下巴抬高，使思想焕发出光彩，像春阳下跳跃的山泉。抓住今天，它不再回来。”世俗有“时间是金钱”的说法，所以窃取他人时间的小偷，当然该加以处罚，即使是那些愉快的好人，还是该如忌讳疾病地躲避他们。

商人最可贵的本领就是与人进行任何来往时都简捷迅速。这是成功者的证明书。

一个人唯有彻底认识时间的重要性，才能够竭尽全力去防范那些爱饶舌的人。

善于应对客人的人，都会在接到来客名单之后，就事先预定花多少时间。

一个成功者应该珍惜自己的时间。世上那些工作紧张忙碌的人，无不设法回避那些消耗他们时间的人，希望自己宝贵的光阴不要因为他们而多浪费一刻。

一个做事有计划的人，无论是老板还是伙计，都应有眼力审视断定顾客对自己生意的价值：对于那些不必要的废话，都应想一个收场的方法，同时他们也绝对不会在别人上班的时间内，和他人东拉西扯地谈些无关紧要的话，因为这样无疑是在妨碍人家的工作效率，损害他人的利益。

善于应对客人的人，都会在接到来客名单之后，就事先预定花多少时间。

老罗斯福总统就是这样一个模范人物：当一个久别重逢只求会见一面的客人到来时，他总是在握手寒暄之后，便很抱歉地说，他还有许多别的客人要接见，这样一来，来客就会很简洁地道明来意，告辞而返了。

有一位大公司的经理，一向待客谦和有礼，他每次与来客把事情商洽妥当之后，便很有礼貌地站起身来，向来客握手道歉，叹惜自己不能有更多的时间再跟他多谈一会儿。那些客人对他的诚恳态度都十分满意，而不会认为他很吝啬地只肯会谈两三分钟。

有无数大银行、大公司的经理以及高级职员，都具有这种经过多年经验学来的本领。有不少实力雄厚、目光远大、判断准确、刻苦耐劳的大事业家，都是沉默寡言而办事迅速敏捷的人，他们所说出来的话，句句都是确切而有所目的的。他们从不在这上面多耗费一点一滴的宝贵时间。现代商界中，与人洽谈生意，能利用最少时间产生最大效力的人，首推美国银行大王摩根。

他每天上午 9 点 30 分来到办公室，下午 5 点回家。有人计算他每分钟的收入是 20 美元——据他自己的统计还不止此数——除了与生意有重要关系的人接洽外，他从来不与人交谈五分钟以上的时间。通常他总是在一间宽敞的办公室里，与无数办事人员一同工作，而不像许多商界要人，只和他的秘书在一个房间里。他随时都在指挥手下的员工，依照他的计划行事。如果你走进那间办公室，你很容易会见他，但如果你没有要紧的事，他绝不会欢迎你。摩根有卓越的眼力，能够猜断一个人要来接洽什么事情。你对他说话，一切转弯抹角的手段都会失去效力，他能够立刻猜出你的真意。为了想找个人谈天，而去耗费工作繁忙的人许多宝贵光阴，对于这种人，摩根是不能容忍的。

商人最可贵的本领就是与人进行任何来往时都简捷迅速。这是成功者的证明书。一个唯有彻底认识时间的重要性，才能够竭尽全力去防范那些爱饶舌的人。

珍惜时间，就是爱护生命。自古以来，大凡取得成就的人，无不是珍惜时间的典范。爱迪生平均三天就有一项发明，正是抓住了分分秒秒的时间进行了仔细的研究。鲁迅先生有句格言，“哪里是天才，我把别人喝咖啡的时间都用在工作上。”陈景润夜以继日，潜心于研究数学难题——哥德巴赫猜想，光是演算的草稿就有几麻袋，最终摘下了数学皇冠上的明珠。世界无产阶级的革命导师马克思，临终前还争分夺秒地写《资本论》。

莎士比亚有言：“放弃时间的人，时间也会放弃他。”“时间会冲破青年人的华丽精致，它会把平行线刻上美人的额角；它会吃掉稀世之珍，天生丽质，什么都逃不过它横扫的镰刀。”所以，珍惜自己和他人的时间，将为你的人生积累下宝贵的财富。

※　健康是成功之本

事业、财富、家庭等等，都是“零”，而健康，才是那永恒的“1”。所以，唯有健康，才是成功之本。

很久以前，一名妇女发现三位蓄着花白胡子的老者坐在家门口。她不认识他们，就说：“我不知道你们是什么人，但各位也许饿了，请进来吃些东西吧。”三位老者问道：“男主人在家吗？”她回答：“不在，他出去了。”老者们答道：“那我们不能进去。”傍晚时分，妻子在丈夫到家后向他讲述了所发生的事。丈夫说：“快去告诉他们我在家，请他们进来。”

妻子出去请三位老者进屋。但他们说："我们不一起进屋。"其中一位老者指着身旁的两位解释："这位的名字是财富，那位叫成功，而我的名字是健康。"接着，他又说："现在回去和你丈夫讨论一下，看你们愿意我们当中的哪一个进去。"妻子回去将此话告诉了丈夫。丈夫说："我们让财富进来吧，这样我们就可以黄金满屋啦！"妻子却不同意："亲爱的，我们还是请成功进来更妙！"他们的女儿在一旁倾听。她建议："请健康进来不好吗？这样一来我们一家人身体健康，就可以幸福地享受生活、享受人生了！"丈夫对妻子说："听我们女儿的吧。去请健康进屋做客。"妻子出去问三位老者："敢问哪位是健康？请进来做客。"健康起身向她家走去，另外两人也站起身来，紧随其后。妻子吃惊地问财富和成功："我只邀请了健康。为什么两位也随同而来？"两位老者道："健康走到什么地方我们就会陪伴他到什么地方，因为我们根本离不开他，如果你没请他进来，我们两个不论是谁进来，很快就会失去活力和生命，所以，我们在哪里都会和他在一起的！"

这是一则流传许久的寓言，其中心意思很明显：健康是一切的基础，没有健康，其他所有的一切都是空谈。所以，应注重你的身体健康，一个好的身体，才是事业和财富的最大保障。

卡耐基有言："一切财富与成功皆源于健康的心态。"在上帝的眼里，显然只有生活与工作实现平衡的人生才是丰富而多彩的。

长期的过度工作必然会有损健康。健康才是长久工作的基石。令人遗憾的是，现在有不少人在年轻的时候，总是不经意地牺牲青春与健康去追求名利与金钱，而年老的时候，又企图用名利与金钱来留住生命与健康。长期来看，这种做法往往得不偿失，大不可取。

亿万富翁约翰·洛克菲勒所拥有的名望不光是钱财，还包括健康与长寿。

由于标准石油公司日常管理的巨大压力，在洛克菲勒的身上出现了一些过度疲劳的早期症状，在医生和家人的奉劝之下，他慢慢地将自己的生活重心从工作转向了日常生活，并为自己总结了一套养生之道。

洛克菲勒在给伊莱扎的信中写道："我现在天天吃芹菜，因为我知道芹菜对神经很有益处。"他尽量把下午的时间消磨在福里斯特山中，"享受伊利湖令人心旷神怡的空气。"洛克菲勒对草药和其他民间疗法表现出强烈的兴趣，还向一位助手建议，每天早餐前吃一片橘子皮会有助于戒烟。

对于 19 世纪 80 年代纽约上层社会风行的购置游艇热，洛克菲勒一贯是持抵制态度，却对装有暖气设备的马厩中的骏马非常喜欢。下班后，他时常与弟弟威廉赛上一圈，身边还坐着兴奋不已的小约翰。洛克菲勒十分喜爱赛马，有一次他对儿子说："昨天我跑了四圈，两天加起来一共跑了大约 80 公里。"

现代社会是一个充分讲求效率的社会，残酷的竞争和快节奏的生活让人们意识到：效率就是生命。很多人为了追求有成就的事业，为了追逐梦想与利益而不停地奔跑，好像上足了弦的发条一样拼命工作。洛克菲勒认为，人的生命应当依附于身体，借此才能展现人生的多姿多彩，不要以为自己的健康体魄是天生使然，并因此毫无忌惮地透支身体能量，牺牲与家人团聚的时间。

西方国家流传着一个故事：三个商人死后见上帝时，讨论他们在尘世中的功绩。

其中一个商人先开了口："尽管我经营的生意接近于倒闭，但我和我的家人并不在意，我们生活得非常快乐。"上帝听罢，给他打了 50 分。

第二个商人说："我很少有时间和家人待在一起，我只关心我的生意。你看，我死之前，是一个亿万富翁！"上帝听罢默不作声，也给他打了 50 分。

这时，第三个商人开口了："我在尘世时，虽然每天忙着赚钱，但我同时也尽力照顾我的家人，朋友们和我很谈得来，我们经常在钓鱼或打高尔夫球时，就谈成了一笔生意。活着的时候，人生多么有意思啊！"上帝听他讲完，立刻给他打了满分。

在上帝的眼里，显然只有生活与工作实现平衡的人生才可能丰富而多彩。那么按照故事里上帝的标准，你能得多少分呢？

在犹太人的生活中，有这样一个不成文的规定，每个安息日即从星期五的日落到星期六日落的 24 小时中，他们会放下任何事情，给自己放假。有一人对他们的这个规矩很不解，于是问一个犹太人："你工作一小时可赚钱 80 美元以上，如果每天休息一小时，一个月就少赚 2400 美元，一年就将少赚 2.88 万美元，你认为这样做值得吗？"

这名犹太人的回答令人十分意外："假如一天工作八小时不休息，一天可赚 640 美元，那我的寿命将减少五年，按每年收入 20 万美元计算，五年我将减少 100 万美元的收入，假如我每天休息一小时，那我除损失每天一小时 80 美元外，将得到五年每天七小时工作所赚的钱，现在我 60 岁，假设我按时休息可活十年，那么我将损失 28.8 万美元，28.8 万美元和 100 万美元谁大呢？"

如果我们还在透支自己的健康，不妨来看看犹太人教给我们的生命与财富的计算方式。没有充分的休息就没有最佳的工作状态，犹太人的精明之处就在于他们懂得如何计算休息与工作之间所产生的最终利弊得失。生活的追求永无止境，真正的智者懂得权衡利弊，做出最恰当的选择。追求固然重要，但在健康面前，它也只能退而居其次。

第二章　把握成功的规律

你是否曾经向自己或别人询问过这样的问题，成功是有规律可循的吗？在卡耐基看来，答案是肯定的。成功当然是有规律的，但是如何把握规律，并且得到成功，这其中也是有着潜在的规律的。

你必须拥有一些内在潜质，这些内在潜质对于把握成功规律来说，是必不可少的。这些潜质，有些是与生俱来的，在你的性格中已有显露；有些是需要在后天形成与培养的；无论如何，伟大的卡耐基先生都明确地指出，想通向成功，这些潜质你必须拥有。

※　明确的目标

通往成功的路途是曲折艰险的，在做任何事情之前，明确的目标就成为你前行的灯塔，指引着你前进的方向；反之，目标不明确，也就容易丧失前进的动力，进而止步不前或走了弯路，离成功的结果越来越远。

在卡耐基的一生中，他时时刻刻都提醒自己，确立明确的奋斗目标并为之努力。这个目标，或许是一件具体的事情，或许是一个他奉为奋斗楷模的伟人，林肯就是其中之一。

在卡耐基的一生中，林肯对他的影响非常重要。他把林肯视为自己的楷模，汲取林肯的生活经验和奋斗精神，鼓起自己战胜困难、走向成功的勇气。

卡耐基对林肯的认识都记述在他所写的一本林肯传记中。我们从卡耐基对林肯人生的描写中，能够感受到卡耐基对林肯的崇拜之情，能够看到卡耐基理解林肯的独特视角。

在卡耐基课程中，他多次提到林肯的故事，仿佛林肯就是他的一面镜子。我们从下面的叙述中，能够体会到这一点。

林肯的童年与卡耐基非常相似，难怪卡耐基把林肯的奋斗历程看作是人生的经典。

卡耐基从林肯的生活经历中看到了忧郁对人生的不利影响，所以当他在卡耐基课程中发现不少学员的生活也有强烈的忧郁感时，他迫切地感到必须引导人们走出忧郁的困惑，由此而引发了他对克服忧郁的研究和讲演。同时，卡耐基也认识到，即便是伟人也有失意的时候，关键在于如何迎接生活的挑战。林肯做到了，成功了，卡耐基本人也同样如此。

卡耐基从林肯的奋斗历程中汲取了有益的经验，每当他遇到困难时，他便想起了林肯，浑身就充满着必胜的信念。

美国原副总统戈尔家里发生过这样的一件趣事。

有一天，戈尔夫妇得到了一只狗，不禁喜出望外。美国人养狗素来很讲究，不是随便当成一个宠物就行了，必须得有人专门对狗进行训练，才能成为一只合格的狗，戈尔家的狗自然也不例外。

于是，夫妇俩带上这只讨人喜欢的狗，直奔戈尔的一个好朋友，也是一个专业驯狗师的住所，说要让他给自己的狗训练一下。

驯狗师看了看戈尔，然后把目光停留在狗的身上，问道："那么，这只狗的目标是什么？"戈尔夫妇一听，有点儿摸不着头脑，狗有目标吗？我怎么不知道啊？于是便耸耸肩，双手一摆，用美式幽默回答："也许它的目标是努力成为一只狗，而不是猫啊什么的吧。"

"对不起，我不能帮一只没有目标的狗来进行训练。"对方摆出一副爱莫能助的样子。

戈尔夫妇俩只好带着他们的宝贝狗儿，悻悻而归。

整整一个下午，戈尔把自己关在书房里，满脑子想的都是这个狗的目标究竟是什么，但想不出个所以然来，于是到院子花园里透透气。在他们家的小花园里，他的四个孩子在一起嬉戏打闹，玩得不亦乐乎。他突然灵光一闪，有了，狗的目标有了。

他马上帮狗订了两个目标：第一就是和孩子们打成一片，做孩子们亲密的玩伴和朋友；第二是晚上看家护院，当孩子们及自己的守护神。

戈尔再一次把狗送到驯狗师朋友那里，由于有了明确的目标，驯狗师马上对这只狗进行专门训练。不久，一条训练有素的狗出现在戈尔家，它不光成了孩子们最忠实的玩伴和朋友，晚上还肩负起了看家护院的职责。

狗有目标后才能成为一只好狗，人自然就更不用说了。

哲学家黑格尔说过："一个有哈佛大学曾经做了一个跟踪调查，在人群中目标清晰高远的人占3%，最终他们成为精英和各行各业的领袖；目标清晰短暂的占12%，他们是各行各业的成功人士；目标模糊的占60%，他们生活在社会底层，事业平平；还有根本没有目标的27%，最终其生活很不如意，总是一副怨天尤人的样子。"

有品格的人即是一个有理智的人，由于他心中有确定的目标，并且坚定不移的以求达到他的目标，他就必须如歌德所说，知道限制自己，反之，什么都不能做，而最终归于失败。

人要有明确的目标，如果你能对自己的工作、身体及毅力都完全的信任，并且努力工作全心投入的话，你已经找到了自己的强项，无论目标如何的遥不可及，你也必能排除万难，实现愿望。一只不知向何处漂泊的小船，风对于它来说就失去了意义，它的航向不取决于风从哪里来，而是船上的帆张向哪一边。别忘记牢牢地把握住你的船舵，对确立的目标，要坚定不移地执行到底，不要摇摆不定。一艘轮船在海中失去了舵手，只会在海上打转，最终会耗尽燃料，永远到达不了彼岸，但事实上，它所耗尽的燃料足以使它往返于海岸和大海好几次了。

有了目标，内心的力量才会找到方向。茫然无目标的漂荡终归会迷路，而你心中那一座无价的金矿，也因不开采而与平凡的尘土无异。过去或现在的情况并不重要，你将来想要获得什么成就才最重要。

如果你还没有一个明确的目标，那你就应该放下手上的一切，坐下来，认真思考一下适合自己的目标。

※ 自信心

卡耐基教育我们：自信的一个好处就是——肯定自己，并成为敦促自己不断进步的动力。但是要切记，自信而不要自满。自信心，是保持你的身心维持在年轻状态的一个重要因素。

成功者就是那些拥有坚强信念的普通人。成功的程度决定于你的信念程度。永远不要总被自己的缺点所迷惑。信心多一分，成功多十分。你应该学会自信。

有一个寓言，某小镇上有一个非常穷困的女孩子，她失去了父亲，跟妈妈相依为命，靠做手工维持生活。她非常自卑，因为从来没穿戴过漂亮的衣服和首饰。在这样极为贫寒的生活中，她长到了18岁。

在她18岁那年的圣诞节，妈妈破天荒给了她20美元，让她用这个钱给自己买一份圣诞礼物。

她大喜过望，但是还没有勇气从大路上大大方方地走过。她捏着这点钱，绕开人群，贴着墙角朝商店走。

一路上她看见所有人的生活都比自己好，心中不无遗憾地想，我是这个小镇上最抬不起头来、最寒碜的女孩子。看到自己特别心仪的小伙子，她又酸溜溜地想，今天晚上盛大的舞会上，不知道谁会成为他的舞伴呢？

她就这样一路嘀嘀咕咕躲着人群来到了商店。一进门，她感觉自己的眼睛都被刺痛了，她看到柜台上摆着一批特别漂亮的缎子做的头花、发饰。

正当她站在那里发呆的时候，售货员对她说，小姑娘，你的亚麻色的头发真漂亮！如果配上一朵淡绿色的头花，肯定美极了。她看到价签上写着16美元，就说买不起，还是不试了。但这个时候售货员已经把头花戴在了她的头上。

售货员拿起镜子让她看看自己。当这个姑娘看到镜子里的自己时，突然惊呆了，她从来没看到过自己这个样子，她觉得这一朵头花使她变得像天使一样容光焕发！

她不再迟疑，掏出钱来买下了这朵头花。她的内心无比陶醉、无比激动，接过售货员找的4美元后，转身就往外跑，结果在一个刚刚进门的老绅士身上撞了一下。她仿佛听到那个老人叫她，但已经顾不上这些，就一路飘飘忽忽地往前跑。

她不知不觉就跑到了小镇最中间的大路上，她看到所有人投给她的都是惊讶的目光，她听到人们在议论说，没想到这个镇子上还有如此漂亮的女孩子，她是谁家的孩子呢？她又一次遇到了自己暗暗喜欢的那个男孩，那个男孩竟然叫住她说：不知今天晚上我能不能荣幸地请你做我圣诞舞会的舞伴？

这个女孩子简直心花怒放！她想我索性就奢侈一回，用剩下的这四块钱回去再给自己买点东西吧。于是她又一路飘飘然地回到了小店。

刚一进门，那个老绅士就微笑着对她说，孩子，我就知道你会回来的，你刚才撞到我的时候，这个头花也掉下来了，我一直在等着你来取。

这个故事结束了。真的是一朵头花弥补了这个女孩生命中的缺憾吗？其实，弥补缺憾的是她自信心的回归。

而一个人的自信心来自哪里？应该如何树立自信心？卡耐基指出：让信仰的力量和心安的感觉充满心中，就是获得自信的秘诀，也是去除疑惑、克服缺乏信心的最佳方法。

1. 认识自己不自信的来源

总觉得有人在背后责骂你？总是对什么事情感到羞耻？找到这些使自己不自信的来源，给它们一个称号，认识它。将这些来源告诉给朋友和爱人，大胆地表达出来。对别人说出来就是对自己勇气的提高，同时也可以获取他们的帮助，找到问题的根源。

2. 认识自己的长处和优点

为什么要沉迷于自己失败的一面呢？没有一个人是完美的，但是每个人都有自己优秀的地方。为你拥有的特长和优点感到自豪，毕竟自己还是挺厉害的嘛。

3. 对着镜子笑一笑，人生是积极的

给自己一个笑脸，不要对生活感到怜悯，也不要厌恶或者轻视自己。常常对镜子笑一笑，让你感到更快乐更自信。

4. 展现自己优秀的一面

让别人认可你，让他们觉得你很厉害，你的自信就会慢慢提升的，所以去展现你自己的才艺和优点。朝着自己热情的方向前进，多培养一些爱好，多交一些良友，让你变得自信满满。

5. 设定目标，做好准备

设定一个目标，贯注信念，专注其中。并且做好充分的准备，这样更容易让你达到目标。要经常鼓励自己，因为你就要成功了！

6．不要逃避和不敢面对失败

只有弱小的自卑者才会盯着自己的失败和缺点不放手，他们逃避现实，不敢自我肯定。有句名言说“现实中的恐惧，远比不上想象中的恐惧那么可怕”，所以敢于面对挑战，鼓起勇气，多试几次，你的自信心就会慢慢高涨起来。

7．为自己订下约束

给自己一点压力，制定一些约束，遵守这些约束。每逢在参加生存训练时，就这么对自己说：不管怎么样的活动，什么都得给我尝试一遍。结果可想而知，不仅享受了其中的乐趣，还提高了自己的自信心。所以为自己订下约束，遵守约束和自我信赖，随着时间的推移你的信心就会成为你的勇气和力量。

※　储蓄的习惯

多数人心中的烦恼，不是他们手中没有足够的钱，而是不知道怎样合理支配手中的钱。所以，清楚怎样支配钱财，是当务之急。

卡耐基教育我们：我们必须为自己设计一个花钱的计划，然后根据计划来花钱。然而，我们大多数人不是这样。大多数人在处理金钱时，会表现得十分盲目。有一个公司的会计，在公司时，他对数字十分敏感，账目做得清清楚楚。而他在处理个人账目时，喜欢什么就买什么，根本不考虑还要交房租、电费和其他一些费用。不过，这个人倒是很清楚地知道，如果他供职的那家公司像他这样毫无计划地花钱，公司迟早会关门。因此，有件事情是你必须要考虑的：当涉及你的金钱时，你就是在经营自己的事业。而你在支配自己的金钱时，这也是你自己的家事，外人是无法帮忙的。在预算中必须有这样一项开支，至少把每年收入的十分之一存入银行，或者拿去投资。这样你可以建立一笔额外资金，用作特殊用途，譬如买房子或汽车。

拿破仑·希尔指出对所有的人来说，存钱是成功的基本条件之一，但是在那些未曾存钱者的心目中，最迫切的一个大问题则是："我要怎样做才能存钱？"

存钱纯粹是习惯的问题。人经由习惯的法则，塑造了自己的个性，这个说法是极为正确的。任何行为在重复做过几次之后，就变成一种习惯。而人的意志也只不过是从我们的日常习惯中成长出来的一种推动力量。

一种习惯一旦在脑中固定形成之后，这个习惯就会自动驱使一个人采取行动。例如，如果遵循你每天上班或经常前往的某处地点的固定路线，过不了多久，这个习惯就会养成，不用你花脑筋去思考，你的头脑自然会引你走上这种路线。更好玩的是，即使你在动身之初是想前往另一方向，但是如果你不提醒自己改变路线的话，那么你将会发现自己不知不觉又走上原来的路线了。

养成储蓄的习惯，并不表示你将会限制你的赚钱能力。正好相反——你在应用这项法则后，不仅将把你所赚的钱有系统地保存下来，也使你步上更大机会之途，并将增强你的观察力，自信心、想象力、进取心及领导才能，真正增加你的赚钱能力。

光是贫穷本身就足以毁掉进取心，破坏自信心，毁掉希望，但如果再在贫穷之上加上债务，那么，成为这两位残酷无情监工的奴隶的人，注定失败无疑。

只要头上顶着沉重的债务，任何人都无法把事情办得完美，任何人都无法受到尊重，任何人都不能创造或实现生命中的任何明确目标。

拿破仑·希尔有一位很亲密的朋友，他的收入是每个月10000

美元。他的妻子喜爱社交，企图以12000美元的收入来装作2万美元的样子，结果造成这位可怜的家伙经常背着大约8000美元的债务。他家里的每个孩子也从他们的母亲那里学会了“花钱的习惯”。这些孩子们现在已经到了考虑上大学的年龄，但由于这位父亲负债累累，他们想上大学已经是不可能的事了。结果造成父亲与孩子们发生争吵，使整个家庭陷于冲突与悲哀之中。

很多年轻人在结婚之初就负担了不必要的债务，而且，从来不曾想到要设法摆脱这笔负担。在婚姻的新奇味道开始消退之后，小夫妇们将开始感受到物质匮乏的压力，这种感觉不断扩大，经常导致夫妻彼此公开相互指责，最后终于走上离婚法庭。

一个被债务缠身的人，一定没有时间，也没有心情去创造或实现理想，结果是随着时间流逝，最后开始在自己的意识里对自己做了种种的限制，使自己被包围在恐惧与怀疑的高墙之中，永远逃不出去。

“想想看，你自己及家人是否欠了别人什么，然后下定决心不欠任何人的债。”这是一位成功的人士所提出的忠告，因为他早期有很多很好的机会，结束都被债务所断送了。这个人很快地觉醒过来，改掉乱买东西的坏习惯，最后终于摆脱了债务的控制。

大多数已经养成债务习惯的人，将不会如此幸运地及时清醒及时挽救自己，因为债务就像流沙，能够把它的受害者一步一步地拉进泥浆。

一个人如果负了债，而又想要克服对贫穷的恐惧，他必须采取三项十分明确的步骤：第一，停止借钱购物的习惯；第二，立即逐步还清原有的债务；第三，养成储蓄的习惯。

要养成储蓄的习惯，我们应该从以下方面着手：

1．学会记账

“月光族”得先了解自己的收支情况，记账就是最好的方法。无论是手工记账还是电脑记账都要遵循三个规则：

①分账户——资产类和负债类。资产类指现金、活期存款、定期存款、股票、基金、债券、房产等；负债类是信用卡、贷款等。

②分类目——收入类和支出类。依照个人的实际情况，建立自己的收入和支出分类，分门别类地进行记录。

③及时准确——减少利息支出或罚款。对余额比较敏感的账户，如信用卡、贷款账户，及时记账可以减少不必要的利息支出。

为了记账方便，有条件的可以下载专门的记账软件。目前国内比较全面的理财软件有“家财通”和“财智”理财软件。这样的记账方式持续三个月就可以全面了解自己的财务，对不该支出的项目做适当控制。

2. 换零储蓄

喂养“小金猪”（储蓄罐），操作简单效果也好。你可以到市场买一只“小金猪”，然后每天都用“粮食”（一元的硬币）来喂养它。一个月下来能存 500 多个。

3. 存折存储

要更好地储蓄，最好只有一张银行卡，而且尽量在卡里存少量的钱，其余的都选择存折存储。因为存折的取款方式相对来说比较麻烦，对控制取款有一定效果。

※ 进取心与领导才能

卡耐基认为，有了进取的人生态度，才能化解生命中的坎坷，塑造自身的完美形象，走出人生的困惑。而具有优质的领导才能，才能在平日成功地栽培属下，这样的属下有朝一日将给你带来意想不到的巨大收益。只有最愚笨的领导人才想尽办法，去奴役他人，希望别人毫无条件地为他尽力。

衡量一个领导人物的成就大小，要看他的信念的深度、雄心的高度、理想的广度和他对下属关爱的程度。领导才能指的不是挥舞手中的权力，而是授权别人去干。

下面是使用“人性化管理”方式使你成为更好的领导人的两个方法。

第一，遇到跟人事有关的难题时，要及时反问自己：“处理这件事最合乎人性的方法是什么？”

当你的部属不能胜任工作，或某一个员工制造相当棘手的问题时，请记住：千万不要讽刺他们，不可做刻薄鬼，也不可把别人说得一文不值，更不可当场骂人。处理人事问题时多想想“合乎人性的方法”，一定会有回报，不管快慢，都会使你喜出望外。

第二个帮你使用“人性化管理”的方法是：把别人看得都很重要。要关心部属的业余成就。时常想到，一个人活着的最主要的目的，就是享受生活。

这是一个很普通的原则：你愈关心一个人，他愈会努力为你服务，你的成就也愈大。

尽量在每一个场合称赞你的部属，在你的上司面前称赞他的能力。设法夸奖地位比你低的人，这正是古老的习俗所特别强调的，这样不但不会降低你在上司眼中的地位，反而会使你成为一个伟大又谦虚的人，比那些轻浮的人更受人尊敬。所以，即使是小小的谦虚都对你非常有用。

抓住每一个机会赞美部属的个人成就，赞美他的合作，嘉奖他们额外的努力或尝试。赞美本身就是对于人最大、最好、最方便的鼓励，而且又不花钱，何乐而不为呢。所以，请练习赞美的艺术。

“领导才能”是获得成功的基本条件，而“进取心”则是建立“领导才能”这个基本条件的基础。两者的关系就有如轮辐与车轴。

拿破仑·希尔告诉我们，进取心是一种极为难得的美德，它能驱使一个人在不被吩咐应该去做什么事之前，就能主动地去做应该做的事。胡巴特对“进取心”作了如下的说明：

“这个世界愿对一件事情赠予大奖，包括金钱与荣誉，那就是‘进取心’。”

“什么是进取心？我告诉你，那就是主动去做应该做的事情。”

“仅次于主动去做应该做的事情的，就是当有人告诉你怎么做时，要立刻去做。”

“更次等的人，只在被人从后面踢时，才会去做他应该做的事，这种人大半辈子都在辛苦工作，却又抱怨运气不佳。”

“最后还有更糟的一种人，这种人根本不会去做他应该做的事，即使有人跑过来向他示范怎样做，并留下来陪着他做，他也不会去做。他大部分时间都在失业中，因此，易遭人轻视，除非他有位有钱的老爸。但如果是这个情形，命运之神也会拿着一根大木棍躲在街头拐角处，耐心地等待着。”

“你属于上面的哪一种人呢？”

如果你想成为一个具备进取心的人，你必须克服拖延的习惯，把它从你的个性中除掉。这种把你应该在上星期、去年或甚至于十几年前就要做的事情拖到明天去做的习惯，正在啃噬你意志中的重要部分，除非你革除了这个坏习惯，否则你将难经取得任何成就。

克服拖延的习惯，可以使用下列方法：

每天从事一件明确的工作，而且不必等待别人的指示就要能够主动去完成。

到处去寻找，每天至少要找出一件对其他人有价值的事情来做，而且不要期望一定要获得报酬。

每天要把养成这种主动工作习惯的价值告诉别人，至少也要告诉一个人。

为了鼓励你的上进心，有两件事情要做：

每一件事情都要研究如何改善。

每一件事情都要订出更高的标准。

有一家公司的董事长要拿破仑·希尔帮他拿主意。他一手开创了公司，并兼任销售经理。现在他的公司聘用了七个销售员，下一个步骤是要提升一个销售员担任经理职务。他把可能的人选缩减成三个，这三人各方面的成绩都不相上下，拿破仑·希尔的任务就是花一整天来了解每一个人，看看哪一个才是最佳人选。他告诉这三个人，会有一个顾问来拜访他们，目的是讨论公司的整体行销计划。他显然不让他们知道真正的目的。

其中两个人的反应差不多，都有点不自在、不是滋味。他们好像注意到拿破仑·希尔"别有目的"，想要"耍什么花招"。这两个人都是顽固的保守派，都想证明"该做的都已经做了"。拿破仑·希尔问他们"销售责任区是怎么划分的""薪水调整计划需不需要修改"，以及"如何取得促销资料"等等与行销密切相关的问题，他们的反应都是："事情都很正常，毋庸过虑。"对某些论点更是振振有词地解释，目前的方法为什么不能也不应当改变。总之，维持现状就够了。其中一个在离开拿破仑·希尔下榻的饭店时说："我真的不知道你为何要花一整天和我讨论，请你告诉我们的老板，每一件事情都很顺利，不要小题大做。"

第三个人就不同了。他对公司很满意，也以公司的成就为荣，但又不是绝对的满意。他还希望力求改进。他一整天大部分的时间都在告诉拿破仑·希尔各式各样的新点子。例如"开拓新市场的做法""改善服务质量的做法""节约时间的做法""对员工鼓励更大的调整薪资做法"等等，都是为他自己和整个公司的长远利益打算。他早就拟好一个想要推出的宣传活动。当我们分手时，他的临别赠言是："我很高兴有机会把我的构想跟你谈谈。我们已经有了一个相当良好的初步沟通，相信一定可以做得更好。"

当然，拿破仑·希尔最后推荐的正是第三位，跟董事长的想法不谋而合。

他认为第三位推销员确实相信公司会继续成长，更有效率、推出更新的产品。

另外一条关键的领导原则：拨出一点时间和自己交谈、商量或从事有益的思考。

我们都以为领导人特别忙碌，实际上他们真的很忙，但是我们往往疏忽了这一点，那就是领导人每天都要花很多时间来单独思考。

看看那些伟大的宗教领袖的生平，就知道他们每一个人都花了许多时间来独处深思。摩西经常一个人独居，耶稣也是如此；其他如释迦牟尼、穆罕默德、甘地等等，几乎历史上每一个杰出的宗教领袖，都在摒除世俗的干扰下，花了无数的时间独居冥思。

领导阶层最主要的工作就是思考，迈向领导之路的最佳准备也是思考。因此请你每天都要花点时间来练习合理的单独思考，并且往成功的方向去想。

※ 想象力

卡耐基认为，拥有充分的想象力能够使你的理想插上成功的翅膀，为你的成功增添胜利的砝码。

人生需要想象，有了想象，便也有了希望与努力的方向，快乐的源泉。

有这样一个小故事：两个园林工人吃饭时闲聊。甲说：整天挖坑种树的，真让人烦透了！乙听后就说：如果你想着我们是在建设一个美丽的新花园，想着这个新花园建成后的那些美好景象，这样你的心情或许就会好很多的！甲听后不置可否，乙却坚持他的“自我陶醉”。多年以后，甲依旧还是在花园里挖坑种树，乙却成了一名建筑设计师！

故事虽短，道理却很明显，那就是，生活需要想象。爱因斯坦说过：“想象力远比知识更重要，因为知识是有限的，而想象力概括着世界上的一切，并推动着进步。想象才是知识进化的源泉”。因为想象力，艺术成就了一道道奇异的风景。安徒生用他的想象力铸造了童话的世界；贝多芬用他的想象力谱写了命运交响曲；因为想象力，一位普通的园林工人成了一名描绘宏图的建筑设计师。

或许，由于岁月的磨砺，我们丧失了不少思维的棱角与想象的空间。觉得生活太现实，总是看着眼前的事情，忘了想象带给人的享受。请记住：想象在生活里也是不可缺少的一种感受。如果一个人总是沉迷在眼前的烦恼和小事中，看不到未来，生活就会像一池永远平静的湖水，无法体会到大海的波澜、壮阔与美丽。冷眼看生活，看到的只能是生活的骨架，当你面临现实生活中一些情景，看到纸醉金迷充斥了尘埃，看到理想的天空为无知的羽翼遮蔽时，请不要无奈地叹息。很多绚丽多彩的内容有时是需要想象的，它会给你带来不一样的心情，让你体会到隐藏在生活深处的精彩。

所以，改变自己的办法很简单，那就是，让我们的心中多一点想象。不管是年轻还是衰老，千万不要折断了想象的翅膀。

注意培养自己的想象力，还应注意下面的问题：

很多人在某个领域极具想象力，而在其他领域内却显得很一般甚至很笨拙。

比较典型的例子是家庭主妇，她们在布置家庭时显得极有灵气、极有创意，许多不起眼的东西经过她们的手便能化腐朽为神奇，成为装点家庭的很好饰物，她们的想象力在家庭的方寸空间内显现得淋漓尽致，这使得小家庭因为她们的想象力而变得温馨十足。还有她们织毛衣时，所采用的针法、毛线以及色彩图案搭配，甚至在开始织毛衣前所做的整体规划，其所表现的想象力都达到了很高的程度。然而，大部分家庭主妇对于自己的工作则没什么想象力，她们刻板地按照既定规程从事着日复一日的工作，在工作后则赶快返回家，不愿在工作岗位上多待一分钟。

我们也经常听说过许多科学家的例子，他们在自己的领域内才气纵横，新鲜大胆有创意的想法层出不穷，而他们在生活方面则显得很差，不会对家居布置有任何想法。对于服饰搭配也毫无想象力，反正老婆让穿什么就穿什么。

另外，许多小说家在小说的创作上也非常有想象力，故事情节的引人入胜，语言的新鲜别致，整体结构的别出心裁，这都体现了他们非凡的想象力。然而他们中的很多人面对一道需要想象力的智力题时，却常常会手足无措。

为什么会出现这种现象呢？我认为，原因有如下四点：

兴趣的因素。比如女人更关注于家庭，而男人对于工作则考虑得更多。另外很多人只对自己擅长的领域感兴趣，而对其他领域则兴致不高。而想象力必须要有较强的热情才能得到良好的发展，如果对某事没什么兴趣，则很显然想象力不会得到什么良好的发展。

逻辑思维的欠缺。逻辑思维会对一个人的想象力进行规范，这会使得他构想的方案更加合理。而反之，如果构想出的方案不合情理，在执行中得到失败的结果，这会压抑一个人的创造热情。

学习能力的欠缺。生活中有很多心灵手巧的人，但他们的想象力却不能在更高的层次以及更广阔的范围内进行，这是由于学习能力不强所致。学习能力不强使得他们不能获得精深的专业知识，从而他们的想象力所表现出来的也仅是小发明小创造。

没有意识到在各个领域内想象力其实是相通的。也就是说，不同领域虽然需要不同类型的专业知识，但是对于“在头脑中反复做实验”这样一种思维能力的需要却是共同的。如果没有意识到这一点，人们就不大可能将在自身擅长的领域内所具有的想象力有效地迁移到另外一个领域内。显然，只在某个领域内具有较强的想象力，而在其他领域内想象力贫乏，这会极大地束缚一个人的发展。

从前三点可以看出，想象力与兴趣热情、逻辑思维及学习能力是密切相关的。如果想使自身的想象力得到良好的培养，就要保持自己的情绪处于积极的状态，并且非常重视逻辑思维及学习能力的培养。

对于第四点，我们则应该意识到，应尽量拓宽知识面，这里说的知识面不仅是指专业知识的知识面，同时还包括生活经验、人际交往等方面的知识等等。知识面开阔则会使人的想象力形式更为丰富，也会使自身在某个领域内的发达想象力很容易地应用到另外一个领域内。这无疑是对一个人的发展极为有利的因素。

※ 充满热忱

卡耐基说：要想获得这个世界上的最大奖赏，你必须拥有过去最伟大的开拓者将梦想转化为全部价值的献身热情，以此来发展和销售自己的才能。

要想获得这个世界上的最大奖赏，你必须拥有开拓者那种将梦想转化为行动的献身热情，以此来发展和销售自己的才能。

1926 年，卡耐基自己编写的书在各方面的努力下终于出版了。这还是一本教科书，名字叫《公众演说——商用课程》。

《公众演说——商用课程》这本书提到了一个全新的内容，即证明热忱是有效的演说的关键，而内在精神则是公共演说的重点。

如何发挥自己的勇气及自信心也是一个重要问题。

热忱是发自演讲者内心的兴奋，并把这种兴奋洋溢在全身，使自己充满感染力。如果某人一上台演讲，便能将这种热忱感染给四周的听众，再通过一些必要的演讲技巧，便能赢得听众们的支持。

卡耐基在教学过程中，给学生灌输的便是这种热忱的精神。他自己身体力行，首先用自己的热忱影响着他的学生，学生们掌握了这种方法后，在每次训练及正式场合中都会取得或多或少的成功。当卡耐基先生看到学生们因拥有热忱而取得进步时，内心感到异常的激动，他更加发奋地工作，常常在学校里和他的同事们积极讨论下一步的工作计划，直到深夜。

实际上，热忱与内在精神的含义基本上是一致的。一个真正热忱的人，他内心的光辉熠熠发光，一种炙热的精神实质就会深深地植根于人的内在思想中。

无论是谁心中都会有一些热忱，而那些渴望成功的人们的内心世界更像火焰一样熊熊燃烧，这种热忱实际上是一种可贵的能量，用你的火焰去点燃别人内心热忱的火种，那么你又向成功迈向了一大步。

卡耐基在课堂上比较喜欢引用纽约中央铁路公司前总经理的人生名言：“我愈老愈更加确认热忱是胜利的秘诀。成功的人和失败的人在技术、能力和智慧上的差别并不会很大，但如果两个人各方面都差不多，拥有热忱的人将会拥有更多如愿以偿的机会。一个人能力不够，但是如果具有热忱，往往一定会胜过能力比自己强却缺乏热忱的人。”卡耐基觉得这句话清晰明白地反映了自己的观点，他在总结前人经验的基础上，把热忱注入了学员的灵魂中。

不过，热忱不是面子上的功夫，如果只是把热忱溢于表面而不是发自内心，那便是虚伪的表现，如果这样，往往不能使自己获得成功，反而会导致自己失去成功的机会。

因此，训练热忱的方法是订出一份详细的计划，并依照计划执行，培养对热忱的持久感受，尽量使人的热忱上升，不使人的热忱逐渐下坠。这是对热忱最好的赞词。培养并发挥热忱的特性，我们就可以对我们所做的每件事情，加上火花和趣味。

一个热忱的人，无论是在挖土，或者经营大公司，都会认为自己的工作是一项神圣的天职，并怀着深切的兴趣。对自己的工作热忱的人，不论工作有多少困难，或需要多少的努力，始终会用不急不躁的态度去进行。只要抱着这种态度，任何人一定会成功，一定会达到目标。爱默生说过："有史以来，没有任何一件伟大的事业不是因为热忱而成功的。"事实上，这不是一段单纯而美丽的话语，而是迈向成功之路的路标。

热忱是股伟大的力量，你可以利用它来补充你身体的精力，并发展出一种坚强的个性。有些人很幸运地天生即拥有热忱，其他人却必须努力才能获得。发展热忱的过程十分简单。首先，从事你最喜欢的工作，或提供你最喜欢的服务。如果你因情况特殊，目前无法从事你最喜欢的工作，那么，你也可以选择另一项十分有效的方法，那就是，把将来从事你最喜欢的这项工作，当作是你的明确的目标。

缺乏资金以及其他许多种你无法当即予以克服的环境因素，可能迫使你从事你所不喜欢的工作，但没有人能够阻止你在自己的脑海中决定你一生中明确的目标，也没有任何人能够阻止你将这个目标变成事实，更没有任何人能够阻止你把热忱注入你的计划之中。

热忱并不是一个空洞的名词；它是一种重要的力量，你可以予以利用，使自己获得好处。没有了它，你就像一个已经没有电的电池。

只要保持乐观进取的态度，生活中的失意和挫折都将是暂时的。

一个人的生活态度，会反映在生活的方方面面，就像乐观的人，面对工作与生活必定乐观；反之，悲观的人的生活了无生趣，必定充满灰暗。

英国一家食品厂登出了招聘启事，许多人得到消息，纷纷赶来应征。

考核的时间还没到，外面却飘起了雨，这时在外面急着将货品搬上车的工人跑了进来，向招聘的负责人求援，希望能找几位应征的人到仓库帮忙。人事主管于是向大家询问："有没有人愿意帮忙？"

只见一堆人纷纷站了起来，表现出服务的热情，他们跟上前去，个个都非常卖力地帮忙搬货上车。

过了一会儿，厂长来到仓库，发现这么多人聚集在这里，立即找来负责的人问明原因，而负责招聘的人便如实告知。

没想到厂长却大发雷霆，怒斥道："乱七八糟！我不是说过了，要再过一段时间才招聘吗？"

这时正愉快地帮忙搬货的应征者，听见厂长这么说，不少人当场发火说："这么说来，你们不是在骗人吗？搞什么名堂啊！"

他们气愤地说着，并气呼呼地将手上的货物随地一扔，一大群人便急匆匆地往外走去。

此时，雨越下越大，仓库的负责人眼看着货物全堆在外面，焦急地请求他们帮忙，并允诺会给予报酬，但是大家仍不为所动，只有一个人在大家的嘲笑声中留了下来。

货物搬完后，这个人没领报酬就往大门走去。

然而，就在这个时候，人事主管忽然跑了过来，用力地握住他的手说："恭喜你，你已经通过本公司的考核，请你明天就开始上班。"

这个年轻人听了满头雾水，正在纳闷时，只见厂长站在前方，用赞许与肯定的目光，向他点头致意。

当故事中的其他面试者，为了求职而抱着现实的"交易"心态，期待在付出后会有必然的收获时，聪明的老板只以一句话，便直接拒绝了那些工作心态不正确的求职者。

毕竟，在有求于人的情况下，大家都会尽量表现出卖力的一面，然而，这些人只顾及一己之私，却不会为别人着想，日后自然也不会尽心尽力为公司付出。因此，在这个考验的过程中，老板清楚地看见多数人刻意的“企图”，而不是服务的“热情”。

如此一来，更加突显出那个年轻人乐于助人、不问收获的热情，也因为这份服务的热情，让他轻松赢得工作的机会。

你一直找不到理想的工作吗？何不先停下脚步，好好审视自己抱着什么心态求职呢？心中充满着交易与排斥、自卑或自大，你的脸上也必定传递出这样的信息，那么，面试官看了自然要退避三舍。

因此，寻找工作时，不妨投入“热情”与“积极”，这样很快就会找到自己想要的机会。

※ 自制力

遇到诱惑时，你有足够的自制力吗？做一样工作时，你容易被外部的力量所打扰吗？

自制力是指一个人在意志行动中善于控制自己的情绪，约束自己的言行。既善于激励自己勇敢地去执行采取的决定，又善于抑制那些不符合既定目的的愿望、动机、行为和情绪。自制力是坚强的重要标志。与之相反是任性，对自己持放纵态度，对自己的言行不加约束。任意胡为，不考虑行为的后果。人区别于动物的根本点之一，就在于人是有思想的，因而可以按照一定的目的，理智地控制自己的感情和行动。

有一本专门描写打猎的书，其中写到有一只红狐狸，它为了捕获野鸭子，常常连续几天潜伏在冰天雪地的沼泽地，顽强而有耐心，慢慢地毫无声息地贴在地上接近野鸭子。当野鸭子无意中游开了，红狐狸就用舌头舔一下嘴唇，失望地退回原处等候着。为了填饱饥饿的肚子，红狐狸可以这样往返几十次、连续好几天，直到野鸭子由于一时疏忽，终于被它逮住为止。这只红狐狸不是很善于控制自己的行为吗？

实际上，这只是狐狸在漫长的进化过程中逐步形成的一种猎获食物的本能。如果说，连动物有时候为了达到某种目的都能控制自己，对于有思想感情的人来说不更应该善于驾驭自己吗？

自制力强的人，往往意志比较坚强。控制自己需要意志。意志和思想一样，不是与生俱来的，而是在社会实践中逐步培养和锻炼出来的。要增强自己的自制力，就要从日常生活的一点一滴做起，加强磨炼。

自制力主要表现在两个方面：一方面使自己在实际工作、学习中努力克服不利于自己的恐惧、犹豫、懒惰等；一方面应善于在实际行动中抑制冲动行为。

自制力对人走向成功起着十分重要的作用。从古代百科全书式科学家亚里士多德，到近代的哲学家，大家都注意到："美好的人生建立在自我控制的基础上。"

1．加强思想修养

人的自制力在一定程度上取决于他们的思想素质。因此，要提高自制力最根本的方法是树立正确的人生观、世界观，保持乐观向上的健康情绪。

2．提高文化素养

文化素质比较高的人往往能够比较全面正确认识事物，认识自我和他人的关系，自觉地进行自我控制、自我完善。

3．稳定情绪

用合理发泄、注意力转移、迁移环境等方法，把将要引发冲动的情绪宣泄和释放出来，保持情绪稳定，避免冲动。

4．要强化自我意识

遇事要沉着冷静，自己开动脑筋，排除外界干扰或暗示，学会自主决断。要彻底摆脱那种依赖别人的心理，克服自卑，培养自信心和独立性。

5．要强化实践锻炼

一方面要加强学习，积累知识，开阔视野，用知识来武装和充实自己，提高自己分析问题和解决问题的水平，并通过学习别人经验来扩展自己决断事情的能力；另一方面，要积极投身到部队生活实践中去，刻苦锻炼，不断丰富经验，提高自己的适应能力。

6．要强化意志力量

要培养自己性格中意志独立性的良好品质。对自己奋斗的目标要有高度的自觉。只要经过自己的实践认准的事，就应义无反顾地走下去，想方设法达到预期目的。不必追求任何事情都做得十全十美，不必苛求自己没有一点失败，不必过多地注意别人怎样议论你。

7．调整好需要结构

当需要不能同时兼顾时，抑制一些不可能实现的需要。

8．要强化积极思维

俗话说："凡事预则立，不预则废。"平时注意经常思考问题，增强预见性，关键时刻才能及时、果断、准确地做出选择。

任劳任怨，不计酬劳。

卡耐基首先希望大家不要财迷心窍，要堂堂正正地做人。

"不管别人如何，你本人千万不可被利欲所困。绝不可财迷心窍。"这不只是奉劝别人的话，他还经常以此训诫着自己。

金钱是与劳力自然结合而成的。换句话说，即你必须尽忠职守，拼命地工作。千万不能以赚钱为出发点来从事任何工作。卡耐基说：

“当我开始工作时，常想‘假如完成这项产品，将会带给人们很大的快乐。’我常因为这种念头而拼命工作。”

任劳任怨是发自内心的真诚，是不计名利报酬的无私奉献，是风雨无阻地为工作而奋斗。

人在世间生活，不能不做事，做事不但讲求能力，讲求机智，尤其要“任劳任怨”。一般人任劳容易，任怨就很难了；能够任劳又任怨，那才是难能可贵的。

有的人做事很耐劳，起早待晚，从不抱怨辛苦；忍受饥饿，也不诉说怨尤，为了把事情做好，冒险犯难、牺牲奉献、废寝忘食、殚精竭虑，种种的辛苦，从不计较。

一个家庭主妇，煮饭洗衣、洒扫庭院、花园浇水，尤其生儿育女，推干就湿，用一生的岁月，换来全家的快乐。

一个部属随从，跟随长官领导，不计烦琐，不论晨昏，为主效忠；尽管任务艰巨，前途障碍，一样尽忠职守，不生退心。

农夫在田里耕耘，太阳下的炎热，暴风雨的侵袭，从不畏苦，也不喊累，只要农田的收成良好；工人在工厂上班，增加生产，提高品质，不计加班熬夜，不论待遇菲薄，总是感念老板的知遇之恩，种种辛劳，毫无怨言。

但是，一个人在耐劳之外，假如有怨言，就不容易接受了。而怨言随时随处都能加之于你，所谓“当家三年狗也嫌”，所以，做任何事都难以给人十分的满意。所以，“任怨”很难。能够做到“任劳”和“任怨”这两者的，其人生境界就会有一次升华了。

自古以来任劳任怨都是中华民族的传统美德。在现代社会中，无论是在生活还是工作，任劳任怨的人都为人们所爱戴。任劳任怨就个体来说，是生存之本，是为自己的生存着想，为今后的长远打算着想，面对竞争日益激烈的岗位压力，没有任劳任怨的精神很难生存下去。

身处如今的职场，做到任劳任怨不容易，可以说每个员工工作压力都很大，也很累。也有的人这样认为，工作这么辛苦，如果还不让领导和同事知道的话，岂不是冤枉了。不声不响地工作，任劳任怨就会成为领导遗忘的角落。只要不是为得到别人的感恩或赏识，时常提起和强调一下，也不为过。

你所做过的每一件事，别人都看在眼里，无论说与不说，在心里都会对你这个人有一个客观的评价，正所谓群众的眼睛是雪亮的，你的任劳任怨和勤勤恳恳，超强的忍耐力和心理承受力，甘愿自己吃亏，从不计较个人得失的做人态度，大家都会在心中对你形成客观的评价。

任劳任怨，不计报酬，是一个成功人士所必须具备的潜质，安于工作现状，全身心投入其中，不去计较回报，才是工作的最高境界。

※ 吸引人的个性

有些人可能会认为，一个人的个性，是与生俱来的，来自于遗传，所以无法改变。人生的美丽在于人情的美好，人情的美好在于人性的美丽，人性的美丽在于人的迷人的个性。把他人吸引到你身边，你首先要使自己“被吸引”到他们身边去。

卡耐基认为，先天的东西固然难以改变，但是后天的修为则能够在先天的基础上对原有的性格进行一定程度上的改变和润色。

20 世纪 80 年代，心理学家运用统计学的方法，归纳出性格的主要五大特征，包括：

神经质——时常经历到负面情绪，如焦虑、忧郁。

外向型——喜欢寻求刺激和社交生活，对外在环境感兴趣。

和悦型——倾向对人友善，有同情心及较易信任别人，相对的敌意较少。

负责型——倾向自律、负责任和有上进心。

开放型——倾向喜欢创意和思维的刺激，好奇心强。

每个人可同时拥有以上五种性格特征，只是可能某一个特征比较明显，形成主要性格。神经质特征为主的人，常出现焦虑和抑郁症状，他们外向性较低，负责性却过高。

美国精神疾病诊断准则手册（DSM-IV）把病态性格分为10种，其中强迫式、依赖式、逃避式的人格都与焦虑和抑郁情绪症状有关。可见性格与心理健康息息相关。

性格的构成，40%源自先天，剩下的60%，则与童年的家庭生活、成长经验有关。英国心理学家约翰波比指出，如果至亲例如父母，时常在婴儿身边，留心他的需要，婴儿会感到被爱、有安全感和自信。在行为上，会较喜欢接触外界环境、愿意和别人玩耍，社交能力强，这称之为安全型。反之，如果父母对孩子的需要不敏感，孩子会经历焦虑，对父母有抗拒（焦虑型），或避免与父母有接触（逃避型）。人际关系和婚姻关系，都受性格影响。如焦虑型的孩子，长大后与人太亲密时会感到不安，很难完全相信别人，也会担心爱侣不爱自己，因而对关系充满失望和愤怒。至于逃避型的，不在意有没有亲密关系，不会依赖别人，也不想别人依赖自己。

假如你对周遭的人们有着热诚的兴趣，你必然想拥有一份吸引人的个性。后天的因素对形成一个吸引人的个性是有所帮助的，那么，如果你想拥有一个吸引人的个性，应该注意些什么呢？

做事的原则并非为了讨好别人而干；应该做的就去做。

除非你亲自证明那是正确的，切勿盲目接受任何观念。

必须解脱各种恐惧和忧虑，保持心灵自由。

必须建立充分信心，以开朗的心情去恭迎每一件事情之降临。

保持自我；无须过分委曲自己的心意去附从别人；就只因为对

方似乎很有信心。

知足常乐正是人格成熟的象征，自然会吸引别人；也唯有如此，才充分证明你人格的独立、完整和成熟！

能与他自己内在心灵世界和平共处的人，如同拥有了一种神奇的吸引力量，他的内在光辉自然而然地发射到周围的人，令他们都感觉到很舒畅，总想同他靠得更近。

※　正确的思想

卡耐基说过：只要我们选择正确的思想，就能解决生活中的所有问题。睡觉是一种习惯，是一种休息状态。如果你常常无法正常入睡，那只不过是你觉得自己患上了失眠症。因为没有人知道一个人每天需要几个小时的睡眠，也不清楚我们是不是非睡觉不可。所以，你的思想左右着一切。

现在是知识爆炸的时代，人类思想的累积量过几年就增加一倍。所以当我们不会判断是与非，善与恶的时候，所接触的讯息越多，知识量就越多，头脑可能会被搞得越混乱。而这一些思想有没有经过历史的考验？有没有经过不同地域的实践证明？这些我们或许都未考虑过。

再如，现在很多人喜欢研究心理学。有些人一开始先接触苏联的理论，就拿苏联的来教育孩子；改天又觉得意大利的不错，又用意大利的来试验看看；过几天又听说美国的好，又去拿美国的教育理论来教育孩子，孩子就这样变成试验品。现在孩子的教育用这样的理论来指导，很可能试验到最后，才感到错了。想重新再来，已经不可能了。所以做出抉择时，一定要很理智。到底什么样的思想观念才能让我们一生幸福美满，成为一个真正的好人？我们要去思考、要懂得去分辨。人生最难、最重要的是要做出正确的抉择，我们究竟应该依据什么思想观念来经营人生？替自己和孩子扎下正确的人生根基？这是一个非常重要的问题。

真正的智慧，绝对不是人云亦云，经过了千百年的洗礼而愈加在历史的长河中闪亮光彩，照亮你人生的道路的，才是真正的智慧。

真理是超越时间跟空间的。当一些思想观念还没有经过时间和空间的检验时，不要随便轻信，更不能将这些理论观念，当作自己做人处事的原理原则。

成功＝正确的思考方法＋信念＋行动。你最好在心理上做个准备，使自己了解，要成为一个思想方法正确的人，必须具备顽强坚定的性格。思想方法正确，有时会受到某种力量的暂时性惩罚，但是，由于思想方法正确所获得的补偿性报酬将是如此大，因此，你将会很乐意接受这项惩罚。

正确的思想，能够照亮你人生的前路。在接受新鲜的思想观念时，一定要擦亮双眼，辨明真伪，对于某些思想，应去粗取精、去伪存真，留下其中精华的东西，不被糟粕所累。

※ 专心一致

卡耐基说过，我的座右铭是：第一是诚实，第二是勤勉，第三是专心工作。专心一致，是成功的必要条件之一，没有专心致志的精神，很多事情都难以办成。

一个人的精力是有限的，把精力分散在好几件事情上，不是明智的选择，而是不切实际的考虑。在这里，我们提出“一件事原则”，即专心地做好一件事，就能有所收益、能突破人生困境。这样做的好处是不至于因为一下想做太多的事，反而一件事都做不好，结果两手空空。

想成大事者不能把精力同时集中于几件事上，而只能关注其中之一。也就是说，我们不能因为从事分外工作而分散了我们的精力。

如果大多数人集中精力专注于一项工作，他们都能把这项工作做得很好。

在对 100 多位在其本行业获得杰出成就的男女人士的商业哲学观点进行分析之后，卡耐基发现了这个事实：他们每个人都具有专心致志和明确果断的优点。

做事有明确的目标，不仅会帮助你培养出能够迅速做出决定的习惯，还会帮助你把全部的注意力集中在一项工作上，直到你完成了这项工作为止。

能成大事者的商人都是能够迅速而果断做出决定的人，他们总是首先确定一个明确的目标，并集中精力、专心致志地朝这个目标努力。

伍尔沃斯的目标是在全国各地设立一连串的“廉价连锁商店”，于是他把全部精力花在这件工作上，最后终于完成了此项目标，而这项目标也使他获得了巨大成就。

林肯专心致力于解放黑奴，并因此成为美国最伟大的总统。

李斯特在听过一次演说后，内心充满了成为一名伟大律师的欲望，他把一切心力专注于这项工作，结果成为美国最伟大的律师之一。

伊斯特曼致力于生产柯达相机，这为他赚进了数不清的金钱，也为全球数百万人带来无比的乐趣。

海伦·凯勒专注于学习说话，因此，尽管她身有残疾，但她还是实现了她的明确目标。

可以看出，所有成大事者，都把某种明确而特殊的目标当作他们努力的主要推动力。

专心就是把意识集中在某一个特定欲望上的行为，并一直集中到已经找出实现这项欲望的方法，而且坚决地将之付诸实际行动。

自信心和欲望是构成成大事者的“专心”行为的主要因素。没有这些因素，专心致志的神奇力量将毫无用处。为什么只有很少数的人能够拥有这种神奇的力量，其主要原因是大多数人缺乏自信心，而且没有什么特别的欲望。

对于任何东西，你都可以渴望得到，而且，只要你的需求合乎理性，并且十分热烈，那么，“专心”这种力量将会帮助你得到它。

假设你准备成为一位伟大的作家，或是一位杰出的演说家，或是一位成功的商界主管，或是一位能力高超的金融家，那么你最好在每天就寝前及起床后，花上 10 分钟，把你的思想集中在这项愿望上，以决定应该如何进行，这样才有可能把它变成事实。

当你要专心致志地集中你的思想时，就应该把你的眼光投向一年、三年、五年甚至十年后，幻想你自己是这个时代最有力量的演说家；假设你拥有相当不错的收入；假想你利用演说的报酬购买了自己的房子；幻想你在银行里有一笔数目可观的存款，准备将来退休养老之用；想象你自己是位极有影响的人物；假想你自己正从事一项永远不用害怕失去地位的工作……唯有专注于这些想象，才有可能付出努力、美梦成真。

一次只专心地做一件事，全身心地投入并积极地希望它成功，这样你的心里就不会感到筋疲力尽。不要让你的思维转到别的事情、别的需要或别的想法上去。专心于你已经决定去做的那个重要项目，放弃其他所有的事。

把你需要做的事想象成一大排抽屉中的一个小抽屉。你的工作只是一次拉开一个抽屉，令人满意地完成抽屉内的工作，然后将抽屉推回去。不要总想着所有的抽屉，而要将精力集中于你已经打开的那个抽屉。一旦你把一个抽屉推回去了，就不要再去想它。

了解你在每次任务中所需担负的责任，了解你的极限。如果你把自己弄得筋疲力尽，那你就是在浪费你的效率、健康和快乐。选择最重要的事先做，把其他的事放在一边。做得少一点，做得好一点，才能在工作中得到更多的快乐。

可以看出，专心的力量是多么神奇！在激烈的竞争中，如果你能向一个目标集中注意力，成功的机会将大大增加。

没有专注，就不能应付生活，生活要求专注，头脑必须专注。凡事专注必能成功。

合作精神

人生存在世界上，不是孤立的，而是同他周围的群体或个体有着紧密联系的。在与他人的交往和沟通中，合作精神就显得尤为重要。集体的力量永远大于个体的力量，所以，具有合作精神，有时能够成就个人无法完成的大事。

合作精神，广义上讲就是互相协作完成一项工作，如再深入下去想想，便可以发现合作精神的重要性，它是完成任何一项工作的基础，“一根筷子一折就断，十根筷子几折不断”。这句话充分说明了合作精神的重要。

一个国王临终前，命人把他的三个儿子叫到身旁，又叫人拿来一把木棍，他先让三个儿子每人折断其中一根，三个儿子轻而易举地便折断了，最后，他又叫三个儿子分别折一把木棍，三个儿子个个费了九牛二虎之力，还是折不断，国王意味深长地说了一句：“这就是合作的力量。”国王死后，三个儿子团结一心，终于使他们的国家强盛起来。

这是一个微不足道的故事，但它却毫不含糊地告诉我们：“合作精神是成功的基础。”

其实，生活中处处充满着合作，合作得好，便会收到事半功倍的效果，合作得不好，歪曲了它的真正意义，只会受害无穷。

体育比赛中也是如此，获得冠军的是一个人，但是，在冠军的背后，凝结了很多人的汗水：教练辛苦编排他的动作，队医为他作的治疗，队友们的加油与鼓励，当然还有他本人艰苦的训练，所有人的力量之和，塑造了这个世界冠军。

反之，有的人总有些个人英雄主义，凡事自己一个人做，闭门造车，从不吸取外界的好东西，也从不听取别人的意见，这样，无异于自己在通往成功的路上增添了艰难险阻。

因此，我们要有合作精神，合作能使人获得成功，能让人的思想到得进步，能令人的品质得到提高，既然合作如此重要，就让我们把握它的真正含义，在生活、学习之中发扬合作精神，朝着自己理想的目标冲刺。

※　面对失败

卡耐基说过：我们若已接受最坏的，就再没什么损失。这句话的深层含义是告诫人们，面对失败和痛苦，要有一个正确的态度。

失败是正常的，颓废是可耻的，重复失败则是灾难性的。

人的一生中会遇到各种各样的困难和折磨，逃避是解决不了问题的，唯有以乐观的精神去迎接生活的挑战。卡耐基便是生活的强者，他不仅克服了生活中的种种障碍，而且在自己的演讲生涯中创造了非凡的业绩。

在戴尔·卡耐基的生活中始终充满着乐观的情绪，每一次失败不会带给他痛苦，反而增强了他与困难做斗争的信心和经验。他的乐观感染着他周围的人，包括他的朋友、同学和学生，甚至只见过他一面的人，也会为他的乐观情绪所鼓舞。

面对失败我们要“卷土重来”。我们遇到挫折时不应该气馁，要微笑着打败它，战胜它。换个角度看，其实失败对我们来讲未必就完全是一个厄运，倒有可能是磨炼我们意志的一块难得的砺石。常言道：失败乃成功之母。

人生在世，谁能不失败呢？有谁又是常胜将军呢？

人们都知道，爱因斯坦一生中有许多重大发现，但又有多少人知道他经历过多少艰难挫折。他小时曾经被认为是笨小孩，在很长时间里也没有人发现他身上有天才的影子。他是经历了数不清的挫折和失败之后才成为了20世纪最伟大的科学家。他为什么成功？因为他微笑着把失败当作成功的“垫脚石”。有了这样的心态，我们就应该享受失败，感谢失败，树立信心，迎接成功。

有位成功人士说过：“人一辈子都在高潮—低潮中浮沉，唯有庸碌的人，生活才如死水一般平静。”每个人都有一条人生路。这条路并不是洒满阳光，充满诗意，铺满鲜花，而经常会遇上沼泽或荆棘丛生的小道。有人摔倒了，便从此一蹶不振；有人尽管屡战屡败，但屡败屡战，最终人生光彩夺目。

我们应求心态平衡。所以，在干一件事之前，我们首先要想好以下几个问题：

为什么干这件事？

干的目的是什么？

失败了怎么办？胜利了怎么办？

只要我们把这三个问题想通了，那么这件事就有99%的成功率。而剩下的1%，失败的原因是没有信心或没有用心去做。

失败了，要学会微笑着面对它。面对失败，微笑着面对它，微笑的力量可以战胜一切。一位英国的著名学者，他的文章很受读者欢迎。当然也有人反对。一天，他到公园散步恰巧遇到了一位反对他的同行，那人高傲地抬着头大声地说道：“我从不给傻子让路。”

可这位学者听后却给那人深鞠一躬，让到小路的一旁，微笑着说："而我却恰恰相反。"结果，那个人低头飞快地离开了公园。这，就是微笑，睿智和理智的微笑。

失败是生命中最基本的滋味，害怕失败的人是软弱的。失败不可怕，真正可怕的是我们对失败缺乏承受的勇气。让我们面对失败坦然地微笑吧。

当然，我们经受失败之后不会一无所得，从失败中会体会到生命中最本质的东西。失败让我们在感受人生的艰难和曲折的同时，也领略到了它的悲壮。而且，失败和成功也是相对而言的，没有经受过失败的人，也难享受到真正的成功的快乐。人生之路其实也就是一个失败与成功交替的过程。我们应该从失败中，从生活中体会出人生的哲理。我们应该在工作上或学习上找到自己的起点，去追求、去探索、去拼搏、去奋斗，走上自己特色的光辉灿烂的人生之路。

※ 宽容他人

戴尔·卡耐基在电台上介绍《小妇人》的作者时心不在焉地说错了地理位置。其中一位听众就狠狠地写信来骂他，把他骂得体无完肤。他当时真想回信告诉她："我把区域位置说错了，但从来没有见过像你这么粗鲁无礼的女人。"但他控制住自己，没有向她回击。他鼓励自己将敌意化解为友谊。他自问："如果我是她的话，可能也会像她一样愤怒吗？"他尽量站在她的立场上来思索这件事情。他打了个电话给她，再三向她承认错误并表达道歉。理解可以打破人们之间的阻隔，这位太太终于表示了对他的敬佩，希望能与他进一步深交。

宽容是大度的，责备是狭隘的。卡耐基指出，宽容的意义是：即使对方错了，也要尊重他。

伽利略说："你不可能教会一个人任何事情，你只能帮助他自己学会这件事情。"

苏格拉底在雅典一再告诫门徒："我只知道一件事，那就是我一无所知。"

别以为自己比别人多点智慧。

一个人一旦说出了"不"字，就无异走上了一条相反的道路。

如果你想树立一个敌人，那很好办，你拼命地超越他，挤压他就行了。但是，如果你想赢得些朋友，必须得做出点小小的牺牲，那就是让朋友超越你，在你的前面。

没有人喜欢受人责怪，受人指使。

无礼的命令只会导致长久的怨仇。

保留他人的面子！这是一个何等重要的问题！而我们却很少会考虑到这个问题。

赞美和鼓励可以成为惊人的力量。

与我们本来应有的成就相比较，我们不过是半醒着。我们现在只利用我们身心资源的一小部分。广义地说，人类的个人就这样生活着，远在他应有的极限之内；他有着各种力量，但习惯地未被利用。

如果他得到你的尊重，并且你对他的某种能力表示认可，他就很容易受到引导。

别将自己的意见强加于人。

每个人对自己的事和与己有关的问题一定比你知道得多，所以不如问他一些问题，让他给你讲述有关的一些事情。

如果你不同意他人的意见，你或许想阻止他，但最好不要这样，这样做没有什么效果。

还有一次，卡耐基演讲之后回到办公室，秘书莫莉笑吟吟地迎上来说："卡耐基先生，演讲成功吗？""非常成功，掌声四起。”“那太祝贺你了。”莫莉由衷地笑着说。“莫莉，你知道吗？我今天去给人家讲的是《如何摆脱忧郁创造和谐》，我从公文袋里取出讲稿，刚一开口，下面便哄堂大笑。”“那一定是你讲得太精彩了。”“的确精彩，我读的是一段如何让奶牛产奶的新闻。”说着将手中的材料递给莫莉。莫莉的脸唰地红了，喃喃地说：“昨天我太粗心了，卡耐基先生，这不会让您丢脸吧。”“当然没有，你这样做使我自由发挥得更好，还得谢谢你呢！”卡耐基先生的宽容和“艺术”的批评教育，即使莫莉认识到自己的过失，也使她的人格得到尊重，从此以后，莫莉再也没有出现过因粗心而造成的工作失误。

卡耐基先生没有直截了当地指出莫莉的失误，对莫莉进行严厉的批评和指责，而是用“将教育的意图掩盖起来”“润物细无声”的方法使莫莉意识到自己的失误。不仅体现了高超的教育艺术和超凡的教育智慧，更表现了他的教育充满人性关怀。

世界上有许多悲剧，都是因为人和人不能相互容忍而导致的。不能容忍，实在是和愚昧同义，而且这种愚昧是野蛮人和暴徒的愚昧。因为他们先是不了解这个世界，然后由隔膜而产生误会，最终由误会而发怒。

法国人有句老话：“能够了解一切，就能宽恕一切。”

在儿童的眼里，对的反面是错，白的反面是黑，而在成年人的眼里，对和错不过是站在不同的立场看事物罢了，而黑与白也不过是颜色的两个层次。而那些狭隘的人，他们的心智和小孩子相差无几，鼠目寸光，头脑简单。当看到有新的思想，新的人物试图和自己接近时，他们便感到害怕和不安，甚至想方设法去破坏这些新事物。其实，他们不光是顽固不化，而且异常可恶。

一次，有一个夫人去赴宴会，席间主人邀请了一位年轻的女钢琴家来弹琴。演奏之后，主人问这位夫人是否喜欢，不料她答道："曲子倒是弹得不错，可是，亲爱的，你难道没有看到她穿的衣服吗？噢，实在太不体面了！"在这位夫人的心里，年轻音乐家的演奏水平和身份因为她的衣服而降低了。其实，这位夫人的人品肯定也会因她的刻薄而在朋友的心中大打折扣。

另一个例子是，小玛莉在妈妈请客的时候，当着客人的面，不小心把菜汤泼在了自己的新衣服上；对这种当众出丑的事，玛莉当然觉得非常难堪，并在心里狠狠地骂了自己一顿；可是她的妈妈还不愿就此罢休，她把这样一件小事看成是自己社交生活的一次失败，于是当着客人的面，将玛莉大大地叱责了一番。这位母亲只顾自己的感受，却全然不顾女儿的痛苦，是很自私的行为。

生活中不时会遇到出人意料的状况，这时，宽容就显得尤其重要。这时，你何不一笑置之呢？笑，不仅能化解干戈，也能给自己带来愉悦的心情。

有容乃大。一个人只有敞开胸怀，接受新鲜事物，才能提升自己的生活品质；只有宽容别人，也才能宽容自己，这样快乐也就不是那样可遇而不可求了。

第三章　寻找生命的钻石

生命的钻石，听起来像是很难找到，有些人花了一辈子的时间，也未必能找得到。其实，那仅仅是因为，他并不懂得钻石的真正含义，而把一些并非钻石的东西，当作了一辈子追求和奋斗的目标。

其实，一个人生命的钻石，就在你家后院，你只要注意发掘，总能找到属于你生命的钻石。“钻石”归结起来，其实是你经过慎重选择的职业、经验、学识、经商之道，还有充足的精力。

钻石就在你家后院。

卡耐基指出，每一份工作都是一座宝贵的钻石矿。年轻人在展望未来的时候不要浮躁，务必要认识到自己正在拥有的一切。

从前有位名叫阿里·哈法德的波斯人，住在距离印度河不远的地方，他拥有大片的兰花花园、稻谷良田和繁盛的园林。他是一位知足而富有的人。有一天，一位年老的佛教僧侣前来拜访这位老农夫，他坐在阿里·哈法德的火炉边，向这位老农夫讲述钻石是如何形成的。最后，这位僧侣说：“如果一个人拥有满满一手的钻石，他就可以买下整个国家的土地。要是他拥有一座钻石矿场，他就可以利用这笔巨额财富，把孩子送至王位。”那天晚上上床时，阿里·哈法德变成了一个穷人——不是因为他失去了一切，而是因为他开始变得不满足。他想：“我要拥有一座钻石矿。”他整夜难以入眠，第二天一大早就跑去询问那位僧侣在什么地方可以找到钻石。

“只要你能在高山之间找到一条河流，而这条河流是流淌在白沙之上的，那么，你就可以在白沙中找到钻石。”僧侣说。

于是他卖掉了农场，将利息收回，把家交给了一位邻居照看，然后就出发去寻找钻石了。

在人们看来，他最初寻找的方向是十分正确的，他先是前往月亮山区寻找，然后来到巴勒斯坦地区，接着又流浪到了欧洲，最后他身上带的钱全部花光了，衣服又脏又破。

在旅途中的最后一站，这位历经沧桑、痛苦万分的可怜人站在西班牙巴塞罗那海湾的岸边，怀揣着那位僧侣所激起的得到庞大财富的诱惑，将自己投入了迎面而来的巨浪中，从此永沉海底。

几十年后的一天，当阿里·哈法德的继承人（继承并居住在阿里·哈法德的庄园）牵着他的骆驼到花园里饮水时，他突然发现，在那浅浅的溪底白沙中闪烁着一道奇异的光芒，他伸手下去，摸起了一块黑石头，石头上有一处闪亮的地方，发出彩虹般的美丽色彩。他把这块怪异的石头拿进屋里，放在壁炉的架子上，继续去忙他的工作，把这件事给完全忘掉了。

几天后，那位曾经告诉阿里·哈法德钻石是如何形成的僧侣，前来拜访阿里·哈法德的继承人。当看到架子上的石头所发出的光芒时，他立即奔上前去，惊奇地叫道："这是一颗钻石！这是一颗钻石！阿里·哈法德已经回来了吗？""没有，还没有，阿里·哈法德还没回来。那块石头是在我家的后花园里发现的。""我只要看一眼，就知道它是不是钻石，"这位僧侣说，"这确实是一颗钻石！"

然后，他们一起奔向花园，用手捧起河底的白沙，发现了许多比第一颗更漂亮更有价值的钻石。

这就是印度戈尔康达钻石矿被发现的经过。

你是不是也经常希望别人的草地就是自己的，却很少去整治自家的草地？你仔细看过自己脚下的土地了吗？你注意自己手头的工作了吗？认真分析过手头工作可能给自己带来的机遇和巨大财富了吗？还是每天都在羡慕朋友的工作，甚至感叹成功者的机遇之可遇不可求？

“如果一个年轻人在他的工作和生活中不能发现任何机会，而他认为自己可以在其他地方做得更好，那么他会感到非常的灰心失望。”这是著名成功学家奥格森·马登给年轻人的忠告。

大部分年轻人不能清晰地意识到，自己手头的平凡工作就是一座宝贵的钻石矿，只要好好挖掘——全力以赴，尽职尽责地做好目前所做的工作，就能找到属于自己的“钻石”——包括职位的上升和财富的增加。

※ 慎重选择自己的职业

卡耐基认为，选择职业，尤其是第一份职业时，一定要慎重决定。应多方面权衡各种因素，做出理性的决定。

职业或岗位的选择，是否与自身的特点吻合，直接关系到人生事业的成败。那么，如何才能使自身特点与职业或岗位吻合呢？通常应注意以下几点：

首先，性格与职业的匹配。

近年来，国外用人单位在选人时出现一种新观念。他们认为，性格比能力重要。其原因是，如果一个人能力不足，可通过培训提高，总可以开发出来。但一个人的性格与职业不匹配，要改变起来，就困难多了。

所以，在招聘新人时，将性格的测试放在首位，当性格与职业相匹配时，才对其能力进行测试检查。

单位选人重视人的性格，个人选择职业或岗位时更应对性格加以重视。你的事业成功与否，与你的性格与职业的匹配密切相关。简单地说，如果你是一位典型性格内向的人，见人就脸红，说话就紧张，选择营销工作，就难以做成生意，是不会有好业绩的。如果你的情绪易激动，起伏波动较大，控制力较弱，就不能去玩股票。

其次，兴趣与职业的匹配。

在选择职业或岗位时，不仅需要了解自己的性格，还要了解自己的兴趣，有的人对研究自然知识感兴趣。如天文、地理、物理、化学等；有的人兴趣倾向于感性世界，活跃于人际关系领域；有的人则倾向于理性世界，在数学、公式领域内自由翱翔；有的人对智力操作感兴趣，对读书、写作、演算、设计乐而不疲；有的人则对技能感兴趣，对修理、车、钳、刨、洗、摄影、琴、棋、书、画津津乐道。不同的职业也需要不同的兴趣特征，一个擅长技能操作的人，靠他灵活的双手，在技能操作领域得心应手，如果硬把他的兴趣转移到书本理论上来，他就会感到无用武之地。正是这种兴趣上的差异，构成人们选择职业的重要依据。

更为重要的是，如果一个人选择的职业与自己兴趣吻合，那么枯燥的工作也会觉得丰富多彩、趣味无穷，就会产生一种动力，就如同装有强力电池的电子表一样，自动运转，自动钻研，甚至有时能达到痴迷的程度。痴迷就能深入，深入就能钻透，钻透就有惊人发现，就会有丰硕的成果，就会有成功的人生。

如果一个人的兴趣与职业不吻合，那么这个人的工作始终就是被动的，领导让干多少，就干多少，一点也不会多干。因为他对工作不感兴趣，工作是为了完成任务。一切都是应付的，应付是不会有好业绩的，更不会有成功的人生。

再次，特长与职业的匹配。

在职业选择时，要特别注意特长与职业的匹配。因为不少人往往将兴趣误认为是特长。比如有的人喜欢唱歌，就认为自己的特长是唱歌，其实并非如此。喜欢唱歌，仅是自己的兴趣，而不是特长，你的嗓音、音质才是你的特长。这一点要搞清楚。

否则，你将进入误区，事业难以成功。也就是说，你不辞辛苦地白天唱、晚上唱、拼命地唱，也难以成为歌星。

所以，要想获得事业的成功，还要注意发现你的特长，并将你的特长与职业相匹配。但要注意，一个人的特长，往往具有隐蔽性，不易被发现，这就要求自己在自我分析时，或在日常生活与工作中多加留心。

再次，职业的兴趣类别。

职业的兴趣类别表明的是在相应的职业中包含哪些活动或任务。社会上存在着很多种职业，不同的职业包含着不同的活动或任务。哪些职业或者哪些活动会引起你的兴趣呢？你能把哪些任务完成得更好呢？

为了确定哪些种类的职业能引起你的兴趣，可以通过以下方法来进行测试：第一，对各种职业中的每一种，想象自己去做这种工作，然后确定它是否会引起你的兴趣。例如，想象自己做办公室中的事务性工作，通过考虑自己是否喜欢每天做一些例行事务来确定办公室中的事务性工作是否会引起自己的兴趣；第二，考察自己生活的其他领域，以设法确定自己感兴趣的事情。例如，在学校期间自己最喜欢的科目是什么？自己在业余时间做什么？有什么特别的爱好或天分？获得过什么样的奖励或证书？等等。这些都可以成为确定引起你的兴趣的职业的依据；第三，如果以往做过其他工作，把它们汇总起来，分析在每一种工作中你特别喜欢及特别不喜欢的事情，把特别喜欢的事情和不喜欢的事情分别列到一起。在各种职业中，哪一种更多地包含你特别喜欢的事情，可能就是能引起你兴趣的职业。相应地，哪种职业更多地包含你特别不喜欢的事情，可能就是不能引起你兴趣的职业；第四，可以在各种职业中先找出自己不喜欢或不能引起自己兴趣的职业，剩下的可能就是能引起自己兴趣的职业，这样做往往更容易一些。

通过运用以上方法来对自我进行测试，能够找出哪些职业会引起自己的兴趣。确定出对哪些职业感兴趣是正确选择职业的一个基础。

最后，职业的性别种类。

职业的性别种类是指相应的职业被视为只适合男性或女性的职业。许多人对适合于男性或女性往往有一个非常确定的想法。在过去，以技术操作或理性分析为基础的工作，以及需要较高技能和带有很大风险的工作，往往被看作适合男子做的工作。而需要提供关爱、帮助和具有主动性的工作往往被看作适合于女性做的工作。当然，这种适合于男性或女子做的工作种类的想法在不断地发生变化。然而，许多人在选择职业时仍把职业的性别种类作为重要的因素来考虑，即作为男子应该做某些种类的工作，而作为女子则应该做其他一些种类的工作。当然，有些种类的职业被看作男子和女子做都没有什么，区别职业的兴趣类别、等级水平和性别种类是人们选择职业的三个基础依据。在你选择适合自己的职业时，首先要确定自己在这三个方面的基本状况，据此来进行选择，这样所选择的职业才有正确的依据。

总而言之，选择职业是一门深奥的学问，切不可轻易做出决定，要结合自身和现实情况，慎重做出选择。

※ 经验与学识助你成功

卡耐基指出，一个人的经验多少，直接影响到他做事的判断力和影响力。学识是一个人积累和发展的原动力。良好的学识基础，能开阔一个人的眼界，提高人的品位和层次，增加胆识。经验与学识对于成功来说，都是必要的因素。

经验，对人们来说，是十分重要的。一个人的进步，一个企业的发展，一个国家的强盛，都离不开从实践中获得的成功经验作指导。

任何人只要做一点有用的事，总会有一点报酬，这种报酬是经验，这是最有价值的东西，也是人家抢不去的东西。成功者与失败者之间的区别，常在于成功者能由经验中获得益处，并以不同的方式再尝试。

一个人，做一件事能否做得好，能否成功，其中的成因会很多。包括有本身个人的 IQ，对事情的专注等，当然更重要就是对事情的熟练程度，其实也就是经验。

如果两个人一起做一件事，一个是做了十年这件事而比较愚钝的人，另一个则是在这个领域毫无经验的极为聪明的人，毫无疑问，前者肯定会优胜。

其实每个人是否聪明。并不在于那个人第一次做一件事是否做得好，而是看他经过第一次之后得到了经验，改变的是什么。

总之，人一定会跌倒，必须总结为什么会跌倒，才能避免下次犯同样的错误。经验是每个人做完一件事之后都会得到的东西。关键是如何去利用得到的经验获得更好的结果。

从前，在一个城市里有两个市民发生了争端：一个是贫穷的人，很有学问；一个是富有的人，可是很无知。那个富有的人想胜过他的对手，认为凡是明智的人都应该尊敬他。“我的朋友，”富有的市民时常对那位有学问的市民说，“你自以为了不起，可你告诉我，你是不是按时宴请宾客？你孜孜不倦地研读，对你的同辈有什么用处？你们永远住在三层楼的屋顶下，6 月天穿的衣服同 12 月穿的一样，走在路上只有自己的影子相随，国家根本不需要没有钱的人。我认为只有生活豪华，施用许多多恩惠的那种人，才是国家需要的人。上帝知道我们是多么阔气呵！我们的享乐养活了技工、商人；做裙子的人，还有穿裙子的人；还有你们，因为你们将不值一读的书，献给了财政家而得到了厚酬。”

这些狂妄无礼的话得到了应有的报应。那位学者没说话，他要说的话太多了。战争替他报了仇，远比一篇讽刺文章来得痛快。战神把这两位市民居住的地方毁灭了，他们都离开了城市。愚昧无知的市民流离失所，到处受到鄙视，另一位则到处受到新的款待。这便解决了他们的争端。

所以，学识自有它的价值。拥有了经验和学识两样东西，就等于为你的成功之路增添了砝码。

※ 经商要懂生意经

卡耐基对于经商策略的研究，是非常深刻的，这一领域的研究成果也成为构成他“成功学”理论的基本框架之一。譬如，卡耐基对于避免在商场树敌，有过这样的高论：

怎样才能使商场避免树立仇敌，以免在以后的交往中遭到报复，这是我们所遇到的一个问题。卡耐基认为首先要谦虚和自信。“虚怀若谷，方能容纳百川。”

对工作的自信固然重要，但必须建立在谦虚的态度上。

在执行自己的任务时，一定要有信心，但惟有建立在谦虚上的信心，才能变成卓越的信念，把你导向成功。做事失败者，大多是不够谦虚，而在不知不觉中陷入固执己见、不谦让的境地。

这种情形，愈是居于高位的人，愈是要小心。一般从业员有前辈或上司的领导指正，故较有机会改正。但身为主管，恐怕很难有人会纠正你，这时你只有自我指导，经常自问是否保持谦虚的胸怀？这么一来，你就会了解，并非自己的地位比别人高，就比别人有更多的能力。当你觉得自己的部属差，你就是没有那一份谦虚的胸襟。

当然也有比自己能力差的部属，但只要你用谦虚的眼光去看他，你就会慢慢发掘到他的长处。这样，一旦部属有什么适当的提案，你也能立即接受，迅速做决定。所以做起事来，也能如同流水般顺畅，否则，如果每一样事情都要向部属打破砂锅问到底时，就必定延误裁决的时机。

卡耐基认为，经营公司也是一样，看了人家的公司，能觉得“经营得不错”的人，就会吸取对方的经营方法，用来发展自己的公司。也可能诚恳地去请教：“贵公司的经营很成功，有什么秘诀？能告诉我吗？”对这种虚心求教的人，除非特别机密，对方都会坦白回答你的。

卡耐基常说，无论做什么事情，“虚心”很重要。当然不能迷失自己，让人牵着鼻子走。要一方面坚持“主体性”“自主性”，一方面虚心接受人家的意见，才能走向成功的路。

卡耐基刚开始做生意时，几乎什么都不懂。开发了一件新产品，往往不知道该定价多少？那时他的办法是跑到零售商那里去请教。因为他认为如何定恰当的价钱，去问常与消费者接触的零售商最清楚。

到零售商那里，出示新产品，问他们：“像这样的东西可以卖多少钱”他们都会坦诚地告诉你行情是多少，照他们的话去做就没错。不必付学费，也不要伤脑筋，没有比这个更划算的了。

当然，不是什么事情都这么简单，这是基本的原则。能虚心接受人家的意见，能虚心去请教他人，才能集思广益；比一个人独自暗中摸索要好得多。

但愿我们都能培养这种“虚心”。能虚心接受他人的意见，虚心向他人学习，这样离成功就不远了。

下面八条，是你一定要懂的生意经：

第一，与人打交道要有警惕，不要过分地相信人。在生意场上的朋友仅仅是买卖关系的朋友，一旦买卖关系结束，这种朋友的感情也会淡薄。有位作家说过，政治家下台了还有一群追随的人，商人经理下台了（失败），是不会有多少人追随的。胜者为王败者寇，商场如战场。

第二，在没有了解对方之前，不要赊账出去，以免收不到货款“钱货两亏”。

第三，要懂得市场行情，该出手时就出手。

第四，货源要充足，要备好货，客人来了不会因为没有货而扫兴。如果客人来几次没有买上货，以后他可能就不会来了。

第五，要诚实守信，不要卖假货差货。要对客人说清楚货的规格质量。要热情大方，要让利益给客户，不要斤斤计较。任何客人都厌恨短斤少两的。

第六，谈生意时，不要让客人感觉到你想把东西卖给他，这时他就会跌你的价。

第七，求买不求卖。要求进好货，便宜货，在进货上下苦功夫，找产地找资源。

第八，选择铺面要入行，最好选在人气旺的地方。铺面要整洁干净，畅销商品要摆放在显眼的地方。要熟悉店内的商品。防止商品变质损坏。

※ 保持充沛的精力

充沛的精力，是从事任何事情的基础，精力充沛，才有可能在你所从事的事情上自如地发挥。

在思想上，我们应该做到：

首先，自我激励。

用生活中的哲理、榜样或明智的思想、观念来激励自己。

第一，相信未来是美好的；

第二，遇事不惊，一旦有意外事件出现，不要被接踵而至的惊慌、焦急等情绪控制，要鼓励自己遇事不惊，开动脑筋，想各种有利对策；

第三，要知足常乐，经常想到自己是幸福而充足的，保持心情舒畅，从而增加获得成功的可能性。

其次，自我暗示。

语言暗示对人的情绪及行为有奇妙的影响和调整作用。在遇到挫折时，需要自我暗示。首先，要自己不要紧张，相信自己定能闯过难关；还要自己不慌乱，语言暗示可以通过自言自语，也可将提示语写在本上，贴在墙壁、床头等可以经常看到的地方，以便鞭策自己。

再次，转移注意力。

苦闷烦恼时，去听音乐，看看喜剧；初次登台演讲，把注意力集中到讲话的内容上；晚上大脑兴奋失眠，可把注意力集中到默数单调的数字上等等。这些方法如运用得当，可起到稳定情绪的作用。

最后，倾诉法。

人的情绪处于压抑状态时，应该允许有节制的发泄。即使是畅快地哭一场，也有利于调节机体平衡。

保持精力充沛，还要以身体强壮为基础。因此，加强体育锻炼，也是调整情绪的较佳选择。

此外，在生活中，要保持充沛的精力，我们还应做到：

及时补充能量。即在正常的一日三餐之外每隔 2 ～ 3 小时即少量进餐，目的是使血糖维持在能保证满足身体能量需求的水平。从生理上讲，血糖代谢是人体能量的主要来源，健康成年人每天需 1500 卡路里的能量，工作量大者则需要 2000 卡路里的热量。因此不断补充血糖是保持精力充沛的前提，过度节食者难免精疲力竭。

所以选择食物时应富含碳水化合物，同时有适量的纤维素（避免血糖波动）和少量的脂肪（减缓饥饿感）。国外盛行迷你食品即适应了这种需要，如一杯脱脂奶和麦片，几片面包或几块甜点心。避免使用肉类，脂肪太多也会使人昏昏欲睡。

多做深呼吸运动。深呼吸不仅可以摄取更多的氧气，同时能刺激副交感神经系统，有助于放松。深呼吸时可以躺下或端坐，一只手放于体侧，另一只手放于腹部，用鼻子吸气，同时排除杂念，想象胸部充分扩展、肺内正充满氧气，然后感觉二氧化碳从体内排出，同时颈肩放松。每次不少于 3 ～ 5 分钟。

试试香味提神。实验表明吸入含有薄荷和百花香味的气体能使计算机操作人员明显减少操作失误。具体选择哪种香味并无特殊限制，只要你喜欢，能带来愉悦感觉的气味都有助于提高大脑的觉醒程度。

健身。定期锻炼的最大受益者是你的心脏。所以有“完美的体形意味着完美的心脏”之说。另外，积极的锻炼能够提高肌体产能的效率。当快节奏、高强度的工作需要你付出更大能量时，健康的身体能够游刃有余地释放潜能。在假期和周末远离喧嚣的都市。现在城市空气污染严重，对人体危害不浅，每隔一段时间到林木茂盛的风景区踏青，可以令人体吐故纳新、调和呼吸、阴阳协调。在绿色植物密集的公园、森林，空气里的负离子浓度较高。负离子有大气中的“长寿素”的美称。在负离子充沛的地方，人们感到心旷神怡、精神振奋。空气中的负离子不仅能调节神经系统。而且可以促进胃肠消化、加深肺部的呼吸。

补充维生素和矿物质。维生素和矿物质不具有立竿见影的提神醒脑功效，却是肌体正常新陈代谢不可缺乏的营养物质，其中 B 族维生素、镁、铁尤其重要。医学调查发现相当部分的妇女缺乏某些种类的维生素和矿物质。可每日服用复合维生素药物，但注意不能超过人体实际需要量。

了解自己的生物钟规律。每个人的精力充沛程度在一天中不断变化，有高峰，也有低谷。大多数人在午后达到精力的高峰，但也不乏个人差异。可连续记录自己一天的心理状态、感觉程度、反应速度和所进行的活动，找出自己的精力变化曲线，然后合理安排每日的活动。

充沛的精力，是你人生中最大一块钻石，所以，一定要想办法紧紧抓住，才有可能取得更大的成功。

第四章　有钱人的理财守则

想成为一个成功的人，一个拥有财富的人，有一些理财守则是必须遵守的。懂得理财的人，财富才会永远地保值并适时增值。所以，掌握理财的技能，才能够真正成为一个富有的人，一个成功的人。最基本的理财技能是通向富有之路的必要条件之一，它同一个人其他方面的能力共同为富有和成功打下了基础。

以下的八条，是卡耐基给我们留下的关于理财的宝贵的忠告，相信你读过之后，会从中得到很多启迪。

※　先让你的口袋鼓起来

理财的首要条件是先让自己的口袋鼓起来，有了钱才能涉及下面要提到的一些理财问题。

卡耐基说过：有件事你需要考虑，当牵涉到你的金钱时，你就等于是在为自己经营事业。而你如何处理你的金钱，实际上也确实是你“自家”的事，别人无法帮忙。

但是，“处理”金钱的基础，是你应该拥有相当数量的钱。所以，想办法在工作或经商中，首先积累起一定的财富。一定数量的金钱，是生活和继续奋斗最基本的保证。

另外，增加你的收入的方法还有：

第二职业。选择你喜欢做的任何事情，当作你的第二职业。例如，你喜欢钓鱼，那么你可以试着去渔具商店找个兼职。

网络营销。你可以在网上代理销售一些大公司的产品，从中得到提成。你也可以在周末的跳蚤市场买这些产品。

给自己的Blog或者网站挂广告。把你觉得有趣的事情记录到你的Blog，利用浏览点击率来赚取广告收入

网上开店。把你不用的东西放在网上拍卖。记住：对于你来说，某些东西可能是垃圾，当对于别人就可能是宝贝。

做自由撰稿人。可以给杂志、报社，甚至某些活动撰写文章，投稿来获得收入。

※ 控制支出

对于怎样管理我们的金钱，卡耐基有一条最首要的建议，那就是：把花钱的事记在纸上。

我们只有知道自己错在哪里的时候，才能知道需要改正什么，否则我们无法进行任何改变。如果我们不知道哪些钱是必须要花的，哪些钱是不必要花的，那么节约就是一件毫无意义的事情了。因此，我们应该在一段时间内，记下自己的开销。比如，记录三个月看看。当然你不用记录一辈子，财务专家们建议，至少做三个月的记录，要把花的每一分钱作准确的记录。使我们知道钱都花在哪去了，然后我们就可依次做一份预算出来。

另外，你还要做一份适合自己的预算。

通过记录，你可以准确地算出你每一年的固定的开销——房费、食物、水电费、保险费。然后在计算出其他必要的开支——服装费、交通费、医药费、教育费等等。

当然有一点需要指出的是，预算的意义，并不是剥夺生活的乐趣。它真正的意义在于物质安全感——在很多情形下，安全感就等于精神安全和不会忧虑。专家们说过，依据预算来生活的人，他们都活得比较快乐。

再次，应该把每年收入的10%储蓄起来。

下面再提供一些实际可行的控制支出的方法：

1. 想一下，你为什么想要攒钱把你为什么要攒钱的原因都写下来。你的原因可能有：上学，买房，旅行，买车等等。其他一些原因，比如：入不敷出，想帮助别人，只是想理财，或者其他一些不太明确的目的。明确那些原因能让你坚持不懈地攒钱。把这些原因写下来，时刻提醒自己。

2. 了解自己的收入来源

了解自己每月准确的纯收入。有时我们只愿意想当然地认为自己每月会拿多少钱，因为这可能会让你感觉良好。但是我们需要了解扣除了税和福利以外的纯收入。

3. 做一个支出账单

把你每月的开支记下来，或者借助Excel表格工具。观察几个月，计算每月平均支出多少钱。

4. 计算每月的净收入或亏损

用你每月的纯收入减去每月的纯花费，这个值反映了你是攒了钱还是亏了钱。知道了这个数，你就可以做下面的事情了。

5. 做一个开支预算

网上有很多可以生成开支预算及个人财务管理的软件，例如：Microsoft Money（共享软件）。或者如果你使用Excel熟练的话，可以用Excel表格。这样做的目的是为了分配每月的支出上限和你要攒钱的收入下限。

6. 缩减开支

仔细看看你的每项支出账单，哪些地方是可以缩减的？例如，你的手机费、网费等。你会发觉每月下来真的能缩减一部分开支。

7. 先还信用卡

如果你使用信用卡，并且通过信用卡支付比例超过使用储蓄账户的支付比例，那么最好的决定是每月先还信用卡的账务。即使不能全部还清，至少要还清每月最低的还款额度。如果你依旧不能很好控制你的花费，还是建议你把信用卡销户，使用你的储蓄账户进行支出。

※ 保住和增加财富的价值

一个人的财富不在于他钱包的铜板有多少，而在于他所累积的收入，源源不绝流入口袋的财源，并常保口袋饱满。动用每一分钱，让它们像农田聚物一样，辗转生出利息，帮你带来收入，使财富源源不断流入你的口袋。

所以，学会保住你手上财富的价值，并想办法让它增值，才是恰当的理财之道。

有人说，30 岁以前要靠体力智力赚钱，30 岁以后要靠钱赚钱。不过说着容易做起来难，很多人在30岁时有了一笔可观的财富积累，甚至有人会使财富积累达到人生的顶峰，但并不是所有的人都会让钱为自己赚钱。有钱却舍不得用等于没钱。家有积蓄，手中有钱，但总是舍不得花，节衣缩食，生活拮据，不能用钱享受美好的人生，即使有再多的钱也是枉然。钱本身只是一个价值符号，只有使用才能体现其价值，不去使用等于没有价值。赚同样的钱，生活可能千差万别。

资本市场并不都是“大鳄”“朝闻田舍郎，暮登天子堂”的毕竟属于极少数，更多人默默无闻，但他们是组成资本这个市场的基本力量，市场的神经也牵动着他们的喜怒哀乐。

保住和增加财富的价值，也就是用钱赚钱。用钱赚钱并不是要你一次性的投资一大笔金钱，而是让你理解到：这个现代发达的社会里用体力赚钱永远都不会实现你的梦想，而且辛辛苦苦的最终结果只可能换来三餐温饱。只有学会怎样用钱赚钱的道理用滚雪球的方法积少成多。迟早可以滚出一座“雪山”。用钱赚钱的技巧在于以下几点：遇乱不惊、冷静面对、胆大心细、不贪不燥、眼光独到。

如何“遇乱不惊”呢？通常投资市场中越乱的时候机会越多。不要随便相信小道消息，道听途说往往会害己不浅。以静应乱是投资的基本功。

“冷静面对”是人生中的一堂必修之课。投资中亏大钱的人多数是不够冷静，一听到什么不利的消息就大量抛售，结果风平浪静后只好眼巴巴地看着已抛售了的投资节节高升。

“胆大心细”也是投资中的一重要一环。当你做足功课看准的目标就不要害怕，三心二意或举棋不定往往错失良机。

“不贪不躁”是投资中最考人的一课。投资过程中当你达到你定下的目标后就应放手，不要因小失大。很多人往往想再赚多一些结果连原来已赚到的那部分都拿不到。这就告诉你——不可贪。何为“不躁”呢？当你赚了钱卖了一只股票后它还继续上升，你不要因此而急躁，因为你已经赚到了。做到“不贪不燥”是你将来成功的必修课。

说到“眼光独到”，那你必须先修好“五行生肖论”，因为五行生肖论中你可以预测到每一年将会上升或兴旺的行业，然后你就可以利用这些行业来开始“滚雪球”。

不要让财富流失。

卡耐基认为，应该学会聪明地花钱。不要让财富白白流失。如何使你花出去的金钱得到最高价值？这是每个人都应该学习的东西。就像大公司的那些专门的采购人员一样，他们总是设法替公司买到最合理的东西。你也应该这样做。

学会聪明地花钱同时，不让财富白白流失的另一个好的办法，是学会节俭。

一个人若想获得财富，首先要善于克制自己的欲望，自我克制的力量必不可少。我们经营的事业、资本往往有赖于自己往日的积蓄，举债创业总是一件比较危险的事情。

通常，人们习惯把吝啬看成节俭的孪生兄弟，这其实是一个很大的错误。实际上，节俭的真正含义是：当用则用，当省则省；也就是说，花费一定要恰到好处。但吝啬的含义就不同了，它是指当用时不用，不当省时也要省。

美国著名文学家罗斯金说过："通常人们认为，节俭这两个字的含义应该是'省钱的方法'。其实应该解释为'用钱的方法'。也就是说，我们应该怎样去购置必要的家具；怎样把钱花在最恰当的用途上；怎样安排自己的衣、食、住、行以及生育和娱乐等等方面的花费。总而言之，我们应该把钱用在最为恰当，最为有效的地方，这才是真正的节俭。"

托马斯·利普顿爵士说："有许多人来向我请教成功的诀窍，我告诉他们，最重要的就是节俭。成功者大都有节俭的好习惯。任何好朋友对他的援助，鼓励，都比不上一个薄薄的小存折。唯有储蓄，才是一个人成功的基础，才具有使人自立的力量。储蓄能够使一个青年人站稳脚跟，能使他鼓起巨大的勇气，振作全副的精神，拿出完全的力量，来达到成功的目标。如果每个年轻人都有储蓄的习惯，世界上就不知要少多少个伤天害理的人！"

约翰·阿斯特先生在晚年说，如今他赚 10 万美元并不比以前赚 1000 美元难。但是，如果没有当初的 1000 美元，他也许早已饿死在贫民窑里了。

很多人只因为用钱没有计划性，所以，在不知不觉中使大量的钱财无意中从指缝里流走。如果养成了记账的良好习惯，能把每次的花费都记入账簿，能够仔细核算，好好筹划。这样，对于一个人未来的事业发展，会有巨大的帮助。这样不但能学会记账的方法，还可以熟悉金钱往来的各种手续，从而获得宝贵的经验。账本能够清清楚楚地告诉你，过去的钱都用到哪里去了，什么地方是完全可以节省的，什么地方是一定要用的。

富兰克林这样说："致富的唯一方法就是赚得多，花得少。"他还说："如果你不想因有人讨债而气恼，想不受饥饿和寒冷的痛苦，那么你最好和忠、信、勤、苦四个字交朋友。同时，不要让你赚得的任何一分钱从你的手中轻易地流走。"

以前有一个年轻人到印刷厂里去学习技术，其实他的经济状况很好，他父亲要求他每晚必须住在自己家里，但要每月付家里一笔住宿费。一开始，那个年轻人觉得这样太苛刻了，因为他当时每月的收入，就刚够支付这笔住宿费。几年以后，当这个年轻人自己准备开设印刷厂的时候，他的父亲把他叫到跟前，对他说："好孩子，现在你可以把每年陆续付给家里的住宿费拿回去了。我这样做的目的，是为了让你积蓄这笔钱，并非真的向你要住宿费。好啊，现在你可以拿这笔钱去发展你的事业了。"那年轻人至此才明白父亲的一番苦心，对父亲的圣明感谢不尽。如今，那青年已经成了美国一家著名印刷厂的老板，而他当年的同伴们却因自小就挥霍无度，如今仍然穷苦不堪。

以上所述是一个富有教育意义的真实故事。它给你的启示是：唯有养成储蓄的习惯，将来才有希望享受成功与财富。

你须明白一个道理：节俭其实是一件很简单，极容易的事，谁都可以立即去实行。你愿意处在穷困的境地吗？你愿意让债主时时来逼你还钱吗？你愿意因负债而坐牢吃苦吗？你愿意一生屈居人下，不得翻身吗？你当然不愿意，那么你就一定要养成这个简单易行的节俭习惯。

一部著名小说里有一段话说得很有意思：“宁愿因饥饿而倒地，也不要去向人借钱！”暂时忍受一下饥饿，寒冷和贫困，牺牲暂时的一些快乐和幸福，为了心中的那个目标。千万不能为了图一时的享受，而抛弃了光明的前途，把廉耻踩在脚下，使信用丧失殆尽，使志气消磨，使名誉败坏，使人格断送，这就会使你的生命像驶入漫无边际海洋的一叶孤舟，失去方向。

所以，轻易不要让财富从你的手边轻轻流走，养成节俭的习惯，并清楚你手中每一分钱的去向，是非常重要的。

※　寻找获利性的投资

卡耐基指出，寻找一门获利性的投资，是有钱人最基本的理财守则。投资是一门很深奥的学问，如何独具慧眼，寻找到获利性的投资并获取利润？

凭良心生财。君子爱财，取之有道。获得多少利益，也要付出多少耕耘；取之于大众，用之于大众。一切可观的利益，都由良心换得。若生财之道不违背良心，则所生之财自然持久。争取利益时，勿违背良心。

世界上每个人的利益与社会的利益牢不可分，所以每个人在追求自己的利益时，都要有“利他”的良心，这样才会得到“人助”及“天助”。

不贪一时之财。做生意的人眼光要远大，不可贪图一时的利益而失去长久的顾客，用诚实的信誉，出售优良的货物，自然会吸引众多的客户，生意自然好做，自然会红火。贪小便宜吃大亏的事千万别去做。

老板用财之道。经商者在筹集资金后，最终是要用财并达到生财的目的。用财的合理与否直接决定了生财的多少。决策正确，合理用财，就能生财；反之，决策失误，用财不当，就会造成损失。因此，生财的关键是合理正确地用财。

一个商户在筹集了 10 万元资金后，准备用于服装生产，他把 10 万元资金全部用于厂房、设备和原材料的投资。结果，生产是很顺利，但由于没有重视销售，产品积压，资金不能收回，导致了经营困难。而另一个商户同样筹集了 10 万元资金用于服装生产，但他只把 8 万元资金用于厂房、设备和原材料投资，其余 2 万元资金则用于推销和广告，虽然生产规模小了点，但是他的产品销售顺利，资金回收快，结果获利很多。从这里我们看到，合理用财就是把资金投入到有效益的地方去，实现资金的增值。为此，我们必须认真分析市场环境和自身能力，明确哪些地方不要花钱，哪些地方要花钱，花钱多少。

不断投资。看上去某人很有钱，其实他只不过勤于周转而已。他总是让钱在银行、股票市场等地方不断流动，以赚取利息和红利。这样资本就在这个周转不息的境况下，逐渐增加。很多保守派人士，都喜欢把钱存在那里不动，他们总觉得存款的数目多能给人带来一种安全感。事实上，这种做法白白失去了许多赚钱的良机。

下面，我们再来看看巴菲特的例子。

作为一家拥有 2800 亿美元总资产的公司主席，沃伦·巴菲特的投资决定自然与其他绝大多数投资者有些小小的不同。

由于其投资的资产规模及金额庞大，巴菲特的伯克希尔·哈撒韦公司一般来说关注非常大的公司：可口可乐、美国运通、强生公司以及富国银行是他们主要持股对象中的一部分。

但是如果他不受伯克希尔规模的限制？如果他在与我们绝大多

数人一样的投资环境中工作？他会买些什么股票呢？

8月早些时候伯克希尔公司的年度会议上，有人（巴菲特的外号）顺着这条思路向“奥马哈神谕”提出了问题。一名投资者问他如果只有数百万美元需要应付，伯克希尔的投资将有怎样的不同，巴菲特回答说绝大部分机会可能在小公司的股票当中，或者是在悲观的证券市场环境之中。

得分特别高的一只股票是陆星系统公司，它位于佛罗里达州的杰克逊维尔，提供专业化的运输和后勤服务，主要是卡车运输，遍及全美，还有加拿大、墨西哥和其他国家。

陆星公司市值为28.5亿美元，拥有数项“巴菲特式”的品质。首先，公司的每股盈利在过去的10年当中每年都在增长，从0.39美元增长至1.99美元。这是巴菲特方法的关键所在。他一直都是稳妥派，喜欢那些盈利可以预期的公司，而连续10年的每股盈利增长已经是你最可以预期的股票。

巴菲特瞄准优秀而稳妥的目标股票的另外一个方法是观察债务。巴菲特偏爱那些能够产出足够盈利，并且在需要的情况下可以在两年之内还清所有债务的公司。陆星公司的总债务是1.242亿美元，而每年度的盈利是1.092亿美元。它实际上可以在不到两年的时间里用自己的盈利偿清所有的债务，这是个不错的信号。

大家都知道巴菲特寻找他称为拥有针对竞争对手的“可持续竞争优势”的公司，强大的品牌、最低的价格，这令其他公司很难与之竞争。有这样优势的公司的一个标志就是有高净资产回报率。

另外一个巴菲特式的品质是强大的管理。他衡量的办法之一就是检视管理层使用公司的未分配利润成效如何。在过去的10年当中，陆星公司在每股收益中已经存下10.38美元的未分配利润，而它的盈利在这段时间里增加了每股1.60美元。这意味着公司为持股人的留存利润赚取了 15.4% 的年度回报。任何超过 15% 的回报率都将进入我巴菲特模型的最佳个例视野，所以看起来陆星的管理层完成了伟大的工作。

寻找获利性的投资，要求你的眼光独到、具有创造力和相当的胆识，这是作为一个商人最起码的理财能力。在不断的实践和训练中，相信你寻找获利性投资的能力会不断提高。

※ 保障未来生活无忧

卡耐基理财基本理念中，很重要的一条是为未来的生活提供保障。他说："你可以买一些医疗、意外保险，对于各种意外不幸都有小额的保险可供投保，否则，万一出事，那可是令人烦恼的事情。而这些保险的费用都很便宜。"

但是，买保险也是一门学问，其中有很多误区。

误区一：买保险先看投资回报率有多高，是不是还本。

其实，买保险的首要目的应当是取得风险保障，投资增值是第二位的。风险保障程度高的保险是不能返还保险费的；具有返还保险费功能的保险，风险保障程度会比较低。

万能险、投资联结类保险投资功能较强，但缴纳的保险费也比较高；投资收益以及分红保险的分红收益，随保险资金运用成果而定，有时高有时低，也是不固定的。因此，比较好的办法是根据自己的缴费能力，先安排保障，再考虑投资，将两类保险组合购买。

误区二：买了保险，只要发生事故，保险公司都管。

其实，各种保险都有明确的保障责任范围，超出责任范围的事情，保险公司是不负责赔偿的。需要特别注意，有些保险责任范围内的特殊情况，保险公司也不承担赔偿或给付保险金责任。这是因为，保险责任过宽，保户缴纳的保险费就要很高；有些特殊情况列入赔偿范围会助长道德风险，如醉酒驾车造成的事故等。

误区三：买了几年保险没出事，保险费白交了。

其实，买保险是防万一，不出事最好。有了保险，随时都处在保险保障之下。不出事，我为人人；出了事，人人为我，这才是保险的作用。

误区四：只要给孩子买上保险就行了。

实际上，大人孩子都需要保险，但是买保险应遵循“先大人后孩子”的原则，先把“家庭支柱”保障好，这其中也包含有对孩子的保障。

误区五：保险与储蓄没啥区别，只要存了钱，没必要再买保险。

保险和储蓄虽然都是应对风险的办法，但是它们之间的区别还是很大：储蓄可随时存取，灵活性很大；保险的保险费是不能随意取回的。储蓄是一种自救行为，没有把风险转移出去，“万一”的事来了，钱还没攒够，难免陷入困境。而保险是一种集体互助行为，能把风险转移给保险公司，利用获得的保险金渡过难关。

误区六：有了社保就不用再买保险。

社会保险是由政府主办的一种基本生活保障，覆盖面比较广，应当积极推行。但社保注重平等，保障水平比较低，而商业保险的保障范围比较广泛，保障程度可以由投保人与保险公司协商确定，能够满足各种人的不同需要。因此，有了社会保险也还需要商业保险作补充。

另外，买保险就是买未来生活的保障。下面六要六不要的准则，看看能否对你有帮助：

要放下成见，不要偏听偏信。保险公司是经营风险的金融企业，《保险法》规定保险公司可以采取股份有限公司和国有独资公司两种形式，除了分立、合并外，都不允许解散。所以，大可放下门第之见入保险，要比较险种，不要盲目购买。每个人在购买贵重商品时，都会货比三家，买保险也应如此。尽管各家保险公司的条款和费率都是经过中国人民银行批准的，但比较一下却有所不同。如同是大病医疗保险，有的是包括 28 种大病，有的只防 10 种。

要研究条款，不要光听介绍。保险不是无所不保，对于投保人来说，应该先研究条款中的保险责任和责任免除这两部分，以明确这些保险单能为您提供什么样的保障，再和您的保险需求相对照，要严防个别营销员的误导。没根没据的承诺或解释是没有任何法律效力的。

要确定需要，不要心血来潮买保险。首先考虑自己或家庭的需求是什么，比如担心患病时医疗费负担太重而难以承受的人，可以考虑购买医疗保险；为年老退休后生活担忧的人可以选择养老金保险。所以，弄清保险需要再去投保是非常重要的。

要考虑保障，不要考虑人情。保险是一种特殊商品。一件衣服或一套家具买来了，如不喜欢可以不穿不用，也可以送人，而保险则不能转送。有些人买保险，只因营销员是熟人或亲友，本不想买，但出于情面，还没搞清条款，就硬着头皮买下，以后发现买到的是不完全适合自己需要的保险险种，结果是不退难受，退了经济受损失也难受。

要考虑责任，不要只图便宜。俗话说："一分钱一分货"，保险也是如此，不能光看买一份保险花了多少钱，而要搞清楚这一份保险的保险金是多少，保障范围有多大，要全方位地考虑保险责任。

适当而明智地买一些保险，能够在一定程度上保证你和你的子女未来的生活无忧。同时，保险在一定程度上起到理财的作用，帮你为明天存住今天的钱。

※ 增进你赚钱的能力

预算毕竟是预算，它难免会有遗漏或不完善的地方。卡耐基说，假如你在拟好开支预算后，仍发现入不敷出。这时你可以有两种选择：你可以咒骂、埋怨、发愁、担心或者是你想办法赚一点钱。所以，还是增进你赚钱的能力吧。

卡耐基曾经这样教育学员们：

今天我要告诉各位的，是一个解决贫困最直截有效的方法。但是我谈的不是关于黄金，而是关于在座各位本身的问题。我将告诉你们一些在工作上取得成功或遭遇失败的人，以及他们各自的所思所行。

不久以前，有个年轻人跑来向我借钱。我问他借钱做什么用，他抱怨说自己总是入不敷出。我便告诉他，这种情况显示他是一个偿债能力很差的借款人，因为他可能永远都没有余钱可以偿还贷款。

我告诉他："年轻人，你所需要的是去赚取更多的钱。你想如何提高自己的赚钱能力呢？"他回答说："我所能做的，只是两个月内六度要求老板给我加薪，但是一直没有成功。我觉得没有人像我那样勤快地向老板要求加薪了。"

我们可能会嘲笑他把事情弄得过于简单了。但是，他确实拥有一个增加收入的关键条件，那就是他内心里强烈渴望赚取更多的钱，这种愿望是完全正当而且可取的。

要想成功致富，必须首先拥有这样的渴望。而且，你的渴望必须是非常强烈和明确的，普普通通的愿望不过是虚弱的念头罢了。一个人若只是巴望着但愿能成为富翁，那这个目标就太过虚弱和模糊了。假如他内心真正具体地渴望拥有 5 块黄金，我相信他可以实现这愿望。在他想得到的 5 块黄金如愿以偿，而且坚守住这些金子之后，接下来他便能找到类似的方法获得 10 块、20 块黄金，终至

1000 块黄金，看啊！这样他已经在不知不觉中成了一名富翁。他在学习达成每一个小小的明确的愿望过程里，已逐渐训练自己获得更多财富的能力了。这便是积累财富的真实路径。先由小额收入开始，赚回来一些，最后才能赚得更多。

所以，你的任何欲望都必须简单明了。如果欲望太繁多、太杂乱或者超乎个人的能力所及，必然就无法实现。

当一个人能够辛勤工作，不断提升自己的职业水平时，他赚钱的能力也就会跟着提高。从前有一个泥板刻写员，每天只赚进几个铜钱时，他就观察到许多同事的确刻得既比他多又比他好，薪水也比他高。因此，他决心要超越其他所有的同事，而且他很快就发现那些人比较成功的原因。于是，他投入了更多的兴趣、专心和毅力在刻泥板上面，最后果然很少有人刻写泥板的数量和质量能够超过他。当他因工作技巧变得敏捷娴熟，而获得较高报酬时，他再也不用要求老板确定工作能力，以便给他加薪了。

我们获得的智慧和技能越多，能赚的钱财也就越多。在自己的工作技能上多多学习和钻研的人，他所获得的报偿也就会超越他人。假如他是一个工匠，他可以向同行中那些技艺最精湛的前辈学到许多技巧和方法。假如他是一名律师或者医生，他可以向其他同行咨询、交换心得，以提高自己的专业水平。假如他是一个商人，他就应该不断研究更好的方法去寻求成本低廉的好货。

其实，各行各业的人都在不断改变和追求进步，因为热心而辛勤工作的人总是在追求更出色的技能，以便为他们赖以为生的雇主做出更好的服务和贡献。因此，我敦促各位一定要走在进步的前端，绝不要停滞不前，以免落伍而被淘汰。

显然，有许多环节是有成功理财经验者之所以富裕的关键。这些事情如下所述，一个人若能够自尊自重的话，就至少应该做到以下几件事：

尽一切可能偿还自己的债务，不要购买自己的钱财力不能及的物品；

有能力照料好家人，让家人一想到或提到他的时候，净是赞赏和夸耀；

预先立好遗嘱，以防万一蒙神宠召，他的财产能做恰当而合理的分配；

对遭受厄运打击的困苦之人具有怜悯之心，适度帮助他们，也为自己的亲人设想周到。

因此，这便是治愈贫穷的——也是最后一个重要的妙方：培养你自身的赚钱能力，通过勤奋学习和努力，成为一名富有智慧的人，一名更加多才多艺，能够自尊自重的人。

以上就是我根据自己长久以来成功的理财经验，所整理出来的治愈贫穷的妙方，我敦促所有渴望致富的人们都能遵照执行。如此，你将充满自信，早日实现你梦寐以求的致富愿望。

诸位，巴比伦的金子比你们梦想中的还要多。这些黄金多得不可胜数，所有人来分也分不完，理财致富本身就是你们的愿望，更是你们的权利。尽管勇往直前吧，实践这些理财之道，你就将会像我一样变得富裕自得。

最重要的还是，你能够发现机会并把握机会，这就是赚钱的能力。

皮尔夫人的丈夫去世后，她自己一个人住在纽约市郊区的一栋公寓里。有一天，她去一家餐馆的柜台买冰激凌时发现那儿同时也卖水果饼，不过那些水果饼做得实在是太差了。她问老板愿不愿意向她买一些真正的手工制作的水果饼。老板向她订了两块水果饼。虽然皮尔认为自己是一个很好的厨师，但以前这些都是由女佣来干的，自己亲手烘制饼干，也仅仅几次而已。在那家餐馆的老板向他预订了两个水果饼之后，她向一位邻居认真学习了制作水果的方法。结果，餐厅的顾客对她做的那两份水果饼赞不绝口。于是，餐厅又订制了五块，不就，其他餐馆又来向她订货。在接下来的两年之中，来订饼的人越来越多，她每年必须烘制出五千张饼——这些都是她一人在自家的厨房中完成的。现在皮尔夫人一年的收入可以达到一万元，除了购买了一些制饼的原料之外，一分钱也没有多花。

随着需求量的不断攀升，皮尔夫人不得不把她的工作时间从厨房里搬出去——她租了一间店铺，还雇用了两个人帮忙。

皮尔夫人认为，其他的家庭主妇也可以以同样的方式赚钱。从自家的厨房开始，积极进取，不为金钱而烦恼——没有租金、没有广告费。在这种情况下，开始她的创业并取得了辉煌的成果。

仔细观察你的周围，你将会发现有许多尚未达到饱和的行业，不管男人还是女人，都有很多工作机会。

※ 合理运用你的金钱

在本章第二节我们讲过，控制你自己的支出，应该把花钱的事记在纸上，做一份适合自己的预算并把每年收入的 10% 储蓄起来。除此之外，卡耐基认为，合理运用你的金钱，还应该做到：

不要让保险公司将人寿保险金一次性给付你的受益人。如果买人寿保险，是为了在你死后，让你的家人得到照顾，那么也绝不能让保险公司一次将大笔钞票付给你指定的受益人。丽温·爱莱明夫人是纽约人寿保险研究所的主任，她指出让寡妇领取人寿保险金不如改为让她领取终身收入。

卡耐基建议每个家庭在买人寿保险时应该先弄明白以下这些问题：

你的家庭成员买人寿保险，能够满足什么基本需要？你是否知道，关于付款的方法有多种选择？你知道一次性付款和分期付款的区别在哪里吗？你是否知道，人寿保险具有双重目的？假如家中的男人很早就去世了，保险就可以保护他的家庭，如果他能够安享晚年，人寿保险可以给他生活的保障。

此外还有许多类似的问题，对于你的家庭都是非常重要的。家庭中男人和女人都必须知道有关人寿保险的知识。特别是如何支取保险金，值得每一个家庭重视。

让子女养成对金钱负责的态度。有一本杂志上刊登过这样一篇文章，内容是关于如何教导子女养成对金钱的责任感。下面就是文章中所载的方法：

作者库特从银行取得一本特别储金簿，送给她九岁的女儿。每次女儿在得到每周的零花钱的时候，就把钱存进那本储金簿中，母亲则充当银行的角色。在那个星期内，女儿每使用一分钱，都从账簿中提取，然后把余款详细记录下来。母亲用这种方法让女儿学会了如何处理对金钱的责任感，这是一个很好的办法。如果你是一位未成年子女的父母，你不妨用上述的方法，培养他们对金钱的责任，这对你们来说是非常有益的。

千万别赌博。千万别想从牌九及轮盘、色子上赢钱。对那些妄想从赌博中发家致富的人，人们除了轻视之外，别无同情。

要学会宽恕自己。如果我们不能改变我们的经济状况，但我们可以改变心理态度。你要知道，大部分人都会有财务烦恼——林肯和华盛顿都还需要向别人借钱，才能启程前往首都就任总统。

虽然我们得不到我们想要的东西，但是却不要让忧虑和悔恨跑到我们的生活中来。让我们宽恕自己，心胸豁达一些。按照古希腊哲学家爱科林蒂塔的观点，哲学的精华就是：一个人生活上的快乐，应该来自尽可能减少对未来事物的倚赖。

有人总结了运用黄金的五大定律，对于我们理财很有帮助：

凡把所得的十分之一或更多的黄金储存起来，用在自己和家庭之未来的人，黄金将乐意进他家门，且快速增加。

凡发现了以黄金为获利工具且善加利用的聪明主人，黄金将殷勤且甘心地为他工作，而且获利的速度甚至比田地的产出高好几倍。

凡谨慎保护黄金，且依聪明人的意见好好使用黄金的人，黄金会乖乖待在他手里。

在自己不熟悉的行业上投资，或是在投资老手所不赞成的用途上进行投资的人，都将使黄金溜走。

凡将黄金运用在不可能的利得上，以及凡听从骗子诱人的建议，或凭自己毫无经验和天真的投资概念而付出黄金的人，将使黄金一去不回。

切记：要想让自己不为金钱问题而苦恼，那就永远握住对金钱的主动权。这样，你的快乐就增加了一个稳定而充足的理由。

第五章　我向你挑战

面对人生前路的荆棘与挑战，你是如何做出应对抉择的呢？是选择信心饱满，迎接挑战，还是畏首畏尾，怯懦退缩？

此时，自信心的巨大作用就凸显了出来。卡耐基告诉你，如果你充分相信自己，你实际上，已经获得了成功。可见，信心对于人们从事的事业或其他活动，都具有决定性的作用。所以，你要相信，你可以做得更好，你可以成为一位精英，你可以冒险，你可以让自己更强壮，你也可以塑造吸引人的个性和良好的品性。

※　你能比现在做得更好

卡耐基认为，如果你充分相信自己有能力进行任何活动，那么，你实际上就能获得成功。一旦你敢于探索那些陌生的领域，便有可能体验到人世间的种种乐趣。想想那些被称为“天才”的人，那些在生活中颇有作为的成功者，他们并不仅仅是某方面的专家，也不是试图回避困难的人。富兰克林、贝多芬、达·芬奇、爱因斯坦、伽利略、罗素、萧伯纳、丘吉尔以及许多其他伟人，他们大多是敢于探索未知的先驱者，在许多方面与普通的人一样平常，唯一区别只不过是他们敢于走他人不敢走的路罢了。另一位文艺复兴式人物施魏策尔曾经说过：“人类的一切都不会使我感到陌生。”人们可以用新的眼光重新看待自己，打开心灵的窗口，进行那些自己一向认为力所不能及的活动；否则，就只会以同样的方式重复进行同样的活动，直到生命终结。而伟人之所以伟大，往往体现在其探索的品质以及探索未知的勇气上。

相信你自己能做得更好，首先要消除自卑感。每个人在某个阶段或多或少都会有自卑感。若能采取积极的措施克服自卑感，就能从失败和绝望中走向成功。

有一天，富兰克斯对他的同学说："我准备在我出生的地方开创自己一生中最大的事业，如果创业成功，将对我的一生又无比重要的意义。但若失败，我将会失去一切，甚至死亡！"

听了富兰克林的这番话，他的同学感到十分的吃惊，为了安抚他，帮助他放松心情，同学委婉地对他说："并非每件事都能达到自己预期的理想结果，明天的风仍然继续地吹着，希望依然存在，奋斗不能停止。"

富兰克斯听了同学的话依然愁眉苦脸地说："我最苦恼的是我始终无法对自己产生信心。确切地说是成功的信心，对于要做的事我没有把握，也无法相信自己是否能够成功，但我又非常想做这件事，很多事情尚未开始做之前，我的信心就开始丧失，意志不由自主地消沉。这次也是一样，虽然觉得此事关系重大，但是信心却不足，我已经是快四十的人了，却受困于自卑的烦恼，对自己总是持有否定态度，我怎样才能对自己产生自信与肯定？"

同学告诉富兰克斯，有两个方案可以解决他的问题，第一是探讨无力感的来源，当然要找出源头，必得花费不少的时间分析，找出根源，以科学的态度对待与治疗。不过，这不可能立竿见影，需要一个过程，只要认真对待终会解决问题。其二，今天晚上，当你走在街上时，重复默念一句话；等你回答家后，躺在床上时，反复说三遍。如果你虔诚地做这件事，你将会获得足够的能力面对这个问题。

这句话的内容是："虔诚的信仰给了我无比的力量，凡事我都能做，而且一定能做好！”

富兰克斯的同学把这句话写在一张卡片上送给了他，并请他立刻大声读三次。富兰克斯按照同学的方法认真做了三次。

当弗兰克斯做完后，站起身来时，他先是静静地站在原地，一动也不动，片刻后，他带着激动的表情与口吻对同学说：“我知道该怎么做了！”

同学看到了富兰克斯昂首阔步的身影渐渐消失，尽管那身影仍有些悲伤，但却是昂首而去的，信仰和自信已在他心中。

后来这位同学激动地说：“这个简单的处方太灵了，简直令人难以相信，想不到这么一句话竟能给人带来这么大的作用。”

在此之后，弗兰克斯又用科学的方法努力研究和探索自己自卑的原因所在，终于除去了长期的自卑感。最重要的是，他学会了如何拥有信仰。他很快就拥有了强大、坚定不移的信心，现在，任何事情对他来说都已不再是难以解决的困难了，而变成了一切在他掌控之中。他再也没有原来的悲伤和恐惧，他从此对生活和事业充满了信心。

一个人成功的程度往往取决于他自信的程度。拿破仑曾经说过：我成功是因为我志在成功。如果没有这种毅然的决心和坚定信心，相信成功也会与他无缘。关于信心的威力，实际上并没有什么神奇或神秘可言。信心起作用的过程是这样的：当你有了相信“我能做到”的态度，产生了能力、技巧与精力这些必备的条件，自然就会想出如何去做。反之，你将放弃努力。秀才之所以考上了探花，就在于他没有放弃。

很多年轻人有一种眼高手低的毛病，他们一方面希望能够登上最高的阶层，享受尊贵的生活，但同时又对自己缺乏足够的信心，因而只能停留在一般人的水平。例如很多销售人员一心想做销售冠军，但信心的匮乏又使得他们在客户面前畏畏缩缩，说话都不敢大声，甚至没有勇气敲开客户的大门，他们怎么能够登上冠军的宝座？还有一些人，做梦都想做一个经理，但是他们从来不敢向这个位置挑战，就连应（竞）聘的勇气都没有，试问他们又如何能够做到经理的位置？事实上，成功与失败最大的分野，往往就在于面对一项工作你有没有信心去干。没有信心，成功永远都与你无缘。因此，从今往后，只要你相信你的公司，相信你的产品，相信你自己的能力，你的工作一定能够做得更好！

※ 你也能成为一位精英

自信主动，相信自己能够成为一位精英，这样，成功的概率的大大增加。为什么自信主动才能成功？卡耐基认为，因为唯有自信主动意识才能使人重视、发挥和强化人的主体性与能动性。但根本和核心并不等于整体结构。自信主动意识不可能孤立地存在。那么，成功心理的整体结构是由哪些要素构成的呢？

就心理态度本身来讲，基本上有三种要素，即积极的自我意识、明确的价值观念和良好的自我状态。如果要联系支配影响外部表现和交际能力的心理机制，那就还要加上这样四项要素：即有效交流的反馈意识、求美创新的吸引意识、双方皆赢的互利意识、求同存异的容纳意识。

在构成成功心理的三种要素之中，心态积极的自我认识、自我评价和自我期望与要求，其实质也就是自信主动意识。如何认识评价自己，如何要求自己，必然会对我们生活的各个方面，从具体的言谈举止以及重要的人生选择产生决定性的影响。因此说，自信主动意识即积极的自我意识是成功心理、积极心态的根本和核心。

价值观念是指一个人认为什么是最重要、最喜欢、最需要的。

它反映了一个人最主要的欲望、动机、追求的目标，所以它对一个人如何认识、评价、期望和要求自己的自我意识具有紧密的联系和重要的影响。当然，一个人的价值观念的形成和改变，又取决于自身的处境和自我意识。所以，价值观念与自我意识是密切相连、相互影响和制约的，成为心理态度最基本和最重要的有机组成部分。

卡耐基说，在现实生活中，许多人的价值观念不是不正确，而是不明确；更准确地说，是由于自我意识淡薄而造成价值观念模糊不清。如果一个人习惯于随大流常常不能做出自己的选择，怎么会有标新立异而又明确的价值观念呢？所以说许多人的价值观念不够正确往往是由于不够明确，因而更有必要强调“明确”。一个人没有属于自己的价值观念，那就不可能发展积极心态，树立成功心理。

美国艾士隆公司董事长布希耐一次在郊外散步，偶然看到几个小孩在玩一种又丑又脏的昆虫，爱不释手。他顿时联想到：市面上销售的玩具一般都是造型优美，色彩鲜艳的，为什么不能生产一些丑陋的玩具给孩子们玩呢？他于是安排研制，果然一炮打响，收益很大，丑陋玩具在市场上形成了一股热潮。

美国联合碳化钙总公司在纽约新盖了一座高达52层的总部大楼。老板和有关人士正在考虑如何广为宣传之时，这一天，成千上万的鸽子不知何故飞进了楼里，把正在装修的各个房间弄得一塌糊涂。公司里一部分人正要把鸽子一赶了之，而公关顾问却立刻下令关闭所有的门窗，不让鸽子飞走。

然后他指示有关人员与动物保护委员会和新闻机构联系，请专家来指导抓鸽子，请记者前来采访报道……结果新闻媒介三天三夜连续报道这家公司的新鲜事，公司搞了一次不花钱却又让公众家喻户晓的公关活动，得到了意想不到的效果。

这些人为什么会如此聪明，灵机一动便生意兴隆，发财致富？

因为在刺激与反应之间，他们的意识十分积极和敏锐，这就再一次证明了人只有处在自信主动的状态中才是聪明能干，最具有能动性和创造力的，而且还由于他们都有明确的价值观念和良好的自我状态。试想如果他们不认为自己的事业具有价值，如果他们当时焦躁不安，心情烦闷，他们还会想出如此好的策略吗？

下面所谈的是自我激励与创富成功之间的秘密。

所谓激励就是激发、鼓励的意思。心理学上激励的含义，主要是指激发人的动机，使人具有一股内在的动力，朝向所期望目标前进的心理活动过程。美国哈佛大学的心理学家威廉·詹姆士研究发现，一个没有受激励的人，仅能发挥其能力的20%～30%，而当他受到激励时，其能力可以发挥至80%～90%。这就是说，同样一个人，在通过充分激励后，所发挥的作用相当于激励前的3～4倍。相信你也能成为一名精英，并不断用这个信念来激励自己，能够更有效发挥你的潜能。

创富过程必须是一个自觉激励的过程，否则，即便是有完善的个性，由于缺乏了前进的动力，也很难实现创富的目标。自我激励对创富是如此重要，下面我们就介绍几种被学术界肯定了的激励理论。

著名宗教领袖马丁·路德曾说过：“世界上所做的每一件事都是抱着希望而做成的。”对此，心理学家弗洛姆认为，当人们有需要，又有达到目标的可能，其积极性才能得到提高。激励水平决定于期望值和效价的乘积。由于这种主观概率要受每个人的个性、情感、动机的影响。因而人们对这种可能性的估计也不一样，有人趋于保守，有人趋向冒险。

激励自己创富是对自己价值体系和自信心、抱负水平、自我能力评价、对环境把握能力的一个综合体现。

心理学家马尔慈说，人的潜意识就是一部“服务机制”，即一个有目标的电脑系统。而人的自我意象，就有如电脑程序，直接影响这一机制运作的结果。如果你的自我意象是一个失败的人，你就会不断地在自己内心那“荧光屏”上看到一个垂头丧气、难当大任的自我，听到“我是没出息、没有长进”之类负面的信息；然后感到沮丧、自卑、无奈与无能，那么你在现实生活中便会“注定”失败。

另一方面，如果你的自我意象是一个成功人士，你会不断地在你内心的“荧光屏”上见到一个趾高气扬、不断进取、敢于经受挫折和承受强大压力的自我；听到“我做得很好，而我以后还会做得更好”之类的鼓舞信息，然后感受到喜悦、自尊、快慰与卓越，那么你在现实生活中便会“注定”成功。

某老师在一堂咨询课上讲了两个故事：

其一，有人去买警犬，甲要10万元，而乙要100万元。到底有什么区别呢？买主拿了一包海洛因给它们闻，然后藏起来。两条警犬同时被放出，它们同时找出了海洛因。

“10万元和100万元也差不多嘛。”买主说。但卖警犬的人提议再试一次。同样是藏海洛因，但这次在路上出现了一条母狗。两条警犬被放出后，同样直奔海洛因所在地。区别出来了：甲的警犬开始注意母狗，越跑越慢，并且与母狗亲热起来了。而乙的警犬置若罔闻，狂奔至终点。

所以，10万与100万还是有本质区别的，即目标明确后，能否经受住各种诱惑。能够经受各种诱惑，始终如一地朝着目标进发，才能真正完成好任务。而老是受到各种干扰，完成任务的时间、质量就要打折扣。

其二，如果你每年年底存1.4万元，并且将存下的钱都投资到股票或房地产上，因而获得平均每年20%的投资回报率，那么10年后，是36万元。

老师询问如果存 40 年后是多少？大家纷纷说出自己的答案，不过最多的猜是二三百万元。

老师一步一步地演算给大家看，最后却是 1.0281 亿元！

全场的人都惊呆了！

所以，成功的关键是目标明确后，就在于坚持、坚持、再坚持。但坚持 10 年就已经不易了，而要坚持 40 年真是难上加难，奇迹就是这样创造的。

老师最后总结：成为精英级人物是完全可能的。不过一要目标明确，要经得起各种诱惑，心无旁骛。二要不管是办企业，还是做生意，哪怕只是存钱，在确定目标后，比的就是耐力、毅力，看谁能坚持住，坚持到极限，就能成为亿万富翁。

※ 你也敢于冒险

拥有冒险精神并努力去做，是一个争取机遇、创造机遇的过程，卡耐基认为，看清前路并果断坚决地敢于冒险，是成功向你打开的一扇隐蔽的门。

你可以为自己的生活带来更多的变化，比如到一个新的地方居住，去新的环境生活，换一份自己更加喜爱的工作，换掉已经成为你的标志性的衣服，改变一下你的饮食习惯，做一些你从前从没做过甚至从没想到过的事情，这样，你会感到高兴，并且也会让你自己得到锻炼，而更重要的，是你得到了一份安全，而且是真正的安全。

你的生活缺乏活力，你应该放弃“安逸”，走出你的安全圈，做一次冒险的旅行。不要惧怕前途未卜，没有一个人知道未来是什么样，如果你不去冒险，那么你的未来将会是一潭死水。要想让未来这潭水活起来，你就必须打破你的现状，把你的冒险精神表现出来。

比尔·盖茨说：“所谓机会，就是去尝试新的、没做过的事。

可惜在微软神话下，许多人要做的，仅仅是去重复微软的一切。这些不敢创新、不敢冒险的人，要不了多久就会丧失竞争力，又哪来成功的机会呢？”

微软只青睐具有冒险精神的人。他们宁愿冒失败的危险选用曾经失败过的人，也不愿意录用一个处处谨慎却毫无建树的人。在微软，大家的共识是，最好是去尝试机会，即使失败，也比不尝试任何机会好得多。

敢于冒险，是成功人士的基本素质，也是职场中人应该具有的基本素质，只有敢于冒险，你才有成功的可能。假如你连股市都不敢进，你当然不会有赚钱的机会，你敢进了，你就有了 50% 的机会，另外 50% 是失败的机会。

没有风险，就没有收获。

人生本身就是一场冒险。那些希望一生宁静、平安的人不敢冒险，也不会冒险，这样的人永远也不会成功。

很多时候，成功的机会是同风险叠合在一起的。要想抓住成功的机会，就得冒一点风险，否则，就会丧失许多可能是人生重大转折的机会，从而使自己的一生平淡无奇，毫无建树。

世界的改变、生意的成功，常常属于那些敢于抓住时机，敢于冒险的人。生命运动从本质上说就是一次探险，如果不是主动地迎接风险的挑战，便是被动地等待风险的降临，冒险总比墨守成规让你更有机会出头。

吉姆·伯克晋升为约翰森公司新产品部主任后的第一件事，就是开发研制一种儿童所使用的胸部按摩器。然而，这种新产品的试制失败了，伯克心想这下可要被老板炒鱿鱼了。

伯克被召去见公司的总裁，然而，他受到了意想不到的接待。“你就是那位让我们公司赔了大钱的人吗？”罗伯特·伍德·约翰森总裁问道，“好，我倒要向你表示祝贺。你能犯错误，说明你勇于冒险。我们公司就需要你这种有冒险精神的人，这样公司才有发展的机会。”数年之后，伯克本人成了约翰森公司的总经理，他仍然牢记着前总裁的这句话。

美国一家大公司的总裁说得好：“冒险精神具备与否，实际上是一个员工思考能力和人格魅力的表现。”作为一个员工，只有你把冒险精神投入到工作中去，你的老板才会感觉到你的努力。

冒险是表现在人身上的一种勇气和魅力。经验告诉我们：冒险与收获常常是结伴而行的。哥伦布如不航海探险，能登上新大陆吗？达尔文不亲身探险，搜集资料，能完成巨著《进化论》吗？股市风云中，没有接受挑战的行动，能获得巨额财富吗？是的，险中有夷，危中有利，要想有卓越成就就应当敢冒险。作为职场中的一名员工，既有成功的欲望，又敢于冒险，怎么说不能够实现伟大的目标呢？风险与机遇总是联系在一起，在关键时刻把握机遇，必能成功。如你总是希望成功又怕风险，那么对不起，成功将会从你身边一次次地溜走。

风险的另一面就是机会。

在任何事业中，把所有风险都消除掉的话，自然也把所有潜在的机会都丢掉了。风险中孕育着机会，敢于正视风险、敢于冒险，那无疑就更容易抓住成功的机会。

日本的大都不动产公司创始人渡边正雄曾是一个小商人，他发现不动产业是个有前途的行业，想去经营，但一没资金，二没经险，他决定去大藏不动产公司去工作，以便学习经验为自己创业打下基础。可大藏公司不愿接受他，无奈之下，他要求在大藏公司免薪工作一年。这一年渡边拼命工作，掌握了大量的信息和经验。在大藏公司高薪聘用他时，他却离开了。他千方百计筹得了一些资金，开始从事经营房地产生意。

渡边免薪工作之举，看起来好像不算什么，但对于十分贫穷的渡边来说，却是冒着极大的风险的。

创业之初，有人向渡边推荐土地，那是一块有几百万平方米、价格便宜的土地，当时人迹罕至，没有道路，没有公共设施，但这块土地与天皇御用地邻近，能让人感觉好像与帝王生活在同一环境里，能提高个人的身份，满足自尊心。

但这块地向所有的地产公司推销过，没人愿意买。渡边倾力筹借资金，先付部分押金果断地把地买了下来。同行们都嘲笑他是傻瓜，亲戚朋友也为他的冒险担心。渡边毫不介意，而是紧紧地抓住这个机会不放。

战后的日本，经济开始迅速发展。人们的收入增加，大家逐步对城市的噪音和污染感到厌恶，对大自然开始羡慕。渡边买下的这块山地充满了泥土的气息和宁静的景色，逐步有人感兴趣了。渡边乘势在报刊上大肆宣传那里的优美环境，招引一些富裕阶层前往订购别墅和果园。一些经营耕作的庄稼人，看到那里有民房出租和有耕地租用，大部分前来定居和从事种植蔬菜、果树。

一年左右的时间，渡边就把这块几百万平方米的山地卖掉了八成，一下子使他赚到50亿日元。他利用赚来的钱投资修建道路、整地，并将剩下的二成土地盖成一栋栋别墅。经过三年时间，那块山地变成了一个漂亮的别墅城市，渡边所赚的钱也达到了数百亿日元之多。

渡边在总结自己的成功经验时说："我之所以能成功，就是因为我敢于冒险。我在选择一个投资项目时，如果别人都说可行，这就不是机会——别人都能看见的机会不是机会。我每次选择的都是别人说不行的项目，只有别人还没有发现而你却发现的机会才是黄金机会，尽管这样做冒险，但不冒险就没有赢，只要有50%的希望就值得冒险。”

在现代公司里，一个人的才华和能力，只有通过冒险，通过克服一道道难关才能锻炼和展现出来。而安于现状不思进取的人、没有危机感的人、不愿参与竞争和拼搏的人，他得到的奖赏不是成功，而是彻头彻尾的失败。

你需要离开你自己规定的这个安全区，去发展真正牢固的安全感，一旦你拥有了这种内在的安全，那么即使生活发生了一些意外事件需要你改变自己的生活方式，你也不至于因此而担心自己的生活遭遇毁灭。

冒险可以给你带来一些全新的体验，一些你所未知的领域的体验，可以说，冒险的体验正是你生活中进步和快乐的本源，因此对于未知的事物完全不必心怀恐惧，也不必费心做那种无谓的尝试，试图把生活中的方方面面都规划好。如果你想让你的生活丰富多彩的话，那么就让你的生活多一些意外，多一些弹性。事实上，无论是你的工作，还是你的生活，如果总是重复同一个内容，你又怎么能有新的收获呢？你应该清楚，生活并不是可以预先设计的，所以对于不可预知的未来，你没有必要担心惧怕，你应该具有敢为人先的冒险精神，打破你的规矩，突破你的闭锁，去体验冒险给你带来的快乐。

敢于冒险，是挑战成功的第一步，敢冒最大风险的人，才能抓住成功的机遇，才能在众多的员工中脱颖而出，才能为自己的事业成功打下牢固的基础，才能进一步实现自己人生最大的价值。

※ 你能让自己变得更加强壮

今天，有很多年轻人踏上了一条他希望可以通向成功的道路，他们追随那些走在前面的人，并且试图模仿他们的一些特征，期望这些特征可以将其领入那个迷人的成功人士的圈子。

某杂志上有一篇文章，它简单地描述了通用汽车的十几位领导人物。每一个人都有明显的性格特征，没有两个是来自于同一环境，但是，他们每个人都具有同一个特征，这就是活力。如果你要在这些成功经理人身上找寻某种潜在力量，那么你就会发现，这种潜在的推动他们获取成功的力量就是活力。确实是这样，在 20 或 30 个人因为拥有活力而取得成功的同时，也许你只会偶然碰到一个没有活力的人取得成功的案例。

有些问题你必须加深思考：

你有努力工作的能力吗？你能将它一直持续下去吗？你拥有活力和斗志吗？你有很高的成功率吗？你冲刺的力量靠什么？

但是，不要忽视重要的一点，没有健康，如何能保持活力？没有健康，就算成为成功人士了，又能将成功这顶皇冠戴多久呢？没有健康，成功对你和你的家人又有多大的意义？

在这里给大家一些建议，他们帮助我保持健康的状态，同时他们也是些简单的规则，易于实行：

＊8 小时的睡眠

＊打开窗户

＊早晨和晚上适当进行锻炼

＊吃合自己胃口的东西，但不要过量

＊每天走上一段路

＊每天中午和假期去享受无限的空气和阳光

＊时常对家人和朋友微笑，特别是在镜中对自己微笑

健康的维持，使自己更强壮，有赖于身体中各部分的均衡，而“成功”的取得，又有赖于身体与精神两方面的均衡发展。所以我们必须尽一切努力，以求得到身体上的平衡，而身体上的平衡得到以后，

精神上的平衡，也就容易得到了。人们得病的部分原因，是由于身体各部分的发展程度不平衡。例如：对某一部分的细胞不需要过度的刺激与活动；而某些细胞则需要经常锻炼。均衡的发展才是正道。

身心不断地活动，是祛病健身、使身体强壮的最好方法。要强壮，必要的活动是前提。

人体的各部分，如不经常活动，就不能保持康健。人类的犯罪行为，大都是在空闲时间发生的。一个在正当事务上忙碌的人，能避免许多可能在空闲时候误入歧途的诱惑。

以为著名的英国医师曾说，人要得享长寿，必须要做到除了睡眠时间以外脑部是不断活动的。每个人必须在工作、学习之外找到一种适合自己的爱好。职业带给他生活资本，爱好则带给他生活乐趣。使身体和精神处于时刻的运动中，才能保持健康。

健康是个人成功的基石，健康是企业的最大财富，健康也是国家进步的基础。你应该像关心你的眼睛一样关心你自己的身体，你能让你变得更加强壮。

※　你可以创造性地思考

卡耐基在进行成功学培训时，非常注重培养学生的创造性思维。他认为，创造性的思考方式对于一个人挣脱传统枷锁的束缚、寻找生活的新意、敢于积极面对和选择挑战是非常有益的。

在圣路易斯有一个非常杰出的脑科大夫，他是华盛顿大学脑科手术室的主任，他所做的手术几乎就是奇迹，有许多人千里迢迢地来找他求医。“他只不过是个幸运儿”，年轻的医科学生可能会这样说，“他只不过幸运的有这种才能”，但是请别太早下结论，让我们看看这位欧内斯特·塞克斯大夫的过去吧。

许多年以前，当他还是一个实习医生，在纽约的一家医院实习的时候，一位上级医师因为无法拯救病人而感到痛心，因为大多数的脑瘤都是无法治愈的，但他相信有一天，一定有一些医生有勇气去挑战病魔，去拯救那些受苦的生命。年轻的欧内斯特·塞克斯就是这样一个有勇气面对挑战的人，他有勇气去尝试几乎不可能完成的任务。当时，在美国从来没有过成功治愈脑瘤的先例，唯一能给这个年轻人一些指导的人是一位在英国的大夫，维克多·霍斯利爵士，他对脑的解剖结构的了解超过任何人，是英国脑科医学界的一位先锋人物。塞克斯获准跟从这位英国医学家工作学习，但在前往英国学习之前，他还做了另一件很有意义的事。为在这位著名医学家手下工作打好基础，塞克斯花了六个月的时间到德国求学于那里最有能力的医师，这是许多年轻人不愿花时间去做的事情。维克多·霍斯利爵士对这个美国年轻人的认真和勤奋感到非常惊讶，为他仅仅为做准备工作就花了六个月时间而感动，所以直接就把他带回自己家里。在此后的两年时间里他们一起对猴子进行了多项实验，这为塞克斯未来的事业奠定了坚实的基础。

塞克斯回到了美国以后主动提出治疗脑瘤的要求，但是他却遭到了嘲笑，面临着各种障碍，他没有必需的设备，仅能靠不屈不挠的精神去努力实现自己的理想。正是靠着这股坚忍不拔的毅力，才使大多数的脑瘤在今天可以被治愈。塞克斯大夫通过训练年轻的医师来传授他的技能，他还在全国建立了许多脑科中心，让每一位有需要的患者都能够就近得到治疗。他的书《脑瘤的诊断和治疗》已经成了医治脑瘤病症的权威著作。

也许有些事你认为永远无法办到，但是有人却能把这些变为事实，这也许就是创造性思维产生的奇迹。“当，当，当”一位塞尔维亚的牧羊少年在敲打一把长刀的刀柄，但因为刀锋被埋在了草地里，所以躲藏在玉米地里的来犯者听不到这个信号，但附近的牧羊少年则可以把耳朵贴在地上听到这个警告，正是这个简简单单的办法，使塞尔维亚牧民成功地对付了藏匿于草丛中、夜幕下的罗马尼亚窃畜贼。

这些牧羊少年长大了之后就都忘记了这种通过地面传声发出警报的办法，但有一个人例外，他在 25 年之后以此为理论基础做出了一个划时代的伟大发明，他就是米哈伊洛·伊德夫斯基（1858～1935 年，匈牙利裔美国物理学家和发明家）。他使本来只能在一个城市内通话的电话能够长距离使用，哪怕跨越大陆。

“我没有机会去自己创造什么”，创造的机会在你每一天的生活中，处处皆是，许多很伟大的发明就是通过对平常的东西进行不平常的思考而得来的。

求变创新的意识是很重要的。美国作家阿龙在他所著的《宽容》一书里写道：“在无知的山谷中，人们过着幸福的生活。”他用生动的笔法揭示了人们囿于一定的社会环境或生活习惯的时候，就会产生思维的惰性和惯性。一方面极易满足，另一方面是安于现状，不思变革，并且会不自觉地充当旧价值观念的卫道士。这是所有封闭社会的通病。也许有人会认为他的话未免太尖刻，他怎么能讲我们“无知”？但细细想来，此话确实很有道理。

已半百的卡罗琳·赫巴德是一位朴实端庄的美国妇女。她言谈举止大方，而且时常面带微笑，使人觉得和蔼可亲。她一方面是一位著名物理学家的妻子和四个孩子的母亲，另一方面又是随时准备到世界各地抢险救灾、拯救生命的勇士。她是“美国救灾行动队”的创建者和领导人。这一组织的任务是在国内外进行“搜寻和营救”活动，哪里有灾难，就到哪里去。

1988 年 12 月，亚美尼亚发生大地震，公寓大楼、住宅、工厂、学校纷纷被摧毁，死亡人数已超过 5 万。赫巴德闻讯后几小时便登上飞机，飞往亚美尼亚。

她和其他营救队员在零度以下的严寒中，在覆盖几英里的废墟中摸爬了八天，尽可能多地搜寻出还有希望救活的人。

有一次，他们在三座坍塌的楼房里没有找到什么，正准备到别处去，一个家人都被陷在这所楼里的男人悲痛万分地哀求他们再搜寻一下。于是赫巴德他们又一次努力，终于找到了陷埋得很深的一个小女孩，正是那个男人11岁的女儿。

小女孩的兄弟姐妹都已被砸死，而她竟在四天后奇迹般地得救了。

卡罗琳·赫巴德参加的营救活动不计其数。她曾到过地震后的萨尔瓦多和菲律宾；去过巴拿马的密林中搜寻生存者；在纽约和田纳西寻找因桥梁折断而受难的人；到过遭飓风袭击后的南卡罗来纳州；到过飞机、火车失事现场和火灾水灾现场；搜寻救援过丢失的孩子、失踪的猎人和溺者……

谈到20年来的收获和体会她说："我喜欢遇到紧急情况时产生的那种紧张感，那种兴奋感。当意识到自己正在做一件有价值的事情时，我会感到一种满意、一种自豪。在受灾现场，你能看到人类本性最好的一面，也能看到人类本性最坏的一面。而且，我也曾处于某种危难境地之中。最重要的是我学会了品尝生活，活出了新意。"

抢险救人，见义勇为的英雄事迹，我们知道的不少。但人们总是强调舍己为人的伟大精神，很少有人说是为了自己"学会品尝生活，活出新意"。卡罗琳·赫巴德女士给我们的启示就是自由选择的可贵、求变创新的重要。所以说真正成功的人生，不在于成就的大小，而在于是否自信自爱，求变创新，活出新意。

因此，卡耐基认为，作为一个经营者，必须努力实现自我，发挥创造性思维，喊出属于自己的声音，走出属于自己的道路。

※ 你能培养一种有吸引力的个性

卡耐基认为，先天的个性特点固然难以改变，但是后天的修为则能够在先天的基础上对原有的性格进行一定程度上的改变和润色。所以，你要相信，只要掌握正确的方法，经过不懈的努力，你一定能够培养出一种有吸引力的个性。

有人讲，老祖先都说了“江山易改，本性难移”，要改变性格、培养性格，似乎不太可能。

是的，人们都在说“江山易改，本性难移”，可我们听到这句话，应该感到兴奋才对，为什么呢？因为他只是说难移，但没说不能移。正因为难移，所以很多人妥协了，没能具备优秀的性格，自然命运的结果就有差异，可是，只要我们坚持、相信能做到，自然就能做到。相信你能够培养出有吸引力的个性，你就一定可以的。

这也是思考方向的不同。优秀者永远是少部分人，因为优秀者做了很多人看似不可能、很多人不愿意做的事情。结果才和我们不一样。

我们都知道，做任何事情，为什么比如何更重要，人们习惯了给自己一个理由。

性格决定命运实质上就是思想观念决定命运。思想观念久了就形成人的价值观（即性格）。比如小的时候，被蛇咬过一口，如果没有很好地理解和分析那一现象，也许到现在都形成了一种生活观念，见蛇就很怕，正如俗话“一朝被蛇咬，十年怕井绳”一样。

所以，人在成长过程中，培养自己具备优秀的性格相当的重要，尤其是年轻人，在价值观还没稳定的时候，也是相对比较容易去培养的时候。

对人的成长，最重要的还是在价值观的培养上下功夫，在价值观（思想观念）上投资相当于给人生装上一个 GPS，GPS 就是他的人生观，人生观就是人一生卫星定位的导航仪。有了它，在任何时候，我们都能找到人生的方向，找到方向我们就有生存的能力和希望。人生最害怕的就是没有方向，活在不真实当中。

成长，就是搞清楚自己的世界观、人生观，重要的是花时间去了解，去发掘，去塑造自己正确的价值观，是自己的人生有一个好的 GPS。价值观对了，我们的世界就对了，就正如我们常说的：你怎么看世界，世界就是什么样子的。

要具有吸引人的个性，首先要进行思想锻炼。人身体要健康可以进行身体锻炼，那么对于思想，我想可以这样类似推理吧。锻炼身体可以用最原始的方法，也可以去健身房或透过体育项目。思想锻炼自然也有方法，可以读思想方面的书，可以与优秀人士、成功者交流探讨。这个方法上切记一点，就是要持续，道理很简单，锻炼身体也需要持续。

第二，要远离负面。人际关系当中你会遇到很多人，哪些人会成为你未来的资产，哪些会成为负债，这是择友标准，实质上对你个人性格和品格形成很重要。这也是一个人所接受的三大教育中的第三个教育——社会教育。

第三，主动选择积极的“环境”。这里的环境可以把它理解成为一个圈子，也就是你有什么样的人际关系网。跟什么样的人交朋友，就容易成为什么样的人，人是环境的产物。人面对环境有四种态度：离开环境，改变环境，适应环境，抱怨环境。是否经常去思考一下，我们属于哪一类呢？我们又应该采用哪一种方法呢？

最后，多找“教练”。一个人成长无外乎两个力量，外力和内力，明显的是我们应多靠内力，当然也不能缺少外力的推拉。此处的“教练”就是“良师益友”。当然，教练也不可找得太多，以免造成你自身的混乱。

总之，你一定要相信，个性是可以通过你后天自身的努力和他人的帮助而有所改变的。只要你坚持不懈地努力，你会培养出一种具有吸引力的个性。

※ 你能塑造自己良好的品性

良好的品性是界定一个人心态阳光还是黑暗的最重要的标准。一个心中充满阳光的人，无论遇到任何事情，心中都保持着自己的道德标准和行为准则，而这些标准和准则，正是在不断的自我培养与塑造中形成的。

卡耐基小时候是一个公认的坏男孩。

在他九岁的时候，父亲把继母娶进家门。当时他们还是居住在乡下的贫苦人家，而继母则来自富有的家庭。

父亲一边向继母介绍卡耐基，一边说："亲爱的，希望你注意这个全郡最坏的男孩，他已经让我无可奈何。说不定明天早晨以前，他就会拿石头扔向你，或者做出你完全想不到的坏事。"

出乎卡耐基意料的是，继母微笑着走到他面前，托起他的头认真地看着他。接着她回来对丈夫说："你错了，他不是全郡最坏的男孩，而是全郡最聪明最有创造力的男孩。只不过，他还没有找到发泄热情的地方。"

继母的话说得卡耐基心里热乎乎的，眼泪几乎滚落下来。就是凭着这一句话，他和继母开始建立友谊。也就是这一句话，成为激励他一生的动力，使他日后创造了成功的 28 项黄金法则，帮助千千万万的普通人走上成功和致富的道路。

在继母到来之前，没有一个人称赞过他聪明，他的父亲和邻居认定：他就是坏男孩。但是，继母就只说了一句话，便改变了他一生的命运。

卡耐基 14 岁时，继母给他买了一部二手打字机，并且对他说，相信你会成为一名作家。卡耐基接受了继母的礼物和期望，并开始向当地的一家报纸投稿。他了解继母的热忱，也很欣赏她的那股热忱，他亲眼看到她用自己的热忱，如何改变了他们的家庭。所以，他不愿意辜负她。

来自继母的这股力量，激发了卡耐基的想象力，激励了他的创造力，帮助他和无穷的智慧发生联系，使他成为美国的富豪和著名作家，成为 20 世纪最有影响的人物之一。

继母对卡耐基的品性培养，来自于生活中的点点滴滴，正是这些点滴小事，感染了儿时卡耐基那幼小的心灵，从而激励他改掉以前的坏毛病，并激发了他积极向上的热情。

有两个刚从学校毕业的年轻人，在尚未找到工作前一起相约去旅行。他们在旅行途中进入一个小镇，由于人生地不熟，开车的威廉又是个生手，当车从斜坡高处往下滑行时，不慎撞到一辆停靠在路旁的轿车。他们两人下车查看，自己所租的车虽然没有损坏，但被碰撞的那辆新的奔驰轿车伤得很严重。

当时，四下无人，其中一人建议道：“趁还没被人发现，车主也不在，我们赶快离开这里吧！”但是威廉说：“我们不能就这样离开，虽然没人看见，但是我们应该负起责任。”说完，就写了一张道歉的纸条，并在上面留下了自己的姓名和联络电话，然后把它夹在车子的雨刷与风挡玻璃间。

当他们完成旅行之后，威廉接到了车主的电话，约定了见面时间。威廉如期赴约，车主见面后对他说：“像你这样诚实的年轻人实在不多，我的公司正需要你这样的人才，不知你是否愿意为我工作？”威廉怎么也想不到会因此获得了一份好工作。

忠于自己，对得起良心的人，才是一个真正品性优良的人。

当你茫然不知所措，浑浑噩噩的时候，你不妨读：

多静坐以收心；

寡酒色以清心；

去嗜欲以养心；

诵古训以警心；

悟至理以明心。

戒浩饮，浩饮伤神；

戒贪色，贪色灭神；

戒厚味，厚味昏神；

戒饱食，饱食闷神；

戒多动，多动乱神；

戒多言，多言损神；

戒多忧，多忧郁神；

戒多思，多思挠神；

戒久睡，久睡倦神；

戒久读，久读苦神。

当你气不顺的时候，你不妨读：

清明以养吾之神，

湛一以养我之虚，

神精以养吾之识，

刚大以养吾之气，

果断以养吾之才，

凝重以养吾之度，

宽裕以养吾之量，

严冷以养吾之操。

当你心胸不够宽阔的时候，你不妨读：

人之心胸，多欲则窄，寡欲则宽。

人之心境，多欲则忙，寡欲则闲。

人之心术，多欲则险，寡欲则平。

人之心事，多欲则忧，寡欲则乐。

人之心气，多欲则馁，寡欲则刚。

海阔从鱼跃，天高任鸟飞，非大丈夫不能有此度量。

振衣千仞冈，濯足万里流，非大丈夫不能有此气节。

珠藏泽自媚，玉韫山含辉，非大丈夫不能有此蕴藉。

月到梧桐上，风来杨柳边，非大丈夫不能有此襟怀。

当你喜形于色的时候，你不妨读：

喜来时一检点。怒来时一检点。

怠惰时一检点。放肆时一检点。

困辱非忧，取困辱为忧。

荣利非乐，忘荣利为乐。

热闹荣华之境，一过辄生凄凉。

清真冷淡之为，历久愈有意味。

当你遇到挫折的时候，你不妨读：

经一番挫折，长一番识见。

容一番横逆，增一番器度。

省一分经营，多一分道义。

学一分退让，讨一分便宜。

增一分享用，减一分福泽。

加一分体贴，知一分物情。

当你在诱惑面前不知如何对待的时候你不妨读：

严着此心以拒外诱，须如一团烈火，遇物即烧。

律身惟廉为宜，处世以退为尚。

大恶多从柔处伏，须防绵里之针。

深仇常自爱中来，宜防刀头之蜜。

当你在家为人子，为人夫（妇），为人父母，为人兄弟的时候，你不妨读：

勤俭治家之本，

忠孝齐家之本，

谨慎保家之本，

诗书起家之本，

积善传家之本。

天下无不是的父母。世间最难得者兄弟。

以父母之心为心。

天下无不友之兄弟。

以祖宗之心为心。

天下无不和之族人。

以天地之心为心。

天下不无爱之民物。

孝莫辞劳。转眼便为人父母。

善因望报。回头但看尔儿孙。

子之孝。不如率妇以为孝。妇能养亲者也。公姑得一孝妇。胜如得一孝子。妇之孝。不如导孙以为孝。孙能娱亲者也。祖父得一孝孙。又增一辈孝子。

父母所欲为者。我继述之。父母所重念者。我亲厚之。

兄弟一块肉。妇人是刀锥。兄弟一釜羹。妇人是盐梅。

兄弟和其中自乐。子孙贤此外何求。

心术不可得罪于天地。言行要留好样与儿孙。

至乐无如读书。至要莫如教子。

毋受小人私恩，受则恩不可酬。

毋犯士夫公怒，犯则怒不可救。

※ 你能学会与别人分享

有些人，平时不注重品德的修为，性格孤僻，不懂得与他人共同分享胜利的果实和开心的喜悦，这样的结果就是，生活圈子会越来越狭小，接触的朋友越来越少，最终孤立于社会群体之外。

学会同别人分享，在与人的分享中，你自己也会得到快乐。学会同别人分享，才有机会分享别人的喜悦，并得到双倍的快乐。

卡耐基——一个贫穷的苏格兰移民的孩子变成了美国最富的人。他勤奋地工作直到83岁逝世。在此期间他一直明智地与人们共享他那巨大的财富。

1908年，18岁的希尔访问了这位伟大的钢铁大王、哲学家和慈善家。第一次访问持续三小时之久。卡耐基告诉希尔：他的最巨大的财富不是金钱，而是在他的哲学中。在他在世时极大地帮助了希尔，因为他说："人生中任何有价值的东西，都值得为它而劳。同时，任何有价值的东西，都值得同他人分享。"

卡耐基的故事将使读者深信：卡耐基能同别人分享他所拥有的部分东西：金钱、哲学以及其他东西。

一个人学会与别人共享自己的力量，个性才能得到最完整的发挥。

发展个性必须从欲望出发，而欲望是通过行动来实现的。个性的开始，就在于我们独处时候的所思所为，而真正个性的奉献，则会凌驾一己之私的范围。成熟的个性，不可避免地会在对服务人群的先献身上表现出来，它开始时可能是一种内在的精神较量，继而向外寻求更丰富的知识和谅解。个性并不是我们独自的拥有，也不是行为的本身，它是用来判定我们本身价值的东西。性格可以在不涉及他人的情况下得到体现，而个性最终必须会影响到他人和我们自己的生命。我们或许能在家独处的时候造就我们的性格，但是永远不能孤独地完成个性的发展。

每一个人，对于自己所碰到的人，都有爱和悲哀的相互责任，我们怎样为他们树立爱的榜样，这将会对他们如何去爱别人产生重大的影响。当我们表达爱心的时候，别人会看着我们，甚至把我们当作学习的榜样。

我们会问：“谁可以当我们的好榜样？谁是我们最应该仰慕的对象？”我们可以从历史人物中找到他们，也可以在开放和诚实的心态下遇见他们，我们也会在日常生活中发现他们。

南丁格尔舍弃了财富和舒适的生活，去追寻她心中深刻的需求。她被一种要去帮助千千万万个人的使命所驱使，要去分担他们在她身边死亡的时候所经受绝望的情绪和恐惧。最后她成为我们今天所熟悉、敬仰的“白衣天使”之母。

世界上贵族制度最长的，是英国；贵族得到最多利益又相安无事的，也是英国。

1688 年，英吉利海峡对面的法国，大革命中血流成河，断头台上人头滚滚，包括无数的贵族。而英国也经历了同样的资产阶级革命，一些贵族带头发动了“光荣革命”，但结果是贵族与革命军相安无事，以至弹冠相庆。他们在没有大的流血冲突情况下，完成了资产阶级革命。资产阶级与贵族，各自的利益，各自的官位爵位，都各得其所。

为什么会有这样的结果？因为英国的王公贵族懂得一个道理：利益就是像玻璃瓶里装着的蜂蜜，如果大家都想得到可口的一点点，那就相互妥协，用谈判和退让的方法来解决。否则，争打起来，瓶子碎了，谁也吃不到。

于是，英国贵族主动与革命党谈判，把原先属于贵族的许多利益让出来，只保留其中的一部分。

只要给贵族一部分利益，战争就可避免。革命党觉得这个决定具有可行性。于是，就达成了协议。

学会与别人分享，这是获得最大利益的方法。富有而又能够谦让，当然愉快。

英国贵族在生死攸关的时候，能够审时度势，让出一部分利益，让革命党人来分享，当然大家都高兴。

一个人要谋求最大的利益，方法就是愉快地追随，而不是顶牛、争斗，甚至流血牺牲。当然，追随的行为，必须符合建立公侯的伟业，而不是一己的私利，用今天的话说就是有利于社会的进步与发展。英国贵族们当年的顺从与追随，那是顺应了历史的发展，当然就喜悦安乐了。与他人分享，我们应该怎样做呢？

首先，是尊重。对先人、传统、礼俗的尊重。要从别人手中得到利益，首先要从自己的手中把利益奉献给别人。一个人靠着上方的强有力的援助，随心所欲，洋洋得意，不知不觉地高声唱了起来。这种自鸣得意的态度，会很凶险。

另一个原则是团结和诚信。一个人无论在哪种场合，首先是给予别人信任，千万不要疑神疑鬼。自己对同志有诚信，同志才来聚合。聚合了，才有条件说到利益分配。一个人如果专注蝇头小利，他肯定一无所获；一个人专注于众人的利益，他才有可能获得大利。

要想与别人分享，你必须是一个明白、简单的人。做一个容易让人明白的人，你会有很多朋友，会得到很多朋友以及同事的支持。因为你是一个容易让人亲近的人，由此，你就能够壮大，能够干一番大事业。

第六章　迈好步入社会的一步

站在人生的起点，你可能意气风发，挥斥方遒；可能激情豪迈、热血沸腾。在你将要步入社会之际，卡耐基有一些对年轻人的忠告，在这些忠告里，他教导你，应该怀抱着什么样的动机去做事、怎样立志、怎样正确看待别人并忠诚待人以及选择生意伙伴、在生活中要养成什么样的习惯和嗜好等等。

这些忠告，对于将要步入社会的年轻人来说，将会起到一个启迪与警醒的作用。提醒他们在以后的人生道路中少走弯路。卡耐基的这些忠告中，也蕴含着对于新一代年轻人的殷切期望。

※　年轻人要志向高远

很多青年朋友都会犯这样一种错误，那就是过分的妄自菲薄，一旦产生某个“非分之想”，马上自泼一盆冷水，例如：“我想成为一个杰出的政治家！嗨，我连‘政治’二字的含义都不清楚，怎么可能成为政治家呢？别瞎想了！”诸如此类，好比激情的种子刚刚露出尖芽，便一手掐断。

其实，让自己心中永远存在“非分之想”是必需的。作为一个年轻人，在人生早期，最首要的任务就是首先自己树立一个远大的志向，这样，接下来的生活才有了动力，也有了奋斗的目标。

卡耐基给年轻人的忠告：无须考虑人生目标是否现实，它至少要大到值得你花一生时间去追求它。

能否实现“非分之想”，并不重要，但你想一生过着从容、充实、快乐、有尊严的生活，就需要一个高远目标来引导你的人生旅程。

实际上，当你产生“成为一个杰出政治家”或其他伟大梦想时，就已经做了一件正确的事情，自泼冷水毫无必要。

心理学家认为，每个人心里都有一个“自我心像”，它成形于你的自我期许：你希望自己是什么人，看到的就是什么人。你希望成就杰出，就会在心灵的“荧光屏”上看到一个踌躇满志、不断进取的“我”，同时还会经常收听到来自灵魂深处的积极信息：“我是最棒的，我还会更出色”，“暂时的灰暗不算什么，我终有大发异彩的一天”。“自我想象”不仅影响心态，还能直接影响和规范人的行为。假如你志向远大，遇到一些事情时，你就会想：“我是一个有修养的人，一定不能做没有教养的事情”，“我是大人物，不能按小人物的方式处理问题”。与之相反，假如你的自我期许不高，遇到事情时，就会自动放低要求，动辄“随便啦”、“无所谓啦”，然后爱怎么做就怎么做，很少考虑后果。正如迪士累利先生所言：“不向上看的人往往向下看，精神不能在空中翱翔就注定要匍匐在地。”

是否应该立定远大志向，跟你的先天条件、目前境遇没有任何关系，仅仅取决于你是否希望“在空中翱翔”。人生虽然短促，毕竟有数十年光阴，八年时间，足够打一场抗日战争了，也足够让一个小兵成为将军，可想而知，穷一生时间，完全可能实现某个伟大的想法。

举凡成大器者，在起步之初，不管有没有优越的条件，都无一例外地拥有一个伟大的梦想。法国皇帝拿破仑是个调皮学生，成绩一塌糊涂，他却说：“我具有出色的军事家的素质，权利就是我要得到的东西！”美国前总统克林顿是个学生尖子，17 岁因成绩优异而荣获去白宫见肯尼迪总统的机会，回来后，他买了两张画像，贴在自己的房间，还写下一段话：“我今年 17 岁。我发誓这一生一定要成为美国总统，服务美国民众。”这些人并非个个天赋优异，他们的背景、学历和运气也不一定比普通人好，他们的人生起飞，在很大程度上借助了梦想的翅膀。

志向远大和成就杰出之间是否存在某种逻辑关系？这是当然的。立志以高远为准则，效仿过去的贤达，杜绝情绪的冲动，抛弃心中的俗念，使近乎先贤的志向，能够明白地存于意念间，能够强烈地激励自己的心。这样，你就能够忍受生活的顺逆，排开琐碎的俗事，广泛地向他人求问真知灼见，清理心中的嫉妒和贪心，即使功名不顺，对你的心境和情趣也不会产生什么坏的影响。又何愁没有大志伸张的一天呢？如果志向不够刚强坚毅，境界不够恢宏阔大，徒然被俗念阻滞而碌碌无为，被俗情束缚而默默无闻，只能长期沉沦在平庸者中，成为才智品行低劣的下等人。

远大志向对人生有两大好处。

第一大好处是能够约束自己的行为，过有教养的生活。

有一年，英国的政客们发动政变，将王子关押在一个古堡里。为了从精神上摧垮王子，政变者给王子准备了最精美的食物、最漂亮的女人和最有趣的游戏。但是，王子不为所动。尽管长期关押，王子心如磐石。政变者为之折服，终于拥立他为国王。后来，有人问这位年轻的国王：为什么能在种种诱惑面前不动心？他说：“我生来就是当国王的。”

假如你觉得自己生来就是一个大人物，你就不会像小人物一样为了一点面子上蹿下跳，或者为了几个小钱耍尽手段，你就能把精力集中到更有价值的事情上，免于白白消耗。

第二大好处是能促使自己按需要做事，点点滴滴积累能量，提升竞争力。只要永远比周围的人做得好一点，足以让你超群出众了。

在漫长的人生道路上，成功看似一个偶然事件，其实是一个必然选择。一个人如果心无大志，也就等于选择了平庸。相反，一旦你立定了远大志向，并且坚守它，终生追求它，你就已经近乎伟大了。

当你担心目标过于高远时表现为：

对未来不敢抱太大的奢望，只想把小日子过得舒坦一点。

羡慕别人功成名就，也希望成为其中一员，但不敢相信自己能心想事成。

嫉妒身边比较出众的人，好像他们得到的就是自己失去的一样。

解决办法如下：

首先，向他人宣示梦想，写下箴言。年轻人不必害怕张扬自己的梦想，你可以把梦想告知亲朋好友，还可选择最打动自己的某句话作为一生箴言，张贴在醒目之处，随时激励自己。

其次，成为“选手”。多数人只是“看客”，不是“参赛选手”，也没有人会给他们发“奖牌”。而你需要养成比赛心态，为人生目标而角逐。

再次，按需要做事。对任何妨碍成就大志的事，都谨慎地回避。

最后，不受逸乐的束缚。假如你迷恋某项享乐，无论是低俗享受还是高雅娱乐，最好把它变成业余时间偶一为之的事。因为它会消耗你的能量，并削弱你的心志力量。

※　行事的动机首先是追求快乐

卡耐基说过，生活得快乐与否，完全取决于个人对人、事、物的看法如何；因为，生活是由思想造成。

曾经统治罗马帝国的伟大哲学家马尔克斯·奥勒流曾说过一句决定你命运的话：“生活是由思想造成的。”

不错，如果我们想的都是快乐的念头，我们就能快乐；如果我们想的都是悲伤的事情，我们就会悲伤；如果我们想到一些可怕的情况，我们就会害怕；如果我们想的是不好的念头，我们恐怕就不会安心了；如果我们想的全是失败，我们就会失败；如果我们沉浸在自怜里，大家都会有意躲开我们。诺曼·文生·皮尔说："你并不是你想象中的那样，而你却是你所想的。"

任何觉得让自己生命有意义的事，终究是快乐的。也只有那些带给你精神上快乐的事情，才能经历时间的考验，成为人生中不可或缺的部分，让你明白，如此长长久久的付出，毕竟值得。

虽然有些辛苦，但还是快乐的；虽然曾经咬牙忍过痛，但还是快乐的。快乐并不肤浅，快乐并不只是一时安于逸乐。

每个人会感到快乐的事不一样。而我们有责任，为自己的人生找到一种让自己能够"总是快乐"的事情做。如果愿意寻找快乐，我们都会发现对自己最有意义的快乐。而忍受一点点不快乐，或许也是寻找快乐过程中必须承受的。

表面上，现代人已经越来越懂得所谓"享受生活"，但是，生命中仍然有很多堵像墙一样的障碍物，遮掩了快乐的可能。

得到快乐是人生的主要目标之一。不管是说话还是做事的时候，你都想千方百计地去享受快乐。千千万万的年轻人在寻找幸福道路上终究免不了要犯错误的，如果不遵照规则就不能获得最大的快乐。这些规则将引导人们走向光明，如果年轻人不最大限度地严格按照这些规则行事，而是以为可以轻而易举地得到自己想要的一切，即使他们以前受到过老天爷的恩赐，也是十分错误的。

很多青年人都没有固定的原则，也没有什么目标，要不就是极易受到某种卑劣的原则和目标的影响。这话听起来有些消极，但事实的确如此。

人行事的动机是什么？首先应该是追求自己的快乐。得到快乐是一个人人生的主要目标之一。不管是说话还是做事的时候，你都想千方百计地去享受快乐。但是，在通往快乐的道路上，有时你会走一些弯路，或者是因为你缺少友善的向导，或者有了向导你也不愿意去跟从，但更普遍的一个原因是，你容易安于现状，一点小小的满足便会让你停滞不前，这种满足尽在眼前且真真切切，但其实前面还有无限美好的东西在等待着你，只不过你要走更远的路才能得到它。

有很多青年以为快乐来自于财富，所以财富是他们昼夜学习和做事的目标。他们倒不是以为钱财本身有什么内在的价值，钱财只是一种手段，用来保证得到他们梦寐以求的快乐。然而为了快乐而追求金钱，久而久之，特别是当他们志得意满时，他们就会忘了自己的初衷，变成为了金钱而追求金钱，拥有家财万贯成了他们做事的首要目的。

所以，这就演变成了一种对世俗的快乐和名利的追求，陷得越深，我们原有的个性失掉的就越多，对所追求的东西就越是迷恋，再也不会为了其他目的而振奋。

青年朋友们，如果你的人生目标不仅是追求个人幸福，而要使你的父母、朋友和邻居以及周围的人都得到幸福的话，你会成就很多事情，这一点不会错，你会得到很多。

但是设想如果一个年轻人真的如上所述的那样，在追求个人幸福时也为别人带来幸福，那么，他要首先思考如何才能使自己成为更加高尚的人，怎样使自己人性的尊严得到提升，怎样使自己脱颖而出，超凡脱俗？只有具备了这些条件，一个人才可以谈纯洁高尚的理想，去追求自己的学业、事业、幸福和愉悦。

无论从事任何事情，请记住，首要的目标，不是钱财、地位、权利，而是快乐，前面一切一切的物质条件，都是为了“快乐”二字。没有了快乐，一切也将化为乌有，不再重要。

养成勤奋的习惯。

好的习惯可以造就人才，坏的习惯可以毁灭人才。习惯，对人的成功与否都有巨大的影响力。好习惯的报酬是成功，好习惯是开启成功大门的钥匙，要有胸襟开阔的心理习惯、勇于纠正自己缺点的习惯、从容不迫的习惯、喜欢运动的习惯等。

勤奋是任何人类伟大发明和劳动成果产生的基础，也是维持人体生理机能正常运转所必须具备的条件。

卡耐基说："我的座右铭是：第一是诚实，第二是勤勉，第三是专心工作。"

西班牙小说家塞万提斯说过："不要睡懒觉，不和太阳一同起身就辜负了那一天……勤奋是好运之母，反过来，懒惰就空有大志，成不了事。"富兰克林说过："懒惰像生锈一样，比操劳更能消耗体力；经常用的钥匙，总是亮闪闪的。""勤勉就是不浪费时间，每时每刻做些有用的事，戒掉一切不必要的行动。"达·芬奇说过："勤劳一日，可得一夜安眠；勤劳一声，可得幸福长眠。"乔·雷诺兹说："如果你富于天资，勤奋可以发挥它的作用；如果你智力平庸，勤奋可以弥补它的不足。"

勤奋，是懒惰的反义词，是成功的基础，是传统的美德，勤奋，一是脑勤，二是体勤。文学家说，勤奋是打开文学殿堂之门的一把钥匙；科学家说勤奋能使人聪明；而政治家说勤奋是实现理想的基石。

世界上最宝贵的除了良好的心理素质，还有一个最宝贵的东西，就是勤奋。最宝贵的勤奋，不光是肉体上的勤奋，而是精神上的勤奋，勤奋靠的是毅力。

一个人要凭着自己的聪明才智，努力拼搏向上，这样的信念是不可或缺的，妄想通过其他途径获得别人的援助，通常只会落得一场空。大多数人都应该知道养成勤奋习惯的重要性，但是不少人却在努力养成这种习惯的过程中走了不少弯路。有些人试图通过强迫自己的方式达到这种目的，有的指望着听恭维话。

唯有勤奋才能使一个人充分发挥自己的才能，享受到人生的欢愉。圣保罗告诉我们："这是对你们的要求，谁要是不工作的话，他也不应该吃饭。"看起来这真是至理名言。就像2000年前一样，任何一个身心健康的人，只有劳动才有资格活在这个世界上，谁要是在这一点上讲什么条件，那么就请他到其他星球上去生活吧。

劳动分很多种，脑力劳动比起体力劳动来，显得更为有用。你可以在一个很大的范围内选择自己想干的事业，所有的职业或许对这个社会来说都同等重要。即使你碰巧继承了一大笔财产，你也要做点什么事情。要想得到健康和快乐，你就必须劳动。整日游手好闲，无所事事，即使你能呼风唤雨，这对你自己也没有什么好处。相反，这是一种对社会和你的子孙后代的一种不负责任的行为，即使你没有子孙，你也应该要求自己去做力所能及的事情。

青年人在人生的最初就养成一个勤劳的习惯，在思想和行为上摒弃懒惰。在每一个国家，总有这样的信条：一个人要凭着自己的聪明才智，努力拼搏向上，这样的信念是不可或缺的，妄想通过其他途径获得别人的援助，通常只会落得一场空。

那些不凭借自己的劳动过活的人，会不断受到来自同类人的竞争。他们每一天都要面临被驱逐出局的危险，他们的饭碗朝不保夕，整日生活在一种无休止的担惊受怕之中。

懒惰的心理主要有如下表现：

思想方面的懒惰。懒惰的人常有明日复明日的思想。明知道这件事应该今天完成却总期待着能够明日去做。例如：有懒惰心理的学生在完成当天作业时，常找出各种理由拖拖拉拉，边玩边学，时间晚了，就想明天早晨早点起床再完成，面第二天又起床晚了，上学后，又有了新的任务，这样明日复明日，学习成绩可想而知。懒惰的人常有依赖别人的思想。

行动方面的懒惰。思想的懒惰必然导致行动上的懒惰。懒惰的人明明知道某件事应该做，甚至应该马上做，可却迟迟不做，或硬挺过去；做事时总是无精打采、懒懒散散、拖拖拉拉；做事不积极、不主动、不勤奋。

懒惰是成功的绊脚石，在充满困难与挫折的人生道路上，懒惰的人习惯于等、靠、要，从来不想去求知、发明、拼搏、创造，最终只能是一事无成。只有勤奋、刻苦、好学、上进，朝着预定目标孜孜以求，才会达到光辉的顶点，为此要努力克服懒惰的习惯。

要养成每天清早按时起床和外出锻炼的习惯，改掉恋床不起的恶习。寻找榜样。找一个做事勤劳的人作为自己的榜样，并尽量去做。厌恶疗法。做一个小丑娃放在写字台上，每当发觉自己有懒惰的心理或行为时，就在小丑娃的脸上画一笔，或涂些颜料，久而久之，再看或丑娃丑陋的样子，就会提醒自己改掉懒惰的习惯。

※ 对人忠诚

对人忠诚是中华民族的传统美德，也是我们衡量朋友或同事品性的一个基本标准。卡耐基告诉我们，如果想结交朋友，就要先为别人做一些事情——那些需要花时间、精力、体贴、奉献才能做到的事。只要你真正关心他人，就会赢得他人的注意、帮助和合作，即使最忙碌的重要人物也不例外。

英国作家德莱赛说：“诚实是人生的命脉，是一切价值的根基。”英国学者约翰雷说：“欺人只能一时，而诚实却是长久之策。”德国诗人海涅说：“生命不能从谎言之中开出灿烂的鲜花。”英国戏剧家莎士比亚认为：“对己能真，对人就能去伪，就像黑夜接着白天，影子随着身形。”古罗马政治家西赛罗说过：“没有诚实何来尊严？”

弗莱明是苏格兰一个穷苦的农民。有一天，他救起一个掉到深水沟里的孩子。第二天，佛莱明家门口迎来了一辆豪华的马车，从马车走下一位气质高雅的绅士。见到弗莱明，绅士说：“我是昨天被你救起的孩子的父亲，我今天特地过来向你表示感谢。”弗莱明回答：“我不能因救起你的孩子就接受报酬。”

正在两人说话之际，弗莱明的儿子从外面回来了。绅士问：“他是你的儿子吗？”农民不无自豪的回答：“是。”绅士说：“我们订立一个协议，我带走你的儿子，并让他接受最好的教育，假如这个孩子能像你一样真诚，那他将来一定会成为让你自豪的人。”弗莱明答应签下这个协议。数年后，他的儿子从圣玛利亚医学院毕业，发明了抗菌药物盘尼西林，一举成为天下闻名的弗莱明·亚历山大爵士。

有一年，绅士的儿子，也就是被弗莱明从深沟里救起来的哪个孩子染上了肺炎，是谁将他从死亡的边缘来了回来？是盘尼西林。那个气质高雅的人是谁呢？他是“二战”前英国上议院议员老丘吉尔，绅士的儿子是谁呢？他是“二战”时期英国闻名首相丘吉尔。

本杰明·富兰克林曾说过，一个人种下什么，就会收获什么。我们假如真诚待人，别人也会真诚地对待我们。弗莱明因为真诚才让自己的儿子有了成才的机会。老丘吉尔也因为真诚才拯救了自己儿子的生命，并使之成为20世纪影响人类历史进程的政治家。

著名诗人裴多菲曾说：“我宁愿以诚挚获得一百名敌人的攻击，也不愿以伪善获得十个朋友的赞扬。”每个人都喜欢与真诚的人交往共事。忠诚待人，就能赢得良好声誉，获得尊重和信任，就能与人和谐相处，愉悦合作。

"物我一体，将心比心"。要真诚待人就要学会"将心比心"。用自己的火点燃别人的火，拿自己的心比照别人的心，遇事设身处地为别人着想。

所谓待人不忠诚，就是企图从他人那里获取最多的利益，而不付出任何代价。

大多数情况下，当你试图取悦他人，尤其是当你担心说真话或表达内心的真实感受会让人嫌弃时，伪善就会不期而至了。如果不是出自本意，请不要假装对某件事情表示关切。结果只能使他人希望你说出本不想说的话。记得要彬彬有礼，但不要妨碍你自抒胸臆。与其误导他人，不如毫不隐瞒，即便会伤害到他们，因为误导会让他们厌恶。当他人意识到被你伤害时，他会保护自己，把伤害控制在一定范围内，如果你欺骗他们，无异于哄骗他们产生虚假的安全感，从而放松警惕，那么你造成的伤害会更大，因为背叛加剧了伤害。

如果你待人不真诚，你会对他人毫不在意，意识不到自己对他人的伤害或利用，更可怕的是，你会为自己开脱，声称如果他人处在你的位置，行为也会和你一样。

忠诚不是智慧，但是它常常放射出比智慧更诱人的光泽。有许多凭智慧千方百计也得不到的东西，真诚，却轻而易举就得到了。

忠诚不与人言，如果别人理解你那份真诚，你不说别人也知道；如果别人不理解你那份真诚，表白往往会把事情弄得更糟。

忠诚犹如一潭湖水：宁静、淡泊、美丽。它有时也会遭到泥块和沙石的袭击，但是，它凭借着自身的净化作用，很快会使污秽沉淀，仍旧不改自己光彩的容颜。

以忠诚待人，并不是为了要别人也以忠诚回报。如果动机是以自己的忠诚换回别人的忠诚，这本身已不够忠诚。忠诚是晶莹透明的，它不应该含有任何杂质。忠诚也是一种高尚。

有人说过这个世界上最美好的东西就是纯洁，那么在这个社会上，我们要想有个良好的人际关系环境和纯洁的爱情友情，首先就要靠我们自己的付出和忠诚。忠诚应该是晶莹透明的，忠诚不该含有任何杂质的。

忠诚就是要做到重诺言、守信用，没有守信，真诚就不知道从何谈起。我们要从点滴做起，说到就要做到。做不到都要实事求是的告诉对方，已所不欲，勿施于人。

忠诚仿佛就是一泊幽雅的天籁之泉水，它是那样的宁静淡泊，让我们永远去呵护珍惜好这样的美丽。真诚无价。

※ 培养健康有益的个人嗜好

卡耐基教育我们，今天就是生命——是唯一你能确知的生命。利用今天，使自己对某件事情感兴趣，把自己摇醒，培养一种嗜好，让热忱的风儿扫掠过你，以高昂的兴致来过今天。

当你在日常工作中不能发挥你的创造能力的时候，就应该去找一些新的事情，让它成为你的嗜好，这样你的创造力，自然就有发挥的余地了。你的生活也会变得更有意义、更有情趣。嗜好一方面可以发挥你的创造力，另一方面还可以调剂一下因工作而疲惫的身心，陶冶情操，使身心舒畅，减轻疲劳感，增加愉悦感。嗜好同睡眠一样重要。心理学家告诉我们说：你应该有一种嗜好。医生也这样对人们说：你必须养成一种嗜好。

在现代社会里，你不应该单为工作而生活，你不能只做工作的奴隶，工作的目的，也是为了寻找快乐。如果你不去游戏，运动，娱乐。那么你将离现代人的标准越来越远，同时，没有一个健康有益的嗜好，生活上的一个重要的元素便也丧失了。健康有益且正常的嗜好，可以免除你的寂寞，单调，枯燥，乏味，可以使你的晚年过得更充实，更有趣味。

嗜好对健康大有裨益。这里所指的嗜好当然不是贪睡，也不是贪杯，更不是挖空心思赚钱的嗜好，而且有益于健康的嗜好。

培养有益于健康的嗜好，首先要考虑它是否能使你的生活更加平衡，其次再去考虑它的趣味性。举个例子，集邮对大多数人来说，是个有益的嗜好，但是对于整日坐办公室的银行家来说，上班时一直坐在办公室，下班后又在书房里坐到深夜，那么集邮对这位银行家来说就不能算是有益健康的嗜好。因为他疲劳的肌肉和紧张的神经仍然不能得到有效的松弛与舒缓。然而对一位木匠来说，他已敲了一整天的钉子，那么集邮就会成为一种很有益处的业余消遣。所以，有益健康的嗜好，还要因人而异，没有一个统一的标准。

对于脾气急躁、性格忧郁的人来说，垂钓无疑是一种理想的嗜好。聚精会神地凝视平静的水面，能使人的神经松弛，使一切烦恼化为乌有。同时也可以锻炼人隐忍、耐得住寂寞的能力，这对于缓解脾气急躁，是非常有帮助的。

嗜好具有治疗价值已为医学界所公认，有些医院设职业疗法专科，让病人从事针织、绘画、纺织等活动，其效果有时比药物更好。

培养某种特殊爱好，是自我滋养的有效手段。要学会自尊自爱，就需要自我滋养。我们也需要为心智以外的“自我”提供滋养。比如，我们必须爱惜身体，好好照顾它，我们要拥有充足的食物，给自己提供温暖的住所。我们也需要休息和运动，做到张弛有度，而不是永远处在繁忙状态。俗话说“圣人也需要睡眠”，合理而健康的嗜好是培养自尊自爱的必要手段。当然，嗜好兴趣本身若是成为自我完善的全部目标，那么就会偏离人生本质，同时也偏离了卡耐基成功学理论中教育人们培养嗜好的初衷。

所以，培养健康有益的个人嗜好，无论是对于放松身心、保持健康还是修身养性、保持高尚的修为来讲，都是非常有益的。而对于为成功铺平道路来说，健康有益的嗜好为你提供了一个轻松的自我空间，在这里你可以将烦恼抛到脑后，彰显你自己的个性，放松心情，为更好地工作做准备。

※ 注重小节

生活中常常会有这一类人，他们经常以“不拘小节”自居，不注重细节上的东西，马马虎虎，邋里邋遢。对工作缺乏认真的态度，对个人琐事也是得过且过。这种现象导致的结果就是他们的生活变得一片混乱，毫无条理。而更重要的是，这使他们养成了大意和不注重细节的做事习惯，这往往会在关键的时候对他们的学业和事业产生影响。

卡耐基教育我们：“一个不注意小事情的人，永远不会成就大事业。”成大事的人，往往是非常细心的。所谓“胆大务必心细”。只有“胆大”而不“心细”，就会变成鲁莽。

人生忠告箴言：很多人因为不喜欢和别人交往，通常情况下总是企图尽量避开交际场合。家长里短、对于那些琐屑零碎的事情，他们认为是浪费时间的行为，甚至认为自己应该退避三舍、独善其身。在人类生活中，微小事物总是经常引发伟大的结果。小事不为者，大事难成；一屋不扫者，难扫天下；少时出言不慎者，终生胡言乱语；小饮放纵者，日后成酒鬼；一念不纯者，必受肉欲之所累。

有很多事情看起来和人们讲的习惯、礼貌和习俗没有什么联系，好像一点都不值得我们注意，可是我们大部分的快乐还要通过它们来获取。我们应该记住，人们在地球上活着不是孤零零的一个人，而是生活在一个群体之中，每个人都有权力而且有资格对自己所进食物发表看法。我们总是能够遇上这样的情况，一件你觉得无关紧要的小事在别人眼里就可能是一件天大的事情。我所提到的这些大部分是很多寒暄用语和表示客套的方法，还有一些着装的方式等等。十分清楚，在一些会晤场合以及生老病死的场合，与当事人见面和分手的时候，以及信的开头和结尾用的客套语其实根本没有什么真正含义，这些话作为对话的开场白或经常见面时用的问候语来说，当然具有一定用处。它们可以用来表示对他人的善意与友好。通过这些，我们能更好地判断生活在我们周围的人是否可靠。如果我们平常不使用这些客套话，那么别人就会认为我们不懂交际、自私自利、傲气十足或是厌恶他人。

齐默曼被很多人认为是上帝派来解救世人于孤独之苦的使者，他教给人们不应该“居于沙漠，或似猫头鹰一样居于树洞之中”。他说：“我真诚地劝诫我的门徒不要郁闷独处于众人之外，也不要与人同流合污，这样你才能做一个明智、理性和仁慈的人，在得到很多人生快乐的同时，受到正确的人生教育。”这话很有道理，如果我们不能容忍别人的缺点，原谅别人的错误，没有耐心听别人胡言乱语，那么我们就不会有什么快乐，也不会受益于这个社会。

同样的道理，我们也不能完全忽视衣着的重要性。虽然说不管一顶帽子的款式多么新潮，一件外套的做工多么精细，也不能使我们的思想和道德得到半点升华，但是不要忘了，人们总是通过自己的外表而给人留下第一印象，而且第一印象在一个人的头脑中难以完全磨灭。所以，如果我们在乎自己的个人价值，就不能认为衣着的款式和个性是无关紧要的。我在其他章节已经说过，我们衣着的样式虽然不能太超前，但也不能显得过于落伍。

我们也应该记住，这个世界的各个不同层面和领域都是由微小的事情组成的。某些时候，“小事即大事”的说法，它看似荒谬却也有一定的道理，因为有时一件小事能成为大的气候，谁都应该知道，在整个物质世界中，一些威力强大的运动总是起源于某件不起眼的微小事物。使大自然能够吐旧纳新、生气勃勃的主力军不是龙卷风，不是大洪水，也不是偶然的暴风雨，而是温和的清风、凉爽的细雨，和天地间温柔静谧、晶莹剔透的纤纤露珠。

所以，在人类生活中，微小事物总是经常引发伟大的结果。对于小毛病视而不见是很有害处的，久而久之，会使身体习惯于某种恶习，思想也会随之慢慢堕落，因为习惯性地去做某一件事情会在大脑中形成一种思维定式，甚至会影响到一个人的灵魂。不要认为一小笔钱、一点细微的时间、几句闲言碎语或是无关紧要的轻微举动无足轻重，那是非常致命的错误观念。在这一点上，对于那些对小节不在乎，认为小事无关紧要的人，我不得不引用一位修养甚高的朋友说过的话："那些对自己的毛病不觉悟不反思的人令我震惊。"

在工作岗位上，也应时时刻刻注重小节。

优秀员工与平庸者之间的最大区别在于，前者注重细节，而后者则忽视细节。细节之中潜藏着机会。

迈克和怀特同时应聘进了一家公司。这家公司前途光明，待遇优厚，有很大的发展空间。他们俩都很珍惜这份工作，拼命努力以确保试用期后还能留在这里，因为公司规定的淘汰比例是 2:1，也就是说，他们俩必然有一个会在三个月后被淘汰出局。

迈克和怀特都咬着牙卖劲地工作，上班从来不迟到，下班后还要经常加班，有时候还帮后勤人员打扫卫生，分发报纸……

部门经理是一个和蔼可亲的人，他经常去两个人的单身宿舍交流、沟通，这使他们受宠若惊。所以两人特别注意个人卫生，都把各自宿舍整理得一尘不染，把专业书都摆在桌面上，以示上进。

三个月后，迈克被留了下来，怀特悄无声息地走了。过了半年，迈克被提升为部门主管，和经理的关系也亲近了，就问经理当初为什么留下了他而不是怀特。经理说："当时从你们中选拔出一个还真的是非常难的，工作上不分高低，同事关系也很融洽，所以我就常去你们宿舍串门，想更多地了解你们。我发现了一个现象，凡是你们不在的时候，怀特的宿舍仍亮着灯，开着电脑。而你的宿舍则熄了灯，关了电脑，所以最后确定了你。"

不要忽视细节，一个墨点足可将白纸玷污，一件小事足可使你招人厌恶。在激烈的职场竞争中，细节常会显出奇特的魅力，提升你的人格，增加你的绩效指数，博得上司的青睐，获得更好的机会。

细节本身往往就潜藏着很好的机会。如果你能敏锐地发现别人没有注意到的空白领域或薄弱环节，以小事为突破口，改变思维定式，你的工作绩效就有可能得到质的飞跃。

新闻系毕业的麦蒂终于如愿以偿，开始了她的记者生涯。然而工作仅一周，她就发现自己是部门里多余的人。部门的工作已被原有的三个人周密地分了工，他们各管一摊，根本没有自己插手的余地。

该怎么办呢？

麦蒂听了思虑再三，决定不抢别人的饭碗。她细心观察，耐心接听编辑部的求助电话——这是谁都不想干的活。一个月后，她通过接听电话，得到了一条宝贵的信息。依据这个信息，她回避了资深同事"以学校老师"为主体的采访路线，改走"学生家长"的路线，首推"教育话题热线"，主持一个讨论性的栏目。这个栏目得到了一致好评，麦蒂由此在报社里站稳了脚跟。

能否把握细节并予以关注是一种素质，更是一种能力。对细节给予必要的重视是一个人有无敬业精神和责任感的表现，若能从细节中发现新的思路，开辟新的领域，更能表现出一个人的创新意识和创新能力，不管是前者还是后者，都是老板十分看重的。

关注工作细节，养成良好的工作习惯。具体来说，工作中的细节主要体现在以下六个方面。

保持办公桌的整洁、有序。

如果一走进办公室，抬眼便看到你的办公桌上堆满了信件、报告、备忘录之类的东西，就很容易使人感到混乱。更糟的是，这种情形也会让你觉得自己有堆积如山的工作要做，可又毫无头绪，根本没时间做完。面对大量的繁杂工作，你还未工作就会感到疲惫不堪。零乱的办公桌在无形中会加重你的工作任务，冲淡你的工作热情。

美国西壮铁路公司董事长罗西说：“一个书桌上堆满了文件的人，若能把他的桌子清理一下，留下手边待处理的一些，就会发现他的工作更容易些。这是提高工作效率和办公室生活质量的第一步。”因此，要想高效率地完成工作任务，首先就必须保持办公环境的整洁、有序。

不把请假看成一件小事。

不要随便找个借口就去找老板请假，比如身体不好，家里有事，孩子生病……这样既会让老板反感，而且还会影响工作进度，很有可能导致任务逾期不能完成。即使你认为工作效率较高，即使耽误一两天也不会影响工作进度，那也不能轻易请假，因为你身处的是一个合作的环境，你的缺席很可能会给其他同事造成不便，影响其他人的工作进度。所以不要随便请假，即使生病，只要还能上班就不要请假，更不要因为逃避繁重的工作或无关紧要的小事请假。在公司里，有很多人一旦所负的责任较平时重，便会产生逃避心态。这可以理解但绝不被支持。更大的责任是提升一个人工作能力的绝佳机会，抓住它，你的业绩就会更上一层楼。

办公室里严禁干私活、闲聊。

在办公室里干私活是不对的。一方面是因为工作时间内，公司的一切人力、物力资源，仅属于公司所有，只有公司方可使用。任何私事都不要在上班时间做，更不能私自使用公司的公物。另一方面，就员工个人而言，利用上班时间处理个人私事或闲聊，会分散注意力，降低工作效率，进而影响工作进度，造成任务逾期不能完成。所以将办公时间全部用在任务的完成上，是必要的，也是必需的。

在办公室把手机关掉或调到静音上。

上班时间不要随便接听私人电话，要记住你的手机的声音会让身边的同事或上司反感，而别人反感的情绪又会直接影响你的工作情绪，最终导致个人乃至整个团队工作效率的降低。如果你随便接听私人电话，就会分散注意力，很有可能导致你对任务的认识产生偏差，进而使任务不能按期完成。

下班后不要立即回去。

下班后要静下心来，将一天的工作简单做个总结，制定出第二天的工作计划，并准备好相关的工作资料。这样有利于第二天高效率地开展工作，使工作按期或提前完成。离开办公室时，不要忘了关灯、关窗，检查一下有无遗漏的东西。

适时关闭你的电脑。

除非必要，否则不要让电脑在上班时间一直开着，更不能借工作掩护上网、玩游戏、看 DVD。在工作中，热衷于做这些事，只会浪费你有限的时间和精力，增加你的工作压力感，提高绩效自然也就无从谈起了。最好的做法是：在做完当天的工作，为明天的工作找好资料后就关闭电脑，控制自己上网、玩游戏的欲望。闲暇时间，可以买几本专业书籍充电。

※ 慎重地选择生意伙伴

选择恰当的生意伙伴，对于生意的成败，起着举足轻重的作用。

卡耐基认为，要想慎重地选择生意伙伴，必先要做到知人善任。知人，就是要了解人，指的是对人的考察、识别、选择；善任，就是要善于用人，指的是对人要使用得当。选择生意伙伴，也要注意“知人”。

要做到“知人”可先从了解人的特长来说。

要知人，知人者首先要勤于去知。要舍得花时间认真考察。有人问：日本企业职工一般也是终身制、“铁饭碗”，怎么他们干部的积极性都很高？其实也不一定都很高，但是有一点值得我们重视：就是他们对于职工，尤其是对于干部的考察、挑选是非常严格的。有一位拉锁工厂，为了选择一名车间主任，工厂的领导者先后同二十多名大学毕业的候选人谈话，反复考察、测评、比较，选定以后，又分配去科技科、供销科以及第一线试用，再进一步观察，认为合格后，才最后聘任。可见他们考察、选定一个人是十分下功夫的。正因为如此，选定一个合格人才以后，厂方自然要十分爱护、放手任用、格外待遇了。虽然日本企业实行“铁饭碗”，但是他们不吃“大锅饭”，所以对职工的严格考核及升迁也就成为激励人才和鼓励积极性的一种重要杠杆。美籍华人吴家玮教授被聘任为美国加利福尼亚州立大学校长，也是经过严格考核的：还要填写十分详细的表格供遴选委员会审查、判断，要经过无情的口试接受筛选，要经过校方到他原来工作的单位进行深入的调查和了解情况，要通过约三十位委员及董事面对面地质询、听证……而且一次比一次严格：从一百多人中初选十二人，从十二人中筛选六人，从六人中挑选四人，最后剩三人，到确定他一人，连过“五关”。可见，要了解、考察一个人，在美国也是十分慎重和下功夫的。

勤于考察，还要善于见微知著。比如当加州大学对来应聘的校长候选人挑选到还剩四人时，特地发出邀请，把四位候选人连同他们的夫人一起接到学校住了几天，再通过实际生活加以观察。原来他们认为：假如校长的夫人品格不高，校长的工作实际上将会受很大影响。结果果真又淘汰了一名。日本住友银行在招考干部时，其总裁曾出过这样一个试题："当本行与国家利益发生了冲突，你认为应如何处理？"许多人答"应为住友的利益着想"，总裁认为"不能录用"；另一些人答"应以国家利益为重"，总裁认为"仅仅及格，不足录用"；有一个人这样回答说"对于国家利益和住友利益不能双方兼顾的事，住友绝不染指"，总裁的评语是"卓有见识，加以录用"。这件事对我们应如何知人有很大启发作用。

如果你的眼光犀利，能够洞察一切，阴谋诡计总是会露出蛛丝马迹的。如果仔细观察，在骗子的眼神里，总是透着一丝不安和困惑。如果一个人吹嘘自己做成了一笔极好的生意，这个人一般来说不是诚实的人，因为同样的生意，若是有人赚了很多钱，那么，肯定有人亏本了。

日常生活中有两句似乎是格格不入的警言：一句是，"和陌生人打交道一定要严加防范，很多人是披着羊皮的狼"；另一句是，"不管是好人还是坏人，我们都要以诚相待"。这两句话都有我们值得借鉴的地方，在某种意义上，它们可以被视为互不矛盾的统一体。对一个见面三分熟的人，你一定会怀有戒心，但话又说回来，你们既然有了一面之缘，还是应该以诚相待。对于刚刚熟识的人，你不可能和他推心置腹地交谈，任何一个有理性的人都会理解这一点。

如果你的眼光犀利，能够洞察一切，阴谋诡计总是会露出蛛丝马迹的。如果仔细观察，在骗子的眼神里，总是透着一丝不安和困惑。如果骗子觉察到你已经看出了他的阴谋诡计，那么他就会支吾不清，坐立不安，很难再把他那场厚颜无耻、矫揉造作的戏演下去了。要判断一个人是不是真的在玩弄阴谋诡计，这是一个很好的办法，和那人交谈的时候，你可以用眼睛盯住他，如果这个人真是个骗子，他很快就会沉不住气的。

要判断一个人是否无耻贪婪，这个办法十分有效，当然不是百分之百。另外，贪图金钱乃是诚实最大的敌人，与年轻人相比，年纪大一点的人更易于有这方面的倾向，在做生意的过程中，你不免会遇到一些贪婪成性的老年人，所以你要时刻警惕这种类型的骗子。他们中的一些人，总是装腔作势，大谈什么宗教信仰，极尽圆滑、奉迎和喋喋不休之能事。另外这些人和你打交道的时候，常常东一句、西一句，企图以此来分散你的注意力。

但是对自己的亲信就完全没有必要疑心重重，满腹狐疑很可能会给自己带来悲惨的结局。

有时一笔交易，双方都可能获利，但并不是所有的生意都是双赢的，所以除了这种双赢的情况外，那些赚了大钱而沾沾自喜的人的品质，我们很容易判断出来了。那些信誓旦旦、满口允诺的人，我们应该保持警惕。这些人可分为两种：一种人是胡吹海捧，逢迎拍马，只说不做，久而久之养成了满嘴大话的毛病；另一种人热情有加，许下的诺言超出了自己的能力范围，真正付诸实施时，才发现有这样那样的麻烦和开销，他们的热情也就慢慢褪去，最后不了了之，令人失望。

与贪婪残暴的人打交道时也要同样小心，因为如果和他们做生意，而你又不幸落入他们的摆布之中，那你就只能等着和他们在法庭上对质了。和这种人谈判的时候，首先需要注意的就是不要疏忽任何一个细节，要不然就会一招不慎满盘皆输。

所以，学会“知人”，慎重地选择生意伙伴，才能扫清你成功路上的绊脚石。

※ 如何正确看待别人

卡耐基在培训班培训学员时，很注重培养学员如何正确地看待他人，从而取悦于他人、劝服他人、赢得友谊并影响他人。他提出了很多与他人沟通交往的光辉理论，比如真诚地关心他人、适时赞美他人、尊重他人的意见、激发他人高尚的动机等等，而这些理论的根源和基础只有一个，那就是：正确认识他人。

雄鹰看到蓝天的广阔，便振翅高翔，自由而高傲；飞瀑看到峭崖的险境，便一泻千里，流银泻玉，灵动如龙；海燕看到巨浪的汹涌，便引吭高歌，乘风破浪，大气蔚然。上帝造人，繁衍万世，生命中不是只有你自己，人若不能看到别人，正视自己便如那墙头的浮草，轻浮浅陋；便如那草原的孤鹿，寂寞而时时都有被吞没的危险。人之为世人，只有正确地看到自己看待别人，你的世界才会更精彩，生命的阳光才会更灿烂。

如何看待别人的问题，既是一个个性修养问题，也是一个哲学问题，在认识上是个人修养和世界观的问题，在方法上属于哲学问题。怎样正确地看待自己、看待别人，不是一件小事，也不是一种个人行为。作为一个群体，处理好看待自己、看待别人的问题是一件大事，是一个人事业能否成功必不可少的组成部分，是一个团体能否团结协作，充满活力的重要内容。看待自己与看待他人的关系处理好了，就会创造一个适合自己干事业的良好人际环境，就会形成一个团结协作，气氛祥和、坚强有力的集体；两者关系处理不好，不仅会给自己成长进步带来一些不必要的羁绊，给自己思想造成一些人为压力，也给集体大家庭带来许多不和谐的因素。

一是采取“换位思考法”。就是在考虑问题的时候，要注意站在不同的角度先观察，后下结论，下结论前先进行三种假设：认为自己好的方面，放在他人身上看看是否得到你的认可；以为自己不足的地方，也放在他人身上比一比，看看是不是恰当。因为有时候看自己经常忽略大的问题，而看到一些轻微的，微不足道的东西。

实际上自己的问题自己最清楚，往往是自欺欺人，弄小聪明，总认为别人不知道。在这种时候，你就站在别人的角度想一下，假若别人这么办你会怎么看。认为别人不足的地方，也放在你的身上来衡量一下，分析一下能否给予理解。用这三种假设的方法，进行“换位思考”“将心比心”，就会使自己的行为有所收敛，别人的行为也能得到理解。大家在看《还珠格格》电视剧的时候，都可看到皇帝乾隆在教育自己的皇后时也经常说一句话“幼吾幼人之幼”，意思就是爱护自己的孩子时也要想到别人的孩子，不能以维护自己孩子的利益而剥夺了别人孩子的利益。

二是看自己要多看问题，多找差距，在不断地改正错误中求得进步。当前，有的人看自己成绩多，看问题少；看进步多，看不足少。往往是讲成绩头头是道，甚至是别人的成绩也往自己身上拉。讲问题时一带而过，即使讲了一些也多强调客观因素。抱有这样的观点，既阻碍了自己的成长进步，也得不到别人的认可。

首先要正视自己的缺点和毛病。特别是个性的缺点和毛病。其次是正确看待自己的优点和长处。

第三要切忌用自己的长处比别人的短处。说别人的短处头头是道，说自己的缺点轻描淡写，说别人的优点一带而过，说自己的优点长篇大论，这是做人之大忌，千万要引起注意。

第四是要努力实现自我感觉与别人的看法相一致。金无足赤、人无完人，道理大家都懂，但真正衡量一个人，却不是很容易，原因就是自己的看法与别人的看法不一致。

看清自我，聆听别人，欣赏别人。常言道“当局者迷，旁观者清”，人都是很难看到自己的背后的，聆听别人我们得以用他人的眼光审视自己，以完善我们的人格。子曰“三人行，必有我师，择其善者而从之，其不善者而改之”，聆听别人，是审视自我、完善自我的途径。走出自我的小圈子，让你的情操在大气磅礴的生灵大潮中淬洗，让你的性情在豪放博爱的生灵大潮中练就，拂去你心灵的污垢，照亮你生命暗角。到别人那里寻找生命的金子，那里有高尚的品质，会补充你与生俱来的生命贫乏，那里有坚忍的意志，有挺拔，有曲折，让你感动，让你心潮澎湃，摧毁你的软弱、你的懒惰，重新构建你心的堤坝；到别人那里聆听诤言，那虽是长着荆棘却充满热情的话语，会给你头昏后的清醒，迷途中的彻悟，甚至是悬崖边的勒马。

看到自己，看清自我；走出自我，聆听别人，欣赏别人。

于是，生命之途不在伴着黑暗，伴着孤独；生命之景不再阴雨迷蒙，寒风凄凄。生命中将走出一个崭新的自我，阳光的自我，在笑声中，歌声中，在祝福声中伴着别人一起走过，那么你就已经成熟、自信、高傲地走在生命之途，从而走向成功，走向辉煌。

※　贫穷并不足畏

有些人可能为曾经或现在的贫穷而扼腕叹息，有些人可能在为摆脱贫穷而作着不懈的努力，但是他们没有意识到，贫穷其实并不足畏，贫穷也是一种可贵的资本。

穷而不认命，不求奢华，知足常乐，与世无争，是最大的精神财富。贫穷时如果能知足常乐，安贫乐道，不羡慕那些富豪荣华，不抱怨自己命运不济，那么卡耐基会告诉你，你的人生正在跨向一个更高的层次。你的精神和灵魂，也将在此过程中，得到升华。罗马哲学家塞尼逊有句名言：“人最大的财富，是在于无欲。”

在一个秩序良好的社会中，人们既不会吹嘘自己的富有，也不会掩饰自己的贫穷，这一点令人感到十分亲切。

创造力非凡的达尔文先生猜测说，惧怕贫穷可能是一种病态，应该及早防治。贫穷更多的是存在于人们的想象而非现实之中。即使是真的一贫如洗，也不应该感到可耻，可以说，对贫穷的恐惧起码是一种严重的缺陷。

如果“他的条件不错”通常指的就是某个人的经济条件。为什么每个人总希望自己看起来比实际还富有，有钱人总是受到恭维和奉承，穷人总是受到冷落和嘲笑，人们总是用金钱的数量来衡量一个人。有的人可以呼风唤雨、为所欲为，就是因为他富甲一方。想到这些，我们也不再奇怪为什么人总是以贫穷为耻了。但是作为年轻人来说，如果小小年纪就掉进拜金主义的漩涡，那将是非常危险的事情。

在一个秩序良好的共和社会中，人们既不会吹嘘自己的富有，也不会掩饰自己的贫穷，这一点令人感到十分亲切。当然，人们也常常谈及贫与富的问题，但不管你是穷人还是富人，大家都平等相处，没有什么贵贱之分。

正常的担心和忧虑对一个家庭来说是很自然的，一个和谐勤俭的家庭决不会因为这些忧虑而分崩离析。所以那些担心贫穷的人首先要摈弃这种虚荣的观念。当你不再觉得穷困什么羞耻的时候，那块压在你心头、令你痛苦不堪的顽石也就不复存在了。

其实很多家庭都有自己的难处，但为了表面上一些东西，他们苦苦撑着，也觉得这种局面令他们困苦不堪。但是，你若是劝他们放弃这种虚荣的做法，你会觉得困难重重，就像去劝一个财迷心窍的人不要去攒钱一样，几乎是不可能的。

很多情况下，钱财的耗尽是产生贫困的直接原因，但更多时候，贫困是由自身的恶习、愚蠢或是轻率造成的。《圣经》教导我们，不要看不起穷人，因为上帝也一贫如洗。把这句话反过来说，即使上帝有万贯家财，我们也不能因此而对富人毕恭毕敬。我们首先要对一个人的所作所为进行仔细的分析，然后才可以判断此人的品性如何，再根据此人的品性确定我们对此人的态度应该是恭敬还是鄙夷或是其他。

很多人由于不堪忍受困苦的生活和他人的偏见而走上绝路，这种现象在每个国家都很普遍。他们中的很多人，都是因为不能正确看待贫困的境遇，把贫困的问题看得太过严重才自寻短见的。对于他们的自杀行为，很多人不能理解，甚至认为那是一种极其愚蠢的行为。他们之所以不再留恋这个社会，其实倒不是真的因为他们不堪忍受缺衣少食的困苦，而是担心自己因为贫困而遭到世人的鄙夷。

然而，这些人自杀的直接动机是什么呢？他们下定决心要自杀的时候，身体状况和心理状态都和以前没有什么差别。假设他们能够预见到自己以后将衣食无愁，他们还会选择自杀这条道路吗？人活着仅仅是为了吃得饱、穿得暖吗？造成他们自杀的主要原因是纵欲过度，这种恶习害苦了很多人，在精神病医院的病历上，在我们周围，都记录着这种恶习的累累罪行。纵欲过度的副产品便是吃喝玩乐，人们总是对后者深恶痛绝，却不知道，纵欲过度才是罪魁祸首。

我们应该保管好自己的财富，花钱的时候一定要慎重和节俭，不管赚多赚少，我们的花费都应该相应地有一个度。要做到这一点，现金交易是一个行之有效的办法。圣·保罗有一句名言“不要欠下任何人的账”。

贫穷并不足畏，重要的是你如何去看待它，富贵并不能带来一切，有时候还会使你丧失一些东西。在贫穷的时候，正确看待它，以正确的态度去对待它，它会给你带来一笔宝贵的财富。

※　不做投机买卖

缸里的水打自井中，最后定要流回井中，你的钱取自何方，也要归于何方。投机买卖和赌博一样，令人怦然心动，参与者大多要尝到赔本的滋味，但年轻人还是一味地乐此不疲。

卡耐基告诉我们，如果一个人诚实地去挣钱，除了必要的支出之外不乱花钱，他就能致富。在这里，卡耐基要说的重点是，诚实地去挣钱非常重要，投机取巧或许能一时得利，但是绝不可能长久，是做不成大事的。

“投机”这件事，不管它属于哪一类型，如果把它当作致富之道，那是极端危险的。

犹太商人认为，开始做投机生意时，也许会有一两次的赚钱机会，可是到头来还是亏本的居多。到那时不仅要把所赚的钱损失掉，甚至会弄得血本全无。

一位股市上的风云人物曾表露过这种思想：“许多人以为我在股票生意中很成功，可是仔细计算下来，我才知道如果把在投机生意中所需要的资本、时间和精力，用在更正当的生意上，那么我的财产就可能比现在更多，因此我总有误入歧途的感觉，至今还在为此后悔不已。”

一位商人到银行去申请贷款，银行总经理问他生意做得如何，他回答说蛮赚钱的。总经理想了一会儿，说：“既然赚钱，为什么又来贷款购买废铁？你想再大赚一笔，这未免太贪心了，要是我就不会这么做！如果我的生意不好，也许会孤注一掷，但是生意做得好好的，又何必不知足呢？”

这位总经理居然就是不借，商人只好气呼呼地走了。

两个月后，这位商人去拜谢他，银行总经理奇怪地问：“我没借钱给你，你反而来感谢我，这倒是头一遭，你这是什么意思？”这位商人回答：“废铁跌价了，大约跌了 30 万元，就因为你没有借钱给我，所以我没有受到任何损失。”

赚取钱财已成为多数人的人生目标，很多人都相信“目标就是求胜、发财和求取权力，此外无他”。

于是成功致富的故事创造了赚钱的民间传奇。人类崭新的可能性就在眼前：大家都有致富的机会。这种机会以前从来没有过，结果很多人的求富梦想被紧紧包在现实中。但现在这是人人都可能做到的事情，虽然实际上只有少数的人有些幸运，致富的远景却改变了大家的生活，改变了他们思想的目标和方法。

有这样一则故事：一个人来到智者面前向他诉苦，说有人骗了他。

智者问他：“那么他做了什么呢？”这个人说：“他能够把任何一种金属变成金子。他做给我看了，我亲眼看见了事情的发生。然后他说我应该把我所有的金子带来，他将使它变成10倍的金子。所以我集中了我所有的金银首饰，而他拿着这些逃走了。他骗了我。”

智者告诉这个人：“是你的贪婪骗了你。不要把责任推到别人身上。你是贪婪的，而贪婪是愚蠢的。你希望你的金银首饰变成10倍多，那个念头骗了你，那个人只不过是利用了这个机会，如此而已。你是真正的问题。如果他不骗你，别人也会把你给骗了。”

在报上常常可以看到有人被骗子骗走财物的报道，此人被骗虽然可怜，然而这些人若不存贪欲之心，又怎能令骗子乘机得逞呢？

即使从利害这方面打算，诚实也是一种最好的策略。没有私心、不为利动的名誉和价值，要比企图从投机中得来的利益大过千倍。

在大都市的商业中心，金钱成为人们崇拜的目标。正如每一个宗教里，拜神很快成为一种仪式，而失去了原有的意义。赚钱在非常高尚的形式下，已经成为自动化的一环。基于某些没有人怀疑的经典，它被视为理所当然的举动。

一个人由于处在某种不利的环境中一时撒谎，是可以谅解的，但是蓄意欺骗他人的人则不会有希望，他迟早会自食其果，丧失尊严、信誉直至丧失自由。心虚是骗子的一大疾病。当一个人决定欺骗别人时，通常都没有考虑到以后将受到罪恶感的折磨。

一个欺骗别人的人会感到既负罪又羞耻，在他们多得到一分金钱时，他们就多损失了一分人格。他们的钱袋固然有所增益，却失去了人格和信念，成为堕落的衣冠禽兽。

一个人到神父那里忏悔：“我有罪。‘二战’期间，我把一个富有的犹太人藏在我的地窖里，每月向他收一大笔保护费。”

神父说：“是呀，这的确是罪过，可是已经过了这么多年……”

“问题就在这儿，”这个人说，“这么多年来，我一直没告诉他，战争已经结束了。”

所以问题不在于谁在骗，如果有人要骗你，这表明你希望受骗。如果某人谎言可以对你讲，这意味着你与谎言似曾相识。一个真实的人是不可能上当受骗，一个生活在真实中的人不可能被说谎者所迷惑。只有一个说谎者才会欺骗另一个说谎者，否则可能性很小。

人人都有赚钱的欲望，这无可厚非。可是有些人只想不劳而获，这种念头太近乎天真。报上常有骗子骗走财物的报道，这些被骗者尽管可怜，然而其被骗的动机却又可鄙，这些人若没有贪念，骗子又怎能乘机得逞呢？

在一些地方，很多人因为投机生意亏了本而变得一贫如洗，困窘不堪甚至自寻短见。

这种投机取巧的商业行为其实是采用了一种买空卖空的手段，虽然与赌博有不同之处，但请你们不要陷入其中，如果你们已经参与进来了，请你们及早退出。如果你无法自拔，愈陷愈深，最后必然会与赌徒无异，你的一生将会变得起伏不定。甚至成功之后还要面对更大的风险，最后很可能赔个精光。

很多人争着去参军，梦想着加官晋爵，却忘了战壕里还躺着那么多战友的尸体，而且人人都想当然地以为成功非自己莫属，他将一呼而天下应。我们正在成长的下一代人之中，也有很多“投机者”有着与此相似的观念，当他们看到那些起初境遇不佳的人，后来都成了飞黄腾达、前呼后拥的富人，他们总认为自己一定也能像这些人一样成功。殊不知在这背后，还有成千上万企图出人头地的人惨遭破产的命运，沦为乞丐。

所以有些人说，想不劳而获的人，被利欲熏心，就连魔鬼他都愿以上宾招待。虽然金钱有不可抗拒的魔力——可使鬼推磨。但这种鬼却不能惹，它会害得人一蹶不振。因此，要赚钱，人还是要确定自己的着眼点，凭自己的力量去争取，这会来得令人心安理得些。

第七章　习惯影响人的一生

好的习惯将使你一生受益，而坏的习惯也将对你的生活和工作产生一些必然的消极影响。所以，尽量不要滋生坏习惯，已有的坏习惯，我们应该经马上改正。

同习惯类似的，其他一些因素也将影响人的一生，例如教育、谨慎、良心、责任心、与人相处的艺术、婚姻等。每一个因素，都是在人生的道路中，起着举足轻重的作用。

※　应接受必要的教育

随着经济的发展和社会的进步，社会对人的素质的要求提高了。进入20世纪60年代，“终身教育”的主张被提了出来，它的提出引起了当代教育观念的转变。“将教育实施于人生的始终”的理论逐渐为世界各国所认知、所接受。在这一理论的指导下，成人教育的发展有了新的方向、新的目标，终身教育的理论驱动着成人教育事业，成人也自觉地将自己纳入这一新的教育体系。所以，实施终身教育成了成人教育的根本目的。

成人教育，从某种意义上说，是对普通教育的一种完善和补充。依照终身教育的观点，人在完成正规的、普通的教育之后，仍需要继续接受教育，直至终生。而这些教育通常以非正规的方式予以提供和组织。

戴尔·卡耐基是20世纪最伟大的成功学大师，美国现代成人教育之父。所以，卡耐基对于教育是非常重视的。他一生致力于人性问题的研究，运用心理学和社会学知识，对人类共同的心理特点，进行探索和分析，开创并发展出一套独特的融演讲、推销、为人处世、智能开发于一体的成人教育方式。接受卡耐基教育的有社会各界人士，其中不乏军政要员，甚至包括几位美国总统。千千万万的人从卡耐基的教育中获益匪浅。

我们随时随地可以看见，那些天分颇高的青年，一生只做些平凡的事业，就因为他们的天分虽高，却没有受过充分的训练、培植。他们从来不想求自己的进步。他们熙来攘往，所看到的，只是月底领薪水，与领到薪水以后的几天中的快乐时间。结果，他们的一生事业，有退无进，总是卑不足道。

教育即是力量。你能拾得一分智慧，读一些书籍，在自修上下一分功夫，就足以助你在事业上得一分上进。我认识一些年轻人，薪水很低，工作很苦，但他们利用其闲暇的时间，自修自习，以求上进；比之其在日间的工作，更为努力。在他们看来，薪水倒是小事；而求知识的进步，却是大事。

一个人愈能储蓄，则愈易致富。你愈能致富，你愈能求知，则你愈能成为有智者。你愈多存储一分知识，就足以丰富你的一分生命。这种零星的努力，细小的进益，日积月累，可以使你于日后大占便宜；可以使你成为更广大，更充实，更丰满；可以使你能应付人生。

在生活竞争日趋剧烈，生活情形日益复杂的今天，我们必须具有充分的学识，接受充分的教育训练。我们大多数人的问题，就是希望在顷刻之间学得所有，并成其大事。然而任何事情都要渐渐形成，我们应该不断地努力自修，不断地充实我们的知识宝库，渐渐地推广我们知识的地平线。一个没有书籍、杂志报纸的家庭，等于一所没有窗户房子。小孩子常常接触书本，则自会培养出读书的兴趣，自然会在不知不觉中摄取其中的知识。时至今日，几乎每个家庭都不可能没有书籍。家庭的藏书在古代是一种奢侈，在现代却已是一种生活的需要。

学生在学校时最应该培养的一种能力，就是阅读各门学科的相关书籍。在图书馆中，要从汗牛充栋的藏书中，挑出几部最有价值的书本以供阅览，这种获取知识的能力，对于他的一生，是最有用的。许多人都认为爱因斯坦很聪明，就问了他很多问题，比如光的速度是多少？美国铁路有多长？爱因斯坦却回答说，这些我都不知道。看到人们惊愕的样子，他微笑着说，这些只要翻书一查，不就全知道了吗？

孜孜于求自己的进步的精神，是一个人的“优越”的标记，与“胜利”的征兆。

一般青年人，无意多读书，多思想，而不想在报纸、杂志、书籍之中，尽量摄取各种宝贵的智识，真是最可怜，最可惜的一件事！他们不明白，他们所抛掷去的东西在别人得之，可以成为无价之宝，可以使生命成为无穷丰富的种种资料。

家庭是一个人接受最主要的生活训练的地方。在家庭中，我们养成习惯，形成志趣，而这些习惯志趣将影响我们的一生。要记住，知识和技能才是唯一可以随身携带，终身享用不尽的资产。对于这一点，犹太人体会可谓是最深刻的，因为这是由血与火锻炼成的经验。

公元70年，犹太人悲惨地失去了国家，从此流落他乡，过着漂泊动荡的生活，他们深感自己是没有祖国的人，一切财产随时都有被夺走的危险，只有知识和技能是可以携带的。如果所有的金钱只能赎回其中一个，那么他就会先把老师救出来。犹太人代代相传的箴言就是，知识是最可靠的财富。石油大王洛克菲勒有一段妙语，如果把身上的衣服全部都剥光，一个子儿都不剩，然后把我扔到大沙漠去，这时只要有一支商队经过，那我又会成为亿万富翁。他为什么如此自信，因为他拥有知识与能力这种无尽的财富，同时他也深信知识可以改变命运。

接受必需的教育，你才能站在一个新的高度上去审视这个世界，只有知识是取之不尽的财富。

※ 人生的三大积累：常识、谨慎和良心

“人生财富”，它每时每刻向你走来，因为你是社会中的人，只看你能不能去创造和把握而已。卡耐基认为，一个人要成功，必须要具备自身的三大积累。即常识积累，谨慎和良心。有了这三大积累，那就可以在社会的大潮中乘风破浪地前进。“千里之行，始于足下。不积跬步，无以至千里。不积小流，无以成江海”这印证了积累的重要性和艰巨性。

首先，常识积累。它是人一生中最早，最重要的，而且是要坚持不懈的必修之课，古代用“上知天文下通地理，琴棋书画”来衡量一个人的学识程度，现在“博学多才，学富五车”的人可能是少了又少，对现在的人来说，社会压力、工作压力跟生活压力很大，很少有时间跟心情来充电，但越是这样就越容易被淘汰。一个人不论他做那一行业的，首先他的常识必须够用，技术必须过硬，做起来才能得心应手，而现在社会在进步，科技在发展，你必须要学习再学习才能适应新形势的发展。

知识源于学习，学习无处不在。“三人行必有我师”这说明了每个人都有长处，我们避短学长，为己所用。一只手伸出来，五只手指各有粗细长短，但五只各有用处，缺一不可。所以我们身边的人，只有你能发现他的优点长处，你就可以虚心向学，学习是光荣的，要做到“不耻下问”才是真贤士。

人在工作生活中需要掌握得常识很多，比如：学会聆听老人言，学习那些经过岁月考验的道理和哲学。做好每一个人的事情。不要不情愿地工作，不要不尊重公共利益，不要不加以适当的考虑，不要夸夸其辞而丧失自己的思想，也不要成为喋喋不休或忙忙碌碌的人。

其次，谨慎做人。塞·约翰逊说过：“谨慎此其余任何智能使用得更频繁。日常生活中的草率事件使它发挥作用，对微小的事情产生影响。”绪儒斯说：“小心谨慎，感情冲动事多难。”塔西佗说：“靠谨慎比靠鲁莽更能制胜。”斯梯尔说：“谨慎的人才能稳操胜券。”

鸟三顾而后飞，人三思而后行。无论做什么事，谨慎都是必要的，否则后果不敢设想。

不谨慎会伤害他人，“阿波罗”飞船的坠毁成为全世界人们关注的焦点，而它的坠毁的原因竟是科技人员因粗心大意算错了一个数字。类似的情况还发生在苏联等航天技术先进的国家，本来可以避免的灾难就因为科技人员的不谨慎而发生了，成了遇难人员亲友的噩梦。

不谨慎甚至会弄垮整个国家，中世纪欧洲的一个国家要出征，为了赶时间，在马蹄铁上少钉了一个钉子，结果在战斗中，马蹄铁脱落，导致了整个王国的覆灭。三国时蜀国统师姜维，不顾蜀国国力的日益衰老，不顾一切地出兵北伐，尽管是为了实现自己的梦想，最终使蜀国更早地被魏国灭掉。

而在生活中，很多人做事从不考虑后果，也不考虑做事的方式方法，最终害人害己害集体。我们要改掉这种做事毛躁的习惯，做事要三思而后行，让自己冷静下来，只有这样，才能谨慎做事；也只有这样，才能小心做人，争取更多做事的益处、好处。

在生活中我们要学会做一个谨慎的人，不谨慎我们会犯很多错误，失去很多本应得到的东西，应从身边的每一件事做起，对待日常中每一个该处理的事情都应考虑周到。对待生活中的每一件该做的事，都谨慎行事，这样才会做得更好。

第三，良心。人生活在世上，要有良心和正义感。公平，就是处理事情合情合理，不偏袒哪一方面。正义，就是公正的、有利于人民大众的道理。公平是正义的体现，正义是公平的保障。没有正义就没有公平。人是社会的人，维护社会的公平正义不仅需要政府和法律法规的约束，更需要社会上每个人的积极参与。这就要求我们每个人都要有正义感。

行侠仗义、打抱不平是古今中外人们视为最有正义感的表现。它是人们推崇的一种英雄气概，是一种高尚的情操和优良的品德，体现了人们崇尚正义、追求公平的美好愿望。中国自古就倡导“路见不平，拔刀相助”的侠义行为。有很多人舍生取义，付出了宝贵的生命。

但正义感不仅仅体现在行侠仗义、打抱不平，敢和坏人坏事做斗争方面，更多的是体现在人的一言一行中，体现在社会生活的方方面面和大大小小事情上。遵纪守法、尊老爱幼、文明礼貌、救死扶伤、扶贫济困、抢险救灾等行为都是有正义感的表现。

有良心、有正义感，首先要分清是非。有很多人是有正义感的，心地善良，疾恶如仇。但由于辨别是非的能力比较弱，往往在一些具体的事情上搞不清谁对谁错。有的好心办坏事；有的人做错了事，还不知道错在哪里，懵懵懂懂；有的触犯了法律还以为做了好事，当警察把手铐戴上他的双手时才如梦初醒。要提高辨别是非的能力最基本的一条就是要加强学习，特别是要加强基本法律法规和道德规范的学习，知道哪些是社会提倡的，哪些是社会反对的，哪些可以做，哪些不可以做。

有良心、有正义感，更要身体力行。有很多人的正义感只表现在口头号上，当要付诸行动时却只把别人排在其中，把自己排除在外。比如有的人平时一说起社会上的一些不义的人和事都义愤填膺，但见到不义的人和事，特别是危害人民生命财产安全的人和事时却无动于衷；有的甚至只要尽举手之劳就能使别人摆脱困境却不愿意伸出援助之手。维护社会的公平正义，人人都是参与者、实践者。有正义感，最主要的是要体现在自身的行动上。不能空喊口号，不见行动；不能只要求别人、只要求政府，不要求自己；更不能说一套做一套。而是处处、时时、事事都要以正义为标准来规范自己的一言一行，有所为，有所不为。

有良心、有正义感，还要仗义执言。随着信息化的爆炸式发展和中国社会民主进程的不断加快，我们每一个公民的言论越来越自由，发挥的作用越来越大。这就要求我们要坚持正确的舆论导向，以事实为根据，以法律道德为准绳，大张旗鼓地支持和声援正义的，反对和声讨非正义的人和事。提倡什么，反对什么，必须旗帜鲜明。不能人云亦云，更不能见利忘义，帮着不义的人和事说话。

※ 知识一定要学有所用

学以致用，意思是学到的知识得用于实践。就像学习演讲或有效与人交谈的成功要诀一样。熟练运用演讲的原则和技巧，将使你踏上通往成功的坦途。

卡耐基说过："真正的读书使瞌睡者醒来，给未定目标者选择适当的目标。正当的书籍指示人以正道，使其避免误入歧途。"卡耐基认为，学习重要的是要学以致用，从书本上学到的知识，应该懂得真正应用到实践中去，并在实践中取得良好的效果。

学习与思考，都属于"知"的范畴，其本身都不是目的。学有所用才是目的。学有所用，属于"行"的范畴。要找到"知"与"行"的结合点，关键就是把学到的东西付诸实践、见诸行动、真见于成效，通过具体实践来达到"知"与"行"的统一。

书籍是哺育心灵的乳汁、铸造灵魂的工具、启迪智慧的钥匙，是传承文明的桥梁和人类进步的阶梯。读书作为人们获取各种知识、汲取精神营养的重要途径，不仅关乎国民素质提高和生活改善，更关系到民族复兴、社会和谐与人类进步。深入开展全民读书活动，激发人们的阅读兴趣，推动科学知识的普及和文明理念的传播，对于促进人的全面发展、实现中华民族的伟大复兴，是十分重要而紧迫的。

可有一些人，就是坚持认为读书无用、知识无用，那是因为他们根本不知道它有用在哪里。一个人在这样一个商业社会，在一个发展的社会中，如果没有知识、没有修养、没有往前走的意识，就没有竞争力。如果你甘愿成为一个没有修养、没有人生目标、没有职业规划的人，那么可以讲知识无用，但是如果你是一个有知识追求、有职业发展需求、希望提高职业竞争力的人，那么这个“读书无用”就不攻自破了。

书是提高人们综合素质的工具，但读书不只是为了求得知识，更重要的是开启智能；读书不应只在求得学问，更要身体力行，也就是佛教所谓的“解行并重”。培根说：“知识就是力量。”什么知识才是力量？有效知识才是力量。所谓有效知识，就是在现实中起支配地位的知识。许多人之所以失业，并非没有知识，而是学而无用。并非所有的知识都是力量，读书要读出实效来才好。凡是脱离实际，死抠书本的人，在理解方面往往不能深入，学到的知识也常常不能融会贯通。俗话说：“真金不怕火炼。”真正有用的知识是实务，因此不管修学任何事物，应以融通为要务，以方法、技巧为辅助，以勤熟为功效，以用心、下手为实际，解行并重，才不会流于空谈。

读书必须做到理论联系实际，把书“读活”，做到去粗取精、去伪存真、由表及里、由此及彼，才不枉了读书一场。

读书可以决定一个人的修养和品位，也决定一个民族的素质，影响一个国家的走向。读书，提升人生的境界。畅游在知识的海洋里，视通四海，思接千古，与智者交谈，与伟人对话，为缜密的逻辑、深奥的思想所环抱，被崇高的境界、伟大的灵魂所震撼，使身心得到愉悦，让思想纵横捭阖。读书，能够增长知识，拓宽视野，更加睿智，更富创造力。读书，改变民族的气质。知识是现代社会的灵魂，而读书是获取知识的基本途径。社会越发展，知识的作用就越显著。一个民族读书的人口越多，知识传递就越快，文明程度就越高，发展就会越好越快。读书，增强国家的根基。当今时代，文化作为软实力，已成为综合国力的重要标志。读书是创造力和活力的起点，是文化底蕴的基石。谁形成了乐于读书的社会风尚，谁就掌握了学习的先机和主动权，谁就抢占了生存和发展的制高点。

“学以致用”。学习力是持续发展的不竭动力源泉。学习是一种手段，运用是学习的目的。也只有把所学到的知识，灵活变通，快速地通过实践转化为现实的知识生产力，才能发挥学习的功效。

书山有路勤为径，学海无涯苦作舟。只有辛勤读书，博采众长，才能站在前人的肩膀上，书写更美丽的人生和世界。但读书要学以致用。“纸上得来终觉浅，绝知此事要躬行”。读书应注意理论联系实际，把学习知识同提高修养相结合，转化为优良品格和高雅气质；同积累经验相结合，转化为理论概括和真知灼见；同工作岗位相结合，转化为专业素质和业务能力。

※ 习惯影响人的一生

习惯有好有坏，播下一种习惯，收获一种命运。习惯是一柄双刃剑，它能成就未来，也能摧毁未来。能够成就未来的自然是那些好习惯。而那些坏习惯，就像一堵无情的墙，把成功与我们隔离开来。

卡耐基认为：习惯具有无穷力量，它无时无刻不在影响着我们。可以说，几乎在每一天，我们所做的每一件事，都是出自习惯的支配。因此，一个人具有什么样的习惯，就会有什么样的人生。

习惯能成就一个人也能摧毁一个人。能够成就一个人的自然是那些好习惯。成功者之所以成功，是因为他们身上具有一些常人所没有的习惯，正是这些习惯助他们打开了成功的大门。

习惯是一个人思想与行为的真正领导者。如果我们想要主宰自己的世界与人生，首先就要主宰自己的习惯。一个如果连自己的习惯都主宰不了的人，那他的人生也必将摇摆不定，结果自然是与失败为伍。

习惯是一种顽强而巨大的力量，它可以主宰人的一生。好习惯使人终身受益。一个成功的人晓得如何培养好的习惯来代替坏的习惯，当好的习惯积累多了，自然会有一个好的人生。

卡耐基说，养成良好的工作习惯有以下几种方法：清除你桌上所有的纸张，只留下和你正要处理的问题有关的东西；按事情的重要程度来做事。当你遇到问题时，如果必须做决定，就当场决定，不要迟疑不决；学会如果组织、分层管理和监督。

一个干净的桌面看起来给人一种清爽的感觉，乱七八糟的东西给人一种颓废的感觉，因此要尽量清理桌上杂物，有时将一星期的事情列出清单是很奏效的，这也暗合了卡耐基的成功法则。

在人的生活中，习惯对人的影响是显而易见的，习惯有多种，有好的，也有坏的；有美的，也有丑的。培养良好的习惯，也是卡耐基处世艺术的重要一环。

卡耐基首先讨论了疲劳问题。为什么要讲如何防止疲劳的问题呢？很简单，因为疲劳容易使人产生忧虑，或者至少会使你较容易忧虑。所以，防止疲劳，是我们应该养成的习惯。要防止疲劳和忧虑，首先要做到：常常休息，在你感到疲倦以前就休息。

在第二次世界大战期间，丘吉尔已经 60 多岁了，却能够每天工作 16 小时，一年一年地指挥英国作战，实在是一件很了不起的事情。他的秘诀在哪里？他每天早晨在床上工作到 11 点，看报告、口述命令、打电话，甚至在床上举行很重要的会议。吃过午饭以后，再上床去睡一个小时。到了晚上，在八点吃晚饭以前，他再上床去睡两个钟点。他并不是要消除疲劳，因为他根本不必去消除，他事先就防止了。因为他经常休息，所以可以很有精神的一直工作到半夜之后。

约翰·洛克菲勒也创了两项惊人的纪录：他拥有了当时全世界为数最多的财富，也活到九十八岁。他如何做到这点呢？令他每天中午在办公室里睡半小时午觉。他会躺在办公室的大沙发上——在睡午觉的时候，哪怕是美国总统打来的电话，他都不接。

爱迪生认为他无穷的精力和耐力，都来自他能随时想睡就睡的习惯。

卡耐基曾建议好莱坞的一位电影导演杰克·查纳克，试试这种方法，他后来说，这种办法可以产生奇迹。几年前他是米高梅公司短片部的经理，常常感到劳累和筋疲力尽。他什么办法都试过，喝矿泉水、吃维生素和别的补药，但对他一点帮助也没有。

两年之后，卡耐基再见到他的时候，他说：“出现奇迹，这是我医生说的。以前每次我和手下的人谈短片问题的时候，我总是坐在椅子里，非常紧张。现在每次开会的时候，我躺在办公室的长沙发上。我现在觉得好多了，每天能多工作两个小时，却很少感到疲劳。”

你如何使用这些方法呢？如果你是一位打字员，你就不能像爱迪生那样，每天在办公室里睡午觉；而如果你是一个会计员，你也不可能躺在沙发上跟你的老板讨论账目的问题。可是如果你住在一个小城市里，每天中午回去吃中饭的话，饭后你就可以睡十分钟的午觉。这是马歇尔将军常做的事。在“二战”期间，他觉得指挥美军部队非常忙碌，所以中午必须休息。如果你已经过了 50 岁，觉得你还忙得连这一点都做不到的话，那么赶快趁早买人寿保险吧。

如果你没有办法在中午睡个午觉，至少要在吃晚饭之前躺下来休息一个小时，这比喝一杯饭前酒要便宜得多了。如果你能在下午 5 点、6 点或者 7 点左右睡一个小时，你就可以在你生活中每天增加一小时的清醒时间。为什么呢？因为晚饭前睡的那一个小时，加上夜里所睡的六个小时——一共是七小时——对你的好处比连续睡八个小时更多。

从事体力劳动的人，如果休息时间多的话，每天就可以做更多的工作。

卡耐基要求人们，常常休息，照你自己心脏做事的办法去做——在你感到疲劳之前先休息，然后你每天清醒的时间，就可以多增加一小时。一定要懂得如何放松自己，只要想躺下随时就可以躺下。

卡耐基提醒我们要养成四种良好的工作习惯。

第一种良好的工作习惯：消除你桌上所有的纸张，只留下和你正要处理的问题有关的。

第二种良好的工作习惯：按事情的重要程度来做事。

第三种好的工作习惯：当你碰到问题时，如果必须做决定，就当场解决，不要迟疑不决。

第四种好的工作习惯：学会如何组织、分层负责和监督。

卡耐基认为，每天早上给自己打打气，这在心理学上来说非常重要。因为“我们的生活就是我们的思想造成的”，每个小时都跟你自己说一遍，你就可以指引自己去想很多勇敢而快乐的事，也可以由此得到力量和平静。跟自己谈很多值得感谢的事情，你就可以在脑子里充满向上的思想。

或许，我们还有很多的人未能意识到习惯的巨大力量。但是，习惯影响一生这一点是客观存在、毋庸置疑的。

现实生活中，习惯它无时无刻不在影响着我们的思维方式和行为模式。我们每天大部分的行为都是出自习惯的支配。可以说，几乎在每一天，我们所做的每一件事都是习惯使然。

习惯能成就未来，也能摧毁未来。每个人都有各种各样的习惯；在我们众多的习惯当中，能够成就未来的自然是那些好习惯。正如俄国教育家乌申斯基所说："良好的习惯乃是人在神经系统中存放的道德资本，这个资本在不时地增值，而人在其整个一生中就享受着它的利息。"而那些坏习惯，就像一堵无情的墙，把成功与我们隔离开来。

在我们的身上，好习惯与坏习惯并存，那么，唯一能够有效改变我们生活的手段便是去有效地、最大限度地改变我们的坏习惯。当然，改变坏习惯，养成好习惯，并不是一蹴而就的事情，它需要我们用毅力、恒心和不断的自我提醒才能做到。幸运的是，我们每个人都具备这些能力——只要你肯用心！

※ 工作尽心尽责．少出差错

有些人在工作中，粗心大意，马马虎虎，对待工作态度消极，差错也多，这样对于自己和公司都是非常不好的。

卡耐基认为，工作意味着责任。每一份职位所规定的任务就是一种责任。责任是一名员工的立身之本，可以说，一个人放弃了工作中的责任，就意味着放弃了在工作中更好生存的机会。

因此，我们在面临工作时一定要记住一点，工作，是一种责任，自己必须尽最大的热情来对待它，不管它是重要或次要，都以百分百的努力来做得更好。

你乐观地对待工作，工作就会让你快乐；你忠诚地对待工作，工作就会对你忠诚；你为工作付出，工作会回报你更多。

每个人都想在工作中获得成功。决定成功的因素有很多，但选择自己的态度是最核心的因素。不同的态度，产生的人生体验和结果是截然不同的，因为心态可以影响我们的认知方法。积极的人生心态可以帮助我们战胜自卑和恐惧，可以帮助我们克服惰性，可以发掘自己的潜能，提高工作的质量和效率。

一个人对待工作的态度比工作本身更重要。态度决定一切。如果一个员工总是抱怨工作太多；如果他总是把自己的工作看成奴隶在主任的皮鞭督促之下的劳动，如果他对工作没有热情，那么工作任务的完成将是无比艰难。很多人对待工作没有正确的态度，不懂得尊重自己的工作。他们只是把工作看成一种谋生的工具，用工作赚来的工资维持基本的生活。他们把工作看成是一种不得不做的苦役，而不是把工作看成一种锻炼自身能力和提高自身修养的方法，也不把工作看成造就品格的最好学校。这些人最盼望的就是下班的铃声和周末的休息，因为他们终于可以暂时逃脱这个被他们称为“地狱”的地方。

拿破仑·希尔通过大量的调查得出结论：在美国取得成功的一个最关键因素就是“每天多做一点事，每天多走一里路”。

“每天多做一点事”的生活态度，可以让你的家庭更加和谐，彼此更加相爱。“每天多做一点”的工作态度！可以为你赢得良好的声誉，增加别人对你的需要和依赖，让你变得不可或缺。

付出总是与回报成正比，付出多少，得到多少。南丁格尔伯爵曾经说：“超出所得地进行工作，否则你就不会比现在得到更多。”收获更多的唯一途径就是播种更多，而你得到更高回报的办法也只能是增加你工作的价值并取得更好的成果。

不要以为每天提前十几分钟上班，没有人会注意到，同样早到的老板往往就站在办公室窗前，注视着公司的大门呢。

不要以为，这些只是细节问题，给人们留下深刻印象的往往是那些看似微不足道的细节问题。一位管理者曾经说：“我总是忽略那些尽职尽责完成本职工作的员工，因为这是对员工的基本要求，所有合格的员工都会做到。在众多的员工当中，能给我留下深刻印象的总是那些在自己的本职工作之外帮助别人的人，即使只是为同事倒了一杯茶。”

工作与你之间的关系就像一面镜子。你如何对待工作，工作就如何对待你。你乐观地对待工作，工作就会让你快乐；你忠诚地对待工作，工作就会对你忠诚；你为工作付出，工作会回报你更多。

※ 学会与人相处

在生活中，有很多人可能会受到这样的困扰：不知道如何与他人打交道，遇到陌生人时，更不知道如何打开局面。给他人留下一个好印象。

社交是一门艺术，也是决定人生成败的一个关键。社交这门艺术，教你如何与他人相处，教你如何运用人际关系这笔财富，来成功地打造自己事业的辉煌。

卡耐基在处理人际关系问题上有他独到的见解。卡耐基指出，跟别人交谈的时候，不要以讨论异见作为开始，要以强调而且不断强调双方所同意的事情作为开始。不断强调你们都是为相同的目标而努力，唯一的差异只在于方法而非目的。要尽可能使对方在开始的时候说“是的，是的”，尽可能不使他说“不”。

卡耐基认为，在与别人相处时，应该学会尊重别人，尽量减少对别人的伤害。一个和谐的人与人关系的基础是彼此之间互不伤害。

卡耐基简述了他与其侄女之间的相处经历。几年以前，他的侄女约瑟芬·卡耐基，离开堪萨斯市的老家，到纽约担任卡耐基的秘书。她那时 19 岁，高中毕业已经三年，但做事经验几乎等于零。而现在，她已是西半球最完美的秘书之一。

不过，在刚刚开始工作的时候，她的身上还存在许多不足。有一天，卡耐基正想开始批评她，但马上又对自己说，“等一等，戴尔·卡耐基。你的年纪比约瑟芬大了一倍，你的生活经验几乎是她的一万倍。你怎么可能希望她有与你一样的观点，你的判断力，你的冲劲——虽然这些都是很平凡的。还有，你 19 岁时又在干什么呢？还记得你那些愚蠢的错误和举动吗？”

经过诚实而公正地把这些事情仔细想过一遍之后，卡耐基获得结论，约瑟芬19岁时的行为比他当年好多了，而且他很惭愧地承认，他并没有经常称赞约瑟芬。

从那次以后，当卡耐基想指出约瑟芬的错误时，总是说：

“约瑟芬，你犯了一个错误，但上帝知道，我所犯的许多错误比你更糟糕。你当然不能天生就万事精通，成功只有从经验中才能获得，而且你比我年轻时强多了。我自己曾做过那么多的愚蠢傻事，所以我根本不想批评你或任何人。但难道你不认为，如果你这样做的话，不是比较聪明一点吗？”

假如一个人一开始就谦虚地承认，他也可能犯错误，并不是无懈可击的，那么别人再听他评断自己的过失，也许就不会难以入耳了。

卡耐基上的小学校名很浪漫，叫玫瑰园，但却非常简陋，只有一间教室。他在学校可不是一个听话的家伙，因为调皮捣蛋，搞恶作剧，他几次差一点被学校开除。

他那双又宽又大的耳朵是同学们嘲弄的对象，有一次，班上一名叫山姆·怀特的大男孩与卡耐基发生了争吵，卡耐基说了几句很刻薄的话，怀特被激怒了，便恐吓道：“总有一天，我要剪断你那双讨厌的大耳朵？”他吓坏了，几个晚上都不敢睡觉，害怕在自己进入梦乡以后被怀特剪掉了耳朵。

当卡耐基成名以后，仍然没有忘记山姆·怀特，他归纳出了一番人生哲理：“要想别人对你友善，要想与同事和睦地相处，处理好上下级关系，那就绝不能去触动别人心灵的伤疤。”

美国成功学大师拿破仑·希尔说：“人与人之间只有很小的差异，但是这种很小的差异却造成了巨大的差异，这种很小的差异就是你所具备的心态是积极的还是消极的，巨大的差异就是成功和失败的差异！”这生动地说明了思维方式和行事方法对于获取成功的重要意义想交朋友，就要先为别人做些事——那些需要花时间体力、体贴、奉献才能做到的事。

关心他人与其他人际关系的原则是一样的，必须出于真诚，不仅付出关心的人应该这样，接受关心的人也应当如此。

凡不关心别人的人，必会在有生之年遭受重大的困难，并且大大地伤害到其他人。也就是这种人导致了人类的种种错误。

行为胜于言论，对人微笑就是向人表明："我喜欢你，你使我快乐，我喜欢见到你。"

多数人记不住别人的姓名，只是因为他们没有下必要的功夫和精力去记忆，他们给自己找借口：他们太忙。一种简单、明显、最重要的获得好感的方法，那就是记住他人的姓名，使他人感觉自己对于别人很重要。

始终挑剔的人，甚至最激烈的批评者，都会在一个有忍耐和同情心的倾听者面前软化降服。如果希望成为一个善于谈话的人，那就先做一个致意倾听的人。

如果你要使别人喜欢你，如果你想他人对你产生兴趣，你注意的一点是：谈论别人感兴趣的事情。卡耐基说："在这个世界上只有一种方法可以促使人去做任何事，那就是给他想要的东西，让他产生具有重要性的感受。"

在这个世界上所有的道路中，心与心之间的道路是最难行走的，人人都在追求利益，可他们却找不到通往心灵的方向。其实走进他人的心灵有时又是轻而易举的，路标就是真诚地赞赏他人。

所以，卡耐基认为，跟别人相处的时候，我们要记住，和我们来往的不是逻辑的人物，和我们来往的是充满感情的人物，是充满偏见、骄傲和虚荣的人物。在人生的道路上能谦让三分，即能天宽地阔，消除一切困难，解除一切纠葛。

※ 不要辜负他人的期望

卡耐基告诉我们："每个人都有自己的需求，有些人做事往往过于单方面强调自己的需求，而忽略或不顾他人的需求，这样他们反倒无法实现自己的需求。"

他人的需求，尤其是对自己的需求，我们应该尤为重视，这不仅关乎他人对自己的期望和关心，也关系到我们自身需求的实现。

第一次世界大战期间，曾有人问英国首相劳埃德·乔治，很多战时领袖，像威尔逊·奥兰多和科里蒙索等都已渐渐在人们的心中褪色，而他为何能位居要津？乔治回答，如果一定要归诸一个原因的话，那就是：你要钓到什么样的鱼，就得用什么样的诱饵。

为何要提到需要？人们注意到的只是自己的需要，而根本不关心别人的需求和对自己的期望。因此，天下只有一个办法能影响他人，那就是提出他们的需求，并且让他们知道怎样去获得。

有一天，艾莫森和儿子想把一头小牛弄进谷仓里。他们就是犯了"只想自己的需要"这个错误，艾莫森用力在后面推，儿子用力在前面拉。可小牛也正好和他们一样，只想到自己的需要，所以拒绝前进，坚决不肯离开牧草地。恰巧一个爱尔兰妇女路过，虽然她不懂什么散文之类，但她懂得牛性，于是她把自己的指头放进小牛嘴里，一面让她吮吸，一面轻轻地把它推进谷仓。

安德鲁·卡内基，那个常为贫穷所苦恼的苏格兰少年，最初的工作每天只能赚两分钱，后来却捐出了3.65亿美元。他很早就懂得影响他人的唯一方法就是事事为他人着想，看他们需要什么，尽力满足他人的期望。卡内基只上了四年学，却深谙处世之道。他的两个侄子在耶鲁大学读书，常常忙得忘了往家里写信，家人很担心。卡内基为此打赌100元，说他可以要这两位侄子立即回信，因此他写了一封闲话家常的信，结尾还提到要附上5美元钞票一张，送给他们当礼物。当然他忘了把钞票装进信封。很快回信就来了，两个侄子感谢“亲爱的安德鲁伯伯”，然后……

施坦·洛互格先生住在俄州的克利夫兰，有天下班回家，看见小儿子吉姆躺在地板上又哭又闹。原来吉姆第二天要上幼儿园，可他说什么也不愿意去。洛互格本想把儿子扔到房里，警告他最好乖乖地去上学。可他又想：假如自己是吉姆，有什么东西能吸引自己去学校呢？于是，他和太太列出许多吉姆喜欢的事，如画指画、唱歌、结交新朋友等，然后付诸行动。他和太太还有另一个儿子都到厨房的大桌子上画指画，大家玩得非常开心。果然没有多久，吉姆也来了，并且要求加入。于是爸爸对他说，不行，他必须先到幼儿园去学怎么画才行。为了激起他更大的兴趣，洛互格把刚才列在之上的项目，逐一告诉他，这些东西幼儿园里都有。第二天，洛互格起了个大早，一下楼就发现吉姆在客厅的椅子上。于是就问他为什么起这么早，坐在这里干什么？吉姆说他要去上学。在全家的努力下，终于引起了吉姆的渴望，使他顺利地上学了。

我们常常吝啬于帮助别人，却不知道，帮助别人其实正是在帮助我们自己。

明天，你也许有机会要求某人做某事。但在你开口之前，一定要先停下来问问自己，怎样才能让这个人想去做这件事。

有一次，卡耐基在纽约的一家饭店租下了大厅，准备做一个为期 20 天的秋季性系列演讲。

演讲的日期马上就到了，他突然接到一个通知，要他付出比通常情况下多三倍的租金。当时，门票已印好送出，所有的通知也已都发出去了。他自然不愿多付增加的部分费用。但是能有什么办法呢？他冥思苦想，终于决定去见饭店经理，并告诉他说接到通知，感到十分震惊，其实自己十分理解经理。卡耐基还说，通过这件事，他能列出饭店因此而产生的利与弊。于是他就拿出一张纸，从中分两栏，一栏上写“利”，另一栏上写“弊”。在“利”栏下面写上“大厅可做他用”，并且说明“你们的好处是大厅可以空下来，另外租给人跳舞或开会，这比租给我们的费用高些”。在“弊”的栏下面写上“我付不起你们要求的租金，但并不意味着你们得不到这笔收入，我们的演讲能给你们起到极好的广告作用，你们做广告，在报上每次得花 5000 元，可还不一定达到这样的效果”。

经理看了以后，思考了一会儿告诉卡耐基会尽快把最后的决定通知他。

第二天，经理就给卡耐基回信了，告诉他租金只涨了 50%，而不是原来的三倍了，当时他去找经理时，并没有提到自己的需要便获得了减价。其实他当时所列的利弊表完全是从对方的利益出发，是在替对方考虑，因此而获得了减价的结果。如果他去找经理时，怒气冲天，直接让经理按原协议办，否则拒不交钱，那结果可想而知了。

亚拉巴马州伯罕市的霍华·卢卡塞说起了这样一件事：

几年前，他和几个朋友共同经营了一家小公司，就在他们公司的旁边有家大保险公司的服务处。这家保险公司的经纪人都分配好了辖区，负责这个报务处的两个人叫卡尔和乔治。

有天早上，乔治来到他们公司，提到自己的公司专为各公司的主管人员新设立了一项人寿保险。并说他们或许感兴趣，所以提前来告诉他们。

同一天，在休息时间用完咖啡后，乔治便来告诉他们说有好消息，兴奋地谈到公司新开办了一项专为主管人员设立的人寿保险，并给了一些资料，还说这项保险是最新的，明天请总公司来人详细说明。他的热情引起了卢卡塞的兴趣，并且对他充满了信任。于是就投保了人寿保险。

这桩生意本来是卡尔的，但由于乔治的热情表现，引起了卢卡塞的注意，以至被乔治捷足先登了。

人与人之间的交往，并不像做贸易那样讲究钱货交换，更不需要钱物的投入去交换所谓的人缘。人缘广结有时仅仅是分享一种思想，共有一个主张，并不沾有金钱味。重视他人的希望，并尽量满足，才有可能成就大事。

※ 金钱买不来幸福的婚姻

金钱对于婚姻的确是很重要的。从调查来看家庭收入较高的家庭的幸福程度要比收入低的要稍高一些，但是我们也要小心“金钱”在婚姻中所扮演的双刃剑的角色。就今天社会我们大多数人的情况来看，金钱早已不再是简单地“维持生存”这样的功能了，而上升到了“提高生活质量”的层面。

现在大家的日子好了，生活水平提高了。一般的两个年轻人在一起都不会是真正的“贫贱夫妻”。我们今天说的“百事哀”的夫妇一般指那种月收入几百块以下的，特别贫困的。而从家庭幸福的调查来看，也是2000的比1000的幸福机会大些，6000的比4000的机会大些。但是这种规律排除掉了那种特别富裕特别有钱的家庭，这类的夫妻不在此规律以内。

卡耐基告诉我们，金钱是婚姻的基础，但金钱不是婚姻的全部。稳定幸福的婚姻，需要精心的呵护，这些工作，是金钱买不来的。

当今时代，越来越多的婚姻趋向功利性，婚姻的基础已经被扭曲，爱情不再是唯一了。但太多的钱往往对夫妻双方并不一定是一件好的事情。在这些时候，决定幸福的往往是其他的因素，而跟金钱无关。而从婚姻整体发展与演变来看，金钱也从来不是婚姻的决定因素。把婚姻的幸福仅仅维系在金钱上，这是危险而不现实的。婚姻不是以物易物的交换，而是积累起的一种珍贵情愫。在个人的幸福快乐方面，婚姻比事业、金钱更加重要，更加切身。

一般人如果有幸福的婚姻，就远比独身的天才生活得更快乐。俄国伟大的小说家屠格涅夫受到整个文明世界的赞誉，但是他说："如果在某个地方有某个女人对我过了吃晚饭的时间还没有回家，抱着十分关心的态度，我宁愿放弃我所有的天才和所有的著作。"

处世艺术当然也包括夫妇相处和家庭生活的艺术。戴尔·卡耐基出生于1888年11月24日，逝世于1955年11月1日，享年67岁。他一生结过两次婚。他的第一任夫人，是法国的一位女伯爵，1921年与他结婚，十年后离异。他的第二任夫人桃乐丝，卡耐基于1944年和她结婚，是他的门徒和事业的继承人，并给他生了一女孩，取名丹娜。卡耐基曾经体验过一次失败的婚姻，但他最终还是获得了真诚的爱情和美好的家庭。他从自己的亲身经历中总结了处理好婚姻生活的艺术。

幸福快乐婚姻的机会，究竟有多少呢？我们已经提到过的桃乐丝·狄克斯认为，半数以上的婚姻都是失败的，但保罗·波皮诺博士的看法相反。他说："男人在婚姻上获得成功的机会，比他在任何行业上获得成功的机会都大。所有进入买卖食品杂货行业的男人，70%会失败。所有步入结婚礼堂的男人和女人，70%会成功。"

对于这件事情，桃乐丝·狄克斯的结论是这样的："跟婚姻相比，"她说："在我们一生中，生是一支插曲，死更是一件小事。"

虽然，有一位满足的太太与一个和睦而快乐的家庭，对一个男人来说，比赚100万元还来得重要，可是100个男人之中，还找不到一个慎重地想过，或真诚地试过使他的婚姻成功。他把一生中最重要的事情交给了命运，成功或失败就看幸运之神是否照顾他。当钞票都在丈夫的口袋里，可以用柔和的方式而不需要强力的手段时，为什么他们不温柔地对待太太？这点真令太太们不明白。

每个男人都知道，用奉承的方式可使他的太太愿意做任何事情，而且什么也不顾地去做。他知道，如果他只夸奖她几句，说她家庭管理得如何好，说她如何帮助了他而不必花他一个钱，她都会把她的每一分钱都赔上了。每一个男人都知道，如果告诉他太太，说她穿上去年的某件衣服将会是多么的美丽可爱，她就会宁愿不买从巴黎进口的最新款式。

“每一个太太都知道她丈夫了解这些事情，因为她早已把如何对待她的方式全部告诉了他。但他宁愿不顺从她的意思，反而花钱吃不好的东西，把钱浪费在为她买新衣服、新型豪华轿车上，而不意花精神来奉承她一点，不愿意以她所要的方式来对待她。她真不知道该喜欢他呢，还是讨厌他。”

因此，如果你要维持家庭生活的幸福快乐，请记住婚姻的幸福与金钱无关。

你可还记得，美国电视节目“谁想嫁给百万富翁”中扮演富翁的建筑工人乔伊，当他的真实身份被揭穿后众多应征女士因极度失望而愤怒的场面。金钱常常对幸福婚姻起着误导作用。如果不能相信金钱，那么一桩幸福婚姻的真谛究竟是什么？

很多事实证明，以财富来换取婚姻的，往往会招来爱慕虚荣之徒。而一桩幸福婚姻中与你共度一生，不离不弃的伴侣看重的经常不是你的钱。两个人由完全陌生到终生相守，如果说有什么秘诀的话，这个秘诀就是“相爱”。而相爱的两个人看中的都是对方的内在品格。就像修高楼打地基一样，一桩幸福婚姻的“地基”就是双方真诚地相爱。如果你想知道你和这个人会不会有幸福的未来，不妨多考虑对方的内在，比如：和对方在一起快不快乐？对方人品怎么样？对方谦不谦逊，孝不孝敬长辈？是否具有宽容心和幽默感……这些因素往往就是决定幸福婚姻的秘诀。

幸福是一种感受，穷有穷的幸福，富有富的幸福，金钱不是衡量得标准。然而幸福的婚姻在于忠诚的爱情，这都是一样的。爱情是与婚姻家庭捆绑在一起的，是一份责任。这不是买葡萄，先尝尝再买。结婚时就想着分手，这怎么会是幸福婚姻呢？结婚是一份责任，结婚登记是对这份责任的承诺。请不要把这份责任寄托在财富和金钱上面。

※ 做生意要遵循常理

任何事业成功的保障都离不开做人的一些常识和对理念的坚持和应用，无论哪个行业都有自己特有的规则，然而，这些规则都有相通的地方，相近的特点，那就是，无论什么行业，做人，做事都得遵循处世的常理和原则，经商除了遵循经商之道，还应该具备常人应具的常理来处理商业问题。

卡耐基是美国著名的教育家和演讲口才艺术家，也是著名的文化企业家，他在经济领域的成功不仅在于出色地经营了自己的企业和人生，而且在于他能将经商术完美地传授于他人，培养了一批又一批成功的企业家。在欧美的工商界，言必谈卡耐基，许多人以参加过卡耐基训练班为荣，借以表明自己所受的无可挑剔的经商智慧教育。更有一些企业，组织管理人员和员工集体参加卡耐基训练班，并以此作为上岗的合格标志。

与其他企业家不同，卡耐基不仅白手起家，从一个独闯天下的农家孩子一跃而成为百万富翁，而且他一生都致力于研究和借鉴他人的宝贵经验，包括前人和同时代的人。因此，卡耐基的经商经验和思想无疑更胜一筹。而与足不出户、闭门研究的企业经营思想家们不同的是，卡耐基又是一个勤勉经营、脚踏实地而有所悟的实业家，他所展现给世人的经商方法和技巧更具有实用性和可操作性。也许，这就是为什么各地卡耐基热此起彼伏、一浪高于一浪的根本原因所在。

卡耐基说：“私有财产，财富的积累法则，竞争法则，所有这些都是人类经历的最高结果，是迄今为止社会结出最佳果实的土壤。”

成功其实很简单，只要你遵循卡耐基这些简单实用的人际准则和生活技巧，你就能获得成功。在商业社会也是一样，经商也有其需要遵循的常理。

千百年来，犹太人的经商之道赢得了良好的信誉，之所以能成为世界第一商人，和犹太人“吃亏是福”的观念是很有关系的。

任何一个商人都希望多赚钱，犹太人也不例外。但对于这个多赚少赔的商业规则，犹太人是尤其懂得变通的。

世界上，无论哪方面的商业交易，仅有一方占利，另一方完全无利可图的便宜是没有的，有钱赚要做到让利互惠。在这个世界上，财富是无穷无尽的，切记不要太贪心，这便是犹太人的经商之道。

有一位靠卖纽扣成为富翁的商人，他开的店，即不气派，也不宽敞，但却非常有特色。他的店，除了卖纽扣以外，其他东西都不卖。他的纽扣，不仅花色品种齐全，而有的女顾客，一件漂亮的大衣上丢了一枚纽扣，纽扣店会想尽办法配上后寄给顾客。久而久之，小小的纽扣店在偌大的一座城市里人人皆知、家喻户晓。

这家小店的经商之道在于：店主深知“世上的钱是赚不完的”道理。他每出售一枚纽扣，只赚几分几厘。至于别人，比方说来纽扣店大量进货的成衣铺赚顾客多少钱，他根本不去攀比，他更在意的是能“赚”到多少顾客。

但是不少小商人却不懂得这样的道理。在交易场所，这样的例子是屡见不鲜的：买方和卖方为了一点小利讨价还价，争执不休，结果不欢而散，双方都无利可赚，这样就有悖经商之道。精明的商人会爽快地与对方成交，宁肯让对方多占些利，他们更关注的是长远大计。

一个人独资经营的情况下，不仅势单力薄，而且人力、才智匮乏，资金上也很难维持长久的，快速的增长。如果能找到可以长期合作的合伙人，就会增强公司的实力，虽然部分利益会分给合作伙伴，但较之无法持续经营情况，实在是好上太多了，这也成了犹太人的经商之道。

“吃亏是福”是常人都懂的道理，也是一种高瞻远瞩的战略，不能舍眼前小利而争取长远大利的商人，注定是无法向前发展的。“吃亏是福”，因为人都有趋利的本性，自己吃亏，让别人得利，就能最大限度地调动别人的积极性，帮助你的事业兴旺发达。试想，如果每一个老板都打着自己的小算盘，整日盘算着如何敛聚更多的财富，如何使自己比别人获得的收益更多，这样有谁还愿意为其卖命呢？

“吃亏是福”，钱是永远都赚不完的，更不可能被某个人独享。一心只为利，得到的只能是小利，是短暂的利；心胸开阔的处世，方得付出大义。得到大利，恒久的利。不管你是创业者还是普通的打工族，我们都是凡人，应该具有一个凡人所具有的优秀品质。在成功的道路上，你没有耐心去等待成功的到来，那么，你只好用一生的耐心去面对失败。成功的定义，财富只是一方面，更重要的是作为一个人要真正地完善自我、实现自我价值。所谓先做人再经商，就是这个道理。

经商的人有两大类：干事业的与一心想发财的。如果经商只是想发财，就特别容易被人骗甚至要去骗人。想创富却不想被骗或骗人，就必须以创业的心态经商，把人格看成创业的最大资本，在提高自身素养上比别人下更多的工夫。

在经商活动中最看中的是“诚信”，认为“人”和“信用”是商务活动中的最高利润和最大财富，“财上平如水，人中直似衡”的经商之道、人生之道，是今天的企业人士所应遵循的“经营之道”，同时更是各行各业的人士与人相处时所应遵循的“做人之道”。

一个人的成功，不仅在于赚了多少钱，还在于他如何赚到这些钱，以及用这些钱去做什么。如果一个人靠坑蒙拐骗去赚钱，把钱用来吃喝嫖赌，甚至为实现自己的政治野心不惜搞乱社会，这样的人再有钱，也会被人遗忘或遗臭万年。所以，先做人再经商，更有意义。

※ 保持良好的社会交往

建立良好的人际关系，是一个人事业成功的基础，左右逢源，游刃有余，需要一颗宽容的心，需要真诚，需要积极交往的主动性，塑造很好的个人形象，善用各种交际手段，克服社会知觉中的偏见。

卡耐基曾在成人夜校讲授公开演讲课。根据他切身的体会，通过学习公共演讲，可以扫除自己性格中的怯懦和不自信，增加与人交往的勇气和信心。并且他认识到，做领导者的必要素质是能够站出来说出自己的想法。

卡耐基开创的“人际关系训练班”遍布世界各地。他以超人的智慧、严谨的思维，在道德、精神和行为准则上指导万千读者，给予安慰，给予鼓舞，使你从中汲取力量，从而改变你的生活，开创崭新的人生。你若不能做条大路，那就做条小径；你若不能做太阳，就做颗星星；不要以大小来决定你的输赢，但要做，就要做最好的你。

卡耐基说：“现实生活中有些人之所以会出现交际的障碍，就是因为他们不懂的忘记一个重要的原则：‘让他人感到自己重要’。人类本质里最深层的驱动力就是希望具有的重要性，你要别人怎么对待你，你就先怎样的对待别人。”

“一个人事业上的成功，只有 15% 是由于他的专业技术，另外的 85% 要依依耐人际关系、处世技巧。软与硬是相对而言的。专业的技术是硬本领，善于处理人际关系的交际本领则是软本领。”

那是去年一个寒冷的冬夜，2500位男女挤进纽约一家“宾雪凡尼亚饭店”的舞厅里。在7点半前，这家面积宽敞的舞厅里已座无虚席，全部客满，时间到8点钟时，那些情绪热烈的男女群众，还是往里面涌去

这时楼厢也挤满了人，迟一步进来的，要找个站立的地方都不容易了。他们忙完一整天疲累的工作后，还要来这里站一个半小时……那是为什么？

这些人是看到报上一则广告，而被吸引来的。那是前天，他们从纽约的太阳报上，看到一则整幅版面，引人注意的广告。

那幅广告上这样刊登出：

“增加你的收入，

学习如何有效力的讲话，

准备做个领导者的资格。”

信不信由你，在这个世界最繁华的都市里，社会不景气的情况下，有20%的人口依赖救济金生活的时候，有2500人由于看到那则广告，离开自己家庭到“宾雪凡尼亚饭店”去。

这广告不是刊登在普通小型报纸上，而是登在纽约市最够资格的《太阳报》上。《太阳报》的读者，大部分是社会上层经济阶级的人——一般高级职员，老板，企业家诸类，他们每年收入从2000元到50000元不等。

这些男女们，是来听一个最实用、最新颖的，一项“有效力的讲话，以及事业上影响他人的方法”的学理演讲——由戴尔·卡耐基——有效力的讲话及人类关系讲习会主办。

那2500位工商界男女，为什么来参加这项演讲研究会？

这种研究会的课程，在纽约市每一季对满厅的人士的演讲，已经有24年了。

在那期间，有 15000 名以上的商人和专业者受过戴尔·卡耐基的训练。甚至于那些规模宏大，宁愿守旧，不轻易听信人的机构，像西屋电器公司、马克意尔出版公司、白罗克联合煤气公司、白罗克商会、美国电气工程师协会、和纽约电话公司等，也在自己机构里，为了他们普通职员和高级职员的便利，而举办了这种训练研究会。

调查显示出，成人们所最注意的是健康，其次是想知道更多些人与人之间关系发展上的技术，他们要学习与人交往和影响他人的技术。他们不希望成为一个演说家，也不要听那些离了谱的心理学；他们希望听到立即可以在事务上、社交上、家庭中，所能应用的建议。

可见，保持良好的社会交往是每个人内心的渴望，也是作为社会中的人必需的。

保持良好的社会交往。卡耐基建议，不要指责别人，而要尝试着了解他们，试着揣摩他为什么做出他做的事情。这比批评更有益处和有趣味，并且可以培养同情、容忍和仁慈。

卡耐基的另一条原则是，表现出诚实的、真心的欣赏和感激。学员总是为说话的人鼓掌以示欣赏，卡耐基的课不只教学员表示欣赏、感激，而且要真诚地欣赏、感激。唯有发自真诚地说出来的话，别人才会真正感觉到其中的诚恳，才会真正相信。

卡耐基总结说：“你喜欢接触性情乖戾、忧郁、不快乐的人呢，还是喜欢接触快乐而热力四射的人？这些神情和态度就像麻疹一样是有感染性的。因此，你应该发射出你希望别人也有的东西。”

好的社会关系有很多原则，比如：别人觉得你很重要、表示尊重别人的观点、诉诸更高贵的动机、为一个人树立一个好名声等这些原则有着密切的关联，常常需要合起来运用。

第八章　做人的准则

这个世界上的每一个国家，每一种社会，都存在它自身的运转规则和法律、道德等约束准则。同时，作为社会上的每个个体——每个人，其自身也有自己做人原则和行为习惯。但是，个人的原则和习惯，要在很大程度上符合社会的运转规则，在社会规则的大环境之下，个人的其他选择才有可能实现。

本章所要介绍给大家的，就是在社会的大规则背景下，我们每一个人，要采取什么样的原则和习惯才会对你将来的发展有利。

※　做人的准则

做人的准则，如果讲来，恐怕几万字也说不完，整个社会有一个公认的做人的标准，而每个人心中，又各自有自己的做人准则。卡耐基要告诉你的是，首先应该遵守社会公认的标准。在此基础上，很多做人的准则要考自己后天的发掘和觉悟。但有一点是非常重要的，就是无论何时，做人一定要诚信、务实。

一个年轻人去拜访一位大师，向他请教为人处世之道，大师给他讲了三个故事。

第一个故事：

从前有两个强壮的青年，一拙，一巧。两人奉命在同一块地上各自挖井找水。很快，两人都挖了两米深，但没有见到有水的迹象。拙者继续在原地深挖，而巧者则换了个地方做新的尝试。如此这般，两人工作了很久。终于，拙者通过不懈的努力找到了汩汩的源泉，而巧者虽然不断地更换地点，终究还是一无所获。

年轻人听罢，若有所悟地点点头，说：“我明白，做人就应该持之以恒，不应该朝三暮四，蜻蜓点水，否则终将一事无成。”

大师只是笑笑。

第二个故事：

还是这两个人，巧者经过数次的尝试后，终于在一个地方发现了有水的迹象，于是他在此深挖，最终找到了水源。拙者则始终在原来的地方，一如既往，埋头苦干，越挖越深，结果是虽然付出了很多，却始终没有找到水源。

“这？”年轻人有些迟疑：“我想人还是应该不断地总结经验，不断地尝试最适合自己的生存环境，而不应该刻板教条，更不应该执迷不悟。”

大师还只是笑笑。

第三个故事：

两个人虽然都竭尽了全力，但无论拙者挖多深，也无论巧者换多少地方，两个人都没能找到水源。

“为什么？”年轻人疑惑起来：“那做人还有准则吗？”

“因为这个地方可能根本就没有水。”大师从容道，“其实为人也是如此，生活中没有一成不变的处世原则，一切都要靠你自己去摸索和体味。”

中国人从小就被教育“做人要实实在在，做事要规规矩矩”，这是中国人安身立命的基本原则。中国人虽然处世追求圆通，但始终以务实为修身之本。中华文化一直强调“君子务实”，务实的具体表现为，做人重诚信，不伤害其他人，并且以诚恳的态度对待别人。

知错能改，善莫大焉，一个人能认识自己的过错，进而改变自己的行为，正是务实、务本的实践，也是对待自己的最佳途径。

从古至今，获得成功的人不外乎两个途径：一是正道，一是偏锋。以务实的方式来建立人际关系，属于正道；用欺诈的方式来建立人际关系，即为偏锋。循正道成功，才是实至名归，值得敬重。因偏锋而成功，不过是欺世盗名，并无多大价值，徒然惹人背后耻笑。中国人厌恶权术而欣赏艺术，便是由于艺术才是务实、务本的方式与技巧。

成功离不开实实在在做人、规规矩矩做事，但只是实实在在做人、规规矩矩做事并不一定能成功，这只是基础工程。就像打地基一样，地基稳，才能在上面建造高楼大厦，但地基并不等于高楼大厦。所以务实只是本分，守本分之外，需要进一步持经达变，培养自己的随机应变能力。

如何培养自己的随机应变能力？最好是多看、多听，先了解环境，再适应环境，然后才动脑筋改造环境，最后才有能力合理地创造环境。多看、多听、多问，并不一定只限于正面的、好的东西，对于那些负面的、不好的东西也要了解一下，这样有助于防患于未然。记住，此处只是教你多看、多听、多问，但要少说，正所谓言多必失。贸然说出一些话来，固然痛快，却也很快就要承受某些痛苦。但少说并不意味着不说，否则就是矫枉过正。当你看准了、想明白了再说话，才会言必有中，每一句话都合理，这样比较妥当，也会受欢迎。胡言乱语，不但让别人看不起，而且降低了自己的信用。

在不忘本的情况下权宜应变，才不致乱变。人际关系是不进则退的，就好像一株幼苗，需要时时浇灌才会茁壮成长，否则的话就会枯死。如果不能随时注意调整，久而久之，人际关系只会转坏而不可能转好。培养自己的应变能力，因时、因地而制宜，才会增进与别人的良好人际关系。

务实的同时必须适当地调整，使根本稳固。因为所有的事物都是时时刻刻在变化的，必须富于改善意识，运用精锐的眼光，发挥自己的智慧，不断寻求改善。我们常说随机应变，就是说，任何事情都需要因人、因地、因事、因时而制宜，不可以一成不变，但是

“不可乱变”，不可以为了求新求变而忘本。有所变还要有所不变，变来变去都能够务实，才是以不变应万变。

总而言之，务实、诚信，是最基本的做人准则，坚守这一点，你的行为才会于社会、他人、你自己有益。

※ 思想决定人格

卡耐基告诉我们，一个人是怎么想的，就会成为怎样的人。他的思想就仿佛是一位艺术家一样，他一边塑造着远景，同时也为人生加添许多色彩，它或者鲜明，或者黯淡。一个人身体体质的强弱，决定于食物的营养，而一个人一生之可喜可悲，则决定于他的思想。

当一个人独处的时候，就会搭上思想的列车，向前奔驶。他这一生是否感觉快乐？是否没有虚度？对人群是否有帮助？都要看这列思想列车的方向，它所载的行李，以及沿途经过些什么地方。

一个人生活的习惯、特殊的嗜好，会决定这些人的一生是以不断遇到波折，以致最终以惨败结束，还是步伐坚定往前迈进，逍遥自在，毫不畏惧。它们也能决定，他是借信心生活，还是踌躇不定？是勇气百倍，还是畏首畏尾？是充满希望，还是前途茫茫、毫无盼望？

人类的恐惧就来自于自己。这个时代的人生悲剧，归因于错误的思想，内心不正常的冲突，以及纷扰的情绪。总而言之，当人类心理不够健全，情感不够成熟，缺少一种不可遏抑的热情时，会把他从内心那阴森森的丛林中引导出来。《拿破仑传》中，拿破仑小时候上学时，有一次在课间被高年级的学长教训，并打成了一个黑眼圈，他并不服气，在下个课间又去找那个学长理论，结果被打成了熊猫（两个黑眼圈）。他还不服气又在下一个课间去找那个学长理论，那个学长问：“小子，你想干吗？找死啊？”拿破仑：“对的，我打算一直找你，直到被你打死。”那个学长有点犹豫了，拿破仑说：

“除非你跟我道歉。”学长无奈下说了对不起，结果拿破仑却抬了下头说：“你早说的话，早就没有事了，害我找你两回。”转身走了。这种思想和大度的气概决定他的命运是不平凡。

事实上，一个人心理上的恐惧、荒谬的偏见、疯狂的幻想、毫无理性的偏狭与憎恨，会把他弄得支离破碎，狼狈不堪，致使他不能充分有效地发挥聪明才智。

一个人心里是怎么想的，它以后就会扮演出来。心里怎样想，就产生怎么样的人生观。情绪是推动引擎的蒸汽。狂野而未经驯服的性情会使我们疯狂，以致一败涂地，不可收拾。这就是我们必须找到人生宝钥，并善加应用的理由。

有时候，人之一生几乎在一瞬间来个大转变。伟大的爱情，真诚的友谊，深沉的信仰，孩子的笑，找到了迫切等着人生完成的工作……以上所举种种以及其他类似事件，都可以改造、重塑一个人的人生。

假如我们仍旧抑郁、拂逆、讥讽、自视甚高或者太过自卑、心智不正常、心里总往阴暗面想，那么人生便不值得活下去，更不用提什么快乐幸福和对社会有所贡献了，对自己对身边的人都是一种折磨。而一种习惯性的不愉快心境，会使人生黯然无光，也会最终毁了自己的一生。为此，我们必须把一切事情弄得明明白白，要有个计划，要努力调整自己的气质、改善情绪、驱散黯淡心境，不管这种心境是由于恐惧、妒忌、还是气馁所引起的。试着在一周内或者更长的一段时间里，采取积极的想法，找出人生最好的一面，只想到可喜的、善意的事情，不容许自己心中有消极嘲讽的想法存留下来。这样耐心地调理练习，心境就会慢慢地趋于平静，找到新的平衡点，哪怕是在开始时，仿佛在自己愚弄自己，只注意自己，但是这样做是值得的，因为在如此短暂的时间里，我们养成了良好的思想习惯，获得平易宁静的气度是多么令人舒畅。

思想决定人格，不管我们把这种修养称为心灵的祷告也好，或者称为心智锻炼也好，有了修养，有了新的思想习惯，拥有完善的人格，整个人生将有一番新气象。

※ 信心是人类最伟大的力量

所谓信心，并不是指没有证据便加以采纳和相信，而是指不畏艰难，照样去做。所以，信心是指凭着意识，勇敢地去做，宁静忍耐，贯彻始终，以事实证明我们所信的是事实。

你的信心救了你。乘火车旅行、创办事业、结婚成家、交朋友，都是要依靠信心的。

卡耐基认为，信心是人类最伟大的力量之一。它对人类的重要性，正如电在物理学中意义一样。他曾说："你心里想什么，就会变成什么"。征服畏惧，建立自信最快、最确实的方法，就是去做你害怕的事，直到你获得成功的经验。

培养自信心是卡耐基课程训练的主要目的。大部分参加的学员说他们虽然也得到其他的益处，但是自信心的增加则是最主要的收获。

卡耐基的方法是如何做到了这一点？要求班上每一个学员，在每一堂课里，都至少要对着乐于听、又乐于给予同学讲一次话，"参与"可以培养出克服畏惧所需要的信心。

只要一点点信心，就可以移山倒海。一个人只有有了信心，才能找到事实的真相和它所包含的意义。我们要了解一切，先应该具备信心。等到对事物有了一点了解以后，我们的信心也加大，甚至更增强了。以往仅有的一股信心，现在则会变成知识。美国开国功臣兼科学家富兰克林就因为深信空中含电，会发生作用，于是他放了一只风筝上天空，并发现自己的推论确是事实。

信心像镭锭一样，是一种机动性的力量。不过这种力量不是普通的力量，而是一种在我们内心活跃着的力量。正如我们的身体是凭着食物所产生的热能构筑起来的一样，我们的生命之所以活跃、有意义、有用，并不是凭自己的力量，而是因为我们从另外一个来源获得了力量。

一个人的信心不是空喊口号就可以得来的。自信必须建立在客观的自我评价基础上，知道自己的优点，知道自己的不足，才可以从容应对难题；自信更要有坚强的实力垫底，否则你所谓的自信，不客气地说只能是自大，没有实力垫底的自信永远是苍白的。

在美国宇航中心的大门上，写着人类向宇宙的一句豪迈宣言：只要人类能够梦想到的，就一定能够实现。多么充沛的自信！信心是人类最伟大的力量，是“不可能”这一“毒素”的解药。永远不要怀疑自己的能力，只要信心不失，勇敢尝试就会成功。

心存疑惑，就会失败；相信胜利，必定成功。相信自己能行的人，必能成就事业；认为自己不能的人，一辈子一事无成。

美国南北战争结束后，一位记者去采访林肯，问他：“为什么上两届总统都曾想过废除黑奴制，《解放黑奴宣言》也早就草拟好了，可是他们却都没有签，难道是有意把这一伟业留给您去成就英名吗？”林肯回答：“可能有这个意思吧。不过，如果他们知道拿起笔需要的仅是一点点的勇气，我想他们一定很懊恼。”这位记者没来得及问下去，林肯的马车就离开了。因此，他一直都没弄明白林肯的这句话到底是什么意思。

直到林肯去世 50 年后，这位记者才在林肯写给朋友的一封信中找到了答案。在信中，林肯谈到幼年时的一段经历：“我父亲在西雅图有一处农场，上面有许多石头。正因如此，父亲才得以用较低的价格买下它。有一天，母亲建议把上面的那些石头搬走。父亲反对，他觉得不可能，因为那些石头像是一座座小山头，都与大山连着，否则以前的主人不会以那么低的价格卖给我们。有一年，父亲去城里买马，母亲带我们在农场劳动。母亲说，让我们把这些碍事的东西搬走，好吗？于是我们开始挖那一块块石头。结果没过多长时间，就把它们都弄走了，因为它们并不是父亲想象的山头，而是一块块孤零零的石块，只要往下挖一英尺，就能把它们移动。”

林肯在信的末尾还说，有些事情人们之所以不去做，只是他们认为不可能。而许多不可能，只是存在于人的想象之中。

的确，很多时候，困难都只是我们想象出来的，当你被自己意想中的困难吓住时，张口而出的常常是“我不行、我不能、我做不到”，一旦你这样告诉自己和别人，你就只能站到失败一边了。学着相信自己，不要被问题的难度所困扰，拿出勇气去想应该怎样解决问题。告诉自己“我行、我可以、我做得到”，你会惊喜地发现，你真得做得到。

每年都有大量的年轻人踏出校门寻找工作，还有许多不满于现状的人也在寻找更合适的工作，他们都“希望”能尽力向上爬，享受随之而来的成功果实。但是他们中绝大多数人都不具备必需的信心与决心，因此他们无法达到顶点。而正是因为他们相信自己达不到，所以也就找不到登上顶峰的途径，他们的作为将一直停留在一般人的水平。

但是还是有少数人真的相信他们总有一天会成功，只要抱着“我就要登上金字塔的顶端”的积极态度来进行各项工作。你可以仔细研究成功经理人的各种作为，学习他们分析问题和做出决定的方式，并且留意他们如何应付进退。最后，你一定可以达成目标。

拿破仑曾经说过：“我成功，是因为我志在成功。”信心可以为一个人提供巨大的支持力量。如果拿破仑没有志在必得的信心，就无法感染、聚集那么多想要建功立业的年轻人到他身边，当然成功也就与他无缘。

米莉刚刚离开学校步入社会的时候，所从事的工作与她的专业基本没有关系。她非常紧张自己的表现，唯恐做不好。她一边努力进入状态，一边又不由自主地关注别人对她的看法和评论，包括头发式样、指甲颜色、口红质地，这一切小事米莉都不能放心自己。她向朋友诉苦："我完全没有自信，老是感觉灰头灰脑的。"后来，当米莉凭借自己的努力做出优秀的业绩时，这种不安就自动消失了。她后来总结说："其实，自己对自己客观真实的评价才应该是最重要的，这种评价才会给人真正的自信。"

从活在别人的标准和眼光中的不安到相信自己判断的坦然，促使米莉心态发生变化的是实力。有实力就不怕风吹草动，更不会有风声鹤唳的威胁。

不管你有多少真才实学，如果你没有信心，不能充分表现出来，那么别人仍然无法对你有信心。一个自信的人，敢于正视别人。让你的眼睛为你工作，让你的眼神专注别人，这不但能给你信心，也能为你赢得别人的信任。正视别人，传递的信息是：我很诚实，而且光明正大。我告诉你的话是真的，你可以信任我。一个自信的人，要勇于表达自己的观点。不论参加什么性质的会议，你最好能主动发言，不要等到最后。要做破冰船，做第一个打破沉默的人，而不要担心自己的观点不成熟、不完善。没事的，总会有人同意你的见解。所以，要争取机会多发言，这是信心的"维生素"。

一个自信的人，乐于展露发自内心的笑容，真正的笑不但能治愈自己的不良情绪，还能缓解别人的敌对情绪。俗话说，伸手不打笑脸人。如果你真诚地向他人展颜微笑，任何人都很难对你生气。

信心是人类最伟大的力量，真正的自信来自于端正的行为，当你相信自己正在从事的事业是正确的，对社会、对大众是有益的，你才可能会有"纯洁的自信心"。

※ 沟通的力量

你别小瞧了沟通的力量，它能穿越江河，也能融化冰川，沟通中蕴含着商机无限，沟通中也蕴含着人情的温暖力量。

卡耐基的观点很明确：沉默并不是金，沟通就是力量。

沉默并不是金，沉默无法解决问题。沉默！沉默！沉默！每一个习惯沉默的人在遇到表达自己的机会时都会不情愿地保持沉默。可是他的心里却一直在说：说话！说话！说话！然而最后还是开不了口，因为沉默是金。

当沉默这种品质被广泛弘扬的时候，每个人或多或少都收敛了说话的欲望，东西可以乱吃，话绝对不能乱说，为了避免不必要的麻烦，只好保持沉默。可是沉默并没有给我们带来方便，我们的人生道路并没有因为沉默而变成坦途，相反还失去了鲜花和掌声。表达是上帝赋予每个人的权利，上帝给我们一张嘴不仅仅是用来吃饭的，说话才是最主要的目的。

我们常常会说"这个人不可理喻"，其实不是这个人不可理喻，而是我们做得不够，我们没有耐心，没有诚心去理解他的行为，他的想法。我们只是以自己的主观判断来下结论，结果当然是错误的。

前一阵子有一个词语非常流行，那就是"代沟"。说的是父母与子女，长辈与晚辈之间出现的不可逾越的沟壑，做父母的以传统的思想来看待子女，对子女的所作所为这也看不顺眼那也看不顺眼，而子女觉得自己就应该这么做，父母那一套早过时了。于是，父母不理解子女，子女也不理解父母，代沟就这样产生了。

要想真正沟通，必须深入对方的内心世界，了解对方真正在想什么，然后再对症下药，问题就迎刃而解了。

每个人都希望自己成为一个成熟的人，一个受欢迎的人，希望自己在别人眼里是重要的，是被人注意的；但是很多人并不懂得怎样与别人沟通，或者是习惯了自己的沟通方式，不注意言行举止，就往往取得与沟通前相反的结果，造成不必要的麻烦和尴尬。

和别人沟通，我们要注意以下几点：

善用询问与倾听。在对方行为退缩、默不作声或欲言又止的时候，可用询问引出对方真正的想法，了解对方的立场、需求、愿望、意见与感受。之后，专心地、耐心地听对方讲话，就会取得对方的信任，对方就会把自己的心里话和内心感受告诉你。倾听本身就表示你对对方的理解和尊重。在他人讲话时，聆听是一种礼貌和诚挚的表现。客观地替对方着想，听听对方的内心感受，对于了解他人是十分必要的。即使你不同意他人的意见，也要听他把话说完。

相信自己，不卑不亢。成功人士，他们在与别人交流的时候都很自然大方，放得开，他们不随波逐流或唯唯诺诺，有自己的想法与作风，但却很少对别人吼叫、谩骂，甚至连争辩都极为罕见。他们对自己了解得相当清楚，并且肯定自己，他们的共同点是自信，日子过得很开心，有自信的人常常是最会沟通的人。

理解对方，并做出你的回应，点头或者一个微笑。这样做是表示你的友好，降低对方的戒备心，获得好感，引发对方交流的欲望。设身处地为别人着想，并且体会对方的感受与需要。由于我们的了解与尊重，对方也相对体谅你的立场与好意，因而做出积极而合适的回应。适当地提示对方。产生矛盾与误会时，如果出自于对方的健忘，你的提示正可使对方信守承诺；反之若是对方有意食言，提示就代表你并未忘记事情，并且希望对方信守诺言。

应适时地告诉对方你的想法，除非你只想做一个纯粹的倾听者，否则交流就会失败。因为沟通是双方的事情，如果对方在滔滔不绝地说，而你只知道点头，一字不说，那么对方就无法了解你的想法，你的愿望就无法实现。直言不讳地告诉对方你的要求与感受，若能有效地直接告诉对方你所想要表达的对象，将会有效帮助你建立良好的人际网络。但要切记“三不谈”：时间不恰当不谈，气氛不恰当不谈，对象不恰当不谈。

一定要抱一颗真诚的心，这是沟通当中最重要的技巧，也是不需要技巧的技巧。如果你的态度不诚恳会直接导致沟通的失败。不要伪装，不要以为骗得了别人，一切只不过是自欺欺人。那些认为沟通只不过是技术上的东西的人是十分愚蠢的。所有的技巧只不过是增加沟通成功的砝码，而不是决定因素，如果是实在觉得技巧很烦人，那么干脆你就带一颗真诚的心，轻装上阵吧。

说真话求真理。

“说真话”很困难，人所尽知，但其所以困难，还因为不单单需要直率的勇敢，难就难在，真相和真理并非如一般想象的唾手可得，似乎只需有“舍得一身剐”的大无畏就行了。往往当人们自以为真相大白、真理在手时，却每每偏离了真实，甚至陷入了谬误。这是因为，就像人的所有能力皆有限度一样，人的认知能力也是有局限的，知识或科学并不能保证人的万能，专断和偏执更不能。正因为如此，“说真话”并不单纯只需要一种莽撞的英勇，更需要虚怀若谷的胸襟和睿智敏锐的眼力。

卡耐基在培训中，经常训练学员培养胸襟和眼力。说真话，讲诚信，是一个人必须遵守的道德准则；而追求真理，又是一个具有崇高追求的人毕生所要奋斗的目标。

不久以前，某布帛商店中的经理人，日前他店中正在忙着把整匹的布帛，剪成碎段。他说，只要在广告上宣传。说购买碎段的布帛是比按码计算的布帛怎样上算，怎样便宜，这种哄骗的暗示一定可以使得人们乐于购买，因之可以坐收大利。但是试问，一朝顾客发现了此种哄骗以后，还有谁愿意再去光顾那商店呢？

许多人都相信欺骗，说谎，是一种有利的勾当。他们以为欺骗的手段很值得使用，所以许多声誉很好的商店，也往往要掩饰自己的商品的缺点，坏处，而登载各种欺人的广告。有些人甚至以为，在商业场中，欺骗的手段，简直与资本一样的必需。他们相信一方面要言行诚实，而同时想要营业上得到大成功，这是很难的，甚至是不可能的。

不为利动，没有私心，而在任何情形之下，都是言行忠实。这种美誉，其价值比从欺骗中所得来的利益大过千倍。

没有健全的德行，不能绝对的忠实，社会中这种人很危险。他们在平时也许是愿意站在正直的一方面的，但是一到自己的利害关头时，他们就要离开正直，就要不说正直话，不做正直事了。他们也许不正面说谎、欺骗；但他们往往会留着些应该说，而为一个诚实的人所必须说的话不说。究其终极，此种人的行为，是得不偿失的。他们不明白，在他们多得到一分金钱时，他们却是多损失了一分品格。他们的钱袋中固然是有增益了。但他们的人格却是有所减少了。

一个言行诚实的人，因为自觉有正义公理为后盾，所以能够无愧怍，无畏缩地面对世界。他有“自反而不缩，虽千万人，吾往矣”的气概。而一个言行不诚实的人，即会在内心听到这种声音：“我是一个说谎者；我不是一个人，我是一个卑污者，一个戴假面具者。”

一个人有着大宗的财产，然而他却到处为千夫所指，为万人笑为出卖人格，出卖尊荣，出卖名誉，出卖一切的有人格的人所认为有价值的东西，那么财产对他，又有何用处呢？

我们在说真话的同时，还要求真理。当年牛顿讲微积分，有位小商人发问道：“这学问有什么用？”牛顿气愤地扔给他一英镑，讽刺他道：“这位先生还想从学问里找好处啊！”又过了很多年，爱因斯坦讲相对论，有位贵妇人问：“这有什么用？”爱因斯坦反问道：“刚出生的婴儿有什么用？”

时至今日，那位鄙薄小商人和无知贵妇人关于科学的提问有时还会挂在一些人的口头。他们只关注科学的物质功能，完全不顾科学的内在精神价值。他们只欣赏科学之树上有实用价值的果实，为果树浇水施肥也只是为了日后采摘果实，而要将科学森林中暂时不结果或不以结果为目的的树木统统砍倒，这是一个可悲的事实。由此带来的严重后果就是人类再也不认为科学更崇高的使命正是在于对真理的追求。

科学家常常发牢骚："我们这个时代是工程师和企业家的时代，绝不是真正科学家的时代。人类在进入 21 世纪之后，能满足食欲和肉欲就够了，他们用不着以追求真理为目的的科学家。现代生活追求利润和效率，真理、心灵、思想，再没人要了。"

太急功近利，势必鼠目寸光。整天直愣愣地想什么树上结什么果实，什么果实好吃，这是任何猿猴都能有的想法，只有大智的人类才会想到"宇宙的起源，地球的演化，物质的组成，人为什么要活着，人类能变得更聪明吗？"这类问题。所以，科学更深层的本质表现为科学研究的目的不是通常意义上那种有益于人生活得更好些，而是使人类对真理的沉思更完美，这正是人类比动物更高尚的一面。

加拿大有位世界著名的教授，在学科的年会上遇到几位已成名的他过去的研究生，晚上一起下馆子吃饭。大家围着桌子坐好，等了 20 分钟也不见服务员送菜单来，有位高足打趣地说："看，饭馆都不愿为我们服务了，因为我们是搞纯理论研究的科学家，一帮无用的人。"他那低沉的声音像一片阴云掠过了餐桌。谁也没再说话，谁都在想自己作为科学家对社会有什么贡献，难道这社会真的用不着我们了？老教授看着大家一板一眼地说："科学家是唯一能够愉快地、自觉自愿地干自己本行的人。现在就是把你们的工资消减百分之五十，你们还会选择干科研这一行，而这正是我们同时代人所缺少的。他们只是硬着头皮为了挣钱苦于应付而已。假使社会上的各行各业的职工，都像科学家追求真理一样热爱自己的工作，以尽善尽美的精神做好自己的本职工作，并以此为最大的快乐，那么这个社会、这个国家、这个民族，将大有希望了。我们科学家在追求真理的过程中，既享受了乐趣，又表现了自我。"

我的一位同事说："我死时要带上两道难题去问上帝。"科学家在天堂里享受永生的极乐还嫌不够，还要在那里和上帝讨论科学。科学家在从事科学研究的同时，沉浸在一种与宇宙、与真理同在的激情之中。思维活动给科学家带来乐趣，而这在鄙薄的小商人和无知的贵妇眼中则毫无乐趣。

德国现代教育体制的奠基人洪堡有句名言："大学是研究学问、追求真理的地方，而不是职业或技术培训中心，更不是卖文凭的机构。"目前，有些国家的大学教育的现状和洪堡的思想正相反，把大学"改革"成一种新兴的商业和生意，学生成为顾客，教授变成"摆地摊儿的"，教育的源头活水——"学"正在逐渐枯竭，科学终极价值的东西，在这里也正演变成找份工作的敲门砖。如此戕害教育和科学，其实不就是戕害一个伟大的民族走向世界文明前列的未来吗？

当你发现自己可能比别人离真理更近时，首先应当肯定别人探求真理的勇气，理解别人把握真理的艰辛不易，宽容别人在寻找真理途中的失误与曲折，同时也谦逊地想到，自己虽然看上去离真理更近，但仍可能十分遥远。只有做到这一点，才能真正实现"说真话"的初衷。那意味着，所有的人均以最热切的真诚，投入对真理的探究，相信这一探究是开放的过程，相信这一探究需要不断的相互对话和自我修正，而不是由少数人武断地宣布真理在握，一经道出即是御旨纶音，结果却中断了通向真理的漫长又活力永恒的跋涉。

※ 面对恐惧的四种态度

在你的生活中，恐惧感是否经常出现？如果是的话，那么我提醒你，应该给自己一些心理暗示，适时地消除这些恐惧，这样才有利于你的身心健康。卡耐基为我们提供了面对恐惧所应具备的四种态度。

第一种：了解。

当恐惧来的时候，它是没有办法被扼杀的，也没有办法被控制，它只能够被了解。在此，“了解”是关键词，只有了解能够带来突变，其他没有办法。

卡耐基说：“任何东西只要我们走到了它的极限，前面无路可走，回头又没有理由，那么我们都会丢得下。我们就能丢开它，因为我们已经彻底了解它了。那才能做到真正地接纳。”

我们生活得越安然，我们就会越快了解这些恐惧，焦虑并没有那么可怕，牵制我们的是对于没有经历过的生活的欲望，而导致我们对恐惧的种种泛化，所以要充分地去体验生活，而让这个欲望消失，那么不安也就自然消失。

你必须了解恐惧，恐惧是什么？如果心无杂念地生活，恐惧就消失了，恐惧是透过欲望而来的，所以，基本上，是欲望产生恐惧。

所以，请你不要问它如何能够被控制或被扼杀，它不是要被控制的，也不是要被扼杀的，它不能够被控制，也不能够被扼杀，它只能够被了解，让了解成为你唯一的法则。

第二种：增强自信，战胜恐惧。

卡耐基说过：“如果你想成为有勇气的人，那么你就去尝试一些至今从未做过，但却令你胆怯的事情，而且一直做到有相当的成绩为止，这是战胜恐惧的最佳途径。”

卡耐基也教导他的助理们，如何消除学习者的恐惧心理及重建他们的自信心。他说：“我们要让他们建立新的人生观。如果每个人都能消除恐惧心理，而有自信的话，自己的视野就会跟着开阔起来。”

卡耐基发现，助理上的课对于刚到教室的新生，反而比不上毕业生的经验谈。因此，他把刚修完课程的人请回来，向新生说明自己如何克服恐惧感，如何增加自信的过程和经验。

卡耐基强调："在日常生活中，培养一个人勇气和自信的最好方法，是让他在大众面前开口说话。因为，光借着听别人说话而从音调、文法、声色上作批评，不但没有办法消除说话者的恐惧感，反而有助长恐惧感的可能。因此，加强对方的勇气和自信，除了让他战胜自己以外，别无他法了。"

纽约卡耐基教室有一位盲眼女士玛莉，每次都由导盲犬带到教室。玛莉最初很害怕在众人面前说话，后来助教及同学一再给她鼓励，两三个星期后，她已不再像以前那么畏惧说话了，但是她仍要求同学不要太在乎她，希望同学视她如常人。又过了几个星期后，玛莉转到别的班级去了。这是一个全新的开始，但是她没有任何的不安和恐惧，她能在大家面前发表演说。她甚至在毕业的演讲词上，说出了自己参加卡耐基课程后得到的自信及收获，并且表示想找一份薪水较高较有成就感的工作。她的同学听了大为感动，都热心地为她写推荐函。

卡耐基课程的基础及激起各教室学员学习意欲的是"勇气"。卡耐基于去世的两三年前，在密尔瓦基举办的工商业者协会的演讲中，提到"勇气"这个话题，他说："与其留给子孙财产，不如留给他们自信和勇气。"当有人问他："除了在别人面前演讲外，还有什么方法可以培养勇气？"

他在电台的节目中，做了以下的回答，他说，勇气是金钱买不到的，真正的勇气可以用加强腕力的方法来培养。即使你是一个像洛克菲勒或亨利·福特那样有钱的人，你仍然需要一双强而有力的手腕。为了加强手腕，你得每天用手劈木块、用手击沙包。勇气的培养也一样，首先你必须实际锻炼，然后慢慢加强，试着去做原本害怕的事。只要你肯行动，你就算有勇气了。刚开始从两公尺高的地方跳水时，一定会感到很恐惧，为什么呢？那是因为以前没有跳过，假如有勇气踏出第一步，即使一开始跳得不好，但只要多跳几次，就会成功了，这就是关键。而且你这一次跳一二公尺，下一次就会想尝试五六公尺的高度了。

第三种：尝试去做。

麦克斯韦尔定律："任何事情都看似很难，实质不难。任何事情都比你预期的更令人满意，任何事情都能办好，而且是在最佳的时刻办好。"

许多我们害怕的事，难就难在走出第一步。第一步所需要的决心、勇气和力量，超过了事情顺利进行中的一切作为。就像飞机升空，需要巨大的动力，而平稳飞行时，只需以较小的动力维持即可。

由于消极心态，自我设限，使人遇事总是望而却步；殊不知"进一步海阔天空"，一旦做了，就知道没什么大不了的。开始去做，在行为上只是一步之差，在心态上却有千里之遥。俗话说"头难头难，开头难"，就是这个道理。因此，"去做害怕做的事"关键还是要从心态上下功夫。

调查研究表明：人们担忧的事情40%从未发生过；30%的忧虑是过去发生过的事情，是无法改变的；12%的忧虑集中于别人出于自卑感而做出的批评，这些忧虑是多余的；10%的忧虑是那些琐碎的事情；只有8%的忧虑可以列入"合理"范围，而8%当中有4%的事情是完全不能控制的。以上数据说明，引起害怕的十个问题中，真正值得担忧的问题平均还不到一个。

为了尝试去做，你应该清楚地认识到：没有人一生从不失败。失败是难免的，重要的是不要空耗时间和精力去回避失败，而要集中精力应付，反败为胜。

认清失败的本质。失败是因为放弃，不放弃就不会失败；只要不服输，失败就不是定局。只有放弃，没有失败。“放弃”有两层含义：一是畏首畏尾，根本不敢去做；二是虽然做了，但浅尝辄止，第一次不成功便鸣金收兵，使原来已有的付出化为乌有，功亏一篑。

把注意力集中于你确信地事情上，这样可以获得更多自信的力量。正如哈罗德·雷蒙在《如何反败为胜》一书中所说：“只要我坚信自己正确，我决不放弃。”

去做害怕做的事，本身就是克服“害怕”的唯一良方，再没有别的捷径。不去做，永远都害怕；做了一件害怕做的事，就不会害怕做第二件、第三件；坚决走出第一步，自然就有第二步、第三步……

旅程的那一头，自然就是成功了。当然，人的勇气并不是天生就有的。许多人本身素质、能力并不差，但就是不敢走出第一步，而使自己的潜力失去了充分发挥的机会。正因为如此，我们提倡尝试。尝试是一种锻炼，更重要的是一种发现，是一种自信，也是一种决心。英国的纳尔逊勋爵从小就晕船，坐船是他最害怕的事情，而他却逐渐适应，而且战胜了这个弱点，居然当上了舰队司令。为保卫祖国，他在海上英勇战斗，因摧毁拿破仑舰队，而成为英国功勋卓著、名扬四海的英雄和世界海军史上举足轻重的人物。当我们害怕做某事时，是因为只看到了事物消极（困难）的一面。事物都有两面。如果能以积极的心态，看看事物好的一面（可能性），就会减轻恐惧感，而一旦尝试之后，便会增加信心和勇气。

第四种：转换你的思想。

有这样一则故事，讲一个人死后来到地狱之门受审，撒旦问他：“你最害怕的是什么？”他回答道：“我什么也不怕。”

“那么，”撒旦说，“你一定走错地方了，我们只接受那些被恐惧所缚的人。”谢天谢地，地狱里竟然没有地方容忍得下毫无畏惧的人。

当不祥的预感、忧虑的思想在你心中发作的时候，你切不可纵容它们，使之逐渐滋长蔓延。你应当立即转换你的思想，向着恐惧忧虑相反的方向去想。如果你正为自己的软弱、自己的准备不周、自己的事业可能失败而恐惧，那么你就得立刻改变你的思想，你要确信你是多么的坚强，多么的有能力，多么的有把握，并且完全有充分的准备来应付更坏的事情。只要你在思想上有了应付恐惧的方法和手段，那么不管遇到什么样的恐惧和烦闷，你都可以步步向前。

当你一觉察到有恐惧、烦闷的思想侵入你的生活中时，你必须立刻让你的心中充满种种希望、自信、勇敢、愉快的思想。

经常省察自己的内心。

卡耐基认为，对自己做错的事，知道悔悟和责备自己，这是人们进步和发展的基础。那些不会反省的人不会知道自己的缺点和过失，他们不悔悟，也就无从改进自己、完善自己，进而提高工作的效率。

著名作家李奥巴·斯卡力的作品十分优秀，具有很强的感染力，影响了很多人的生活。李奥认为自己之所以有这样卓越的成就，完全得益于小时候父亲对他的教育。小时候，每当吃完晚饭，父亲就会问他："李奥，你今天学了些什么？"这时李奥就会把在学校学到的全部知识一一复述给父亲。如果实在没什么好说的，他就会跑进书房拿出百科全书学一点东西，然后再告诉父亲，这才上床睡觉。

每天回顾一下自己一天的工作与学习，这个习惯李奥一直到今天还保持着。这个习惯时时刺激李奥不断地吸取新的知识，产生新的思想，不断进步。

高效率成功人士的特点是每天都反省自己。所谓反省，就是反过来审视自己，检讨自己的言行，看一看自己有没有要改进的地方。

反省是人们自我认识水平提高的动力。反省是人们对自我的言行进行客观的评价，认识自我存在的问题，修正偏离的行进航线。

时下，许多企业、团队都很注重养成反省的习惯，以增强企业、团队的凝聚力和工作效率。

有一家位居世界500强的企业在一天工作结束时，抽出下班前的5分钟，让员工集合起来一起做一次“晚祷”，由上司领头朗诵下面几句话：

我今天的工作是否有缺点？

我今天的工作是否有偷懒的行为？

我今天的工作是否尽了全力？

我今天是否做过损害别人的事？

我今天是否说过不当的话？

也许人们认为这种方式过于呆板，但其精神可资借鉴。对个人来说，方式可以灵活机动些，只要是反省自己，随时随地都可以进行。人们建立自我反省机制的宗旨是为了反观自我的不足，以达到改善自我、提升自我和健全自我的目的。

反省是人们认识自我、发展自我、完善自我和实现自我价值的最佳方法。你不妨在每天的工作结束时好好问问自己下面的问题：今天我到底学到些什么？我是否对所做的一切感到满意？我有什么样的改进？真诚地面对这些提出的问题，就是反省。其目的就是要不断地突破自我的局限，省察自己，开创成功的人生。人们如果每天都能改进自己，并且过得很快乐，必然能够拥有丰富多彩的人生。

人们之所以要经常反省，是因为每一个人都不是完美的，总会有个性上的缺陷、智慧上的不足，而年轻人更缺乏社会历练，常常会说错话、做错事、得罪人。人们反省的目的在于建立一种监督自我的畅通的内在反馈机制，人们通过这种机制，可以及时认清自己的不足，及时匡正不当的人生态度。良好的反省机制是人们心灵中的一种自我清洁系统或称自动纠偏系统。反省是人们砥砺自我人品的最好磨石。反省能使人们的想象力更敏锐，能使人们真正地认识自我。

正视人性的弱点，认识反省自我的必要性。毋庸置疑，“长于责人，拙于责己”或“以自我为中心”是人们常见的毛病。反省要求的是“反求诸己”，而不是找他人的不是。反省自我是一面心镜，人们通过它可以洞观自己的心垢。反省自我，难在你愿不愿意去看到心垢，有没有勇气去洗刷它。

曾子云：吾日三省吾身。这是圣贤的修身功夫，凡人不易做得到，但时时提醒自己，检视一下自己的言行并非太难。一个人有了不当的意念，或做了见不得人的事，能瞒过其他任何人，但绝对骗不了自己。人之所以会做对不起别人的事，一方面是外界的诱惑太大，另一方面是自己的欲念太强。常常做自我反省的人，能增强自己的理智，明确地知道什么是自己该做的，什么是自己不该做的。

反省的立足点和取向主要是针对自己的不足。这样做既是自身素质不断完善的手法，又是融洽人际关系的法宝。比如，“自知其短，乃进德之基”“念自己有几分不是，则内心自然气平；肯说自己一个不是，则人之气亦平”“先问自己付出多少，再问人家给了多少”等等，都是一些十分有益的反省方法。若能时时这样去反省，你就能使自己心平气和，善结人缘，力求进取，开创光辉的人生。

反省自我的内容就是时时扪心自问言行是否真、善、美。每天进行“心灵盘点”，有益于人们及时知道自己近期的得与失，思考今后改进自己工作、学习与言行的策略。

反省自我的方式可以灵活多样，或写日记，或静坐冥想……反省自己不拘泥于形式，只要认真地去做，便对你十分有用。

只要你关注自身的发展，你就无法回避认识自我。我是谁？我能干什么？我做得怎样？我要到哪里去？跋涉在茫茫的人生旅途，你必须亮起一盏心灯，时时叮嘱自己“一路走好”。只有这样，你的成功之路才能越走越宽广。

※ 拥有一颗体谅他人的心

体谅他人，保留别人的面子，是非常重要的。但我们却经常我行我素，一意孤行，不考虑别人的感受和自尊。事实上，只要稍微控制自我，以温和的预期来试着了解他人的立场，一切就都会有好转的。

卡耐基告诉我们：“一两句体谅的话，对他人态度作宽大的理解，这些都可以减少对别人的伤害，保住他的面子。”

有位智者谈到善于与别人相处的本领时，他说人必须体谅他人的感情。他举了这样一个例子：

“如果我去赶集，每样东西都卖了一个好的价钱，回家的时候口袋中装满了钱，我的心里因为喜悦而狂跳，我总对邻居们说自己弄得一分钱都没有了，成了破产的人。这样，我高兴，我的邻居们也高兴。但是，如果相反，我在市场上弄得分文没有了，回家一肚子伤心烦恼，我总对邻居说我赶了一个再好不过的集。你明白吗？这样我难过，我的邻居们也难过。”

先贤们认为利己是不少人的出发点，事实上，这是他们最高道德的训诫的基础。正如他们看到的，一个人是从自我出发向外延伸的。因为你知道什么是自尊，你才能尊重别人。因为你知道被伤害和侮辱的感受，你才不会去伤害和侮辱别人。

人的一生中，有许许多多无可奈何、身不由己的事情，就好比一碗满满的水一样，稍不留神就会溢出来，所以，有些事情难免会影响自己的情绪。当然，人的忍耐力是有一定限度的，在自己一时的气愤之下是很难控制自己的情绪，在情绪失落的时候，事先要在自己的头脑里思考一下。有一位哲学家曾说过这样一句："体谅好比是一种心理解脱，体谅别人的同时，也使自己得到解脱。"用一颗平常心去对待。给予他人快乐也就是给自己快乐，那样的话便是另一番心境吧！

体谅是一种最有效的心理良药，能使人摆脱不良心境的困惑。所以，当工作中遇到不顺心的事，在还没有了解事情原委之前，要好好想一想，为了不使陷入烦恼中或是给他人带来不悦，你不妨先为自己或是对方设想一下，为对方找个能得到自己体谅的理由，当然生活中也是一样的。准确地说，找几个可以让自己平稳心情的理由先说服自己，你心情好了，做事也就顺其自然得好了，做起来也轻松，不觉得吃力。

从心理学上讲，幸福和快乐关键在于自己。其实幸福与快乐就在自己的心中，在于自己对人对事的态度。体谅作为一种内心的愉悦体验，是获得幸福快乐的最低成本途径，我们又何乐而不为呢？

在生活与工作中，无论你的职位与身份怎么样，做事说话一定要有分寸感，体谅他人的心。如果没有这一点，你就很难是一个成功的人。

一个真正成功的人并非一定要建立在什么伟业之上，或者是一定要有很多很多的金钱，也不是一定要在电台、报刊上都能见到他的事迹甚至闻名于世。所谓的成功，不过是一个人的学识、道德发展到了一定的高度，获得了他人的认可。

切记：做一个受欢迎的人，是需要用自己的行动去获得他人的认可，而获得他人的认可的途径之一，就是设身处地为他人着想，体谅他人的心。

※ 不要存得失之心

心存得失，是人们往往容易在脑中产生的想法。很多朋友都苦恼于这种想法，它很可怕，但又难以去除。它是引发忧虑的最大根源。

卡耐基说过："就算是十秒钟以前发生的事情，我们也不可能回过头来纠正他。我们可以想办法改变十秒钟之前的事情的影响，但无法改变当时所发生的事实。唯一可以使过去的错误有价值的方法，就是很平静地分析错误，从中吸取教训，然后再把错误忘掉。"

心存得失之心，就容易对十秒钟以前犯下的错误念念不忘，让它萦绕在脑中，对自己的身心反复折磨。

杰克·卢普斯曾经是以世界拳王，在一年前的比赛中，他把拳王的金腰带拱手让给了挑战者。那一次的比赛让他伤痕累累，他们打到了第十四回合，杰克满身伤痕，两眼肿得自己已经看不清对手了。

一年后，二人再战，杰克又输掉了这场比赛。如果换作有些人有着同杰克类似的经历，他们就会被忧虑所困扰。接连的失败，对于那些得失心很重又意志力不坚强的人来说，的确是一个很大的挑战。

杰克·卢普斯曾经拥有过世界拳王头衔，面对着接连的失败，他很快从阴影中走了出来。他努力忘掉失败，努力使自己不存得失之心。他开始按照自己的意愿生活，把精力投入到商业运作当中，他开了一家餐馆，成立了一家经纪公司，他安排和宣传拳击赛，举办有关参赛的各种展览会。正是因为他克制了自己得失心的滋长，他才会在短时间内忘记失败，投入到新的领域和新生活中去。

卡耐基说过："不要为打翻的牛奶哭泣。"莎士比亚说过："聪明的人永远不会坐在那里为他们的损失而悲伤，却会很高兴地去找出办法来弥补他们的创伤。"

为什么要浪费眼泪呢？当然，犯了错误是我们的不对，可是又能怎么样呢？得失本就是身外之物，有谁没有犯过错呢？就连拿破仑，在他所有重要战役中也输掉过三分之一，也许我们的平均记录不会坏过拿破仑呢！

何况，即使动用所有的人力，也不能把过去挽回。所以，请记住：不要存得失之心，不要为打翻的牛奶哭泣。

第九章　世上最重要的事

你是否总觉得入不敷出、生活捉襟见肘，希望购买一样东西时只能望洋兴叹？你是否会因为忧虑而产生某些心理或生理的疾病？你是否觉得结婚并无所谓？在工作和交友中，你是否有力不从心的感觉或其他苦恼？

在这一章中，卡耐基将试图告诉你一些在工作、生活、家庭、交友方面需要注意和掌握的一些因素和要诀，这些要诀将对你的事业、家庭和人际关系产生深远的影响。

※　世上最重要的事

世界上最重要的事是什么呢？是金钱、名誉、地位、声望？还是亲情、友情、爱情？抑或是满足人的欲望？对于这个问题，卡耐基心中早已有了答案。那么让我们来看看，卡耐基的答案，会不会给予你某些启发。

卡耐基认为，世界上最重要的事，就是珍惜你所拥有的每一天，爱惜身体，珍视健康。卡耐基说过："我们所有的人都拖延着不去积极地投入生活。我们向往着天边有一座奇妙的玫瑰园，却不注意欣赏就开放在我们窗口的玫瑰。我们总是不能及早领悟：生命就在生活里，在每天的每时每刻中。"

爱德华·文森先生住在底特律城，他在领悟"生命就在生活里，在每天的每时每刻中"之前，经常会被忧郁所困扰，在忧郁的折磨中，他曾极端到想去自杀。

爱德华·文森出生在一个贫困的家庭，他很小的时候就开始卖报纸赚钱，成年后，他在一家杂货店做店员，生活的重担完全压在了他的肩上，一家人的生活全部要靠他来维持。他需要一份高薪水的工作来维持一家人的生活。后来，他做了图书馆管理员，虽然薪水只够勉强维持开支，但他也不敢轻易辞职，这样一干就是八年。

八年后，他鼓起勇气辞了职，开始开创自己的事业。时来运转，他用借来的 50 美元白手起家，一年内净赚了 2 万美元。可是好景不长，他所有的财产在瞬间便化为乌有，更糟的是，他还背上了 1.6 万美元的债务。这突如其来的打击，使他整个人都崩溃了，他感到措手不及，他开始每天吃不下睡不着，因为忧郁过度，他得了一种奇怪的病。

一天，他在散步时突然晕倒在地，接下来的一段时间，他的身体开始糜烂，他躺在床上，痛苦万分。医生告诉他，他最多只能再有两个星期。爱德华听到这个消息之后，万分震惊。

但这一切都已经太晚了，所有的事情已经无法挽回。他写好了一份遗嘱，对身后事做了周密的安排。

做完这一切后，他便开始安静地等待着死亡的降临。极度痛苦后的宁静让他忘却了忧虑，全身进入了极度放松的状态。奇迹就在这时出现了。由于不再忧郁，爱德华胃口大开，饭量迅速增加，每天神清气爽，晚上再也没有失眠，睡得很香。

两个星期过去了，死神没有如期降临，爱德华已经可以拄着拐杖下床行走了。又过了两个月，他的身体完全恢复了正常。他找了一份推销的工作，并做得很开心。虽然有过曾经一年赚两万美元的经历，现在这份月薪 30 美元的工作还是让他享受其中。这时的爱德华，不再为过去的遭遇难过，也不再为不可知的未来担忧，而是把全部的精力和热情投入到自己的工作中去。

爱德华的事业发展得非常迅速。短短数年，他有了自己的公司，公司的股票已经在纽约的股票市场上市。

现在，你如果乘坐飞机去格陵兰，飞机有可能会降落在爱德华机场，那是为纪念爱德华·文森先生而建的。假如他当初没有领悟到“生命就在生活里，在每天的每时每刻中”，他就不可能拥有今天的成功。

物品如果失去了可以找寻回来，但失去的时间永远都找不回来。为什么我们总是用失去的财物来惩罚自己的时间和心灵呢？我们失去的财物，终究能够重新得到，但失去的生活信心、遗失的每一寸光阴，将永远找不回来。所以，世界上最重要的事情，就是珍惜你现在拥有的每分每秒，并且享受其中，快乐生活。

当我们满心欢喜地享受经济发展带来的舒适生活时，当我们为自己的美好生活和家庭努力打拼时，我们在没完没了应接不暇的劳作、会议、公务、应酬中，拼命从自己的身体矿藏中索取甚至透支资源。

拥有健康并不能够拥有一切，但失去健康就失去了一切。假设一个人有100000000万，前面的1代表健康，后面的0代表你的房子、车子、妻子、儿子、金子等，如果没有前面的健康1，后面都等于0。所以健康对每个人是很重要的，有了健康就有了一切。当一个人在生病的时候，他才体会到健康和生命的重要。我们要转变思想观念，注意平时的营养品补充，使自己的身体营养一定要达到均衡，这样才能使我们少生病或者不生病。一定要树立预防重于治疗的新观念。

健康的状态才是人生最饱满最自然的状态，它能带给人许许多多生命中不可缺少的流光溢彩，带给人许许多多生命里最重要的体验。

健康是生命之源。失去了健康，生命会变得黑暗而悲惨，会使你对一切都失去兴趣与热诚。拥有健康的身体、健全的精神，并且能在两者之间保持平衡，便是人生最大的幸福！

许多人似乎以为“自然”是很好说话，是可以行贿的。他们认为，可以破坏健康法则，可以无止息地疯狂熬夜，为了减肥连续几天吃饼干；我们可以用各种方式糟蹋我们的身心健康，然后请教医师，光顾药房，以作为补救。多数人的生活都循环往返于糟蹋身体、医治身体上了。其结果是：胃口不良、精力衰微、神经衰弱、失眠、精神抑郁。

身体和精神是息息相关的。一个有一分天才的身强体壮者所取得的成就，可以超过一个有十分天才的体弱者所取得的成就。我们需要有健康而强壮的身心。这是可以做到的，只要我们有节制、有规律地生活。健康不是别人的施舍，健康是对生命的执着追求。

体力与事业的关系非常重要。人们的每一种能力、每一种精神机能的充分发挥，与整个生命体工作效率的增加，都有赖于体力的旺盛。体力的强健与否，可以决定一个人的勇气与自信的有无；而勇气与自信，是成就大事业的必备条件。体力衰弱的人，多是胆小、寡断、无勇气的人。

你应该以一个精壮、强健、完全的“人”去从事工作，工作对于你，是趣味而非痛苦；你对于工作，是主动而非被动。假如你因生活不知谨慎而以一个精疲力竭的身体去从事工作，你的工作效率自然要大减。在这种情形之下，你所做的一切，都将带着“弱”的记号，而这样的话，成功是难以得到的。

在人生的战斗中，能否得到胜利，就在于你能否保重身体，能否使你的身体一直处于“良好”的状态。一匹有“千里之能”的骏马，假如食不饱、力不足，在竞赛时，恐怕也不会取胜。假如在你的血液中没有火焰的燃烧，在你的身体中没有精力的储存，则你在人生的战斗中一经打击，就会失败的。

有这么一道选择题：你最宝贵的东西是什么？答案：A. 知识。

B. 财富。C. 生命。毫无疑问，绝大多数的人会选择生命，没有生命做载体，代表精神生活的知识和代表物质生活的财富都无从谈起。“充沛的体力和精力是成就伟大事业的先决条件，这是一条铁的法则。”虚弱无力、没精打采的人有可能过上高雅的、令人羡慕的生活，但他很难走在人生路途的前列。

我们到处可以看见，某些有作为、有智慧、有才能的青年男女，为不健康的身体所羁绊，壮志未酬。感觉到自己有着大量的精神能力，而没有充分的体力作为拼搏的后盾；感觉到自己有凌云壮志，却没有充分的力量去实现它，这是人世间最悲哀的一件事情。

健康表现在三方面：生理健康、心理健康、适应社会的能力。要做到健康必须具备以下四项条件：积极乐观的心态；充裕的睡眠；每天适量的运动；均衡的营养。

均衡的营养最重要，占四项条件的70%，为什么现在生活好了，癌症、心血管病、糖尿病等富贵病反而多了，这是因为，由于自然环境的变化，一方面如冬天取暖排出的二氧化碳和灰尘很多，工业排放的废气，汽车排出的一氧化碳等废气造成空气污染；另一方面电冰箱和空调排出的氟，破坏了臭氧层，使太阳的紫外线增强对我们皮肤的伤害加重，水也受到不同程度的污染。食物由于大量使用化肥和农药、激素，造成食物的污染。我们在吃的时候，只重色、香、味，在加工中破坏了人体需要的维生素，有的人吃的虽好，但却是大鱼大肉的生活方式，因此造成营养极不均衡。由于自由基对人体组织的破坏，所以造成心血管病、高血压、癌症病人的增加。

为了达到营养的均衡，吃饭要讲究科学，五谷杂粮要粗细搭配，吃饭要吃八成饱，五谷杂粮一天吃300～500克，多吃蔬菜水果，蔬菜每天吃400～500克，水果每天吃100～200克，每天早上要喝牛奶、豆浆，牛奶100克，豆类50克，鱼禽肉蛋每天125克～200

克，油脂类每天 25 克。当然要做到绝对营养搭配很困难，那么就需要参考以上介绍的营养品来补充我们的身体。

※ 养成节俭的习惯

习惯对于一个人的一生来说，是非常重要的。一个好的习惯，可以使你受用终生，而坏习惯，也足以让你的生活变得混乱不堪。习惯的养成，是日积月累的结果，而节俭的习惯，是卡耐基所提倡的一个人需要养成的好习惯之一。

卡耐基是个真实的人，一个农家子弟，即使他因事业成功而家喻户晓，仍然不忘自己的出身。他的童年与美国中西部农家的孩子并无特别之处。童年时，他家里非常贫穷，这也锻炼了他坚强的意志，培养了他节俭的习惯。

由于营养不良，小卡耐基非常瘦小，头发也不是白种人那类美丽的金色，淡黄中略显灰褐，加上一对与头部不很相称的大耳朵。他不属于英俊少年。

卡耐基后来的回忆中谈道，他在那里的最深感受是冬天的生活，因为冬天对幼时的卡耐基而言，其同义词就是又湿又冷的双脚。没有一双可避寒冷的合适鞋子，戴尔必须在厚厚的积雪中往返于学校和家中，强劲的西北风从耳畔呼啸而过，像是在对这个贫穷的农村小男孩示威，也似乎在告诉他如何抗御寒冷。

家庭对个人的成长有着很大的影响作用，尤其是对一个人的童年时代。戴尔·卡耐基的父亲詹姆斯·卡耐基是一个小农场主，母亲伊丽莎白嫁给詹姆斯以前是位乡下教师，很有教养。但戴尔的家庭却是不幸的，而不幸的根源只是贫穷。

戴尔·卡耐基一生都没有忘记 102 号河，这不仅仅是因为这条平静时显得很美丽的河流位于他的家乡。永远铭记于戴尔心灵深处的是这条河曾经给他家带来的灾难。

102 号河有时显得分外慷慨，河水滋润着岸边肥沃的平原，绿油油的农作物和茂盛的树林是它给人们的慷慨回报。然而河畔的农民们怎么也没有理由去感激它。因为几乎在每年的秋天，当繁盛的小麦、玉米行将成熟之时，这条河流又要对这些靠土地谋生的人们肆虐打击，破灭一个又一个丰收的希望。

瘦弱的小戴尔穿着布满补丁的破烂衣服，站在农舍外围略高之处，可怜兮兮地上看着棕色的河水汹涌而来，漫过河堤，席卷农地。随着农作物的被摧毁，戴尔想买一身新衣服的梦想又一次被击得粉碎。

河水退却后，瘦骨伶仃的小戴尔与父亲挣扎着走过泥泞的农地，去抢救那些劫后余生的农作物茎秆。

丰收的希望破灭了，一家人又得再次借债以度过饥荒。

许多年后，戴尔·卡耐基对这些经历仍记忆犹新。他后来回忆说，洪水过去后，他操持家务的母亲即使在失望之中还是坚定地唱着圣歌，母亲是一个坚定的基督教徒。母亲勤俭持家，非常俭省，这些情景在卡耐基幼小的心灵中深深地扎下根，使他从小就养成了节俭的好习惯。

安格尔说过："奢侈会破坏人们的心灵纯质，因为不幸的是，你获得愈多，就愈贪婪，而且确实总感到不能满足自己。"卡尔说过："奢侈好像酒，既使人兴奋，又使人衰弱。"瑞士有一条谚语："奢侈乃德义之灭亡。"莎士比亚在《麦克白》里写过这样一句话："天上也讲究节俭，把灯烛一起熄灭了。"培根在《论消费》里说过："与其卑躬屈节以求小利还不如减少零星的花费较为得体。"约翰逊在《漫步者》中提到："不节俭，谁也富不了；节俭的人很少受穷。"荷兰作家伊拉斯谟在他的成名作《对话集》中说过："节省等于一笔可观的收入。”

弗拉基米尔·伊里奇·列宁，俄罗斯人，是世界无产阶级革命导师和领袖。俭朴伴随着他传奇的一生。当时人们经常看到他穿一件褪色的旧大衣，在这件大衣上还留有三个弹孔。

1918 年，列宁就穿这件旧大衣，去工厂演说，遭到反对势力的刺杀，在大衣上留下三个弹孔。伤愈出院后，他谢绝更换新大衣，将旧大衣补了再穿，一直穿到他 1924 年 1 月逝世。他的格言：“节约每一分钱，为了社会主义革命和建设。”

节俭是一种智慧，是从长计议、积弱变强的勤谨韬略，是一种乐天豁达不甘于受困的生存技巧。节俭又是一种美德，是面对任何条件都能坚守克己复礼的淡泊心态，是无论贫富都懂得珍惜知道财富来之不易的感恩情怀。虽说如今日子富裕多了，那些曾经伴随我们生活多年的布票粮票与其他各类票证，也已成为一段历史陈迹再不会复返，但节俭的意识、勤谨的作风，却依然不可抛弃。

生活需要节俭，自强自立更需要节俭；日子富裕不等于可以随意挥霍，资源充足不等于永远取之不尽。提倡节俭，不仅在于个人省钱、家庭守富，谨防灾年，而且在于民族共同的可持续发展。财富可以创造，财富也需要节俭，只要你节约一滴水，我省一度电，十几亿人汇聚成的就是一种能量与信念，只有国家强盛民族和谐了，才是我们每个中华儿女世代拥有的最大财富。

养成节俭的习惯，你将一生受用。

※ 错误的想法滋生疾病

在我们的头脑中，有许多错误的想法，很多时候，我们很难意识到它们是错误的。但是，有些时候，身体的不适和病状却会给我们发送信号，这等同于间接地告诉我们，这样的想法导致了疾病。

所以，这些想法是万万要不得的，必须在大脑中剔除。

那么，有哪些错误的想法会滋生疾病呢？下面仅举两例，希望能够起到抛砖引玉的作用。

许多人患有失眠的病症，其实，失眠大多出于神经功能紊乱，而神经功能的紊乱，其根源来自于大脑中错误的想法。

卡耐基说过："失眠是因为思想里忧虑弥漫。"卡耐基还告诉我们："睡觉是一种习惯，是一种休息状态。如果你常常无法正常入睡，那只不过是你觉得自己患上了失眠症。因为没有人知道一个人每天需要几个小时的睡眠，也不清楚我们是不是非睡觉不可。"

著名的律师撒姆·安蒂莱尔一生没有像常人那样好好地睡上一天。在他的大学时代，气喘和失眠就开始困扰着他，而且情况非常严重，医生都已经明确告诉他，没有任何办法。于是，他改变了生活习惯，睡不着觉就到教室去学习，不再强迫自己待在床上。虽然休息的时间少了，但他学习的时间却比别的同学多出很多。结果，他的每门功课都非常优秀，被人们称为天才。

大学毕业以后，撒姆成了一名律师，但他睡不着觉的毛病始终未见什么好转。可是，他从来不为失眠而忧虑。他说："上帝会照顾我的。"

情况也的确如此，虽然撒姆每天睡的时间很短，但他却从来不会感到困倦。他的健康状况一直良好，而且他的工作业绩也是十分出众的。这是因为，他的工作时间比别的同事要长得多，别人在睡觉的时候，他还是清醒的。他 21 岁那年，年薪已经达到 75000 美元。

1937 年，他创造了美国历史上律师酬金的新纪录。在一桩诉讼案中，他赚得了 100 万美元的酬金，但他睡的时间仍然很少。他活了 81 岁，一生中连一天很好的睡眠也没有。如果他为失眠而忧虑烦躁的话，相信他也不可能创造那样的辉煌，或许还会滋生某些疾病。

芝加哥大学教授里纳·克莱曼博士对睡眠问题有过深入的研究，是睡眠问题的专家。他指出：从来没有听说过因失眠而死亡的病例。

每个人的身体状况不一样，睡眠的时间也要因人而异。有些人可能只需要短暂的休息就能够恢复体力，有些人也许一天要睡上十几个小时还不够。著名指挥官托斯卡尼每天只睡五个小时，柯立芝总统每天却要睡十一个小时。因此，千万不要因为失眠而忧虑，为了失眠而忧虑所产生的伤害远远超过失眠本身。

克莱曼博士还指出了另外一种现象，那些为失眠而忧虑的人睡的时间通常比自己的感觉要长许多。那些总是说自己“昨天晚上连眼睛也没有闭一下”的人，实际上可能睡了几个钟头，只是自己不清楚罢了。

19 世纪著名的思想家赫伯特·斯宾塞一生未娶。晚年时，他孤独一人寄住在一间公寓里。他整天都在向别人抱怨他的失眠问题。他每天晚上睡觉的时候都戴着耳塞来避免听到外面的吵闹，有时甚至会吃一些鸦片来催眠。有一次，他和牛津大学教授宾塞同住一间屋子。第二天早上，斯宾塞说，他昨晚一夜都没有睡着。实际上，赛斯教授一夜未合眼是因为斯宾塞的鼾声实在是太大了。

你没有听说过有人用不睡觉来自杀吧？因为这是不可能的。不管她的意志力多么坚强，大自然都会强迫他入睡的。我们可以长久地不吃东西、不喝水，却无法不睡觉。

要想安安稳稳地睡一觉，首要条件是环境要让人有安全感，能够让人得到完全的放松。著名歌手珍妮·麦当娜的经验是，当她难以入睡的时候，她就会在心中默默诵读《圣经》，来让自己得到一种安全感：耶和华，他指引我，使我不致困乏，他使我躺卧在青草地上，引我在可安憩的河边……

另外，当你无法入睡时，你可以用祈祷来让你睡着。对有祈祷习惯的人来说，祈祷是镇定思想最适当也最常用的方法。

如果你没有任何宗教信仰，你可以用下面这种方法来放松自己。我们都知道，当肌肉紧张的时候，思想和神经也不可能放松。所以，我们如果想入睡，必须先从肌肉放松开始。首先，我们拿枕头垫在膝盖下，这样有利于两只脚的放松；然后，再拿枕头把手臂垫起。最后闭上眼睛，从眼部肌肉放松开始，由上至下到下颚、手臂、胸腹、两腿，我们就会在不知道怎么回事时就进入了梦乡。

治疗失眠的另一种有效方法就是让自己的体力消耗到疲倦的程度。你可以去做一些需要消耗体力的活动：种花、游泳、踢球、滑雪、打高尔夫球，或者你去找那些纯粹的体力劳动工作。

著名作家西莱多·德赖塞对付失眠的方法。作家年轻的时候，为了一日三餐整日奔波，生活的烦恼让作家忧虑不已，致使他换上了失眠症。为了治疗失眠，作家找来一份铁路工人的工作，每天做完打顶和铲石头的工作之后，人累得几乎连把饭吃完的体力都没有了，失眠也因此不复存在了。

休息不好的真正原因并不是睡眠不足，而是来自于我们心理的暗示，对每个人来说，解决失眠忧虑的方法是：不要强迫自己入睡，不要规定必须睡足多少小时，不要想睡多久就睡多久。

第二个例子是关于神经过敏。有这样一个悲剧，悲剧的主人公是一位年轻的女子。她从小生长在一个富裕而幸福的家庭中。后来老父去世，家道中落，迫使她不得不投身工作，挣面包养活自己，同时也要供养她年迈的母亲，她在纽约的某公司中谋得一个速记员的位置。

她曾经同"命运"一度作过殊死的斗争，但这位娇生惯养的小姐生性很高傲，而且十分神经过敏。她褴褛的衣衫很惹人注目，所以她同一些衣饰入时的女同事在一起时，总以为她们在轻视自己，于是总要局促不安，退避三舍。

有一天，一个没头脑的粗鄙男同事，无意中问她为什么不积下些钱去买几套入时的衣服，这使他痛苦得像受了针刺，不能自持地哭了。从此以后，她的神经过敏愈发增强，她将自己全身的穿戴从头至足，同别的女同事比较起来。结果她思前想后，愈加自伤身世，她觉得她再不能苟活世间，忍受此种痛苦了。终于有一天，她买了一瓶碳酸终结了自己的一生。

世间像这位女子一样神经过敏的人很多。他们的神经过于敏锐，好像含羞草一样，一经外物触着立刻会将叶子卷起。对于这些人，你须十二万分留心，使自己免于触犯他们些微的失检，因为那会立刻伤他们的心。他们感受很小的刺激，要比别人感受到大耻辱更为尖锐。

在家庭生活中，我们常常可以看到，因神经过敏而造成的种种不幸的事实。在家庭中，父子、兄弟、姊妹，以及夫妇间的不经意的谈话，往往会引起神经过敏的其他家庭成员的无谓的疑惧与痛苦，使家庭充满了猜忌。

世间有许多人都是由于这种弱点，以致不能得到应有的职位；即使得到，也不能保持长久。有许多有本领的人，都因为神经过敏、多疑、不能容忍，遂将一生事业都糟蹋了。

学校教师也有很多以为神经过敏而感到痛苦。学校管理层、家长的些微评语，一些道听途说的话，假如他们听见了，就会认为那准是在攻击、排斥自己了。

文人和作家也往往有神经过敏的。有一位主笔：因为神经过敏、多疑，所以简直不能做任何杂志或报纸的编辑。外界只要有一丝不满意的评论，会立刻使他动气；甚至善意的建议，他也会当成个人侮辱。他的这种坏脾气，大大地减少了别人对于他的好感。

神经过敏的人，总觉得自己无论做什么事、说什么话、到什么地方，总有人在注意自己；他总幻想着，有人在时刻批评他的行动，分析他的品行，总以为有人在吹毛求疵地难为他。其实别人也许丝毫没有这种意思。他不明白人各有事的道理，人家忙自己的正经事尚且应接不暇，哪里会有那么多闲工夫去管他的闲事。

大多数人，纵使脾气与举动粗暴，但内心却是善良的。他们对于同辈的人，只有乐于援助，绝不会存心为难，决不致存心处处吹毛求疵。在这忙碌的世界中予取来去，忙得喘不过气来，所以要想进入这忙碌、复杂的世界，必须先把神经过敏这一毛病革除。否则，你将终身陷于失败与不幸的境地。

有许多青年人，志愿不能达到，好梦不能实现，就因为他们不敢进入现实中去。他们在人丛中拥挤，他们的神经过敏使得他们成为懦夫。

要克服神经过敏这种毛病，也非易事。患有这种毛病的人，一定要下大决心克服此种毛病。要像克服说谎、偷盗、贪饮等恶习或别种可以阻止他不得成为“完人”的恶德一样，要痛下决心，才能有希望把它克服。

“怎样做，我才能克服这种毛病？”有一个神经过敏的人这样问我。我的回答是：“少想自己，多想别人。”常常同别人亲近，常常注意看你以外的一切事；别人说你的话，不要常常放在心头，胡乱猜测，以免无事化有事，小事化大事。不要太看轻别人的人格，以为他们老是在幸灾乐祸，老是在轻视你、为难你、损害你。一个能够信任自己的人格，同时也承认他人为“好人”的人，是不会神经过敏的。

错误的想法会滋生疾病，所以，尽早在尚且来得及的时候，去除你脑中的错误想法吧！

※ 让结婚更慎重些

结婚是关乎一个人一生幸福的大事，现在的有些人，尤其是年轻人，对结婚持一种很不重视的态度，认为结婚与否都不重要，结了婚，还可以离婚，将一纸婚书完全看成儿戏。卡耐基教导我们，结婚，还是应该更慎重些，慎重对待婚姻，是对自己和他人的幸福负责的表现。因为一旦结婚，就意味着你的肩头多了一份责任，那是一份维护婚姻稳固的责任，也是同配偶互相扶持、互相照顾，共同走完人生道路的责任。

对于慎重结婚，卡耐基给了年轻人很多合理化建议：

不要为了寂寞去恋爱，时间是个魔鬼，天长日久，如果你是个多情的人，即使不爱对方，到时候也会产生感情，最后会让你不知所措。

不管年龄有多大，不管家人朋友怎么催，都不要随意对待婚姻，婚姻不是打牌，重新洗牌要付出巨大代价。

感情的事基本上没有谁对谁错，他（她）要离开你，总是你有什么地方不能令他满足，回头想想过去在一起的日子，总是美好的。当然，卑劣的感情骗子也有，他们的花言巧语完全是为了骗取钱财或其他。

和一个生活习惯有很多差异的人恋爱不要紧，结婚要慎重，想想你是否可以长久忍受彼此的不同。

不要因为自己长相不如对方而放弃追求的打算，长相只是一时的印象，真正决定能否结合主要取决于双方的性格。我见过的帅哥配丑女，丑女配帅哥的太多了。

离婚率高至少反映了好坏不同的两点：好的一点是人们的观念已经趋向人性化，不再为封建思想而禁锢自己，坏的一点是对于婚姻的轻率。没决定好的时候，不要草率结婚。

草率地结了婚已经是错了，更不要草率地去离婚。

魅力是什么？魅力不是漂亮，漂亮的女人不一定能吸引男士，男士更多地喜欢端庄幽雅的女人。所以你不用担心自己不够漂亮。

天长地久有没有？当然有。为什么大多数人不相信？因为他们没有找到人生旅途中最适合自己的那一个，也就是冥冥中注定的那一个。为什么找不到？茫茫人海，要找到最合适自己的那一个谈何容易？你或许可以在40岁时找到上天注定的那一个，可是你不可能等到40岁。在20多岁时找不到，却不得不结婚，在三四十岁时找到却不得不放弃。这就是人生的悲哀。

如果真爱一个人，就会心甘情愿为他而改变。如果一个人在你面前我行我素，置你不喜欢的行为而不顾，那么他就是不爱你。所以如果你不够关心他或是他不够关心你，那么你就不爱他或他不爱你，而不要以为是自己本来就很粗心或相信他是一个粗心的人。遇见自己真爱的人，懦夫也会变勇敢，同理，粗心鬼也会变得细心。

浪漫是什么？是送花？雨中漫步？楼前伫立不去？如果两人彼此倾心相爱，什么事都不做，静静相对都会感觉是浪漫的。

学会用理解的、欣赏的眼光去看对方，而不是以自以为是的关心去管对方。

幼稚的人和幼稚的人在一起没什么问题，成熟的人和成熟的人在一起也没什么问题，成熟的人和幼稚的人在一起问题就多了。

有的女人恋爱时让男友宠着自己，结婚后仍然要老公百般宠着自己，却忘记作为一个女人应该做的分内之事。这样的女人是不懂得爱情的。

成熟的人不问过去；聪明的人不问现在；豁达的人不问未来。

慎重对待婚姻，对你的人生和他人充分负责，一旦结婚，就应投入百分之百的爱与努力，来维护这个家，让这个家变得温暖。这样，你也会在这个家中，得到温暖。而这种温暖，是同你的努力分不开的。

※ 学会管理自己的身体

学会管理好自己的身体，是非常重要的。尤其是在当今的社会，生活节奏快，工作压力大，很容易导致心理上的某些变化，进而影响身体健康。另外，长期不规律的作息和饮食，也成了身体健康的一大威胁。

在快节奏的生活中，更要学会管理自己的身体，管理身体的能力，将是你人生中最宝贵的财富。

卡耐基告诉我们："我们可以用双手去处理烦人的日常工作，但不要把它们搞到肝、肺、血液里。"

所谓健康也罢，疾病也罢，并不全是由医生主宰着，更多时候，自己承担着更大的作用。我们身体是一个完整的系统，只要一处遭到损坏，它就可能影响到整体生命机能的运作。既然这样，我们是不是应该把身体和健康的管理权从医生的手中要回来？

管理自己的身体，就是我们要做自己的"健康管家"。"健康管家"的含义，简单地说，就是从自我自觉的积极行动中享受到养生保健的快乐。健康要从生活方式的点滴改变中起步。只有这样，健康知识才能转化为我们生命内在的一种力量。所谓"健康管家"，正确的说法应该是自己管好自己，养成好的习惯，养成好的心态，加上合理膳食、适量运动，健康是水到渠成的事情。而所有这些，只能依靠自己长期的自觉坚持，旁人是无法代劳的。"快乐养生，享受健康"的口号，认为养生保健应该是一件省钱省力的事，一件快乐的事，而不是处处受限制、受束缚的痛苦之事。养生保健并不难，难在生活方式的改变和细节的坚持。健康九成靠自己，靠的是顺应自然规律，顺应生命节律，依据时节和环境的变化，采取适当的养护措施，从而达到健康长寿的目的。这些观念对我们每个人都有不小的启示，但是话说回来，观念冲击是一回事，采取行动又是另外一回事。

相当多的社会精英正处于人生和事业的关键期，承担着事业、家庭等多重压力，被财富、事业及种种责任压得喘不过气来，却忽略了一个基本的常识—人的身体。人的生命机能像一台机器，同样需要精心的养护。否则，日积月累的磨损，就会造成难以想象的伤害。所以，人在压力和劳累缠身之时，一定不要忘记，你对生命的所有索取，总有一天会付出代价。你对生命的每一份呵护，总有一天会有回报。打个不恰当的比方，想想银行的零存整取，看着微不足道，但经过一个时段，最后累加的总量一定是个让你大吃一惊的数额。

所以，在一个处处流行向管理要效益的年代，我们呼吁一下个人的健康管理，还是有相当程度的合理性的。从我做起，从现在做起。健康管理也一样。

本来，上帝给我们设计的身体是很合理，很能抵御外界的侵扰的，它在我们的身体内部设计了许多防御系统，是我们自己运行和保管自己的身体不当，弄垮了身体。

有调查发现：近半数的人不同程度上存在着“职业病”，这些“职业病”大体分为电脑辐射类、用眼卫生类、肥胖类、精神不佳类等。

医学专家指出，职场人士心理的“亚快乐”、身体的“亚健康”现象严重。“不要小看它们，长此以往会让身体失去平衡。尤其是当身体处于亚健康状态，就会容易引发其他的疾病。”

“亚健康”现象不容忽视。

“亚健康”是一种处于健康和疾病之间的临界状态，是介于健康和疾病之间的连续过程中的一个特殊阶段。其典型症状是睡眠时间减少、质量不高，人非常容易疲劳、经常感冒等等。

对于埋头工作的职场人士来说，忽视自己“亚健康”状态的同时，其实也忽视了潜藏着的疾病。

三类疾病侵袭“亚健康”人群。

据专家介绍，如果长期处于“亚健康”状态，就会使一些疾病有可乘之机。概括来说，职场人士易患三类疾病。

一是消化系统疾病。“埋头工作，耽误了吃饭时间，就用方便食品打发；早晨匆匆起床，早餐变得可有可无。”长此以往，饮食不规律加上营养不均衡，胃胀、胃疼、消化不良等症状会渐渐出现。专家指出，近年来患慢性胃炎、慢性肠炎、胃溃疡的人越来越多。

二是心血管疾病。“工作忙碌，人却开始发胖；大腹便便，体重总也减不下来。”这种人体脂质代谢的异常，会使人过早出现动脉硬化、冠心病、脑梗、糖尿病等多种疾病。而高血压、高胆固醇、冠心病等过去50岁以上的人才会患的心脑血管病，现在正出现在一些30多岁的职场人士身上。

三是结石类疾病。“在办公室里一坐就是几个小时，忙碌的时候，往往连喝水也被遗忘。”此外，喝酒频繁、长期不吃早餐等种种不良习惯，也使得结石病悄悄找上了一些职场人士。而胆结石、肾结石往往在患病初期没有任何症状，导致许多忙于工作的人们因此错过最佳治疗时间。

“亚快乐”源自心理“亚健康”。

“参加工作五年以内的人，心理健康问题尤其严重。”据介绍，第五年是一个分水岭，这一年有心理健康问题的人的比例最高。第六年以后，有心理健康问题的人的比例会有所下降。

“公司里很多人都羡慕我现在的职位，但这只是别人的感受，我的心里像蒙了一层阴云，把快乐都挡在了外面。”“你也许看我挺高兴的，每天对着同事笑，对客户笑，对领导笑。可是，只有我自己知道，这种笑是强挤出来给别人看的，那种发自内心的快乐，似乎离我已经很遥远了……”在某企业上班的林先生这样坦言。

有专家分析说，快节奏的生活、不断增加的心理压力，使不少人生活在“亚快乐”之中。对生活水平的要求蒸蒸日上，使许多人总把更多的精力放在对付“不快乐”之上，而忘了去感觉快乐。

除了“亚快乐”族，“周末号啕族”也在职场人士中悄然出现。周末，一个人在家，拉上窗帘，听一张催人泪下的唱片，找一本令人伤感的文艺作品，借着悲惨的故事情节号啕大哭。“原因很简单，哭能让我们发泄情绪。”才工作一年多的小张告诉记者，这种看似自虐的方式，成了当下越来越多的职场年轻人舒缓压力的途径。

是什么让你“亚快乐”“亚健康”？

职场人士心理“亚快乐”、身体“亚健康”现象的原因是多样的：

第一，办公室环境。办公室大多空间有限，在其间持续进行脑力劳动，特别是长时间面对电脑屏幕，不仅容易产生视觉疲劳、导致视觉紧张，还会带来较大的心理压力。一些心理学家的研究报告称，不断收到电子邮件和电话也会使人感到疲惫不堪，降低工作效率。此外，办公室里一般荧光灯明亮，长时间待在太亮的灯光下，会扰乱人体的生物钟，造成心理节律失调，精神不振。固定的坐姿还会引起腰肌劳损、骨质增生、颈椎病等。

第二，长期缺乏运动。不少年轻人都办过健身卡，但却很少光顾健身房。他们抱怨，偶尔不加班的时候就只想睡觉，哪有力气去健身？

人体的生理结构需要一定的运动量来维持平衡，运动减少会引发多种疾病，如高血压、糖尿病、心血管疾病、直肠癌等。专家表示，大多数人能进行的最好的日常运动，就是每天走路半小时左右，最好能适当地出汗。这不但能使人心情舒畅，长期坚持走路运动还可以起到预防诸多疾病的作用。

第三，“时尚”生活方式。夜生活，对于职场人士而言，除了能缓解工作压力，还能扩大交往圈子。但无节制地“放松”，时常打牌、唱歌、泡吧到深夜，会使整个身心都处于疲惫的状态，身体一直得不到很好的休息，就会直接导致免疫力的下降，从而很容易患上各种疾患。这种用健康换“时尚”的做法，得不偿失。

对于管理好自己的身体，我们有如下的建议：

吃药要当心。吃药前，要详细阅读药品说明书。尽管看起来简单，但是事实上很多人都不认真看那些非处方药物的说明书，而其中的服用剂量和副作用，其实是很重要的。吃药前，多问问医生；看病时，告诉医生你在吃什么药。

吃得更健康。采购的时候，记得让自己的菜篮子装满不同颜色的水果和蔬菜。颜色越丰富，有助于防病的抗氧化物就越多。还有，这些水果和蔬菜得是当季的，而且是本地出产的，减少运输和冷冻当中的损失。

稍微喝点酒。每天喝点酒精饮料有利于健康，但多就不好了。那么这个“一点”是多少呢？按啤酒来说，就是 571 毫升，葡萄酒则是 125 毫升，烈酒可只能是 25 毫升。

保持脑活力。最好的保持脑活力的运动是读书、打牌，还有演奏乐器。有研究显示，以上这些活动如果能每周至少做 3 ～ 4 次，每次能至少 15 分钟，可让发生记忆力问题的可能性减少 35%。

爱护好牙齿。每顿饭之后嚼嚼无糖口香糖，能够减少食物产生的酸性物质，这种酸性物质可是损害牙齿珐琅质的元凶之一。如果饭后吃片奶酪也不错，因为奶酪是碱性的，能中和食物发酵产生的酸性物质。如果你喝饮料或者果汁的话，记得要用吸管，这样能最大限度地减少饮料和牙齿的接触。

保护好视力。戴上太阳眼镜是能帮助你的眼睛远离白内障等疾病的最重要手段。选那些能够100%阻止UV射线的太阳眼镜。夏天上午10点到下午4点间太阳射线最强烈，这时最需要戴好太阳镜。

节食别过头。适当节食虽然重要，但每天食物提供的热量千万不能少于1200卡路里。否则，你身体的新陈代谢就会减慢，反而会让你更难以消耗能量。

控制好体重。所有的减肥方法都只能归结成一句话：摄入多少卡路里，你就要消耗掉更多的卡路里。把你的身体想象成一辆车，你加进去的油料，都要把它用完。车子不需要过量的油料，你的身体也是。

压力请走开。人感到压力最主要的原因之一就是：担心。但是，担心也可以分为两类：积极的担心和消极的担心。什么是积极的担心？如果你担心误了飞机，自然会快手快脚地整理好行李，准时抵达机场。但是，担心坠机可就属于消极的担心了。你需要消除这种无用的自我折磨。虽然你知道哪些是消极的担心之后，还不能马上赶走它，但起码这是好的开始。

多吃维生素。加利福尼亚大学的一位研究人员推荐：每天服用复合维生素片，再加上含有维生素D的钙补充剂。

想法要积极。这和打吗啡止痛一样有用。真诚地微笑，能让身体释放出提高情绪的物质。所以，即使你过了最坏的一天，也要用最积极的方式去想。

香烟最好停。对于保持健康来说，戒烟的确管用。长期来说，戒烟绝对能减少死亡的风险。在50岁戒烟，能减少一半死于吸烟引起的相关疾病的风险。在30岁戒烟，几乎能全部消除这种风险。戒烟，能够让你的味觉和嗅觉变得更敏锐，也不容易感冒，也会让患肺癌的风险减少一半。所以，你没借口了吧。

管理好你自己的身体，是做其他任何事的基础和前提，有了强健的身体，才是你工作和事业的保障。

※ 勇于承担责任

卡耐基说过："如果你是对的，就要试着温和地、技巧地让对方同意你；而如果你错了，就要迅速而热诚地承认。这要比为自己争辩有效和有趣得多。"

戴尔·卡耐基住的地方，几乎是在纽约的地理中心点上。但是从他家步行一分钟，就可到达一片森林。春天的时候，黑草莓丛的野花白白一片，松鼠在林间筑巢育子，马草长得高过马头。这块没有被破坏的林地，叫作森林公园—它的确是一片森林，也许跟哥伦布发现美洲那天下午所看到的没有什么不同。他常常带雷斯到公园散步，雷斯是他的小波士顿斗牛犬，它是一只友善而不伤人的小猎狗；因为在公园里很少碰到行人，他常常不替雷斯系狗链或戴口罩。

有一天，卡耐基和他的小狗在公园遇见一位骑马的警察，他好像迫不及待地要表现他的权威。

"你为什么让你的狗跑来跑去，不给它系上链子或戴上口罩？"他斥责卡耐基，"难道你不知道这是违法的吗？"

"是的，我知道，"卡耐基回答，"不过我认为它不会在这儿咬人。"

"你不认为！法律是不管你怎么认为的。它可能在这里咬死松鼠，或咬伤小孩子。这次我不追究，但假如下回我再看到这只狗没有系上链子或套上口罩在公园里，你就必须去跟法官解释啦。"

卡耐基客客气气地答应遵办。

可是雷斯不喜欢戴口罩，卡耐基也不喜欢它那样，因此决定碰碰运气。事情起初很顺利，但接着却碰了麻烦。一天下午，他们在一座小山坡上赛跑，突然又碰到了一位警察。

卡耐基决定不等警察开口就先发制人。他说："警官先生，这下你当场逮到我了，我有罪。我没有托词，没有借口了。上星期有警察警告过我，若是再带小狗出来而不替它戴口罩就要罚我。"

警察回答："好说，好说，我晓得在没有人的时候，谁都忍不住要带这么一条小狗出来玩玩。""的确是忍不住，"卡耐基回答，"但这是违法的。"

"像这样的小狗大概不会咬伤别人吧。"警察反而为他开脱。

"不，它可能会咬死松鼠。"卡耐基说。

他告诉卡耐基："你大概把事情看得太严重了，我们这么办吧，你只要让它跑过小山，到我看不到的地方—事情就算了。"

卡耐基感叹地想，那位警察也是一个人，他要的是一种重要人物的感觉；因此当他责怪自己的时候，唯一能增强他自尊心的方法，就是以宽容的态度表现慈悲。

卡耐基处理这种事的方法是，不和他发生正面交锋，承认他绝对没错，自己绝对错了，并爽快地、坦白地、热诚地承认这点。因为站在他那边说话，他反而为对方说话，整个事情就在和谐的气氛下结束了。

所以，如果我们知道免不了会遭受责备，何不抢先一步，自己先认罪呢？听自己谴责自己比挨人家的批评好受得多。

你如果知道有某人想要或准备责备你，就自己先把对方要责备你的话说出来，那他就拿你没办法了。十之八九他会以宽大、谅解的态度对待你，忽视你的错误。

一个人有勇气承认自己的错误，也可以获得某种程度的满足感。有助于解决这项错误所制造的问题。

当我们自己做得对时，要以温和而技巧的方式说服别人。当我们犯错时，让我们敞开心胸，勇于认错。这不仅能打开僵局，同时也会使你获得更多的朋友和尊敬。

每个人都肩负着责任，对工作、对家庭、对亲人、对朋友，正因为存在这样或那样的责任，才能对自己的行为有所约束。

在这个世界上，没有不需承担责任的工作，相反，你的职位越高、权力越大，你肩负的责任就越重。一个人无论从事怎样的职业，都应该尽可能地把自己的工作做好，因为工作就意味着责任。没有责任感的员工不会是一个优秀的员工。

在日常工作和生活中，常有这样一类人，他们头脑聪明、也很能干，但却工作平平，甚至常出纰漏。究其原因，就是缺乏责任感。相反，另一类人并无过人之处，但做事却目标明确、坚毅果断、敢作敢当、事业有成，与其共事的人也很信任他，具有良好的信誉，分析原因也很简单，对人、对事、对工作有强烈的责任感。可见，责任感的培养是一个人健康成长的必由之路，也是一个成功者的必备条件。

责任心是职场的撒手锏，是做好工作的第一要素，它比任何能力都重要。只要有责任心，80%以上的问题都能得到很的解决。

有责任心的人工作会很努力、很认真、很仔细，这样就可以确保工作少出错。因为他们有组织性，能够顾全大局，能够服从、协调配合把工作做好，这样就可减少许多工作矛盾，并能发挥团队的作用；他们能够在执行工作前做好周密计划与充分准备，从而把工作做得井井有条；他们为人可靠，能够说到做到，有始有终，承诺过的东西就一定会负责到底；值得信赖，减少你的监督与担忧，让你们的协作进入良性物质循环；他们不会一遇到问题就打退堂鼓，而是会想尽一切办法去解决问题，想方设法去提高效率、保证品质、减少浪费；实在想不出办法、解决不了问题时，他们才会上报寻求协助，绝对不会一碰到问题就找上司并把问题推给上司，且傻等上司的指示；有责任心的人会把圆满完成工作当成自己的义务，并为了完成工作做一切努力，包括努力学习新知识、总结工作经验。他们一切的行为都是为了一个目标—能更有效地完成工作。

在工作中，责任心是每个员工必不可少的，无论其职位高低，能力大小。有责任心的人，对自己的工作会表现出积极、认真、严谨的态度，而工作态度决定着开展工作的方式方法，决定着投入工作精力大小，决定着工作效果的好坏。没有责任心或责任心不强的人，即使他的能力极其出众，也不会将其用在工作中，不会尽心尽责地发挥，人浮于事，很难出色地完成工作。

在同事中间出现一些不愉快总是难免的，可工作是需要同事之间相互配合才能完成的，因此，如何主动地化解矛盾是职业人必须掌握的。如果能通过自己的豁达使同事之间的矛盾化干戈为玉帛，就有可能赢得工作伙伴，甚至朋友。

当工作中由于缺乏另一个人的配合导致工作不能保质保量完成，而这个人曾因与你有过节故意这样做的时候，你要勇于承担责任，毕竟问题出在你这里。如果上司不明察暗访，非要找到问题的症结的话，你就把责任完全承担下来，一来是你对工作富有责任心的一种见证，二来也为你的同事提供了一个检讨自己的机会。如果你因此事而受罚，而其他同事又都不明白真相，那个不主动配合的同事会更加内疚，从而最终可能会向你赔礼道歉。你也因此化解了与他的矛盾。

责任心是职业道德的核心。一个合格的企业成员无疑是应该具备必要的业务能力的，但只有具备强烈责任心的人，才能在工作中充分发挥自身的才能，出色地完成本职工作。

责任心，能让你表现得更加卓越，在事业和生活中取得骄人的成绩。作为企业的一名员工，你就有责任在任何时候为企业的利益负责。责任没有大小之分，一点小小的责任也能给企业带来巨大的损失。对于企业来说，正是因为有了责任感，员工们才能尽职尽责地做好各项工作，才保证了企业的荣誉，保证了企业的竞争力。只有那些勇于承担责任的人，才可能被赋予更多的职责，在企业中担当重任，也才有资格获得更多的报酬、更大的荣誉。

勇于承担责任，不要畏缩，不要隐瞒。这样，小处说，是于人于己都有利的，大处说，也为社会安定和谐尽到了自己的一份微薄之力。

※ 工作中的黄金定律

卡耐基在其人际关系学中，详尽深刻地为我们分析了人与人交流时的心理状态，以及根据这种心理状态，我们应该如何应对，如何取悦于他人。在工作中，尤其是在办公室内，有很多处事法则是你必须掌握的，这些“黄金定律”，会助你在职场中更加游刃有余。

黄金定律之一：永远排在倒数第二位置上。

俗话说，“枪打出头鸟”，但却又不能总是落后，所以，一个舒服的状态就是知道在自己之后，还有一个排在最末位置上的同事，而且要为所有在他面前出现的错误、疏忽负责任，实在是一件令人安慰的事，只要那个人不是你。你只要保住你倒数第二的位置就够了。假如你身处最末一位的层级，赶紧实施紧急救助，要让自己总保持这样的状态。因为你可能输的不只是工作成绩，还有你的工作信心。如果你已经在外面，请谨慎不要再踏进去。

做策划，开办公会，你总是抢着发言，样样都当成生命中最重要的事情来做，到最后烦你的不但是那些同事，还包括你的上司也会瞧不起你。

黄金定律之二：该闭嘴时就闭嘴。

有时候，办公室里与同事聊天是一种团结同事最直接的方法，你会突然发现自己身处颇为微妙的境界。当两个或更多的彼此看不顺眼的人几乎就要起言语冲突时，你刚好就在“现场”。对未经训练的耳朵来说，他们似乎是在争论有关工作上的小事。但是，你知道这只是表面的现象，根本原因在于这两个人彼此讨厌对方。你一定要克服你想插嘴的渴望，紧紧地闭上你的唇。基本上，无论你说什么都将是错的，不是因为你缺乏解决方案或是社交技巧，而是因为没有人会在这时候喜欢裁判员。事实上，当裁判员挡“路”时，还会被揍呢。在这个多变的人际关系“化学世界”中，请等到酸碱完全中和，回到正常时，再有所“动作”。

小张在你面前说，小王和上司关系暧昧，小王在你面前说，小张经常乱用人际关系，而你把这些都在无意中告诉了他们，这样就天下大乱了。因为你的行为让所有的人都见“君”如见虎。

黄金定律之三：避免完成别人的句子。

我们了解这样的冲动，你想要向别人展示你是如何的与他们的思路契合。但是，假如你真的与他们的思路相契合，那么你就该知道，他们多喜欢听自己说话。从在沐浴时唱歌，到在你的答录机上留下一长串的讯息，再到在一个会议中，把同样一件事情用不同的方法讲五遍，人们似乎永远都不会厌倦自己。假如你够聪明，你就该让他们一偿“夙愿”。假如你需要让别人知道你仍然醒着，只要不时简单地发出“嗯”或“对”就可以了。你将会被称赞是个不只会听人说话，而且还了解别人的人，就算你压根儿就不是。避开麻烦、困难和不必要的工作，以及窘境，别像个喜好挑战的参赛者一样来过活。

黄金定律之四：发明一个容易解决的难题。

你天生具有实现自我价值的冲动。但你很懒惰。因此，你最好的赌注是去发明一个容易解决的难题，并且把给解决，而不是在那寒冷残酷的世界中，寻找一个真正而且难以驾驭的难题。老总要做一个数据的调查报告，你却早早就做好了却一直没机会用，忽然这时候用上了，立刻你就成了老总心中的救命稻草。

什么事是你恰巧碰上，或是无意间已经尝试过了的呢？也许就是在你已经准备好的一份电脑文件上，再做点小变动就可以解决的；以这种方式，你将会在投入最小努力的同时，也建立起善于应变、自觉、自发的名声。在巧妙地填上你所建立的“空格”后，你将被视为一个上进的特别人物。在人生这家连锁商店的经营中，你将会被视为成功的连锁店加盟商。

黄金定律之五：别兴风作浪。

除非你正在海滨，或是在一场球赛当中，否则，你千万要把“兴风作浪”给忘了。在海滨时，你可以冲浪；在球赛中，你可以加入啦啦队的行列；但是在办公室，你将会被淹没在其中。虽然总是会有意外，但是并不需要冒着被呛水的危险去“游泳”。

在工作中你喜欢搞一些恶作剧来吓吓前台的杰瑞，你喜欢挑拨萨姆和上司吵架，你喜欢耍同事们以此为乐，你喜欢传播办公室的绯闻，你喜欢让每天生活新鲜刺激……可是，你有想过别人对你的看法吗？虽然总是会有意外，但是并不需要冒着被呛水的危险去“游泳”。世上是没有不透风的墙的。要记住，让一个人对你保持好的印象很难，但改变印象却很容易。兴风作浪之人总是会给人留下坏名声的，说不定老板也会听到。

黄金定律之六：让别人认为有别的工作在等你。

在上司与同事的眼中，不会有比自愿离职更有身价的表现了。那就为什么是你必须要总是看起来像要离职，或者是至少正在考虑的样子。你成为前任雇员的可能性，将提供给你更多的加薪、晋升以及受尊重的机会，这是再怎么努力工作也永远比不上的。自在的在上班的对谈当中，洒下你正在寻找工作的暗示："约翰，你知道吗，直到几天前，我才了解我的价值。"当某个同事经过你的桌子时，至少要有一次，突然"砰"地把电话给挂掉。身为某个似乎要往更大更好事物移动的人（可以是任何事物），你将会受到同事们前所未有的崇拜。

当你的这类努力刚巧在会议上达到最高境界时，如果更高阶主管忽然愿意提供你同样高境界的工作机会，我想，你不必感到特别惊讶。

黄金定律之七：永远忙碌的心态。

你天天上班，一进办公室就开始忙碌，打开电脑，满桌的文件，手忙脚乱，皮特、赛莲娜，包括和你相处不好的比尔都看见了。一份工作你可以分几次来做，但每天你都有事情做是最好的工作行为，效率可以决定一切，也可以毁灭一切。

在上司与同事的眼中，永远的忙碌是最有说服力的。你的忙碌，虽然你也许觉得是假的。但却给所有的人危机感，时间长了大家都会形成一种印象：你是个好职员。你在公司人眼中的重要性，将提供给你更多的加薪、晋升以及受尊重的机会，这是再怎么努力工作也永远比不上的。

黄金定律之八：避免被别人利用。

萨姆看着夏洛特生气，萨姆在你面前想寻求同情，你就意气用事，以夏洛特为敌。这样本不关你的事情，却自己惹的一身不是，和夏洛特的关系也变得紧张起来。别傻了，这样做没人说你勇敢和智慧。

黄金定律之九：相信自己。

如果做不到这一点，你就无法成为一个好的职员或者好的领导。一个相信自己的人，才会在走路时神采飞扬，让老板看上去你有无穷的精力；一个相信自己的人，才会在待人接物时落落大方，所有的老板都认为落落大方的人才能代表公司的形象。这一切能帮助老板培养对你的信心，必要时委你以重任。

黄金定律之十：与人为善。

“你怎么对待别人，别人就会怎么对待你。”这就教育我们，要待人如待己。其实，对周围最有益的生物是生存得最好的生物。在你困难的时候，你的善行会衍生出另一个善行。记住，即使俗语说职场如战场，但请你在别人遇到困境时，热情地伸出援手。在职场上，尽可能地做一个与人为善的好人，这样，当你在工作上不小心出现纰漏，或当你面临加薪或升职的关键时刻，可尽可能减少别人放冷箭的危险。

黄金定律之十一：勤劳。

“如果一个人不努力，他是无法从人生中得到好处的。”不管你是在做一份接线员的工作，还是身担总监的大任，在职场上取胜的黄金定律之一便是要有责任心，凡事尽力而为，并且要任劳任怨。在工作上，永远不要试图去敷衍自己的老板。也许你想，只要在办公室努力工作就行，但实际上这种小聪明玩不了多长时间，你到底在工作上用了多少心思，老板心里一清二楚。有人曾经访问过许多在事业上功成名就的人，他们一个共同的特点便是，在工作上投入的时间及精力，远远要比工作本身所要求的多。

黄金定律之十二：坚持。

想真正地做成一件事情，需要你有锲而不舍的精神。不管我们想在哪个领域做成一件事情，如果你已经认准了目标，那就一定坚持不懈地做下去。一位女性，用了五年的时间，将自己的训练班扩展成了一所私立学校。她自己的心得便是：坚持，罗马帝国不是一天建成的。只要你一天天用心地去做，总有一天，量变会发生质变。

黄金定律之十三：遇到挫折别灰心丧气。

对待挫折，现在白领们已经总结出了一条新的思路，愚公实在是太笨，为什么非要累死累活地把那座大山移走呢？搬到山那边去住不是更容易、更省事吗？现代版“愚公移山”故事形象地告诉了我们，若遇上眼下实在克服不了的困难或者挫折，就稍微转换一下努力的方向。说不定，正是由于你今日经受的这些迂回曲折，而把你带往人生中一个更好的地方去呢。

黄金定律之十四：不要惧怕竞争。

在职场上，遇到竞争对手是再正常不过的事情。对待竞争对手，我们要采取一种和风细雨的态度。即使他当众对你无礼，你也要抱之以友善的话语或者是笑容，你这种宽容大度的表现，会使同事们为你的职场形象加分。

黄金定律之十五：别轻易跳槽。

在一个单位工作几年后，你已积攒起自己的工作资历和一定的人事关系，这个时候，千万别轻言跳槽。因为在现实生活中，存在着许多越跳越糟糕的例子。除非是有威胁到你生存的事情发生，或者是对面前突然出现的大奶酪已经做了反复的确认和考察，当你没有百分之九十的把握或者必要性时，千万别轻易跳槽。

总之，在工作中，与同事和上司接触讲究许多原则和规律，你只有掌握了这些“黄金定律”，才有可能在同事中树立良好形象，给上司留下好的印象。

※ 掌握点经济学知识

掌握一些必要的经济学知识，对你的工作或是创业，都是非常有帮助的；同时，经济学知识有助于你管理好自己的财产，并合理分配和支出。

卡耐基作为美国著名的教育家、演讲口才艺术家和著名的文化企业家，他在经济领域的成功不仅在于出色地经营了自己的企业和人生，而且在于他能将经商术完美地传授于他人，培养了一批又一批成功的企业家。在欧美的工商界，言必谈卡耐基，许多人以参加过卡耐基训练班为荣，借以表明自己所受的无可挑剔的经商智慧教育。更有一些企业，组织管理人员和员工集体参加卡耐基训练班，并以此作为上岗的合格标志。

卡耐基对于经商术的研究可谓到了登峰造极的地步，所以，在个人日常生活中，他也十分提倡掌握一点经济学知识，这不仅仅对于经商大有裨益，同时也有助于你生活得更加安心愉快。

经济学是经济学家提供给社会大众的一种改进生活、认识世界的武器。或许你并不想做一名经济学家。但即使如此，你仍然应该学点经济学。

首先，学习经济学有助于你做出更好的个人决策。在你的一生中，你需要做出各种各样的经济决策。比如说，在即将完成高中学业的时候，你需要决定是否去上大学或上什么样的大学？在大学毕业的时候，你需要决定是继续在国内读研究生，还是出国留学，或者去工作？在工作之后，你要决定如何花费你的收入：多少用于现在的消费？多少用于储蓄？如何投资你的储蓄？是买股票还是存在银行？或许有一天你成了一个企业的老板或经理，此时，你需要决定你的企业应该生产什么产品？卖什么样的价格？在什么媒体上做广告？招收什么样的人员？提拔谁当你的助手？如此等等，不一而举。为什么决策是重要的？因为你的资源是有限的一你的时间有限，收入也有限。如果你参加工作，就可能没有时间上大学；如果你把钱用于买房子，就可能没有钱再来买汽车。所以你必须在各种竞争性的需求之间分配你有限的资源。进一步，更为麻烦的是，你的决策常常是在不确定的情况下做出的。比如说，当你选择学无线电专业的时候，你并不确定当你毕业的时候，这个专业的就业前景如何。为了避免决策的失误，你需要一些理论的指导。经济学是有关个人选择的科学。学习经济学有助于你做出更好的决策。明白了这一点，你就明白了为什么经济学是西方大学里听众最多的选修课。

其次，学习经济学有助于你理解你生活于其间的世界是如何运转的。你的生活状况不仅取决于你自己的决策，而且依赖于其他人的决策，以及周围环境的变化。理解你周围的世界如何运行，自然有助于改进你的决策。你可能为生活中的许多事情感到惊奇。比如说，当你想买一台电视机的时候，只要支付必要的价格，就可以把它从商场搬回家；当你在大街上走的饥肠辘辘的时候，走进一家饭馆就可以指挥别人给你上菜，而无须回家自己做饭。而事实上，你事前并没有告诉电视机的生产厂家为你生产一台电视机，也没有通知饭馆的老板为你准备饭菜。那么，是什么因素使你得到你想要的东西？经济学是有关人们之间的决策如何相互作用的科学。学了经济学，你就可以明白市场这只“看不见的手”如何使自利的个人为大家服务。你也可以明白，为什么垄断行业的服务那么差，而收费却那么高；为什么今年北京的出租车提价了，司机反而不高兴；为什么一个流行歌手演出一晚上可以赚好几万，而一个建筑个人一个月也只能赚几百元；为什么利率一上升股票价格就下跌……

再次，学习经济学有助于你理解政府政策的优与劣。每个社会都离不开政府。学习了经济学，你会明白我们为什么需要政府，什么是政府应该干的，什么是政府不应该干的。我们需要政府，是因为在存在诸如外部性、公共产品这样的场合，依靠市场不能达到资源的有效配置。比如说，如果没有政府的干预，自私自利的企业家也许会使你喝太多的污水；如果没有政府，私人部门也许不会提供你诸如路灯这样的公共产品。特别地，我们需要政府来提供市场交易所需要的规则和秩序这样一类公共产品，需要政府保护我们的个人财产和人身安全。但政府对市场的过多干预常常导致供给不足、价格扭曲、资源浪费、垄断横行。政府的政策选择不仅影响整个社会的资源配置效率，而且影响包括你在内的每个公民的福利。所以当你希望政府制定某种政策的时候，你必须谨慎考虑这种政策的不利后果。经济学常识有助于你思考这样的问题。比如说，如果你是一个打工仔，你也许会认为政府应该制定一个“最低工资法”保护你的利益，或者向富人多征税来补贴你，而经济学原理会告诉你，这样做的后果也许是你根本就找不到工作。再比如，作为消费者，你也许会认为政府应该对商品的价格做出限制，而经济学会告诉你，这样做的后果是你也许再也买不到这种商品。普通人总希望吃免费午餐，经济学家告诉你世界上没有免费的午餐。

最后，学习经济学可以改进你的思考方式。经济学是一门科学。科学是什么？科学是一种思考问题的方式。如同天文学通过观测天体现象来归纳天体运行规律一样，经济学家通过观测现实经济现象归纳经济规律。经济学家有自己的语言和思维方式。诸如需求、供给、弹性、消费者剩余、机会成本、比较优势、外部性、信息不对称、均衡等等，是经济学的基本语言。掌握了这些经济学语言，你就可以更好地思考你周围的世界是如何运行的。外行人常常批评经济学家看问题过于简单，而他们忘了，科学的力量就在于把复杂的现象简单化。经济学就像一张指路图，它舍去了现实中的许多细节，却使你更清楚自己要去的地方。你没有必要成为一位经济学家，但知道经济学是如何思考问题是有益的，至少，你不大容易被蹩脚的经济学家和夸夸其谈的政治家所蒙蔽。无论你今后干什么，你不会后悔自己学过经济学。

如果你已经决定学点经济学，接下来要做出的一个决策是选择哪本书入门？当你在决定是否购买一本书之前，你还必须考虑的是：你能从这本书中得到什么收益？这种收益是否能补偿你为此付出的成本？收益可能是不确定的，但就成本而言，你必须记住的一点就是，读书的时间成本远远大于买书的货币成本。所以，你应该买最好的书，而不是最便宜的书。但是，非常遗憾，许多人常常忘记了这一点。

当然，选择好书并不是一件容易的事，因为图书市场充斥着众多的经济学图书，质量参差不齐。每位作者都会声称自己的书最好，而作为初学者，你不大可能有能力判断哪本好，哪本不好。这就是经济学家讲的信息不对称：买的人不如卖的精。

在这种情况下，最安全的办法当然是选择最权威的经济学家写的书。为什么要选择最权威的经济学家写的书？原因不仅是最权威的经济学家炉火纯青，对理论的把握最准确，能深入浅出地写出“正经”来；而且因为最权威的经济学家最注重自己的名声，他们既没有必要用出一本新书的办法增加自己的知名度，也不敢为了赚取版税而滥竽充数地出书。这就如同麦当劳不敢卖过时的汉堡包一样。他们的声誉就是质量的信号，他们的名字就是一种品牌。

掌握一点经济学知识，你将在人生路上受用终生。

※ 让想要的变成需要的

卡耐基教育我们，让想要的变成需要的，意在改变你的惯性思维，想要的东西，如果不变成需要的，那么它将永远被当作梦想储存在你的大脑记忆库里，只有心动马上行动，把想要的变成需要的，而且是即刻需要的，才会激发你行动的斗志，去为需要的东西奋斗，从而最终获得成功。

在任何一个领域里，不努力去行动的人，就不会获得成功。就连凶猛的老虎要想捕捉一只弱小的兔子，也必须全力以赴地去行动，不行动、不努力，就捕捉不到兔子。

“说一尺不如行一寸。”任何希望，任何计划最终必然要落实到行动上。只有行动才能缩短自己与目标之间的距离，只有行动才能把理想变为现实。做好每件事，既要心动，更要行动，只会感动羡慕和永久性地“想要”，不去流汗行动，成功就是一句空话。哲人说：“想得好是聪明，计划得好更聪明，做得好是最聪明又最好。”

做得好就是行动。我们从许多杰出的成功者身上都可以找到某些成功的偶然性，但因为他们每个人能做得好，又体现了成功的必然性。如果他们没有付出比常人多几千倍、几万倍的行动，是不可能取得一个又一个成功的。爱迪生 75 岁时，每天准时到实验室里签到上班。有个记者问他：“你打算什么时候退休？”爱迪生装出一副十分为难的样子说：“糟糕，这个问题我活到现在还没来得及考虑呢！”他活了 84 岁，一生的发明有 1100 多项，对自己成功的原因，他曾这么说：“有些人以为我所以在许多事情上有成就是因为我有什么‘天才’，这是不正确的。无论哪个头脑清楚的人，如果他肯努力行动，都能像我一样有成就。”爱迪生的名言是：“天才是百分之一的灵感，百分之九十九的汗水。”

汗水就是行动，行动就是努力。

世界著名的大提琴手巴布罗·卡沙斯在取得举世公认的艺术家头衔之后，依然每天坚持练琴六小时，养成了“行动再行动”的良好习惯。有人问他为什么仍然还要练琴，他的回答很简单：“我觉得我仍在进步。”一个成功者想继续成功就得这么去做，因为世上的事物没有绝对的成功，只有不断的努力，才能有不断地进步。成功是没有终点的，就像旅程中的一个个过程，必须一站一站往前走，一旦停在原地，不再去努力，不再全力付诸行动，成功的列车就会把你甩得远远的。

传说有个技艺高超的匠人，曾给老板建造过不少质量好、风格别致的房屋。他退休时，老板舍不得他走，问他是否愿意在退休前再最后建造一幢房屋。老匠人答应了。可不久谁都发现老匠人的心已经不在工作上，手艺也变得拙劣了。老匠人完工后，老板把大门钥匙交给了他，并说：“现在这是你的房子，是我送给你的礼物。”这对老匠人是莫大的震惊和羞愧。如果他当时知道是在给自己建造房屋，他会干得完全不一样。而现在，他将不得不住在自己马马虎虎建造起来的房子里。我们有些人何尝不是这样？漫不经心地做事，马马虎虎地工作，不愿付诸行动，不愿竭尽全力，结局和这位老匠人一样，是自己糟践自己。

人人都想成功，为什么有些人总是错过成功的机会？原因是行动被拖延偷走了。拖延是个专偷行动的“贼”，它在偷窃你的行动时，常常给你构筑一个“舒适区”，让你早上躺在床上不想起来，起床后什么也不想干，能拖到明天的事今天不做，能推给别人的事自己不干，不懂的事不想懂，不会做的事不想学。它让你的思想行动停留在这个“舒适区”里，对任何舒适以外的思想行动，都觉得不舒服，不习惯。这个“贼”能偷走人的行动，同时也能偷走人的希望，人的健康，人的成功，它带给人的不良习惯和后果是积重难返的。有的学生遇上难题没有及时问老师，后来问题越来越多，成绩越来越差；有的商人因没能及时做出关键性的决定而痛遭失败；有的病人延误了看病的时间，给生命带来无法挽救的悲剧。

拖延这个“贼”虽然能偷走行动，但是积极的行动也能制服这个“贼”。最好是在这个“贼”没有把你偷走之前，就采取行动逮住它。当你准备做一件事时，这个“贼”会对你说：“明天再干吧！”这时，你要马上提醒自己：“今天能做的事，决不能拖到明天。因为这个明天遥遥无期，会变成明天的明天，永远不会来临。”

当你面临困难和挫折时，这个“贼”会找出许多理由让你停下来。这时，你要马上提醒自己：“成功不会等待任何人，我如果犹豫不决，她就会许配给别人，永远弃我而去。”

当别人埋头苦干时，这个“贼”会引诱你袖手旁观，吹毛求疵。这时，你要提醒自己：“立即行动，马上动手，决不用评说别人来掩饰自己的无所作为。”

奥格·曼狄诺是美国一位成功的作家，他常常告诫自己：“我要采取行动，我要采取行动……从今以后，我要一遍又一遍、每一小时、每一天都要重复这句话，一直等到这句话成为像我的呼吸习惯一样，而跟在它后面的行动，要像我眨眼睛那种本能一样。有了这句话，我就能够实现我成功的每一个行动，有了这句话，我就能够制约我的精神，迎接失败者躲避的每一次挑战。”

一个人想奔向自己的目标，追求自己的成功，现在就立即行动。“立即行动”，是自我激励的警句，是自我发动的信号，它能使你勇敢地驱走拖延这个“贼”，帮你抓住宝贵的时间去做你所不想做而又必须做的事。

世上没有任何事情比下决心、立即行动更为重要，更有效果。因为人的一生，可以有所作为的时机只有一次，那就是现在。如果你想要，就把它变成“需要”的，立即行动起来，去追求梦想。

※ 抓住人心的艺术

人人都希望自己能受到别人的欢迎，抓住别人的心，但要做到这一点，并不是很容易的。卡耐基总结自己的经验，为我们提出了他的见解。

卡耐基指出，如果我们只是要在别人面前表现自己，使别人对我们感兴趣的话，我们将永远不会有许多真实而诚挚的朋友。朋友，真正的朋友，不是以这种方法来交往的。

卡耐基认为，打动人心的最佳方式是，跟他谈论他最珍贵的事物。当你这么做时，不但会受到欢迎，也会使生命获得扩展。

只要曾经拜访过罗斯福的人，都会惊讶于他的博学。不论你是个小牛仔、政治家或外交官，他都能针对你的特长而谈。其实这个道理很简单，当罗斯福知道访客的特殊兴趣后，他会预先研读这方面的资料以作为话题。

因为罗斯福知道，抓住人心的最佳方法，就是谈论对方所感兴趣的事情。

纽约银行业巨子杜威诺已先生说道："我仔细研究过有关人际关系的丛书，发现必须改变策略，我决定去找出这个人的兴趣，想办法激起他的热诚。"

所以，如果你希望别人喜欢你，就要抓住其中的诀窍：

了解对方的的兴趣，针对他所喜欢的话题与他聊天。

卡耐基指出，你遇到的每个人，都认为他在某些方面比你优秀；而一个绝对可以赢得他欢心的方法是，以不着痕迹的方法让他明白，他是个重要人物。

人类行为有一条重要的原则，如果你遵循，就会为自己带来快乐，如果你违反了，就会陷入无止境的挫折中，这条法则就是："尊重他人，满足对方的自我成就感。"如杜威教授曾说的，人们最迫切的愿望，就是希望自己能受到重视。

卡耐基曾一再强调，就是这股力量促使人类创造了文明。

哲学家们经过千年的沉思，悟出人类行为的奥妙，其实这不是一项多么新的发明，古圣先贤、中外哲人一再教导我们的就是：己所不欲，勿施于人。己所欲者，勿施于人。

你希望周围的人喜欢你，你希望自己的观点被人采纳，你渴望听到真正的赞美，你希望别人重视你……

那么让我们自己先来遵守这条诫令：你希望别人怎么待你，你先怎么对待别人。

不要想等你做了大官，干了大事业后才开始奉行这条法则，只要你随时随地遵循，就会为你带来神奇的效果。

实际上，每个人都有他的优点，都有值得为他人所学习的长处，承认对方的重要性，并表达由衷的赞美，就能够化解许多冲突与紧张。

如果你想每天得到快乐，绝不能责怪你夫人的治家本能，也不能拿她和你母亲作不利的比较。相反，你要经常赞美她把家治理得井井有条，而且要公开表示你很幸运娶了一个既有内在美又有外在美的女人，甚至当牛排像羊皮、面包像黑炭时，也不要抱怨，只说这些东西做得没有她平常的那么好，她就会在厨房里拼命努力，以便达到你所期望的程度。

当然，不要突然开始这么做—否则她会怀疑的。

你可以从今天晚上或明天晚上开始，买一束花或一盒糖，多说些关心的话，多对她温柔地微笑……如果每对夫妻都能这么做的话，世间还会有这么多的离婚发生吗？

所以，如果你希望别人喜欢你，那么另一个诀窍是：尊重别人，让对方认为自己是个重要的人物，满足他的成就感。

哈佛大学校长查尔斯·伊里特博士之所能成为一个杰出的大学校长，也是因为他无限地对别人尊重、感兴趣。一天，一个名叫克兰顿的大学生到校长室中申请一笔学生贷款，被获准了，克兰顿万分感激地向伊里特道谢。正要退出时，伊里特说：“有时间吗？请再坐一会儿。”接着，学生十分惊奇地听到校长说：“你在自己的房间里亲手做饭吃，是吗？我上大学时也做过。我做过牛肉狮子头，你做过没有？要是煮得很烂，这可是一道很好吃的菜呢！”接下去，他又详细地告诉学生怎样挑选牛肉，怎样用文火焖煮，怎样切碎，然后放冷了再吃。

“你吃的东西必须有足够的分量。”校长最后说。

了不起的哈佛大学校长！有谁会不喜欢这样的人呢？

任何人，屠夫、面包师、国王，都喜欢那些欣赏和关心他们的人。第一次世界大战结束的时候，德国的威廉皇帝为了保全自己的生命而逃往荷兰，人民对他恨之入骨，不少人想把他碎尸万段，或者活活烧死，可是却有一个小男孩写了一封简单而诚挚的信给这位德皇。这个小男孩说：“不管别人怎么样，我永远只喜欢威廉当我的皇帝。”这封信把德皇深深地打动了，他邀请小男孩同他的母亲一起去见他。不久，德皇甚至同小男孩的母亲结婚了。这是一件富有传奇色彩的真实的事情。我们从中不是可以悟出一个道理吗？人是需要别人对他感兴趣的。

努力学会为别人效力，做那些不惜花时间、精力和诚心诚意为别人设想的事情，这样才能获得真正的朋友。

舒曼·海恩克夫人对卡耐基说过类似的话。即使饥饿和伤心，即使生活中充满这么多的悲剧，曾使她有一度差点杀死自己和她的婴孩—即使这么不幸，她一直唱下去，终于成为有史以来最卓越的华格纳歌唱者。她坦白地说，她成功的秘诀之一是，对别人无限地感兴趣。

如果我们要交朋友，就要以高兴和热诚的心情去迎接别人。当别人打电话给你的时候，也可利用同样的心理学。说话的声音，要显出你多么高兴他打电话给你。纽约电话公司开了一门课，训练他们的接线生在说“请问您要拨几号”的时候，口气显出“早安，我很高兴为您服务。”我们明天接电话的时候，别忘了这点。

对别人显示你的兴趣，不但可以让你交到许多朋友，更可以为你的公司增加客户的信任感。在纽约，一家北美国家银行出版的刊物中，登出一位存户梅得兰·罗丝黛的信。

我真希望您知道我是多么欣赏您的行员。每一个人都是如此的有礼、热心。在排了长时间的队之后，有位行员亲切地跟你打招呼，真是令人感到愉快。

“去年我母亲住了五个月的院。我经常碰到一位行员玛依·派翠西萝，她很关心我母亲，还问了她的近况。”

罗丝黛是否会继续和这家银行往来，实在是不用怀疑了。

查尔斯·华特尔，属于纽约市一家大银行，奉命写一篇有关某一公司的机密报告。他知道某一个人拥有他非常需要的资料。于是，华特尔先生去见那个人，他是一家大工业公司的董事长。当华特尔先生被迎进董事长的办公室时，一个年轻的妇人从门边探头出来，告诉董事长，她这天没有什么邮票可给他。

“我在为我那 12 岁的儿子搜集邮票，”董事长对华特尔解释。

华特尔先生说明他的来意，开始提出问题。董事长的说法含糊，概括，模棱两可。他不想把心里的话说出来，无论怎样好言相劝都没有效果。这次见面的时间很短，没有实际效果。

“坦白说，我当时不知道怎么办，”华特尔先生说，他把这件事在卡耐基班上提出来。

接着，我想起他的秘书对他说的话—邮票，12 岁的儿子……我也想起我们银行的国外部门搜集邮票的事—从来自世界各地的信件上取下来的邮票。

“第二天早上，我再去找他，传话进去，我有一些邮票要送给他的孩子。我是否很热诚地被带进去呢？是的。他满脸带着笑意，客气得很。‘我的乔治将会喜欢这些，’他不停地说，一面抚弄着那些邮票。‘瞧这张！这是一张无价之宝。’我们花了1个小时谈论邮票，瞧瞧他儿子的照片，然后他又花了一个多小时，把我所想要知道的资料全都告诉我—我甚至都没提议他那么做，他把他所知道的，全都告诉了我，然后叫他的下属进来，问他们一些问题。他还打电话给他的一些同行，把一些事实、数字、报告和信件，全部告诉我。以一位新闻记者的话语来说，我大有所获。”

要表示你的关切，这跟其他人际关系一样，必须是诚挚的。这不仅使得付出关切的人有些成果，接收这种关切的人也是一样。它是条双向道，当事人双方都会受益。

卡耐基指出，如果你要别人喜欢你，或是培养真正的友情，还是既要帮助别人又是帮助自己，就把这条原则记在心里。

“对别人表现出诚挚的关切。”

一个人的面部表情，比穿着更重要。笑容能照亮所有看到它的人，像穿过乌云的太阳，带给人们温暖。

一种不真诚的狞笑骗不了任何人。我们知道那种笑是机械式的，最让人讨厌的。卡耐基所说的是一种真正的微笑，一种令人心情温暖的微笑，一种出自内心的微笑，这种微笑才能在市场上卖得好价钱。密西根大学的心理学家詹姆士·麦克奈尔教授谈到他对笑的看法时说：有笑容的人在管理、教导、推销上较会有功效，更可以培养快乐的下一代。笑容比皱眉更能传达你的心意。这就是在教学上要以鼓励代替处罚的原因所在了。一个纽约大百货公司的人事经理告诉卡耐基，他宁愿雇用一名有可爱笑容而没有念完中学的女孩，也不愿雇用一个摆着扑克面孔的哲学博士。

笑的影响是很大的，即使它本身无法看到。遍布美国的电话公司有个项目叫“声音的威力”，在这个项目里，电话公司建议你，在接电话时要保持笑容，而你的“笑容”是由声音来传达的。

如果你不喜欢微笑，那怎么办呢？有两种方法：第一，强迫你自己微笑。如果你是单独一个人，强迫你自己吹口哨，或哼一曲，表现出你似乎已经很快乐，这就容易使你快乐了。下面是已故的哈佛大学威廉·詹姆斯教授的说法：

行动似乎是跟随在感觉后面，但实际上行动和感觉是并肩而行的。行动是在意志的直接控制下，而我们能够间接地控制不在意志直接控制下的感觉。

“因此，如果我们不愉快的话，要变得愉快的主动方式是，愉快地笑起来，而且言行都好像是已经愉快起来……”

你的笑容就是你好意的信使。你的笑容能照亮所有看到它的人。对那些整天都看到皱眉头、愁容满面、视若无睹的人来说，你的笑容就像穿过乌云的太阳；尤其对那些受到上司、客户、老师、父母或子女的压力的人，一个笑容能帮助她们了解一切都是有希望的，也就是世界是有欢乐的。

另外，卡耐基强调记住别人名字的重要性。记住对方的名字，并把它叫出来，等于给对方一个很巧妙的赞美。而若是把他的名字忘了，或写错了，就会处于非常不利的地位。

同他谈论他最珍视的事物、对他人显示出你的兴趣和诚挚，并努力记住他人的名字，是卡耐基告诉我们的抓住人性的要诀，试一下去这样做，看看你的人际关系会不会有突飞猛进的变化。

第十章　修身养性，完美人生

经过上面九章的介绍，相信你对如何应对人生中的困难和挑战、如何维系人与人之间的关系、如何处理生活中遇到的问题等等，都有了一个大致的了解。而在这一章，卡耐基将要告诉你塑造完美人生的方法。

人生苦短，保持相对正常的生活，并非一件难事，相信我们中的大多数，都能做得到。不过，若要使生活尽善尽美，却不是一般人能做到的。而修身养性，是塑造完美人生所必须要做的。

※　自尊自重

人活在这个滚滚红尘里，最重要的是要学会如何做人。但是，要做一个人，还必须要有自尊与自重。使自己拥有一颗坦荡又充实的灵魂，足以用来承受这命运里的种种风风雨雨的打击。也对得起自己为人一世，更对得起父母赐予我们的生命与养育之情。

卡耐基告诉我们：一个人活在世上一生，第一重要的，就是如何做好一个有自尊自重的人；如何做好一个人，比做成功某件事、交好某个人要重要得多。当然，并不是说做人与做事是分开的独立的。

做人与做事的关系，也不能完全地表现什么。一个人做事成功并不代表他（她）做人也必是成功的。一个人无论是事业或是学问，不管做得如何成功，都不能说明什么，这个人有可能做人也做得很成功很好，但是也有可能做得很差很坏。我们不能根据他成功与否去判断所有事，而是要看他是怎么做事的，做事的态度又是如何的。

一个人，不能受制于外在的因素；外在的因素，也不应该成为人生的主要目标。因为外在因素不是我们所可以支配的，一个人所能支配的唯有对这外在因素的态度；简单地说，也就是如何做人。

一个人活着，最重要的不是幸福或是不幸；而是，无论幸福还是不幸，都要保持一个人做人的正直与尊严，也就是自尊自重。事业与爱情也是相当重要的，但是也远比不上做人重要。因为，如果一个人做人失败了，那么他（她）的人生总体上都是失败的。做人最关键不是在社会上占据了什么位置，过着什么样的生活，而是，你自己究竟是一个怎么样的人。

一个自尊自重的人与一个不自重的人；一个有诚信的人与一个没诚信的人交谈任何事情，是应该附和，还是显示自我？在这种情况下，应该形成一种气氛，使那些不讲诚信和不自尊自重的人遭到蔑视与孤立，用你的诚信明确地告诉对方，你是一个没有尊严的人，你是个不讲诚信的小人，是一个失败的人。

一个自尊自重的人，不会轻易去侮辱其他人的。因为当你侮辱了某个人的同时，你也等于侮辱了自己。所以有一点请注意，在人的一生中，活的有尊严有人格胜过于一切。

自尊自重是人生美德。莎士比亚曾经说过："没有自尊心的人即等于自卑。"自尊是自重的标准，自重是自尊的条件，要自尊，先必须自重，能看重自己，才能摆正自尊的位置。自尊自重能改造天下，自卑者被天下改造。人们应自尊自重。尊重自己的生活和价值。

大人物之所以高大，最主要的原因是有些人内心的自卑感，是你总觉得自己不如人或是你跪着，仰慕他人的光环，却忽略了自己的生活和价值，忽略了自尊自重。做人处事要首先自尊自重，尊重自己的生活和价值。人与人之间是相互平等的，都应自由平等地体现各自的生活和价值，尊重自己的生活和价值。在现实生活中只有尊重自己的生活和价值，才能生活幸福美满。跪拜大人物对自己的生活毫不益处，相反会影响你的生活。所以人们要自尊自重，只要自己瞧得起自己，自强不息，锲而不舍，精进如斯，名人榜上必有名。让我们携起手来自尊自重自己的价值吧。

※ 培养和谐的个性

卡耐基告诉我们，对年轻人来说，最重要的工作就是战胜自己，战胜那个被教育、环境所误导的、不和谐的自我。如果做到了这点，他们就拥有了一个完善的个性。

现在的时代是讲求个性的时代，这是“人”的觉醒、时代的进步。但个性不能走极端，不是随心所欲，不是一味地自我中心。有人说，艺术的极端是痴，思想的极端是疯。可见极端是要不得的。

这里所说的个性，是指一个人性格的主侧面。个性有好也有坏。低劣个性祸国殃民，发扬优良的个性，抑制恶劣的个性，是个人之幸、社会之幸。

作为单个人，每种优良的个性都是值得尊重的，但个性的张扬也不是永无止境的。人处在社会中，并非生活在真空中，因此人和人打交道就不能只考虑自己的个性。

一个社会需要和谐，要和谐就不能只考虑自己而不管其他。一个团体，大到国家、政党，小到单位、家庭，要想顺利发展和谋求幸福，既要尊重个性的活力，又要顾及团体的利益和他人的需求。

优良的个性理应得到尊重，人需要充实自己、不断发展。另一方面，规则也必须有、必须不断改进。从古到今，真正意义上的改革和革命，法律的一次次修改，不正是在改进和发展社会规则吗？社会的现代化，需要人的现代化。没有人的素质提高、没有人的个性优化，哪来社会的全面进步？只有物质的现代化，没有人的素质的全面提高，不是完善的社会进步和真正意义上的现代化。人的发展和社会的发展应该是相辅相成的。社会和谐发展的真正目的，不正是为了改善人们的物质条件、完善快乐的个性，为了创造人的幸福生活吗？

人世间绝对的自由是没有的，人人都追求绝对自由，最终也就没了自由，比如人人都不顾红绿灯的约束、人人都不考虑其他的车辆，结果只能是人人都失去了可贵的自由，现场一片混乱。可见，在现实社会中个人的生存总要遵循一定的规则。

一个有活力的整体不是一团泥，而应是一袋豆，既要遵守团体规则的约束，又应适当保持相对独立的自我。谁都需要自我空间，这是人的天性使然。这样的团队才是我们共同期待的。

或者说，一个有活力的社会应该像一支训练有素的球队，他们活跃在球场上，既有团体合作精神，又尽最大力量发挥个性，表面看去很凌乱，实则活而有序。遵循一定的规则，又合作又讲个性，这样的球队才能精神高昂，活力四射，团队蓬勃向上，个人心情舒畅、个性飞扬，在发展团体的同时，也实现了自我。

一个家庭何尝不是如此呢？也是既要和谐，也要个性的。促成家庭和谐的因素自然有许多：比如生理因素、物质因素、文化因素、道德因素、情趣因素、心理因素，等等，自然也少不了个性因素。家庭不能抹杀每个成员的本性和个性，应该给每个人留出一定的个人空间，但也应该有一定的共同规则。

与朋友、同事、领导相处何尝不是如此呢？也是要亲密有间的，也要尊重对方的感觉。距离产生美，为了长久保持友好的关系，反倒需要自觉保持一定的距离，不能过分侵占别人的空间。有时候不即不离关系反而更好，天天腻在一起、粘在一起、不分彼此，保不了哪一天总会有逆反的时候。

总而言之，人有权追求自己的风格，有权张扬自己的个性，有权追求属于自己的幸福。但人是社会的人，虽然仍旧保留着相当的动物性，但人的社会性毕竟是人的本质特性。张扬个性应该以尊重他人、不妨碍社会为前提。我们都是普通人，在遵从法律、尊重核心价值和公共道德的同时，应该百花齐放，每个人都应活出自己的个性，释放自己独特的光彩。每个人都有自己的想法，都有权伸展个性，只要不妨碍他人，不必压制和强求统一。另一方面，个性自由是个历史的、发展的过程，为了自己，也为了社会、单位与家庭的和谐，我们又该遵循“和而不同”的原则，追求自由应现实、应适度。

一个成熟的社会、家庭或公民，都应该要和谐、不求统一，要成功、不求完美的。我们应该在发挥自己活力、张扬自己个性的同时，尊重、宽容和悦纳他人，努力做到并存与互容，以求互不妨碍、多样统一，只有这样才能实现良性互动、和平共处，才能最终达到和谐共赢。

※　终生求学

卡耐基告诉我们，求学是为了探求真理，一个人从娘胎来到人世间，相伴而生的还有无数个“未知”、数不清的“疑问”。探求真理是人的本能。终生求学，活到老，学到老，才会永远紧跟这个社会的发展潮流，不会被社会淘汰。

求学是为了自身发展的需要。人具有生物和社会两重性，人之所以为人，主要在于其社会性。人首先要自立于社会，其次还要服务于社会，而且人服务于社会最终也要通过自身的发展来实现。求学无疑会加快人的社会化进程，促进人的社会化程度。说得直白一点，求学归根到底是为了自己、为了自己发展的需要。

求学是学习的佳境。当今社会已步入一个学习化的崭新时代，终生学习的理念已深入人心。“不进则退”的观念已经不合时宜，“慢进则退”正在成为现实；不学习就要落后，就要被时代所淘汰。在这样的时代大背景下，求学理所应当成为学习的最佳境界，而且“活到老、学到老”，学无止境。

发达国家社会的发展实现了对传统教育观念的超越。十九世纪以来，终生教育的问题已被许多学者认识。1965 年保罗·郎格朗在提交教科文组织的报告中提出终生教育思想。当时这种全新的教育思想因其反映了教育与社会动态发展相协调的趋势而在世界上广为流传，成为众多国家教育发展的指导。

人处于社会发展的中心，是推动社会前进的动力。人在一生中出于自己生存发展的需要，出于外部环境的压力，出于对人的生活质量、人的尊严和生命价值的追求，自我意识不断地觉醒，终生进行学习。这是人在社会生存的最佳的选择。人是社会的主体，人也是学习活动的主体。

学习贯穿于人从生命开始到结束的全过程。人在一生中都需要发展，因而人总在自觉地或不自觉地进行有意识的或无意的学习。人处在一个动态发展的社会环境中，信息技术的发展使社会变迁的速度更快，社会对人在社会中生存所具有的整体素质要求在变动之中。人的一生是一个逐步成长的过程。

终生学习的目标，是个体发展的目标和社会发展的目标两大方面。在雅克·德洛尔（1996）向联合国教科文组织提交的报告中对教育目标的认识是，“教育的任务是毫无例外地使所有的人的创造才能和创造潜力都能结出丰硕的果实……这一长期而艰巨的目标的实现，将为寻求一个更加美好、更加公正的世界做出重大贡献。”

学习目标和教育目标是一个问题的两个方面，然而，教育目标是以教育者为主体的对于受教育者的发展需求，而学习目标因人在学习中主体地位的确定，更尊重个体的个别性，注重个体潜能的不断发挥，以提高个体生存的质量，优化个体生命的过程，最终在建设更为美好、公正的社会的同时，实现人的生命的价值。有了每个个体充分地成长，也就有了社会整体的进步。确切地说，终生学习的目标是个体发展目标和社会发展目标的协调与统整。

终生求学，是个体发展和社会发展目标的重要途径，所以，从现在开始，坚持不懈地学习吧。

※ 学会轻松阅读

你可曾为阅读过程的痛苦而苦恼？可曾因此就厌恶读书和学习？如果你有的话，那么卡耐基将告诉你，应怎样学会轻松阅读。

轻松阅读，最主要的是要对阅读书籍树立正确的态度。阅读，能够帮你更好地生活。

阅读书本能带来修养，知识甚至财富。但是书本不意味着生活。生活是一个更为复杂的概念。这就是为什么一个人在接受高等教育后走上社会仍无所适从，因为他没有学会阅读书本以外的事物。他没有意识到身边有那么多事物可以阅读，值得阅读。

“三百六十行，行行出状元。”并不是每个人都拥有普希金的大脑，莫泊桑的洞察力，泰戈尔的情思。但我们最起码要让自己意识到自己是人，我们要善于生活。“人吃饭是为了活着，人活着不是为了吃饭。”我们不应该为了生存而舍弃生活的其他部分。身边有那么多事物，不是用来让我们忽略的。每一个事物都有它的意义，学会阅读它，才对生活有正确的态度，真正了解生活，实现生活的价值。对每一件事物，都保留一个正确的态度，也就能够做到轻松阅读、愉快阅读了。

每一季盛夏残冬，每一个清晨黄昏，每一次晴初霜旦，每一阵鸟语花香，都是自然的无私给予，都是自然的点滴暗示。无限的奥秘都蕴含其中，只有懂阅读并且轻松阅读的人才能不枉自然的一番煞费苦心，才配拥有自然的智慧之精华。我们只有学会阅读才能主宰生活，在生活中得到想要的，而不是匍匐在生活的脚下唯唯诺诺，舔食那一点可怜的残羹剩饭。

请学会阅读，轻松阅读，去做生活的强者，做一个真正会生活的人。轻松阅读，你的生活会更加富有色彩和情趣，你的思想会更加富有创意和个性。学学神农尝百草的精神吧，你所看到的，所听到的，所闻到的，所想到的，通通不要轻易放过，请怀着轻松的心态细细咀嚼，慢慢品味。让这一切拓宽你的视野，陶冶你的情操，实现你的人生价值吧！

※ 学会正确地交流

在每一个人的职业生涯当中，与人交流能力常常成为各项能力之首，往往决定一个人的职业命运。“人们花费 10% ～ 85% 的工作时间在与人沟通、写、读、听、说。”而这正恰恰反映了，交流的重要性。

卡耐基认为，与人交流的前提是这个人对自己的自信。自信是成功的必要条件。而正是自信心的强与弱决定了一个人与他人交流时的一系列反映。如果他对自己报以很强的自信心的话，他在决断事物时，会很镇定。同时在与人交流时也会表现出主动与果断。

自信的产生取决于他对事物的判断、表达以及对自身的了解。自信是发自内心的自我肯定与相信。自信无论在人际交往，事业工作上都非常重要。只要自己相信自己，他人才会相信你。

坐在前面能建立信心。把它当作一个规则试试看，从现在开始就尽量往前坐。当然，坐前面会比较显眼，但要记住，有关成功的一切都是显眼的。而大部分占据后排座的人，都希望自己不会“太显眼”。而他们怕受人注目的原因就是缺乏信心。就如同课堂上坐于后排的学生怕老师提问一样，也表明了他们对自己自信心的不足。

而表达自信的关键是与人交流时的微笑与对眼神的关注。一个人的眼神可以透露出许多有关他的信息。某人不正视你的时候，你会直觉地问自己：“你想要隐藏什么呢？他怕什么呢？他会对我不利吗？”

不正视别人通常意味着：在你旁边我感到很自卑；我感到不如你；我怕你。躲避别人的眼神意味着：我有罪恶感；我做了或想到什么我不希望你知道的事；我怕一接触你的眼神，你就会看穿我。这都是一些不好的信息。

正视别人等于告诉你：我很诚实，而且光明正大。我相信我告诉你的话是真的，毫不心虚。

而微笑则是他对对方的肯定与自我信心的表达。它发生于分秒之间，却能被永生不忘。没有人因富足而不需要它，也没有人因贫穷而不受它的好处。它为家庭带来欢乐，为事业培育关爱，也在朋友间互通情谊。它使劳累者获得休息，使沮丧者重获光明，使哀伤的人得到抚慰，也使陷入烦恼的人得到解脱。

一个微笑能让对方对你产生强烈的印象与肯定。微笑是种“武器”。它能让对方对你产生好感也让对方对你产生些许畏惧。当尼克松与周恩来握手之时，被周自信的微笑所震撼。也被毛主席的微笑所折服。

微笑也是在播撒爱的种子。播种就会有微笑。那么播种微笑呢？

你微笑面对生活，生活就会向你微笑。

美国密歇根大学心理教授詹姆士对人的微笑注解：“面带微笑的人，通常对处理事务，教导学生或销售行为，都显得更有效率，也更能培育快乐的孩子。笑容比皱眉头所传达的信息要多得多”。

对于自信最重要的表达行为就是主动了。“最好的防御是进攻。”当你以主动的方式与对方交流时，给对方所产生的印象要比被动点名更为有效。

战胜怯懦最有效的方式是面对众人演说。这不仅仅对信心的提高有帮助，也是让自己增强主动力最有效的方式。

卡耐基认为，有很多思路敏锐、天资高的人，却无法发挥他们的长处参与讨论。并不是他们不想参与，而只是因为他们缺少信心。在会议中沉默寡言的人都认为：“我的意见可能没有价值，如果说出来，别人可能会觉得很愚蠢，我最好什么也不说。而且，其他人可能都比我懂得多，我并不想让你们知道我是这么无知。”这些人常常会对自己许下很迷茫的诺言：“等下一次再发言。”可是他们很清楚自己是无法实现这个诺言的。每次这些沉默寡言的人不发言时，他就又中了一次缺少信心的毒素了，他会愈来愈丧失自信。从积极的角度来看，如果尽量发言，就会增加信心，下次也更容易发言。

职场中与人交流的技巧有很多，而这些小小的技巧也正是一个人自信的反映，所以增强自信就是对于一个人职业生涯最有效的帮助。

※ 更好地发挥学校教育的优势

学校是培养人才的专门场所，人才是德、智、体、美、劳全面发展的高素质的人，既然学校培养的是人才，所以会重视培养人的德育和人格。

在一个人的生命中，学校教育具有非常重要的作用，如果不重视学校教育，后果是非常严重的。学校教育的重要性和优势表现在：学校教育是教育的主题形式，不但如此，它还是家庭和社会教育的导向和枢纽，脱离了学校教育，家庭教育就不会完善，因为学校不仅是传授知识给学生，同时也指引了家庭教育。

学校是个整体，他比家庭更具有社会性，而家庭却是个个体，一个人从小不光是生活在一个家庭中，还是生活在一个社会中。如果个体生活在家庭中不注重学校教育，不注重社会性，那后果将会非常严重。

再从学校教育中的教材的内容看，例如，政治、语文、历史、地理可以陶冶学生的心灵，塑造高贵优雅的品质；数学、物理、化学、生物可以进行科学思维的训练；美术、音乐可以利用特有的旋律、线条、色彩培养学生的审美能力；体育课可锻炼学生的坚强意志，培养学生竞争、拼搏、进取的精神。在各科教学过程中渗透有关的知识可以使学生处处都感受到真、善、美的教育，提高自身的心理素质。这就是教育的主体。并且，学校教育已经从教给学生知识过渡到教会学生如何学习，因为知识是不断完善更新的，只有学会如何学习才能获得更多的知识，在这个社会中更具有竞争力，这是家庭教育远远做不到的。

再来看家庭教育，现在的家庭独生子女较多，使家长对孩子的成败带有“下赌注”的感觉，对孩子的培养表现出过高的期望，过分的关心，过多的呵护；这一代代孩子普遍出现无情、无能、无责任感的现象，我们不能否认家庭教育的重要性，可毕竟不是每个家长都具有较高的素质，他们很可能灌输给孩子错误的思想，而老师才是教育的专家，学校才是教育的专门场所，他们知道该如何教育学生。

学校教育具有职能的专门性，作用的主导性，组织的严密性，内容的全面性，活动的有效性，形式的稳定性。学校教育是教育主体形式。所以，重视学校教育，充分发挥学校教育的优势，来为一个人的发展服务，能够为其一生的成功打下基础。

※ 充满爱心和积极向上的精神

卡耐基说过："为别人做好事不是一种责任，而是一种幸福，因为这能增加你自己的健康和快乐。多为别人着想，不仅能使你不再为自己忧虑，也能帮助你结交很多的朋友。"

20世纪美国最杰出的无神论者西多·得来特把所有的宗教都看成是神话，认为人生只是一个傻瓜说出的故事，没有任何意义。但是他却遵循着他眼中的"傻瓜"—耶稣所讲的一个道理：帮助他人。德莱特说："如果美国人想在漫长的人生中享受快乐，就不能只想到自己，而应为他人着想。"

西雅图的卢勃博士已经很多年没下床走一步路了，但西雅图一家报社的记者斯尔特郭斯却高度评价他是最无私的人。

一位常年卧床的人是怎样化解自己的烦恼，成了一个无私的人呢？答案就是：他一直遵循着"充满爱心"的信念，并努力去实践它。

他收集了全国各地瘫痪病人的通讯地址，给他们发出了一封封充满鼓励、洋溢着爱心的信件，激励他们勇敢地与病魔做斗争。他把这些病人联合起来，组成了一个瘫痪者联谊俱乐部，鼓励大家互相写信，互相鼓励。

他每年要在床上发出1400封信，给成千上万的病人带来了欢乐的笑声。

卢勃博士与其他瘫痪在床的病人最大的不同之处在于，他深切体会到了真正的快乐，这种快乐是在帮助他人的过程中获得的。而这种快乐的源泉，即是卢勃的充满爱心。

萧伯纳说过："一个以自我为中心的人，一天到晚都在抱怨别人不能使他开心。"充满爱心，乐于助人，为他人带来笑声，也才会真正地为你自己带来笑声。

希克力出生在法国南部一个叫马尔蒂夫的小镇，这里气候干旱，河流稀少，还发生过一起严重的化工厂毒气泄漏事故。希克力的母亲就死于这次事故。更可怕的是小镇上流行一种罕见的肺病，接踵死去的人越来越多，而医生一直也没有查清这到底是一种什么肺病和该怎样进行治疗。

1982年春天，希克力的父亲也不幸患上了这种可怕的肺病，经常拼命咳嗽，心虚气短。那年希克力16岁，他不想再失去父亲。然而，医生们几乎都是众口一词，以现在的医疗手段，对此奇怪的肺病束手无策。

一位医生告诉希克力，这种肺病的致病原因也许是空气中有太多的有害物质。如果让病人生活在空气新鲜的大森林里，改善呼吸环境，或许还会有一线生机。希克力望着家门前光秃秃的土地，突然灵机一动："我为什么不自己种植一些树呢？等这些树长大了，也许父亲的病就真的好起来了。"

虽然父亲反对，但希克力还是暗暗下定决心，一定要在家门前种植出一片茂密的树林出来。从此，他开始了他的种树行动。

马尔蒂夫小镇的很多人建议希克力放弃这个"愚蠢"的想法，然而，希克力依然我行我素，于是人们背地里嘲笑他，叫他"怪人"和"疯子"，希克力感到从未有过的孤独。

每天早晨，希克力起床的第一件事情就是去看看树苗长高了多少，有没有枯死，遇到大风天和下冰雹，希克力就会在树苗上方搭起一个帐篷，保护树苗免遭灾害天气的摧残。一年之内，他最初栽下的100多株树苗有43株成活。它们都生长得非常健康，枝头泛着点点绿色。

高中毕业后的希克力没有去大学读书，他坚持留在马尔蒂夫小镇照顾父亲。他像当年的父亲一样，在小镇当了一名卡车司机，每当有空的时候他就默默栽培和护理那些树木。一年又一年过去了，希克力种植的树苗越来越多，许多树苗已渐渐长高长粗壮，成了真正意义上的树木。希克力经常搀扶着父亲去散发着草木清香的树林里散步，老人的脸上也渐渐有了红润，咳嗽比以前少多了，体质大为增强。正当希克力沉浸在成功的喜悦中时，1998年秋天，他又遭受了两次沉重的打击，他的妻子在一次车祸中不幸身亡，而他的树林发生了一次严重的病虫害，树木成片枯死。希克力没有被击倒，他依然顽强地抗争着。他的精神感动了一个叫苏珊娜的美丽女孩，他们结了婚，而他的树林也越来越茂盛。

希克力父亲的健康状况日益好转，成了整个小镇上所有患上那种肺病的病人中，依然生存的唯一一位。居民们被深深感动了，他们纷纷投入到种树的行动中，马尔蒂夫小镇的树林越来越多，面积扩大到了数百公顷，放眼望去，小镇四周到处是绿色的屏障。

2005年年初，经过医学专家对希克力父亲的再次诊治，发现他的肺病已经不可思议地消失了。所有的医生都无法对此做出医学上的合理解释。或许，其中一个医生的话能说明原因：“坚定不屈的信念和积极向上的精神状态，有时比任何先进的医疗手段更为奏效！”而那个名叫希克力的种树男子也感动了全法国的人民，他被评为“2004 年法国最健康和最孝顺的男人”。

希克力积极向上的性格，不仅挽救了父亲的生命，还感染了附近的居民投入到种树的行列中。事实证明，没有什么是不可能做到的，只要你拥有积极向上的性格和坚定的信念，任何困难都不能阻挡你前进的脚步。

※ 正确地使用我们自己

人的身体是一个运转相对平衡的有机体，在没有外界干扰和内部各器官、各组织正常的情况下，这个平衡的有机体将会保持平衡状态运行下去。但是，如果一些外部的不良因素介入，这将会干扰到身体的平衡，这种不平衡状态积累到一定程度后，不适或疾病就会给我们发出信号。所以，卡耐基告诉我们，要正确地使用我们自己，才能保证身体健康。

传统的健康是指一个人生理功能状态良好、没有疾病或病症。这种提法是片面的，不正确的。世界卫生组织提出“健康不仅仅是躯体没有疾病，而且还要具备心理健康，社会适应良好和道德健康”。这是全面的健康标准。

那么判断健康的标准是：有较强的抵抗力和免疫力，不容易生病。一旦感染上了疾病要有较快的恢复力。性格开朗，心情愉快，精力充沛，生气勃勃，生命充满活力。

怎样正确地使用我们自己呢？

首先，注意保持个人卫生，环境卫生，穿着要舒适。

第二，要有全面均衡的营养膳食，以提供人体所需要的各种物质、能量。

人是活的生物机体，总在不断地进行新陈代谢，各种细胞都在不断更新，也就是说原有体内维持生命的各种营养物质在不断地消耗，需要不断地补充，才能保持身体健康。如果营养补充不足，体质肯定不好，甚至会出现各种各样的病态。

有人认为现在生活条件很好，吃的也不错，营养足够了。但是我可以肯定地说，你是吃不全你需要的全部营养的，甚至会吃出病来。因为人需要的营养是全面均衡的，缺少了不行，过剩了也不行。当前许多所谓“富贵病”如糖尿病、肥胖症，高血脂、高血压等都与饮食不合理有密切关系。人们还有一个误区，就是认为吃高热量的食品，营养价值就高。其实不然，吃全面均衡的营养物质才能健康。

第三，适当运动。运动可以促进血液循环、增进食欲、增强代谢，也有助于人体对食物中营养素的吸收和利用。“生命在于运动”，运动就可以健康长寿。所以公园等地运动的人很多。但不能忽略了营养物质的补充。俗话说：“没有无源之水，无本之木”，如果只有运动消耗体力，没有足够的营养补充，摄入与支出不平衡，天长日久，免疫功能低下，就会出现各种疾病。运动要适量，运动过量也对身体有伤害。我们70岁左右年龄的人，都是从旧社会过来的，在我们的青少年时代，中国人的平均寿命才40多岁。那个年代，劳动人民劳动强度大，肌体消耗过量，营养补充不足，人体透支时间久了，“积劳成疾”就早早地离开人世。当然生病还有其他多种因素，但是起决定因素的是内因，正气不足是主要的。祖国医学早有记载：“邪之所凑，其气必虚”“阴平阳秘，精神乃治，精神内守，病安从来”。

第四，要有平和、快乐的心态，这是心理健康的重要标志。心理健康就可以延缓衰老，增强免疫力，流行病学早就报道说，癌症的发病率与战争有直接关系。很多国家战争年代癌症发病率都高，我国“文革”时期也有很多老干部死于癌症，这都与心态不平衡有关。因为癌细胞每人身上都有，当你身体强壮时癌细胞处于沉睡状态，临床也常见到带癌生存多年者。当你免疫功能低下进，癌细胞就活跃，可以侵害人体各个器官，发生癌变。所以人生在世，不要斤斤计较，过分攀比。要知足常乐，自得其乐。

第五，要有适当的休息和充足的睡眠。睡眠可以使人体进行自我调理和消除疲劳，提高自身免疫功能，不要过于紧张，要注意劳逸结合。

第六，定期检查身体。早期发现疾病隐患，早期治疗。

第七，戒掉不良嗜好。如，吸烟、酗酒。

第八，要控制用药。“是药三分毒”，服药会加重肝脏的负担，尤其是安眠药。但是老年人多少都有一些疾病，要尽可能由用药物治疗转为非药物治疗。

※ 享受旅行的乐趣

如果不能很好地享受旅游的乐趣，那么最好还是别去旅游。

卡耐基告诉我们，旅行的乐趣是无限的，就在于你如何去挖掘。如果你不认为旅行给你带来乐趣，那么，旅行所用的时间，还不如去做些别的让你愉悦的事。

比如说，如果你喜欢出国追求时尚，观看不同风格的建筑、村落和田野，并对这些景物评头品足，大加贬抑，那你最好还是在家闲着好了。

再比如，如果你只是想打破生活的秩序，逃离一段时间，辛辛苦苦跑到外边，却无所事事，那么旅行对你来说根本没有多大的意义。同样，如果只想抽闷烟的话，也没有必要去旅游。

有些人可能没走多远就享受到了旅行的乐趣，而另一些人绕世界一周也兴致黯然。

要旅行的时候，最好用心去看，去品味。虽然都是旅行，但其实差异很大。而有的人却混沌地混日子，就像靠烟酒来麻醉自己的一样。我们每个人都知道，我们是通过各种感官来认知这个世界的，视觉的作用尤其重要，所以旅行时一定要多看。

其次，有旅行时，随身携带上纸和笔，将那些打动你的景物或事情随时记录下来，当然，你所要记录的不仅是事实确凿，还要记录你当时的感想。如果你擅长绘画，就会发现画一些树木、植物、花朵、鸟兽的素描是非常有情趣的事情。如果你与艺术无缘的话，也可以随便勾勒几张自己喜欢的草图留存。

总之一句话，就是多尝试。这样的旅行回来的时候，你就可以通过多种方式展示一下你的成果，而不仅仅是滔滔不绝地讲述你所看到、听到和了解到的。

有位传道者曾说过："不要忘记做善事和交流。"做善事的一种方式就是同别人分享你所学到的东西。

另一建议是，旅行时最好不要看书。虽然我觉得人们旅行时看书并不是为了向别人彰显他的勤奋好学，但我的确碰到过这样的人。我曾接触过几个男女青年，他们周围总是摆着一堆书，就是在他们的房间里，也是堆得满满的，其实他们根本不看，只是为了充个门面。

其他的建议是：如果体力还可以的话，最好多走走，不要坐车。步行有很多的好处。比如说，如果你遇到什么感兴趣的事情，就可以随时停下来。

还有一些需要注意的地方：许多的旅行者在游历一个国家的时候，只喜欢观看表面的繁华。他们去看高山、大河、湖泊、瀑布、洞穴、温泉、大城市和大村庄，却很少光顾一些小地方。他们往往不注意当地的风土人情。其实，与其将更多的精力放在研究基督教的庙宇和那些人文建筑上，倒不如多研究研究实际的人文事件。

再者，旅行中千万别忘了做善事和交流。不要觉得这样做和旅行有什么冲突，其实这关系到你个人的安全和幸福。有些年轻人在旅行中总是遇到麻烦，而其他人则不会。你会发现他们区别在于后者非常愿意助人为乐和与大家交流，而前者则相反，无论到哪儿都有麻烦。

※　寻求良心的回归

一个人的道德好坏，有否良心以及有多少良心，直接决定这个人的思想境界和思想高度，这也在一定程度上影响着一个人从事其他事情的成败。

卡耐基认为，良心与道德，是发展文化，构成人类文明，特别是精神文明的重要内容。

道德如粮食，人非吃不可；道德如清水，人非喝不可；道德如空气，人非吸不可。

俗语云：知识是精神的粮食。而古代希腊的伟大哲学家苏格拉底曾说：“道德就是知识。”可见，良心和道德在久远的时代已如此重要了。在苏格拉底看来，良心等同于知识，缺乏良心就等同于缺乏知识，这一观点在古代已被普遍接受了。可想而知，在当时如此落后的封建的社会，良心已被授予高尚之冠，被普罗大众所崇拜。所以，当今人们更不可忽视良心的存在。

自古到今，一个能称之为优秀的人大都是“德才兼备”的，这可看出，“德”无时无刻不被当作评论一个人人格的标准。在当今努力创建社会主义和谐社会的进程中，国家强调所谓人才必须是“四有”的，即“有道德，有知识，有纪律，有诚信”。因此，要想成为现代型人才，仅仅“有知识”是不够的，“有道德”才是重要的。在相近社会中，人无道德而难立，人无道德而难成才。所以，道德是贯穿古今的，人不可无良心、无道德。

道德的体现不仅仅着眼于大事上，更多是着眼于小事上。在道路上，把你的垃圾藏身于它的“家”里；让你敞开的衣服纽扣紧紧“相吻”；把你的粗言秽语嚼烂在口中……有句话说：“道德，有时只是一张纸的厚度。”这足以说明，只要我们注意一下自己做得不够好的细节，我们就算是一个有道德的人了。比如，在公共场合请你小声说话，如果你在打电话，用对方听得到你说话的声音就行了。你有说话的权利。却没有强迫别人也听你说话的资格。再比如，在公交车上看到需要座位的乘客，请主动让座。我们这一点也许做得比较好，但是也有很多人对身边走过的老人视而不见。比如在出行时红灯停，绿灯行。遵守交通规则，这是所有人都应该知道的。再比如，不要随手乱扔垃圾。为我们的社会环境出一份力。比如，你在服务行业消费。请别忘记对那些为你服务过的人说一声：谢谢。比如，不要随地吐痰；比如，不要在盲道上停车；比如，在春游野餐后把你自己的垃圾收好……

“有良心、有道德”就是这样。在工作或学习中，尽量多一些关怀，少一些嘲讽；多一些相互帮助，少一些钩心斗角；多一些光明磊落，少一些蜜语欺骗……“有良心、有道德”就是这样。在社会上，多一些理解，少一些埋怨；多一些责任，少一些逃避；多一些踏实，少一些做作……“有良心、有道德”就是这样。

良心和道德作为社会意识形态之一，是人们共同生活及其行为的准则和规范。它是衡量人们对错的尺度，它是称量人们人格的天平，它是约束人们行为的准绳。因此，做一个有道德的人是自我的要求，是生活的要求，是社会的要求，是国家的要求，是历史的要求。做一个有道德的人是适应建设社会主义和谐社会的历史潮流，是立足于社会的稳固的基石。

人性的弱点

［美］卡耐基◎著　夏诺◎编译

吉林文史出版社
JILINWENSHICHUBANSHE

图书在版编目（C I P）数据

卡耐基：人性的弱点 / (美) 戴尔 · 卡耐基 (Dale Carnegie) 著；夏诺编译 . -- 长春：吉林文史出版社，2016.7

ISBN 978-7-5472-3167-8

Ⅰ . ①卡… Ⅱ . ①戴… ②夏… Ⅲ . ①心理交往 – 通俗读物 Ⅳ . ① C912.1

中国版本图书馆 CIP 数据核字 (2016) 第 124567 号

KANAIJI:RENXINGDERUODIAN

书　　名　卡耐基：人性的弱点

编　　译　夏　诺
责任编辑　吕　莹
封面设计　金刚设计
出版发行　吉林文史出版社
地　　址　长春市人民大街 4646 号　　邮编：130021
网　　址　www.jlws.com.cn
印　　刷　北京凯达印务有限公司
开　　本　889mm×1194mm　1/32
印　　张　8.5
字　　数　206 千
版　　次　2016 年 7 月第 1 版　　2016 年 9 月第 2 次印刷
书　　号　ISBN 978-7-5472-3167-8
定　　价　35.00 元

前言

每个人都是一本耐读的无字天书，都面临一场精彩的大戏，必须尽量地演绎好，因为主角就是你。在那没有预案、没有提示的道路上，只有凭着良知、凭着智慧去摸索属于自己的那片天空。

——戴尔·卡耐基

人，不管他有多么伟大或是多么顽固，都存在着弱点，有着软肋。只要能抓住人性的薄弱环节，就可以攻破他的防线，瓦解他的抵制。

每个人都或多或少的爱慕虚荣和显示自己，这是人性不易克服的弱点。但智者能驾驭虚荣，愚者被虚荣驾驭。

每个人都有恐惧的心理。但是一旦恐惧心理占据上风，就会影响人们的正常生活，引发郁闷、忧愁和失眠等症状。

这是一个到处充满诱惑、充满陷阱的社会，金钱的诱惑，美色的诱惑，名利的诱惑，地位的诱惑，情感的诱惑……正是这些欲望令我们迷失自己，也正是这些欲望的驱使，令人们抛弃了自己的灵魂，抛开一切道德，只为满足自己的私欲，而另一些人则成了这些人满足自己私欲的牺牲品。

人都是有弱点的，欲望越多的人弱点也就越多，陷入深渊的可能性也就越大。

戴尔·卡耐基，20 世纪最伟大的成功学导师，美国现代成人教育之父。他曾当过教师、推销员、演员，但是最终转向了成人教育，并致力于人性问题的研究。他运用心理学和社会学知识，对人性的弱点进行探索和分析，开创并发展出一套独特的融演讲、推销、为人处世、智能开发于一体的教育方式。

他以超人的智慧、严谨的思维，在道德、精神和行为准则上指导万千读者，给你安慰，给你鼓舞，使你从中汲取力量，从而改变你的生活，开创崭新的人生。当今世界最伟大的成功学家在这里与你娓娓而谈，理想会成为现实。

卑怯者叹息沉吟，而勇敢者却面向光明抬起纯洁的眼睛。我们人性中存在着很多弱点，我们有自卑和恐惧的心理，我们每个人的内心都渴望得到别人的关心，我们会嫉妒周围比我们优秀的人才，我们还畏惧批评……这些都是我们的弱点。只要我们知道我们的弱点，我们懂得设法去克服自身的弱点，我们就能成功。

不论你是什么职业、性别、年龄，这部充满力量、充满智慧的书，在生活中一定会给你启迪，使你勇敢地克服自己的弱点，发挥自己的优点，成为人际交往的高手，拥有美好、快乐、成功的人生。

时间终将沉淀记忆，那些该沉下去的东西终将沉下去，该浮出水面的东西总有一天会浮上来！抓得住的抓不住的，留得住的留不住的，是你的终归是你的，不是你的终归要飞走！

你若不能做条大路，那就做条小径；你若不能做太阳，就做一颗星星；不要以大小来决定你的输赢，但要做，就做最好的你！

目录

第一章　平安快乐的要诀

第二章　如何使人喜欢你

第三章 如何赢得他人的赞同

第四章 如何更好地说服他人

第五章　让你的家庭幸福快乐

第六章　如何让你变得更加成熟

第七章　走出孤独忧虑的人生

第八章　不要为工作和金钱而烦恼

第一章　平安快乐的要诀

当今社会，人们生活的压力越来越大，面对日益激烈的竞争和更大的挑战，大家每天忙忙碌碌，要维持生计，要追求事业，要获得成功……在现实生活中，我们不可能时时让悦耳的称赞充斥于耳，而还要面对难听的指责，无情的批评，甚至是恶意的攻击。

身心的疲惫往往使很多人疲惫不堪。可是，在我们每个人的内心都渴望得到他人的赞美、肯定、支持和表扬。但是有时却感到力不从心。

如果我们细心观察，就会发现我们周围有些人为达到自己的目的，颇有绝招，但有些人就是爱中他人之计，与之较真，与之反抗，甚至使之成为自己的一大精神负担与压力。有些人能够每天都高高兴兴地生活，感到自己的一切都很顺利，而有些人则为一些本来可以很快忘记的小事而忧虑，为一些小事情斤斤计较。

人生在世，生命短暂，我们不要为了一些小烦恼而浪费了宝贵的时间。让我们掌握一些开心快乐的技巧吧。

那么平安快乐的秘诀到底有哪些？著名的演讲学家卡耐基先生告诉我们了什么？让我们一起来分享。

※　保持自我本色

在生活中经常会发生这样的事情，看见同事刚从理发店整了个新发型，特别好看，你在赞美同事发型的同时，是不是心里也已经动摇了，暗自发问：我是不是应该是换个发型呢？当瘦腿裤重新流行时，你是不是也会疯狂一下，而没有注意这种裤子并不适合你的体型呢？穿衣与做人一样，要有自己的本色。

由于卡耐基的书在整个美国倍受欢迎，许多出版商纷纷找他约稿，源源不断的稿酬使他积累了许多财富，同时也使他有更多的机会外出度假或从事自由旅行。1938 年 10 月，卡耐基由于工作的劳累，便想外出旅行。富有并没有改变他以往节俭的生活习惯，仍然保持自己的本色，所以，他在游艇上一点也不引人注目。但是他度假的消息还是被电讯社记者知道了，便尾随而来。记者们先到一等舱去寻找卡耐基先生，然而他们失望了，他们发现几个有着富翁模样的人，但都不是他想要找的卡耐基。记者终于在二等舱的餐厅里遇见了正在进餐的卡耐基，赶紧抓拍几张快照后，便上去与卡耐基交谈起来。令记者感兴趣的是他吃得并不算很丰盛，虽然他很富有。卡耐基微笑着说道："节约是一种美德，也是我的一个重要致富方法。我有了钱，并不会去浪费，即使我拥有全世界的财富，我也不会多浪费一分一毫。"这种精神在卡耐基的一生中都得以保持，直至他逝世时。卡耐基先生一生一直保持着他节俭的作风。

卡耐基说："让我们不要模仿别人。让我们找到自己，保持本色。"模仿的结果是强迫自己的语言、表情、形态等外在行为发生变化，尽量和心中偶像保持相同，但不管你模仿的如何逼真终归是假，人们喜欢用惺惺作态、装腔作势来形容模仿者。任何一个成功人士的经验表明，要想成功，只有保持自我本色，而不应该让自己变成任何其他人。

爱默生也在他的随笔《自我信赖》中写道："一个人总有一天会明白，嫉妒是无用的，而模仿他人无异于自杀。因为不论好坏，人只有自己才能帮助自己，只有耕种自己的田地，才能收获自家的玉米。上天赋予你的能力是独一无二的，只有当你自己努力尝试和运用时，才知道这份能力到底是什么。"

在这个世界上，我们每个人都是独一无二的。我就是我，我们无须按照别人的眼光和标准来评判甚至约束自己，我们也无须总是效仿别人，保持自我的本色，做一个真正的自己，这是最重要的。

一个人抹掉自我本色等于“慢性自杀”。试想，一个人抹掉自我本色那意味着什么？意味着跟着别人的屁股后面跑，这样把别人的特色误以为是自己应该追求的东西，这样多半是不能成大事的，即使成了大事，也是没有自己的特色。学习别人长处，汲取别人的成功经验和失败教训，演义自己精彩的人生，这本是一件好事，也值得称颂，但是学习不能囫囵吞枣，应噎废食，更不要照搬模仿，要知道所有的成功和教训都是属于别人的，不是属于你的，你也无法学到，无法领会到其中的奥妙。世界是多姿多彩的，每个人都有自己的用武之地，应该尽量利用大自然所赋予你的一切，去创造属于自己的精神财富。

很多人在求职应聘时，所犯的最大错误就是不能保持本色。他们不以真面目示人，因为不能完全地坦诚而给对方一种不好的印象。这样的做法却使面试官生厌。因为没有人要伪君子，也从来没有人愿意收假钞票。有些人虽然表面上谦逊恭谨，笑容可掬，可是一旦登上宝座后，就露出了伪善的狐狸尾巴。但是事实证明假的真不了，真的假不了。

模仿其实是一种自卑心理，缺乏自信心的表现，是想引起人们的广泛关注，但是所获得的馈赠却是鄙视的眼神。现在有些年轻人试图通过学习和模仿别人来改变自己，以树立自己在社会公众中的形象，让自己变得酷或美，完全迷失了自我，成为新时期文化上的蛀虫。

在这个世界上，每个人都有自己存在的价值，大树有大树的作用，小草有小草的价值，如果要想成功的话，就必须收起的假面具，保持自己的本色，做一个真实的自我。

卡耐基有句忠告：寻找自我，保持本色，大凡成功的人都如此。

我们每个人在这世上都是个充满个性的个体。以前既没有像你一样的人，以后也不会有。

我们自己是这个世界上唯一的一个崭新的、独一无二的自己。不管好坏，我们只有好好经营自己的小花园，我们只有在生命的管弦乐中演奏好自己的一份乐器，才会活出自己的本色。一个人的成就大小，不是看他的能力和智商的高低，而是看他有没有将自己的个性充分展示出来，因为只有风格才能使你与众不同。也就是说：只有充分展示个性才能使你鹤立鸡群。

※ 改变不良的工作习惯

你是不是也出现过这样的感受，对着满满的一桌资料，却不知道该如何下手。心里总是感觉有做不完的事情，却没有一个做事的思路。这时的你该怎么办呢？就请尝试一下把课桌收拾整齐，把所有的文件放起来，把重要的事情和紧急的事情放到桌面上，琐碎的小事先暂且搁置到抽屉里，再试试现在的感觉，一定感到轻松了很多吧。你也一定从中感受到良好的工作习惯多么重要，那就积极行动起来吧，向不良的工作习惯告别。

公司领导者要求卡耐基提供能用于工作上的领导技能，因此卡耐基十分注重对领导能力的研究。在一次上课时，卡耐基在黑板上写下了英国诗人波普的名句：“秩序是造物者的第一法则！”他告诉学生们，这是悬挂在华盛顿国会图书馆顶棚上的几个大字。然后，一言不发地坐在一边，等待有人来解释。

这时候，罗兰·威廉斯站了起来，他说道：

“当我面对一张摆满回复信件、报告、备忘录的办公桌时，我就感到紧张、忙乱、烦恼。更糟的是，我满脑子惦记着：‘事情太多，时间太紧’，我感到疲倦，长此以往甚至怀疑患有高血压、心脏病和胃溃疡。”

“有的人书桌上堆满了各种资料。如果他能把那些次等重要的东西全部收拾起来，他将会发现处理工作可以更轻松、更正确。我称之为家务料理，这是我的经验！”

“某报发行人告诉我，他的秘书清理他的一张办公桌时，竟然发现了两年前遗失的一台打字机。”

最后一个笑话，引来了满堂喝彩。卡耐基也站起来，连声夸耀，并接着说道：

“我本来决定让大家多说，自己少说几句话。但是这种轻松的故事使我想起了精神病医生威廉·沙特拉博士告诉我的一个故事，我把它讲出来供大家分享！”

学生们饶有兴趣地听着卡耐基引述的故事：

“芝加哥某大公司的总经理，患了严重的神经衰弱症，向沙特拉博士求医。”

“正在说话的时候，电话铃响了，医院有事找博士。他马上处理，刚放下话筒，另一部电话又响了，只好离席去接电话，又是很紧急的事，不久，又有位同事找博士征询对某一重病号的处置意见。博士只好把客人干晾在一边长达十分钟之久。当博士向总经理先生致歉时，奇迹出现了。”

“总经理回答说：‘没关系，没关系！’医生，从你的身上我一下子找到了自己的病根。回公司后，我将立刻改变自己的工作习惯。对了，临走前，可否让我看一下你的办公桌抽屉？”

“博士打开抽屉，里面只有一些纸笔之类的事务性用品，而且少得可怜！总经理疑惑地问道：‘你未处理完的文件呢？未回的信函呢？’

博士说：‘全都办完了！’”

“六个星期后，那位总经理盛情地邀请博士到他公司参观，他完全变样了，全身上上下下没有一点儿不适之处。他特地打开抽屉，对博士说：‘以前，我有两间办公室和三张办公桌，抽屉里堆满了未处理的文件，但既无暇也无心去处理它们。自从和你作一席谈之后，我即将那些旧文件或报告书，全部作了清理。现在，我只用一个办公桌，工作一来立即处理，绝不拖延积压。所以，现在我已全无因延滞工作而带来的紧张感和烦恼。’”

卡耐基说过：“人不会因为过度劳累而死，却会放荡和忧烦而去。”“没有人能永远按照事情的轻重程度去做事。但按部就班地做事，总比想到什么就做什么要好得多。”“不要忘记，快乐并非取决于你是什么人，或你拥有什么，它完全来自于你的思想。”

豪威尔先生曾经是美国钢铁公司的董事。起初，开董事会总要花很长的时间——在会议里讨论很多很多的问题，达成的决议却很少，结果，董事会的每一位董事都得带着一大包的报表回家去看。后来，豪威尔先生说服了董事会，每次开会只讨论一个问题，然后做出结论，不耽搁、不拖延。这样所得到的决议也许需要更多的资料加以研究，也许有所作为，也许没有，可是无论如何，在讨论下一个问题之前，这个问题一定能够达成某种决议，结果非常惊人，也非常有效。所有的陈年旧账都清理了，日历上干干净净的，董事也不必再带着一大堆报表回家，大家也不会再为没有解决的问题而忧虑。

这就是好习惯使人终身受益的道理。卡耐基也说过：“人并非生来就具有某些恶习和不良习惯，而是后天慢慢养成的。对于我们的生活和事业来讲，有些习惯虽然不好，但它可能无碍大事，不会产生直接的冲突和严重危害；而有些则是我们获得幸福与成功的大敌。对于后者，我们应该努力改正，并坚决摒弃，否则，这些恶习会影响我们终生。”

西北铁路公司总裁罗兰·威廉斯说过：“那些桌上老是堆满东西的人会发现：如果把你的桌上清理干净，只保留与手头工作有关的东西，这样会使你的工作进行得更加顺利，而且不会出错。我把这一点称为好管家，这也是迈向高效率的第一步。”

白手起家的查理·鲁克曼经过12年的努力后，终于被提升为派索公司总裁一职。当问及他成功的经验时，鲁克曼说：“就记忆所及，我每天早晨5点起床，因为这一时刻我的思考力最好。我计划当天要做的事，并按事情的轻重缓急做好安排。”

全美最成功的保险推销员之一弗兰克·内特格，每天早晨还不到5点钟，便把当天要做的事安排好了——是在前一个晚上预备的——他定下每天要做的保险数额，如果没有完成，便加到第二天的数额，以此推算。

很多时候，恐怕我们并没有弄清楚“忙”的真正意义。“忙”应该是在特定的时间段中朝着特定的目标进行不断努力地生活状态，忙碌可以使我们的生活充实，但是如果只是为了向别人表明“自己很重要”而去忙，那就失去了真正的含义。人很容易掉到自己给自己设置的陷阱里面去，通常这个陷阱都是由虚荣所造成的。

“一寸光阴一寸金”，很多人明白这个道理，只有高效利用时间，不让时间白白流逝才是最重要的。但是，人往往具有某些恶习和不良习惯，但是这并不是生来就有，而是后天慢慢养成的。因此，我们应该努力改正，并坚决摒弃，否则，这些恶习会影响我们终生。要想养成良好的工作习惯，需要做到以下几点：

1. 改变不良工作习惯

改变不良的工作习惯，要做到今日事今日毕，切忌今天拖明天，明天拖后天，导致最后一事无成。

2. 收拾干净办公桌

这样既可以使你心情舒畅，还可以知道自己到底有多少工作要处理，已经处理了多少，还有多少，做到心中有数。

3. 做事要分轻重缓急

重要的事情先处理，小的事情后处理，这样使有限的时间得到最合理地利用。

※ 学会放松，解除疲劳

大多数人都会出现这样的情况：在午餐桌上，还会看见他眉头紧锁，想着工作中还有一个问题没有解决，然后又是急匆匆地吃完饭，就跑回办公室。晚上回家，还是皱着眉头，想着明天有很多事情等着他去做，这种状态一直持续到睡觉，或许睡觉他也在思考。这样没有多久，他就觉得累了。事实上有句古话，会休息的人才会工作。这句话告诉我们，我们要学会轻松，解除疲劳。

卡耐基对他的学生们讲过这样一个的故事：

有一个居住在缅因州的人，他有一个“不幸”的儿子。儿子爱玩，邻居孩子爱学；儿子爱惹事，邻居的孩子常受到校方的嘉奖；儿子考试成绩不理想，邻居的孩子每次考试都是A。如此鲜明的对比，使得做父亲的大觉丢脸，他常常斥责儿子：人家与你同岁，却那么让人喜爱，而你却是这么一副没出息的样子！

儿子挨骂过了，也就习以为常了。可他居然想着办法来反击父亲。一天，他父亲正在收看州长发表的电视演说，儿子就斗胆对父亲说：

“看看，你不是和州长一般大的年纪吗？人家都当州长啦，你呢，还是一个小职员。”

这句话，让做父亲的下不了台。父亲气得怒发冲冠。

卡耐基的学生们听到这里，都会心地笑起来。

卡耐基又继续讲下去：

后来这位父亲静下心来仔细地想了一想，觉得儿子的调皮话也不无道理。他想：我一直要求儿子像别人那样，可我这个做父亲的又何尝不是一位凡夫俗子呢？虽然儿子学习成绩不好，但他获得了少年的欢乐，这不也挺好吗？我没有权，没有钱，这是真的。但是，我每天的生活都充满了阳光，这不是很值得安慰的吗？

儿子的一句调皮话，使这位父亲发现了他自己不曾拥有的东西。

“所以还是轻松些”，卡耐基最后说，“轻松下来，建立属于自己的新的生活状态。多看看自己的优点，比一比别人，原来别人有时也在学你。轻松些，并不是意味着沾沾自喜，狂妄自大，唯我独尊，而是不要钻牛角尖，不被生活中的那些无谓的烦恼所困惑。只要你自己在人生的道路上认认真真地走下去，你就无愧于自己，也无愧于身边的世界。”

卡耐基还说过：“一个坐着工作的人，如果他的健康状况良好的话，他的疲劳完全来自心理因素，也就是受情感的影响所致。得不到欣赏、孤立无助、过于匆忙、焦急、忧虑，这些感觉都会导致人精疲力竭。”

波普先生是位生意人，赚了几百万美元，而且也存了相当多的钱，但是似乎他从来就没有轻松过。波普刚刚下班回到家里，踏入餐厅中。餐厅中的家具都是桃花心木做的，十分华丽，有一张大餐桌和六张椅子，但他根本没去注意它们。他在餐桌前坐下来，心情十分烦躁不安，于是他又站了起来，在房间里走来走去。他心不在焉地敲敲桌面，差点被椅子绊倒。他的妻子这时候走了进来，在餐桌前坐下。他打了声招呼，然后开始用手敲桌面，直到一名仆人把晚餐端上来为止。他的两只手就像两把铲子，不断把眼前的晚餐一一铲进嘴中。吃完晚餐后，波普立刻起身走进起居室去。起居室装饰得十分美丽，有一张长而漂亮的沙发，华丽的真皮椅子，地板铺着高级地毯，墙上挂着名画。他把自己投进一张椅子中，几乎在同一时刻中拿起一份报纸，匆忙地翻了几页，急急瞄了一瞄大字标题，然后，把报纸丢到地上，拿起一根雪茄。波普一口咬掉雪茄的头部，引燃后吸了两口，便把它放到烟灰缸去。他突然跳了起来，走到电视机前，扭开电视机，等到影像出现时，又很不耐烦地把它关掉。他大步走到客厅的衣架前，抓起帽子和外衣、走到屋外散步。

波普这样子已有好几百次了。虽然他在事业上十分成功，但却一直未学会如何放松自己。他是位神经紧张的生意人，并且把他职业上的紧张气氛从办公室里带回家里。波普老先生之所以落下这种神经紧张的毛病，就是因为他不懂得掌握松弛自己的秘诀。

卡耐基说过：“我们所感受的疲劳，绝大部分是由于心理因素的影响而导致的。纯粹由生理原因引起的疲劳，其实非常少见。”

那么，怎么才能消除精神疲劳呢？要在学习和工作的时候放松自己！

卡尔在一家公司销售汽车。由于在业务上的突出成绩，进这家公司才一年多，就被老总提拔为销售部经理。自从升为高级主管后，卡尔工作更加勤奋了，事必躬亲，每天忙得四脚朝天。有一天中午快下班的时候，老总叫卡尔中午去吃饭。卡尔去办公室想收拾一下，没想到又被一些事情耽误了，下楼的时候已经十二点过五分了。老板的奔驰车已经在发动，准备开走了。他跑过去对老总说：“抱歉，老板，刚才我又听电话又送传真的，电话很多。”“吃饭都跟不上，你还能做什么？”老总打断他的话，严厉地说，“放下！你没那么伟大，我说十二点吃饭你就得把它放下。”

那一顿饭，卡尔吃得疙疙瘩瘩，虽然表面若无其事，心里却很委屈，心想我这样为公司卖力，难道也错了吗？

过了一段时间，公司组织了一次旅游，大家来到一个名山古刹。同事们嘻嘻哈哈四处探奇，可是卡尔心里还一直在想着临行前手头没处理完的一大堆事务，还在考虑接下来要怎么做才能保证不会让整个部门的业绩下降，不知不觉地转到了后禅院。

忽然，卡尔看到一个身披袈裟的大师，举着一碗菜，对着一只狗大喊：“放下！放下！”他大为惊奇：“师父，这只狗的名字叫‘放下’吗？”大师说：“是的。”卡尔更诧异了：“人家的狗都叫小黑、小白、来福什么的，你的狗怎么叫放下？”“你以为我在叫它呀？其实我是在叫我自己。”大师笑着说，“我每天都这样叫自己放下，每天晚上收起脚上床后就打算第二天起不来了，这样该放下的东西也就要放下了。”

大师的话让卡尔突然一阵警醒，是啊，一个人永远不可能做完所有的事，世界上也没有做得完的事。一个真正有成就的人，做事要看大目标，不能天天只看小问题。就像游泳一样，要一边游一边抬头看目标，不要闷着游，撞了墙才知道痛。

后来，卡尔调整了自己的工作方式，教会每一个部下每天做好所有分内的事，而他只掌握大原则。卡尔终于有时间悠闲地端着咖啡上楼下楼了。

专家研究表明：仅仅是辛勤的工作很少会导致疲劳，尤其是那种经过休息或睡眠之后，都不能接触的疲劳。只有忧虑、紧张、心慌才是导致疲劳的三大原因，而我们却常常以为是身体或精神的操劳引起的。

卡耐基也认为：忧虑、紧张和情绪不安，是产生疲劳的三大因素。通常我们认为是由于操心劳力所产生的疲劳，实际上都可以归咎于这三个原因。请放松你那紧张的肌肉，放松你那正在工作的肌肉，储备好你的体力，以应付更重要的责任。

英国著名的精神病理学家哈德菲尔德在其《权力心理学》一书写道："大部分疲劳的原因源于精神因素，真正因生理消耗而产生的疲劳是很少的。"尤其是经过休息之后都不能解除的疲劳——忧虑、紧张、心乱才是导致疲劳的三大原因。大多数疲劳现象源于精神或情绪的态度；健康良好而常坐着工作的人，他们的疲劳 100% 是由于心理因素，或是我们所说的情绪因素。

紧张是一种习惯，放松也是一种习惯。要追求事业的成功，就要学会放松。我们怎么样学会放松呢？

1. 随时保持轻松。

懂得一点瑜伽术的人说过，要想精通"松弛术"，就要学学懒猫，大家从未见过疲倦的猫，或精神崩溃的猫。

2. 尽量在舒适的情况下工作。

身体的紧张会导致肩痛和精神疲劳。

3. 每天要坚持自省。

坚持自省，可以检验实行的成效，这样会使你养成一种自我放松的习惯。

※ 使自己的工作变得有意义

大家都知道，人生最大的乐趣就是做自己喜欢做的事情。歌唱家能从他自己的歌声中找到乐趣，画家能从他的画中感受到生活的美。

那么，我们如果能从工作中找到乐趣的话，那么我们的生活将非常美好，因为我们每天都要面对自己的工作。

一天晚上，卡耐基与朋友们聚会。一位曾是他学生的顾立区董事长问他最近是否有新的成就时，卡耐基端着酒杯满怀信心地说，不久的将来，他会出版另一本关于公共演说的书。这时宴会上一片欢腾，大家纷纷举杯向可爱的卡耐基庆祝，并要求出版后能一睹为快，卡耐基愉快地答应了。朋友散去之后，卡耐基看着写字桌上的那本初稿默默地沉思，为自己十一年心血和智慧而写成的书稿感到喜悦。

1926年，他自己编写的书在各方面的努力下终于出版了。这还是一本教科书，名字叫《公众演说——商用课程》。这本书的出版为卡耐基的教学又提供了走向未来成功的一步。历经数年，卡耐基的名声越来越响，人们对他的学说也表现出越来越接受的态度。

试想，如果卡耐基把传授演讲艺术当作一种枯燥的工作，当作一件重复性的工作，那么他也不会从他的工作中体会到乐趣，也不会取得如此巨大的成就。他深深地体会到自己工作中的乐趣，并且把自己的工作变成了有意义的事情。

卡耐基说过：“能做他们喜欢做的事情的人，是最幸运的人。这种人之所以幸运，就是因为他们的体力比别人更充沛，情绪也更快乐，而忧虑和疲劳却比别人少。”

艾莉丝小姐是位打字员。这天晚上，艾莉丝回到家里时，已经筋疲力尽了。头痛、背痛，疲倦得连饭也不吃就想上床睡觉。她的母亲再三动员，才勉强坐到桌前。正在这时，电话铃响了。是她的男朋友打来的，约她出去跳舞。她的眼睛突然亮了，精神顿时振奋起来。她冲上楼去，换上那套心爱的天蓝色衣裙，一阵风似地冲出了家门。她一直跳到半夜才回来，不但不再感到疲倦，甚至兴奋得不想睡觉了。

八小时前她是那么疲惫不堪；八小时后，又是这般精神焕发，她是真的那么疲劳吗？是的。但这不是由于工作的劳累，而是由于对工作的厌烦。心理因素的影响，往往比肉体劳动更容易产生疲劳。

卡耐基还说过："你对自己的工作感到厌烦吗？那你为什么不跟自己玩一个'假装'的游戏，试着让自己喜欢它？那么你会从中获得意想不到的成就。"

卡耐基在加拿大矶山路易西湖畔度假，钓了好几天的鲑鱼。要穿过比人还高的树丛，跨过横七竖八的树枝，爬过很多倒下来的老树，但一点也不感到疲倦。为什么呢？因为钓鱼正是他的兴趣所在。如果觉得钓鱼是一件令人烦闷的事，那他恐怕早就会为了在那海拔七千英尺的高山上奔波而感到筋疲力尽了。

你兴趣所在的地方，也正是你能力所在的地方。如果你对自己的工作不感兴趣，你必须打起精神，想办法使自己的工作变得有意思。

哈南·霍华使一个没有意思的工作变得很有意思，以致完全改变了他的生活。他当时的工作的确没有意思，就是在高中的福利社里洗盘子、擦柜台、卖冰淇淋，而别的男孩子们却在玩球或是跟女孩子约会。可以想见，他是不喜欢这个工作的，但又不能不做。于是，他便利用这个机会来研究冰淇淋是怎样做成的，里面有些什么化学成分。结果使他成了高中化学课程的奇才。他对食物化学特别有兴趣，后来便进了麻萨诉塞州州立大学，专门研究食物与营养。最后还赢得了纽约的可可公司举办的可可和巧克力应用论文比赛的头奖。

所有员工的共同之处都在于，他们的工作内容要既能激发他们又能满足他们。也就是说工作要满足他们较高层次的需求。例如，商店里的店员，如何激发他们的热情，从而使他们感到他们的工作有意思呢？如果工作使员工有机会取得成绩、负担责任、得到成长和晋升，那么员工们就会有热情，就会对现有的工作感兴趣。

还记得无线电新闻分析专家卡腾堡吧？几年之前，年轻时的卡腾堡真是穷愁潦倒，分文不名。好不容易找到一份推销立体观测镜的差事。你知道这种立体观测镜吗？就是用两张相同的照片，透过观测镜的两个镜头，叠合成一张立体照片。卡腾堡开始在巴黎推销这个玩意的时候，觉得一点意思也没有。可是，他却成了一个十分出色的推销专家。他告诉卡耐基："我依靠的只有一点，就是决心使它变成有意思的工作。"他每天出门前，总是对着镜子给自己打气说："既然你非做不可，干吗不做得高兴一些呢？当你按人家的门铃时，干吗不假想自己是一名出色的演员，很多观众都饶有兴趣地看着你呢？"

做的东西只有引起自己的激动才能够使工作充满了乐趣，从而才能够有意思起来，从而才能够"可持续"。这个不应该教条化理解，我们的生活应该有无数的澎湃。

※　活在今天的方格中

你曾经买了一件很时髦的衣服却舍不得穿，郑重得供奉在衣柜里，许久之后，当你再看见它的时候，却发现它已经过时了。你买了块漂亮的蛋糕却舍不得吃，郑重得把它供奉在冰箱里，许久之后，当你再看见它的时候，却发现它已经过期了。生命也有保存期，想做的事情该趁早去做。如果你只是把你的心愿郑重得供奉在心里，却未去实行，那么唯一的结果就是与它错过。

"我发现造成疲倦的主要原因，也是几乎所有人都相信愈是困难的工作，愈是要有一种用力地感觉。我也是如此，一旦走进货车专卖柜就集中精神，就皱眉头，耸起肩膀，要所有肌肉都来'用力'，进而使自己疲惫不堪！”卡耐基躺在床上，这样分析自己。

最后，在灯光下，卡耐基画出了自己的人生。他在一张白纸上写出了这样几个命题：

1. 用铁墙把过去和未来关闭，生活在“今天”的框框中。

2. 令我烦恼、忧郁的问题是什么？有何对应之策？怎么做？

3. 如果我把忧虑的时间，用来寻找事实，那么我会得到什么？我的梦想呢？

戴尔·卡耐基此刻在不停地写呀、画呀，夜深人静，一盏孤灯，他处身于若有若无的未明之境中，心境清静无比。直到破晓的时刻，卡耐基找出了自身的缺点及症结所在，一线曙光在他心头照亮！

卡耐基说过：“我们的命运完全取决于我们的心理状态。当你饱受各种烦恼困扰，整个人的精神都紧张不安的时候，我应该大胆地告诉你，你完全可以凭借自己的意志力，来改变你的心境。”

李寇克说过这样一段话：“我们人生的旅程是多么奇妙啊！小孩子老是说：‘等我长大了吧！’大男孩说：‘等我成年了吧！’成年后，他又说：‘等我结了婚了吧！’等他真的结了婚又怎样吧？他又想：‘等我退休吧！’终于，他退休了。当他回顾来处，心中不免涌上一股寒意，因为他已错过了人生中的一切，什么都没抓住。我们总是太晚才认清生命就是生活，就是每一天，每一小时。”

下面是关于奥斯勒爵士的故事。奥斯勒爵士创立了美国医学界最有名的约翰霍普金斯医学院，并获得英国国王颁授爵位。他永远不会忘记他在 1871 年所看到的二十几个字是：我们的首要之务，并不是遥望模糊的远方，而是专心处理眼前的事务。大家肯定认为，像他这样的名教授，又是医学院的创办人，大家一定认为他的能力应该是超人一等。多年后的一个春天，奥斯勒士在耶鲁大学向学生演说。他强调这是绝对不正确的。他告诉学生们，其实他资质平庸。他认为完全归功于那 20 几个字，清楚地提醒他要活在今天的方格中。

在演说前的几个月，奥斯勒曾搭船横渡大西洋。他注意到船长室有一个按钮，按下后会使所以舱内立即封闭，此隔绝以防止水涌进其他船舱。他开始对学生说："你们在座的每一位，都是比轮船更精密的个体，而且有更遥远的航程。我督促各位在人生旅途上航行要确保航行安全，务必要学会活在今天的方格中。"记得要按下您心中的那个按钮，跟已逝的过去隔绝，并再按一次钮，与不可知未来隔绝，专心的把今天活好。

奥斯勒的意思是如果我们想要为明天作最佳准备，就要将自己所有的智慧、能力与热忱，积极地投入在今天该做的事务中。

有人说："人们常为昨天与明天的面包涂果酱，却总忘了为今天的面包涂抹。"人性中有一种悲剧倾向，就是希冀未来。我们向往着地平线那一端的神奇玫瑰，却无法欣赏自己窗前盛开的野花。

卡耐基说："我们内心的平静和我们从生活中所得到的快乐，并不取决于我们在那里，或我们有什么，或我们是什么人，而只取决于我们的心境如何，外在条件并没有多大的影响。我们应该竭尽全力消除思想中的错误想法，这比割除身体上的肿瘤和痈疮更加重要。"

生命流失得非常快，"今天"是我们最珍贵的遗产，也是唯一确定拥有的资产。"我们的首要之务，并非遥望模糊的远方，而是处理眼前的事务。"想想今天一去不复返，那么我们更应该把握今天。

※　不要对敌人心存报复

你是不是还为朋友几年前说的一句让你不开心的话而耿耿于怀？甚至每天都在想这件事，并且试图找个机会，好好地报复朋友一下。朋友试想一下，这样值得吗？你每天都会问自己，我是像他说的那样不好吗？我真的有那么多缺点吗？我什么时候才有机会报复他呢？我们每天这样折磨自己，是不是很辛苦呀？那就听从劝告，不要对敌人心存报复了。

卡耐基的童年是不幸的，到了高中后，也一直受到同学的欺负，但是他从来没有想过要去报复，以至到开始当推销员时时，面对老板说过的挫败的话，他也没有想过要报复。

卡耐基认为，如果我们的仇人知道他们是如何让我们担心，让我们烦恼，让我们一心只想报复的话，他们一定会高兴得手舞足蹈。我们心中的恨意完全伤害不到他们，可是却使我们的生活变成了地狱。要是自私的人想占你的便宜，就不必理睬他，更不必报复他，当你想跟他扯平的时候，你对自己的杀害，远比对那家伙的杀害更多。怨恨之心甚至会毁坏我们享受食物的美味。“怀着爱心吃蔬菜，也会比怀着怨恨吃牛肉要好得多。”

基斯廷在几年前的一个晚上去游览黄石公园。当时他与其他几名观光客一起坐在露天座位上，面对着茂密的森林，共同期待看到森林杀手灰熊的出现。灰熊走到森林旅馆丢出的垃圾中找食物吃。骑在马上的森林管理员告诉大家，灰熊在美国西部几乎所向无敌，也许只有美洲牛和阿拉斯加熊例外。但当时，他们却发现有一只动物，而且是唯一的一只，跟着灰熊走出森林，并且灰熊还容忍它在旁边分一杯羹，它是一只很臭的鼬鼠。灰熊当然知道只需一掌就能毁掉它，但它之所以没去做，是因为经验告诉它划不来。

灰熊都明白不要报复别人这个道理。

莎士比亚说过："不要让仇恨的怒火太旺以至烧到自己。"让我们不要向敌人报复，因为报复使我们伤害自己比伤害别人更多。

乔治在维也纳当了很多年律师，但是在第二次世界大战期间，他逃到瑞典，一文不名，很需要找份工作。因为他能说并能写好几国语言，所以希望能够在一家进出口公司里，找到一份秘书的工作。绝大多数的公司都回信告诉他，因为正在打仗，他们不需要用这一类的人，不过他们会把他的名字存在档案里……不过有一个人在给乔治的信上说："你对我生意的了解完全错误。你既错又笨，我根本不需要任何替我写信的秘书。即使我需要，也不会请你，因为你甚至于连瑞典文也写不好，信里全是错字。"

当乔治看到这封信的时候，简直气得发疯。于是乔治也写了一封信，目的要想使那个人大发脾气。但接着他就停下来对自己说："等一等。我怎么知道这个人说的是不是对的？我修过瑞典文，可是并不是我家乡的语言，也许我确实犯了很多我并不知道的错误。如果是这样的话，那么我想得到一份工作，就必须再努力学习。这个人可能帮了我一个大忙，虽然他本意并非如此。他用这种难听的话来表达他的意见，并不表示我就不亏欠他，所以应该写封信给他，在信上感谢他一番。"

于是乔治撕掉了他刚刚已经写好的那封骂人的信，另外写了一封信说："你这样不嫌麻烦地写信给我实在是太好了，尤其是你并不需要一个替你写信的秘书。对于我把贵公司的业务弄错的事我觉得非常抱歉，我之所以写信给你，是因为我向别人打听，而别人把你介绍给我，说你是这一行的领导人物。我并不知道我的信上有很多文法上的错误，我觉得很惭愧，也很难过。我现在打算更努力地去学习瑞典文，以改正我的错误，谢谢你帮助我走上改进之路"。

不到几天，乔治就收到那个人的信，请乔治去看他。乔治去了，而且得到一份工作。乔治由此发现“温和的回答能消除怒气”。

当我们怨恨时，其实是给了对方控制我们自己的机会。他能够控制我们的胃口、血压、睡眠和健康，甚至心情。他控制了我们整个人的情绪，以及我们的喜怒哀乐，我们的生活都会被对方弄得很糟糕。相反，如果我们能够谅解对方，能够从宽容对方，我们就能从中体会到欢乐，和从未有过的轻松。

1918 年，密西西比州的松树林里一场极富戏剧性的事情，差点引发了一次火刑。一个黑人讲师苏伦斯·琼斯，差点被烧死了。苏伦斯·琼斯在 1907 年毕业于爱荷华大学，他那纯良的性格和学问，以及他在音乐方面的才能，使得所有的教师和学生都很喜欢他。毕业以后，他拒绝了一个旅馆留给他的职位，也拒绝了一个有钱人愿意资助他继续学音乐的计划，原因是他非常热爱教育事业。

发生这场变故的原因是一大群白人在教堂的外面，听见劳伦斯·琼斯对他的听众大声地叫着：“生命，就是一场战斗！每一个黑人都要穿上他的盔甲，以战斗来求生存和求成功。”于是告他激起种族叛变。这些年轻人趁夜冲出去，纠集了一大伙暴徒，回到教堂里来，拿一条绳子捆住了这个传教士，把他拖到一英里以外，让他站在一大堆干柴上面，并燃亮了火柴，准备一面用火烧他，一面把他吊死。这时候，有一个人叫起来：“在我们烧死他以前，让这个喜欢多嘴的人说话，说话啊！”劳伦斯·琼斯站在柴堆上，脖子上套上绳圈，为他的生命和理想发表了一篇演说。劳伦斯·琼斯告诉那些愤怒的人，等着要烧他的人，他所做过的各种奋斗—教育那些没有上过学的男孩子和女孩子，训练他们做好农夫、机匠、厨子、家庭主妇。他谈到一些白人曾经协助他建立这所学校—那些白人送给他土地、木材、猪、牛和钱，帮助他继续他的教育工作。

当时劳伦斯·琼斯的态度非常诚恳，也令人感动。他丝毫不为自己哀求，只希望别人了解他的理想。那一群暴民开始软化了，最后，人群中有一个曾经参加过南北战争的老兵说："我相信这孩子说的真话，我认得那些他提起的白人，他是在做一件好事，我们弄错了，我们应该帮助他而不该吊死他。"

后来当有人问起劳伦斯·琼斯会不会恨那些把他拖出来准备吊死和烧死他的人？他回答说：他忙着实现他的理想，没有时间去恨别人——他在专心地做一些超过他能力以外的大事。没有时间去跟人家吵架。他说："我没有时间可以后悔，也没有哪一个人能强迫我低下到会恨他的地步。"

因此，我们没有必要因为我们的敌人而浪费我们不应该浪费的时间。相反，如果我们的敌人知道我们每天都在为他们而活着，为他们而做着我们现在做的每一件事情，他们会多么高兴呀？他们会暗自叫好，拍手偷笑。当我们为了向敌人报复，而不幸患上心脏病时，当我们的身体一天天憔悴下去的时候，我们的敌人又是多么高兴呀？因此，即使我们没法爱上我们的敌人，最起码我们也应该爱自己，不能让我们的敌人控制住我们的幸福、健康和容貌。

※ 不要指望别人感激你

当你把办公室打扫干净了的时候，把大家的垃圾都倒了的时候，你是不是期望别人感激你呀？是不是希望别人对你说声谢谢？如果别人没有这样做，你是不是很生气呀？千万不要生气，你要记住，人们都是健忘的，不要指望别人感激你。

在卡耐基很小的时候，家人每一天晚上都会从圣经里面摘出章句或诗句来复习，然后跪下来一起念“家庭祈祷文”。他现在仿佛还听见，在密苏里州一栋孤寂的农庄里，他的父亲复习着耶稣基督的那些话：“爱你们的仇敌，善待恨你们的人；诅咒你的，要为他祝福；凌辱你的，要为他祷告。”当卡耐基离家之后，每年的圣诞节总会寄一张支票给父母，让他们买一点比较奢侈的东西。可是他们很少这样做，当他每个圣诞节前几天回到家里的时候，父亲就会告诉他又买了一些煤和杂货送给镇上一些“可怜的女人”——那些有一大堆孩子却没有钱去买食物和柴火的人。他们送这些礼物时也得到很多的快乐——就是只有付出，而不希望得到任何回报的快乐。他的父亲和母亲从来没有到那里去看过，或许也没有人为他们所捐的钱谢过他们——除了写信——可是他们所得到的报酬却非常丰富，因为他们得到帮助孤儿的乐趣，而并不希望或等着别人来感激。

卡耐基的父亲做到了这些，也使他的内心得到一般将官和君主所无法追求的平静。

卡耐基认为：“让我们永远不要去试图报复我们的仇人，因为如果我们那样做的话，我们会深深地伤害了自己。让我们像艾森豪威尔将军一样，不要浪费一分钟的时间去想那些我们不喜欢的人。”马尔是一个商人。十个月前发生了一件让他非常生气的事情。他发给 34 位员工一共 10000 美元的年终奖金，但没有一个人感谢他。“我实在很后悔，”他很尖刻地埋怨说，“应该一毛钱都不给他们的。”其实，他不应该这样生气。而应该扪心自问：为什么没有人感激他？也许他平常付给员工的薪水很低，而派给他们的工作却太多；也许他们认为年终奖金不是一份礼物，而是他们花劳力赚来的；也许他平常对人太挑剔，太不亲切，所以没有人敢或者愿意来谢谢他；也许他们觉得他之所以付年终奖金，是因为大部分的收益得拿去付税。

还有路易丝。路易丝常常因为孤独而不停地埋怨，她的亲戚里没有一个人愿意接近她。如果你去拜访她，她就会连续几个钟头不停诉说她做的各种好事。她会花几个钟头喋喋不休地告诉我，她侄儿小的时候，她是怎样照顾他们的。他们得了麻疹、百日咳，都有是她照看的，他们跟随她住了许多年，还资助一位侄子读完了商业学校，直到他结婚前，他们都住在她家。

她扶助过的侄子偶尔会来看看她，只是为了责任感。可是他们都很害怕来看她，因为他们知道必须坐在那儿好几个小时，听她拐弯抹角地骂人，还得听她那没完没了的埋怨和叹息声。后来这个女人无法威逼利诱她的侄子再来看她的时候，她还有一个“法宝”：心脏病发作。她是不是真发心脏病呢？是的，医生说她有一个“很神经的心脏”，才会发生心脏亢进症。可是医生们也说，他们一点办法也没有，她的问题完全是情感上的。

这个女人所真正需要的是爱和关注，可是她称之为“感恩图报”。而她永远也不可能得到感恩和爱，因为她去要求它，她认为那些是她该得的。

世界上像这样的人很多。这些人都因为别人忘恩、孤独和被人忽视而生病。他们希望有人爱她们，要求他们做的每一件事情都能得到回报。如果我们对他人付出了很多，而且对于他们来说也许可能是极为重要的，同时也是我们尽了最大的努力去帮助他们。可以这么说，我们这样做真的很无私，而且对他人充满了无限的爱，但我们千万不要指望他人来感恩我们的所作所为。如果真的那样做了的话，相信我们绝大多数都会很失望地发现，原来根本就没几个人会来向我们道声简单得不能再简单的“谢谢”。忘记感谢乃是人的天性，如果我们一直期望别人感恩，多半是自寻烦恼！要追求真正的快乐，就必须抛弃别人会不会感激的念头，只享受自己付出的快乐。付出是一种享受施与的快乐。

俗话说得好，“一个愤怒的人，浑身都是毒”。我们不该对那些不知感恩的人们抱怨或生气，因为那样对他人并无多大作用，只会给自己带来坏心情，而且还会使我们的身体产生各种毒素，这无异于我们自己服毒。

根据人寿保险公司的计算方法，平均来说，我们大概可以活到现在的年龄到80岁之间差距的2/3多一点点，所以我们不要浪费有限的时间，来埋怨怀恨一件早已过去的事情。

※ 盘算你所得到的恩惠

有些人常为自己不能拥有一双高贵典雅的鞋而苦恼；也有人为自己不能拥有一件华丽而优雅的风衣所困惑。当你看到路边有一个失去双腿的人，坐在一块有滚轮的小木板上，用双手支撑划动自己；也许会碰到一个没有双臂的残疾人，充满朝气向你微笑，你还会难过吗？人的一生中，不如意事常有，就看你怎么去看这些事。

1912年，卡耐基以担任《公开演说》课的教师来开展他的事业时，还没有无线电广播，更没有电视，因此那个时候演说业非常发达，大家也就以能够精通演说术为目标。虽然大家希望能轻松而又自信地表达自己的意见，但是大多数人却不愿意花时间和金钱来学习说话发音的技巧、雄辩的原则和适当的姿态。卡耐基教授“有效的演说”之所以成功，是因为他确实可以使人立即获得他们所要的效果。

当然，让别人也能够学到高超的演讲技巧，并不是一件很容易的事情。卡耐基先生回忆说：“我教的第一个班人数很少，因为我传授的东西还是大学里学的那套传统的东西，但是我很快发现这不是学员所要的东西。我的学员一般是力求上进的年轻人，从事种种职业，但只是帮助他们鼓起腮帮抑扬顿挫地背诵出莎士比亚戏剧中的独白，也无助于他们的推销工作。”

“我逐渐看出主要的问题是畏惧——害怕在一群人面前站起来，害怕一个人独自站在那里讲话。”

“我决定每一堂课里要求每一个人来讲话，不论讲的是短是长，以清除他们畏惧的心理。我很快就发现，他们教给自己的，十倍于我教给他们的。”

如果卡耐基不是这样想，而认为自己在上课仅仅是为了钱，他该是多么苦恼啊。相反，正是从上课的过程中，卡耐基积累了丰富的第一手的资料，日后他的书里的例子也是来自他上课的素材。因此，我们要学会看问题的视角，只有时刻盘算自己所得的恩惠，才会找到活着的乐趣和理由。

卡耐基说：“想想自己拥有老天赐予的恩惠，你就不会再有忧虑了。”

叔本华说，我们很少想我们所拥有的，却总是想自己缺失的。这种倾向实在是世上最令人不幸的事之一。它带来的灾难只怕比所有的战争疾病都重大。

我们的生活中90%的事情都进行得很顺利，只有10%的事情令我们头疼。如果我们想要快乐，就要把精力集中在那90%的好事上，不去看那10%就可以了。如果我们想要烦恼、抱怨，总把注意力集中在10%的不满意之处，而忽略了90%的开心的东西，那么他的人生就痛苦了。

哈洛德住在密苏里，以前经常担忧。不过1934年春的某一天给了他很大启发。哈洛德经营一家杂货店已经两年了，不但用光了所有的积蓄，还欠下了一大笔债，得7年才能付清。杂货店正是那天的前一个周六停止营业的。他正打算到银行借点钱，好动身到堪萨斯城找个工作。当时的他心灰意冷。忽然间，他看到对街过来一个没腿的人，坐在一块小木板上，下面用溜冰鞋轮做了四个滚轮，两手各拿一块木头在地面上支撑划动自己。当这个残疾人看到哈洛德时，粲然一笑，“早安，先生！今天天气真好，不是吗？”他的声音里充满了朝气。哈洛德看着他，不禁感到自己是多么富有。哈罗德本来只打算借 100 美元，现在他有勇气要求借 200 美元。本来他只打算看能不能找个工作，但现在，他有信心宣布我要去找个工作。

能看到每件事情的最好一面，并养成一种习惯，这真是千金不换的珍宝。

帕玛先生从陆军退役不久就开始自己做生意，情况很不错。可是接着麻烦来了，他就开始担心生意支持不下去，烦恼极了。直到有一天，一位年轻的行动不便的残疾人跟他说：“你不觉得羞愧吗？像你这个样子好像世上只有你一个人有麻烦似的。即使你真得停止营业一阵子，那又怎么样？供货正常后，你还可以再开始呀！你真该为你所得到的感谢了！可是你还老是怨天尤人，我多想能像你一样，看看我！我只有一条手臂，半边脸也被炮火毁容了，而我并不抱怨。你再不停止怨天尤人，你不但会丢掉生意，还会赔上你的健康，你的家庭及朋友！”

因此，当我们心情不好的时候，但我们遇到困难的时候，我们不妨看看我们的周围，看看支持我们的家人，想想家人的疼爱，朋友的支持，其实我们每个人都拥有一笔巨大的财富。

有一位双目失明的 50 岁的老妇人。她写道：“我仅存的一只眼上布满了斑点，所有的视力只靠左侧一点点小孔。我看书时，必须把书举到脸面前，并尽可能靠近我左眼左侧的视觉区域。”但是她并不打算接受怜悯，也不想享受特别的待遇。小时候，她想和小朋友一起玩游戏可是看不到任何记号，等到其他小朋友都回家了，她才趴在地上辨认那些记号。她把地上划的线完全熟记，并成为玩这个游戏的佼佼者。她在家自修，拿着放大字体的书，靠近脸，近得睫毛都挨得到书页。她修完了两个学位，明尼苏达大学的学士和哥伦比亚大学的硕士。后来，她开始在明尼苏达州一个小村庄教书，后来成了南达科他州一个学院的新闻学教授。她在当地任教了 13 年并常在妇女俱乐部演讲，上电台节目谈书籍与作者。她在书中写道："在我内心深处，始终不能祛除完全失明的恐惧。为了克服这一点，我只有对人生采取开心的态度。"

1943 年，她已经 52 岁，却发生了一项奇迹：极负盛名的梅奥医院的一项手术，使她的视力比以前好多了。即使在水槽边洗碗对她也是一件令人兴奋的事。她写道："我开始玩弄碟子上的泡沫，我用手指捧起一个肥皂泡泡，对着光看，我看到缩小的彩虹般的色彩幻影。"

她自己形容说从水槽上方厨房的窗口望出去，她看到的是振动着灰黑色的翅膀飞过积雪的一只麻雀。

看看老妇人的心态，她是多么的积极和乐观，从不抱怨生活中给她带来的痛苦，而是积极地面对生活，热爱生活。感恩、惜福，简简单单的四个字，却把人类最美的情感推而广之。无论何时，无论何地，每个人都应该拥有一颗感恩之心，一念珍惜之情。

※　将不利因素转化为成功的动力

当挫折发生时，是不是你的第一个念头就是："完了，这下没救了。"如果是这样的话，那就很难逃脱悲观的诅咒。一个有乐观积极思想修养的人，应该在挫折中找优势，并把它转化为进步的动力。

卡耐基在学校里观察到这样一个现象：学院辩论会及演说赛非常吸引人，胜利者的名字不但广为人知，而且还往往被视为学院的英雄人物，这是一个成名和成功的最好的机会。

不过，促使卡耐基走上演说这条道路还有其他因素。

刚进入学院的卡耐基对自己几乎不抱任何希望，对自己笨拙的外表和破烂的衣服感到自卑。

由于遭受洪水，卡耐基家的农场损失惨重，玉米和小麦几乎颗粒未收。当时的卡耐基已经深深地体会到，如果不改变自己的生活，就会像父亲那样狼狈和辛酸。不能重蹈父亲的覆辙，但怎样改变呢？

卡耐基陷入了深深的思索中。他想起了一年前母亲对他说的话：“你怎么不想想在其他方面超过别人呢？”

的确，每个人都有优势和劣势，避开劣势发挥优势是最佳的人生选择。

最后，卡耐基选定了目标，并开始为之而不懈努力。

当然，要想在瓦伦斯堡州立师范学院的演说赛中夺冠并非是一件容易的事。首先，参赛者必须加入一个社区，只有当他赢得了社区内的所有比赛后，才有资格参加社区之间的比赛。

戴尔·卡耐基并非有演说的天赋，尽管当时曾有一位满怀信心的文化讲习会主讲人断定他将具有非凡的演说能力。

卡耐基参加了十二次比赛，却屡战屡败。经过一番艰苦的努力，卡耐基最终取得了伟大的成功。

卡耐基认为，聪明人拿到一个柠檬的时候，会说：“我可以从这件不幸的事情中学到什么呢？我怎么样才能改善我的状况，怎样才能把这个柠檬做成一杯柠檬汁呢？”而傻子却正好相反，要是他发现命运只给他一个柠檬，他就会自暴自弃地说：“我完了，这就是命，我没有任何机会。”

一位犹太作家认为：积极的自我形象是走出贫民窟、危机和不幸童年的门票。她认为只有将不利因素转化为有利因素，从苦难中找到成功的动力，才是人类成功的原因，它给人们以动力。

哥达·梅和艾恩·兰达都自年幼时便在俄国革命时不断地与死亡抗争；玛丽亚·卡拉斯从受战争蹂躏的希腊的饥饿线上挣扎过来；玛格丽特·撒切尔少年时代在“二战”炮火袭击的英格兰幸免于难。这些妇女都从年少时所失去的和所遭受的危机中学到了东西，并以此作为鞭策动力，她们能将不利因素转化为积极因素以构建伸缩自如的自尊。

可见，逆境本身并不是一种灾难，只要我们不屈从于逆境，它就会成为我们向上攀登的阶梯，成为人生的祝福。

拿破仑·希尔也是通过克服困难才走向成功之路的。在他还是孩子的时候，父亲就给他找了个继母。他的继母出身较好，而他家却很贫困。他的父亲向他介绍完继母的情况后，告诉他要尊重她。而希尔却在心里一点也不服气。等到第二天，他的继母亲切地走到他面前，托起他的小脑袋，和蔼地说：“你不要害怕贫穷，贫穷只是一时的，只要你对生活充满信心，生活就会慢慢好起来的。”

希尔内心的反感顿时烟消云散，冲着这句充满信任的话，他与继母友好相处。在此之前，没有人像她那样称赞希尔。也就是继母的这句话，帮希尔克服了贫穷造成的自卑的心理，成就了一位伟大励志学家的诞生。

压力可以转换成动力，但是压力变成动力，需要一个转化的条件，那就是压力的承受者有承受压力的能力。若是没有这个条件，压力就会变成真正的阻力。只有面对困难不怕吃苦的精神，才能有明天的成功。

卡耐基说过：“生活中最重要的，就是不要以你的收入为资本，任何一个傻子都会这样做。真正重要的，是从你的损失中受益。这就需要聪明才智，而这一点也正是聪明人和傻子的区别。生活中的快乐大部分并不是来自享受，而是来自胜利。这种胜利来自于一种成熟感，来自于一种得意，也来自于我们能将柠檬做成柠檬汁。”

因此不论是贫是富，人生总有一些责任是不可免的。给人生一副担子虽然沉重，需要毅力，但挑起来了，那里面便是希望。有了希望，也就有了未来。“奇迹总在厄运中出现”“以迂为直，以患为利”的思想，都给我们留下了一个思考的空间。伟人之所以伟大，关键在于当他与别人共处逆境时，别人失去理智，他则下决心实现自己的目标。

※　每天尽力取悦他人

在家里，你会不会因为家里的地板没有拖干净而抱怨，甚至一直叨唠。过些日子，你会发现，家里的地板除了你自己来清理之外，家里其他人再也不帮忙了？这是为什么呢？因为你的话语打击了家人的积极性。试想，如果你说：“今天的地板好干净啊？希望明天也这样。”那么，所得的结果就是另一个答案。因此，让我们学会去取悦别人，每天尽力去取悦别人。

一个酷热的夏天，卡耐基在火车餐车上吃午餐。餐车挤得水泄不通、闷热无比，而服务又很慢。服务生终于过来把菜单递给卡耐基，卡耐基一边看菜单，一边说：“在厨房做菜的那些人今天可惨了。”服务生开始咒骂，开始时卡耐基以为服务生生气了，结果他说：“老天啊！客人都在抱怨食物不好，他们埋怨服务太慢，又嫌这里太热、东西太贵。我听这些抱怨听了 19 年，你是第一位也是唯一一位对厨师表示过同情的客人。我祈祷有更多像你这样的客人。”

服务生只因为卡耐基把厨师当人看待就如此惊异。可见，我们不经意的一个赞美，会给别人带来多大的快乐，让我们不要吝惜自己的赞美之词了，每天尽力取悦别人吧。

还有一次在英国，卡耐基遇到一位牧师，卡耐基真心称赞他那只壮实聪明的牧羊犬。而且卡耐基请牧师告诉他是如何训练那只狗的。等卡耐基走开后，回头看见那牧羊犬搭在它主人的肩上，而它主人正在拍它的头。事后，卡耐基说："就因为对他人的狗表示感兴趣，就能让那牧人开心，那只狗也开心，当然我自己更开心。"

卡耐基说："我们每天都要做一件好事。什么才是好事呢？那就是能使别人的脸上露出开心笑容的事。"

安娜已是一个当祖母的人了。安娜家里以前是靠社会救济金过活的。安娜年轻的岁月中最大的悲剧就是贫困，她从来不能像别的少女们那样享受正当的社交生活。她衣着寒酸，而且常常太小，绷在身上，当然款式也都过时了，自己总是觉得无颜见人，常常哭着睡去。绝望中，安娜心生一计，每次在聚会里，她都请她的男伴谈谈他们的兴趣，实际上只是希望分散他们的注意力，不要看出她寒酸的装扮。可是，奇妙的事发生了：当她听这些青年谈话时，她学到一些东西，而开始产生了真正的兴趣。后来，她变得兴味盎然，也忘了服饰的问题，最令我惊异的是：因为她是个很好的聆听者，又鼓励他们谈论自己，他们跟她在一起时总是很快乐，她竟渐渐成为最受欢迎的女孩，有3位男士都要求安娜嫁给他。

在旁人看来，安娜其实什么也没有做。但是在3位男士心里，安娜就像他们的心中的天使。因为安娜能理解他们，取悦他们，让他们说出各自的烦心事，从而使他们心情舒畅。所以，有时候取悦别人并不像想象中的那样困难。只是倾听他人讲话，也可以起到取悦他人的目的。

同样，当我们试着使别人高兴的时候，我们自己也从中得到了乐趣。

为别人做好事并不是一种责任，而一种快乐，因为它能增加你自己的健康和快乐。多替别人着想，不仅能使你不再为自己忧虑，也能帮助你结交许多朋友，并获得更多的乐趣。

波顿 9 岁的时候，母亲有一天离家后就再也没有回来。波顿的父亲与人在密苏里州的一个小城开了一家咖啡馆。父亲出公差时，他的合伙人出售了咖啡馆携款逃跑了。父亲的一位朋友拍电报给父亲叫他尽快赶回来。仓促之中，父亲在车祸中丧生了，波顿从此流落街头。波顿最怕人家把他当孤儿看，但这种恐惧也是躲不过的。波顿在镇上一个穷人家寄居了一阵子，但那年头光景不好，一家之主失业了，他们再没有能力多养活波顿了。接着洛夫汀夫妇把波顿接到离镇 11 英里的农庄，洛夫汀先生已 70 岁高龄了，长年卧病在床，他告诉波顿只要不说谎，不偷窃，听话，就可以一直跟他们住在一起。这三条戒律成了波顿的圣经，他绝对恪守这些规则。波顿开始上学了，在第一个礼拜情况糟透了。其他小朋友都不断取笑他的大鼻子，骂他笨蛋，叫他“小孤儿”。波顿心里难受极了，真想打他们一顿。但洛夫汀先生对波顿说：“永远记住！一位真正的男子汉不会随便跟人打架。”所以波顿一直不跟他们打架，直到有一天，一个男孩捡起鸡屎丢到他的脸上，波顿才痛揍了他一顿，还交了几个朋友。

洛太太给波顿买了一顶新帽子。不料，有一天有个大女孩把它从他头上捡去，灌水弄坏了，还说把帽子灌了水要去淋湿波顿的木脑袋，让波顿清醒一点。

波顿从不在学校哭，不过，回家后就忍不住了。有一天，洛太太给了波顿一个化敌为友的建议。她说：“如果你先对他们感兴趣，看看能帮他们什么忙，他们就不会再逗你，或叫你小孤儿。”波顿听了她的话，用功读书，虽然波顿在班上功课最好，但没有人嫉妒他，因为他会帮助别人。

总之，只要我们每天试着去取悦别人，不去计较个人的得失。慢慢地，别人也会来取悦我们。大家都会从中得到快乐，找到生活的乐趣。

※ 将别人的嫉妒看成对你的恭维

大多数人都会有这样的感觉，本来大家在一起是好朋友，突然有一天，你得了个劳动模范的称号，你会发现所有的人都离你而去了，他们不像以前那样热情，和你谈天说地了。也不会主动叫你去吃饭了。你的心理会很迷茫，还会很失落。朋友，不必伤心了，将别人的嫉妒看成对你的恭维，你的心情就会变好了许多。

随着卡耐基财富不断增加，对卡耐基的批评声也在增加。当一个人成为公众注目的名人时，紧随于他不仅是鲜花和掌声，也有挥之不去的抨击和诽谤。卡耐基亦如此，但他对此显得十分超然洒脱。他有自己的整套看法。卡耐基讲述了这样一个故事。

“1929年，发生了一桩事件，轰动了全美教育界。”卡耐基讲道，“各地学者纷纷拥向芝加哥，介入这一事件。一位名叫罗伯特·赫金斯的青年，在半工半读的情况下，于几年前完成了耶鲁大学的学业。他做过服务生、伐木工人、家庭老师、推销员等。然而，8年之后，他年仅30岁，竟被任命为美国第四富裕的高等学府芝加哥大学的校长。资深的学界精英们纷纷大摇其头，抨击的炮口瞄准了这位年轻的大学校长：太年轻，太缺经验，教育观念有失偏差……新闻界也和学术界保持了同一步调。在罗伯特·赫金斯校长举行就职典礼那天，他的一个朋友对他的父亲说道：今天早上，我在报纸上读到攻击令郎的社论，我感到非常愤慨。老赫金斯不以为然，平静地说：是的，他们的批评很刻薄。不过，任何人都不会去踢一只死狗的。”

戴尔·卡耐基讲到这里并未停顿下来，他继续说：“的确，越重要越勇猛越优秀的狗，去踢它逗弄它，才越有更大的满足感。英国皇太子——即后来的爱德华，现在的温莎公爵在少年时代也有过类似的经历。他年方14岁在德凡夏的达牧玛斯学院就读。”

戴尔·卡耐基评论道：“所以，当你被批评时，完全可以认为，那是批评者企图借此体会某种成就感，这也就意味着你在从事着某一项值得世人瞩目的事业。世界上有许多这样的人，他们可以通过抨击成功人物或比自己受过更高教育的人，来获得某种野蛮的满足感。”

卡耐基曾经在电台上对英国宗教家、救世军的创立者布斯先生大加赞扬，所以收到了一位女士指责布斯将军的来信。她在信中指证布斯在募集的贫穷救济捐款中窃取了八百万美元。当然，这种指控是毫无根据的。她这样做并非为追求真实，而是想整垮一个居于高位的人，从而借以获得某种快感。

卡耐基的处理方式是：他把这封充满恶意的信放进了字纸篓。卡耐基说：“这封信的唯一效果，就是暴露了写信者的缺点。”

卡耐基认为，如果你被别人踢了，或者是被别人恶意批评了，请记住，他们之所以这样做，是因为他们从中可以获得一种自以为重要的感觉；而这通常也意味着你已经有所成就，并且值得别人的注意或妒忌。因为，对这种批评没有什么好害怕的。如果我们因为遭受不公平的批评而忧虑的时候，请记住，这种不公平的批评通常是另一种恭维，是对你的成就的另一种认可。

佩瑞海军上将是震惊全球的探险家。佩瑞上将于1909年4月6日乘雪橇到达北极——几百年来，无数勇士为了实现这个目标而挨饿受冻，甚至送命。佩瑞上将也几乎因为饥寒交迫而死去，他的八个脚趾因为冻僵受伤而不得不切除，他在路上所碰到的各种灾难都使他担心自己会发疯。但是，在华盛顿的那些高级海军官员们却因为佩瑞大受欢迎和重视而嫉妒他。于是，他们开始诬告他，说他假借科学探险的名义敛财，然后“无所事事地去北极享受逍遥”。那些高级海军官员们可能真的相信这句话，因为人们不可能不相信他们想相信的事情。那些高级海军官员们想羞辱和阻挠佩瑞的决心是如此的强烈，以至于最后必须由麦金利总统直接下令，才使佩瑞上将能在北极继续他的研究工作。

试想，如果佩瑞上将当时只坐在华盛顿的海军总部办公桌边，他会不会遭到别人的批评呢？答案可想而知，肯定不会。因为那样他就不会变得如此重要，以至招来别人的嫉妒了。

叔本华曾经说过：“卑贱的人对伟大的人的缺点或愚行最感兴趣。”面对一些人对那些大人物的批评、辱骂，只能证明他们不如那些伟人，他们是庸俗者，其他的任何事实都无法改变。所以，如果我们想要获得平安快乐，请记住：不公正的批评通常是一种经过伪装的恭维。记住，从来没有人会踢一只死狗。

卡耐基认为，从来没有人会踢一只死狗。只有当这种狗越贵重时，踢它的人就越能获得满足。总之，在生活中，如果你被别人恶意批评了，请记住，他们之所以这样做，是因为这能使他们获得一种自以为重要的感觉，而这通常也意味着你已经有所成就，并且值得别人注意。你要合理地看待这些批评，千万不要被一些恶意的批评绊住了前进的脚步。

※ 不让批评之剑伤害你

现实中的你会为了朋友不经意的一句话而苦恼吗？甚至一直追问对方，为什么这样说。甚至因为这句话，连食欲也减少了，也开始出现失眠的症状了。如果出现上述症状，你就被批评之剑伤害到了。那么怎样才能避免伤害呢？

卡耐基的课程受到了广泛的欢迎，赢得了较高的声誉。但并非所有人都认为卡耐基课程是有效的和实用的，在卡耐基课程不断发展的同时，也遭到了来自另一方面的非议和责难。

戴尔·卡耐基在青年会夜校的课程非常紧张，他无心兼顾身外的任何景物，哪怕是行人也不在意。他意识到自己不适合写小说，因为那本《大风雪》被许多人称为是“毫无价值的东西”，既然没有写作的才华，他需要的是日夜苦读，做好“卡耐基课程”的每一件事。卡耐基自己在不断完善他在夜校里的“卡耐基课堂”。经过较长时间的实践，卡耐基认为，他的课程不能只是沿用现在的形式，应当有所创新，让自己的课程形成一个比较清晰的内容体系。因此，卡耐基停止了讲课，躲到办公室里构思自己的课程安排，修改并制定新的课程表。这个时候，他发现虽然只讲授了所有课程的前三分之一，但学生们已经提高了演讲技巧，谈话方面也显示出高超的水平；并且，在其他方面也获得了不少的进步。

卡耐基由此打定主意，要以接受能力为课程基础，继而开设处理人际关系技能的课程，还有怎样摆脱忧郁的课程。

可是，正是由于一个晚上的停课，学生们不满了，闹到青年会的新主任那里。那位中年妇女主任，毫不客气地教育戴尔·卡耐基：“先生，你必须记着：你的课程，学生们并不怎样满意。你不能如此懒惰，不要以为你现在能拿到30美元一个晚上就很了不起！明天，我就可以让你永远告别青年会。如果你不能勤奋地工作的话！”

面对这样的警告，卡耐基并没有什么担忧。他平静地接受了因自己不上课而学生不满的事实，他知道问题出在哪里，明白应该怎么办。此时的卡耐基，又想到了“停止损失”法则。

卡耐基认为，不要害怕别人怎么说，只要你自己心里知道你是对的就行了。避免所有批评的唯一方法，就是做你心里认为正确的事情，因为“做也该死，不做也该死”，无论如何都是会受到批评的。

早在 1909 年，风度优雅的布洛亲王就觉得这么做极有必要。布洛亲王当时是德国的总理大臣，而德国皇帝则是威廉二世——德国的最后一位皇帝，他傲慢而自大——他建立了一支陆军和海军，并夸口可征服全世界。

接着，一件令人惊异的事情发生了。这位德国皇帝说了一些狂言和一些令人难以置信的话，震撼了整个欧洲大陆，引起了全世界各地一连串的风潮。更为糟糕的是，这位德国皇帝竟然公开这些愚蠢自大、荒谬无理的话，他在英国作客时，就这么说，同时不允许伦敦的《每日电讯报》刊登他所说的话。例如，他宣称他是和英国友好的唯一德国人。他说，他建立一支海军对抗日本的威胁；他说，他独自一人挽救了英国，使英国免于臣服苏俄和法国之下；他说，由于他的策划，使得英国罗伯特爵士得以在南非打败波尔人等等。

在一百多年的和平时期中，从没有一位欧洲君主说过如此令人惊异的话。整个欧洲大陆立即愤怒起来，英国尤其愤怒，德国政治家惊恐万分。在这种狼狈的情况下，德国皇帝自己也慌张了，并向身为帝国总理大臣的布洛亲王建议，由他来承担一切的责难，希望布洛亲王宣布这全是他的责任，是他建议君王说出这些令人难以相信的话。

“但是，陛下，”布洛亲王说，“这对我来说，几乎不可能。全德国和英国，没有人会相信我有能力建议陛下说出这些话。”布洛话一说出口，就明白犯了大错，皇帝大为恼火。“你认为我是一个蠢人，”他叫起来，“只会做些你自己不会犯的错事！”

布洛知道他应该先恭维几句，然后再提出批评；但既然已经太迟了，他只好采取次一步的最佳方法：即在批评之后，再予称赞。这种称赞经常会产生意想不到的效果。

“我绝没有这种意思，”他尊敬地回答，“陛下在许多方面皆胜我许多，而且最重要的是自然科学方面。在陛下解释晴雨计，或是无线电报，或是伦琴射线的时候，我经常是注意倾听，内心十分佩服，并觉得十分惭愧，对自然科学的每一门皆茫然无知，对物理学或化学毫无概念，甚至连解释最简单的自然现象的能力也没有。但是，”布洛亲王继续说，“为了补偿这方面的缺点，我学习了某些历史知识，以及一些可能在政治上，特别是外交上有帮助的学识。”

皇帝脸上露出微笑。布洛亲王赞扬他，并使自己显得谦卑，这已值得皇帝原谅一切。

“我不是经常告诉你，”他热诚地宣称，“我们两人互补长短，就可闻名于世吗？我们应该团结在一起，我们应该如此！”

他和布洛亲王握手，他十分激动地握紧双拳说：“如果任何人对我说布洛亲王的坏话，我就一拳头打在他的鼻子上。”

如果光是说几句贬抑自己而赞扬对方的话，就能使一位傲慢孤僻的德国皇帝变成一位坚固的友人，那你就可想象得到，在我们日常事务中，谦卑和赞扬对你我的帮助将有多大。

虽然不能阻止别人对我们进行不公正的批评，但我们却可以做一件更加重要的事情：我们可以决定是否让自己受那些不公正的批评的干扰。

闻名遐迩的心理学家史金诺经动物试验证明：因好行为受到奖赏的动物，其学习速度快，持久力也更长久；因坏行为而受到处罚的动物，不论学习速度或持久力都比较差。研究显示，这个原则用在人的学习行为上也有同样的结果。“用多把尺子衡量学生”“拿起表扬的武器”“好孩子是夸出来的”等提法永远闪烁着育人光芒。

卡耐基还认为，即使别人说了你一些无聊的闲话，或欺骗了你，甚至从后面捅了你一刀，也千万不要沉溺在自怜中，而是尽你最大的可能去做，让批评你的雨水流到身后去。假如一个人一开始就谦虚地承认，他也可能犯错误，并不是无懈可击的，那么别人再听他评断自己的过失，也许就不会难以入耳了。如果运用得当，它们在做人处世中将可制造真正的奇迹。

因此，面对无情的批评时，我们自己要做好选择，正确的批评我们要虚心接受，对于不切实际的批评，我们完全可以置之不理，千万不要让批评之剑伤害到自己。

※ 学会自我批评

大家还记得列宁的故事吗？列宁从小就知道主动承认错误，知道自我批评。其实，自我批评并不是降低自己的身份，如果能正确地做到自我批评，还会收到意想不到的结果。

这是卡耐基在青年会最后一次的情景。

“戴尔·卡耐基先生，你说的一切都与怎样演说无关，我们不需要心理医生，我们只要一位充满机智的教师，而不是像你这样只会胡说八道。”

面对这样的事情，班上的大多数人居然赞同他的看法，又吹口哨又拍桌子地闹了起来。这个班是百分之百的新生，而且年轻人占多数，他们充满了反抗色彩和挑衅性。卡耐基只有手足无措地面对像爆炸了似的教室里的人群，他想不出什么好方法来平息众人的争论。

非常凑巧的是，那位令卡耐基讨厌的青年会主任恰好碰见了这种情形。她满面怒容地走进教室，毫不在乎卡耐基的存在，宣布今天的课程到此为止，然后要求卡耐基到她办公室说清楚这件事。

卡耐基意识到自己在课堂上的情形将激怒青年会主任，所以，他未等主任开口，就直截了当地说："夫人，你不必说了，我明白我自己的行为。"

"先生，你也不用多说了，明天，你就可以自由地支配你的夜晚，不用到这里来活受罪。"主任生气地说道。

看来，事态已经无法挽回了，卡耐基只好一言不发地走出办公室。

卡耐基曾想过要离开青年会，但他完全没有料到自己在青年会的结局是这样，也没有想到自己竟是这样狼狈地离开青年会。这种局面，今天这样的场面，如此出其不意地降临于身。卡耐基心知自己没有别的办法，除了接受既成事实以外。可是他还是不甘心，他不甘心自己所试图创立的事业如此半途夭折。实际上甚至还没起步就失败了，像一个刚学步的孩童一下子摔成了残废一样。

卡耐基的天性中就有不屈服和抗争的成分，他要做出全盘的思考，重新确定自己的位置，在黑暗中，他不停地问自己：

我的课程失败了吗？我又陷入困境中了？我该怎么办呢？……

无数个问题缠绕着他，他又像以往那样一个又一个地解开它们：

"我的课程没有失败，我的许多学生都很满意。我的教法，没有失败的例子，今晚只是一个小小的闹剧。我不但教会了学生们学会演讲，而且教会他们怎样面对自己和别人，我了解他们的各种想法，我让他们说出来，他们就获得了认同感。"

“我早就摆脱了忧郁，忧郁对我只是一团白雾，太阳一出来就会散掉的。我要开创一项事业，现在最关键的是写出一本教材，用这本教科书来指导成年人如何演讲、推销和为人处世。”

“唯一值得反思的是，我不能照本宣科。我不应该事先确定我要告诉每一个学生的讲课内容，我应该仔细观察他们的内心，慢慢诱导他们。我必须帮助每一个学生解决问题，每一次授课内容一定要新鲜、实用，才能使他们有继续来上课的兴趣。”

这一晚上，卡耐基的思考一刻也没有停下来，直到东方发白。

在青年会的最后一次讲课，让卡耐基先生终生难忘。他虽然早有离开青年会的打算，但没有想到是如此狼狈。面对青年会的主任，卡耐基先生没有用他雄辩的口才去争辩，而是主动承认了自己的错误。在一次深深地自我批评之中，卡耐基也悟出了很多道理。

卡耐基认为，不要等我们的敌人来批评我们或我们的工作，我们要胜过他们，在这一点上我们要成为自己最严厉的批评者；我们还要在敌人有机会指责我们之前，就找出我们的弱点，并加以改正。

正是卡耐基先生做到了自我批评，所以他才能从容地面对一个个的考验。

唐是宾州威明市一所职业学校的老师，他有一个学生因非法停车而堵住了学院的一个入口。有一位导师冲进教室，以非常凶悍的口吻问道：“是谁的车堵住了车道？”当车主回答时，那位导师吼道：“你马上给我开走，否则我就把它绑上铁链拖走。”

这位学生是错了，车子不应该停在那儿。但从那天起，不只这位学生对那位导师的举止感到愤怒，全班的学生都与他过不去，使得他的工作更加不愉快。

如果当时唐换一种完全不同的方式处理的，或许结果就大相径庭了。假如他友善一点地问："车道上的车是谁的？"并建议说，"如果把它开走，那别的车就可以进出了。"这位学生一定会很乐意地把它开走。而且他和他的同学也不会那么生气了。

另外，即使当时做错了，但是如果他能跟学生及时的承认错误，向学生说明他那天的讲话方式是不合理的，也不至于会使全班学生愤怒。

因此，卡耐基还认为，我以前常常把遇到的麻烦推到别人头上，可是随着年岁渐长，我发现几乎所有的不幸都应该怪我自己。很多人在年纪大了之后都会发现这一点。

亨利·韩克是印第安纳州洛威一家卡车经销商的服务经理。他公司有一个工人，工作状况每况愈下。但亨利·韩克没有对他怒吼或威胁，而是把他叫到办公室里来，跟他坦诚地谈一谈。他说："比尔，你是个很棒的技工。你在这条线上工作也有好几年了，你修的车子也很令顾客满意。其实，有很多人都赞美你的技术好。可是最近，你完成一件工作所需的时间却加长了，而且你的质量也比不上以前的水准。你以前真是个杰出的技工，我想知道是不是我们公司的什么制度令你感到不开心，从而影响了你的工作积极性，还是我平时的工作有什么疏忽。如果是我们公司制度存在的问题或者是我领导的问题，我都先给你道歉。也许我们可以一起来想个办法改进这个问题。"比尔回答说，他并不知道自己没有尽好他的职责，并向他的上司保证，他所接的工作并未超出他的专长之外，他以后一定会改进它。

上面的处理方法就能使职工感到领导是重视他的，而且领导也不是做样子，而是真心地关心他的成长。领导的自我批评反而使亨利感觉不好意思，让他认识到了自身存在的不足，激励了他斗志。

总之，我们在生活中往往都是顾及自己的脸面的。遇到问题，总是会先找别人的过错。倘若我们能够站出来主动承认自己的错误，承担自己的责任，事情有可能就会出现信的转机。

这也正如卡耐基所说：每当我翻看当年我所做过的傻事，重读我对自己的批评时，它们都能帮助我解决我所面临的最困难的问题，教会我如何控制自己。

第二章　如何使人喜欢你

有很多人会为自己不招人喜欢而苦恼？会反反复复不停问自己为什么？

的确，朋友是人际关系中甚为重要的交际对象，有的人与朋友交际有始无终、半途而废；有的甚至反目成仇、相互暗算。其实，说到底这都是没有掌握与朋友成功交际的技巧。

那么怎么做一个受大家欢迎的人呢？做一个好孩子，让家长欢迎；做一个好自己，让自己欢迎自己；做一个好学生，让老师欢迎；做一个好伙伴，让同学欢迎；做一个好少年，让社会欢迎；做一名好公民，让祖国欢迎呢？

“真诚地关心别人”，告诉我们如果想结交朋友，就要先为别人做些事情。

它提醒我们，在现实生活中，微笑就是一种万能剂。笑，可以让自己的烦恼烟消云散；笑，可以消除双方的紧张局势；笑，可以传递出一种令人会意的情感……笑是一种生活态度，一种处世的法则。“牢记他人的名字”告诉我们：一个连他人名字都忘的人，当然不会引起对方的兴趣与好感，这样便直接影响你进一步与人交往。“学会倾听他人讲话”，说明了从人性的本质来看，我们每个人都最关心的是自己，喜欢讲述自己的事情。“迎合他人的兴趣”又是你交际成功的法宝。“让他人感到自己重要”才能更好地与朋友交流。

交友得法，友谊长久，反之，朋友之间的友谊就会如同昙花一现，稍纵即逝。但愿我们每个人都能掌握科学的交友方法，与朋友之间愉快相处。

我们日常生活中最常常忽视的许多美德中的一项，就是对别人表示欣赏和赞扬不知怎么回敬。当我们的儿子和女儿带回一份好的成绩单的时候，我们竟然忽视掉，而没有对他或她加以赞扬，或者是当他们第一次成功地做出一块蛋糕或做好一个鸟笼的时候，我们却没有给他们一番鼓励。没有任何东西比父母对子女的这种关注和赞扬，更能使他们感到快乐了。

卡耐基总向身边的人建议："下一次你在饭店吃到一道好菜时，不要忘记说这道菜做得不错，并且把这句话传给大师傅。而当一位奔波劳累的推销员向你表现出礼貌的态度时，也请你给他赞扬。"

每一位传教士、教师以及演讲的人，都曾经历过掏出肚子里所有的东西却没有得到听众一句赞扬的话的泄气情形。

这些人会碰到这种情形，那些在办公室、商店以及工厂的工作人员，还有我们家里的人和朋友，就更会遭遇这种情形了。

在人际关系方面，我们应该永远不要忘记我们所有的同事都是人，也都渴望别人的欣赏和赞扬。欣赏和赞扬是所有的人都欢迎的东西。

在你每天所到的地方，不妨多说几句感谢的话，留下一些友善的小小火花。你将无法想象，这些小小的火花如何点燃起友谊的火焰，而当你下次再到这个地方的时候，这友谊的火焰就会照亮你。

历史上，戴维和法拉第的合作是一个典范。虽然有一段时间，法拉第的突出成就引起戴维的嫉妒，但其二人的友谊仍被世人所称道。这份情缘的取得少不了法拉第对戴维的真诚赞美这个原因。法拉第未和戴维相识前，就给戴维写信："戴维先生，您的讲演真好，我简直听得入迷了，我热爱化学，我想拜您为师……"收到信后，戴维便约见了法拉第。

后来，法拉第成了近代电磁学的奠基人，名满欧洲，他也总忘不了戴维，说：“是他把我领进科学殿堂大门的！”可以说，赞美是友谊的源泉，是一种理想的黏合剂，它不但会把老相识、老朋友团结得更加紧密，而且可以把互不相识的人连在一起。

为什么赞美别人能有如此巨大的作用呢？这是因为，从心理学上讲，赞美能有效地缩短人与人之间的人际心理距离，渴望被人赏识是人最基本的天性。赞美是发自内心深处的对别人的欣赏，然后回馈给对方的过程；赞美是对别人关爱的表示，是人际关系中一种良好的互动过程，是人和人之间相互关爱的体现。

既然渴望赞美是人的一种天性，那我们在生活中就应学习和掌握好这一生活智慧。在现实生活中，有相当多的人不习惯赞美别人，由于不善于赞美别人或得不到他人的赞美，从而使我们的生活缺乏许多美的愉快情绪体验。

有一天罗斯福进白宫去见塔夫脱总统，正值塔夫脱总统，和夫人出去外面。老罗斯福是真诚地喜欢那些底下人，他对白宫里所有的旧役佣人，甚至做杂务的女仆，都叫出名字问好。

罗斯福看到厨房里女佣人爱丽丝的时候，问她是不是还在做玉蜀乘的面包。爱丽丝告诉他，有时候做那种面包，那是为了佣人们吃的，楼上他们都不吃了。

罗斯福听了大声说：“那是他们没有口福，我见到总统时，把这件事告诉他。”

爱丽丝拿了一块玉蜀季面包给罗斯福；他边走边吃的走向办公室，经过园丁、工友旁边，向他们每一位招呼。

罗斯福和他们每一位亲切的招呼谈话，就像他做总统时一样。有个老用人，眼里含着泪水说：这是我这几年来最快乐的一天，在我们中间，就是有人拿了一百块钱来，我也不会换的。

哈佛大学校长依利亚博士，对别人的问题，有深刻的关心和兴趣，所以他会受到学校里每一个师生所爱戴。

有一天，有个大学一年级学生克列顿，到校长室借用清寒学生贷款五十元。克列顿拿到钱后，心里非常感激，正要走出办公室时，依利亚校长把克列顿叫住，说：“你请坐一会儿。听说你在宿舍亲手做饭吃，如果你吃得适宜、充足，我并不以为那对你有不好的地方，我过去在大学时，也这样做过。”克列顿听来感到很意外，校长接着又说：“你有没有做过肉饼，如果把它弄得又烂又熟的话，那是一道很可口的菜，过去我就喜欢吃这个菜。他并详详细细地说出肉饼的做法。”这让克列顿心里感到非常高兴。

这里有一些赞美的原则，你可以应用在生活中，能避免在赞美别人的时候出现错误。

1. 要有真实的情感体验

这种情感体验包括对对方的情感感受和自己的真实情感体验，要有发自内心的真情实感，这样的赞美才不会给人虚假和牵强的感觉。带有情感体验的赞美既能体现人际交往中的互动关系，又能表达出自己内心的美好感受，对方也能够感受你对他真诚的关怀！

2. 注意观察对方

注意观察对方的状态是很重要的一个过程，如果对方恰逢情绪特别低落，或者有其他不顺心的事情，过分的赞美往往让对方觉得不真实，所以一定要注重对方的感受。

3. 凭你自己的感觉

一个好方法，每个人都有灵敏的感觉，也能同时感受到对方的感觉。要相信自己的感觉，恰当地把它运用在赞美中。如果我们既了解自己的内心世界，又经常去赞美别人，相信我们的人际关系会越来越好。

4. 对赞美的话要做好准备

说到这里，我想起有一次，一个同事对另一个同事上电视的表现赞不绝口。“你真是很棒，”他说，“真的、真的、真的很棒！”事实上，那次预定的电视采访已经取消了。

5. 不要在某件事显然已经出错时还去赞美

英国广播公司（BBC）制作人曾有一次特别可怕的“赞美”，在一次明显搞砸的广播录音之后，这位制作人评论说：“太棒了，这是你第一次吗？！”同样的，此时沉默会更好些。

最后，请记住，随便说几句人云亦云的客套话，赞美一个人或一个集体，并不难，更不可贵。贵在真心诚意，难在确有实效。

※ 如欲采蜜，就不要弄翻蜂房

曾经以为把家人和同事的错误指出来是一种苦口婆心的“帮助”，认为大家关系亲密也没有注意说话方式和方法，结果发现刚开始时大家还比较乐于接受批评，久而久之，大家就不太愿意接受；大家也会认为老师教育批评学生是天经地义的事情。但是如果我们尝试换一种方法，会如何呢？老师看见学生上课在睡觉，并没有像往常那样雷霆大发，而是轻轻地把他摇醒让其坐正注意听课，下课后与之谈话：“是我的课讲得不好没有引不起你的注意，还是昨晚睡得不好以致今天精神不振呢？”结果学生不仅能为自己没认真听课而感到惭愧，又能感受到老师的诚恳。因此，有时用微笑的批评比严厉的批评更有效。

这不禁让我们想起了卡耐基刚从事销售员工作时的一段痛苦经历。

卡耐基当推销员的一个差事就是推销货车。可是，在工作几个月后，卡耐基依然不懂自己所卖的货车。尽管他工作十分努力，可是那些发动机、车油和部件设计之类的机械只是仍然无法引起卡耐基的兴趣。

一天下午，卡耐基刚吃完工作餐，正拿着一瓶可口可乐喝的时候，公司的大胡子经理不知不觉地进来了，卡耐基在慌乱之中弄翻了手中的可乐，不知所措地站在一边，但经理并未理他，就忙别的去了。正在此时，来了一对年轻夫妇，男的有一头金发，女的提着个红色手提箱。卡耐基连忙上前招呼客人："先生，欢迎光临！本店供应极为优质的派克自用车和货车，您看这辆车真漂亮！"卡耐基洪亮的声音在宽敞的售货大厅里显得瓮声瓮气。可是这两位顾客满脸不屑一顾的样子，没有理睬卡耐基。但是，卡耐基并未生气，他仍然热情地向他们介绍公司的各种产品，似乎要打动这二位的铁石心肠。可是，那位脸蛋漂亮的小姐数分钟后就不耐烦地拉着自己的丈夫或情人向店外走去，还说道："先生，你并不懂汽车，更不懂机器，我敢肯定，让一个三岁小孩在这里面待上一天也会说得比你好！谢谢你的热心，我们从不和无知的人讨论，再见了！"

顾客刚出店门，大胡子老板就走了过来："戴尔，你竟然这样不中用！我原以为那些顾客是在捏造事实呢！现在，我警告你，不要再和客人谈那些有关公创始人密斯特尔斯和威廉·派克尔德的事迹，你只要一心一意地为我卖掉这些汽车，否则你就会像那人一样！"经理一边说，一边用手指头指着那边街上的一位中年乞丐。卡耐基再也说不出什么话来，只有唯唯诺诺地不断点头。

此时，卡耐基的心里的郁闷是无法用语言来形容的。他在心里大声对自己说："烦死啦！我都在做些什么呀？我怎么会如此不中用呢？竟然连一个简单的工作也做不了？"

卡耐基的人生的转变是从一次偶遇开始的。

一次，卡耐基按经理的吩咐来到"商联会"大厦为其儿子购买自行车。在这里，他认识了一位开升降机的年轻人，他发现那位年轻人原来是位残疾人，左手齐腕切断了。他走上前去，很亲热地寒暄，谈天说地。因为卡耐基觉得应该给予他一份同情和怜悯，更何况自己的左手也是残疾，只有 4 个指头。"我是在密苏里乡下农场长大的，小时候很活泼顽皮。一次和小朋友们玩耍时被铁钉钩断了第三个指头，中指从此没有了。我曾经以为自己会死了，现在也常想到自己是个九指人。你呢，兄弟？”很自然地，卡耐基说到自己的故事。

那位叫戴尼的操作员也热心地回答道：“忧郁的兄弟，我去年被轧钢机轧断了手腕。手腕和手是没有了，可我的命还在呀！”

“但是，你是否会使自己经常感到困扰呢？”戴尔·卡耐基又问道。

戴尼会心地笑了笑，说道：“不会呀，我几乎已忘了这回事，不过，只有在穿针缝衣服时，才会想到自己少了一只手。”

虽是短短的几句话，却给卡耐基很深的影响，当他回到公寓里时，他还在想这句话。这个叫戴尼的青年人使他深受启发：是呀！我们的精神态度对肉体能力具有莫大的影响——几乎是难以置信的影响；肉体上的某些障碍完全可以通过精神力量来弥补和克服，一旦习惯下来，肉体上的残疾就会忘却，而与正常人一样。

卡耐基是不幸的，因为他的生活曾经一度黑暗：在小学的时候被同学嘲笑，班里的女生也很少跟他说话；长大了，做推销员，也屡屡遭到失败，还经常被老板训斥，内心充满了痛苦困惑和自责；但是卡耐基又是幸运的，幸运的是他遇到了戴尼，戴尼的鼓励给了他强大的精神力量，使他的人生发生了转折。

因此，卡耐基在日后一直告诫自己：“批评是危险的，它常常会伤害一个人宝贵的自尊，伤害他的自重感，并激起他的强烈反抗。由批评引起的嫉恨，只会降低对方的士气和情感，同时批评的事情也得不到任何的改善”。

1908 年，罗斯福离开白宫，塔夫脱做了总统。当他从非洲回来的时候，矛盾就产生了。他不满意塔夫脱想要连任第三任总统，并且组织“勃尔摩斯党”，这几乎毁灭了共和党。在那次选举的时候，塔夫脱和共和党只获得了两州的赞助，这是共和党一次最大的失败。为此，罗斯福责备了塔夫脱，可是塔夫脱并没有责备自己。塔夫脱两眼含着泪水，说：“我不知道怎么样做，才能和我所已做的不同。”

罗斯福的批评并没有使塔夫脱自己觉得不对，相反塔夫脱却觉得自己很委屈，一直尽力为自己辩护。其实通常我们大家也会一样，做错事只会责备别人，而绝不会责备自己。

卡耐基教给我们的方法是：“我们不要去责怪别人，而是试着去了解他们，弄清他们为什么会那么做。这会比批评更加有效，而且这样做还能产生同情、容忍以及仁慈”。

一般来说，表扬要及时，批评要学会冷处理。及时的表扬，可以起到及时的放大效应，使受表扬者产生成就感、满足感、荣誉感，获得前进的动力。大文豪约翰逊博士曾说：“即使是上帝，如果不到世界末日，他也不会轻易审判世人”。我们又何必轻易地批评别人呢？

批评是一门艺术，正确的方法非常重要。好的方法能够促进进步，不好的方法会使人们产生抵触情绪。如果通过批评，能够使他们主动认识到错误，这样会有利于他们对批评的认同感和接受度。但是，如果产生逆反心理，就会起到副作用。在任何时候，都要表扬的声音远远大于批评的声音，这样才能够散发出人性的光辉，才能提高业绩。心理学家斯琼纳曾经用实验证明：在训练动物学习掌握某种本领时，学习表现良好时给予奖励，要比学习不好就受到斥责的动物学的更快，而且能更好地记忆所学的东西。进一步研究表明：人类也存在同样的情况，我们采取批评斥责的方法并不能使人很好的改变错误，相反会引起对方的嫉恨。

不顾事实、言过其实，或者过高过低，都难以产生良好的效果。那么我们在日常生活中怎么样能避免批评呢？

1. 微笑。

用微笑的方式去批评学生，实际是动之以情的批评方法。在企业里，由于员工的过失，或者员工的不尽职等情况下，被领导批评应该来说是家常便饭，我们可以常常见到一些领导在会议上批评员工。如果我们领导能够在平时多关心一下职工，多去车间转转，发现问题时及时上前微笑地指出，将问题消灭在萌芽之中，又何须大张旗鼓地批评呢？或许许多领导还没有发现微笑的魅力，那就在以后的工作中试着尝试吧。

2. 鼓励。

有时候鼓励是一剂良药。鼓励能够使人燃烧起新的激情，能够给人以信心和力量，让人有继续奋斗的决心。某位员工没有按照工作进度完成工作，领导找其谈话说："我对你很是失望。"那么，这位员工听后，第一感觉是领导人不重视我了，一定是对我的工作不满意了。如果我们换一种方式来处理，让其了解你的意图和想法，按照你的意图和想法来工作这才是关键。因此，你可以说："你做事向来都是很积极的，从来都是按时完成的，一定有别的原因吧，我很重视这件事情。"

3. 商讨。

大家都希望在一种民主的气氛中学习和工作。因此，遇到别人做得不对的时候，不要轻易地批评别人，而要采取商讨的语气，跟同学或者同事朋友仔细讨论。

4. 提醒。

如果大家平时多一句提醒，很多发生的问题就会自然而然地避免。何乐而不为呢？批评是一个双刃剑。"运用之妙，存乎一心"。对批评艺术的巧妙运用可以使事情往往可以变得事半功倍。在日常生活中，我们要尽量避免批评，多从别人角度考虑问题，这样你才能成为一个受欢迎的人。

※ 激发他们的强烈要求

我们常常会遇到这样的例子。考试要来临了，我们的学习效率就会变得很高；找工作要面试了，我们就会疯狂地温习面试技巧等等，即使以前身边最懒的人也会抓紧行动起来。这是为什么呢？仔细分析一下，是因为只有当事情成为我们努力争取的对象时，才会引起我们的兴趣，激发我们的斗志，使我们为之奋斗。因此，在生活中，我们要清楚他人的需求，并且要激发他的需求。

虽然戴尔·卡耐基一直有写东西的习惯，但是那时还只局限于他自己的内心世界，他通过写来分析自己的烦恼，用自己的追问和回答解除心头的忧郁。然而，萌发写作的念头却源于他与一位顾客的相逢。

这一天，卡耐基碰上了一位头发斑白的老者，他那头黄发竟然变白了，这点引起了他的好奇心。老者想买车，卡耐基又背书似地背诵那套“车经”，可老人家并不怎么感兴趣：“无所谓的，我还走得动，开车只不过是尝一尝新鲜劲儿，因为我年轻时曾梦想成为汽车设计师，那时还没有汽车呢。密斯特尔斯和威廉·派克尔德和我一样在念中学……”

老者的话题，更加吸引了卡耐基。他详细地和老头探讨着公司创始人、汽车设计者的成功经历，两人对密起特尔斯形成了共同的评价，对威廉先生即有不同的看法。渐渐地，话题又转到了卡耐基的生活方面。在这样一位陌生的老者面前，卡耐基讲出了自己的成长经历、漂泊不定的生活和前些时间里的忧郁。

“那天凌晨，对着一盏孤灯，我才敢最终对自己说，我在做什么？我的梦想是什么？如果我想要成为作家，那为什么不从事写作呢？尊敬的老先生，您认为我的看法对吗？”

“好孩子，非常棒！”老人的脸上露出轻松的笑容，继而一脸正平地说，“你为什么要为一个你不关心又不能付你高薪的公司卖命呢？你是不是想赚大钱？写作，在今天也是门好行当呀！”

老头一口气举出了好几位有名作家，比如杰克·伦敦，富兰克·挪瑞斯及亨利·詹姆斯等人，还算出了1901年至1910年间的畅销书来，其中特别强调几本销售量超过了一百万册的书，比如杰克·伦敦的《野性的呼唤》、约翰·霍克斯的《寂寞松树的故事》、威金夫人的《阳光溪农场的瑞贝尔》及哈珞·贝尔的《山上的牧羊人》等等。

“不，老绅士，我对赚大钱不感兴趣，放弃工作是不可能的，除非我有别的事可做，但是我能做什么呢？有哪种天赋的能力能让我可以满意地赚钱和生活？”卡耐基连连否认自己赚大钱的幻梦。

但接下来老先生的谈话却使他受益匪浅。老先生说道：“你的职业应该是能使你感兴趣，并发挥才能的。既然写作很适合你，为什么不试一试？”卡耐基恍然大悟。在大学时代，他就有写作的梦想而且一想到写作就有一种冲动，那极强的表现欲促使他要写，不停地写。写那些乡镇上人们在工作后的闲谈，讲出一些幽默的笑话，传奇的英雄故事；写自己在农场里耕地和照料牲口的艰难；描绘出烈日和暴雨下辛勤劳作的农民形象来；还要写出具有勇气和强烈信仰的勇敢的男人和女人们，讲述他们为了建立美好家园而与所有的困难搏斗的故事……

戴尔·卡耐基的胸中一直奔涌着要创作的激情。这种状态一直深藏在他的内心深处，直到此时才被老先生的几句话又给激活了。卡耐基认为，作家的角色有助于自己解决困境，摆脱内心忧郁和恐惧的最佳办法就是提笔写。把它们写出来，把心头的万千话语写出来，能平衡自己的内心世界。更何况，他想捕捉西部密苏里农场的艰苦生活，抓住生活的真实感受，还有像他一样的农民的坚强个性以及玉米田地的气息，还有那些发生在玉米田里的故事。

卡耐基说过“世界上能够影响他人的唯一方法，就是谈论他的需要，并告诉他如何去获得、满足他的这种需要。”

在生活中也有很多这样的例子。

有一天，爱默生和儿子想把一头小牛弄进谷仓里。开始时，爱默生用力推，儿子用力拉，可是牛怎么不动弹，最后还有些生气了的样子，开始对他们产生敌意。后来，有个爱尔兰妇女见了，虽然她不会写什么散文集，却比爱默生更懂得“马性”或“牛性”。她把自己母性的指头放进小牛嘴里，一面让它吸吮，一面轻轻地把它推入谷仓里。从这个例子可以看出，刚开始爱默生和他儿子都忽略了牛的需要，只是一味地强迫，反而适得其反。岂不知那只小牛也正好和他们一样，只想到自己所要的，所以两腿拒绝前进，坚持不肯离开牧草地。而爱尔兰妇女从牛自身的需要考虑，轻松地将牛拉了回去。

这正印证了卡耐基的话，“如果说成功有什么秘诀的话，那就是站在对方的立场来看问题，并满足对方的需求。”

第一次世界大战期间，英国首相劳埃德·乔治正是采用了这种做法，才会使他在人们心目中的地位一直长盛不衰，而不像许多战时领袖——像威尔逊、奥兰多和克里蒙梭——都逐渐在人们心中褪色。当时有位士兵问起时，乔治是这样回答的：如果一定要归诸一个原因的话，那就是，你要钓到什么样的鱼，就得用什么样的诱饵。

因此，卡耐基认为“无论是在商界、家庭、学校中，还是在政治领域，我认为最好的建议，就是首先把握对方最迫切的需求。如果能做到这一点，就可以如鱼得水，否则就办不成任何事情。”

哈利·欧佛瑞在极具启发性的《影响人类行为》一书中写道：“行为乃发自我们的基本欲望，不论在商场、家庭、学校或政治上。对那些自认为‘说客’的人，有句话可以算是最好的建议：要首先引起别人的渴望。凡是能这么做的人，他就能左右逢源，永不寂寞。”

亨利·福特对处理人际关系所提出的忠言：成功的人际关系在于你能捕捉对方观点的能力；还有，看一件事须兼顾你和对方的不同角度。

既然了解一个人的需求这么重要，那么我们在日常生活中应该怎样激发他人的需求呢？

1. 要善于观察事物，做一个细心的人。

要想了解一个人的需求，首先要学会做一个有心人。只有善于观察事物，才能真正地了解这个事物，才能清楚这个事物的喜好，才能进一步了解他内心深处的需求。

2. 要找出合适的方法，激发他人的需求。

及时地了解一个人的需求非常必要，一旦我们了解到他的内心需求后，我们要想好办法争取地把他激发出来。这里，我们必须要做到及时，因为在不同的时候人的需求或许不同。在以前我们只是追求温饱，但是现在，我们却更加注重生活的品质。另外，需求如果藏在心里，长时间没有发现，那么有可能就会永久埋没。另外，我们要找到合适的方法，要他人内心的这种需求一下子爆发出来，达到一种非常想做迫切想做的程度，这样更加有利于他才能的充分发挥。

总之，我们要善于发现身边的人和事物，善于总结经验。有些需求有些潜力或许可能他本人也不知道，如果我们能够发现并且及早激发出来，就会更好的帮助到身边的人。

※ 真诚地关心他人

在生活中，我们是否真诚地关心过我们周围的朋友？一位朋友生病了，你是不是抽出时间去看望朋友了呢？你是找了个借口认为自己工作太忙，没有时间，过两天有时间了再去看他而没有了踪影，还是及时地给朋友打电话，问他是否需要你的帮助？前者会使朋友之间的情意越来越淡，后者会拉近大家之间的感情，不仅使朋友体会到你的关心，而且你自己也因为有一个好的人际关系而高兴。事实就是如此，如果我们要想使自己快乐，就去真诚地关心我们身边的每一个人吧。

卡耐基不仅使自己的家庭幸福美满，而且也关心其他人的家庭。他委派他的助理去参观波士顿的一个特殊医疗教室。这位助理发现这个医疗"教室"附设于波士顿医院，每周上课一次，参加的患者必须预先接受定期的健康诊断。实际上，这个医疗教室是实施心理疗法，正式名称是"应用心理学治疗班"。

这里的大多数患者是存在情绪障碍的家庭主妇。

为什么设立这个医疗班呢？

卡耐基的助手了解到，曾受教于奥斯勒爵士门下的约瑟夫·布拉特博士发现，前来波士顿医院就诊的患者中，有许多人在肉体上并无任何异样，然而却出现各种疾病的症状。一般情况下，医生会认为，这是病人的心理或想象所导致的，因而一笑置之。而布拉特博士却深深了解，若例行性的、告慰性的对这些患者说："回家好好休息，忘掉疼痛，就没事了"将是无济于事的。因为，这些妇女并不想生病，而且疾病也不是轻易就可忘却的，应当采取一些另外的措施。

于是，布拉特博士排除了部分反对和怀疑意见，开设了这种医疗教室。十多年来，成果辉煌，数千名患者在这里痊愈，有的患者怀着虔诚的心情，每年都来这里参加活动，为该班的医疗效果作见证。

卡耐基的助手与一个九年来一直参加课程的妇女进行了访谈。这位妇女表示，她最初来医院就诊时，深信自己患的是心脏病，紧张过度时会两眼昏暗、短暂丧失视力。但是，她如今对健康充满信心，日子过得很愉快。从外表来看，她年纪约有四十出头，其实她已做奶奶了。她说以前常被家庭琐事搞得不胜其烦，心想不如早死算了。但是，自从参加这个医疗班后，她明白了，烦恼于事无补，并学会了解除烦忧的方法，现在过着很平静的生活。

卡耐基非常赞同这个医疗班的顾问洛兹·希弗顿博士的看法。这位博士认为，减轻家庭主妇们烦恼的最佳途径是：在一个值得信赖的人面前，把心中的不快尽情倾吐出来。他说："我们将这种方法称之为洗胃，亦即情绪净化。病人到这里时，我们先让她详详细细地说出她的忧虑，这样才能将它们从心中驱逐出来。倘若独自闷积在心，只能增加神经的紧张。我们必须让别人来分担我们的苦恼和忧虑。我们这个世界上必须有人愿意倾听以及理解自己的苦闷。”

卡耐基的助手当场观察到一个妇女在述说了苦恼之后，心情即转开朗的实例。这位妇女同大多数就诊者一样，她的不快情绪来源于家庭问题。开始叙述时，她显得有些紧张，然后情绪逐渐趋于稳定。当面谈结束时，她脸上竟然浮现出微笑。

那么，她的问题解决了吗？“当然没有”，卡耐基说，“她心境的转变只是因为她将心事倾吐了出来以及得到一些建议和同情而已。这就是说，这种巨大的治疗效果，完全在于把烦恼化为了语言。”

根据助手了解到的这些情况，卡耐基作了认真的分析和研究。然后，他提出了有益于家庭主妇的见解。卡耐基用自己的特长，真诚地关心着他身边的人。

卡耐基认为，多为别人着想，不仅能使你不再为自己忧虑，也能帮助你结交很多的朋友，并得到很多的乐趣。

你曾经招呼过圣诞夜里看到的一两个孤儿吗？如果我们本人在珍珠港的话，也会乐意去做玛格丽特·叶慈所做的事。我们会对帮助别人有兴趣呢吗？我们会不会一直思考这样做又有什么好处呢？

卡耐基回答说，不管你的处境多么平凡，你每天都会碰到一些人，你对他们怎样呢？你是否只是望一望他们？还是会试着去了解他们的生活？比方说一位邮差，他每年要走几百里的路，把信送到你的门口，可是你有没有费心去问问他住在哪里？或者看一看他太太和他孩子的照片呢？你有没有问过他的脚会不会酸？他的工作会不会让他觉得很烦呢？或者是杂货店里送货的孩子，卖报的人，在街角上为你擦鞋的那个人。这些人都是人——都有他们的烦恼，他们的梦想和个人的野心，他们也渴望有机会跟其他的人来共享，可是你有没有给他们这种机会呢？你有没有对他们的生活流露出一份兴趣呢？你不一定要做南丁格尔，或是一个社会改革者，才能帮着改善这个世界。你可以从明天早上开始，从你所碰到的那些人做起。

真诚地关心他人，会带给你更大的快乐，更多的满足以及你自己心中的满意。亚里士多德称这种态度为“有益于人的自私”。古波斯拜火教的始祖佐罗亚斯特说：“为别人做好事不是一种责任，而是一种快乐，因为这能增加你自己的健康和快乐。”纽约心理治疗中心的负责人亨利·林克说：“现代心理学上最重要的发现就是以科学证明：必须要有自我牺牲或者是约束，才能达到自我了解与快乐。”

总之，每一个人都有自己的烦恼，都有自己的痛苦。假若我们能真诚地关心我们周围的每一个人的话，我们会发现我们能够从中得到很多东西，我们会得到他们的感谢，在我们需要的时候，我们也会得到大家的帮助。从帮助他人中得到的乐趣，是人生最大的乐趣。

※　微笑待人

当你经过车站前的商店时，如果看到商店的老板娘对你笑了一笑，或许你会随手买一份报纸吧！当你进入郊外的公路餐馆买东西时，即使你已点餐完毕，如果笑容可掬的女服务员亲切地对你说：“你是否还需要些别的吗？”或许你会因此而再多点一两样餐点。在贩卖场上，亲切的笑容多少都具有提高销售额的魔力，所谓“积沙成塔”，以笑容面对顾客与板着一副晚娘面孔面对顾客，在销售业绩上其差别是显而易见的。这就是微笑的魅力。

有天下午卡耐基跟莫里斯·雪佛莱在一起。卡耐基感到失望，雪佛莱快快不乐，沉默寡言，跟卡耐基所期望的完全不同，直到他微笑的时候，卡耐基的观感才改变，就好像是太阳冲破了云层。如果不是因为微笑，莫里斯·雪佛莱可能仍然是巴黎的一位家具制造者，跟他的父兄一样。

卡耐基认为行动比言语更具有力量，而微笑所表示的是，“我喜欢你。你使我快乐。我很高兴见到你。”他认为，微笑对生活是十分必要的，微笑仿佛是在说，“我喜欢你，你使我觉得快乐，我很高兴看到你。”

汤姆先生就曾因为某个女性魅力的笑容，迷迷糊糊地从腰包掏出钱来。他非常赞成帮助社会贫苦无助的人，但因其中募金流向不明的欺诈亦时有所闻，所以对“街头募款”的劝诱通常都不加理睬。一天，在车站遇到一个为了救济外国灾民的募金活动的女性。正打算视若无睹侧身而过时，冷不防她却把个献金箱挪到他面前：“谢谢！”虽然他猛摇手“不！”她也不移开。他以不快的强硬语气：“我不会捐的！”，她一点也没有厌恶的神色。“这样子吗？那，还是谢谢你了！”说着，露出洁白的牙齿亲切地微微一笑。那笑容不仅爽朗而且深具魅力。他追上转身离去的她，掏出百圆大钞投入募金箱里。这不就充分地说明了魅力韵笑容较之能言善道的推销话术更具有说服力吗？

还有一次，汤姆先生诊所的患者中有一位推销保险的女业务员。年纪约三十五六岁，算得上是个活泼又富行动力的美女。说是：“由于自知齿形外观不雅，所以无法有足够的自信咧嘴而笑，希望能带给初见面的准客户更好的印象。”在齿形治疗的一个月中，他指导她做“微笑训练操”，同时告诉她笑的威力。三个月后，她以明朗快活的语调打电话到诊所来，想不到营业额竟然增了一倍。对于自己的笑容有了自信，就能带给客户好的印象，而自己也会因此变得更积极更有活力，这绝对不是偶然的侥幸。

此外，汤姆先生还曾被某个推销牙齿百科全书的业务员之笑容所惑，购买了一部近十万元的百科全书。不是他人特别好说话，一打听其他牙医朋友们也几乎全买了。据说他是贩卖该百科全书的外商公司里的超级业务员。汤姆私下请教，他才带点不好意思地说他魅力笑脸的秘密在于，在准客户的门前，一定先确认自己的笑容后才敲门拜访。

“笑招好运来”。想要赚更多的钱，亲切的笑容是无上的至宝。

笑能让你变成一个令人欢迎的人。如果一个人每天都是春风满面，笑容可掬，别人对他的感觉和印象肯定会特别深刻。无论你是应聘工作，洽谈业务，还是赶赴约会，出席酒宴，微笑都能使你魅力陡增，收到意想不到的效果。

而“经营之神”松下幸之助更说：“如果有人问，在我们卖给顾客的商品中，最重要的是什么，不知各位列举出什么样的商品？当然可以朝很多方面考虑，不过我认为应该是亲切的‘笑容’。”美国的百货大王——华纳麦克也强调“微笑与握手都不需花时间与金钱，但却可以使生意更兴隆。”

不管你是美的、丑的，只要你在工作中笑的时机好，笑的程度佳，那你的笑就会给你带来好的评价，会显露出你的风度与气质，人们会说你是一个有修养、随和而可亲的人。当你得到了周围的人对你这个评价后，你的前程也会跟着灿烂。

“我看过很多到银行来贷款的中小企业的总经理，但是能让我们放心地把钱借给他的，是那些即使资金周转不灵，他仍充满活力、笑逐颜开的人，反之，那些哭丧着脸的人就借不到钱了。”这是在某家大银行的贷款部门有多年事业经验的老行员所说的话。仔细观察那些擅长于拜托别人的女性，她们可能不是美女，但笑容却使她们看起来更讨人喜欢。难以启口的事，难以进行的事，但又必须拜托别人时，“笑容”可以发挥强大的力量，对于受委托的一方，会因你的笑容，而增加协助你的意愿，放心地与你交换意见。

有人说，笑容是支点，能力是杠杆，有了这两样，能撑起整个地球。

在现代社会，竞争愈是炽烈，胜负的关键与其说取决于能力，倒不如说取决于能让自己显得更出色的微笑。

有这样一句名言：“人一悲伤就会哭；因为哭就是悲伤。”我们借用这句话，并把它改成：“人一高兴就会笑；因为笑就是高兴”。的确，笑容不仅仅表示自己心情的好坏与否，那种亲切明朗的快乐会感染身旁的每个人。让我们尽情地展开笑脸吧。

※　牢记他人的名字

我们在跟同事的交往中可能会遇到这样的情况，大家在街上相遇，可是你使劲地怎么想也没有想起对方的名字，没有办法，只好避开。没有记住对方的名字，是件很尴尬的事情，它会使人误解为你不注重对方，从而疏远了对方，加大了你们之间的距离。

那么，卡耐基课程提供的记忆技巧是如何促进演说效果及人际关系的呢？卡耐基认为，他的课程比任何其他的演说技巧或人际关系技巧，都更重视自信问题。他意识到被人们冷落的记忆艺术其实是很有效的方法，能快速地建立起人们的信心。

在前两节课中，特殊的技巧可以收到立竿见影的效果，使学员能更深入地参与课程的教学。为促成这些技能的确立，卡耐基重新采用由希腊人最先教授的记忆技巧。

轨迹记忆法是由诗人塞门纳迪发明，由西塞罗记录下来的。有一次，塞门纳迪应邀参加一次宴会。当他在宴会厅外时，厅内的屋顶突然坍塌，遇难的尸体难以辨认。然而塞门纳迪却能借助于每个来宾的座位分辨出死者是何人。

这件事使得塞门纳迪以视觉记忆而闻名遐迩。此事引发了他的灵感。他认为人们可以借着某种特殊方位或轨迹来分类记忆事物。例如，一个演说者可以借助视觉来记忆演说中的重点，将提示物放在一座大建筑物的不同房间内，回想演说中重点时，只要在建筑内顺着来时的脚步回走即可。对多数人而言，视觉记忆胜于语言或身体记忆法，是一种免于使用笔记的简易方法。

卡耐基在课程中使用了称之为木桩系统的轨迹记忆法。在这个系统中，你无须走遍建筑物来回想重点和回想事前在支架中放置的事物，即可将它们设定在特殊的视觉影像中。

虽然木桩系统有相当的历史，并且能使每年上千名的卡耐基课程学员印象深刻。然而，一旦不再使用这项技能时，能力就消失了。除了记忆人名外，只有少数毕业学员需要每天使用记忆技能。

记忆在过去时代被看作是不容忽视的力量。西塞罗说：记忆是所有事物和宝藏的守护者。爱斯奇勒斯说″记忆是智慧之母″，这些说法绝非夸大片辞。但是在今天，当代美国人已经习惯于使用非正式的记忆技能了。

一个仍具相当重要性的记忆技能就是牢记姓名。自卡耐基时代起，许多优秀的商业和人际关系支持者都强调姓名记忆的重要性。

一位纽约大学的教授早在《影响力的本质》一书出版前的数年，就出版发行了一本《加强记忆面孔及姓名》的书，其中归纳提出了记忆姓名的价值：

那是希望该书能帮助更多的人并引起他们的兴趣。商业人士和专业人员在直接与人交往时，倘若能称呼对方的姓名就能获得较友善的反应。若能以一种较软性的、活泼的语调，如“某某先生”来取代诸如“喂！那边的”此类命令方式或商业口吻，便能获得较佳的合作态度。社会工作者、教师团体领袖们发现，他们若能记得身旁人们的姓名，则在引发人们的情感时，具有强烈的影响力。刚刚参与社交活动及初入社会的年轻人发现，记得别人的姓名相当有用，有助于增加与人相处时的自信与自在。

时至今日，理由仍然相同。当你欢迎某人而不记得他（她）的姓名时，谁不感到尴尬？谁不会因为无法记得会上或社交场所中与会者姓名而感到不自在呢？那种不自在使得许多人陷于拼命记忆姓名的努力之中。

不幸的是，这只是一个治标之法，而不是治本之道。戴尔·卡耐基于 1926 年首次撰写改善姓名记忆能力的文章时，记载了三则有关记忆的自然法则即印象、反复及联系。他提及的每个记忆系统都根据这些原则而来。无论你是从众多推销技术法则的记忆专家群中选修一门座谈课程，或者是重温亨利·洛瑞尼和杰瑞·卢卡斯的《记忆书篇》，还是在众多有关记忆的书刊中阅读其一，你都会发现，卡耐基的原则跟它们相去不远。

卡耐基认为，如果你要别人喜欢你或者想要达成某种意愿，牢记他人的名字，等于给予他一个巧妙而有效的赞美！

在美国总统的专业幕僚群中，有一位幕僚的工作内容，就是专门替总统记住每一个人的名字，然后每当总统在遇见某人之前，这位负责幕僚就会先一步告诉总统此人的姓名。而那位被总统叫得出名字的人，也就会因总统竟然会记得他，而雀跃不已，进而更坚定对总统的支持。

记住每个人的名字，是尊重一个人的开始，也是创造自己个人魅力的第一步。记住姓名的能力，在事业上、交际上和政治上是同样重要的。

法国皇帝拿破仑三世，即伟大的拿破仑的侄儿，他曾经自夸自己虽然很忙，可是，他能记住所见过的每一个人的名字。他有什么高招吗？其实很简单，假如他没有听清楚，他就说：“对不起，我没有听清楚。”如果是个不常见到的名字，他就这么问：“对不起，请告诉我这名字如何拼？”在与别人谈话中，他会不厌其烦地把对方姓名反复地记忆数次，同时在他脑海中把着人的姓名和他的脸孔、神态、外形连贯起来。

如果这人对他是重要的拿破仑就更要注意了。在他独自一人时，他会把这人的姓名写在纸上，仔细地看着、记住，然后把纸撕了。这样一来，他眼睛看到的印象，就跟他听到的一样了。

这些都很费时间，但爱默生说："良好的礼貌，是由小的牺牲换来的。"

二战期间美国民主当全国委员会主席、邮务总长吉姆是一位传奇人物。他小时候家里很穷，十岁就辍学去一家砖厂工作，他把沙土倒入模子里，压成砖瓦，再拿到太阳下晒干。吉姆没有机会受更多的教育，可是他有爱尔兰人达观的性格，使人们自然地喜欢他，愿意跟他接近。在成长过程中，吉姆逐渐养成了一中善于记忆人们名字的特殊才能，这对他后来从政起到了重要的作用。

罗斯福开始竞选总统前的几个月中，吉姆一天要写数百封信，分发给美国西部、西北部各州的熟人、朋友。而后，他乘上火车，在十九天的旅途中，走遍美国二十个州，行程一万两千里。他除了火车外，还用其他交通工具，像轻便马车、汽车、轮船，等。吉姆每到一个城镇，都去找熟人进行一次极诚恳的谈话，接着再开始一段行程。当他回到东部时，立即给在各城镇的朋友每人一封信，请他们把曾经谈过话的客人名单寄来给他。那些不计其数的名单上的人，他们都得到吉姆亲密而极礼貌的复函。

吉姆早就发现，一般人对自己的姓名感兴趣。把一个人的姓名记住，很自然的叫出来，你便对他含有很微妙的恭维、赞赏的意味。若反过来讲把那人的名字忘记。或是叫错了，不但使对方难堪。而且对你自己也是一种很大的损失。

像富兰克林·罗斯福这样的大忙人，都还不忘花时间去记一些与他们来往的市井小民的名字。就连一 个工匠，他都肯花时间将之牢记在心，以求让对方感觉到自己的友善和尊重。

爱默生曾经说："完美的品格，是得由无数的小小牺牲才能换来的。"要达到这个目标，绝非一蹴而就，定得相当时日之累积方可得。所以，别忘了：人最重视、最爱听，同时也是最希望他人尊重的就是他们自己的姓名。

名字是人们活动于人世间的一个个符号，作为个体而言，每个人都十分在意、重视自己的名字。记住一个人的长相并不难，但要铭记他人的名字却不是一件轻而易举的事。但是，若能牢记他人的名字并准确地、很自然地叫出口，这是一种最简单、最明显，而又是一种最能获得好感的方法。

※ 学会倾听他人讲话

在宴会上，你是喜欢侃侃而谈，还是喜欢聆听别人讲话，做一个好的听众呢？在大家交谈的时候，要认真听别人讲，不要轻易打断别人讲话，学会静听，就是最好的解决问题的良方。

卡耐基曾经应邀参加一场纸牌会。卡耐基个人不会打纸牌，另有一位美丽的女子也不会打。于是卡耐基与这名女子正好坐下来聊聊天。她知道卡耐基在汤姆土从事列线电事业之前，曾一度做过她的私人经理，帮助她预备要播发的讲解旅行的资料，所以她说："啊，卡耐基先生，我想请你告诉我所有你到过的名胜及所见过的奇景。"当他们在沙发上坐下的时候，她提到她同她的丈夫最近刚从非洲旅行回来。"非洲"卡耐基说，"多么有趣！找总想去看看非洲，但除在爱尔裘上停过2 4小时外，其他地方还没到过。告诉我，你曾游历过野兽的乡间，是吗？多么幸运！我羡慕你！告诉我关于非洲的情形吧。"那次谈话谈了如指掌4 5分钟。她不再问我到过什么地方，看过什么东西了。她不要听卡耐基谈论他的旅行，她所需要的不过是一个专注的静听者，以使她能扩大她自我，而讲述她所到过后地方。

在现实生活中，类似这位女子的人也有很多。他们只希望别人聆听。

卡耐基认为，专心致志地倾听正在和你讲话的人，这是最为重要的。认真倾听对方的谈话，正是我们对他人的一种最高的恭维。至于成功的商业交往，并没有什么神秘的，而且没有别的东西会比这更令人开心的。

卡耐基还认为，喜欢挑剔的人，甚至是最激烈的批评者，也常常会在一个具有忍耐心和同情心的倾听者面前，态度变得软起来——当怒火万丈的寻衅者像一条大毒蛇那样，想要张嘴咬人的时候，倾听者应该保持缄默，而且只是认真地倾听他的谈话。

在美国内战最黑暗的时候，林肯写信给在伊里诺斯春田的一位老朋友，请他到华盛顿来。林肯说，他有些问题要与他讨论。这位老朋友到白宫拜访，林肯同他谈了数小时关于释放黑奴的宣言是否适当。林肯对赞成及反对此事的理由都加以探究，然后才阅读一些谴责他的信件及报纸的文章，有的怕他不放黑奴，有的却因为怕他释放黑奴。谈论数小时以后，林肯与他的老朋友握手道声晚安，送他回伊里诺斯，竟然没有征求他的意见。整个谈话中所有的话都是林肯说的，那好像是为了使他的心境舒畅，“谈话之后他似乎稍感安适”。这位老朋友说，林肯没有要求得到建议，他只要一位友善的、同情的静听者，使他可以发泄苦闷。那是我们在困难中都需要的。

马克逊曾经这样说过：“有许多人之所以不能给别人留下深刻而良好的印象，就是因为他们不注意倾听别人的讲话。他们极其关心的是他么自己下面要说什么，他们从来都不会认真听别人要说什么……许多大人物曾告诉我，和那些善于谈话的人相比，他们更喜欢那些善于倾听者。但是，我们所具备的善于倾听的能力，好像比任何其他的人都要少。”

多年前，有一个从荷兰移居来美的贫穷儿童。在学校下课后，为一家面包店擦窗，每星期赚点美元。他家非常贫穷，他平常每天到街上用篮子捡拾煤车送煤落在沟渠里的碎煤块。那个孩子叫宝充，一生仅受过6年的学校教育，最后竟使自己成为美国新闻界一个最成功的杂志编辑。他是怎样成功的呢？

他13岁离开学校，充任西联的童役，每个星期工资6.25美元。但他每时每刻也未放弃寻求教育的意念。不但如此，他还自我教育。他把不坐车、不吃午饭的钱省下积攒起来，直到足够买一部《美国名人传全书》。他读了名人的传记后，写信给这些名人，请他们寄来有关他们童年时代的补充材料。他是一个善于静听的人，鼓励名人讲述自己的故事。他写信给那时正在竞选总统的加菲大将，问他是否确实曾一度在一条运河上做过重工，加菲回复信给了他；他写信给格莱德将军，询问某一战役，格莱德给了一位14岁的孩子一张地图并邀请这位孩子吃晚饭，并且和他谈了一整夜。他还写信给爱默生并鼓励爱默生讲述关于他自己的话。这位为西联送信的小孩不久便和全美最著名的人通信：爱默生、夏姆士、浪番洛、林肯夫人、爱尔各德、秀门将军及戴维斯。

他不只与这些名人通信，并且在他们假期的时候去拜访他们中间的好多位，成为他们家里受欢迎的一位客人。这种经验，使他产生了一种无价的自信心。这些名人激发了他的理想与志向，改变了他的人生。而所有这一切，就是因为他善于倾听他人的讲话。

所以，如果你希望自己成为一个善于谈话的人，首先就要做一个善于倾听他人说话的人。正如李夫人所说的：“如果你要想使别人对你感兴趣，那么首先就要对别人感兴趣。”

※　迎合他人的兴趣

当你看见你的同事左右逢源，特别招人喜欢，你是不是特别羡慕啊？你是不是也想受到大家的欢迎呢？要想得到别人的欢迎，首先要赞美他人的爱好，迎合他人的兴趣，佯装和对方的兴趣保持一致，你就能成为一个受欢迎的人，成为一个被人所喜欢的人。

有一次，卡耐基在青年会试讲，就在他坐在讲桌后的座位上啃着自带的晚餐——黑面包的一瞬间，他改变了自己准备了很久很久的授课计划和内容。

原先，卡耐基准备给学生们讲授一些有关商业化社会里的社会状况、人群状态的知识，介绍一些社会学、心理学的知识，讲一讲某些人面对人生和社会所做的论断。但是，他一下子改变了。或许正是这一改变，才使得卡耐基有了发挥演讲才能的最佳时机。

人们对这位试讲老师的兴趣非常浓厚，黑压压的人群坐满了大厅里的每一张座位和每一个角落，教室后面还挤满了一些站立着的人们。大家都想来听一听这位经历丰富的年轻老师怎样告诉他们一些特殊知识，以帮助他们超越其他人。

戴尔·卡耐基在明亮的教室里一声不响地坐着，直到六点半时才站起来，向众人鞠了一躬，扫视了一下全体学生，才开口说话。

他以詹姆斯·怀特坎姆·董利的《徜徉在六月里》这首诗作为开场白：

某人午后，

总爱偷偷小憩片刻，

什么也不做。

我宁可待在果园里，

无拘无束！

头顶一片天，脚踏一方土，

有清新的空气供我呼吸，

有如茵的草地供我躺卧，

就好像有客来访时，

母亲在阁楼上布置的，

又软又厚的床！

当卡耐基朗诵完这首诗后，热烈的掌声响了起来！这些都市的平民沉浸在诗的意境中，幻想着乡间生活的优美宁静。卡耐基一下子就吸引住了学生们，人们听课的兴趣被想象的美丽所唤起。

“先生们，女士们，我给你们念这首诗，目的在于向你们讲述一个故事。”卡耐基挥了挥手，让大家静下来，又继续说道，“我要给你们讲一个关于我的故事！”听众不禁一怔，胃口被吊起来了，又满腹狐疑。但是，卡耐基讲完了自己成长的经历，言辞亲切又富有启发性和思辨性，他讲出了自己的困苦和忧虑，谈到了那些不眠的夜晚，涉及各种挫折和打击，还有自己不屈的奋斗。最后，他饱含深情地说道：

“我在农场里看到过这样的事情：我种了几十棵树，最初它们长得非常快，然而一阵风雪，每一根细小的树枝上都挂满了重重的冰。这些树枝却没有因重压弯曲着，相反地，都很骄傲地反抗着、支撑着，终于在沉重的压力下折断了——最后不得不被毁掉。这是悲剧啊！有时，我发现自己就像一棵小树，不同的是我深知在抗拒不可避免的事实和开创新生活之间，我只能在两个中间选择一个！

你们呢？你们可以在生活中，在那些不可避免的暴风雨之下弯下身子，或者因为抗拒它们而被摧折。如果每一个人在多难的人生旅途上，也能够承受所有的挫折和颠簸的话，就能够活得更长久，能享受更顺利的旅程。

如果我们不吸取教训，而去反抗生命中遇到的挫折的话，我们会碰到什么样的事情呢？答案非常简单，我们就会产生一连串内在的矛盾，我们就会忧虑、紧张、急躁而神经质。如果我们再进一步，抛弃现实世界的不快，退缩到一个我们自己所编织的梦幻世界时，那么我们就会精神错乱。这并不是危言耸听，因为事实将会这样发生，想一想你们的生活经历，难道不曾如此吗？”

教室里冷峻的气氛被卡耐基这番话激活了，学生们充满希望和生机的快活神情让卡耐基感到欣慰。他打开了自己的内心世界，也打开了听众的内心世界，让每一个人都觉得自己的心事被说中了，多年的困惑解开了，从此可以正确地面对自己的生活了。

掌声响起来了，他的试讲相当成功，长达两个半小时的演说结束了，人们都不想离开。有一些人走过来和卡耐基握手、拥抱和问候，周围是一片赞扬声四起！卡耐基更是满面春风地对待一个又一个前来祝贺的人。

卡耐基做到了，他的试讲赢得了全教室人的掌声。要我们来看看卡耐基先生是如何成功的吧。卡耐基在临上课前改变了原来的教学计划，而以一首甜美的田园诗歌开头，为什么以这首诗歌开头呢？因为他注意到了他的听众都是的贫民，这首诗歌描述的生活是他们所向往的。这就引起了大家的兴趣。正所谓万事开头难，卡耐基成功地做好了开头，就等于他成功了一大半。

大家都惊异于罗斯福先生在外交上的成功，那让我们分析一下罗斯福先生成功的要点。其实答案很简单，无论什么时候，罗斯福每接见一位来访者，他就会在这之前的一个晚上阅读有关这一客人所特别感兴趣的东西，以便于工作找到令人感兴趣的话题。罗斯福同所有的领袖一样，懂得与人沟通的诀窍，谈论他人最以为贵的事情。

卡耐基先生认为，接触对方的内心思想，通达对方心灵深处的妙方，就是和对方谈论他最感兴趣的事情。

但是，我们每个人都有各自不同的兴趣。但是如果你能找到对方的兴趣所在，并以此为突破口，那你的话就不愁说不到他的心坎上。

某房地产公司总裁的公关助理，奉命聘请一位特别著名的园林设计师为本公司的一个大型园林项目作设计顾问。但这位设计师已退休在家多年，且此人性情清高孤傲，很少有人能把他请动，这令总裁助理伤透了脑筋。为了博得老设计师的欢心，公关助理事先做了一番调查，他了解到老设计师平时喜欢作画，便花了几天时间读了几本美术方面的书籍。他来到老设计师家中，刚开始，老设计师对他态度很冷淡，但当公关助理发现老设计师的画案上放着一张刚画完的画时，便边欣赏边赞叹道："老先生的这幅丹青，景象新奇，意境宏深，真是好画啊！"一番话使老先生对他刮目相看，激发了老设计师的谈话兴趣。果然，他的态度转变了，话也多了起来。接着，公关助理对所谈话题着意挖掘，环环相扣。终于，公关助理说服了老设计师，出任其公司的设计顾问。

这是一个典型的迎合他人兴趣的做法。试想，如果不能迎合这个老设计师的兴趣，那么这位总裁助理也会和前面的那些人一样，白白跑一趟。其实，迎合他人兴趣的做法很多人都明白。

这个例子也正好印证了卡耐基说的这样一句话，要仔细研究你交往的对象，找到这个人的兴趣所在，寻找他最关心、最热衷的事业，谈论他最感兴趣的话题；否则，即使你再死磨硬泡，也一无所获！

杜佛诺公司是纽约的一家面包公司，杜佛诺先生想方设法想将公司的面包卖给纽约一家旅馆。为了达到这个目的，4 年以来，他每星期去拜访一次这家旅馆的经理，参加这位经理所举行的交际活动，甚至在这家旅馆中开了房间住在那里，以期得到自己的买卖，但他还是失败了。后来，杜佛诺先生仔细思考了很久，决定改变策略。他首先了解到这家旅馆的经理是美国旅馆招待员协会的会员，而且热心于成为该会的会长，甚至还想在为国际招待员协会的会长。因此不论在什么地方举行大会，他飞过山岭，越过沙漠大海也要到会。所以当杜佛诺先生再次见到他的时候，杜佛诺先生就开始谈论关于招待员协会的事。谁知，这样引起了这家旅馆经理的兴趣，令杜佛诺先生高兴的是，这个旅馆的经理竟然对杜佛诺先生讲了半小时关于招待员协会的事。在这次谈话中，杜佛诺先生根本没有提到任何有关面包的事情。但几天以后，这家旅馆中的一位负责人给杜佛诺先生打来电话，要杜佛诺先生带着货样及价目单去。

4年来，杜佛诺先生费了很大的工夫，却没有感动这家旅馆的经理。而前些天的一段讲话，却成就了杜佛诺先生几年来的梦想。这也充分展示了迎合他人兴趣的魅力。

因此，在交往中，如果我们想要成为受大家欢迎的人，我们在日常生活中就要多多地留意身边的朋友，仔细地揣摩他们的意图，迎合他们的喜好。相反，如果我们只顾自己的爱好，一旦自己的兴趣与他人产生冲突，就会给大家的交往设置一种障碍，影响大家关系的发展。要我们牢记卡耐基先生的这句话吧，迎合他人的兴趣，做个受大家欢迎的人。

※ 让他人感到自己重要

在现实生活中，我们应该怎样让他人感到我们很重要呢？难道只靠我们自己的夸大和吹嘘吗？显然不是。因为这样只会使别人更讨厌我们，还会落个爱吹牛的坏名声。要让他们感到重要，就要让他人感到你存在的意义。

毕业后的第一次应聘。1908年4月，国际函授学校丹弗分校经销商的办公室里，戴尔·卡耐基正在应征毕业后的第一次应聘。

经理约翰·艾兰奇先生看着眼前这位身材瘦弱，脸色苍白的年轻人，忍不住先摇了摇头。从外表看，这个年轻人显示不出特别的销售魅力。他在问了姓名和学历后，又问道：

“干过推销吗？”

“没有！”卡耐基答道。

“那么，现在请回答几个有关销售的问题。”约翰·艾兰奇先生开始提问：

“推销员的目的是什么？”

“让消费者了解产品，从而心甘情愿地购买。”戴尔不假思索地答道。

艾兰奇先生点点头，接着问：

“你打算对推销对象怎样开始谈话？”

“‘今天天气真好’或者‘你的生意真不错’。”

艾兰奇先生还是只点点头。

“你有什么办法把打字机推销给农场主？”

戴尔·卡耐基稍稍思索一番，不紧不慢地回答：“抱歉，先生，我没办法把这种产品推销给农场主，因为他们根本就不需要。”

艾兰奇高兴得从椅子上站起来，拍拍戴尔的肩膀，兴奋地说：“年轻人，很好，你通过了，我想你会出类拔萃！”

艾兰奇心中已认定戴尔将是一个出色的推销员，因为测试的最后一个问题，只有戴尔的答案令他满意。

那么卡耐基是怎么赢得了艾兰奇的信任呢？因为艾兰奇认为卡耐基能够成为一个出色的推销员，卡耐基对他的公司重要。

卡耐基认为，人类行为有个极为重要的法则，这一法则就是时时让别人感到重要。如果我们遵从这一法则，大概不会惹来什么麻烦，而且可以得到许多友谊和永恒在快乐。但是，如果我们破坏了这个法则，就难免招致麻烦。

著名哲学家约翰杜威也说过：“人类本质里最深层的驱动力就是希望具有重要性。”哈佛著名心理学家威廉詹姆士认为人类本质中最殷切的需求是：“渴望得到他人的肯定。”

玫琳凯公司的创始人玫琳凯讲述过她的一段经历。有一次去听一个销售经理的讲演，非常鼓舞，于是她等了三个小时排队要跟那名销售经理握手，但是当那名销售经理跟她握手的时候，他的眼睛却看着队伍的长度，这让玫琳凯感觉自己受到了侮辱。因此她在以后的工作中经常提醒自己要认真地对待每一个人。

其实，在我们每个人的心中，自己都是非常重要的，也都希望得到别人的尊重和认可。同样，我们身边的每一个人也想得到我们的认可。所以要学会认真地对待每一个人，学会像对待自己一样去对待别人。只有这样，别人也才会认真地对待你。

美国总统林肯，是一位鞋匠的儿子。在他当选总统的那一刻，整个参议院的议员都感到尴尬。因为美国的参议员大部分都出身于名门望族，自认为是上流、优越的人，他们从未料到要面对的总统是一个卑微的鞋匠的儿子。

但是，林肯却从强大的竞争中脱颖而出，赢得了广大人民的信赖，这除了他具有卓越的才能外，与他从平民中来，走平民路线，把自己融于广大百姓之中的平民意识是分不开的。

当林肯站在演讲台上时，有人问他有多少财产。林肯却扳着手指这样回答：“我有一位妻子和一个儿子，都是无价之宝。此外，租了3间办公室，室内有一张桌子、三把椅子，墙角还有一个大书架，架上的书值得每人一读。我本人又高又瘦，脸蛋很长，不会发福。我实在没有什么依靠的，唯一可依靠的财产就是——你们！”

“唯一可依靠的财产就是你们”，这正是林肯取得民心的最有效的法宝。

林肯的话让我们觉得我们每个人都很重要。我们每个人需要的就是别人的赞同。林肯给了他的人民最高的评价，他的人民也会真诚地支持他的。

下面这个例子是发生在邮政局里的一件小事。但是却给我们带来很多的思考。

约翰在纽约第32街和第8道交口处的邮局里排除等候寄一封挂

号信，显然柜台后面的营业员显然对工作感到不耐烦：秤重、拿邮票、找零钱、写收拢，年复一年都是同样单调的工作。所以约翰对自己说："我要让办事员喜欢我。而要让他喜欢，我显然必须说些好话，不是关于我自己，而是有关他的。"我又自问："他又有什么值得上我称赞一番的呢？"对方是一个陌生人，这的确是一个难题。但是，约翰仔细一想，终于找到了可以令他称赞的地方了。

当这位工作人员为约翰的信件称重时，约翰殷切地对他说："我真希望能有你这样的头发。"这位工作人员抬起头，惊讶地看着约翰，脸上泛出微笑："它已经不像以前那么好啦！"他谦虚地应答。

约翰敢打赌这位先生出去吃午饭的时候，一定步履生风，晚上回家的时候，一定会将此事告诉太太，也一定会照着镜子对自己说："这头发多么漂亮！"

有时候对别人一个赞美，就会改变一个人生活的态度。只有让别人感到快乐，别人才能觉得你重要。

鲍勃是一家保险公司的经纪人。他年轻时就凭借其杰出的表现得到了业内人士的认可。有一年，他应邀同其他一些高级经纪人出席全国营销会议，并发表讲话。

在众多的听众之中有一位叫龙尼的人，也是一位具有传奇色彩的经纪人，比鲍勃年长 30 岁，而且也一直从事保险事业。

可是，就在鲍勃发言的时候，有一件事引起了他的注意，并使他久久不能忘怀。龙尼，这个经验丰富的老经纪人，在他发表讲话时竟一直在认真地做着笔记。他不仅仅是在听鲍勃的讲话，而且是在认真地学习。

这本来是一件小事，但这位高级经纪人的举动竟使鲍勃受到莫大鼓舞，让他感到自己是一个重要的人。这件事给鲍勃增加了自信，令他感到存在的价值。自那天起，龙尼成了鲍勃的良师益友。

爱姆赛尔的公司，打算在长岛的皇后村，买一栋房子，开设分公司。

那房子正好跟那铅管技师的房子为邻，因此他很熟悉房子的情形。所以，这一次他去见那铅管技师时，就这样说："先生，今天我不是来跟你谈买卖的，我是想请你帮一个小忙。如果你方便的话，那只需要一分钟的时间就够了。"

那铅管匠嘴上叼着一只浑粗的雪茄，一副财大气粗的模样，说："好吧。你有什么话？快说吧！"

爱姆赛尔说："我的公司想在皇后村开一家分公司，你对这里的情形，相信比任何人都清楚，所以我来讨教你一点意见，你看这是不是一个很好的计划。"

这是过去从没有发生过的情况！这些年来这个铅管技师对推销员，都是咆哮怒喝，使他获得一种高贵感。可是现在，有个大公司的推销员来请教他、征求他的意见。

他拉过一张椅子，指了指说："你坐下。"这次，他花了一小时的时间，详细告诉爱姆赛尔，关于皇后村铅业方面的情形。

他不但赞成在这里开设分公司，同时替爱姆赛尔计划出购置地产的程序，和购买货物、开业的一切情形。他为一家有规模的铅业公司指示营业方针……从这方面他获得了高贵感。从公事谈到私事，他变得十分友善，同时还告诉爱姆赛尔关于他家庭中困扰的事和冲突。

那天晚上，爱姆赛尔临走的时候，他口袋里不但装进大批订货合同，而且还建立了巩固的商业友谊的基础。爱姆赛尔现在和这个过去对他狂吠、咆哮的人，一起打高尔夫球，过去那种态度已完全改变，这是由于爱姆赛尔请他帮了一件，使他感到重要的事。

其实，人类本质里最深层的驱动力就是希望具有重要性。每个人都希望得到别人的关注、赞同和支持。但是，如何才能做到这一点呢？你需要记住一个原则，那就是你要别人怎么待你，就得先怎样待别人。我们只要时时处处这样想，就可以得到自己想要的答案。

第三章　如何赢得他人的赞同

与人相处是一门艺术，是我们在这个社会中生存的一种必然行为，也是我们每天生活中的重要内容之一，我们几乎每天都与周围的人有着千丝万缕的关联。

懂得与人相处的艺术，就能营造出和谐、快乐的氛围，不仅愉悦自己还会愉悦对方，并能够得到别人的尊重与友善，同时还获得了帮助。相反，尽管我们为人善良、动机也纯正，却处处不讨人喜欢，关系一团糟，自己不但很难有所作为，而且也不利于工作的开展，更谈不上成功了。

我们身边有很多这样的人。他们人品不错，而且口才也不错，在这个推崇智商的年代，有着人们羡慕的“真本事”。但是，性格有些倔强，在哪里都与周围的人不能和谐相处，令别人反感。究其原因，就是不懂得与人相处的智慧，不知道如何去赢得别人的赞同。

首先，良好的心态是与人和谐相处的重要基础。其次，在与人相处的时候，我们也不能丢失自己的尊严，同时也要保住别人的面子。如果你希望别人尊重你，那么你首先要学会把别人放在心上。

※　永远不要与人狡辩

我们周围有很多这样的人。每当别人指出他的错误时，他都会反击一句“我以为……”，而不会说“对不起，我再试一试！”人们往往会为自己做错的事情找到各种理由。其实错了就是错了，我们就要从内心深处主动地想办法解决问题。

卡耐基课程的教学引起了人们的注意。同时也有许多人站出来否定他、攻击他。当然卡耐基自己也清楚地知道自己教学中的弱点，一个人所从事的工作不可能总是完美无缺的。

对卡耐基的诘难首先来自于一些评论家评论卡耐基的教学方法。而正是这个时候，卡耐基总结了一些其他演讲秘诀，如：勿事先写演讲词，切莫逐字背诵，讨论中应穿插解说及范例、著作，与朋友对话时训练你的演说，不必担心你的演说，不要试着模仿他人，要忠于自己等。

不少学员遵循卡耐基的方法，取得了一些成功，但正因为此引起了评论家的争议。

评论家莫卡因认为卡耐基的课程造就了一些社会投机分子，他的毕业生能巧妙地处理事物而爬上那些不曾学习过卡耐基基本方法的伙伴头上，造成社会的不平衡。

卡耐基则反驳说，他的课程是解决一些人处理问题上的方法，而且每个人都有富有的权利，不应该贫穷。社会本来是不平衡的，无须他来制造不平衡。他还邀请许多评论家听听他的教学课程的一节或两节。该课程的目的是让参与者解除戒心。在几节课后，有些人可能认为这像一场精神振奋的集会游行，但若对这种课程做出评价，那就是观察者感受到教室内充满诚挚的气氛。

又有些评论家则批评卡耐基对于有关真诚的问题似乎显得过于天真。例如在《影响力本质》这本书中，他描述约翰·洛克菲勒对于历时两年的流血、痛苦的罢工事件，仍是以善待罢工者的方式取得喜剧收场。卡耐基只提到他的友善使罢工者回到工作岗位，而只字未提罢工所提出的加薪问题。

这位评论家说卡耐基把问题的事实作简单化的评价。他提出洛克菲勒的确对工人发表直接且具有信心的演说，但是，他也提出了实际解决之道游说罢工者支持他，那便是很有威力的一项对新工资、工作生活气质及训练雇员的特别契约。

对于这种批评，卡耐基承认他对洛克菲勒罢工事件的确存在器重，但这种器重恰恰反映出卡耐基的信念。他说他相信洛克菲勒取得优势的原因在于善用人际关系技巧。

卡耐基认为和平地处理罢工问题就是成功。工人们是否获得提高工资可以不问，因为结果不如方法来得重要。如果工人在相同的友善方式下加了两倍的工资而停止罢工，他认为洛克菲勒仍然是赢家。

为了进一步说明自己的观点，卡耐基又举出了许多实例来驳斥这位评论家的观点。

从上面的例子可以看出，卡耐基虽然受到很多抨击，但是他从不狡辩，如果是对方观点有错误，卡耐基会用实例来说服对方，如果真是自己的观点错误，卡耐基也会欣然地接受，自己主动找原因改正错误。

卡耐基认为，如果你争强好胜，喜欢与人争辩，以反驳他人为乐趣，或许能赢得一时的胜利，但这种胜利毫无意义和价值，因为你永远得不到对方的好感。

下面是发生在茶馆里的一件事情：一对夫妻在谈论关于近期自家买什么样的轿车。男的说："买本田 2.4 好，因为适合自家的经济条件，并认为自己应当开本田才有气派"；而女的说："买帕萨特 1.8 好，因为油省、修理费省，并且实用。"就为这个话题，男人谈本田的好处和气派，女人谈帕萨特的实用……声调是越来越高，最后女人说了一句："从嫁给到现在，从来都是你说了算，你从来没听过自己一句，你非要买本田和我来说什么？你自己定好了，你就去买，反正又不是我出的钱，我也没想过要坐！"男人一听火气上来了："早知道不和你说了，就知道你会反对，反正跟你说了也白说，不如不说。"为此，夫妻俩真的不说话了！过了一会，女人说自己有事，先走了。留下那男的一个人在茶楼……

从上面的例子可以看出，狡辩并不能真正地解决问题，还会使双方变得不愉快。要想真正解决问题，就要避免狡辩。

胡顿在纽华城的一家百货公司买了一套衣服。这套衣服穿起来实在使人太失望了，上衣会褪色，且把衬衫领子弄黑了。

他把这套衣服，拿回那家百货公司。找到那个当时跟他交易的店员，告诉他经过的情形。那店员反驳说："这种衣服，我们卖出去已经有几千套了，这是第一次有人来挑剔。"

正在争论激烈之时，另外一个店员插嘴进来，那店员说："所有黑色的衣服，起初都会褪一点颜色的，那是无法避免的。那种价钱的衣服，都有这种情形，那是料子的关系。"

那时，胡顿先生满肚子的火都冒了起来：第一个店员，怀疑他的诚实；第二个店员，暗示他买的是次等货。胡顿先生恼怒起来，正要责骂他们时，那家百货公司的负责人走了过来。

这负责人似乎懂得他的职业，他使胡顿先生的态度完全改变过来。他把一个恼怒的人，变成了一个满意的顾客。这位负责人从从头到尾听胡顿先生讲了经过，没有插进一句话。当胡顿先生讲完那些话后，那负责人，站在胡顿先生的观点考虑问题。认为衬衫领子，很明显的是这套衣服染污的。他坚持表示，这种不能使客人满意的东西，是不应该卖出去的。他承认不知道这套衣服会这样的差劲，可以依照胡顿先生的要求去办。

数分钟前，胡顿先生还想把这套讨厌的衣服退掉，可是现在却征求这位负责人的建议。

胡顿先生同意把这套衣服带回去再穿一星期，看看情形如何。

满意地离开那家百货公司，那套衣服经过一星期后，没有任何问题发现，对那家百货公司的信心，也就恢复过来了。

卡耐基认为，在你与人争辩的时候，或许你是对的，甚至绝对正确；但你若想改变对方的想法，你可能会一无所得，正如你错了一样。

某家公司的财务总监因为一项30万元账目发生了问题，与税务局的一名税收稽查员争论了一个多小时。财务总监认为：这30万元其实是应收账款的一笔呆账，时间已有3年多了，是永远也不可能收上来了，按我国税收免征标准三年以上的呆账可以免征税收，所以不应征税，并拿出一部分国家关于呆账的免征税收政策和税务局对记录。而那个稽查员不同意财务总监的看法，认为这种说法没有依据，这税款必须缴纳。作为一名稽查员，可以通过争论中对方的疑点来分析该公司是否存在着“偷税漏税”的概念。作为财务总监，从公司的目前利益来考虑，有据可争也不是没有道理。就这样，一个人征税，另一个要免征税。最后吵到公司老总也出来了，老总一方面和稽查员的上司沟通情况，一方面和稽查员说到税务局核查档案，再来决定是收还是不收，另一方面又示意财务总监少说几句。

从上面的例子同样可以看出，自以为是地争辩丝毫没有解决问题。最后要不是老总出来协调，这个问题可能会发展地越来越严重。

卡耐基认为，你赢不了争论，要是你输了，你当然也就输了；如果你赢了，可你还是输了，真正的推销精神不是争论。人的内心不会因为争论而有所改变。

在生活中，每个人都有自己的做事风格，每个人有每个人的处事习惯，所以我们不能用自己的标准来要求别人。当大家的观点不一致时，我们要多从对方的角度思考问题，这样就可以避免无意义的争辩。狡辩的胜利不是真正的胜利，真正的胜利是让对方心服口服。所以，让我们平时在日常生活中，尽量放下自己的理论，多听听别人的意见，这也正是退一步海阔天空的道理。

※ 千万不要指责他人的错误

当我们发现别人错误的时候，我们会毫不犹豫地指出来。可是，如果有人告诉我们所犯的错误，我们却会感到懊恼和怀恨，当有人要抹去我们那股意念时，我们会固执地反对。并非是我们对那份意念有强烈的偏爱，而是我们的自尊受到了损伤。将心比心，当我们能毫不顾忌地去指责别人时，别人也会难受。因此，我们千万不要过分地指责别人的错误。

卡耐基认为，即使在最温和的情况下也不容易改变别人的主意，那为什么要使它变得更加困难呢？承认自己或许弄错了，就可以避免争论；而且可以使对方和你一样宽宏大度，承认他也可能会出错。

杰克是一位刚毕业的大学生，应聘到了一家贸易公司。他能力很强，也很上进，工作十分努力，但一直干了几年，他还是没有提升的机会，当时与他一起进公司的人有的都做了主管，可他还是一个最底线的员工。周围的同事们都知晓其中的原因，只是他老是想不清楚。有一次，他的主管正和公司老板一起检查工作，当走到他的办公室时，他突然站起来，对自己的主管说："经理，我想提个意见，我发现咱们部门的管理比较混乱，有时连一些客户的订单都找不到。"也许他说的是事实，但此事的后果就可想而知了。

也许你会认为，他这样做是为了公司的利益，想增加公司的工作效率。但是，他却选错了方法，谁也不愿让人当众出丑，也许有些人能做到前仇不计，但忘不掉当众受辱的难堪的凡人更多！这样做不但不能帮助公司改进工作，还得罪了自己的领导，显然是不值得的。如果有意见，一定要找到一种妥善的方式和上司沟通，最好出之以礼，即使内心不服，也不能当众指责，如果你羞辱他人，只说明你显得还不成熟，缺乏理性。

卡耐基认为，如果可能，应该比别人聪明；但绝不能对人说你比他聪明。

上面的例子虽然简单易懂，但是它传递的道理却很深刻。如果想改变别人，那就不要指责他人的错误。

※ 勇敢地承认自己的错误

我们都会遇到这样的情况：当我们发现我们存在的问题的时候，我们还不认为我们已经错了。在冷静思考以后，我们会发现原来是我们的虚荣心和自尊心在作怪。所以当我们发现自己的错误时，我们就要主动承认它，只有改掉了坏习惯，我们每个人才可能进步。

费丁南・华伦，一位商业艺术家。有一次任务的对象是一位喜欢鸡蛋里挑骨头的艺术组长。费丁南每次离开他的办公室时，总觉得心里不舒服，不是因为他的批评，而是因为他攻击费丁南的方法。最近这个组长交了一件很急的稿子给他，后来又打电话给费丁南，要费丁南立刻到他办公室去，说是出了问题。当费丁南到组长办公室之后，麻烦就来了。组长满怀敌意，终于有了挑剔的机会。在组长恶意地责备费丁南一顿之后，费丁南说："组长，如果你的话不错，我的失误一定不可原谅。我为您工作了这么多年，实在该知道怎么才对。我觉得惭愧，我应该更小心一点才对，"费丁南继续说，"您给我的工作很多，照理应该使你满意，因此我打算重新再来。""不！不！"他反对起来，"我不想那样麻烦你。"他告诉费丁南只需要稍微修改一点就行了，又说一点小错不会花他公司多少钱，不值得担心。

结果组长邀费丁南同进午餐，分手之前组长开给费丁南一张支票，又交代费丁南另一件工作。费丁南成功地使用这个技巧，赢得了一位暴躁易怒的艺术品顾主的好印象。

从上面的例子可以看出，只要一个人主动承认错误，那么谈判的结局就比较愉快。而且，主动承认错误的一方并不一定就是谈判中失败的那方。

新墨西哥州阿布库克市的布鲁士·哈威，错误地给一位请病假的员工发了全薪。在他发现这项错误之后，就告诉这位员工，必须纠正这项错误，他要在下次薪水支票中减去多付给的薪水金额。这位员工说这样做会给他带来严重的财务问题，因此请求分期扣回他多领的薪水。但这样做，哈威必须先获得他上级的核准。“我知道这样做，”哈威说，“一定会使老板大为不满。在我考虑如何以更好的方式来处理这种状况的时候，我知道这一切混乱都是我的错误，我必须在老板面前承认。”

布鲁士走进老板的办公室，告诉他犯了一个错误，然后把整个情形告诉了他。老板大发脾气地说这应该是人事部门的错误，但布鲁士重复地说这是他的错误，他又大声地指责会计部门的疏忽，布鲁士又解释说这是他的错误。最后老板看着布鲁士说：“好吧，这是你的错误。现在把这个问题解决掉吧。”从此，老板就更加看重布鲁士了。

布鲁士解决了问题，而且并没有给其他人带来麻烦。老板正是看中的这一点。

E·H. 李特，是 CPP 肥皂公司的董事长，他常常请别人来批评他。当他刚开始为柯盖公司推销肥皂的时候，订单来得非常慢，他很担心会失去他的工作。他知道肥皂和价钱都没有什么问题，所以问题一定出在他自己的身上。每次生意没有做成的时候，他就在街上走来走去，想弄清楚问题到底出在哪里。是不是他说的话太含糊？是不是他的态度不够热诚？有时候他会回到客户面前说："我之所以回来，不是想再向你推销肥皂。我回来是希望能得到你的忠告和批评，可不可以麻烦你告诉我，几分钟以前我向你推销肥皂的时候有什么地方做得不对？你的经验比我多，也比我成功，请你给我批评，请你很坦诚地、不加掩饰地告诉我。"

这种态度使他赢得了很多朋友和很多无价的忠告。经过一系列的挫折之后，今天他已成立——这是全世界最大的肥皂公司。

批评我们自己，因为我们不可能做到完美的程度，让别人给我们很坦白的、有用的、建设性的批评。

天空能容纳每一片云彩，不论其美丑，所以天空广阔无比；高山能容纳每一块岩石，不论其大小，所以高山雄壮无比；大海能容纳每一朵浪花，不论其清浊，所以大海浩瀚无边。我们也要敢于承认自己的错误，做一个心胸宽广的人。

※ 学会善待他人

当我们走到路上，看见一位老人正在费力推一辆车子上坡，我们会主动走上前去帮助老人吗？当我们看见一位腿脚不方便的人走在泥泞的路上，我们会主动上前搀扶吗？如果我们做到了，我们就学会了善待他人。每个人都需要关心，如果我们想得到别人的关心，那就让我们学会关心别人，善待别人。

1919 年汤姆斯返回纽约市时，带回了许多战时在中东历险和旅行的照片。这时，有一个很好的计划在汤姆斯心中形成。

汤姆斯在电报中希望卡耐基能帮他准备一些相关的文稿，他雄心勃勃地想以一种兴奋、乐观、激动的第一手资料表达方式，发表题为"与爱伦拜在巴勒斯坦及阿拉伯的劳伦斯"的演说。他的想法宏大、成功的可能性很大。

汤姆斯打算利用骆驼队、开罗、印第安人品兵及伯特印人的非正规军、耶路撒冷等栩栩如生的照片来开展演说。不过，汤姆斯虽拥有丰富的资料，但他仍需要一名能为他整理资料的人。

在汤姆斯脑海中涌现出的第一个人便是戴尔·卡耐基，这个曾经帮助他获得巨大成功的真正朋友。

汤姆斯在电报里说离演讲日只剩两周时，卡耐基内心相当激动，他也非常想摆脱一下周围的沉闷空气和内心存在的丝丝忧郁。

接到电报后，卡耐基略一思考后，便匆匆地收拾行装，他什么也没有注意，凡是他认为有用的东西通通塞进旅行包里，整个人和整个行动处在一种狂乱之中，到达伦敦时，他发觉他把床单和塞进床单里的臭袜子一同带来而遗忘了他最喜欢用的那个烟斗。

整个演说的第一场准备工作非常烦琐。卡耐基、汤姆斯及其摄影师足足忙了几个昼夜，辛勤地劳动着。特别是卡耐基，似乎又重新获得了工作的热忱，对生活更加充满了信心。他忘我地工作着，以前抽烟喜欢用烟斗，现在把香烟点燃往嘴里一塞，猛吸几口，精神便又恢复过来了。

汤姆斯在回忆当时的工作情形时说："整天，甚至整夜，戴尔、蔡斯（摄影师）和我仍在投影机及文稿前商议。在开演前两周，我们一直处在极度的压力下工作。"

第一场演出由卡耐基全权负责。前前后后的事务使卡耐基度过了几个不眠之夜，终于把一切都准备好了。

功夫不负有心人，第一场演出取得了很大成功，伦敦的新闻界对此作了大量的报道。

这是卡耐基生活中的一次新的尝试，他心甘情愿做朋友的助手，帮助朋友的事业取得成功。

当然这种成功也离不开卡耐基在技术上与艺术上的处理，他把演讲效果处理得相当好。尤其汤姆斯，人们为他的声音所吸引，初次的成功带给了他们极度的喜悦。

他们开了一个小小的庆功会，汤姆斯端着一杯酒对卡耐基说:“为我们的友谊而干杯，为我的事业成功而干杯！”卡耐基举杯回祝。

第一场演出就获得成功，演出效果非常好，这种情形像是罗威尔•汤姆斯以雷霆万钧之势冲击着英国的戏剧市场。伦敦戏剧界甚至顺延六周，以使汤姆斯能够继续演出。

这给卡耐基带来更多的繁忙工作，他边工作边改进，不断完善此次演出的艺术水平。

以后的演出更是吸引了观众，情况越来越好，汤姆斯吸引了许多群众前往皇家阿柏尔特大厅。由于演讲的轰动而引起伦敦许多市民前往观看，甚至从英国其他城市也有不少人赶来观看演出。卡耐基后来回忆说：

“我看伦敦的群众站着队等候数小时，就是为了买票听汤姆斯的演说，那种情形一夜接着一夜，一个月接着一个月地发生了。”

演出任务完成后，卡耐基满怀喜悦地返回了纽约。

在节目演出数月后，汤姆斯又电传卡耐基让他返回英国，并请他为爱伦拜——劳伦斯组织两个巡回表演公司。此时罗威尔•汤姆斯表演公司应邀在全美、全英及加拿大巡回演出。

汤姆斯不想亲自演出，他想与其子一起去澳大利亚度假，但他希望卡耐基能担任他巡回演出公司的经理人。

卡耐基毫不推却朋友的盛情，他把友谊看得极为重要。他自己也似乎投入到汤姆斯的事来中去了。他积极调动着内心的积极性，以使得自己能够完成工作。

他答应了汤姆斯的要求，便着力于征募足以能代替汤姆斯舞台演出的人。这件事情非常棘手，因为像汤姆斯那么杰出的人才在美国暂时还很难找到，但经历千辛万苦后终于找着一位替代者。

尽管卡耐基努力工作，希望这一演出能继续下去并获得比以前更好的效果，但是，卡耐基失败了。这使得卡耐基的精神受到了沉重的打击。

对于这次失败的情况，罗威尔·汤姆斯的解释可能是正确的。他说："卡耐基雇用了能干的人并给予良好的训练，但是该场演出全以罗威尔·汤姆斯号召，没有了汤姆斯就没有办法吸引群众。"

有些报道中说卡耐基已精神崩溃可能过分夸大了卡耐基的健康状况。卡耐基在当时尚未出现那么严重的后果，他乐观的情绪一直在支持着他，但无论怎样，他对不成功的演出感到烦恼。

经营两个巡回表演公司的工作，可能使技巧纯熟的经理人的锐气被消耗殆尽。况且，罗威尔·汤姆斯不仅具备适于演出的性格、音质及演出方法，而且对其中的每一个场景更加熟悉，也能随兴而谈，除了汤姆斯，无人能拥有如此多功能的效果。因此，以汤姆斯的替身是不能取得意想效果的。

汤姆斯回忆道："我们损失了很多的钱。可怜的戴尔，生病了还在责备自己，当时我能做到的只是自一万里外以电报表达我有绝对的信心，相信他已做了所有人所期待的事情。"

虽然事业遭到挫折，两人间的友谊却没有消减。数年后，汤姆斯再度邀请卡耐基撰写罗斯·史密斯先生的台词，而罗斯·史密斯将在二十八天内从英国搭机飞往澳大利亚。

汤姆斯和卡耐基都彼此善待对方。当汤姆斯需要卡耐基为其准备稿子时，卡耐基义不容辞地答应了。当卡耐基把演讲会搞砸了，汤姆斯也没有责怪卡耐基，而是替他辩护。这是这两个人互相谅解，互相善待，才能成为好朋友。

卡耐基认为，“一滴蜂蜜比一加仑胆汁，能捕捉到更多的苍蝇。”与人相处也同样如此，用一滴蜂蜜赢得了别人的心，你就会使他走向通达明理的道路。

下面是一个关于林肯的例子。有一次，爱德华•史丹顿称林肯是“一个笨蛋”。史丹顿之所以生气是因为林肯干涉了他的业务。为了要取悦一个很自私的政客，林肯签发了一项命令，调动了某些军队。史丹顿不仅拒绝执行林肯的命令，而且大骂林肯签发这种命令是笨蛋的行为。结果怎么样呢？当林肯听到史丹顿说的话之后，他很平静地回答说：“如果史丹顿说我是个笨蛋，那我一定就是个笨蛋，因为他几乎从来没有出过错。我得亲自过去看一看。”

林肯果然去见史丹顿，他知道自己签发了错误的命令，于是收回了成命。只要是诚意的批评，是以知识为根据而有建设性的批评，林肯都非常欢迎。

林肯做到了善待史丹顿，同样也得到了大家的爱戴。

卡耐基认为，如果你要让别人同意你的观点，你就要友善地对待他，先使他相信你是他真正的朋友。

我们大家都不愿改变自己的想法，我们不能勉强迫使他们改变想法，因为这样反而更糟糕。但如果我们温柔友善，我们就能引导他们和我们走向一致。

※ 让对方多表现自己

我们每个人都希望得到他人的认可。我们每个人都希望在工作上多多表现自己。但是如果所有风头都被一个人占尽，那么大家肯定会很不高兴。知道这一点，那就给别人一次表现的机会，让别人多表现自己吧。

戴尔·卡基在“青年会”取得了试教的成功，有一份安稳而固定的收入。从此，他白天写作、读书和备课，晚上在青年会里授课。只要他一站上讲台，他就可以启发他的学生，尽管他的学生中很多是商人。许多商人都精于赚钱，却不能侃侃而谈，他们急切地想获得演讲的技巧。卡耐基就成了众望所归，他的课程被冠名为“卡耐基课程”，他的教室被称为“卡耐基教室”。

最初，卡耐基每周上两次课，对人们讲授一点演讲的方式方法。所有的人都十分感兴趣，因为他们不仅可学得自己所缺的演讲技巧，而且能够在卡耐基课程里看到这个青年教师的成长经历。因此，他不得不每个晚上都上课，学生太多了，几乎每次都要挤破教室。

但是，卡耐基在有天晚上发现自己的授课陷入了一种十分尴尬的境地。每一次都是他在台上讲得天花乱坠，学生们在下面听得津津有味；一旦他要求某位同学站起来讲一点点的时候，那个人准会说“对不起，先生，我怕我还没准备好”或者“我怕我说不好”“我实在没法运用这些原则”。

“怎么办呢？”卡耐基忧心忡忡地想，“在瓦伦斯堡有效地指导同学的方法对这些成人一点都岂不了作用！教他们学习爱德华·柏克，对于他们事业上的成长并无益处。我要如何启发学生呢？怎样才能唤醒他们呢？”

卡耐基在自己公寓内踱来踱去，双手不停地搓动，满腹忧思：“我的学生大多数是商人，是各种管理者，是成年人。他们要的是成果，我要教给他们一种站立的姿势，一种谈话的方式，使得这些人在一场展示会或者会议中有效地表达自己的观点和想法。”卡耐基心想，“可是，我做的一切都没有什么成效，怎么办呢？”

一瞬间灵感爆发了，也决定了卡耐基的课程安排。

通过自我暴露内心的方式，卡耐基发掘出人们演讲的潜能。就连那些拙于言辞的人仿佛也一夜之间变得口齿伶俐起来。

卡耐基在第一个月的授课中，摸索出一套使学生开口说话的经验来，他让每一个人都谈一些关于自己的事。有一天，青年会的主任问他：

“戴尔，你是用什么方法促使人们开始演讲的？听你讲课的人越来越多了。”

卡耐基说：“我也没有特殊的方法，我只是让他们谈一些最简单的话题，诸如孩提时代的经历、令人生气的事情以及一生中最悲伤的事等等。由此，我引出话题，让他们自由地倾诉心中的感慨。事实上，很多人不善于表达，是因为他们内心深处有一种惧怕—惧怕表现自我。”

卡耐基的解释是很有道理的，“恐惧是造成不能有效演讲的基本因素。”卡耐基的方式也是别出心裁又相当有效的，一旦人们谈到自己内心深层的感受就会滔滔不绝，那时的人们说话全是在跟着感觉走。卡耐基也发现自己的课程受到空前的欢迎，一批又一批的人来听他讲课，有时人们甚至驱车一百多英里前来，只是为了听一次。一班接一班，一夜又一夜的课程，使卡耐基赚取了大量的薪金。

卡耐基认为，如果你想结下仇人，就要比你的朋友表现得更加出色；但如果你想结交朋友，就要让你的朋友表现得比你更出色。

美国最大的汽车制造公司之一，正在洽谈订购下一年度所需要的汽车坐垫布。三个重要的厂家已经做好了垫布的样品。这些样布都已经得到汽车公司高级职员的检验，并发通告给各厂家，说各厂家的代表可以以同等条件参与竞争，以便公司最终确定申请方。

其中一个厂家的业务代表史密斯先生在抵达时，正患着严重的喉炎。这本来对于谈判是一件极糟糕的事情，因为谈判就是用嘴来说话。史密斯先生被领到一个房间，与纺织工程师、采购经理、推销经理以及该公司的总经理当面会晤了。他站起来想尽力说话，但只能发出嘶哑的声音。史密斯先生在纸上写道：各位，我的嗓子哑了，我不能说话。为了公平起见，对方总经理只能帮他展示史密斯先生所在公司的样品，并根据他们先前所给的材料做了简要说明，列举了它们的优点。由于那位总经理现在代替史密斯先生代表说话，因此在这场讨论中，总经理一直站在史密斯先生这一边，而史密斯先生在整个过程中只是微笑、点头以及做几个简单的手势。令人惊讶的是，会议的结果竟然是史密斯先生得到了这份合同，和对方签订了50万码的坐垫布，总价值为160万美元。如果史密斯先生的嗓子没有哑，或许他就会失掉那份合同。让别人多说话是多么有益！

其实，我们每个人都有每个人的长处和优点。那别人表现，给别人一次锻炼的机会，你会发现许多没有发现的问题。让对方自己说话，不仅有利于在商业方面赢得订单，而且有助于处理家庭当中的一些纠纷。

芭芭拉·威尔逊和她的女儿洛瑞的关系一直很糟糕。洛瑞以前是个乖巧、快乐的小孩，但到了十几岁时，反叛心理越来越严重，犯了错误从不承认，还每次都为自己辩护。威尔逊夫人曾用各种办法教训她，但无济于事。后来有一次，我决定和女儿调换角色，我说你当一天妈妈，我当一天女儿，你要大胆地表现自己啊。那天，她并没有让我扫地、擦玻璃，做很多家务事，相反，都是她在做。从此，她改变了，不跟芭芭拉对抗了。

因此，让别人多表现并不是一件坏事情。你要自己多从别人那里总结经验，以一颗平常心对待就好了。不让太计较个人的得与失。

※ 使对方一开始就说“是”

我们与对方矛盾的激化往往是第一次就形成了，结果大家都不肯彼此让步，于是关系越来越糟糕。假如我们能让对方一开始就说“是”，一开始就认可我们，对我们有个好印象，那么以后的相处就容易多了。

这是卡耐基毕业后的第一份推销员工作。但经过艰辛的劳作，戴尔·卡耐基终于取得了初步成功，卖出了一套教学课程。

一天，戴尔吃早餐后，在回到住处的路上，刚好有一位架线工人在电线杆上作业，忽然他的钢丝钳掉到了地上。戴尔把它捡起来，抛给这位工人。

“先生，干这个可真不容易。”戴尔找机会与架线工人搭讪。

“那还用说，既艰苦又危险！”架线工人漫不经心地应道。

“我有个朋友也干这行，但他却觉得很轻松！”

“他觉得轻松？！”

“是的，不过他以前也同你看法一样，轻松的转变只是近期的事！”

卡耐基继续说：

“有一门课程，他学了以后，工作起来就容易多了。”

戴尔·卡耐基终于说服那名架线工答应购买一门电机工课程。

我们可能都有这样感受，在经历了数次失败后，一次小小成功的滋味也显得妙不可言，戴尔也是如此。他兴高采烈地回到分公司办公室报告成果，并收取佣金。

“年轻人，不错！继续努力。”艾兰奇先生笑容可掬地夸奖着戴尔。

戴尔·卡耐基这时才想起自己已经经历了一连串失败后才取得一个小小成功，如此艰辛的工作成绩还能算是不错？

其实，艾兰奇的赞扬是由衷的，因为分公司派出的十名推销员中，只有戴尔·卡耐基在这周内推销出一套课程。但此时的卡耐基并不满足于这一点小小的成功，他雄心勃勃。

卡耐基觉得在这家公司混不出名堂了，因为少得可怜的成功与太多的失败相较，显得是太不成比例了。

虽然最后卡耐基还是决定离开这家公司，但是卡耐基在这家公司的表现是优秀的。卡耐基的成功，也使他明白了一个道理，一开始就要让对方说“是”。

卡耐基认为，在与人交谈时，千万不要一开始就讨论你们意见有分歧的事。刚开始时应先强调你们都同意的事。继而强调你们双方都在追求的同一目标，你们之间的唯一差别只是在方法上，而不是在目标上。

大不列颠首相马克米兰向南非联邦国会的两院发表讲演时，南非当局推行的是种族隔离政策，而他却必须在立法团体之前陈述英国无种族歧视的观点。他是否一开始便对这种基本歧异展望一番？没有。他开始时强调南非在经济上有了不起的成就，对世界有重大的贡献。然后他巧妙而机智地提出观点歧异应该根据各国的情况而来。他的整场讲演精妙无比，“身为不列颠国的一位公民，”首相说，“我希望给予南非支持和鼓励，不过希望各位不介意我直言不隐：在我们自己的领土上，我们正设法给予自由人政治前途。这是我们至深的信念，我们无法在支持和鼓励各位的当儿不违反自己的信念。我以为，我们应如朋友，不论谁是谁非，共同面对一个事实，那就是当今之世，我们间存在歧义。”

正是这种一开始就使用“是”的方法，使得马克米兰的演讲取得了成功。

卡耐基认为，善于讲话的人，常常会在谈话一开始时，就使对方说“是”，从而将对方的心理导向肯定的方向。如果我们要告诉别人他是错误的时候，不要忘了赤足的苏格拉底。你应该问一个温和的问题——一个能得到“是，是”的反应的问题。

艾伯森先生在银行工作。一天，有位年轻人来开户，于是，艾伯森先生就给了他一些平常表格让他填。有些问题他心甘情愿地回答了，但有些他则拒绝回答。那天，艾伯森先生决定采取一点实用的普通常识。他决定不谈论银行所要的，而谈论对方所要的。艾伯森先生对他说：“你拒绝透露的那些资料，并不是绝对必要的。”“是的，当然，”他回答。“你难道不认为，把你最亲近的亲属名字告诉我们，是一种很好的方法，万一你去世了，我们就能正确并不耽搁地实现你的愿望吗？”“是的”。那位年轻人的态度软化下来，当他发现我们需要那些资料不是为了我们，而是为了他的时候，改变了态度。在离开银行之前，那位年轻人不只告诉我所有关于他自己的资料，而且还在艾伯森先生的建议下，开了一个信托户头，指定他母亲为受益人，而且很乐意地回答所有关于他母亲的资料。

所以，一开始很多人心理都有警惕性，不愿意将更多的一些信息透漏给我们。但是当他们发现我们是为他们着想时，他们的态度就会发生很大的变化。因此，让我们记住这个原则，一开始就让他们说“是，是”，他们就会忘掉我们所争执的事情，而乐意去做我们所建议的事情。

※　把你的意见变成对方的

戴尔·卡耐基抵达南达克达后，就去拜访当地各家零售商。他与零售商们攀谈，从天气到农作物收成，接着再把话题绕到阿摩尔公司及其所提供的瘦腊肉等各种产品上。

卡耐基总是设法让对方相信他所推销的产品。“为什么你该选择阿摩尔的产品呢？”当戴尔的话题吸引了店主的兴趣后，就会采取问答的方式向他们赞赏阿摩尔公司超级优良的服务态度和产品的高质量，并且，他还非常肯定地告诉店主，公司的货品任何情况下都能准时送到。如此的反复说明和推销，令顾客完全满意。

在整个商品宣传的过程中，戴尔·卡耐基大量地运用了父亲养猪和养牛的经验。并且，所有的演说，戴尔都以带有鼻音及充满密苏里口音的语言发表。这使他深受南达克达商人的信赖，而不把他当作一名偶尔行经此处的棋子。

戴尔·卡耐基就是凭着热心的态度和真诚的笑容，凭着坚韧不拔的意志和随机应变的能力，在南达克达取得了一连串的成功。

卡耐基认为，不论你用什么方式指责别人，如用一个眼神，一种说话的声调，一个手势等等，或者你告诉他错了，你以为他会同意你吗？绝不会！因为你直接打击了他的智慧、判断力、荣耀和自尊心，这反而会使他想着反击你，决不会使他改变主意。即使你搬出所有柏拉图或康德的逻辑，也改变不了他的己见，因为你伤了他的感情。

毛里斯·高柏莱是个演说家。有天我们一起围在午餐桌旁。他安详地开始演说了，他首先感谢我们对他的邀请。他说他想谈一件严肃的事，如果打扰了我们，要请我们原谅。接着，他倾身向前，双眼将我们牢牢地盯住。他说：“你们瞧瞧四周，彼此互瞧一下。你们可知道，现在坐在这房间里的人，有多少将死于癌症？五十五岁以上的人四人中就有一人。”

他停了一下又说：“这是件平常却严酷的事实，我们其实可以想出办法。这个办法即是谋求进步的癌症治疗方法。你们愿意协助朝向进步努力吗？”在我们每个人的脑海中，这时除了“愿意”之外，还会有别的回答吗？别人也有同我一样的感觉。

一分钟不到，毛里斯·高柏莱就赢得了我们的心。

演讲人也有演讲人的技巧。他要获得听众的掌声，就要捕获听众的心，而不能把自己的思想强加给听众。我们处理日常生活中的问题，跟演讲一样，只有将自己的意见变成对方的，我们才可以取得对方的赞同。我们只有掌握了这个技巧，才可能与他人和睦相处。

※　从对方的立场看问题

如果你曾三番五次跟对方争论，他都没有理会你，但你却不以为然，依然我行我素，只会更加令你烦恼。这时你应该从中吸取教训，想与对方据理力争，不如试着从对方的立场看问题。

卡耐基对艺术非常向往，他希望自己能成为一位出色的演员。在从事两次推销工作的中间一段时间，他决定尝试着去当一名演员。

抵达纽约的第二天早上，戴尔·卡耐基找到了位于西弗尔提斯的美国戏剧艺术学院。

卡耐基从别人那里得知，要想学习艺术，就得去纽约。于是，他第一次到了这座大都市。

新生的入学评审员富兰克林·沙尔特是一位高大魁梧的中年人，一副宽边眼镜的后面是闪烁着智慧的眼睛。他是当时美国戏剧艺术学院的院长。

他给卡耐基出的考试题目是现场模仿一张椅子的形状。

通过短暂的接触，戴尔·卡耐基已明白沙尔特是属于那种用行动来证明语言的人。他不多说话，径直走到表演台上，恰当的弯曲双膝，举直手臂，模仿出一张椅子的样子。

沙尔特满意地点头。

戴尔·卡耐基没有意料到如此轻松地就通过评审，取得了美国戏剧艺术学院的入学资格。后来，他曾以开玩笑的口吻说及这次评审：

“或许是母亲虔诚的的祷告感动了上帝，当我在沙尔特先生面前颤抖时，万能的主便让我跨进了学院的大门。”

美国戏剧艺术学院创立于1886年，是当时世界上最好的演艺学校。它造就了一大批享誉世界的戏剧艺术人才，堪称美国当时戏剧艺术家的摇篮。

卡耐基之所以能够被戏剧艺术学院录取，是因为他懂得从对方的立场看问题。

卡耐基认为，站在对方的立场看问题，不要表现得比别人聪明，这是成功者立身处事的黄金法则。

汤姆和乔治原来是很好的同事和朋友，可最近却关系十分紧张。不明真相的人以为他们之间肯定是发生了什么天大的事情，否则形影不离的两个人绝不至于搞成这个样子。可事实上远没有想象的那么严重，他们只是为了一只纽扣，一只最多价值几分钱的纽扣。事情的起因是这样的。乔治最近买了一套非常满意的高档西服，刚穿不到一周就丢了一只关键部位的纽扣，惋惜之余偶然发现整日挂在洗手间的那件不知是哪位清洁工的工作服上的扣子，与自己丢失的纽扣简直如出一辙，遂乘人不备悄悄地扯下了一粒，打算缝到自己的衣服上，并得意地将此“妙计”告诉了汤姆。不料没过几天，多数同事都知道了乔治的这个笑料——汤姆竟然在大庭广众之下拿这件事跟乔治开玩笑，弄得当时在场的人都笑做一团，而乔治也终因太没面子而恼羞成怒，反唇相讥，大揭汤姆的许多很令其丢面子的“底牌”，于是后果也就不难想象了。

本来这是一件小事，但是却让两个好朋友反目成仇。如果汤姆从乔治的方向看问题，就不会把这个笑话告诉大家，而是应该告诉他这样做不对。而乔治因为自己被讥笑，然后转而让汤姆出丑，使汤姆觉得乔治这人就爱记老账。如果两人都从对方的角度来看问题，汤姆想一下，告诉大家后，乔治会怎么样，就不会出现这个闹剧了。

卡耐基认为，失败者的一个重要原因是：他们从来都不懂得站在对方的立场看问题。在各种交往中，要么伸出理解的援手，要么防范对方的恶招，这是你唯一的选择。

戴尼和露丝是一对夫妇。有一天，男人失业了，他没有告诉女人。他仍然按时出门和回家，并不忘编造一些故事欺骗女人。他说新来的主任挺和蔼的……

每天，男人夹了公文包，挤上公交车，三站后下来，坐在公园的长椅上，愁容满面地看广场上成群的鸽子。到了傍晚，男人换一副笑脸回家。他敲敲门，大声喊："我回来啦！"男人就这样坚持了5天。

5天后，他在一家很小的水泥厂找到一份短工。那里环境恶劣，飘扬的粉尘让他的喉咙总是干的。劳动强度很大，干活的时候他累得满身是汗。组长说："你别干了，你这身子骨不行。"男人说："我可以。"他紧咬了牙关，两腿轻轻地抖。男人全身沾满厚厚的粉尘。

下班后，男人在工厂匆匆洗个澡，换上笔挺的西装，扮一身轻盈回家。他敲敲门，大声喊："我回来啦！"女人就奔过去开门。满屋葱花的香味，让男人心安。饭桌上女人问他："工作顺心吗？"他说："顺心。"

饭后，女人说："水开了，要洗澡吗？"男人说："洗过了，和同事洗完桑拿回来的。"女人轻哼着歌，开始收拾碗碟。男人想：好险呢，差一点被识破。疲惫的男人匆匆洗脸刷牙，然后倒头就睡。

就这样，男人在那个水泥厂干了20多天。快到月底了。他不知道那可怜的一点工资能不能骗过女人。那天晚饭后，女人突然说："你别在那个公司上班了吧，我知道有个公司在招聘，帮你打听了，所有要求你都符合，明天去试试？"男人一阵狂喜，却说："为什么要换呢？"女人说，"换个环境不很好吗？再说这家待遇很不错呢。"于是第二天，男人去应聘，结果被顺利录取。

那天，男人烧了很多菜，也喝了很多酒。他知道，这一切其实都瞒不过女人的。或许从去水泥厂上班那天，或许从他丢掉工作那天，女人就知道了真相。但是女人却没有说，而是默默地鼓励他，帮他找工作。如果女人没有从男人的角度来看问题，而是逼问他为什么把工作搞丢了，工作丢了为什么没有告诉她？试想这样，不仅会使男人感到疲倦和压力，而且也会使整个家庭蒙上阴影。正是女人的宽容，正是女人懂得从男人的角度看问题，才使男人有了现在的成功。

人人都有自尊心和虚荣感，我们要学会尝试了解对方的难言之隐，站在对方的立场看问题，才能知己知彼，百战不殆。站在对方的立场看问题，有助于我们知彼，也大大有益于我们知己。

※　给对方以同情

其实每天在我们所遇见的人当中，有四分之三都渴望得到我们的同情和关心。生病的同事希望我们关心他们的病情，健康的同事也需要我们的关心。给他们同情吧，他们也会同样爱我们。

斯虎脱总统曾经经历过这样一件事情。一位住在华盛顿的夫人，有一天跑来见他，缠了他六个多礼拜，要求他任命她儿子出任某项职位。这位夫人的丈夫具有一些政治影响力，因此，她得到许多参议员及众议员的协助，并请他们一起来见斯虎脱，重申对她的保证。由于这项职位需要具备某些技术条件，于是斯虎脱总统就根据该局局长的推荐，任命了另外的一个人。后来，斯虎脱总统接到那位母亲所写来的一封信，内容是批评斯虎脱总统是世界上最差劲的人，因为斯虎脱总统的拒绝使这位夫人成为一个很不愉快的人，这位夫人在信中更进一步抱怨说，她已跟她的州代表商讨过了，将投票反对一项斯虎脱总统特别感兴趣的行政法案。当斯虎脱总统接到这封信时，平静地坐了下来，写了一封回信给她，语气尽可能有礼貌，说他自己能理解作为母亲的一定十分失望，但是，事实上，任命一个人并不是凭总统个人的喜好来决定，必须选择一个有技术资格的人，因此，必须接受局长的推荐。并表示，希望她的儿子在目前的职位上能好好工作。这封信使这位夫人化解了怒气，并对于她前次所写的那封信表示抱歉。

卡耐基认为，你要想说服别人，别忘了先要学会设身处地地去替别人想想。

满古是吐萨市一家电梯公司的业务代表。这家公司和吐萨市一家最好的旅馆签有合约，负责维修这家旅馆的电梯。旅馆经理为了不给旅客带来太多的不便，每次维修的时候，顶多只准许电梯停开两个小时。但是修理至少要八个小时，而在旅馆便于停下电梯的时候，他的公司都不一定能够派出所需要的技工。在满古先生能够为修理工作派出一位最好的技工的时候，他打电话给这家旅馆的经理。他不去和这位经理争辩，他只说："瑞克，我知道你们旅馆的客人很多，你要尽量减少电梯停开时间。我了解你很重视这一点，我们要尽量配合你的要求。不过，我们检查你们的电梯之后，显示如果我们现在不彻底把电梯修理好，电梯损坏的情形可能会更加严重，到时候停开时间可能会更长。我知道你不会愿意给客人带来好几天的不方便。"经理不得不同意电梯停开八个小时。因为这样总比停开几天要好。由于满古表示谅解这位经理要使客人愉快的愿望，他很容易地而且没有争议地赢得了经理的同意。

其实同情别人，就是设身处地地为他人着想。其实有时，大家都知道这件事情必须做，或者只能这样做，但是大家却不愿意接受这样一个现实。所以如果你按照原来方法，不能变通的话，你的建议肯定是不会被人接受的。所以，要懂得变通，从他人的角度看问题，对他人抱着同情的思想，这样才可以把事情做好。

这也正像卡耐基说的那样，如果你希望人们接受你的思想方式，就应该“对他的想法和愿望表示同情。”

我们每一个人都是理想主义者，都喜欢为自己做的事找个动听的理由。所以，我们不能强迫别人改变观点，这对他来说确实非常困难。但是若是我们能找个合适的出发点，能从他人的角度出发，同情他人，能够挑起他人的高贵动机，就可以说服他人。但是如果一个人没有苦难的感受，就不容易对他人给予同情。因此，你要有救苦救难的精神，就得先受苦受难。

※ 戏剧化地表达你的想法

每个人都希望自己能够有个快乐的人生。快乐的人生离不开戏剧化的生活。你要想使自己的生活变得和谐幽默，你在日常生活中就要学会戏剧性地表达自己的看法。这样开玩笑就不易伤害别人的心，使他人和自己的生活时时刻刻地充满了风趣。

但戴尔·卡耐基却沉浸于创造一种与之相较显得更自然的一种表演方式。

这是发生在喜剧学院的一幕。“忧郁小室”是卡耐基和他的同学们实演的场地。

一天，戴尔·卡耐基邀请了一名叫黛丝的女生来到忧郁小室，搬来一张折式椅子，让黛丝坐在上面。然后，卡耐基身着一身剪裁合适的深色西服走到她的跟前。

卡耐基计划与黛丝表演一场关于爱情的激情戏。

卡耐基的双手在空中紧握，叫道：

“黛丝，黛丝，我只是爱你，黛丝，我要紧紧抱着你而死去。”

忧郁小室的其他几位同学一时都傻了眼，他们并不知道卡耐基为什么要这样做，还以为卡耐基患了精神病，接着便大笑起来。黛丝也显得很窘迫，但卡耐基早已告诉了她自己的计划，所以，尽管如坐针毡，她还是没有站起来离开。

卡耐基听到同学的笑，知道自己的表演还不够逼真，没有令他们进入那种理想的氛围之中。

于是，他站起来回到原地，再快步跑到黛丝跟前，猛然一声跪下：

“黛丝，噢，黛丝，我就是……爱你。黛丝，我可以紧紧……紧紧地抱着你……直到我死去。”

忧郁小室顿时鸦雀无声。

卡耐基还在认真地表演着。他双手紧握着高举着，头埋得很低，而黛丝的头则缓缓地低下来，把一对深情的目光投在卡耐基身上……

卡耐基凭直觉知道自己的表演实验成功了。当他起身后，忧郁小室里立即爆发出热烈的掌声。

戏剧化地表达自己的观点，有时会让双方更容易接受。卡耐基正是用了这种方法，才使黛丝和自己快速地投入到了角色之中。

卡耐基认为，这是一个富有戏剧色彩的时代，仅仅叙述事实还远远不够，必须使用更容易吸引人的方法，电影如此，广播也是如此。所以，如果你想引起别人的注意，也必须这样做。

大家都知道日本有不少人是世界上著名的谈判专家，被称为谈判高手。他们谈判成功的诀窍之一就是表达问题具有戏剧性。有一次，日本一家航空公司就引进法国飞机的问题与法国的飞机制造厂商进行谈判。为让日方了解产品的性能，法国方面做了大量的准备工作，各种资料一应俱全。谈判一开始，急于求成的法方代表口若悬河，滔滔不绝地进行讲解，翻译忙得满头大汗。日本人埋头做笔记，仔细聆听，一言不发。法方最后问道：“你们觉得怎样？”日本代表有礼貌地回答说：“我们不明白。”“不明白？这是什么意思？”

法方代表焦急地问道。日方代表仍然以微笑作答："不明白，一切都不明白。"法方代表看到一切都要前功尽弃，付之东流，沮丧地说："那么你们希望我们怎么办？"日方提出："你们可以把全部资料再为我们重新解释一遍吗？"法方不得已，又重复一遍。这样反复几次的结果，日本人把价格压到了最低点。

日方抓住法方代表急于达成协议的弱点，以"不明白"为借口，不急于表达自己的意见，像演戏一样，仿佛已经知道结果就是他们胜利一样，喜剧性地表达自己的看法。这正像卡耐基先生说的那样，仅仅平铺直叙地讲述事实还不足以打动别人，必须使事实更加生动，更加有趣，并富有戏剧性地表现出来，才能够有效地吸引人们的注意力，才能最终达到自己的目标。

其实，这种戏剧化的手法也适用于家庭生活中。露西夫妇就是经常利用这种方法来说服对方。遇到问题时，他们会把自己装扮成两个小丑，然后开始想象他们若采取了这个措施会有什么后果。在轻松的气氛中，可以让大家思想放松，敞开心扉，有利于问题的解决。

因此，当你的工作和生活中遇到难题的时候，你千万不要钻牛角尖，好像只有一条路才能解决问题，你不妨放松一下，换个方式考虑问题，把相同的问题用戏剧性的方式表示出来，以一种情动愉快的方式表达出来，让对方乐于接受。

※　向对方提出有意义的挑战

现在我们都有这样的经验，仅仅靠高工资是很难留住员工的，还需要让他的工作具有挑战性。因为我们每个人内心都有一种求知欲，一种挑战欲，一种满足欲。只有当我们的这三种愿望得到满足时，我们的生活才会快乐。

随着卡耐基事业的蓬勃发展，他的书籍也被越来越多的人购买，他因此而变得十分的富有。卡耐基多年的教学实践使他有充分理由让人相信，他使那些曾经不幸的人改变了命运，使得他们的生活更加美好。他们也因接受自己的课程和教育而在社会中一展身手，去追求人生的目标。但是卡耐基也有自己的烦恼，面对一些诘难卡耐基做出了反驳，但他还是处于深深的困惑之中。

这种困惑可以从他的一篇文章中体现出来。1938年，他为《矿工》杂志撰写的启发性文稿中，标题非常的简单，叫《拉你的鞋带》。从这篇文章中让人体会到一种愉悦感，这种愉悦感是因为在他的生命中融入了成功，从而荡涤了他原先的抑郁生活。

他在这篇文章中以亲身经验证明，任何人都能超越贫困和精神沮丧，倘若失败了，那只能说是他们自己的过失。

也就是因为有这些反对的声音，才使卡耐基不停地反省自己，使自己在演讲方面以及人际关系方面的才能更加突出。这种直面困难的勇气不仅是他自己成功的基础和生活的信心，同时也是他鼓舞别人的方法。因此，有时候挑战并不是一件坏事。

卡耐基认为，每个人都有害怕的时候，但是勇敢者会将畏惧放置一边。继续勇往直前，结果或许会走向死亡，但更多的则是通向胜利，还有什么东西比克服困难更具有挑战性的呢？

查尔斯·史考伯手下的一名工厂经理由于他手下的员工一直无法完成他们分内的工作而异常苦恼。有一天，卡耐基给他出了一个主意。

当日班已经结束，夜班正要开始。“给我一根粉笔。”史考伯说。然后，他转身面对最靠近他的一名工人，问道：“你们这一班今天制造了几部暖气机？”

“六部。”

史考伯不说一句话，在地板上用粉笔写下一个大大的阿拉伯数字：

“6”，然后走开。

夜班工人进来时，他们看到了那个“6”字，就问这是什么意思。

“大老板今天到这儿来了，”那位日班工人说，“他问人们制造了几部暖气机，我们说六部。他就把它写在地板上。”

第二天早上，史考伯又来到工厂。夜班工人已把“6”擦掉，写上一个更大的“7”。

日班工人早上来上班时，当然看到了那个很大的“7”字。

原来夜班工人认为他们比日班工人强，他们当然要向夜班工人挑战。他们加紧工作，那晚他们下班之后，留下一个颇具威胁性的大“10”字。情况显然逐渐好转。

不久之后，这家产量一直落后的工厂，终于比其他的工厂生产得更多。

其实，在现实生活中，大家都有一种永不服输的精神。可以说你所遇见的每一个人——甚至你在镜子中看见的那个人——总是把自己看得很高，在作自我评价时，总认为自己是个很能干和很有才能的人，这是人的本性。因此，我们要想调动他们的积极性，就要从这一点出发，给他们具有挑战性的工作，让他们来实现自身的潜能。

法里尔先生有一个对房子很不满意并且威胁要搬家的房客。这位房客的租约还有四个月才到期，每月房租是五十五美元；尽管租约尚未到期，房客通知法里尔先生，他马上就要搬出去。但是，这个人已在法里尔先生的房子内度过了整个冬天——也就是一年当中，房租最贵的一段时间。法里尔先生不想让那位房客离开，因为以后的房子并不好出租。法里尔先生本来也可以对房客指出，如果他搬家，他房租的余款将立刻到期，法里尔先生可以把那些款项全部收回。但是，法里尔先生并没有那样激动，反而决定试试其他战略。法里尔先生一开始就这么说："先生，我已经听过你的话了，我仍然不相信你打算搬走。从事租赁业多年，已使我学会了观察人们的本性，一开始，我就仔细把你打量了，我认为你是一个信守诺言的人，对于这一点我深信不疑，因此，我很情愿来冒个险。现在，我有一个建议，把你搬家的事摆在桌上先放几天。再仔细想一想，如果你在月初房租到期之前来见我，并告诉我你仍然打算搬家，我向你保证，我一定接受你这项决定。我会给你搬家的权利，并承认我的判断错了。但是，我仍然相信你是一个遵守诺言的人，你一定会住到租期届满为止。毕竟，我们是人，这项选择全在我们自己！"法里尔先生向这个房客提出了挑战，因为他认为这位房客是位守信用的人。那么他又怎么能不接受这个挑战呢？当新月份来到时，这位房客亲自付清了房租。

卡耐基认为，超越对方的欲望！挑战！这才是激励人的精神的绝对的方法。

我们每个人都不希望我们的生活天天像白开水那样平平淡淡，我们希望迎接新的挑战，我们也时刻准备着迎接新的挑战。所以只要我们的要求不是太过分，大家都会非常乐意地接受，抓住了这点，你就掌握了使人更努力地工作的要点。

第四章　如何更好地说服他人

生活中，我们作为社会中的一个个体，每个人都有请人帮忙做事的时候。但问题是有的人只要向别人提出请求，就想得到他人满心欢喜的应答，并且希望对方乐意为他做事；但是也会有这样的情况，有的人要求还未说完，就有人闻而远之，即使别人答应做了，也并非发自内心的心甘情愿。当他人不大愿意为你效劳时，你大可不必请求，也没有必要威逼他人，这样不仅达不到做事的效果，也影响了人际关系的发展。

当你与人交往时，我们应该怎么更好地说服他人呢？下面给出答案。

从称赞与真诚的欣赏开始；间接地指出他人的错误；在指责别人之前，先想想自己的错误；以提问的方式来代替命令；保全他人的面子；称赞每个人的进步，即使十分微小，要“诚于嘉许、宽于称道”；给人一个美名，并使之努力保全；鼓励的办法更容易使人改正错误；使对方乐于做你所建议的事。

只要我们能够正确领会上面几条建议的真正含义，那么我们也就掌握了捕获他人内心的方法，我们也就知道了说服他人的技巧。

※　赞美和欣赏他人

我们每个人都有自己的优点，找到并发自内心赞美他人的优点，会让我们交到很多朋友。但是，我们必须记住，赞美并不等于阿谀奉承，赞美是发自内心的，是真实存在的优点。如果我们说一个人错了，那就是扼杀了他的努力和激情。反之，对别人多加鼓励，使对方相信我们对他的信任，他就会废寝忘食，使事情更容易办到。

“卡耐基课程”不仅在纽约、华盛顿盛行，而且，还被推销到费城、底特律、亚特兰大、达拉斯等大城市，遍布全美各地，普遍地受到人们的欢迎。这个时候，卡耐基发觉自己完全成了一个领导者，他开始有了很多吩咐或者命令，有了社交场合的应酬，尽管他不习惯于此。这个时候，他开始研究人际关系，试图为学员们找到一套到处受人欢迎的方法。

在这期间，他通过研究发现：一个人只要对别人真心感兴趣，在两个月之内，他所得到的朋友，就比一个要别人对他感兴趣的人在两年内交的朋友还要多。

为此，他动员属下的老师给那些知名人物写信，每一封信都收集大约一百五十名学生的签名。并且，在信中说，自己知道那些人很忙，忙得无法准备一篇演讲，因此附上一些问题请他们回答，没过多久，很多著名的小说家、政界要人纷纷来到“卡耐基课堂”发表演说。

后来，卡耐基深有感触地谈到这些，说，“行动比言语更具有力量。当那些大人物来时，我给他们以真诚的微笑，并记住每一个人的名字，因为我深知笑容能照亮所有看到它的人，像穿过乌云的太阳一样能带给人们温暖；记住对方的名字并把他（她）叫出来，等于给对方一个很巧妙的赞美。”

赞美他人就是给对方加油，倾听他人就是给对方加油，给他人授予相应责任就是给对方加油，对他人的信任就是加油……这些欣赏他人的举动，并不需要我们付出什么，却给他们的油箱加满了油。

卡耐基认为，我们听到别人对我们优点的称赞以后，再去听令人不愉快的话，心中总会好受些，这就好像理发师在给客人刮脸之前，先要在客人的脸上涂肥皂一样。

与人相处过程中，当你对他人采取热情的态度，对方会产生心理共鸣，以更多的热情和注意力去对待你。

凯恩酷爱诗，所以他将大诗人罗斯迪所有的诗都读了一遍。他还写了一篇演说辞，来歌颂罗斯迪在诗歌方面的艺术成就，并将它送给了罗斯迪本人。罗斯迪当然十分高兴。“对我的才华有如此高深见解的青年，”罗斯迪说，“一定是个非常聪明的人。”

于是，罗斯迪将凯恩请到家中来，让他担任自己的秘书。这对凯恩来说可是改变人生道路的难得机会——因为他凭借这一新的身份，接触了许多当代著名的文学家，从他们那里接受有益的建议，并受到他们的鼓励和激发，开始了他自己的写作生涯，最终名闻世界。

凯恩的故乡是英国曼岛的格里巴堡，它现在已经成为世界各地旅游者观光赏景的胜地。他留下来的财产高达250万美元。可是，又有谁知道，如果他当初没有写那篇真诚赞美罗斯迪的演讲词，他或许会穷困潦倒地死去呢？

这就是发自内心地真诚赞美的力量，这是一种伟大的力量！

卡耐基认为，用赞美的方式开始，就好像牙科医生用麻醉剂一样，病人仍然要受到粘身之苦，但麻醉却能消除这种痛苦。

弗利辛根的成功秘诀是：他懂得如何给下属的油箱加满油，令他们充满干劲，动力十足，自动自发。在工作中，他非常善于授权他人，非常懂得欣赏他人。他坚持了这样的用人观念：帮助下属造势，激发他们的巨大潜能，在工作中成为真正的英雄。在他看来，给下属的油箱加满油，其实也就是在给自己的油箱加满油。上司能够授予下属一些权力，就会得到回报，给下属承担的责任很多，他们就会展翅飞翔。

美国钢铁大王卡耐基曾以年薪一百万美元，聘请查尔士·斯科尔特担任美国钢铁公司总经理。对于钢铁，斯科尔特是一位外行，然而他却把公司的每一位员工都激励得工作热情高涨，工作效率与效能都大幅度提高。那么，他是如何取得成功的呢？谜底就在他说的一句话里："我认为，能够鼓舞人们热忱的能力是我最大的资产，而激发出人们内在的能力必须靠欣赏与鼓励。"美国伟大的心理学家威廉·詹姆斯也指出：人类本性最深的需要是渴望得到别人的欣赏。所以，要想激发别人的潜能，给别人的油箱加满油，最好的办法就是欣赏和鼓励别人。

是的，苏联著名作家加里宁曾说："如果想使你的语言感动别人，你就应该先把这种感人的语言注入自己的血液里。"要给别人的油箱加满油，首先要懂得如何让自己的油箱加满油。要感动他人，首先要感动自己；要激励他人，首先能够激励自己。

作为世界上最大的摩托制造企业，本田公司在创始初期，只有一间破旧车间。那个时候，员工们都看不到成功的希望，尽管企业的主人本田宗一郎信心十足。他经常会站在一只破旧的箱子上对众人高喊："我们要造出世界上第一流的摩托车。"他的这份热情感染了员工，他对员工们的信任深深地感动了员工。本田充满信心，一直以这个的目标去鼓舞、激励每一位员工。于是，本田公司上上下下，同心同德，每个人都为自己的油箱加满了油，共同朝着这个目标奋斗，最终使本田产品跻身到了世界一流水平的行列。

因此，在与他人交往或沟通之前，为了能给对方的油箱加满油，我们就要学会鼓励别人，赞美和欣赏别人。这样，别人才能感受到我们的热情，才会在工作的过程中一直保持着较高的热情。

※ 委婉地提醒对方的错误

假如你觉得你身边的同事脾气不好，你会怎样告诉他呢？你会说："你的脾气太坏了，应该改一改，要不我们大家就不敢理你了。"你还是会说："你很好，'但是'脾气再好一点就好了。"换做你，你觉得大家会接受哪种观点呢？大家肯定会接受第二种说法。因此可以看出，批评有时并不能解决问题，我们应该委婉地提醒对方的错误。

有一天中午，卡耐基坐在一家咖啡馆，被前面几个人吸烟的人呛得直咳嗽，他看见在咖啡厅的墙上贴着"禁止吸烟"的字样，但是他们却熟视无睹。卡耐基是不是应该坐在后面，指着那几个字，向前面那些人说："你们是不是不识字？"但是，卡耐基绝不会这样做。

他走到那些人面前，拿出烟盒，给他们每人一只雪茄，并且说道："嗨，弟兄们，别谢我给你们雪茄，如果你们能到外面吸烟，我就更高兴了。"那些人已知道自己犯了错误，可是他们钦佩卡耐基先生，不但没有责备他们，而且还给他们每人一只雪茄当礼物。像这样的人，你能不喜欢他吗？

委婉的提醒对方的错误，对那些不愿意直接接受批评的人，会产生神奇的效果。直接的批评解决不了任何问题，只会引起批评者的反抗。相反，如果能委婉地提醒对方的错误，对方会感激在心，并会按照你的建议去做。

卡耐基认为，在与别人相处时，应该学会尊重别人，尽量减少对别人的伤害。一个和谐的人与人关系的基础是彼此之间互不伤害。当面直接批评别人，只会引起对方的强烈反感，而巧妙地让对方注意到自己的错误并加以指正，将会使对方乐意按照你的建议去做。

当你希望别人朝着你期望的方向前进时，千万不要在赞扬他之后说“但是”。而是要说“而且”，这两个词的效果将会产生巨大的差异。

北卡罗来纳州王山市的凯塞琳·亚尔佛德是一家纺纱工厂的工业工程督导，她很会处理一些敏感的问题。她职责的一部分，是设计及保持各种激励员工的办法和标准，以使员工能够生产出更多的纱线，从而使她们同时能赚到更多的钱。在只生产两、三种不同纱线的时候，所用的办法还很不错，但是最近公司扩大产品数量和生产规模，一旦生产十二种以上不同种类的纱线，原来的办法便不能以员工的工作量而给予她们合理报酬，因此也就不能激励她们增加生产量。

于是，凯塞琳又设计出一个新的方案，能够根据每一个员工在任何一段时间里所生产出来的纱线的等级，给予她适当的报酬。设计出这套新方案之后，她参加了一个会议，决心要向厂里的高级职员证明这个办法是正确的。凯塞琳说他们现在还使用过去的办法是错误的，并指出过去的办法不能给予员工公平待遇的地方，以及她为他们所准备的激励员工的新方案。但是，由于一开始她就公开地指出了他们的错误，使她的新方案受到大家的反对。后来，她只是忙于为新办法辩护，而没有留下余地，让他们能够不失面子地承认老办法上的错误，于是这个建议也就胎死腹中了。

可见，当你发现一个错误必须指出时，那你必须找出一种合适的感觉能让别人接受的方法才可以，否则你的批评就不会被别人接受，而且还会使大家之间的关系变得异常紧张。只要我们采取适当的方法，加以引导，我们就会达到原来的目的。

有一次，一位女士怒气冲冲地走进食品商店，向营业员喝道：“我儿子在你们这儿买的果酱，为什么会缺斤少两？”

服务员一愣，待她想出其中的原因之后，就有礼貌地回答：“请你回去称称孩子，看他是否长重了。”

这位妈妈恍然大悟，脸上怒气全消，心平气和而又很高兴地对服务员说：“噢，对不起，误会了。”

这位服务员小姐认定了自己不会称错，那么就只剩下一种可能，就是小孩把果酱偷吃了。但是如果服务员直接说：“我不会搞错的，肯定是你儿子偷吃了”，或者“你不找自己儿子的麻烦，倒问我称错没有，真是莫名其妙”，这样就非但不能平息顾客的怒气，反而会引发一场更大的争论。

再如，德国公共汽车内对于逃票的乘客并无文字警告的标语，只用了鲜艳的色彩画了一个双手捂住脸的人，他正在为逃票被发现而害羞。伦敦地铁内有这样一个广告：“如果你无票乘车，那么请你在伦敦治安法院前下车。”这些幽默而含蓄的批评，收到了很好的效果。现在，我们也可以看到，在我们的公园里，花草旁，街道侧，也出现了一些这样的提示：公共设施是大家的，它靠每一个人的爱心来维护；花草给人们以美丽，可它们也是有生命的；孩子的眼睛在看着你，你要教他们把杂物扔到该去的地方。这些温和又意味深长的提示，要比以前那些“乱扔果皮罚款二十元，践踏草坪折花草罚款五十元”等生硬、冰冷的警告和训斥有效得多。

因此，用委婉的语气指出别人存在的问题，这样既维护了他人的信誉，又避免了一场争吵，赢得同事们的赞赏。

※　先谈你自己的错误

我们每个人都讨厌听到批评的话语。但是，如果能在批评对方之前先承认自己的错误，再指出别人的错误，那么情形就会好很多。自我恭谦，称赞对方，无论是谁，都可以成为你的朋友。一个人即使没有改正他的错误，只要在谈话前承认了自己的错误，就可以改变他。

那天卡耐基的表演获得了成功。但是，也给卡耐基带来了一次小小的麻烦。

或许是表演得太投入，也许是由于同学们的过度渲染，卡耐基与他的搭档黛丝之间发生了一场不应该有的误会。

一个星期日的下午，戴尔·卡耐基一踏进忧郁小室，就觉得气氛有异，室友们显然以极不友好的目光对着他，同时，还有几个陌生的年轻男子气势汹汹地坐在他的床位上。

在辨明卡耐基的身份后，那几个年轻男子便开始谩骂起来，并扬言要揍他。

没想到瘦骨嶙峋的卡耐基怒不可遏时简直就是一头雄狮，八面威风。那几个人原来的嚣张气焰被彻底压下去了，匆匆忙忙地逃走了。

事后卡耐基才弄清了原委。由于他与黛丝逼真的表演，使得黛丝的男友比尔误以为他们之间有什么不轨，而采取了这次行动，不明真相的戴尔·卡耐基却把他们当成了校园黑社会组织。

第二日黄昏，黛丝满脸不快地走进忧郁小室。

“戴尔，我们去谈谈好吗？”

“好极了，黛丝，我非常抱歉，我也正想找你，”卡耐基满面愧色地对黛丝说道，“这完全是一场误会”。

在忧郁小室通往学校教学楼的林荫道上，卡耐基与黛丝并肩长谈。

“黛丝，我真的误会比尔了，我把他当作了黑社会成员。”

“真的，戴尔，我没想到你们会这样，我当你是朋友，明白吗？”

“我真的惭愧，黛丝，我想，我想当面给比尔道歉”。

“这不行。比尔对你误会很深，他昨晚对我说过分手了”。戴丝看着卡耐基，郁郁不快地说，“真没想到会这样”。

卡耐基停住脚步，以一种坚毅的神情说道：“相信我，黛丝，我会和比尔解释清楚，我们还是朋友，我的戏剧还在等着你的角色呢！”

当天晚上，戴尔·卡耐基和比尔手挽着手走进了校内的奥图斯酒吧。一场误会引起的冲突使他们两人坐在了一起，喜剧性地成为一对莫逆之交。

戴尔·卡耐基戏剧性地化解了由于误会和比尔产生的冲突后，又顺理成章地把比尔和黛丝都拉进了他的实验戏剧。

从这件事情中，也使卡耐基总结出了一个道理：一个人即使还没有改正他的错误，但只要他承认了自己的错误，就有助于帮助另一个人改变其行为。

马里兰州提蒙尼姆的克劳伦斯·周哈辛最近发现他 15 岁的儿子也正在试着抽烟。克劳伦斯先生当然不希望大卫抽烟，可是克劳伦斯夫人和克劳伦斯先生都抽烟，一直都给他做了不好的榜样。克劳伦斯解释给大卫听，说在跟他年龄一样大的时候就开始抽烟，并且让尼古丁战胜了，使他现在几乎不可能不抽了。克劳伦斯先生提醒大卫说：“你看现在我咳嗽咳得多么厉害。我真后悔当时没有听取别人的劝告，否则也不会像现在这样痛苦。”

那次谈话的结果，不仅使他的儿子停止了对吸烟的尝试，而且，由于家人的支持，他也成功地戒了烟。

卡耐基总结道：要改变一个人又不致伤害感情，或引起憎恨，就要遵守这样的规则：“在批评他人之前，先改变你自己的错误。”

如果我们能够在批评别人之前，先承认自己的错误，这样我们就拉近了和他人的距离，让他们感觉到我们提出的问题是有益的，是为了他们着想，是真心地关心他们。他们一旦有了这样的思想，就不会排斥我们，反而会欣然地接受我们的建议。

※ 不要命令别人

当你有天突然身体不舒服，想要请假。你战战兢兢地走到主任办公室，跟她说自己想要请半天假。假如主任不懂人情，直接对你说："你不能请假，明天必须准时上班，这是命令。"你心里会是什么感受？现代社会，大家越来越讲民主，越来越强调人性，他这种命令的口吻肯定会使员工无法接受。因此，想要搞好关系，就不要命令别人，没有人喜欢接受命令。

多年来，卡耐基经常在他家附近的一处公园内散步和骑马，他跟古代高庐人的督伊德教徒一样，只崇拜一棵橡树，因此，当他看到那些嫩树和灌木，一季又一季地被一些不必要的大火烧毁时，觉得十分伤心。那些火灾并不是疏忽的吸烟者所引起的，它们几乎全是由那些到公园内去享受野外生活、在树下煮蛋或烤热狗的小孩们所引起的。有时候，火势太猛，必须出动消防队来扑灭。

在公园的一个角落里，立着一块告示牌说，任何人在公园内生火，必将受罚或被拘留。但那块牌子立在公园偏僻角落里，很少人看到。有一个骑马的警察，他应该照顾公园才对，但他并未尽职，火灾继续在每一季节里蔓延。有一次，卡耐基慌慌张张地跑到一位警察面前，告诉他有一场火迅速在公园里蔓延，希望他赶快通知消防队。但他竟然漠不关心地回答，这不关他的事，因为这不是他的管区！卡耐基很失望，所以后来他到公园里去骑马的时候，其行为就像一位自封的管理员，试图保护公家土地。刚开始的时候，他不会试着去了解孩子们的看法，一看到树下有火，心里就很不痛快，急于要做件好事，结果却做错了。他总是骑马来到那些小孩子面前，警告说，他们可能会因为在公园内生火，而被关进监牢去，并以权威的口气命令他们把火扑灭；如果他们拒绝，就威胁叫人把他们逮捕起来。卡耐基说他自己只是尽情地发泄某种感觉，根本没有想到他们的看法。

结果呢？那些孩子服从了，心不甘情不愿而愤恨地服从。

等卡耐基骑马跑过山丘之后，他们很可能又把火点燃了，并且极想把整个公园烧光。

随着年岁的增长，卡耐基对做人处世有更深一层的认识，变得更为圆滑一点，更懂得从别人的观点来看事情。于是，他不再下命令，他骑马来到那堆火前面，说出了下面的这段话：

“玩得痛快吗？孩子们，你们晚餐想煮些什么？我小时候自己也很喜欢生火——现在还是很喜欢。但你们应该知道，在公园内生火是十分危险的。我知道你们这几位会很小心；但其他人可就不这么小心了。他们来了，看到你们生起了一堆火；因此他们也生了火，而后来回家时却又不把火弄熄，结果火烧到枯叶，蔓延起来，把树木都烧死了。如果我们不小心，以后我们这儿连一棵树都没有了。你们生起这堆火，就会被关入监牢内。但我不想太啰唆，扫了你们的兴。我很高兴看到你们玩得十分痛快；但能不能请你们现在立刻把火堆旁边的枯叶子全部拨开，而在你们离开之前，用泥土，很多的泥土，把火堆掩盖起来，你们愿不愿意呢？下一次，如果你们还想玩火，能不能麻烦你们改到山丘的那一头，就在沙坑里生火？在那生火，就不会造成任何损害……真谢谢你们，孩子们，祝你们玩得痛快。”

这种说法有了很不同的效果！使得那些孩子们愿意合作，不勉强，不憎恨。他们并没有被强迫接受命令，他们会觉得很舒服，我们也会觉得舒服。

卡耐基指出，用“建议”，而不用下“命令”，不但能维持对方的自尊，而且能使他乐于改正错误，并与你合作。我们不要动不动就给别人下这“命令”，也不要告诉对方如何去做，这样不但维持对方的自尊，而且能使他乐于改正错误，积极合作。

卡耐基曾经很荣幸地和美国最著名的传记作家伊达·塔贝尔小姐一起吃饭。他告诉塔贝尔小姐自己正在写有关“如何做人处世”这本重要的书。塔贝尔小姐告诉卡耐基，在她为欧文·扬写传记的时候，访问了与扬先生在同一间办公室工作了三年的一个人。这人宣称，在那段时间内，他从未听见过欧文·扬向任何人下过一次直接命令。他总是建议，而不是命令。欧文·扬先生从来不说“做这个或做那个，”或是“不要做这个，不要做那个。”他总是说，“你可以考虑这个，”或“你认为，这样做可以吗？”他在口授一封信之后，经常说，“你认为这封信如何？”

在检查某位助手所写的信时，他也总是说：“也许我们把这句话改成这样，会比较好一点。”他总是给人自己动手的机会；他从不告诉他的助手如何做事；他让他们自己去做，让他们从自己的错误中学习成功的经验。这种方法，使他的公司的所有员工都易于改正自己的错误，而且维持了人们的自尊，使他自以为自己很重要，使他希望和你合作，而不反抗你。

这也这是卡耐基先生所要强调的，他认为向对方征求意见，问对方的一些东西，不但能得到理想的答案，有时还能激发对方的创造力，为你创造更多的奇迹。如果处处命令别人，反而会使大家像机器人一样，毫无生气。

不但在职场中大家不愿意听到命令，在我们的家庭中也是如此。

洛瑞是塔西夫人的女儿。塔西夫人总是埋怨罗瑞不听话。有一次，罗瑞的家事还没有做完，就离家去看她的朋友。在洛瑞回来的时候，塔西夫人非常生气，对她一番大吼：“洛瑞，为什么会这样？”洛瑞这次也不示弱，决定告诉母亲：“你真的要知道？”塔西夫人点点头，于是洛瑞就一股脑说出了所有实情。她告诉塔西夫人：“你从来没有听过我要说的话，你总是告诉我该做这该做那，你给了我太多的命令，使我不知道应该怎么做你才会满意。”

塔西夫人开始认识到，洛瑞需要的不是一个忙碌的母亲，而是一个密友，让她把成长所带给她的苦闷发泄出来。

从此以后，塔西夫人也注意了说话的语气，不再用命令的口气，而是学会了遇事与洛瑞商量，母女之间的关系也发生了很大的变化。

可见，每个人都有自己的自尊心和自己的行为准则，他们不希望别人用命令的口气来指责自己的行为，在同事之间是这样，在家人之间也是如此。

※ 给对方留面子

生活中，我们总是要和许多人打交道。特别是在社交活动中，总有人不可避免地会陷入尴尬境地，要是我们能为这些人提供一个恰当的“台阶”，使他们避免丢面子，这不仅能使你获得对方的好感，而且也能助于你树立良好的社交形象。

著名教育家戴尔·卡耐基经历了过这样一件事。在一次宴会上，某客人引用了“谋事在人，成事在天”的格言，并说此话出自《圣经》。卡耐基为了表现自己的渊博学识，便指出那客人错了，此话出自莎士比亚的戏剧。那客人听了恼羞成怒，与卡耐基争辩起来。当时卡耐基的老朋友葛孟也在座，而且葛孟是研究莎士比亚的专家。卡耐基便向葛孟求证，葛孟却在桌子底下踢了他一脚，说：“你错了，这位客人是对的，这句话出自《圣经》。”

后来，在回家的路上，卡耐基很不服气地说：“那句格言明明出自莎士比亚的戏剧嘛。”葛孟回答：“当然，是出自莎士比亚《哈姆雷特》第五幕第二场，可是为什么非要去证明他错了呢？我们大家都是宴会上的客人，为什么不给他留点面子呢？”

卡耐基由此事得到了深刻启发：假如我们是对的，别人绝对是错的，我们也会因为指出别人的错误而使他失去颜面，毁了他的自尊。我们没有权力贬低一个人的自尊。

我们在生活中都是顾及自己的脸面的。因此，一句或两句体谅的话，对他人的态度表示一种宽容，都可以减少对别人的伤害，保住他的面子。生活中需要智慧，也需要机智的幽默。只有这样，我们才可以避免毫无必要地“树敌”，才可以做到“化干戈为玉帛”，也只有这样，我们才可以减少许多麻烦，把更多的精力和时间投入到我们感兴趣的有意义的工作中。

几年前，通用电器公司面临一项需要慎重处理的工作：免除查尔斯·史坦恩梅兹担任的某一部门的主管。史坦恩梅兹在电器方面有超过别人的天才，但担任计算部门主管却遭到彻底的失败。不过，公司却不敢冒犯他，公司绝对少不了他——而他又十分敏感。于是他们给了他一个新头衔，让他担任“通用电器公司顾问工程师”——工作还是和以前一样，只是换了一项新头衔——并让其他人担任部门主管。

对这一调动，史坦恩梅兹十分高兴。

通用公司的高级人员也很高兴。他们已温和地调动了这位最暴躁的大牌明星职员的工作，而且他们的做法并没有引起一场大风暴——因为他们让他保住了面子。

让他有面子！这是多么重要，多么极端重要呀，而我们却很少有人想到这一点！

美国经济学家，总统罗斯福的私人顾问亚历山大·萨克斯，在1939年受爱因斯坦等科学家的委托下，企图说服罗斯福重视原子弹研究，以便赶在纳粹德国前面制造原子弹。尽管有科学家们的信件和备忘录，但罗斯福反应冷淡，他说："这些都很有趣，不过政府若在现阶段干预此事，看来为时过早。"但他为表示歉意，决定邀请萨克斯于第二天共进早餐。

早餐开始前，罗斯福就提出，今天不许再谈爱因斯坦的信。但萨克斯含笑望着总统，说："我想谈一点历史。英法战争期间，在欧洲大陆上不可一世的拿破仑在海上却屡战屡败。这时，一位年轻的美国发明家富尔顿来到了这位法国皇帝面前，建议把法国战舰上的桅杆砍掉，撤去风帆，装上蒸汽机，把木板换成钢板。但是，拿破仑却想，船若没有帆就不能航行，木板换成钢板船就会沉没。他嘲笑富尔顿：'军舰不用帆？靠你发明的蒸汽机？哈哈，这简直是想入非非，不可思议！'结果富尔顿被轰了出去。历史学家们在评论这段历史时认为，如果当初拿破仑采纳富尔顿的建议，19世纪的历史就得重写。"萨克斯说完后，目光深沉地注视着总统。

罗斯福沉思了几分钟，然后斟满一杯酒，递给萨克斯，说道："你胜利了！"萨克斯终于说服了总统，揭开了美国制造原子弹的第一页。

卡耐基认为，假使我们是对的，别人绝对是错的，我们也会因让别人丢脸而毁了他的自我。传奇性的法国飞行先锋和作家安托安娜·德·圣苏荷依写过："我没有权利去做或说任何事以贬抑一个人的自尊。重要的并不是我觉得他怎么样，而是人觉得他自己如何，伤害人的自尊是一种罪行。"

众所周知，斯大林在晚年逐渐变得独裁。"唯我独尊"的个性使他不能允许世界上有人比他高明，更难以接受下属的不同意见。在“二战”期间，斯大林的这种过分的“唯我独尊”，曾使红军大吃苦头，遭到了本可避免的巨大损失和重创。一度提出正确建议的朱可夫曾被斯大林一怒之下赶出了大本营。但有一人例外，他就是华西列夫斯基，他往往能使斯大林在不知不觉中采纳他的正确的作战计划，从而发挥着杰出的作用。

华西列夫斯基的进言妙招之一，就是在潜移默化地在休息中施加影响。在斯大林的办室里，华西列夫斯基喜欢同斯大林谈天说地的“闲聊”，并且往往还会“不经意”地“顺便”说说军事问题，既非郑重其事地大谈特谈，讲的内容也不是头头是道。但奇妙的是，等华西列夫斯基走后，斯大林往往会想到一个好计划。过不了多久，斯大林就会在军事会议上宣布这一计划。于是大家都纷纷称赞斯大林的深谋远虑，但只有斯大林和华西列夫斯基心里最清楚，谁是真正的发起者，谁是真正的思想来源。

正是在这些闲聊中，华西列夫斯基用自己的思想启发了斯大林的思想，甚至连斯大林本人也认为这些好主意正是他自己想出来的。但不管怎样，从效果上看，华西列夫斯基达到了他的目的，使他的建议能够被斯大林所采纳，并成为斯大林最为倚重的人之一。

沃恩每年都会受邀参加某单位的杂志评审工作，这个工作虽然报酬不多，但却是一项荣誉，很多人想参加却找不到门路，也有人只参加一两次，就再也没有机会了！沃恩年年有此“殊荣”，让大家都羡慕不已。

他在年届退休时，有人问他其中的奥秘，他微笑着向人们揭开谜底。

他说，他在公开的评审会议上一定会把握一个原则：多称赞、鼓励，而少批评。但会议结束之后，他会找来杂志的编辑人员，私底下告诉他们编辑上的缺点。

因此，虽然杂志有先后名次，但每个人都保全了面子。也正是因为他顾虑到别人的面子，因此承办该项业务的人员和各杂志的编辑人员，都很尊敬他、喜欢他，当然也就每年找他当评审了！

过分地挑剔别人的错误，非但不会让别人知道自己错了，反而会使他产生逆反心理；相反，让别人保住面子，对方会在心里感激你，对你有求必应。

其实，不仅在工作中需要给对方留面子，夫妻之间也要留面子。

夫妻吵架，本来是一件很正常的小事。假如你又去寻求外援，又是找单位领导去“说理”。理亏的一方往往会因为在外人面前“丢了面子”，不仅不会乖乖承认和改正错误，说不定会让事情变得更加糟糕。

给对方面子，其实也就是给自己留下余地。常言道，退一步海阔天空。所以凡事都要有个度，即使是对方做错了，也不要把事情做绝了，给对方一个台阶下，也会让你前面的道路变得平坦。

※　称赞他人最微小的进步

我们每个人都希望听到别人的赞美。称赞别人一个最微小的错误，也会使他对未来的工作充满信心。所以让我们善于观察周围的生活，随时给大家以称赞。

《影响力的本质》这本书出版以后，许多人读了这本书后，都觉得获得了益处，或多或少地帮助他们改变自己的行为和态度。

有天，有位朋友前来探望卡耐基。这位是从卡耐基老家玛丽维尔来的，卡耐基请他到一家餐馆吃饭，这位朋友告诉卡耐基，他读完了《影响力的本质》这本书，一有进步就作个记录，而且这个记录越来越高。

卡耐基听了之后心中大喜，认为这个方法非常好，于是建议每位读者请他们的友人每周在他或她有进步之处便做标记。

建议推出后，大家非常高兴，认为这样对他们的帮助更大了。这是为什么呢？其实人们的内心每天都在对比，我今天比昨天有进步吗？我今天是不是比昨天获得了更大的成功？而卡耐基的这个方法正是运用了这一点，它能够及时地发现他的读者的最微小的进步，并及时地赞美他们。

卡耐基认为，假如我们愿意鼓励我们所接触的每一个人，使他认识到并挖掘自己拥有的内在宝藏，那么，我们不仅可以改变他本人，甚至可以使他脱胎换骨。

从前，有个十岁的孩子，在“那波尔斯”一家工厂里做工。那孩子从小就怀着一个理想，希望将来成为一个歌唱家。可是，他的第一位老师，就给了他一个打击。那位老师说：“你不能唱歌，你的嗓子很坏，所发出来的声音再难听也没有了。”老师的这番话，给了孩子很大的打击。可是，孩子的母亲，一个贫苦的农家妇女，搂着自己的孩子，称赞他，告诉儿子，说他能唱歌，她已经看出他在进步了。母亲光着脚去做工，为的是省下钱来给儿子付音乐班的学费。那位农家母亲对儿子的鼓励和称赞，改变了这孩子的一生。这孩子就是当代杰出的歌王——卡罗沙。

卡耐基说，称赞对方哪怕是最微小的进步，对方也将铭记在心，以此来激励自己走向成功。

其实，我们每个人都会遇到挫折，每个人都希望得到对方的鼓励，尤其当我们面临是坚持还是放弃这两种选择的时候，我们尤其需要对方的鼓励，哪怕是一句关切的话语，也会改变一个人的一生。

许多年前，伦敦有个年轻人，渴望自己能成为一位作家。可是他所有的遭遇，都事与愿违，好像处处都跟他作对似的。他所受到的学校教育，不到四年。他父亲因为还不起债而入狱，使这个年轻人饱尝饥饿的滋味。最后，他找到一份工作，他的工作是在一间老鼠满地跑的货仓里，粘贴墨水瓶上的签条。

夜晚，他跟另外两个来自伦敦贫民窟的顽童，住在楼顶的一小间暗房里。他对于写作的自信心很薄弱！当他第一篇稿子完成时，生怕会给人家讥笑，只得在夜间，悄悄地把稿子投入邮箱里。他接连的写稿、投稿，但他所寄出的那些稿子，也接连的都给拒绝退了回来。

可是，伟大的一天来了，他的一篇稿子被录用了。其实，他连一先令的稿费也没得到。但录用他那篇稿子的编辑的赞美，使这年轻人高兴极了。

正是这篇稿子的刊登，改变了他的终生事业。若不是那次的鼓励，这年轻人可能一辈子在那满是老鼠的货仓里工作。他就是著名作家狄更斯。

可见，赞美的作用是多么神奇。它能改变人的一生，让一个人从一个世界走到另一个世界。如果没有母亲的赞美，就不会有歌王卡罗沙；如果没有编辑的赞美，就不会有作家狄更斯。

英国史学家韦尔斯也有相似的经历。当时的韦尔斯在一家店铺里工作，他每天早晨五点钟就要起来打扫店铺，一天做十四小时的苦工。这样经过了两年，年轻人实在忍受不下去了。某天早晨，等不及吃早餐，一口气走了十五里路，去找他那替人做管家的母亲商谈。

他像是疯了似的向他母亲哭着哀求，他说他再也不回那家店铺工作了；如果他须再留在那店中，他就要自杀。他写了一封很长而悲惨的信，给他的老校长。说他心已破碎，不想再活下去。他的老校长给了他一些赞美，说他是个聪明的年轻人，应该找一份更适合他去做的工作，然后给了他一个教员的职位。

也是那个赞许，改变了那年轻人的将来，并在英国文学史上，留下一个使人无法磨灭的印象。因为那年轻人从此以后，完成了七十七部书，用他的笔，赚进了一百多万元。

就是那一点称赞，那一点轻微的鼓励，成了这些人终身事业上的转折点。假如我们能都真心地去激励我们所接触的人，让他们知道自己潜藏着的财富，这不只是改变他们的意志，更会改变他们一生的命运！

※ 让他人有个好名声

我们每个人都不愿意听别人这样在背后说我们，“他是个自私的人，大家都不要跟他说话”“他太小气了，把儿子都逼走了”等等。所以，给别人留下好名声非常重要。

卡耐基就非常注重这一点。洛莉塔是卡耐基的第一位夫人。洛莉塔平时在家里对卡耐基讥讽嘲笑，后来竟然还阻碍卡耐基书的出版。当卡耐基从出版社知道事实真相后，并没有到处去说洛莉塔的坏话，而是像往常那样对待她，给她留下一个好名声。

卡耐基从自己的亲身经历告诉我们，如果你希望某人具备一种美德，你可以认为并公开宣称他早就拥有这一美德了，给他一个好名声，送他一顶高帽子，让他去实现，他便会竭尽全力，而不愿看到你失望。

亨利·韩克是印第安纳州洛威一家卡车经销商的服务经理。他公司有一个工人，工作每况愈下。但亨利·韩克没有对他怒吼或威胁，而是把他叫到办公室里来，跟他坦诚地谈一谈。

他说：“比尔，你是个很棒的技工。你在这条线上工作也有好几年了，你修的车子也很令顾客满意。其实，有很多人都赞美你的技术好。可是最近，你完成一件工作所需的时间却加长了，而且你的质量也比不上以前的水准。你以前真是个杰出的技工，我想你一定知道，我对这种情况不太满意。也许我们可以一起来想个办法改进这个问题。”

比尔回答说，他并不知道他没有尽好他的职责，并向他的上司保证，他所接的工作并未超出他的专长之外，他以后一定会改进它。

他曾经是一个快速优秀的技工，由于韩克先生给他的工作以美誉，他一定会为尊重自己的荣誉而努力工作。

先对人肯定，给他一个好名声，让他觉得自己重要。然后再指出不足，这样人们心里比较乐意接受。

纽约布鲁克林的一位四年级老师鲁丝·霍普斯金太太，当她看过班上学生的名册后，稍微有一点忧虑，因为今年她班上有一个全校最顽皮的“坏孩子”——汤姆。汤姆三年级的老师，不断地向同事或校长抱怨，只要有任何人愿意听，就会不停地说汤姆的坏事。他不只是恶作剧而已，还跟男生打架，逗女生，对老师无礼，在班上扰乱秩序，而且这种情况愈来愈糟。他唯一能让人放心的是，他很快就能学会学校的功课，而且非常熟练。

霍普斯金太太决定立刻面对“汤姆问题”。当她见到她的新学生时，她这样说道：“罗丝，你穿的衣服很漂亮。爱丽西亚，我听说你画画很不错。”当她念到汤姆时，她直视着汤姆，对他说：“汤姆，我知道你是个天生的领导人才，今年我要靠你帮我把这班变成四年级最好的一班。”在开始几天她一直强调这点，夸奖汤姆所做的一切，并评论他的行为正代表着他是一位很好的学生。有了值得奋斗的美名，即使一个九岁大的男孩也不会令她失望。而他真的做到了这些。

卡耐基认为，对于普通人来说，如果你能得到他的敬重并且你对他的某种能力也表示敬重，那么他就会乐意接受你的领导。

我的朋友琴德太太，住在纽约白利斯德路，她刚雇了一个女佣，告诉她下星期一开始来工作。琴德太太打电话给那女佣以前的女主人，那位以前的太太认为这个女佣并不好。当那女佣来上班的时候，琴德太太说：“妮莉，前天我打电话给你以前做事的那家太太。她说你诚实可靠，会做菜，会照顾孩子，不过她说你平时很随便，总不能将房间整理干净。我相信她说的是没有根据的。你穿得很整洁，这是谁都可以看出来的。我可以打赌，你收拾房间，一定同你的人一样整洁干净。我也相信，我们一定会相处得很好。”

是的，她们果然相处得非常好，妮莉不得不顾全她的名誉，所以琴德太太所讲的，她真的做到了。她把屋子收拾得干干净净，她宁愿自己多费些时间，辛苦些，也不愿意破坏琴德太太对她的好印象。

卡耐基认为，假如你要在领导方法上超越自我，希望改变其他人的态度和举止时，请记住这条规则：“给他人一个美名，让他为此而奋斗努力。”

我们每个人都希望得到赞美，当别人赞美我们后，我们会不惜一切代价地做到最好。

一名制革师傅收下一个男孩学徒时，他对徒弟说了一句这样的话：“我怎样对别人，别人也会怎样对我。”后来，这个男孩通过自己的诚实、好心和勤奋获得了雇主的信任。制革师傅对学徒说：“我考虑在你学成后，送给你一件好的礼物。我不能告诉你那是什么东西，但它对你来说比100英镑更有价值。”当男孩学徒期满后，制革师傅说：“我会把你的礼物给你的父亲，”然后他又加上了一句话，“你的儿子是我所遇见过的最好的男孩。这就是我送给你的礼物——一个好名声。”听到这里，男孩原先那获得物质奖赏的梦想破灭了。但他的父亲对制革师傅说：“我宁可听到关于我儿子好名声的话，而不愿意看到你给的金钱，因为一个好名声要比巨大的财富重要得多。”

没有一个好名声，金子，也会失去价值；身份，也不会使人高贵；地位，也没有什么尊严；美丽，也不会有什么魅力；高龄，也不会赢得人们的尊敬。

包德文铁路机车工厂总经理华克伦，他说过这样的话：一般人，都会愿意接受指导，如果你得到他的敬重，并且对他的某种能力表示敬重的话。

哈巴德将军是一位最受人们欢迎的美国将军，他曾经告诉利士纳说，在他看来，在法国的二百万美国兵，是他所接触过最合乎理想、最整洁的队伍。

这是不是过分的赞许？或许是的。可是我们看利士纳如何应用它！

利士纳说：我从未忘记把哈巴德将军所说的话，告诉士兵们，我并没有怀疑这话的真实性，即使并不真实，那些士兵们知道哈巴德将军的意见后，他们会努力去达到那个水准。

因此，一个好名声显得格外重要，它不仅表现了那个人已具有的品格，它还起着一种激励作用，要那个人朝着更高的目标前进。

让别人的错误更容易改正。

别人犯了错误，我们希望别人改正错误，但是，如何使别人的错误更容易改正呢？如果仅仅是指出来，别人并不一定乐于改正。我们需要一些技巧，使别人的错误变得更容易改正。

有一次，卡耐基请一位室内设计师为他家布置一些窗帘。

当账单送来时，他大吃一惊。

过了几天，一位朋友来看他，看到了那些窗帘，并问起价钱，而后面有难色地说：“太过分了。我看他占了你的便宜。”

她说的是实话，可是没有人肯听别人羞辱自己判断力的实话。因此，身为一个凡人，卡耐基开始为自己辩护。他说贵的东西终究有贵的价值，你不可能以便宜的价钱买到高品质又有艺术品位东西等等。

第二天另一位朋友也来拜访，开始赞扬那些窗帘，表现得很热心，说她希望家里也能买得起那些精美的窗帘。这时卡耐基的反应完全不一样了。“说句老实话，”他说，“我自己也负担不起。我付的价钱太高了，我后悔买了它们。”

当我们犯错误的时候，我们也许会对自己承认，但是我们却未必对他人承认。但如果对方处理得很巧妙而且和善可亲的话，我们也会对别人承认，甚至以自己的坦白率直而自豪。

卡耐基认为，使对方知道你相信他有能力做好一件事，他在这件事很有潜力，如果对他多加鼓励，他也许将彻底改头换面，正面鼓励可以使人更容易改正错误，自强自立，甚至脱胎换骨。

汤姆，四十岁，不久前刚订婚。他未婚妻劝他学跳舞。这在他来说，或许太迟了，但是未婚妻的话又不敢不听。于是，汤姆就请了一位老师，这位老师或许说的都是实话，她告诉汤姆，说他的舞步完全不对，必需从头再学起。这使汤姆很灰心，因为他二十年前已经学过跳舞了。汤姆无心再继续学了，就辞掉这位老师。

后来，汤姆又请了第二位老师。也许这位老师说的不是实在话，可是汤姆听了还是很高兴。她冷漠地对汤姆说，你跳的舞步有点旧式，可是基本步子是对的，认为汤姆不难学会几种流行的新舞步。

第一个老师，完全打消了我的兴趣，第二个老师恰好相反，她不断地称赞汤姆，减少了我舞步上的错误，给了汤姆很大的信心。或许第二位老师说的是假话，或许她只想汤姆继续交钱，但是她确实使汤姆的舞步改善了很多，而且使汤姆内心充满激情。有时候就是这样，或许不需要太多的指导，只需要点燃汤姆心中的那团火。第二位老师的话鼓励了汤姆，给了汤姆希望，使他自己愿意改进。

美国第三十届总统柯立芝刚上任时，聘了一个女秘书协助他，这个女秘书长得年轻又漂亮，但在工作上却屡屡出现问题，不是字打错了，就是时间记错了，给柯立芝造成很大的困扰。

有一天，女秘书一走进办公室，柯立芝就夸奖她的衣服很好看，盛赞她的美丽，女秘书受宠若惊，但是柯立芝接着说："相信你的工作也可以像你人一样，都能做得很漂亮。"

果然，从那天起，女秘书的公文就没再出过错。身旁的其他工作人员好奇地问总统："你这个方法很巧妙，是怎么想出来的？"

柯立芝淡淡一笑："这很简单，你看理发师帮客人刮胡子之前，都会先涂上肥皂水的目的就是使人刮起来不会感觉痛，我不过就是用这个方法罢了！"

由此可见，正面的鼓励确实可以使人更容易改正错误，更容易接受他人的建议。因此，我们要学会这种工作方法。

1922 年，加利福尼亚有个年轻人，他连照顾妻子的生活，都感到非常困难。星期天，他要去教会唱诗班卖唱；偶尔在人家婚礼中，替人家唱歌，可以赚进五块钱。他的生活贫困极了，没有能力住在城里，所以他在乡下一座葡萄园里租一间破旧的房子，每月租金只有十二元五角。

他住的房子，虽然租金非常便宜，可是还是无法负担，使他拖欠了人家十个月的租金。

他在环境逼迫之下，替房东摘葡萄，以偿还租金。他后来告诉我，那时，他在迫不得已的情形下，穷得没有东西吃时，就拿葡萄来填饱肚子。

失望之余，他几乎想放弃歌唱这份爱好，去推销载重汽车谋生。就在这时，他的朋友休士称赞了他，休士对他说："你的嗓音颇有发展的可能，你该去纽约学唱才是。"

这个年轻人这才发现自己整天这样混日子不可以，应该彻底地改变自己的生活。那天，他想了很多，他发现自己也有追求，也有自己的特长，为什么自己不能抓住机会，而要像现在这样穷困潦倒呢？

有时候就是这样，一语惊醒梦中人。只要我们采取争取的方法，合理地指出他人的错误，大家都会欣然接受的。那么究竟有什么方法可以做到呢？

第一，可以先赞赏再批评。

每个人都希望听到赞赏的话，所以在批评他人之前要先肯定别人的优点，这对于别人能否接受批评起着至关重要的作用。

第二，要让别人感受到他的重要。

如果他能感受到你对他的重视，就能鼓舞他办事情的热情，向着你提的要求前进。

※　善于向他人授权

你会不会遇到这样的情况。要你组织一个晚会，你会觉得你忙得焦头烂额，而你周围的人好像却闲得无所事事。你会埋怨他们的无动于衷和漠不关心。其实，你有没有想过，你是不是没有让他们自主地承担一定的任务，而是总是担心他们这不行那不行，所以不管大事还是小事，都是你一个人来做呢？大胆地放手，给周围的人一次机会，你会发现他们做得很好。

卡耐基就懂得把权利交给下属。他与桃乐丝结婚后，就把公司的一部分事务安心交给了桃乐丝，让她自己去经营。这不仅发挥了桃乐丝的才干，也让桃乐丝积累了经验。桃乐丝后来还模仿卡耐基的做法，开设了一个专门针对妇女的培训机构，并且还出版了一本女性使用的书籍。尽管最后以失败而告终，但是卡耐基敢于放手的做法让桃乐丝学会了很多东西，桃乐丝成了一个理想的继承人。

卡耐基认为，如果你希望别人高兴做你让他去做的事，你就必须让他明白，他对你是多么的重要，而他自然也会在心中产生这种感觉，从而实现你的期望。

很多人替自己挖下了个坟墓，因为他不懂得怎样把责任分摊给其他人，而坚持事必躬亲。其结果是，很多零零碎碎的小事把他搞得非常混乱。他总觉得很匆促、忧虑、焦急和紧张。比尔是某地区某个领域的企业领导，他总是在说他的事情好多，他好忙。他的时间好紧张。有一天，他指着台历上的记事对朋友说："9 点，下面办的一家工厂开张，要去讲几句话，不去又该说不重视了。10 点，有个表彰会，要领导去，我跟他们说了，去坐坐，话就不讲了。11 点，下面谈的一个项目签字倒不是什么大项目，总得有个领导在场呀，中午吃饭还要念祝酒词，词儿倒都有人起草。不然我真没法活了。你看，下午从 3 点开始，新闻发布、颁奖、授旗、挂牌儿，晚上还要看时装表演，这也是政治嘛。瞧，满满的，天天如此，我算判了无期徒刑了。"

从他的日程表可以看出，他确实很忙，忙着开几个不痛不痒的会，讲几句不痛不痒的话，转几个不痛不痒的地方，念几篇不痛不痒的文章。可悲的是，忙着的他，还以为正在建立不朽的功勋呢！殊不知这样下去，并不会给公司带来实质性的好处，公司也不会因为他的忙碌而使业绩提升。

其实，作为一个领导者，我们不必事必躬亲，而是要把握好公司发展的大方向，制定出正确的决策，培养出得力的助手。

亚洲文化推崇这种领导风格——将自己的利益最小化，并授权他人。但在西方文化中，CEO 的权力似乎超越一切。但是现在我们发现来自美国的 CEO 已经被这种授权思想潜移默化。他们领导风格低调、不张扬，正如有人说过的："你看不见他做过什么，但是一切都安排好了。"

惠普的领导风格也反映了这种精神。惠普的"走动管理"鼓励经理们走出自己的办公室，来到员工中间，主动给予他们帮助，充分授权。

美国钢铁大王卡耐基是位善于训练青年的奇才。他一手提拔了 43 个贫苦青年，使他们后来都成为百万巨富及干练的领袖人物。正是卡耐基提拔重用人才，请他们设计种种事业，才使卡耐基有如此显赫的成就。提拔人才不但自己不会受害，反面能够获利。

曾经名震一时的德国史汀尼斯公司却失败了，究其原因，不难发现，创办人史汀尼斯先生虽然有超强的能力成立规模庞大的公司，但因他从未训练或提拔一个职员，始终独揽一切工作，到他死后，公司便随之而倒。他在生产上，从未考虑公司未来的接班人，他这种不懂得授权的做法，等于把他的事业建筑在一片泥沙之上。

我们要学会适当的授权和在适当的时候授权。

英国大出版家罗慈可里夫先生一生中做过很多事情。如果换成别人，早已忙得不可开交，但是他仍能从容不迫，应付自如。当朋友问及他成功的秘诀时，他说："我自己只担任指挥的工作，一切机械式的事情都交给那些能够胜任的人。我深知要成就事业，最重要的是有创新的计划，指挥得法和监督不懈。至于那些助手办理妥当的工作，我尽可不必动手。"

计算机公司经理派特生也说："不要去做可以交给别人做的事情。"

林肯总统在组织内阁时，就非常喜欢选择个性才学互不相同的人为内阁成员。林肯深知激发他们各人的特点，使他们互相合作的方法。

他对整个内阁机构，颇能操纵自如，但他驾驭内阁成员的方法，并非压迫，而是用一种使人能自动同意的温和手腕。他善于忍耐，是任何人所不能及的。他又懂得权力下放，让不同的人在不同的岗位都能做出出色的业绩。

其实，一个领袖人物，最重要的是有卓越的思想和计划，而不是把时间花费在具体实施这个计划的工程当中，不应把宝贵的时间耗费在一般琐碎的小事上。懂得授权，是一个领导者必备的素质。其实让员工们增加参与感，使员工有受到重视的感觉，在心情愉快下开展工作，这是管理者所期望的企业氛围。

一个真正能够立稳脚跟的领导者，永远是一个制造机器的人，而不是将自己作为机器的一部分。我们在日常工作中，也要充分授权，这样我们才能有足够多的时间去做更重要的事情。员工们也会因为授权而真实地感受到自己就是公司的主人，自己得到了无比的信任，相信他们会更加鼓足勇气，朝着既定的目标前进。

第五章　让你的家庭幸福快乐

如果有人站在这里问大家："你们的婚姻幸福吗？你们每天都过得快乐吗？"我想，很多人并不一定可以很理直气壮地回答："幸福"。

在世界上，每天都有很多对青年男女开始他们的婚姻生活，同时又有很多对夫妻结束他们的婚姻生活。有很多人，对他们结婚后的生活感到不满意；但是有很多人却可以依然像婚前一样享受连个人的甜蜜生活。

有很多夫妻，特别是那些已经结婚很多年的夫妻，对待婚姻往往是一种"勉强"态度。在她们的婚姻里面，没有激情、没有快乐，也没有新鲜感。对他们来说，维持婚姻是一种义务，是一种忠实，是为了给孩子一个完整的家庭。事实上，幸福的婚姻并不像我们想象中那么困难，只要我们掌握适当的技巧，就可以使婚姻充满激情。改善婚姻的方法有很多，例如：不要改变你的伴侣，不要批评你的家人，多从小事上关心她等等。

家，犹如一艘航行在浩瀚大海的船，当船触礁时，遇险的不会只是某一个人，而一定是整个家庭成员。因此，我们要用心经营好这个家，这样才能保证我们家庭中的每一个成员都不受到伤害。在我们遇到困难时，我们也不要轻言放弃，只要船还未沉没，我们就还有希望，就应该努力争取。

※　不要自掘婚姻的坟墓

家是心灵的港湾。每个人都希望有个幸福美满的家庭。作为家庭中的一位成员，我们每个人都必须为之做出贡献，都要为家庭的和睦而努力。我们切忌不可自掘婚姻的坟墓。

卡耐基的第一次婚姻是十分不幸的。卡纳基回到纽约时，心中非常懊悔。然而还有更不幸的事情的等待着他。

一天晚上，卡耐基决定和洛莉塔进行一次长谈，但发觉洛莉塔不在。于是使驱车寻找洛莉塔。

他在一家酒店停了下来，走了进去，发觉洛莉塔正在和一名穿着较好的男子谈话，他认出了那名男子是纽约上流社会的猎艳高手杜马恩曾·佩。他很震惊，仿佛遭到重击似的。但他不想上去和那人决斗，他觉得为这样的女人而与人拼命不值得。

尤其令人气愤的是，当他向洛莉塔质问这件事时，洛莉塔竟扬着头说：“是啊！我愿意当他的情妇，与你这个没用的家伙一起生活实在没意思，你不是要离婚吗？那么我们现在就离婚，离婚，离婚！”

这时的卡耐基像一头雄狮，也大叫大嚷起来：“离婚就离婚，你这个不知羞耻的女人，我再也不能忍受你了！”

说完，他抱着头，心中的伤感一阵阵袭来。十年光阴，仿佛是在噩梦中度过，而与洛莉塔生活在一起的所有一切都是噩梦。

他的朋友们知道了这件事，纷纷写信或者向他提建议，有的劝他离婚，有的则劝他不要操之过急。但他此时已经铁下心来，只有一个想法，那便是离婚。

没多久，他们就走向法院，要求离婚。自此，卡耐基总算获得了解脱，仿佛被解放了似的，重新得到了自由的生活。

与洛莉塔十年的婚姻终于结束了，幻想十年的一个美丽的玫瑰梦便这么破灭了。

但是卡耐基只是失去了一个不愉快的家庭，他还有事业，等待他的是更多的创业机会。

洛莉塔无休止的争吵使卡耐基忍无可忍。他对卡耐基的嘲笑给卡耐基很大的打击。她的无理取闹使卡耐基对她失去了信心，最后走上了离婚的道路。

卡耐基认为，在爱情魔鬼发明的所有恶毒办法中，唠叨是最厉害的，它给婚姻生活带来的，除了悲剧什么都没有。

当丈夫为工作在外面劳累了一天、筋疲力尽地回家时，最好的方式是，你赶紧去门口迎接他，为他倒上饮料或冰镇酒，要么就打水洗脸，切记不要发脾气。记住，这个办法是非常有效的。不管你和哪一个男性在一起生活，都需要去操纵他。但是，对一个指责抱怨你的男性，一定要坚持自己的原则，一旦你放弃原则去取悦他，最后的结果只会让他更加抱怨。

家庭生活中产生复杂的纠纷并不稀奇，但是不要听取陌生人的意见，因为他的想法往往不着边际又很容易引起误会。如果你和丈夫意见不合，最好尽量内部解决问题，不要让局外人掺和进来，否则，你不仅会后悔，甚至会责怪他。

一般来说，一个局外人掺和夫妻间的内部矛盾是非常不合适的，因为一个外人绝不可能知道矛盾的关键在哪里，以及谁应该承担更大的责任。有时候也许根本就是鸡毛蒜皮的小事，夫妻双方都没有什么责任。尽管他们都是非常可爱的人，但是组合在一起仍然有可能成为一个容易爆炸的混合体。出现这种情况，局外人通常会觉得脾气暴躁的一方要负主要责任。但是，有时候恰恰相反，在外人眼里看来既能干又老实，简直没有毛病的人，在家里却是个魔鬼。解铃还须系铃人。让外人来解决家庭矛盾非常不合适——不管是亲朋还是好友，有时反而越帮越忙。甚至在不明真相的情况下袒护了引起争吵的人，冤枉了无过错的一方。

其实我们每个人都讨厌别人无休止地反复地重复同一件事情，这样会使我们感到厌烦和疲倦，这不仅仅对于男人。因此，不停地唠叨会使我们的婚姻走向灭亡。

法国皇帝拿破仑三世，和世界上最美丽的女人依琴尼迪芭女伯爵，坠入情网……接着，他们结婚了。他的那些大臣们纷纷指出，迪芭仅是西班牙一个并不重要的伯爵的女儿，他们两个地位有所悬殊。可是，当时的拿破仑回答说，这又有什么关系呢？

是的，迪芭的优雅、青春、美丽，深深地迷倒了拿破仑。拿破仑在一次哗然激烈的言论中，向全国宣布说："我已挑选了一位我所敬爱的女人，做我的妻子，我不想娶一个我素不相识的女人。"

拿破仑和他的新夫人，他们具有健康、权力、声望、美貌、爱情，一对美满婚姻所完全具备的条件婚姻点燃的圣火，从来没有像他们这样光亮，这样白热。

可是，好景不长，这股炽烈、辉煌的光芒，渐渐冷却了下来！终于成了一堆的尘灰。拿破仑可以使迪芭小姐成为皇后。可是他爱情的力量、国王的权威，却无法制止她对他无理的喋喋不休。

迪芭内心受嫉妒所困扰，遭恐惧所折磨，使她抵抗他的命令，甚至不许拿破仑有任何秘密。她会突然闯进拿破仑正在处理国家大事的办公室，她捣毁了拿破仑与大臣们之间的重要会议。她不允许他单独一个人与其他女人见面，总怕拿破仑会跟其他的女人相好。她还会闯进拿破仑的书房，暴跳如雷、恶言谩骂，纵使拿破仑拥有许多富丽的官室，身为一国的元首，却找不到一间小屋子，能使他宁静安居下来。

她还常常会去找她姐姐，抱怨她的丈夫，诉苦、哭泣、喋喋不休！

迪芭小姐的那些吵闹，所获得的是些什么？

事实上，迪芭小姐高居宝座，有着倾国倾城的美貌和令人羡慕的皇后之尊，却不能使爱情在吵闹的气氛下存在。迪芭小姐曾放声哭诉说：“我所最怕的事，终于临到我身上。”

其实这一切的到来都是她咎由自取的结果。这个可怜的女人，完全是错在她的嫉妒，和喋喋不休的吵闹。嫉妒和唠叨是很多女人共同的毛病，抱怨自己的丈夫不如别人，抱怨自己的家庭条件不如同事，抱怨自己的孩子不够聪明，这些抱怨都会给婚姻带来隐患。

林肯夫妇也是一个很好的例子。林肯夫妇结婚后不久，和欧莉夫人住在一起。欧莉夫人是春田镇上一个医生的寡妇，或许为了贴补家里一份收入，不得不让人进来寄住。

有一天早晨，林肯夫妇两人正在吃早餐时，林肯不知为了什么原因，激起他妻子的暴怒，林肯夫人在盛怒下，端起一杯热咖啡，朝丈夫的脸上泼去。她是当着许多住客面这样做的。

林肯不说一句话，就忍着气坐在那里，这时欧莉夫人过来，用一块毛巾，把林肯脸上和衣衫上的咖啡拭去。

林肯夫人的嫉妒，几乎达到使人无法相信的程度，她是那样的凶狠、激烈。她最后精神失常了。

夫妻吵架时有一点非常重要，就是必须注意自己使用的语言。类似“你不懂！”“你狡辩”这样的话都不可以说，而应当说“我不赞同你的说法，我的想法就是这样。”要记住，不管使用什么语言吵架，都不能没完没了，必须有结束的时候。有人说，吵架时家里就会变成硝烟弥漫的战场，所以你应当尽量避免争吵升级。

吵架结束后，你应该主动而真诚地向他道歉，哪怕吵架的原因是你的那位平日“沉默寡言”的丈夫引起的。当然在道歉之前，你必须确定自己没有任何过错，但是你应该有自己也不对的想法，否则他不会这样生气一你仍然可以坚持自己是对的，只要你不说出来。然后你就应该和丈夫讨论一下如何避免吵架，这一次你们之间的“互相沟通”没有成功，但你希望以后能够得到改善。

万一你的婚姻失败，再婚的可能性很小，因为不可能有一大批好男人预备着让你挑选；更何况和你同一年龄阶层的男性，很少有人是单身。而你的丈夫则不然，会有很多供他选择的女性，他结婚的可能性更大。而且你丈夫很有魅力，品行高尚，他随时都可以找到比你更年轻、更漂亮、更温柔的妻子。如果你有这种想法，你可能会控制自己的脾气。

世界上没有完美的人，所以毫无疑问，完美的婚姻也不存在。年轻人常常对婚姻怀着不现实的期望，将它想象得非常理想。尽管现实生活中也有少数非常理想的婚姻，但是必须明白这是夫妻双方多年来共同完善的结果。

婚姻生活像一个新的生活旅程，你必须从现在起就做好长时间辛苦的心理准备，才有可能赢得美满和谐的婚姻。结婚后，你渐渐发现了那位年轻的伴侣恋爱时没有显露的毛病——当然，他也发现了你的一些未知缺点。他和你想象中的并不是一个人，你也不是他想象中的妻子。你们之间开始出现分歧、矛盾，也开始相互争吵赌气。但是如果你愿意付出精力，那你一定可以“培养”出良好的婚姻关系。

因此，要我们收起内心的嫉妒，停止口中的唠叨，真正地关心我们的爱人，在他难过时，及时地安慰他，在他得意时，及时地赞美他，在他灰心失望时，及时地鼓励他，这样我们的家庭才能长久，我们的生活才会幸福美满。

※ 不要改变你的伴侣

我们每个人有每个人的性格，每个人有每个人的做事风格，即使是生活在一起的老夫妻，一个人也无法迫使我们完全按照对方的意愿去做事。因材，我们在生活中，不要试图去改变对方，而是要在慢慢相处的过程中，慢慢地去磨合。

卡耐基渐渐感到了与洛莉塔在许多事情上的差异，而且婚后一段时间，洛莉塔似乎变成了另外一个人，卡耐基原先欣赏的她的贵族气质却是毁掉她的原因，她自视为贵族，看不起别人，她时常嘲讽卡耐基的各种行为。这对卡耐基的自尊和信心是一种打击。

卡耐基开始并不把这些放在眼里，他认为这只不过是洛莉塔的小姐脾气，过一段时间会慢慢地好起来的。

卡耐基没有放弃对事业的追求，婚后不久，他就恢复了写小说的信心，致力于《暴风雨》的写作。但这时他的文章似乎显得没有灵气。他经常写不下去，写一段东西得花上很多时间，因此他感到很沮丧。有时他在改写文章中某段时要反复四十次，这一情形表明这段时间卡耐基显得有些力不从心。

而洛莉塔又爱喝酒，如果和卡耐基出去喝酒的话，也许她还会克制。如果卡耐基推辞说要写小说，她独自一人去喝酒时，一定会喝得酩酊大醉。回来后还会撒酒疯，破口大骂，全无一点贵族气派。她会骂："卡耐基，你这个混蛋，为什么不陪我喝酒，只知道写你的小说，见鬼去吧！"

卡耐基这时只好默不作声，任洛莉塔辱骂和摔打东西，或者干脆走出家门，到凡尔赛附近的公园和花园里写作，唯有写作才是他真正的心灵寄托。

这时，卡耐基的心是孤独的，他无法领略家庭的温暖。原本期望的家庭生活并没有展现在他的眼前，由此，他更加怀念他的故乡。

家乡的人们并没有忘记卡耐基，当故乡的玛丽维尔民主报向他邀稿时，他立刻就答应了。他用他的笔写下他想成为小说家的沉浮史并赞美故乡的美丽。

卡耐基对巴黎有点漠然的感觉，虽然巴黎的风景很美丽，而且他的住所也非常之好，但他都没有心情欣赏。他在当时写道：

“我几乎每天花一小时走过可能是全世界最著名的公园及花园。可是我都漠然视之，因为那些是极端压抑人性、实行苛政的国王的大皇宫。”

此时的洛莉塔似乎变得更加坏了，她的脾气几乎到了令卡耐基无法忍受的地方。她可以用尖锐的语言讽刺嘲笑卡耐基，有一次她嘲笑卡耐基的鼻梁太矮了。这几乎要把卡耐基逼疯了。

卡耐基面对着生活的挑战。心情恶劣，家庭的不和谐使他的作品在困境中完成。当他完成《暴风雨》时，心中长长地松了一口气。

然而，《暴风雨》是一本失败的作品，而且是彻底的失败。他试着给许多出版商推荐他的作品，但出版商往往都拒绝出版《暴风雨》这部作品。

这给卡耐基的打击太大了。这时卡耐基的经纪人劝他放弃《暴风雨》，继续尝试去写别的作品。

卡耐基当时的心情可以用他自己的话来说：“如果有人在那个时候用棒子打在我的头上，我都不会吃惊。我茫然若失，发觉我正面临人生道路的抉择时刻，那个时候，我的心情真是非常痛苦。我该怎么办？我该转向何方？”

成立了家庭，并没有给卡耐基带来好运。相反，为了逃避洛莉塔的粗暴和嘲讽，卡耐基不愿意再在这个家中度日如年，他决定外出旅行。

洛莉塔无法改变卡耐基的思想，让他从事一份更有钱的职业，而卡耐基也改变不了洛莉塔那高傲的性格和内心无比强烈的虚荣心，最终这段婚姻走到了尽头。在生活中，我们不要尝试去改变对方，任何尝试都是错误的，不可行的。我们不要天真地认为对方会为了我们改变他的一切，这样会使他变得非常痛苦。我们要试着接受对方的缺点，鼓励对方的优点，使他每天的心情都很愉悦。

卡耐基从自己不幸的婚姻中，总结出，为人处世应学的第一课，就是不要干涉别人寻找快乐的特殊方式，如果这些方式并没有对我们产生强大的妨碍的话。若想婚姻成功，绝不是找到一个好配偶，你自己也要成为一个好配偶，如果你想让你的家庭生活保持幸福快乐，就请记住，千万不要根据你的意思去改变你的伴侣。

托尔斯泰是历史上最著名的小说家之一，他那两部名著《战争与和平》和《安娜·卡列尼娜》，在文学领域中，永远闪耀着光辉。

托尔斯泰倍受人们所爱戴，他的赞赏者，甚至于终日追随在他身边，将他所说的每一句话，都快速地记了下来。

除了美好的声誉外，托尔斯泰和他的夫人，有财产、有地位、有孩子。普天下，几乎没有像他们那样美满的姻缘。他们的结合，似乎是太美满、太热烈了，所以他们跪在地上，祷告上帝，希望能够继续赐给他们这样的快乐。

后来，发生了一些惊人的事，托尔斯泰渐渐的改变了。他变成了另外一个人，他对自己过去的作品，竟感到羞愧。就从那时候开始，他把剩余的生命，贡献于写宣传和平、消灭战争和解除贫困的小册子。

他曾经替自己忏悔，在年轻时候，犯过各种不可想象的罪恶和过错，甚至于谋杀。他把所有的田地给了别人，自己过着贫苦的生活。他去田间工作、砍木、堆草，自己做鞋、自己扫屋，用木碗盛饭，而且尝试尽量去爱他的仇敌。

托尔斯泰的一生，应该是一幕悲剧，而造成悲剧的原因，是他的婚姻。他妻子喜爱奢侈、虚荣，可是他却轻视、鄙弃。她渴望着显赫、名誉，和社会上的赞美。可是，托尔斯泰对这些，却不屑一顾。她希望有金钱和财产，而他却认为财富和私产是一种罪恶。

这样经过了好多年，她吵闹、谩骂、哭叫，因为他坚持放弃他所有作品的出版权，不收任何的稿费、版税。可是，她却希望得到从那方面而来的财富。

当他反对她时，她就会像疯了似的哭闹，倒在地板上打滚，手里拿着一瓶鸦片，要吞服自杀，同时还恐吓丈夫，说要跳井。

在某一天的晚上，这个年老伤心的妻子，渴望着爱情，她跪在丈夫膝前，央求他朗诵50年前，他为她所写，最美丽的爱情诗章。当他读到那些美丽、甜蜜的日子，现在已成了逝去的回忆时，他们俩都激动的痛哭起来。生活的现实，和逝去的回忆，那是多么的不同。

最后，当他82岁的时候，托尔斯泰再也忍受不住他家庭折磨的痛苦。就在1910年十月，一个大雪纷飞的夜晚，他脱离他的妻子而逃出家门，逃向酷寒、黑暗，而不知去向。

经过11天后，托尔斯泰患肺炎，倒在一个车站里，他临死前的请求是，不允许他的妻子来看他。这是托尔斯泰夫人抱怨、吵闹，和歇斯底里，所付出的代价。

如果一个妻子总是强迫丈夫赞同某事，或者抱怨丈夫不温柔体贴，那他的反应可能是逃避，甚至对你抱有敌意。最明智的办法是将你所期望的赏识表扬给予丈夫，如果你的丈夫对周围的事物反应迟钝或者太自私，不明白你需要的东西，你应该温柔地让他知道你的想法。如果你总是抱怨，要么就摆出一副委屈的样子，那你只能得到他的反感情绪。

好丈夫从来就不是天生的，但是一个聪明的、有耐性的妻子运用渗透方法能够造就出一个好丈夫。也就是让丈夫在不知不觉中接受你的观点，同时他还能学到很多东西。如果你态度强硬地指责他，那他学不到任何东西，更不会成为一个好丈夫。

可见我们不要试图去改变自己的爱人，而要学会包容，学会一起生活，学会从相通的东西中找到两者的共同点，从而找到生活的乐趣。

总之，如果我们真心地爱一个人，就让我们用一个善良的心去包容他的一切吧。

※ 不要批评你的家人

我们的家人是最爱我们的人。因此不要随意批评我们的家人，而要学会在轻松的气氛中商量问题。

卡耐基在巴黎的事业受到阻碍，他决定回到美国去重新开始他的事业。

洛莉塔不愿离开巴黎，而卡耐基又对巴黎生活感到失望，这使卡耐基陷入另外一种烦闷之中，这样的生活情形和他原先那种乐观知命的性格相冲突，旅行和朋友的到来都不能消除自己心中的困楚。

他需要事业，他要重新回到他原来的世界里，要和他的朋友在一起，摆脱内心的痛苦。

卡耐基不顾洛莉塔的反对，执意结束了在巴黎所有的事业，打点好自己的行李，带着妻子，登上美国的轮船回到自己的故乡。

卡耐基以他那一往无前的精神气质，毫不犹豫地回到了纽约，开始了以前的公众演说事业，开创着他自认为前程广阔的前程。

戴尔·卡耐基自创业后也遭受过一些挫折，但从没有陷入像这段时间的低谷之中，以前的挫折和困难对于他来说都像是一阵轻烟，仿佛并不算什么，而现在的他面临前所未有的困境，他自己觉得，这种严峻的情形是对他人生的一次大折磨，也是一次大考验。

从巴黎回到纽约后，卡耐基很少对外人说其他的婚姻，也很少带妻子去参加别人举行的宴会。他只是每个周末参加在纽约曼哈顿区一个地下俱乐部与赫蒙·克洛依会面，在聚会中，他变得很少发言，而是听别人宣讲自己的观点。

洛莉塔虽然不愿意回美国，但美国对她似乎还有一种神秘感。可当她来到美国后却感到深深的失望，她没有找到以前想象的那种生活，觉得纽约又脏又乱，一切比不上巴黎，而家庭的不富裕使她没有更多的钱去旅行，她的心情比以前变得更糟。特别是美国人对她的那个贵族头衔根本不感兴趣，听她说是某某伯爵时，只是表示一下微笑，一点也不尊敬。家庭内外交困的生活，使她处于一种内心狂乱的境遇之中，她更加痛恨卡耐基，因此，有时借着酒疯和卡耐基打架。每当此时，卡耐基就离开家，外出兜风。

这时卡耐基在写一本书。这本书名字叫作《林肯外传》。

“许多时候，她是不以言语而是用一些其他方法表达她的愤怒。她粗暴的行为多得不计其数，不允许别人批评她……她领着丈夫跳一支狂野愉悦的舞。她并不克制因失望而生出的痛苦及粗暴天性。她老是抱怨、批评她丈夫走路怪异，肩部佝偻，像印第安人般的交叉双脚。她还抱怨他的步履缺乏弹性，动作难看，最令人难受的是，她模仿他的步伐，唠叨他走路时脚趾朝下，就像她在梦黛大人那里所学的一样。”

卡耐基认为，要体谅别人，并竭力自我克制，不要在家里批评任何人和事。对于妻子和丈夫来说宽容大度的做法，总是要比挑剔和斥责效果要好得多，因此，我们不妨大度一些，好好学习那些伟人的做法。

许多充满浪漫色彩的梦想破灭了！ 50%以上的婚姻之所以得不到幸福，其原因之一就是那些毫无用处，却令人心碎的批评。

狄斯瑞利在公众生活中的劲敌是格雷斯东。他们两人，凡遇到国家大事有可争辩的，就会起冲突。可是，他们有一件事，却是完全相同的，那就是他们的私人生活都非常快乐。

格雷斯东夫妇俩，共同度过了59年美满的生活。我们很愿意想象到，格雷斯东这位英国尊贵的首相，握着他妻子的手，在围绕着炉子的地毯上，唱着歌的那幕情景。

格雷斯东在公共场合，是个令人可怕的劲敌，可是在家里，他决不批评任何人。他每当早晨下楼吃饭，看到家里还有人睡着尚未起床时，他会运用一种温柔的方法，以替代他原来该有的责备。

他提高了嗓子，唱出一首歌，让屋子里充满着他的歌声。那是告诉还没有起床的家人，英国最忙的人，独自一个人，在等候他们一起用早餐。格雷斯东有他外交的手腕，可是他体贴别人，竭力避免家庭中的批评。

格雷斯东得家庭的和睦对他是多么的重要，只有家庭和睦了，他才有精力会追求事业上的成功。

俄国女皇“凯赛琳”也曾经这样做过。她统治了世界上一个面积辽阔的帝国，掌握着千万民众生杀予夺的大权。在政治上，她是一个残忍的暴君，好大喜功，战争不断。只要她说一句话，敌人就被判处了死刑。可是，如果她的厨师把肉烤焦了，她什么话也不会说，微笑着吃下去。她这个容忍，该是一般男士们所效法的。

我们不仅要学会宽容我们的家人，我们也要学会宽容我们的孩子。我们都怕我们的孩子不成才，从而有可能过度地紧张我们的孩子，以致对他们的要求太苛刻了。

我们是不是会责备他们早晨穿衣服太慢；责备他们把新衣服弄脏了；责备他们把东西随便丢在地上。

吃早餐的时候，责备他们不抓紧时间；吃午餐的时候，又责备他们挑食；吃晚餐的时候；又责备他们只顾着赶紧去玩，吃了几口饭就走了。

孩子每天生活在我们的责备之中。

其实，孩子虽小，但是有他们的兴趣和爱好，我们一味地责备，会让他们觉得自己无所事事。所以我们要学会放开手，让孩子自己慢慢地学会适应。当他们摔了跟头，会自己主动得跑到我们跟前，那时我们再安慰，再教导也不迟。

生活就是这样。酸甜苦辣咸五味俱全。我们要学会品尝生活，而不要一味地埋怨生活。要有积极的态度去迎接新的一天。

※ 真诚地欣赏对方

我们每个人都想得到他人的欣赏和赞美。男性对于女性追求美观及装束得体的努力应该表示欣赏。如果男人能够及时地发现妻子衣着的变化而及时称赞的话，会给妻子带来无穷的乐趣。同样，如果妻子能够及时鼓励男人在事业上的成功的话，也会给他们带来更大的动力。

下面是卡耐基与桃乐丝之间的爱情交往。频繁而热烈的书信来往，使卡耐基与桃乐丝之间的情感基础在相互的理解和爱恋中越来越牢固。

对于一个女孩子来说，卡耐基是一位十分卓越的人物。他睿智的思辨、美妙的逻辑、精辟的论述，无不使桃乐丝折服。这是一个女孩子可以终生托付的人。桃乐丝认为，他是她有生以来认识的有男人中最优秀的。卡耐基真诚执着的情感，温柔细腻的心灵，怎能不打动桃乐丝的芳心呢？

卡耐基是个聪明的男人。而桃乐丝同样也是一位聪明的女人。

生活中聪明男人和聪明女人并不多，而聪明男人和聪明女人的结合更少。不过卡耐基这样的聪明男人，对聪明的桃乐丝是真正地爱恋，而桃乐丝对卡耐基也是情真意切的。

1943 年 10 月，卡耐基致函桃乐丝，邀请她前来纽约担任他的秘书。桃乐丝稍作考虑，就同意了卡耐基的意见。

这样，一对恋人得以天天见面了。但是，由于工作的因素，他们很少有闲情逸致在一起谈情说爱。只有在假日里，他们才能一起逛逛商场、公园，到郊外散散步。

1944 年的一个春天的黄昏，在纽约河畔的一片小树林边，卡耐基和桃乐丝并肩坐在树下。他们的心情都非常快乐，在一起享受着爱的甜蜜。

“圣经上说，上帝把人分成了两半，一半是男人，一半是女人，让这两个人来到世界上相互寻找。”卡耐基对桃乐丝娓娓而谈。

他们一直在找。找呀，找呀，有人找了一辈子还没找着，于是打了一辈子的光棍。有人自以为找着了，结合了，结果发现并不是属于自己的那一半，于是两个人之间无法相互吸引，怎么也合不到一块去，日子过得既平淡又乏味，自然不能真正顺心，只是凑合着过日子，这就是没有色彩，没有爱情的苍白婚姻。当然，也有互相找着了的，他们的心灵、他们的精神、他们的肉体就会成为一个人，幸福美满地度过一生。这就是完美的婚姻。可是真要找到那一半实在是不容易的。

卡耐基和桃乐丝经过一段时间的相爱，于 1944 年 11 月 5 日，正式结婚了。

卡耐基认为，无论男人或女人，都渴望得到赞赏和热爱。如果能够衷心地表示赞赏和热爱，就会得到幸福和快乐。对于女性在追求美丽方面所花的时间和心思，男人应该表示赞赏，作为丈夫，更不应该忘记这点，因为女人非常在意自己的衣着打扮。

如果你的妻子有什么值得赞赏的地方，一定要记住“大大地夸奖那个小女人，”你不妨让她知道，她对于你的幸福和快乐是何等的重要。

一位大企业家曾说过：“我们想提升某人时，一定会先调查他的妻子。并非调查他们的太太是否长得很漂亮，或者很会做菜。而是她是否能让她的丈夫充满自信。”“做妻子要接受丈夫的一切。要让丈夫生活愉快，拥有满足感。当丈夫回到家里时，要替他装上自信的弹丸。这样做丈夫就会想：她这样喜欢我，可见我在她心中有一定的位置。做妻子的若能爱丈夫，信任他，他就会拥有我一定能做好一切的自信。所以，当他第二天出门时，就会不怕任何苦难的考验，会充满自信地接受挑战。”

生命需要懂得欣赏，也只有懂得欣赏，我们才能领悟到美丽世界的种种奇观；只有懂得欣赏，我们才能包容对方的缺点。拥有一颗包容的心，去领悟一份人间的真爱。在相互的包容和理解之中，你才会发现生活原来是如此的美好。

纽约州汉普斯特市的山姆·道格拉斯，过去常常说他太太花了太多的时间在整修他们家的草地、拔除杂草、施肥和剪草上。他批评她说一个星期她只需要这样做两次，因为草地看起来并不比四年前他们搬来的时候更好看。他这种话当然使她大为不快，因此每次他这样说的时候，那天晚上的和睦气氛就给破坏无遗了。

道格拉斯先生从来没有想到她整修草地的时候自有她的乐趣，以及她可能渴望别人为她的勤劳而夸赞她几句。后来在道格拉斯先生和同事聊天时，才发现懂得欣赏妻子是多么重要。于是，他改变了自己的看法。

一天吃完晚饭以后，她太太要去除草，并且想要他陪她一起去。他先拒绝了，但是稍后他又想了一下，跟她出去，帮她除草。她显然极为高兴，两个人一同辛勤地工作了一个小时，但是也愉快地谈了一个小时的话。

自那以后，他常常帮她整理草地花圃，并且赞扬她，说她把草地花圃整理得很好看，把院子中的泥土弄得好像水泥地一样平坦。结果两个人都更加快乐了。

一位心理学博士曾指出，如果每对夫妻都能牢记结婚仪式上的誓言："我不计较这个男人的一切，我接受对方所有的行为。"就会挽回许多家庭的不和睦。

夫妻之间需要相互理解，相互宽容，这样才能使大家在愉悦的气氛下生活。其实不仅夫妻之间需要真诚地欣赏对方，家人之间需要相互欣赏，同事之间也需要彼此欣赏。

学会欣赏别人吧！欣赏你的同事，会使你和同事之间会合作得更加亲密。欣赏你的下属，会使下属会工作得更加努力。欣赏你的爱人，会使你们的爱情会更加甜蜜。欣赏你的孩子，会使他更加健康的成长。学会欣赏你周围的一切，你周围的世界就会变得更加美丽。

※　多从小事上关注她

女人是一个敏感的动物，有时会把细节的问题看得很重。她们会埋怨说，别的丈夫出差都会给他的妻子买礼物，为什么你没有想着我呢？其实从这件小事上并不能看出男人对他爱还是不爱。我们心里也知道，夫妻在一起生活，就是为了更好的生活，患难见真情。可是女人还是会为这些小事不停地计较。因此作为男人，让我们多从小事上关注她吧。

与洛莉塔离婚后，卡耐基把全部精力都放在自己的事业上，取得了很大的进展。但卡耐基并没有放弃对美好婚姻生活的追求，而是在等待着爱神的光临。上帝是公正的，上帝没有忘记卡耐基的感情生活，桃乐丝的出现给卡耐基一个巨大的惊喜，也为他开辟了婚姻生活的新天地。

1939年的一天，一个极为平常的日子。

戴尔·卡耐基收到一封信，这是依弗瑞特·波柏—俄克拉荷马商学院、会计法律及财政学院的经营者波柏写来的。波柏在信中表示，他期待卡耐基为他的毕业生们提高重点阅读《影响力的本质》一书的方法，从而帮助他们顺利地找到理想的工作。

不久，波柏亲赴纽约同卡耐基会谈。经过磋商，两人达成了基本一致的共识，开课已成为可能。接着，波柏又同卡耐基举行了几轮会谈有直观性、笼统性、猜测性。

仿佛是命中注定，也许是卡耐基的机遇特别好，在波柏的卡耐基课程上，卡耐基结识了一位日后成为他爱妻的姑娘，她的名字叫桃乐丝。

自从卡耐基和桃乐丝初识以后，他们就保持了联络，经常书信往来。他们两人都喜欢写信的交往方式。而桃乐丝在信中向卡耐基诉说她在现实生活中碰到的种种不愉快以及心绪的波动和烦闷时，这正好让卡耐基找到了展示自我的机会。

卡耐基对桃乐丝寄予了深切的关怀。他当即给她回复了一封信，详细地提出了帮助桃乐丝摆脱情绪不快的意见。

“读过你的信，我对你的情况非常关切。根据我个人的见解，我向你提出一些参考性的事例和观点，但愿能对你有所帮助。”卡耐基写道，“如果我以下的话能达到这个效果，我将非常高兴。”

卡耐基不厌其详地给桃乐丝摆事实，讲道理，他的目的只有一个，就是让桃乐丝尽快恢复好心情。最后，卡耐基写道：“亲爱的桃乐丝，我衷心地希望我们每天都能忘掉烦恼，生活在快乐之中，享受人生赋予我们的莫大乐趣。”

这是一封特别的情书，信中并没有那些烫人的充满爱的字眼，但是，这封富有哲理和启发性意义的情书却使桃乐丝感受到了卡耐基的爱心。

桃乐丝读了卡耐基的这封信后，心情顿时好了许多。她十分感激卡耐基给她写了这么好的一封长信，使她获益匪浅。

频繁而热烈的书信来往，使卡耐基与桃乐丝之间的情感基础在相互的理解和爱恋中越来越牢固。

卡耐基认为，大多数男人总是不注意从日常小事方面来表达对女人的体贴，因为他们不知道，爱的远逝，往往都是从小地方开始的。为什么要等你的妻子生病住院了才给她买花呢？为什么不明天晚上就买一束玫瑰花送给她？如果你愿意，不妨立即去做，看看结果如何。向你所爱的人表达你的思念，你要让她幸福快乐，而她的幸福快乐对你来说。同样也是非常宝贵和重要的。

自古到现在，鲜花是代表爱情的语言。其实不需要花多少钱，尤其是在花季的时候，在街口、路口，都可以看到卖花的人。可是，有没有一个做丈夫的，经常不忘记带一束鲜花，回家给太太？其实妻子看重的并不是价钱，而是看重做丈夫的有没有一颗关心她和疼爱她、处处想着她的心。

柯恩是一个百老汇最忙的人，每天习以为常地给他母亲两次电话，直到她老人家去世的时候。你以为每次柯恩打电话给母亲，是有什么重要新闻要告诉这位老人家？不，不是的。

注意小地方的意思是：对你所敬爱的人，表示你常想念着她，你希望她愉快。而她的欢愉、快乐，也会使你有同样的感受。

一般男人，都把应该记住的日子，忘记得干干净净，比如妻子或者女友的生日，或者结婚纪念日。尤其是结婚纪念日，男人是千万不能忘记的。

芝加哥一位叫塞巴司的法官，曾处理过四万件，起于婚姻争执的案件，同时调解了两千对夫妇。他曾这样说过：“一桩细微的小事，就会成了婚姻不快乐的根源。就拿一桩很简单的事来说，如果一个做妻子的，每天早晨对上班去的丈夫，挥挥手，说一声再见，就会避免很多触上离婚的暗礁的危险。”

勃洛宁和他夫人的生活，恐怕是史册上最可歌颂的事了。他们永远注意到对方细节的地方，彼此间细微的体谅，使他们的爱情永恒。勃洛宁对他那个有病的太太，体贴得无微不至。她太太有一次写信给她的姐妹说：“我现在开始有些怀疑，我是不是像天使一样的快乐。”

有一位农家妇女，经过一天的辛苦后，在她的男人面前放下一堆草。男人恼怒地问她是怎么回事，她回答说：“啊，我怎么知道你注意了？我为你做了20年的饭，在那么长的时间里，我从未听见一句话使我知道你吃的不是草！”

为什么不同样体恤一下你的妻子，下次她烧菜烧的很香，你就这样告诉她，使她知道你欣赏她的手艺。正如格恩常说的：“好好地捧一捧这位小妇人。”

生活就是这样，女人要求的并不多，只是一点小事，哪怕是一个眼神，一个微笑，一个拥抱，都会让女人感动一生。

※ 对家人殷勤而有礼貌

我们每个人都有自己的家人：父母和兄弟姐妹。我们希望我们的父母受到妻子或者丈夫的尊重，那我们就要先尊重他们的家人和朋友，对他们殷勤而有礼貌。

面对现实无情和生活的混乱，卡纳基决定把妻子带回老家过一段日子。

乘着隆隆的火车，卡耐基夫妇回到了家乡。卡耐基原想在家乡能够和洛莉塔好好生活一段，看看能否弥补两人之间的裂痕。但有一件事使卡耐基决定了自己一定要离婚。

在家里，当女佣送上菜时，洛莉塔觉得菜是那么难吃，便破口大骂，骂了女佣，还骂卡耐基的亲人，这使卡耐基感到相当的难堪。在保守的农民生活中，这种事极不为人所容忍。卡耐基非常不高兴地训斥了洛莉塔几句，洛莉塔将手中的盘子向卡耐基砸去，弄得卡耐基满脸是伤。而洛莉塔对此事似乎无所谓，毫无歉意地离开了玛利维尔。

卡纳基回到纽约时，心中非常懊悔。然而还有更不幸的事情的等待着他。

卡耐基对洛莉塔十分失望，认为她是一个没有教养的女人。

卡耐基认为，对于婚姻而言。殷勤有礼就像机油对于发动机一样重要。希望做妻子的对待他们的丈夫。就像对待陌生人那样有礼。要想婚姻幸福除了谨慎地挑选伴侣之外，婚后的殷勤是最重要的。女人如果泼辣蛮横，任何男人都会被吓跑。

丹姆洛契夫人曾这样说：我们选择自己伴侣时，必须审慎小心，其次就是婚后注意彼此的礼貌。年轻的妻子们，不妨就像对待一位客人一样，温婉有礼的对待自己的丈夫。任何丈夫，都怕自己妻子是个骂街的泼妇。

卡耐基认为，礼貌是一种内在的品质，它可以弥补服饰和外表的缺陷，使那些比你优越的人也不敢小瞧你。

世界那么大，国家那么大，但是对于我们来说，家庭只有一个。世界上的孩子千千万万，对于我们来说，亲生骨肉只有一个或者两个；

世界上的男女千千万万，对于你来说，丈夫或者妻子只有一个。

因此我们要学会善待家人。如果我们不会善待家人，我们就不配成家；假如我们不会善待孩子，我们就不配做父母；假如我们不会善待老人，我们就不配做儿女。

自从结婚后，有了孩子，开销日渐增多，比尔就感觉压力倍增，平时除了忙于工作，还不断地给自己充电，希望有朝一日能换份高薪的工作，来缓解家里的经济支出。终有一日，比尔的努力换来了满意的工作，但是他却感觉不到丝毫的快乐，新的工作让比尔更忙，压力更大，还担心被炒鱿鱼。比尔发现自己变了，居然没有了生活的快乐，感觉自己只是赚钱的工具，只是为赚钱而活着；繁忙的工作让我的生活空间变得越来越小，更没有时间去交朋友，就连个诉说的对象都找不到，在工作中遇到不开心的事，回到家里便会大发雷霆，一阵暴风雪过后，心里才会慢慢舒坦过来，而老婆则在一旁抹着眼泪默默地承受，没有半句怨言。那天无缘无故又被老板狠狠地训了一顿，虽然事后澄清并不是比尔的失误，但比尔心里却很不是滋味，憋着一股闷气。回到家里见到刚过周岁的女儿哭个不停，比尔心里更加烦躁，终于点燃了心中的那把闷火，比尔把女儿往沙发上一扔，大声吼道："哭哭哭，你就知道哭，都这么大了还哭！你就不会笑吗？"没想到女儿哭得更厉害了，老婆从厨房闻讯出来，狠狠地瞪了比尔一眼，赶紧抱起女儿，一向温柔似水的老婆突然变得凶悍起来："你太过分了，居然对女儿发脾气，你平时对我发发牢骚我忍了，可你绝不可以吼女儿！"说着老婆就哭了起来。见到老婆伤心欲绝的样子，比尔才猛然惊醒：我怎么可以这样对待自己的亲人呢，那可是我的爱人和女儿啊，我要阻止自己！坚决不可以这样下去！在老婆的帮助下，他翻阅了大量心理学方面的书籍，找到了自己的原因，还知道了运动是最好的发泄方式，从此每天早上起来晨练，不仅锻炼身体，而且修身养性，人也精神多了，从而又找到了生活的快乐。

我们身边的每一个亲人都非常关心我们，因此，我们也要对他们有礼貌，不能把自己的怒气发泄到亲人身上，那样只会使我们的亲人伤心。

试想，在单位上，上司当众狠狠地训斥了你，你还得点头称是，但下班回家后，你的爱人轻声问你为什么晚归，你却火冒三丈；好久不见的老友询问你的终身大事，你心里会觉得很温暖，但同样的话出自老爸老妈的口中，却成了干涉你的生活。仔细想想，上述这种情形对我们来说，并不陌生，似乎我们家人欠我们什么，我们就应该对他们不客气。

细究其原因，人们的压力也越来越大，我们在外面劳累了一天，心中可能会积聚许多不满，但见到我们的家人时，只要有一个发泄的机会，其结果可想而知，他们立刻成了我们的出气筒。静下来想想，这种厚他人而薄家人的做法，实在是非常不明智的。其实，家人对我们来说是非常重要的，工作可以再找，但自己的家人却是一辈子的牵挂，是不能更换的。气头上对家人的一句重话比外人的辱骂更容易对人造成难以弥补的伤害。所以我们更应该妥善处理好与家人的关系，避免伤害到家人！

比利和汤姆结婚10周年那天，一位移居加拿大的朋友寄来一份礼物，一张游戏光盘，名字叫《别让那只鸟飞了》。比利没有玩游戏的习惯，因此就把它当作一份纪念品收藏了起来。

直到一天，8岁的儿子在书房里乱翻，发现这张游戏光盘。玩过之后，儿子对比利说："妈，这里面有一只鸟，弄不好就会从窗口里飞走，一飞走，游戏就砸了。"

在儿子的提醒下，比利打开了计算机，执行那张光盘。

这时比利才知道，原来这是一张针对成人而开发的大型游戏软件，总投资 8500 万美元。

游戏打开之后，映入眼帘的是一栋具有皇家风范的豪宅。豪宅里各项生活设施应有尽有。游戏者进去之后，可以以主人的身份在这里生活。你想打高尔夫，可以去高尔夫球场；你想看书，可以走进书房；想喝咖啡，可以让仆人给你送去；想举行舞会，可以邀请包括马丹娜在内的 100 位世界级影视明星；想去旅行吗？车子就在门口；上了车，沿着门口的路，你可以去埃及、法国、中国等世界任何一个地方；假若你有一位情人，还可以秘密地约他出去，到附近的海滨或南美的哥伦比亚大草原。总之，在这里，你可以随心所欲地生活，可以按照自己的意愿想怎样就怎样。但与现实不同的是，这栋豪宅里有一只鸟在飞。它嘴巴上叼着一只篮子，从客厅飞向卧室，又从卧室飞向书房，飞向餐厅，飞向豪宅的每一房间。

这只鸟有一个特点：不论你是外出旅行，还是在家读书，或是在公司处理商务，你都不能忘记往这只鸟的篮子里放东西。

假如你忘了，到了一定的时间，它就会从某个窗口里飞出去，一旦出现这种情况，屏幕上就会出现这一个画面：豪宅倒塌，野草丛生；夕阳下，一个孤独的身影慢慢地消失在黑暗中。

那么，该向那只篮子里面放些什么东西，才不会使鸟儿飞走、豪宅倒塌呢？

游戏里有一份菜单，那上面有包括金钱、花朵、微笑、哭泣、亲吻在内的 152 种日常用品和日常行为。

这部游戏是赫利克斯公司耗时 3 年，从全球 50 万对金婚老人那里征集的，每一件东西，每一个行为都按照这 50 万对金婚老人选票的多少，被赋予了不同的时间价值，有的代表一个月，有的只代表3分钟。至于哪种代表一个月，哪种代表3分钟，上面没有明说，得完全由游戏者根据自己对它们的认知来判定。

比利自从打开了这个游戏，就被它迷住了。只要有空，就要玩上一阵。

起初，由于不知该向鸟儿的篮子里放些什么，所以那栋豪宅经常被比利弄得从屏幕上消失。

有一次，实在是不知该怎样侍候它，就随便挑了一个吻放在篮子里。结果大出意外，它让比利在大书房里看了整整一下午的书，有几次它甚至还把篮子放在比利的书桌上，然后自己跳到里面打一个盹。

还有一次，比利送给它一个亲密的拥抱和惜别，就去了墨西哥的古玛雅城市遗址奇琴伊察。

这次更出乎比利的意料，半个月后，比利回来了，鸟儿不仅没有飞走，当比利到达家门口时，它还热情地迎接了比利。

这到底是怎样的一只鸟儿呢？

比利送给它金钱，它只在家里待3分钟，比利送它一枝花朵，它竟可以待上3个小时。

后来比利终于发现，这是一只婚姻鸟，并且它有许多不起眼的救星。一个轻吻，一个微笑，一个拥抱，一句关切的话语，一份小小的礼物，一段短暂的离别，都可以把它留下。

现在比利已能非常熟练地玩这个游戏，并且越玩越觉得它不再是一个游戏，而是50万对金婚老人在婚姻生活中的感悟和发现。

这个游戏告诉我们，一句微不足道的赞许，一杯顺手递去的热茶，一枝5元钱的玫瑰，这些在日常生活中微不足道的东西，具有滋养婚姻的神奇力量。

我们每个人都希望得到他人的理解，虽然我们的家人是我们最亲近的人，那也不代表我们可以任意对他们发脾气，大声地吵闹只会使我们的亲人伤心，因此，让我们珍惜我们身边的每一个，给他们以关心和疼爱，对他们殷勤而有礼貌。

※ 不要做婚姻的文盲

我们经常听到许多人都说婚姻就是坟墓，一切的甜蜜、美好、激情都荡然无存了，留给自己的只有抱怨、生活的枯燥和已死的激情。但是面对这种无奈时，我们又有谁想到我们应该怎么样去挽回呢？我们想到的只有结束。其实所有的事情都可以让你去改变的。

这是卡耐基与洛莉塔刚见面的情景和双方又是怎么样坠入爱河的。

在柯蒂尼家中，卡耐基受到了热情的款待。吃完饭后。柯蒂尼对卡耐基说："亲爱的卡耐基先生，你来到这里的消息使我们非常高兴，这是我给你准备的在伯尔尼的旅行计划，但其中有个小小的要求，就是请你给我们开一个小规模的演讲会，我们瑞士各界爱好你教学课程的群众组织，希望能亲耳聆听你的演讲。"卡耐基接过计划表愉快地答应了。

经过几天的游玩，卡耐基的心境比原先来的时候好多了，按照计划他将在这儿举行一个小规模的演讲会。

演讲会如期举行。当地的很多人慕卡耐基之名纷纷前来，卡耐基心中有些许高兴之感，这是他病后的第一次演讲，而且是在国外，对他是一次很大的挑战。

他发表了约十分钟的演说，然后就开始回答人们的问题。他的十分钟演讲效果极好，引来人们的阵阵掌声。卡耐基在瑞士向人们展示了他的风采。

这时，从会场站起一位身材苗条一头金发的美丽女子提问道："卡耐基先生，听说你的课程在美国取得了很大效果，为何你为别人经营巡回表演公司反而遭到失败了，这是因为你的能力不够还是其他原因呢？"

显然这个问题对初到瑞士的卡耐基有些不尊重，但面对这个不友善的问题，卡耐基还是微笑着回答："上帝是万能的，上帝会让每个人有失败和成功的时候，而我却不是万能，在我没有朋友参与的情况下安排演出只能证明事情的仓促，关于这些我亲爱的朋友罗威尔·汤姆斯已经回答了一切"。

演讲结束后，卡耐基和柯蒂尼走出礼堂时，发现那位提问的女子正站在一边微笑着注视他们，她的微笑真的美极了，两只漂亮的眼睛仿佛会说话，她的微笑似乎在说明些什么。

卡耐基这时似乎被什么东西迷住了似的，他立刻明白，许多年来他一直等待的是什么了。他不由自主地向她走去，他发觉这个女孩很美很美。

这个女子自我介绍道："我叫洛莉塔·包卡瑞，法国人，是包卡瑞伯爵的女儿，人们都叫我女伯爵。认识你真高兴，卡耐基先生。"

卡耐基对这位女孩的第一印象很好，他感觉这位女孩与美国女孩有着迥然不同的文化修养，那种贵族式的气质和现代妇女的进取心深深地吸引着他的注意力。

卡耐基与洛莉塔的相约，请她作导游。洛莉塔愉快地答应了，并留下了她的地址。

回到柯蒂尼的家，卡耐基的神情仍恍恍惚惚。

第二天，卡耐基独自一人按洛莉塔留的地址前去找她。

原来洛莉塔并不是居住在瑞士的法国贵族，而是居住在德法边境上的一个贵族后裔，这次来瑞士的主要目的也是观光旅游，她也喜欢瑞士的风光。昨晚，她也对那位英俊、洒脱、开朗、睿智戴着一副淡色眼镜的美国青年产生了一丝好感。她觉得聪明的背后肯定很富有。对卡耐基的这种认识，显然对日后的感情培养不利。因为当她把是否富有看作为一个重要条件时，就多少削弱了情感的因素。

经过一番打扮后的洛莉塔比昨晚多了几分妩媚，看得出，她对卡耐基怀着很大的好感。洛莉塔将卡耐基介绍给她的舅舅全家后，两人便告辞出来参观伯尔尼的名胜。

洛莉塔告诉卡耐基她小时候曾经来过瑞士，所以对伯尔尼的景观记忆犹新，因此带着卡耐基四处观光，同时也给他介绍一些自己知道的历史知识和地理趣闻。

在一起观光的日子里，他们俩谈了许多各自的情况和双方感兴趣的话题。洛莉塔从这几天和卡耐基的接触中，发现卡耐基是个谈话的好手，他的勇敢、热忱时时冲击着曾受过贵族式教育的她，而且，她觉得美国一定是个很奇妙的国家。

而卡耐基这几天也似乎生活在一片愉悦之中，瑞士宜人的风光和身边这位美丽高贵的女子带给自己失败后不曾有过的欢乐。他仿佛觉得他等待多年的爱情已经到来，上帝安排了他来欧洲，也安排洛莉塔来到瑞士。

在伯尔尼参观结束后，卡耐基建议去日内瓦游玩，洛莉塔毫不犹豫地答应了。

他们参加了当地举行的一个欢迎卡耐基的晚会，晚会的气氛相当好，柔和的灯光，悦耳的音乐，使他们陶醉在舞步中，他们配合得非常好，舞步相当默契，第一次跳舞便似多年的老舞伴似的。

舞会结束后，卡耐基深情地吻了洛莉塔，这个吻很长也很动人，他们心中都有一种相见恨晚的感觉，似乎命中注定他们应当相恋。

渐渐地，俩人就谈论起婚姻问题。卡耐基和洛莉塔开始忙碌了，为结婚做准备。他们已经和一家教堂里的神父联系，安排了他们的结婚日期，这是在1912年的8月。

1912年8月16日，卡耐基挽着拖着长长的洁白婚纱的洛莉塔缓缓地走进了那家教堂，他的心中涌起一阵幸福感和神圣感。他觉得他的精神从此有了寄托，家庭生活比事业更加重要。

然而，婚姻并没有带给卡耐基幸福，他的妻子揭开婚纱后的第一句话不是祝福他也不是说“我爱你！”而是质问他：“你有没有给清洁工小费？”

他内心的幸福感一下被冲淡了，有一种苦涩爬上他的心头，他有一种预感：这是一场不愉快的婚姻。

结婚以后，卡耐基就隐约感到了这场婚姻的危机。

其实，最初卡耐基和洛莉塔在一起时，大家的性格并不合适。但是由于大家相处的时间短，而且卡耐基和洛莉塔被当时的幸福和甜蜜冲昏了头脑，所以造成了结婚之前双方并没有真正地了解对方。在结婚后，大家并没有彼此迁就，而是双方都发现以前自己不曾发现过的对方的缺点，尤其是洛莉塔，对于卡耐基的缺点不仅不包容，而且还讽刺讥笑，这是导致最后婚姻的失败的导火线。

卡耐基从他失败的婚姻中总结出了以下几点：婚姻的幸福和快乐很少是靠机遇获得的，它们是靠人营造出来的，而且还要有理智的，审慎的计划；性，是婚姻生活中最重要的事情。而且也是导致大部分男女婚姻失败的根本原因，性，只是婚姻生活中需要满足的诸多事情中的一种，但只有把这层关系理顺了，其他方面才会顺利，不能因为情面而不好意思说，必须用心改变。

露西是一个节目主持人，人长得漂亮，又有口才，很多男人都喜欢她。

而他就是一个普通的男人，骑着自行车上下班，能淹没在上下班的人群中，没有出众的才华，也没有奇特的思维，但他是她的老公。

他们结婚三年了，她越来越红，他还是从前的样子。

他知道她是靠嗓子吃饭的，在她去上班的时候，他一个人在家，就给她剥莲子，把莲子里小小的心抽出来，然后煮成茶给她喝。

而她的应酬总是特别多，甚至回家和他吃饭的时候都很少。后来，她有了隐情，和一个老总好了，老总出手大方，先给了她一辆车，再给了她一套房子，她于是常常夜不归宿。

他没有和她争吵，还是默默为她剥莲子心，把细细长长的心剥出来，已经剥了一包，放在茶几上。

有一次她回家拿东西，看到他在屋里坐着，没有开灯。她开了灯问："你在干什么？"

他在剥莲子，黑着灯也能熟练地剥！她的心软软一动，喉咙有些哽咽，但刹那间就掩盖了过去，只是淡淡地说："你能再给我煮一杯莲子茶吗？"

他欣喜若狂，赶紧煮来一杯。望着升起的白烟，她眼睛湿了，但她还是走了。下楼的时候他追过来，她停住，皱着眉头，以为他要骂她。

但他只递给他一包东西，是他剥好的莲子心，他说："不要忘了，多喝对你嗓子才好，你还指着嗓子吃饭呢。"

此时的她已经泪流满面，但不愿回头让他看到，毅然地离开了。

那天晚上，她孤独地待在老总给买来的大房子里，老总有应酬没有回来，她拿出那包剥好的莲子心，用滚烫的水为自己沏了一杯。

喝一口，苦而涩。

再喝一口，已然清香，但那淡淡的苦依然在唇齿之间。

从上面的例子可以看出，我们不能做婚姻的文盲。那个老总虽然有钱，但是他并不能像露西的丈夫那样爱露西，他或许只是图一时之快，而想娶露西。但是，露西的丈夫却不同，他对露西的爱是不能用言语表达的，他爱露西胜过爱自己。作为故事的主人公露西，此时应该想清楚，她究竟想得到什么？是一个温暖的家庭还是从表面看来很风光但是其实并不幸福的一段婚姻。

婚姻的幸福决定着我们一生的幸福。只有有了幸福的家庭，我们才能有更多的精力投入我们的工作。

英国大政治家狄斯瑞利的妻子在对婚姻最重要的事情上，是一位伟大的天才。

她从不让自己所想到的，跟丈夫的意见对峙、相反。狄斯瑞利常常要跟那些敏锐反应的贵夫人们对答谈话，每当精疲力竭的狄斯瑞利回到家里时，她立刻使他有个安静的休息。在这个愉快日增的家庭里，在相敬如宾的气氛中，他有个静心休息的地方。

狄斯瑞利跟她在一起的时候，是他一生最愉快的时候。她是他的贤内助，他的亲信，他的顾问。每天晚上，他从众议院匆匆地回家来，他告诉她白天所看到、所听到的新闻。而最重要的是，凡是他努力去做的事，她决不相信他是会失败的。

因此，我们不能对男性的爱好存在偏见，认为那些都非常有害，坚决要将它抛弃，而应该去发现属于自己的那个男人真正喜欢的东西。如果一开始你不能满足他的全部需求，不要认为自己的婚姻已经失败了，因为没有人能做到完全令别人满意。同样地，如果丈夫没有满足你的全部要求，你也不能因此就认为他不配做丈夫。但是如果丈夫提出无理的、完全不现实的要求，你应该立即表明自己的观点，维护自己的尊严，没必要成为一个忍气吞声的可怜虫，因为丈夫的需求要靠你热烈的爱去满足，而不是用软弱或其他的东西去“收买”。

我们都希望我们的婚姻是幸福的，都希望我们的家人对我们是永远支持的。那我们在关心自己的同时，就要更多地去想想对方，为对方着想，这样婚姻生活才和睦、美满！

※ 如何与女性相处

爱一个女人，绝不仅仅是只有火热的感情就够了，并不是只要告诉她你是多么爱她就够了，此外，它还应该包含许多内容，例如理解，殷勤，敏感和尊重。可是那些不懂得如何经营爱情的男人总是喜欢寻找借口，认为这世界上没有人能真正了解女人。

当卡耐基面对他的第一个爱人时，当时的他还不知道怎么样去处理这份感情，结果以失败的结局而告终。

与卡耐基同在州立师范学院上学的贝茜，长得很美，卡耐基第一次见到她时，就爱上她了。贝茜对卡耐基似乎也很友善，有时卡耐基骑马上学碰见她，她会向他挥挥手，并附上一句：“早上好，戴尔！”

戴尔与贝茜的真正交往是在他获得勒伯第青年演说家奖以后。在那次演讲赛中，卡耐基战胜的对手正是贝茜，由于此次胜利，卡耐基成为全学院建校以来第一个在演讲赛上胜过女生的男孩。

庆祝晚会上，贝茜特地给戴尔送了一大束鲜花，并附有一张卡片，上面写着：

“真为你的成功而高兴，亲爱的戴尔。”

此时的戴尔已经觉得自己陷入爱河不能自拔了，在以后的日子里，他的脑海中整天闪着贝茜的影子，贝茜美丽的形象总在眼前回荡。

“贝茜会爱我吗？”戴尔整天思索着这个问题，他不敢说贝茜一定会爱自己，所以，无数次否定，而后又重新肯定，如此反复地责问自己。

尽管如此，戴尔也会时常沉浸在一片假想的幸福之中，他幻想着他们相爱的情景，但更多的时候他却忧郁不堪。

那时的卡耐基还相当羞怯，他不断地思考一个问题，既然已爱上了贝茜，但怎么向贝茜表达呢？

虽然戴尔的演说能力已蜚声全学院，但是他肯定自己如果一旦站在贝茜面前，会连一个恰当的词汇也想不起来。

经过一个月痛苦与欢乐的循环往复，戴尔想起了母亲那个精致的梳妆盒。他决定用一种特殊的方式向贝茜表达自己的爱。

当他有一天经过女生宿舍与教室的必经之路时，停住了脚步，急切地等待贝茜的出现。

贝茜依旧像往常一样与戴尔打着招呼。

“贝茜，我可以送你一样礼物吗？并且……并且，我想……想邀请你周末与我一起去102号河畔野炊。”戴尔说完这几句话，脸已经涨得通红了。

“圣诞节还早着呢，为什么要送我礼物呢？戴尔。”贝茜满脸迷惑。

“因为，因为……你收下吧，给！”戴尔把那个梳妆盒用一种精美的纸包着，塞到迷惑不解的贝茜手中，自己却先逃开了。

未等贝茜答应他的约会，戴尔已走出了老远，他实在是难以控制自己激动的心情。

贝茜接受了卡耐基的邀请，他们约定周末上午9点校门口见面。

贝茜一边走向教室，一边解开戴尔送给她的礼物。原来是一个漂亮的旧梳妆盒，打开盒盖后，贝茜看到里面有一张用拉丁文写的小纸条：

“亲爱的贝茜，我真不知道该怎么办，向上帝发誓，我爱上了一位美丽的女孩，你看看这面镜子吧，她正对着你微笑。戴尔·卡耐基。”

面对这样直白的爱情表示，贝茜一时感到手足无措。没有防备之际，梳妆盒掉到地上，那面镜子被摔得粉碎，令人惊奇的，又有一张纸条片飞出来，那是另一种笔迹：

“戴尔，你该不会把我的梳妆盒也拿去输掉吧！”

原来，戴尔·卡耐基曾经误入赌途，他的母亲詹姆斯太太采取宗教式的劝诫方法，在镜子里装了一张纸条。没想到就是这张纸条却使得这两个少年心中的爱情之火犹如浇上了一盆凉水。

贝茜绝对想象不到会看到这样的文字，她顿时面色煞白，那双美丽的灰褐色眼中闪过了一丝失望。

戴尔回家后，把拿走梳妆盒的事告诉了詹姆斯太太，这位虔诚的基督教徒虽然有些气愤，却没有对儿子发作，谁叫自己的家庭贫穷得不能给戴尔买礼物的钱呢？

周末上午 7 点钟，戴尔·卡耐基赶着四轮马车在瓦伦斯堡州立师范学院的校门口等待着贝茜的赴约。

在等待的时间里，戴尔的心扑扑跳个不停，他不知道他们的第一次约会该是怎样的情景。

8 点钟，贝茜乘坐一辆汽车来到了校门口。

看到贝茜，戴尔的心跳加剧了。

但非常奇怪的是，今天贝茜脸上没有笑容，也没有向戴尔挥手道早安。

他正在惊疑不定时，贝茜已经站在了四轮马车前，开口说道：

“戴尔，我不得不告诉你，我的确钦佩你的演讲才华，但是，我不可能爱你，我的父亲可以容忍一切，但赌徒除外，再见！”贝茜把梳妆盒还给戴尔，上车急驶而去。

年轻的卡耐基面对此景，似乎想解释什么，但贝茜不容他多说什么，就坐车走了。

卡耐基的初恋就以这样的方式结束了。

要是这件事发生在10年以后，戴尔·卡耐基一定会把这场误会解释得清清楚楚，他后来的著作《写给女孩的信》中就有不少诠释这种误会的办法。可是16岁的戴尔·卡耐基却只能怅然地望着贝茜从身边离去。

卡耐基当时还小，初恋的热情已使他心神不定，他似乎还不能理智地处理好这件事。

卡耐基认为：婚姻的成功与否，取决于夫妻双方的“分享”和“合作”。当俩人在处理家庭问题时，必须试着把“你”和“我”转变成“们”。

杰克的妻子在厨房里煮饭，杰克在外面整理草地，突然有朋友从路上驾车经过，看完杰克车子后说：“杰克！谁把汽车的挡泥板撞坏啦！”

杰克把刈草机倾斜着放在草地上，他的妻子站在远远地一旁，手里还拿着盛水的盘子。她听到他说：“喔！是这样的，那天我倒车驶进车房时，不太小心，把车停放得太靠近门柱了，但我没有再移动。第二天早上，珍要驶出来时，连人带车撞在门柱上，我想是我们两人弄坏的。”假如男人与妻子共同塑造对外界一致的反应时，那么他们的婚姻一定是无懈可击的。

康奈尔大学文理学院院长雷纳·克瑞尔曾提到有关美满婚姻的蓝图。他说道：“今日婚姻是否美满，要看双方的心理是否成熟。也就是说，他们是否了解自己、了解自己与对方的关系，并且愿意彼此分担责任，以增进以方的快乐与福利。”克瑞尔院长又进一步提到了家庭关系的维持，是“凭借内在价值的满足，如感情、友谊、价值观等，而且不能用强求的方式取得。”

有一天吃午饭时，坐在对面的是一个妇人及一位十三岁光景的小女孩。那女人想从衣袋里掏出手帕，却拿出一封信来。“妈，那是什么？”小女孩问道。“嗯，我也不知道。”妇人一面说，一面拆开来看。突然，一对银白色的耳坠子掉在她手上，顿时笑容如春花般的从那脸上绽放开来。“喔！南丝，你看！”她说着，“你的父亲多体贴啊！今天不就是我的生日吗？”

于是一片愉悦与骄傲从母女两人的心头流过，竟然有这种男人披着幸福愉快的彩衣，环绕左右。

假如你有时候必须缩衣节食，也千万别缺少了对太太的配给。如此，她会心甘情愿为你卖命。

罗伯·普洛先生是纽约的一位专栏作家，他还写过书。他是许多人欣赏的目标，因为他娶了一位美丽聪慧的太太。珍妮就是许多男人心目中的贤妻，但珍妮却认为罗伯才是世界上最好的丈夫。大家都想如何让珍妮有这种感觉的？原来每当罗伯·普洛先生有什么新书要出版时，他总不会忘记在首上写上“献给珍妮——我的妻子、我生命的全部”诸如此类动人的言辞。

巴德雷斯是一位闻名的音乐家。有一天，在大学附属礼拜堂里面看见一位女人坐在后排的座椅上。“你想什么啊！”他问道。“我只想着我拥有着无限的幸福，这是从来没有的感觉。”“成熟的女人啊！你是说，你比学生时代快乐吗？”“当然！”“亲爱的太太，”他礼貌地问，“我真想看看你的丈夫呢！”

有许多聪明的男士就是不明白这一点对女性的重要。他们总以为，光是娶她为妻这个理由，就足以说明自己是如何爱她，足够她受用一辈子了。但是，太太们却偏不如此。她们是有点痴狂，喜欢有人不时肯定她们的行为。她需要知道他永远与她站在一起，不论是碰到小危机或是大变故。

那么，在日常生活中男性朋友究竟应该如何和女性相处呢？

第一，说话要谨慎。

既然女人小心眼，你跟女人说话就要小心，不要说话刺激她。打个比方，假设对方比较矮，你就不要谈到某某明星的时候说她太矮了，不如另外一个明星个子高挑。

第二，不要与女人争辩。

既然女人逻辑性比较差，你就不要跟她讲理，讲道理反倒会伤害她，糊涂一下子，时间长了，你并不吃亏。

第三，让女性多表现。

既然女人比较自我，说话的时候多把话头留给她，让她能多表现，平时适当夸夸她，让她觉得你心里是高看她的。

※　如何与男性相处

在这个世界上，约有一半的人口是男性，因此，如何与男性相处，便成了女性最头痛的问题。男女双方要想和睦相处，我们就应该首先了解彼此的相同和不同。对女性来说，最好是多认识一下男性，以便知道如何才能“取悦”他们。

卡耐基认为，既然男人和女人之间存在差异，我们也不得不接受这个事实，那么作为女人，多考虑一下如何与男人相处应该不是一件坏事。许多女人错误地认为，听男人说话就是默不作声地坐在那里，耐心地听男人说个没完。其实，听人说话也要表现出积极的态度，如果你是一个善于倾听的人，就会在适当的时刻加入到谈话当中去。女人一旦掌握了倾听的艺术，就会与男人相处得更加愉快，进而与其他人相处得更融洽，而这也将会促进女人的面熟——这正是获得成熟的途径之一。

一把钥匙开一把锁。女人要知道如何与男人相处，首先需要了解男人的类型。视觉型男人宁可面对面聊天，也不愿在电话中诉情。当他生气时往往采取冷战的方式。

与视觉男人交往，你必须下一番苦功，训练自己去假想一幅幅的景象以配合对方的习性。视觉型男人十分注重衣着的修饰，凡事详加记录、一丝不苟。所以与之相处也要注重自己的装扮来吸引对方。

其次，除了要注意这点以外，我们还要遵循一些其他的规律，现在让我们来看两个夫妻之间和谐相处的例子。

第一个是关于美国高尔夫公开赛冠军杰克的故事。杰克的妻子是林恩。杰克比赛时，林恩就在场外照顾他们的儿子。

对杰克来说，高尔夫球即是他的兴趣，又是他的生意。作为他的太太，林恩并没有参与他的比赛，但是她却一直站在场外，关注着他，为他喝彩，她是一个好伴侣。

詹姆斯太太是一个典型的中产阶级的太太，住在纽约北部的一个小城里。在她结婚后的前 16 年里，詹姆斯太太细心照顾家人，但是总觉得缺少了些什么东西。后来，她终于明白了缺少的是什么。原来，詹姆斯太太和先生没有一点共同的爱好。

詹姆斯先生最感兴趣的是曲棍球比赛。于是詹姆斯太太开始培养自己对球赛的兴趣。后来，她竟然发现自己也被曲棍球比赛迷住了，她像詹姆斯先生一样盼望着比赛，而且她不会像以前那样，先生看比赛的时候，她自己只能孤零零地坐着。

作为一个人，不论是男人还是女人，都有自己的生理特点、心理特点和年龄特点。也正是因为有这种差别，才使得你就是你，我就是我，也才有了这丰富多彩的世界。但是，不管男人还是女人，还是有很多东西是相通的，有很多东西是值得相互学习和借鉴的。男人更像男人！女人更像女人！那么作为一个女人，如何与自己的男人相处呢？

第一，要善解人意。

男人找太太的第一个条件是好性情。聪明的女人一切都不需要男人明说。一个眼色一个面部的微小变化都会使她立刻明白自己的处境和对方的意图。她从不执拗他人，也不使人为难，很温顺很平和，和她相处让人感到很松弛。

第二，要做一个好伴侣。

要做一个好女人，就必须注意培养自己与丈夫共同的兴趣，努力使自己成为丈夫的一个好伴侣。大家都知道，成功的男人背后肯定有个成功的女人。这并不等于说这个女人在他的事业上帮过多少忙、出过多少力。而是告诉你要多利用时间去照顾家人、整理房间，晚上回来的时候准备好丰富的晚餐，早上出门的时候整理好衣服。要让他没有什么后顾之忧。也只有这样，你的丈夫才能幸福，你也才能更幸福。

第三，努力做一个好听众。

几乎所有的男人都认为女人话太多，意思是他们没有机会多说话。维系感情的主要方式是常常表达。男人在社会上没有真正的朋友，只能跟自己的老婆说，女人要会做一个好听众。你积累的修养和学识可以在他困惑的时候支持他，给他提供一些有价值的建议，这样不但会帮助女人与男人处得更好，而且也会使女人与其他的人相处得更好。

第四，要有适应力。

当一个男人想到一个主意时，他会马上将它化为行动。女人对于男人的这种冲动要有一定的适应力。如果你无法融合到他们的行动中，就会令他们感到气恼。要知道，适应男人的心情，是赢得他的心的一个最万无一失的方法。

第五，要有行动力。

有人苦口婆心地教导女人，认为女人的幸福是等来的，要静静祈求，好事儿自然会到来。男人天生具有控制欲，女人们都闭上眼睛过日子，做老爸的或是做老公的于是事事代为做主，那个权威感也自然是好得不得了。但是如果事事都要让男人提醒后再做，就会让他感觉到你很没有思想。所以女人要为自己的幸福负责，在合法的前提下将个人主动性发挥到极致，不要等待别人来赐予你幸福。

总之，不管是男人还是女人，他们都在这个社会中担任着一个特殊角色。我们每个人都要快乐地接受自己的性别。男人和女人并不是天生的敌人，互相对抗，而是手牵手，心连心，在友谊和爱情中一起工作和生活，一起游乐，相亲相爱地在一起。

第六章　如何让你变得更加成熟

怎样才能使自己变得成熟呢？有人说：独自一个人在大马路上过一夜就会成熟；有人说工作了之后，人就会变得成熟。你认为呢？

如果你想使自己变得更加成熟，就要记住，一定要时刻注意自己的言行举止。

但是这也并不意味着我们要刻意地去追求成熟。一个人变得成熟需要靠社会阅历和人生经验的积累。做事情要三思而后行，随时想一想做某事的时候是否伤害到了别人。

成熟的第一步，是要勇于承担责任；此外，成熟的人，都不畏惧困难，而是想着如何才能克服困难，从不将时间浪费在自怜自艾中；不成熟的人，总是把自己和别人的不同之处当作障碍，渴望别人对自己特别加以考虑。当悲剧降临时，成熟者一定会克服悲哀，继续前进。而不成熟者就会怨天尤人，停滞不前。

一个人不管其资质如何，不管其家庭背景、学历如何，都应该认真对待生活。热爱生活的人，也同样会被生活所热爱。只要我们掌握了一些适当的技巧，我们就懂得了如何才能变得成熟，我们就可以迅速地成长起来。

※　勇于承担责任

在日常工作中，我们若是哪一方面做得不好，总是会听到这样或那样的借口。其实，对于任何一件事情，只要我们有心去找，一定会找到各种借口。但是在我们找借口的过程中我们也浪费了宝贵的时间和精力，在努力寻找借口的同时，我们忘记了自己应该承担的职责和责任。

卡耐基从小就知道承担自己应该承担的责任。

当戴尔·卡耐基已经16岁时，就不得不在家里的农场负起一部分责任。

每天早晨，他骑马进城上学，放学后，他便急匆匆地骑马赶回家里的农场，处理一大堆杂务：挤牛奶、修剪树木、收拾残汤剩饭喂猪……

只有干完这些杂务后，戴尔才能点上煤油灯，在昏暗微弱的灯光下开始读书。然而这还并不意味着戴尔·卡耐基可以无牵无挂地读书了。

当时，卡耐基的父亲詹姆斯仍在农场生产线里不断探索致富的门路。最后他选择了豢养一种叫作杜洛克泽克的大猪。这种猪饲养程序麻烦，母猪的生产是每年的二月初，时值春寒料峭，室外的温度还在摄氏零度以下。为避免这些猪仔被冻死，詹姆斯把它们放在一个用麻布遮着的篮子里，再把篮子放置在厨房火炉的后面。

于是，戴尔·卡耐基晚上又增加了照顾这些小猪的杂务。

在1936年的一部自述中，卡耐基曾提及过这段经历：

“晚上我上床前做的最后一件事，就是把放着小猪的篮子从厨房后面的火炉旁边搬到猪圈里，让这群小猪吃完奶，又把它们一只只地提进篮子，再把篮子重新搬放到火炉后边去。然后，我上床睡觉，并把闹钟的时间定在第二日凌晨三点。闹钟一响，不论有多么困倦，我又得揉揉惺忪的睡眼，在凉飕飕的冷风中穿好衣服下床，再次把小猪送进猪圈吃奶后搬回来。然后我再把闹钟定在早上6点，那是我起来念拉丁文的时间。”

“有一次，我想节约时间，便在凌晨3点，连衣裤都不穿就去给小猪喂奶，结果差点冻个半死，并因此患了伤寒，在床上躺了整整一周。当时我真的感到死亡的大门朝我打开了，甚至看见了地狱门口的大字……”

卡耐基认为，成熟的第一步，是要勇于承担责任。我们都已经脱离了将自己的跌倒迁怒于椅子的孩童阶段。我们应该直面人生，自己对自己负责。

在美国西点军事学校，每一位新生学到的第一课，就是来自一位高年级学员的大声训导。他告诫所有的新生，不管什么时候，遇到学长或者军官问话，只能有四种回答：“报告长官，是！”“报告长官，不是！”“报告长官，没有任何借口！”“报告长官，我不知道！”除此之外，不能多说一个字，因为长官要的只是结果，而不是喋喋不休的辩解。

“别找任何借口”是西点军校奉行的最重要的行为准则，它告诉每一个学员：失败是没有借口的，每个人都应该承担起自己应尽的责任。

勇于承担责任才能有所作为，真正体现人生价值。没有责任就没有压力，没有压力就没有动力。勇于承担责任可以考验个人的工作能力，也可以激励每个人发挥自身作用。

学校组织去国家公园野餐，老师将需要带的东西分派了下去，由班上的每个同学负责回家准备一项。同学们有的负责去超市买食品，有的负责准备烤肉的炉子，有的负责所有的餐具。威尔逊分配到的任务是准备烤肉用的调料。

期盼这次野餐已经很久了，因此，一听到消息，威尔逊就开心地蹦了起来，直到放学回家，他都开心地楼上楼下地欢呼着。妈妈提议让威尔逊列一个单子，把需要带的东西先想好了，然后交给妈妈检查，这样可以防止遗漏。

但是威尔逊说要先出去跟小朋友宣布这个消息，回来后再列清单。

他说："放心吧，爸爸妈妈。我会带好的，别担心。"

妈妈虽然不是很相信他，但一想，这是一个很好的锻炼机会，就没有再要求他必须现在开列出清单来。

小威尔逊在外面玩了整整一天，临到晚上该睡觉的时候他才匆忙跑到厨房里收拾。

第二天，当全班人准备就绪，开始野餐时，小威尔逊却怎么也找不到烤肉汁，他惭愧地低下了头。这次教训让他意识到由于自己的疏忽，使这次活动大为逊色，影响了自己，也麻烦了别人。

我们从小就应该培养孩子勇于承担责任的精神。这样他才能够为自己的行为负责，承担它的后果，无论好坏。

卡耐基认为，如果原子时代能给人类带来希望的成就，而不是相反的负面影响。那么一个坚强而成熟的人，一个愿意并能够对自己和自己的生为负责的人，才是这个时代所需要的。

7 岁的埃迪坐在靠近门边的书桌前写作业，外面风很大，作业本被风吹得直响。埃迪不得不一次次跑去关门，每次门刚关上不久，就又被一阵猛烈的风吹开了。

这时，邻居山姆叔叔来找埃迪爸爸，他没有进门，和埃迪爸爸俩人就站在大门外闲聊起来。

可是，没多久，风又把门吹开了，埃迪于是跑去关门。他猛地把门合上，然而大门却因为碰到障碍物反弹了回来，与此同时，埃迪爸爸痛苦地叫喊起来。

埃迪惊恐地看到，门外的爸爸五官痛苦地扭曲在一起，头发一根一根地竖着。原来，刚才爸爸的手放在门框上，埃迪突如其来的关门，差点把爸爸的手指夹断。

埃迪吓坏了，以为这次一定免不了一顿暴打。但是爸爸的巴掌一直没有落下来。

事后，爸爸对埃迪说："当时我实在痛得厉害，原本想狠狠打你一个耳光，但是，转念一想，是我自己把手放在门框上的，错误在我，凭什么打你。"

父亲的这句极为普通的话，却给了埃迪一个毕生受用无穷的启示：犯了错误必须自己承担后果，不可迁怒于他人，不可推卸责任。

卡耐基也认为，一个渴望成熟的人一定要切记，要对自己的行为负责。要勇于承担责任。决不为自己寻找任何借口。

因此，无论是工作，还是生活，我们都需要树立责任意识，勇于承担责任，这样才能在社会实践和工作中不断地提高自己，从而为企业和社会发展做出应有贡献。

※ 困难并不意味着不幸

你也许听过许多人把失败原因归咎于没上过大学，其实对这些人中的一部分来说，即使他们真的上了大学，他们仍能为自己找出许多理由。对这些喜欢逃避责任的人来说，困难成了最好的挡箭牌。作为一个真正成熟的人则不会如此，他们会想尽办法克服困难。

卡耐基是一个农家子弟，即使他因事业成功而家喻户晓，仍然不忘自己的出身。他的童年与美国中西部农家的孩子并无特别之处。

像所有的日子一样，1880 年 11 月 24 日是一个平凡不过的日子。

戴尔·卡耐基就在此日诞生于密苏里州玛丽维尔附近、离 102 号河东北 10 里处的一个小市镇。

即便是天才，他的第一声啼哭也绝不会是一首美妙绝伦的颂歌。不过，卡耐基的父亲经常自豪地说："戴尔的哭声特别响亮，我远在一百码处就清楚听见了，便断定这家伙一定是个男孩。"那哭声仿佛是在宣称他对自己降临的这个世界不太满意，也似乎预示着他将经过一番不寻常的苦难和挫折。

幼年的戴尔与他的同龄小男孩相比，显得特别淘气。小时候，他并不是一个讨人喜欢的孩子，这与他以后在公众中广受青睐完全是两回事。

由于营养不良，小卡耐基非常瘦小，头发也不是白种人那类美丽的金色，淡黄中略显灰褐，加上一对与头部不很相称的大耳朵。他不属于英俊少年。

距卡耐基家的农场一里之处，有一所仅有一间教室的学校，校名叫玫瑰园。小卡耐基就在这里读小学。

卡耐基后来的回忆中谈道，他在那里的最深感受是冬天的生活，因为冬天对幼时的卡耐基而言，其同义词就是又湿又冷的双脚。没有一双可避寒冷的合适鞋子，戴尔必须在厚厚的积雪中往返于学校和家中，强劲的西北风从耳畔呼啸而过，像是在对这个贫穷的农村小男孩示威，也似乎在告诉他如何抗御寒冷。卡耐基后来回忆说：

“我试图想出一种办法，不让夹杂着雪片的凛冽寒风挡住我的视线，于是便背着风，倒着走路，结果碰到了一块冰疙瘩狠狠地摔了一跤。我由此而得到一点启示，那便是：不看着脚下的路，摔倒的机会就更多……”

那天的风雪很猛，外面像是有无数发疯的怪兽在呼啸厮打。雪恶狠狠地寻找袭击的对象，风呜咽着。

大家坐在教室里都在喊冷，读书的心思似乎已被冻住了。一屋的跺脚声。

鼻头红红的欧阳老师挤进教室时，等待了许久的风席卷而入，墙壁上的《中学生守则》一个跟头栽了下来。

往日很温和的欧阳老师一反常态：满脸的严肃庄重甚至冷酷，一如室外的天气。

乱哄哄的教室静了下来，我们惊异地望着欧阳老师。

“请同学们穿上胶鞋，我们到操场上去。我们要在操场上立正五分钟。”

操场在学校的东北角，北边是空旷的菜园，再北是一个大的池塘。那天，操场、菜园和水塘被雪连成了一个整体。人走出去，脸上像有无数把细窄的刀在拉在划，厚实的衣服像铁块冰块，脚像是踩在带冰碴的水里。

大家都挤在教室的屋檐下，不肯迈向操场半步。

欧阳老师没有说什么，面对我们站定，脱下羽绒衣，线衣脱到一半，风雪帮他完成了另一半。“在操场上去，站好！”欧阳老师脸色苍白，一字一顿地对我们说。

谁也没有吭声，大家老老实实地到操场排好了三列纵队。

瘦削的欧阳老师只穿一件白衬褂，衬褂紧裹着的他更显单薄。

后来，我们规规矩矩地在操场站了五分多钟。

在教室时，同学们都以为自己敌不过那场风雪，事实上，叫他们站半个小时，他们顶得住，叫他们只穿一件衬衫，他们也顶得住。

上面这个故事告诉我们一个道理：生活中的许多困难，其实并不像我们自己想象的那么严重。

人的一生不可能不遇到困难。有的人在面临困难时，他们无所畏惧，百折不挠，将困难视为生活的一种考验，并使之转化为一种积极有利的因素；而有些人遇到困难，则会畏惧退缩，为之折服，并且抱怨，他们把困难当像是一种无法逾越的障碍，甚至是人生的一种不幸。

卡耐基认为，那些不成熟的人，总是把自己和别人的不同之处当作障碍。渴望别人对自己特别加以考虑。相反，那些成熟的人，能认清自己不同于他人的特征。或者改进自己的不足，以求进步。

哈利的儿子，长得高大英俊，就是自小患有口吃的毛病。这男孩在学校里的成绩一向很好，也很受同学们的欢迎。从小学开始，父母就为他找过许多心理学专家和口吃治疗专家来帮忙，却没有什么成效。

一天，男孩回家告诉父母，说是他将代表全体毕业学生在毕业典礼上致辞，男孩兴致勃勃地立刻开始准备讲稿。男孩的父母也提供不少意见帮助他准备讲稿，但一直都没有提到该如何在演讲时避免口吃这个老毛病。

毕业典礼终于来临。当天晚上，男孩起立开始发表演讲。他站的挺直、端正，会场观众都鸦雀无声地注视他，因为许多人都知道男孩患有口吃的毛病。男孩一开始讲的很慢，但很有信心，接着便很顺利地把 15 分钟的讲演说完，没有丝毫迟疑的地方。等他讲完之后，全场报以热烈掌声，因为大家都知道，这男孩是如何努力克服自己的缺陷和困难，理当得到应有的赞赏。

一个不成熟的人随时可以把自己与众不同的地方看成是缺陷，是障碍，然后期望自己能受到特别的待遇。成熟的人则不然，他会认清自己的与众不同，然后接受它们，加以改进。

很多人都认为贫穷是一个灾难。但是成熟的人们却把贫穷当作一笔财富。美国总统赫伯特－胡弗是爱荷华一名铁匠的儿子，后来又成了孤儿；IBM 的董事长托马斯－沃森，年轻时曾担任过簿记员，每星期只赚两美元。这些著名的成功人士，都没有认为贫穷是他们的障碍。他们把所有精力都用在工作上面，因此根本没有时间去自怜。

卡耐基认为，贫穷的确是一种障碍，但我们没有理由因为贫穷而逃避责任。甘愿俯首认输吗？成功的人从不会强调他们受到贫穷的阻碍，而只是想着如何克服困难，从不将时间浪费在自怜自艾。

总之，困难并不像我们想象中的那样不可战胜，只要我们有一颗积极向上的心，什么困难我们都能克服。

※ 摆脱生活中的不幸

上天不会偏爱我们任何一个人，作为一个人，我们都得经历一些困难，正如我们经历许多快乐一样。所以面对困难，我们要有足够的信心，努力地摆脱生活中的困难。

卡耐基的童年可以说是悲惨的童年。

密苏里州经常发生的风沙、暴风雨及洪水，对生活在这里的居民来说，显然是非常无奈的不幸，幼时的戴尔偶尔也曾为之有些许烦恼，但大多时候却很高兴。因为在这样的日子里，村镇的小木屋便成了戴尔及其小伙伴的乐园。

临近卡耐基家有一间破旧的空木屋。成名后的卡耐基即便周游世界各地讲学，见识过许多异国风光，但在他的记忆深处，这座小木屋永远也不会从他的记忆中消失。因为当他伸开左手做表演动作时，便会看见这只仅剩四根指头的手，这是因他童年的淘气而留下的永恒纪念。

1898年夏季，暴风雨席卷密苏里平原，102号河洪水泛滥。戴尔和他的三个伙伴莫得·伊文思、莫得的弟弟盖·罗伊及格兰又聚在了他家田园附近的那间破木屋。

戴尔他们约定，谁从窗户上向下跳的次数最多，其他人就得听命于他。戴尔跳下的次数已经远远超过了其他伙伴，只见他双手抓着窗棂，脚踩在窗台上，上气不接下平地对着其他伙伴嚷道："使劲呀……"他又跳向地面，但这次他没有像以往那样大吵大叫了，戴尔觉得左手食指一阵剧痛，接着整个左手都麻木了。

原来，戴尔左手食指上的戒指被窗棂上的一枚铁钉勾住了，他跳落地面时，食指已被扯裂开来，鲜血迅速从伤口涌出，连左边的衣袖也被浸渍得一片鲜红。

由于及时止血，伤口并没有被感染，但戴尔的左手却从此缺少了一根食指。这次经历也深深铭刻于他的记忆之中。

三十年后，戴尔·卡耐基在欧洲的一次讲学中还提及此事，他把这次经历作为讲课的引用材料。他认为，当不幸降临于自身时，我们根本没有必要去怨天尤人，因为不幸的根源是我们自己的错误。他说他也曾为这个缺陷而自卑过，但现在没什么了。

这时戴尔·卡耐基已是一个成熟的乐天主义者了。尽管在瓦伦斯堡师范学院时，他曾为自己左手的缺陷而自卑和羞惭过。

卡耐基认为，当悲剧降临时，世界仿佛停滞不前了，我们的悲剧将会一直持续下去，但是，我们一定要克服悲哀，继续上路，只要回忆那些快乐的往事，我们就会感到幸福终将到来。取代我们内心的悲痛。不幸也不完全是坏事，它会成为一种动力。促使我们采取行动，提高我们自身的素质，我们的智慧也将因此而变得更加敏锐，从而促使我们最终摆脱困难、

1858 年，瑞典的一个富豪人家生下了一个女儿。然而不久，孩子染患了一种无法解释的瘫痪症，丧失了走路的能力。

一次，女孩和家人一起乘船旅行。船长的太太给孩子讲船长有一只天堂鸟，她被这只鸟的描述迷住了，极想亲自看一看。于是保姆把孩子留在甲板上，自己去找船长。孩子耐不住性子等待，她要求船上的服务生立即带她去看天堂鸟。那服务生并不知道她的腿不能走路，而只顾带着她一道去看那只美丽的小鸟。

奇迹发生了，孩子因为过度地渴望，竟忘记了要拉住服务生的手，慢慢地走了起来。从此，孩子的病便痊愈了。女孩子长大后，又忘我地投入到文学创作中，最后成为第一位荣获诺贝尔文学奖的女性，也就是茜尔玛·拉格萝芙。

因此，面对灾难，我们只要有一种不服输的精神，就有获得成功的机会。假如一开始就被困难打倒了，那么我们的人生将是一部悲剧。

卡耐基认为，人生真正的圆满，并不是平静之味的幸福，而是勇敢地面对所有的不幸，“不幸”可以激发潜藏在我们体内的能量。“不幸”可以激发潜藏在我们体内的能量，如果不是情势所逼，需要我们对这种潜能善加运用，我们将有可能永远埋没自身所具有的这种巨大能量。

英国劳埃德保险公司曾从拍卖市场买下一艘船，这艘船 1894 年下水，在大西洋上曾 138 次遭遇冰山，116 次触礁，13 次起火，207 次被风暴扭断桅杆，然而它从没有沉没过。

劳埃德保险公司基于它不可思议的经历及在保费方面给带来的可观收益，最后决定把它从荷兰买回来捐给国家。现在这艘船就停泊在英国萨伦港的国家船舶博物馆里。

不过，使这艘船名扬天下的却是一名来此观光的律师。当时，他刚打输了一场官司，委托人也于不久前自杀了。尽管这不是他的第一次失败辩护，也不是他遇到的第一例自杀事件，然而，每当遇到这样的事情，他总有一种负罪感。他不知该怎样安慰这些在生意场上遭受了不幸的人。

当他在萨伦船舶博物馆看到这艘船时，忽然有一种想法，为什么不让他们来参观参观这艘船呢？于是，他就把这艘船的历史抄下来和这艘船的照片一起挂在他的律师事务所里，每当商界的委托人请他辩护，无论输赢，他都建议他们去看看这艘船。它使我们知道：在大海上航行的船没有不带伤的。

我们遇到困难是在所难免的，关键是我们要做好充分的准备，来迎接困难和挑战。

罗伯特·路易斯·史蒂文森一生多病，却不愿让疾病影响自己的生活和工作。与他交往的人，都认为他十分开朗、有活力，并且所写的每一行文字也充分流露出这种精神。由于他不愿向身体的缺陷屈服，因此能使他的文学作品更多彩，更丰盛。

总之，如果你在生活中遇到不幸，那就试着摆脱它，只有这样你才能更有信心地去迎接美好的明天。

※ 拥有坚定的信念

在我们每个人成功之前，到底有多少人相信我们真的会取得成功呢？世界上只有极少数的人对自己拥有完全的自信，相信他们自己就是登上金字塔顶端的那些成功人士。有时候，一个人能否成功，在于他是否拥有一个坚定的信念。信念只是一种心态，一种选择。成功的人，总是先相信，然后就会看到；而不成功的人，总是看到了才会相信。

卡耐基进入瓦伦斯堡州立师范学院后，开始了他走向成功的人生之路。

在那里，卡耐基参加了 12 次比赛，却屡战屡败。

最后一次比赛败北后，戴尔开始对自己的能力产生怀疑，所有美好的希望粉碎了，他拖着疲惫的身子，精疲力竭、意志消沉地在 102 号河畔久久地彷徨。

总是失败，对人的信心是极大的打击。30 年后戴尔·卡耐基谈及第一次演说失败时，还以半开玩笑的口吻说：

“是的，虽然我没有找出旧猎枪和与之相类似的致命东西来，但当时我的确想到过自杀……”

“我那时才认识到自己是很差劲的……”

人的一生犹如一盘漫长的磁带，它将忠实地记录下各种路人的音响，有无为者的叹息，绝望者的哀鸣，玩世者的贫笑，也有进取者激越昂扬的高歌，改革者奋不顾身的绝唱，开拓者震天动地的呼啸……

当现在的人们面对卡耐基的成功之路时，已经把他当作一位激越的进取者和勇敢的开拓者。即便是在这位声名赫赫的成人教育家、交际大师溘然辞世多年的今天，人们在认真地探讨他的教学课程的同时，也不难明白一点：卡耐基本人的经历就是一部活生生的教材。

卡耐基就是卡耐基，在瓦伦斯堡州立师范学院，经历了一连串失败后，戴尔·卡耐基尽管也曾有过短暂的消沉，但却转瞬而逝，马上就振作精神重新面对生活。

“在哪里跌倒了，就在哪里站起来。”戴尔·卡耐基这样说，也这样做。

有一次，戴尔·卡耐基正练习自己的一篇演说稿，神情专注，还不时夹杂着手势。这时，附近的一位农人见此情景，以为出现了一位疯子，立即报告了附近的警察，当警察气喘吁吁地跑来时，戴尔才明白发生了什么事。

功夫不负有心人，只要不断地努力，就一定会获得成功。

1906 年，戴尔·卡耐基以《童年的记忆》为题发表演说，获得了勒伯第青年演说家奖。戴尔在中学时代就有过写作的梦想，这篇讲稿是他写作的一次尝试，他把自己完全假想成另外一种角色的讲稿至今还存在瓦伦斯堡州立师范学院的校志里。

戴尔·卡耐基在学院公众演说赛中的获胜，使他走向成功的新的开始。

卡耐基认为，仅仅拥有信念还不足以使人走向成熟，勇敢的确比怯懦要好，但是，假如我们面临考验时却转身逃跑，那么勇敢就失去了作用，除非我们能够坚守信念，否则所有理论都将毫无价值。我们的信念是否起作用，关键在于我们如何去做事，基督耶稣就说："观其果而知其因。"重要的是我们如何去做。

数千年来，世界上很多著名科学家、权威人士的研究结果表明，由于人类骨骼、肌肉等各方面因素的限制，人类不可能在4分钟内跑完1英里。因此人们一直认为，这是人类不可能打破的纪录。然而，1954年，一位叫罗杰·班纳斯特的人却打破了这个纪录！他之所以能够创造这一惊人的佳绩，一方面归功于体能上的苦练，但更重要的是，得力于精神上的突破。在破纪录之前，他曾在脑海中无数次地模拟以4分钟的时间跑完1英里，长此以往便形成了强大的成功信念，结果，班纳斯特真的做到了，做到了人类数千年来一直认为不可能的事情。

奇怪的是，在班纳斯特打破纪录的第二年，有37个人也做到了。第三年，居然有300多人也做到了！为什么在班纳斯特突破之前无人做到，而之后却有那么多人做到了呢？原因就在于，这些运动员被科学家的报告限制住了自己的潜能，他们不相信自己可以。但之后，他们看到有人做得到，才相信自己也能做到。可见，信念创造了奇迹！

坚定的信念是我们心中的灯塔，能够指引我们走向成功。拥有了坚定的信念，你就会发现前方的路是那么美，成功就在离我们不远的地方。

有个年轻人去微软公司应聘，而该公司并没有刊登过招聘广告。见总经理疑惑不解，年轻人用不太娴熟的英语解释说自己是碰巧路过这里，就贸然进来了。总经理感觉很新鲜，破例让他一试。

面试的结果出人意料，年轻人表现糟糕。他对总经理的解释是事先没有准备，总经理以为他不过是找个托词下台阶，就随口应道："等你准备好了再来试吧。"

一周后，年轻人再次走进微软公司的大门，这次他依然没有成功。但比起第一次，他的表现要好得多。而总经理给他的回答仍然同上次一样："等你准备好了再来试。"

就这样，这个青年先后5次踏进微软公司的大门，最终被公司录用，成为公司的重点培养对象。

人生的旅途上就是这样，到处是沼泽遍布，荆棘丛生。而我们追求的事业也总是山重水复，柳暗花明。我们需要在黑暗中摸索很长时间，才能找寻到光明，这就需要我们内心要有坚定的信念。

美国作家欧·亨利在他的小说《最后一片叶子》里讲了这么一个故事：病房里，一个生命垂危的病人从房间里看见窗外的一棵树，在秋风中一片片地掉落下来。病人望着眼前的萧萧落叶，身体也随之每况愈下，一天不如一天。她说："当树叶全部掉光时，我也就要死了。"

一位老画家得知后，用彩笔画了一片叶脉青翠的树叶挂在树枝上。最后一片叶子始终没掉下来。只因为生命中的这片绿，病人竟奇迹般地活了下来。

可见，信念是人们精神的支柱，人要是没有了信念，就失去了前进的动力。只有有了希望，生命就生生不息！

历史靠人去开创，未来靠我们去打造。信心，是一个人最大的资产。只要你拥有坚如磐石的信念，你便可以取得常人难以想象的成功。

※　相信自己是独一无二的

这世界上的很多东西都是独一无二的：我们活着的每一秒都是独一无二的，我们身边的每个人也是独一无二的。我们每个人都是这世界上独一无二的一部分。因此，我们要好好地珍惜自己。

卡耐基认为，每一个人的人生经历都是独一无二的，要想获得成熟的智慧，就必须认识并理解这个事实。

卡耐基小的时候家里很穷。有一天，他放学回家的时候经过一个工地，看到一个老板模样的人正在那儿指挥盖一幢摩天大楼。

卡耐基走上前问："我长大后怎样才能成为像您这样的人呢？"

"第一要勤奋……"

"这我早就知道了，那第二呢？"

"买件红衣服穿。"

卡耐基满腹狐疑："这与成功有关吗？"

那个老板模样的人指着前面的工人说："有啊！你看他们都穿着清一色的蓝色衣服，所以我一个都不认识。"说完，他又指着旁边一个工人说："你看那个穿红衣服的，就因为他穿得和旁人不同，这才引起了我的注意，我也就认识了他，发现了他的才能，过几天我会安排一个职位。"

穿红衣服的工人获得了老板的认可，这其实是他自己向老板的一次成功营销。所以这对我们的营销工作也很有启发意义。

其实，不论我们每个人是正常人还是身有残疾，我们在这个世界上都是独一无二的，我们要好好珍惜我们在这个世界上所拥有的一切。

艾莫·赫姆出生在俄亥俄州的亨特维，当时他的医师如此说道："这婴儿活下来的机会不大。"但是赫姆还是活下来了。虽然90年来，他因右半身严重受伤而时常痛楚不已，但他还是没有向死神屈服。由于他不能从事体力工作，便转而努力阅读。1891年，也就是他28岁的时候，他成了卫理工会的传道士。他曾历经两次致命的事故，都没有因此而失去信念，反而引起有名的巧克力制造商约翰·惠勒的注意，在经济上加以援助。几个月之后，这位曾倒在死神门口的传道士，顺利地出了院。

艾莫·赫姆开始兴建教堂、募集传道基金，并帮助当地的学校和医院。这名“单肺传教士”募集了将近300多万美元，从事起了他认为有意义的慈善活动。到了69岁的时候，他告老退休，但还是继续不断工作。他又举办了上千次的讲道、写了两本书、为教会和其他慈善机构募集了50万美元，并且担任20余所专业学校的董事，个人并曾捐助5万美元以兴建在加州大学附近的一所教会。

艾莫·赫姆准确认清了自己在这个社会上的位置，并利用自己具有的条件，成功地度过了自己的一生。我们每个人在这个世界上都是唯一的，我们每个人都有自己的位置，只要我们能够准确定位，我们能就会取得满意的成就。

纽约卡耐基训练班里有个身材瘦小、年纪已74岁的女学员，她坦然承认不知道如何度过自己的余生。

这名女学员曾经当过教员，直到强制退休停止。她的储蓄不多，因此必须时时保持忙碌，这对经济和精神上都十分重要。由于她曾担任过教员，有很多教学经验，因此便到各个幼儿园去讲故事。她的故事都经过特别挑选，并且用幻灯片来加强效果。

听了她的话之后，卡耐基鼓励她把这当作事业来做。

也许受了卡耐基的鼓舞，这名女学员开始了她的晚年事业。她知道，年纪并不是一种障碍或缺陷，相反的，由于多年的教学经验，她现在更有能力把故事讲得更好，更动人。

她先去找“福特基金会”，因为这个组织一直很积极推动文化工作。她把计划写下来，内容包括许多为幼儿园学童所设计的故事节目。她不仅用口讲，并且拿东西让大家看，因此很容易被接受。她充满温馨和富有戏剧性的讲述方式，使她大受欢迎。

后来，这名女学员把自己的热忱和信心带到美国各地，并把欢乐带给成千上万个孩童。

如果这位 74 岁的老人不肯定自己，不相信自己的能力，她就会像其他老年人那样，平常地度过自己的余生。

人，活在世间，首先就要肯定自己，相信自己。“天生我材必有用”，没有人能够像你一样活出你自己，别人能做到的，我一样能做到。相信我们自己在这个世界上都是独一无二的，我们每个人都有自己在这个世界上的位置，只要我们找到了这个位置，加上我们的努力，我们就能取得成功。

※ 不要盲目因袭

年轻人常常会因为害怕自己与他人与众不同，所以无论在穿着、行动、言谈或思考模式上，都尽量与自己所属的圈子的人一致，这样就避免了别人在背后指指点点。其实，要想成为真正的“人”，必须先是一个不盲目因袭的人。只有对事物具有独特的看法，你才能做出一番自己的事业。

卡耐基能成为一个世人敬仰的演讲家，卡耐基的课程之所以受到众人的追捧，与他独特的教授方法有着密切的关系。他摒弃了以前教授演讲的弊端，采用了自己的经验，获得了巨大的成就。

卡耐基最初在青年会教授公共演说时先用的是他在密苏里瓦伦斯堡学院中所学到的正式技巧。那是以古典演说家爱德华•曼克、威廉•彼特及丹尼作为模式的。但是，他在教学过程中发觉学生对这种主要是背诵的刻板方法极不感兴趣时，他便思考着改进教学方法，不能停留在前人的成就上。

在长时间的实验中，他选取了让学员们自己讨论他们本身所关心的问题的方式，没想到这在商人学生中大受欢迎，而且也特别有效，于是他便持续不变地运用这种方法并推广这些方法。

1913年，他和柏格·依森威合著的教科书——《公众演说的艺术》出版了，书中特别强调技巧，而首先强调的是对自己负责，即付诸行动，这是演说的最佳窍门，同时还强调变换声调的效力，区别准确发音，手势的真实性，以及声音的魅力。

布鲁克林的一位医生——寇地斯大夫是个热心的棒球迷，他和球员们结成好朋友，因此，他被邀请参加一个球队举行的晚会。主持人宣布说："今晚有一位医学界的朋友在场，他就是寇地斯大夫，我们请他来为我们谈谈棒球队员的健康问题。"

遗憾的是，寇地斯大夫事先没有得到通知，尽管他是学医的，但是他的演讲却失败了。他加入了戴尔·卡耐基的训练班后，着重训练在班上的发言，上过几次课后，他的紧张情绪消失了，自信心也愈来愈强，两个月后，便成了班上的演讲明星，他现在很喜欢演讲的感觉和那份欣喜及获得成功后的荣誉。

其实，这只是卡耐基先生训练班中一个很普通的例子，像这样的例子还有很多很多。

卡耐基认为，你可以从别人的视觉来看待事物，但是一定要从你自己的视觉出发去做事。如果完全顺从和趋利避害，那么人就会变成奴隶。只有勇敢地迎接受生活的挑战，投入到生活中去努力奋斗，敢于参加决议的讨论，这样的人才能获得真正的自由。

有一个人经常出差，经常买不到对号入座的车票。可是无论长途短途，无论车上多挤，他总能找到座位。他的办法其实很简单，就是耐心地一节车厢一节车厢找过去。这个办法听上去似乎并不高明，但却很管用。每次，他都做好了从第一节车厢走到最后一节车厢的准备，可是每次他都用不着走到最后就会发现空位。他说，这是因为像他这样锲而不舍找座位的乘客实在不多。经常是在他落座的车厢里尚余若干座位，而在其他车厢的过道和车厢接头处，居然人满为患。他对待这个问题有一套自己的独特见解：大多数乘客轻易就被一两节车厢拥挤的表面现象迷惑了，不大细想在数十次停靠之中，从火车十几个车门上上下下的流动中蕴藏着不少提供座位的机遇；即使想到了，他们也没有那一份寻找的耐心。眼前一方小小立足之地很容易让大多数人满足，为了一两个座位背负着行李挤来挤去有些人也觉得不值。他们还担心万一找不到座位，回头连个好好站着的地方也没有了。

这是这位旅客有着跟别人不一样的思维，所以他才能每次都找到自己的位置。所以，有时候大家的一致看法并不一定是有利的，是正确的，相反，具有自己独特的见解确是一件让人值得骄傲的事情。我们要保护这种思想，而不要把它扼杀在萌芽之中。

卡耐基认为，对于成熟的心灵和成熟的人来说，“顺从”只是一个遥无期限的概念，它不过是那些茫然无从者的护身符，而成熟的人，其心灵早已和爱默生达成了一致：“个人心灵的完美，是最为神圣的。”

因此，我们每个人都必须有自己的见解。有了自己的见解，我们才能有自己的思想。思想是我们心灵的灵魂，有了思想我们才能做出与众不同的事业。

※　不要让人觉得讨厌

我们每个人都生活在社会中，我们每个人都离不开交往，我们每天不论做什么事情，都要和人接触。如果我们是一个让别人觉得讨厌的人，那我们在这个社会中就寸步难行了。那么如何才能让大家都喜欢你呢？

卡耐基认为，无聊乏味的人，既不可能了解自己，也不会喜欢自己，当然也就是更无法成为他自己，他不知道自己需要什么，也不知道别人在人际交往中需要什么。他的全部精力都放在那些无聊而且微不足道的生活琐事上，这正是现代人迷失自我的悲剧性象征。

有一次，卡西去无线电城询问处，打听苏文的办公室号码。那个穿着整洁制服的询问员，似乎显得很高贵，他很清晰的回答："苏文，18楼，1816室。"

卡西走向电梯，想了想，接着又走了回来，对那个询问员说："你回答问题的方法很漂亮，很清楚、恰当，你像一个艺术家，实在不简单。"

他脸上现出愉快的光芒，告诉我，在答话时为什么中间要停一下，为什么每句话的几个字，要那么说。

其实，要想不被别人讨厌，我们每个人都可以轻松地做到。找到合适的机会，去称赞别人，你就会变得非常受欢迎。

卡耐基认为，不断成长和成熟的人，因善于化平凡为神奇，所以虽然无所不谈，但决不会令人厌烦；相反，从成熟的人口中说出来的本来光芒四射的话题，一旦由无聊乏味的人口中说出来时，就会变得无聊乏味，了无生气。

比克去一家法式的煎马铃薯店吃饭。那个女服务生端来了煮马铃薯。比克说："对不起，要麻烦您了，我喜欢的是法式的煎马铃薯。"而她也突然意识到自己的错误，回答说："一点也不麻烦。"并且很乐意地去给比克更换，因为比克赢得了她的欢迎。

卡耐基认为，如果你想使自己走向更加成熟的人生，就请记住，一定要时刻记住，一定要时刻注意自己的言行举止，不要让别人觉得你是一个令人讨厌的人。

要想得到大家的欢迎其实很简单。平时客气的话，像“对不起，麻烦你，请你，你会介意吗？谢谢你！”这些简短的话，可以减少人与人之间的纠纷，拉进你和他人的距离。

美国著名小说家柯恩，是一个铁匠的儿子，他一生没有受过八年以上的教育，可是在他去世的时候，是世界上一位最富有的文人。

柯恩酷爱诗歌，他读尽了罗赛迪的诗，甚至他还写了一篇演讲稿，歌颂罗赛迪学术上的成就，并且还送了一份给罗赛迪。罗赛迪很高兴，他表示这样一个年轻人，对我的才学有这样高超的见解，他一定很聪明。

大家就是靠着对别人的赞赏，对别人的尊重，才取得了大家的欢迎。

※ 让友谊伴随你一生

友谊是生命中的源泉，没有朋友的人是孤独的。当你开心时，朋友与你分享。当你悲伤无助时，朋友会给你一双援助的手。友情无处不在，它伴随你左右，萦绕在你的身边，和你共度一生。

成立了家庭，并没有给卡耐基带来好运。相反，为了逃避洛莉塔的粗暴和嘲讽，卡耐基不愿意再在这个家中度日如年，他决定外出旅行。

他选择了匈牙利的霍尔多巴吉湖泊。这个地方有点儿像野外动物园，令人神往和着迷。

与他同行的一位朋友想和他一道去打野鹅，他非常高兴地答应了。霍尔多巴吉草湖边野鹅很多，而且很肥。他向当地的居民学会了许多捕野鹅的方法，居然收效很大，他捕到了很多只又肥又大的野鹅。这次旅游带给了卡耐基许多快乐，他这时又在计划着写一些有关的文章。

但一回到巴黎，又陷入了家庭生活不和谐的困境中，最令他气愤和难受的是，洛莉塔在花销方面根本没有计划，胡乱花钱，但卡耐基并没有计较这些，他默默地忍受着。

在这种坏心情下，朋友的到来可能是卡耐基最高兴的事了。

老朋友赫蒙·克洛依的拜访使卡耐基激动不已。

卡耐基在一家餐厅里招待了克洛依，两人许久没有会面，有许多的经验和方法需要进行交流，卡耐基并没有向他的朋友倾吐心中的烦闷，反而显得非常高兴的样子来庆祝他朋友在事业上的成功。

与朋友的异地相逢，使卡耐基暂时摆脱了家庭生活的郁闷。他们一起开始了在法国的旅行，并无所顾忌地交流着各自的情况。面对眼前这位老朋友，卡耐基始终没有说出内心的痛苦。

1951 年，卡耐基夫妇有了他们唯一的孩子，他们给她起名朵娜·戴尔·卡耐基。

当朵娜出生时，卡耐基已有 60 余岁。摩门·宾森记得卡耐基走进大理协同教会的教堂时对自己说："恭喜我！我妻子生了小孩，而我已经 63 岁了！"

当朵娜还是个学走路的小娃娃时，卡耐基常常带她到森林旁的水池旁边散步。而当他开始热烈地同别人谈话时，常常忘记了自己正在照顾小孩子。

当他回到家里，桃乐丝问他孩子在哪里时，他已经忘记孩子这回事了。

后来，卡耐基不得已填了水池，把它改建为玫瑰花园，这样做是为了确保在与别人交谈时朵娜不至于掉进水池里去。

友谊是卡耐基一生中很重要的一部分。在卡耐基伤心失望时，他们给他以支持；当卡耐基取得成就时，他们一起和他分享。

卡耐基认为，在这个世界上，没有人有义务去必须喜欢别人，无论是在生意上还是在社会交往中，假如我们不能拿出别人想要的东西，我们就没有任何理由让别人来主动讨好我们。

卡耐基认为，要想赢得别人的友情，就必须甩掉包袱，不要担心别人是否会喜欢我们，而且要尽量发掘我们身上潜藏的基本素质，激发别人来赏识我们。我们应该做的，不是观望那虚无缥缈的未来，而是要脚踏实地，做好跟前的每一件事情。

有一位伟人这样说过："得不到友情的人将是终身可怜的孤独者；没有友情的社会，只是一片繁华的沙漠。"朋友就是友谊的代言人。

有一对朋友，一起去爬山。刚好天雨路滑，有一个人不小心摔了一跤。刚好身边是万丈深渊。在这千钧一发的时候，他的朋友立即扑上去拉着他的手。就这样，他们在"鬼门关"前持续了两小时左右。在这段时间里，那个身陷险境的人，几次叫他的朋友放手，免得一起摔下去，双双送命。但他的朋友却说："再坚持多一会儿，就有人来救我们的。"终于，碰巧三个山工看到，把他们救了起来。但那朋友的手已经变得畸形了。但他还是笑对他的朋友说："我早说过会有人救我们的。"这时，那人早已热泪盈眶，抱着他的朋友哭起来。

友谊是一部漫漫长卷，只有用心去读，才可读出一生的知己，收获一筐果实。人生走过的每一小段，除了父母之外，朋友便是我们一生的常伴，它伴随着我们走向生命的尽头。

人生在世，美丽的青春年华会像流水一样一去不复返，唯有朋友间的真挚友谊不会枯萎，可以天长地久。

※ 学会喜欢自己

我们每个人都有这样的经历。望着眼前我们的照片，我们会感到不满意，心里埋怨为什么我长得没有别人漂亮呢？其实，我们没有必要为此烦恼，我们应该面对真实的自己，去发掘自己的可爱之处，学会喜欢自己。

卡耐基成功的过程并不是一帆风顺的。童年时，卡耐基家庭非常贫穷，遭到自然灾害时，就连温饱问题都没有办法解决。在一次跟小伙伴的玩耍中，卡耐基还弄断了自己的手指。上高中时，卡耐基是同学们嘲弄的对象，当时的他特别讨厌自己。讨厌自己的长相，甚至讨厌自己头发的颜色。工作后，卡耐基依然没有摆脱贫困的命运。他在做推销员工作时，经常遭遇困难。儿时的经历和一系列的挫折，使卡耐基的性格变得抑郁，他甚至感到恐惧。他懊恼自己一辈子都不会有所成就了，担心自会被开除，其实大公司是很少开除人的。后来他遇到了一个跟他一样，断了手指的青年。在与这位年轻人的交流中，卡耐基找到了自我，发现自己其实有很多优点，例如自己在演讲方面和口才方面。也正是这个年轻人，使卡耐基慢慢地喜欢上了自己，最后并取得了伟大的成功。

卡耐基认为,“爱自己”是健康成熟地生活的一个重要标志。爱自己，就是要接受自己，要冷静客观，怀着自尊心和人类的尊严感来接受自己。如果我们不喜欢自己，那么我们就不会喜欢别人，仇恨一切事物和别人，厌弃和虐待自己同胞的人，必然也会更强烈地表现出自我厌弃。

珍妮是一个总爱低头走路的小女孩。她一直觉得自己长得不够漂亮。有一天，她到饰物店去买了一只绿色蝴蝶结，店主不断赞美她戴上蝴蝶结挺漂亮，珍妮虽不信，但是挺高兴，不由昂起了头，急于让大家看看，出门与人撞了一下都没在意。

珍妮走进教室，迎面碰上了她的老师，“珍妮，你抬起头来真美！”老师爱抚地拍拍她的肩说。

那一天，她得到了许多人的赞美。她想一定是蝴蝶结的功劳，可往镜前一照，头上根本就没有蝴蝶结，一定是出饰物店时与人一碰弄丢了。

其实，无论是贫穷还是富有，无论是貌若天仙，还是相貌平平，我们每个人身上都有自己闪光的那个地方，让我们喜欢自己吧，只有喜欢自己，我们才能更好地热爱生活和体会生活带给我们的快乐。

在一次讨论会上，一位著名的演说家没讲一句开场白，手里却高举着一张 20 美元的钞票。

面对会议室里的 200 个人，他问："谁要这 20 美元？"一只只手举了起来。他接着说："我打算把这 20 美元送给你们中的一位，但在这之前，请准许我做一件事。"他说着将钞票揉成一团，然后问："谁还要？"仍有人举起手来。

他又说："那么，假如我这样做又会怎么样呢？"他把钞票扔到地上，又踏上一只脚，并且用脚碾它。尔后他拾起钞票，钞票已变得又脏又皱。

"现在谁还要？"还是有人举起手来。

"朋友们，你们已经上了一堂很有意义的课。无论我如何对待那张钞票，你们还是想要它，因为它并没贬值，它依旧值 20 美元。"

"在上帝的眼中，我们每个人永远都不会丧失价值。在他看来，我们衣着不论是肮脏还是洁净、齐整或不齐整，我们依然是无价之宝。"

卡耐基认为，要想获得进步，突出自我，就要集中精力发挥自己的优点，展现自己最优秀的一面，抛开自己的缺点。当然，我们一定要纠正自己的错误，并迅速忘掉它们。

迈克在 1938 年的时候，年方 21 岁，已经可以进入军中服役。他在一次战役中受了严重的眼伤，双眼从此失明了。虽然他承受了这么大伤害和痛楚，个性却依然十分开朗。他常常与其他病人开玩笑，并把自己配给到的香烟和糖果分赠给亲朋好友。

医师们都尽心尽力想恢复迈克的视力。一日，主治大夫亲自走进迈克的房间向他说："迈克，你知道我一向都喜欢对病人实话实说。我必须诚实地告诉你，你的视力无法恢复了。"

时间似乎停止下来，房间里呈现可怕的静默。

"大夫，我知道。"迈克打破沉寂，平静地回答道，"其实，我一直都知道会有这个结果，但是仍然感谢你们为我费了这么多的努力。"

后来，迈克利用自己祖父传下来的技巧，开了一家盲人按摩院。依然像以前那样开朗。

迈克就没有因为自己的失明，而讨厌自己。他依然认为自己就是自己，依然像从前那样喜欢自己。

人生路上，我们会有无数次的困难和逆境，当我们遇到困难时，我们觉得自己似乎一文不值。但是无论发生什么，我们生命的价值仍然没有改变，让我们还像以前那样喜欢我们自己。让我们喜欢自己，相信自己，为了我们的追求不懈地努力。

第七章　走出孤独忧虑的人生

许多寂寞孤独的人是因为不了解一个人要想得到他人的欢迎，一定要付出许多努力和代价而感到孤独和寂寞。孤独是现代人的通病。无论是单身男子或美丽的女子，无论是城市的异乡人或村里的流浪汉，都一样会尝到孤寂的滋味。

我们要想克服孤独，就必须远离自怜自艾的阴影，勇敢走入充满光亮的人群里。我们要知道幸福并不是靠别人来布施，而是要自己去赢取别人对你的需求和喜爱。

要想让别人喜欢我们，的确需要花点心力。无论到什么地方，都要兴高采烈，把自己的欢乐尽量与别人分享。要使自己成为被人接纳的对象，必须把自己奉献给别人，而不是等着别人来给自己什么。

我们要学会面对现实。无论是丈夫死了，或太太去世，活着的人都有权利再快乐地活下去。当我们发现某些事实已经无法改变时，我们就得认定事实，做出积极乐观的反应，这才是一种可取的态度。

人生在世，生命短暂，我们不要为一些本来可以很快忘记的小事而忧虑，让我们把我们的精力用在值得做的行动和感觉上，去想一些应该思考的问题，去做必须做的事情。

※　克服孤独的方法

每当夜深人静的时候、每当孤独失意的时候，你会不会想念远方的父母和亲友？你会不会觉得自己一个人很孤独？事实上，不论走千里万里，不论一个人取得多大的成就，家都是我们心灵的港湾。

虽然事业遭受很大的挫折，卡耐基和汤姆斯间的友谊却没有消减。

汤姆斯为《影响力的本质》第一版撰写绪论，他的签名常在戴尔·卡耐基的广告上出现。

此后，卡耐基经常到汤姆斯家做客。汤姆斯的孩子都记得有一位友善、愉悦、一头灰发和戴着淡色镜框眼镜的慈长者，常来他家与他父亲亲切交谈。他就是戴尔·卡耐基。

卡耐基对友谊的感受是非常深刻的，而他对增进友谊的投入也是全身心的。我们可以设想，当一个人孤独地在社会上生活，身边没有一个能够信赖的朋友时，他的事业肯定不会成功。因此，我们有理由相信，卡耐基事业的成功固然与他自己的艰苦奋斗分不开，但是，如果没有朋友之间的相互支持和帮助，卡耐基的成功就不会如此辉煌。

由此，我们应该重视友情，让友谊之花开放在自己的生命之中。

卡耐基告诉我们，寂寞的人永远不明白，爱和友情是不会像包装精美的礼物那样被送到手上的。受欢迎和被接纳从来也不是那么能轻易到手的。人应该努力去赢得别人的喜欢，爱、友情和美好时光是不能通过谈判获得的，我们要面对这些现实！

好几年前，卡耐基认识了这样两个女孩。她们在一间公寓同住，两个女孩都长得十分迷人，也有一份待遇不错的工作，都希望自己有朝一日出人头地。让卡耐基惊奇的是，其中一位女孩，以她的年纪来说，是相当聪慧的。她认为居住在大都市的女孩，尤其是单身女孩，一定要仔细安排自己的生活，并计划自己的未来。她积极参加各种活动。她还加入一个研讨会，甚至选修一门改进个性的课程。她把自己的薪水尽量用来与人交往，并开创出多姿多彩的生活内容。她有适度而愉快的休闲活动，但对于社交关系则相当谨慎。尤其尽量避免暧昧不清的男女关系。

回想当时她初到大都市的时候，也感到寂寞。但是，她不是像某些男性一样，在海底潜游了半天，却只寻得一块海绵。她知道自己一定要有计划。如今，她与一位聪明的年轻律师结了婚，婚后生活十分愉快。这便是她强调的“要达到目的”的结果——她得到了幸福快乐的人生。

至于另外的那个女孩呢？她当初也很孤单寂寞，却没有细心安排自己的生活。她经常去一些游乐场所或酒吧寻找朋友。最后只是加入了一个俱乐部，协助酗酒者的戒酒俱乐部。

通过对比，可以看出：如果你不想让自己孤独忧虑，就请记住幸福并不是靠别人来布施，而是自己去赢取别人对你的需求和喜爱。

戴尔·卡耐基说：“如果你想成为有勇气的人，那么你就去尝试一些至今从未做过，但却令你胆怯的事情，而且一直到取得相当的成绩为止——这就是战胜恐惧的最佳途径。”

1900 年 7 月，德国精神病学专家林德曼独自驾着一叶小舟驶进了波涛汹涌的大西洋，他在进行一次历史上从未有过的心理学实验，验证一下自信的力量。

林德曼认为，一个人只要对自己抱有足够的信心，就能最大限度地保持精神和机体的健康。当时，德国举国上下都很关注这一悲壮的冒险活动，因为此前已有 100 多位勇士驾舟横渡大西洋均告失败，无人生还。林德曼推断，这些遇难者失败的主要原因应该不是生理上的因素，而是应该死于精神恐慌、崩溃与绝望，所以他决定亲自驾舟前往，以验证自己的推断。

航行中，林德曼遇到了常人难以想象的困难。特别是在航行的最后 18 天中，他遇到了季风，小船的桅杆折断了，船舷被海浪打裂了，船舱进了水。林德曼有时真有绝望之感。但是这个念头一冒出来，他就马上就大声自责：懦夫，你想重蹈覆辙，葬身此地吗？不，我一定能成功！在经历千辛万苦之后，林德曼终于胜利渡过了大西洋，成为第一位独舟横越大西洋的勇士。

因此，在孤独寂寞的时候，在无人援助的时候，只有自信才是最重要的。如果你没有孤身奋战的想法，你就有可能被困难吓倒。只有相信自己的能力，才能战胜孤独。

美国有位很有天赋的女歌唱家，刚开始出道的时候，总是唱不好。她非常自卑，也不敢和别人进行交流，感觉自己非常孤独，有时晚上竟然暗暗落泪。在一次大赛中，有位评委看出了问题，对她说，好好唱你的歌，忘掉你的龅牙。原来，她总觉得自己的龅牙很难看，唱歌时也试图掩饰，结果大失水准。而且还不敢向别人提起这个幼稚的问题。现在，她听了这位评委的话后，卸下了心理包袱，结果一唱成名。

如果想摆脱孤独，就要消除自卑的心理。如果自卑，你就会感到别人比你优越，你就不敢和别人交流，结果会使自己更孤单。

摆脱孤独的方法有很多，除了要自信和消除自卑外，还可以多和朋友交流，多向别人诉说不开心的事情。总之，我们的周围有很多朋友，我们要主动请求帮助，而不要等待别人施舍。如果自己不主动，就会感到孤单。当你主动向朋友请求援助，你会发现你并不是一个人，有很多人都在关心你。

※ 如何远离忧虑的危害

在压力日益增大的现代社会，我们面临着越来越大的压力。这也增加了我们的忧虑。我们会忍不住地担心明天会不会被辞退？万一辞退了我又该怎么办？孩子高考要是落空，我应该怎么安排他呢？忧虑给我们能带来很大的危害，使我们失眠，精神萎靡不振甚至带来健康问题。那么我们在日常生活中，应该如何缓解和消除精神上的压力呢？

如果说卡耐基的童年和密苏里州农家男孩子有什么不同的话，那就是受到他母亲的很大影响。他母亲鼓励他读书，希望他将来做一名传教士，或做一名教员。但是，家境的贫困，使年轻的卡耐基必须为受教育而努力奋斗，1904 年，卡耐基高中毕业后就读于密苏里州华伦斯堡州立师范学院。这个时候，他家已把原来的农场卖掉，迁到华伦斯堡师范学院附近。卡耐基因为负担不起市镇上的生活费用，就住在农场的家里，每天骑马到学校去上课，是全校六百名学生中五六个住不起市镇的学生之一。在家里，他挤牛奶、伐木、喂猪，在煤油灯下刻苦读书。他虽然得到全额奖学金，但还必须参加各种工作，以赚取必要的学习费用，这使他感到羞耻，形成了一种忧虑的心理。他想寻求出人头地的捷径，在学校里，具有特殊影响和名望的人，一个是棒球球员，一个是那些辩论和演讲获胜的人。他知道自己没有运动员的才华，就决心在演讲比赛上获胜。他花了几个月的时间练习演讲，但一次又一次的都失败了。失败带给他的失望和灰心，甚至使他想到自杀。

卡耐基曾经一度忧虑过，直到他参加青年会。

卡耐基用他的经历告诉我们：在那些前往医院看病的人中，70% 的人只要能够消除他们的恐惧和忧虑、病自然就会好起来，因为他们都是在内心自以为生了病。忧虑就像是在不停地往下滴的水珠，而那不停地往下滴，这种忧虑，通常会使人心神发狂，甚至自杀。医生所犯的最大错误，就是他们只为病人治疗身体，却不为他们医治思想，然而，精神和肉体是一体的，不能分别治疗。要想远离忧虑的危害，必须首先从精神上将自己解放出来。

女明星曼儿奥白朗告诉记者说她绝对不会忧虑，因为忧虑会摧毁她在银幕上的主要资本——美貌。其实，在女明星曼儿奥白朗刚开始打进影坛时，心里也是既担心又害怕。她担心她刚从印度回来，在伦敦没有一个熟人。初到伦敦后，女明星曼儿奥白朗见过几个制片人，但没有一个肯起用她。她仅有的一点儿钱也渐渐用光了，整整两个星期，只靠一点饼干和水充饥。女明星曼儿奥白朗对自己说："也许你是个傻子，你永远也不可能闯进电影界。你没有经验，也没有演过戏。除了一张漂亮的脸蛋，你还有些什么呢？"

想到这里，女明星曼儿奥白朗照了照镜子，突然发觉到忧虑对她容貌的影响，她看见忧虑造成的皱纹，看见焦虑的表情，她立刻对自己说："你必须立即停止忧虑。你能奉献的只有容貌，而忧虑会毁掉它的。"

忧虑确实会对我们的身体带来很大的伤害，会使我们脸上出现皱纹，会使我们总显得愁眉苦脸，会使我们头发灰白，甚至脱落，会使我们的脸上出现雀斑、溃烂和粉刺。但是忧虑并不能给我们的生活带来任何转机，我们仍然要面对没有解决的问题，仍然要想办法解决。而且，忧虑还会使我们的思维变慢，使我们的思维变得混乱。

格兰特围攻瑞其蒙达9个月之久，终于把李将军手下衣衫不整、饥饿不堪的部队打败了。眼看战争就要结束了，李将军手下的人在烈焰升腾的黑夜里弃城而逃。格兰特乘胜追击，从左右两侧和后方夹击南部联军，骑兵从正面截击。

由于剧烈头痛而眼睛半瞎的格兰特无法跟上队伍。就停在一家农户前。在那里过了一夜。他把自己的双脚泡在加了芥末的冷水里，还把芥末药膏贴在我的两个手腕和后颈上。希望第二天早上能复原。

第二天早上，他果然复原了。可是，使他复原的，不是芥末膏药，而是一个带回李将军降书的骑兵。

当那个军官带着那封信到格兰特面前时，格兰特的头也没有先前疼得很厉害了，眼睛也立刻好了。

格兰特是因为忧虑、紧张和情绪上的不安才生病的。一旦在情绪上恢复了自信，想到胜利，病也就马上好了。

因此，当我们忧虑烦恼时，多想想以前开心的事情，让自己保持积极、乐观心态。试着改变自己的心态很重要。忧虑和紧张，主要都是来自我们的心理作用。只要保持乐观的态度，许多事情并没有我们想象得那么严重！

※ 消除忧虑的灵丹妙药

我们生活在这个社会上，不可避免地要为某些事情担心和忧虑，或者为孩子的成绩发愁，或者为家人的健康担忧，我们身边总有很多烦心事。这些烦心的事情困扰着我们，给我们的生活带来很多不愉快，而且还影响了我们身体的健康。我们应该怎么样才能消除这些忧虑呢？

在学校里，瘦弱、苍白的戴尔·卡耐基永远穿着破旧的夹克，而且还很不合身，有一种失魂落魄的样子。

有一次上数学课时，戴尔·卡耐基被老师叫到黑板前解答问题。

当戴尔走上讲台后，教室里立即爆发出一阵雷霆般的大笑声，老师连续做了几个安静的手势都无济于事。

戴尔·卡耐基尴尬地呆立在讲台上，深深地埋下头，然后异常窘迫地回到座位，仿佛是上了一次审判台。

戴尔·卡耐基下课后才明白同学们笑话他的原因。原来，那天戴尔穿着一件破夹克上学，班上一名叫迈特的捣蛋鬼就坐在他背后，他在戴尔夹克破裂处插了一朵玫瑰花，并在旁边贴了一张字条，写着：

“我爱你，瑞德·杰克先生。”

在英语中，瑞德·杰克与破夹克是谐音词。

受到这样的嘲弄，卡耐基难以承受。当天回家后，他满怀委屈地对母亲说：

“妈妈，我不想上学了。”

“发生什么啦？上帝，戴尔究竟怎么啦？”詹姆斯太太满脸惊讶和失望。

“因为同学们老是笑我穿的破衣服，我不能集中精力听课和思考。”

詹姆斯太太静静地看了戴尔大约三分钟，缓缓说道：“你为什么不想办法让他们因佩服而尊敬你呢？好了，不必伤心，没有什么，今年秋季，我们一定给你买套新衣服。”

或许是詹姆斯太太的话启发了戴尔·卡耐基，也可能是出于其他原因，他终于顶住了这次精神上的压力，没有在那一次事情后退学。

卡耐基指出，如果你想消除忧虑，培养平安与幸福，请记住这条规则：“要对别人感兴趣而忘掉你自己，每一天都做一件能给别人脸上带来快乐微笑的好事”。

洛克菲勒早在23岁的时候就全心全意追求他的目标。除了生意上的好消息以外，没有任何事情能令他展颜欢笑。当他做成一笔生意，赚到一大笔钱时，他会高兴地把帽子摔到地上，痛痛快快地跳起舞来。但如果失败了，那他会随之病倒。

就在他的事业达到顶峰之时，财富像威苏维火山的金黄色岩浆那般，源源不绝地流入保险库中，他的私人世界却崩溃了。许多书籍和文章公开谴责“标准石油公司”那种不择手段致富的财阀行为和铁路公司之间的秘密回扣，无情地压倒任何竞争者。

在宾夕法尼亚州，当地人们最痛恨的就是洛克菲勒。被他打败的竞争者，将他的人像吊在树上泄恨。充满火药味的信件如雪花般涌进他的办公室，威胁要取他的性命。他雇用了许多保镖，防止遭敌人杀害。他试图忽视这些仇视怒潮，有一次曾以讽刺的口吻说：“你尽管踢我、骂我，但我还是按照我自己的方式行事。”

但他最后还是发现自己毕竟也是凡人，无法忍受人们对他的仇视，也受不了忧虑的侵蚀。他的身体开始不行了。疾病从内部向他发动攻击，令他措手不及，疑惑不安。

起初，他试图对自己偶尔的不适保持秘密。但是，失眠、消化不良、掉头发，全身烦恼和精神崩溃的肉体病症，却是无法隐瞒的。最后，他的医生把实情坦白地告诉了他：他只有两种选择，一是财富和烦恼，二是性命。他们警告他：必须在退休和死亡之间作一选择。

他选择了退休。但在退休之前，烦恼、贪婪、恐惧已彻底破坏了他的健康。后来，洛克菲勒考虑把数百万的金钱捐出去。但是有时候，做一件好事也并不容易。当他向一座教堂奉献时，全国各地的传教士齐声发出反对的怒吼：“腐败的金钱！”当他获知密西根湖湖岸的一家学院因为抵押权而被迫关闭时，他立刻展开援助行动，捐出数百万美元去援助那家学院，将它建设成为目前举世闻名的芝加哥大学。他也尽力帮助黑人。像塔斯基吉黑人大学，需要基金来完成黑人教育家华盛顿·卡文的志愿，他也毫不迟疑地捐出巨款。最后，他又进一步地采取行动，成立了一个庞大的国际性基金会——洛克菲勒基金会，致力于消灭全世界各地的疾病、文盲及无知。

洛克菲勒在帮助他人的过程中，心理上得到了安慰。渐渐摆脱了忧虑。

萧伯纳说：“让人愁苦的秘诀就是，有空闲时间来想想自己到底快乐不快乐。”

在图书馆、实验室从事研究工作的人，很少有人因忧虑而精神崩溃，因为他们没有时间去享受忧虑这种“奢侈”；在烈日炎炎之下劳动的人们也没有时间忧虑……

遇到忧虑，不去想它，让自己忙碌起来，你的血液循环就会加速，你的思想就会开始变得敏锐。让自己一直忙着，这是世界上治疗忧虑的最便宜的一种药，也是最有效的一种。

威廉·卡赛柳斯在加入海岸防卫队不久，就被派到大西洋那边管炸药。他原来是一个卖小饼干的店员，现在居然成了管炸药的人！他一想到自己站在几千几万吨炸药上，吓得把骨髓都冻住了。他只接受了两天的训练，而这两天所学到的东西使他内心更加恐惧。

威廉·卡赛柳斯第一次承担任务时，天又黑又冷，还下着雾。他奉命到新泽西州的卡文角辑码头负责船上的第五号仓。五个身强力壮而又对炸药一无所知的码头工人，正将重两千到四千磅的炸弹往船上装。每一个炸弹都足够把那条旧船炸得粉碎。威廉·卡赛柳斯怕得不行，浑身发抖，嘴发干，膝盖发软，心跳加速。可他又不能跑开，那就是逃亡，不但会丢脸，而且还可能因为逃亡而被枪毙，所以他只能留下来。在担惊受怕、紧张了一个多小时之后，威廉·卡赛柳斯慢慢恢复了冷静，终于能运用常识考虑问题了。他对自己说：“就算被炸着了，又怎么样？反正也没有什么感觉了。这种死法倒也痛快，总比死于癌症要好得多。这工作不能不做，否则要被枪毙，所以还不如做得开朗些。”

就这样跟自己讲了几个小时后，开始觉得轻松了些。最后，终于克服了自己的忧虑和恐惧。

当你忧虑恐惧时，你就要想想你到底忧虑什么，为什么忧虑，然后你才能想办法克服忧虑。

在我们生活中，有很多方法可以克服忧虑，例如自信，自我安慰或者向别人诉说等等。但是，我们生活中多半忧虑是自己想出来的，所以我们要平静下来，慢慢应对。

人生活在这个世界上，肯定会遇到千奇百怪的事情，但是对于同样的事情，不同的人有不同的处理方式。心态好的人遇到问题自己就可以调整好心态，虽然事情令他很难过，但是他会随时间而慢慢淡忘；而有的人则不能放开胸怀，克服忧虑。忧虑成为你成长的脚绊石。要想摆脱忧虑，我们就要首先摆脱忧虑的心理。

因为贫穷和生理的某些缺陷，使少年戴尔比其他孩子更多地感受到生活的忧郁。

在校园里，戴尔那双又宽又大的耳朵经常是同学们嘲弄的对象，左手少一根食指也成别人冷嘲热讽和揶揄的缘由。戴尔为此烦恼不已，经常一人暗自悲伤流泪。

有一次，班上一名叫山姆·怀特的大男孩与戴尔·卡耐基发生了矛盾。怀特极不友善地恐吓戴尔：

“总有一天，我要剪断你那双讨厌的大耳朵。”

戴尔信以为真，为此事而连续几日不能入寐。

当戴尔·卡耐基被人们如众星拱月般地景仰时，他仍然没有忘记那名叫山姆·怀特的大男孩，并且这件事还出现在他以后的讲义中：“要想别人对你友善、与同事和睦地相处和处理好上下级关系，那就绝不能去触动别人心灵的伤疤。”

威廉·孟恩太太，通过思考怎样才能让别人高兴，治好了自己的忧郁症。五年前，威廉·孟恩太太正沉溺于一种悲伤而自怜的情绪中。孟恩太太在丈夫去世后，心情就一直郁闷。当圣诞节快来临的时候，她的伤感愈发沉重起来。以前的圣诞节都是和丈夫一起度过的，她真怕这次圣诞节的来临。

很多朋友请她和他们一起度圣诞，可是她一点也不觉得高兴。威廉·孟恩太太觉得不管在哪一个宴会上她都是一个让人讨厌的人，所以她拒绝了许多很仁慈的邀请。快到圣诞夜的时候，她就愈觉得可怜自己。

圣诞节的前一天，她下午三点就离开了办公室，开始无聊地在第五街上走着，希望可以治好自己的自怜和忧郁。大街上挤满了开心的人群，这些景象使她回忆起那些已经流走的欢乐岁月。一想到要回到那个又孤单又空虚的公寓，她就受不了。她感到非常迷惑，不知道该怎么办，忍不住地流下眼泪。

漫无目的地走了大约一个钟头之后，她发现自己站在公共汽车站前。这又使她想起以前常常和丈夫随意搭上一部公共汽车，只是为了好玩。于是，她就走上靠站的第一部公共汽车。当车子过了赫德逊河，又走了一阵之后，她听到司机说："终站了，太太。"威廉·孟恩太太下了车，不知道这个小镇叫什么名字。这是一个很安静的小地方，她走到住宅区的一条街上，走过一座教堂，听见里面传来"平安夜"的美丽曲调。

她走了进去，教堂里空空的，只有那个弹风琴的人。她偷偷地坐在一张椅子上，装饰得非常漂亮的圣诞树上的灯光，使整棵树看起来像很多的星星在月光下舞蹈，悠扬的乐声——再加上从早起就一直没有吃东西，使她觉得头脑发昏，结果昏然地睡了过去。

醒来的时候，她不知道自己身在何处。看见站在面前的两个小孩子，显然是进来看圣诞树的，其中之一是一个小女孩，正指着威廉·孟恩太太说："不知道是不是圣诞老人把她带来的。"当威廉·孟恩太太醒过来的时候，那两个小孩子也吓坏了。他们的衣服很寒酸，威廉·孟恩太太问他们的父母在哪里？他俩说没有妈妈，也没有爸爸。原来是两个小孤儿，而且比威廉·孟恩太太以前所见过的境况更差得很多。他们使威廉·孟恩太太对自己的忧伤和自怜感到惭愧起来。于是，威廉·孟恩太太带他们去看了那棵圣诞树，然后带他们到一个小饮食店去，吃了一点点心，再为他们买了一些礼物。威廉·孟恩太太的孤寂便魔术般地消失了。这两个孤儿为她带来几个月都不曾经历过的真正快乐和忘我。

当威廉·孟恩太太和他们聊天的时候，才发现自己一直非常幸运：她感谢上帝，因为她的童年时的圣诞节都充满欢乐，充满了父母对她的爱和照顾。

从此以后，威廉·孟恩太太摆脱了忧虑的心情。她从帮助别人中找到了快乐。她认为，只有帮助别人并付出我们的爱，才能克服忧虑、悲伤以及自怜。

卡耐基认为，如果一个人能够把他所有忧虑的时间都用在以一种很超然、很客观的态度去寻找事实的话，那么他的忧虑就会在知识的光芒下，消失得无影无踪。

依丽卡·彼特丝是一名钢琴家，她毕业于著名的朱丽亚音乐学院，以演奏钢琴为业。在她的第一个小孩出生之后，便中风，瘫痪了好几个月。她复原得很慢，但是已经能够过正常的生活。但由于大脑受到了损害，她的右手手指永远软弱无力，不可能再以演奏钢琴为业。

受到这样重大的打击，她没有怨天尤人。她知道没有办法改变这一切，就把她所学的用在教授钢琴上。今天她已经是成功的钢琴教授，生活也很快乐。

一首古老的童谣说：“国王所有的马，国王所有的人，都不能使过去再生。”我们都应扬弃不能改变的事，再以所有的力量重新开始。

艾德温·惠特罗在夏威夷主持卡耐基课程多年，接着担任顾问，他自己也应用了这项原则。1974 年他生了重病，但是医生查不出他得的是什么病。他回到夏威夷后接受了试探性的手术，把好几处溃疡除去，身体变得非常虚弱，而他已经是七十多岁的人了，各种迹象显示他似乎已经难以康复。

当时艾德温·惠特罗病得很厉害，几乎不能谈话。但是等他回来的时候，卡耐基真的请他吃了一顿很好的夏威夷晚餐。

他怎么做到的呢？一是做一个衰弱的老人，坐在那里永远康复不起来；二是想办法增进健康。于是他开始了锻炼，并且还每天增加下去。他后来完全康复，执行咨询顾客业务，足迹走遍全世界。

造成忧虑的另一个原因，是别人不感激、不欣赏我们而引起的愤恨。在宾州阿伦顿市的杰克·莫拉诺告诉他的同学说，他浪费了五年的时间，每天都记恨他侄子不知感激他的事。杰克 60 岁的时候，决定用送礼物而不是接受礼物的方式来庆祝自己的生日。他没有子女，于是就送给三个侄子各一百美元。侄子们非常惊喜，说了谢谢，但以后再也没有提起过这件事，他们没来看他，甚至于电话也不打一个，到了第二年的生日，也没有寄上一张生日卡片来。在 5 年的时间里，杰克一直念着他的侄子们不知感恩，不断地告诉朋友这件事，甚至晚上做梦都梦到这件事，使他过得很不愉快。后来，杰克不再过分期盼别人的感激，生活也就快乐多了。

欧嘉·佳薇也是一个典型的例子。她住在爱达荷州，在最悲惨的情况下发现自己还能够克服忧虑。八年半前，医生就告诉她，她将不久于人世，会很慢、很痛苦地死于癌症。国内最有名的医生梅育兄弟证实了这个诊断。欧嘉·佳薇走投无路，死亡已经扑向了她。欧嘉·佳薇当时还很年轻，她不想死。绝望之余，欧嘉·佳薇给她的医生打电话告诉他，她的内心是多么绝望。他有些不耐烦地拦住欧嘉·佳薇说：“欧嘉，你怎么了？难道你一点斗志也没有了吗？你要是一直这样哭下去的话。毫无疑问，你一定会死的。不错，你确实是碰上了最坏的情况。要面对现实，不要忧虑，然后再想点办法”。就在那一刹那，欧嘉·佳薇发了一个誓，她已经为自己做了最坏的打算。以后，她不再忧虑了，也不再哭泣了。她觉得自己一定要活下去！

卡耐基认为，解决我们困难的第一个办法，就是看清事实，在没有以客观态度搜集所有的事实之前，不要想着如何去解决问题，但是，如果，对事实不加以分辨和解释，即使把全世界所有的事实都搜集起来，对我们也没有任何帮助。

格兰·里区菲是在远东地区非常成功的一个美国商人。1942 年，日军侵入上海，里区菲先生正在中国。日军轰炸珍珠港后不久就占领了上海。他当时是上海亚洲人寿保险公司的经理。日军派来一个所谓的军方的清算员，命令格兰·里区菲先生协助他清算亚洲人寿保险公司的财产。格兰·里区菲先生一点办法也没有，要么就和他们合作，要么就是死路一条。

格兰·里区菲先生开始遵命行事。但是有一笔大约 75 万美元的保险费，格兰·里区菲先生没有填在那张要交出去的清单上，因为这笔钱用于香港公司，跟上海公司的资产无关。但是他还是担心万一被日本人发现此事，他的处境会非常不利。

结果，日本人很快就发现了。

那天，格兰·里区菲先生不在办公室，只有他的会计主任在场。那个日本海军上将大发脾气，拍桌子骂人，说格兰·里区菲先生是个强盗，是个叛徒，说他侮辱了日本皇军。格兰·里区菲先生当然知道这是什么意思，他有可能会被抓进宪兵队去。

宪兵队，就是日本秘密警察的行刑室。据说进去的人宁愿自杀也不愿意被送到那个地方去。有些人在那里被审训了十天，受尽苦刑，惨死在那个地方。

当格兰·里区菲先生听到这个消息后，非常紧张。他坐在打字机前，打下了这样两个问题及其答案。两个问题是：我担心的是什么？我应该该怎么办？

过去格兰·里区菲先生都不把答案写下来，只在心里琢磨。后来他发现如果能同时把问题和答案都写下来，会使思路更加清晰。所以，格兰·里区菲先生取出打字机，打下：一、我担心的是什么？我怕明天早上会被关进宪兵队里。二、我该怎么办呢？对于这个问题，格兰·里区菲先生花了几个小时，写下了四种可能采取的行动以及后果。第一，我可以去向日本海军上将解释。可是他不懂英文，如果找个翻译来跟他解释，会使他更加恼火，我就只有死路一条了。第二是，可以逃走。这点是不可能的，因为他们一直在监视，如果打算逃走的话，很可能被他们抓住而枪毙掉。第三是，留在房间里不去上班。但是如果这样做，那个海军上将很可能会起疑心，也许会派兵来抓，到时会连说话的机会都没有，就会被关进宪兵队了。第四是，星期一早上，照常上班。那个海军上将可能正在忙着，忘掉了那件事。即使他还记得，也可能已经冷静下来，不再找麻烦。

他前思后想，决定采取第四个办法——像平常一样星期一早上去上班。

第二天早上格兰·里区菲先生走进办公室时，那个日本海军上将就坐在那儿，叼根香烟，像平常一样地看了他一眼，什么话也没说。六个星期后他被调回东京，格兰·里区菲先生的忧虑就此告终。

格兰·里区菲先生凭借自己的智慧，最后赢得了这场战斗的胜利。他同时还教给了我们一个办法，如何摆脱忧虑的办法，就是把你的忧虑和解决忧虑的办法都写出来，这样会使你的思维更具有逻辑性，更有利于问题的解决。

第一，要知道为什么害怕？

只有知道了原因，才能采取相应的措施。

第二，你害怕的事情是不是真的很严重。确定是自己过度担忧，还是它的确是一件很棘手的事情。

第三，找到解决办法。

如果是一件小事，但是由于自己过度忧虑，那你可以采用自我安慰的方法。如果是一件严重的事情，你就需要分析它的来龙去脉了，好好找出对策。

第四，内心充满信仰。

只有这样，恐惧才能无立足之地。

※ 消除思想上的忧虑

如果你现在正在忧虑，正在为某件事而闷闷不乐。那么你就想想这件事将给你带来什么样的后果？如果连最坏的结果你都能接受，那么你还有什么好忧虑的？但是如果是一个你不愿接受的事实，那也不必忧虑，哪怕是当生命剩下最后一分钟的时候，你也不要去抱怨，要面对现实，想想办法怎么把这一分钟延长。用轻松的心态去笑迎一切。

戴尔·卡耐基一生都没有忘记102号河，这不仅仅是因为这条平静时显得很美丽的河流位于他的家乡。永远铭记于戴尔心灵深处的是这条河曾经给他家带来的灾难。

102号河有时显得分外慷慨，河水滋润着岸边肥沃的平原，绿油油的农作物和茂盛的树林是它给人们的慷慨回报。然而河畔的农民们怎么也没有理由去感激它。因为几乎在每年的秋天，当繁盛的小麦、玉米行将成熟之时，这条河流又要对这些靠土地谋生的人们肆虐报复，破灭一个又一个丰收的希望。

瘦弱的小戴尔穿着布满补丁的破烂衣服，站在农舍外围略高之处，可怜兮兮地看着棕色的河水汹涌而来，漫过河堤，席卷农地。随着农作物的被摧毁，戴尔想买一身新衣服的梦想又一次被击得粉碎。

河水退却后，小戴尔与父亲挣扎着走过泥泞的农地，去抢救那些劫后余生的农作物茎秆。

丰收的希望破灭了，一家人又得再次借债以度过饥荒。

许多年后，戴尔·卡耐基对这些经历仍记忆犹新。他后来回忆说，洪水过去后，他操持家务的母亲即使在失望之中还是坚定地唱着圣歌，母亲是一个坚定的基督教徒。而父亲詹姆斯沮丧的愁容也逐渐换成一副顽强与不屈的样子。这些情景在卡耐基幼小的心灵中深深地扎下根，使得他以后能一次又一次坚强地面对挫折与失败。

丰收在望的作物淹没于洪水，养肥的肉牛也只能获得少许微薄的利润，一只只猪又因霍乱而死亡。

这种种的不幸对戴尔一家的打击实在是太大了，它使人不得不怀疑，难道一家人的努力就此破灭是上苍的诅咒吗？

戴尔·卡耐基的母亲伊丽莎白尽管坚强，但在经历了这一连串自然灾祸之后，她的信仰也开始倾向于沮丧。

1948年，戴尔·卡耐基在他的《摆脱忧郁》中写道：“我常听见母亲忆起，每当父亲去谷仓喂马及乳牛，没有在她预计的时间归来时，她总要赶去谷仓看看，她时常害怕会突然发现他的身体倒吊在绳端晃来晃去。”

卡耐基认为，消除忧虑的最好办法，就是让自己忙起来，这样你的血液就会开始循环你的思想就会变得敏锐——让自己一直忙着，这是治疗忧虑的最便宜、最有效的良方。

叶慈太太是一位小说作家，可是她的那些神秘小说没有一本比得上一个真实故事的一半有趣。这件事发生在日本袭击珍珠港美军舰队的那天早晨，叶慈太太生病躺在床上已有一年多了，她得的是心脏病，一天 24 小时要躺在床上 22 小时。她走过的最长的路，就是到花园里去做日光浴。即使在那时候，她走路的时候还得让一个女佣人搀着。她曾经说到，要不是日本人轰炸珍珠港，她或许永远都不可能从这种自满的状态中出来，也绝不可能再真正地生活。

那天，有一颗炸弹就落在叶慈太太家的附近，爆炸的威力把叶慈太太从床上震得掉了下来。军方的卡车赶到基地的附近，把陆军和海军的眷属接到公立学校里。然后红十字会打电话让那些有多余房间的人收容他们。红十字会的人知道叶慈太太有一个电话放在床边，因此要求叶慈太太替他们记录所有的资料。于是叶慈太太记录下所有的陆军和海军的眷属以及孩子们被送到什么地方去，而红十字会也通知所有的海军和陆军人员打电话给叶慈太太，问她他们的家人分别安顿在什么地方。

叶慈太太很快发现，她的先生罗勃·叶慈上校安然无恙。叶慈太太尽量想办法让那些不知道她们的先生生死如何的太太们高兴；她试着去安慰那些先生们被打死的寡妇。起先她一直躺在床上接听所有的电话。然后她坐在床上听电话。最后，她忙得很兴奋，完全忘记了自己的虚弱，就走下床来坐在桌子旁边。

在帮助那些情况比她坏得多的人时，她完全忘了自己。以后每天除了晚上正常的八小时睡眠以外，她没有再回到床上去。她现在知道，如果日本人没有轰炸珍珠港，她也许会终生做一个半残废者。

著名心理学家卡尔·荣格说：“我的病人中，大约三分之一都不是真的有病，而是由于他们的生活没有意义和空虚。”

卡耐基认为，如果你忙着做一些需要计划和思考的事情的话，就很难再有时间去忧虑了。对任何人来说，保持忙碌永远都是消除忧虑的最佳方法。

安德尔医生要求我们每天做一件好事，就是能使别人的脸上露出欢乐微笑的事。他认为，在试着使别人高兴的时候，就会让我们不再只想到我们自己。只想到我们自己，就会产生忧虑和恐惧以及忧郁症。

从前有一户人家的菜园摆着一颗大石头，宽度大约有40厘米，高度有十厘米。到菜园的人，不小心就会踢到那一颗大石头，不是跌倒就是擦伤。

儿子问：“爸爸，那颗讨厌的石头，为什么不把它挖走？”

爸爸这么回答：“你说那颗石头喔？从你爷爷时代，就一直放到现在了，它的体积那么大，不知道要挖到什么时候，没事无聊挖石头，不如走路小心一点，还可以训练你的反应能力。”

过了几年，这颗大石头留到下一代，当时的儿子娶了媳妇，当了爸爸。

有一天媳妇气愤地说：“爸爸，菜园那颗大石头，我越看越不顺眼，改天请人搬走好了。”

爸爸回答说：“算了吧！那颗大石头很重的，可以搬走的话在我小时候就搬走了，哪会让它留到现在啊？”

媳妇心底非常不是滋味，那颗大石头不知道让她跌倒多少次了。

有一天早上，媳妇带着锄头和一桶水，将整桶水倒在大石头的四周。

十几分钟以后，媳妇用锄头把大石头四周的泥土搅松。

媳妇早有心理准备，可能要挖一天吧，谁都没想到几分钟就把石头挖起来，看看大小，这颗石头没有想象的那么大，都是被那个巨大的外表蒙骗了。

这个故事告诉我们，如果你的世界沉闷而无望，那是因为你自己沉闷无望。改变你的世界，必先改变你自己的心态。

卡耐基认为，忧虑、恐惧、憎恨、嫉妒和羡慕，都是受人的思想控制的。

有一位曾经非常优秀的年轻女老板，在她结婚后为了好好照顾家庭，把她的生意全部交给了她爱人打理。最初时他们过着非常幸福的生活，随着时间的推移，生意的扩大，他的爱人没有像以前那样多的时间陪伴她。于是，她开始怀疑她老公是不是有外遇了，她开始不信任她老公，开始了电话查岗，开始了突击检查，开始偷翻老公手机的记录，开始闷闷不乐，无论她老公怎么做她都不开心，不再信任他。后来，她老公为了缓解一下紧张的家庭关系，去外地开拓市场而暂时离开她。可是，她却一点也没醒悟，还是一如既往地不信任，甚至变本加厉。终于她精神失常，住进了医院，最后在33岁那年因为抑郁而终。

人们之所以感到忧虑，很普遍的一个原因是想胜过别人或想做某一个人。我们每个人都必须做我们自己，我们不可能完全像另一个人，我们如果想用一种不属于我们的方式去做一件事情，是不可能成功的。

爱默生说过："每一个人接受教育到某一个阶段，都会得到一个看法，那就是'羡慕即为无知，模仿等于自杀'。不论结果是好是坏，每个人都得以他自己的方式去做。虽然宇宙充满了美好善良，但是他必须在给他的一份土地上辛苦耕种，然后有营养的食物才会来到他的面前。一个人体内的力量在性质上是新的，没有别人，只有他自己才知道他体内的力量是什么，以及他能够做什么；而要知道他能够做什么，只有在他试过之后才知道。"

卡耐基认为，如果你有一只柠檬，那就做柠檬汁。我们每一个人都有可能得到一个柠檬，傻瓜拿到柠檬说："我失败了，这是命运，我根本没有机会。"然后他痛骂这个世界，为他的运气不好生气，然后沉沦于自怜中。聪明人拿到一个柠檬，就会问："我在这次厄运中可以学到些什么？怎么样才能改善我的情况？我怎样把这个柠檬压成柠檬汁？"

把柠檬变成柠檬汁不是件容易的事，也不能保证会成功，但是我们还是应该尝试。就算没有成功，当我们试着把坏的变成好的时，会使我们往前看而不再向后顾。这样可以使我们用积极的想法代替消极的想法，使我们发挥创造的活力，使我们忙碌，使我们没有时间也没有心情去哀伤那已经永远消逝的过去。

任何要参加卡耐基训练班的人，先要填写一张表，说明为什么要参加，以及想得到些什么。令人惊奇的是，只有少数人写他们的目标要克服忧虑，但是在最后一堂课中，学员们在报告对他们最有帮助的是什么的时候，不少学员都说讨论怎样克服忧虑的书和谈话，对他们的生活最有意义。

人有的时候会为那些根本不重要的事而忧虑，他们过分强调在生活中受到的一些伤害，并且经常因此而愤世嫉俗。卡耐基告诉我们的是，培养愉快的心情虽然并不容易，但却是可以通过努力做到的。最重要的一点是，我们没有必要为那些已经发生而且无法改变的事情而烦恼。我们尽可以暂时忘却那些事情，发现工作和生活的快乐。长此以往，我们的心情就会获得持久的愉快感受。

卡耐基认为，不论办公或经营，有很多态度很重要，其中之一便是以快乐的心情去工作。若对工作感到乏味，做买卖也提不起兴趣，是人生中很不幸的事，当然也不会有工作成果可言。因此，即便是再单调的工作，也要愉快地去从事。

那么要如何才能拥有这种心情呢？卡耐基认为，使人才适得其所是其中之一，但更重要的是使每个人喜欢自己的工作。如果认为自己的工作跟别人无关，也没什么意义，当然无法对工作感到乐趣。所以，自己应建立正确的经营理念，去执行工作，并互相扶持。比如卖麻将牌，搞这种经营的人如果狭隘地认为玩麻将不是什么好事情，那么就一定缺乏工作热情，公司也就很难经营下去。如果认为人们白天辛苦工作之后，晚上摸两圈，可以调剂心情，带来喜悦，所以我们应该制作麻将出售。有如此的认定，才能正正当当做这份工作。如果每一个人都能以欢喜的心情推展工作，这家公司自然会成功。

因此，不知道如何抗拒忧虑的人，都会短命而死。克服忧虑的心理，才能获得健康的身心，才能获得平安快乐。

※ 不要为小事烦恼

额头上蹦出的青春痘、同学间的小摩擦、不太理想的分数……我们谁没为小事而烦恼过呢？我们的生活就是由形形色色的小事构成，但这些小事并不是我们生活的羁绊。我们不要为它们感到烦恼，因为它们不只浪费我们的时间，还会败坏我们愉快的心情。

戴尔·卡耐基在青春期曾面临着另一种忧郁。

进入青春期的戴尔，非常渴望能和女孩子交往，然而他在与女孩子交往及交谈时又显得异常局促不安。因此，他总担心自己以后在结婚典礼上怎么办？

对当时的忧郁，戴尔·卡耐基回忆说：

“我想象着我们在某个乡村教堂举行婚礼，然后搭乘车顶缀有饰品的四轮马车返回农场……”

“我无法想象我在返回农场的途中该说什么，我又怎样才能使我们的谈话得以继续下去……”

每个人都会在青春期有一些忧郁和焦虑，卡耐基当然也不例外。由于成长时期所受的宗教环境的影响，戴尔·卡耐基很自然地假设婚姻将是性生活的开端。有些时候，戴尔·卡耐基又怀疑自己的计划没有实现的希望，因为他对自己缺乏吸引人的外在魅力而恼火过。

直到1948年，戴尔·卡耐基还这样向世人表白：“当我微微举帽向她们打招呼时，我忧虑着女孩子们将对我笨拙的动作和不敢恭维的外表而嘲笑我。”

卡耐基认为，我们通常都能勇敢地面对生活中的重大危机，然而却会被那些小事情搞得焦头烂额。其实，和宝贵的生命相比，这些小事又算得了什么？

1945年3月，罗勃·摩尔在中南半岛附近276英尺深的海下，学到了他一生中最重要的一课。当时，罗勃·摩尔正在一艘潜水艇上。他们从雷达上发现一支日军舰队，一艘驱逐护航舰，一艘油轮和一艘布雷舰，朝他们那边开来。他们发射了三枚鱼雷，都没有击中。突然，那艘布雷舰直朝他们开来。于是，他们潜到150英尺深的地方，以免被侦察到，同时做好了应付深水炸弹的准备，还关闭了整个冷却系统，和所有的发电机器。

三分钟后，天崩地裂。六枚深水炸弹在四周炸开，把他们直压海底。深水炸弹不停地投下，整整15个小时，有十几个就在离他们五十英尺左右的地方爆炸。若深水炸弹距离潜水艇不到17英尺的话，潜艇就会炸出一个洞来。当时，他们奉命静躺在自己的床上。保持镇定。罗勃·摩尔吓得无法呼吸，不停地对自己说：“这下死定了……”。潜水艇的温度几乎有100多度，可是他却怕得全身发冷，直冒冷汗。15个小时后攻击停止了，显然那艘布雷船用光了所有的炸弹后开走了。

这15个小时，他感觉好像有1500万年。他过去的生活，在眼前出现，使他记起了做过的所有的坏事和曾经担心过的一些很无聊的小事：没有钱买自己的房子，没有钱买车，没有钱给妻子买好衣服。下班回家，常常和妻子为一点芝麻大的小事吵架。

在这15个小时里，他从生活中学到的，比他在大学念四年书学到的还要多得多。他对自己发誓，如果我还有机会再看到太阳和星星的话，就永远不会再忧愁了。

卡耐基认为，要想克服由小事情所引起的困扰，只需把目光转移一下就可以了，那就是让自己有一个新的，能使自己开心的看法。人活在世上只有短短的几十年，不应该再浪费宝贵的时间，去为一些芝麻大的小事而忧愁烦恼。

在科罗拉多州长山的山坡上，躺着一棵大树的残躯。自然学家告诉我们，它曾经有过400多年的历史。在它漫长的生命里，曾被闪电击中过14次，它都能战胜。但在最后，一小队甲虫的攻击使它永远倒在了地上。

那些甲虫从根部向里咬，渐渐伤了树的元气，虽然它们很小，却是持续不断地攻击。这样一个森林中的巨木，岁月不曾使它枯萎，闪电不曾将它击倒，狂风暴雨不曾将它动摇，却因一小队用大拇指和食指就能捏死的小甲虫，终于倒了下来。

我们其实就像森林中那棵身经百战的大树，我们每个人也经历过生命中无数狂风暴雨和闪电的袭击，也都坚持过来了，可是却总是为一些小事情忧虑。我们要摆脱这种思想。

丽娜家访回来时，天已经很黑了。隆冬的天冷极了，丽娜把脑袋缩进衣领，把双手装进厚厚的手套里，眼镜冻得上了霜，索性就摘下来放进衣兜里。为了早到家，丽娜抄了近路。哪知道出了小区侧门正在修整地热管道。白天可以看到警示牌，晚上什么也看不到。

丽娜一脚踩空掉进了近二米深的地沟里。天黑、寒冷、害怕、惊吓、疼痛，她在下边挣扎了不知道多久。此时的丽娜感觉好像过了几年一样：过去的生活浮现在她的眼前，那些让她烦忧的小事记得特别清楚：舍不得买衣服，为了小事和同事斤斤计较……

在深深的地沟里，在威胁生命的那一刻，这些小事显得多么荒谬、渺小。丽娜对自己发誓，若爬出这深深的地沟后，就永远不会再为这些小事忧愁了！

我们经常为一些事情烦恼，其实仔细想一想，这些都不是什么大不了的事。我们把所有的注意力都集中在这些小问题和忧虑上了，把问题过度放大了。其实如果我们能够学会不为琐事烦恼，我们就可以获得莫大回报。

※ 摒弃愚蠢的担忧

我们常常会为一些还没有发生的事情担忧。商人会担心股市跌落，老师会担心学生上课不用心听讲，家长会担心孩子考试不及格，总之要担心的事情很多。这种担心其实都是不必要的，只要我们做好准备，这些担忧都是可以避免的。

戴尔曾经过早地产生了对死亡的恐惧，他总觉得自己犯有多种罪状而且一定会受到上帝的惩罚，更害怕死后会进地狱。

有一次，已经十三岁的戴尔从学校回家时，突然发现密苏里上空火光四射，雷声隆隆。戴尔被这景象吓蒙了，脸色苍白地跑回家中，一下子扑进母亲的怀里。

“妈妈，快救我，我要死啦！”

詹姆斯太太被弄得莫名其妙，不明白发生了什么事情，也惊惶起来。

但戴尔这时却结结巴巴地说不出话来，他瞪大双眼，捂着耳朵，只管一个劲儿往母亲怀里躲。

“怎么啦？孩子，怎么啦，太太？”詹姆斯推门而入，他是一个悲观的宿命论者，见到家人在这个时间哭哭啼啼，便预感到当年的农作物又将被洪水卷走。

费了好一番功夫，詹姆斯和她的太太才明白自己的孩子是被雷电吓坏了。

因为贫穷和生理的某些缺陷，使少年戴尔比其他孩子更多地感受到生活的忧郁。

沙林吉夫人是一个很平静、很沉着的妇女，她从来没有忧虑过。但是以前的她也会忧虑，而且还很严重。她说那是的她差点被忧虑毁掉。在她学会征服忧虑之前，她在自作自受的苦海中，生活了整整 11 年。那时她脾气不好，很急躁，生活在非常紧张的情绪之下。买东西时都会发愁房子被人烧了怎么办？佣人跑了怎么办？孩子们被汽车撞死了怎么办？常因发愁弄得冷汗直冒，冲出商店，跑回家去，看看一切是否都好，结果导致第一次婚姻没有好结果。

她的第二个丈夫是一个律师，人很文静，有分析能力，从不为任何事情忧虑。每当沙林吉夫人紧张或焦虑的时候，他就对她说：“不要慌，让我好好地想一想，你真正担心的到底是什么呢？我们分析一下概率，看着这种事情是不是有发生的可能。”

那次，他们在去新墨西哥州的一条公路上遇到了一场暴风雨。

道路很滑。车子很难控制。沙林吉夫人担心会被滑到路边的沟里去，可是丈夫一直对她说，车子开得很慢，不会出事的。丈夫的镇定态度使沙林吉夫人慢慢平静了下来。

还有一年夏天，他们到落基山区露营。一天晚上，他们把帐篷扎在海拔 7000 英尺的地带，突然遇到了暴风雨。帐篷在大风中抖着、摇晃着，发生尖厉的叫声。沙林吉夫人每分钟都在想：帐篷要被吹垮了，要飞到天上去了。可是，她的丈夫不停地说，亲爱的，我们有几位印第安向导，他们对这儿了如指掌，他们说这里从没有发生过帐篷被吹跑的事情。根据概率，今晚也不会吹跑帐篷。即使真吹跑了，咱们也可以躲到别的帐篷里去，所以不用紧张。沙林吉夫人放松了精神，结果那一夜睡得很安稳。而且什么事也没发生。

经过这两个事情之后，沙林吉夫人渐渐摆脱了这些愚蠢的担忧。

卡耐基认为，当我们害怕雷电击死，害怕火车翻车时，只要想想这些事情发生的平均概率，就会发现它们发生的机会太少了，而这些忧虑也愚蠢得让我们笑死。

有位著名的石油商人被勒索了，相当地苦恼和烦闷。事情原来是这样的：他主管的那个石油公司，拥有几辆运油卡车。物价管理委员会的条件管制很严，规定他们公司只能送给每一个顾客一定限量的油票。可是有一些运货员却偷偷地减少了给老顾客的油量，然后自己把偷下来的油卖给一些别的顾客。这位石油商人一开始并不知道这个情况。

有一天，有个自称是政府特别巡视员的人来拜访他，跟他索要红包，说他掌握着该公司运货员舞弊的证据，并威胁石油商人说，如果不答应的话，他就把证据转交给地方检察官。这时石油商人才发现公司里有人从事不法买卖。

其实这件事情本来跟这个石油商人没有什么关系，他心里明白自己并没有什么好担心的；可是转念一想，按照法律规定，公司要为自己员工的行为负责。还有，如果案子被送到法院，经记者们一炒，该公司的生意就会毁掉。

这位商人平时最得意于自己的好名誉和好生意，这是他父亲在24年前开创的基业。

由于忧虑，这位商人生病了，三天三夜吃不下睡不着，一直在那件事里面打转转。他反复地思考，自己是该付那笔钱，还是直截了当地跟那个人说，他爱怎么办就怎么干吧。这位商人一直犹豫不决，手足无措，每晚都要大做噩梦。

后来，有幸的是，他碰到了卡耐基先生。卡耐基分析了他的状况。如果不肯付钱，而勒索者把证据交给地方检察官的话，可能发生的最坏情况就是毁了生意。卡耐基接着追问，如果你的生意被毁了，假使你心理上可以接受这件事，接下去又会怎样呢？这位商人说，生意毁了之后，他也许得去另外找件差事。但是这也没有什么，因为他对石油知道的很多。

他听了卡耐基的分析后，发现问题并没有他想象得这么复杂，即使是最坏的打算，他还是可以接受的。于是，他开始了冷静地思考。他把自己的全部情况通告给了律师，或许律师还有更高明的方法。

埃尔·史密斯在纽约当州长时，他常常发现许多政客为一些事情忧虑不已。于是他经常对那些政客说："让我们看看你所忧虑的事情发生概率的纪录。"这也正是当年佛莱德雷·马克斯塔特害怕他自己躺在坟墓里时所做的事情。

1944年6月初，埃尔·史密斯躺在奥玛哈海滩附近的一个散兵坑里。他看着这个长方形的坑，对自己说："这看起来就像一座坟墓。也许这就是我的坟墓呢。"

晚上11点，德军的轰炸机开始行动，炸弹纷纷落下，埃尔·史密斯吓得人都僵住了。前三天晚上他根本没合眼，到第五天夜里，几乎精神崩溃。他知道要是不赶紧想办法的话，他就会发疯。

于是埃尔·史密斯提醒自己，已经过了5个晚上了，而他还活得好好的，并且这一组人都活得好好的，只有两个受了轻伤。而他们之所以会受伤，也不是被德军的炸弹炸到的。

于是，埃尔·史密斯在他的散兵坑上造了一个厚厚的木头屋顶，并且告诫自己：除非炸弹直接命中，否则我死在这个又深又窄的坑里的可能性几乎是零。

接着他算出直接命中率是万分之一。这样想了两三夜之后，他平静下来，并且可以很快入睡了。以至于到后来，就连敌机袭击的时候，他也能睡得很安稳。

总之，如果你总是担心太多的事情的话，就不妨先看看以前的纪录，然后根据平均概率问问自己，你现在担心的事情，究竟有没有可能会发生？如果不可能发生，你就不要庸人自扰了。

※ 接受不可避免的事实

我们的生活中总会充斥着一些磕磕碰碰的小事，这些小事是不可避免的，不要为了这些小事而把自己搞得身心憔悴。我们要做好心理准备，对必然发生的事要轻快地接受。就像杨柳承受风雨一样，我们也要承受一切事实。

大约是在1898年，当时卡耐基一家人仍住在玛丽维尔外的农场，一个意想不到的灾难降临了。父亲詹姆斯·卡耐基患了精神崩溃症，当时才四十七岁，显然，沉重的生活负担压倒了这个倔强的农场主。

由于债台高筑，詹姆斯的沮丧和忧郁与日俱增；为了改变命运，他又长年累月地辛苦劳作。由此导致詹姆斯的健康状况不断变坏，他停止进食，变得极为憔悴。

当医生告诉詹姆斯太太詹姆斯的寿命将不会延长到六个月以后的

时候，站在一旁的戴尔·卡耐基还不足十岁。他看着母亲，“母亲的眼中有一种亮晶晶的东西闪动，终于，两行眼泪顺着她的面颊滚了下来，她的嘴蠕动着，似乎又在暗颂着圣歌。”

戴尔握紧拳头，一边对着医生晃动，一边大声吼道：“你撒谎，你撒谎……”他不相信这是真的。他不能接受这种事实，更不敢想象六个月以后辛苦一生、积劳成疾的父亲将阖上双眼、与世长辞的凄凉景象。

虽然后来并没有出现上述的事实，但十岁的小男孩已开始懂得家庭所遭遇到的不幸了。同时，父亲的悲观也愈来愈重地在戴尔心灵投下阴影。

一次，詹姆斯到玛丽维尔的银行家家里去请求延期偿还贷款，银行家却以没收卡耐基家的财产相要挟。沮丧的詹姆斯·卡耐基乘着四轮马车垂头丧平地返家，途经 102 号河桥上时，他停下来，扶着桥的栏杆俯身呆望着静静流淌的河水。当时，戴尔感到很奇怪，便问道：

“爸爸，你还要等谁呢？”

詹姆斯的回答在许多年后还一直印在戴尔·卡耐基的脑海之中。

“我在想，这河水可以畅通无阻，而我却四处碰壁，为什么呢？”

戴尔成年后，曾经在很多场合提起这件事来：

“父亲含着眼泪告诉我，要不是因为母亲坚定的宗教信仰，他绝对没有勇气在那些琐碎的日子里生存下去。”

卡耐基认为，顺应时势，是我们踏上人生旅途的最重要一步，环境本身并不能使我们快乐或不快乐。在必要的时候，我们应该能忍受灾难和悲剧。甚至战胜它们。我们的内在力量是如此的坚强，只要我们愿意利用，它就能帮助我们克服一切困难。

已故的布斯·塔金顿总是说：“人生的任何事情，我都能忍受，只除了一样，就是瞎眼。那是我永远也无法忍受的。”

布斯·塔金顿在他 60 多岁的时候，视力减退，一只眼几乎全瞎了，另一只眼也快瞎了。他最害怕的事终于发生了。

但是，他自己也没想到，当真正面对这件事情的时候，他还能觉得非常开心，甚至还能运用他的幽默感。

为了恢复视力，塔金顿在一年之内做了 12 次手术，为他动手术的就是当地的眼科医生。他知道他无法逃避，所以唯一能减轻他受苦的办法，就是爽爽快快地去接受它。他拒绝住在单人病房，而住进大病房，和其他病人在一起。他努力让大家开心。动手术时他尽力让自己去想他是多么幸运，现代科技这么发达，他一定会好起来的。

这件事教会塔金顿一个道理：生命所能带给他的，没有一样是他能力所不及而不能忍受的。

卡耐基认为，要乐于承认事实就是这样的状况，勇于接受已经发生的事实，是克服随之而来的任何不幸的第一步。

马利安·道格拉斯的家里曾遭受过两次不幸。第一次，他失去了五岁的女儿，一个他非常钟爱的孩子。他和妻子都以为他们没有办法忍受这个打击。更不幸的是，十月后，他们又有了另外一个女儿，而这个女孩也仅仅活了五天。

接二连三的打击使他几乎无法承受，他睡不着，吃不下，无法休息或放松，精神受到致命的打击，信心丧失殆尽，最后连吃安眠药和旅行都没有用。

马利安·道格拉斯的身体好像被夹在一把大钳子里，而这把钳子愈夹愈紧。

感谢上帝的是，马利安·道格拉斯还有一个四岁的儿子，他教给了马利安·道格拉斯解决问题的方法。

一天下午，马利安·道格拉斯呆坐在那里为自己难过时，他的儿子突然问马利安·道格拉斯："爸，你能不能给我造一条船呀？"

马利安·道格拉斯实在没兴趣，可这个小家伙很缠人，只得依着他。

造那条玩具船大约花费了马利安·道格拉斯三个小时，等做好时马利安·道格拉斯才发现，这三个小时是马利安·道格拉斯许多天来第一次感到放松的时刻。

这一发现使马利安·道格拉斯大梦方醒。马利安·道格拉斯明白了：如果你忙着做费脑筋的工作，你就很难再去忧虑了。

卡耐基认为，如果有必要，我们差不多可以接受任何一种情况，使自己适应它，然后完全忘了它，这是改变忧虑习惯，快乐生活的重要秘诀。

莎拉、班哈特，可算是深通此道的女子了。50 年来，她一直是四大洲剧院独一无二的皇后，深受世界观众喜爱。她在 71 岁那年破产了，而且她的医生波基教授告诉她必须把腿锯断。医生以为这个可怕的消息一定会使莎拉暴跳如雷。可是，莎拉看了他一眼，平静地说："如果非这样不可的话，那只好这样了。"

她被推进手术室时，她的儿子站在一边哭。她却挥挥手，高高兴兴地说："不要走开，我马上就会回来。"

去手术室的路上，她背她演过的台词给医生、护生听，使他们高兴。

手术完成、健康恢复后，莎拉·班哈特还继续周游世界，使她的观众又为她疯迷了七年。

既然有些事情是人力所无法抗拒的，那我们只能去接受这个事实，调整好心态，去又创造一个新的生活。

※ 确定忧虑的底线

大家可能都有这样的经历。我们去超市买东西，如果苹果是 4.99 元一斤，我们就会觉得价格可以接受，但是如果是 5.0 元一斤，我们就会觉得很贵。其实超市也正是利用我们的这一特点，其实在内心，我们对任何事物都有我们自己衡量的标准，就是底线，超过了，我们就不能接受了。如果我们能给生活中的各种忧虑，也划出一条“到此为止”的最低底线，我们就会发现，生活原来可以这么开心愉快。

卡耐基认为，只要我们能够定出一种个人的标准，我们的忧虑有一半可以立刻消除。这个标准就是，和我们生活比起来，什么样的事情更值得做。

查尔斯·罗勃兹是一个投资顾问。查尔斯·罗勃兹刚从德克萨斯州到纽约来的时候，身上只有两万美元。查尔斯·罗勃兹原以为他对股票市场懂得很多，可是查尔斯·罗勃兹却赔得一分也不剩。他说，若是他自己的钱，他可以不在乎，可是他觉得把朋友的钱都赔光了是件很糟糕的事。于是，查尔斯·罗勃兹很怕再见到他们。可没想到，他们对这件事不仅看得很开，而且还乐观到不可想象的地步。

查尔斯·罗勃兹开始仔细研究他犯过的错误。下定决心要在再进股票市场前先学会必要的知识。于是，查尔斯·罗勃兹和一位最成功的预测专家波顿·卡瑟斯交上了朋友。这位朋友多年来一直非常成功，而查尔斯·罗勃兹知道，能有这样一番事业的人，不可能只靠机遇和运气。

这位朋友告诉查尔斯·罗勃兹一个股票交易中最重要的原则：在市场上所买的股票，都有一个到此为止的限度，不能再赔的最低标准。例如，若是买 50 元一股的股票，这位朋友会马上规定不能再赔的最低标准是 45 元。也就是说，万一股票跌价，跌到比买价低五元的时候，就立刻卖出去，这样就可以把损失只限定在五元之内。

卡耐基认为，“到此为止”的底线原则不仅适用于股票投资，还可以用到这之外的许多地方，对任何忧虑和烦恼，只要你给自己定下“到此为止”的底线，那么结局将会令你万分满意。

纽约有一个叫屈伯尔·郎曼的企业家。18 年前，由于忧虑过度而患失眠症。当时他精神紧张，脾气暴躁，情绪不稳，觉得自己快要精神分裂了。

屈伯尔·郎曼当时是纽约皇冠水果制品公司的财务经理，投资了 50 万美元，把草莓包装在一加仑装的罐子里。20 年来，他们一直把这种一加仑装的草莓卖给制造冰淇淋的厂商。后来有段时间，他们的销售量大跌。

那些大的冰淇淋制造商，像国家奶制品公司之类的，产量急剧增加。为了节省开支和时间，降低成本，他们都买 36 加仑一桶的桶装草莓。

屈伯尔·郎曼不仅无法销售 50 万美元的草莓，而且根据合同规定，在今后的一年之内，他们还必须继续购买价值 100 万美元的草莓。屈伯尔·郎曼已经向银行借了 35 万美元，现在，既无法还清借债，也无法筹集到需要的款项。

这就是屈伯尔·郎曼忧虑的根源。

为了挽救生意，屈伯尔·郎曼赶到在加利福尼亚州华生维里的工厂里，想要让总经理知道情况有所改变。结果，这一做法帮助屈伯尔·郎曼解决了大部分问题。

回到纽约之后，屈伯尔·郎曼又开始为每一件事担忧。对在意大利购买的樱桃、在夏威夷购买的凤梨等等，都非常紧张不安，睡不着觉。

屈伯尔·郎曼知道了自己忧虑的底线，于是他决定以后不再只生产罐装草莓了，因为那样风险太大，他决定所有的新鲜水果都要有一部分拿到新鲜市场上去卖。这样就不至资金周转不开，自己每天担心害怕了。

因此，我们每个人都要清楚自己的承受能力，在我们承受能力之内的，我们要努力做到，但是在我们承受能力之外的，我们不要强求。如果过于追求达不到的东西，反而会失去现在已经拥有的美好的事物。

※ 不要锯木屑

在人生的道路上，我们每个人都会遇到很多的艰难险阻，或遭受侮辱、歧视，或者遇到不公正的待遇。当你处在人生低谷的时候，切记千万不要去锯木屑，不要怨天尤人，因为它永远也不会给予我们新的发现。相反，我们要正视现实，保持良好的心态，寻找一条适合自己的道路，那才是最重要的。

卡耐基曾收到伊丽莎白·康妮寄来的一封信。

康妮在信中说：亲爱的先生，我在给你写这封信时，突然想起了乔治五世挂在白金汉宫上的那句话：教我不要为月亮哭泣，也不要因事后悔。

那一天，康妮接到国防部的电报，说她的侄儿——她最爱的一个人，在战场上失踪了。她一下子心跳不止，寝食难安。过了不久，又接到了阵亡通知书。此时，她的心情无比悲伤。在那件事发生以前，她一直觉得命运对我很好，伟大的上帝赐给她一份喜欢的工作，又让她顺利地抚养大了相依为命的侄儿。在她看来，侄儿代表着年轻人美好的一切。她觉得她以前的努力，现在都应该有很好的收获。

然而，却来了这样一份电报，她的整个世界都被粉碎了，觉得再也没有什么值得自己活下去的意义了，找不到继续生存下去的借口。开始时，忽视工作，忽视朋友，抛开了生活的一切，对这个世界既冷淡又怨恨。为什么最爱的侄儿会死？为什么这么个好孩子还没有开始他的生活就离开了这个世界？为什么他应该死在战场上？她没有办法接受这个事实，她悲伤过度，决定放弃工作，离开家乡，把自己藏在眼泪和悔恨之中。就在她清理桌子，准备辞职的时候，突然看到一封已经忘了的信，一封她侄儿生前寄来的信。

侄儿在信上说：要像一个男子汉，要承受一切发生的事情。

她把那封信读了一遍又一遍，觉得侄儿就在我的身边，正在向她说话。好像在对她说：为什么不照教的办法去做呢？坚持下去，继续生活下去。

从此，她不再为已经过去的那些事悲伤，每天的生活都充满了快乐。

戴尔·卡耐基读罢这封信，心中涌出了一些感叹：当你开始忧虑那些已经过去的事情的时候，你不过是在锯一些木屑，而这根本是一种无用功，使过去的错误产生价值的唯一方法，就是平静地分析过去的错误，并从错误中吸取教训，然后再忘记错误。

杰克·邓普塞仍然清晰地记得把重量级拳王的头衔输给金·童黎的那一仗。到了第十回合完了，杰克·邓普塞虽然还没有倒下去，但脸已经肿了，而且有很多伤痕，两只眼睛几乎无法睁开。他看见裁判员举起金·童黎的手，宣布他获胜。杰克·邓普塞不再是世界拳王了，他在雨中往回走。

一年之后，杰克·邓普塞再次跟童黎比赛，结果仍是如此。杰克·邓普塞为此事确实发愁了一阵子，可是最后他对自己说：我不能生活在过去的阴影里，我要承受这次打击。

于是，他努力忘掉失败，集中精力为未来谋划，他经营百老汇的邓普赛餐厅和大北方旅馆，他安排和宣传拳击赛，举办有关拳赛的各种展览会。这样，他再也无时间也没心思去为过去发生的事情担忧了。

其实，失败是很正常的一件事情。失败是成功之母。失败是通往成功的必经之路。我们不要把失败想象得那么害怕。失败告诉我们，这条路是行不通的，但是反过来他又告诉我们，我们应该去尝试别的途径。

卡耐基认为，如果我们多用一点大脑，提前加以预防的话，牛奶就不会被打翻。可是一旦它被打翻了，我们所能做的，就是把它忘掉，抛开这件事，全身心地关注下一件事。

亚伦·山德士先生永远记得他的生理卫生课老师保尔·布兰德温博士教给他的最有价值的一课。

当时，亚伦·山德士先生只有十几岁，却经常为很多事发愁，为自己犯过的错误自怨自艾。他老是在想自己做过的事，希望当初没有那么做；老是在想自己说过的活，希望当时把话说得更好。

一天早晨，亚伦·山德士先生走进科学实验室，发现保罗·布兰德温老师的桌边放着一瓶牛奶。真不知道这和生理卫生课有什么关系。突然，老师一把把那瓶牛奶打翻在水槽中，同时大声喊道："不要为打翻的牛奶而哭泣。"

然后，老师把亚伦·山德士先生叫到水槽边上说，好好看看，永远记住这一课。

牛奶已经漏光了。无论你怎么着急，如何抱怨，也不能救回一滴了。我们接下来能做到的就是，吸取这次的教训，去好好做下一件事情。

卡耐基认为，对于聪明人来说，只要有可能，就不会打翻牛奶，打翻了牛奶，就要彻底忘记这件事，他们永远不会坐在那里，为自己的错误而悲伤，相反，他们会很高兴地找办法来弥补。

乔恩和姑父住在一个抵押出去的农庄上。那里土质很差，灌溉不良、收成又不好，所以他们的日子过得很紧，每分钱都要节省着用。可是，姑妈却喜欢买一些窗帘和其他小东西来装饰家里，为此她常向一家小杂货铺赊账。乔恩姑父很注重信誉，不愿意欠债，所以他悄悄告诉杂货店老板，不要再让他妻子赊账买东西。姑妈知道后，大发脾气。

这事至今差不多有50年了，她还在发脾气。乔恩曾经不止一次听她说这件事。

最后一次见到她时，她已经快80岁了。可是，她依旧还在抱怨这件事情。乔恩对她说："姑妈，姑父这样做确实是不对。可是你都已经埋怨了半个世纪了，这不比他所做的事还要糟糕吗？"

过去的事情就让它们过去了，我们再想也不能给现在的生活带来任何改变，那些烦心的小事还会影响我们的生活质量。我们现在所能做的就是把握好今天，去迎接更加灿烂辉煌的明天。

第八章　不要为工作和金钱而烦恼

刚刚步入社会的年轻人，从来没有预想到生活中的很多挫折和烦恼。此时的你面临着很多抉择。我们将以什么方式来谋生？做一个记者、邮差、企业家、计算机程序员、医生还是大学教授？这是每一个刚刚踏入社会的年轻人都必须做出一项重要决定。工作，会影响我们的一生，如果决策得当的话，它可能成全或造就我们，甚至会对我们的健康产生重要影响。

在我们选择好职业后，我们还会担心：这个工作适合我吗？我们还很关心，这份工作挣的钱够我花的吗？金钱给我们带来很多烦恼，许多人在处理金钱时，却往往十分盲目。

西方有句谚语："年轻人总是生活在虚幻的雨季中，其实一切都会雨过天晴。"

美国诗人弗洛斯特说，"林中有两条小路，你选择了其中的一条，就会看到不同的风景。"

卡耐基告诫我们，不要为工作和金钱烦恼。我们应该学会减少工作中的压力，尽量找一份自己喜欢的工作，这样才能充分发挥我们自己的聪明才智。只要我们找到正确的理财方法，我们就会发现柳暗花明又一村。

格言说："站在侏儒的肩上，只会让人显得更卑微；站在巨人的肩上，才会使人成为天才。"接受别人的忠告，可避免重蹈覆辙；接受新知，可使自己的生活多彩而充满喜悦。

※ 做自己喜欢的工作

我们每个人都喜欢做自己喜欢的事情，但是，大多数人都认为这说起来容易做起来难啊。生活的压力、环境的驱使，有时候不得不使我们做我们自己并不喜欢的工作。先有生存，先有温饱，然后才能谈发展。

其实，做你喜欢做的事并不意味着做此时此刻最想做的事，即使是爱因斯坦也会有想喝咖啡的时候。它只是要求我们喜欢工作多一点，喜欢享受少一点。做自己喜欢的工作，相对成功的机会大一些。

卡耐基并不是一开始就选择了后来的生活道路，他经历了一系列的曲折。卡耐基也干过推销员的工作。

1908 年 4 月，国际函授学校丹弗分校经销商的办公室里，戴尔·卡耐基正在应征销售员工作。

戴尔·卡耐基终于找到了一个工作，他的任务是推销国际函授学校丹弗分校的教学课程。

对此结果，卡耐基是非常高兴的，因为对于一个刚跨出校门的急于成功的青年来说，第一次应聘就顺利地通过，已是相当幸运的了。戴尔·卡耐基掩饰不住内心的兴奋，他憧憬未来光明的前途，仿佛一条发财的大路已在他脚底延展开来。尽管每日两美元食宿费外加佣金的工作算不上高薪的职业，但与父亲相比，已经相当不错了。

其实，艾兰奇的赞扬是由衷的，因为分公司派出的十名推销员中，只有戴尔·卡耐基在这周内推销出一套课程。但此时的卡耐基并不满足于这一点小小的成功，他雄心勃勃。

戴尔·卡耐基抵达俄玛哈后，换上崭新的衬衫，认认真真地打好领结，把皮夹克刷得干干净净，擦亮皮鞋，信心十足地走进了阿摩尔总公司的办事处。

阿摩尔公司的总裁洛佛斯·海瑞斯是一个典型的美国西部老头，行动迟缓，似乎与做事喜欢雷厉风行、干净利落的戴尔·卡耐基格格不入，但是他工作的认真精神正是戴尔所钦佩的地方。

在整个商品宣传的过程中，戴尔·卡耐基大量地运用了父亲养猪和养牛的经验。并且，所有的演说，戴尔都以带有鼻音及充满密苏里口音的语言发表。这使他深受南达克达商人的信赖，而不把他当作一名偶尔行经此处的棋子。

戴尔·卡耐基凭着热心的态度和真诚的笑容，凭着坚韧不拔的意志和随机应变的能力，在南达克达取得了一连串的成功。

后来，卡耐基不再喜欢推销员工作，在无尽的忧虑中度日如年，精神上遭受着极大的折磨。一扇光明的窗户正向他打开，那就是从事写作，把自己的所思所观所想写出来。那一天，他决定换一种生活。他认为，他不会因为不当推销员就会失去什么东西。明天，他就按图索骥地去应聘，找一份新的工作，一边工作一边写作，他要当一位全世界人民都爱戴的伟大作家。

为了自己的梦想，卡耐基辞去了推销员的工作，决定为自己的梦想奋斗。

卡耐基认为，成功的第一要素，就是一定要喜欢你的工作，或者做你喜欢的工作，如果你喜欢自己的工作，即使工作的时间很长，但你却丝毫不会觉得是在工作。而是在做游戏。

菲尔·强森的父亲开了一家洗衣店，他把儿子叫到店中工作，希望他将来能接管这家洗衣店。但菲尔痛恨洗衣店的工作，所以懒懒散散，提不起精神，只做些不得不做的工作，其他工作则一概不管。有时候，他干脆“缺席”了。他父亲十分伤心，认为养了一个没有野心并不求上进的儿子，使他在员工面前深觉丢脸。

有一天，菲尔告诉他父亲，他希望做个机械工人——到一家机械厂工作。这位老人十分惊讶。不过，菲尔还是坚持自己的意见。他穿上油腻的粗布工作服工作，他从事比洗衣店更为辛苦的工作，工作的时间更长，但他竟然快乐得在工作中吹起口哨来。他选修工程学课程，研究引擎，装置机械。

而当他1944年去世时，已是波音飞机公司的总裁，并且制造出“空中飞行堡垒”——轰炸机，帮助同盟国军队赢得了世界大战。

的确，因为喜欢，可以兴趣十足，充满激情地工作，就算一天工作十六七个小时，你也不会觉得很累。但是做一份自己不喜欢的工作，每分钟或许都充满了埋怨，没有热情去创造更多的价值。

比尔是美院的人体模特，美院的老师和学生都喜欢比尔做他们的人体模特，比尔因此成了美院优秀的人体模特之一。

比尔在美院的收入是每天25美元，做了两个月的人体模特，有了一些积蓄后，他就离开了美院，尽管他也很喜欢这个职业，喜欢那里的老师和同学，但是他知道这并不是自己的追求，自己必须尽早离开它，去做自己喜欢的事。那便是唱歌。

比尔在离地铁近的地方租了间平房，安顿下来后，就跑到音乐器材商店买了一把吉他，又去服装店买了身像样的衣服，经过简单的武装后，就抱着吉他来到了地铁口，正式做起了一名地铁歌手。比尔这样做，并不表示他是一个胸无大志的人，他也想成为一名签约歌手、当红歌星，但是就目前这种状态，他是不敢往深处想的，只能从最低级的地铁歌手做起。

地铁口给比尔的最初印象只是匆忙，来来往往的人总是脚步匆匆，这些都是匆匆过客，也有的人或许只能见这一面，以后就再也没有机会见到了。

只有一个人能坚守在这里与比尔长期相伴，她就是在地铁口乞讨的老妇人，从比尔来到这个地铁口唱歌那天起，就看见她一直跪在那儿打躬作揖，向人乞讨。

比尔觉得她很可怜，不知她有没有结过婚，有没有子女，是子女没有赡养能力，还是子女不孝，把她看成了累赘不管她？总之，一个人老无所养，只能靠别人的施舍了此残生，的确值得同情。

有一次，比尔见老妇人的生意不太好，在那儿跪了一天也没有多少进账，就往她的盘子里扔了1块钱硬币，老妇人听见当啷一声响，抬头见是他，便冲比尔笑了笑说："大兄弟，你在这儿讨钱，我也在这儿讨钱，大家都不容易，你还给我什么钱呀！"

这位妇人年龄比比尔还大许多，却谦虚地把他称作"大兄弟"，老妇人的那句"大家都不容易"，其实是挺幽默的一句话，可比尔听了不知怎么鼻子一酸，差点流下了眼泪。

能在这儿做自己喜欢的事，是比尔多年的梦想，这种追求难道是一件值得别人同情的事吗？

比尔将来不一定非要走红歌坛，这种愿望对比尔来说从来就没有过特别强烈的时候，比尔只喜欢水到渠成的东西，做自己喜欢的事，并且努力把它做好，能否得到别人的肯定、能否成为著名歌手并不重要。比尔有自己的梦想，他只是喜欢唱想唱的歌，即使只能像现在这样坐在地铁口抱着一把吉他自弹自唱，他也无怨无悔。

工作是增添生命味道的盐，健康的机体离不开它。一个人活着也离不开工作，你必须先爱它，工作才能给予你最大的恩惠。喜欢自己做的事，热爱自己做的事，其实也就是做自己喜欢的事。

卡耐基说过，工作，深刻地影响你的一生，如果你决策得当的话，它可能成全或造就你，甚至会对你的健康产生重要影响，祝福那些找到自己心爱工作的人，他们已经不需再祈求其他的幸福。

美国心理学博士雷米曾做过专门研究，发现世界上最忙碌最紧张的名人们，通常要比普通人寿命高出29%；失业率每增加1%，死亡率增加2%。他还发现，外出工作的妇女，要比家庭妇女发病率低，不工作的人比有工作的人健康状况差。

法国雕塑家罗丹说："工作就是人生的价值，人生的欢乐，也是幸福之所在。"英国作家卡莱尔说："工作是个人最健康的锻炼。"

工作不仅可以创造财富，实现人生价值，而且可以给个人带来欢乐，带来健康与长寿。紧张的工作可以排除人们的孤独感、寂寞感与忧愁感，做一份自己喜欢的工作给人带来充实和欢乐，使人保持良好的情绪。

戴斯自小就对画画很有天赋。小学时书本的空白处几乎都让她随手涂鸦地画了很多的小插图。长大后就特别喜欢那些工笔仕女图。后来自己开始临摹书上的仕女，不过戴斯除了上学时的美术课之外，再不曾正规学过，一切就是凭着喜好。

因为喜欢那些仕女，戴斯最大的爱好就是收集任何和仕女有关的图片，比如火柴盒、邮票、扑克等等。不过刚刚工作时，戴斯还会在闲暇时随便画画，甚至报名参加美院的函授，托父亲的学生在外地买了不少美院的资料，自己找了了位美术老师。

有天，戴斯的父亲拿回一张招生简章，当然是美术专业的。那会儿戴斯已经和老公开始恋爱，而且也刚刚有份不错的工作，不过在戴斯内心真的很希望辞掉当时的工作去专心的学她喜欢的美术。

戴斯的父母还比较支持，但是也看得出他们对于戴斯辞掉工作也不是十分同意，希望戴斯自己仔细考虑，可是戴斯的老公却竭力反对。在老公的劝说下，加上戴斯父母也在他们朋友中征求意见，对于戴斯辞掉工作他们从一开始有一点的支持到不反对也开始有些动摇。就这样，戴斯那次的遗憾一直持续到现在。

因为画画，加上戴斯母亲喜欢剪裁衣服，对衣服的挑剔，戴斯对当时街上的很多成衣包括裁缝店那些衣服满意的很少。于是戴斯竟然异想天开地想自己设计服装。

戴斯一直没有放弃对自己梦想的追求，她找了家服装裁剪学校去熏陶了一个月，一个月时间的收获就是自己裁剪了一件系扣子的短袖上衣，而且是独立完成的，后来戴斯母亲也说戴斯好像是有点天赋。

在戴斯的一再要求下，最后戴斯的老公和父母终于同意了戴斯辞去工作，去开一家服装设计店。虽然开始遇到了困难，但是一路走下来，戴斯还算成功，现在已成为拥有 4 家连锁店的老板了。

卡耐基仍然奉劝年轻朋友们：不要只因为你家人希望你那么做，就勉强从事某一行业。不要贸然从事某一行业，除非你喜欢。不过，你仍然要仔细考虑父母给你的劝告。他们的年纪可能比你大一倍。他们已获得那种唯有从众多经验及过去岁月中才能得到的智慧。但是，到了最后分析时，你自己必须作最后决定。将来工作时，体会快乐或悲哀的是你自己。

因为喜欢，才会去努力实现。因为想实现，才会去努力。所以，做一件让自己喜欢的工作非常重要。

※　正确处理夫妻间的职业冲突

婚姻就像穿鞋子，舒服不舒服，只有脚趾头知道。这个比喻耐人寻味。现代社会普遍存在一种偏见，认为男主外，女主内，如果女性也要事业，那么你必须同时做好“主内和主外”两个大事。这就需要正确处理好夫妻之间的职业冲突。

在卡耐基的生活中，卡耐基夫人扮演的角色，首先是一个妻子。

桃乐丝之于卡耐基，既有普通妻子的温柔与体贴，也有她独特的生活方式。作为一个名人的妻子，桃乐丝无法摆脱丈夫事业的影响，更何况她本人对丈夫的事业也持积极的态度，并愿意为此而与丈夫站在一起，继续扩展已经辉煌的事业。

一天傍晚，当卡耐基一家在加拿大度假时，桃乐丝告诉她的丈夫卡耐基说她想跳舞。然而卡耐基却不想与其一起去舞厅，他只想早些就寝。

为了让桃乐丝有事可做，以避免因无所事事而产生的烦闷，卡耐基建议她为妇女编写课程。这一建议无意间又促成了另一项事业，就是开设以妇女自我发展为内容的桃乐丝·卡耐基课程。

桃乐丝认为，要鼓励妇女扩大她们的心智水平，并希望这种训练能被视为一种老年保险。因为随着年龄的增加，社会的发展，妇女自身各方面素质的提高都是非常必要的。

桃乐丝为开创这项事业付出了二十年的努力，但结果是没有赚钱。在六十年代末期，她不得不取消了这一课程。

尽管桃乐丝·卡耐基课程最终以失败告终，但却促使卡耐基夫人写出了她的第一部著作。1953 年，灰石出版社发行了她的《写给你的》一书。

卡耐基认为，许多男人创造出来的伟大的成就，可能都是因为他们无私的妻子愿意和丈夫一同尝试新的机会，而且愿意放弃物质享受，因此她们的丈夫才能够去做更适合他们个性的工作。

詹妮弗·彻尼就是一个例子。詹妮弗·彻尼是个典型的女强人。她从不相信传统的成功之路。因此，她常常由于不遵循传统之道而受到非议。她不想把精力都放在家里，从小就想有一番自己的事业。

詹妮弗·彻尼在纽约州立大学只读了一年就退学了。她认为四年大学好像是中学和进入现实社会生活之间的一段间歇。她不愿花这么长时间休息，而决心进入商界挣一百万美元。

她先进入一家缝纫厂做服装烫皱褶工人，在厂里以惊人的速度取得进步。每当有人离开这个艰苦的岗位时，她便对老板说：“我能把活接过来吗？”后来，她开始从事销售工作，仍是以好学和拼命的精神投入工作，三年内工资由每年八千美元提高到五万美元。此时，她意识到在这里已干得差不多了，于是辞去工厂的工作。

她的父母和丈夫都劝她回大学读书：“你别发疯了，你再也挣不到那么多钱了。”

但彻尼不听劝告，她对从宝石到保险业的销售行情进行了调查，最后加入贝奇房地产公司。头一年对彻尼来说很不顺利，她做的几笔买卖都失败了，几乎没挣到什么钱。她白天东奔西跑，晚上到夜校读房地产经营的课程，孩子也没有时间去管。有一次夜里，孩子发高烧。彻尼和丈夫就赶快把孩子送到医院，丈夫看到身边消瘦的彻尼，实在不忍心彻尼一夜都陪在这里，担心她明天白天的工作。于是就让彻尼回去休息，他一个人在这里就足够了。彻尼看着丈夫理解的眼神，心里很是感动。因为彻尼在别人眼里，一直是批评的对象。在丈夫的理解和家人的关心下，彻尼在第二年生意开始兴隆起来。那年她拿到一百万美元的佣金。但当她刚做完一笔最大的交易后，就被老板解雇了。彻尼认为这是由于老板嫉妒她。

彻尼没有被打垮。在丈夫的安慰下，彻尼痛哭了一场，接着又参加了夏皮罗房地产公司。

仅仅一个星期，该公司买卖的成交额就增加了一倍。

彻尼终于获得了巨大的成功。她在一次采访中说，这些成就应该归功于她的丈夫，是他的默默无闻的关心给了她在外拼搏的动力。她还说，以后她会把自己的精力多投入一些到家里，学着做一个好妻子。

其实，现代女性作为一个社会角色，只要她能协调好各方之间的关系，能够给人安全和温和的感觉，就能够给群体以更多的快乐。

日本独立公司是专为伤残人设计和生产服装而设立的。这家公司的老板是一位叫木下纪子的妇女，过去她曾管理过两个室内装修公司，并且小有名气。可是，正当她在选定的道路上迅速发展的时候，不幸降临到她的头上，她突然中风，半身瘫痪了，连吃饭穿衣都难以自理。

丈夫看到她精神不振的样子，安慰她说，不要悲伤，我会永远陪着你的。你要相信自己。

当她从极度的痛苦中摆脱出来，清醒思考的时候，她知道自己必须振作起来。

穿衣服虽然是个小事，但又是每天都遇到的事情，对一个残疾人来说又多么重要啊！难道就不能设计出一种供伤残人容易穿的衣服吗？

一个新的念头突然而至，使她顿时兴奋起来。她忘记了自己的痛苦，甚至忘记了自己是一个左半身瘫痪的人。

木下纪子根据自己的设想加之以往管理的经验，办起了世界第一家专门为伤残人设计和生产服装的服装公司——独立公司。

木下纪子按残废人的特点及心理，设计出适合伤残人穿的服装。独立公司开张后生意日益兴隆，有时一个季度就可销售五万多美元的服装。

由于她事业上的成功，在日本这个以竞争著称的国家，竟得到了十家不同行业的支持，木下纪子还准备把她的产品打入国际市场。她的这一计划不仅得到日本政府的支持，同时也得到了外国友人的帮助。

不但木下纪子有自己的事业，她的丈夫也有自独立的事业。虽然他们工作很辛苦，但他们很幸福，他们彼此相互鼓励，共同进步。

作为一个和睦的家庭，夫妻间要相互体谅，相互关怀。事业的冲突需要两个人的共同努力来解决。夫妻子女间也和睦相处，相得益彰。只有内部和谐了，才有外面的成功。

※ 处理金钱的烦恼

我们总会埋怨挣的钱太少，不够我们花的。每天为了金钱而苦恼，精打细算地过每一天。其实，我们是否想过，如果我们突然涨工资了，那我们还会为钱发愁吗？我们依然这样，在这个社会上有很多具有诱惑性的东西，我们每个人都想拥有更多的东西，因此我们才会为钱而苦恼，让我们合理安排我们的生活吧，那样我们就不会为钱而烦恼了。

卡耐基先生曾经也有过财政困难的经历。卡耐基曾在密苏里的玉米田和谷仓做过每天十小时的体力工作。他辛勤地工作，直至腰酸背痛。他当时所做的那些苦工，并不是一小时一块美金的工资，也不是五毛钱，也不是十分钱。他那时所拿的是每小时五分钱，每天工作十小时。

卡耐基知道一连二十年住在一间没有浴室、没有自来水的房子里是什么滋味；知道睡在一间零下十五度的卧室中，是什么滋味；知道徒步数里远，以节省一毛钱，以及鞋底穿洞、裤子打补丁的滋味；也尝过在餐厅里尽点最便宜的菜，以及把裤子压在床垫下的滋味—因为没钱将它们交给洗衣店。

然而，在那段时间，卡耐基仍设法从收入中省下几个钱，因为如果不那么做，心里就不安。由于这段经验，他终于明白，如果你渴望避免负责以及避免金钱烦恼，就必须和一些公司一样：必须拟定一个花钱的计划，然后根据那项计划来花钱。可惜，我们大多数都不这样做。

卡耐基认为，对于大多数人而言，多挣些钱并不能解决他们的财政困难，事实上，当他们的收入增加之后，并没有什么大的作用，反而突然增加了开支，也增加了令人头痛之事。

娜莉·史皮尔夫人，家住纽约杰克森山庄。1932 年，她的丈夫已去世，两个儿子都已结婚。有一天，她到一家餐馆的苏打水柜台买冰淇淋，发现柜台也兼卖水果饼，但那些水果饼看起来实在令人不敢恭维。她问店主愿不愿向她买一些真正的家制水果饼。她做了两块水果饼。

令娜莉·史皮尔夫人高兴的是，那位店主向她预订两个水果饼。

娜莉·史皮尔夫人非常珍惜这个机会，她向一位邻居请教了制苹果饼的方法。结果，那家餐厅的顾客对娜莉·史皮尔夫人最初的两块水果饼赞不绝口。

餐厅第二天决定预订了五块，接着，其他餐馆也陆续向娜莉·史皮尔夫人订货。在两年之内，娜莉·史皮尔夫人已经成为每年必须烘制五千块饼的家庭主妇。

娜莉·史皮尔夫人是单独一人在自己的小厨房内完成全部工作的，她一年收入已高达一万美元，除了一些制饼的材料之外，娜莉·史皮尔夫人几乎没有成本。

娜莉·史皮尔夫人从工作中找到了乐趣，也赢得了金钱。娜莉·史皮尔夫人不为金钱所烦恼，反而采取积极的措施。当别人羡慕娜莉·史皮尔夫人不为金钱烦恼时，娜莉·史皮尔夫人告诉他们，收入的增加，对解除金钱的烦恼并没有什么帮助，只是徒然增加开支，增加头痛。她认为，我们并不是没有足够的钱，而是不知道如何支配手中的钱！

卡耐基认为，人的烦恼百分之七十都和金钱有关，而许多人在处理金钱时，却往往十分盲目，结果给自己带来无穷无尽的烦恼。

娥拉·史令达夫人，住在一个三万人口的伊利诺伊州梅梧市。她在厨房里以一毛钱价值的原料开创了事业。她的丈夫生病了，她必须赚点钱补贴家用。但她没有经验，没有技术，没有资金，只是一名家庭主妇。她从蛋中取出蛋清加上一些糖，在厨房里做了一些饼干；然后她捧了一盘饼干站在学校附近，将饼干售给正放学回家的学童，一块饼干一分钱。

第一周，她不只赚了四元一角五，同时也为生活带来乐趣。后来，她将生意进一步扩展，现在已拥有 19 家店铺。

娥拉·史令达也没有被金钱压垮，同样采取了积极的作法。

罗马政治家及哲学家塞尼加也说：“如果你一直觉得不满，那么即使你拥有了整个世界，也会觉得伤心。”

美国历史上最著名的人物也有财务烦恼。林肯和华盛顿都必须向人借贷，才能启程前往首都就任总统。

我们之所以会为金钱苦恼，是因为我们一直在追求我们希望得到的东西。其实，只要我们懂得，即使我们拥有整个世界，我们一天也只能吃三餐，一次也只能睡一张床的道理，我们就不会整日为金钱而奔波。

萧恩，轮胎模具有限公司董事长兼总经理，在公司严格禁止员工赌博。他制定了一个规章制度：在公司，如果发现员工赌博一次罚款100元，第二次罚200元，第三次就要开除。他认为，钱应该花在合适的地方，他的员工应该学会理财。

根据《妇女家庭月刊》所做的一项调查，我们百分之七十的烦恼都跟金钱有关。盖洛普民意测验协会主席盖洛普·乔治说，从他所做的研究中显示，大部分人都相信，只要他们的收入增加百分之十，就不会再有任何财政的困难。

亚诺·班尼特初到伦敦时，立志做一名小说家。当时他很穷，生活压力大，所以他把每一便士的用途记录下来。后来他十分欣赏这个方法，不停地保持这一类记录，甚至在他成为世界闻名的作家、富翁，拥有一艘私人游艇之后，还保持这个习惯。约翰·洛克菲勒也有这种总账。他每天晚上祷告之前，总要把每便士的钱花到哪儿去了弄个一清二楚，然后才上床睡觉。

我们每个人都应该做一个真正适合你的预算，把钱用在合适的地方，不要因为工资的增加而加大你的开支，那样你永远都会为金钱所累，永远体会不到生活的快乐。

※　感到疲劳之前先休息

在每天的工作生活中，总会碰到很多的朋友说工作好累，生活好累。好像他们一直都处在疲惫的状态，没有让自己真正地放松过。他们认为只要保证了时间，就保证了工作的进度。其实，不是这样的。磨刀不误砍柴工。在我们感到疲劳之前，我们就要先休息。一小时的休息并不是在浪费生命，它能够让你多保持清醒的时间，使你能够做更多清醒而有效率的事。

卡耐基认为，任何一种精神或情绪紧张，在完全放松之后就不可能再存在了。这也就是说，如果你能放松紧张情绪，就不会再有忧虑了。经常休息，照你自己心脏活动的办法去做，在感到疲劳之前先休息，那么你每天清醒的时间就可以多增加一个小时。

好莱坞一位电影导演杰克·查纳克告诉人们，这种办法确实可以产生奇迹。几年前他常常感到筋疲力尽，什么办法都用过，喝咖啡、吃维生素和别的补药，一概无济于事。随后，他试了这种方法，两年后出现了奇迹。他现在每天能多工作两个小时，而且很少感到疲劳。爱迪生认为他无穷的精力和耐力，都来自他能随时想睡就睡的习惯。福特过 80 大寿时说："我能坐下的时候绝不站着，能躺下的时候绝不坐着。"

相关研究证实：预防"学习疲劳"的最好办法，是在感到疲劳之前先休息。例如，吃过午饭后小睡 10 至 20 分钟，能够防止下午经常出现的疲劳。若晚饭后再睡上 10 至 20 分钟，不但可以将学习时间延长，而且整个晚上的学习效率能显著提高。

在二次大战期间，丘吉尔已经 60 多岁了，还每天工作 16 个小时，指挥作战，实在令人惊讶。他的秘诀在于他懂得休息。他每天早晨在床上工作到 11 点，看报告，口述命令，打电话，甚至举行很重要的会议。吃过午饭以后，上床睡 1 个小时。到了晚上，在 8 点钟吃饭以前，他要上床睡 2 个钟点。其实，他并不是要消除疲劳，而是事先预防疲劳，因此他可以很有精神一直工作到半夜之后。

卡耐基认为，任何一种精神或情绪紧张，在完全放松之后就不可能再存在了，这也就是说，如果你能放松紧张情绪，就不会再有忧虑了。

约翰·洛克菲勒也创了两项惊人的纪录：他赚到了当时全世界为数最多的财富，也活到98岁。他如何做到这两点呢？最主要的原因当然是，他家里的人都很长寿，另外一个原因是，他每天中午在办公室里睡半小时午觉。他会躺在办公室的大沙发上。在睡午觉的时候，哪怕是美国总统打来的电话，他都不接。

丹尼尔·何西林说："休息并不是绝对什么事都不做，休息就是修补。"在短短的一点休息时间里，就能有很强的修补能力，即使只打五分钟的瞌睡，也有助于防止疲劳。

贝德汉钢铁公司佛德瑞克·泰勒工程师对产生疲劳的因素，做了一次科学性的研究。他认为，工人不应该每天只能往货车上装15吨的生铁，而应该装47吨，而且不会疲劳。

为了证明这一点，泰勒选施密德先生来做试验。他指挥一个工人来搬生铁。工人拿起一块生铁，边走边休息。结果怎样呢？别的人每天只能装15吨生铁，而这位工人却能装47吨。研究发现，虽然休息的时间比工作时间还多，工作成绩却差不多是其他人的4倍。

棒球名将康黎·马克说，每次出赛之前如果不睡一个午觉，到第5局就会觉得筋疲力尽了。可是如果他睡午觉的话，哪怕只睡五分钟，也能够赛完全场，一点也不感到疲劳。

我们的心脏每天压出来流过全身的血液，足够装满一节火车上装油的车厢。心脏能完成这么令人难以相信的工作量，而且持续50、70甚至可能90年之久。人的心脏怎么受得了呢？哈佛医院的华特·坎农博士解释说："绝大多数的人都认为，人的心脏整天不停地在跳动着。事实上，在每一次收缩之后，它有完全静止的一段时间。当心脏按正常速度分分钟跳动70下的时候，一天24小时内，实际的工作时间只有9小时。也就是说，心脏每天休息了整整15个小时。”

心理治疗专家们都说，我们所感到的疲劳，多半是由精神和情感因素所引起的。英国最有名的心理分析家德费，在他那本“权力心理学”里说：“绝大部分我们所感到的疲劳，都是由于心理影响。事实上，纯粹由生理引起的疲劳是很少的。”

芝加哥大学的艾德蒙·杰可布森博士曾说，如果你能完全放松你的眼部肌肉，你就可以忘记你所有的烦恼了。在消除神经紧张时，眼睛之所以这样重要，是因为它们消耗了全身散发出来的能量的四分之一。这也就是为什么很多眼力很好的人，却感到“眼部紧张”的原因。

保罗·山普桑就是一个很好的例子。以前，他的生活紧张忙碌，总是紧紧张张的，从不晓得使自己轻松一下。

他每天晚上下班回到家里时，总是精神沮丧，忧虑重重，精疲力竭。为什么？他每天早上总是急急忙忙起床，匆匆忙忙吃早餐，匆匆忙忙刮脸，匆匆忙忙穿衣，然后急忙开车上班，他紧紧抓住方向盘，仿佛它随时会飞出窗外一般。他很迅速又紧张地上了一天班，然后匆匆忙忙赶回家，到了晚上，他甚至想急忙入睡。

他这种紧张生活实在太严重了。因此他向拿破仑求救。拿破仑建议他，随时都要想到轻松—在工作、开车、吃饭、入睡之前，都要想到放松自己。

从那时起，保罗·山普桑就开始练习使自己身心放松。每天上床睡觉前，他并不急着入睡，而先使自己身体彻底放松，呼吸也倾向平稳。早上醒来后，觉得已得到了充分的休息。现在，他无论开车，还是吃饭，心情轻松了许多，为了安全，他驾车提高警觉，但已不像以前那样紧张了。

因此在疲劳之前先学会休息非常重要。怎样才能做到这一点呢？

第一、要明白休息并不意味着长时间的睡眠。

休息就是在工作劳累的时候，在办公桌上稍微趴下休息或者四处走走，放松心情。中午休息也很重要。如果你住在一个小城市里，每天回去吃中饭的话，饭后你就可以睡十分钟的午觉。如果你没有办法在中午睡个午觉，至少要在吃晚饭之前躺下来休息一个小时，这比饭前一杯酒要便宜得多了。

第二、做任何事情都要放松。

精神过度紧张容易导致疲劳。所以无论做任何事情，我们都要调整好心态，把学会把事情看得平淡，不要每天都生活在紧张的气氛中。

※ 如何让你青春永驻

岁月悄悄地流逝，不知不觉中，皱纹蹑手蹑脚地爬上了你的面庞。这是多么令人苦恼。我们每个人都不希望自己变老，纵然是岁月无情，但仔细想一想，我们采取怎样的措施才能减慢衰老的趋势，我们究竟怎样才能做到这一点呢？

卡耐基认为，减轻忧虑、青春永驻的最好办法，就是和你信任的人谈论你的问题，把你心底里的话说出来。就相当于给你的“心病”打一针强心剂。

我们都知道一个人的心情怎样对生活是无比重要的。然而，并不是每个人都能以好心情来度过每一天。坏的心情，会严重影响生活的质量。卡耐基看到了培养心情的重要性。他认为，首先要培养自己的好心情。

亚瑟·罗勃兹在纽约市卡耐基班上说出他为儿子瞎操心的故事。

1960年早期，很多美国青年背上小背包云游四方，他的儿子也这样做。亚瑟·罗勃兹和他太太给吓糊涂了。他们在报上看到年轻人在路上遭到攻击的事；在搭便车的时候给大卡车撞倒，沦入吸毒、太保帮派，或受到其他坏影响。每次电话铃响起，他们就吓得要死，恐怕传来什么可怕的消息。

后来，他们接受了卡耐基的忠告：根据平均率，看看所忧虑的事发生的机会有多少？后来他们发现出走的青年中只有极小部分遇到过麻烦。他和他太太从此就不再过度紧张了，后来他儿子3个月后回来了。

凯瑞来到纽约，想开创一番演艺事业。来到这里后，她不得不和更有天分的男女青年竞争，结果并不很好。她觉得和其他年轻人相比，她并不是能在演艺界获得成功的材料。为此她烦恼了好几个星期，晚上睡不好。最后终于告诉了父母。仔细思考下，发现自己也没有别的特长，就决定回学校读书，取得教师资格。为了学费和生活费，我重新去学打字，现在得到一份接待员的工作。

一个人把忧虑憋在心里，不告诉任何人，就会造成精神紧张。我们都应该让别人来分担我们的问题。

卡耐基认为，要想使青春永驻，就要使别人感到高兴。

有一个农家的女子，在一整天劳累的工作后，当快要吃饭的时候，她在那几个男工面前，大声吆喝起来。那些男工问她，是不是疯了？那女的回答说：“哦！我替你们做饭，已经做了20多年，那么久长的时间，我从没有听到一句表扬的话。”

相反，帝俄时代的莫斯科和圣彼得堡，养尊处优的那些贵族们，他们很注重礼貌，似乎已成了那些贵族们的一种习惯。当他们吃过一桌可口的菜后，一定要请主人把厨司叫来外面餐厅，接受他们的赞美。

要想青春永驻，就要取悦别人，赞美别人。只有别人高兴了，你的心情才能愉快。你才能安心去做每一件事情，去享受生活。

卡耐基认为，要学会微笑。

每天给他人一个微笑，友好的阳光会洒遍我们的周围；真诚和善意的微笑，使我们的心灵像绽开的玫瑰。它可以化干戈为玉帛，化乖戾为祥和。正所谓“我见青山多妩媚，青山见我一如是。”

每天给自己一个微笑，快乐的天使会一直陪伴在我们左右。微笑是一种力量，是一种良药，是保持心情愉快，青春永驻的秘方。对自己的微笑，使你睿智、幽默、坚定和乐观。

卡耐基的魅力口才学全集

文轩◎编著

河北出版传媒集团

花山文艺出版社

图书在版编目（CIP）数据

卡耐基的魅力口才学全集 / 文轩编著．—石家庄：花山文艺出版社，2016.3

ISBN 978-7-5511-2790-5

Ⅰ．①卡… Ⅱ．①文… Ⅲ．①口才学—通俗读物 Ⅳ．①H019-49

中国版本图书馆 CIP 数据核字（2016）第 074650 号

书　　名：卡耐基的魅力口才学全集
编　　著：文　轩

责任编辑：梁东方
责任校对：李　伟
美术编辑：胡彤亮
出版发行：花山文艺出版社（邮政编码 050061）
（河北省石家庄市友谊北大街 330 号）
销售热线：0311-88643221/29/31/32/36
传　　真：0311-88643225
印　　刷：三河市华东印刷有限公司
经　　销：新华书店
开　　本：889×1194　1/32
印　　张：8
字　　数：222 千字
版　　次：2016 年 7 月第 1 版
2016 年 7 月第 1 次印刷
书　　号：ISBN 978-7-5511-2790-5
定　　价：35.00 元

前　言

自古至今，没有人可以否认，语言是人生、生活、工作、成功、经济乃至于战争中最有效的一把利刃。语言不但是一种艺术，更是一种很具有杀伤力的武器。

交际和心理是领悟语言魅力的突破口。

会说话要从会动脑做起，会说什么样的话，要看说话的人从什么角度什么思维出发，有条不紊地逐步瓦解对手的心理防线，就是语言造就成功的必经之路。

卡耐基语言魅力的精髓就在于此。

说话，人人都会说。

但怎么说？说什么？说话的目的是什么？

是你首先要领悟和明白的中心目标。成功之道，就起始于语言，我们从小的语文课本，就是语言的基础课程，让我们动脑、领悟、积累前人经验，明悟人生道理，这每一种都属于语言艺术的基础。一个学富五车的人，他的语言能力不一定是优秀的，但一个语言天赋优秀的人，一定比别人懂得更多，他可以从各方面列举实例，寻找突破口，从而达到自己的目的，这样的人，很容易在社会大流中脱颖而出，凌驾于他人之上。

口才不但是一种语言天赋，还是一种可以通过学习和训练获得的一种技能，只有令自己具备超强的口才，才能迅速提高自己的社会地位，在工作中脱颖而出，在生活中如鱼得水，具备超越于旁人的生存竞争力。

在 1913 年的美国，曾爆发过一次席卷全国的成人教育，戴尔·

卡耐基在这在这次运动中的影响力是惊人的，他对那些演讲的评点，有着令人震惊的影响力，无论从数量上，还是从演讲的角度来讲，都是一种无法超越的存在。

出色的口才，是通往成功之路必须具备的基础条件，卡耐基的口才学，就是你通往成功之路的一块镶金的铺路石。

目录

第二章　提高日常交流和沟通的语言技巧

第三章　努力博得别人的好感，得体地去赞美

第一章　注重培养表达能力，提高口才技巧

一个人的说话能力，可以显示他的力量。口才好的人，说话说得使人钦服，往往可以很顺利地达到自己的目的。一个人如果具有良好的口才，无论是在职场追求晋升，还是在生活中交友待人，都一定会潇洒自如。说话是人的天赋本能，但良好的谈吐要靠后天的练习。

※　良好的口才有助于事业的成功

很多人的成功，在相当大的程度上都应归功于他善于辞令。戴尔·卡耐基指出，第一印象最重要，而口才好的人最能给别人留下深刻的第一印象。优雅的谈吐可以使自己广受欢迎，更有助于事业的成功。许多人能成为显要人物或高级官员，就是因为善于辞令。凭自己在其他方面的实力，他可能升不到高位，拿不到高薪，但是出色的口才却让他们得到了这一切。口才的作用由此可见一斑。

一个人是否拥有好的口才，是否善于表达，效果是大不相同的。与熟练掌握说话艺术的人交谈，简直就是一种享受。娓娓道来的声音就像音乐一样，钻进我们的耳朵，打动我们的心灵。或让人精神振奋，或给人安慰。人们都喜欢与这样的人交往。

无论在什么场合，如果你能够表达清晰、用词简洁，再加上抑扬顿挫、娓娓道来的语调，就能够吸引听众、打动别人。这是你的秘密武器，可以在不经意中助你事业成功。如果你善于辞令，再加上周到的礼节、优雅的举止，在任何场合，你都会畅通无阻、受到欢迎。卡耐基非常欣赏亚伯拉罕·林肯和他的口才。

在卡耐基的著作中，曾这样讲述他的朋友卡尔·舒尔茨回忆与林肯初次见面的情景（那时林肯还没做总统）：

“火车离开一个小站后，乘客中间突然骚动起来，人们从座位上跳起来，迫不及待地围住刚上车的高个子，用老熟人的口气向他打招呼：‘嘿，亚伯，你好吗？’他热情地回答：‘晚上好，本！你好啊，约翰！看见你真高兴，迪克！’他不知说了点什么，又引起一阵欢笑，车厢里声音太杂，我听不清他说的话。我的同伴认出了他，叫了起来：‘哎哟！这就是林肯，是他，没错！’他挤过人群，把我介绍给亚伯拉罕·林肯，这是我第一次和他见面……他对我说话的口气又随和又亲切，好像我们是老相识似的……然后我们一起就座。他话音很高，又很悦耳……他的模样、朴实无华的言辞，没有一丁点矫揉造作，也没有任何优越感，让我感到我们好像从小就认识、早就是好朋友。我们交谈时，他经常在谈话里插进新奇的故事，每个故事都切合当时的话题……”

卡耐基指出，林肯能够与各种人愉快地交谈——不论是作风严谨的科学家、老谋深算的政客、傲慢的外国元首，还是谦卑的农民。他的口语就像农民一样朴实，让人感到他可亲可近，而不是一个高高在上的大人物。听听林肯是怎么形容萨尔蒙·蔡斯吧：“一只大绿头苍蝇，找到臭的地方就下蛋。”他有一句著名的话，用来比喻美国南北方的分裂：“一幢裂开的房子是立不住的。”

卡耐基称林肯是有史以来最乐于与人交谈的美国总统。他在任期间，白宫的大门敞开着，任何人都可以晋见总统，但是控制谈话气氛的人总是这个头脑清醒、思维敏捷的总统。有些人带着非分之想来求见他，还没明白过来是怎么回事就被打发走了。某人出于对格兰特将军的妒忌，向林肯进谗言，说格兰特有可能将总统架空。林肯的答复使对方哑口无言：“如果格兰特当总统更有利于镇压叛乱的话，那就让他当总统好了。”有位女士闯进白宫，理直气壮地要求总统给她儿子一个上校的职位，因为她的祖父参加过莱克星顿战役、她的叔父是布拉敦斯堡战役中唯一没有逃跑的人、她的父亲参加过纳奥林斯战役……林肯说：“夫人，你们一家三代为国服务，对于国家的贡献实在够多了，我深表敬意。现在你能不能给别人一个报效国家的机会？”

林肯善于利用故事来暗示或加强自己的观点。他知道故事比单纯的说教更有说服力。他说："大家夸我会讲故事，我想确实如此。我从长期的经验中了解到，普通民众终日劳碌，举一个容易理解而又幽默风趣的例子，比用别的任何方式更容易影响他们。"有一次，他又说："我相信我讲故事已经讲出了名，但我感兴趣的不是故事本身，而是其目的或效果。我喜欢用简短的故事说明我的观点，避免别人冗长、乏味的议论和费力的解释。一个贴切的故事，可以减轻拒绝或批评所造成的尖锐刺激。既达到谈话的目的，又不伤感情。我不是一个专门讲故事的人，但我把它作为一种缓冲剂，避免不必要的冲突和烦恼。"

在日常生活中，不管是偶尔才能派上用场的特殊技巧，还是随时随地都需要运用的能力，有哪一个的作用可以和语言能力相比呢？人们愿意穷其一生去学习科学、文学和其他各种知识，却完全忽视了语言能力的训练和提高，这常常使他们显得木讷呆板。在自己的专业领域有很高的造诣，在社交场合却羞于开口，沉默不语，像一个无足轻重的人。还有比这更令人沮丧的吗？看到那些才能不及自己 1/10 的人，在公众场合滔滔不绝，自己却静静地坐在一旁，只有洗耳恭听的分儿，心里能平衡吗？你们的区别在于，他平时注意培养自己的语言表达能力，你却毫不在意。

如果你发现了一颗新的行星、写了一本很有价值的书、发明了一套实用的机械装置，说话时却吞吞吐吐、词不达意，甚至不能让人听清你在说什么，这会让你失去多少本该由你来把握的机会啊！一个十分奇怪却很常见的现象是：有些人在特定的行业取得了极高的成就，在会议上却不能勇敢地站起来，把自己的成果介绍给大家。他们驾驭不了局面，根本没有能力主持一个会议，也没有什么清晰的思想，不能用充满感情的话语打动每一位听众。这样的人，真的应该反思自己，向林肯学学啊！

林肯在正式场合的演讲，激情洋溢、抑扬顿挫、富有感染力。葛底斯堡大捷之后，他的一番讲演趁热打铁地鼓舞了士气：

"87 年前，先辈们在这片大陆上创建了一个新的国家，它孕育于自由之中，奉行人人生而平等的原则。

“现在我们正从事一场伟大的内战，以考验这个国家，或者说以考验任何一个孕育于自由、奉行上述原则的国家，是否能够长久存在下去。

“我们在这场战争中的一个伟大战场上集会。烈士们为使这个国家能够生存下去而献出了自己的生命。我们在此集会，就是为了把这个战场的一部分奉献给他们，作为最后安息之地。

“我们这样做，是完全应该，而且非常恰当的。

“但是，从更广泛的意义上说，这块土地，我们不能够奉献，我们不能够将它神圣化。曾在这里浴血奋战的勇士们，活着的和去世的，已经把这块土地神圣化了，这远远不是我们微薄的力量所能做到的。

“全世界将很少注意到、也不会永远记得我们今天在这里所说的话，但全世界永远不会忘记勇士们在这里做过的事！

“倒不如说，我们这些活着的人，在这里，应该把自己奉献给勇士们已向前推进、但尚未完成的事业；我们应该把自己奉献给仍然留在面前的伟大任务，从这些光荣的死者身上汲取更多的献身精神，来完成他们已经完全彻底地为之献身的事业；下最大的决心，不让他们白白牺牲；让国家在上帝的保佑下得到自由的新生，让这个民有、民治、民享的政府永世长存！”

这段话是多么有力量和赋予感染力啊！

不管胸存什么样的雄心壮志，首先得掌握驾驭语言的能力，有让人羡慕的好口才。你也许不能成为律师、医生或商界精英，但你每天都要说话，也就必然要运用语言的独特力量。

渴望建功立业的年轻人，应该掌握谈话的技巧，提高驾驭语言的能力。在各种场合，做到谈吐优雅、从容不迫、应付自如。能够让别人对自己感兴趣，这本身就是一种很高的素质，值得每一个年轻人努力。要想做出一番成就，就要提高自我表达能力，这会使自己受益无穷，可以称得上是一生的财富。

※ 灵活地运用思维是良好口才的重要环节

人们的口语表达过程，是一个直接将思维转化为自然语言的过程，这个思维的运行和转化的过程就叫作运思。运思是思维活动的运行轨迹，运思灵敏而畅通，是讲话有内容、有形式、有程序、有组合的必要条件；反之，运思呆滞与阻塞，无序与紊乱，则是口语表达过程的主要障碍。因此，提高运思能力，是口才训练的重要环节。

1. 选题的运思

选题就是选择和确定口语表达的话题，其中包括论题和题目的确定。选题是口语表达者准备工作的第一步。

口语表达论题的选择，与文章主题的选择区别在于它不仅是一般地考虑到选题的客观必要性和立论的正确性，还必须更加重视全体特定听讲对象的现实状况和现实需要。

论题选定以后，为了更深刻有效地表现主题，还要在选定角度和开掘深度上下工夫，力求角度新颖，立意深远。

2. 谈资的运思

谈资就是口语表达中要运用的材料。谈资选择在运思过程中，应遵循以下几条原则。

一是选用与话题有关并能有力说明、烘托、突出话题的谈资。舍弃对话题表现力弱或与话题无关的谈资。

二是谈资要真实可信，运用恰到好处，使人明了由它而说明的道理或讲述的事情。

三是谈资须精练。要选用一些最典型、最有代表性的事例。舍弃一般的、重复的次要材料。

四是谈资要以新为贵。即使是典型事例，如果反复引用，必会令人生厌。因此，要善于收集新奇的信息材料做谈资。

五是谈资要充实。谈资充实，从多方面加以论证，主题才会丰满，才能透彻有力地证明论题的正确性和必然性，产生令人信服的雄辩力量。

3. 结构的运思

说话与文章也有不同之处：文章要求更加严谨，任何一些多余的、与主题无关的材料、话语都一概删去。但说话除非按预先拟好的讲稿照念，一般都不可能没有水分，特别是即兴发言，材料次序不那么严谨，有时会加插一些题外语，有时发现已讲过的某个问题有某点遗漏又临时补充。这样，更容易显得杂乱。作为高明的讲话者，他是时刻把中心记在脑子里的。因此，不管怎样加插，不管转了多少个话题，总的倾向都是为了表达中心。

要使中心突出，必须在说话前立定格局，理清思路，才能突出逻辑线索。不管材料怎样繁杂，说话前一定要先想清楚，这番话是什么中心，用什么材料，怎样安排先后……把这一切理清后说时就有主干，就不会啰里啰唆，停停说说了。这就要求仔细考虑结构的运思，就是设计和安排口语表达话语的顺序。结构形式是由逻辑结构和篇章结构两个方面的内容辩证统一而组成的。

逻辑结构和篇章结构是两个不同的概念。前者偏重于话题方面的结构安排，指论题、谈资和论说的方法；后者则侧重于整篇话语材料的组织安排。两者各有侧重，但又必须浑然一体。

口语表达的逻辑结构，其基本要求是必须有正确而鲜明的论题；支持论题的真实而充分的谈资；运用谈资去说明论题的完善而严密的表达方法；其中包括叙事、说理、描述、说明、抒情等基本的口语表达方式，以及严密科学、无懈可击的表述形式。不论采用何种表述的形式，都要能用谈资合乎逻辑地说明话题。

口语表达的篇章结构，一般由开头、中间、结尾三部分组成。其具体要求是：开头部分应该精巧，扣紧题意，具有吸引力，能够激发听众的兴趣和思路。中间部分应该顺乎听众的思维习惯，条理分明，富有逻辑性，具有极强说服力和感染力地阐明话题。结尾部分应该有概括力，使听众加深认识，得到鼓舞，回味无穷。

结构的运思方法，可以是打腹稿，也可以是编提纲，还可以在构思的基础上写出文稿，这要根据客观需要和具体情况来确定。无论何种情况均应做到，开头要巧妙，结尾要精彩，重点要突出，层次要清楚，语言要贯通。

说话是人的天赋本能，但良好的谈吐要靠后天的习练。许多人以为口才只是口上之才，这种看法是有些片面的。一个人的口才，有赖于相当的训练。

※ 谈话时要尽量准确、恰当地使用词汇

戴尔·卡耐基指出："用对了词汇，不仅能打动人心，同时更能带出行动；而行动的结果便展现出另一种人生。"

我们所说的话用对了词汇，就能叫人笑、治疗人的心病、带给人希望；然而，若是用错了词汇，就会使人不快、刺伤人的心、带给人失望。同样地，借着所用的恰当"词汇"，可以让别人了解我们崇高的心志和由衷的愿望。

马克·吐温说："恰当地用字极具威力，每当我们用对了词汇……我们的精神和肉体都会有很大的转变，就在电光石火之间。"

历史上许多伟大人物就是因为善于运用词汇的力量，大大地激励了当时的人们，决心跟随着这些伟大的人物，结果塑造出今天的世界。

帕特里克·亨利站在十三州代表之前慷慨激昂地说道："我不知道其他的人要怎么做。但就我而言，不自由，毋宁死。"这句话激发了几代美国人的决心，誓要推翻长久以来骑在他们头上的苛政，结果造成燎原之火，美利坚合众国由此诞生。

戴尔·卡耐基在一次演讲时说道："当我们今天得以享受到充分的自由时，不要忘了《独立宣言》。虽然那没有几句话，却是两百多年来所给予我们每个人的保障。同样地，当我们这些年致力于种族平等时，不要忘了那也是因为某些词汇的组合而激发出来的行动所致。请问，谁能忘记马丁·路德·金博士打动人心的那一次演讲，他说道：'我有一个梦，期望有一天这个国家能真的站立起来，信守它立国的原则和精神……'"

第二次世界大战期间，英国正处于风雨飘摇之际，有一个人的话激起了英国全民抵抗纳粹的决心，结果他们以无比的勇气挺过了最艰苦的时刻，打破了希特勒部队所向无敌的神话，那个人就是已故的英国政治家丘吉尔。

许多人都知道，人类的历史就是由那些具有威力的话所写成的；然而，却鲜有人知道，那些伟人所拥有的语言力量，却也能够在我们的身上找到，这能改变我们的情绪，振奋我们的意志，使我们有胆量敢于面对一切的挑战，使人生过得更加丰富。

在生活中时时选择使用积极性的词汇，最能振奋我们的情绪；反之，若是选择使用了消极的词汇，就必然很快地使我们自暴自弃。因此，我们务必要重视使用词汇的重要性。这做起来并不难，只要你能聪明而用心地选择便行了。

一个人若是只拥有有限的词汇，那么他就只能体验有限的情绪；反之，若是他拥有丰富的词汇，那就有如手中握着一个可以调出多种颜色的调色盘，可以尽情来挥洒和丰富你的人生，不仅能够吸引别人，更能使自己感到活力和振奋。

在生活中，学会生动形象的语言是非常有用的。

形象生动的语言把无形变成有形，把概括变成具体，把枯燥变成生动，大大吸引了听众的注意力。形象化的语言让听众的视觉、听觉、嗅觉、味觉都一起参加接收活动，大大增强了语言的感染力。此外，它也是构成其他语言风格的基本手段。

卡耐基指出，为了使用语言的形象生动，必须做到如下几点。

1. 选用有色彩、有形象的词语。色彩词和形象词可将听觉形象转化为视觉形象，而视觉形象留给人的印象往往比听觉形象留下的印象更深刻。

2. 运用各种修辞手法，如比喻、拟人、夸张等。这些修辞手法可以用浅显通俗的事物或道理来说明比较复杂、抽象的事物或深奥难懂的道理。

3. 要注意寓理于事，将深刻的道理寓于具体事实之中。那种干巴巴的说教，往往使听者乏味。要学会善于运用生动典型的事例阐明事理，增强语言的魅力。

一个会讲话的演说家，他会使他的话像一种影像浮映在听众眼前；不会讲话的演说家，只是笨拙地利用模糊平淡而无声无色的一些东西把你催眠入睡。

※ 在谈话中尝试运用不同类型的哲理性语言

日常交谈中，人们爱听那些富有哲理的话语，因为它给人凝练、深远的美，令人回味，发人深省。而一个人的话题是否含有哲理，也标志着说话者的思想成熟程度。为了使你的语言更具有哲理，首先要了解哲理性语言的类型。

哲理性语言有以下几种类型。

1. 警策型。话一出口使人一惊，惊而无险，出人意料，却在情理之中，是这类哲理性语言的特点。例如，卢梭说："有人可能活了100岁时走向坟墓，但他生下来就已经死亡。"这段话中"活了100岁"与"生下来就已经死亡"是一个大矛盾，然而矛盾的背后却潜藏着深刻的思想。

2. 若愚型。这一类型的语言往往说出最平常的事，然而这些事情一经提示，就变成了很耐人寻味的东西。如爱默生说："站在山的旁边，就看不到山。"歌德说："光线充足的地方，影子也特别黑。"等等。他们说的都是极普通的事实，然而一经他们提示，这些事实就起了奇妙的变化，使人从中领悟到很多东西。

3. 忠告型。这类哲理性语言，常使人在善意中感到亲切，在亲切中领悟道理。如"如果你考虑两遍再说，那你一定说得比原来好一倍。""如果一个人不知道他要驶向哪个码头，那么任何风都不会是顺风。""从伟大到可笑，只有一步远。"等等。

4. 总结型。这类语言明显的特征是归纳经验。例如，"迟疑不决的人，常常找不到最好的答案。""财富往往像海水，你喝得越多，就越感到渴。"等等。

在谈话中运用哲理性语言，可以起到精辟、深邃和简练的效果，可以使自己的言辞更有力量。

※ 巧妙地传达和正确地理解"言外之意"

人们利用语言进行交际，但说话者要传递的全部信息不一定等于句子的字面意义。语言的句子之外往往还含有丰富的信息，这种信息就是通常所讲的"言外之意"。

交际中的“言外之意”的实例随处可见。比如，屋外正在刮风下雨，甲粗心地打开窗户。乙穿得很单薄，想让甲关上窗户，但是嘴里只是说：“这屋子真冷！”到别人家拜访，如果坐得太晚，主人有意辞客，却只对客人说：“是不是再给您添点茶？”

在交际中，有时人们不便把心里想说的话直说出来，或者为了避免使对方不愉快，便采用委婉的说法，或通过某种暗示来传递“言外之意”。有时，由于某种需要，嘴里说的和心里想的正好相反。如果交际的一方（主要是听话人）不能理解“言外之意”，交际就很难顺利进行下去，有时还会使得对方处于很尴尬的境地。

有很多人不愿把自己的爱好爽直地告诉别人。有人告诉他，使用某一种工具能够增进工作的效率，他也许一时不能接受你的意见。反之，你若“暗示”给他采取某种工具确能增进工作的效率，他也许会自动提出他的见解。

如果我们要使别人采纳我们的计划并付以实施，那么最好是将这个计划使对方觉得是自己想出来的，更上之策，则是把这个功绩也归属于对方。

在交际中巧妙地传达和正确地理解“言外之意”，有助于提高表达效果，促进交际。但无论说话者、听话者，都要谨慎从事，掌握适度，避免听话者获得的信息大于说话者所要传递的信息，出现信息增值，也就是平常所讲的“多心”。

在现实生活中，要防止诸如此类的误会，就要求说话人注意避免表达上的含糊不清、意思暧昧，而造成信息传递过程中失真，同时还要顾及听话人以及在场的其他人的心理；听话人则应避免“多心”而造成信息增值。这样，信息传递的通道才能畅通无阻，信息才能传真，交际才能顺利进行并获得成功。

※ 学习和采用更吸引人的说话方式

要想使你的谈话吸引人，是需要一定的技巧的。有些谈话者虽然在内容上不占优势，但有时他的说话方式却会让人觉得满意和舒服。毕竟说话者都有其特定的风格和特点。每一次对话会因为说话技巧的不同而有各种不同的回响、反应。那么，怎样才能使你的谈话达到迷人效果、使对方愿意听你说话呢？卡耐基总结了如下一些要点。

1. 说话风格明快

大多数的人不喜欢晦暗的事物，即使草木也需要阳光才能生长。同样，给人阴沉感的谈话，会让人有疑虑、厌恶感及压迫感。

2. 拥有个性的声音

有的人那动人的声音能使人觉得是一种享受。这样的人谈话时，非常注意说话的声音，而选择说话的声音，完全依自己的天赋、个性、场合及所要表达的情感而变化。有条件的话，你可自我充当对象，把自己的话录下来再仔细地听，你可能会吃惊地发现，自己说话竟有那么多毛病。这样经常检查，发音的技巧就会不断提高。

3. 语气肯定

每个人的自尊心都很强，很容易因为某些微不足道的事就感到自尊心受损。这样一来，会反射性地表现出拒绝的态度。所以，要对方听你说话，首先得先倾听对方要表达些什么。所谓“说话语气肯定”，并不是指肯定对方说话的内容，而是指留心对方容易受伤害的内容。

如果我们无法在内容上赞成对方的想法，我们可以告诉对方：“你所说的，事实上我本身也曾考虑过。”然后再问对方：“那你对这件事有何看法呢？”将判断的决定权交给对方，这并不是单纯地保护对方的高度自尊心，也是了解到自己并不完美的谦虚表现，以这种形式可以获得对方的认同。

4. 语调自然而变化

自然的声音总是悦耳的。你要注意，交谈不是演话剧，无论你是什么样的语调，都应自然流畅，故意做作的声音只能事与愿违。当你交谈的对象不是一个人，而是许多人时，应采用以下的技巧：当前一个人声音很大时，你的起点就可以压低声音，做到低、小、稳；当前一个音量小时，你的开始句就要略提高嗓门、清脆响亮，以引起大家的注意。

5. 注意措辞和抑扬顿挫

人类生存在当今的语言环境中，对于语言各自拥有其运用标准，一旦不符合其标准，就会产生不协调的感觉，其中包括语气与措辞。在人际关系中，确实有必要根据实际情况或对方是谁，而分别使用适当的语言。如果不分亲疏远近，一律以和朋友谈话时的措辞来谈，那么对方就可能会感到不习惯听我们说话。

一句话若没有抑扬顿挫，则流于平淡，引不起对方的兴趣。若能添一些感叹词，则能增加彼此之间谈话的气氛，但要适可而止；过多的感叹词，也会抹杀了言辞的重要性，使对方不能分辨你的意思。

像“冷呀”“热呀”这些极平常的话，如果再说“好冷呀！”“好热呀！”似乎很无聊，而若能使它们变为富有诗意的句子，不是更动人吗？

※ 重视停顿在语言交际中的作用

在《决战谈判桌》一书中，作者讲述了他个人的一段经历。有一次，当他穿着拖鞋走出家门，打算拿邮筒的邮件并给前院的草坪浇浇水的时候，一阵大风刮过，门被“砰”的一声关上了。他身上没带钥匙，而这时已是晚上六七点钟。万般无奈，他只好向邻居借电话，请锁匠来开锁。于是，围绕着劳务费——价格问题，作者和锁匠之间就有了一番“谈判”：他（锁匠）看了我一下之后，说：“价钱嘛……55 美元。”我听了之后，心里想：“糟糕，家里到底有没有这些现金？搞不好得开车去银行取钱。要不要先跟邻居借一下呢……”没想到，年轻的锁匠看我不吭声，以为我生气了，马上不好意思地说：“好吧，好吧，50 块好了。”我这下子更惊讶了，没有作声。“哼……现在是晚饭时候了，应该算加班呢……就算你 45 块好啦。”其实，我根本不知道行情是多少，是他的罪恶让他自动降价。随后我终于开口了：“40 块钱！”这时候，他一副如释重负的样子，说道：“好吧，不过你得给我现金。”

在这场谈判中，价格一降再降，不是因为作者的“舌唇枪剑”

地砍价，而恰恰是他的“沉默”，从一个方面印证了“沉默是金”的道理。

想必很多人在日常生活中都有过类似的经历。其实，这正是从一个侧面说明了停顿在语言交际中的作用，停顿的最直接的表现形式就是沉默。在语言交际活动中，人们不仅需要借助有声语言，而且需要借无声语言表情达意。甚至，在某些特定的语言环境中，无声语言更能表达有声语言所无法表达的思想内容。

停顿就是一种无声语言。说话中的停顿，通常分为语法停顿、逻辑停顿和心理停顿。语法停顿是为了结构明确、层次清楚所作的停顿；逻辑停顿是为了强调某一特殊的意思或某种逻辑关系所作的停顿；心理停顿是由说话人为了表达某种感情或达到某一目的而有意识安排的一种停顿，它常常取决于说话人的心理情绪。

在语言交际活动中，恰当地使用停顿，尤其是心理停顿，能够获得更好的说话效果。

首先，停顿可以增添说话的情趣。通过停顿可以设置悬念，该说而不说，让听者如坠五里雾中；待时机成熟，突然亮底，风趣十足。

里根当选美国总统时，一天上午，全体共和党人举行会议，一位多数党领导人站出来故意说：“总统阁下，开完会之后，我们大家准备共进午餐。倘若您也来和我们一起进餐的话，你必须付餐费5美元；如果实在没有，鄙人愿解囊相助，以解尊驾拮据之难。”这位多数党领导人为什么敢同里根开这个玩笑呢？因为人们知道里根口袋里平时不放钱，想借机让总统难堪。谁知里根听完他的话，笑而不答，一阵沉默。当大家步入宴会厅时，戏谑里根的那个人沉不住气，再次提出借钱给总统，里根却出人意料地从口袋里掏出崭新的5美元，令在场者吃惊不小，迷惑不解。经里根解释，原来是会前有人给他拍照做杂志封面所支付的报酬，恰好是5美元。于是，大厅里响起一阵欢笑。里根开始的沉默，设置了一个悬念，人们不知他“葫芦里卖的什么药”，能否拿出5美元。谜底揭开，不仅使自己摆脱窘境，也为宴会平添情趣。

其次，停顿可以增强说话的吸引力。停顿能迅速消除语言传递中的种种障碍，使听者的注意力集中。“没有一点声音，没有任何喝彩，只有那震耳欲聋的寂静。”——这便是停顿所能达到的最佳传播效果。

一个人说话的内容总有主要和次要之分。在展开重点内容前，一般就应该有所停顿，这既是给对象一个心理准备，也是一种“重要性”的暗示。

林肯在要讲出一个重要意思，并想把这种意思深深地印在听众心上时，他总是把身体略微前倾，两眼直视听众，好久不说一句话。在这里，虽然非语言也在发生作用，但非语言的信息只有和心理停顿这种副语言沟通方式协调时，才能有效地影响对象。

再次，停顿有助于掌握说话的主动权。运用停顿，可以使说话者赢得思考时间，从而增强语言表达的逻辑性，使表达更严谨，减少说话中的失误；运用停顿，将说话的机会让给对方，可从中获取更多的信息，同时也能避免自己将不该说的讲出去；运用停顿，可以造成对方的心理压力，从而使对方做出某些让步。

那么，如何在谈话的时候，恰当地使用停顿呢？

1. 准确把握语境。停顿的含义非常丰富，它以语言形式的最小值换取最大意义的交流。不同语境下的停顿表述完全不同的意思：停顿可以表示默许，又可以是保留己见；既可以表示举棋不定，又可以是不达目的不罢休的标志；既可以表示抗议、愤怒，又可以是心虚的流露……只有结合具体的语境，才能明白停顿的确切含义。

2. 正确把握时机。并非每次交谈必有停顿，不恰当的停顿，会使一个连贯的说话过程中断，影响表达效果。如果不分场合故作深沉、高雅而滥用停顿，只会给人留下矫揉造作的印象。其次，停顿的时间长短要适度。停顿的确能对听者产生一定的影响，但如果时间掌握不当，其结果将会适得其反：停顿的时间太短，听众来不及反应，等于没有停顿；停顿的时间过长，听众有足够的时间“想一想”，在高潮到来之前做好心理准备，本想强调的话反而变得平淡无味。停顿多长时间为宜，要根据说话内容、目的、对象、场合而定。

3. 要恰当地辅以其他态势语言。停顿不是全部说话活动的停止，只是有声部分的暂停。停顿时，要求姿态、表情等态势语言充分发挥作用。常见的停顿，一是用眼睛说话，要表达的情感，从目光中流露。二是用表情说话，表情或严肃，或喜悦，或忧伤，或愤怒。虽未吐一字一词，但停顿给了听者揣摩其“潜台词”的时间。同样可以获得答案。三是用感情说话，举手、投足、坐相、站姿都能传递信息，使听者于无声处看姿势，探究竟。

4. 要有足够的耐心和定力。耐心地沉默，本来就是一种修养。停顿，不仅要给对手施加心理压力，使对手在长久的沉默中失去冷静。而且，可以有助于你的倾听，及时分析对手言行的目的和意图，从而达到超出停顿本身的作用。这就要求，运用停顿时，要有充分的准备，要有耐心。在确定有必要停顿时，不论别人怎样，始终缄口不言。不要怕冷场，不要怕给人难堪，不要想当个“带头人”。假如思绪还没有理清、意见考虑不成熟或说出来可能不合时宜，还是沉默为好。

※ 进行科学适度的发音训练

语音是人们表情达意的物质手段，是相互联系的重要媒介。法国艺术家泰纳曾经说：“人们的喜怒哀乐，一切骚扰不宁、起伏不定的情绪，连最微妙的波动、最隐蔽的心情都能用声音直接表达出来；而且表达有力、细致、正确，无与伦比。”这句话充分说明了语音素质的重要作用。因此，口才训练的第一步应从语音开始。

人类并没有单独的发音器官，而是使用呼吸器官、消化器官作为自己的发音器官的。当我们说话时，横在呼出气流通路上的两条声带，迅速地一开一闭，把稳定的气流切成一连串的喷流，而转换为一种听得见的蜂音。舌、唇、额等器官的移动，不断改变声道的声学性质，将蜂音变成能够区别的语音，通过人体胸腔、咽喉、鼻塞和口腔组成的共鸣器放大，从而发出声音。那么，怎样进行发音训练呢？卡耐基为我们提出如下建议：

1. 呼吸练习

气息是声音的动力来源。我们正常的说话是在呼气而不是在吸气时进行的。在作公开朗诵、演讲时，我们明显地需要有比平时更强的呼吸循环。发音时的正确呼吸方法，应当采用胸腹联合式呼吸法，即通过横膈膜的收缩和放松进行呼吸。它介于腹式呼吸和胸式呼吸之间。具体做法是：

吸气时，小腹向内收缩，大腹、胸和腰部同时扩张。这种扩张不是单纯向前、向上挺胸，还要向左右撑开，感觉到腰带渐紧，后腰有向后撑开的力量。呼气时，小腹要一直收住，使胸部、腰部在努力控制之下，将气慢慢散出，切忌一下子把气放出来。

这种呼吸方法可以使肺部充满气息，为发音提供充足的“气”；同时，小腹向内收缩，胸腔扩展，以小腹、后腰和后胸为支柱点，为发音提供了充足的力，使发出的声音洪亮致远。

采用胸腹联合式呼吸法，进行口语表达时，应注意以下几点：第一，呼吸时，尽量做到自然轻松，吸入的气息量适中，切忌吸得过深或过浅；第二，充分利用讲话过程中存在的自然停顿进行换气，不要在讲完每一段或每一层次后才大呼大吸；第三，只有挺胸抬头，肩背舒展时，才能使胸腹处于良好的呼吸状态。

2. 声带练习

专家指出，人们在正常说话时，声带频率范围在 60 到 350 赫兹之间，或者略大于两个八度音，偶尔也用更高的频率。声带振动的频率，决定了发音的音响、音高和音色。个人除了先天声带条件之外，在后天正确进行声带训练和保护，能够有效地改变声带条件，提高语音素质。

发音时，声带犹如赛跑前的韧带一样，需要做准备活动。方法是，声带放松，用匀缓的气流轻轻地拂动它，发出细小的抖动声，像小孩撒娇生气时，喉咙里发出的那种声音。这种声音像气泡一样，是一个一个颤抖出来的。

声带练习的方法很多，最基本的方法是：吸足一口气，身体放松，张开或者闭合嘴，由自己的最低音，向最高音发出“啊”的连续声响，可以做高低音连续变化起伏。这种练习最好放在早晨空气清新时进行。

在演讲等大场合的口语表达中，发音需要自然轻松，处理好停顿，控制好音量，使声带松紧有节。尤其不可有意使用过高的嗓音，以免声带负担过重，声音嘶哑。在整个口语表达过程中，不宜喝过量、过烫、过冷的水。用少量温水，润润喉咙，有利于保护声带。

3. 共鸣练习

声带产生的音量只占讲话音量的 5%，其他 95% 的音量，则要通过胸腔、咽喉、鼻窦和口腔所组成的共鸣器放大得来。共鸣器官的合理运用，可以使声音变得圆润、优美动听，大大提高发音的质量。

扩大口腔、咽腔共鸣的训练方法是：首先，下巴稍向后、向下移，但不要大开；其次，提嚼肌——脸上嚼肌（面皮）向两边斜上方提起，似放松微笑状态；然后，挺软腭——软腭向上挺住，用张口急吸气体会，发鸭叫声，使口腔形成一个圆筒，否则，声音发暗、发扁；最后，像老虎龇牙咧嘴一样，大张合训练的同时，发“啊”的声音。

鼻腔、胸腔共鸣的训练方法是：学牛叫；用“哼哼”音哼歌；鼻音带出字；做扩胸运动的同时，发尽量高亢的声音和尽量低沉的声音。

4. 读句练习

读句练习的目的是训练讲话时语句流畅，干净利落，出口成章。有些人口语表达时语句阻塞，拖泥带水，重复啰唆，其原因除了思路不清，反应迟钝外，就是嘴巴不灵，舌头不巧，缺乏严格的口齿训练。为了训练口齿灵活，可选择一些有难度的语言片断，进行快读训练。练习时，要求做到词句不增不减，不重不断，由慢到快，读得连贯、流畅、自然。

※ 在不同的场合和面对不同的谈话对象时要调整好声音

在交谈过程中，说话者的语速、音质和声调，也是传递信息的符号。同一句话，说时和缓或急促，柔声细语或高门大嗓，商量语气或颐指气使，面带笑容或板着面孔，效果大相径庭，要根据对象、场合进行调整。

1. 必须发音正确、清晰易懂

说话是一种艺术。要想把话说得好，正确地表达自己的意思，就必须发音正确、清晰易懂，否则由于口齿不清，发音不准，就会影响内容的表达。清晰易懂的发音，可以依赖平时的练习，多注意别人的谈话，多朗读书报；交谈时克服紧张情绪，讲话不急不躁，就能做到这一点。

2. 说话的速度不宜太快，也不宜太慢

说话太快会令人应接不暇，反应跟不上，而且自己也容易疲倦。有些人以为自己说话快些，可以节省时间。其实，说话的目的，在使对方领悟你的意思。此外，不管是讲话的人，或者是听话的人，都必须运用思想。说话太慢，也会使人着急，既浪费时间，也会使听的人不耐烦，甚至失去谈下去的兴趣。因此，谈话中，只有使自己谈话的速度适中，即每分钟讲 150 个单词左右，才最适宜。

3. 要注意语调

人们说话时常常要流露真情，语调就是流露这种真情的一个窗口。愉快、失望、坚定、犹豫、轻松、压抑、狂喜、悲哀等复杂的感情都会在语调的抑扬顿挫、轻重缓急中表现出来。语调同时还流露一个人的社交态度，那种心不在焉、敷衍的语调，绝不会引起别人感情上的共鸣。语调虽重要，但在谈话中却往往被忽视，只注意辞令如何风趣，内容如何美妙，却忘了语调要如何动人，结果使思想的传递受到损失，效果受到影响。

在社交场合，为使自己的谈话引人注目，谈吐得体，一定要在声音的大小、轻松、高低、快慢上有所用心，这样才能收到好的效果。比如，放低声调，总比提高嗓门说话显得悦耳得多；委婉柔和的声调，总比粗砺僵硬的声调显得动人；发音稍缓，总比连珠炮式易于使人接受；抑扬顿挫，总比单调平板易于使人产生兴趣……但这一切都要追求自然；如果装腔作势，过分追求所谓的抑扬顿挫，也会给人华而不实在演戏的感觉。自然的音调也是美好动听的。

※ 把啰嗦当作必须克服的缺点

卡耐基认为，说话啰嗦是口才的一大禁忌。

说话啰唆的人往往会使人感到不快。社交场合一旦出现了这样性格的人，无论什么人都会感到伤透脑筋：他们大大咧咧、漫不经心；讲起话来啰啰唆唆一大堆，看不出他们所说的话彼此之间有什么逻辑联系。他们既不知道自己是在说些什么（没有明确主题），也不知道自己为什么要说这些（没有明确目的），更不知道自己遇到与人谈话的场合应该怎么办（不了解谈话的基本规则）。这样的人往往心地善良，不含恶意，但就是让人受不了。

在社交场合说话啰唆，无论如何也是表达能力方面的一大弱点。它让人神经紧张、心情厌烦、又不好粗暴地打断话头："闭上你的嘴！"于是，就有人提出了颇具幽默的设想，建议具有这种性格弱点的人，说话时想象自己在挂国际长途电话，说话的每一分钟你都必须付款。这是一种合理的想象，你在浪费别人的时间。而一旦你真正这样想的话，那么你肯定会知道自己要说些什么，也知道为什么要说这些。至于怎么办——这很清楚——唯一的原则就是简洁明快。从任何角度来看，没有人会心甘情愿为自己的一堆废话去付账。所以，这条建议不失为一个行之有效的方法。

问题在于，说话啰唆的人往往觉得自己所说的含义丰富，他们认识不到自己的弱点。有两个多年未见面的老朋友相聚，他们彼此都盼望了很久。结果其中一个带了他热情开朗的新婚妻子一起来，那位妻子从一开始就独占了整个谈话，滔滔不绝，一个接一个地说着一些自己觉得很好笑、很有趣味的事情。出于礼貌，两个男人沉默地听着，偶尔尴尬地彼此对看一眼。当他们分手的时候，那位妻子站在门口的台阶上挥舞着手套，兴高采烈地说："再见！"她觉得度过了一个很有意义的夜晚，认识了丈夫的朋友，还进行了一次快乐的谈话；而两个男人却对老朋友分别多年后的情况仍旧一无所知，心里诅咒着这个开朗得过分的女人，即使她的丈夫也是如此。

卡耐基给说话啰唆招人烦的人罗列出了 7 个典型的特征。

1. 打断他人的谈话或抢接别人的话头，希望整个谈话以"我"为重点；

2. 由于自己注意力分散，一再要求别人重复说过的话题，或自己不记得已经说过了，一再重复；

3. 像倾泻炮弹一样连续表达自己的意见，使人觉得过分热心，以致难以应付；

4. 随便解释某种现象，轻率地下断语，借以表现自己是内行，然后滔滔不绝；

5. 说话不合逻辑，令人难以领会意图，并轻易地从一个话题跳到另一个话题，有时自己也莫名其妙；

6. 不适当地强调某些与主题风马牛不相及的东西，东拉西扯；

7. 觉得自己说的比别人说的要来得更有趣。

凡此种种，都是说话啰唆者的通病，也往往造成社会交往中的尴尬场面。

你不妨对照一下，只要具备了上述七条中的任何一条，你就有必要在交谈的时候注意克服，在说话技巧上加以切实的提高。切记：仅仅有了充分热情的交谈愿望是远远不够的，毫无技巧的谈话只会给人带来烦恼，而不会增进友谊。如果你把这只当作一个无足轻重的小毛病，那你就大错特错了。

有几个具体步骤能提醒你在交谈时更注意技巧，更清晰地表达。

1. 聆听有时比说话更重要。既然是交谈，就要先听清楚别人在说什么，还得用心记住，免得三分钟后你又重新发问，或自己说的和别人说的对不上号。心不在焉、漏听字句和记性不佳，都会使谈话变得冗长、拖沓、无聊。试想，如果你在说话时，有人时时提问："你刚才在说什么？"那是多么令人扫兴的事。

2. 注意观察他人的反应，包括他人的语调是否热情，是否对你说的话感兴趣。谈话就像司机驾车过十字路口一样，要时时注意红绿灯。当别人表情冷淡、哈欠连连，你仍然滔滔不绝往下说，无异于违反了交通规则；如果别人对你说的话感兴趣，就会做出积极鼓励的反应，邀请你说下去。否则就是开红灯，你要赶紧刹车，适可而止。

3. 你如果要开口说话，就要把话说得有条理。最令人困扰的就是缺乏条理的谈话习惯，它会轻而易举地将人引到信口开河、废话连篇、离题万里、一再重复的泥塘里去。说话无组织、无逻辑是思想不清楚的表现，没有人愿意和存在这种缺点的人打交道。

4. 不要把“我”当成谈话中的核心和重点，要引导对话者也积极参与进来。这样，即使你要说很多话，也不会让人觉得太冗长。在与人交谈时摆正“我”的位置，是一门大有学问的艺术，你不是一个伟人，没有必要居住在地球中心。

※ 树立自信，克服当众说话的胆怯心理

生活中，你不可避免地要与各种各样的人打交道。社交是展示个人风采的重要方面。你可能需要和重要人物交谈，在公众场合发表你的观点，出现在谈判、酒会、晚宴等各种社交场所。但是，或许你总是不由自主地退却，或硬着头皮去了，却因表现失态，而让好机会白白溜走。你懊恼、后悔。可当下一个机会出现的时候，你又开始胆怯、犹豫、心慌、手颤……久而久之，自信心在一次次窘态中消耗殆尽。

卡耐基指出，要想获得自信心、勇气以及能力，以便在向人们发表谈话的同时能够冷静而清晰地思考，这并不像大多数人所想象的那般困难。这就如同你打高尔夫球一样，任何人都可以发展出他潜在的能力，只要他有想要这样做的充分欲望就行。

卡耐基的一生几乎都在致力于帮助人们克服谈话和演讲中畏惧和胆怯的心理，培养勇气和信心。在“戴尔·卡耐基课程”开课之前，他曾做过一个调查，即让人们说说来上课的原因，以及希望从这种口才演讲训练课中获得什么。调查的结果令人吃惊，大多数人的中心愿望与基本需要都是基本一样的，他们是这样回答的：“当人们要我站起来讲话时，我觉得很不自在，很害怕，使我不能清晰地思考，不能集中精力，不知道自己要说的是什么。所以，我想获得自信，能泰然自若，当众站起并能随心所欲地思考，能依逻辑次序归纳自己的思想，在公共场所或社交人士的面前侃侃而谈、富有哲理且又让人信服。”

卡耐基认为，要达到这种效果，获得当众演讲的技巧，我们不

妨借别人的经验鼓起勇气。不论是处在何种情况、何种状态之下，绝没有哪种动物是天生的大众演说家。历史上有些时期，当众讲演是一门精致的艺术，必须谨遵修辞法与优雅的演说方式。因而，要想做个天生的大众演说家，那是极其困难的，是需要经过艰苦努力才能达到的。

当众演说不是一门闭锁的艺术，并不是那样容易学到知识，必须经过多年的美化声音，以及苦学修辞学多年以后才能成功。平常说话轻而易举，只要遵循一些简单的规则就行。

卡耐基指出，当众说话需要遵循正确的方法，其方法有以下几个要点。

1. 融于自己的题材中

选好题材后，依语言的顺序加以整理，并在朋友面前“预演”。但仅这样的准备是不够的，你还得相信自己的题材具有价值，你应具备那些伟人们所拥有的品质——坚定自己的信念。如何才能煽动自己生起自信之火呢？深入挖掘题材，把更深层次的内容展现到听众面前，并且自问说：我如何才能让听众信服，如何才能让我的演讲对他们有所启发？

2. 避免自己有反面的想法

什么是反面的想法呢？举例来说：设想自己的修辞会出现错误、语句不通顺，或是在演讲中出现卡壳的现象，这都是反面的假想。这些负面情绪，很可能在你未登台前，就先将你的自信消耗殆尽。在开始演讲之前，你最需要做的，就是把思想从自己身上转移开，将全部的注意力都投入到听众身上，这样就不会为登台的恐惧所击溃了。

3. 给自己打气

除非怀抱有某种远大的理想，并坚信自己可为之付出生命，否则，任何人都会有怀疑自己观点、题材的时候。他会问自己：这题目适合我吗？听众们会不会感到厌烦？甚至有些人会在惶惑之下，临场修改题目。这种疑惑实际上会毁掉人们的自信，使他们被恐惧所征服。当你也处在同样的情况下时，你就该为自己做一番精神上的鼓励。用简洁、直白的口吻告诫自己，这个题目就是为你量身定做的，因为它来自于你的内心，是你生活经验的积累，反映了你对生命的看法；告诉自己，你比任何人都有资格来做这次演讲；告诉自己，你也确实将全力以赴，把它阐述得淋漓尽致。

也许你要问，这种老套的方法真的管用吗？卡耐基会回答："是的，也许管用。"现代的心理学家都认同这一点——由自我启发而产生的动机。即使你只是在自我催眠，但也是最强有力地快速刺激自己的好方法。那么，凭借着这种心态全神贯注地投入到你的演讲当中去，又怎么会再被恐惧缠身呢？

4. 临场抱定豁出去的心态

任何人都不是天生的敢在公众场合自如说话，都有一个艰难的"第一次"。罗斯福总统说过："每一个新手，常常都有一种心慌病。心慌并不是胆小，而是一种过度的精神刺激。"古罗马著名演讲家希斯洛第一次演讲就脸色发白、四肢颤抖；美国的雄辩家查理士初次登台时两个膝盖抖得不停地相碰；印度前总理英迪拉·甘地首次演讲不敢看听众，脸孔朝天。只要抱定豁出去的心态，"既来之，则安之"，就自如了。

5. "忘记"听众

就是自己在发言前，心中有听众，但在发言时，眼中不能有听众，只顾按自己的意图去表达。一位教师第一次登台讲课效果就不错，有人向他请教经验：他说："备课时我心中一直想着学生，可一上讲台，我眼中所见，只有桌椅而已。这样，我就放松自如了。"

※ 摆脱过去当众说话失败的阴影

英国现代杰出的戏剧家萧伯纳以幽默的演讲才能著称于世。可他二十岁初到伦敦时，却羞于见人，胆子很小。若有人请他去做客，他总是先在人家门前忐忑不安地徘徊多时，而不敢直接去按门铃。

有一次，一位朋友邀请他参加学者的辩论会。在会上，他怀着一颗非常紧张的心站起来，作了有生以来的第一次演讲。当他讲完时，受到了别人的讥笑。他于是便觉得自己充当了一个十足的傻瓜，蒙受了莫大的耻辱。此后，他每星期都当众演讲。人们在市场、学校、公园、码头、在挤满成千上万听众的大厅或只有寥寥几人的地下室，都经常看到他慷慨陈词的身影。最后，他终于成了一名杰出的世界级演说大师。

还有许多人深信自己的第一次演讲比萧伯纳有过之而无不及，甚至更糟。英迪拉·甘地夫人初次登台时，吓得连一点声音也发不出来，讲了点什么自己也不清楚，只听一个听众在说：“她不是在讲话，而是在尖叫。”她在一场哄堂大笑中结束了讲话。

国际工人运动杰出的女活动家蔡特金第一次演讲时，虽然早就作过细致准备，可一上台，“要讲的话一下子从脑子里全溜掉了，大脑出现了空白”。

美国前总统福特初入政坛时，讲话结结巴巴，人们听起来很不舒服，有人戏称他为“哑巴运动员”。

英国政治家路易·乔治，第一次试着作公开演说时，舌头抵在上腭，竟不能说出一个字。

美国著名作家马克·吐温谈起他首次在公开场所演说时，也说那时仿佛嘴里塞满了棉花，脉搏快得像争夺田径赛跑的奖杯……

上面列举大量的事实，不外乎是想说明一个问题：成功者也曾经失败。

但是，如果一个人总是向后看，只是看到失败，那就只会畏缩不前。无论对谁来说，目标向前，塑造自己光彩、良好的形象，都十分重要。说话失败过的人，只要摆脱过去失败的阴影，藐视过去的自己，才能战胜失败，成为能言善辩之人。

那么，怎样才能忘却痛苦，摆脱失败的阴影呢？卡耐基为我们提供了如下两点建议。

1. 把听众当作朋友或客人。不论是谁，与亲密的朋友说话都不会怯场；初次见面，一想不了解这个人，就会拘束。所以，说话者应视每一位陌生人为旧友故知。日本有位当配角的滑稽演员，为了防止怯场，常在手心写一个“客”字，意为装作把观众不放在眼里，也就是说：“不要把客人当回事，就不怯场了。”另一位日本歌手则反其道而行之，他一怯场，就自言自语地念叨："我是客人所喜欢的！客人都很喜欢我！"这样一来，抗衡感就消失了，取而代之的是镇静自若。

2. 脑子里要经常清楚浮现成功的情景。有的人一想起过去自己失败的情景，脑子里便闪现出"这一下又要失败啦！""脚哆嗦起来了！""话音异常啦！"等信息，并导致说不出话来。所以，说话者最好多想象一下自己与初次见面的人侃侃而谈，在公众面前指点江山的潇洒英姿。如果觉得自己有过成功的经历，胸中就会鼓起"定能获得成功"的信心和胜利的希望，并产生说话的动能。如果说话之前想象到听众对自己热烈喝彩的情景，则会倍增自己说话的勇气。

把向后看变成向前看，把回忆尴尬变成想象荣耀，从失败心情转为成功心理，无疑能为成功地说话奠定良好的基础。

※ 在谈话中要善于运用幽默

卡耐基发现，西方政界领袖和社会名流很重视自己有无幽默才能。他们认为，幽默是智慧、才能、学识和教养的象征，是自我表现、取悦于民的极好手法。为了总统竞选、当众论辩、演讲致辞、社会交往等活动，必须要充分显示自己的幽默感。一句得体的俏皮话，立刻就会让你和听众之间的距离缩短，获得好感；几句对付难题的机智问答，不但会使自己一下子摆脱困境，还会体现美好的自我形象，获得人们的同情和赞美。所以，在许多国家，不仅总统有幽默顾问，而且社会各界还创办各种新奇的报刊、活动和组织，如幽默杂志、幽默协会、幽默俱乐部、笑话公司、设有开心护士的幽默诊所等。人们借此消除疲倦，增进健康，松弛绷紧的心弦，开展社会交往活动。卡耐基指出，在生活中，积极运用幽默的力量是非常聪明的，也是很有效的。

1. 用幽默风趣的语言表现自己的良好风度

幽默是人的思想、常识、智慧和灵感的结晶，幽默风趣的语言风格是人的内在气质在语言运用中的外化，在公关交际中有很重要的作用：第一，幽默能激起听众的愉悦感，使人轻松、愉快、爽心、舒情。这样可活跃气氛，联结双方感情，在笑声中拉近双方的心理距离。第二，幽默的一个显著特点是寓庄于谐，通过可笑的形式表现真理、智慧，于无足轻重之中显现出深刻的意义，在笑声中给人以启迪和教育，产生意味深长的美感趣味。第三，幽默风趣还可使矛盾双方从尴尬的困境中解脱出来，打破僵局，使剑拔弩张的紧张气氛得以缓和平息。第四，幽默风趣还有利于塑造交际中的自我形象，因为幽默的风度是良好性格特征的外露。对每个人来说，幽默风趣的语言风格固然有先天成分的影响，但更有后天的习得。我们应掌握一些构成幽默的方法，并在语言表达中注意加以运用。

2. 使人际交往变得更顺利

心理学家认为，除了认识和劳动之外，交际是形成人的个性的重要活动。幽默，在某种意义上讲，是人与人交往的润滑剂，它可以使人们的交际变得更顺利、更自然。

下面这样的情况在生活中是屡见不鲜的：某人打算向自己的朋友提出一个要求，但不知道对方能不能应允。当然，这一要求一旦被对方拒绝，定然令人难堪，甚至会危及多年的友谊。而幽默往往是解决这种令人困窘局面的最好办法。也就是说，他应该以开玩笑的方式提出自己的要求。如果那个熟人由于种种原因不可能或者不愿意满足这一要求，他可以同样以开玩笑的方式婉转地予以拒绝。这样，任何一方都不会感到为难或自尊心受到损害。如果以幽默的方式所提出的要求为对方所应允了，那么，两个人经过半开玩笑的一番交谈以后，便可转入严肃认真的讨论。这时幽默作为一种不得罪人的“侦察方式”，起到了试探作用。

幽默能稳定集体的情绪，特别是当一个集体正酝酿着一场冲突时。这时，恰到好处地说几句幽默风趣的话能缓和紧张的气氛，使剑拔弩张的情绪平稳下来。

挪威著名的探险家图尔·赫伊叶尔达勒在为“野马号”挑选乘员时，就十分注意他们是否有足够的幽默感。他曾经这样写道：“狂暴的寒风、低沉的乌云、弥漫的雨雪，与六个由于性格不同、主张不一而可能出现的威胁相比，只是较小的危险。我们六个人将乘坐木筏，在汹涌的洋面上漂流好几个月。在这种条件下，开开有益的玩笑，说几句幽默的话，对我们来说，其重要性绝不亚于救生圈。”

3. 幽默地化解尴尬

英国前首相威尔逊与一个小孩有过一件趣事。

有一天，威尔逊为了推行其政策，在一个广场上举行公开演说。当时广场上聚集了数千人，突然从听众中扔来一个鸡蛋，正好打中他的脸。安全人员马上下去搜寻闹事者，结果发现扔鸡蛋的是一个小孩。威尔逊得知后，先是指示属下放走小孩，后来马上又叫住了小孩，并当众叫助手记录下小孩的名字、家里的电话与地址。

台下听众猜想威尔逊是不是要处罚小孩子，于是开始骚乱起来。这时威尔逊要求会场安静，并对大家说：“我的人生哲学是要在对方的错误中，去发现我的责任。方才那位小朋友用鸡蛋打我，这种行为是很不礼貌的。虽然他的行为不对，但是身为大英帝国的首相，我有责任为国家储备人才。那位小朋友从下面那么远的地方，能够将鸡蛋扔得这么准，证明他可能是一个很好的人才，所以我要将他的名字记下来，以便让体育大臣注意栽培他，使其将来能成为我国的棒球选手，为国效力。”威尔逊的一席话，把听众都说乐了，演说的场面也更加融洽。

也许有人会说，威尔逊是小题大做、故弄玄虚。但不管怎么说，他懂得从别人的过错中发掘长处，积极寻找具有建设性的建议，不仅让不愉快的事情随风而逝，而且还将坏事化为好事，帮助自己摆脱尴尬的境地。抛开其他而不论，多数听众认为，威尔逊对待小孩子的趣事，还是幽默与可贵的。

4. 在轻松中达到教育的目的

幽默式批评就是在批评过程中，使用富有哲理的故事、双关语、形象的比喻等，缓解批评的紧张情绪，启发被批评者的思考，增进相互间的感情交流，使批评不但达到教育对方的目的，同时也能创造一个轻松愉快的气氛。

如果你希望有所成就，希望引人注目，希望社交成功，那么你就应该学会和别人来点幽默。幽默是极易接近感情的热线，它像春风一样，使愉悦充满两个人的交际场中，表达着你的真诚和温情。幽默宛如一座桥梁，是沟通人心灵的桥梁。幽默者最有人情味，与这样的人相处，每个人都会感到快乐。

深受美国人爱戴的美国第十六任总统林肯的容貌很难看，这是讨人喜欢的一个障碍。他认识到这一点，但并没有回避它，反而利用它拉近了与人们的距离。

一次，他的论敌说他是两面派。林肯平和地说："现在，让听众来评评看，要是我有另一副面孔的话，您认为我会戴这副难看的面孔吗？"幽默，显示了林肯对自己的达观态度，体现了他的真诚，赢得了人们的理解，更表露了人们所需要的人性和人情味。

幽默是人际沟通的润滑剂。幽默能使激化的矛盾变得缓和，从而避免出现令人难堪的场面，化解双方的对立情绪，使问题更好地解决。

人们凭借幽默的力量，打碎自己的外壳，主动地与人交往，触摸一颗颗隔膜的心，通过幽默，人们能感受到你的坦白、诚恳与善意。

严肃的交谈与例行公事般的来往，往往给人一种戴着假面具的感觉，也似乎只能让人了解你的外表，却无法探知你的内心，这样的交流是极难深入下去的，因而没有心灵的沟通的社交，不能算成功的社交。幽默能够让人们看到你的另一面，一个似乎是本真的、人性的、淳朴的一面，这是人性的共同之处。

美国总统里根曾回到他的母校，在毕业典礼上致辞时，他嘲笑自己在学校的成绩。他说道："我返回此地只是为了清理我在学校体育馆里的柜子……但获此殊荣，我心情十分激动，因为我过去总认为只有得到第一名才是荣誉。"

这一番展示自己另一面的讲演，取得了很好的效果。

奥地利精神分析大师弗洛伊德讲过："最幽默的人，是最能适应的人。"

的确，幽默能使我们在社交场合应付自如，用幽默来化解各种各样的危机和困境。

我们都知道丘吉尔那段著名的幽默。

有一次，英国首相、陆军总司令丘吉尔去视察一个部队。天刚下过雨，他在临时搭起的台上演讲完毕下台阶的时候，由于路滑不小心摔了一个跟头。士兵们从未见过自己的总司令摔过跟头，都哈哈大笑起来，陪同的军官惊慌失措，不知如何是好。丘吉尔微微一笑说："这比刚才的一番演说更能鼓舞士兵的斗志。"效果的确如丘吉尔所戏言的，士兵们对总司令的亲切感、认同感油然而生，必定会更坚定地听从总司令的命令，去英勇战斗。

幽默是社交成功的法宝。运用幽默的力量，我们就能通过成功的社交，走上成功的道路。运用幽默，我们也可以回答自己不愿听的问题。

芬兰一个建筑师说话很慢，当记者访问他时，一直担心时间不够。万般无奈只好说："沙先生，时间不多了，能否请您说快点？"沙先生一听，慢吞吞地掏出烟斗，点上，能多慢就多慢，懒懒地说："不行，先生，不过，我可以少说一点。"

有时，朋友提出一些你无法接受的要求，但若生硬地拒绝，又容易伤害彼此之间的感情，运用幽默，能使人避免这种难办的事情。

幽默是有雅俗之分的。好的幽默不但令人笑，笑过之后精神还为之振奋，情操得到陶冶，感情得到满足，得到美的享受，而且也表明了幽默人的修养、气质的高超；而低俗的幽默，是智力贫贱的产物，使人觉得荒唐、无聊与庸俗，幽默者本人是不会得到真正的朋友的。

幽默不应只是为笑而笑，它应该是在严肃和趣味之间达到一种平衡，它应该使人睁开眼睛更好地认识世界，认识自己，调整错误的观念，使我们的身心和周围的一切均衡成长，实现更高级的文明。

幽默的背后是严肃，幽默的背后还藏着人的情趣、修养和心理。

情趣高雅靠的是我们自身的修养，包括道德修养、知识修养、艺术修养等，只有自身变得高雅了，你的幽默才会随之高雅。反过来，高雅的幽默也表露了你人格的高尚，能够吸引更多的人和你交往。毫无疑问，谁都喜欢和高尚的、高雅的人做朋友。

※ 依靠幽默的力量能够化解困境

我们在个人生活中，总是不断地、交替地扮演着主人和客人的角色。因此我们有可能要去应付不合理的要求、令人不快的行为或者闹得不像话的场面。有人想平息餐桌上的争论，他提了一个十分意外的问题："诸位，刚才是一道什么菜？大概是鸡！""是的。"一位客人回答。"一定是公鸡！"这人一本正经地说，"原来是鸡在作祟，难怪大家要斗起来。"说完他举起酒杯："来点灭火剂吧，诸位！"一场餐桌上的征战顷刻间平息了。

有时候为了化解困境，没有任何合适的方式，只有依靠幽默的力量。

当百货公司大拍卖，购货的人又推又挤的时候，每个人的脾气都犹如枪弹上膛，一触即发。有一位女士愤愤地对结账小姐说："幸好我没打算在你们这儿找'礼貌'，在这儿根本找不到。"结账小姐沉默了一会儿，说："你可不可以让我看看你的样品？"那位女士愣了片刻，笑了。

作家欧希金也曾以幽默摆脱了一个困境。他在《夫人》一书中，写到了美容产品大王卢宾丝坦女士。后来在一次他自己举行的家宴中，一位客人不断地批评他，说他不应该写这种女人，因为她的祖先烧死了圣女贞德。其他客人都觉得很窘，几度想改变话题，但是都没有成功。谈话越来越令人受不了，最后欧希金自己说："好吧，那件事总得有个人来做，现在你差不多也要把我烧死了。"这句话马上使他从窘境中脱身出来，随后他又加上一句妙语，"作家都是他的人物的奴隶，真是罪该万死！"

有一位年轻人新近当上了董事长。上任第一天，他召集公司职员开会。他自我介绍说："我是杰利，是你们的董事长。"然后打趣道，"我生来就是个领导人物，因为我是公司前董事长的儿子。"参加会议的人都笑了，他自己也笑了起来。他以幽默来证明他能以公正的态度来看待自己的地位，并对之具有充满人情味的理解。实际上他委婉地表示了：正因为如此，我更要跟你们一起好好地干，让你们改变对我的看法。

有时候，我们确实需要以有趣并有效的方式来表达人情味，给人们提供某种关怀、情感和温暖。据说有位大法官，他寓所隔壁有个音乐迷，常常把电唱机的音量放大到使人难以忍受的程度。这位法官无法休息，便拿着一把斧子，来到邻居门口。他说：“我来修修你的电唱机。”音乐迷吓了一跳，急忙表示抱歉。法官说：“该抱歉的是我，你可别到法庭去告我，瞧我把凶器都带来了。”说完两个人像朋友一样笑开了。

这位法官并不是想把邻居的电唱机砸坏。他是恰当地表达了对邻居的不满——请注意：是对音响而不是对人——他的行为似乎是对音乐迷说：“我们是朋友，我希望和你好好相处，至于唱机是唱机，可以修理一下。”当然，所谓“修理”只是把唱机的声音开低些罢了。

某大公司董事长和财税局长有矛盾，双方很难心平气和地坐在一起，可是又必须把他们都请来，参加一个重要的会议。他们不得不来了，但是双方都视而不见，犹如两个瞎子。这时会议主持人抓住他们的矛盾，进行了一瞬间的趣味思考。他向人们介绍这位董事长时，说：“下一位演讲的先生不用我介绍，但是他的确需要一个好的税务律师。”听众爆发出一阵大笑。董事长和财税局长也都笑了。

这就是“趣味思考法”——不要正面揭示或回答问题，而是用愉悦的、迂回的方式揭示或回答问题。著名足球教练罗克尼，也是个善于进行趣味思考的人。有一次球赛，罗克尼的诺特丹足球队在上半场输给威斯康辛队 7 分。可是他在休息室中一直与队员们开玩笑，直到要上场进行下半场比赛时，他才大喊：“听着！”队员们惊慌失措地望着他，以为他要把每一个人都大骂一通。但是罗克尼接下去说：“好吧。小姐们，走吧。”没有责备，没有放马后炮，也没有指手画脚强调下半场如何踢球。罗克尼的乐观、豁达，帮助队员们克服了心理上的障碍，帮助他们忘掉艰难的处境。他的队在下半场创造了奇迹，踢出了一连串漂亮的球。后来罗克尼对采访他的人说：“不是我赢了，而是我的趣味思考法赢了，因为我知道我们精神上赢了，那么球也赢了。”

幽默作家班奇利，在一篇文章中谦虚地谈到他花了 15 年时间才发现自己没有写作的才能。结果一位读者来信对他说："你现在改行还来得及。"班奇利回信说："亲爱的，来不及了。我已无法放弃写作了，因为我太有名了。"这封信后来被刊登在报纸上，人们为之笑了很长时间。事实是班奇利的幽默作品闻名遐迩，但他没有指责那位缺乏幽默感的读者，他以令人愉悦的、迂回的方式回答了问题，既保护了读者可爱的自尊心，也保护了自己的荣誉。

如果你对自己幽默的手法没有足够的自信，不妨学学孩子式的幽默。即使在50岁以后，我们也经常为孩子们由天真而产生的幽默所感动。他们是真正以坦诚待人，不会隐瞒任何事实。当他们毫不掩饰地道出心里想的或事实真相时，人们一下子就喜欢上他们，跟他们在一起会感到跟任何人在一起都无法感到的轻松、愉快。

有一次，李卡克在家里请几位朋友吃饭。朋友来了，他妻子要他的小女儿向客人说几句欢迎的话。小女儿不愿意，说："我不知道要说些什么话。"这时一位来做客的朋友建议："你听到妈妈说什么，你就说什么好了。"小女孩点点头，说："老天！我为什么要花钱请客？我们的钱都流到哪儿去了？"李卡克的朋友们大笑起来，连他妻子也不好意思地笑了。

这就是孩子式的幽默。小女孩把她的母亲的想法以极纯真的方式说了出来，使大人们也不得不认真地检讨一下自己的想法，同时也减轻了我们对金钱方面的忧虑。这就是幽默的力量！

※ 幽默是不可缺的说话艺术手段

每一个人都有上台讲话的机会，也许是在餐会、宴会上，也许是在教室、学校、家长会上，以及其他社交聚会上，也许是在工作、日常生活中的许多场合里，然而，不论是否常常在公众面前讲话，幽默都是不可缺的说话艺术手段。

当你以幽默来做幽默演讲的开始，你就抓住了听众的注意力，造成气氛，松弛紧张，并建立你与听众之间的友好关系。当你渐渐进入演讲的主题时，仍然需要不断利用幽默来充实谈话内容。

如果你在谈到有关季节性话题时，可以这样说："月圆的时候，犯罪率会升高。这很容易理解，因为强盗小偷在这时候看得比较清楚。”

如果你在谈到人与人之间的关系时，可以这样说：“当今这世界上并非充满爱。如果你在街上看到两个人手挽着手，很可能其中一个是强盗。”

如果你正在为某项事业筹募基金，在演讲中可以引用一段牧师对教友讲的话：“我常在讲道中说，我们教会十分欢迎穷人。从最近几个主日的奉献金额看起来，穷人终于来到我们教会了。”

如果你正在谈有关推销的问题，你可以举例说：“张先生是一位很不错的推销员，他终于能使那位年轻漂亮的招待员点头了，不过他问的是她今晚是否很忙。”

如果你演讲的内容和沟通有关，那么下面这则故事则可帮上忙：

泰勒先生打电话给医生：“请你赶快来！我太太病得很严重，我猜想她是得了盲肠炎。”

“泰勒先生，你疯了吗？”医生回答说，“六七年前我亲自为你太太割掉了盲肠的。你听说过一个女人有第二条盲肠吗？”

“没听说过，”泰勒先生说，“但难道你没听说过一个男人可能有第二个太太吗？”

如果你演讲的内容与执法有关，你又可以讲述这样的故事：某先生把车停在不准停车的地方，并留下一张字条：“我在这一带转了 20 圈。因为我已经和人约好，必须准时赴约，否则就会丢了我的饭碗。”回来时，他发现车上照样有罚单，且罚单上也附了一张字条：“我在这一带转了 20 年。如果我不给你开罚单，我就会丢了我的饭碗。”

可见，生活中处处都有幽默，幽默的力量在我们的演讲或说话中时时都可展示魅力。不仅如此，不论在演讲中或生活中，幽默都能帮你处理困难的话题和情况。当你想表达的信息是别人不希望听到的，可能是涉及对方痛处的地方，或者需要他们作较大的牺牲，或者会是他们忌讳的话题，这时幽默的力量就会发挥它的作用。它能给说话者力量，使听者免于受到痛苦情绪的威胁，解除他们对禁忌话题所产生的不安和紧张。幽默可以造成一种轻松的气氛。使听者置身其中，放松神经，舒展情绪。

卡耐基为我们在日常生活中表现幽默和讲笑话提供了一些规则和技巧。

1. 控制和操纵。天才幽默家列奥·罗斯特说过，讲笑话最重要的是充分认识和牢牢把握境况，“听众是不会让那种没有能耐的说笑话者随意摆布的。”

2. 显示技巧。必要时可借用别人的手法。那些最出色的讲笑话能手运用多种多样的形体和言语手段来表述并引发笑声。你可以从幽默大师那里学习这样的技巧。

3. 弄清楚你该在什么地方抖“包袱”。讲笑话之前，应确信你对讲述的节奏和抖出“包袱”的方式已有把握了。最关键的，是把你的“包袱”留到最后，绝不要预先泄露。

4. 添油加醋，力求完美。说笑话有一条老规矩：若你缺乏技巧，讲笑话时请尽量简单、直截了当，别玩花样。但当你的能力足以把握听众时，不要错过添油加醋而使笑话表述得更加完美的机会——插科打诨、增添细节和运用幻想什么的。

5. 有真实性才更有挑逗性。只要你的听众不是街上行路匆匆的过客，那笑话的组织就非常重要了。最好的组织方式是真实材料加上幻想成分，也就是说，笑话要以第一手知识或经验为基础，这样易于引发听众的共鸣。

6. 成功的幽默经常是自嘲的。换句话说，你想逗乐别人，得拿你自己“开涮”。说笑话时，真正安全和适宜的话题还是你自己。不少人认为话题还可以扩展到自己的配偶、父母或孩子身上，但切记别走得太远了。

7. 吃不准时就别说出来。许多笑话与痛苦、同情、怜悯相联系。马克·吐温曾说过，“幽默自身的秘密源泉不是快乐而是悲哀，天堂里不会有幽默。”也许有人不同意马克·吐温的观点，但不能不留意某些笑话可能包含的苦痛。好多年前就有人说过：“忘掉不合时宜的笑话是一件大好事。”带有污辱性的笑话，与种族和宗教信仰相关的笑话，都应尽量避免使用。涉及性生活的笑话也容易遭人反感。

※ 真正的幽默需要具备一些基本的素质

幽默往往是有知识、有修养的表现，是一种高雅的风度。大凡善于幽默者，大多也是知识渊博、辩才杰出、思维敏捷的人。他们非常注意有趣的事物，懂得开玩笑的场合，善于因人、因事不同而开不同的玩笑，能令人耳目一新。

卡耐基指出，一个人要想培养幽默感，就得以一定的文化知识、思想修养为基础，多学习那些诙谐、风趣的人开玩笑的方式、方法。至于那些性格比较内向、做事过于认真呆板的人，要学会欣赏别人的幽默，在社交过程中尽量让自己轻松、洒脱、活泼，想办法将话说得机智、委婉、逗笑。当然，开始尝试会感到不大自如，但只要我们坦率、豁达地在与朋友的交往中不断实践，幽默感便会变得自如，往往会油然而生，使交往更加情趣盎然。

善于理解幽默的人，容易喜欢别人；善于表达幽默的人，容易被他人喜欢。幽默的人易与人保持和睦的关系。现实生活中常常不乏令人碰得头破血流仍然得不到解决的问题，但是，如果来点幽默，却往往会迎刃而解。使同事之间、夫妻之间化干戈为玉帛。幽默还能显示自信，增强成功的信心。信心有时也许比能力更重要。生活的艰难曲折极易使人丧失自信，放弃目标。若以幽默对待挫折却往往能够重新鼓起未来希望的风帆。

真正的幽默是一门学问，是科学，并不仅仅是引人发笑，引人发笑并不都是幽默。它需要具备一些素质和特征。幽默的前提是谐趣，必然有滑稽的因素，我们能认识到的一切似乎是一种突然的顿悟，是一种愉快感和包含笑的行为的具体感受。幽默的智慧是理智。它能将现实生活的丰富经验，敏锐的洞察力，广阔的知识融合起来揭示出现实生活中的特殊矛盾，从中发掘喜剧情趣，创造出崇高的幽默。幽默的标志是高尚。有些自以为幽默的人常将别人作为笑料，以求哗众取宠，结果往往适得其反，真正的幽默是尊重人、赞美人，将严肃的人生哲理寓于滑稽与微笑之中，即使是贬抑伪恶，其实质是褒扬真善，幽默的高尚正体现在其中。幽默的价值是审美。美感是人们欣赏审美对象时产生的怡情悦性的情感体验。幽默的美感反映在嬉笑戏谑中给人以轻松愉悦的感受，反映在灵活的言行启迪人的智慧。美感使得幽默永远保持隽永迷人的魅力。

培养和提高幽默心理能力，要注意以下几点。

1. 要仔细观察生活

观察生活，寻找喜剧素材，需要我们善于变换视角，去发掘和表现这些素材。

2. 要学习幽默技巧

幽默不是天生就会的，是后天学习掌握的。许多关于幽默的书籍和先人的经验，都为我们提供了不少范例，值得我们广泛涉猎，借鉴之用。

3. 要敢于表达幽默

幽默能力只有在表达幽默的过程中才能得到检验和提高，因而积极实践至为重要。选择适当的场合，针对适当的对象，都可显示自己学习的幽默技巧。

※ 要掌握一些谈吐幽默的实用方法和技巧

我们经常看到和听到一些政治家们的幽默言行。他们大多把幽默的力量运用得十分自如，真实而自然。没有耸人听闻，也不哗众取宠，更不是做戏。这是因为，他们都知道太精于说妙语和笑话，对个人的形象并无帮助。

但是有的政治家就不那么高明了，他们摇头摆尾、手势又多又复杂。有的人智力平平，却非要附庸风雅，企图以成串的笑料和廉价的笑来博得听众的欢心。他们硬要把自己塞进别人的肚子里，不顾别人是不是有这个胃口。结果也许是真的引起了笑，但很可能是笑他形象的滑稽和为人的浅薄。为了避免这种情况，就要掌握一些谈吐幽默的方法和实用技巧。下面为大家介绍一些比较实用的方法和技巧。

1. 对比是造成幽默的基本方法之一。通过对比可以揭示事物的不一致性，使用对比句是逗笑的极好方法。古罗马政治家西塞罗就常用这一方法，比如，“先生们，我这个人什么都不缺，除了财富与美德。”

2. 反复也可以成为一种幽默技巧。反复申说同一语句，能够产生不协调的气氛，从而获得幽默效果。比如牛群的一段著名相声《领导冒号》。

3. 故意啰唆。画蛇添足也能引人发笑。如马季的相声名段《打电话》，主要用的就是这种技巧。

4. 巧用歇后语。歇后语也是一种转折形式，它分为前后两部分，前面部分一出，造成悬念，后面部分翻转，产生突变，“紧张”从笑中得以宣泄。如“三九天穿裙子——美丽动（冻）人”。

5. 倒置作为一种幽默方法，颇为人们推崇。通过语言材料变通使用，把正常情况下人物关系，本末、先后、尊卑关系等在一定条件下互换位置，能够产生强烈的幽默效果。如“连说都不会话”。

6. 倒引。比较常用的幽默方法是倒引，即引用对方言论时，能以其人之语还治其人之身。如老师对吵闹不休的女学生说：“两个女子等于 1000 只鸭子。”不久，师母来校，一个女学生赶忙向老师报告：“先生，外面有 500 只鸭子找您。”

7. 转移也是行之有效的幽默手段。当一个表达方式原是用于本义，而在特定条件下扭曲成另外的意义时，于是便获得幽默效果。

空中小姐用和谐悦耳的声音对旅客命令道：“把烟灭掉，把安全带系好。”

所有的旅客都按照空中小姐的吩咐做了。过了 5 分钟后，空中小姐用比前次还优美的声音又命令道：“再把安全带系紧点吧，很不幸，我们飞机上忘了带食品。”

⑧夸张也是人们常用的幽默技巧。运用丰富的想象，把话说得张皇铺饰，也能收到幽默效果。大家比较熟悉的幽默“心不在焉的教授”，也是运用了夸张这一手法的。

教授：为了更确切地讲解青蛙的解剖，我给你们看两只解剖好了的青蛙，请大家仔细观察。

学生：教授！这是两块三明治面包和一个鸡蛋。

教授（惊讶地）：我可以肯定，我已经吃过午餐了，但是那两只解剖好的青蛙呢？

9.“天真”也是一服有效的笑的药方。弗洛伊德就曾把天真看成是最能令人接受的滑稽的形式。

一位妇人抱着一个小孩走进银行。小孩手里拿着一块面包直伸过去送给出纳员吃。出纳员微笑着摇了摇头，“不要这样，乖乖，不要这样。”那个妇人对小孩子说，然后回过头来对出纳员说，“真对不起，请你原谅他。因为他刚刚去过动物园。”

语言幽默的方法还有很多，诸如比喻、转折、双关、故作曲解、故作天真、谐称等也都为人们所喜闻乐见。仅仅懂得了幽默方法还不足以表明富于幽默，正像有了毛笔不一定就能成为书法家一样，问题的关键在于运用。

※　在日常生活中恰到好处地运用幽默

在社会场合中，开开玩笑是为了活跃气氛，显示出你智慧的幽默，但事情往往有两方面，有其利处也有弊处，玩笑过了分，乐极生悲，搞得大家不欢而散，那就不是成功的交际了。

那么如何恰到好处地运用智慧的幽默呢？

1. 开玩笑时首先确定你的朋友类型。一般说来，朋友类型可分三种：一种是机智狡猾型，另一种是大智若愚型，还有一种是介于二者之间。开第一种人玩笑时，这种人不会让你占任何便宜，会组织语言进行反攻，使你无法得逞；开第二种人玩笑时，他会显得若无其事，与大家一道欢笑，或者装傻，似乎不懂得此事。因此，这两种人的玩笑都可以开。最担心的是你的第三种类型的朋友，这种人被人笑过之后很容易恼羞成怒，搞得大家不欢而散。

所以，开朋友的玩笑必须事先了解朋友是属于哪种类型的人，这样，开起玩笑来，既无伤大雅，又热闹满室，显得交际水平特别的高。

2. 不要把自己的快乐建筑在别人的痛苦上。开玩笑时，不应取笑他人的生理缺陷，例如驼背、断足、麻脸等。也不要笑别人考试不过关，做生意倒了霉，或别人衣衫褴褛。对于这些东西，你应该显示你仁厚的同情心，去安慰、鼓励他们，让他们觉得你是个有情有义的人，他们会对你产生信任及尊敬。

所以，你不能以“牺牲”他人为代价来“制造”玩笑和幽默。最劣质的玩笑，莫过于当着一大群人的面拿其中一个作“靶子”来取笑。即使你能赢来一时的哄堂大笑，那位为你的幽默而“献身”的同伴却是很久都不会原谅你的。

同时，也不能拿不在场的人当幽默“原料”。就算所有的在座者都热烈参与了你发起的玩笑，也保不住你的“出卖行径”不传到那一位的耳中。

而如果拿一般人的禁忌话题再来“幽上一默”，这就无异于“自杀”的举动了，若是想重创对方或给你自己树敌，这种方式将具有百分之百的成功率。

3. 不要开下流低级的玩笑。当着陌生人的面，或对着有女士存在的场所大谈特谈低级下流的玩笑，人们不仅不认为你是个交际高手，反而会认为你太浅薄了。

如果你能够恰如其分地把你的聪明机智运用到智慧的幽默中来，使别人和自己都享受快乐，那么，你就得到更多喜欢你、钦佩你的人，获得支持和关心你的朋友。这对你实现自己的目标，逐渐步入成功者的行列会非常有帮助。

4. 采取幽默的态度提醒对方。有位法官请霍加·纳斯列丁去做客，他为了表示自己的好客，特意叫来厨师说：“霍加是位稀客，今天要好好招待他，你要用无花果和鲜奶油做一道甜食。”

可是偏偏这位厨师记性不好，又因为太忙了，把法官的这句吩咐忘掉了。

一直到吃完饭，这道可口的甜食始终没有向霍加等客人“报到”。法官因为忙着和客人东拉西扯，也把这道甜食给忘了。霍加可没把那可爱的无花果忘了，只是不好意思向主人直言相告罢了。

当晚，霍加等客人就住在法官家。祈祷之后大家就要睡觉了，法官清了清嗓子说："诸位，让我们赞扬真主，诵读一章《古兰经》，享受一下精神上的清福吧！"

《古兰经》第九十五章开头的句子是："我用无花果和橄榄起誓……"

但霍加在诵读时故意去掉了"无花果"几个字，读成："我用橄榄起誓……"

法官见霍加篡改了《古兰经》，马上跳起来叫道："喂，霍加，你怎么忘记了'无花果'几个字？"

霍加微笑地反问："法官先生，你好好想想吧，是谁先忘记了'无花果'？"

法官一想，才知道霍加的含意，马上抱歉道："对不起霍加，确实是我把'无花果'给忘了。既然大家又聊了半天，那么就来点'无花果'甜食吧。"

在座的人因此又一饱口福。

※ 开玩笑一定要掌握住必要的分寸

在与人交往中，开个得体的玩笑，可以松弛神经，活跃气氛，创造出一个适于交际的轻松愉快的氛围。因而，诙谐的人常能受到人们的欢迎与喜爱。但是，玩笑开得不好，则适得其反，伤害感情，因此开玩笑要掌握好分寸。那么，怎样才能把握住适度的分寸呢？

1. 内容要高雅。笑料的内容取决于开玩笑者的思想情趣与文化修养。内容健康、格调高雅的笑料，不仅给对方启迪和精神的享受，也是对自己美好形象的有力塑造。

2. 态度要友善。与人为善，是开玩笑的一个原则。开玩笑的过程，是感情互相交流传递的过程，如果借着开玩笑对别人冷嘲热讽，发泄内心厌恶、不满的感情，那么除非是傻瓜才识不破。也许有些人不如你口齿伶俐，表面上你占到上风，但别人会认为你不能尊重他人，从而不愿与你交往。

捉弄别人是对别人的不尊重，会让人认为你是恶意的。而且事后也很难解释。它绝不在开玩笑的范畴之内，是不可以随意乱做乱说的。轻者会伤及你和同事之间的感情，重者会危及你的饭碗。记住“群居守口”这句话吧，不要祸从口出，否则你后悔也晚矣！

另外，就是不要拿同事的缺点或不足开玩笑。你以为你很熟悉对方，随意取笑对方的缺点，但这些玩笑话却容易被对方觉得你是在冷嘲热讽，倘若对方又是个比较敏感的人，你会因一句无心的话而触怒他，以至毁了两个人之间的友谊，或使同事关系变得紧张。而你要切记，这种玩笑话一说出去，是无法收回的，也无法郑重地解释。到那个时候，再后悔就来不及了。

3. 行为要适度，不要板着脸开玩笑。到了幽默的最高境界，往往是幽默大师自己不笑，却能把你逗得前仰后合。然而在生活中我们都不是幽默大师，很难做到这一点，那你就不要板着面孔和人家开玩笑，免得引起不必要的误会。

4. 对象要区别。同样一个玩笑，能对甲开，不一定能对乙开。人的身份、性格、心情不同，对玩笑的承受能力也不同。

有一次，美国前总统卡特因使用幽默不当而陷入绝境。有一次，他把助手给他的笑话全用上了，这简直是一场灾难。那时他准备出访盐湖城，他当时正被摩门教信徒授予“本年度家庭男人”称号。他的参谋为他写了一份讲稿，特别注明“加幽默”，于是助手给了他三四个笑话，他全用上了。卡特和他的助手们当然没有意识到，摩门教徒一贯教育他们的孩子不要轻率地看待世事。“我们站在一座圣堂里，大约有两千人在场，当卡特讲笑话时，他们只是瞪着他，呆若木鸡。”

一般来说，后辈不宜同前辈开玩笑；下级不宜同上级开玩笑；男性不宜同女性开玩笑。在同辈人之间开玩笑，则要掌握对方的性格特征与情绪信息。和残疾人开玩笑，注意避讳。人人都怕别人用自己的短处开玩笑，残疾人尤其如此。

对方性格外向，能宽容忍耐，玩笑稍微过大也能得到谅解。对方性格内向，喜欢琢磨言外之意，开玩笑就应慎重。对方尽管平时生性开朗，但恰好碰上不愉快或伤心事，就不能随便与之开玩笑。

相反，对方性格内向，但正好喜事临门，此时与他开个玩笑，效果会出乎意料的好。

5. 场合要分清。比如，在庄重严肃的场合不宜开玩笑，否则极易引起误会。此外，朋友陪你不熟悉的客人时，忌和朋友开玩笑。人家已有共同的话题，已经酿成和谐融洽的气氛，如果你突然介入与之玩笑，转移人家的注意力，打断人家的话题，破坏谈话的雅兴，朋友会认为你扫他面子。

(1) 口才好的人最能给别人留下深刻的第一印象；出色的口才是获得成功的有力武器。

(2) 用对了词汇，不仅能打动人心，同时更能带出行动；而行动的结果便展现出另一种人生。

(3) 人们的喜怒哀乐，一切骚扰不宁、起伏不定的情绪，连最微妙的波动、最隐蔽的心情都能用声音直接表达出来，口才训练的第一步应从语音开始。

(4) 要想获得自信心、勇气以及能力，以便在向人们发表谈话的同时能够冷静而清晰地思考，其实并不难。

(5) 幽默是智慧、才能、学识和教养的象征，是自我表现、取悦于人的极好手法，因此，在谈话中要善于运用幽默。

第二章 提高日常交流和沟通的语言技巧

人人都离不开日常的交流和沟通。沟通就是为了彼此建立关系。沟通，是使你的理想被接受，或获得你所想要的东西的一种力量，为的是要影响他人，接受你的见解。美国有一句名言："你想改变世界，得先改变自己。"这不是要去讨好人家，而是要你学习和掌握一些必要的技巧，能接受改变，才有办法适应，进而改变别人，改变生活。

※ 掌握日常沟通和交流中的基本技巧

说话是一种简单的技能，一个三岁的幼儿经过训练就能说话。但是，想把话说好、说得出色，就必须要学会一些技巧了。那么，在日常沟通和交流中，应该注意哪些技巧呢？在这方面卡耐基给我们提出了如下建议。

1. 即使不是第一次碰面，也应自报姓名

人际广阔，每天会见许多人的人物，如果只和你见过一面，通常不容易将你记牢。尽管如此，在第二次见面时，不愿自报姓名的人为数不少。如果站在另一方的立场想想，这是再难堪不过的事。就许多人的感觉而言，"很抱歉，您是谁？"却不是容易提出的问题。在这种情况下，尽管不得不和对方交谈，却只能流于表面形式。

自认只见过一面的对象必能牢记自己的想法，其实是傲慢的想法。如此一来，永远也无法让别人记住你。即使是第二次或第三次见面，果真希望对方记牢你，就必须详细报出姓名。

"我是前回与您见过面的某某。"向前回见过面的人如此寒暄或许有点不好意思，一旦当作习惯之后，就会变成理所当然的事情。

另外，在要求别人回电给你时，无论是留言机或别人代接的电话，你最好养成习惯在最后说出自己的联络号码。此外，说惯的电话号码也很容易说得太快。由于数字通常不易听懂，所以最好能缓慢明亮地发音。“我的电话号码是……”说到这里，对方必定希望你能给他准备纸笔的充裕时间。而且，最好再说上一遍自己的姓名。如果只靠最初的自报姓名，有时会记不牢对方是谁。只要你站在接话人的立场想想，自然可以明白这种注意是理所当然的。

2. 端正态度，充分尊重对方

与人交谈，首先要尊重、体谅别人，对人要谦虚谨慎，诚恳率直。不要妄自尊大，盛气凌人；不要自以为是，武断专横；不要虚情假意，恭维奉承。只有这样，大家才能和谐融洽地相处，推心置腹地交谈。态度不端正，就会引起别人的反感，思想上一旦形成鸿沟，交谈就很难进行。

3. 交谈时要放松情绪

因为许多人不知道如何开始一次对话，特别是同陌生人在一起时，他们常常感到障碍重重。其实他们拥有丰富而有趣的思想，这些思想随手可得，只需了解如何把它们表达出来。

威廉·詹姆斯说，如此多的人发现自己难以成为出色的交谈者，原因在于他们担心自己所谈的事或者流于无味的肤浅，或者言不由衷，要不就害怕他所讲的东西对交谈的对方毫无价值，或者方式方法不适合于某种场合。他的纠正方法是：“无论何时，只要人们消除心理的障碍，并且让自己的舌头自如地活动，交谈就一定会顺畅而友好，并且令人振奋起来。”

约翰·莫菲指出：“我们不要硬是通过深思熟虑从头脑中挤榨出一些警句和名言。当我们放松下来，不用恐惧的时候，这些名言妙句就会自然而然地产生出来……”可以这样说，甚至在最具刺激性的谈话中，也有50%的内容不仅是陈俗的，而且毫无意义。至少在谈话的最初阶段是这样。经过一段加热过程，思想的车轮变得转动起来了，只要谈话的参与者不急切地使谈话进入正题，全部谈话就会很快言归正传。

4. 使交谈启动起来

每个人在谈话之初都可能只谈些既缺乏机智又毫无意义的事情。其实，这种短暂的交谈对于使“轮子转动起来”是必要的，一旦你认识到这一点，并且不再担心自己是呆板的，你将发现，你也能引发一次交谈，甚至是与一位完全陌生的人。你便会惊奇地发觉，在许多情况下，你说的是机智而有趣的事情。

不要期望对方一开始就很热情高涨，善言者总是等到对方变得热心以后，才试图从他们那里引导出一些有趣的想法。例如，他们先问：“那么，请问您尊姓大名？您是哪里人？您是干什么工作的？乘飞机来我市的吧？”等等，以激起对方的谈话兴趣。谁关心这些？你也许会这样问。诚然，这些问题似乎没有任何风采和智慧可言，但它们的确能使交谈启动起来。

5. 让对方谈论自己

当你被引见给某人，并且“不能想出一件事来谈”时，不妨试着用下面这样的问题使对方变得热心起来，以引发出有趣的事情、聪明的观点和幽默的话题来：“琼斯先生，你从哪里来？”“你打算在我市待多久？”“你认为这里的气候怎么样？”“你原来是学什么专业的？”确实有那么一些能使别人变得热心的人，因为这些人善于使对方谈论自己。他们能打破僵局，感化别人，只因为表现出他们对别人感兴趣。你不必寻找一个对方能谈论的话题，只需马上使他谈论自己——每一个人都是关心自己的专家。

6. 保持谈话顺利进行

成为一位出色的交谈家的艺术，并不过多地依赖于你能想出多少聪明的事情，或者与你有关的某些传奇般的经历来说，而在于启发、诱导别人讲话。如果你能激发别人的谈话——你将获得优秀的交谈家的荣誉。更重要的是，如果你能让别人讲话，并使他坚持下来，那么当你讲话时，没有什么能比这更有效地想使他对你热心起来，对你更感兴趣和更易于接受你的观点。

值得一提的是，“你”在谈话中是一个前进的信号，而“我”则是一个停止的信号。要设法把谈话引向对方的兴趣点，如多用“为什么”“哪里”“怎么样”等。当他说“我在纽约住过 4 年时”，你不要匆忙抢着说："啊，我也住过，我还在华盛顿工作过"。而应该问："在纽约的什么地方？你在那里工作还是学习？"

类似的问题，将使你赢得你的伙伴曾经遇到过的人中最有趣的交谈者的荣誉。

7. 谈话切忌以自我为中心

无可否认，人们总是对自己的工作、家庭、故乡、理想表现出浓厚的兴趣。其实，即使像"你从哪里来"这样一个简单的问题，也说明你对别人感兴趣，结果会使别人也对你产生兴趣。但你千万别像一位年轻的剧作家那样，向他的女朋友谈论了自己和他的剧本两个小时后，接着说："有关我已经谈得够多了，现在来谈谈你吧。你认为我的剧作怎么样？"

请记住，你也是一个人。对你而言，你的本能使你往往一开始谈话，就马上以自己为中心。你想表现自己，想给人留下深刻印象。但事实上，如果你把话锋转向对方，就能赢得别人的更高评价。他会认为你是一个极为聪慧的人。

有关这个问题的一个准则是，你只需在心里给自己提一个问题："通过交谈我究竟想得到些什么？"是想表现和炫耀自己呢，还是想与别人进行友好的交往？如果你需要的只是前者，那你就只谈自己好了。但是，那样你就别期望通过交谈得到任何别的东西。

8. 不要打乱别人的谈话

不要打断别人的发言，要让人家尽情地讲，你要恭恭敬敬地听。即使你不同意人家的看法，也不可匆忙打断他，要等他讲完再阐明你的意见。要善于听讲，要分析话中之音，做到既明白对方谈话何时达到高潮，又知道对方言谈何时接近尾声。这样，你的发言才能适时、稳妥，而无须打乱别人谈话，影响他人思路。

9. 适当地发言

交谈是一种有来有往、相互交流思想感情的双边或多边活动。参与谈话的人，不但要"听"，而且还要"讲"。听人说话，要做到聚精会神，心领神会，切不可漫不经心。与此同时，还要做出积极反应，有什么想法和感受，通过点头、微笑、手势、体态等不同方式随时表露出来；不要消极活动，呆头呆脑，无动于衷。

全神贯注地听，仅是交谈中的一个方面。谈，在某种意义上说，显得更为重要。谈的方式多种多样，你可采用任何一种：直截了当地陈述事实，提出问题，发表看法；委婉地表示不同意见，进行评论。这些方式都能使谈话顺利进行。

对某一话题，你可能有很多东西要讲，但他人也可能有高见要谈，要做到使大家都有发言机会。说话要干净利落，简明扼要；发言冗长，使人烦躁。

10. 知道什么时候谈论自己

公共演说家谈论他们自己，他们讲自己的经历，自己的旅行、功绩以及思想。但要记住一点：这些人是被邀请来谈他们自己的，他们被请来讲他们自己的事，听众知道自己为何而来。演讲者面对的不是强制的听众，而是自愿的听众。

谈论你自己的恰当时间是当你受到邀请和有人要求你讲自己的时候，你可以指望：如果别人感兴趣，他会问你。当他确实对你提出邀请让你谈论自己时，不要守口如瓶地拒绝他。稍微告诉他一点你的情况，他会感到十分荣幸。因为你是用非常友好的姿态与他交谈，以便让他了解一些你的情况的。但不要做得过分，回答他提出的问题以后，再把谈论的中心回到他的身上。

11. 跟上交谈的节拍

当话题几分钟以前已由乒乓球赛转到篮球赛，如果你再谈乒乓球赛，显然是跟不上谈话节拍；当大家正兴致勃勃地谈论篮球赛，假若你把排球赛也塞进来，显然是不识“火候”；当大家正评论球类比赛，你却谈起织毛衣、逛超市一类风马牛不相及的东西，显然是离题十万八千里，那只会使人觉得难于接茬。

密切注视谈话进行的情况，要把注意力始终集中在正谈论的话题上。只要头脑清醒、目光敏锐，跟上谈话的“节拍”，就不会出现那种对方需要你作答、而你却未听见的尴尬局面。

12. 巧妙使用“我也”这个字眼

从心理学上讲，将你自己引进交谈的另一个正确的时间，是当你能告诉对方你自己的一些事，而这些事情将与他所说的某些事联系起来，或者在你们之间形成一种结合的时候。

如果他说："我是在农村长大的。"你最好回答："我也是。"或多少讲一点有关农业方面的知识和经验，这让他感到更重要。

如果他说："喜欢吃冰淇淋。"并且恰好你也如此，一定要想办法告诉他。如果他说他出生在郊区的一个小镇上，而碰巧你过去喜欢在那里度暑假，那你也一定要告诉他……

13. 倡导"愉快交谈"

要想成为一个健谈的人，使人们愿意和你交谈的另一个秘诀是尽可能地创造一种愉快的交谈氛围。

那些形成了习惯总是悲观失望地谈论问题的人，指出世界正在走向深渊的人，或者唠叨他个人的所有麻烦的人，在任何获得名誉的竞争中都不会取胜。

如果你有一些个人的烦恼需要与别人交谈的话，最好到你的亲属、心理学家或一些可靠的、富有同情心的朋友那里去，而不要在公共场合张扬你的难处。不要不着边际地谈论你的手术，详细地描述从进入医院直到返回工作岗位的每一次疼痛。因为告诉别人你忍受了多少痛苦，并不能使你变成英雄，而只会使你变成令人厌烦的人。

14. 切忌取笑、逗弄或讽刺

如果你想通过谈话成为一个受欢迎的人，那你就得努力抵制取笑、逗弄或讽刺的诱惑。

我们中的许多人都好取笑别人。因为我们以为别人会喜欢。丈夫会在公共场合下逗弄妻子并错误地认为这是表达感情的一种极好的方式。我们带着嘲讽的意味与对方谈话，希望对方在挖苦中认识到我们的聪慧，看到我们的幽默，而且不希望自己受到别人的伤害。

逗弄和取笑的真正目的在于触痛别人的自尊。而威胁他人自尊的任何事情都是危险的，即使是在玩笑中进行的也是如此。因此，讽刺总是带着残酷的成分，总是在算计着使别人感到渺小。显然，大家都不喜欢被取笑，即使是自己的亲朋密友。

只有少数情景中，在非常亲密的朋友之间，才可以开一些充满善意的玩笑。因为他们是不会计较和追究那些无关紧要的小事的。如果别人非常了解你，非常喜欢你，你也可以与他开个玩笑，但千万别开得过了头。

※ 采取受人欢迎的说话态度

与人谈话态度如何，一定程度上决定你是否受人欢迎。一个与人和颜悦色交谈的人，总能打动对方的心。那么，怎样才是良好的谈话态度呢？卡耐基归纳了如下几点。

1. 表现出兴趣

别人讲话时，要注意倾听，如果你望天望地望别处，或是玩弄着小物件、翻弄报纸书籍等等，别人就会以为你对他的话没有兴趣，会很扫兴。

在人多的时候，你还不能只对其中的一两个你熟悉的人发生兴趣，你要把注意力分配到所有的人身上；对于那些话说得很少，或是精神不太自在的人，你更要特别留神，找机会特别关照一下他们。你的注意、你的关心，对他们是一种尊重和安慰，正好把他们从冷落中挽救出来。

2. 表示友善

如果你对别人表现出刻薄的神情，或者你对别人所谈的话表示冷淡或鄙视，那么对方谈话的兴趣也就消失了。

哪怕你不喜欢听他的话，或者你不同意他的意见，但是你对他本人还应该表示友善，不要因为他说了一句不得体不适当的话就否定了他的人格。你尊重他，并不妨碍你表示与他有不同的意见。没有经验的人，一听到不喜欢的话，立刻就表现出不快和不满来，把彼此的关系弄坏、搞僵，而失去了继续交谈、深入了解的机会。

3. 轻松、快乐、幽默

真诚、温暖的微笑，是打开别人心灵的钥匙。人的心灵好像对温度有强烈的敏感，遇见抑郁的、冰冷的表情就凝结了起来，变硬了起来；但遇见了欢乐的、温暖的笑容就柔软了、融化了、活泼了。所以，真诚的、温暖的微笑，快乐的、生动的目光，舒畅的、悦耳的声调，就像明媚的阳光一样，使一切欣欣向荣，使谈话进行得生动活泼，使大家谈笑风生、心旷神怡。

至于幽默感，需要慢慢地培养，它是一种兴致的混合物，富于幽默的人，常常能使客厅中充满欢声笑语；有时一个笑语，或是两句妙语，就能驱散愁云、消弭敌意，化干戈为玉帛、化凶戾为吉祥。

4. 适应别人

有些人跟自己趣味相投的人在一起就舒服、话多得很；一遇见趣味不投的人就感到别扭、不想开口。像这样依着自己的脾气去接近别人，真正投机的人就少了。

跟别人谈话多关心别人，重视别人的口味，善于适应。有的人喜欢讲大道理，有的人喜欢高谈阔论，有的人喜欢娓娓而谈，有的人喜欢深思，有的人拙于应对……不管面对什么样的人，你都要能调节自己去迁就一下别人的兴趣与习惯。有满腹经纶的，让他尽情地宣泄；有守口如瓶的，由他吞吞吐吐；失意的，多给予一些安慰与同情；软弱的，多给予一点鼓舞和激励。假如对方对某一个问题发生特别强烈的兴趣，就让他在这方面继续发展，畅所欲言；假如对方对某一个问题不想多谈，就及时转换话题把谈话引到另一个方向，免得引起不快的局面。

注意了如上几点，说话的时候才会变得受人欢迎，减小彼此之间的距离或隔阂。

※ 掌握巧妙引导话题的技巧

什么是引导话题呢？就是导出你谈话的内容，安排你们话题的先后顺序等。其实，有些事情不用刻意去做的，在你们的交谈中你慢慢引导着别人一步一步地往下，自然而然地往更深处谈论，这就是引导话题的成功了。

大家都知道，在我们第一次和别人交谈的时候，不大可能会谈及很隐私的问题。因为大家都不熟悉，还没有关系好到这个程度。

而且刚接触的人，都不知道对方有什么忌讳的话题，因此大家首先谈论的肯定都是一些无伤大雅的大问题。

因此，你就要细心去部署你的话题，装扮你的谈话内容。最开始可以从一些不会有什么意义但是可以让大家互相之间开始交谈的话题开始。比如最常见的就是谈论天气，周围的环境，简单地询问一下对方的情况等话题，让他和你联系起来，在你们之间找到你们共同的语言，方便下一步的交流。

下一步就是该更深入一点地去说了。说一些发生过的事情之类的，既消除了大家的尴尬期又能够给你下一步的话题创造一点过渡，当然，在这一部分我们可以谈论安全的话题，不存在冒犯他人或者引起争议的危险。

更深入的话题当然就是谈论到大家感兴趣的事情了，在这个话题的谈论上，大家一般都是已经觉得合适、谈得来，有必要进行下去的。因此，你在这个时候要尽量发挥你的口才，让对方和你的谈话进行得顺利，当谈话结束的时候，人家仍觉得意犹未尽。通过这样的谈话，你更可以了解到对方的喜好，也让别人更加了解自己。当然，这是一种统一的模式，你在实际中不一定完全这样做，如果你和一个陌生人感觉特别聊得来的时候，早早就发现了可以共聊的话题，那么恭喜你，你可以很快地进入畅谈中了。

而且在你与人谈论的时候要记住，不要总是把自己想说的说出来，就听见自己一个人在那儿夸夸其谈，要说一些让对方感兴趣的话题，对方擅长的话题，让对方有话可说。众所周知，谁也不喜欢在交谈的时候插不上嘴，只是听着别人说话自己却只能当个收音机。恐怕这样的人遇上一次就不想再遇上第二次了。我们要善于引导对方说出自己的兴趣，让对方也互动起来，这样的交流才有意思，才会有结果。

只有双方都对这个话题感兴趣，才可能你一言，我一语地不断对话。如果对方对提出的问题根本不感兴趣或者根本就不懂，那么就有可能缄口不语，或者打断你的话。这样的话，谈话就会很不愉快了，这一层人际关系就不好再往下发展了。

美国第三十二任总统罗斯福以知识渊博而闻名，无论是牛仔或骑兵，政治家或外交官，他都能以最恰当的话题和对方谈话。他怎么能做到这点呢？答案很简单，如果他要接待某个人，事先他就要翻阅这个人的有关材料，研究对方最感兴趣的问题。谈论对方感兴趣的话题是使谈话愉快进行的最保险的方式之一。

另外，我们在话题的选择上，不必拘泥于大事，也不要觉得只有去谈那些所谓的有品位、高雅的东西才能提高你的魅力。其实，有时候平淡的话题更容易产生共鸣。大家都是社会人，生活上的凡事接触得更多，更容易找到交谈之点。最近的股市、新拍的电影、热门新闻……只要你在合适的场合，讲到了别人也感兴趣的话题，让你的谈话就像网球一样有来有回就可以了。

当然，有时候并不需要你自己去寻找话题，当谈话的对方提出什么的时候，我们尽量回应他们，这样就会找到说话的话题了。即使你对别人说的东西不太懂，你可以让对方向你讲解，这样，你就可以学到东西，而且对方也很愿意说自己的话题。等到说得差不多的时候，你就可以适时改变话题，去说一些更加广阔的东西。其实，一个话题打开以后，发挥的空间就很大了。但是，如果一开始话题就没打开，交谈自然就无法持续下去了。

乔治和洛克是同事，但是互相都不熟悉，星期一早晨，他们聊了起来。

洛克：哦，上个周末我家可热闹了。我陪两个儿子练习了足球，老婆的家人来到城里，我累惨了！真想好好休息一下。

乔治：我很同情你。但是上个周末，我生病了。所以我有时间躺着看看电视，昨晚我看了一个有关林肯的纪录片，真的很棒！我从来都不知道……

洛克：真的吗？可惜我错过了……我其实更喜欢音乐。我看了关于爵士乐时代的录像，我十分喜欢那一类音乐。

谈话就此结束，两个人都觉得很郁闷，洛克对历史知之甚少，当乔治谈到纪录片时，他感到不舒服，觉得自己很无知，如果继续这个话题，他的这些缺点将暴露无遗。所以，他改变了话题。不过洛克打断了乔治的话，乔治觉得洛克很糟糕，也很粗鲁。

但是换一个方式，如果洛克客气地问问乔治这个纪录片讲了什么啊，接着就可以顺势谈一些美国的情况或者电影的情况什么的。有很多的空余地带可以发挥的，但是大家都没有掌握好，才导致了这样的不愉快结局。

其实，每个人都是喜欢和别人交流的，怕的就是尴尬，找不到该说的话。因此，我们要做一个主动者，积极去引导话题，让谈话“你来我往”；当对方试图支配话题的时候，我们则应该先认真对待，积极附和。

※ 在日常交流中进行积极有效的沟通

沟通对于个人身心的健康、人格的健全和完善、人际关系的协调、冲突的解决乃至社会分工协作都具有至关重要的作用。随着社会的发展，现代人自我独立意识的增强、各种不同文化的融合、世界一体化趋势的增强等，都使得沟通这个问题显得比任何时代更为重要。纵观当代社会生活中，沟通已是我们这个时代的重大主题。人们对沟通抱有莫大的希望，希冀着所有的问题能在沟通过程中迎刃而解。

那么如何进行有效沟通呢？卡耐基总结的如下几点建议可供参考。

1. 使对方从容不迫

当对方紧张时，你会发现，你很难与他沟通。他被自己害怕的心理缠住了，不能集中精神听你谈话，也不可能无拘无束地发言。

准备与别人交谈时，一定要弄清他是否有点紧张，可以观察他的眼神。一个人若是避开你的视线，或眼睛不知望哪里，这通常表示他紧张或腼腆。此时，你要消除他的紧张。否则，你们交谈的效果会大受影响。

为了消除对方的紧张，你要注意如下几点：首先，要友好、微笑，这是消除别人紧张心理的最有效方法；其次，做个好客的主人，给对方一个舒适的位置坐下，如认为合适，可给他弄点喝的或吃的；最后，开始交谈时先谈一些对方感兴趣的话题。如问一问他的家庭、业余爱好和其他情况。你的目标是与对方建立融洽关系，让他从容不迫地跟你聊天。

2. 不要把别人当“机器人”

心理学教授坎贝尔说：“我始终不明白，为什么要有机器人这个说法。只要词语中带有人字，无疑意味着人为地拔高物质的高度。我认为应该把机器人称为机器鬼，这样就不至于把机器和人搅和在一起。反正机器人这个说法令人觉得别扭。”

不要以为他人是机器人，可以由你想怎样操纵就怎样操纵。只有学会尊重他人，意识到对方也拥有充分的潜能，能够从他人的角度理解问题，才会有真正意义上的沟通。

永远没有完美的技巧，但经由技巧却可能有完美的结果。这也是果实优于枝条的道理。

沟通是彼此的事，一个巴掌拍不响。当你运用技巧时，别人也会运用技巧。当然，沟通是有目标的，你可以使自己的愿望处于优势，并且尽可能达到这个对自己有利的结果。但这多少有些一厢情愿，因为别人也运用技巧，彼此力量的消长有一个合适的中点，那是双方可以接受的结果。沟通能达到这个目的，双方都应该满意，虽然这个结果跟你渴望的结果有些差别，但也应该坦然接受。

3. 培养有效的聆听习惯

人们之间的交流充满变数（如自己和别人的谈话及聆听风格等），因而既复杂且具挑战性。设身处地是成功交流的一个关键因素。

聆听，但不要受别人情感的感染。别人有难处时，应设身处地理解别人，但不能为这种情感左右。必须为自己留点精力去做自己的事。记住，不要做一块海绵，什么都予以吸收。

4. 表示共鸣

见过罗斯福的人，都认为他是一个非常博学多才、知识渊博的人。而罗斯福做到这点的方式很简单，就是在与人接触的前一个晚上，花一点时间研究一下客人的兴趣爱好，于是一见面，共同话题就源源不断，谈话自然让双方兴趣盎然。

戴尔·卡耐基评价说：“罗斯福和其他领导者一样，都知道通向别人内心的坦然大道便是谈论他们感兴趣的事。”生活中每一个人都有自己的兴趣与爱好。因此，如果人们在与人交往时，能克服自我中心，避免固执己见，尊重别人的兴趣爱好，将使他具有较高的人际魅力。

在经理人与员工、下属以及外部利益相关者的交往中，查明对方的兴趣所在并以此作为沟通的一个话题，用不着太多的客套与寒暄就能立刻找到共同语言，其交际过程肯定令人愉快。兴趣上的共鸣还可以：使每一方都能从自己的亲身经历中认识与欣赏对方；共同的兴趣爱好也使交际双方能找到更多的共同活动的机会。要想在交际中与人建立更为有效的关系，很值得花费一点时间来拓宽自己的兴趣范围，以保持交际中的兴趣共鸣。

5. 把话要说到点子上

我们生活在一个繁忙的世界上，时间是最宝贵的东西。所以，相互交流贵在说到点子上。交谈时所花时间越少，效果越好。无论什么方法，只要能避免误解就是好方法。

所以，无论你是一对一地与人交谈，还是小组讨论，最重要的是你一开始就阐明你的意见，然后才作补充解释。这样做不但可以节省大家的时间，而且可免去听众猜测你究竟要想说什么，或者一下子得出错误结论。有时你会发现，你准备作的解释都不必要了，因为你的观点无须解释已经很清楚了。

6. 要尽量得到对方回应

要留神观察对方非言语回应。要弄清你是否能成功表述你的观点，最佳方法是得到对方的口头回应，给对方一个回应的机会。可以叫他用自己的话复述你刚说过的内容，鼓励他在适当的时候发问，或在讲完一个要点之后，问问他听懂了没有，然后才讲下一点。如果对方一直不说话，你就无法了解他是否领会了你的话，是否同意你的话。

7. 运用动作进行暗示

我们的人体是有语言的，我们的动作往往可以暴露我们的心情。同样地，他人的动作也会泄密。所以，沟通中的人对他人的动作是很敏感的，你正可以利用它。

如果与人交谈时，你做侧头深思的动作，你的身体语言就告诉对方，这个问题你有疑问，这比直接予以打断他人的语流更有效，不至于立刻和对方抵触。他人一定会问：“有什么不懂吗？”这样由他人自己中断语言流程，可以有效地保证他人自尊心不受伤害。

如果想中断谈话，急于离开去做别的，你可以不停地偷看手表。手表有时候可能就是心理时间的外壳。他人会问：“有事吗？你可以先走。”你就可以很有礼貌地全身而退。

体语的运用，很讲究空间。在宽敞的房间里交谈，彼此可以做到公平。但要达到亲密关系的程度，还是狭窄房间为好。谈话时中间不隔着桌子更容易融洽。距离上的靠近也会造成精神的靠近。

体语也可以保全自己的尊严。迟到时气喘喘地表现着急赶来的样子，他人容易原谅。

8. 把思考、语言和社交技巧结合在一起

卡耐基指出：与其他的因素相比，错误的沟通对人际关系中出现的问题要负更大的责任。你常常听到“我们只是不会沟通”这样悲观的话吗？正如我们发现的，有效的沟通需要把思考、语言和社交技巧结合在一起。例如，人们在交谈时，常常只想着接下来要说什么，因而并未真的用心去听。有的人彼此相识多年，然而对对方的所思所想却缺乏深入的了解，之所以会出现这种情况，就是因为他们不努力去听和了解。

为了参与有效的讨论，你必须清楚地表达自己的观点，认真地聆听他人的反应。在此基础上或做出回答，或进行提问，以便更好地了解对方的观点。当两个人以这种方式进行对话时，他们就处于一个彼此尊重的气氛之中。这样一来，就能进行有意义的沟通。每个人的沟通风格是有差异的，为了避免误解、冲突以及关系破裂，你需要对不同的沟通风格有所了解。

有效沟通的另一个方面是清楚和准确地使用语言。如果某人在沟通中使用的语言很含糊，不准确，那么，对方一般就无法准确地把握说话者的真正意思，而认为他或她是在很精确地表达自己的思想。结果，人们往往会因此而导致沟通不畅，出现麻烦。如“我爱你”是一句极其简单的表述，但由于不同的人物和地点，它却能够表达多种不同的意思。对某个人来说，“我爱你”可能意味着：“我认为你是一个可爱的人，对我有很强的性吸引力”；而对另一个人来说，则意味着：“你是我最好的配偶，我希望我们能天长地久”。如果是这样的话，沟通的双方很可能要产生误解，甚至使双方的关系破裂。鉴于此，你自己无论在说话和行为方面，一定要努力做到清楚、准确，这样就能避免误解。误解是良好的人际关系的大敌，它往往在一开始并不显眼，但如果不注意，慢慢就会像滚雪球一样发展成为危害彼此关系的大问题。

※ 使你的谈话更能吸引别人的注意力

卡耐基指出，吸引注意力的 4 大秘诀为：弄清谁是你的倾听者；找出对方的强烈需求；谨慎地决定如何帮他满足需求；避免冷场发生。

1. 弄清楚谁是你的倾听者

假如你将要和一批雇员讨论增产问题或者你正召集推销人员开会，那么你的态度、重点乃至整个方法，都不同于你就相同话题向上司作的汇报。

这里不是建议你对下属说话可颐指气使。遗憾的是，很多管理人员都这样做，却不明白他们为什么得不到下属的合作。很多家长教育子女时也这样。有些牧师对教徒的态度一如许多教师对学生那样居高临下。坦率地说，最易令人反感的就是高人一头的腔调。

吹捧上司或其他权威人物，极尽谄媚讨好之能事亦不足取。阿谀奉承像透明罩衫一样易于识破，也令人生厌。

总的来说，对人居高临下或奉承谄媚皆不明智。不论他是谁，干什么，最好同他推心置腹。想要把握支配他人以便让他对你言听计从，更应如此。

但是，倾听者的地位、职位和职业，即他是谁，干什么，都肯定会影响你的开场白或最初的态度。

2. 找出什么是他最强烈的需求

当你了解清楚你的倾听者是谁、他将会是什么样以后，你就应该找出什么是他最强烈的需求。

每一个正常的人都希望了解怎样才能得到爱——怎样挣钱，如何得到名誉或权力——以及怎样保持健康。你应该弄清什么是一个人最大的愿望以便帮他实现。

怎样才能做到这一点呢？首先要密切注意他说些什么，以便发现他到底缺少什么或需要什么。你如此关注一个人的时候，对方也会对你留意。

道理很简单，你知道无论贫富、老幼、幸与不幸，我们每个人都有一种强烈的受关注的愿望，甚或渴求。比如，一个哭闹的小孩拉扯他母亲的衣服就是在呼唤母亲的关注。母亲给了他所希望的关注之后，他便会停止哭闹和拉扯。

一个不忠而出轨的丈夫最需要的是什么呢？大多数的情况是他在寻求其妻子未曾给予他的关注。妻子给予他所需要的关注后，他将迷途知返，留在家里。

喋喋不休的妻子、不忠的丈夫、出走的少年、不驯顺的孩子、医生诊所里的疑病症患者、精神病医生长椅上的病人以及街上的暴徒，所有这些人都在疾呼：请注意我！

还要记住你的倾听者也是人。他也需要你的关注，所以要满足他。注意他、注意他说些什么，以便发现他最需要的是什么，对什么最感兴趣。

当你首先把全部关注给予一个人的时候，对方也将对你报以专注。他的确没有任何其他选择，此法不会失利。

3. 明确决定如何帮他满足需要

得知你的倾听者对什么最感兴趣之后，你应该分析自己的产品、服务或意图，以便确定你怎样帮他。多数情况下，你都知道该怎么做。那就是做些调整满足他的特定需要。

你也许会说："可我不是推销人员，我不会像人家那样利用这些得到我的需求。"

你不必非得是专业推销员。不论做什么我们都是销售人员，都想向他人推销自己的观点，以便让他们按我们的意志行事。

例如，你可以利用这些销售技巧说服你的家人接受你的观点；为了让孩子打扫他的房间或在学校取得好成绩，你可以许他一惠；你可以向你丈夫说明，带你出去用晚餐、给你买那件新衣服以及到海滨度假，而不只是为钓鱼或露营才去海滨的诸般好处。

4. 避免和控制冷场的发生

和别人交流的时候，最怕的情形之一就是冷场。冷场分为两种情况：一种是单向交流，听的人毫无兴趣，注意力分散；另一种是双向交流中，听者毫无反应，或者仅以“嗯”、“噢”之类应付。

不管是哪种情况出现的冷场，根本原因都在于听者不愿听你所说的话。听者仅仅出于处世的礼貌而扮演一个“接受”的角色。因此，冷场完全应由说话人负责。

冷场的出现，是发言者的失败，因为它不能达到彼此沟通交流的目的。发言者既要发言，必须实施控制，避免冷场的发生。卡耐基指出，避免和控制冷场的办法是：

（1）发言简短。

单向交流中那种应景式讲话，越短越好。在双向交流中，任何一方都不要滔滔不绝地包场，要有意识地给对方留下发言的时间和机会。自己一轮讲不完，应待对方有所反应后再讲，不要一轮就讲得很长。

（2）变换话题。

单向交流的话题变换是暂时的，所变换的话题是为了吸引听者的注意力，调动他们的兴趣。这一目的达到后，仍要回到原有话题的轨道上。比如，教师在讲课过程中，发现学生精力分散，东张西望、打瞌睡、窃窃私语、在桌上乱画，可以暂停讲授，穿插几句应景、时髦、诙谐的话；或者简短地讲个与教学多少相关的掌故、趣闻，学生的精力便会一下集中起来。之后，再继续教学。

双向交流的话题变换是不定的，根据现场情况随时进行。比如，你与别人谈今天凌晨看的一场世界杯足球赛的电视直播，可别人并不喜欢足球，也没有在半夜里爬起来观看，对你所议显得毫无兴趣，出现冷场。这时，你就应及时将话题扯到其他方面去。

（3）中止交谈。

任何人在交谈时都不希望听者不愿接受。但若这种情况出现后，自己又采取了诸如简短发言、变换话题、加强语气等控制手段，仍然不能扭转冷场的局面，那就应中止交谈。没有接受的交谈是无意义的，既白白耗费自己的精力，又无端浪费别人的时间。比如你同他谈足球他无兴趣后，变换话题他仍无兴趣，就不可再谈下去。这叫作“话不投机半句多”。要么各自走开，另寻开心；要么各自静止，闭目养神。

※ 轻松自如地表达出自己想要表达的东西

也许你会羡慕别人站在万人讲坛或辩论场上滔滔不绝地演说，或是进行激烈的唇枪舌剑，再看看现实中的自己，却好像总是笨嘴拙舌，老是讲错话。其实，你如果懂得在自己的讲话中间巧妙地穿插一些口才方面的小技巧，也许你根本不会比那站在讲坛上的雄辩家逊色。

当然，在与同事和上司的交往过程中懂得使用适当的言辞，也并非易事。专家建议，在商业谈话中应该尽快切入正题，但在切入正题之后，一些人总是喜欢使用一些烦冗的托词，例如，“我原来只是认为……”，“我们也许可以……”这就使得表达效果大打折扣。要知道，谦虚不过是粉饰之物，这样做的结果只会是大家继续讨论——不知不觉已没有了你的份儿。

要想改掉这些不恰当的言辞其实并不难，法则就是——让你的讲话听上去更有力。卡耐基指出：“语言就像一个人的名片，你完全可以通过言辞来伸张你的个性，使自己变得与众不同。”我们头脑中已经有了成千上万的词汇，现在的问题就是，要如何来唤醒这些词汇，使它们成为我们成功的资本。因为只有懂得有意识地巧妙运用言辞，并避免讲那些毫无意义而空洞的话，才不会让自己变得很被动，而是轻松自如地表达出自己想要表达的东西。要做到这一点，可以参考下列的各项建议。

1. 不要说“但是”，而要说“而且”。试想，你很赞成一位同事的想法，你可能会说：“这个想法很好，但是，你必须……”这样会使人觉得你对他持的是否定的态度。为了使对方更愿意洗耳恭听，你完全可以说出一个比较具体的希望来表达你的赞赏和建议，比如说：“我觉得这个建议很好，而且，如果在这里再稍微改动一下的话，也许会更好……”

2. 不要再说“老实说”。公司开会的时候会对各种建议进行讨论。于是你对一位同事说：“老实说，我觉得……”在别人看来，你好像在特别强调你的诚意。你当然是非常有诚意的，可是为什么还要特别强调一下呢？所以，你最好说：“我觉得，我们应该……”

3. 不要说“首先”，而要说“已经”。你要向老板汇报一项工程的进展情况。你跟老板讲道：“我必须得首先熟悉一下这项工作。”想想看吧，这样的话可能会使老板（包括你自己）觉得，你还有很多事需要做，却绝不会觉得你已经做完了一些事情。这样的讲话态度会给人一种很悲观的感觉，而绝不是乐观。所以，建议你最好是这样说：“是的，我已经相当熟悉这项工作了。”

4. 不要说“仅仅”。在一次通力攻关会上你提出了一条建议，你是这样说的：“这仅仅是我的一个建议。”请注意，这样说是绝对不可以的！因为这样一来，你的想法、功劳，包括你自己的价值都会大大贬值。本来是很利于合作和团体意识的一个主意，反而让同事们只感觉到你的自信心不够。最好这样说：“这就是我的建议。”

5. 不要说“错”，而要说“不对”。一位同事不小心使一项工作计划泡了汤，正在向客户道歉。你当然知道，他犯了错误，惹恼了客户，于是你对他说：“这件事情是你的错，你必须承担责任。”这样一来，只会引起对方的厌烦心理。你的目的是调和双方的矛盾，避免发生争端。所以，把你的否定态度表达得委婉一些，实事求是地说明你的理由。比如说：“你这样做的确是有不对的地方，你最好能够为此承担责任。”

6. 不要说“本来……”，你和你的谈话对象对某件事情各自持不同看法。你轻描淡写地说道：“我本来是持不同看法的。”一个看似不起眼的小词，却不但没有突出你的立场，反而让你没有了立场。不如，干脆直截了当地说：“对此我有不同看法。”

7. 不要说“几点左右”，而要说“几点整”。在和一个重要的生意上的伙伴通电话时，你对他说：“我在这周末左右再给您打一次电话。”这就给人一种印象，觉得你并不想立刻拍板，甚至是更糟糕的印象——别人会觉得你的工作态度并不可靠。最好是说：“明天 11 点整我再打电话给您。”

8. 不要说“务必……”，而要说“请您……”。你不久就要把自己所负责的一份企划交上去。大家压力已经很大了，而你又对大家说：“你们务必再考虑一下……”这样的口气恐怕很难带来高效率，反而会给别人压力，使他们产生逆反心理。但如果反过来呢，谁会去拒绝一个友好而礼貌的请求呢？所以最好这样说：“请您考虑一下……”

※ 耐心倾听，让对方充分地说出他的看法

卡耐基认为，多数的人，要使别人同意他自己的观点时，将话说得太多了，尤其是推销员，常犯这种划不来的错误。尽量让对方说话吧，他对自己事业和他的问题，了解得比你多。所以向他提出问题，尽量多让他告诉你几件事。

如果你不同意他，你也许会很想打断他。但不要那样，那样做很危险。当他有许多话急着说出来的时候，他是不会理你的。因此，你要耐心地听着，抱着一种开放的心胸；要做得诚恳，让他充分地说出他的看法。

让另一个人讲话，不但有助于处理商场上的业务，也有助于处理家庭里发生的事情。

芭贝拉·维尔逊和他女儿洛瑞的关系快速地恶化下去。洛瑞过去是一个很乖、很快乐的小孩，但是到了十几岁却变得很不合作，有的时候，甚至于喜欢争辩不已。维尔逊太太曾经教训过她，恐吓过她，还处罚过她，但是一切都收不到效果。

维尔逊太太在卡耐基课程的一个班中说："一天，我放弃了一切努力。洛瑞不听我的话，家事还没有做完，就离家去看她的女朋友。在她回来的时候，我当然要对她大吼一番，但是我已经没有发脾气的力气了。我只是看着她并且伤心地说：'洛瑞，为什么会这样？'洛瑞看出我的心情，用平静的语气问我：'你真的要知道？'我点点头，于是洛瑞就告诉了我，开始还有点吞吞吐吐，后来就毫无保留地说出了一切情形。我从来没有听她要说的话，我总是告诉她该做这该做那。当她要把她的想法、感觉、看法告诉我的时候，我总是打断她的话，而给她更多的命令。

"我开始认识到，她需要我不是一个忙碌的母亲，而是一个密友，让她把成长所带给她的苦闷和混乱发泄出来。过去我应该听的时候，却只是讲，我从来都没有听她说话。

"从那次以后，我让她尽量地说。她把她心里的事都告诉了我，我们之间的关系大为改善。她再度成为一名很合作的人。"

※　保持对方的谈兴，使谈话愉快地进行

与人成功交谈的一个重要因素便是谈什么，即选择什么话题。

话题的选择不能一厢情愿，因为交谈是双方的，不能只是沿着自己的思路讲下去，还要设身处地地为对方想一想，看对方对什么话题感兴趣。因此，在交谈开始时，你就要想方设法诱导对方说话，从而探出对方的兴趣所在。有了共同的兴趣，谈话当然就能愉快而顺畅地继续下去了。

那么，具体该怎样探出对方的兴趣呢？

这需要从当时具体环境中觅取话题。或谈服装、饮料，或谈电影、电视，或谈国际新闻，或谈足球比赛，或谈房间陈设，或谈子女爱好……当发现对方对你所谈的内容显出冷漠的表情时，你就要立即改换话题，再作试探。

另外还需提及的是，即使是对方感兴趣的话题，也不能无尽无休地谈下去，同一内容谈得太多了，必然令人厌倦。要善于掌握交谈的火候，及时地转换话题，使对方始终保持浓厚的兴趣。

每个人都时时渴望得到别人的尊重，这是与人交谈不可忽视的一个重要原则。有些人不懂得这一点，与人交谈的语气傲慢无理，摆出一副居高临下的架势，对方一听，就觉得受了污辱。例如，你是某厂厂长，你发现两个工人在悬挂着“严禁吸烟”的牌子旁边吸烟，你就狠狠地指责他们说：“难道你们都是文盲？你们没有看到这块牌子吗？”这两个工人受了厂长这样傲慢的反诘之后，心里会痛快吗？即使对方迫于环境或地位的限制不马上予以回击，也可能会对你耿耿于怀。

交谈的语气除了要表现出平等谦恭、尊重对方而外，还要表现出意恳情真的热情。白居易说：“动人心者莫先于情。”唯有炽热的感情，才会使“快者掀髯，愤者扼腕，悲者掩泣，羡者色飞”。与人交谈，倘若你自身对所谈的内容缺乏热情，语气显得冷漠，无动于衷，你又怎能感染对方，激起对方心灵的共振呢？还有些人与人交谈时，“话到嘴边留三分，未敢全抛一片心”，用堂而皇之的言辞掩饰自己的真情，但却要求对方袒露情怀，敞开心扉，这当然是办不到的。因为只有以心才能换心，只有用真情才能换真情。

有些人与人交谈和马拉松演讲者一样，东拉西扯，唠唠叨叨。他自己以为所讲的都是最重要、最精彩、最有趣的，其实人家早已厌倦不堪，只是碍于面子或迫于形势，才没有打断交谈罢了。

保持对方的谈兴，才能使沟通顺利愉快地进行下去，怎样才能做到这点呢？卡耐基总结的下面的几点建议值得借鉴。

1. 要善于进行心理安抚

在与人交谈时，我们应积极配合，以示对方的话题正在引起我们的兴趣，也暗示我们在注意对方。还可以顺着他的话题，以积极倾听和从容不迫的态度鼓励他继续讲下去，或者为他倒上一杯茶，或者适时表态：“我也这样认为。”“确实是这样！”“你的观点和我的完全相同。”这种心理安抚的行为，似乎示意着一种积极的配合，使对方向你滔滔不绝地讲出内心感受。

2. 要积极鼓励对方

在与人交谈时，我们应该表现出有兴致的、关心的和赞同的态度，使对方有一种自己被你认同的强烈感受。这时你主要是鼓励对方多说。如果他又提出让你发表看法，一般不要因为插话而中断对方的思路。当然，在一些细节问题上可以重复对方的语句，以表示重视、肯定和强化其感受，“是的，只有当自己也处在这样的境地才能理解别人的难处。”这样语句的重复，是对对方的一种重要的心理支持，也是对他高谈阔论的助兴。同时，还可能为对方能够更清楚地表达自己的内心思想和内心世界起到提示“台词”的作用，从而使对方保持较高的谈话兴致。如果你想使对方进一步敞开胸襟，多给予同情、理解和共鸣感是十分必要的。让对方知道，你是在设身处地地为他着想。你可以常提到：“你谈到这一点我也有同感”，“虽然我不这样认为，不过却觉得你把道理讲清楚了”。这样便于彼此间加强共同点，促进彼此理解和沟通。

3. 要诚恳地表达自己的观点

在与人交谈时，如果对对方的每一句话都随声附和，不说一个“不”字，不发表自己的真实意见，人云亦云，这会被看作是无主见和滑头的人，别人也不会愿意与你交朋友。

在日常生活中，只要我们得体地向别人表示自己的不同观点，不仅不会得罪人，而且还会大受欢迎，使对方知道你是在认真地考虑他提出的问题。因为在日常生活中所涉及所谈论的事情，许多都是没有绝对的是非标准的，只要我们诚恳地表达自己的观点，也许恰恰是从另一个侧面去分析问题，对方一般来说也会通情达理地接受，以完善他的设想。

4. 要注意适时转移话题

再好的话题都有谈完的时候。当交谈者的兴趣减弱后，只是重复一些没有新意的内容的时候，就应该换个话题了。

转移话题方法很多，如你可以停止谈论旧话题，沉默片刻，让其他人谈一些话，从中引出新的话题，也可以在谈话中断后，再谈一些有关旧话题里涉及的问题，当然还可以直接转移话题。

但是，有一点需要明确，如果其他人仍对某个话题有兴趣，你千万不要因为自己不感兴趣就去打断别人谈话。

※ 把握住与人交谈的基本原则

语言是一把双刃剑，用好了，既能提升自己的形象，又能愉悦别人，密切彼此的关系；用不好，则伤人害己，后患无穷。因此，说话的技巧不可不学，与人交谈的基本原则不可不懂，以下几点建议，不可不看。

1. 不独占谈话时间

在与人谈话时口齿伶俐虽然是件好事，但是，如果独自一人滔滔不绝地大发议论，可就不恰当了。如果非得长篇大论时，至少也得让听众不会感到枯燥无聊。只有这样，大家才会乐意地听你发表高见。即使如此，也还应尽可能地做到长话短说，因为，谈话是不该一个人唱独角戏的。你总不希望自己一个人霸占了所有人的时间吧！尤其是在场所有的人均有能力支配属于自己的时间时，你更应该谨守本分。

我们常能看见一个人独自讲得口沫横飞，但是，这种人往往可怜得很，他为了施展自己的演讲才能，在大众不耐烦听下去的情况下，他不得不强抓某个人——通常都是那些最少张口的人，偶尔便是邻座，和他悄声交头接耳，以继续他的谈话。这是相当不明智的举动，也常常招致别人的厌倦。

2. 因应不同的对象，选择不同的话题

谈话的内容，应该尽可能选择在座人士喜欢听的话题，或是聚会的主题。如果尽说些历史、文学，抑或是外国的事，倒不如谈些天气、服装，或东家长西家短的，更能引起别人的响应。偶尔也需要谈些诙谐的话题。虽然内容不见得有任何意义，但是在不同类型的人们聚会时，作为共通的话题，可以活跃气氛。尤其是在谈判时，由于时间拉长，将使气氛越发的险恶；如果能谈些轻松的话题，必能将层层的阴霾一扫而空。在这种场合，如果爆出几句俏皮话，并不是一件不恰当的事。

要迎合不同的对象来改变话题，这是无法经由他人的教导而得的经验。道理很简单，若是老使用同样的态度，谈同样的话题，岂不是蠢不可及！政治家有政治家的话题，企业家们的话题又有所不同，当然，女性们也有属于她们自己的话题。如果是人生经验丰富的人，必然能极力迎合对象，有如变色龙般地变换颜色，选择话题。这并非是世俗的态度，也不是卑贱的态度。换言之，它是建立良好的人际关系所不可或缺的技能。自己无须去扮演各种场合气氛的营造者，只需配合周遭环境即可。最好能留意现场的气氛，时而正经八百，时而粗犷凶悍，若有必要，疯癫一场亦无不可。

应该尽可能避免会引起对立意见的话题。在意见相左的团体里，若是不慎丢下火苗，不久，便会引发一场恶战。假使谈话苗头不对，唇枪舌剑将会一触即发，应该尽快机灵地岔开话题，结束不愉快的争端。

3. 尽量少谈论自己

在众人聚会的场合里，最糟的莫过于将所有的话题都放在自己身上。这点应极力避免。无论是多么出众的人物，只要是谈论自己，自然而然地脑海中便让虚荣心与自尊心给盘踞了，如此一来，必将引起众人的不快。有些人会在谈话中突如其来地冒出与别人正在谈论的话题无关而只与自己有关的事，结果给旁人落得一个傲慢自大的印象。有些人则会以自认为巧妙的方式提起自己，例如，大伙儿正在批评某些不正当的行为时，他会洋洋自得地举出自己的优点来加以比较。如“说这种话是相当可笑的，我是绝不愿意说这种话的”，“如果是真有那种事，我也说不出口”，“对我来说，为了自己没做过的事，而遭受他人猛烈的抨击，即使是说破了嘴，我也会百般辩解的”之类的话。这样标榜自己，极易引起别人的反感。

也有人虽然同样是在诉说自己的事，却会故意采取低姿态的方式，拼命贬低自己，以博得别人廉价的同情与关注。这种人就更加愚笨了。首先他表露了自己是个弱者，然后，慨叹自己不幸的身世，并向上帝发誓。最过分的是，当他说这些话时，还表现出一副羞怯腼腆、踌躇不决的模样。我们真的不了解这种人。即使再怎么怨叹自己的不幸，就算因而取得周遭人们的同情，也是于事无补，徒增烦恼罢了。就如同他自己说的，他真是能力不足，所以什么事也做不成。别人也无法施以援手。但是，到了这种田地，他们依然不能觉悟，尽管了解自己尽干了傻事，却只能满腹牢骚地怨天尤人。他们的结局就不言而喻了。

4. 切忌自我吹嘘

有些人表面上不露痕迹，巧妙地掩饰了自己的虚荣心与自尊心。但是，当他遭逢挑衅不得不亮出底牌时，便会开始露骨地自吹自擂。你也曾见过这种情形吧！有人一心一意地想听别人的奉承，于是便先自夸自耀。和自己没多大关系的事也一一拿来吹嘘，说自己是某某伟大人物的后裔或亲戚，仿佛自己也是一代名人般。他的祖父是某某人、伯父是谁、亲友是干什么的……不停地背着家谱。就算他所说的全是事实，又如何？这样就能证明他自己的伟大？事实恐怕并非如此吧！某些人常因虚荣心作祟，常说些愚蠢、夸张的话。但这样做反而无法获得预期的效果，旁人对自己的评价反而会一落千丈。选取与本质全然无关的事物，大肆地吹嘘，只会暴露自己少内涵的缺点罢了。

5. 不可中伤他人

应该注意到，对于他人的丑闻，自己不可热衷，更不应加以传扬。或许在座的某些人会表露极大的兴趣；但是，若冷静地想一想，这种行为绝对是有百害而无一利的。如果是无中生有的中伤，更会对当事人造成莫大的伤害。

以上讲述的只是与人交谈的基本原则。这些看似简单，却不能不引起我们的重视，否则，就可能因“失言”而后悔，甚至造成巨大的遗憾。

※ 在大家面前表示出对每一个人的尊敬和重视

当你只和一个人交谈时，关注你的谈话伙伴并不是难事。而若你同时和一群人谈话，要给予每一位谈话伙伴应得的重视，并把所有谈话伙伴都当作“特殊人物”来对待，那难度就高得多了。

同时与多人谈话时，当然不可能把你的时间和注意力平均“分配”给在场的每个人，而且一定有某些人是你需要特别重视并想特别关照的。

但尤其是这种场合，在场的每个人都特别在乎你对他的重视程度。每个人都希望你在大家面前表示出你对他的尊敬和重视，给足他面子。要是你忽视了他，这种在众人面前的怠慢和轻视会让他尤感失望。

所以,这种场合下,你也要把每个人都视为独立的个体而不是“群体中的一员”。对他们的态度不能有太大的厚此薄彼的差别。请让每个人都明白，你在注意他并尊重他，别让任何人感到你对他的尊重程度不如他人。

切记的是不要心不在焉，只顾周旋于主要客户之间，而忽视了他的同事或陪同人员。当你和重要客人的谈话结束时，不要就此大松一口气，开始漫不经心，要自始至终也给在场的其他人一份关注和照顾。

谈话时，要直接与每个人交流，与每个人交换眼神。

很多人在场时，不要只跟其中几个人讲话，而把其他人排除在谈话圈子之外。如果没有特别原因，请不要谈论多数人不感兴趣、无法插话的话题，也不要进行令多数人兴味索然的争论。

也别让自己被某位有演讲欲、倾诉欲的顾客牵着鼻子走。要是他滔滔不绝，不给其他人说话的机会，你就不要再向他提问或详细回答他的问题。否则，他会更加没完没了。你可以礼貌但简洁地回答："这个想法确实不错。”然后，你稍作停顿，再开始一个与此有些联系的新话题。说话时，请看着在场的人员，用目光鼓励其他人也来加入发言。向那些一直没有机会发表意见的人提些问题，这会让他们感到你的细心和周到。

对任何人都不能显得冷淡，更不能故意用脊梁对着人家。要是有新来的人加入会谈，请注意挪一下给他腾出座位，别冷落了他们。

请不要让对方觉得，你在寻找比他更有趣的谈话伙伴。由你开头的话题，就要把它认认真真地进行到底，别在他面前频频调转头去，显出对他的话没有兴致的样子。也不要给人这种印象：你老在张望门口或打量整个屋子，或是盯着墙壁发愣。

大家谈兴正浓时进来一位新的谈话伙伴，这是常有的事。此时，你若是能够费点心，让新加入者马上融入你们的讨论，则可以突出地体现你的一片好意。

请热情地注视新到场的客人，用微笑向他表示欢迎。若刚好是你说到一半，请不要立即自顾自继续讲下去，你可以借此机会用一两句话把正在讨论的话题简要地告诉新来者：“我们这会儿正在说……”

这样做，你等于帮了他个大忙。他不会对你们的谈话内容根本摸不着头绪，无须花时间去猜测或向左右打听。你等于向他的到来表示了欢迎，“正式”向他发出参与谈论的邀请；他也不必谦恭地沉默片刻才敢发言。

刚见面的时候，问候他人要周到细心。应热情地问候每个人。如果可能，要跟所有在座者握手，不要只因为有些人离你稍远些或职位稍低些，你就忽略了他们。尤其此时，你要费点事儿上前招呼。正因为人们知道大多数人怕麻烦，不会特意这样做，所以，你“不嫌麻烦”的举动就更显突出，能得到对方的欣赏。

在道别时，这些礼仪规矩也很重要。如果道别时被你忽略，对方可能留下的印象就是你认为他无足轻重。别冷落任何人。

※ 与人初次见面要善于打破沉默

许多人和陌生人说话都会感到拘谨。这主要是因为你对陌生人一无所知，特别是进入了充满陌生人的群体，有些人甚至怀有不自在和恐惧的心理。你要消除这种拘谨，就要设法把陌生人变成老朋友。首先要在心目中建立一种乐于与人交朋友的愿望，心里有这种要求，才能有适当的行动。

特别需要指出的是，有些人你可能不太喜欢——尽管只是刚刚见面——可是也应该学会与他们谈话。要知道，人都有以自我兴趣为中心的习惯。如果你对自己不感兴趣的人不瞥一眼，一句话都不说，恐怕也不是一件好事。你可能被人认作是骄傲，甚至有些人会把这种冷落当作侮辱，从而产生隔阂。和自己不喜欢的人谈话时，要把握以下两点：第一要有礼貌；第二不要接触有关双方私人的事。

这是为了使双方自然地保持适当的距离，一旦你愿意和他结交，就要一步一步设法减小这种距离，使双方融洽相处。

在你决定和某个陌生人谈话时，不妨先介绍自己，给对方一个接近的线索，你不一定先介绍自己的姓名，因为这样人家可能会感到唐突。不妨先说说自己的工作单位，也可以问问对方的工作单位。一般情况，你先说说自己的情况，人家也会相应告诉你他的有关情况。

接着，你可以问一些有关他本人的而又不属于秘密的问题。对方是有一定年纪的人，你可以向他问子女在哪里读书，也可以问问对方单位一般的业务情况。对方谈了之后，你也应该顺便谈谈自己的相应情况，才能达到交流的目的。

和陌生人谈话，要比对老相识更加留心对方的谈话。因为你对他所知有限，更应当重视已经得到的任何线索。此外，他的声调、眼神和回答问题的方式，都可以揣摩一下，以决定下一步是否能向纵深发展。

如果遇到那种比你更羞怯的人，你更应该跟他先谈些无关紧要的话，让他心情放松，以激起他谈话的兴趣。和陌生人谈话的开场白结束之后，特别要注意话题的选择。要尽量避免那些容易引起争论的问题。为此，当你选择某种话题时，要特别留心对方的眼神和小动作，一发现对方厌倦、冷淡的情绪时，应立即转换话题。

刚刚相识的人毕竟还有某些生疏感，交谈难以深入，这就很容易冷场、沉默，出现令人难堪的局面。

交谈中发生沉默、冷场的情况大体有三种原因。

一是问题提出后需要思考，或者有什么干扰不便继续交谈。遇到这类情况，一方或双方可以耐心等待，不必打破这种正常沉默。

二是由于时间限制或主意改变，对方不想再谈下去了，往往会以沉默不语来暗示。这种情况，就要准确判断，适可而止，及时告辞，一般不要让对方为难，不要只是“一厢情愿”。

第三种沉默、冷场是由于双方相互不了解，不知怎样谈才比较得体；或是一方提出的问题难于回答，使人越发拘谨，影响了交谈顺利进行。这种谈过几句就冷场的现象，经常在与陌生人初次交往的过程中出现。很多人之所以不愿与陌生人交往，其主要顾虑就是怕无话可说，或是话不投机。遇到这种沉默的情况，就要巧找话题，打破沉默。

怎样巧找话题，打破沉默呢？那就要从具体情况出发去考虑，如果彼此完全陌生尚未相识，那就要察言观色，以话试探，寻求共同点，抓住了共同点就是抓住了可谈话题。如果是因为话不投机，出现难题，那就要高姿态，求同存异，或是检讨自己的不妥之处，表示歉意；如果对方有什么顾虑，或是沉默的原因不明，那就没话找话说，随便找个话题，引起对方的兴趣，说个笑话，谈点趣闻都可以活跃气氛。

从具体情况出发，可以选择采取下面的方法。

1. 讨论对方的姓名

对他来说，他自己的名字是全世界最重要的。因此你只需说："你的名字真让我好奇，我想我以前从没听到过，你能和我讲讲它的出处和意思吗？"这样的开端总是能够让你们的交谈取得意想不到的良好效果。

哈里·贝洛斯是一处苗圃批发行的地区销售经理。他们公司多年来一直试图拉到一个叫彼得·梅诺斯基的大零售商。已经有好几个推销员都找过他，但都没有结果。最后总裁把贝洛斯叫来让他为此跑一趟。

贝洛斯做的第一件事就是叫每一个推销员去调查梅诺斯基先生的喜好，每个人告诉他的都一样：梅诺斯基先生特别在意自己名字的发音和拼写。

因此，贝洛斯到图书馆查梅诺斯基一名的民族起源，之后才去拜访他。

刚刚被带到他办公室，贝洛斯就说："我很早就想见到您，梅诺斯基先生，您知道我一直对姓名的民族起源很感兴趣，这是我的一种爱好。目前我知道您的名字源于斯洛伐克语，但我没能查到它的意思是什么。我知道您的首字'彼得'意思是可靠、可信赖，但字典上却查不到您的姓是什么意思。您能告诉我吗？”

梅诺斯基先生盯着贝洛斯说：“你怎么知道我是斯洛伐克人？你怎么知道我不是波兰人？所有的推销员好像都认为我是波兰人！”

“因为您的名字。”

“天哪！你真聪明，”梅诺斯基说，“我想我愿意和你做生意。”

后来，他跟贝洛斯讲了他父亲到美国时身无分文，举目无亲，还谈了一个多小时他的家庭背景，他父亲的祖国，他的爱好和兴趣。

然后，贝洛斯带着迄今为止从苗圃零售商那里得到的最大订单离开了。从那时起，梅诺斯基就成了他们的稳定客户。

2. 了解他的工作性质

你只需说：“我一直对您的职业感兴趣，您能告诉我一些有关您的职位和您所做的工作的情况吗？”这通常足以让对方滔滔不绝地讲上整整一个钟头或更长时间。有一次，卡耐基让一位年轻的打字员向他解释自己的工作。他告诉了卡耐基有关打字机的很多事情。卡耐基快要被那些技术名词淹死了。事实上，你很可能像卡耐基一样得到许多许多信息，但这时候一定要耐心，记住你的目标是为了支配和控制对方。

3. 关心他的爱好

多数人都有某种业余爱好，或是滑雪，或是垂钓、打保龄、高尔夫、园艺、音乐，等等。很多情况是人们在业余爱好和在自己的职业上一样都是专家，他们通常都爱谈论其爱好。想成为他们的挚友，只需问问他们的爱好即可。

4. 你想了解什么就问什么，谈什么

在初次交往中，各自都有一定的意图，那就可以依据你的意图，提问求答，你想了解什么就可以问什么。但在这样做的时候要注意两点：一是不要形成一串的盘问；二是不要探听对方的隐私。最好的做法是，你想了解对方的什么情况，你就先谈自己的什么情况，扩大自己的开放区域，来促使对方扩大开放区域，这样就容易找到许多可谈的话题。如果你想了解对方的业余生活，可以问对方：平时有什么兴趣爱好？业余时间喜欢做点什么？但是很可能对方只说了“喜欢旅游，听听音乐”这么一句话，就不再说了。那你就谈谈自己的业余爱好，谈得具体、详细一些，这样就会引发对方的谈兴，使交谈趣味相投。

5. 就社会热点问题进行交谈

陌生人双方刚一接触，纯属个人生活的事情不宜多谈，但可以对时下的人所共知的社会现象热点问题谈谈看法。如果对方对这一问题还不太清楚，你可以稍作介绍。例如，近期影响较大的社会新闻、电影、电视剧和报刊文章等，都可以作为谈话的题目和接近的媒介。

实在无话可说的时候，也可以从目光所及的景象中和身边存在的物品上寻找话题，引出兴趣。如对方在沉默中随手翻了一本书，你就可以有意地问：“这是本什么书？这么厚？看样子，你一定喜欢读书吧？现在，很多青年人都热衷于看电视、听音乐、跳舞、聚会闲谈等，这些都是有益的文化生活，但绝不能因此而忽视了读书……”这样，交谈就很容易进行下去，并且会引出一些很有意义的内容。从窗外的景象、天气的变化、房间的陈设、对方的服饰等这些眼前的景物上，也很容易找到可以交谈的话题。

※ 在听朋友说话时把握好插话的分寸

许多人过分相信自己的理解和判断能力，往往不等别人把话问完，就中途插嘴，因此常发生错误。这种急躁的态度，很容易造成损失，不只弄错了问话意图，中途打断对方，也有失礼貌。

当然，在别人说话时一言不发也不好。对方说到关键的时刻，说完后，你只看着对方，而不说话，对方会感到很尴尬，他会以为没有说清楚而继续说下去。

有些人在别人说话时，唯唯诺诺，仿佛都听进去了，等到别人说完，却又问道：“很抱歉，你刚才说些什么？”对他来说，也许只是一时心不在焉，听漏了重点，对说话的人却是一件很失礼的事。

倾听对方说话的神情也很重要。听别人说话时，眼睛却望着地下，或嘴巴微张，呆呆地听，甚至重复发问好几次，都会给人留下不好的印象。

人们常会轻率地问："刚才这个问题的意思，能解释一下吗？"或者不经大脑就说："我不太了解刚才这个问题的意思。"这些话都不算得体，你不妨这样表示："据我听到的，你的意思是否这样呢？"

即使你真的没听懂，或听漏了一两句，也千万别在对方说话途中突然提出问题；必须等到他把话说完，再提出："很抱歉！刚才中间有一两句你说的是……吗？"如果你是在对方谈话中间打断，问，"等等，你刚才这句话能不能再重复一遍？"这样，会使对方有一种受到命令或指示的感觉。

俗话说："听人讲话，务必有始有终。"但是能做到这一点的人却不多。有些人往往因为疑惑对方所讲的内容，便脱口而出："这话不太好吧！"或因不满意对方的意见而提出自己的见解，甚至当对方有些停顿时，抢着说："你要说的是不是这样？……"由于你的插话，很可能打断了他的思路，要讲些什么他反而忘了。

中间打断对方的话题是没有礼貌的行为，有时会产生不必要的误会，说不定对方会想："那么你来讲好了。"

一个成熟的人与人交谈，即使对方长篇大论地说个不休，也绝不会插嘴。因为他知道，打断他人的言谈，不仅是不礼貌的事，而且什么事情也不易谈成。

在宴会、生日舞会上，我们时常可以看到朋友正和另外一个不认识的人聊得起劲，此时，每个人都存有加入过去的想法。而实际上呢？你只不过是想听听他们到底在讲些什么罢了。

但是，一方面你们不知道他们的话题是什么，而且你突然地加入，可能会令他们觉得不自然，也许因此而话题接不下去，到后来场面气氛转为尴尬，而无法收拾。此时，大家一定会觉得你很没礼貌，也因为你这位不速之客，导致自己和朋友的耻笑。

如果碰到这种情况，你最好等他们说完再过去找你的朋友，即使真有事必须当面告诉他，给他一些小动作的暗示，他就会找机会和你讲。

有一点要注意，不要静悄悄地站在他们身旁，好像在偷听一样，尽可能找个适当机会，礼貌地说：“对不起，我可以加入你们吗？”或者，大方地、客气地打招呼，叫你的朋友介绍一下，就能很自然打破这个情况。千万不要打断他们的话题，也不要制造尴尬的气氛。

※ 通过谈心进行有效的沟通

谈心与聊天不同，聊天的话题广泛，随聊随换，而谈心则是指对一定的心理、思想的分歧而进行的。卡耐基指出，要通过谈心进行有效的沟通，就必须要把握一定的原则。

1. 明确目的，有所准备

明确目的主要指谈心后要达到的结果。比如两个人之间有看法，互不服气，以至于影响到工作上的合作。谈心之前要明确，目的是让对方更多地了解自己，摒弃前嫌，携手共进。

有所准备是指在谈心前精心构设交谈用语、谈话内容及谈话进程，怎样开始，说些什么，何时结束，都进行充分准备，以免谈起来凌乱分散，甚至言不及意，影响表达效果。

有所准备还包括预设谈话中对可能出现的各种情况的处理方法。有了这些准备，谈心活动就不会演变成争吵或僵持，就能根据对方的反映调节交谈方式，确保交谈目的的实现。

2. 切入正题之前先进行铺垫

谈心开始时见面的话语是最难构设的。这时，可以让表情来代替，一个真诚自然的微笑，表明你与对方谈心的态度是诚实的。首先在情感上就给对方以很大影响，然后再来上一两句寒暄话，进一步表明你的友好态度和诚意。这样的“开场白”有利于气氛的缓和，有利于谈话的继续进行。

开场白过后，应很快地切入主题，譬如消除某个误会，说明某种情况等。因为这时双方的关系只是表面的礼节性的和缓，若过多地拉扯其他的内容会引起对方的反感，同时也会暴露你的弱点，直接切入正题，让双方就一个问题展开对话，进行沟通，尽快消除分歧，澄清误会，说明情况，以便达成共识。

3. 语言诚恳，感情真挚

谈心是要向交谈对象阐明自己的某种观点或见解，而不是加剧矛盾。因此要以诚恳之心来遣词造句，选用中性的，不带有强烈刺激性的词语，减少对方的反感和受刺激的心理效应，让这样的话语传达出你希望释解前嫌的诚意。

在整个谈心过程中，对个性极强、难以理喻的谈心对象，要把握其特点，除了使用能阐明观点的话语外，更要以情动人，多使用具有情感交流作用的词语来制造气氛，沟通心灵，理顺情绪。如有两位老先生，许多年前因工作造成分歧，相互不理睬。其中一位上门化解多次，但对方态度强硬，拒不接受。这次去了，说了这样的话：“我今年60岁了，你比我大，该是62岁了吧？咱们都是过了大半辈子的人了，还有多少年好活呢？我真不希望咱们到另一个世界还是对头。”从人生无多这个老年人易动情的话入手，使对方产生情感共鸣，终于消除了隔阂。

4. 注意语气、声调和节奏

谈心时，如果语气、声调和节奏运用不当，也会影响到说话水平以及最终结果。

谈心时，语气要和缓、委婉，不能声色俱厉，咄咄逼人。和缓、委婉的语气能冲淡对方的敌对心理，能给对方一种信任感、诚实感，不至于造成双方心理上的压抑，不至于激化矛盾。语气往往体现在说话的表述方式上，追问、反问、否定往往使语气显得生硬、激烈，易引起对方反感；而回顾、商榷、引导、模糊等往往能制造平淡和谐的谈话气氛，有利于减轻压力，阐明事实、表明观点。

声调在谈心的效果上也有重要作用。当一个人心存怒气时，说话的声调无疑会上扬，形成一种尖刻的没有耐心的调子。这种调子有很强的传染性，会使对方马上也像受传染一样针锋相对，厉声对厉声，尖刻对尖刻，只会使事态扩大，矛盾加深。

语言的节奏有舒有急，有快有慢。使用快节奏讲话往往会使你显得心急，情绪不稳，易激动发火，这不利于交谈对方的思考和应对，显得没有诚意；节奏太迟太缓，显得缺乏生气，没有信心，影响谈话效果；节奏适度，方显自然、自信、有力，易于从心理上影响对方，产生良好的心理效应。

※ 将心比心、设身处地地去安慰别人

当朋友痛哭无语时，该如何按捺内心的不安与疑问，倾心聆听并安抚他的苦痛与焦虑？在这种时候，我们该“说什么”、“怎么说”？

对许多人而言，目击别人的伤痛与不安，是一件很痛苦的事，我们经常会想快速解决它、采取某些行动，或设法提供立即的解脱。

有些人则为了避免说错话，宁愿选择什么都不说，而错失表达关心的时机。当别人需要支持，或是自己需要求援时，却往往言不由衷，或不着边际。该如何开启“发自内心”的深层对话，而不是仅止于“绞尽脑汁”的表面对话？该如何整合身、心、灵，以自然之姿来做最有效的对谈？

卡耐基非常推崇心理学家南丝·格尔马丁，针对如何弥补人际沟通的鸿沟、适时适度表达关心，提供了“疗效对话”的10项原则。所谓“疗效对话”，是指将心比心、设身处地的对谈，让求援者获得适度疏解，进而自然地达到“治疗的效果”。这十大原则是：

1. 聆听

聆听不是保持沉默，而是仔细听听对方说了什么、没说什么，以及真正的含意。所谓的聆听，应该是用我们的眼、耳和心去听对方的声音，同时不急着立刻知道事情的前因后果。我们必须愿意把自己的“内在对话”暂抛一边。所谓的“内在对话”，是指聆听的同时，在脑海中不自觉进行的对话，包括动脑筋想着该说什么、如何响应对方的话，或盘算着接下来的话题。

2. 停顿

在对话之间，有时说，有时听；我们还必须提醒自己，放慢不自觉产生的机械式反应。例如，想快速解决对方的不安，便直接跳到采取行动的阶段——说些或做些我们认为对对方有益的事。如果没有停顿，我们可能会在刹那间，说出稍后会反悔的话。安慰的艺术，在于“在适当的时机，说适当的话”，以及“不在一时冲动下，

说出不该说的话”。

3. 当朋友不当英雄

帮助别人度过艰难岁月，不等同于将他们从痛苦的处境中“拯救”出来。我们应该认同他们的痛苦，让他们去感觉痛苦，并且不试着快速驱散痛苦。我们仅试着提供让他们越过“恐惧之河”的桥梁。当朋友、家人陷于情绪或身体的痛苦之中时，支持他们的最基本方法是：允许对方哭泣。哭泣是人体尝试将情绪毒素排出体外的一种方式，而掉泪则是疗伤的一种过程。所以，请别急着拿面巾纸给对方，只要让他知道你支持他的心意。

4. 给予安慰

给予安慰并不是告诉别人：“你应该觉得……”或是“你不应该觉得……”人们有权利保有其真正的感觉。安慰是指：不要对他们下判断，不要心想他们正在受苦、需要接受帮忙；安慰是指：给予他们空间去做自己、并认同自己的感觉。我们不需要透过“同意或反对”他们的选择或处理困境的方法，来表达关心。

5. 感同身受

当我们忙着试图帮助他人时，可能会忘记人们会察觉到我们内心的波动——没有说出来的想法和感觉。尽管人们无法确知我们的想法，但通常可以察觉到我们是否惊慌、对他们下判断，或是为他们感到难过。

面对面安慰别人，和我们内心真正的状态，有很大的关联。因为对他们的遭遇感同身受，我们不仅分担对方的痛苦，也需忍受自己内心的煎熬。不论面临的处境如何，善意的现身与安慰，即是给予对方的一件礼物。

6. 长期守候

改变会带来许多混乱，没有人可以迅速整顿那样的混乱。人们需要时间去调适、检讨、改变和询问“假如……会怎样？”的问题。在“疗效对话”中，我们学着接受以下事实：我们的家庭成员、同事或邻居，有时候仅需要我们当他们的“共鸣箱”，且能不厌其烦地供其反复使用。

7. 勇敢地挺身而出

不论身处任何状况，对自己不知该说什么而感到困窘，是无妨的；让我们想帮助的人知道我们的感觉，也是无妨的。甚至可以老实地说："我不知道你的感觉，也不知道自己该说什么，但是我真的很关心你。"即使自己对这样的表达觉得可笑，还是可以让对方知道，你不急着"现在"和他交谈。

除了言语的表达之外，"疗效对话"尚有许多不同的形式。你或许可以选择用书写的方式，来表达感觉和想法。

8. 提供实用资源

不需帮别人找到所有问题的答案，但可以尽力提供可用资源——别的朋友、专家、朋友的朋友，来帮忙他们找到答案。可以为对方打几通电话，牵线搭桥，联结人脉；也可以找相关的书籍给他们阅读；或是干脆提供一个躲避的空间，让他们得以平静地寻找自己的答案。

9. 设身处地、主动帮忙

当我们问："有没有我可以帮忙的地方？"有时候有答案，有时候他们也不知道需要什么样的帮忙。然而，人们有时会对自己真正的需要开不了口。设身处地去考虑人们可能需要的协助，是有效助人的第一步。

10. 尽量表现出对对方的关怀

即使我们遭遇过类似的经验，也无法百分之百了解别人的感受，但是我们可以尽量表现出对对方的关怀。

切记：需先耐心听完别人的故事，再考虑有没有必要分享自己的故事，而分享的结果是否对对方有益。

※ 学会恰到好处地表达感谢之情

在社会交往中，任何人都会遇到困难、麻烦和自己能力之外的事情，都需要得到别人的帮助。

得到帮忙和受人益处之后向对方表示感谢，既流露了自己接受对方给予努力帮助的不安，也是对别人给予帮助的一种心理安慰和补偿，更是对人际关系的深化发展。一声真诚的"谢谢"虽仅有两个字，却体现了人与人之间的融洽与默契，显示出长篇大论也无法替代的独特魅力。这个词不仅是礼貌用语，也是沟通人们心灵的桥梁，若运用恰当，其作用将不可估量。

但是，尽管只是一个简单的“谢谢”的表达，却有许多讲究。卡耐基指出，要正确、恰当地道出“谢谢”，必须把握以下几点。

1. 用含有一定歉意的语言

为别人帮忙、办事，多少总要耗费一些额外的精力，有时，还不得不辗转求人托情，欠下一笔“人情债”。因此在道谢时，一般要用含有歉意的语言来表示自己的不安之心，如“真对不起”“实在不好意思”“让您费心了”……

2. 感谢的话要首先说出来

当接受朋友恩惠或帮忙时，千万不要存有“感激之言留着以后再说”的心理，唯有懂得适时表达感谢之意的人，才能于所到之处皆受人喜爱，受人欢迎。

“你送我的那条领带，先是爱人看到，赞不绝口；到了办公室之后，连总经理都跑来看呢！”“真谢谢你送的礼物，既实用又美观。”“上次你帮我设计的封面广告，大受好评呢！还是你有办法。”无论是以口头还是书信的方式表示，或是接受礼物或受到恩惠时，立刻打电话致谢，其间流露的真切和热情都会令对方欣慰和喜悦。

3. 感谢时要考虑周全

道谢是为了表达感激之情，如果施惠者反而因此觉得窘迫，就违背了本意。因此，道谢要考虑时间、地点和对方的特点。比如，被谢者不希望局外人知道自己帮了你，你就应尊重对方的意愿。如果恰巧在大庭广众的场合遇见对方，就应含蓄致谢，或者小声耳语，或者借握手之机，用热情的力度加上含笑的眼神来表示，或者说有点小事想同他单独谈谈，借此离开人群，找个合适的地方再坦诚相谢。

4. 附赠一件礼物

有时，道谢者口头表示谢意的同时，往往还要附赠礼物。这时，你可以随口说一句：“一点小意思，不成敬意。”或者说：“随便买了点小东西，不知道您喜欢不喜欢。”许多人习惯在告辞时这么说，目的在于避免宣扬，也便于对方接受。这么做，可以避免物品冲淡了人情。否则，有意张扬，反复提及，就有将人与人之间的互相帮助降为金钱关系之嫌了。

5. 表示将在行动上回报对方的意思

对道谢者来说，有机会时，需要在行动上回报对方。因此有必要适当表露这种心愿。你可以说：“今后，能给我一个回报的机会吗？”“我很想投桃报李，需要时尽管说一声。”“希望在适当的时候我能为您出点力，也表示我一份小小的心意。”“不能赏个脸吗？让我为您做点什么，以免心中不安。”等等。

在日常交流中，想把话说好、说得出色，就必须要学会一些技巧。

为了与人愉快地进行信息交换和思想交流，要采取受人欢迎的说话态度，掌握巧妙引导话题的技巧。

善于倾听，向对方提出问题，尽量多让他告诉你几件事，也是好口才的表现。

在交流时，不能只是沿着自己的思路讲下去，还要设身处地地为对方想一想，看对方对什么话题感兴趣。

可以采用“疗效对话”，设身处地地去安慰别人；正确、恰当地说出“谢谢”也需要一定的技巧。

第三章　努力博得别人的好感，得体地去赞美

林肯说："一滴甜蜜糖比一斤苦汁能拥获到更多的苍蝇。"几乎任何人都爱好虚荣。各人有各人优越的地方，至少也有他们自以为优越的地方。我们要赢得别人的好感，为彼此发展融洽的人际关系奠定良好的基础，就要学会得体地去赞美别人。

※　获得听话者的好感往往比让他了解内容更重要

任何高明的讲话都是这样，能坚持以理服人地说下去。人类有理性的一面，同时又持有非常不合理的一面。特别是我们的行动，具有理性的一面，同时受好恶感支配的成分是相当多的。因此，在说话时，要加以思考，掌握好自己的情绪，把握好分寸，这是说话成功的必由之路。

比如，"话已明白了，如果是那小子说的，就拒绝。"或者是"啊，好！如果是你说的，我就接受。"前者是对于说话的人没有好感，后者是对说话的人抱有好感而表现出来的。人类具有这样的特性：对于友好的人的话，洗耳恭听；对于讨厌的人的话，则锁闭心扉。因此，如果想要对方听你的话语时，必须想到：获得听方的好感是第一位的，让听方了解内容是第二位的。

在工作场所，报告、联络频繁不休，指示、传达、命令、劝导等驱动人的情况连续不断。因为工作岗位很忙，在说话时，没有加以理性的思考，无意中说走嘴等情况也时有发生。但是，弥补这些过失，疏通良好本意，却在于平素的人际关系。"那个人没有说到的事，可能因为忙而忘了，并非故意，所以是情有可原的呀！"这样一说，相互之间为着对方着想，就融洽了。如果平时人们对你有好感，有助于你的说话效果。因此，就必须考虑，情绪是首先要掌

握的。

这样说来，和颜悦色、公平待人、明朗的话语是打开对方心扉的根本。和颜悦色可以向对方表示“你可不能怀有敌意呀”的意思。一般脸上浮现笑容的人，我们往往怀有好感，不会怀有戒备心的。这样，双方沟通起来就容易多了。

对于言辞明朗的人，谁都会有好感。比起阴天下雨来，喜爱晴朗的天气，灿烂的阳光的人是很多很多的，这属于人类的本能所致吧！比如，虽然不懂音乐，但是一听到莫扎特的乐曲，那明快的旋律，无论对谁，都有一种吸引人的魅力。明快的笑脸和语调，就如同莫扎特的音乐那样，是向听者倾诉情怀，使其抱有好感的要素。

※ 我们的言谈随时会被别人当成判断我们的根据

卡耐基讲过这样一个故事：

一位英国人，失业后没有钱，走在费城街道上找工作。他走进当地一位大商人保罗·吉彭斯的办公室时，要求与保罗·吉彭斯先生见面。保罗·吉彭斯先生以不信任的眼光看着这位陌生人。他的外表显然对他不利。他衣衫褴褛，衣袖底部已经磨光，全身上下显出寒酸样。

保罗·吉彭斯先生一半出于好奇，一半出于同情，答应接见他。一开始，保罗·吉彭斯先生只打算听对方说几秒钟，但这几秒钟却变成几分钟，几分钟又变成一个小时，而谈话依旧进行着。谈话结束之后，保罗·吉彭斯先生打电话给狄龙出版公司的费城经理罗兰·泰勒，而这位费城的大资本家则邀请这位陌生人共进午餐，并为他安排了一个很好的工作。

这个外表潦倒的男子，怎么能够在这么短的时间内影响了如此重要的两位人物的决定？其中的秘诀就是：他的口才很好，有很强的表达能力。

事实上，这位落魄的男子是牛津大学的毕业生，到美国来从事一项商业任务。不幸这项任务失败，使他被困在美国，有家归不得，他既没有钱，也没有朋友。但他的英语说得既地道，又流利，使得听他说话的人立刻忘掉了他那沾满泥巴的皮鞋、褴褛的外衣和他那满是胡须的脸孔。他的出色的语言表达立即成为他进入最高级商界的名片。

这名男子的故事多少有点不寻常，但它说明了一项广泛而基本的真理，那就是：我们的言谈随时会被别人当成判断我们的根据。我们的言语表达显示我们的修养程度，它能让听者知道我们究竟是何出身，它是教育与文化的象征。

卡耐基指出，一般来说，别人只根据4件事情来评估我们，并将我们分类：我们做什么，我们看起来什么样子，我们说些什么，我们怎么说。然而，有很多人糊里糊涂地度过一生，在离开学校后，不重视努力增加自己的词汇量和掌握各种字义。他们习惯于使用那些已在街头及办公室使用过度及意义虚幻的词句，谈话缺乏明确性及特点。难怪甚至有些大学毕业生也操着市井流氓的口头禅，经常有发音错误，或是弄错语法。如果连大学毕业生都犯这种错误，我们又怎能期望那些因经济能力不足而缩短受教育时间的人不这样呢？

有一次，一位陌生的英国游客和卡耐基聊天。英国游客先自我介绍一番，然后开始大谈他在罗马这个“永恒之城”的游历经验。他说了不到3分钟，错误词汇就接踵而来了。后来，卡耐基对别人说，那天早晨，当这位游客起身时，也许他特地擦亮了皮鞋，穿上一尘不染的漂亮衣服，企图维持自己的自尊，争取旁人对他的尊敬。但他却未能擦亮他的皮鞋，说出毫无瑕疵的句子。他在向某位女士搭讪时，如果未脱下帽子，他可能会感到很惭愧，但是，他却不会惭愧他用错了语法，冒犯了听他说话的人的耳朵。根据他所说的话，他等于站在那儿暴露自己，接受他人的判断及分类。他使用英语的可悲能力，等于不断地向这个世界宣示，他不是一个有文化修养的人。

因此，卡耐基强调，为了增强语言表达能力，一定要正确地使用语言。

※ 让别人得到作为正确一方的喜悦

人与人之间难免会存在分歧。卡耐基提醒我们，在生活中，我们所能问自己的最重要的问题之一就是："我是想要'正确'呢，还是想要快乐？"很多时候，这两者是相互排斥的！

成为正确者，为我们的观点辩护，这耗费了大量脑力，并常常使我们同我们生活中的人们疏远。想要成为正确的一方或希望证明别人是错的，这促使别人对我们设防，并施加压力，使我们一直处于防御状态。然而，我们许多人花费大量的时间和精力以证明（或指出）自己是对的，或者别人是错的。许多人有意识或无意识地认为，指出别人见解、言论和观点的错误是他们的职责，并且希望这样做，被纠正的人多少会感谢他，或至少学到些东西。

这是十分错误的！

想想看，你是否曾经被某人纠正，而你却对那个尽力显示自己正确的人说："谢谢你向我指明我错了而你是对的。现在我明白了。朋友，你真棒！"或者，当你纠正你认识的某人，或驳斥他们以使你自己"正确"时，他们曾感谢过你（或甚至同意你的话）吗？当然没有。事实是，我们所有的人都讨厌被纠正；我们都希望自己的观点被尊重并被他人所理解。被倾听和肯定是人类心灵的强大欲望之一，并且那些学会去倾听的人，备受别人的爱戴和尊敬，那些习惯于纠正别人的人，则常常被讨厌和回避。

当然，这并不是说想要正确总是不适当的——有时你真心诚意地想要或希望如此。也许有某些你不想让步的观点，比如当你听到一种种族歧视的言论，这时，讲出你的意见是很重要的。然而，一般生活中这种情况是比较少见的。

通过言语博得别人好感的一个很有效的策略，就是让别人得到作为正确一方的喜悦，给他们这一荣誉。当别人说"我真的觉得做……很重要"时，不要插进来说"不，做……更重要"，或其他的抢白形式，而是仅仅随他去并让他们的言论成立。你生活中的人们将会变得较少敌对并更加友爱。他们将会超乎你所能想象地欣赏你，甚至有时他们自己都不知道为什么。你将会发现，参与和目睹他人快乐的喜悦，这比自负的争斗更有价值得多。你不必牺牲你最深层的哲学真理或大部分信念，但是，从今以后，在大部分时间让别人去“正确”不失为一种明智之举！

可在现实生活中，经常会有些处世经验不足的年轻人会犯下“比别人正确”的错误。

卡耐基提到过这样一位年轻的纽约律师。他最近参加一个重要案子的辩论。这个案子牵涉到一大笔钱和一项重要的法律问题。在辩论中，一位最高法院的法官对年轻的律师说：“海事法追诉期限是6年，对吗？”

律师愣了一下，看看法官，然后率直地说：“不。庭长，海事法没有追诉期限。”

这位律师后来对别人说：“当时，法庭内立刻静默下来。似乎连气温也降到了冰点。虽然我是对的，他错了，我也如实地指了出来，但他却没有因此而高兴，反而脸色铁青，令人望而生畏。尽管法律站在我这边，但我却铸成了一个大错，居然当众指出一位声望卓著、学识丰富的人的错误。”

这位律师确实犯了一个“比别人正确的错误”。在指出别人错了的时候，为什么不能做得更高明一些呢？

罗宾森教授在《下决心的过程》一书中说过一段富有启示性的话：“人，有时会很自然地改变自己的想法，但是如果有人说他错了，他就会恼火，更加固执己见。人，有时也会毫无根据地形成自己的想法，但是如果有人不同意他的想法，那反而会使他全心全意地去维护自己的想法。不是那些想法本身多么珍贵，而是他的自尊心受到了威胁……”

卡耐基指出，永远不要说这样的话：“看着吧！你会知道谁是谁非的。”这等于说：“我会使你改变看法，我比你更聪明。”这实际上是一种挑战，在你还没有开始证明对方错误之前，他已经准备迎战了。为什么要给自己增加困难呢？

无论你采取什么方式指出别人的错误：一个蔑视的眼神，一种不满的腔调，一个不耐烦的手势，都有可能带来难堪的后果。你以为他会同意你所指出的吗？绝对不会！因为你否定了他的智慧和判断力，打击了他的荣耀和自尊心，同时还伤害了他的感情。他非但不会改变自己的看法，还要进行反击。所以，你必须讲求方式，尽量委婉，给别人留足面子。

法国哲学家罗西法古说："如果你要得到仇人，就表现得比你的朋友优越吧；如果你要得到朋友，就要让你的朋友表现得比你优越。"

为什么这句话是事实？卡耐基解释说，因为当我们的朋友表现得比我们优越，他们就有了一种重要人物的感觉；但是当我们表现得比他还优越，他们就会产生一种自卑感，造成羡慕和嫉妒。

因此，我们对于自己的成就要轻描淡写。我们要谦虚，这样的话，永远会受到欢迎。

我们应该谦虚，因为你我都没什么了不起。我们都会去世，百年之后就被人忘得一干二净了。生命太短促了，不要在别人面前大谈我们的成就，使别人不耐烦，我们要鼓励他们谈谈他们自己才对。回想起来，你反正也没有什么好谈的。

※ 用巧妙的语言满足别人的心理需求

人们在交际中既有明显的个性心理，也有普遍的共性心理。如果能针对人们的共性心理切入交际活动，就可以获得满意的交际效果。卡耐基指出，为了满足对方的心理需求，赢得对方的好感，在日常的交往中，可参考如下建议。

1. 多加赞扬，满足人的称许心理。人们都有一种显示自我价值的需要。真诚的赞扬不仅能激发人们积极的心理情绪，使之得到心理上的满足，还能使被赞扬者产生一种交往的冲动。

2. 勤于求教，满足人的自炫心理。人们对于自己具备的技能都有一种引以为荣的心理，如果想同这些人结识相交，如果采取求教法是最有效的手段。

3. 表示欣赏，满足人的自信心理。一个人往往对自己所崇拜的对象或采取的做法坚信不疑，有时宁愿相信自己一向认定的事实，也不愿意接受来自他人的纠正。他所喜欢的东西如果能够得到你的欣赏，你便能得到他的认可。

4. 强调共性，满足人的共趣心理。生活中我们常常听到这样的话：谁与谁说不到一块去，一见面就顶牛；谁与谁很投缘，恨不得能穿一条裤子。说不到一块去，就是没有共同的兴趣和爱好；很投缘，就是情趣相投。人们一般都喜欢和那些与自己有“共同语言”的人交往，而情趣相左的人交往则往往不大容易成功。那么，如果你希望交际成功，就可以从寻找共同情趣切入。

5. 主动问候，满足人的尊敬心理。社会交往中，获得尊重既是一个人名誉地位的显示，也表明他的德操、品行、学识、才华得到了认可。无论是年长者还是年轻者，位尊者与位卑者，都期望别人尊重自己。因此，那些懂得尊重别人的人，人们对他产生好感就是情理之中的事了。而主动问候就是最便捷、最简单地表达自己的敬意的交际行为。从问候切入交际活动，十有八九会有一个圆满的结果。这是博得别人好感的基础。

※ 每个人都渴望得到别人的肯定和认可

有一天，卡耐基在公园里遇到一个男子，带着一只小猎犬和他5岁左右的小男孩，正在训练小猎犬衔起丢出去的棒子，再把棒子送回给主人。

问题是，这只小狗根本不知道要把衔起的棒子交还给主人，它只想和这个棒子玩。一旦它咬起这个棒子后，就绕着公园到处跑，或跑到小溪边踩出阵阵水花，在这个80英亩大的公园里充分享受玩耍的乐趣。这时候，这只小狗的主人气急败坏地跟在它的后面大喊大叫——这只是让这个小家伙跑得更快而已。这只小狗根本不知道自己正在受训练，还以为主人的追赶也是游戏的一部分呢！

终于，这只小狗跑回到主人的身边，它的主人拿起手上卷成一束的报纸，朝这只天真的小家伙头上重重一击，旁边的小男孩看到后，哇哇大哭起来。这个男子更生气了，他对小男孩说：“你要知道，我们是要给小狗一个教训。现在想想看，我们要教小狗什么？”

小男孩沉默了好一会儿，然后他说："我猜想我们要小狗知道，当它注意我们，终于按照你说的去做后，它就会得到一顿鞭打。"

那天，卡耐基对这个小男孩说的话思考了好一阵子。他试着想象如果他是那只小狗，当时脑中会闪过什么念头？它可能会搞不清楚，下次主人丢出棒子后，它应该怎么做，但最起码它知道绝对不要咬起棒子回到主人身边，想想看，他刚刚这样做的下场是什么？

卡耐基说："我不知道应该怎么训练猎犬，但我猜想应该可以采用奖赏制度来加强训练效果。大多数的生物都对奖励有好的反应。起码就我自己的看法，我相信小狗回到主人身边时，如果马上就得到奖励，下次这只小狗一定会更兴奋地跑回主人的身旁。奖励对我们每个人都非常重要。如果我们在与人相处的时候尽量赞美别人，一定能得到对方积极的回报。"

卡耐基指出，每个人都渴望得到别人和社会的肯定和认可，我们在付出了必要劳动和热情之后，都期待着别人的赞许。因此，把赞美——我们自己需要的东西，首先慷慨地奉献给别人，往往是送给别人最好的礼物和报酬，也很好地体现了我们的大方和成熟。

赞许别人的实质，是对别人的尊重和评价，也是搞好人际关系的一笔具有长远利益的投资。它表达的是我们的一片善心和好意，传递的是你的信任和情感，化解的是你有意无意间与人形成的隔阂和摩擦。对人表示赞许，你何乐而不为呢？

世界上的人大都爱听好话，没有人打心眼里喜欢别人来指责他。就是相濡以沫的朋友，你批评几句，对方往往脸上也有挂不住的时候。

美国哈佛大学的专家斯金诺，通过一项实验的研究结果表明，连动物的大脑，在收到鼓励的刺激后，大脑皮层的兴奋中心就开始起劲调动子系统，从而影响行为的改变。同样的道理，人作为万物的灵长，期望和享受欣赏，是人类最基本的需求之一。

心理学家吉斯菲尔指出："有不少人，他们喜欢听相反的话；更有许多的人，喜欢别人把他们当作有思想、有理智的思想家。有一回，我与一个人讨论一件颇有争议的社会问题，我对他说：'因为你是这样的冷静、敏锐，因此我想知道，我们究竟应该站在什么立场？’他听了我的话，立刻现出满面春风的样子，并详细对我说了他对此事的立场态度。原来此人是愿意人家看他是敏锐、冷静的。”

“几乎所有女人，都是很质朴的，但对仪容妖媚，她们是至深癖爱，孜孜以求的。这是她们最大的虚荣，并且常常希望别人赞美这一点。但是对那些有沉鱼落雁之容、闭月羞花之貌的倾国倾城的绝代佳人，那就要避免对她容貌的过分赞誉，因为她对于这一点已有绝对的自信。如果，你转而去称赞她的智慧、仁慈，如果她的智力恰巧不及他人，那么你的称赞，一定会令她芳心大悦，春风满面的。”

人不分男女，无论贵贱，都喜欢听合其心意的赞誉。同时，这种赞誉，能给他们加倍的能力、成就和自信的感觉。这的确是感化人的有效的方法。

要使颂扬能够奏效，只要我们心中掌握各人性情的不同之处，便能区别对待，有的放矢，从而达到目的，把事情办好。

一般常人身上，都有着难以察觉的闪光点，而这些正是个人价值的生动体现。而一个伟大的领导者，往往独具慧眼，大多是赞颂别人的专家。美国前总统罗斯福的才能，就表现在对正直人给予恰当的称赞上。

既然赞扬是人际交往的润滑剂，我们就要在和周围人相处的过程中，毫不吝啬地赞扬别人，使赞许动机获得广大而神奇的效用。

※ 尽量赞美别人，让对方感到愉快

一家成功的保险公司经理在谈到成功的秘诀时说，很重要的一条是：“我们欣赏我们的代理人。”

人都有一种强烈的愿望——被人欣赏，欣赏就是发现价值或提高价值，我们每个人总是在寻找那些能发现和提高我们价值的人。

欣赏能给人以信心，能让对方充满自信地面对生活。爱情之所以能有如此巨大的魔力，就是因为两个人互相欣赏对方，欣赏对方的优点，甚至欣赏对方的缺点。在爱人眼里，对方是世界上最完美的。一个人被人认为是世界上最完美的，可以想象他是何等兴奋！

所以，心中有爱情的人，对待生活总是积极、乐观的，充满自信的。许多大企业家告诉我们，他们在提升一个人之前，喜欢了解有关这个人妻子的一些情况，他们感兴趣的当然不是她的长相、她的贤惠，而主要在于她是否对丈夫有一种信任感。如果一个妻子认可其丈夫并给他一种感觉：她和丈夫在一起是愉快的，那么，每当丈夫回家时，他就能在她的臂膀中得到一种自信和激励；第二天，他能充满自信地面对生活。

欣赏能使对方感到满足，使对方兴奋，而且会有一种做得更好，以讨对方欢心的心理。如果一个员工得到经理的欣赏，他肯定会尽力表现得更好；而如果是一个小孩，得到别人的欣赏，那他的表现会令人大吃一惊。有一个小孩总因喜欢在家具上刻画而遭惩罚，心理学家为他买来雕刻面具，并且教他如何使用，如何设计，还赞赏他："你雕刻的东西比我所认识的任何一个人雕得都好。"一天，小孩使任何一个人大吃一惊：没任何人要求他，他把自己房间打扫一新。当问他为什么时，他的回答是："我想你会喜欢的。"

当然，欣赏别人也得懂得一些技巧。具体该怎么去做呢？

1. 要尽量去欣赏别人一些他自己不被自信或不被众人所知的优点。如果一个国家级运动员和你第一次见面，你表示欣赏他的运动成绩，除了让他一笑以外，不会产生什么特别的感觉；而如果你表示欣赏他的风度和气质，他会非常高兴。

2. 欣赏别人不能无中生有。对方根本没有的优点甚至是缺点，而你还大加赞赏，他会怀疑你是否在讽刺他；要么会认为你这人是个善于说假话、奉承拍马的人。

3. 单独对待每个人总能让人有种被欣赏的感觉。当你到朋友家做客，朋友向你介绍了他的 3 个孩子后，你不是点头微笑，而是走过去同他们一一握手并问好，他们马上会对你产生好感。

※ 审时度势、恰当地赞美别人

赞美别人，仿佛用一支火把照亮别人的生活，也照亮自己的心田，有助于发扬被赞美者的美德和推动彼此友谊健康地发展，还可以消除人际间的隔阂和怨恨。赞美是一件好事，但绝不是一件易事。赞美别人时如不审时度势，不掌握一定的赞美技巧，即使你是真诚的，也会变好事为坏事。所以，开口前我们一定要掌握以下技巧。

1. 因人而异

人的素质有高低之分，年龄有长幼之别，因人而异、突出个性、有特点的赞美，比一般化的赞美能收到更好的效果。老年人总希望别人不忘记他“想当年”的业绩与雄风，同其交谈时，可多称赞他引为自豪的过去；对年轻人不妨语气稍为夸张地赞扬他的创造才能和开拓精神，并举出几点实例证明他的确能够前程似锦；对于经商的人，可称赞他头脑灵活，生财有道；对于有地位的干部，可称赞他为国为民，廉洁清正；对于知识分子，可称赞他知识渊博、宁静淡泊……当然，这一切要依据事实，切不可虚夸。

2. 情真意切

虽然人都喜欢听赞美的话，但并非任何赞美都能使对方高兴。能引起对方好感的只能是那些基于事实、发自内心的赞美。相反，你若无根无据、虚情假意地赞美别人，他不仅会感到莫名其妙，更会觉得你油嘴滑舌、诡诈虚伪。例如，当你见到一位其貌不扬的小姐，却偏要对她说：“你真是美极了。”对方立刻就会认定你所说的是虚伪之至的违心之言。但如果你着眼于她的服饰、谈吐、举止，发现她这些方面的出众之处并真诚地赞美，她一定会高兴地接受。真诚的赞美不但会使被赞美者产生心理上的愉悦，还可以使你经常发现别人的优点，从而使自己对人生持有乐观、欣赏的态度。

3. 翔实具体

在日常生活中，人们有非常显著成绩的时候并不多见。因此，交往中应从具体的事件入手，善于发现别人哪怕是最微小的长处，并不失时机地予以赞美。赞美用语愈翔实具体，说明你对对方愈了解，对他的长处和成绩愈看重。让对方感到你的真挚、亲切和可信，你们之间的人际距离就会越来越近。如果你只是含糊其辞地赞美对方，说一些“你工作得非常出色”或者“你是一位卓越的领导”之类空泛飘浮的话语，不能引起对方的猜度，甚至产生不必要的误解和信任危机。

4. 合乎时宜

赞美的效果在于相机行事、适可而止，真正做到“美酒饮到微醉后，好花看到半开时”。

当别人计划做一件有意义的事时，开头的赞扬能激励他下决心做出成绩，中间的赞扬有益于对方再接再厉，结尾的赞扬则可以肯定成绩，指出进一步的努力方向，从而达到“赞扬一个，激励一批”的效果。

5. 雪中送炭

俗话说：“患难见真情。”最需要赞美的不是那些早已功成名就的人，而是那些因被埋没而产生自卑感或身处逆境的人。他们平时很难听一声赞美的话语，一旦被人当众真诚地赞美，便有可能振作精神，大展宏图。因此，最有实效的赞美不是“锦上添花”，而是“雪中送炭”。

此外，赞美并不一定总用一些固定的词语，见人便说“好……”有时，投以赞许的目光、做一个夸奖的手势、送一个友好的微笑也能收到意想不到的效果。

当我们目睹一个经常赞扬子女的母亲是如何创造出一个圆满快乐的家庭、一个经常赞扬学生的老师是如何使一个班集体团结友爱天天向上、一个经常赞扬下属的领导者是如何把他的机构管理成和谐向上的集体时，我们也许就会由衷地接受和学会人际间充满真诚和善意的赞美。

※ 在生活中随时随地都可以赞美别人

卡耐基指出，人类本性最深的需要是渴望别人的欣赏，因此我们一定要多夸奖别人。即便是用最普通最平常的语言夸奖别人，对于你来说，是平常又平常的事，但对于别人来说，意义却非同凡响，它可以使别人愉悦，使别人振奋甚至可以因为这句话而改变自己的一生。卡耐基在这方面很有办法。

卡耐基时常强调：要真诚地赞美别人，永远使对方觉得自己重要！要知道，使自己变成重要人物，是每个人的欲望。

夸奖别人有两种方式，从小方面着手或从大方面着手。卡耐基对这两方面都很擅长。

在卡耐基教学课程中，有位来自匹兹堡的学生，他叫比西奇。比西奇在上课过程中似乎显得特别的笨，在每个方面都似乎差人一等。因此，他感到很沮丧。

他终于带着失望的心情来到卡耐基的办公室，对卡耐基说："卡耐基先生，我想退学。"

"为什么？"卡耐基奇怪地问。

"我……我感觉比别人笨多了，根本学不会你的教程。"

"我觉得不是这样的，比西奇！"卡耐基说，"在我的感觉中，这半个月来，你比以前明显进步多了，在我的心目中，你是个勤奋而又成功的学生。"

"真的是吗？"比西奇略带惊喜地问。

"真的是这样的！照着这样发展，到毕业时，你一定会取得优异成绩的。"卡耐基继续说，"在我小时候，人们都认为我是个笨孩子，那时的我是多么的忧郁！后来，我摆脱了忧郁，同时也摆脱了'笨'，你比我当年强多了。"

听了这番话后，比西奇内心深处升起了希望。他凭着自己的努力和卡耐基先生的激励，终于学完了全部教程，毕业时成绩虽不很优异，但也足以让人刮目相看了。

比西奇毕业后，回到家乡，开了一家小小的肉联厂。开厂之初，进展并不顺利，卡耐基继续写信鼓励和夸奖他："我觉得你办肉联厂的念头相当不错，这是个很有前途的机会，你一定会因自己的努力而获得巨大成功的。"

比西奇收到这些信后，非常感动，他同时也将这夸奖的艺术用于自己的雇员，没想到收效很大。在经济大萧条时代，整个美国都面临着挨饿的危机，人们四处求职谋生，争取仅有的面包和土豆。

比西奇开的肉联厂虽然也受到了经济危机的冲击，生意遭挫，但在那个年代里既能保持住肉联厂的生意，又可让雇员们拿到足够的工资，这不能不算是个奇迹。

比西奇后来回忆说，肉联厂之所以在经济萧条的时候存在，一是和自己及雇员兢兢业业的敬业精神有关，二是他运用了卡耐基的夸奖技巧，使自己和工人们连成一条心，厂子因而得以生存。

夸奖别人可以从一些小事进行，不一定给予壮志凌云般的鼓励，在小方面夸奖别人是一种重要的交际手段。可以从各方面进行，例如：参加一个朋友的宴会，你可以夸奖忙得不亦乐乎的主妇：“你的菜炒得真好吃，你看，这么一大桌菜，几个人一下子便吃完了。”

那位主妇马上觉得自己的劳动成果有人欣赏和赞美，一天的疲劳立刻消失，同时下次宴请你时会表现得更加卖力。

如果你是老板，下属工作完成得很出色，你可不要吝啬溢美之词。一句肯定的话，会激发下属十倍的工作热情。当然，你可以这样说：“你做得很好。”“你真的令我印象深刻。”“你是本公司的重要财富。”

如果你的下属连夜赶写一篇文章给你过目，如果写得很好，你不妨直接大胆地赞美：“你的文章写得很棒！”

即使可能他的文章略为逊色，也不妨赞美他几句。这样会让他觉得你是一个能够信任他、重用他的好上司。

如果你接受了同事的帮助，或是被请了一顿饭，你可以这样说：“你帮了我的大忙。”“这是我这么长时间以来吃到过最好吃的饭。”“这顿饭太棒了。”

夸奖别人最忌讳的是，用不很诚意的态度说出敷衍的话。例如，你看到你的女友今天穿了一件新衣服，你只说了句“你的衣服很好看”。那是完全不够的，你不妨加上：“这衣服配你的肤色特别好看！”“你买这种新衣服特别有眼光！”等随兴发挥的话，那一定会把你的女友逗得咯咯地笑，并且柔顺得像只小猫。

千万得记住：人是喜欢被人夸奖，被人欣赏和赞美的，当别人一夸到他比别人更强或某方面做得特别的好，那他一定会变得乐不可支的。

一天，卡耐基到纽约的一家邮局寄信，发现那位管挂号信的职员对自己的工作很不耐烦。于是他暗暗地对自己说：“卡耐基，你要使这位仁兄高兴起来，要他马上喜欢你。”同时，他又提醒自己，要他马上喜欢我，必须说些关于他的好听的话。而他，有什么值得我欣赏的呢？非常幸运，卡耐基很快就找到了。

等到那位职员称卡耐基的信件时，卡耐基看着他，很诚恳地对他说：“你的头发太漂亮了。”

那位职员抬起头来，有点惊讶，脸上露出了无法掩饰的微笑。他谦虚地说：“哪里，不如从前了。”

卡耐基对他说：“这是真的，简直像是年轻人的头发一样！”

他高兴极了。于是，他们愉快地谈了起来。

当卡耐基离开时，那位职员对他说的最后一句话是：“许多人都问我究竟用了什么秘方，其实它是天生的。”

事后，卡耐基说：“我敢打赌，这位朋友当天走起路来一定是飘飘欲仙的。我敢打赌，晚上他一定会跟太太详细地叙说这件事，同时还会对着镜子仔细端详一番。”

卡耐基把这件事说给一位朋友听，朋友问他：“你为什么要这样做？你想从他那里得到什么呢？”

卡耐基回答道：“是的，我想要得到什么？什么也不要。如果我们只图从别人那里获得什么，那我们就无法给人一些真诚的赞美，那也就无法真诚地给别人一些快乐了。

“如果一定要说我想得到什么的话，告诉你，我想得到的只是一件无价的东西。这就是我为他做了一件事情，而他又无法回报我；过后很久，在我心中还会有一种满足的感觉。”

你不必等到当了驻法大使或××委员会主席，才应用这种赞赏别人的哲学。你每一天都可以把它派上用场，并获得应有的效果。

卡耐基说：“如何做？何时做？何处做？回答是：随时随地都可做。譬如，我在饭店点的是法式炸洋芋，可是，女侍者端来的却是洋芋泥，我就说：‘太麻烦您了，我比较喜欢法式炸洋芋。’她一定会这么回答：‘不，不麻烦。’而且会愉快地把我点的菜端来。因为我已经表现出了对她的尊敬和重视。”

※ 采用在批评中融入赞美的方法

赞美应该是一种语言习惯，一种涵养。即使是面对危机重重的局势，即使是面对生死攸关的较量，也不要忘记赞美，减弱批评。卡耐基认为，林肯在这方面的做法非常值得我们效法。

在1926年的一次公开拍卖会上，林肯写给将军胡克的一封信被拍卖出了12000美元的高价。

在林肯的一生中，他写过无数封信，但是，只有这一封信拍卖价最高。这封只需要花5分钟来写的信，为什么拍卖价格比林肯50年来的积蓄还多呢？是什么使得这样简单的一封信竟然价值万元呢？

这封信是林肯任职总统后，措辞最锐利、语气最不客气的一封信。这封严厉的信改变了一位固执的将领，从而改变了国家的命运。但就是在这封信中，林肯仍旧坚持运用了他与人交往的最有效的方法：在批评中添加赞美！

这封信是林肯在1863年4月26日，内战最黑暗的时候写的。当时已是内战的第18个月了，林肯手下的将领们因为联军屡遭惨败，普遍怀着一种失望沮丧的情绪。全国人心惶惶，数以千计的士兵临阵脱逃，甚至参议院里的共和党议员，也起了内讧叛乱。更严重的是，他们要强迫林肯离开白宫。林肯描述当时的情形时，曾这样说道："我们现在已走到毁灭的边缘，我似乎感觉到上帝也在反对我们，我看不到一丝希望的曙光。"

内战没有进展已经让人们不满，而胡克将军的行为则让国内的形势雪上加霜。当时，胡克这位集国家、人民命运于一身的将军，在判断上犯了严重的错误。

一个人要在愤怒、悲伤的时候控制自己的情绪是很难的，尤其是面对复杂的局面、不好的走势。"在这种时候，谁还有心情来赞美别人？"或许大部分的人都会这么说。但是，林肯做到了，写下了这封信。

胡克将军：

我已任命你为波托麦克军队的司令官。当然，我这样做是有自己的理由的。可是我希望你也知道，有些事，我对你并不十分满意。

我相信你是一个睿智善战的军人，你的这一点一向使我感到欣慰。同时我也相信，你不至于把政治和你的职守掺混在一起，这方面我想你自己可以把握好。你对自己很有信心，这是一种有价值的、可贵的美德。

你很有野心，在某种范围内，野心确实是有益而无害的。可是在波恩雪特将军带领军队的时候，你放纵你的野心行事，阻挠他行军。这件事，是你对你的国家，你的人民，以及你的同僚所犯的一个极大的错误。

我曾听说，你说军队和政府需要一位独裁的领袖。你要记住，我给你军队的指挥权，并非是出于这个原因。同时，我也没有这些打算。

只有在战争中获得胜利的将领，才有当独裁者的资格。目前，我对你的期望，就是军事上的胜利。如果你捧给我胜利的果实，我就会冒着危险，授予你独裁权。

政府将会尽其所能协助你，就像协助其他将领一样。我深恐你思想中那种不信任他人的思想，会被你的下属和战士们所接受，而这种思想对你所造成的恶果将难以估计。因此，我愿意竭力帮助你，平息你这种危险的思想。你仔细想想，如果军队中有这种思想存在，哪怕是拿破仑再生，也不能妄想用这支军队去获得胜利。现在切莫轻率推进，也不要过于匆忙，需要小心谨慎，努力去争取我们的胜利。

林肯

面对困境，林肯没有在书信的开头劈头盖脸地训斥胡克。他落笔稳健，充分显示出了他那圆滑、娴熟的外交手腕。即使是批评的话语，林肯也将之转化得比较缓和，在信的开头，他用“有些事，我对你并不十分满意”这样的话，来指出了胡克将军的错误。

在信中，有很大一部分是对胡克将军的赞美和信任，“我相信你是一个睿智善战的军人”“你对自己很有信心，这是一种有价值的、可贵的美德”……这些赞美的话，直接表达了林肯对胡克将军的重视。即使在林肯面对内忧外患的时候，他没有忘记给他的手下以赞美，然后在赞美之后再指出胡克将军在思想和行动上的偏差。

林肯善于赞美的方式在这一封信中可见一斑。他运用在批评中融入赞美的方法，既表达了对胡克的信任和期待，又要求他不要独裁，不要轻率冒进，终于在关键时刻力挽狂澜，让胡克将军改变了一意孤行的行事方式。

任何人都有冲动和愤怒的时候，有的人在关键的时候气急败坏，不逊言辞脱口而出。真正的赞美意识应该根植于骨子里，表现在关口上。卡耐基指出，越是懂得运用赞美，越是有可能在关键时候转败为胜，扭转局势。

※ 用谦虚和赞美来化解别人的强烈不满

卡耐基在讲课中指出，睿智的德国布洛亲王，早在1909年，就深切地感觉到，要用谦虚和赞美来化解批评中的戾气。

德皇威廉二世在位时，目空一切，高傲自大。他建设陆、海军，欲与全世界为敌。不久，威廉二世说了一些令人难以置信的话，他的话震惊了整个欧洲，并在不久之后，影响到了全世界。最糟的是，威廉二世把这些可笑、自傲、荒谬的言论，在他做客英国时，当众发表出来，登在《每日电讯》上。

他到底说了些什么呢？他说他是唯一对英国感觉友善的德国人；他正在建造海军以对付日本的危害。德皇威廉二世还表示，只有他一个人的力量，才能使英国不致屈辱于法、俄两国的威胁之下。他又说，英国洛伯特爵士之所以能在南非战胜荷兰人，都是出自他的筹划。在这100年来的和平时期内，欧洲没有一位国王，能说出这样惊人的话来。

报纸一发表，欧洲各国立即哗然，骚动如同蜜蜂投入花丛般地涌了起来。英国政府表示对此事十分愤慨，而德国的那些政治家，则十分恐慌。事情越闹越大，以至于德皇也渐渐感到事态严重，开始紧张起来。他向布洛亲王暗示，要他代为受过。德皇要布洛亲王，宣称那一切都是他的责任，是他建议德皇说出那些不可信的话来的。

一场大祸不期而至。是按照德皇的暗示承受罪过呢？还是直接表达自己的拒绝呢？如果接受，他就会成为各国的公敌；如果拒绝，他又会得罪德皇。一个是国际压力，一个是直接上司，布洛亲王面临着两难选择。

刚开始的时候，布洛亲王还没有意识到要怎么处理这个难题，他直接说道：“陛下，恐怕德国人或是英国人，都不相信我会建议陛下说那些话。”

布洛亲王说出这话后，立刻发觉自己犯了一个严重的错误。果然，德皇大怒，他咆哮道：“你认为我是一头笨驴，连你都不至于犯的错误，而我却做了出来！”

布洛亲王知道自己不该直接触犯龙颜，而应该先用赞美化解批评的戾气。但是，现在话已经说出口，为时已晚了，他只能进一步去补救。

布洛亲王恭敬地说：“陛下，我绝对不是那种意思，陛下在许多方面都远胜过我。这不只是表现在对海军的知识上，在自然科学方面也更突出地显出了这一点。每当陛下谈到风雨表、无线电报等科学知识时，我总替自己感到羞耻，感觉自己知道得太少了。

“我很惭愧，作为一名亲王，我却连自然科学都不懂，对于化学、物理更是一窍不通，连极普通的自然现象，我也不能解释。我唯一的长处就是对历史学科有些了解，同时也有一点政治上以及外交上的才能。”

果然，奇迹出现了。听完这些话，德皇脸上露出了笑容，因为布洛亲王称赞了他，抬高了他，同时贬低了自己。经布洛亲王的这番解释后，德皇宽恕了他，原谅了他。德皇热忱地说：“我不是常跟你这样讲过，你和我因为能相辅相成而著名。我们需要赤诚的合作，而且我们也确实应该这样做。”

说罢，德皇走下来与布洛握手，整个下午，他都紧紧握着布洛的手，说：“如果有人对我说布洛不好，我就用拳头打在他的鼻子上。”

布洛亲王及时救了自己！当他发现自己跟德皇说话的语气太直，用直接的批评引起了德皇的怒气的时候，及时地用谦虚和赞美挽回了局面。他用德皇在海军知识方面的博学来夸奖他，让他感到自己是很有能力的；德皇就放弃了追问他的罪责，而且还重视他，维护他了。如果在德皇大怒后，布洛亲王不会及时转弯，那么可能最先倒霉的就是他了。

布洛亲王用谦虚和称赞的话，把盛怒中傲慢的德皇变成了一个热诚的朋友。可见，谦逊和称赞能产生奇迹。如果我们能经常把谦虚和称赞合起来运用，那么就能避开人际交往的障碍，建立起坚固的交际圈。

※ 经常地发掘看似平淡无奇的小事来称赞别人

一个人的成功是你赞赏他的大好机会。你要花点儿时间静心想想，你可以称赞你的伙伴取得了哪些成绩。对人的赞赏要有的放矢。请明确告诉他，是他的哪些优点或成绩给你留下了深刻的印象，又是什么使他与众不同，卓尔不群。

实际上，许多可以赞赏他人的机会都被人们忽视了。因此，为了有效地获取灵感，你可以为你的每位重要的交往伙伴列一张值得你赞赏的成就清单。在合适的时候，就可以据此向他们表示祝贺。你还要定期对这张清单进行修改，增减内容。

下面的问题可以帮助你列出这张清单。

1. 在与你的合作过程中，对方取得了哪些值得称道的成果？

2. 他对你提起过的或其他人没能解决的问题中，有哪些是他力排困难而圆满解决的？

3. 他出过哪些好的点子和建议并付诸实施了？

4. 他是否对形势做过不同于业内专家的意见，但实践证明是准确可信的预测？

5. 你们之间的合作在哪些方面取得了特别突出的成绩，具体数据是多少？

……

你越是经常地对你的伙伴的成功进行思考，越经常为他们列出一张值得赞赏的成就清单，就会越容易地找到可适的称赞的机会。当然，你要注意赞赏也不可言过其实，更不必刻板地一天数次在固定的时间恭维你的伙伴。

千万不要为了称赞你的伙伴而等待百年难遇的大好机会，或惊天动地的宏图伟业，因为这种情况极为罕见。你应利用日常交往中出现的那些不可胜数的机会来称赞他人。绝不可因为事由太小不值一提，就犹豫着要不要给予他人衷心的赞美。在日常生活中，只言片语的称赞常与长篇大论的颂词一样具有重要的意义。你称赞对方才是真正关键性的举动，因为，人们向往的是被赞誉这一事实本身。

这里还有一个重要的诀窍：你可以称赞对方那些圆满完成了的“普通”任务或日常工作。人们通常只赞赏那些取得了突出成就的人，赞赏总是与出类拔萃或独一无二相联系。而普通任务的圆满完成常被视为理所应当，因而很少被人重视。

但每一位内行都知道，日复一日地出色完成看来简单的日常工作，也是件很不容易的事。他知道，为此需要付出何等的细心耐心、谨小慎微和全神贯注，而且，这些看似简单的工作最终成功与否，通常会受到无数因素的左右和影响。

一般地说，非凡的成绩可以通过一次“特别行动”获得，为了取得这一结果，需动用全部人力、物力资源来铺路。相反，圆满完成日常的普通工作，则需要人们兢兢业业、坚持不懈。还要提一下的是，日常工作常常是在条件不够完善的情况下完成的。也许一次非凡成绩的轰动效应就足以给他人留下良好印象，而普通工作的圆满完成虽默默无闻，却更讲究点滴的积累，于细微处见功夫。

所以，你要称赞他人在日常工作与合作中表现出来的优点。比如，你可以称赞他的诚实可靠、办事干练高效、乐于助人等优良品质。你可以告诉他，你欣赏他如约赴会的守时，或提供信息的准确性。

对他人而言，这种赞赏完全出乎他的意料。他会由此认识到你的细心和非比寻常的评价能力。他发现，你恰恰是看到了别人看不到的细节，发掘着他人的闪光点。比起偶尔被夸张地捧上天，经常为些小事而得到称赞更能让人感动。

所以，无论在事业上还是在生活中，你都要更经常地发掘看似平淡无奇的小事来称赞他人。这样的称赞更自然可信，能真正打动人。

在说话时，要加以思考，掌握好自己的情绪，把握好分寸，这样才能赢得别人的好感。

友善的言行、得体的举止、优雅的风度，这些都是走进他人心灵的通行证。

获得别人好感的既简单又重要的方法，就是牢记别人的姓名；尽量避免争论，拿自己开玩笑，则能使别人在获得优越感的同时对你产生好感。

得体的赞美，往往是送给别人的最好的礼物。

只要我们善于留心和发现，生活中到处都有值得赞美的事，随时都有值得赞美的人。

第四章　以别人最容易接受的方式去说服

事业的成功与否常常取决于一个人说服、告知和鼓动他人的能力。人们常说："忠言逆耳。"生活中常见这样的情景，本来你是好意给对方提出忠告，对方却往往很不高兴。看来，仅有为别人着想的良好愿望还不行，说服和建议也需要技巧。卡耐基强调，为了有效地说服别人，首先要了解对方到底需要什么，然后"看鱼下饵"。

※　通过交流使你的想法变成别人的想法

交流是无法避免的。任何人都不能不就工作进行交流。交流可以有助于我们事业的成功，也可以起阻碍作用。

通过交流，你的想法可以变成别人的想法。交流不仅使员工与单位，股东与公司，买家与卖方连接在一起，它也使各级经理人员与他们的同级，下属和上司联系在一起。可以说，交流是社会变革的关键，也是个人发展的途径。

尽管交流是相互的，但是仍然有人认为，努力实现相互交流就像一场锻炼，用大喊大叫把话筒那头错误的一方的声音压下去。交流困难的一个常见原因，就是谈话者有时根本不知道如何赢得并保持对自己的想法的支持。常识告诉我们，成功常常取决于一个人说服、告知和鼓动他人的能力。

成功的交流意味着共享一种想法。但是意见相左远多于思想一致。问题是：为什么？是什么妨碍了人们——你的同级、上司、下属——正确评价你的看法和计划？而他们肯定能从这些看法和计划中受益最大。是什么使得理解的利刃被禁锢在冷漠之中呢？

交流是一种相互关系。只有当每一方满足另一方的需求时，交流才会起作用。所以，进行交流，就是要充分考虑你的想法、语言和表达风格，使之同时满足讲话人的意愿和听讲人的需要。

那么，你该如何实现成功的交流呢？从冷漠中拔出理解之刃的杠杆在何处呢？一言以蔽之，这个杠杆就是策略。

策略就是选择讲什么和怎样去讲的框架。其办法是既不脱离你的目的，又符合听者的需求。策略调控这种密切的配合，策略就像是训练有素的裁缝师，让你这里收紧一点，那里放开一点，始终让你的想法适合听者的思维方式。具体可参考如下建议。

1. 区分听讲对象

无论是顾客还是同事，接受方的每个人都希望你所要说的，与他们头脑中已知的事情有联系。了解他们已经知道些什么，当然是使交流成功的关键。

你不能迫使别人交流，但却可以造成一种讨论会的气氛，使他愿意分享你的思想、计划和主意。创造这样的气氛，就会在你最想接触的人们中有效地增加你的想法的吸引力，因为它使你不只是跟踪他们的思维方式，而且能准确预测他们的看法；不仅是介绍情况，而且是在他们易于接受的情境中，策略地提出想法，以取得成功。

推动人们进行交流的，是他们自身的需要和听讲者的需要。了解别人的感情要求和逻辑要求，亦即确定听讲者的特点，就是很快地摸清用什么方法和依据，能够满足听讲者的这些需要。真正弄明白你在跟谁说话，不仅使交流有望，而且使交流较有可能实现。

2. 明确目的掌握信息

策略性交流的目的有两个：求得了解和说服别人。向上司报告工作，是不是让他了解你的进展？和员工一起讨论工作绩效评估，是不是试图让他们相信你对他们的评价是公正的？如果不是想求得了解，那就一定是想用来说服别人。

虽然乍一看，在求得了解和说服别人之间选择交流目的似乎不那么至关重要。但不要有错误的理解。策略效果取决于目的和想要灌输想法之间的一致性。如果目的是求得了解，而你的信息则是有关说服别人的，那么实际上，你所能听到的，就会是一种令人厌烦的噪声。反过来，如果让主题与目的协调一致，那么你所表达的对听者来说就是悦耳的音乐。

许多自以为是的交流行家往往使自己陷入误区，他们把求得了解和说服别人看作是可以相互替代的成分。事实上，与目的不一致的信息是一种双重信号，不能产生明确而真诚的交流。就像所有的含糊其辞一样，它所造成的混乱经常超出它所促成的共识。

目的在于求得了解的信息内容或者是全新的，或者对身边的听讲者来说是新鲜的，因此听讲者可能不会有内在的反对心理或者固有的不信任感，并欲之争辩。目的在于说服别人的信息，则负有额外的任务。无疑，后一类信息必须鼓励响应者开始去做或考虑某件事。但与此同时，它们还必须鼓励响应者停止做某件事，而去想另一件事，也许这件事恰恰会使他们一上来就不同意你的意见。

有了识别两种策略目的（求得了解和说服别人）的能力，还不能保证你的信息一定起作用。但它确实保证使你有一个有利条件，或者说更多的通过努力奋斗可以获得成功的机会，去说服、告知和鼓动同事、下属和上司。

3. 调节交流基调

词语在上下文中所包含的意义超过词语本身。因此，在努力弄清听讲对象的特点并确定策略性交流目的及信息内容之后，下一个问题是我们如何才能确保选用的词语能按我们所指的含义被人理解。

语言对于交流思想来说并不是很准确的工具，所以，听众还依靠一些非言语的补充手段，如手势、时机选择、交谈地点，以及其他因素，从中寻找线索来理解你所说的内容。这一切构成了一种基调，一种氛围，它提醒听讲者以不限于字面的方式来理解你的信息。

改变基调实际上是你天天都在做的事，但却未必意识到这一点。例如，作为一名经理，你得经常向客户解释在开单据的做法上的小变动。如果突然写一封信告诉顾客这一消息，那么你就可能给这件事增加了紧迫感，所造成的气氛会招来许多询问，远远多于你能有的答复。你应该把这一消息放在下一次定期见面时一并据实解释。这种较低的基调，有助于使你的客户恰当地看待这项新的做法。

如果交流目的是求得了解，那么交流基调应力求建立一种合情合理，多少是务实的气氛。当你力图说服别人时，则要倒过来。

恰当的基调不会自动出现。你必须为此下功夫。最终是恰当的基调，决定了似乎是正确的言辞与听来感到真诚的交流之间的差别。调节谈话基调是策略中的一个部分，它使你能够做到所说的东西确实是你实践的东西。

※ 得体地消除被说服对象的抗拒心理

生活中，我们常会对一些问题产生不同的意见，当我们想发表异议时，怎样才能表现诚恳，又能使人高兴地接受你的意见呢？卡耐基指出，在你力图向别人推销你自己和你的主意的时候，一定要注意以下技巧。

1. 一定要强调利益

如果你想兜售你的主意，不要没有先陈述它的利益就提议行动起来。假设你这么和你的老板说："我想要接手彼特的业务。"那是你想要兜售的主意，但是你还没有给老板看到这个主意好在哪儿。你补充道："我能够充分利用我和彼特的良好关系，使得这项业务回到正轨上去。彼特先生会和我一起工作，去找到一项大家都能接受的解决方法。"在你尝试推销你的任何主意之前，考虑你能带到桌面上的全部利益，以你的主意的重要结果来向别人建议，这样往往能够增加成功的机会。

2. 探索分歧的原因

当你试图推销主意、点子之类的东西的时候，对方肯定会生出天生的抗拒力，你需要降低这种抗拒力。当他们提出异议的时候，你肯定会有所反应，但是只有在你理解了异议背后的原因之后，你才能做出反应。你应试图回答这样的问题："他们提出异议背后的原因是什么？"当某些人不同意你的时候，异议的原因是他们的想法和你的想法可能对不上。在你找到解决方案以前，其实你已经达到了对这个问题的诊断了。最好的方法，就是你能揭开那些反对意见背后的原因，看看这些原因从何而来。

当人们不同意你的观点的时候，找一下他们表示异议的原因。我们有一个自然的倾向，就是在对话中为了尽量消除反对意见，会马上对它发表一个看法。问题是，反对者们在他们表述过反对以后，可能就不会继续聆听了，他们一直考虑的是，能再说一些什么，以坚定他们的异议。为了使他们能把他们的想法和你的想法挂起钩来，问他们一个关于异议的问题，也能使你确切地了解为什么他们表示反对。你不得不对他们的反对刨根问底。假设你正在向一些人推销一种新的节省时间的工作方法，他们却回答："那样做太复杂了。"如果不知道他们说的"复杂"是什么意思，你如何反驳他们呢？刨根问底的另外一个益处，是你表现出对异议有很大的兴趣。

3. 先退让一步，再提出反对的意见

在表示不同意见时，应该先退让一步，表示自己在某些方面同意对方的意见，也很仔细地考虑过他的意见；然后再说明自己的建议，这样将使对方更容易接受你的观点。你不妨这样说："我考虑过您的提议，这个建议很好，不过，有些问题可能还需要再商量。"或是："我十分同意您的意见，只是我有一些建议，希望您能听听看。"

4. 请对方再斟酌考虑一下

在表示反对之前，你不妨以慎重的态度，请对方再斟酌考虑一下，让不愉快的情绪降到最低，然后再提出你的意见。你可以这样说："您提的问题很重要，是否可以重新再仔细地讨论一下，您觉得如何？"

"您是否可以再想想，有没有更好的办法或建议，我的看法是这样应该也不错……"

这种态度不仅表明你愿意考虑接受对方的意见，而且表明你对他的意见很感兴趣，可使对方乐于跟你讨论，接受你的意见。

5. 在和谐的气氛中否定对方的意见

在提出反对意见前，你不妨告诉对方，有一些人也和他有同样的观点。把批评性的话先以表扬的形式讲出来，这样可以帮助你在和谐的气氛中否定对方的意见。你可以这样说："您提的意见很好，不少人和您有同样的看法，不过……"或者说："我明白您的假设很正确，在理论上是完全可行的，但是在实行方面……"

6. 重复对方的意见，以提醒对方再次考虑他的意见

在发表不同意见的过程中，许多人说话时往往粗心大意，所说的话可能不够完善，这时你不妨用询问的口气、适宜的语调重述对方的意见，表示希望得到再次的证实，使对方能重新思考，加以修正。比如，有一人在座谈会上批评学校管教学生不严时说："学校对于学生太过溺爱，使学生越来越放肆。学校应该要学生做他们并不喜欢的事，至于任何要求都可以。"另一个对此有异议的人便问："您认为学校如何对待学生最合适？要训练学生做其不喜欢的事就好了吗？"这番话立刻使先前提议的人又会再重新修正他有失偏颇的言辞。

7. 证明你的结论有理

当你做出一个结论的时候，要陈述为什么你认为这样的结论是正确的。如果你给出了结论的基础，将会大大地提高自己的可信度。你要认识到，如果有一些人不知道你是如何得出你的结论的，他们会变得非常多疑，最后甚至会认为你自己都不知道自己在说些什么。为了打消这种疑问，你可以说："根据我展示给各位的数字，我相信执行我的想法是非常合适的。你们怎么想呢？"通过加上"你们怎么想？"这样的问题，你给了别人一个机会，让他们选择同意还是反对你的结论。如果他们不同意，你最起码知道了他们是抱着异议的，这样就可以恰当地采取对策。

最好的策略就是使异议让步。一个有所松懈、让步的异议，常常是建立在不坚定的基础之上的，甚至就是建立在假象之上的，但你对此很难判断。假设那个和你谈话的人告诉你，他不喜欢你的主意，因为他认识的人告诉他你的主意不起任何效果。你不得不反问他："您认识的人尝试过执行我的主意吗？他们拥有什么和我的观点有关的专业知识？他们给过您为什么我的主意不起效果的具体说明吗？"一旦你发现异议之中的犹豫不决之处，就可以刨根问底地追究下去，直到说明为什么这个异议是不正确的。

8. 事先贮备可能遇到的问题

当你尝试着说服某些人接受你的观点时，你可能需要提供信息

来支持自己。这个可能是一个挑战，因为你不知道他们会问什么问题，而这些问题又需要什么样的数据支持。不幸的是，一旦你的回答在一个环节上出了问题，就会对所有其他的环节产生消极的影响。甚至如果你的生意上并没有出现麻烦，也会削弱你推销的点子的有效性。或许你需要回答的问题类型和需要的支持数据可以避开这个麻烦。你可以请那些平时要求很苛刻的朋友或同事来对你事先提问，这将会帮助你提高和完善你的陈述。有了这样的准备，就等于扫清了说服别人道路上的很多障碍。

※ 掌握说服他人的心理战术

在日常生活中，人们常常遇到这样一种情景：你在与别人争论某个问题，分明自己的观点是正确的，但就是不能说服对方，有时还会被对方“驳”得哑口无言。这是什么原因呢？

心理学家认为，要争取别人赞同自己的观点，光是观点正确还不够，还要掌握微妙的交往技术。心理学家经过研究，提出了许多增强说服力的方法，卡耐基归纳和总结了其中如下最基本的几种。

1. 利用“居家优势”

邻居家的一棵大树盘根错节，枝叶茂盛，遮住了你家后园菜地的阳光，你想与他商量一下这个问题，是应该到他家去呢，还是请他到你家来？

心理学家拉尔夫·泰勒等人曾经按支配能力（影响别人的能力），把一群大学生分成上、中、下三等，然后各取一等组成一个小组，让他们讨论大学10个预算削减计划中哪一个最好。一半的小组在支配能力高的学生寝室里，一半在支配能力低的学生寝室里。泰勒发现，讨论的结果总是按照寝室主人的意见行事，即使主人是低支配力的学生。

由此可见，一个人在自己或自己熟悉的环境中比在别人的环境中更有说服力。在日常生活中应充分利用居家优势，如果不能在自己家中或办公室里讨论事情，也应尽量争取在中性环境中进行，这样对方也没有居家优势。

2. 把仪表修饰得得体些

你想上级在申请书上签字，你是不顾麻烦，精心修饰一下仪表呢，还是相信别人会听其言而不观其貌？

我们通常认为，自己受到别人的言谈比受到别人的外表的影响要大得多，其实并不尽然。我们会不自觉地以衣冠取人。有人通过实验证明，穿着打扮不同的人，寻求路人的帮助，结果会大不相同：那些仪表堂堂、有吸引力的人，要比那些不修边幅的人有更多成功的可能。

3. 尽量拉近彼此的心理距离

你试图鼓动一伙青年去清扫某块地方，而他们却情愿到别的地方去，你怎样引起他们的兴趣呢？

许多研究者发现，如果你试图改变某人的个人爱好，你越是使自己等同于他，你就越具有说服力。例如，一个优秀的推销员总是使自己的声调、音量、节奏与顾客相称。甚至身体姿势、呼吸等也有意识地与顾客一致。这是因为人类具有相信“自己人”的倾向。正如心理学家哈斯所说的：“一个造酒厂的老板，可以告诉你为什么一种啤酒比另一种好；但你的朋友，不管是知识渊博的，还是学识疏浅的，却可能对你选择哪一种啤酒具有更大的影响。”

4. 不要只讲自己的观点

你准备拜访隔壁新搬来的一对夫妇，请他们为社区的某项工程募捐，用哪种方法最好呢？

平庸的劝说者，往往是开门见山提出要求，结果发生争执，陷入僵局；而优秀的劝说者，则首先建立信任和同情的气氛。如果主人为某事烦恼，你就说：“我理解您的心情，要是我，我也会这样。”这样就显示了对别人感情的尊重。以后谈话时，对方也会加以重视。

当然，优秀劝说者也不总是一帆风顺的。他也会遭到别人的反对。这时老练的劝说者往往会重新陈述对方的意见，承认它具有优点，然后才指出自己的意见更好、更全面。研究证明，在下结论前，呈示双方的观点，要比只讲自己的观点更有说服力。

5. 提出有力的证据

你准备参加某次决策会议，为一项不为大家重视的事业争取更大的一笔钱款，什么样的证据最有说服力呢？

如果向听众提供可靠的资料而不是个人的看法，你就会增加说服力。但要记住，听众受到证据的影响，也相同程度地受到证据来源的影响。在一项实验中，让两组被试者听到关于没有处方是否可以卖抗阻胺片的争论。然后告诉一组被试者，说可以卖的证据来自《新英格兰生理和医学月刊》（这是虚构的）；另一组则被告知，证据来自一家流行画报。结果发现，第一组比第二组有更多的人赞成：没有处方也可以卖抗阻胺片。

因此，引用权威的材料，更能消除听众的先入之见。

6. 运用具体情节和事例

你刊登广告，推销某种药品，是把药品的成分、功能、用法详细介绍一番好呢，还是介绍某个患者使用后如何迅速痊愈的事例好呢？

优秀的劝说者都清楚地知道这样一点：个别具体化的事例和经验，比概括的论证和一般原则更有说服力。因此，你要多卖掉药品，你就应酌情使用后面一种方法。在日常生活中，你要说服别人，你就应旁征博引，使用具体的例子，而不一味空洞说教。

※ 从对方的角度考虑问题更容易获得认同

卡耐基指出，试着去了解别人，从他的观点来看待事情就能创造生活奇迹，使你得到别人的认同，减少摩擦和困难。

他强调：记着，别人也许完全错误，但他并不认为如此。因此，不要责备他，只有傻子才会那么做。试着去了解他，只有聪明的人，才会这么做。

别人之所以那么想，一定存在着某种原因。查出那个隐藏的原因，你就等于拥有解答他的行为、也许是他的个性的钥匙。因此，一定要试着忠实地使自己置身于对方的处境。

如果你对自己说：“如果我处在他的情况下，我会有什么感觉，有什么反应？”那你就会节省不少时间及苦恼，因为“若对原因发生兴趣，我们就不太会对结果不喜欢”。而且，除此以外，你将可大大增加你在做人处世上的技巧。

“暂停1分钟，”肯尼斯·古地在他的著作《如何使人们变黄金》中说，“暂停1分钟，把你对自己的事情的深度兴趣，跟你对其他事情的漠不关心，互相作个比较，那么，你就会明白，其他人也正是抱着这种态度！于是，跟林肯及罗斯福等人一样，你已经掌握了从事任何工作的唯一坚固基础，除了看守监狱的工作之外；也就是说，与人相处能否成功，全看你能不能以同情的心理，接受别人的观点。”

卡耐基自己现身说法。多年来，卡耐基经常在他家附近的一处公园内散步和骑马，他跟古代高卢人的督伊德教徒一样，只崇拜一棵橡树，因此，当他看到那些嫩树和灌木，一季又一季地被一些不必要的大火烧毁时，觉得十分伤心。那些火灾并不是疏忽的吸烟者所引起的，它们几乎全是由那些到公园内去享受野外生活、在树下煮蛋或烤热狗的小孩们所引起的。有时候，火势太猛，必须出动消防队来扑灭。

在公园的一个角落里，立着一块告示牌说，任何人在公园内升火，必将受罚或被拘留。但那块牌子立在公园偏僻角落里，很少人能看到。有一个骑马的警察，他应该照顾公园才对，但他并未尽职，火灾在每一季节里仍然发生。

有一次，卡耐基慌慌张张地跑到一位警察面前，告诉他有一场火迅速在公园里蔓延，希望他赶快通知消防队。但他竟然漠不关心地回答，这不关他的事，因为这不是他的管区！

卡耐基很失望，所以后来他到公园里去骑马的时候，其行为就像一位自封的管理员，试图保护公家土地。刚开始的时候，他不会试着去了解孩子们的看法，一看到树下有火，心里就很不痛快，急于要做件好事，结果却做错了。他总是骑马来到那些小孩子面前，警告说，他们可能会因为在公园内升火，而被关进监牢去。并以权威的口气命令他们把火扑灭；如果他们拒绝，就威胁叫人把他们逮捕起来。卡耐基说，他自己只是尽情地发泄某种感觉，根本没有想到他们的看法。

结果呢？那些孩子服从了，心不甘情不愿而愤恨地服从。

等卡耐基骑马跑过山丘之后，他们很可能又把火点燃了，并且极想把整个公园烧光。

随着年岁的增长，卡耐基对做人处世有更深一层的认识，变得更为圆滑一点，更懂得从别人的观点来看事情。于是，他不再下命令，他骑马来到那堆火前面，说出了下面这段话：

“玩得痛快吗？孩子们，你们晚餐想煮些什么？……我小时候自己也很喜欢升火——现在还是很喜欢。但你们应该知道，在公园内升火是十分危险的。我知道你们这几位会很小心，但其他人可就不这么小心了。他们来了，看到你们升起了一堆火，因此，他们也生了火，而后来回家时却又不把火弄熄，结果火烧到枯叶，蔓延起来，把树木都烧死了。如果我们不多加小心，以后我们这儿连一棵树都没有了。你们升起这堆火，就会被关入监牢内。但我不想太啰嗦，扫了你们的兴。我很高兴看到你们玩得十分痛快；但能不能请你们现在立刻把火堆旁边的枯叶子全部拨开；而在你们离开之前，用泥土，很多的泥土，把火堆掩盖起来。你们愿不愿意呢？下一次，如果你们还想玩火，能不能麻烦你们改到山丘的那一头，就在沙坑里升火？在那升火，就不会造成任何损害……真谢谢你们，孩子们，祝你们玩得痛快！”

这种说法有了很不同的效果！使得那些孩子们愿意合作，不勉强，不憎恨。他们并没有被强迫接受命令，使他们保住了面子。他们会觉得舒服一点，我们也会觉得舒服一点，因为我们先考虑到他们的看法，再来处理事情。

卡耐基发现，在个人问题变得极为严重的时候，从别人的观点来看事情，也可以减缓紧张。

澳洲南威尔斯的伊丽莎白·诺瓦克，过了 6 个星期还没有付出买汽车的分期付款。“在一个星期五，”她向朋友这样介绍说，“负责我买车子分期付款账户的一名男子打电话来，不客气地告诉我说，如果在星期一早晨我还没有缴出 122 美元的话，他们公司会采取进一步行动。周末我没有办法筹到钱，因此在星期一一大早接到他的电话时，我听到的就没有什么好话了。但是，我并没有发脾气，我以他的观点来看这件事情。我真诚地抱歉给他带来了很多的麻烦，而且由于这并不是我第一次过期未付款，我说我一定是令他最头痛的顾客。但他举出好几个例子，说明好些顾客有时候极为不讲理，有的时候满口谎言，更常有的是躲避他，根本不跟他见面。我一句话不说，让他吐出心里的不快。然后根本不需要我请求，他说就算我不能立刻付出所欠的款额，也没有关系。他说，如果我在月底先付给他 20 美元，然后在我方便的时候，再把剩下的欠款付给他，一切就没有问题。”

卡耐基强调，如果你想改变人们的看法，而不伤害感情或引起憎恨，请遵循这样规则：“试着诚实地从他人的观点来看事情。”这样，说服别人才能减少阻力，容易引起对方的积极响应。

※ 先强调双方所同意的事情比讨论异见更明智

卡耐基指出，跟别人交谈的时候，不要以讨论异见作为开始；要以强调而且不断强调双方所同意的事情作为开始。不断强调你们都是为相同的目标而努力，唯一的差异只在于方法而非目的。

要尽可能使对方在开始的时候说“是的，是的”，尽可能不使他说“不”。

奥佛斯屈特教授在他的《影响人类的行为》一书中说：“一个‘否定’的反应，是最不容易突破的障碍。当一个人说‘不’时，他所有的人格尊严，都要求他坚持到底。也许事后他觉得自己的‘不’说错了；然而，他必须考虑到宝贵的自尊！既然说出了口，他就得坚持下去。因此，一开始就使对方采取肯定的态度，是最为重要的。

“懂得说话的人都在一开始就得到一些‘是的’反应，接着就把听众心理导入肯定方向。就好像打撞球的运动，从一个方向打击，它就偏向一方；要使它能够反弹回来的话，必须花更大的力量。

“这种心理模式很明显。当一个人说‘不’时，而本意也确实否定的话，他所表现的绝不是简单的一个字。他身体的整个组织——

内分泌、神经、肌肉——全部凝聚成一种抗拒的状态，通常可以看出身体产生一种收缩或准备收缩的状态。总之，整个神经和肌肉系统形成了一种抗拒接受的状态。反过来说，当一个人说‘是’时，就没有这种收缩现象产生，身体组织就呈前进、接受和开放的态度。因此，开始时我们愈能造成‘是，是’的情况，就愈容易使对方注意到我们的终极目标。

“这种‘是的’反应是一种非常简单的技巧，但是被多少人忽略了！一般看来，人们若一开始采取反对的态度，似乎就能得到他们的自重感。激烈派的人跟保守派的人在一起时，必然马上使对方愤怒起来。而事实上，这又有什么好处呢？他如果只是希望得到一种快感，也许还可以原谅。但是假如他要实现什么的话，他在心理方面就太愚笨了。

“一个学生，或顾客，或丈夫，或太太，在一开始就说‘不’的话，你需要天使的智慧和耐心，才能使这一种否定的态度转变为肯定的态度。”

这种使用“是，是”的方法，使得纽约市格林威治储蓄银行的职员詹姆斯·艾伯森挽回了一个顾客，否则就失去了一个客户。

“那个人进来要开一个户头”，艾伯森先生说，“我就给他一些平常表格让他填。有些问题他心甘情愿地回答了；但有些他则根本拒绝回答。

“在我研究做人处世技巧之前，我一定会对那个人说，如果他拒绝对银行透露那些资料的话，我们就不让他开户头。我对我过去曾采取的那种方式感到羞耻。当然，像那种断然的方法，会使我觉得痛快。因为我表现出了谁是老板，也表现出了银行的规矩不容破坏。但那种态度，当然不能让一个进来开户头的人有一种受欢迎和受重视的感觉。

“那天早上，我决定采取一点实用的普通常识。我决定不谈论银行所要的，而谈论对方所要的。最重要的，我决意在一开始就使他说‘是，是’，因此我不反对他，我对他说，他拒绝透露的那些资料，并不是绝对必要的。

“‘是的，当然。’他回答。

“我继续说：‘您难道不认为，把您最亲近的亲属名字告诉我们，是一种很好的方法吗？——万一您去世了，我们就能正确并不耽搁地实现您的愿望。’

“他又说：‘是的。’

“那位年轻人的态度软化下来，当他发现我们需要那些资料不是为了我们，而是为了他的时候，改变了态度。在离开银行之前，那位年轻人不只告诉我所有关于他自己的资料，而且还在我的建议下，开了一个信托户头，指定他母亲为受益人，而且很乐意地回答所有关于他母亲的资料。

“我发现若一开始就让他说‘是，是’，他就会忘掉我们所争执的事情，而乐意去做我所建议的事。”

西屋公司的推销员约瑟夫·亚力森说：“在我的区域内有一个人，我们公司极想卖东西给他。我的前任找他接洽 10 年了，一点结果也没有。当我接收这个区域时，我也连续找了他 3 年，都拿不到订单。最后，在无数次的拜访和谈话之后，我们卖了几部发动机给他。如果这些发动机不出毛病的话，我深信他会开下一张几百部发动机的订单。这是我的期望。

“我知道这些发动机不会有毛病的。因此，当我 3 个星期之后又去见他的时候，我兴致很高。

“但是我的兴致并没有维持很久，因为那位总工程师以这段惊人的话来招呼我：‘亚力森，我不能再买你们的发动机了。’

“‘为什么？’我惊讶地问。

“‘因您你的发动机太热了，我的手不能放上去。’

“我知道跟他争辩不会有什么好处，我已经那样做太久了。因此，我想起获得‘是，是’的反应。

“‘听我说，史密斯先生，’我说，‘我百分之百同意您。如果那些发动机太热，您就不应该再买。您的发动机热度不应该超过全国电器制造公会所立下的标准，不是吗？’

“他同意：‘是的。’我已经得到我的第一个‘是’。

"'电器制造公会的规则是，设计适当的发动机可以比室内温度高出华氏 72 度。对不对呢？'

"'是的，'他同意，'的确是的，但您的发动机热多了。'

"我没有跟他争辩。我只是问：'厂房有多热呢？'

"他说：'大约华氏 75 度。'

"'那么，'我回答，'如果厂房是 75 度，加上 72 度，总共就等于华氏 147 度，如果您把手放在华氏 147 度的热水塞门下面，是不是很烫手呢？'

"他又说：'是的。'

"'那么，'我提议，'不要把手放在发动机上面，不是一个好办法吗？'

"'我想您说得不错，'他承认说。我们继续聊了一会儿，接着他叫秘书过来，为下个月开了一张价值 3 万 5 千美元的订单。

"我花了好多钱，失去了好多生意，才终于学到：跟人家争辩是划不来的，也学到从别人的观点来看事情，使他说'是的，是的'才更有收获和更有意思。"

在加州奥克兰市主持卡耐基课程的艾迪·史诺，叙述他之所以成为一家商店的好顾客，只是因为那家商店老板婉转的话，使他说了"不错"这句话的关系。艾迪喜欢用弓箭打猎，并且在买弓、箭以及装备方面花了不少钱。当他弟弟来看他的时候，他想向常光顾的那家店租一张弓带他弟弟去打猎。但是店员说他们不出租弓，因此艾迪就打电话给另一家商店。艾迪描述了以后发生的事。

"一个声音听起来非常令人愉快的男士接听了电话，他对我租弓问题的答复和原来那一家商店完全不同。他说很抱歉他们不再租弓了，因为他们负担不起。然后他问我，以前是不是租过弓，我回答说：'不错，几年以前。'他又提醒我，当时可能要付 25～30 美元的租金，我又说了'不错'。然后，他又问我是不是一个希望省些钱的人，当然我又回答'不错'。他说他们正在拍卖一些附有一切装备的弓，只要 34.95 美元一套，我只要付出比租金多几美元，就可以买下一整套。他解释说，这就是他们为什么停止出租弓的原因；他问我，这样做是不是很划得来。我的‘不错’的答复引导我去买一套弓；而当我去拿弓的时候，我又在他的店里买了一些其他的东西。并且从那以后，我便成为他们的固定顾客。”

卡耐基提醒我们，如果你要使别人同意你，请记住下列规则：“使对方立即就说‘是的，是的’。”

※ 采用讲故事的迂回方式去说服

直来直去地说服别人，有时会遇到障碍，在这种情况下，不妨采用一些迂回的方式，比如，先讲故事就是卡耐基比较推崇的一种说服策略。

第二次世界大战期间，美国的一批科学家要试制原子弹，他们把这项工程定名为“曼哈顿工程”。核物理学家西拉德草拟了一封信，由爱因斯坦签署后，交给美国经济学家、罗斯福总统的私人顾问亚历山大·萨克斯面呈总统罗斯福，信的内容是，敦促美国政府要抢在（希特勒）德国前面研制原子弹。

1939 年 10 月 11 日，萨克斯同罗斯福进行了一次具有历史意义的交谈。

萨克斯先向罗斯福面呈了爱因斯坦的长信，继而又朗读了科学家们关于核裂变发现的备忘录。可是，罗斯福听不懂那些深奥的科学论述，因而反应十分冷淡。

罗斯福对萨克斯说：“这些都很有趣，不过政府若在现阶段干预此事，看来还为时过早。”萨克斯讲得口干舌燥也无济于事，只好向总统告辞。罗斯福为表示歉意，邀请萨克斯第二天共进早餐。

鉴于事态和责任的重大，未能说服罗斯福总统的萨克斯整夜在公园里踯躅，苦苦思索着说服总统的良策。

第二天早晨，萨克斯与罗斯福共进早餐。萨克斯尚未开口，罗斯福就先发制人地说：“今天不许谈爱因斯坦的信，一句也不许谈，明白吗？”

“我想谈一点历史。”萨克斯望着总统含笑的面容，非常平静地说，“英法战争期间，在欧洲陆地上不可一世的拿破仑，在海上却屡战屡败。这时，一位年轻的美国发明家罗伯特·富尔顿来到这位法国皇帝面前，建议把法国战舰上的桅杆砍掉，撤去风帆，装上蒸汽机，把木板换成钢板。但是拿破仑却认为，船若没有风帆就不能航行，木板换成钢板船就会沉没。他嘲笑富尔顿：‘军舰不用帆？靠你发明的蒸汽机？哈哈，这简直是想入非非，不可思议！’结果，富尔顿被轰了出去。历史学家们在评论这段历史时认为：如果当初拿破仑采纳了富尔顿的建议，19世纪的历史就得重写。”萨克斯讲完后，目光深沉地注视着罗斯福总统。

罗斯福沉思了几分钟，然后取出一瓶拿破仑时代的法国白兰地，斟满了酒，他把酒递给了萨克斯，说道：“你胜利了！”萨克斯顿时热泪盈眶，他为自己说服了总统而激动，更为总统的这句话揭开了美国制造原子弹历史的第一页而高兴。

卡耐基指出，为了成功地说服别人，多动些脑筋，通过讲故事等手段，迂回曲折地达到自己的目的，是一种比较高明的策略。

※ 有效说服别人的技巧和步骤

有一次，戴尔·卡耐基突然同时接到两家研习机构的演讲邀请函，一时之间，他无法决定接受哪家邀请。但在分别和两位负责人洽谈过后，他选择了后者。

在电话中，第一家机构的邀请者是这样说的：“请先生不吝赐教，为本公司传授说话的技巧给中小企业管理者。由于我不太清楚您所讲演的内容为何，就请您自行斟酌吧。人数大概不超过100人……万事拜托了！”

卡耐基认为，这位邀请者说话时平淡无力，缺乏热忱。给人的感觉，便是一副为工作而工作的态度，让人感受不到丝毫的热情，也让他留下相当不好的印象。

此外，对方既没明确地提示卡耐基应该做什么、要做到什么程度，也没有清楚交代听讲人数，叫他如何决定演讲内容呢？对此，卡耐基自然没有什么好感。

而另一家机构的邀请者则是这样说的：

“恳请先生不吝赐教，传授一些增强中小管理者说话技巧的诀窍。与会的对象都是拥有 50 名左右员工的企业管理者，预定听讲人数为 70 人。因为深深体悟到心意相通的时代离我们越来越遥远，部属看上司脸色办事的传统陋习早已行不通。因此，此次恳请先生莅临演讲的主要目的，是希望让所有与会研习者明白，不用语言清楚地表达出自己想法的人，是无法成为优秀的管理人才。希望演说时间能控制在两个钟头左右，内容锁定在：一、学习说话技巧的必要性；二、掌握说话技巧的好处；三、说话技巧的学习方法这三方面，希望您能带给大家一次别开生面的演讲。万事拜托了！”

卡耐基可以感觉到这家机构的邀请者明快干练、信心十足，完全将他的热情毫无保留地传达给了自己。更重要的是，对方在他还没有提出问题的情况下，就解答了所有的疑问。因此，在卡耐基的脑海里立刻浮现出自己置身讲台的情景，并且很快就能够想象出参加者的表情，以及自己该讲述的内容等。显然，这种邀请方式很能带给受邀者好感。

在工作中，为了说服别人，是需要一定技巧的。其中最重要的是依循一定的步骤。那么，说服他人，应按照什么样的程序来进行呢？卡耐基总结了以下 4 个步骤。

(1) 吸引对方的注意和兴趣

为了让对方同意自己的观点，首先应吸引劝说对象将注意力集中到自己设定的话题上。利用“这样的事，您觉得怎样？这对您来说，是绝对有用的……”之类的话转移他的注意力，让他愿意并且有兴趣往下听。

为了不至于在开始时便出师不利，以下几个要点请你务必好好掌握。

①留下良好的第一印象。也就是穿着得体、以礼待人，脸上保持诚恳的微笑。

②平时多留意自己的言谈举止，绝对要言行一致。

③主动与周围的人接触，建立良好的人际关系。

④再小的承诺也要履行，记住要言出必行。

⑤不撒谎，除了善意的谎言。

⑥提高与大众沟通的能力。

(2) 采用一些更具有说服力的技巧

在说服别人的时候，卡耐基指出，如果能够采用以下口才技巧，将会取得更好的效果。

①要以权威的腔调讲话。为了达到这个目的，你必须熟悉你讲话的内容，你对你的目的了解得越多越深刻，你讲得就会越生动越透彻。

②使用具体和专门的词汇和词语。绝对掌握了这种艺术的人是耶稣，他说话使用的词汇和发布命令所使用的词语都是简单、简洁、一语中的并且容易理解的。例如，他说的“跟我来”不会有人不明白。

③使用简单的词汇和简短的句子。最简洁的文章总是最好的文章，其原因就是它最容易理解，在说服别人的时候，也是同样的道理。

④避免使用不必要的词汇和说一些没有用的事。集中一点，不分散火力，才能取得良好的说服效果。

⑤不要夸口。不但永远不要夸口或者言过其实，而且在陈述你的情况时，还要动脑筋为自己留有余地，这样你就不必担心会遇到什么责难。

⑥不可盛气凌人。即使你理由充分，别人持有你认为显然错误的意见，你也没有任何理由采取盛气凌人的态度；否则，只能激起别人的逆反心理。

⑦要采取一些外交手腕及策略。圆滑老练是指在适当的时间和地点去说适当的事情，但又不得罪任何人的一种能力。尤其是当你对付固执的人或者棘手的问题时，你更需要圆滑老练，甚至使用外交手腕。要说做起来也很容易，就像你对待每一个女人都像对待一位夫人一样，对待每一个男人都像对待一位绅士一样。

(3) 明确表达自己的思想

具体说明你所想要表达的话题。比如“如此一来不是就大有改善了吗？”之类的话，更进一步深入话题，好让对方能够充分理解。

明白、清楚的表达能力是成功说服中不可缺少的要素。对方能否轻轻松松倾听你的想法与计划，取决于你如何巧妙运用你的语言技巧。

为了让你的描述更加生动，少不了要引用一些比喻、举例来加深听者的印象。适切地引用比喻和实例能使人产生具体的印象；能让抽象晦涩的道理变得简单易懂；甚至使你的主题变成更明确或为人熟知的事物。如此一来，就能够顺利地让对方在脑海里产生鲜明的印象。

说话速度的快慢、声音的大小、语调的高低、停顿的长短、口齿的清晰度等，都不能忽视。除了语言之外，你同时也必须以适当的表情、肢体语言来辅助。

(4) 动之以情

透过你说服对方的内容，了解对方对此话题究竟是否喜好、是否满足，再顺势动之以情，或诱之以利，告诉他："倘若遵照我说的去做，绝对省时省钱，美观大方，又有销路……"不断刺激他的欲望，直到他跃跃欲试为止。

说服前必须能够准确地揣摩出对方的心理，才能够打动人心。比如，他在想什么？他惯用的行为模式为何？现在他想要做什么等。一般而言，人的思维行动都是由意识控制的，即使他人和外界如何地建议或强迫，也不见得能使其改变。

想要以口才服人的你，必须意识到说服的主角不是你而是对方。也就是说，说服的目的，是借对方之力为己服务，而非压倒对方。因此，一定要从感情深处征服对方。

(5) 提示具体做法

在前面的准备工作做好之后，你就可以告诉对方该如何付诸行动了。你必须让对方明白，他应该做什么、做到何种程度最好等内容。到了这一步，对方往往就会很痛快地按照你的指示去做。

※ 以缓和的手段和坚定的目标去说服

在说服别人的时候，不能咄咄逼人、急于求成，而是应该讲求策略，尽量以缓和的手段和执着的精神去努力。在这方面，卡耐基非常赞赏马克的做法。

11 月某个星期六的夜里，马克和他的太太抵达了沙葛立柏开始度假。那地方在前南斯拉夫。他们住在洲际旅馆，旅馆里供应的观光手册推荐邻近的普力蒂梵斯湖说：“这个区域里有 16 个小湖，由瀑布串联起来，湖光山色相映成趣，是来到此地绝对不能错过的奇景。”

读了这段介绍，许多游客自然会产生利用星期天的上午到这地方一游的想法。根据侍者的说法，普力蒂梵斯湖的观光巴士在非观光季节的时候是不开的；但是，绕着湖对开的普通公车，每个整点都有一班。两个半小时的旅程，只要 20 元，便宜极了。马克夫妇有点担心天气。但是，侍者却说，只要 45 分钟，环湖电车就可以绕湖一圈。来到他们那里，却不到湖边看一看，“那你们算是白来了”。

马克夫妇是在下午 1 点钟的时候抵达湖边的，但是他们却发现，湖边的餐馆和店面，在非观光季节根本是不开的。要想有东西吃、有东西买，至少要等到明年夏天。更惨的是，他们发现环湖电车每 3 个小时一班，下一班要在两个小时之后才会开。这还没什么，突然之间，雨也下了起来。不是毛毛雨，而是倾盆大雨。他们连个躲的地方都没有，只得冲到公路上，想赶下午 2 点的公车回旅馆。不料，2 点钟根本就没有公车，3 点和 4 点的公车上挤满了要回沙葛立柏工作的乡下人。到了 4 点半，他们又紧张、又焦急，还又饿又冷。

终于有一辆计程车停在他们这两个湿淋淋的人前面，司机答应载他们回旅馆，代价是 700 元。他们又湿又冷，根本就没有想到要杀价，高高兴兴地就坐了上去。

他们在进房间之前，还特别去找经理助理。马克想，他湿淋淋地站在经理助理的面前，一定有很强的戏剧效果，他当然会同情他们这两个在他面前瑟瑟发抖的客人。

然而马克错了。经理助理不但不想付打车的 700 元，而且连一碗热汤都不想免费供应，只同意明天早上经理巴雷塔斯来上班之后，把这个情况反映给他知道。

马克决定依靠自己良好的口才维护自己的权益。以下就是第二天马克同经理对话的内容。

经理：我们的经理助理留了一张纸条，告诉我昨天发生的事情。我们很抱歉造成您的不便。但是，旅馆方面却不能负什么责任。

马克：巴雷塔斯先生，您说的话可能没错。

马克刻意强调经理的话没错，希望能解除他的敌意，调整出冷静的气氛，让大家不要坚守立场，心平气和地对话。这句话也间接点出马克的开放胸怀。他知道，毫不节制地批评或是大吼大叫，只会让经理的戒心更重，口气更硬。

马克特别提到了巴雷塔斯的名字，以便在对话中能够多一点人情味；同时，提醒巴雷塔斯先生，他在问题解决的过程中，扮演很重要的角色。他不想在那儿喋喋不休地诉说他的悲剧，让经理在一边冷眼旁观，论断是非。

马克：我知道要求洲际旅馆赔偿我的损失，没有什么道理。可是，饭店提供的观光手册，鼓励我们到普力蒂梵斯湖走一走；侍者说，利用星期天的时间，好好地欣赏一下湖光山色，会让我们永难忘怀。我是不是根本不该相信贵旅馆的建议呢？

因为马克想要得到巴雷塔斯的回答，所以在结论中，他特别给经理留下了评论的空间，让他判断他的话有没有道理、公不公平。

马克：我很感激您的同人花了那么多的时间，跟我解释怎么搭公车，怎么游湖，怎么回来。我绝对不怀疑他们帮忙的诚意。

马克刻意把工作人员和这件事情分开，强调他们很帮忙、很热心。他希望用这种方法让经理了解，他不是在质疑旅馆的办事模式和服务态度。如果把旅馆工作人员扯进来，最后倒霉的会是那个侍者。

马克：我希望洲际旅馆和您能够很公平地看待我这件事情。我不想让你们觉得我很贪婪；但是，我也相信你们想用合理、公平的态度，解决这个问题。

马克一直强调，他在乎的是公不公平，而不是区区的 700 元。巴雷塔斯先生绝对没有理由批评他的立场。

马克：也许我应该把我的感受跟我国的旅行社说一下。您建议我写信给谁呢？如果我的旅行社也帮忙写一封的话，您觉得会有用吗？

这其实是隐藏性的最后通牒，马克想提醒巴雷塔斯先生，他不是在跟他开玩笑，他很在意这个情况，问题也不会在他们讨论之后结束。马克不是说他要向旅行社申请这件事情，他只是要向有关部门反映他的感觉而已，而且要让巴雷塔斯先生知道，如果这事没有解决，他的麻烦才刚刚开始。

马克：巴雷塔斯先生，我知道您的立场，您没有义务赔偿我这700元。

到了这个地步，最好用“您”或是“您的”之类的用语，不要说“旅馆方面”。就算是“人”的因素被排除在外，坦白说，这还是一个人跟人之间的难题。

马克：我很好奇，您到底是为了什么不肯赔偿我呢？

马克说这话的意思，是想弄清楚巴雷塔斯先生是不是有一套理论在支撑他的说辞。也许巴雷塔斯真有一番大道理，也许他只是嘴硬而已。但是马克的话既然已经这么说了，巴雷塔斯也只好摊开他的底牌，想办法解释一下他心里在想什么。

马克：我现在想问几个问题，确定一下我已经掌握事实了。

是不是每个房间里都有一本小册子，鼓励大家到普力蒂梵斯湖去游览呢？

旅馆的侍者是不是有义务协助旅客，安排当地的旅游活动呢？

旅馆里的侍者到底是应该鼓励旅客去游湖呢？还是建议他们不要去呢？

你们一直建议我们要到湖边走走，而旅馆的侍者更是极力推荐。他们应该也知道现在不是观光季节，要到明年夏天，观光巴士才会正常发车吧？

难道巴雷塔斯不知道，现在的普力蒂梵斯湖其实很荒凉吗？马克完全听他的意见有错吗？巴雷塔斯也知道，旅馆的侍者有责任协助旅客安排当地的旅游活动。巴雷塔斯或许不知道星期天的回程公车上，会有一大堆工人，在湖边的那一站根本不会停。但是，侍者有什么理由不知道旅馆极力推荐的风景点，究竟是个怎么样的情形？

马克：我觉得一个合理的解决方法是：旅馆赔偿我们700元，这总比两个人的回程公车票，再加上从公车车站坐计程车回到旅馆的价格要便宜一点。您觉得我的提议有道理吗？

如果我们都同意这个办法，麻烦您改一下我的账单好了。如果今天没能找到大家都满意的解决方法，那么，我只好回国后，再去找适当的人来进一步讨论了。

马克再次强调了一件事：即便是巴当面拒绝了他，这事还是没完没了。不过，马克却不想让巴雷塔斯觉得马克在威胁他，马克只想让巴雷塔斯先生知道，他其实是跟马克站在同一条战线上。难听的威胁和清楚的警告，只会毁掉马克苦心经营的客观气氛。

为了让巴雷塔斯先生能够比较容易地点头，马克还很体贴地请巴雷塔斯在他的账单上扣掉这笔钱就好了，不一定要开一张支票，把钱退给我。想要公平，想要讲理，“调整”恐怕是不能避免的事情。

巴雷塔斯先生终于同意在账单上扣掉这笔钱。

马克靠自己良好的口才，以缓和的手段、坚定的目标，影响和控制最后的结果，达到了说服对方的目的。

※ 先解决令对方感到不安或忧虑的一些问题

在说服别人的时候，如果对方有顾虑，就会产生一定的抵触情绪。只有先努力消除那些令对方感到不安或忧虑的问题，才能取得良好的说服效果。

夏倍上校是拿破仑时代一位赫赫有名的军官，他在埃洛战役中重伤昏迷，被人草草掩埋。当他最终死里逃生、回到巴黎时，妻子已带着他的全部遗产改嫁了。

夏倍上校多次写信求见妻子，未被理睬。由于伤病与穷困潦倒，他改变了形貌，到处被人当疯子对待。最后，他终于求见了正直的诉讼代理人但尔维，向他诉说了一切。

但尔维决心替夏倍上校打官司，为此，他需要先战胜夏倍上校的原来的妻子——现在的法洛伯爵夫人——一个阴险恶毒的女人。

下面是双方唇枪舌剑的辩论场面。

“但尔维先生，您好！”伯爵夫人说着，继续拿咖啡喂她的猴子。

但尔维听她招呼的口气那么轻浮，觉得很刺耳，便直截了当地对她说：“太太，我是来跟您谈一件相当重要的事的。”

“啊，遗憾得很，伯爵不在家呢……”

“我觉得很幸运，太太。他要是参加我们的谈话，那才是遗憾呢！并且我从台倍克那儿知道，您一向喜欢自己的事自己解决，不愿打搅伯爵。”

“那么，我叫人把台倍克找来吧。”

“他虽能干，但这一回也帮不了您的忙。太太，你只要听我一句话，就不会嘻嘻哈哈了。夏倍伯爵的确没有死。”

“难道这种荒唐的话就能使我不再嘻嘻哈哈了吗？”她说着，大声地笑了。

但尔维目不转睛地瞪着她，明亮的眼睛仿佛看透了她的心事。

“太太，”他冷冷地用又尖锐又严肃的口气说，“您还不知道您冒的危险有多大呢。不消说，全部文书都是真实的，确定夏倍上校没有死的证件都是可靠的。您应该知道，我不是接受无根无据案子的人。我们撤销死亡登记的时候，倘若您出来反对，这第一场官司您就非输不可；而我们赢了第一场，以后的几审也就赢定了。”

“那么，您还预备跟我谈什么呢？”

“既不谈上校，也不谈您。有些风雅的律师，拿这件案子里奇奇怪怪的事实，加上您以前收到的前夫的几封信，很可能做成一些有趣的节目，可是我也不预备和您谈这种问题了。”

“这简直是无耻！”她装腔作势，尽量拿出恶狠狠的神气，“我从来没有收到夏倍上校的信，并且谁要自称为上校，他准是骗子，苦役监里放出来的囚犯，像高阿涅之类。单是想到这种事就叫人恶心。先生，您认为上校会复活吗？他阵亡以后，波拿巴正式派副官来慰问我，国王批准3000法郎抚恤金，我至今还在支领。自称夏倍上校的人，不管过去有多少，将来还有多少，我都有一千个一万个理由不理睬他们。”

“太太，幸亏今天只有咱们两人，您尽可以自由扯谎。”但尔维冷冷地说着，有心刺激伯爵夫人，以为她一怒之下可能露出些破绽来，这是诉讼代理人的惯技，敌人或当事人尽管发脾气，他们总是声色不动。他临时又想出一个圈套，叫她明白自己弱点很多，不堪一击。便思忖着：“好，咱们来见个高低吧。”接着，他高声说，“太太，第一封信的证据，是其中还附有证券……”

“噢！证券吗？信里可没有什么证券。”

但尔维微微一笑：“原来这第一封信您是收到的。您瞧，一个诉讼代理人随便唬您一下，您就中了计，还自以为能跟司法当局斗吗……”

伯爵夫人的脸一会儿红一会儿白，便用手遮住了。然后她把羞愧的情绪压下去，恢复了像她那等女人天生的镇静。

“既然您做了夏倍的代理人，那么，请您……”

“太太，”但尔维打断了她的话，“我现在除了当上校的代理人之外，同时仍旧是您的代理人。像您这样的大主顾，我肯放弃吗？可是您不愿意听我的话呀……”

“那么，先生，您说吧。”她态度忽然变得很殷勤了。

“您得了夏倍上校的财产，却对他不理不睬；您有了亿万家私，却让他在外面要饭。太太，亲情本身既然这样动人，律师的话自然动人了，这件案子里头，有些情节可能引起社会的愤怒。”

伯爵夫人被但尔维放在火上一再烧烤，不由得心烦意乱。她说：“可是先生，即使夏倍真的没死，法院为了我的孩子，也会维持我跟法洛伯爵的婚姻。我只要还夏倍22万5千法郎就完了。”

“太太，关于感情的问题，我们不知道法院将来怎么看。一方面，固然有与孩子的问题；另一方面，一个受尽苦难，被您一再拒绝而折磨得衰老的男人，同样成为问题。叫他到哪儿再去找个妻子呢？那些法官能作出违法的判决吗？您和上校的婚姻使他对您有优先权。不但如此，一旦人家用丑恶的面貌来形容您的时候，您还会碰到一个意想不到的敌人。太太，这就是我想替您防止的危险。”

“一个意想不到的敌人！谁？”

“这就是法洛伯爵，太太。”

“法洛伯爵太爱我了，对他儿子的母亲太敬重了……”

但尔维打断了她的话：“诉讼代理人是把人家的心看得雪亮的，您这些废话甭提了。此刻法洛先生绝没意思跟您离婚，我也相信他非常爱您；但要是有人跟他说，他的婚姻可能宣告无效，他的太太要在公众眼里成为罪大恶极的女人……”

“那他会保护我的。”

“不会的，太太。”

“请问他有什么理由把我放弃呢，先生？”

“因为他可以娶一个贵族院议员的独生女，那时只要国王一道诏出，就能把贵族院的职位移转给他……”

伯爵夫人听着脸色变了。

但尔维心想：“行啦，被我抓住了，可怜的上校，你官司赢定了。”然后，他高声说道：“并且，法洛伯爵那么做，心里也没有什么过不去。因为一个光荣的男人，又是一个将军，又是伯爵，又是荣誉团勋勋位，绝非等闲之辈。倘使这个人向他要回太太的话……”

“得了，得了，先生！”她说，“您永远是我的代理人，请您告诉我应当怎样办吧！”

阴险而狡猾的伯爵夫人终于俯首称臣。

想要让对方同意你的意见，第一步就是要设法先了解对方的想法与凭据来源。

善于观察与利用对方微妙心理，是帮助自己提出意见并说服别人的要素。

一般来说，被说服者之所以感到忧虑，主要是怕“同意”之后，会不会发生意想不到的后果；如果你能洞悉他们的心理症结，并加以防备，他们还有不答应的理由吗？

至于令对方感到不安或忧虑的一些问题，要事先想好解决之道，以及说明的方法，一旦对方提出问题时，可以马上说明。如果你的准备不够充分，讲话模棱两可，反而会令人感到不安。所以，你应事先预想一个引起对方可能考虑的问题，以此激励、刺激人们的理性、心理，以便获得说服的效果。这需要我们开动脑筋，善于寻找那些确能使人关心或忧虑的事情。但尔维说服对方的成功之处就在于此。

第五章　学会使用委婉得体的批评方法

在日常生活或工作中，针对别人的一些不恰当的言行，不可避免地要产生一些批评意见。但是，如何开展批评，却大有文章可做。即使别人真的犯下了“不可饶恕”的错误，在批评对方的时候也一定要讲求适当的方式。只有能够很恰当地把握批评的方法尺度，才能使批评达到春风化雨、“甜口良药也治病”的效果。

※　尽量不要为任何事情而轻易去批评别人

1865 年 4 月 15 日，一个星期六的早晨，林肯躺在一座简陋公寓的卧室中。这间公寓就在他被袭击的福特戏院对面。林肯那瘦长的身体，平躺在一张短而凹陷的床上，床边的墙上，挂着一幅《马群展览会》的复制画，一盏煤气灯散发出幽暗、淡淡的光亮。

林肯临终前，陆军部长斯坦顿说：“躺在那里的，是世界上最完美的元首。”林肯待人成功的秘诀是什么？卡耐基曾用了 10 年左右的时间，研究林肯的一生，并又花了 3 年时间，写成了一本有关他的书，书名叫做《林肯不被人了解的一面》。

卡耐基相信自己已经相当深入地了解了林肯的生活、研究了他的性格，以及他处理事务时的做法。同时，卡耐基还仔细研究了他待人接物的方法。那么，林肯是否也对他人提出过批评呢？答案是肯定的。青年林肯曾在印第安纳州的鸽溪谷定居，那时的他不但常当面指责他人，甚至还写信作诗去嘲讽。他常把自己写好的东西，扔在他人必经的路上，这种对他人的伤害，往往使人终生难忘。

当他搬到伊利诺伊州的春田镇，挂牌做了律师后，他还在报纸上发表他的文稿，公开攻击一个自大好斗的名叫西尔茨的爱尔兰政客。

那是在1842年的秋季，当时林肯在春田的报上，刊登出一封匿名信讽刺西尔茨，全镇的人都把这件事当做笑料，作为谈资。西尔茨平时就敏感而自负，这件事当然激起了他的心头怒火。当他查出是谁写这封信时，跳上马，立即去找林肯，要和他决斗。林肯平时不愿意打架，更反对决斗，可是为了自己的面子终于还是答应了下来。他的对手西尔茨让他自己选用武器，林肯两条手臂特别长，而且曾同一位西点军官学校的毕业生学习过刀战，于是便选用了马队用的大刀。到了指定的日期，他和西尔茨在密西西比河的河滩上，准备拼死决斗，就在最后一分钟，两人的朋友匆忙赶到，总算阻止了这场决斗。

这件事对林肯来说，是个终身的教训。他不再写那些凌辱人的信，不再讥笑他人，从那时开始他几乎再不为任何事去批评别人。

美国内战的时候，林肯屡次委派新将领，统率“波托麦克军”，可是他们却一个个地遭到了惨败。当全国半数以上的人都在指责这些失职的将领时，林肯却仍旧保持着平和的态度。他最喜欢的一句格言是：“不要评议他人，免得为他人所评议。”

当林肯的妻子和其他人一样，刻薄地嘲笑南方人时，林肯总是这样对她说：“不要批评他们，在同样的情况下，我们也会像他们那样做。”林肯的这种宽容的胸襟体现在各种事情上，卡耐基还讲过下面这个例子。

一天晚上，南方将领李将军开始向南边撤退。当时全国雨水泛滥成灾，李将军带领着败军到达波托麦克时，却看到前面河水暴涨，他们无法过去；而同时，胜利的联军就在后面一步步逼近。李将军和他的军队，进退维谷，被围困了起来。

林肯知道这正是个极好的机会，如果能把李将军的军队俘虏了，立即可以结束这场战争。于是他满怀着希望，命令弥特，不必召开军事会议，立即袭击“李军”。林肯先用电报发出命令，然后派出特使要弥特立即采取行动。

可是这位弥特将军，又是如何处理的呢？弥特所采取的行动，却跟林肯的命令相反。他违反了林肯的命令，他召开了一个军事会议，并将会议拖延下去。在这期间，弥特用了各种借口来搪塞，实际上他是拒绝进袭“李军”。最后河水退降，李将军和他的军队就这样逃离了波托麦克。

弥特这样做是何等用意？当林肯知道这件事后，他震怒至极。忍不住向他儿子劳白脱大声叫道：“老天爷，这是什么意思……李军已在我们掌握中了，只要一伸手，他就是我们的了……在那种情形下，任何将领都能带兵把李将军打败。如果我自己去，现在已经把他捉住了。”在无尽的失望之中，林肯写了封信给弥特。实际上，从林肯的一生来看，他一直是个谨小慎微的人，所以这封信的措辞，大概是成了总统后的他，所发出的最严厉的指责了。林肯那封信的内容是这样写的：

亲爱的弥特将军：

我相信您也注意到了，由于“李”逃脱，所引起了一系列的不幸事件，这件事对美国有重大的影响。如果能将他捕获，再加之我们在其他战场获得的胜利，立即可以结束这场战争。

可是照现在的情形来推断，战事将会无限期地延长下去。上星期一您不能顺利地袭击“李军”，您又怎么再进攻呢……我对您不再抱有期望，因为您已让金子般的良机错过了，这使我无限悲痛。

林肯

据你的猜想，当弥特看到这封信后，他将会如何呢？是的，你猜错了。弥特从没有看到过这封信，因为林肯没有把信寄出去。这信是在林肯去世以后，从他的文件中发现的。

原来，林肯写了这封信后，望着窗外喃喃自语：“冷静点，或许我不该这么匆忙。我坐在这安静的白宫里，只是对弥特下命令，命令别人是一件轻而易举的事。如果我到了那里，看到满地的鲜血，听到死伤者的呼叫、呻吟，也许我也不会急着向李军进攻……如果我像他一样有所顾虑，或许我会同他一样，选择延迟开战。现在木已成舟，无法挽回了。如果我发出这封信，固然解除了我心里的不快，可是弥特必然也会替自己辩护。这样一来，我将无法对他保持好感，甚至可能会撤销他司令官的头衔。”

林肯正是因为考虑到这些，才没有把信发出，而是锁到了他的抽屉里。因为他从过去的经验中得到了教训，尖锐的批评、斥责永远不会起到正面的效果。

罗斯福总统曾经这样说过，当他担任总统，遇到难以解决的问题时，他会靠在坐椅上，仰起头，望向墙壁上那幅林肯画像。然后这样问自己："如果林肯处在我这种情况下，他将会怎么做？他会如何解决这个问题？"

卡耐基提醒我们：今后，当我们想要责备别人的时候，让我们从口袋里拿出一张5美元的钞票来，看看钞票上的林肯像，这样问自己："如果林肯遇到这类事情，他将会如何去处置呢？"

卡耐基说：你愿意自己认识的人，改变自己、调整情绪或是进步吗？如果答案是肯定的，那么，为什么不先从自己开始呢？从个人立场来看，先从自己做起，更能让你获益。

著名的学者鲍宁曾这样说："当你与他人争论，且争论的起因在你自己时，你已经陷入一种异常的情绪里了。"

卡耐基年轻的时候，希望别人能给自己肯定。于是，他写信给美国文坛上一位极负盛名的作家——泰维斯，并告诉他说："我准备给一家杂志写一些关于文坛作家的成名故事，希望您能给我一些建议，并教给我些写作的方法。"

数星期后，卡耐基接到了回信，信上附注着这样一句话："信是口述的，没有来得及重读润色。"这两句话引起了卡耐基的注意，他知道这位作家不会很轻闲的，他一定事务繁忙。可是，由于想引起他的注意，所以卡耐基在写了一封简短的回信后，后面也加上这样几句："信是口述的，没有来得及重读润色。"

泰维斯不屑再给卡耐基回信，只是把他那封信退了回来，可是下面潦草地写着几个字："你的态度不恭敬得到了无以复加的地步了。"

事后卡耐基想："是的，我做错了，我应该得到这样的斥责。"可是，人性使然，在接到退信的相当一段时间内，卡耐基都对泰维斯怀有深深的痛恨之情。甚至10年后，当卡耐基得知他去世的消息时，仍不能释怀。卡耐基认识到自己的错误，却羞于承认，一味认为是别人带给了自己伤痕。

那么，你也希望这样吗？放任自己对别人作出刺激性的批评，激起他的仇恨，让人整整恨上 10 年，一直持续到生命的结束。

当我们要应付一个人的时候，应该记住，我们不是在应付理论的动物，而是在应付感情的动物。批评是一种危险的导火线——一种能使自尊火药库爆炸的导火线。这种爆炸，有时会置人于死地。胡特将军就曾因为人们的批评，并被撤销了带兵赴法国的权力，这对他的自尊是重重的一击，以至于几乎缩短了他的寿命。

任何一个愚蠢的人，都惯于批评、责备和抱怨，殊不知这是最笨的处事方法。但若要学会宽恕、了解，那就需要完善你的人格，克制自己。尽量不为任何事情去批评和责备别人，才是聪明的做法。

※　尽量使对方心服口服地接受批评

掌握批评的技巧相当重要，“笑里藏刀”的批评法不失为一种好的批评法，这样能够使对方在心情舒坦中改正自己的错误，而且批评也会收到良好的教育效果。

卡耐基对其学生及其属下批评有一种绝妙的技巧，使对方心服口服地接受了批评，同时在以后也很少再犯此类错误。

由于事业的发展，卡耐基开办了人事发展班。这个班的重心是沟通人际关系和发展良好的人际关系。招收的学员来自各种机构。包括政府单位、汽车经销公司、工厂和银行。

有一天，来自加利福尼亚州旧金山市的一位保险商向卡耐基发火道：“我接受了您的课程后，发觉自己的推销才能的确有进步，但为什么还是不能把我的业务搞上去呢？”

卡耐基此刻露出了微笑，他告诉这位经销商：“有一棵苹果树，它接受了阳光、雨露、养料，春天开花，夏天结果，秋天成熟，成熟的时候，并非所有的苹果都会一块儿成熟。有些苹果早已红透了，而有的依旧青青待熟，并非它不会成熟，而是时间还没有到而已。”

这名推销商此时平静下来，他明白自己太急功近利了，在愉快中接受了批评，离开了纽约。

一年后，卡耐基收到加州这名商人的一封信，信中有一张感谢信，意外的是，还有一张他的业务单，居然是当时加州最大的一张保险单。并且，他在信中雄心勃勃地说，他要将保险事业推销到全国。

卡耐基在教授课程中，经常把这个例子讲述给他的学员听，让他们吸取经验。

作为卡耐基的秘书，莫莉，一位漂亮而又娴静的姑娘，她认为卡耐基可能是世界上最好的上司，永远也听不到他用尖锐刻薄的语言来批评下属。

一天，莫莉匆匆整理卡耐基明天要讲演的稿件，离下班只有一刻钟，可她想急着回家，将稿件整理好，放在桌子上，便离开了。

第二天下午，她坐在办公室里正看着《纽约时报》，这时卡耐基演讲回来，笑吟吟地看着她。

莫莉便问："卡耐基先生，演讲成功吗？"

"非常成功，掌声四起。"

"那祝贺您了！"莫莉由衷地笑着说。

看着这个纯洁的姑娘，卡耐基继续笑着说："莫莉，你知道吗？我今天去给人家演讲如何摆脱忧郁，创造和谐的主题，我一打开演讲稿，读了下去，下面便哄堂大笑。"

"那一定是您演讲太精彩了！"

"的确很精彩，我读的是一段关于如何让奶牛多产奶的一条新闻。"说完，他笑吟吟地拿出了这张报纸，递给莫莉。

莫莉的脸一下子红了，她喃喃地说："昨天我太粗心了，卡耐基先生，这不会令您丢脸吧！"

"当然没有，你这样做使我自由发挥得更好，还得感谢你呢！"

从此以后，莫莉再也没有因为要急着回家或干其他什么事而做错过什么。因为她觉得卡耐基是个风趣而又仁慈的上司。

卡耐基认为，能够避免批评他人便尽量避免；不得不批评的时候，可以采取"笑里藏刀"的方式。

首先，要做到先说笑话让对方融入自己的氛围中来，然后提出批评，使他（她）在甜蜜中接受批评，事情就解决了。

当然，这批评不能太重，否则会引起逆反心理，使对方产生错误的理解，反而容易把事弄糟。

※ 利用逆反心理批评别人

不论何人，一旦受到正面批评，就会产生一种别扭心理。手段高明的人善于利用这种心理倾向，轻易操纵顽固的反对者。

美国著名心理学家詹姆斯·鲁宾孙说："人们在没有感受到太多的压力之下，往往都不会改变自己的想法，但是当被人误解时，就会生气，甚至怀恨在心。事实上，每一个人心里都隐藏着一些动机，而这些动机都含有强烈的信念，如果有人要来改变自己的信念，那他就会在不知不觉中对此人产生反感。"

像鲁宾孙所说的，当别人告诉你"不准看"时，你就偏偏要看，这就是一种"逆反心理"，当这种欲望被禁止的程度愈强烈时，所产生的抗拒心理也就愈大，所以如果能善加利用这种心理倾向，就可以将顽固的反对者软化，使其固执的态度做一百八十度的大转变。例如，当你面对一个想死的人，告诉他说："那就快点去死吧！"如此一来，他可能就打消了去死的念头。

如果在批评对方的时候，劈头就说："你这样做不对。"对方一定会反感地说："不，我绝对没有错。"但是，如果采取让步的姿态说："也许我真的也有错"时，对方的"逆反心理"也许就会产生作用，他会说："不，没那回事，其实我也有错。"如果你说："你确实是不对的。"这样的话，通常会使对方产生一种潜在的反感心理，而当对方有了这种心理时，就只好放弃说服他的念头了。

富兰克林做雷的实验时，曾在自己的自传中提到有关利用"逆反心理"的论述，也就是"在批评别人时，首先必须非常稳重地叙述自己的意见，然后附带地说：'这只是我的观念，也许是有错的。'这样一来，对方就会视你所提出的意见，如自己的意见一般；甚至当你表现出犹豫不决时，他还会反过来说服你"。

※ 要尽量帮助被批评者消除恐惧感

卡耐基指出，没有人喜欢被批评，但大多数人能接受建设性的批评；可有些人对任何批评都耿耿于怀，不论在什么时候，即使你对他们的工作给予最轻微的批评，他们都会面露不悦之色，采取自卫的态度。

对这样的人要亲切和善，要有策略。首先，表扬他们工作中做得好的那部分，然后，建议他们把你不满意的那部分做得更好些。

凯希对批评十分恐惧，这使她在工作中非常小心。为了避免工作中出现哪怕是最轻微的错误，她都会检查，再检查，并且不厌其烦地复查她所做过的每一件事。这么做可能会大大减少她受批评的机会，但是很浪费时间，以至于整个部门的工作进度都因此受到影响。更糟的是，无论做什么事，她总是迟迟不能作出决定，并一再强调她需要了解更多的信息，甚至当她获得了她所要的信息后，还是会推诿。

如果在你的周围有像凯希这样的人，你可以按照卡耐基总结的以下方法，来帮助他们克服对批评的恐惧感。

(1) 先进行充分的鼓励

要使他们相信，以他们出色的专业知识，他们通常可以一次就把工作做好，并不需要反复检查。

(2) 淡化错误的性质

指出偶尔出现错误是在所难免的，一旦这些错误被及时发现并予以纠正，是不会影响犯错人的能力的。

(3) 尽量采用婉转的方式

在批评别人的时候，千万不要直率地说“你错了”，或者“你这样太不应该了”之类的话，而要“反话曲说”。具体有以下 3 种方式。

①改否定成为疑问式。“你这样做是不对的”，这是批评者常用的句式。“你这样做对吗？”这是经过改动的疑问句式。很显然，否定句式消极作用大，而疑问句则容易促使对方自我反省。

②把批评者由第一人称改为第三人称。“我认为你不对”，这

是第一人称；“大家都认为你不对”，这是第三人称。这一改动，缓和了批评者和对方的直接冲突，但被批评者的压力反而增大了，他不能不考虑“大家”的看法。

③改批评为自我批评。以同样的错误进行自我批评等于是现身说法。讲的虽然是一样的事，一样的道理，言语即使激烈一些，但换一种方式对方听起来不会感到刺耳。

另外，进行劝说性批评时，还要注意宁肯就事论事，也不要攻击对方的人格。

※　要尽量把批评处理得巧妙而和善

有一次，卡耐基请一位室内设计师为他家布置一些窗帘。当账单送来时，他大吃一惊。

过了几天，一位朋友来看他，看到了那些窗帘，并问起价钱，而后面有难色地说：“太过分了。我看他占了你的便宜。”

朋友说的是实话，可是没有人肯听别人羞辱自己判断力的实话。因此，身为一个凡人，卡耐基开始为自己辩护。他说：贵的东西终究有贵的价值，你不可能以便宜的价钱买到高品质又有艺术品味的东西……

第二天，另一位朋友也来拜访，开始赞扬那些窗帘，表现得很热心，说她希望家里也能买得起那些精美的窗帘。

这时，卡耐基的反应完全不一样了。“说句老实话，”他说，“我自己也负担不起。我付的价钱太高了，我后悔买了它们。”

当我们错的时候，也许会对自己承认。而如果对方处理得很巧妙而且和善可亲，我们也会对别人承认，甚至以自己的坦白率直而自豪；但如果有人想把难以下咽的事实硬塞进我们的食道，其结果是可想而知的。

如果想让对方接受你的观点或想法，则必须先让对方能够静心倾听你的想法。如果对方连听都没有听进去，又何谈接受不接受呢？而要对方倾听，则不可使对方产生反感。

谈话时采取先扬后抑的办法，往往会收到理想的效果。说话时要注意真诚地赞美对方的优点长处，使对方心情愉悦，拉近双方的距离，消除隔阂；然后再一步步地将自己的想法和盘托出，这样，就会用话语巧妙地引领对方一层层地听清你要说的话，而不至于没听几句便火冒三丈，不欢而散。

※ 间接地提醒他人注意他自己的错误

卡耐基说："当面指责别人，只会造成对方顽强的反抗；而巧妙地暗示对方注意自己的错误，则会受到爱戴。"

查乐斯·史考伯有一次经过他的一家钢铁厂，当时是中午。他看到几个工人正在抽烟，而在他们头顶上正好有一个大招牌，上面写着"禁止吸烟"。史考伯没有指着那块牌子责问，"你们不识字吗？"他的做法是，他朝那些人走过去，递给每人一根雪茄，说："诸位，如果你们能到外面去抽这些雪茄，那我真是感激不尽。"工人们立刻知道自己违犯了一项规则，因为他对这件事不说一句话，反而给他们每人一件小礼物，并使他们自觉很重要。

约翰·华纳梅克也使用了同一技巧。华纳梅克每天都到他在费城的大商店巡视一遍。有一次，他看见一名顾客站在柜台前等待，没有一人对她稍加注意。那些售货员呢？他们在柜台远处的另一头挤成一堆，彼此又说又笑。华纳梅克不说一句话，他默默钻到柜台后面，亲自招呼那位女顾客，然后把货品交给售货员包装，接着他就走开了。

对那些对直接的批评会非常愤怒的人，间接地让他们去面对自己的错误，会有非常神奇的效果。罗得岛温沙克的玛姬·杰格在卡耐基课程中提到，她使一群懒惰的建筑工人，在帮她加盖房子之后把周围清理得非常干净。

最初几天，杰格太太下班回家之后，发现满院子都是锯木屑子。她没有去跟工人们抗议，因为他们工程做得很好。所以等工人走了之后，她与孩子们把这些碎木块捡起来，并整整齐齐地堆放在屋角。次日早晨，她把领班叫到旁边说："我很高兴昨天晚上草地上这么干净，又没有冒犯到邻居。"从那天起，工人每天都把木屑捡起来推好在一边，领班也每天都来，看看草地的状况。

在后备军人和正规军训练人员之间，最大的不同就是理发，后备军人认为他们是老百姓，因此非常痛恨把他们的头发剪短。

美国陆军第542分校的士官长哈雷·凯塞，当他带了一群后备军官时，他要求自己解决这个问题。跟以前正规军的士官长一样，他可向他的部队吼几声或威胁他们，但他不想直接说他要说的话。

他是这样讲的："各位先生们，你们都是领导者，你必须为追随你的人做榜样。你们应该了解军队对理发的规定，我今天也要去理发，而我的头发比你们某些人的头发要短得多了。你们可以对着镜子看看，你们要做个榜样的话，是不是需要理发了，我们会帮你们安排时间到营区理发部理发。"

结果是可以预料的。有几个人自愿到镜子前看了看，然后下午就开始按规定理发。次晨，凯塞士官长讲评时说，他已经可以看到，在队伍中有些人已具备了领导者的气质。

1887年3月8日，美国最伟大动人的牧师及演说家亨利·华德·毕奇尔逝世，他的伟大如同日本人所说的，他改变了整个世界。就在那个星期天，莱曼·阿伯特应邀向那些因毕奇尔的去世而哀伤不语的牧师们演说。他急于作最佳表现，因此把他的讲道词写了又改，改了又写，并像大作家福楼拜那样谨慎地加以润饰，然后他读给他妻子听。实际上，他写得很不好，就像大部分写好的演说一样。如果他的妻子判断力不够，她也许就会说："莱曼，写得真是糟糕。你会使所有听众都睡着的。念起来就像一部百科全书似的。你已经传道这么多年了，应该有更好的认识才是，看在老天爷的分上，你为什么不像普通人那般说话？你为什么不表现得自然一点？如果你念出这样的一篇东西，只会自取其辱。"

她"也许"会这么说，而且如果她真的那么说了，其后果是可想而知的。所以，她只是说，这篇讲稿若登在《北美评论》杂志上，将是一篇极佳的文章。换句话说，她称赞了这篇讲稿，但同时很巧妙地暗示，如果用这篇讲稿来演说，将不会有好效果。莱曼·阿伯特知道她的意思，于是把他细心准备的原稿撕碎，后来讲道时甚至不用笔记。

卡耐基告诉我们，要改变一个人而不伤感情，不引起憎恨，请按照下列准则去做："间接地提醒他人注意他自己的错误。"

※ 批评别人时不要冒犯一定的禁忌

有的人口齿伶俐，在交际场上口若悬河、滔滔不绝，这固然是不少人所向往的。但是，假若口无遮拦，说错了话，说滑了嘴，也是很难补救的，故说话应讲究"忌口"。否则，若因言行不慎而让别人下不了台，或把事情弄糟，是不礼貌的，也是不明智的。在批评别人时，必须注意以下几个问题。

(1) 不要当众揭对方的隐私和错处

有人喜欢当众谈及对方隐私、错处，这样做是非常错误的。心理学研究表明：谁都不愿把自己的错处或隐私在公众面前"曝光"，一旦被人曝光，就会感到难堪而恼怒。因此，在交往中，如果不是为了某种特殊需要，一般应尽量避免接触这些敏感区，以免使对方当众出丑。必要时可采用委婉的话，暗示你已知道他的错处或隐私，让他感到有压力而不得不改。知趣的、会权衡的人只需"点到即止"，一般是会顾全自己的脸面而悄悄收场的。当面揭短，让对方出了丑，说不定会恼羞成怒，或者干脆耍赖，出现很难堪的局面。至于一些纯属隐私、非原则性的错处，最好的办法是装聋作哑，千万别去追究。

(2) 不要故意渲染和张扬对方的失误

在交际场上，人们常会碰到这类情况，讲了一句外行话，念错了一个字，搞错了一个人的名字，被人抢白了两句等。这种情况，对方本已十分尴尬，生怕更多的人知道。你如果作为知情者，一般说来，只要这种失误无关大局，就不必大加张扬，故意搞得人人皆知，更不要抱着幸灾乐祸的态度，以为"这下可抓住你的笑柄啦"，来个小题大做，拿人家的失误来做取笑的笑料。因为这样做不仅对事情的成功无益，而且由于伤害了对方的自尊心，你将结下怨敌。同时，这也有损于你自己的社交形象，人们会认为你是个刻薄饶舌的人，会对你反感、有戒心。因而敬而远之，所以渲染他人的失误，实在是一件损人而又不利己的事。

(3) 说话要看好时机

有的人说话时旁若无人、滔滔不绝，不看别人脸色，不看时机场合，只管满足自己的表现欲，这是修养差的表现。说话时应注意对方的反应，不断调整自己的情绪和讲话内容，使谈话更有意思，更为融洽。

(4) 点到为止，不能啰唆

话讲得啰唆就让人厌烦，听不进去。在批评别人的时候，尤其注意不能啰唆。有些人生怕人家听不懂，翻来覆去地讲一个道理，结果适得其反。正确的方法是，应该视情况因人出发，针对实际把握要讲的内容，该讲的一定要“点到”，同时又要注意留下充分思考的时间，让对方去领悟、消化。

（1）任何一个愚蠢的人，都惯于批评、责备和抱怨，殊不知这是最笨的处事方法。但若要学会宽恕、了解，那就需要完善你的人格，克制自己。

（2）批评的目的意在打动对方，使得对方能认识到自己的错误，回到正确的轨道上，而不是贬低对方；即使你的动机是好的，是真心诚意的，也要注意方式和场合等问题。

（3）嘀咕埋怨，喋喋不休，斥责怒骂，以及吹毛求疵，这并不能改变什么，反而会让人的逆反心理加剧。

（4）能够避免批评他人便尽量避免；不得不批评的时候，可以采取“笑里藏刀”的方式。

（5）当面指责别人，只会造成对方顽强的反抗；而巧妙地暗示对方注意自己的错误，则会受到爱戴。

第六章　掌握减少冲突化解矛盾的口才技巧

只要人们之间发生交往，就会或多或少产生矛盾，这是由人的天性所决定的。一个人想要成就一番事业，享受幸福的人生，就必须依靠得体的语言，想方设法避免不必要的冲突，千方百计地消除各种矛盾，使自己有一个宽松和谐的工作和生活环境。

※　灵活的头脑和善辩的口才有助于摆脱危机

为了说明良好口才的神奇功能，卡耐基经常讲述下面这个故事。

1671 年 5 月，伦敦发生了一起迄今为止英国历史上最大、最著名的刑事犯罪。一个以布勒特为首的 5 人犯罪团伙，蒙骗了伦敦塔副总监，混入了马丁塔里，偷走了英国的“镇国神器”——英国国王的皇冠。

他们被捕后，在被审问时，布勒特充分发挥了他的辩才，同国王进行了英国历史上一次最有趣的刑事审讯对话，下面是其中最精彩的片断。

查理二世问：“你在克伦威尔手下诱杀了艾默恩，换来了上校和男爵的头衔？”

布勒特答：“陛下容禀，我不是长子，所以没有继承权，除了本人的性命以外别无所有，我得把我的命卖给出价最高的人。”

沉默了片刻，布勒特又说，“陛下，我是想看看他是否符合您赐给他的那个高位。要是他轻而易举地被我打发掉，陛下就能挑选一个更合适的人来接替他。”

查理二世沉吟一会儿，仔细打量着这个囚徒，觉得他不仅胆子大，而且伶牙俐齿。于是，他又问道：“你越干胆子越大，这回竟然偷起国王的皇冠来了！”

布勒特说：“我知道这个举动太狂妄了。可是我只能以此来提醒陛下，关心一个生活无着落的老兵。”

查理二世问：“你不是我的部下，要我关心什么？”

布勒特答道：“陛下，我从来不曾对抗过您。英国人互相之间兵戎相见已经很不幸了。现在天下太平，所有人都是您的臣民，我当然是您的部下。”

查理二世尽管觉得他是个十足的无赖，但还是继续问道：“你自己说吧，该怎么处置你？”

布勒特答道：“从法律角度来看，我们应当被处死。但是，我们 5 个人每个人至少有两个亲属会为此落泪。从陛下您的立场看，多 10 个人赞美您，总比多 10 个人落泪好得多。”

查理二世绝没有想到他如此回答，他不由自主地点点头，又问：“你觉得自己是个勇士还是懦夫？”

布勒特说：“陛下，自从您的通缉令下达以后，我没有一个地方可以安身。所以，去年我在家乡搞了一次假出殡，希望警方相信我已死亡而不再追捕，这不是一个勇士的行为。因此，尽管我在别人面前是勇士，但是在您——陛下的权威下只是一个懦夫。”

查理二世对这番话非常满意，不但免除了布勒特的死刑，还赏给他一笔不小的黄金。

卡耐基指出，不论是谁，生活中都难免会遇到这样或那样的危机。在很多时候，摆脱困境，除了需要过人的勇气和力量，更需要善辩的口才，灵活的头脑。关键的时候，良好的口才能够保护你免遭伤害，让危机变转机，甚至使劣势转优势。

※ 说话时要巧妙消除别人的抗拒和敌对心理

你常和与你意见相反的人谈话吗？你在家中，或是办公室，或是市场上，总在设法使人赞同你的意见吗？

如果是这样的话，就应该考虑你的方法是否需要改善改善。一个辩论家，如果和听众争辩起来，不仅不会改变听众的心情，反而会使他们更加倔强起来，这是显而易见的事！无论双方的意见发生怎样严重的冲突，说话的人多少都可以找出一些相同点来互相讨论。林肯说过：“不论人们如何仇视我，只要他们肯给我一个略说几句的机会，我就可以把他说服！”

任何人都喜欢坚持相信自己已经相信的事物，而不希望别人来加以反对。凡是有人对我们表示反对的时候，我们一定要找寻许多方法和理由来辩证保护。所以，你在说话的时候，如果一开始就说“我要证明这个”“我要证明那个”，绝非是聪明的办法。因为你的听众，一定将因此认为你好像在对他们作近于挑战的训话了。他们也许会自信地说：“我们瞧你的！”这显然就和你站在敌对的立场了！假使你一开始就着重讲些和你的听众意见相同的事情，然后再提出听众所乐于解答的问题，那就便利多了。你可以做得好像在和听众共同探讨问题的答案，然后再把你观察得十分透彻的事实提出来，使听众在不知不觉中接受你的结论，并对你有了十分的信任。

林肯对伊里诺州群众的演说，值得我们加以欣赏。开头几句是这样的：

“南伊里诺州的同乡们，肯塔基州的同乡们，密罗里的同乡们：听说在场的人群中，有些人要和我为难，我实在不明白为什么要这样做；因为我也是一个和你们一样爽直的平民，那为什么我不能和你们一样有着发表意见的权利呢？好朋友，我并不是来干涉你们的人，我也是你们中间的一人，我生于肯塔基州，长于伊里诺州，和你们一样是从艰苦的环境中挣扎出来的。我认识南伊里诺州和肯塔基州的人，我也认识密罗里的人；因为我是他们中的一个；而他们也应该认识我比较清楚一些。他们如果真的认识了我，他们就会知道我，知道我并不想做一些对他们不利的事情；同时，他们也决不再想对我做不利的事情了。同乡们，请不要做这样愚蠢的事，让我们大家以朋友的态度来交往；我立志做一个世界上最谦和的人，决不会去损害任何人，也绝不会干涉任何人。我现在对你们诚恳请求的，只是请你们允许我说几句话，并请你们静心听着！你们是勇敢而豪爽的，这一点要求，我想一定不致遭到拒绝。现在让我们诚恳讨论这个严重的问题吧……”

这一篇成功的演说，不但消除了人们的仇恨，后来林肯政治上的成功，得力于这些仇者的拥护。

美国的铁路专家曹顿到英国去做大东铁路的总理，在到任的时候，人家对于他的敌意，有如春季的寒霜。原来，铁路局里的职员有一个传统思想：没有一个美国人有担任总理职务的资格——曹顿是美国人，竟担任了总理，便激起了公愤。但是曹顿并不着急，而是成功地就任了数千万人的领袖。他运用了一些策略，就平复了那些群众的敌意。动用什么策略来消释那些铁路职员传统思想下所产生的敌意呢？便是根据他们产生敌意的经验，来迎合他们的意志。

他是这样进行公开演说的："我到英国来担任这个职务，并不是为了什么荣誉，也没有什么希望，所需要者，只是想有一个户外竞技罢了……"

一场演说之下，竟说服千万铁路里的职员。

电话机的发明家贝尔，有一次出门去筹款，他到一个大资本家许拜特先生的家里，希望他能够对于他正在进行的新发明事业投资一点。但他知道，许拜特是一个古怪脾气的人，向来对于电器事业是不感兴趣的，他开头时并不对他说明预算能获得多少利益，也不对他解释科学理论。据《贝尔传记》上的记载："他弹着钢琴，忽然地停止了，向许拜特说：'您可知道，如果我把这脚板踏下去，向这钢琴唱一个声音，这钢琴便也会复唱出这声音来。比如我唱一声，这钢琴也会应一声！这事您看有趣吗？'许拜特当然不懂是什么事情，他于是静悄悄地放下他手中的书本，好奇地望着贝尔。于是，贝尔详详细细地对他解释了和音或复音电信机的原理。这场谈话的结果，许拜特很情愿负担一部分贝尔的实验经费。"

贝尔的方法，其实是非常简单的，在讲他那件事之前，他先设法引起对方的好奇心。牵引了许拜特对于他及他的理想的注意，这是一种很有力量的策略。然而，我们大概都常常看见有许多奇妙的技艺终归于失败，其所得者不过是看客们耸一耸肩膀或扬一扬眉毛而已吗？这是没有能够真正运用这个秘诀的缘故，而贝尔却能以新颖混合于熟习之中，很自然地运用了这个策略，许拜特的钢琴，就是帮助他完成妙计的唯一功臣；消除了他们不同的意见，使他们密切合作起来。

※ 通过请求别人给你帮忙来消除隔阂

卡耐基指出：“请求对方帮一个忙，不但能使对方觉得自己重要，而且也能使你赢得友谊与合作。”

大科学家富兰克林，在参加本雪尔文尼亚的议会选举时，遇到了极大的困难。原来有一个新的议员，对他发表了一篇很长的反对演说，那演说词竟把富兰克林批评得一文不值，遇到了这样一位出乎意料的对手，是多么棘手的事呀！那该怎样办才好呢？

富兰克林告诉我们说：“我对于这位新议员的反对，当然不高兴，可是，他是一位幸运而有学问的绅士，他的声誉和才能，在议院里很有地位；然而，我绝不对他表示卑陋的阿谀，用以取得他同情与好感。我只在隔日之后，运用了其他适当的方法。我听得有人讲起，他藏书室里有几部很名贵、很珍罕的书。我就写了一封简短的信给他，说明我想看看这些书，希望他慨然答应，借我数天。他立刻就把书送了来。

“大约过了一个星期，我就将那些书送去还他。另外附了一封信，很热烈地表示了我的谢意。他以前从不和我谈话的，可是，当我们下一次在议院里遇见的时候，他居然跑上前来，和我握手谈话了，而且非常客气；并对我说，在一切事情上都要帮我忙。于是，我们逐渐成为知己，有了美好的友谊。”

平常，我们也可以像富兰克林那样子，采用类似的策略，去对付那些出乎意料的人。

当我们想起自己曾经给予别人小小的恩惠，而被人家很感激地接受了的时候，我们岂不是感觉到很愉快吗？反过来说，我们不是常常看见，有些受别人恩惠太多的人，有时候不是反而想避而不见吗？这就是因为我们自己帮助别人的时候，我们的自尊心发扬起来了；而在我们受别人帮助的时候，我们反而感觉到，不安了。许多领袖人物，都会看到这一点，在帮助别人的时候，应当以不求报答来安慰别人，这样才可以安慰那人的自尊心；同时，却正是怕那人以一种强烈的刺激，希望自己也能帮你的忙。

你应该知道，有才干的人，他们常故意让别人给他们种种信任，以此解决许多困难的问题！卡耐基举过这样的例子：

美国有一个著名的广告家斯但顿，忽然觉得一位老朋友渐渐地和他冷淡起来，快要和他断绝关系了。因为这位朋友是工程师，于是，斯但顿就去请教他审查一幅新建水管装置的计划图，并且希望他指教一些意见，那位工程师接受了水管装置计划图，出乎斯但顿意料之外的是他勤奋工作着，并且立刻提出了许多切实的意见，把那些图样送还给斯但顿。于是，他们两人的老交情，从这天起恢复了。

美洲太平洋铁路建筑师史密斯少年的时候，也有过类似的逸事。当初他的职业是贩卖皮货，不得不和一个与他有仇的猎户做朋友。于是他利用了一个机会，去向那猎户借宿一夜。不料一夜住过，两人仇恨完全消释了，反而变成了知己。

人的个性，固然各个不同，然而这种策略，是人类的一种普遍需要，无论是对上级或是下属，对不认识的人或是亲戚朋友，对满意我们的人或是不满意我们的人，我们应当留心那些人的性质，唯一的不同点在哪里？他们各人所特有的嗜好和习惯是什么？但不论他们的性情怎样，嗜好与习惯怎样，可以这样说，他们最高兴给我们的，就是我们个人特殊兴趣之下产生情感的小惠。所以，当我们请求别人给我们一些他所高兴给予的小惠时，我们就得到了他的好处，使他很愉快地对我们有所注意了。

※ 采用巧妙的语言去纠正老板的错

在职场，我们的意见并不总是和上司一致，尤其是当上司似乎明显存在错误的时候，就可能会引发争论，甚至是争吵。

与老板争论的目的，是要表现自己的正确，而有人把善于在老板面前表现同“出风头”联系在一起，这显然是不对的。主动进取，在老板面前充分显示才能，这绝不是出风头那么肤浅。

倘若不幸和老板发生了争吵，你必须记住，切忌不能说“你如何如何”之类的话，更不要说老板意见的不是，比如，千万不可说：“你的那个意见，纯属无稽之谈，亏你想得出来！”这样的话会严重伤及老板自尊心，也是一种极不礼貌的行为。

如果采用下面的方法去纠正老板的错，效果可能会好很多。

(1) 暗示法

接到不恰当的指令时，你觉得不能执行或无法执行，可先给老板以某种暗示，让其悟到自己的指令不甚恰当。有些指令不恰当，不是因为上司素质差、水平低，而是没考虑周全，或是只看到了事物的表象，没看到事物的本质。你稍加暗示，他可能就会马上意识到问题。

(2) 提醒法

有些不恰当的指令，可能是老板不熟悉、不了解某一方面的情况，有的可能是老板一时遗忘了。你明确地提醒他，他认识到了，一般都会收回或修正指令。当然，提醒不是埋怨，也不是直通通、硬邦邦的批评。提醒要讲究策略，语气上尽可能委婉些。

(3) 推辞法

对老板不恰当的指令，有的可以考虑推辞。推辞要有理由，有的可从职责范围提出，比如说：“总觉得这件事不是我的职责，要不，同事关系就不大好处理了。”有的可从个人的特殊情况提出。但不管从哪一方面，理由一定要真实和充分。你推辞了，有的上司还可能会这样问：“那你觉得这件事应该由谁来做？”你不能随便点名，也不要随口说“除了我，其他谁都可以”之类的话，比较巧妙的回答是：“这事谁来做，我了解得不全面，还是您来定夺好。”推辞不是要滑头，而是委婉地拒绝。

(4) 拖延法

有些不恰当的指令，是老板心血来潮时突然想出来的，并要你去执行。倘若你唯命是从，马上付诸行动，那就铸成了事实上的过错。对这种老板心血来潮而向你发出的指令，如果你暗示或提醒都不能点醒他，推辞也没多少理由时，那么，最好的对策就是拖延。虽然默认或口头上答应，实际上却迟迟不动。若闲着不动，老板会产生疑心的。因此，你必须忙别的事，作为拖延的理由，应付老板的追问。

拖延法是消极的，但对有些非原则性问题的不恰当指令，只能如此。你拖延了一段时间后，老板的头脑冷静了，或许就有了新的认识，就可能收回指令，或让其不了了之。

有些下属，明明知道老板的指令是不正确的，是有原则性错误的，但认为：反正是老板要我做的，天塌下来由老板顶着，就不假思索地去执行了。这是头脑简单的表现。殊不知，一旦追究起来，具体执行者也有不可推卸的责任，甚至要追究直接责任。因而，这就要求你要保持清醒的头脑，要有自己的主见，不能盲从。

拒绝老板的指令需要勇气，甚至要承受一定压力，但涉及原则问题，只能拒绝、别无他法。通过上面的方法，你一定能够更好地为老板服务，从容应对他的错误。

※ 巧用口才，远离职场麻烦

人与人之间，语言交流是少不了的，特别是在职场交谈中，谈话技巧尤为重要。可是，有些谈客却令人厌烦，想躲避又躲避不了，不躲避又如同坐在针毡之上。如果处在此情此景之中，你该怎么办呢？针对不同的“麻烦”，卡耐基有针对性地为我们提供了下面一些建议。

(1) 应对“探人隐私”者，不妨答非所问

任何人都有隐私。在每个人的内心深处，都有着一块不希望被人侵犯的领地。可是有些人出于无知，或者出于猎奇，或者出于其他目的，每次和你见面，都要问你“年龄几何？”“收入多少？”“夫妻感情如何？”等让人厌恶回答的话题。这种人虽然伶牙俐齿，巧舌如簧，但却不知谈话的要领忌讳。一般来说，一个尊重他人的人，如果知道什么事情是他人隐私，便不会去问；反过来说，知道是他人隐私，偏偏去询问者，便是不懂得尊重他人的人。他们可能会传播是非，可能会飞短流长。

遇到探人隐私者，不能有一说一，有二说二。对待探人隐私者，最好的方法是答非所问。如果他问你：“谁是你晋级的后台？”你

就说：“全托大家的福。”如果他问你：“奖金多少？”你就说：“应该和别人一样多。”如果他问你：“如何追求女友的？”你就说：“如果你感兴趣，待我以后详细告诉你。”总之，对于对方的提问，不是不答，但答非所问。这样的话，既不会得罪对方，又不会让对方得逞。

(2) 对于“唉声叹气”者要给予鼓励

人处世上，不如意事十之八九。有些对前途悲观的人、谈话以我为主的人，往往将他们的不幸、苦恼和忧虑当做谈话的主题。他们不断地大诉苦水，接连地唉声叹气，使交谈的人听也不是，不听也不是。如果仔细分析一下唉声叹气者所说的不如意之事，就会知道，这些事其实非常普通，并不那么凄惨；但唉声叹气者却将自己的境遇说得非常的严重。

与这种人进行交流，要多进行鼓励，给其注入活力。在唉声叹气者的心里，他们并不认为自己的能力差、抱负小；相反，他们强烈地希望他人肯定其有着了不起的天赋、有着不寻常的水平。与他们进行交流，应该恰当地肯定他的特长，赞扬他的功绩，给其注入蓬勃发展的活力。这样的话，他们会对你非常亲近，并且对你感激不尽的。

(3) 对于“说人是非”者要冷淡敷衍

俗话说：“来说是非者，便是是非人。”不要以为把他人是非告诉你的人便是你的朋友。道人是非者，既然在你面前说他人的坏处，自然也会在他人面前说你的坏处。他们乐于道人是非，是妒心过盛的原因，他们心里往往巴不得他人越来越倒霉，越来越困窘。聪明人与这类人交谈，是不会推心置腹的。

远离这种人的办法，是对他说的任何是非话题都作出冷淡的反应，从而让他知“错”而退。对这种人，不要得罪。对他说的他人是非，又不能赞同。与其言语交流，哼哼哈哈，不失为一种好办法。因为“哼”“哈”是一种模糊语言，既会让道人是非者感受到你的成熟，又让他觉得这项话题无法再交流下去，从而中止谈话，或者使谈话朝着健康的方向发展。某些情况下，可以说，“哼哈”的冷淡敷衍是一种非常有效的处世学问。

(4) 遭遇“喋喋不休”者可巧妙提问

人与人交谈，人们往往讨厌那种长篇大论跟你说个没完没了的人。有些人说得多，但却说不好。他们会一口气谈论整整一个上午，他们会在一个上午谈遍大千世界。他们不但天文地理能谈，男女情事也能谈。他们眉飞色舞，表情丰富。他们滔滔不绝，从不觉累。

遇到喋喋不休者，既不伤及对方感情，又让对方少说的方法是巧妙提问。一是根据他说的话题提问一些难题，比如，“导弹的燃料分子式是什么？”“你觉得巴黎有多少人喜欢弹钢琴？”等，让他不知怎么回答。这样一来，他就可以少说几句，你也可以多说几句了。二是提问一些与当前话题无关的问题，比如，“打扰一下，现在几点了？”“你的眼镜真好看，请问你戴得舒服吗？”等，这样一来，对方会感到有点惊愕，从而停顿下来，使你腾出时间来干一些有益的事。

(5) 面对“喜欢说教”者，要重于聆听

有些人喜欢对他人“谆谆教诲”。他说的十句话中，你可以找出“你应该”“你必须”“你不能”之类的词语七八处。这种人往往自以为是，居高临下，唯我独尊，盛气凌人。在他的眼里，众人都是无知的幼儿，唯他是博学的教授。让人感到其迂腐，认为其卖弄。喜欢长篇说教者虽然令人生厌，但对你没有坏处，而且有益。一是你可以吸取其中有益的说教；二是认认真真地倾听，会使他觉得异常高兴，这对增进情谊有好处。

因此，和他们交流，要重于聆听。只要你没有急需办的事项，不妨静下心来，听一听，记一记。适时地重复一两句他说的话语，或者就某个问题询问一两句。相信这种做法，定会使你受到极大的益处。

(6) 遇到“自我炫耀”者可采取幽默风趣的态度

有些人见到他人，一张嘴便是“我人缘好”，一出口便是“我能耐大”。明明自己是“1”，偏偏说成是“2”。听者为此觉得脸红，他却不知羞。自我炫耀者既是个自卑者，又是个自负者。这种人常常外强中干，其“吹牛”的目的只不过是为了引起大家对他的关注，以满足自己的虚荣心。这种胡乱吹嘘，给人一种巧言令色、华而不实之感。和他们进行交流，正确的方法是用幽默风趣的话语作答。他嘴上说成“2”，内心还是以为是“1”的，对他说的大话，你不能加以肯定，肯定了他会以为你是个不可信之人；对他说的大话，你又不能加以驳斥，驳斥了他会以为你是个不可亲之人。

正确的做法是幽默作答，似是而非，模模糊糊，嬉嬉笑笑，哈哈而过。

(7) 遭遇“灭人志气”者可针锋相对

有些人，话语尖锐辛辣。从他嘴里说出的话，好像一盆盆的冷水，不顾你是否接受，硬朝你头上泼去。那个干劲，非要把你心头的自信火种浇灭不可。这种人往往是个频频失败、万念俱灭者，又是个把你瞧得一无是处、绝不如他者，还是个认定自己做不到，他人也做不到的自负者，往往也是个能言善辩却很孤独的人，周围的人往往敬而远之者。与他交谈，一味顺承，会使他变本加厉。

一个合适的方法，是要抓住机会，针锋相对，攻其痛处——他的历史上的愚蠢、无能、可笑之处，或者他当前说的话语漏洞、用词不当、逻辑错误，使他心中产生不快，从而使他推己及人，体会出他当前的错误举动，管住他的嘴。

(8) 征服“蛮横好斗”者要无懈可击

谈得兴高采烈时，可能会进来一位杠子头或者别有用心者，对你横挑鼻子竖挑眼，立刻使好好的交谈气氛充满火药味。这种人多认为自己高人一等，长你一筹，无所不通，无事不能，他自己以真理的化身自居，无论问题是西瓜之大，还是芝麻之小，他都会以誓死捍卫真理的气概与你针锋相对，气势咄咄逼人。这种人一旦对你怀有成见，就会处处跟你唱对台戏。遇到这种情况，很容易使你陷入顶撞式的辩论旋涡。

要想冲出旋涡，就必须使出强劲。这个强劲就是要做到使自己的每一句话都成为颠扑不破的真理，并且还是简单的真理，这样对方就无法攻击你了。用不了多长时间，“憋得难受”的对方就会主动“告退”。

(9) 面对“满口假话”者要巧妙纠正

社会上，有些人说起谎来好像一名出色的演员在舞台上演戏那样轻松自然，丝毫不会感到内疚。他们撒谎，大多没有很大、很明确的目的。满口假话者之所以满口假话，可能是为了掩饰自己、标榜自己、美化自己，可能是觉得你的辨别能力很差，从而摇唇鼓舌，胡说乱扯。与这类人交流，对你是有害的。假话说出十遍，可能会使你觉得真的有那么一回事。

与他们交流，应该懂得“攻其一点，崩溃全线”的战略战术，抓住假话中的其中一项，蛮有把握地提出反对意见。这样一来，他就会觉得羞愧，那种神采飞扬的气焰立刻就落下去。这种攻其一点的做法比较巧妙，既不会伤及其自尊心，又会让其对自己的撒谎毛病有所改正。

(10) 遭遇“俗不可耐”者可适当指教

有些人为了给他人一个好的印象，便让自己的话语里堆满华丽辞藻，乱用一些专业术语，显得矫揉造作，华而不实；有些人日常说话粗鲁不雅，废话连连，里唆，一味单调，某句话可以重复十遍，某件事可以问九次；有些人说话无波澜，无起伏，没有摇曳多姿的神态，没有引人入胜的话题，令你厌倦，这些都是俗不可耐的表现。他们多是知识面窄、社交力差者，他们在自己人生经历中，往往因此经常受到他人的讥笑，心中有了一种自卑感。他们热切地希望提高自己的知识水平、社交能力。

和俗不可耐者交流，可对其进行适当指教。说出一两句正确的做法、注意的事项，满足他们的需求，但又不能过多指教，免得伤了他们的自尊心，触及他们的自卑痛处。

卡耐基指出，令人生厌的谈客当然不止以上几种，上述交流方法也不能单纯照搬。但有一项可以肯定，就是一个人的言谈再令你反感，你也应该努力保持自己的良好交际形象。要记住，如果你能容纳每一个人，你便是个超人。

※ 在保持双方尊严的前提下消除隔阂

在职场中，如何沟通才能既保持双方的尊严，又消除彼此之间的隔阂呢？虽说永远没有完美的技巧，但有些技巧却是可以经常奏效的。有下面这些建议可供你参考。

(1) 沟通不是一厢情愿的事情

沟通是有目标的，你可以使自己的愿望处于优势，并且尽可能达到对自己有利的结果。但这多少有些一厢情愿，因为沟通是彼此的事，别人也会运用技巧，彼此力量的消长有一个合适的交点，那是双方都可以接受的结果。沟通能达到这个目的，双方都应该满意，虽然这个结果跟你渴望的结果有些差别，但也应该坦然接受。

(2) 多采用含蓄的暗示法

暗示是为了保全他人的自尊而采取的一种比较含蓄的指责、指使他人的方法，也就是间接地让人做你希望他做的事。暗示可以成为他人行动的动力。他们在接受暗示时，已经感到了受尊重的意味，就会主动帮你达到你渴望的结果。暗示可以让人心甘情愿地和你沟通。

(3) 运用漂亮的语法

运用漂亮的语法很容易实现有效沟通。漂亮语法绝不仅仅指多用形容词那么肤浅，它能调动各种词语，并将其巧妙地运用起来。

“然后……”“这时……”等语法可以给人流畅感，他人就容易顺应你的思路，起承转合之间，沟通已经趋向圆融。使用“因为……”“所以……”等语法，则给人很讲逻辑，很讲道理的感觉，他人就会心服。

语法是有玄机的，成功地运用玄机的语法可以看做是漂亮的语法。在运用漂亮语法时，应先尊重对方的态度，然后说出自己的要求。只要语法得当，就算前后有些矛盾，对方也不会觉得受到伤害，反而可以接受你的观点和建议，并愿意合作。

(4) 逐步削弱对方的观点

在意见出现分歧时，先接纳对方的观点，然后再逐步削弱这种观点，这是一个尊重他人的好办法。在办公室中，纷繁复杂的观点围绕在你周围，这些观点有容易理解的，也有摸不着头脑令人难以把握的。观点是容易冲突的，人都不愿放弃自己的观点，所以，沟通时不要破坏对方的观点，只能悄无声息地移动他人的观点，让它靠拢自己的观点。记住，移动，不是改变。

(5) 乔装弱者

世上总有很多人喜欢表现自己的力量和能耐，在他们眼中，他人总不如自己。这种人很可能令你讨厌，但你可以利用他们，他们喜欢表现就给他们表现的机会。

最简单的办法就是，在他们面前故意表现得笨手笨脚，他们会哼着鼻子走过来说："真是差劲，让我来！"于是，他们就会自己动手做起来。

最聪明的办法是询问，表现出很虚心的样子去求教，他人怎么会不理睬，说不定一边做一边教你怎样做呢！

※ 善于检讨自己，决不正面反对别人的意见

卡耐基认为，不论你用什么方式指责别人，如用一个眼神，一种说话的声调，一个手势等，或者你告诉他错了，你认为他会同意你吗？绝不会！因为你直接打击了他的智慧、判断力、荣耀和自尊心，这反而会使他想着反击你，决不会使他改变主意。即使你搬出所有柏拉图或康德的逻辑，也改变不了他的己见，因为你伤了他的感情。

因此，永远不要这样开场："好，我证明给你看。"这句话大错特错，这等于是说："我比你更聪明。我要告诉你一些事，使你改变看法。"那是一种挑战。那样会掀起战端，在你尚未开始之前，对方已经准备迎战了。

即使在最温和的情况下，要改变别人的主意都不容易。为什么要采取更激烈的方式使他更不容易呢？

为什么要使你自己的困难增多呢？如果你要证明什么，不要让任何人看出来。这就需要运用技巧，使对方察觉不出来。

"必须用若无实有的方式教导别人，提醒他不知道的事情好像

是他忘记的。”300多年前意大利天文学家伽利略说，“你不可能教会一个人任何事情，你只能帮助他自己学会这件事情。”

正如英国19世纪政治家查士德·裴尔爵士对他的儿子所说的：“如果可能的话，要比别人聪明，却不要告诉人家你比他聪明。”

苏格拉底在雅典一再地告诫门徒：“我只知道一件事，就是我一无所知。”

我们不能奢望比苏格拉底更高明，因此我们不能告诉别人他们错了。应该慎重地看待别人的错误，这么做会大有收获。

如果有人说了一句你认为错误的话，你如果这么说不是更好吗：“是这样的！我倒另有一种想法，但也许不对。我常常会弄错，如果我弄错了，我很愿意被纠正过来。我们来看看问题的所在吧。”

用这种句子“我也许不对。我常常会弄错，我们来看看问题的所在。”确实会得到神奇的效果。无论什么场合，没有人会反对你说：“我也许不对。我们来看看问题的所在。”哈尔德·伦克是道奇汽车在蒙大拿州比林斯的代理商，他就运用了这个办法。

销售汽车这个行业压力很大。因此，哈尔德在处理顾客的抱怨时，常常冷酷无情，于是造成了冲突，使生意减少，还产生了种种不愉快。

当了解这种情形并没有好处后，他就尝试另一种方法。他会这样说：“我们确实犯了不少错误，真是不好意思。关于您的车子，我们可能也有错，请您告诉我。”这个办法很能够使顾客解除武装，而等到他气消了之后，他通常就会更讲道理，事情就容易解决了。很多顾客还因为哈尔德这种谅解的态度而向他致谢，其中两位还介绍他们的朋友来买新车子。在这种竞争激烈的商场上，你承认自己也许会弄错，就绝不会惹上麻烦。这样做，不但会避免所有的争执，而且可以使对方跟你一样的宽宏大度，承认他也可能弄错。

如果你想知道一些有关做人处世、控制自己、增进品格的理想建议，不妨看看《本杰明·富兰克林自传》。在这本自传中，富兰克林叙述他如何克服好辩的坏习惯，使他成为美国历史上最能干、最和善、最圆滑的外交家。

有一天，当富兰克林还是个毛躁的年轻人时，一位教友会的老朋友把他叫到一旁，尖刻地训斥了他一顿："你真是无可救药。你已经打击了每一位和你意见不同的人。你的意见变得太珍贵了，使得没有人承受得起。你的朋友发觉，如果你不在场，他们会自在得多。你知道得太多了，没有人能再教你什么；没有人打算告诉你些什么，因为那样会吃力不讨好，又弄得不愉快。因此，你不可能再吸收新知识了，但你的旧知识又很有限。"

富兰克林接受了那次惨痛的教训。当时，他已经够成熟、够明智，以至能领悟也能发觉他正面临社交失败的命运，他立即改掉傲慢、粗野的习性。

"我立下了一条规矩，"富兰克林说，"决不正面反对别人的意见，也不准自己太武断。我甚至不准许自己在文字或语言上措辞太肯定。我不说'当然''无疑'等，而改用'我想''我假设'或'我想象'一件事该这样或那样；或者'目前在我看来是如此'。当别人陈述一件我不以为然的事时，我决不立刻驳斥他，或立即指出他的错误。我会在回答的时候，表示在某些条件和情况下，他的意见没有错，但在目前这件事上，看来好像稍有不同等。我很快就领会到改变态度的收获，凡是我参与的谈话，气氛都融洽得多了。我以谦虚的态度来表达自己的意见，不但容易被接受，更减少一些冲突；我发现自己有错时，也没有什么难堪的场面，而我碰巧是对的时候，更能使对方不固执己见而赞同我。

"我一开始采用这套方法时，确实觉得和我的本性相冲突，但久而久之就愈变愈容易，成为我的习惯了。也许 50 年以来，没有人听我讲过些什么太武断的话。我在正直品性支持下的这个习惯，是我在提出新法案或修改旧条文时，能得到同胞重视，并且在成为民众协会的一员后，能具有相当影响力的重要原因。因为我并不善于辞令，更谈不上雄辩，遣词用字也很迟疑，还会说错话；但一般说来，我的意见还是得到了广泛的支持。"

卡耐基认为，富兰克林的话对我们每个人都是很有启示作用的。

※ 诚恳地认错，得体地道歉

每个人都难免做错事情。重要的是如何把检讨的心意向对方表白，以示自己认错的诚恳。如果不对自己的过错表示道歉，反而会惹出更多的麻烦。

知错道歉，知错必改，表明一个人明理是非，心胸明朗，对人负责，对己负责。也只有这样，才显出生存的意义：那就是真诚做人，心胸明朗。

你是否发现道歉很难？鼓足勇气道歉之后，双方的关系却并不一定能马上改善。怎样才能避免出现这种情况呢？卡耐基指出，那就是改善道歉的技巧。

(1) 诚恳认错，言辞谦恭

首先认错要发自内心的真诚。光是嘴巴认错，而态度却草率轻浮，这会引起对方的反感。因为，对方往往最在意的是道歉的态度。

其次，言辞要谦恭。道歉，一定要在言辞上表现诚恳，如果口出狂言，只会激起对方更加强烈的反感。

(2) 先认错，再解释

很多人一做错事，便应付地搬出很多理由试图开脱自己，也有人碍于面子而不肯认错。殊不知，这样做反而会收到相反的效果。做错了事，最重要的是应“自己先认错”。只有自己勇于认错，才能希望对方以宽大的气度来原谅自己。

如果没道歉，也不认错，却极力地为自己辩解，反容易招致对方不谅解。正确的办法是：在道过歉以后，再简明扼要地说明事情经过和失败原因。这样，对方明了事情的真相后，也就不会再怪罪你。

(3) 背后过错也要主动承认

有些过错并没有直接触犯某人，但肯定会有影响，比如说，不小心泄露了朋友的隐秘之事，他也可能不知道，但出于朋友之谊，也要主动道歉，以免造成不必要的误会。因此，要拿出勇气来主动认错。

(4) 不要重复犯错

因为自己的过失，而坦率地向对方道歉，得到谅解后，便能了却一桩心事。但并不是万事大吉了。因为仅仅道歉，还不能解决问题。重要的是看今后的行动，今后的行动才是检验道歉是否有诚意的尺子，要努力做到不犯同样的错误，并采取有诚意的态度。如果总犯同样的错误，下一次的道歉就让人觉得毫无意义。

(5) 学一些道歉的方法

为了取得良好的效果，道歉的方法和方式可以是灵活多样的。

①小礼物方式。与朋友争吵后，可以以邀请朋友看电影、看球赛的方式间接表明歉意，修补关系。

②以赞扬的方式。在适当场合称赞对方，实际上是表明你对对方的歉意。比如，英国首相丘吉尔起初对美国总统的印象很坏，后来他告诉杜鲁门说："以前我低估了你。"这就是以赞誉对方的方式表示对以前不恭之处的道歉。

③书面形式。写封信，送个贺卡之类，用书面语言表示道歉，或许要比当面道歉来得轻松些。

※ 一定要避免没有结果也毫无意义的争论

卡耐基一项主张要"避免争论"。避免争论可以节省你的大量时间与精神，使你投入到完善你的观点和实践你的观点的工作中去。完全没有必要浪费太多的精神去干那种没有结果也毫无意义的事情上去。少了面红耳赤的争论，只会使双方尊重对方，从而增进友谊，有利于思想交流，意见的转换。

卡耐基指出，避免争论，大致可以从以下几方面做起。

(1) 对不同的意见进行选择

当你与别人的意见始终不能统一的时候，这时就要求舍弃其中之一。人的脑力是有限的，有些方面不可能完全想到，因而别人的意见是从另外一个人的角度提出的，总有些可取之处；或者比自己的更好。这时你就应该冷静地思考，或两者互补，或择其善者而之。如果采取别人的意见，就应该衷心感谢对方，因为有可能此意见使你避开了一个重大的错误，甚至奠定了你一生成功的基础。

(2) 要认识到直觉是不可靠的

每个人都不愿意听到与自己不同的声音。每当别人提出与你不同的意见，你的第一个反应是要自卫，为自己的意见进行辩护并去竭力地找根据。这完全没有必要。这时你要平心静气地，公平、谨慎地对待两种观点（包括你自己的），并时刻提防你的直觉（自卫意识）对你作出正确抉择的影响。值得一提的是，有的人脾气不大好，听不得反对意见，一听见就会暴躁起来。这时就应控制你的脾气，让别人陈述自己的观点。不然，就未免气量太窄了。

(3) 倾听为上策

每次对方提出一个不同的观点，不能只听一点就开始发作了。要让别人有说话的机会，一是尊重对方，二是让自己更多地了解对方的观点，好判断此观点是否可取，努力建立了解的桥梁，使双方都完全知道对方的意思，不要弄巧成拙，否则的话，只会增加彼此沟通的障碍和困难，加深双方的误解。

(4) 审慎地对待别人的意见

在听完对方的话后，首先想的就是去找你同意的意见，看是否有相同之处。如果对方提出的观点是正确的，应放弃自己的观点，而考虑采取他的意见。一味地坚持己见，只会使自己处于尴尬境地。因为照此下去，你只会做错。而到那时，给你提意见的人会对你说："早已给你说了，还那么固执，知道谁是对的了吧！"这时，自己怎么下台？所以，为避免出现这种情况，最好是给对方一点时间，把问题考虑清楚，而不要诉诸争论。建议当天的晚些时候或第二天再交换意见。这使双方都有时间，把所有事实都考虑进去，才可能找出最好的方案。这时，就应进行一下反思：别人的意见，可不可能是对的？还是部分是对的？他们的立场或理由有没有道理？自己的反应到底在减轻问题，或只不过是在减轻挫折感而已？自己的反应会使对方远离我，还是亲近我？自己的观点会不会提高别人对我的评价？如果我不提出意见，别人的意见是否会对我不利？如果我撤回意见，是不是会令整个计划失败？多问一下自己，也许会找到解决的办法。

(5) 真诚地对待对方

如果对方的观点是正确的，就应该积极地采纳，并主动指出自己观点的不足和错误的地方。这样做，有助于解除反对者的武装，减少他们的防卫，同时也缓和了气氛。同时要明白，对方既然表达了不同的意见，表明他对这件事情与你一样的关心。因而，不要把他们当做防卫的对象，不能因为提出了不同的意见就把他们当做“敌人”；反而应该感谢他们的关心和帮助，这样，本来是反对你的人也许会变成你的朋友。

一位先生与他的太太生活了50年之久而没有任何争吵。他说：“我太太和我订了一个协议——当一个人大吼的时候，另一个人就静听。”

这就是因为他们彻底掌握了卡耐基主张的交际战术：永远避免争吵。

(6) 选择“仁厚”而非“正确”

在生活中，你有很多机会去“纠正”某人，既可在人前，也可以在私下。所有这些都会成为使别人感到不舒服，并且在此过程中使你自己也不舒服的机会。

无须进行过多的精神分析便知道，我们试图压倒别人，纠正他们，或向他们显示我们是多么正确、而他们是错误的原因是，我们的“自我”错误地认为，如果指出别人是多么不正确，那我们就一定是对的，并且因此我们会感觉好些。

而实际上，如果你留意一下你压倒别人后的感觉，你将会注意到，你比压服别人之前感觉还糟。你的心灵知道，以牺牲别人为代价是不可能感觉良好的。

幸亏其相反的一面才是事实——当你的目标是去确立人们的名誉，使他们感觉更好，去分享他们的喜悦时，你也会获得他们情感的回报。下次有机会去纠正某人，即使他们的行为有点离谱，你也要抵制住这一诱惑。相反的，问你自己：“我到底想从这种交流中获得些什么呢？”很有可能，你想要的不过是使双方都感觉良好的、平和的交流，每次你抗拒住“要做正确的一方”，而去选择仁厚，你将会留意到其中的平静祥和之感。

不要将这一策略同成为一个软弱无能的人或不捍卫自己信仰的人相混淆。我们不是说你正确是不对的，只是说如果你坚持自己是正确的，那常常要付出代价——你自己内心的平静。要想成为一个充满平静祥和之感的人，你必须在大部分时间里选择仁厚而不是正确。最好的起点便是你下次同别人的谈话。

(7) 该保持沉默的时候就不说话

卡耐基说："尽管大多数人直言不讳的时候太少而不是太多，但有时候，还是不说为妙。"

有些问题根本就不值得提出来，你也不希望大动干戈地把小分歧变成大冲突。花费时间和精力纠缠于非常小的分歧是不明智的，特别是那些不大可能会影响人们工作质量，或者那些你很可能在一周或一月后就忘记的分歧。如果冲突只涉及不重要的关系，或者不会持续很久，那就不一定非讲出来不可。尽管你可能错过因为表示不同意见而带来的创造力和学习的机会，但你不必担心制造出悬而未决的分歧把关系破坏掉，从而造成额外的损失。

即使分歧非提出来解决不可，也有个时机问题。例如，如果你在面临迫在眉睫的问题时向你的老板提出新的棘手的问题，可能就会徒劳无益；除非提出来的问题对手头的工作非常重要，并且确实有足够的时间来解决这个问题。因此，等到过了这段紧张时间，人们能集中精力研究你必须说出来的问题时再提出问题，也许是最佳的选择方案。

此外，当你自己或他人的情绪正在火头上的时候，最好对分歧闭口不谈，从长远来说这是有益的。如果你跟同事刚发生争吵，你们两个人的情绪都很激动，那就等以后你们都冷静下来、能够心平气和地讨论问题的时候，再安排时间交谈。只有在那个时候，你们才能进行有实质意义的讨论，而不是相互指责。但是，如果你推迟难度很大的交谈，一定不要无限期地推迟。否则，那些没有解决的分歧一定会重新找到你头上。

什么问题必须讨论，或者最好在什么时候讨论，并没有一成不变的规则，而是必须依靠自己的判断。重要的是，你的心态应当转变，从问“现在是不是难得的、应当实话实说的时候”，转变为问“现在是不是难得的、应当保持沉默的时候”。

※ 学会得体地对待不讲理的人

不讲理的人——说话做事伤害别人的人，无处不在。如不讲理的老板、同事、售货员、邻居甚至家庭成员。“他们总是想给别人带来痛苦。”心理学家盖利夫如是说。

假如一个不讲理的人对你有这种倾向，你必须采取行动。“被动挨打，只能使不讲理的人气焰更嚣张。”商务顾问克斯切德说，“不讲理的人总是寻找软弱可欺的受气包。态度果断严肃，会让他的行为立刻刹车。”

卡耐基推荐的对待不讲理的人的以下几种方法或许对你有帮助。

(1) 迎头面对不讲理的人

零点公司是一家生产电子冷冻设备的公司。公司的高得·波特先生就曾遇到这样一个人，这个人是零点公司一个重要的客户。他总是纠缠公司的员工给他更优惠的价格，要么坚持让零点公司先把生产计划丢在一边，先满足他的订单要求。遇到一丁点儿的不一致的看法，他就对员工大肆滥骂，还威胁炒他们鱿鱼。

波特不愿失去这个客户，试图挽救局面。他派一个副总经理作为这个客户的单独联系人。他给这个副总下了严格的指示：“坐下来和他进行心对心的交流。告诉他，我们很珍惜和他的业务合作关系，但是我们不能忍受他无端的大发雷霆，我们愿意提供最优惠的价格和服务，尽我们最大能力。如果这还不令他满意的话，那他只有另选高门了。”这个方法很奏效。波特通过对他抬举（指定一个副总负责他的业务）和明朗、果断、坚决的态度，让这个客户知道了他对零点公司的重要性，又让他清楚地知道了公司所能忍受的限度。

(2) 采取外交手段

直接面对是很有力的方法，但是还有一些更巧妙的办法。成功外交手段的核心是给对方一个体面的台阶去下。“例如，我在超市出口排队等结账，”马丁说，“这时一个顾客插在我前面。我可以忽略他，可这太窝火；我可以尖叫，但对方也可能对我尖叫；第三种——更好的方法——是说：‘对不起，排队从后面开始。’”

这种礼貌地表示责备不满的方法，既显示了你的不快，又给对方一个方便的出口。

(3) 善用幽默

如果用得很合适的话，幽默甚至可以使最不讲理的人从其恶毒的行迹上出轨。

“有一次，我和一个男人因停车发生争执。这个男人马上对我污言秽语。”通信专家卡尔说，“我打断这个脏话连篇的人，问：‘你的妈妈知道你这样和人说话吗？’这个看样子已60多岁的男人住口了，他甚至还勉强笑了一下。”卡尔最终还是得到了这个停车场地。

讽刺永远不会奏效（不讲理的人会把它看成激烈战斗的邀请语），但是，对眼前情况的轻松点评，有时倒可以化解一下火药味。

心理学专家布莱姆有一个朋友擅长用幽默处理这类事情。她的工作是填写不同部门经理的供应需求，她自然成了他们奚落的靶子。“她碰巧特别矮小，”布莱姆说，“当他们口无遮拦时，她总是跳到一个椅子上，说：‘好了，至少现在我们可以眼对眼了！’这个办法在平息经理怒火上从未失效过。”

“幽默，”布莱姆解释道，“显示你没有因为这些不讲理的人而手足无措。”

(4) 退出

凡路丝在一家公司找到了一份市场营销的工作。慢慢地，她注意到在每次会议上总裁总会找一个人开刀。“你是个大蠢猪！”他大吼大叫，“这不是我叫你这样做的！难道你笨得连我的话都记不住吗？”目标换来换去，但总有人会成为他的攻击靶子。

终于轮到凡路丝了。在发传真时，凡路丝出现了一点点失误。总裁发现了，马上暴跳如雷，破口大骂。他刚骂出几个字，凡路丝转身就走回自己的办公室，深呼吸了一下，她知道了下一步必须怎样做。她又重新回到总裁那儿，理直气壮地对总裁说：“我不喜欢您以那种方式和我说话。”总裁打断她的话，不耐烦地说：“你不喜欢，请走路！”她立刻答道：“好的，再见！”

“当任何办法都行不通时，只有退出。”布莱姆说，“这是最后一招，但是也是你应该常记心中的。”

卡耐基指出，有了以上几种策略，你就能战胜不讲理的人，无论何时何地遇到他们。

※ 学会正面迎击那些不怀好意的人

在生活中，我们对难免要面对别人的批评，这些批评有善意的，也有恶意的。尤其是面对藐视我们的恶意批评的时候，我们该如何得体应对呢？在这方面，卡耐基非常欣赏康能和林肯的口才。

康能第一次在美国众议院演讲的时候，被言辞犀利的新泽西州的代表菲尔普斯中途这样讥讽了一句：“这位从伊利诺州来的先生，恐怕口袋里装的是燕麦吧？”

全院的人听了便哄堂大笑，假如被讥讽的是一个脸皮薄的人，恐怕就会不知所措了；但是康能却不然，他外表虽然粗蛮，但内心却明白这句话是事实。

“我不仅口袋里有燕麦，而且头发里藏着种子。我们西部人大都是这样乡土味儿，不过我们的种子是好的，能够长出好苗来。”

康能因这次的反驳，以至全国闻名，而大众都称他为“伊利诺州的种子议员”。他能够使别人的讥讽变为称赞和同情，因为他谙熟一种自贬的方法，这种方法我们人人都可以很容易学得的。

他知道，从批评声浪中逃走是不好的。批评就好像一只狗一样，狗看见你怕它，便愈加追赶你，恐吓你。如果某种批评把你吓住了，你便日夜都痛苦不安。但是，如果你回转头来对着狗，狗便不再吠叫了，反而摇着尾巴，让你来抚摸。只要你正面迎击对你的批评，到头来，它反而会为你所融化、克服。

在这方面，林肯也有一段脍炙人口的故事。

林肯在当选美国总统那一刻，整个参议院的议员，那些出身望族、自认为是挤进了上流社会的人，未曾料到要面对的总统是一个卑微的鞋匠的儿子。于是，当林肯首次在参议院演讲的时候，一位态度傲慢的参议员站起来说："林肯先生，在您开始演讲之前，我希望您记住，您是一个鞋匠的儿子。"所有的参议员都大笑起来，为自己虽不能打败林肯却能羞辱他而开怀不已。林肯等笑声停下来后，坦然地说："我非常感激您使我想起我的父亲，他已经去世了。我一定会永远记住您的忠告，我永远是鞋匠的儿子，我知道，我做总统永远无法像我父亲做鞋匠做得那么好。"

参议院一片静默。林肯又转身对那个傲慢的参议员说："就我所知，我父亲以前也为您的家人做过鞋子。如果您的鞋子不合脚，我可以帮您修正——虽然我不是伟大的鞋匠，但是我从小就随父亲学到了做鞋子的艺术。"

然后，他对所有的参议员说："对参议院里的任何人都一样，如果你们穿的那双鞋是我父亲做的，而它们需要修理，我一定尽可能帮忙，但是有一件事是可以确定的，我无法像他那么伟大，他的手艺是无人能比的。"说到这里，林肯流下了眼泪，所有的嘲笑声全部化成赞叹的掌声。

卡耐基指出，练就良好的口才，学会正面迎击那些不怀好意的人对你藐视的批评，对于维护个人的尊严是非常有用的。

※ 沉着机智地战胜冷言冷语

在生活中处处都存在着冷言冷语，每个人都难免偶尔遭受冷语的攻击。冷言冷语多得难以分门别类，但有一点是可以肯定的，这些话都会使你心烦意乱，情绪暗淡，本能地进行反击，其后果往往是讽刺挖苦、侮辱打击的恶性循环。正确的办法是沉着机智，提高自尊。如果你下次遇到冷言冷语，不妨照下面说的做法去试试。

(1) 正视挑衅者

顶住侮辱并非易事。办法之一是针锋相对，用严肃的对答来对付消极的评价，如你可以说："您有什么理由来伤害我的感情"，或"要知道您的话也许会对别人有用。"

作为一种选择，你可以要求挑衅者澄清他的原意："您这话是什么意思”或“我希望能弄清您的意图”，一旦挑衅者意识到你识破他的意图时，他们就会停止挑战。没有比行动被识破更丢脸的了。

(2) 运用幽默

有人曾对玛丽说：“一条新裙子？这布料更像是做包椅子用的。”

玛丽回答说：“那好，坐到我膝盖上来。”

路茜的母亲苛刻得简直像有洁癖。

一天，母亲发现女儿厨房里有蜘蛛网。“那是什么？”她故作吃惊地问。

“一项科学工程。”路茜幽默地回答说。

让生活闪光是对付攻击的最佳武器，急中生智几乎可以击败一切对手。

(3) 顺水推舟

接住话头是个好主意。例如，如果你妻子说：“你重了 20 磅了，亲爱的。”你就回答说：“准确地说是重了近 25 磅。”语言之所以有力，是因为你承认了它的力量。当你顺水推舟时，你就能使它失去活力。

(4) 不屑一顾

他人的评论并不“属于”你，因此你完全可以不理睬它。原谅是我们能够培养的最重要的生存技巧。

如果你还没有完全准备好，那就让说话人知道你听见他的话了，但不想作反应。下一次他再伤害你，你就佯装揩去裙子上的污点。当他问你在干什么时，你就说：“噢，我以为什么东西在咬我，我肯定搞错了。”一旦他知道你明白其意时，他就会变得谨慎又谨慎。

你也可以装作没兴趣。眨眨眼睛、打个呵欠，环顾左右，这皆在告诉他们：怎么这样讨人厌？任何人都不愿自己遭人厌的。

(5) 拒绝接受

一个男人在出语伤害了一位睿智的牧师后，牧师说：“孩子，如果有人拒绝接受一份礼物，那这份礼物会属于谁呢？”那人回答说：“当然是属于送礼物的人。”

“那就好了，”牧师说，“我拒绝接受你的指责。”

世界上有许多人喜欢通过贬低别人来建立自己的价值，他们口袋里装满轻蔑，他们随时都可能取出来交给别人。拒绝接受他们的侮辱伤害，巧妙地还给他们，这样你就会减少紧张，增加快乐的。

（1）摆脱困境，除了需要过人的勇气和力量，更需要善辩的口才，灵活的头脑。

（2）请求对方帮一个忙，不但能使对方觉得自己重要，而且也能使你赢得友谊与合作。

（3）在与不同的人交往时，善于忍耐、善于自责、善于检讨、善于道歉的人，往往能够消除很多矛盾，避免很多麻烦。

（4）避免争论可以节省你的大量时间与精神，使你投入到完善你的观点和实践你的观点的工作中去。

（5）面对不讲理的人，被动挨打，只能使对方气焰更嚣张；必须采取得体的方式予以反击。

第七章　培养有效的演说和演讲口才

虽然“公开演说”只是人际沟通的一小部分，但是，提高演讲的能力，确实可以增长你的自信、热情以及和别人沟通的能力。当众演讲并不是一门封闭的艺术，它也不像许多教科书中所说的那样，必须经过多年的美声以及十分艰苦的修辞训练之后才能取得成功。卡耐基告诉我们：潇洒自如地当众演讲其实并不困难，只要你能遵循一些简单却又十分重要的规则，就可以做到这一点。

※　要积极努力培养自己超群的谈吐本领

卡耐基非常重视口才，他指出，若想练就超群的口才，成为能言善道的人，没有捷径可走，你应该把成为能言善道者这件事当做自己的目标，把此目标放在心中，而且为了实现这个目标，还应把全部精神集中于读书、练习写作上。

首先，你不妨这么告诉自己：我想成为在社会上占有一席之地的人，因此，我必须有好口才。为此，你就必须要借日常会话来训练口才，并用心学习正确且有风度、毫不做作的说话方式。此外，多读一些雄辩家所写的书，不论是古典或现代的，并且告诉自己：我就是为了训练口才才读这些书的。

怎样才能练就超群的谈吐本领呢？卡耐基为我们提出了如下建议。

(1) 从书中获取值得借鉴的知识

为了这种目的而读书时，最好多注意文体及文字的使用方法。同时边看边想，琢磨该怎么做才会表现得更好，如果自己也写同样的题材，有什么地方会不如它？

即使写的是同样的事情，由于作者不同，其表现方式将有多少的差异。或者，由于表现方式不同，即使是同一件事，所给予读者的印象又将有多少差异，诸如此类的问题，最好在阅读时就注意到。无论多么精彩的内容，要是言辞的使用方法很奇怪，或文章本身缺乏风格，抑或文体和主题并不相称，将使读者觉得扫兴，希望你能仔细观察。

(2) 培养自己独特的风格

无论多么轻松的对话，或写给多么亲密的人的信，都应该拥有自己的风格，这点很重要。

尽管说话前的准备工作十分重要，但是，如果在无法预作准备的情况下，至少应在说完话之后，再想想看是否有更好的表达方式。做到这一点，也能使你的口才有所进步！

(3) 正确地使用语言，清晰地发音

你应该注意过深深吸引我们的演员，他们是怎么样说话的吧？只要仔细观察便不难发现，所谓的好演员，都很重视清晰的发音与正确的措辞。语言的目的，在于传达概念。尽管如此，采用无法传达概念的说法，引不起别人兴趣的说话方式，是最愚蠢不过的事。

你可以请朋友或同学帮忙。每天大声地朗诵书本，并请他注意听。只要换气的方式、强调的方法、朗读速度等一有不适当之处，就请别人叫停，并且为你改正。朗诵时嘴巴要张大，一个字一个字清楚地发音。要是速度太快，或有不认识的字，就马上停止。即使单独练习时，也要用自己的耳朵仔细听，刚开始时要慢慢地念，用心地把你那说话速度太快的坏习惯改过来。因为，你的发音听起来好像喉咙被卡住，说得太快时，别人很难听懂。要是遇到较难发音的音时——对你而言，应该是“V”吧——就算练习一百遍，也要念到能够发出完美的发音为止。

(4) 坚持把每天的想法整理成文章

选几个社会性的问题，在脑中想好关于这些问题可能出现的赞成意见与反对意见，并假设争论的情况，然后尽量把它写成流利的英语，这也是很好的提升自己语言表达水平的方法。例如，你不妨考虑一下有关设置常备军的问题。反对意见之一，必然是以为强大的军备力量，将使周围的国家产生遭受威胁的恐惧吧！至于赞成意见之一，则是武力必须以武力来对抗。像这种赞成、反对两种论调，应该在能想象得到的范围内，尽量去想。比方说，在本质上来说，拥有常备军并非好事，但是根据情况的不同，常备军可能成为防止他国之恶的必要武力等，这是要深切地考虑的事。这样一来，才能整理出自己的思绪，再试着把它写成优雅的文章。这不但可作为辩论的练习，而且和养成经常出口成章的习惯亦有关联。

(5) 想想听众究竟想要什么

卡耐基指出："若想控制别人，最重要的是不要高估对方，而利用演说来取悦听众时，也不可对听众评价过高。我刚担任上议院议员时，一直觉得议会里尽是值得尊敬的人，从而有种压迫感。然而，那种感觉，在我了解议会的实情后，就马上消失了。

"我知道，在500位议员之中，具有判断力的，最多只有30人，其他的几乎都和普通人没什么两样。因此，真心想听字字有力、内容丰富演说的议员，只有那30位而已，其他的议员们，根本不问内容，只要听到顺耳的演说，就满足了。自从了解到这点以后，演说时的紧张感就逐渐消失了，最后，我已经能够完全无视于听众的存在，只把注意力集中于说话的内容与技巧上了。这并非是我在自夸，我开始发现自己具备了话锋可随着内容而改变的能力。"

说起来，雄辩家不就像称职的擦鞋匠一样吗？无论何者，只要掌握住如何取悦对方——听众、顾客的诀窍，剩下的就只是一些机械性的工作了。假如你想满足听众，就必须利用能取悦他们的方法，使他们感到满意。演说者无法改变观众的样子，他只是接受他们本来的样子而已。

※ 多读书是成功地进行演讲的秘诀

卡耐基说："在演讲方面，读书是成功的秘诀。"想要增加及扩大文字储存量的人，必须经常让自己的头脑受文学的洗礼。约翰·布莱特说："我到图书馆时，只会感到一阵悲哀：生命太短暂了，我根本不可能充分享受呈现在我面前的丰盛美餐。"布莱特15

岁时离开学校，到一家棉花工厂工作，从此再也没有机会上学。然而，他却成为他那个时代最为卓越的一名演说家，以善于运用英语文字而享有盛名。他阅读、研究、做笔记及背下各位著名诗人的诗篇，如拜伦、弥尔顿、华兹华斯、莎士比亚、雪莱等。他每隔一段时间都要把《失乐园》从头到尾看一遍，以增加他的词汇量及文学资料。

英国演说家福克斯经常高声朗读莎士比亚的作品，以改进他的风格。格雷史东把自己的书房称为“和平庙堂”，里面有15000册藏书。他自己承认，他因为阅读奥古斯丁、巴特勒主教、但丁、亚里士多德和荷马等人的作品而获益匪浅，荷马的希腊史诗《伊利亚特》和《奥德赛》使他大为着迷，他写了6本书评论荷马的史诗和他的时代背景。

英国政治家及演说家庇特年轻的时候，经常阅读一页或二页的希腊或拉丁文作品，然后把看过的段落翻译成英文。他每天这样做，持续10年之久，结果，他获得了一项无人能比的能力：在不需要作思考的情况下，就能把他的思想表达成最精简最佳的话语。

古希腊演说家及政治家狄摩西尼斯亲自抄写了历史学家修昔底德的历史著作达8次之多，希望能因此学会这位历史学家那种华丽高贵而又感人的措辞。结果呢？2000年以后，威尔逊总统为了改良自己的演说风格，特别去研究狄摩西尼斯的作品。英国演说家阿斯奎斯发现，阅读大哲学家伯克莱主教的著作，是对他自己最好的训练。

英国桂冠诗人但尼生每天研究《圣经》；大文豪托尔斯泰把《新约·福音》读了又读，最后可将长篇背诵下来；罗斯金的母亲每天逼他背诵《圣经》的章节，又规定每年要把整本《圣经》大声朗读一遍，一点也不能遗漏。罗斯金把他自己的文学成就归功于这些严格的训练与研究。

苏格兰的史蒂文森是作家中的佼佼者，他是如何发展出使他得以闻名的那种迷人风格的呢？很幸运，他亲自把他的故事告诉了我们。

“每当我读到特别令我感到愉快的一本书或一段文章时——这

本书或文章很适当地叙述了一件事，或提出了某种印象，它们之中含有一股显而易见的力量，或是在风格上表现出愉快的特征——我一定要立刻坐下来，要求自己把这些特点模仿下来，第一次不会成功，于是再试一次，经常是连续多次不成功。至少，从这些失败的尝试里，我在文章的韵味、和谐、各部分的协调与构造方面，获得了一些练习的机会。

“我以这种勤勉的方式模仿海斯利特、兰姆、华兹华斯、布朗爵士、霍桑及蒙田。”

“不管喜欢与否，这就是我的方法。”大诗人济慈更是以这种方法学习，在文学上很少有比济慈更优美的气质了。

这种模仿方法最重要的一点就是要找好学习模仿的对象，对于所无法完全模仿的一些特点，去尝试并不怕失败。

“失败是成功之母”的确是一句古老而十分正确的格言。

林肯在写给一位渴望成为名律师的年轻人的信上说：“成功的秘诀就是拿起书本，仔细阅读及研究。努力工作才是最重要的。”

你可以从斑尼特的《如何充分利用一天的 24 小时》开始，这本书和洗冷水浴一样具有刺激的效果。它将告诉你很多你最感兴趣的事情，那就是你自己。它将向你显示你每天浪费了多少时间。这本书只有 103 页，你可以一周之内轻松地看完。

杰斐逊总统写道：“我已经放弃阅报，改为阅读古罗马历史学家泰西塔斯和古希腊史学家修昔底德的著作，我发现，我自己变得快乐多了。”如果你学习杰斐逊的做法，把阅报的时间至少缩短一半，几周之后，你将发现自己比以前更快乐、更聪明了，你难道不愿意如此尝试一个月，并把省下来的时间用来阅读一本好书？你在等待电梯、巴士、送餐、约会的时候，何不取出你随身携带的那本书来看看呢，它一定能增加及改进你的词汇。

如果你这样做，将会得到什么报酬呢？逐渐地，不知不觉地，但必然地，你的辞藻将会开始变得华丽而优雅。慢慢地，你也就具有了你这些精神伙伴的荣耀、美丽和高贵气质。德国大文豪歌德说：“告诉我，你读了些什么，我将要说出你是哪种人。”

马克·吐温是如何培养出他对语言文字的灵巧而熟练的运用能力呢？他年轻时，曾搭乘马车从密苏里州旅行到内华达州。旅程缓慢，且相当痛苦，马克·吐温随身带了一本厚厚的《韦氏大词典》。这本大词典伴他翻越山道，横渡荒凉的沙漠。他希望使自己成为文字的主人，因而努力从事为达成这项目标而必须做的工作。

庇特和查特罕爵士把词典念过两遍，每一页、每一词都读了两遍。替林肯写传记的尼可莱和海伊说，林肯常常坐在黄昏的阳光下翻阅词典，直到他看不清楚字迹为止。这些例子并不特殊，每一位杰出的作家及演说家都有过相同的经验。

威尔逊总统的英文造诣极高，他的一些作品在文学史上占有一席之地。下面是他亲口说出的他学习运用文字的方法。

“我的父亲绝对不准家中的任何人使用不正确的字句。任何一位小孩子说走了嘴，必须立即更正；任何生词立即予以解释；他鼓励我们每一个人把生词应用在日常的谈话中，以便将它牢记下来。”

纽约的一位演说家，一向以句子结构严密、文辞简洁美丽而得到人们很高的评价。他在一次谈话中，披露了他选择正确而有力文字的秘诀。每当他在谈话或阅读当中发现不熟悉的单词时，他立刻把它抄在备忘录上，晚上就寝之前他要先翻翻词典，弄清楚那个生词的意思。如果在白天没有收集到任何生词，他就阅读一两页费纳德著的《同义词、反义词及介系词》，研究每一个词的正确意义。一天一个新词，这就是他的座右铭。在一年当中，他至少可获得365件额外的表达工具。这些新词全都记在一个小笔记本上，白天一有空闲就取出来复习它们的词义，他发现，一个新词在使用过3次之后，就会成为他自己的词汇。

试着准确说出你的意思，表达你思想中最微妙的部分。这是很不容易办到的，即使是有经验的作家也不一定办得到。美国著名的女作家芳妮·赫斯特曾说，她有时候把写好的句子一再改写，难的要改写到几十次。有一次她特意计算了一下，发现她竟然把一个句子改写了104次。另一位作家辛勤说，她有时会花一整个下午的时间，只是为了从一个短篇小说中删去一两个句子。

美国政治家莫里斯曾这样评说著名作家大卫斯为了使作品精益求精，是如何潜心使用词句的：

他小说中的每一个词，都从他所能想到的有数的单词中挑选出来，都必须是最能经得起考验的词。他的每个词、每个句子、每一段落，每一页，甚至整篇小说，都是改了一遍又一遍。他采用的是一种“淘汰”原则。如果他希望描述一辆汽车转弯驶入某院大门，他首先要作冗长而详细的叙述，任何细节都不放过。然后，他开始逐一删减，在经过如此的努力之后，呈现在读者面前的就是那些简洁而明了的语句。有了这个特点，他的小说及爱情故事才会一直受到读者的喜爱。

※ 将自己的经历转化为演讲题目

有一次，卡耐基请讲习班上的老师们，用小纸条写出“初学者最容易面对的难题”。经过统计后发现，超过半数的老师都选择了这个问题：“教导初学者就适当的题目演说”。确实，这个问题是卡耐基上课初期最常遇到的问题。

什么才是适当的题目？假如你和它共同生活过，并最终将它变为自己的经验，你便可以确定这是个适合你的题目。怎么去寻找题目呢？深入你的记忆，从你的经历里去寻找那些有意义，且留给你深刻印象的事情。数年前，卡耐基根据听众的喜好作了一个题目调查，发现最为听众欣赏的题目，都是从演讲者的个人经历中演化而来的。

卡耐基指出，早年的成长历程、家庭和童年的回忆、学校的生活，这些题目会引起大多数人的共鸣。因为自己在成长过程中所克服的困难，能给别人带来启示，从而引起他人的兴趣。

不论何时何地，只要有可能，就把自己早年的实例穿插到演讲词中去。脍炙人口的戏词、电影和故事，都能让听众兴趣盎然。这些关乎人们早年遭遇的实例，会让听众有认同感，足见这方面的题材可用于演讲。但是，如何确定别人会对自己童年发生的小事产生兴趣呢？有个测验的方法：如果你在多年之后，仍然对此事印象深刻，宛如历历在目，那么别迟疑了，台下的听众一定愿意听你讲一讲。

卡耐基认为，以下这些个人的经历都可能转化为很好的演讲题目。

（1）早年在事业上的奋斗

这是洋溢着人情味的经历。例如，叙述自己早年是如何为了发迹而努力的？你是如何才获得工作机会的？是什么样的情况造就了你的事业？告诉听众，你在这个错综复杂的世界中，为了创建事业所遭遇的挫折、你的希望，以及你的成就。如果你能诚挚地讲述出一个人真实的生活，这将是最保险的题材。

（2）嗜好和娱乐

这方面的题目要依各人喜好而定，因此，也是最可能引发争议的题材。讲述一件自己爱好的事物，是不可能出差错的。他对某一特别的嗜好发自内心的热诚，能使你把这个题目清晰明白地讲给听众。

（3）特殊的知识领域

多年在同一领域工作，已使你成为这方面的专家。运用你多年的工作经验来研究谈论相关话题，也能博得听众的注意力与尊重。

（4）不寻常的经历

你见过大人物吗？你曾在炮火下生还吗？在你的一生中可经历过精神颓丧的危机？这些经验都可成为最佳的演说题材。

（5）信仰与信念

或许你曾花费了很多精力去考虑如何面对这个纷繁复杂的世界，假使你确实在这方面下了苦功去研究，你就有资格去谈论它们。只是当你这样做的时候，一定不要忘记多举实例来说明自己的信念。听众可不爱听千篇一律的陈词滥调。此外，你也不能随意从报纸杂志上摘录信息作为自己的谈资。如果你在某方面的学识不比听众更深入，那你还是免谈为妙。可是反过来说，如果你确实耗费了多年的时间去研究某项课题，那么毫无疑问，这就是你该说的，你也一定要用到它。

卡耐基反复强调，演讲的准备不是对演讲稿的死记硬背，也不是机械地照猫画虎，更非随意从杂志报纸中抽取第二流的信息。它潜藏在你脑海和心灵深处，需要你深深地挖掘，将你过去数年贮藏的经验汇总讲解明白。不必怀疑你是否拥有它，它是取之不尽的。也不要说这样的题材太个人化，无法被听众接受。只从你自身考虑，问问自己：我是否愿意听到有关这个话题的演讲？相信你会得到肯定的答案。让你感动的题材必然会使听众感动，让你快乐的事情也能使听众开怀大笑。

只有谈论有关于自己的话题，才能有流畅而不间断的演讲，才能让你轻易、快捷地学会当众说话。

※ 一定要按照听众的兴趣来演讲

康威尔著名的演讲《如何寻找自己》，先后讲过近 6000 次。你或许会想，重复这么多次的演讲，应该已经根深蒂固地印在演讲者的脑海中，演讲时，学习与音调该不会再变了吧？其实不然，康威尔博士晓得听众的程度与背景各异。他觉得必须使听众感到他的演讲是独特的、生活的东西，是为这群，而且是专为这群听众而作的。他如何在一场接一场的演讲中成功地维系着演讲者、演讲与听众间活泼愉快的关系呢？

“当我去一城或某一镇访问时，”他写道，“却是设法尽早抵达，以便去看看邮政局长、理发师傅、学校校长、牧师们等，然后进店去同人们交谈，了解一下他们的历史与他们拥有的发展机会。然后，我才去发表演说，对那些人谈论适用于他们的题材。”

康威尔博士明白，成功的沟通，有赖演讲者使他的演讲成为听众的一部分，并使听众也成为其演讲的一部分。由于康威尔博士聪敏、善于洞察人性，而又谨慎勤奋，因此，同一演讲不会说上两次，尽管他就相同的题材已对将近 6000 场的听众讲过。你可借此例而有所领悟：准备演讲时，脑海中就想着特定的听众。

一般来说，应当根据听众的兴趣来演讲，既可以有效地吸引听众，又可以使自己尽早进入演讲的角色。康威尔博士就很注意这一点。他经常在自己的演讲中插入许多当地人的论述和实例。听众感兴趣，是因为他的谈话内容与他们有关，与他们的兴趣有关，与他们的问题有关。这种与听众最感兴趣的联系，也就是与听众本身的事物联系，将可把握听众的注意，并能保证沟通畅通无阻。

艾力克·钟斯顿曾任美国商会会长和电影协会会长，几乎在他的每一场演讲中都使用这种技巧。我们看他在俄克拉荷马大学的毕业典礼上，是多么机智地使自己很快就进入演讲角色，并使听众对演讲感兴趣。下面就是他的演讲：

“各位俄克拉荷马人，对于危言耸听的贩子们，再熟悉不过了。你们不必回想便会记起来。他们一向将俄克拉荷马州列于书本之外，以为它是永远绝望的冒险。在 1930 年，所有绝望的乌鸦都告诉其他的乌鸦们说：‘最好避开俄克拉荷马，除非自己携带口粮。’他们把俄克拉荷马的将来归为永恒不变的新美洲沙漠的一部分，认为永远不会再有东西开花的；但是到 1940 年，俄克拉荷马却成了花园地带以及人们举杯祝颂的对象。因为，这个地方再一次地有小麦的波浪起伏，散放清香。再过短短的 10 年之后，这个长久干旱的地带，遍地长满很高的玉米，这是信仰的结果，也是有计划冒险的结果……因此，我们观望自己的时代时，总是憧憬着未来。当我准备来访时，我曾去寻找档案里的《俄克拉荷马日报》，看看 1901 年的春天是怎样的。我想尝尝 50 年前在本地的生活滋味。结果我发现了什么？我发现了当地人全都很重视俄克拉荷马的未来，他们都对未来充满了希望。”

如果说按照听众的兴趣来演讲，这便是个绝佳的例子。艾力克·钟斯顿采用的有计划的冒险事例，实际来自于听众。他让听众觉得，他的演讲不是油印出来的复制，而是新鲜的，是特别为他们准备的。演讲者依着听众的关切和兴趣而讲，听众是不会不去注意的。这样，就必然能够很快地进入演讲的角色。

在演讲时可以先问问自己，所讲题材里的知识，能不能帮助听众解决问题，达到他们的目标。然后再开始说给他们听，这样就必然会获得他们的注意。如果你是个会计师，你的开场白可以这样说：“我现在要教你们如何可以省下 55 ～ 100 美元的退税。”如果你是律师，你告诉听众如何拟立遗嘱，你一定会赢得很多兴致勃勃的听众。当然，在你个人的知识蕴藏里，必然会有某个题目能对听众有所帮助。

许多人无法成为一名谈话好手，主要的原因是他们只会讲些他们自己感兴趣的事情。而这些事情却不是其他人感兴趣的。

把这种过程逆转过来吧，引导其他人谈论他的兴趣、他的事业、他的成就。如果对方是位母亲的话，谈谈她的孩子们，这样，你专注聆听对方说，将会给予他们乐趣。你将被认为是一位很好的谈话对手，即使你说得很少。

※ 精心准备一份思路清晰的演讲稿

在大多数人的心目中，没有什么事情比在众人面前演讲更使人感到害怕了。毫不奇怪，一项全国性的研究表明，演讲压倒经济问题、登高、深海、孤独、飞行……甚至死亡，成为一些人最感恐惧的事情。一想到自己站在众人面前，因紧张而结结巴巴的连话都说不出来，当众出丑，人们就对这种处境感到胆战心惊，自尊心也会受到严重的伤害。而这种紧张和恐惧，常常又会导致没有安全感；说话咕哝，表现欠佳，这样反过来又会使你更加坚信你的演讲注定要失败，这似乎成为了一种恶性循环。然而，也完全可以出现与此相反的情况：通过学习使自己能自信、大胆地演讲，你就能为自己创造成功的体验。但是，首先你必须意识到这样的成功完全在于你自己的努力。

人们常常陷入思考的陷阱之中，认为一个成功演讲人的素质是与生俱来的。代表这种看法的说法有：“他是一个天生的演说家”，或“我恨死了演讲——我就是不敢站在众人面前讲话”。事实上，演讲是一种任何人都能培养和掌握的技能。卡耐基发现，口头表达能力直接与准备时间的长短、研究工作做得如何、演练的次数以及在准备演讲稿和直观教具上付出努力的多少有关。无论你在演讲时感到多么的紧张和不舒服，经过认真的准备，你都可以成为一个成功的演讲者。说不定用不了多久，你可能就会喜欢演讲！

那么，怎样准备思路清晰的演讲稿呢？

(1) 确定合适的题目

确定一个演讲的题目，你首先需要使自己沉浸于对一个问题的思考之中，然后把你的话题缩小到一个具体的题目上来。在酝酿题目的过程中，你需要思考你的演讲想达到一个什么样的目标。你想告诉人们重要的事实或观点吗？你想说服人们接受一种信仰，改变观点或采取某种行动吗？抑或你希望同时达到这两个基本的演讲目标？换而言之，通过明确你希望达到的目标，一开始就得出你演讲的结论，然后再返回头构造演讲，这样你就能实现这些演讲目标。

题目一旦选好，第一步要定出自己要演说的范围，并谨守在此范围内。不要妄想去涵盖一望无际的领域。

有个青年想要演讲两分钟，而他准备的题目却是《公元前500年的雅典与朝鲜战争》。卡耐基认为这简直就是个笑话！他才讲完雅典的建造，时间就已经用光了；他想在一场演讲中阐述太多的概念，却变成了个冤枉鬼。也许这是个极端的例子，但的确有许多演讲，都因范围不明确——涵盖太多的论点而无法把握听众的注意力，最终失败。怎么会这样呢？因为人的注意力不可能一直维持在一连串单一的事件上。假使你的讲演听起来像是世界年鉴，这也意味着你的演讲失去了重点。

选个简单的题目，像《黄石公园之旅》什么的。若是演讲者把自己限定在公园的某一方面，例如野生动物或温泉，这场演讲该会是多么的令人难以忘怀啊！这样，你便可以有时间来描绘生动的细节，使得黄石公园的色彩缤纷与变化无穷展现于听众眼前。

这个道理适用于任何题目，不管你要讲的是销售术、烤蛋糕、减免税赋或者是飞弹制造，全部都一样。开始之前，必须先对你的题目加以限制和选择，把它缩小到某一范围内，以便你能更好地利用时间。

在短短的不超过5分钟的演讲里，你只能期望自己说明一两点而已。在某些长的，比如那些达到30分钟的演讲中，演说者也很少能够一次把四五个概念讲透。

或许人们在演讲中最感恐惧的是“卡了壳”，或大脑一片混乱，没有头绪。如果你的思路很清楚，演讲的主要观点及它们之间的联系像一幅清晰的画映在脑子里，或写在演讲稿中，那么，这种思维“断电”或“卡壳”的现象就会大大地减少。

(2) 引人入胜的导言

这个部分主要告诉听众你想表述的主要观点是什么。但是，它也需要引人入胜，能抓住听众的注意力。许多演讲者喜欢用与演讲题目有关的个人经历来开头，这有助于把演讲人自己与听众联系起来，引发听众的兴趣。其他的导言方法包括：运用生动的实例，讲幽默故事，要求听众回答有争议的问题，或背诵一段名言等。在思考你的导言时，不妨想一下如果你是一位听众，怎样的开头才会引起你的注意。

(3) 充分论述的正文

这个部分主要是充分地论述你的观点。除了清楚地阐述你主要的观点之外，你也需要用一些实例、理由、证据和他人的证言来支撑你提出的观点。严密的组织正文取决于你演讲的内容和你想要达到的目标。有许多思考的模式，你可运用它们来组织书面的论文或口头演说。一般来说，在每一次的组织过程中，同时运用几种思考模式效果是很不错的。

(4) 总结性的结论

结论是对全文的综合，也即对主要的观点进行总结，一锤定音，以期给人留下深刻的印象。与导言一样，你可以用个人的经历、一段幽默的故事、一个生动的实例，或一句名言来结尾。

※ 在演讲前一定要进行完全的准备

卡耐基说：“在演讲前一定要进行完全的准备。”

“完全的准备”是指要完全将演讲稿背诵下来吗？如果有人提出这个问题，卡耐基就会大声说：“不！”为了不出丑，免得在当众说话时处于思维混乱的境地，很多演讲者便一头栽进背诵的误区里。一旦染上这种心理麻醉的瘾，便会不可救药地浪费大量的时间去作无用的准备，这将会毁掉演说。

资深的美国评论家卡龙·波恩在哈佛大学当学生时，也曾参加过一项演讲竞赛。当时他准备的是一则题目为《先生们，国王》的短篇故事。他把这篇故事逐字逐句地背诵下来，并且预讲了数百次。

比赛那天，他刚说出题目“先生们，国王”，脑子里便空白一片，什么都想不起来了。他又惊又怕，几乎不知所措。在绝望之中，他只能用自己的话来阐述这个故事。而最终当他拿到第一名的奖章时，他简直认为自己是在做梦。从那天开始，卡龙·波恩再也不曾背诵过一篇演讲稿，这也是他广播事业成功的秘诀。他只会提前做重点笔记，然后用自己的语言向听众陈述出来。

卡耐基指出，背诵演讲稿，不仅浪费时间和精力，反而易招来失败。我们平时说话总是发于自然。我们无时无刻不处于思考当中，当思绪成熟时，语言便会自动从心里流淌出来的，而不需要加以琢磨考虑。

话虽这么说，但做起来却并不容易，就算是温斯顿·丘吉尔也费尽周折才学到了这一点。年轻时的丘吉尔也喜欢编写、背诵演讲稿。然而，某天当他在英国国会召开前，独自背诵演讲稿时，忽然思绪被卡住了，无论他如何努力，也记不起下一句是什么。他感到非常尴尬，连忙从头再背了一次，然而情况还是一样，他无法把整篇演讲稿完整地背诵下来。他的脸憋成了猪肝色，脖子上青筋绽出，一切无济于事，他只能颓然坐下。从那以后，丘吉尔再也不背诵演讲稿了。

逐字逐句地背诵演讲稿，在面对听众的时候，便很可能会遗忘。即使完整地背下来了，我们的演讲方式也会变得十分僵硬。这是为什么呢？因为它不是来自我们的内心，只是机械地复述而已。在平时与人交谈时，我们会自然而然地把心中所想的说出来，并未特别留意遣词造句。如果我们一直都是这么做的，那么面对听众时，我们又何必去改。如果你一定写演讲稿，记演讲词，你就很可能会重蹈因死记演讲稿而失败的演讲者的覆辙。

凡斯是巴黎波欧艺术学校的学生，几十年后他成了世界最大保险公司之一——衡平保险公司的副总裁。他年轻时，曾被派遣到弗吉尼亚州的“白矿泉”，在来自全美各地2000名“衡平人寿”代表所组成的会议中发表演讲。当时他从事保险行业才不过两年，但是由于业绩突出，因此他被安排要做20分钟的演讲。

听到这个消息后，凡斯欣喜异常，他觉得这是个出人头地的机会。然而，不幸的是，他犯了个愚蠢的错误。他把演讲词整个背了下来，并在镜子前反复练习了40多次。在他看来，一切已准备就绪，就连每个动作、表情，他都设计得天衣无缝。

当凡斯站起身演讲时，却忽然害怕了起来。他只说了一句：“我在本计划里的职责是……”就再也说不下去了，他的脑袋一片空白。慌乱之下，他咳嗽了两声，打算重来。但那些演讲词却无论如何也想不起来了。他把那句话重复了3次，仍然无法接着继续下去。看到台下人们脸上的笑容，他不禁向后退去。演讲台有4英尺高，后面没有栏杆，讲台与墙之间还隔有5英尺宽的距离。由于不住地后退，他一不小心，竟然后仰摔下了讲台，被夹在了讲台和墙壁的缝隙里。听众随即哄堂大笑，有个人因笑得太过厉害，甚至翻出椅子，摔到了过道上。在衡平保险公司的历史上，在演讲台上出了这样滑稽事件的只有凡斯一个人。更为可笑的是，观众还以为这是娱乐节目，不住地叫好，希望他再表演一次。至今，衡平保险公司的老员工们，还对这次表演津津乐道。

那么，演说者本人——凡斯又如何呢？他告诉卡耐基说，演讲之后的那一段日子，是他一生中最难熬的时光。他觉得羞愧难当，便递交了辞职信。

凡斯的上司把信撕掉，并最终说服了他，鼓励他应该重建自信，而凡斯也确实那样做了。在那次事件之后，凡斯再也不写什么演讲稿了，更不要说去死记硬背。现在，他成了公司里首屈一指的演讲好手。

卡耐基指出，对演讲内容进行认真的研究和精心的组织，形成思路清晰的演讲稿，是使你的演讲取得成功的必要条件。但卡耐基提醒我们，除此之外，也有其他一些需要注意的重要因素。

(1) 熟悉演讲稿，对内容做到胸有成竹

虽然你可以把你演讲的内容全部写出来，但是，千万不要照本宣科。当你照着准备好的演讲稿去念时，你的声音听起来就很不自然，很呆板，你就无法经常与听众进行目光接触。听众喜欢对着他们讲话，也就是说你应该看着他们，讲话充满活力，表明你确实像你说的那样在思考，而不是简单地宣读以前准备好的思想。为了使你的演讲取得满意的效果，而不是照本宣科，你需要进行预演，直到你完全熟悉了演讲的内容，然后，准备好提醒自己主要观点的演讲稿。如果你在演讲中，一时找不到演讲稿中的某个准确的措辞或恰当的用语，请不必着急：你只要与听众进行直接的和亲密的接触，就能弥补这一点。

(2) 运用辅助的直观教具

研究表明，对人们所听到的东西，他们只能加工处理和记住少部分的内容。因此，直观的教具，如图表、实例、图片、录像片段等，就成为辅助和强化你演讲内容非常有效的手段。他们可以为听众提供其他的参考资料，帮助听众把你讲的内容综合到他们自己认识的框架之中。许多人喜欢用投影仪来辅助演讲，而有的人则比较喜欢给听众分发复印材料，这样听众可在上面做笔记，并保留起来作为将来的参考。

(3) 演讲要有自信，充满活力

虽然你在内心中可能因恐慌和没有安全感而发出尖叫，但是，你在外表上必须表现得镇定自若，充满信心。外表镇定自若实际上会使你感到更有自信，并唤起听众对你的信心。站在那里，姿态端庄，直视听众；说话响亮，清晰，不要太快；你的一举一动都要表现出你对自己很有自信。总之，通过你的举动表现出你相信自己和你演讲的内容，那么，你的听众也会信任你，这反过来又会增强你的自信心，有助于你更加相信自己。

(4) 运用好非言语动作

在演讲时，通过面部表情、姿势、声调和身体动作等“非言语动作”，可以给听众传达许多信息。在演讲时，努力使自己放松下来，不时地来回走动，辅之以恰当的手势，从而给自己演讲的内容以及你传递的思想注入活力和感情。要达到这种境界，你需要在朋友或家人面前（及镜子前）进行练习，并征求他们的看法和意见。

※ 保持轻松乐观的态度，克制羞怯和恐惧

卡耐基指出，当你发表演讲时，你一定要让自己在众人面前说话时，保持轻松乐观的态度；你一定要把决心印记在每个词句、每项行动上，倾全力培养这种能力。因为任何人若想迎接语言挑战，达到言简意赅的地步，就必须具备断然的决心。

有这样一个人，卡耐基了解他时他已高高地登上经营的阶梯，成为商界里的传奇人物；但是在大学时代，他初次起立讲话时，却因言辞不足而失败，老师指定的5分钟讲演，他讲不到1分钟，便脸色发白，噙着眼泪匆匆走下讲台。那个青年学生虽有那样的经历，却不肯让那样的失败击倒他。他立下决心要做个优秀的演说家，片刻不懈，最后终于成为政府的经济顾问，举世钦重，他就是蓝道尔。

蓝道尔在他发人深省的著作《自由的信念》一书中，提到当众演讲时写道："我的演讲排得满满的，现身的场合有厂商协会的午、晚餐会，还有商务部、扶轮社、基金筹募会、校友会等。我曾经在密歇根州的艾斯肯那巴发表爱国演说，于慷慨激昂中投身一次世界大战；我曾与米基·龙尼下乡作慈善演讲，与哈佛大学校长柯南和芝加哥大学校长胡钦斯下乡宣导教育；我甚至曾以极蹩脚的法语做过一场餐后演说。我想我了解听众要听的是什么，以及他们希望它被怎样地讲出来，对于堪当事业重任的人而言，这其中的窍门是：只要他愿意去学，没有什么学不会的。"

在卡耐基训练班里，有个人一开始就不以做一名房屋建造商为满足，他要做"全美房屋建造协会"的发言人。他最想要做的是，在全国上下奔走，告诉人们他在房屋建造业中所遭遇的问题与获得的成就。他有死命地狂热，他想要谈论的，不只是地方性的问题，还包括全国性的问题，并且他对这些欲望绝非三心二意。他彻底地准备自己的演讲，仔细地练习，绝不错过一次上课的机会，哪怕是在一年里最忙碌的时节。他毫不含糊地依学生本分去做，结果他进

步神速，连自己都感到吃惊。两个月的时间，他就已经成了班上的佼佼者，被选为该班班长。他的名字叫哈佛斯蒂。

约一年后，主持该班的教师这样写道："我已经完全忘了俄亥俄州的哈佛斯蒂了。

"一天早晨，用早餐的时候，我打开《维吉尼向导》，其中赫然有幅他的照片与一篇称誉他的报道。前一天晚上，他在地区建造商的盛大聚会中发表演说，依我看，他岂止是'全国房屋建造协会'的发言人而已，他其实就是会长呢！"

因此，要想成功，必须具备的条件就是：用欲望来提高热情，用毅力来磨平高山，以及相信自己一定会成功。在卡耐基演讲口才训练班里，有一个经久不变的规定，就是每个学生至少必须在同学面前演讲 1 ～ 2 次。为什么？因为不当众说话，谁也学不会在大庭广众面前演讲的——就好比一个人不下水，便学不会游泳一样。你可以把有关当众演讲的著作都读遍，却依旧开不了口。书本只是能对读者起到一种指引作用，而读者要想有收获，还必须将书上的建议付诸实施才行。

当萧伯纳被询问他是如何学会这种声势夺人的演讲方式时，他答道："我是以溜冰的方法来做的——我一个劲地让自己出丑，直到我习以为常。"年轻时，萧伯纳是伦敦最胆怯的人之一，他常常犹豫地走个 20 多分钟，才会壮起胆子，去叩响别人的家门。他承认："很少有人像我这样，因为单纯的胆怯而痛苦，并为之感到羞耻。"

后来，他无意间用了最好、最快、最有把握的方法来克制羞怯、胆小和恐惧。他决心把弱点变为自己最强劲的资产。他加入了一个辩论学会。伦敦每有公众讨论的聚会，他必定会参加。由于全心投入社会主义运动，并四处为该运动演讲，结果，他变成了 20 世纪上半叶里最出色的演说家之一。

说话的机会随处皆有，不妨参加任一组织，志愿从事需要讲话的职务。在公众聚会里站起身来，让自己出个头。去试着教教书，或是做个童子军领队或加入团体，让自己有机会可以活跃在各个聚会当中。你只要往周围望望，便会发现，没有那种商务活动、社交、政治、事业，甚至是社区里的活动，是你不必举步向前，开口说话的。除非你说话，不停地说，否则你永远也不知道自己会有怎样的进步。

※ 在演讲中讲好故事，引起听众的兴趣

在演讲中，适时插入一个好故事，更能引起听众的兴趣。

讲故事，有5个要素，何时、何地、何人、何事、何故，每一个故事都应该包括这五项内容，才算表达清楚，何时的表述要注意开门见山，警示性的引起听众注意，何地的表述要尽快地进入场景，这样才会突出你想表达的主题，何人的表述要有名有姓，有名有姓才显得真实，也方便听众理清思路，何事的表述应注意具体化。描述细节化，何故的表述相对不太重要，是对听众一个心理释放。

讲故事，最重要的是对何事的讲解，换句话说也就是重现场景。重现场景的一个技巧就是表达具体化。描述细节化，这才能使听众以一个一致性的画面进入情节，限制听众的随意思考。

卡耐基指出，在讲故事的时候，要注意如下几点。

①不要用模糊的概念。“可能是甲，可能乙”，“好像是1938年”等句子，模糊的概念可能会转移听众的一部分注意力，也会使你的故事的真实性显得有点下降。相比之下，直接确定为甲，或是直接说是1938年，故事则显得更有说服力。

②不要用解释性的语言，尽量使用描述性的语言。在描述故事的天气时，如果你说“那天因为天气很热，所以我穿得很少”，就不如“那天天气太热，我只穿了个裤衩”；“因为台子有8米高，所以我站在上面发抖”，也不如“我站在8米高的台子上，双腿发抖”这样不会使人的思维走岔路。

③讲故事时，不要有谦虚的开场白。这样无疑会打击听众的信心，认为从你的讲话中学不到什么东西；而且你自己连这个自信都没有，如何让听众有这个自信？一般情况下，一个话语啰的人往往是讲半天话还在兜圈子，这时听众已经听烦了，大量的圈外活动使听众的心理期待数次落空。这时你的讲话就很难达到预期的效果。

④把握好第一句。在讲故事之前，第一句话的语音语调语速，

是非常关键的。如果第一句话较有力，那么首先会吸引听众的吸引力，再者下面的故事陈述就会流畅得多。所以，在讲话之前，要吸一口气稳一下自己的心神，然后再开始，不要慌慌张张地开始。

⑤尽量用生动的事实进行描述。在讲一个事情或心理的效果时，尽量使用事实来侧面反衬，这样给听众的印象是生动的、形象的、记忆深刻的。比如描述害怕，说事后发现衣服湿透了，则更加逼真。

⑥避免使用抽象化的语言。如果你想陈述你的学习成绩，如果你说你“总是优秀”，就是一个笼统概念；你要说，你考试成绩“不是第一，就是第二”，就会取得更好的效果。

⑦运用恰当的比喻。一个恰当的比喻，可以省略你10分钟的描述，如“长得像葛优”，下面关于长相的话就不用说了，人物也活了。

※ 最好以自己的亲身经历来证明论据

多年前，卡耐基的训练班的教师们在芝加哥的康拉德·希尔顿饭店开会。会中，一位学员站起来说：“自由、平等、博爱，这些是人类历史上最伟大的思想。没有自由，生命就变得毫无价值。试想，人类的行动若是处处受限，那会是怎样的一种生活？”

这位学员只说到这里，就被他的老师制止了，老师问他为什么会发表出这样的高论，为什么会有这样的论点？是否有什么亲身经历，或是亲眼所见来证明他所说的一切。于是，他讲了一个动人心魄的故事。

他曾是法国的一名地下斗士。他讲述了他和家人在纳粹的压迫下所遭受的屈辱。他以鲜明、简洁的言辞叙述了自己这一家人是如何逃过秘密警察的追捕，逃到美国来的。他以这样的语言作为结束词：“今天，我能自由地走下密歇根街来到这家饭店，没人阻拦我。当我经过一位警察的身边时，他对我毫不理会。而当我走进饭店时，也不需要出示身份证。会议结束后，我可以依照自己的想法，前往任何地方。因此请相信，自由是值得奋斗的。”

这位学员话音刚落，全场的人都站起来热烈的鼓掌。

卡耐基指出，述说生活经验的演说者，永远不会令听众厌倦。

然而，很多演说者并不认同这个真理，他们避免谈及自己的往事，认为这太琐碎且具有局限性。比起亲身体验，他们宁愿漫无边际地扯一些主观的概念以及哲学原则。可悲的是，他们全没想到“阳春白雪”毕竟只有少数人才能理解，凡夫俗子更愿意从别人的处事经验中吸取养分。我们渴望新闻，他们却给予社论。当然，我们不是说要反对社论，只是这要由具有谈论资格的人来讲述——比如报社编辑。因此，如果你把重点放在生命对你的启示上，别人就愿意坐下来听你述说。

爱默生就喜欢听人讲自己的经历，不论对方的身份多么卑微，他也能听得津津有味。因为他觉得自己从任何人身上都能学到东西。

卡耐基指出：“一个人若是以他的亲身经历来证明论据，无论他的道理多么琐碎，多么微不足道，我也总觉得受益匪浅。”

数年前，卡耐基讲习班上的一位教师为纽约市立银行的资深官员开设了当众说话的课程。这些高官平日忙得分不开身，常常为没有时间做事先准备而烦恼。他们毕生所学到的，都是一己的思想；看问题站在个人角度；获得的也是自己的原始经验。他们已经积存了40年的谈话材料，但他们当中的大部分人就是不明白这一点。

一个星期五，从事银行工作的麦克逊先生发现自己的讲台下站着45人，而他要讲的是什么呢？在来此之前，他走出办公室，在报摊上买了一份《弗贝》杂志。在路途中，他读了杂志中一篇名为《十年成功秘诀》的文章。他读这篇文章并非出于兴趣，而是必须在演讲前多吸收些东西作为谈资。

一个小时后，他站起身来，打算把这篇文章完美地诠释一遍，想让听众信服。

结果又如何呢？

麦克逊没有消化那篇文章的内容，没有将它变成“自己的东西”。“想要”这个词用在这里十分恰当，他只是“想要”而已，他摸索着把内容讲解了出来，但却毫无头绪，让人摸不着头脑；他的仪态和音调也暴露出这一缺点——像这样的演讲，又怎么能期待听众与他产生共鸣呢？他不断地提到那篇文章，引用作者的言论。在他的演说里，充斥着《弗贝》杂志的内容，让听众听得厌烦，遗憾的是他自己的东西却太少了。

当他演讲完毕，老师这样问他说："麦克逊先生，我们对那篇文章和那位不知何方神圣的作者不感兴趣。他不在这儿，我们也不打算去拜访他。可是我们想听听你的意见，你对事物的看法。告诉我们，你是怎么想的。不要谈别人如何，只要把你的想法放到演讲里就足够了。下个星期请你再演讲这个题目好吗？把这篇文章再读一遍，问问自己是否同意作者的观点。如果是，就将你的看法与作者的相结合，并根据自己的经验阐述出来；如果不同意，就谈出区别，告诉我们为什么。将这篇文章作为一个起点，而不是将它当做拐杖。"

晚上回家后，麦克逊先生重读了这篇文章，他不得不承认自己并不同意作者的论点。紧接着，他开动大脑去思考自己的想法，结合自己的生活经验得出独特的结论。他以自己在银行工作的经历为铺垫，详尽地推演。扩展了自己的思绪。在后来的演讲中，充满了他个人的思想，他讲给我们的不再是"加热"过后的杂志文章了，他留给我们的是矿石，而自己得到的是金币。那是一场撼动人心的演讲。

※　讲演者要能够为提供热情和兴趣

卡耐基一再强调，对自己的题目要有深切的感受，这一点极为重要。他说，除非对自己所选择的题目有着特别偏爱的情感，否则就不要期望听众会相信你那一套话。道理很明显，如果一个人对选择的题目有实际接触与经验，对它充满热诚，那么就不愁到时会不热心了。几十年前，卡耐基在纽约遇到一场演讲，其热诚所造成的说服力，至今无有出其右者。卡耐基说这次演讲是真诚战胜常识的绝例。

在纽约一家售卖公司里，有个一流的销货员提出反常的论调，说他已经能够使"兰草"在无种子、无草根的情形之下生长。根据他的经验，他将山胡桃木的灰烬撒在新犁过的土壤里，然后一眨眼间兰草便出现了！他坚决相信山胡桃木灰而且只有山胡桃木灰是兰草长出的原因。

评论他的演讲时，卡耐基曾温和地对他指出，他这种非凡的发现，如果是真的，将使他一夜之间成为百万富翁。因为兰草种子每公斤价值好几块钱。卡耐基还告诉他，这项发现会使他成为人类史上一位极杰出的科学家。其他人也都觉得他说得非常荒谬，而他连一点点的领悟也没有。他对自己的理论非常热烈，热得不可救药。他即刻站起来告诉卡耐基，他没有错。他抗议说，他并未引据理论，只是陈述自己的经验而已。他说他知道自己说话的对象的，并继续往下说，扩大了原先的论述，提出更多的资料，举出更多的证据，他的声音充满着真诚与诚实。

事情的发展简直令不可思议。好几个学生都站到他那边去了，许多人开始怀疑。卡耐基也知道一半以上的人将会站在他那边。于是就问那些站到他那边的人，是什么动摇了他们原先的观点的？他们一个接一个，都说是演讲者的热诚和笃信使他们自己怀疑起常识的观点来。

由于人们如此易于轻信，卡耐基只得写信给农业部请教这个问题。果然，农业部的人答复说，要使兰草或其他活的东西自山桃木灰里长出，是不可能的，他们并且说，他们还从纽约收到另一封信，也是问这样的问题。原来那位销售员对自己的主张太有把握了，因此回去后也即刻写了封信。

这种事给了卡耐基一个难忘的启示。演讲者若是热切强烈地相信某件事，并热切强烈地演讲它，便能获得人们对他的信任和拥护，即使是他宣称自己能由山胡桃木灰当中培植出兰草也无妨。既然这样，我们所归纳、整理出来的信念，即使在常识和真理这边，又会有多大的说服力呢？

几乎所有的演讲者都会怀疑，自己选择的题目是否能引起听众的兴趣。只有一个方法保证会叫他们感兴趣，那就是点燃自己对题目的狂热，就不怕不能把握人们的兴趣了。

多年前，卡耐基听到一个人在演说中警告听众，如果任由人们在奇沙比克湾捕石鱼的方法继续下去，而且不出数年这个品种便会绝迹。他对自己的题目确实感受深刻，对它是真诚热烈之至，他的内容及态度实在都显示出这一点。其实，在他起初讲话时，卡耐基也不晓得奇沙比克湾里有什么石鱼这玩意儿。他猜想多数听众也和他一样孤陋寡闻，并且缺乏兴趣。可是，这个演讲者尚未讲完，卡耐基说恐怕我们全体已经愿意联名向立法机关请求立法、保护石鱼了。

有一次，有人问起前美国驻意大利大使理查·华须本·乔尔德，他何以能成为一位意趣无穷的作家？成功的窍门在哪里？他回答说："我非常热爱生命，因而无法静下来不动，只是觉得必须告诉人们这点而已。"遇上像他这样的演讲者或作者，也由不得不为他所吸引了。

在伦敦，有一次卡耐基和一行人听完演讲后，其中一个著名的英国小说家说这场演讲的最后一部分要比第一部分更令他所欣赏。卡耐基问他何以如此，他回答说："演讲者本身似乎对最后一部分兴趣较大，而我一向都是依赖演讲人来为我提供热情和兴趣的。"

在现实生活中，每个人都是如此，所以，一定要记住这一点：点燃自己对题目的狂热，就不怕不能把握人们的兴趣了。

※ 一定要使自己的演讲语言生动具体化

在第一次世界大战期间，一位著名的英国主教对军队讲话。他们正要前往战壕作战，其中只有少数人了解自己为什么被派往前线作战。可是这位主教却对他们大谈"国际亲善"以及"塞尔维亚在太阳下应有权占一席之地"的话。他们之中，半数的人连塞尔维亚是城镇还是疾病都不知道。既然如此，他倒不如对精深的"星云学说"发表一篇响亮的颂词，不过，在他演讲中，倒没有一个骑兵想要乘机溜掉，宪兵就站在每个出口上，防止他们逃掉。

卡耐基认为，这位主教是一个不折不扣的学者。在一群宗教人士面前，他很可能声势夺人，功力尽见；但对这些军人却失败了，而且是全军覆没。原因何在？他不了解他的听众，也显然不知道自己演讲的真实目的，也不知如何达成目标。换句话说，就是没有使自己的演讲具体化。

那么，演讲的目的是什么呢？卡耐基指出，任何演讲，无论选择什么样的题目，它的目的都被包含在以下这四项里：一是说服或引发行动；二是说明情况；三是增强印象，使人信服；四是娱乐大众。

卡耐基曾以林肯总统演说生涯里一些具体的实例，来说明这一问题。

很少人知道林肯曾经发明过一种装置并获得专利，这种装置可将搁浅在沙滩或其他阻碍物上的船只吊起。他在自己律师办公室附近的技工店里，制造了这种器械模型。遇着朋友上办公室来看模型时，他便不厌其烦地讲解，这种讲解的主要目的，便是说明情况。

当林肯在盖茨堡发表精彩的演讲时，当他作第一次和第二次总统就职演讲时，当亨利·柯雷过世，他就其一生发表演讲时，在所有这些场合里，林肯的主要目的都是增强听众的印象，使人信服。

他对陪审团讲话时，是想赢得有利的决定。在政治演讲里，是想赢得选票。他的目的，在这时便是获得行动。

林肯在当选总统的两年前，曾准备了一个有关发明的演讲，他的目的是想使人们快乐，至少，那是他原先的目标，可惜没有成功。他想做个通俗演说家，结果在这方面却是挫折不断，有一次在某镇里甚至没有任何人来听。

可是他在别的演说上却出人意料地成功了，其中一些已经成为人类语言中的经典之作。原因何在？主要是他在这些演说里了解自己要达到的目标，并懂得如何使自己的演讲具体化。

卡耐基曾举过这样一个事例：假如你想说明，尼加拉大瀑布每天浪费掉的潜在能量极为惊人。如果你只是在这后面接着说，如果这些能量能够加以利用，并以它的收益来购买生活必需品，那么将有很多人可以获得温饱。这样的叙述方法是否能引起听众的兴趣呢？不能！我们来看看爱德文·史洛森在《每日科学新闻公报》中对这件事的报道。

我们知道，美国境内有几百万穷人，吃不饱，穿不暖。然而在尼加拉瀑布这儿，却平均每小时浪费相当于25万块面包的能量。

我们可以这样想象，每小时有60万枚新鲜的鸡蛋从悬崖上掉下去，在旋涡中制成一个大蛋卷。如果印花布不断从一架像尼加拉河那样宽达4000英尺的织布机上织出来，那也就表示同样数量的布料被浪费掉了。如果把我国图书馆放在瀑布底下，大约在一两小时内就能使整座图书馆装满各种好书。或者，我们也可以想象，一家大百货公司每天从伊利湖上游漂下来，把它的各种商品冲落到160英尺下的岩石上。

看看这里有哪些形象般的字句。它们在每一个句子中跳跃出来，然后迸到你眼前，给你直观的刺激："25万块面包；60万枚鲜鲜的鸡蛋自悬崖上掉下去；旋涡中的大蛋卷；印花布从4000英尺宽的织布机织出来；一个漂浮的大图书馆被冲落；悬崖下面的岩石和瀑布。"

要想不理会这样的一场演说或文章，就如同拒绝观看电影院里放映的精彩片段一样困难。

赫伯特·斯宾塞早已在他那篇著名的论文《风格哲学》中指出，优秀的文字能够唤起读者对鲜明图画的联想。

当我们思考一件事情时，不要用一般性的抽象概念，而要用特殊的形象概念。我们应该尽量避免写出像这样的句子："一个国家的民族性、风俗及娱乐，如果是残酷而且野蛮，那么，他们的刑罚必然严厉。"应该把它们改成下面这样："一个国家的老百姓如果喜爱战争、斗牛，并欣赏奴隶公开格斗以此取乐，那么，他们的刑罚必将包括最不人道的绞刑、烧烙、拷打。"

在《圣经》和莎士比亚的著作中，能够带给人图画般享受的句子，多得像春天的蜜蜂。例如，一位作家曾说，多余的兴味，就是把已经完美的事物再试图加以改善。莎士比亚如何表达这同样的想法呢？他写出了精彩的句子："替提炼过的黄金镀金；给百合画上油彩；把香水洒在紫罗兰上。"

你可曾注意到，那些世代相传的谚语，几乎全部是具有视觉效果的字句？在那些长久流传被广泛使用的比喻里，更是不难发现同样的图画般的效果："狡猾得像只狐狸""跑得比兔子还快""僵死得像一枚门钉”“像煎饼那般扁平”“硬得像石头”“像打字机那般机械”“像去年的鸟巢那般毫无生气”。

林肯一向爱用具有视觉效果的词句来说话。当他对每天送到白宫办公桌上的那些冗长、复杂的官式报告感到厌倦时，他提出了反对意见。但是，他不会以那种平淡的词句来表达，而是说出令人记忆深刻的图画式的语言：“当我派一个人出去买马时，”他说，“我并不希望这个人告诉我这匹马的尾巴有多少根毛，我只希望知道它的特点何在。”

将视线投在明确而特殊的事物上，描绘出心灵的图景。使它与众不同，形象而分明，如映衬着落日余晖的公鹿头角的长影。比方说，“狗”这个字，便或多或少地使人想起了这种动物的影像：也许是只短腿、长毛、大耳下垂的小猎犬；也许是一只苏格兰犬；或是只灰色大狼狗；或者是只德国黑贝。如果演说者仅仅说出“牛犬”，那么跳入你脑海中的形象，能够有多鲜明？恐怕你没有什么印象，因为这个名词包含的意义较单纯。

“一只有斑纹的牛犬”是不是唤起了比刚才更鲜明的形象？说“一匹黑色的雪特小马”是否比说“一匹马”形象了许多？“一只白色，断了腿的矮公鸡”，难道不比光是“鸡”一个字，给人更真切而显明的图像感吗？“他手里拿着一条香烟”，听了这句话，听众得到的只是一个模糊的印象，为什么不再具体一点说“一条骆驼牌香烟”？这样，那条骆驼牌香烟就清晰地“画”在听众的面前了。

《风格之要素》的作者说：“那些精通写作艺术的人，如果有一共性的话，那就是：认为唤起并掌握读者注意力，最稳妥的方法是要详细，要明确，要具体。最伟大的作家如荷马、但丁、莎士比亚，他们之所以高明，多半是由于他们有能力处理特殊的情况，并可以叙写出紧要的细节。他们的词句能唤起读者脑海里的景象。”写作是这样，讲话也如此。

有位法国哲学家说：“抽象的风格总是晦涩的，在你的句子里应该充满了石头、金属、椅子、桌子、动物、男人和女人这类通俗易懂的言辞。”

日常对话也是这样。这些技巧使得谈话焕发生气和光彩的。任何人只要想成为更高明的演说者，都可遵循这里的劝告并付诸实践，相信你必定获益匪浅。销售员把细节应用在推销讲词里，也会发现它具有特别的魔力。那些担任主管职务的人、家庭主妇，及教师们，更会发现自己在下达命令和传授知识、发布消息的方式和效果上，因使用的具体、实际的细节而大有改进。

※　打开沟通之门，拉近与听众的距离

通过一定的联系与听众融为一体。也有助于演讲者很快进入角色，缩短与听众之间的距离。在演讲中，最好是一开始便指出自己与听众之间有某种关系。如果觉得很荣幸能应邀发表演说，就照实说。如哈罗德·麦克阿兰在印第安那州的德堡大学向毕业班发表演说时，开头一句话便拉近了与听众沟通的距离。

“我很感激各位热烈的欢迎，身为英国的首相，应邀前来德堡大学，实非寻常等闲之事。不过我认为，本人当前的政府职位，恐怕不是各位盛邀的主因。”接着，他提到自己的母亲是美国人，出生于印第安纳州，而父亲则是德堡大学首届毕业生之一。他接着说：“我可以向各位保证，我深以与德堡大学有关联为荣，并以重温故乡的传统为傲。”

毋庸置疑，哈罗德·麦克阿兰提到美国学校，以及他母亲和身为先驱的父亲所知悉的美国式生活，即刻就替自己赢得了友谊，也使自己很快进入了演讲角色。

另一种可以打开沟通之门的方法，是使用听众中的人名。

有一次，卡耐基在宴会上坐在主持人旁边，他很惊异主持人对于大厅里的每个人都非常好奇。因为他不停地问宴会主人，某一个穿蓝色西装的人是谁，那帽子缀满花朵的女子芳名叫什么，但等他起身说话时，好奇的原因立刻便显露了。他非常机智地把方才得知的名字编入自己的演讲里，而名字被提到的那些人脸上有着显著的快乐，这个简单的技巧为演讲者赢得了听众的友谊，并使他在一片掌声中进入了角色。

通用动力公司总裁法兰克•裴斯在演讲中也曾使用过几个名字，产生了意想不到的效果。他在纽约“美国生活宗教公司”一年一度的晚宴上演讲时说：

“在许多方面对我而言，今晚是最令我愉快的一晚。首先，我自己的牧师罗伯·艾坡亚便在听众席里。他的言语、行为和领导，已使他成为我个人、家人，以及整个会众的一种激励和启示。其次，路易·施特劳斯和鲍伯·史帝文斯二人对宗教的热诚，已由他们对公共事业的热忱说明无遗。坐在他们二位中间的，是给我带来莫大快乐的源泉之一的……”

要小心的是，如果要在演说里用上奇特的名字，这些名字是为了这个场合经由询问而得知的，就必须确定它们正确无误，必须了解自己使用这些名字的原因，并只能以一种友好的方式来提到它们。

另一种可以使听众的注意力保持在巅峰状态的方法，就是采用代名词“你”，而不要用“他们”。这种方式可以使听众维持在自我感觉的状态中。演说者如果想把握听众的注意力和兴趣，这一点是不容忽视的。美国医药协会的健康教育组组长包尔博士很受听众欢迎，他就常在无线电和电视演讲中采用这个技巧。他有一次这样对听众说：“我们都想知道怎样去选个好医生，对不？我们既然想从医生那里获得最佳服务，我们是否应该知道怎样做个好病人呢？”

※ 采用良好的身体姿态以吸引听众的注意力

卡耐基发现，演讲时保持良好的姿态，对于吸引听众的注意力，并从而融听众于演讲中，引起他们共鸣也有积极的作用。

他建议，演说者在演说之前，不要坐着面对听众，而应以崭新的姿态到达会场，这样比听众眼中的老形象要好一些。

但是，如果我们必须先坐下来，那么，我们就要十分注意我们坐的姿势。你一定看过别人四处张望找空位子的情形，那很像一头猎犬在找一处可让它躺下来过夜的地方。他们四处张望，当他们真的找到一张椅子，他们就会加快脚步跑上前去，然后就像扔一个口袋般把自己的身体猛地放到椅子上去。

懂得坐下艺术的人，先用脚背碰一下椅子，然后使头部到臀部轻松地维持直立的姿势，在完美地控制下，使自己缓缓坐下去。

卡耐基反复强调，在演讲的过程中，不要玩弄你的衣服或你的首饰，因为这样做会使听众分散对你的注意力。另外还有一个原因，这样做会给人一种懦弱且缺乏自我控制力的印象。任何不能增加你演说分量的动作都会减少听众对你的注意力。没有任何动作是不会吸引听众注意力的。因此，你必须以一种平静的状态站着或坐着，控制你自己的身体，这将使听众对你产生一种有心理控制力、泰然自若的感觉。

当你准备站起来向听众发表演说时，不要急急忙忙地开口。这是业余演说家的通病。先深深吸一口气，望着你的听众大约 1 分钟的时间，使听众之间的嘈杂声或骚动停下来，等到一切平静为止。

你的双手应该如何处理呢？忘掉它们。如果它们能够很自然地下垂在身体两侧，那最理想了。如果你觉得它们就像一大串香蕉似的，千万别认为没有人会去注意它们，或是人们对它们没兴趣。最好能让你的双手轻松地下垂在你身体的两侧，这样才不会受到注意。即使是最吹毛求疵的人也不能批评这种姿势。此外，当情况需要时，它们还能自然而不受妨碍地摆出各种强调性的手势。卡耐基认为，从书上学来的任何姿势，很可能都是一大浪费，你要想学会有用的姿势，只能自己去揣摩，从自己的内心，从自己的思想，从你自己对这方面的兴趣中去培养。有价值的手势就是你天生就会的那一种。卡耐基说：“一盎司的本能比一吨的规则更有价值。”

比喻一个人的手势，就如同他的牙刷，应该是专属于他个人使用的东西，人人各不相同，只要他们顺其自然，应该每个人的手势都各自不同。

不应该训练两个人采取完全相同的手势。你可以想象，个子修长、动作笨拙、思想缓慢的林肯，和说话很快、个性急躁的道格拉斯使用完全相同的手势，那真是荒谬无比。

据曾经和林肯共同执行法律业务并且替他撰写传记的贺恩登说：“林肯用手做手势的次数，不比他用脑袋做姿势多。”

林肯经常使用后者，用力如此这般地甩动头部。当他企图强调他的某种意思时，这种动作尤其有意义。有时候这个动作会猛然顿住，仿佛把火花飞溅到易燃物上。他从来不像其他的演说者那般猛挥手势，好像要把空间劈成碎片，他从来不进行舞台效果的行动……随着演说程序的进行，他的动作愈来愈自由而且安然自在，最后达到优美的程度。他拥有完全的自然感和强烈的特点，因此，他也就显得尊严高贵。他看不起虚荣、炫耀、造作与虚伪……当他把见解散播于听众的脑海中，他右手的手势很有强调意义。有的时候，为了表示喜悦与欢乐，他会高举双手，大约成50度的角度，手掌向上，仿佛渴望拥抱他所喜爱的那种精神。如果他所要表现的是厌恶的情绪，例如谴责奴隶制度，他会高举双臂，握紧双拳，在空中挥舞，表现出真正崇高的憎恶感。这是他最有效果的手势之一，表现出一种最生动的坚定决心，显示他决心把他痛恨的东西拉下来，丢在灰尘中践踏。他绝不会把某只脚放在另一脚之前。他绝不会扶住或靠在任何东西上支撑身体。在整个演说过程中，他只对姿势与态度作少许的变化。他绝不会狂喊乱叫，也不会在讲台上来回走动。为了使他的双臂能够轻松一点，他有时会用左手抓住外衣的衣领，拇指向上，剩下右手可自由地做出各种手势。著名雕塑家圣高登斯把他的这种姿态雕成一座雕像，竖立在芝加哥的林肯公园。

这就是林肯的方法。罗斯福则比林肯更有活力、更激昂、更积极。他的脸孔因为充满热情而显得生气勃勃。他握紧拳头，整个身体成为他表达感情的工具。政治家布莱安经常伸出一只手，手掌朝天。葛雷史东经常用手掌拍桌子，或是用脚踩地板，发出很大的声响。罗斯伯利习惯高举右臂，然后以无比的力量猛然往下一甩。所有这些都重要，不过首先需要要求演说者思想与信念具有相当的力量才行，这样才能使演说者的姿势强而有力，显得自然，从而引起听众共鸣。

卡耐基指出，不要重复使用一种手势，否则会令人产生枯燥、单调的感觉。手势不要结束得太快，如果有人用食指强调人的想法，一定要在整个句子中维持那个手势。一般人都会忽略这一点，这是很普通但也是很严重的一项错误。这种错误会削弱你所强调的，而相比之下，一些不重要的事情反而变得仿佛很重要，而真正的要点却显得不重要了。

当你在听众面前进行演说时，应该只做出那些自然发出的手势。当你练习时，如果必要的话，强迫你自己做出手势。

在强迫你自己这样做时，会显得如此清醒而刺激。不久，你的手势将会自然而然地流露出来。

※ 在演讲中运用好语调的变化

所谓语调，就是指说话时声音的高低、轻重、快慢、停顿的变化。这种变化对于传情达意来说，具有非常重要的作用。无论高兴、喜悦、难过、悲哀、愁苦、犹豫、轻松、坚定、豪迈等复杂情感，都能通过语调的变化表现出来。同时，这种变化还可以造成声音的多样化，从而使听众乐于接受，并赋予听觉上的美感。一般地说，在演讲中，语调有以下几种运用技巧。

(1) 轻重变化

对演讲者来说，利用轻重音起伏跌宕的变化来有效地传情达意，是非常必要和重要的。当然，这是指逻辑重音的运用。它既能突出演讲中某些关键的词、句和段，从而突出地表现某种思想感情，又能加强语言的色彩，美化语言。

演讲者的成功经验表明，一般的演讲，尤其是那种议论型的演讲，其结尾段往往重音较多，甚至整段都是重音，以此来造成一种强烈的气氛，突出结尾所概括的演讲的主要内容、中心议旨，把整个演讲推向高潮，给听众留下更深刻的印象。

(2) 快慢变化

演讲的声音应当有快慢缓急变化。怎样变化呢？主要是根据表达思想感情的需要。在表达一般内容时，语速可以适中，既不要太快，也不要太慢。当表达热烈、兴奋、激动、愤怒、紧急、呼唤的思想情感时，出言吐语就要快些，要滔滔汩汩、势如破竹；讲到庄重、怀念、悲伤、沉寂、失落、失望的思想感情时，语速可以放慢些，娓娓道来。

演讲语音的变化，应当是自然、顺畅的。只有音速适宜、快慢有致，才既能有效地传情达意，又能令听众感到优美入耳。如果语速不当，缺乏快慢变化，始终保持一个速度，那就很难准确、恰当地表达出演讲者内心的思想感情，也使听众感到厌烦，难于接受。

(3) 高低变化

语调有高低变化，或者说是抑扬变化。一般说来，高音为升调，即句子调值由低到高，句尾发音往往最高，一般用于疑问句。低音为降调，即句子调值由高到低，句尾发音往往最低，一般用于陈述句、祈使句和感叹句。

在演讲中，为了更有效地表达思想感情，就不能不对语言作高低抑扬的变化处理。既不能一味地高，破嗓裂喉；也不能一味地低，有气无力。只有使音调的高低随意而变、随情而变，才能造成最佳的演讲效果。

(4) 停顿变化

停顿，就是说话时的间歇。演讲不仅要有停顿，而且还应该利用停顿，使停顿变为一种表达艺术，以求更有效地表达演讲者的思想感情。

那么，究竟怎样停顿呢？一般说来，停顿有三种：一是自然停顿，即词语或句子间的自然间隔；二是文法停顿，即段、句之后的较长一点的停顿；三是修辞停顿，即由于某种修辞效果的需要而作的停顿。对演讲来说，无疑地应综合运用这三种停顿，使它们变为一种技巧性的停顿、艺术性的停顿。

具体来说，在一般情况下，可作一般性停顿。然而，在某些特殊情况下，则应作较长一些的停顿了。比如，在向听众提出某个问题之后，在提出自己的某个观点之后，在道出某个妙语警句之后，在讲清一个相对完整的意思之后，都要作较长一点的停顿。

①若想练就超群的口才，自如地进行演讲，没有捷径可走，你应该把成为能言善道者这件事当做自己的目标，在日常生活中多学多练。

②演讲是一种任何人都能培养和掌握的技能。口头表达能力直接与准备时间的长短、研究工作做得如何、演练的次数以及在准备演讲稿和直观教具上付出努力的多少有关。

③一个好的题目是成功进行演讲的基础。最为听众欣赏的题目，都是从演讲者的个人经历中演化而来的。

④除非对自己所选择的题目有着特别偏爱的情感，否则就不要期望听众会相信你那一套话。

⑤任何演讲，无论选择什么样的题目，它的目的都被包含在以下这四项里：一是说服或引发行动；二是说明情况；三是增强印象，使人信服；四是娱乐大众。

第八章　如何采用最得体的推销语言去打动顾客

推销员的主要工作任务就是要说服顾客接受和购买自己的产品。没有一定的表达能力，没有巧妙的说服技巧，不能掌握和迎合顾客的心理都是很难奏效的。无论顾客是想购买某种商品，还是处于正在选择商品的阶段，都有各种各样的心理表现，如何抓住顾客的心理特点，在适当的场合说适当的话，是体现推销人员口才和能力的一个重要方面。

※　在推销中必须要学会采用得体的策略

有位男士和他妻子到东部一座城市的一家大百货公司去买枝形吊灯，这位爱发牢骚的男士坚持要看一个体现文艺复兴时期古典艺术的枝形吊灯。

他对售货员说："一定要给我拿一个小的、能够真正体现文艺复兴时代古典艺术的，而且不要太昂贵的枝形吊灯。"

这位售货员马上意识到，他遇到了一个难以对付和固执己见的顾客。作为一个非常机智的人，他知道自己的任务首先是迎合顾客，然后再尽可能地判断出他心中的固定看法到底是什么样的。

通过对一般性问题的诚恳交谈，这位售货员使这个人平静了下来；又通过一系列巧妙的问题，他终于准确地判断出了这位顾客想要的枝形吊灯。

对这个售货员来说，这样做更容易满足顾客的要求。然而，要把这个人争取过来，并满足他的想法仅有策略是不够的。

策略是成功的助推器，一个人如果要想赢得友谊和获得业务，策略的作用是无法估量的。优秀的商人往往把策略看成他成功诀窍中最重要的一个，其他三个是：热情、关于商品的知识和装饰。

对推销员来说，主要的问题是在接近顾客时就能够得到一个恰当的开始。如果他对人的本性进行仔细的研究，在估量他的顾客时，即使会犯错误，也是很少的。在商业场合，永远都不可忽视了说话策略的力量。

卡耐基年轻时曾遇到过这样一段经历。

那天，他正在办公室忙碌，有一个推销员来向他推销一个商业课程的讲座。“戴尔先生，有一个商业管理的讲座您想不想参加？”

“商业管理？我只不过是一个小职员，要参加这样的讲座至少等到5年以后。”卡耐基说。

那名推销员意识到找错了推销对象，低着头离开了。

如果一个推销员不了解对方的业务，他就是在浪费宝贵时间，因为他在试图推销一些别人确实不想要的物品。“这个人没有给我留下深刻的印象，因此他也没有能力说服我。尽管我曾数次拿出我的手表，非常烦躁地在椅子旁边转了几圈，不断地整理着桌子上的信函，向这位推销员做出各种让他走开的暗示和建议，但他仍在试图推销他的商品。他唯一可取的品质就是锲而不舍。”卡耐基最后这样说道。

现在，不合时宜的锲而不舍就是缺乏策略，对此，没有什么值得赞扬的。你应该能够从你潜在顾客的眼中看出你是否已经真的让他感兴趣了。如果没有做到这一点，你就不能使他相信他需要你推销的东西。

赢得一个潜在顾客的信任，给他留下一个美好的印象，打开他的心扉，就像向一个女孩求爱一样。你不能声色俱厉地威胁，也不能随心所欲或显得气急败坏。只有温文尔雅、富有吸引力，而且有策略的方法，才能赢得成功。

培养一种有策略的行为方式，一个最好的办法是，设身处地地为你潜在的顾客考虑，然后为他做在同样的情况下你希望别人为你做的一些事情。

使用策略，可以得到听取意见的机会；没有策略，单靠能力往往不能得到听取客户意见的机会。

很多毫无策略的人在生活中可能会一直拖着空空的鱼钩，他们不知道为什么鱼儿都不上钩，也不知道如何调整自己以适应周围的环境，他们是与环境不相适应的人，好像很偶然地就陷入了完全与他们不适应的环境中了。

策略是世界上最有影响力的说服者，在对方被说服之前，你的任何失误都可能永远地把大门关闭，没有策略的推销员是不会成为一名优秀推销员的，你必须要么学会如何恰当地在鱼钩上装上鱼饵，要么就去从事另外某种更适合你的工作。

※ 每位推销员都必须选择适合自己的推销技巧

成交技巧不下百种，曾经有一段时间，卡耐基尽可能地涉猎书报杂志上所有的成交资讯，并且把他认为有道理的技巧一一加以测试。他认为，就像炒菜一样，每位推销员都必须选择自己认为最拿手和证实效果最好的技巧。

有一些广受欢迎的成交技巧可以回溯到19世纪。比如说，有一种叫做“小狗狗”的成交技巧，也就是先让准客户试用你的产品或服务，直到他割舍不下（就好像他对从宠物店里的小狗狗难分难舍一样），而终于决定把产品留下来为止。

有一种叫做“本·富兰克林”的成交技巧，也就是你让客户在笔记本中画一条线，请他们把乐于购买的原因写成一栏，然后把不乐于购买的原因写在另一栏。

有一种叫做“锐角”的成交技巧，让你把反对意见转换成购买的理由。比如说，未来客户说：“我没有办法负担每月的费用。”推销人员就会这样说服：“假如我们能够把这笔钱分摊到更长的还款期限，让每月费用降低，那么你会接受吗？”

还有“走开”“带走”“只限今天”等各种不同组合的结案技巧。身为专业人员，你必须是一位不会让人感到太大压力，甚至毫无压力的销售人员。你不可有任何意图操纵别人的言行，而危及维系销售。

你对未来客户应行事光明磊落，直截了当，有凭有据，绝对不可以使用一些诡计，让客户觉得被迫做出违反自己最大利益的事；绝对不可以企图用任何方法操纵未来客户。

卡耐基指出，有如下八种和以上原则相互呼应的方法，能够将销售对话引导到对你有利的结论，并且维持日后的关系品质。

(1)“我要考虑一下”成交法

我们在提议成交之后，一定会有客户作出拖延购买的决定，因为所有的客户都知道这些技巧。他们肯定会常常说出：“我会考虑一下”“我们要搁置一下”“我们不会骤下决定”“让我想一想”……诸如此类的话语。

如果你真的听到你的客户说出了这样的话，卡耐基认为，这个客户已经是你的了。如果你已经掌握了这个技巧的话。

你可以说：“×× 先生，很明显地你不会说你要考虑一下，除非对我们的产品真的感到有兴趣，对吗？”说完这句话后，你一定要记得给你的客户留下时间作出反应，因为他们作出的反应通常都会为你的下一句话起很大的辅助作用。

他们通常都会说：“你说得对，我们确实有兴趣，我们会考虑一下的。”接下来，你应该确认他们真的会考虑，“×× 先生，既然你真的有兴趣，那么我可以假设你会很认真地考虑我们的产品对吗？”注意，“考虑”二字一定要慢慢地说出来，并且要以强调的语气说出。

他们会怎么说呢？因为你一副要离开的样子，你放心，他们会回答的。此时，你应该跟他说："×× 先生，你这样说不是要赶我走吧？我的意思是你说要考虑一下不是只为了要躲开我吧！"

说这句话的时候，你得表现出明白他们在耍什么花招的样子，在他们作出反应之后，你一定要弄清楚并更有力地推他们一把。你可以问他："×× 先生，我刚才到底是漏讲了什么，或是哪里没有解释清楚，导致你说你要考虑一下呢？是我公司的形象吗？"

后半部问句你可以举很多的例子，因为这样能让你分析提供给他们的好处。一直到最后，你问他："×× 先生，坦率地说，有没有可能会是钱的问题呢？"如果对方确定真的是钱的问题之后，你已经打破了"我会考虑一下"定律。

而此时如果你能处理得很好，就能把生意做成，因此你必须要好好地处理。询问客户除了金钱之外，是否还有其他事情不好确定。在进入下一步交易步骤之前，确定你真的遇到了最后一道关卡。

但如果客户不确定是否真的要买，那就不要急着在金钱的问题上去结束这次的交易，即使这对客户来说是一个明智的金钱决定。如果他们不想买，他们怎么会在乎它值多少钱呢？

(2)"太棒了，钱是我最喜欢的问题"成交法

不知你在推销经历中有没有听过"啊，价格比我预期的高得太多啦""我没有想过会有这么高的价钱"等诸如此类的话。怎样才能突破这道障碍呢？

这种成交法的第一步就是确定你的产品价格与你的目标客户的预期价格的差额。现在我们假设你销售的产品是一种高速打印机，其价格是 1000 美元，而你的目标客户的预期价是 800 美元，这时你必须弄清楚你们之间的价格差异是 200 美元。

但遗憾的是，我们的业务员在遇到"价钱太高了"的问题时，

通常都会从整个投资来着眼。这实在是一个很大的问题。事实上，一旦确定了价格差额，金钱上的问题就不再是1000美元，而是200美元了，因为你的客户绝对不会平白无故地得到你的产品或服务。

现在你对你的目标客户说：“×× 先生，照这样看来，我们双方之间的价格差距应该是200美元，对吧？现在，我认为我们应该小心地以客户的想法来处理这个问题了。”

我们假设这台高速打印机的正常使用寿命是5年。把你的微型计算机拿给你的目标客户，跟他说：“×× 先生，我们这台打印机的使用年限是5年，这点你已经确定了，对吧？”

“很好，现在我们把200美元除以5年，那么一年贵公司的投资是40美元，对吧？”“很好，贵公司一年用得到打印机的时间应该有50周，对吧？如果你把40美元除以50周，那么每周贵公司的投资应该是0.8美元，对吧？”

现在你说：“×× 先生，我知道贵公司的工作时间很长，你们经常加班，所以我假定这台打印机一星期要用5天应该是很合理的，对吧？麻烦你用0．8美元除以5，那么答案是？”“是16美分。”记住这个答案让你的客户说出来，因为到最后，你的客户觉得再跟你争执每天16美分已经很可笑了。

你微笑着对你的客户说：“×× 先生，你觉得我们要让这每天16美分来阻碍贵公司获得利润，增加产量吗？来阻碍这种超速打印机为你们带来的扩张能力吗？”如果他回答说不知道。

你再问他：“×× 先生，我还要问你一个问题，这个高速打印机的功能齐全，而且还有省时的优点，我们已经谈过它的优点了，这部机器在一天之内为贵公司创造的利润，应该比一个最低工资人员在一小时里创造的利润多，对吧？”

你的客户会回答:“对，我想是这样的。”因为如果不是昧着良心，他没有其他的回答选择。你是否心里在想:“哇，真的就这么简单！”

为什么不会这么简单呢？

作为一个业务员，金钱总是你最常会碰到的问题，既然如此，你不妨把这项技巧运用到你的工作上，跟你的同事、拍档一起练习，记住每一句话，并把数字给记下来，然后去使用它。

一旦采取这样的策略，你的销售数字会有惊人速度的增加，如果你用了这个方法还是不行的话，这对你的业绩并没有任何损害，但不去学习并且使用它们，那就问题大了。

(3)“不景气”成交法

现在有许多人都生活在恐惧中，有些人被认为是乐观主义者，其他人则是顽固分子，但大部分的人是左右摇摆不定。毫无疑问，新闻媒体报忧不报喜的态度使得数以千计的具有影响力的人不敢作出决定，因为许多人在此时摇摆，在恐惧与乐观中——甚至是在一分钟——你可以作出决定，释放出能量来。不景气成交法的目的便在此。接下来是适用于一般人的技巧。

“×× 先生，多年前我学习了一个真理：成功者购买习惯是这样的，当别人卖出时买进，当别人买进时卖出。最近有很多人谈到市场不景气，而在我们公司决定不让不景气来困扰我们，您知道为什么吗？（留时间让客户问你为什么。）

然后回答：“因为今天很有财富的人都是在不景气时代建立了他们成功的基础，他们看到了长期的机会，而不是短期的挑战，因此，他们作出购买决定而成功，当然他们愿意作出决定。×× 先生，今天你有相同的机会，你也愿意作出相同的决定，对吧？”

这个成交方法最重要是要灵活运用预先假定的技巧。

第一步你预先假定他是一位成功者，而一位成功者是不会因为经济不景气成为困扰自己或公司的因素。第二步是假定他作为成功者总是会作出明智的决策。第三步则是假定他作出购买的决定才是正确的选择。事实上，只要预先假定运用得恰当、适宜，在许多销售场合你都可以随心所欲地完成你的销售。

(4)“没有预算”成交法

在经济不景气时，每个销售人员在拜访公司或政府机构时一定都会听到这个理由。这个方法是用在当你跟公司的总裁或一级主管见面时，当你听说你的产品或服务不在他们的预算中时，以真诚的语气跟他们这么说：“也许不是这样的！所以我才会跟你联络啊。”

在这时千万别打住了，你要如何推进，要看你是在跟营利性或非营利性机构做生意，我们来看看适用的方法吧。对一般公司的方法：

“×× 先生，我完全可以了解这一点，一家管理完善的公司需要仔细地编制预算。预算是帮助公司达到目标的重要工具，但工具本身是具有弹性的，对吗？你身为高级主管，应该有权为了公司的财务利益跟未来的竞争性来弹性地利用预算，对吧？”（给出时间让你的客户作出反应）

“我们在这里讨论的是一个系统，能让贵公司具备立即并持续的竞争性。告诉我，×× 先生，假如今天有一项产品，对你公司的长期的竞争力和利润都有所帮助，身为企业的决策者，你会让预算来控制你还是你来控制预算呢？”

对非营利公司及政府单位的方法：“我知道每一家管理良好的机构会以精密的预算来控制他们的财务，所以我知道，你的办公室（机关，机构）会随着大众快速改变的需要而改变。事实上真的也是如此吧？”

在客户有反应后，继续说：“这表示你身为这么有效率的机构总裁，一定可以灵活地运用你们的预算，而不是死守在规定里，不然你的民众如何能快速地经由你的机构受利于新发展和新科技呢？”

“所以，您身为总裁应该有权弹性使用预算，让组织可以履行它的责任。”“我们在这里讨论的是一个能立刻持续地节省成本的方法（获得注意，增加访客安全和舒适——什么样的好处都行）。告诉我，×× 先生，在这些条件下，你的预算是有弹性的，还是硬邦邦的规则呢？”

(5)“拖延迟疑”成交法

在我们这个社会中，总有办事很拖沓、犹豫的人，他们明明相信我们的产品质量和服务非常好，也相信如果作出购买决定会对他们的业务产生很大的帮助。但他们就是迟迟不作出购买决定。

他们总是前怕狼，后怕虎。对于他们来说，主导他们作决定的因素不是购买的好处，而是万一出现的失误。就是这“万一的失误”使他们不敢承担作出正确的购买责任。对于这样的顾客，我们就可以采用“拖延迟疑”成交法。

你可以对他说：“×× 先生，华盛顿说过——拖延一项决定，比作错误决定浪费更多美国人民、企业、政府的金钱和时间。而我们今天讨论的就是一项决定，对吗？

“假如今天您说好，那会如何呢？假如您说不好那又会如何呢？假如说不好，明天将和今天没有任何改变，对吗？假如今天您说好，您即将获得的好处是很明显的，这点我想您会比我更清楚。×× 先生，说好比说不好对您的好处更多是不是呢？”

对于这种性格比较软弱的顾客，推销人员必须主导整个推销过程，他的潜意识里面需要别人替他作出购买决定。他总是需要听取别人的意见而自己却不敢拿什么主意。

这种顾客，推销员就必须学会主导整个购买过程，你千万不要不敢为你的客户作决定，你要明白，你的决定可能就是你的客户的购买行为。

(6)“一分钱一分货”成交法

在我们的推销生活中，价格总是被顾客最常提起的话题。不过挑剔价格本身并不重要，重要的是在挑剔价格背后真正的理由。因此，每当有人挑剔你的价格，不要和他争辩。

相反，你应当感到欣喜才对。因为只有在客户对你的产品感兴趣的情况下才会关注价格，你要做的，只是让他觉得价格符合产品的价值，这样你就可以成交了。

突破价格障碍并不是件困难的事情。因为客户如果老是在价格上绕来绕去，这是因为他太注重于价格，而不愿意让你把产品介绍注重在他能得到哪些价值。

(7)“别家可能更便宜”成交法

在推销生涯中，可能会经常碰到“别家的产品比你的产品更便宜”之类的话。这当然是一个价格问题。但我们必须首先分辨出他真的是认为你的产品比别家的贵，或者只是用这句话来跟你进行讨价还价。了解他们对你的产品的品质、服务的满意度和兴趣度，这将对你完成一笔交易有莫大的帮助。

不过无论他是什么态度，你用下面的成交法都能有效地激发他们的购买欲望，除非他们真的对你的产品和服务不感兴趣。但如果你的客户真的不感兴趣，他也不会跟你在价格上纠缠来纠缠去，你说对吗？我们来看下面的成交法，他们也许只不过想以较低的价格购买最好的产品和服务罢了。

既然这样，你就跟他说：“×× 先生，别家的价格可能真的比我们的价格低。在这个世界上我们都希望以最低的价格买到最高品质的商品。依我个人的了解，顾客购买时通常都会注意三件事：产品的价格；产品的品质；产品的服务。”

(8)“是，是”成交法

如果你推销的产品品质优良，而且若干产品的优点正符合客户的需要，在客户承认这些优点之前，要先准备一些让客户只回答“是”的问题。例如，“×× 先生，我们的产品比 A 产品省电 20%，对吗？”“我们的机器比 A 公司的机器便宜 50 美元，是吗？”

当然，这些问题必须能表现出产品的特点，同时在你有把握客户必定会回答“是”的情况下才提出。掌握了这个诀窍，你就能制造一连串让客户回答“是”的问题。最后，你要求客户签订货单时，他也会心甘情愿地回答“是”了。

※ 先取得客户的心理认同感，营造和谐融洽的氛围

有一次，美国《黑檀》月刊的主编约翰逊想争取到森尼斯公司的广告。而该公司的首脑麦唐纳是个非常精明能干的人。开始，约翰逊致信给麦唐纳，要求和他当面谈谈森尼斯公司的广告在黑人社会的重要性问题。

麦唐纳当即回信说：“来信已收到。不过我不能见你，因为我并不主管广告。”

约翰逊并不气馁。又致信给他，问：“我可不可以拜访你，谈谈关于在黑人社会进行广告宣传的政策？”

麦唐纳回信道：“我决定见你。不过，要是你想谈在你的刊物上登广告的事，我立刻就结束会见。”

在见面之前，约翰逊翻阅了美国名人录，发现麦唐纳是一个探险家，曾到过北极，时间是在汉森和比尔准将于 1909 年到达北极后的几年间。汉森是个黑人，他曾就本身的经历写过一本书。这是约翰逊可以利用的条件。于是他找到汉森，请他在书上签名，以便送给麦唐纳。此外，他又想起汉森是他们写篇文章的好题材，于是他从未出版的《黑檀》月刊中抽去一篇文章，而代之以介绍汉森的一篇文章。

麦唐纳在约翰逊走进他的办公室时，第一句话就是：“看到那边那双雪鞋没有？那是汉森给我的。我把他当朋友，你看过他写的那本书吗？”

“看过，”约翰逊说，“凑巧我这里有一本。他还特地在这本书上签了名。”

麦唐纳翻着那本书，显然感到很高兴，接着他又说：“你出版一份黑人杂志。在我看来，黑人杂志上该有一篇介绍像汉森这样的人的文章才对。”

约翰逊对他的意见表示认同，并将一本7月份的新杂志递给他，然后告诉他，创办这份杂志的目的，就是宣传像汉森这样克服一切障碍而到达最高理想的人。

麦唐纳合上杂志说：“我看不出我们有什么理由不在你的杂志上登广告。”

约翰逊并没有开门见山地讲出他的真实意图，而是讲述与广告毫无关系的话题，而这个话题，恰恰是对手所关心的，欣然接受的。于是，在取得了对手的心理认同感，谈判氛围变得和谐融洽之后，约翰逊才逐步地引导对手靠近自己的目标。约翰逊为什么取得了成功？因为他经过精心调查和准备，迎合了对方的口味，引起了对方的兴趣和支持。

在这方面，亚当森先生的做法也非常值得借鉴。

美国优美座位公司经理亚当森来到柯达公司总部，他要面见柯达公司总裁伊斯曼先生。因为他得知，伊斯曼先生捐巨款要在曼彻斯特建造音乐厅、纪念馆和剧院。许多制造商都已前来洽谈过，而没有结果。亚当森希望能争取到这笔生意，更希望借此扩大公司的名声，树立公司在市场竞争中的形象。

他向柯达公司总裁秘书说明自己的意图后，秘书通报了，并告诫他：“我知道你急于得到这批订货，但我现在可以告诉你：如果你占用伊斯曼先生5分钟以上时间，你就完了。他是个大忙人，所以你进去后要迅速地讲，讲完后马上出来。”

秘书领着亚当森进入了伊斯曼的办公室，伊斯曼正忙于桌子上的一大堆文件。亚当森环视办公室左右，静静地等候在那里。过了一会儿，伊斯曼抬起头来，发现了亚当森，便随口问道："先生有何事？"于是，秘书便向总裁简略地介绍了亚当森，便出去了。

亚当森环视办公室，对总裁说："伊斯曼先生，当我在这里等候你的时候，我仔细地观察了你的这间办公室。我本人长期从事室内的木工装修，但从未见过装修得这么精致的办公室。"

"哎呀！你提醒了我差不多忘记了的事情。"伊斯曼总裁高兴地说，"这间办公室是我亲自设计的，当初刚建好的时候，我喜欢极了。但是后来一忙，一连几个星期我都没有机会仔细欣赏一下这个房间。"

亚当森走到墙边，用手指在木板上一敲，说："我想这是英国橡木，是不是？意大利橡木的质地不是这样的。"

"是的。"伊斯曼总裁高兴地说，"那是从英国进口的橡木，是我的一位专门研究室内细木的朋友专程去英国为我订的货。"

伊斯曼总裁情绪极好，竟然站起身来，撇下那堆待批的文件，带着亚当森仔细参观起办公室来了。他把办公室内的所有装饰一件一件向亚当森介绍，从木制谈到比例，又从比例谈到颜色，从工艺谈到价格，然后详细地介绍了他设计的过程。亚当森微笑着聆听，饶有兴致，并且不时给予继续的示意和鼓励，亚当森还不失时机地询问伊斯曼的奋斗经历。伊斯曼便向他讲述了自己的苦难少年和坎坷经历，如何在贫困的生活中挣扎，自己发明了柯达相机的经过，以及自己打算向社会捐献巨款等。

亚当森不但听得聚精会神，而且发自内心地表示敬意。本来秘书警告过亚当森，谈话不要超过 5 分钟，结果亚当森与伊斯曼谈了一个多小时。伊斯曼总裁对亚当森说："上次我在日本买了几把椅子，放在我家的走廊里，但由于日晒，都脱漆了。我昨天到街上买了油漆，打算由我自己把它重新漆好。你有兴趣看看我的油漆表演吗？好，到我家去和我一起吃午饭，再看一下我的手艺。”

午饭以后，伊斯曼总裁动手把椅子一一漆好，并深感自豪。

结果是，亚当森不仅得到了这笔工程的订单，而且和伊斯曼先生结下终身的友谊。为什么亚当森只字未提生意，却出乎意料地成功了呢？他成功的诀窍很简单，通过谈话交朋友，千方百计激发对方谈话的兴趣，从而建立真正的朋友关系，当然生意也就好做了。先交朋友，后做生意——这就是亚当森成功的诀窍。

※ 在推销前要准备好适宜的开场白

要达到接近的特定目的，最重要的首先是讲好开场白。“万事开头难”，推销员与顾客的接触中，最难的就是开篇一席话，既要创造良好的推销气氛，又要尽可能多地了解对方，洞察对方的内心世界，有针对性地开展推销活动，这实在是交际中的难点。而一位专业推销员，他总会准备好适宜的开场白，以收到成功的效果。下面是卡耐基总结的优秀推销员常用的10种开场白：

(1) 用利益吸引对方

几乎所有的企业或个人在购买某种商品时首先考虑的是给自己带来什么利益。所以，用利益吸引对方很容易奏效。利益接近法符合顾客购买商品时的求利心理，直接告诉顾客购买推销品所能获得的实际利益或经济利益，诱发顾客的兴趣，使推销会谈顺利进行。

但使用这种方法时，推销员必须实事求是，讲求推销信用，不可浮夸，更不能无中生有，欺骗顾客。

(2) 真诚的赞美

一般人都愿意得到别人的赞美，客户也不例外。赞美顾客必须要找出别人可能忽略的特点，才能显示出真诚。赞美的话倘若不真诚，听起来就会变为“拍马屁”。奉承的效果当然比赞美差远了。所以，“常胜”推销员，要先经过大脑的思考，再开口赞美。不但要有诚意，而且要选择与推销产品有关的主题与目标。

推销员的赞美之词是对推销成功的铺垫。赞美之词应该发自内心，符合实际，才能达到应有的效果。

(3) 自我介绍法

这种方法是推销员通过自我介绍来接近顾客。自我介绍，主要是通过自我口头介绍及出示身份证件或递上名片来达到接近顾客的目的。

自我介绍法的作用主要在于推销员向顾客介绍自己的身份，以求得对方的理解和信任，消除其戒心，为推销会谈创造宽松的气氛。尽管此方法不能使顾客对推销的产品感兴趣，但与对方初次见面时却是不可缺少的。

(4) 提及有影响力的第三人

告诉你拜访的顾客，是第三者（顾客的亲友）介绍你来找他的。这是一种迂回战术，因为每个人都会“不看僧面看佛面”。所以，大多数顾客对亲友介绍来的推销员都很客气。

打着别人的旗号推销介绍自己的方法，尽管很管用，但是一定要确有其人其事，不能瞎编。否则，一旦暴露，结果会很尴尬。为了取信于顾客，如果能出示推荐人的名片或推荐信最好。

(5) 用产品吸引顾客

这是推销员直接利用推销产品引起顾客的兴趣和注意进而转入面谈的一种接近方法。这种方法最大的优点就是让产品作自我推销，让顾客接触产品，通过产品自身的吸引力，引起顾客的注意和兴趣。

(6) 举著名的公司或人为例

一般人使用新产品，多少会受到其他人的影响。推销员若能把握这种消费心理，利用名人、明星效应，也会收到良好的效果。

举著名的公司或人为例，可以壮大自己的声势，尤其是当所举之例中的人或企业正是顾客所熟悉、所喜欢、所敬仰或羡慕时，效果就会更显著。

(7) 问题接近法

运用这种开场白时，所问的问题必须能跟顾客的兴趣直接有关，并能够导入你的推销活动。在运用问题接近法时，所提问题应是对方最为关心的。

提问必须明确、具体，不可含糊不清，模棱两可，否则便难以达到接近的目的。

(8) 好奇接近法

这是利用顾客的好奇心理达到接近目的的方法。在与顾客见面之初，推销员可通过各种巧妙的方法来唤起其好奇心，引起其注意和兴趣，然后把话题转向推销品。

现代心理学表明，好奇是人类行为的基本动机之一，人们的许多行为都是由于好奇心驱使的结果。好奇接近法正是利用了人们的好奇心理，引起买方对推销品的关注，促使推销面谈顺利进行。

(9) 实地演习展示

这是一种最能引起客户注意的方法，在商品展览会上经常使用，表演接近法实际上是把产品示范过程戏剧化，以增加对顾客的吸引力，使之产生兴趣，为推销会谈铺平道路。

(10) 做顾客的参谋

推销员要受到客户的欢迎，就要经常动脑筋、出主意、想办法，为顾客提供一些新奇的建议和设想。也就是所谓的“高招”“点子”，这样会赢得顾客的尊敬。当然了，在为顾客提供建议和设想时，如果能够巧妙地把客户的需要和本企业的产品连在一起，促成交易，就更好了。

如果，你是一个优秀的推销员，本行业的知识非常熟悉，那么优势就更明显了。因为这样你就更容易得到顾客的尊敬与好感，还可以成为顾客的参谋。

※ 吸引顾客更多的注意，创造更多的商机

在推销产品的时候，吸引顾客是一个非常关键的环节。顾客的注意力被吸引了，才可能对产品产生兴趣，从而引发购买的欲望。谁能吸引顾客更多的注意，谁就拥有更多的商机。以下是卡耐基总结的优秀营销人员常用的几种吸引顾客注意的技巧。

(1) 使用简明的开场白

为了吸引顾客的注意力，在面对面的洽谈中，说好第一句话是十分重要的。开场白的好坏，几乎可以决定一次推销访问的成败。好的开始是成功的一半。大部分顾客在听销售人员第一句话的时候要比听后面的话认真得多，听完第一句问话，很多顾客就自觉或不自觉地决定了尽快打发推销员上路还是准备继续谈下去。

专家们在研究推销心理时发现，洽谈中的顾客在刚开始的 30 秒钟所获得的刺激信号，一般比以后 10 分钟里所获得的要深刻得多。

开始即抓住顾客注意力的一个简单办法是去掉空泛的言辞和一些多余的寒暄。为了防止顾客走神或考虑其他问题，开场白上多动些脑筋，开始几句话必须十分重要而非讲不可的，表述时必须生动有力，句子简练，声调略高，语速适中。开场白使顾客了解自己的利益所在，是吸引对方注意力的一个有效的思路。

(2) 通过提问了解顾客的需要

提问是引起顾客注意的常用手段。在销售访问中，提问的目的只有一个，那就是了解顾客的需要。“你需要什么”，这种直接的问法恐怕顾客自己也不知道需要什么。

销售人员在向顾客提问时，利用适当的悬念以勾起顾客的好奇心，是一个引起注意的好办法。一位好的销售人员的提问是非常慎重的，通常提问要确定三点：提问的内容、提问的时机、提问方式。此外，所提问题会在对方身上产生何种反应，也需要考虑。恰当的提问如同水龙头控制着自来水的流量，销售人员通过巧妙的提问得

到信息，促使顾客作出反应。

(3) 巧言打动顾客的心

一位柜台前的销售员在卖皮鞋，他对从自己的柜台前漫不经心走过的顾客说了一句："先生，当心摔跤。"顾客不由得停下来，看看自己的脚面，这时销售员乘机凑上前来，对顾客会意一笑："您的鞋子旧了，换一双吧！"

一位远道而来的推销商与客户洽谈，为了吸引对方的注意，他很喜欢用这样一句话来开始他所销售的产品："说真的，我一提起它，也许你会不耐烦而把我赶走的。"这时顾客会很自然地作出如下应："噢？为什么呢？照直说吧！"不用多说，对方的注意力已经一下子集中到客商以下要讲的话题。

为了打动顾客的心，我们不妨将自己放在顾客的地位思考一个问题：究竟是什么因素使我们认真听取销售人员的介绍。

(4) 引旁证引起对方的兴趣

在唤起注意力方面，销售人员广泛引用旁证往往能收到很好的效果。一家著名的保险公司的经纪人常常在自己的老主顾中挑选一些合作者，一旦确定了销售对象，公司征得该对象的好友某某先生的同意，上门访问时他这样对顾客说："某某先生经常在我面前提到你！"对方肯定想知道到底说了些什么，这样双方便有了进一步商讨洽谈的机会。

引用旁证时，销售人员还可以引用一些社会新闻。谈论旁证材料和社会新闻，首先应以新见长，最新消息、最新商品、最新式样、最新热点，都是具有吸引注意力的素材。

※ 用恰当的提问促成顾客产生购买的欲望

优秀的销售人员常常直接向顾客提问，以引起顾客注意和兴趣，并引发讨论，从而促成顾客产生购买的欲望。

提问时，营销人员可以先提一个问题，然后根据顾客的反应再继续提出其他问题。例如，“张经理，你认为企业目前的产品质量问题是由于什么原因造成的？”产品质量自然是经理最关心的问题，营销人员这一提问，可能会引起营销人员与张经理之间关于提高产品质量的讨论，无疑将引导顾客逐步进入营销面谈。

营销人员也可以一开始就提出一连串的问题，使得顾客无法回避。例如，美国某图书公司的一位女营销人员，总是从容不迫、平心静气地提出下述问题来接近顾客：“如果我送你一套关于个人效率的书籍，你打开书后发现内容十分有趣，你能读一读吗？”“若你读了以后非常喜欢这套书，你会买下吗？”“若你没有发现其中的乐趣，你将书籍塞进这个包里给我寄回，行吗？”此营销女士的开场白简单明了，使顾客几乎找不到说“不”的理由。

通过提问，营销人员一方面启发顾客认识到了自己的需求，另一方面又营销介绍了自己的产品，因此这是一种比较有效的接近方法。运用问题接近法的关键，是发现并提出问题，发现了问题就找到了顾客，提出了适当的问题就意味着成功的接近。需要注意的是，营销人员所提问题应是顾客最为关心的问题。

营销员直接向顾客提出问题，引起顾客的注意和兴趣，引导顾客去思考，并顺利转入正式面谈阶段也是一种有效的营销方法。

比如，“10年之后，你将干什么呢？”这个问题可能引起一场营销员与顾客之间关于退休计划的讨论。

美国一位口香糖营销员遭到顾客拒绝时就提出一个问题：“你听说过威斯汀豪斯公司吗？”零售商和批发商都会说：“当然，每个人都知道！”营销员接着又问：“他们有一条固定的规则，该公司采购人员必须给每一位来访的营销员一小时以内的谈话时间，你知道吗？他们是怕错过好东西。你是有一套比他们更好的采购制度，还是害怕看东西？”

某自动售货机制造公司指示其营销员出门携带一块2英尺宽、3英尺长的厚纸板，见到客户就打开铺在地面或柜台上，纸上写着："如果我能够告诉你怎样使这块地方每年收入250美元，你会感兴趣，是吗？"

当然，提出问题必须精心构思，刻意措辞。事实上，有许多营销员养成一些懒散的坏习惯，遇事不动脑筋，不管接近什么人，开口就是："生意好吗？"有位采购员研究营销员第一次接近客户时所说的行话，做了这样一个记录，在一天里来访的14位所谓的营销员中，就有12位是这样开始谈话的："近来生意还好吗？"这该是多么平淡、乏味！某家具厂营销经理抱怨说五分之四的营销员都是以同一个问题开始营销面谈："生意怎样？"

为了引起顾客的兴趣而不是厌倦，在提问时应注意以下几点。

(1) 了解他的需求

提问题是为了了解顾客的需求，而顾客需求的具体表现是他已经有了的东西和他所希望得到的东西的差异。因此营销员可以问顾客"已有的"问题，如"你对已经有了的东西喜欢什么"，然后问"想有的"，如"在没有的东西中你希望得到什么？"等等。如果你仔细听他们的回答，就可以听出"他现在已有的"与"他想有的"之间的差异，从而了解他的需求。

(2) 注意问题的表述

一个调查员向一位女士提出了一个简单的问题："你是哪一年出生的？"结果惹得女士恼怒不已。对于调查员来说问这句话是例行公事，但这位女士深感年华流逝，对出生年份很忌讳，因而大为不满。后来这位营销员接受教训，改为另一种方式提问："这份汽车登记表上要填写你的年龄，有人愿意填写大于实际一岁，你愿意怎样填呢？"这样说就好多了。可见提问时表述的重要性，经验告诉我们在提问时先说明一下道理对洽谈是有帮助的。

(3) 把握好提问的时机

提问的时间掌握，要依据顾客本人、推销产品的情况及约见的时间、地点来决定。可以一开始就提出问题，如“你需要改善工厂的办公效率吗？”或“你家有高级音响吗？”也可以在引起顾客注意以后，根据顾客生产经营情况或家庭情况提出问题。

※ 从顾客的需要出发说服对方购买

在商谈出现不一致时，不要以硬碰硬，不要讨论分歧点；而要着重强调彼此的共同观点，取得一致后，再自然地转向自己的主张。你可以从对方的需要出发，从对方的角度提出引诱对方承认你的观点。

下面是一个卡耐基讲述过的购买卡车的商谈案例。

卖方：你们需要的卡车，我们有。

买方：吨位多少？

卖方：4 吨。

买方：我们需要 2 吨的。

卖方：4 吨有什么不好呢？万一货太多，不是挺合适吗？

买方：我们也得算经济账啊。这样吧，以后我们要时，再通知你们。

于此，双方只能说“再会”了。

但如果改用下面的诱导方法，结局会大不相同。

卖方：你们运的货每次平均重量是多少？

买方：很难说，大致 2 吨吧。

卖方：有时多，有时少，是吗？

买方：是的。

卖方：究竟需要哪种型号的卡车，一方面要看你运什么货，另一方面要考虑在什么路上行驶，对吗？

买方：对，不过……

卖方：假如你在坡路上行驶，而且你那里冬季比较长，这时汽车的机器和车身承受的压力是不是比正常情况大一些？

买方：是的。

卖方：你冬天出车的次数比夏天多吧？

买方：是的。我们夏天生意不太兴隆。

卖方：有时货物太多，又在冬天的坡路上行驶，汽车不是经常处于超负荷状态吗？

买方：对，那是事实。

卖方：你在决定车的型号时，是不是留了余地？

买方：你的意思是？

卖方：从长远利益看，怎样才能算买了辆值得的车？

买方：当然需要看它能使用多长时间了。

卖方：一辆车总是满负荷，另一辆车从不过载，你觉得哪一辆车寿命长？

买方：当然是马力大，载重量大的了！

卖方：我们的 4 吨卡车正符合这个要求。

于是，终于一步一步诱使对方同自己成交。

他用了循循善诱的战略，用一些基本的常识，比如车在冬季坡路上行驶，受压力大，车长期满负荷，会使寿命减短，来促使对方顺着自己的思路走过来，让他越发感觉你所说的如此合理，于是拍板成交。

※ 一定要专心地注视着对你说话的人

如果你想成为好的经营者，那你就应做一个善于倾听别人讲话的人。

和凡事不留心、注意力散漫的人相处，是一件令人非常不愉快的事情。如果你处在这样的境地，就等于是对方在侮辱自己。很显然，对任何人而言，被侮辱都是很难忍受的！无论你是谁，当你在面对你认为值得注意的人时，都应该精神集中，全神贯注地去应对。同样，当别人以一种高度的热情和专注与你谈话时，你也一定要以同样的专注去面对他。当你和一个心不在焉的人在一起时，就好像他在暗示你，认为你是一个不值得注意的人。退一万步讲，即使对方对你的这种漫不经心不去计较，也就是说你的这种举动不会造成对他人的伤害。但是，你注意力如此松散，对你个人仍然毫无益处。因为如果你是一个注意力集中的人，你本来可以仔细地观察和你在一起的人的人格、态度，甚至是当地的习俗的，但由于你的散漫，却导致你一无所获。也就是说，“这样的人即使能够一辈子和许多伟人相处（这种假设当然不会成立），他也无法从这些伟人身上获得丝毫的教诲。一个无法集中精神、投入全部精力去做该做的事情的人，是无法完满地去完成一项工作的，这样的人也无法成为你永久的知心朋友。”

如果你想成为一名优秀的谈话家，就请做一个注意听话的人。卡耐基提示我们：“要用两倍于自己说话的时间去倾听对方讲话。”

正如一位犹太学者所说的：“要令人觉得有趣，就要对别人感兴趣。”提出别人喜欢回答的问题，鼓励他谈谈他自己和他的成就。

一个成功商业性会谈的秘密是什么呢？根据一位犹太成功商人的说法，“成功的商业性交谈，并没有什么神秘……专心地注视着对你说话的人，是非常重要的。再也没有比这么做更具恭维效果了。”

艾略特是个熟练的倾听艺术大师。美国著名的小说家亨利·詹姆士回忆说：艾略特的倾听并不是沉默的，而是以活动的形式。他直挺挺地坐着，手放在膝上，除了拇指或急或缓地绕来绕去，没有其他的动作。他面对着对方，似乎是用眼睛和耳朵一起听他说话。他专心地听着，并一边听一边用心地想你所说的话。最后，这个对他说话的人会觉得，他已说了他要讲的话。

这种方式浅显而易懂，几乎任何人都不会提出异议。

但是我们知道，有些商人会租借昂贵的地方，干练地购买他们的货品，商店装潢得漂漂亮亮的，花了大量的广告费，但却雇用一些不懂得听别人说话的店员——那些店员打断客人的话，跟人家争执，给人难堪，只会把客人赶出去。

我们注意到，常发牢骚的人，甚至最不容易讨好的人，在一个有耐心、具有同情心的听者面前都常常会软化而屈服下来。这样的听者，在被人家“鸡蛋里挑骨头”、骂得“狗血淋头”的时候，都会保持沉默。

辛格曼·弗洛伊德要算是近代最伟大的倾听大师了。一位曾遇到过弗洛伊德的人，描述着他倾听别人时的态度：“那简直太令我震惊了，我永远都不会忘记他。他的那种特质，我从没有在别人身上看到过，我也从没有见过这么专注的人，有这么敏锐的灵魂洞察和凝视事情的能力。他的眼光是那么谦逊和温和，他的声音低柔，姿势很少。但是他对我的那份专注，他表现出的喜欢我说话的态度——即使我说得不好，还是一样，这些真的是非比寻常。你真的无法想象，别人像这样听你说话所代表的意义是什么。”

请记住，跟你谈话的人，对他自己、他的需求和他的问题，更感兴趣千百倍。他对自己颈部的疖痛，比对非洲的40次地震更感兴趣。当你下次开始跟别人交谈的时候，别忘了这点。因此，如果你要别人喜欢你的话，请记住这条规则。

做一个好的听众。鼓励他人谈论他自己。不要随意打断对方的话。

卡耐基描述过下面一段推销对话场景。

推销员：“科尔先生，经过我仔细观察，我发现贵厂自己维修花费的钱，要比雇佣我们来干，花的钱还多，对吗？”

科尔：“我也计算过，我们自己干确实不太划算，你们的服务也不错，可是，毕竟你们缺乏电子方面的……”推销员：“噢，对不起，我能插一句吗？有一点我们想说明一下，没有人能够做完所有事情的，不是吗？修理汽车需要特殊的设备和材料，比如……”

科尔：“对，对，但是，你误解我的意思了，我要说的是……”

推销员：“您的意思我明白，我是说，您的下属就算是天才，也不可能在没有专用设备的情况下，干出像我们公司那样漂亮的活儿来，不是吗？”

科尔：“你还是没有搞懂我的意思，现在我们这里负责维修的伙计是……”

推销员：“科尔先生，现在等一下，好吗？就等一下，我只说一句话，如果您认为……”

科尔：“我认为，你现在可以走了。”

推销员被科尔下逐客令，原因是这个推销员三番五次地打断科尔的讲话。在推销中，这是一大忌！在现实生活中，经常随意打断对方讲话的人，也只能让讲话者生厌。

对推销员来说，绝对不要随意打断顾客的话，而要让他心平气和地把话讲完，就算他的意见不符合实际情况，也要听下去，除非情况非常特殊。

让顾客充分表达异议，即便你知道他将要说什么，也不要试图打断他。对顾客要礼貌，认真地倾听，尽力作出发应。没有任何顾客愿意去跟那些自作聪明的推销员打交道的。要是你不能表现出对顾客及其问题的兴趣，你永远也不会赢得顾客的信任。

不认真听取顾客在购买时所关心的问题，而是自己随意地罗列出自己关心的情况，结果只有一条：让顾客跑掉！

※ 间接反驳，避免激发顾客的对立情绪

“谈判时不应该争论！”这是谈判老手向谈判新手提出的最好忠告。美国著名推销员鲁布·沃特尔经常说：“不错，你可以随时

向买主和其他人证明他的话显得很无知。但这样做你能得到什么？揭穿买主的愚昧没有任何好处，他绝不会因此而感谢你；在更多的情况下，他会怀恨在心，你的生意早晚会受到伤害。”谈判是一项合作的事业，而争论会激发对手的对立情绪，这对双方达成交易有什么好处呢？

卡耐基指出一向反对争论，在企图向顾客推销的时候，尤其是如此。

有一个人寿保险员一直很纳闷，他弄不明白为什么有个男人他连续拜访了10年都没做成生意，最近却向新到该城的另一个保险员认购了价值10万美元的保险单。其中的原因细究起来其实很简单：大约在8年之前，第一个保险员在拜访了那个男人好几回之后说了句：“我将来会说服你的，老家伙！”

毫无疑问，这句充满情感的话表明了他值得称赞的决心，但这话却绝不应该说出口，因为那“老家伙”当时立即嚷道：“不，你做不到——绝无希望！”打那以后，他就一直信守这种立场。

旧金山一家鞋店的老板则正好与此相反，他应付顾客的手段相当高明，可是他给人的印象并不属于那种伶牙俐齿型。顾客对他抱怨说：“鞋跟太高了！”“样式不好看！”“我右脚稍大，找不到合适的鞋子！”老板只是点头不语，等顾客说完后，他才说：“请你稍等。”随即拿出一双鞋，说：“此鞋一定适合你，请试穿！”顾客半信半疑地穿上鞋，随即是欣喜的回答：“这鞋好像是给我定做的。”于是，很高兴地把鞋买走了。

谈判者应务必记住：不管谈判对手怎样与你针锋相对，不管他怎么一个劲地想与你吵架，你也不要争论。

争论并不等于说服，争论很少能使人真心诚服。大学辩论队的队员在辩论结束后都还会保持原有的信念，败方队员决不会因为对手辩术高超而更改观点。说服的关键在于引导，谈判者通过一系列的努力，让对手经过自身的思想斗争作出决定，接受我方提出的交易条件。

为了防止在商务谈判中出现可怕的争论和一些有争论的话题，下面引用欧洲市场及推销咨询协会名誉主席戈德纳在其著作中所举的一个实例。从这个实例中，你可以根据情景更好地体会出各种避免争论的技巧。约翰·墨菲是一个汽车销售人员，他正在向可能买主奈特介绍一辆赛车。

墨菲：奈特先生，这辆赛车是非常舒适的。（奈特没有作出回答）

墨菲：（意识到自己的口误）请坐到汽车驾驶员的座位上试一试吧？（奈特坐进驾驶室）你坐在里面感到舒适吗？

奈特：舒服极啦！

墨菲：你觉得座位调得如何？你坐在方向盘后面舒服吗？

奈特：行，挺舒服的。不过，驾驶室太小了。

墨菲：还小？你是在开玩笑吧！

奈特：我说的完全是实话。我感觉在里边坐着有点憋气。

墨菲：但汽车前舱的空间有2英尺啊！

奈特：不管怎么样，我还是觉得有点憋气。

墨菲：（意识到他的错误，就停止了反驳）当然了，这辆车比不上大型车辆宽敞。但正如你刚才说的那样，坐在里面还是很舒服的。你可能已注意到这辆车的装潢还是相当不错的，使用的装潢材料是皮革。还有比皮革这种材料更好的吗？（他并没有提出具体理由来进一步证实为什么使用皮革材料来进行装潢）

奈特：我不懂得什么皮革不皮革的。但我觉得皮革夏天太热了，冬天又太冷。（奈特向来不喜欢皮革）

墨菲：（墨菲本来可以，也应该在事前了解清楚顾客对各种材料做的座位外套有什么看法。不过，这仅仅是一个无关大局的细节问题。因此，他决定避开它）对，那仅仅是个人爱好问题。其实，我明白你的意思，在炎热的夏天，皮革确实有点热。但在这个国家，夏天从来都不是太热的。应当这样看待这个问题才是，你说呢？不管怎么说，皮革肯定要比塑料凉爽得多。你同意这个看法吗？

奈特：那或许有可能。但有些时候，我要在夏天开车到其他国家去。

墨菲：（墨菲本可以进一步指出，他不可能把车开到赤道去。另外，开车到国外的时间相对来说是短暂的。但他觉得这样谈下去会把话题扯得太远，并且会引起争执）好吧，我们来谈一下其他问题吧。你准备用这辆车来干什么？（墨菲又准备回到汽车的主要用途上，并打算以它来证明这种汽车的前舱空间还是足够的）

奈特：我准备开着车去上班和到我们的乡村别墅去。

墨菲：路程远吗？

奈特：不特别远。

墨菲：家里人口多吗？

奈特：我们有两个小孩，都在念书。

墨菲：那么说，你是想要一辆节省汽油的汽车了，是不是？（墨菲为了绕开汽车大小问题，又换了一个新话题。不过，他还远远没有脱离危险区，因为他又转到汽油价格这样一个人人关心的中心话题上。）你知道汽油的现价吗？

奈特：价格还可以吧。但关于节油的种种说法都是靠不住的。事实上，每一辆汽车所耗费的汽油量总要比说明书上规定的多得多。

墨菲：当然了，耗油量的大小取决于你怎么使用你的汽车。

奈特：（很生气）你这话什么意思？

墨菲：车开快了就需要经常更换挡位，这样耗油量就大一些。

奈特：在很多情况下，宣传说明书上所说的都是不可靠的，不是事实。说明书上说，行驶 20 ～ 30 英里才耗费 1 加仑汽油。我们就按照说明书购买了一辆汽车。结果呢？还没有行驶 15 英里就耗

费了 1 加仑的汽油。宣传归宣传，事实归事实。我的一个好朋友对我说……（接着，他讲了一个很长的故事）

墨菲：（控制住自己）好吧，我们可以在试车的时候检查一下这辆车的耗油情况。奈特先生，你可以亲自开车，好吗？

奈特：好的。（他们开动了汽车）

墨菲：你的夫人也会开车吗？（他准备把这辆车便于操作这一点作为推销要点）

奈特：她准备去听驾驶课。

墨菲：（接过新话题）我们有自己的驾驶学校。如果你需要的话，我可以帮助你夫人联系上课的事。

奈特：不用了。

墨菲：（刚准备有所表示，但及时地控制住了自己。）不管怎么说吧，对你夫人来说，开小车要比开大车容易。你说呢？

奈特：我想是的。（奈特又想出了一条反对的理由）像这样一辆小车怎么那么贵呢？

墨菲：（从奈特这一问题，墨菲意识到车的大小问题并不很重要。所以，他不准备更多地讨论车的大小问题。如果反驳奈特的这一看法，并且指出汽车的价格不高的话，那么他们就有可能发生争论。所以，他决定不直接地讨论价格问题。）奈特先生，你开车是很有经验的，嗯？

奈特：我想还可以吧！

墨菲：那么，依你看，车的哪一方面最重要？（通过承认对方有经验，这就造就了一种融洽的气氛。并且以提问方式把话题转向一些更重要的问题上。）

奈待：唔……当然是车开起来稳不稳、车速和车的质量最重要了。噢，还有转售价格问题。

墨菲：（谨慎地纠正对方的看法）当然也要节省，是吗？

奈特：当然了。

墨菲：所以，应该是稳、速度和节省。奈特先生，就速度而言，你认为哪一方面是最重要的：是最高速度指数还是变速器？

奈特：当然是变速器重要了。不管怎么说，人们一般不使用最高速度。

墨菲：（现在他终于了解到顾客对什么东西感兴趣）你说对了，这些才是最重要的。在决定一辆车的价值的时候，它们的作用是很重要的。在这一点上，我们的看法是一致的。

奈特：是的。

现在，墨菲知道他应该怎样进行洽谈，应该避免哪些问题。他从上述三个方面解释了这辆车的价值，并且间接地反驳了奈特认为车的售价太高的看法。在第三次业务洽谈时，他终于把这辆车销出去了。

※ 避免使用以“我”为中心的词句

在推销中，有些推销员总是使用以“我”为中心的词句和一些言之无物的词句。使用这些词句虽不至于使洽谈无法进行，但对洽谈或多或少有不利的影响。所以，作为一个一流的推销员，应把使用这样的词句视为禁忌。

在业务洽谈中，应当尽量避免使用任何形式的以“我”为中心的词句，下面一些词句就不利于推销员和顾客之间发展正常关系，不利于造成良好的洽谈气氛，不利于进行成功的推销。

“我认为……”

“我的看法是……”

“如果我是你的话……”

“依我看……”

“我要对你说的是……”

“我不会这样做……”

“我的意见是……”

“考虑一下我所说的话……”

如果可能的话，上述每一句话中的“我”字都应当改为“你”字。

要尽量避免使用下面一些言之无物的词句：

“我还想说……”

“正像我早些时候说过的……”

“我想顺便指出……”

“或者，换句话说……”

“确实是……”

“事实上……”

“所以说……”

“是真的吗？”

“无论如何……”

“在不同程度上……”

“你不同意吗？”

“你可以相信它……”

在业务洽谈中，你应该注意正确地运用语言这一交流工具，有些词句有利于达成交易，有些词句对达成交易则毫无帮助。人们把这两种效果截然不同的词句分别称为“推销用语”和“非推销用语”。比如“价值”一词要比“价格”一词好。“拥有”比“购买”好。

※ 用诚恳的态度化解抱怨

沃尔·斯特里特公司的男鞋推销员去拜访他的一个贩卖商。在推销过程中，这位商人抱怨说：“知道吗？最近两个月，我们订货的发送情况简直糟透了。”

这一抱怨对于公司的推销员来说无疑是一个巨大的威胁，谈判有陷入僵局的危险。

这位推销员非常有经验，他的回答很镇定："是的，我知道是这样。不过我可以向你保证，这个问题很快就能解决。你知道，我们只是个小型鞋厂，所以，当几个月前生意萧条并有9万双鞋的存货时，老板就关闭了工厂。如果你定的货不够多，在工厂重新开工和有新鞋出厂之前，你就可能缺货。最糟糕的是，老板发现由于关闭工厂他损失了不少生产能手，这些人都去别处干活了。所以，在生意好转之后，他一直难以让工厂重新运转。他现在知道了，他过早惊慌地停工是错误的，但我相信，我们老板是不会把现在赚到的钱盘存起来而不投入生产的。"

那商贩笑了，说："我得感谢你，你让我在一个星期之内头一次听到了如此坦率的回答。我的伙计们会告诉你，我们本周一直在与一个购物中心谈判租赁柜台的事。但他们满嘴瞎话，使我们厌烦透了。谢谢你给我们带来了新鲜空气。"

不难想象，这个推销员用他的诚恳态度赢得了顾客的极大信任，他不但做成了这笔生意，还为以后的生意打下了良好的基础。

这是一个关系营销的时代，生意的往来越来越建立在人际关系的基础上，人们总是愿意和他所熟识和信任的人做买卖。而获得信任的最重要的途径就是待人诚恳。在商务谈判出现僵局的时候，如果谈判者能从谈判对手的角度着眼考虑问题，急人之所急，想人之所想，对谈判对手坦诚以待，对方也必然会作出相应的让步，僵持不下的局面也就随之消失。

在这方面，迪特先生的做法也颇有独到之处。

迪特毛料公司的员工催促一个欠了公司15美元顾客速来结账。

一天，这位顾客愤怒地冲进迪特先生的办公室，说他不但不付这笔钱，而且这辈子再也不花一分钱购买迪特公司的东西了。

迪特先生耐心地让他说了个痛快，然后对他说："我要谢谢你到芝加哥来告诉我这件事，你帮了我一个大忙，因为如果我们的信托部门打扰了你，他们就可能也打扰别的好主顾，那就太不幸了。相信我，我比你更想听到你所告诉我们的。”

这个顾客做梦也没想到会听到这些话。迪特先生还要他放心，告诉他会把这笔账一笔勾销，迪特说：“你是个非常细心的人，只有一个账目要管，而我们的职员则要照顾好几千个账目。因此，比起他们来，你不太可能出错。既然不再向我们订毛料，我就向你推荐一些其他的毛料公司。”

结果，这个顾客又签下了一笔比以往都大的订单。他的儿子出世后，他给起名为迪特。后来他一直是迪特公司的朋友和贸易伙伴。

一个本来对迪特毛料公司怀有满腔怒火的顾客，被迪特先生短短的几句话说动，不但没有同公司闹僵，反而更加信任这个公司，这全仗该公司的迪特老板善用后发制人之术。欠账还钱，乃天经地义，面对怒气冲冲的顾客，迪特先生深知，如果同顾客计较，即使得到了欠款也无法留住更多的财富，可能会失去一个甚至更多的顾客。所以迪特先生等顾客发泄完后，展开了攻势：首先以一片诚心，感谢这位顾客表达了对公司的意见，继而宣布将欠账一笔勾销，同时赞扬顾客的细心和善于发现问题，结果，顾客完全被这番诚意征服了，做了这家公司的终身顾客。

这正是卡耐基先生所推崇的“后发制人法”。

后发制人法就是先让对方尽情表露自己的言行，然后，采取有针对性的话语或行动制服对方的方法。从心理学的角度来讲，给他一个发泄的机会，可以满足他的发泄心理，以缓其怒气，在心理上达到平静，这样可以达到不制自服的效果。摸清彼情，以此掌握更大的主动权，让他把话讲完，对他的心理状态你也就一清二楚了，这样为你后来的对策提供了可靠情况。后发者既可以从对方的破绽中找出准确的反驳点，也可从对方的话语中引出话题。但前提是要创造好的言谈气氛，听者要有耐心，千万别插话或打断对方的谈话，这种情况，急躁和慌忙会引起神经过敏和思维紊乱，对方就难吐真情了。

使用后发制人方法时，要注意方法艺术。在后发制人的语言和行动上要同前者有必然的逻辑联系。后发制人中的前者与后者不仅仅是时间上的谁先谁后的关系，而且还是体现为内容前后的内在联系。根据不同的要求，针对先发之言或分析，或反驳或赞许，而不要他说他的，你说你的，完全是两张皮，凑不到一起，那就失去了后发的意义了。

※　尽量满足顾客在商品之外的心理需求

几年前，纽约电话公司遇到了一桩麻烦事。一位苛刻的用户对电话公司的接线员的服务不满意，因此在电话公司要求他付电话费的时候大发雷霆。他认为这些费用对于他所享受到的服务而言，简直不啻于敲竹杠。于是，他怒火满腔地宣称，要把电话连根拔掉，并且到有关方面进行申诉、告状。

为了解决这一矛盾，电话公司派出一位最干练的“调解员”前去见那位无事生非的用户。在双方见面之后，那位暴怒的用户向调解员淋漓尽致地发泄着他的愤怒，而调解员则静静地听着，不时地说：“是的。”对用户的不满表示同情。

事后这位调解员回忆道：“他滔滔不绝他说着，而我洗耳恭听，整整 3 个小时。我先后去见过他四次，每次都对他发表的论点表示同情。在第四次会面的时候，这位用户说他准备成立一个‘电话用户保障协会’，我立刻表示赞成，并说我一定会成为这个协会的会员。这位用户从未见过一个电话公司的人同他用这样的方式和态度进行交谈，于是，他的态度变得友善起来。前三次见面，我甚至连同他见面的原因都没有提过；但是在第四次见面的时候，我们已经化敌为友，事情顺利地解决了。这位用户要付的费用全部照付了，而且还主动撤销了向有关方面的申诉。”

而那位无事生非的用户，他在与电话公司的这场矛盾中，自认为是扮演了一个主持正义、维护大众利益的角色；而事实上，他所需要的只是一种重要人物的感觉。当调解员以耐心地倾听来面对他的控诉之后，他获得了他所需要的这种感觉，满足了他的权力欲和虚荣心之后，那些无中生有的牢骚自然就烟消云散了。电话公司的调解员成功地运用了一种从心理学角度上讲所谓的“暗示性赞美”，而这种赞美恰好是人类隐秘的通病所需要的药方。

卡耐基指出：任何人，当他受到来自他人的尊敬和信赖的时候，他都会从内心感到高兴；虽然明知道那是拍马屁，但听起来也会感到舒畅。自尊心越强的人，越会有这种倾向。在谈判桌上，自尊心很强的人往往比较难以对付。如果你希望你的顾客能够接受一项繁杂而又为一般人所难以接受的条件时，最好的办法是迎合他的自尊心，尽量满足他在商品之外的心理需求。

※ 推销员应该顺从地承认顾客是正确的

随便拒绝顾客的抱怨，以抱怨对抱怨是推销的一大禁忌。

推销员普遍认为“顾客总是正确的”这样的一句口号，比其他任何一句口号都难以接受。因为推销员知道顾客往往是错误的。当推销员清楚地知道顾客是错误的时候，他就极不愿意违心地承认顾客是正确的。推销员是否应该顺从地承认顾客是正确的呢？

从本身利益出发，推销员应该顺从地承认顾客是正确的。因为，顾客的抱怨提供了达成交易的良好机会。然而，低劣的推销员却往往以能够证明顾客是错误的为乐趣。

推销员不思索，不分析，就随便拒绝顾客抱怨的另外一个原因是他可能把顾客的抱怨看做是对他本人和对他推销工作的批评。假如推销员抱有这种态度，他会马上向顾客证明，顾客的指责是毫无道理的。他这样做的目的是要把别人的批评消灭在萌芽状态。而优秀的推销员清楚，只要正确处理，顾客的抱怨并不是一个坏事。

“顾客任何时候都是正确的”这句话可以被另外一句“让顾客正确是否值得？”来代替。

推销员或负责处理顾客抱怨的人发现,“让顾客正确是否值得？”为他们提供了一个可以接受的解决办法。在明知顾客是错误的情况下，他再也不会违心地承认顾客是正确的了。现在，他可以根据具体情况，充分考虑本公司的利益，然后作出决定，是否值得让顾客正确。一般说来，他只需考虑两个问题：其一，接受顾客的抱怨所产生的后果；其二，拒绝接受顾客的抱怨所产生的后果。

一般说来，公司对顾客的抱怨和索赔采取宽宏大量的态度和积极的解决办法是符合自己利益的。俗话说：你怎样对待别人，别人就会怎样对待你。受到别人友好热情的款待，人们是不会忘记的，他还会告诉别人。由于采取了宽宏大量的做法，许多难以处理的抱怨和索赔都顺利地得到了解决。这些都是非常有说服力的例子。宽宏大量地对待顾客的抱怨往往就像一种黏合性很强的胶水，经过黏合的部位比未经黏合的部位牢固得多。当顾客的抱怨得到满意的处理后，他和推销员或供应商之间的关系就会随之得到加强。

有些时候，推销员发现顾客的抱怨没有任何理由，因为产品完好无损，无懈可击。其实，顾客的不满并不在于产品本身，而在于产品的实际效用。

你的产品可能不符合顾客的需要，或者你的产品过去符合顾客的需要，但由于某种情况的变化，现在已经不符合了。技术专家最容易忽略这一问题。因为一旦顾客提出抱怨，他们往往从产品本身查找原因。为什么会出现上述问题，道理是难以讲清楚的。可能是推销员使用了倾力推销法；也可能在推销产品或交货时没有给顾客一些必要的技术指导；也可能是顾客本人或推销员错误地判断了顾客的需要。你可以这样坚信，无论是哪一种可能，不管产品的质地如何，顾客都不会对产品感到十分满意的。即使在这种情况下，提出“让顾客正确是否值得？”的问题，也是恰当的。

不要拒绝接受顾客对你的产品提出的反对意见。拒绝接受顾客的反对意见，会使你的整个推销工作毁于一旦。因为，如果你对顾客有反对意见时，顾客也不会相信你。记住：对顾客来说，任何一种产品都有其固有的长处和短处，他也深知这一点。只有在产品的长处大于短处时，顾客才会作出购买决定。另外，固执的推销员往往也会使顾客变得固执起来。

※ 在对方说“不”时要听而不闻

一位成绩斐然的推销员说，头一次提出成交要求就获得成功的买卖，在他做成的所有买卖之中只占 1/10。他在签合同前做着被拒绝一次、两次、五次、七次、甚至十次的准备。他根本不怕遭到对方的拒绝，那样反而能增加他进一步争取成交的动力。

他并不停下来去反驳对方的决定，而是设法找出促成对方成交决心的哪些因素还尚未利用，继续说：“哦，对啦，我还有一点没给你讲清楚呢！”接着便展开另一个说服要点。

在遭拒绝时具有毫不退缩的精神，是所有谈判人员争取胜利的必备素质。当对方说“不”时仍能坚韧不拔，才会有助于你的工作。

卡里森就是这种锲而不舍的人，他千方百计地要把自己的阀门出售给芝加哥的一家糖果厂，而这个厂使用另一个牌子的阀门已有 25 年的历史了。

一天，在吃午饭时，卡里森截住糖果厂的总机械师，说下午两点要会见他。

两点刚过，总机械师气冲冲地走进客厅，用愠怒的目光瞪了卡里森一眼。

卡里森慌忙请他坐下，开门见山地问："你用的阀门漏不漏？"

"买阀门不是我的事！"总机械高声嚷道，"你去找总工程师吧！"

卡里森装作没听见他的话，继续问："什么设备上的阀门泄漏最多？"

"焦糖蒸汽罐上，"总机械师不情愿地承认，"但我无权购买任何阀门。"

这时，卡里森已经开始展示自己的样品，他把阀门拆开让总机械师看：由于在特硬底座和堵盘之间垫的是修剪好的薄钢片，因而阀门可以做到绝对密封。

"你们的焦糖蒸汽罐上使用多大尺寸的阀门？"他问。

"3/4 英寸的，"总机械师回答，"但我已经告诉你——我什么阀门也不能要。"

卡里森根本不听此话，却对陷入困惑的总机械师说道："你写一张请购单，就说需要一只 3/4 英寸的实心阀门，进屋去向你们采购员要一张订单。然后你就会看到阀门的泄漏问题将会彻底解决。快去吧！"

总机械师走进屋子，为那一只试用的阀门拿来订单。

卡里森在几分钟之内做到了他们公司其他销售人员 25 年来未曾做到的事，原因是只要对方说"不"时，他的耳朵就会自动堵上。在推销商品或商务谈判中，锲而不舍、坚韧不拔往往能开辟出一片新天地！

（1）在商业场合，永远都不可忽视了说话策略的力量。培养一种有策略的行为方式，一个最好的办法是，设身处地地为你潜在的顾客考虑，然后为他做在同样的情况下你希望别人为你做的一些事情。

（2）你对未来客户应行事光明磊落，直截了当，有凭有据，绝对不可以使用一些诡计，让顾客觉得被迫做出违反自己最大利益的事；绝对不可以企图用任何方法操纵未来顾客。

（3）如果在商业活动中运用“美言”来迂回地深入主题，就比单刀直入、开门见山的效果要好——既自然生动又不落俗套，在有意无意间实现目的。

（4）在推销产品的时候，吸引顾客是一个非常关键的环节。顾客的注意力被吸引了，才可能对产品产生兴趣，从而引发购买的欲望。

（5）如果你希望你的顾客能够接受一项繁杂而又为一般人所难以接受的条件时，最好的办法是迎合他的自尊心，尽量满足他在商品之外的心理需求。